ALBERT CAMUS

UMA VIDA

OLIVIER TODD

ALBERT CAMUS
UMA VIDA

TRADUÇÃO DE
MONICA STAHEL

2ª edição

EDITORA RECORD
RIO DE JANEIRO • SÃO PAULO
2024

CIP-BRASIL. CATALOGAÇÃO NA PUBLICAÇÃO
SINDICATO NACIONAL DOS EDITORES DE LIVROS, RJ

T568a Todd, Olivier
2. ed. Albert Camus : uma vida / Olivier Todd ; tradução Monica Stahel.
– 2. ed. – Rio Janeiro : Record, 2024.

Tradução de: Albert Camus : une vie
ISBN 978-85-01-92215-1

1. Camus, Albert, 1913-1960. 2. Escritores franceses - Biografia.
I. Stahel, Monica. II. Título.

24-93056 CDD: 848.91409
CDU: 929:811.133.1

Meri Gleice Rodrigues de Souza – Bibliotecária – CRB-7/6439

Título original em francês: Albert Camus: une vie

Esta tradução teve o apoio do Ministério Francês da Cultura.

Este livro pode conter termos, expressões, conceitos e estereótipos que refletem a época em que foi originalmente publicado e não são endossados pela editora.

Texto revisado segundo o Acordo Ortográfico da Língua Portuguesa de 1990.

Direitos exclusivos desta edição reservados pela
EDITORA RECORD LTDA.
Rua Argentina, 171 – Rio de Janeiro, RJ – 20921-380 – Tel.: (21) 2585-2000.

Impresso no Brasil

ISBN 978-85-01-92215-1

Seja um leitor preferencial Record.
Cadastre-se no site www.record.com.br
e receba informações sobre nossos
lançamentos e nossas promoções.

Atendimento e venda direta ao leitor:
sac@record.com.br

EDITORA AFILIADA

Para Aurélia

Para Sylviane Degombert,
Christian Jelen,
Bertrand Labes
e Jean-François Revel

Sumário

INTRODUÇÃO

George Orwell recusou de antemão seus biógrafos. O autor de O estrangeiro *– nunca se esquecendo de que era Camus – protegeu os seus e sua vida privada. Recatado, desconfiava do biófago dissimulado sob o biógrafo: entregou-se muito pouco a Jean-Claude Brisville, Germaine Brée, Roger Quilliot e Carl Viggiani, que o interrogaram sobre sua vida.*

Em 1978, o pioneiro Herbert Lottman interessou-se por Camus enquanto ser humano. Tentei captá-lo sem esquecer que foi antes de tudo um escritor. Ao longo de pesquisas na França, na Tchecoslováquia e na Itália, em entrevistas com franceses, argelinos, americanos, ingleses, explorando arquivos particulares e públicos – nos dossiês coloniais de Aix ou nos relatórios do Komintern em Moscou – muitas vezes tive a sensação de estar tentando caminhar no horizonte. Sondar o coração enigmático de um criador é querer formular o último número. "Não há verdadeira criação sem segredo", dizia Camus. Como desenredar um destino sem cortar os fios mais fracos de cada nó?

Albert Camus, uma vida: *a que estou esboçando. Há uma centena de biografias possíveis para cada ser humano, observa J.-B. Pontalis. Destaquei, assim espero, os momentos e os personagens importantes de uma vida. Apoio-me, entre outras coisas, em depoimentos. Uma personalidade literária tem inimigos verdadeiros durante a vida e quase o mesmo número de falsos amigos depois da morte. Historiadores, juízes, biógrafos, todos esbarram na fragilidade dos depoimentos. Trinta anos depois da morte de Camus, era tempo de fazer uma triagem. Alguns de seus íntimos permaneciam pouco conhecidos ou desconhecidos até agora, às vezes anônimos, recolhidos à reserva de uma amizade ou de um amor. Terminado o luto, pessoas próximas fazem confidências. Antes do falecimento de Francine Camus, em 24 de dezembro de 1979, também a decência impunha reservas.*

Camus encarregou Quilliot da datilografia de alguns cadernos pessoais. "São os bastidores de uma obra", observou esse comentarista. Utilizo esses cadernos, mas, de quando em quando, ao que me parece, Camus fazia anotações, com a posteridade sobre os ombros, não como Gide redigia seu saboroso diário, porém com a reserva de um Johnson contando sua vida diante de um Boswell. Todavia, ele não codificava suas observações, reflexões e aventuras como Pepys ou Hugo. Em suas cartas, para além dos "bastidores" de que nos fala Quilliot, introduzimo-nos no palco. Tive o privilégio de ler cartas inéditas ou a sorte de descobri-las: então surgiu um Camus inesperado. A autenticidade de uma carta não estabelece nem sua sinceridade nem sua impostura. Pelo menos ela dá, sem muito lustro literário, a emoção, a ideia, a informação que o escritor deseja transmitir ao destinatário. As obras e as cartas de Camus se cruzam e se esclarecem.

Sem os solicitar em interpretações excessivas e precipitadas, até que ponto se podem explorar os textos publicados de um autor para balizar sua vida? "A ideia de que todo escritor escreve forçosamente sobre si mesmo e se descreve em seus livros é uma das puerilidades que o romantismo nos legou", afirmava Camus. As *obras de um homem frequentemente retraçam a história de suas nostalgias ou de suas tentações, quase nunca sua própria história. Esse* quase *pesa muito. Aliás, nostalgias e tentações fornecem a um autor sua massa sem fermento. Para além dos sucessos da transposição artística, sua obra parece muito biográfica. Roger Grenier, que o conheceu, evoca suas "máscaras". A máscara filtra olhares.*

"O que o senhor acha que os críticos franceses negligenciaram em sua obra?", perguntaram a Camus em 1959. "A parte obscura, o que há de cego e instintivo em mim", respondeu ele. "A crítica francesa interessa-se antes de tudo pelas ideias." Rude generalização, válida para Camus, sobretudo no rico e tumultuado contexto francês, literário, filosófico ou político de 1930 a 1960.

Aos vinte anos ele dizia: "Assim como a morte de um escritor faz com que se exagere a importância de sua obra, a morte de um indivíduo faz com que se superestime seu lugar entre nós." Pode-se também subestimá-lo. Na França, mãe das letras – no que se refere às armas e às leis estamos atrasados –, logo após a morte de uma celebridade, costuma-se fazer a elegia hagiográfica. Frequentemente, depois, durante anos, assassina-se reiteradamente o caro falecido.

Num primeiro romance, publicado onze anos após sua morte, Camus – que tinha vinte e dois anos – dizia de Mersault (não Meursault): "Como um pão quente, que se amassa e se esmaga, ele queria segurar sua vida nas mãos." Uma biografia é apenas um ensaio: tentei captar os gestos, as mãos, o coração de um escritor no trabalho, e restituir a Camus suas diversas vozes.

1

MATRÍCULA 17.032

"As vindimas em St-Paul terminaram hoje de manhã, às 10 horas",[1] escreve com tinta roxa Lucien Auguste Camus. Uma vindima é preparada como uma campanha militar. Lucien Camus contempla seu campo de batalha: "Acho que ultrapassaremos os 10.000 hectolitros [...] .-..-..-..-..". Para ornamentar suas frases, ele utiliza a pontuação.

Escreve esta carta em 22 de setembro de 1913 – "às 12h30 da noite", ele sublinha duas vezes – na fazenda de Saint-Paul, 304 hectares perto de Mondovi, no Constantinois. Dirige-se ao sr. Classiault, seu correspondente da firma Jules Ricôme et Fils, negociantes e exportadores de vinhos, equivalente dinástico em Argel, assim como os Lung, dos Chartrons de Bordeaux. Argel fica 420 quilômetros a oeste de Mondovi. Às duas horas da madrugada – ele anota – Lucien Camus faz suas contas. Letra inclinada, maiúsculas graúdas, as missivas do adegueiro são escritas em papel timbrado, com cabeçalho *Domaine de Saint-Paul, Vve Chaubardde Beringuier, propriétaire.**

Adegas, cubas, prensas, bombas de mosto e vinho da fazenda Saint-Paul erguem-se na frente do domínio do Chapeau-de-Gendarme. Entre os dois, cortando uma planície, a rodovia nacional liga o burgo de Mondovi à cidade de Bône – onde viveu Santo Agostinho. Durante a conquista, sapadores militares implantaram o acampamento de Mondovi no lugar chamado Dréan. A fronteira do protetorado tunisiano corre cerca de quarenta quilômetros a leste.

---

* Domínio de Saint-Paul, viúva Chaubard de Beringuier, proprietária. (*N. da T.*)

Antes da chegada dos franceses, *os Rouama*, Bône chamava-se Annaba. Política de "afrancesamento", de civilização, segundo os documentos oficiais, os aglomerados tinham agora nomes franceses. Ou pelo menos de vitórias, como Mondovi.* Esse batismo administrativo pelos nomes sacramentou compras a preços baixos, expropriações ou roubos de terras coletivas árabes ou cabilas. Uma estrada de ferro de via única corre paralela à estrada Mondovi–Bône. A fazenda Saint-Paul e o domínio Chapeau-de-Gendarme estão sob a dependência do cantão de Mondovi, mas colados às construções do vilarejo de Duzerville.

Numa outra carta, o adegueiro explica a Classiault o que ele, Lucien Camus, disse ao sr. Bérard, gerente do Chapeau, que, doente, se sente ameaçado: "Ele me perguntou que missão eu deveria cumprir no Chapeau; eu lhe respondi que tinha de me ocupar da Adega Chaubard e na mesma ocasião daria uma ajuda no Chapeau."** Camus trabalha para Saint-Paul e para o Chapeau-de-Gendarme – filial da Sociedade das Fazendas Francesas da Argélia e da Tunísia –, que fornecem vinho para Ricôme.[2] Ele mora em Saint-Paul, numa casa baixa, de chão de terra batida, com dois cômodos e uma cozinha encostados na adega.

O uádi*** Seybouse serpenteia a algumas centenas de metros. Lucien Camus não tem tempo para pescar enguias ou barbos. Verdes, ruças ou nuas, as vinhas ondulam quase até o maciço de Edough e suas florestas de sobreiros. O *Guide bleu* indica aos turistas que, no Constantinois, "os indígenas pululam", acolhedores. A Argélia consiste então em três departamentos franceses e uma *colônia* de povoamento, dirigida por um governador-geral. O recenseamento de 1911 registra 752.043 "não muçulmanos" e 4.740.526 "muçulmanos": seis vezes mais "indígenas" do que europeus "de origem".

Nascido em 1885, em Ouled-Fayet, departamento de Argel, Lucien Camus descende dos primeiros franceses que chegaram. Nem colono nem proprietário, mas assalariado, na França ele seria contramestre. Não possui

---

* Cidade da Itália onde Napoleão Bonaparte venceu os piemonteses em 21 de abril de 1796. (*N. da T.*)

** O texto de Lucien Camus contém erros ortográficos e gramaticais, muitos deles obviamente intraduzíveis. Foram mantidos aqueles passíveis de serem reproduzidos em português, tais como inadequações de tempos verbais, do emprego de maiúsculas e de pontuação. (*N. da T.*)

*** No francês, *oued*. Os uádis são rios das regiões áridas do Norte da África cujo leito se mantém seco fora da estação das chuvas. (*N. da T.*)

nenhuma das sessenta mil ações do Chapeau-de-Gendarme. Em outros tempos, foi agenciador e comboieiro.

Na produção de vinho, reinam na cúpula os proprietários. Depois vêm o gerente, chefe de cultivo, que supervisiona as vinhas, e o adegueiro, que trabalha as uvas após a colheita. Enladroamento, poda e vinificação são privilégio dos brancos pobres. Fala-se de um "indígena" adegueiro em Randon. Os trabalhadores moram em torno das propriedades. Tendas confinam com cabanas de tábuas. Os jornaleiros pertencem muitas vezes às gloriosas tribos da província, Bei Salah, Drides, Oualassa. Os detentos empregados voltam para a prisão à noite. Europeus e árabes trabalham juntos. São poucos os contatos sociais, a não ser no bordel de Bône. Caso excepcional, em Mondovi, o ferreiro-segeiro Marchieccha converte-se ao islã e casa-se com uma argelina. Os colonos falam dos indígenas, dos muçulmanos, às vezes dos árabes, raramente dos cabilas.

Lucien Camus recomenda a Classiault um empregado que deseja passar de Saint-Paul para o Chapeau-de-Gendarme: "O homem chamado Rabad Oustani que eu tinha na filtragem à noite deixou a propriedade há alguns dias com a intenção de trabalhar na casa, pois antes de ir embora me perguntou o nome da Casa. Não achei que devia lhe recusar, ainda mais porque ele me prestou grandes favores enquanto duraram os trabalhos. Na minha opinião é um excelente trabalhador que poderia dar certo se o senhor o julgasse adequado." E acrescenta: "É de acreditar que ele [Oustani] tem, apesar de ser um indígena, muito mais civilidade do que o indivíduo abominável que o incitou a sabotar a filtragem durante a noite e por se recusar depois ele foi obrigado a ir embora."

Trinta e oito graus à sombra, o verão de 1913 foi rigoroso. "Os passarinhos se calavam", anota o adegueiro, com propriedade. "Com o calor que faz, aquele vinho tinha um gosto de charco aquecido." Lucien Camus luta contra o siroco e "granizos como ovos de pomba". Antes da vindima, preocupava-se com a sujeira das cubas; durante a vindima, com a fermentação; depois, com a limpeza dos recintos. Seus vinhos tintos terão, talvez, um teor de 12°. Não extrairá vinho rosê de sua cepa de uvas grenache. Ao chegar alguns meses antes a Mondovi, Lucien Camus aferra-se ao trabalho. O suco branco da uva sainson, que dá vinho tinto, ou o tibouchi vermelho sangue, mais claro, são conhecidos. Em Saint-Paul, ele também produz uvas de vinho de mesa: a chasselas madeleine amadurece antes da moscatel.

Em setembro de 1913, Lucien Auguste Camus, vinte e oito anos, espera sua mulher grávida e seu filho, Lucien Jean Étienne. Olhos azuis, cabelos e sobrancelhas castanhos, fronte exposta, boca mediana, Camus pai tem bigode. Segundo os médicos militares, ele tinha 1,68 m, boa altura para um homem na época. Soldado de segunda classe, marchou com o primeiro regimento de zuavos no Marrocos, em torno de Casablanca, em 1907 e 1908. Sua caderneta militar o declara "cocheiro". Órfão com um ano de idade, foi colocado num asilo por seus irmãos e irmãs. Um avô era da região de Bordeaux, um bisavô de Ardèche. Os proletários conhecem pouco sua genealogia. A família Camus acredita ser de origem alsaciana. Um exilado político pobre vindo da Alsácia ou da Lorena tem mais prestígio do que um miserável da Bretanha ou de Bordeaux. Lucien Auguste casou-se com Catherine Hélène Sintès, três anos mais velha que ele, em 13 de novembro de 1910. Três meses depois, nasceu Lucien Jean Étienne. Entre os pobres europeus, uma concepção pré-nupcial choca menos do que entre os muçulmanos.

Bône, subcircunscrição administrativa do departamento de Constantine, tem quatro especialidades: o tráfico portuário, o comércio de vinho, um cemitério com suntuosas tumbas italianas e blasfêmias. Jura-se "pelos ossos de teus mortos" ou, versão polida, "pela morte de teus ossos". Não se fala dos mortos diante de alguém que "os tenha frescos na família".[3]

Naquele outono de 1913, depois de dezoito horas de trem, de Argel até Bône, sentados em bancos de madeira, Catherine Hélène e seu filho Lucien amontoaram-se com baús e móveis numa charrete que os transportou até Saint-Paul. Pouco depois Lucien Camus pai se abre com Classiault: "Em casa as coisas não vão bem, o menino e sua mãe sentem muita falta da sua terra, realmente não tenho sorte, mas mesmo assim vai um pouco melhor nos últimos dois dias." Com maus ventos e mosquitos, a doença exala dos pântanos pútridos e do lago Fetzara. Às vezes, morre-se de paludismo. Contra essa malária, recomenda-se o sulfato de quinina. Em Mondovi, ficou a lembrança do cólera e da peste que, cinquenta anos antes, matou a metade dos colonos.

As relações de Lucien Camus com seus empregados não são serenas. Ele foi "ameaçado duas vezes pelo chofer indígena". No entanto, o adegueiro sabe que nunca disse uma "palavra inconveniente". Preocupado, precisa fazer-se aceitar pelos europeus também. "É verdade que todos esses homens de Bône parecem mansos como cordeiros", ele escreve, "mas no fundo são falsos e traidores como raposas."[4]

Para tratar de um assunto sério, ele vai a Mondovi, onde as crianças se agarram à sua charrete. Ele as faz largar. *Emchi!* – vá embora. A chicotada de Lucien Camus é leve.[5] Em 8 de novembro ele se apresenta na prefeitura com duas testemunhas e declara o nascimento de seu segundo filho, no dia 7.[6] Um só nome, Albert. Na época, de cada quarenta franceses um se chamava Albert.[7] Camus Albert consta no registro entre dois muçulmanos, Khadidja (gerânio). A primeira testemunha, Piro Jean, diz-se comerciante. Nascido na Sardenha, seria, antes, hortelão. A segunda, Salvatore Frendo, nativo de Mondovi, declara-se empregado. Ele entrega sêmola e massas para o merceeiro Zamathé. Lucien Camus, esclarece o registro, é de "origem francesa".

Os engenheiros militares executaram as plantas de Mondovi, vinte quarteirões de doze casas. A cidade está para o retângulo como uma cama está para o quadrado. Nos cantos do burgo erguem-se bastiões com nomes de generais: Clauzel, Bugeaud, Négrier... A Terceira República implantou prefeitura, correios, coletoria, prisão civil e polícia. A escola dos meninos – franceses – é separada da escola das meninas – francesas. Os mondovianos instalaram cafés, quadras de jogar bola e criaram duas sociedades de caça, para caçar uma galinhola, um lince ou, às vezes, uma pantera. Bom atirador durante o serviço militar, Lucien Camus sonha em caçar. O recenseamento registra 938 habitantes europeus e 4.869 muçulmanos para o cantão de Mondovi. Esses "indígenas" com frequência não declaram seus filhos. Entre os cidadãos franceses, alguns judeus, entre os quais o funileiro Guez Taieb Daoub. Os *pogroms* do Constantinois nunca atingiram Mondovi.

Em novembro de 1913, *Le Réveil bônois* [O despertar de Bône], jornal diário departamental e republicano, oferece como suplemento *Salvator*, de Alexandre Dumas. O teatro municipal leva *A viúva alegre* e o Éden Cinéma anuncia *O anel quebrado*, comédia dramática. Os Camus não utilizam o carro da propriedade para se divertir. Um trabalhador ferreiro ganha 6 francos por dia, um chefe de cultivo ou um bom adegueiro, como Lucien Camus, de 10 a 20 francos. O Renault 112 HP, quatro cilindros, custa 4.900 francos.

A população não "indígena" do departamento elegerá as delegações financeiras, que administram os fundos públicos. De Paris, o ministro do Interior dá suas instruções. Para preencher as cédulas de voto, "lápis são geralmente levados à boca". O ministro recomenda que sejam substituídos por canetas nas cabines, com pó para secar as cédulas.

Em 11 de novembro de 1913, o editorial do *Le Réveil* dispara contra "a enorme bandeira alemã novinha [...] no mastro do novo vice-consulado. [...] Por que essa exibição, quando nossos infelizes irmãos da Alsácia-Lorena são atacados, golpeados e condenados ao mostrarem uma ponta da nossa bandeira francesa?".

Proprietários ou adegueiros negociam com os transportadores e as companhias de navegação em Bône.[8] Lucien Camus prevê uma produção de 30.000 hectolitros no Gendarme e de 10.000 em Saint-Paul. Para os barris cheios, mantendo vigilância sobre os preços, o adegueiro se entende com um "árabe" que dispõe de charretes maltesas, com plataforma basculante. Até a estação de Duzerville, Camus calcula 20 cêntimos por barril. Os Bertagna, grandes colonos políticos, construíram a estrada de ferro.

A estrada corre na direção de Bône, entre cercas de caniços que protegem tomates, ervilhas e feijões contra o siroco. Carros de boi, partindo de Mondovi por volta das 10 horas da noite, chegam a Bône às quatro da manhã. Os automóveis, sobre altos chassis coloniais, rodas duplas atrás, ultrapassam os comboios em meio à poeira. Lucien Camus trata com os fretadores de vapores de nomes encantadores, o *Sylvie*, o *Auguste-Conseil*, o *Flore*, o *Kabylie*. Para Classiault: "Os chefes dos Escritórios da Cia. Transat me pedem que lhes diga que se todavia o senhor tiver expedições a fazer para Argel que eles poderão fazê-las a preços muito vantajosos, não sendo sindicalizado com as outras Cias para essa linha." Lucien Camus telefona às vezes "em quatro ocasiões diferentes". Não tem tempo de admirar a baía de Bône, que equivale à de Argel. A gente de Bône cantarola:

Tous les matins
Bône la coquete
*Fait sa toilette.**

Bône é bonita. As cidades da Argélia exalam o aroma do jasmim e do pessegueiro cantados pelos romancistas argelinos – que deixam de lado um aspecto no capítulo dos odores: numerosos bairros em Bône e outras cidades cheiram a urina. Excelente, a Índia cheira a merda. Magnífico, a Argélia exala xixi. O adegueiro passa suas horas em Bône entre os hotéis, os cais, os

* Todas as manhãs/ Bône a coquete/ Faz sua toalete. (*N. da T.*)

pontões, as docas em que fumegam os navios. Lucien Camus não se enternece com as casas de portões de ferro batido, a escadaria da horrível igreja, as arcadas, a praça de armas. No *cours* National, as raízes de uma alfarrobeira, palavra de homem de Bône, mergulham a mil metros sob a terra. No hotel Orient ou na cervejaria Gambrinus realizam-se transações de peso.

Na fazenda e no domínio, o adegueiro reencontra conflitos: "O gerente de Saint-Paul não escondeu de me mostrar seu descontentamento ao ver que a casa Ricôme não fica com mais de 131 barris." O honrado Classiault passa uma descompostura no gerente. Lucien Camus repreende Classiault: "O senhor não o poupou por ocasião de sua viagem a Paris [o gerente]. [...] Eu lhe pediria que nada deixasse transparecer, isto é, que não zombasse dele por essas ameaças, pois esse Cidadão é capaz de tudo." Ocupado durante dezesseis ou dezoito horas por dia entre o envasamento, a filtragem e seus cálculos de ácido cítrico, o adegueiro vigia um gerente suspeitoso e empregados sérios ou preguiçosos.

Em novembro e dezembro de 1913, a Câmara dos Deputados de Paris debate um novo código do indigenato. O jornal diário *L'Écho d'Alger* [O eco de Argel] publica artigos copiosos de Émile Chauvin, professor titular da faculdade de direito. Esse código, em sua última versão, remonta a 1904. Com os "indígenas", afirma o professor, "estamos diante de uma população que deve viver à parte com suas tradições e um Direito civil especial". Eles devem passar da jurisdição, às vezes arbitrária, dos administradores à do juiz de paz. Um bom trabalhador ganha em torno de 1 franco por dia. São passíveis de uma multa de 1 a 15 francos algumas infrações definidas: o "indígena" se recusa a fornecer meios de transporte requisitados; não declara seus filhos no registro civil; dá asilo a um vagabundo; abate árvores; recusa serviços de guarda. A tarifa aumenta se ele atentar contra a segurança do Estado.[9]

Nem todos os franceses são partidários da exploração repressiva. Um ano antes, o governador-geral ponderava em sua circular 157 sobre as patrulhas: "Não é justo obrigar um indígena [...] a abandonar sua tenda ou sua cabana para guardar durante a noite a residência ou a propriedade de um colono abastado [...], ao passo que talvez ninguém esteja cuidando da vida dos seus ou de seus bens."[10] Franceses da Argélia, pouco numerosos, protestam. A sociedade não se divide simplesmente entre europeus "de origem", de ideias erradas, e "indígenas". Em dezembro de 1913, a Liga dos Direitos Humanos polemiza com o chefe da subcircunscrição administrativa de

Guelma, que lançou uma pesquisa sobre o número de "indígenas" da Liga. Um jornal, *Le Crie de l'Algérie* [O grito da Argélia], lança seu grito de guerra: "A causa dos colonos pobres não é de modo algum incompatível com a dos proletários indígenas. [...] É preciso uni-los contra os açambarcamentos escandalosos da colonização parlamentar, dos bancos e dos *bachagas*."* Uma carta no *L'Écho d'Alger*[11] reflete um liberalismo paternalista. Um passo à frente: "Com certeza não sou daqueles que consideram os indígenas uma raça inferior." Um passo atrás: "Mas considero-os menores do ponto de vista político e social." O professor Chauvin aprova uma circular do governador-geral Lutaud.[12] A França persegue um objetivo na Argélia, "a substituição da barbárie e do fanatismo pela civilização e pela razão, ou seja, a assimilação, a unificação e o afrancesamento das raças". Os britânicos aferram-se à sua superioridade implícita e às diferenças em seu império. Alguns franceses estão persuadidos de que o indígena deve se transformar em cidadão, em igual – com o tempo. A muito longo prazo.

Chauvin proclama: a França "pretende manter energicamente o princípio da supremacia francesa, não permitindo que participem da eleição para prefeito os conselheiros indígenas não naturalizados [...], ela não pode aceitar a ideia de uma naturalização num estatuto que confira direitos políticos a homens obstinados em pensar e agir fora de todas as nossas regras jurídicas e morais". Essas ideias impressionantes são publicadas em 17 de dezembro de 1913, um mês após o nascimento de Albert Camus. Na véspera, segundo o *L'Écho d'Alger*, os deputados em Paris provaram que "estavam muito mal informados a respeito das coisas argelinas".

Durante o inverno, Lucien Camus retoma seus cálculos: "Estou encontrando 1.543 barris [vazios], ao passo que na expedição encontro 1.553 barris cheios." Empregado modelo, ele vai atrás desses dez barris. Fornece vinho de graça aos policiais e ao chefe da estação. Alguém deve estar roubando barris. Camus refaz os cálculos. Denuncia a displicência de uns e de outros. "Temo que aconteça alguma coisa suspeita antes do fim dos trabalhos [...]. [Eu] sou obrigado a montar guarda durante o dia e uma parte da noite."

O ano de 1914 começa mal: "Espero me mudar", escreve Lucien Camus em 4 de janeiro, "principalmente que o tempo fique bom, pois há alguns dias chove torrencialmente por aqui [...] não se pode nem mesmo lavar

* Chefes tradicionais muçulmanos. (*N. da T.*)

os barris de tanta que é a lama em torno da adega". Ele machuca a mão e apresenta, no ato, um atestado médico. Convocado para um período de serviço militar, solicita a intervenção da firma Ricôme junto ao coronel comandante do primeiro regimento dos zuavos para adiar esse período para a baixa estação.

O paludismo ameaça a mãe e os dois filhos, Lucien, de três anos, e Albert, de oito meses. O adegueiro previne Classiault em 14 de julho: "Quero avisar que tenho a intenção de fazer minha família voltar a Argel no fim do mês por motivo de saúde."

Convocado novamente pelo primeiro regimento dos zuavos, Lucien Camus reúne-se a seu corpo em Constantine. A Alemanha declara guerra à França. Em 4 de agosto, dois cruzadores alemães que patrulham o Mediterrâneo bombardeiam Bône. Rumores se espalham: os alemães vão tomar a Argélia, as terras dos indígenas serão restituídas... Autoridades civis e militares temem rebeliões e proíbem reuniões.

Os muçulmanos argelinos uniformizados descobrem a França. Um certo Messali Hadj fica impressionado com as relações na metrópole, "marcadas por cortesia e amabilidade. Quando, na cidade, pedíamos informações aos homens, às mulheres e até mesmo às crianças, todos se empenhavam em nos atender [...] tratavam-nos por *vous** e 'senhor'. Não estávamos habituados a tal consideração".[13]

De uniforme zuavo, colete azul, calça bufante vermelha e barrete, Lucien Camus tem presença. Os jornais descrevem partidas alegres de unanimidade belicista. Para Berlim! Do czar, não é só o bigode que vamos cortar. Maniqueísmo e demonologia abarrotam os cérebros de propaganda. Até intelectuais deliram. Jacques Rivière escreverá: "A indiferença do coração acarreta no alemão [...] um enfraquecimento do senso dos valores."[14] Na Alemanha, Thomas Mann não fará melhor. Os jornais prometem que o exército francês terminará a guerra em algumas semanas. Um jornalista, Auguste Robinet, codinome Musette, descreve o cais de embarque de Argel em agosto de 1914: "Brr! Quanta gente no cais! Escuro está. O bulevar parece um teatro, cheio de cabeças e braços se mexendo. O barco em que nós partimos é o *Orient*. Em vez de amarrá-lo ao lado do pontão que é mais

* Em francês, pronome de tratamento formal. (*N. da T.*)

rápido embarcar, foi atracado longe, para dentro do porto militar."* Musette não é versado nas banalidades patrióticas. "Mulheres e moças choram. Uma teve um ataque de nervos."[15] Os soldados rasos, como Lucien Camus, matrícula 17.032, em total miséria, alimentam-se de feijão e carne de vaca. Depois de algumas horas no mar, os soldados vivem entre seus vômitos e as privadas entupidas.

Elementos do primeiro regimento de zuavos, entre os quais Lucien Camus, chegam a Sète no *Lamarsa*, sobem no trem em Narbonne, desembarcam em Massy-Palaiseau, atravessam Paris e, segundo o *Journal des marches et des operations du régiment* [Diário das marchas e das operações do regimento], lançam-se em "perseguição ao exército alemão".[16] As calças vermelhas dos zuavos oferecem belos alvos às metralhadoras Maxim. O segunda-classe Lucien Camus está entre os primeiros feridos. Os oficiais têm dossiês. O soldado Camus fica como uma abstração, uma matrícula. Pertence ao 10° Exército, 33° corpo, 45ª divisão de infantaria, 1º regimento de zuavos, 1º batalhão. O capitão Hamonier, comandante da 54ª companhia, apossou-se de um ponto de apoio e "estabeleceu-se nele, sofrendo o mínimo de perdas sob um fogo aterrorizante".

De Montreuil-sous-Bois, Lucien Camus manda à sua mulher, que voltou a Argel em 30 de agosto, um cartão-postal mostrando uma fonte em Noisy-le-Sec. "Receba, assim como as crianças, um grande beijo e os cumprimentos aos amigos. Dê-me notícias suas: a saúde e as notícias são muito boas, não se preocupe." Lucien mente ligeiramente para que sua mulher não se preocupe. Alguns dias depois, outro cartão, de Saint-Brieuc: um grupo de alunas diante de um prédio, a escola do Sacré-Coeur, agora hospital auxiliar nº 107. Na frente, numa janela, uma cruz. No verso: "Minha querida Hélène, Eu estou lhe enviando a vista do hospital onde estou sendo tratado bem em cima da cruz." Pede que ela beije os filhos. "Seu marido." Não é ele que redige esse cartão-postal. Lucien Camus morre em 11 de outubro de 1914 das consequências de seu ferimento.

Os franceses da Argélia "cumprirão seu dever" durante quatro anos. Os "indígenas" acompanham. O recrutamento fornece 173.000, dos quais 87.000 voluntários, quase sempre pelo soldo. A miséria é grande. Esse "lealismo" surpreende Paris e alivia os chefes do departamento na Argélia.

---

* O texto de Musette contém erros intraduzíveis. Tentamos manter os que são reproduzíveis no português. (*N. da T.*)

A guerra fará 1.357.000 mortos franceses. Mondovi, capital de cantão, dá à França, por assim dizer, 50 mortos, dos quais 12 "indígenas". As autoridades argelinas recensearão milhares de feridos e intoxicados por gás, 22.000 mortos "indígenas" e 25.000 franceses. Eles têm direitos sobre nós, clamava a imprensa parisiense, evocando os *poilus*.* Os franceses da Argélia julgarão que têm direitos sobre a metrópole.

O corpo do soldado Camus não é repatriado. A burocracia envia à sua mulher sua caderneta militar, creditando a ele uma "campanha militar da Alemanha de 28 de agosto a outubro de 1914", datas de sua escalada na frente de batalha nos arredores da Champagne e de sua morte na Bretanha. Atribuindo-lhe a campanha da Alemanha, a administração fornece uma vantagem: campanhas e meias-campanhas bonificam as pensões.

Lucien Camus passou um décimo de sua vida fardado. Alistem-se, realistem-se, viajem, aconselhavam os cartazes dos postos policiais. Lucien Camus viajou ao Marrocos e, quando muito, à França. Primeiro homem na vida de seus filhos, foi o que eles menos conheceram. Para além dos genes indecifráveis, ele deixa algumas certidões civis, fotografias em sépia desbotadas, sua cruz de guerra, sua medalha militar póstuma e fragmentos de obus: o hospital 107 os enviou à viúva. Albert, o filho, e Lucien, o pai, viveram juntos oito meses.

No ano anterior, 1913, nasceram Richard Nixon e Benjamin Britten. Marcel Proust publicou a expensas do autor *Du côté de chez Swann*, e Edmund Husserl publicou suas *Vorlesungen zur Phänomenologie des inneren Zeitbewusstseins*.[17] Woodrow Wilson é presidente da República americana, e Raymond Poincaré da francesa. Apesar da guerra, o século não é mau. Em 1914, na Argélia, mulheres cantam:

Aïyaaïe quelle triste année
Tous les hommes mobilisés.**

---

* Literalmente, "peludos". Eram chamados assim os soldados franceses da guerra de 1914-18. (*N. da T.*)

** Tradução livre: Aiai que ano triste/ Todos os homens mobilizados. (*N. da T.*)

2

"MOSQUITO, VOCÊ FOI ACEITO"

Com as crianças, Lucien e Albert, a avó materna fala demais e a mãe, não o suficiente. Albert Camus tem sete anos. Em 7 de maio de 1921, a 2ª secretaria, 1ª seção do Ministério das Pensões avisa a viúva sra. Camus, Catherine Hélène, nascida Sintès, residente em Argel, na rua de Lyon, nº 17, que, de acordo com a lei de 31 de março de 1919, uma pensão vitalícia lhe será concedida – 800 francos por ano e, para cada um de seus filhos, 300 francos até completarem dezoito anos. Com direito a alojamento e alimentação, uma empregada doméstica ganha então 1.000 francos por ano; um mineiro, 5.000. O quilo do pão custa 1,22 franco; o bife, 13,62 francos. Em casa dos Sintès-Camus, "provisões [eram] compradas em quantidades muito pequenas (meia libra de açúcar, meio quarto de manteiga, cinco soldos de queijo ralado etc.)".[1]

Lucien e Albert, pupilos da nação, têm direito a eventuais bolsas de estudo e a consultas médicas gratuitas. Em caso de guerra, um deles será dispensado de servir em zonas de perigo. Mas não haverá outras guerras, pois a França terminou a "última das últimas". Na época das hostilidades, sua mãe se empregou numa fábrica de cartuchos. Empilhava-os em caixas.[2] As operárias ganharam até cinco francos por dia. Agora a viúva Camus é faxineira em casas particulares ou comerciais, como a padaria da rua de Lyon.[3] Chamam-na de Hélène, para não a confundir com sua mãe – também Catherine –, em cuja casa ela mora com os irmãos, Étienne e Joseph, e os dois filhos.

A avó se arma de rudeza. Muitos parentes foram mortos: o genro, os sobrinhos. Catherine Hélène, viúva Camus, é a segunda das nove crianças de uma família de origem espanhola, de Minorca. Desse lado, os nomes são Sintès, Cardona, Cursac, Fedelic, mas já não se fala espanhol. Morena, miúda, olhos tristes, ela foi uma criança delicada. Parcialmente surda, não sabe escrever nem ler, exceto os lábios, quando falam de frente para ela. Entre as mulheres de sua geração, cerca de uma em cada cinco é analfabeta. Alguns acham que ela é muda, ou *caccio*, deficiente mental. Para outros, sofre as sequelas de uma meningite mal curada. Albert acha que ela é parcialmente surda, com um distúrbio de fala, em consequência de uma febre tifoide ou tifo,[4] e lhe mostra como assinar os documentos oficiais. Para outros, ainda, Catherine Hélène teve uma comoção cerebral quando lhe anunciaram a morte do marido.[5] Seu vocabulário é sumário. Ela passa por cima das palavras, pronuncia os s e os x chiados, diz "cucu" em vez de "cuscuz", agita as mãos para se expressar, junta-as para dizer de um homem e de uma mulher: esses dois estão juntos.

Presente e distante, essa mãe temerosa não maldiz como a avó. Quando muito se queixa de uma tia que banca a orgulhosa. Diante dos seus, Hélène não chora nem ri. Ela sorri. Lucien e Albert brigam. "Não gosto de confusão", diz Hélène, "não gosto de briga". Com os dedos avermelhados, reumática, veste em qualquer estação uma blusa preta ou cinza. Apoiada na grade de uma janela, contempla passantes e bondes por cima dos vasos de gerânios. Na primavera ou no verão – essas estações se confundem –, levam-se cadeiras até a calçada na frente da casa para ficar conversando com os vizinhos.

A família passa do nº 17 para o 93 da rua de Lyon, no centro de Belcourt, bairro popular a leste de Argel, nos limites do Marabout, bairro árabe. Fronteira invisível, a rua de Lyon atravessa Belcourt, tendo ao norte os "indígenas" e ao sul os outros. No andar térreo da construção de dois andares enfileiram-se um salão de cabeleireiro, uma casa de vinhos e uma loja de lingerie. Atrás, uma laranjeira e uma construção frágil onde moram o cabeleireiro e a família árabe de um varredor de ruas municipal, cujo filho, Omar, brinca com Albert.

A moradia dos Sintès-Camus, três cômodos e um corredor, é alugada em nome da avó. A sra. Sintès ocupa um quarto. Caiado, o cômodo principal contém uma mesa, uma escrivaninha, um aparador e, direto no chão, um colchão coberto por uma colcha. Nele dorme o tio de Albert e de Lucien, Étienne, meio mudo. O pobre tem esperança de um dia ter *seu* quarto. Hélène divide com os filhos o terceiro cômodo – um armário com espelho, duas camas de ferro, uma de um lugar para a mãe, a outra de dois para os meninos. Uma mesa de cabeceira separa as duas camas. Uma colcha de filé cobre um baú de fibra.[6] O irmão de Étienne, Joseph, vai embora em 1920. Alguns meses, a prima Minette dorme no corredor.

No patamar, as privadas turcas fedem.[7] Não há água corrente; eles enchem cântaros na torneira da rua e se lavam na pia. Uma vez por semana, tomam banho num tacho de zinco. Pendurado sobre a mesa, no cômodo principal, um lampião a querosene. Na Argélia ou na metrópole, as famílias de trabalhadores vivem assim, não na miséria, mas à beira da pobreza. O que é a pobreza nos anos 1920 e 1930? Os pobres comem menos carne do que peixe, os miseráveis sonham com peixe. Os pobres se lavam com sabão de Marselha, os miseráveis não se lavam. Os pobres *contam*. Os miseráveis aceitam o que lhes é dado.

No 93, a avó guarda o dinheiro numa lata de biscoitos. Na casa dos Sintès-Camus não há caderneta de caixa econômica nem 3% da Panamá. No ano novo de 1921, a avó explica a Albert que ele já está grande, portanto vai ganhar presentes "úteis". As duas mulheres se levantam cedo para irem ao mercado. Trocam fofocas no charcuteiro. Os pobres têm vidas pobres. A sra. Sintès, mão de ferro, e a sra. Camus, mão de veludo, fazem reinar a ordem. As passagens do bonde na rua de Lyon chacoalham a casa. Hélène prepara o guisado de lebre e os escargots ao óleo. Deixa-os de molho para limpá-los, faz o molho, com toucinho, cebola, tomate, pimenta. Uma das crianças leva os pratos à padaria para serem assados.

As quitandas vendem tomates, figos, melões, que racham com o calor, e abricós argelinos grandes e polpudos. As peixarias do mercado oferecem dourados, sargos, salmonetes e, mais caros, dourados de água doce. Na quinta-feira* e no domingo, Hélène prepara as sobremesas. Os meninos ficam "zanzando" pela cozinha. Ela cuida de suas maravilhas de limão ou de flor de laranjeira. A avó grita, mas não expulsa os meninos. Não quer que eles fiquem "vadiando". Quer dizer, não muito. Hélène vive no trabalho e no silêncio dos que não se perguntam muito se são felizes ou infelizes. Não volta a se casar. Quem desposaria aquela furtiva silenciosa, com dois filhos pequenos? Antoine, um gentil peixeiro maltês, homem bonito, chapéu-coco e lenço xadrez, corteja Hélène. Ela se maquila, põe um avental de cor. Como um árabe vigiando a irmã, Étienne faz uma cena. Antoine, *um* homem que

---

* Antigamente, quinta-feira era dia de folga semanal nas escolas francesas. Atualmente, é quarta-feira. (*N. da T.*)

Albert nota perto de sua mãe.[8] Se Hélène corta o cabelo, a mãe a chama de puta. Não lhe dá nenhuma oportunidade de se casar de novo.

Étienne frequenta o café perto do nº 93. Um pequeno anisete, diz a sabedoria de Belcourt, escorre pela língua como o xixi do Menino Jesus. No balcão, Étienne fala e diverte. Os europeus jogam manilha ou buraco; os "indígenas", dominó. Albert aprende as regras da bisca.

Em Belcourt, na margem esquerda, mora o populacho dos franceses da Argélia, alegres, generosos, vaidosos, fanfarrões, que se entusiasmam ou se abatem muito depressa. Estarão esses neofranceses, como os chama M.O. Stott,[9] fermentando sua superioridade sobre os "indígenas"? Ou um sentimento de inferioridade por serem eles, por sua vez, humilhados, colonizados, pelos funcionários vindos da França, os *Francaouis*, instalados em remunerações privilegiadas? Comerciantes, carroceiros, aterradores, pedreiros de Belcourt não tiram férias na França.

Em Belcourt, eles convivem com os árabes e acreditam conhecê-los. Fala-se de Ahmed, de Fatma, nomes que submergem a singularidade numa generalidade condescendente. Compartilha-se o *méchoui** nas praias. Uns não vão às casas dos outros. Brancos pobres e árabes compartilham o ódio pela polícia, mesmo durante um *baroufa*, um tumulto. Esses pobres temem o desemprego. Acusam-se árabes, judeus, napolitanos, valencianos, corsos, marselheses de roubar trabalho. A xenofobia aflora do mesmo modo que a solidariedade.

Na rua de Lyon, vozes francesas, árabes, espanholas, italianas se misturam. As crianças berram, os cães se perseguem e se "espicaçam", os bondes tilintam, os burros zurram. Na primavera, já ao amanhecer o sol bate nas cores e nos aromas. Cheira a canela, anis, açafrão, água sanitária, alho, azeitona, pimentão caramelado. Músicos passam com tantãs, flautas e castanholas. À tarde as pessoas dormem. Albert detesta as sestas obrigatórias ao lado da avó – e aquele odor rançoso de mulher velha. Os bairros nobres, El-Biar, Hydra, o centro de Argel esvaziam-se no verão como uma pia enorme – mas não Belcourt. Lá as crianças em férias invadem as ruas e perturbam os comerciantes.

Sobre a cama, a avó pendurou seu próprio retrato. Coque severo, medalhão no pescoço, olhos claros e penetrantes, a velha parece rígida. Chamam-na "Senhora Sintès". A filha e o filho aceitam sua autoridade. Um vin-

* Carneiro assado no espeto. (*N. da T.*)

culo medonho une Catherine e Hélène: elas são viúvas e, expressão terrível, sua vida de mulher terminou. Em 1921, a avó tem mais de sessenta anos, sua filha quase quarenta. A avó tem circunstâncias atenuantes e extenuantes, mesmo quando brande uma correia ou um açoite para surrar os meninos. A filha implora que ela não bata muito forte. Lucien, o mais velho, portanto primeiro responsável por qualquer travessura, apanha mais do que Albert. A avó tem um fraco pelo caçula.

Fingida, ela se refugia no quarto com dores de barriga. A sra. Sintès pergunta às crianças, diante dos outros, se preferem a mãe ou a avó. Os meninos murmuram às suas costas. A sra. Sintès se queixa das filhas, que não lhe dão atenção, e de Joseph, que se foi. Étienne resmunga sua afeição, Hélène suspira.

Étienne leva Albert à praia de Sablettes. Tio e sobrinho caçam com Brillant, o cachorro. Étienne, de cólera fácil, teve uma briga com Joseph. Já não se sabe por quê. Pobres querelas de pobres. Joseph diz dele: "É um animal estúpido." Os trabalhadores não têm folga e fazem uma semana de sessenta horas, apesar da lei de 1919, que estabelece uma semana de quarenta e oito. Exausto, Étienne acaba tirando folga, ao cortar na garlopa um grosso naco de carne da palma da mão.[10]

Na quinta-feira, Albert ajuda o tio, que trabalha para um italiano, subempreiteiro. Tanoeiro, Étienne não utiliza estopa nem ráfia para apertar os tonéis. Ajusta as aduelas ao milímetro. Ensina o trabalho bem-feito. A industrialização, os caminhões-cisterna e os caminhões-tanque ameaçam a tanoaria. Étienne, que frequentemente chama os sobrinhos de Lulu e Bébert, ganhou um concurso de corte de vinhas. Trabalhou também para os Lung, na companhia Intercolor, na firma dos Ricôme, protetores paternalistas dos Sintès, bem como dos Camus. Boa pessoa, quando não *falham* com ele, esse homem ríspido presta favores. Um lenço enrolado no pescoço, ele demora para responder, soergue o boné, coça a cabeça. Durante a guerra, pregou um mapa da França na parede e marcou o *front* com bandeirinhas.

O tio Joseph tem uma *posição* nas estradas de ferro e uma mulher professora de piano. Com suas licenças de circulação gratuita, percorre o campo, compra frangos e coelhos, revende-os, cede alguns à mãe, que os cria no quintal. Para a sra. Sintès, Albert torna-se um homem quando a ajuda a matar um frango.

— Ele tem coragem — decreta Étienne.

O irmão mais velho, Lucien, o fortão, recusa-se a participar da operação.[11] Albert machuca um dedo, prensando-o num banco da escola. O sangue escorre. A avó lhe dá uma surra. Ele está incomodando, isso não se faz. Na sra. Sintès a dureza aparece mais do que a ternura.

A distração favorita das crianças e das mulheres é o cinema, o Musset, ao lado da casa, ou o Alcazar, na rua de l'Union. Ele anuncia um cardápio abundante: sopa de atualidades, que não interessam a Hélène e a sua mãe; prato intermediário, um curta-metragem cômico; prato principal, os longas-metragens seriados. Os *Zorros* ricocheteiam de uma sessão para outra. A sra. Sintès não sabe ler os entretítulos. Para Albert, constrangido, e para os espectadores ela tece seu álibi:

— Esqueci meus óculos. Leia para mim.

Esse ramo da família não tem o nível do tio Gustave Acault, o açougueiro, grande leitor, e de sua mulher, irmã de Hélène, que sabem escrever. Os brancos pobres argelinos sentem-se às vezes no pé de uma escala social imaginária, depois dos habitantes dos bairros nobres. Abaixo, veem a massa dos árabes, mais pobre. No entanto, em Argel as classes parecem menos compartimentadas do que na metrópole.

Sociável, amável, Lucien obtém resultados escolares piores do que os de Albert, mas é mais bem-dotado para o futebol do que o irmão. Lucien protege Albert. Eles dividem a lata de alcaçuz, que deixa marcas amarelas em torno da boca. Aos catorze anos, Lucien é contratado pelos Ricôme, como entregador, pelo salário de principiante, 80 francos por mês.

Ano de 1923: Albert frequenta a escola primária de meninos, na rua Aumerat, a dez minutos a pé do nº 93 da rua de Lyon. O bulevar Thiers separa a escola do mercado central de Argel. O grupo escolar ergue, de frente para a rua, sua fachada austera, com três portões: o maternal, a escola das meninas e a dos meninos. Os meninos, como soldados diante de um posto de guarda, passam sob a sala do diretor e se dispersam no pátio cimentado. Os mais novos ocupam as classes do térreo, os outros sobem para os demais andares. Escadas de mármore branco desembocam em galerias que dominam o pátio e suas poucas árvores. É uma escola comunal da Terceira República. À espera do professor, os alunos se enfileiram.

— Em fila de dois! Eu não disse de cinco.[12]

Na classe, o professor faz a chamada. Almodovar, Camus, Cornillon, Esposito, Fassina, Fernandez, Fleury, Hamoud, Lévêque, Médioni, Pasquier, Santiago, Sarfati...[13] Poucos alunos faltam de propósito à aula, e ai dos retardatários! Esperam autorização para sentar. No inverno, o fogo ronca nos aquecedores de ferro fundido. Cada carteira de madeira tem um godê de tinta roxa no qual as crianças mergulham suas penas Sergent-Major. Tais como os alunos, os professores vestem guarda-pós cinza-escuros. Com a borda cheia de gizes brancos, cor-de-rosa, azuis, as lousas têm a seu lado mapas geográficos Vidal de La Blache representando a França e seus departamentos da Argélia. O atlas clássico de Schroeder e Gallouedec tinge todo o Império com uma farda roxo-clara. Nas paredes da classe, fotografias: a Notre-Dame de Paris, a catedral de Estrasburgo, o Mont-Blanc evocam, para os argelinos de Belcourt, um paraíso, com seus castelos, seus reis, seus revolucionários.

Os programas de história, de geografia, de educação cívica martelam a ideia de uma França matricial e maternal. Em 1923, o segundo ano do curso médio é ministrado por um professor reputado, Louis Germain. O professor, personagem importante em Belcourt, Carpentras ou Lille, ensina todas as matérias. O sr. Goulesque, o diretor, dá rudimentos de árabe a seus alunos.[14] Germain pertence a uma elite de professores conhecidos - Nizard, Goran, Ceccaldi, Cazalet -, embora nem todos provenham da escola normal de Bouzaréah.[15] Alto, rígido, pronúncia precisa, Germain toca clarinete e respeita a partitura. "Germain só conhece o metrônomo", dizem alguns.[16] Colecionador de cartões-postais, o professor distribui tapas e golpes nas nádegas com seu "bastão de açúcar", régua grossa de madeira vermelha. Intransigente quanto à ortografia, à pontuação, à apresentação das lições de aritmética ou das redações, ele organiza concursos de cálculo mental. Com sua lanterna mágica, duas vezes por mês oferece a seus meninos, estupefatos, projeções de geografia ou de história natural.

Os professores têm uma missão: educar as crianças, abrir o espírito crítico e prepará-las para tirarem o diploma do curso primário, primeiro grau do ensino francês que permite a candidatura a uma função pública. Os professores acreditam no progresso. Na Argélia, tal como na metrópole, muitos são militantes, radicais, socialistas ou comunistas. Louis Germain lê *O livre pensamento*. Sem hostilizar o clero, desconfia da Igreja. Durante suas aulas de educação cívica, quando "se trata de Deus [no programa]", ele explica que "alguns acreditam, outros não". E que, com pleno direito, "cada um faz o que quer". Quanto às religiões, limita-se a citar as que existem. Acrescenta que há "pessoas que não praticam religião alguma".[17]

Os professores impregnam as crianças de uma ordem social republicana. Têm em mente a "carta aos professores" de Jules Ferry: "Em matéria de educação moral, você não tem nada a ensinar [...] que não seja familiar a todas as pessoas honradas. [...] Você é o auxiliar e, em alguns aspectos, o substituto do pai de família."[18] Germain é um segundo pai para Albert – ou o primeiro. Depois de quatro anos de guerra, ele sente ter deveres para com os pupilos da nação: "O coitado do seu pai, que sempre considerei meu companheiro."[19] No fim do trimestre, contendo a emoção, Germain lê em voz alta o romance de Roland Dorgelès, *Les Croix de bois* [As cruzes de madeira], que descreve a vida das trincheiras, os ataques a baioneta, os feridos, o horror da guerra, belos temas de ditado: "... Um rumor se elevou à direita, gritos ou uma canção: 'Os zuavos saíram!' Uma rajada de 105 explodiu, cinco toques de címbalo... 'Avante a terceira!', gritou o capitão."

Albert sabe que o pai foi zuavo. Em suas instruções, Ferry prosseguia: "O que você irá comunicar à criança [...] é a sabedoria do gênero humano." Camus e seus colegas aprendem: a França encarna sempre valores universais, tanto depois da Grande Guerra como antes.

Ensina-se que *nossos* ancestrais são os gauleses, mas nem por isso os professores acreditam que seus alunos árabes ou cabilas descendam de Vercingétorix. O plano de estudos de 1889-1890 explica a vontade de assimilação pelo ensino: "... confundindo seus interesses com os nossos, os indígenas compartilham conosco a herança do passado; nossos ancestrais tornam-se os deles." Os franceses são os valorosos sucessores dos turcos, árabes, bizantinos, vândalos, romanos, cartagineses, que se precipitam sobre o Norte da África. Aos alunos e aos professores franceses essas ideias não parecem nem contestáveis nem racistas. Os professores não homologam uma hierarquia das raças, mas valorizam uma hierarquia das civilizações, igualmente perigosa. Fala-se da arte árabe e berbere. Mas a história da Argélia é apresentada como uma pane de treze séculos entre as colonizações romana e francesa. Outro mal-entendido: a coragem dos soldados "indígenas" de 1914 a 1918 faz com que se acredite numa assimilação patriótica espontânea.

Para os jovens franceses da Argélia, os manuais são exóticos. Falam de neve, de pastos. Em Belcourt, alguns jovens árabes são aceitos nas escolas primárias.[20] Na classe do segundo ano do curso médio dirigida por Germain há três árabes, num total de trinta e três alunos. Os pequenos muçulmanos falam francês, seus colegas franceses manejam algumas palavras de árabe dialetal.

Germain deseja que Albert entre na sexta série do liceu. O professor sente que o aluno fica feliz, mas não sabe o quanto ele é pobre: "Seu prazer de estar em aula irradiava por todo lado", ele lhe dirá. "Seu rosto manifestava otimismo. E, ao observá-lo, nunca suspeitei a verdadeira situação da sua família. Só a percebi no momento em que sua mãe veio me procurar para tratar da sua inscrição na lista dos candidatos à bolsa."[21] A avó não quer saber de bolsa. Albert irá trabalhar e trazer o resultado da semana, como Lucien. Apoiado por Hélène Camus, Germain expõe os méritos do "*Mosquito, você foi aceito*" menino, que lê, escreve, feia e recita bem. A bolsa cobriria as despesas com a escola. Mais tarde, com o curso secundário na bagagem, Albert conseguiria um bom emprego. Nos meios populares, o professor é o Samaritano da Educação nacional. "Diga a seu pai que venha me ver, preciso falar com ele. — Meu pai não pode, ele trabalha. — Então mande sua mãe." A mãe, frequentemente analfabeta: "Estudar custa caro. Não temos meios. — Sim, mas ele será bem-sucedido. Mais tarde vocês não se arrependerão. Deixe-o pelo menos até tirar o diploma."[22]

Albert é bom, sobretudo em francês. Durante um segundo semestre, já em janeiro de 1924, Germain, separado da mulher, dá duas horas por dia de aulas particulares gratuitas a quatro alunos, entre eles Albert, primeiro da sua classe em dezembro. Candidato a uma bolsa, ele é tratado com consideração na rua de Lyon. Germain também intercede em favor da avó junto a Albert. Ela late mais do que morde, explica o professor.

Por intermédio de seus manuais, depois do *Almanach Vermot* e das histórias em quadrinhos, o menino descobre o mundo miraculoso das palavras. Não há um só livro em casa. O tio Étienne e seu irmão olham as fotografias e os desenhos nos jornais.

Albert passa para pegar o colega Pierre Fassina de manhã, no bulevar Auguste-Comte. Eles se divertem com o mendigo espanhol que remexe as latas de lixo, atrapalham as manobras do *galo ufa*, o catador de cachorros perdidos. Quando chove, as crianças brincam dentro das casas. Às quintas-feiras e aos domingos, os meninos sobem nas árvores do Jardim Botânico. Alamedas de plátanos, palmeiras, bambus e eucaliptos, avenida de coqueiros, estufas, sementeiras e colmeias, o jardim é uma terra prometida e encontrada. Os meninos também se divertem em torno da fonte com manivela de ferro fundido, na rua Adolphe-Blasselle, nos terrenos baldios das olarias e da usina de gás, ou no Champ-Vert, cheio de aros de ferro enferrujados e de fundos de tonéis. Eles jogam tênis de pobre, com um charuto de madeira e raquetes improvisadas. Na estrada dos carneiros, ao longo da costa, os rebanhos se encaminham para o mercado de Maison-Carrée. Mais longe, tomam banho de mar nus:

— Se você se afogar, sua mãe vai matar você!

— Não tem vergonha de mostrar tudo isso? Onde está sua mãe?

Apesar das proibições dos pais, os meninos andam até o porto, encaram os contramestres europeus e os doqueiros cabilas ou marroquinos que manipulam cestos cheios de carvão. É briguento, o pequeno Camus. Max, o muçulmano alsaciano, chamou-o de *boche*. Isso exige uma *donnade*, duelo de socos. Albert *dá* um olho roxo, "golpe supremo e muito apreciado por consagrar durante vários dias e de maneira visível o triunfo do vencedor". Pierre e Albert vagueiam pelas ruas, de alpercatas furadas, calções e camisetas de algodão.[23] Na primavera, Lucien, Albert e Pierre acompanham os jogos de futebol, esporte introduzido na Argélia pelos marinheiros ingleses. Às vezes o jogo começa por um desfile, com a fanfarra à frente.

Na rua Aumerat, Albert conquista deferência por uma linguagem correta, com o senso das nuances do imperfeito e do mais-que-perfeito, do futuro anterior e dos subjuntivos. Comete disparates como os colegas, mas sabe que são disparates. Na casa dele fala-se outra língua, não a dos livros. Albert também gosta dela. Sua mãe exprime-se mal, dando uma impressão de indiferença desligada, de estranheza monocórdia.

Os trabalhadores de Belcourt, tais como os de Carpentras ou de Nice, estimam menos os padres do que os professores. Albert foi batizado[24] – uma formalidade em Belcourt, como a primeira comunhão, o casamento, a extrema-unção. Com trezentas crianças, também foi crismado em Saint-Bonaventure de Argel. Na casa dos Sintès-Camus, ninguém frequenta a igreja. Não se pensa nem no inferno, nem no paraíso, nem no purgatório. Referindo-se a alguém que morreu, a avó diz: "Bom, vai parar de peidar."[25]

Em Belcourt, assim como em Bab el-Oued ou Hussein-Dey, a prática religiosa é limitada, mas há poucos enterros civis. Por ocasião dos enterros religiosos, como no Sul da França, os homens ficam andando na frente da igreja durante a missa, antes de ir para o cemitério. No entanto, em Argel, como em Marselha ou em Brest, os cemitérios lotam no dia 1º de novembro. O catecismo mecânico dos curas argelinos culpabiliza as crianças. Os padres insistem na impureza.[26] A masturbação deixa surdo, meninos, e às vezes cego ou louco. Três Padre-Nossos, duas Ave-Marias, o seguinte. Vista de Belcourt, a Igreja Católica parece estar do lado dos ricos.

A sra. Sintès faz questão de que Lucien tome aulas de violino, assim como exige que Albert faça a primeira comunhão antes de entrar no liceu. A avó acha impossível alguém se ocupar ao mesmo tempo do liceu e da igreja. Insiste com o cura da paróquia para apressar a cerimônia. O padre explica que Albert terá aulas de catecismo, às quintas-feiras e aos sábados à noite.

— Ou é já ou ele fica sem fazer — diz a sra. Sintès.

O padre capitula. Tagarela no catecismo, Albert leva um tapa de um padre, do qual se lembra por muito tempo, muito mais do que dos ensinamentos recebidos.

Depois da cerimônia de comunhão, de roupa de marinheiro, exibindo seu braçal, Albert vai à escola. Louis Germain acolhe os comungantes e cerra os dentes. "Lembro-me da visita que você fez com seus colegas comungantes à nossa classe. Você estava visivelmente feliz e orgulhoso da roupa que vestia e da festa que celebrava. Sinceramente, fiquei feliz com a alegria de vocês, achando que, se estavam fazendo a primeira comunhão, era porque isso lhes dava gosto. Então..."[27]

Em 1924 os franceses preparam mais as eleições legislativas do que as festas religiosas. O cartel das esquerdas chega ao poder. Anticlericais, as esquerdas de Argel apelam, em seus cartazes, para Joana d'Arc na fogueira, rodeada de bispos e frades que a queimam. Legenda: "Povo, lembre-se! Assim eles eram ontem, assim são hoje."[28] O partido bem-pensante, os "*noirs*", lança antigos combatentes na batalha dos religiosos. No cartaz adversário, um frade mostra a perna de pau, prova de seu patriotismo. Legenda: "Não, não partiremos!" A Igreja Católica Romana não é a dos pobres. Em Belcourt não gostam da padrecada. Desembarcando em Mostaganem, monsenhor Veuillot, segundo se diz, perguntou ao cura a hora da missa. "Quando o senhor quiser, pois não vai incomodar ninguém."

Os católicos de origem espanhola celebram a terça-feira de Carnaval queimando uma efígie de cura. Ao cruzarem com um padre, murmuram: *Tocaferro*. Os eclesiásticos dão azar. Camus é educado na orla de um catolicismo superficial. Os padres falam do céu. Aqui embaixo, eles usam as nacionalidades umas contra as outras. Diante dos espanhóis de Bab el-Oued, padres denunciam em espanhol os franceses relaxados, que faltam à missa e não fazem filhos suficientes.[29] Os jovens argelinos se interessam mais pela terra, pela areia, pelo sol e pelo mar.

Para o concurso das bolsas, Louis Germain, de polainas, vem buscar seus candidatos em Belcourt e os acompanha até o grande liceu, a oeste de Argel. Compra-lhes croissants. Na saída das provas, ele os espera e examina os rascunhos. Um menino cometeu um erro num problema. O júri anuncia o resultado dois dias depois. Albert Camus e Pierre Fassina foram aprovados. Germain diz a Camus:

— Muito bem, mosquito! Foi aprovado.[30]

3

SILÊNCIO E PALAVRAS

Na cama, Lucien dorme do lado da parede, pois o liceano Albert se levanta já às 5h30 e, assim, não precisa pular por cima do irmão. Com Pierre Fassina, ele toma, na rua de Lyon, o bonde carregado de trabalhadores, europeus e argelinos. Com frequência viaja no estribo. Com orgulho de sua carteira mensal, responde "Abonado" ao funcionário do bonde, um europeu de boné de viseira de couro duro, ou um árabe de barrete de zuavo. Em Belcourt, quando se vai ao centro da cidade diz-se "para Argel", como nos Estados Unidos se diz *downtown*. Passageiros obrigam a descer do bonde um argelino que está com pulgas na túnica: Albert e Pierre ficam chocados.[1] Por volta das seis horas, em outubro, o dia desponta. Comerciantes e clientes se amontoam em torno dos braseiros dos vendedores de chá e de pasteizinhos. Leva-se meia hora de bonde para chegar ao ponto de onde Albert e Pierre vão caminhando até o liceu.

Os meninos de Argel frequentam dois liceus, o pequeno, na região chique e alta de Moustapha, e o grande, ao sul de Bab el-Oued, perto do jardim Marengo. Alunos do liceu pequeno afirmam que o grande é um liceu "judeu". Nele todos os alunos prosseguem os estudos a partir da segunda série. O Rinoceronte, inspetor de alunos corso, espera os meninos. Albert chega antes das sete horas, pois sua bolsa de semi-interno dá direito ao café da manhã – café com leite, chocolate às vezes, pão, manteiga, geleia – e à refeição de meio-dia. Os Sintès-Camus não renunciam a esse direito, assim como os Fassina. O café da manhã é servido aos internos, de guarda-pós pretos, e a alguns semi-internos por volta das 7hl5, sendo que as aulas começam às oito ou às nove horas. Quando não há aula, Albert vai para estudar. O liceu dá os fundos para a Casbah. Concentrada em torno do grande pátio central e dos dois pátios laterais, com galerias no primeiro andar, a construção foi feita no século XIX. De algumas salas avista-se o mar, que faz os liceanos sonharem. As tempestades na baía de Argel são magníficas. O argelino nasce sobre a água. Durante as aulas, os liceanos imaginam-se nos banhos populares, Padovani e Matarèse, ou nos banhos Nelson, mais caros e chiques.

Os professores distribuem fichas – nome, profissão dos pais. Albert escreve que seu pai morreu na guerra. Sua mãe? Serviços de casa? Isso não significa que ela seja faxineira. Albert consulta Pierre. Para Fassina, deve-se escrever "doméstica". Essa palavra nunca é empregada na rua de Lyon. Sua mãe não trabalha para os outros, ela trabalha para os filhos. Albert escreve "doméstica". Ele conhece "a vergonha e a vergonha de ter tido vergonha".

São distribuídos impressos. Albert os devolve vazios. Então ninguém pode preenchê-los em sua casa? Ele se sente magoado. Frequentará as aulas de instrução religiosa? Católico, ele não irá ao catecismo. "Em suma, diz o monitor, que [é] um irônico, você é um católico não praticante." Aquele liceano parece ter uma boa cabeça.

Na sexta A, Albert estuda muito latim, que o aborrece. Na rua de Lyon, é difícil conceberem o que é o latim, e até mesmo o inglês. Ele não tem nenhuma dificuldade em acompanhar os cursos de letras, de história, de geografia, de ciências naturais, de matemática. Germain preparou seus alunos. Albert e Pierre estão ao lado dos filhos daqueles que dirigem, comandam, empregam, governam em Argel: "Antes, todo mundo era como eu, e a pobreza parecia-me o próprio ar desse mundo. No liceu, conheci a comparação."[2] Fassina e Camus usam alpercatas. Pierre é chamado de "vagabundo e pulguento de Belcourt".[3] Os filhos dos franceses da França pertencem aos meios dos funcionários civis ou militares. O grupo mais desconcertante é o dos filhos dos oficiais, embora o tal Georges Didier seja simpático. Os oficiais se encontram no Círculo Militar. Cercados de empregados domésticos e de ordenanças, eles moram em casas ou apartamentos com banheiro. Quadros, estatuetas, tapetes, taças, bibelôs decoram as mansões. Os pobres ocupam alojamentos sem água corrente. Na casa de Albert, há um cinzeiro árabe de cobre e, na parede, o calendário dos PTT.* Ele sabe que se pode viver com mais conforto do que na rua de Lyon, pois conhece o apartamento de seu tio Acault, perto da rua Michelet.

Os liceanos se assemelham sob aventais mais ou menos bonitos. Há poucos árabes entre eles, e são sempre "filhos de grandes tendas", de notáveis.

---

* Sigla do setor de serviços postais e de telecomunicações. (*N. da T.*)

Da sexta à segunda série,* Albert pratica um pouco de pelota basca e muito futebol, depois do almoço, durante o recreio de 4 horas antes dos estudos da noite. O futebol mistura as classes sociais. Albert tem boa reputação no gol. Debaixo de um boné grande, ele ocupa seu lugar também como centroavante. Nas "traves", como goleiro, permanece amador, embora passe do pátio do liceu para a associação esportiva Montpensier e depois para a equipe júnior do *Racing* Universitário de Argel, o RUA. "Bébert" mergulha nas pernas dos adversários. Como outros, às vezes leva uma joelhada nas partes. Bloqueia um chute no peito e desmaia entre as traves.[4] Camus gosta de um jogador da defesa, Raymond Couard, chamado de O Grande, porém menos de um centroavante gordo do Olympique de Hussein-Dey; e ele aprecia Boufarik, apelidado Pastel.

Jogo da equipe júnior, em outubro de 1930. Um redator diz num boletim que, apesar de uma derrota de 1 a 0, "o time inteiro merece felicitações irrestritas. Era esta sua composição: Camus, Zattara, Ben Bouali, Faglin, Yataghène, Karoubi, Garès, Ben Gana, Amrousse, Doyon, Florès. O melhor de todos foi Camus, que só foi batido por um equívoco e fez uma esplêndida exibição".[5] O vencido torna-se quase um vencedor, seu time permanece moralmente vitorioso. Os comentaristas deixam as derrotas por conta da bola escorregadia. Na trave, Camus torna-se estrela por alguns momentos. Um drible. A bola nunca vem de onde se espera.[6]

As ligas se ampliam: Orã conta com quarenta clubes. Argel alinha trinta e seis. Clubes muçulmanos, os Mouloudia, formam-se em Argel, Orã, Constantine. Como assimilar pelo esporte sem se fazer contestar por ele? Constantine tem vinte e quatro clubes.[7] Surgem as estrelas, primeiro entre os de Orã: Pepito Alcazar, que vai para o Olympique de Marselha, Dubus, contratado pelo FC Sète. Uma carreira esportiva, tal como uma ascensão literária, faz-se na França. Religião importada no Norte da África, depois do cristianismo, o futebol acarreta problemas políticos para os administradores. Como o cristianismo, ele é antes de tudo assunto dos europeus de origem.[8] É preciso evitar os confrontos entre times "indígenas" e "europeus". Vitórias árabes despertariam ideias subversivas.

Herdado da época de Napoleão, fundador dos liceus, um rufar de tambores anuncia o final das partidas de futebol. O aluno Camus está se sain-

---

* O sistema de ensino francês conta as séries de trás para a frente; "da sexta à segunda" equivale, portanto, a "da quinta série ao segundo ano científico". (*N do E.*)

do muito bem em letras, corretamente em matemática. Por muito tempo, referindo-se a seus professores, ele diz "mestres" – palavra de respeito carinhoso, mais calorosa do que professor. Bagunceiro, insolente, nem sempre conquista cumprimentos, incentivos ou o quadro de honra. Leva castigo com frequência, duas horas, quatro horas fora do horário das aulas. Na quinta-feira ou no domingo, o punido fica contemplando as bananeiras do jardim Marengo, perto do liceu, ou os bigodes a Napoleão III do diretor: vestido de preto, o sr. Sauvage, professor titular de física, Legião de Honra, medalha de guerra, palmas acadêmicas, patrulha as aulas. Esse diretor seria franco-maçom. Seu assistente, sr. Clérian, o censor, aconselha, verifica as notas, passa nas classes, reina sobre quatro inspetores de alunos. O biquinho que faz com a boca lhe vale um apelido, Saxofone. A disciplina no liceu grande parece menos severa do que no pequeno. Lá em cima, em Hoche, os professores castigam à toa.

Os professores equivalem aos dos grandes liceus de Paris ou Lyon. O clima da Argélia os atrai e eles recebem o terço colonial, uma recompensa substancial. Dar aulas em Argel não estraga uma carreira, pois o liceu tem boa reputação. Diz-se que lá o *bac** é tão difícil quanto em Estrasburgo. Muitos alunos obtêm menções, e há reprovados que se reapresentam em Poitiers, Toulouse, Marselha, onde os examinadores seriam menos severos. Como na França, os liceanos têm professores conscienciosos que corrigem uma dissertação a cada quinze dias, fanfarrões e originais provocadores, como o notável Lespes, geógrafo especialista em Argélia, que lança aos alunos preguiçosos: "Já que vocês não fazem nada, vamos colocá-los numa jesuitaria, onde se tornarão bons jesuitinhas."[9] Monarquista e membro da Ação Francesa, outro professor, que destoa entre seus colegas, berra, em pé numa cadeira: "E eles mataram o rei!"

O ensino secundário reforça teses e preconceitos do primário e ratifica uma história da Argélia normalizada, afrancesada, no espírito do manual de história de A. Malet.[10] Começa com um toque de címbalos: "A França possui no Norte da África *um magnífico império colonial*[11] formado pelos países do atlas: Marrocos, Argélia, Tunísia", constituído depois de vinte e sete anos de lutas, sob Napoleão III. "Os indígenas, árabes nômades e berberes ou cabilas sedentários, todos *muçulmanos* fanáticos", resistiram. Apesar

* Abreviação de *baccalauréat*, exames realizados ao final do secundário, que conferem ao aluno a possibilidade de acesso ao ensino superior. Também chamado *bachot*. (*N. da T.*)

de uma grave insurreição em 1871, a paz reinou "quase" ininterruptamente na Argélia. Os liceanos não devem imaginar a Argélia antes da conquista como um Estado organizado: "O país estava à mercê da anarquia." Verdades oficiais dos historiadores da República: numerosas tribos, sobretudo nas montanhas, "tinham uma organização municipal e democrática", mas não se devem esquecer os "célebres piratas barbarescos". A colonização foi, no fundo, obra indireta dos árabes: *"Foram os próprios indígenas que impuseram a conquista à França."* Por seus repetidos ataques, levaram os franceses "a se estender para se defender". Os autores do Malet não falam de atrocidades, do desalojamento de mulheres e crianças, dos massacres, mas evocam o confisco ou a compra das terras. Admitem que a metrópole hesitou entre a assimilação, a dependência, a descentralização. A França civiliza porque coloniza. Os franceses criaram estradas, ferrovias, portos, pontes. Fala-se de exploração das minas, de agricultura, de obras hidráulicas, de obras de higiene e de escolas. A exploração colonial, agrícola, comercial, industrial continua fluida. Em torno deles, em Argel e no campo, os liceanos veem a submissão. Os filhos de notáveis árabes ou cabilas que frequentam o liceu não protestam contra a ideia da França redentora e salvadora. Muitos até acham isso mesmo. Por que liceanos franceses iriam questionar as descrições idílicas da ordem estabelecida?[12]

Além dos manuais e livros recomendados pelos professores, Camus dispõe das obras da biblioteca municipal. Sua avó o inscreveu nela. Ele se afasta de *Le Sapeur Camember* e *La Famille Fenouillard*, de *L'Intrépide*, de *L'Épatant*, de *Pieds nickelés.** Na quinta-feira, ele passeia diante das estantes, apalpa e fareja os livros. Devora os clássicos, Michel Zevaco, Júlio Verne – e Alexandre Dumas, que se pode encenar. Albert passa, é claro, de Dumas a Balzac. Quanto mais lê na mesa da sala familiar, mais ele se afasta da família.

Mãe e avó, quando vão ao liceu para a distribuição dos prêmios, em terreno estranho, não se assemelham aos outros pais endomingados. Uma usa um chapéu ornado de tule marrom. Outra um lenço preto à espanhola: Albert tenta dissuadi-la. Ela responde que o lenço aquece, e que não tem dinheiro. Mais uma vez, vergonha da vergonha para o menino. Os filhos de

---

* *Le Sapeur Camember* e *La Famille Fenouillard*, séries de história em quadrinhos criadas por Christophe, respectivamente em 1890 e 1889; *L'Intrépide e L'Épatant*, publicações periódicas de histórias em quadrinhos de diversos autores; *Pieds nickelés*, série de história em quadrinhos criada por Forton, lançada em 1908, justamente em *L'Épatant*. (*N. da T.*)

burgueses também podem estar constrangidos por causa dos pais e de suas roupas. Albert não o sabe.

A maioria de seus colegas não vai à rua de Lyon, mas ele os acompanha até suas *villas*. Torna-se para os seus um desconhecido admirado, pois sabe sobre o mundo mais do que qualquer outra pessoa da rua de Lyon nº 93 e não pode compartilhar, nem mesmo com Lucien, o que aprende no liceu. Um poema francês, para os Sintès-Camus, não tem sentido *nenhum*. Os filhos de proletários instruídos destinam-se a ter vida tripla, com a família, frequentemente analfabeta, em companhia dos professores e colegas, e sozinhos, consigo mesmos. Linguagem tripla: uma, escolar, acadêmica, convencional, mais escrita do que falada; a segunda, utilizada em Belcourt. Étienne às vezes se exprime por borborigmos e onomatopeias. Finalmente, aqueles meninos forjam um jargão de adolescentes. Entre Belcourt e Bab el-Oued, as familiaridades de sua avó e as frases depuradas dos professores, Camus descobre vários universos. Deseja escrever desde que aprendeu a ler, mas não sabe se vai se tornar escritor.[13] Na rua de Lyon, espera-se que ele *vire* professor.

A avó não entende que não se trabalhe. "Eu nunca tive férias", ela repete. Catherine Sintès percorre os pequenos anúncios. Albert consegue primeiro um emprego numa loja de quinquilharias, oito horas por dia, 150 francos por mês, mais do que o salário de Lucien na Ricôme. A instrução é um investimento. Em seguida, Albert trabalha para um agente marítimo, onde classifica correspondências e faturas, faz o apontamento de números, traduz do inglês as listas de provisões, tem contato com os alfandegários. Gosta dessas tarefas. Mais tarde, sobrevêm o tédio.[14] Depois de seu primeiro pagamento, a avó lhe dá uma moeda de 20 francos. O tio Étienne resmunga:

— Bem, bem, você é homem...[15]

Albert Camus sente-se novamente singular. Seus colegas não trabalham durante as férias e alguns vão à França. A loja de quinquilharias fica no centro da cidade, o agente perto do porto, no bulevar Front-de-mer: outros bairros, outros mundos. Ele diz estar procurando um emprego fixo, pois não deve dizer ao patrão, de jeito nenhum, que no dia 15 de setembro pedirá demissão. Dupla humilhação: confessa ao patrão, mentiu ao dizer que ficaria o ano todo, e trabalha porque é pobre.

Albert conhece os trabalhos da mente e os administrativos. Com estes, não se vê o resultado dos próprios esforços: "... trabalho de escritório vinha de lugar nenhum e não levava a nada. Vender e comprar, tudo girava em torno desses atos medíocres e insignificantes."[16] A tanoaria de Étienne exige gestos hábeis. Pode-se rejeitar ou admirar um barril novo. O trabalhador, para Albert, é o artesão que fabrica um objeto.

Na loja de quinquilharias, uma balconista deixa cair uma caixa de alfinetes. Albert se ajoelha para catá-los, levanta o rosto. Os joelhos abertos sob a saia mexem mais com ele do que o perfume do batom de uma tia de seu amigo Pierre ou do que mãos de mulheres que ele roça nos bondes lotados.

Colegas tornam-se amigos. Albert compartimenta. Alguns serão franceses da Argélia, Pierre Fassina, Claude de la Poix de Fréminville, André Belamich. Outros vêm da França, como Georges Didier. Esses adolescentes descobrem a literatura, a metafísica, alguns a religião. Georges detesta as imprecações, exige que Albert pare de blasfemar. Exaltado, diz a Albert: "Seu pai morreu pela pátria." Georges redige e mantém um jornal: "Quarta-feira, 27 de abril de 1931. — O balanço do dia é fácil de fazer. Como todas as manhãs, recebi o bom Deus. Mas essa comunhão não deixa marcas suficientes no meu dia, e, quando às vezes eu rezo, rezo para um Cristo que me parece diferente daquele que recebi."[17] No curso de filosofia, Georges decide ingressar na Companhia de Jesus. Essa vocação fascina o incrédulo Albert. Vê um jovem "ávido pelo absoluto", "íntegro em suas paixões leais",[18] uma família francesa média, com porões de baús, cartas e fotos: um passado, uma história, que lhe faltam tanto quanto a Pierre Fassina.

Aos alunos de dezesseis a dezoito anos os professores ensinam elementos de psicologia, de lógica, de moral, de metafísica e de sociologia, cardápio que pode suscitar o apetite pela história das ideias, ou provocar indigestões verborrágicas. Os professores de Argel utilizam o manual em dois volumes de Armand Cuvilier, de ambições respeitáveis, mas desmesuradas. Em sua origem, explica o autor, a filosofia foi um conhecimento universal, englobando todas as ciências. Mas, agora, ela já não procura conhecer o mundo: "Deixa essa tarefa à Ciência, que, aliás, de um certo ponto de vista, cumpre-a melhor do que ela. Já não é conhecimento do mundo, mas *reflexão* sobre o conhecimento do mundo. É *o próprio conhecimento e, especialmente, o conhecimento científico que se torna sua matéria de reflexão.*" Cuvilier seduz Georges Didier: "Ninguém duvida de que [...] a religião seja uma das formas mais elevadas da espiritualidade humana." Para Cuvilier, a verdadeira missão da filosofia é a "sabedoria" que leva às ideias morais, aos problemas da ação humana e às condições da ação reta. Esta é a primeira visão da filosofia que se propõe a Camus.

Na Europa, duas poderosas tradições se ignoram com igual soberba e simétrico desprezo, provocando uma fratura intelectual que nunca se reduzirá no século XX. A escola racionalista, à qual se vinculam os franceses, entre os quais Cuvilier, os alemães, os italianos, e a linha empirista, anglo-saxônica, influenciada pela Escola de Viena e Rudolph Carnap. De um lado, no limite, os mestres são Descartes, Hegel, Kant, Husserl, Heidegger. De outro, Hobbes, Locke, Russell, Moore, Wittgenstein.

Antes de Camus estudar filosofia, Wittgenstein, em 1922, ergue barreiras linguísticas *diante da* ou *dentro da* filosofia. Na Grã-Bretanha, a filosofia se ocupa de lógica das matemáticas e de análise linguística. No continente europeu, os filósofos ostentam mais pretensões. Veem na metafísica e na filosofia um saber totalizante.

Os problemas do jovem Camus se complicam, pois a literatura o atrai mais do que a filosofia.

4

METAFÍSICA E POLÍTICA

O tio Gustave Acault despreza a burguesia. Também diz "os indígenas", sem maldade. Aberto, ambivalente, como a esmagadora maioria dos que serão chamados *pieds-noirs*,* homem esclarecido, Acault acredita no homem universal. Os muçulmanos realizarão sua essência humana tornando-se franceses. Essa atitude se concretiza, chegando à caricatura, em maio e junho de 1930, nas festas do centenário da presença francesa na Argélia. "Pergunto-me se há para nós, franceses do século XX", declara Louis Bertrand, da Academia francesa, "um centenário mais glorioso do que o da conquista da Argélia".[1] Reina a unanimidade colonialista, tanto à direita como à esquerda, entre os crentes e os ateus. Monsenhor Durand, bispo de Orã, incensa a assimilação: "Que Deus conceda a todos nós, quer vindos do além-mar, quer indígenas, constituir apenas um nas dobras da bandeira da França, tão cara a Cristo." Jean Renoir, celebrando os colonos pobres, realiza *Le Bled*. O centenário é concebido como a apoteose de uma Argélia, província francesa em três departamentos, dentro de uma unidade republicana. Os Acault têm uma casinha em Bérard, mas às vezes, aos domingos, frequentam a praia e o Tourist-Hôtel, na península de Sidi-Ferruch, onde se ergue um monumento:

---

* Literalmente, "pés-pretos". São chamados *pieds-noirs* os franceses de origem europeia instalados nas colônias do Norte da África, até a independência. (*N. da T.*)

AQUI
EM 14 DE JUNHO DE 1830
POR ORDEM DO REI CARLOS X
SOB O COMANDO DO GENERAL DE BOURMONT
O EXÉRCITO FRANCÊS
VEIO DESFRALDAR SUAS BANDEIRAS
DEVOLVER A LIBERDADE AOS MARES
DAR A ARGÉLIA À FRANÇA

Os novecentos mil europeus da Argélia questionam-se pouco sobre os sentimentos de seis milhões de árabes e de cabilas, ou sobre as opiniões da elite argelina. Num novo monumento em Boufarik, grava-se uma frase no mínimo desastrada: "Cem anos depois, tendo a República francesa dado a prosperidade a este país, a Argélia agradecida dirige à mãe pátria a homenagem de sua estima imperecível." Gaston Doumergue, presidente da República, chega de fraque a bordo de um encouraçado. Tuaregues, *goumiers*,* senegaleses, *spahis*,** desfilam com trajes de época.[2]

No grande cinema de Bab el-Oued – três mil lugares e teto descerrável –, Ninon Vallin canta a *Cantata do Centenário*. Os árabes que participam das comemorações não são muito numerosos. As crianças adoram soldados e festas. Albert Camus já não é criança e despreza esses festejos.[3] Um transmissor de rádio é instalado em Maison-Carrée. Nos bosques de eucaliptos perto da casa de Louis Germain, para os lados das curvas de Rovigo, instala-se um acampamento... de esquimós.[4] Entre os muçulmanos, corre um recado: "Os franceses estão celebrando o primeiro centenário da Argélia francesa. Não celebrarão o segundo."[5] Alguns notáveis, como o xeique Ben Badis, declaram-se escandalizados: "Um século era suficiente para cicatrizar as feridas. Esses desfiles militares constituem um atentado supremo à nossa dignidade."

Os muçulmanos progressistas não são apoiados pela esquerda na Argélia. O partido comunista – alguns pequenos grupos nas cidades grandes – hesita, rejeitando a ideia de um nacionalismo argelino (ou indochinês ou malgaxe). Analisa a situação mundial e norte-africana em termos de clas-

* Cavaleiros de *goum*, contingente militar das tribos argelinas fornecido ao exército francês. (*N. da T.*)

** Soldados de um corpo de cavalaria autóctone organizado pelo exército francês no Norte da África em 1834. (*N. da T.*)

ses. Rejeita o colonialismo, mas vê os problemas através do proletariado mundial oposto à sua burguesia. Recusa-se a admitir que, de Constantine a Orã, de Belcourt a Bab el-Oued, os interesses dos proletários árabes poderiam não coincidir com os dos brancos pobres. Os militantes argelinos são raros, seus protestos são abalados. Messali Hadj reclama a independência da Argélia, mas os membros de seu partido, a Estrela norte-africana, recrutam sobretudo trabalhadores argelinos na França. A Estrela navega perto da Internacional Comunista.

Em dezembro de 1930, no final do primeiro trimestre, Camus não volta ao liceu. Febril, com falta de ar, ele escarra sangue. Não é uma pessoa forte. Estudou muito no liceu e trabalhou durante as férias. Os médicos diagnosticam tuberculose. Em Belcourt e em Bab el-Oued, bairros pobres, a tuberculose parece fatal. Há desemprego. As pessoas nunca vão à França. Cair doente é cair num declive inevitável. Algumas classes sociais são mais vulneráveis do que outras.

Camus resume seu estado de saúde: "Excesso de esporte. Cansaço. Excesso de exposição ao sol. Hemoptises."[6] Alguns na família acham que ele se resfriou depois de um banho de mar, outros que foi depois de um jogo de futebol. Estava tossindo e escarrando em agosto. O doutor A. Lévi-Valensi tratou dele durante o verão.[7] A avó se preocupa. Brutal, uma hemoptise começa depois de um banho, uma caminhada, um calor excessivo. Claro, espumoso, o sangue rutila, depois escurece. Tossindo, o doente expele cinquenta, cem, mil gramas de sangue. Lenços empapados, dedos ensanguentados, às vezes ele tem vertigem. Escarra sangue, escarra sua vida. A mãe de Albert não se desespera. Ele não a repreende por isso. O silêncio os une, como um segredo, até na doença.

Pupilo da nação, Albert tem direito a tratamentos gratuitos, é internado numa enfermaria do hospital Mustapha. Os médicos detectam uma tuberculose pulmonar úlcero-caseosa direita grave, com cavernas, sem aderências pleurais.[8] Albert ouve e sente a ameaça da morte. Detesta o hospital, seus cheiros, o definhamento e as brincadeiras dos doentes: "E Jean Pères, o que é feito dele? — Aquele da Companhia de Gás? Morreu. Só estava com um pulmão doente. Mas quis voltar para casa. [...] a doença o deixou assim. Estava sempre em cima da mulher. [...] duas, três vezes por dia, isso acaba matando um homem doente."[9]

Na época, uma caverna não tratada leva um em cada três doentes à morte, dentro de dezoito a vinte meses. A colapsoterapia, o pneumotórax, data de 1888. O médico introduz ar entre duas membranas da pleura com uma agulha, coloca o pulmão em repouso, permitindo a cicatrização das cavernas. A elasticidade do pulmão e sua retração fecham as cavidades. *Entra-se* no pulmão a cada quinze dias. Se não forem contidas, essas cavernas irão devorar o tuberculoso. A realização do pneumotórax terapêutico no hospital Mustapha exige exames radioscópicos uma vez por semana, depois duas vezes por mês. Também são feitas radiografias, dispendiosas. Tisiologistas e generalistas utilizam mais a radioscopia. Poucas imagens lhes escapam. Às vezes, a detecção de anomalias pelas radioscopias é mais apurada do que a interpretação de uma radiografia.[10] As colapsoterapias salvam os doentes.

Na enfermaria, Camus não se entrega e observa certos doentes com ironia: "Um tinha só 38° à noite, em vez de 38,5° [...] — Quando lhes fazem um pneumo, eles dizem: 'Esse aí vai aguentar bem.' E começam a rir."[11] Quando jovens, achamo-nos imortais; um acidente, uma doença longa afetam os outros, os velhos. Camus, aos dezessete anos, sabe que é mortal e no hospital lê Epicteto, filósofo escravizado e depois libertado, também pobre.[12] Sente-se, confusamente, mais próximo dos valores da Antiguidade do que das promessas cristãs. "A doença", diz o manual de Epicteto, "é um entrave para o corpo, mas, se ela quiser, não o será para a vontade". Camus decreta que a tuberculose é uma doença metafísica. "O mal [...] não existe no mundo", escreve também Epicteto, e o estoico responde ao jovem tuberculoso: "Dependem de nós nossos julgamentos, nossas tendências, nossos desejos, nossas aversões. [...] Não dependem de nós nosso corpo, a riqueza, a celebridade, o poder."

Jean Grenier, o professor de filosofia, preocupa-se, pede notícias. Colocara aquele menino de aparência indisciplinada na primeira fila. De táxi, acompanhado por um aluno, vai até Belcourt, onde descobre o doente e sua pobreza. Camus lhe responde por monossílabos.[13] Alunos e professores nos liceus franceses raramente se tornam íntimos. Grenier não se anunciou e sua visita amigável encerra o liceano em seu espanto, "sufocado de timidez e reconhecimento".[14]

A tuberculose de Albert desenvolve sua sensibilidade. Nas crises de febre, as cores não são simplesmente sentidas. São substituídas por percepções fortes, frequentemente dolorosas, uma luz brutal, que os médicos chamam de hipersensibilidade, hiperestesia. Gide chama isso de "encontro de sensações".[15] Camus não se fixa numa cor, mas se liga a todas, passa dos tons pastel a azuis intensos, aos vermelhos e brancos fortes da Argélia. Como Gide – eles empregam a mesma palavra –, torna-se "poroso" às sensações.

A solidão leva à introspecção. O adolescente se convence de que a doença é um "remédio contra a morte. Prepara para ela. Cria um aprendizado cuja primeira etapa é o enternecimento consigo mesmo. Ela apoia o homem em seu grande esforço que é se furtar à certeza de morrer inteiro".[16] Aliviado pelos pneumotórax, Camus respira bastante bem. Passa, segundo os médicos, da apneia angustiante à eupneia aliviadora. Sofrimentos, imobilização, meses de renúncia ao liceu parecem de início uma grande desvantagem. Mas ele quer reviver, apesar de um pulmão neutralizado, "rendido" pelos pneumotórax. Aferra-se a seu gosto pelo sol e pelos estudos. A que poderia se ancorar? Deus? Não crê Nele. O repouso forçado torna-se uma aventura difícil, mas rica. Camus encontra Gide e seu *Amyntas*. A juventude argelina culta fará dele uma Bíblia. Tuberculoso, Gide buscou forças através de sua doença: "E depois, justamente, lá [na Argélia], tive a sorte de ficar doente. [...] Apesar da doença, se não por causa dela, eu era só receptividade e alegria." Aqui, Gide não cai no estilo "*Biskra petite rose*",* que irrita Camus, mas canta sensações de doente: "Quero deitar nu na praia; a areia é quente, macia, leve. [...] eu me despedaço, derreto, me evaporo." Ele não foge da realidade: "As moscas, nessas regiões, são numerosas como a descendência de Abraão." A febre exalta, como o repouso que se segue a ela. Camus beira a alucinação: "Vinham imagens, grandes animais fantásticos que balançavam a cabeça por cima de paisagens desérticas."[17]

Seu tio e sua tia Acault, Gustave e Antoinette – Gaby para os íntimos – hospedam Albert na rua du Languedoc, onde ele dispõe de um quarto. Escapa à promiscuidade. Gustave o faz lembrar um pai, mais ainda que Germain. Albert vive *com* e *na casa dos* Acault.[18] Pode comer carne moída todos os dias. Na época, os médicos consideravam a superalimentação um remédio contra a tuberculose.

Bigode em gancho, avental branco sobre as camisas xadrez, de boné mesmo dentro do açougue perto de sua casa, Acault cultiva seu personagem. Seu "açougue inglês" justifica sua reputação. O boi argelino é muxiba, o carneiro argelino cheira a sebo. Gustavo diz que suas carnes da França são de primeira qualidade: "Chegada de mercadoria a cada correio."[19] O açougue recebe charolês e carneiros do Mont-Saint-Michel, mas também compra miúdos dos açougueiros judeus ou muçulmanos. Trata seus clientes

---

* Referência a *L'Immoraliste*, romance-relato de Gide, em que o personagem Michel, salvo da morte, reencontra a alegria de viver sob o sol de Biskra. (*N. da T.*)

com amabilidade e como vassalos: vendendo a melhor carne, está prestando um favor.

Ele não é um comerciante comum, e sabe disso. O saber viver, diz ele ao sobrinho, vai além do saber fazer. Os homens inteligentes são superiores aos pedantes, um ignorante que tem moral vale mais do que um santarrão hipócrita. Gustave frequenta a loja dos franco-maçons, no alto da escadaria da rua Drouille. Voltairiano, é mais instruído do que a esmagadora maioria dos argelinos de origem europeia. Gustave adora Anatole France, admira, dizem, James Joyce. Na biblioteca do tio eclético, Camus encontra as obras completas de Balzac, Hugo, Zola. Mas também Paul Valéry ou Charles Maurras.

Gaby toma conta do caixa. Depois de passar a manhã no açougue, o tio, majestoso, atravessa a rua Michelet, dirige-se à cervejaria da Renaissance. Diante de um anisete, e entre duas partidas de baralho com o reitor de Argel, ele regala seu público com lembranças e opiniões categóricas. Lionês de nascimento, gourmet, tem um fraco pelos *pieds paquet** e pelos *rillons.*** Lê jornais de esquerda e de direita, rejeita qualquer forma de governo, em suma, a Ordem, portanto proclamando-se anarquista. Albert conversa frequentemente com ele, de igual para igual, sobre literatura ou política. No começo da tarde, Gustave faz a sesta e depois volta ao açougue, mais ou menos às 16 horas.

Em seu automóvel, Acault leva a mulher e o sobrinho para a beira-mar. Não tendo crianças, o casal trata Albert como filho. Gustave vê aquele sobrinho como professor de liceu. Os professores têm férias longas e uma garantia de emprego. Depois sonha com Albert sendo seu sucessor. Em algumas semanas aprende-se o ofício de açougueiro, ele explica. No açougue, Albert ganhará a vida e terá tempo para se dedicar a suas obras.[20] Enquanto isso, Camus descobre o conforto: "Na nossa casa, os objetos não tinham nome, dizíamos os pratos fundos, o pote que está em cima da lareira etc. Na casa dele, cerâmicas de Vosges, o aparelho de Quimper etc." Albert identifica as diferenças, "desperta para o bom gosto".[21]

Atraindo nove milhões de visitantes, a Exposição Colonial em Paris segue-se às festas do Centenário. A esquerda organizada manifesta sua hos-

---

* Pé de carneiro guarnecido com "trouxinhas" feitas com bucho e tripas também de carneiro. (*N. da T.*)

** Pedaços de carne de porco tostados e conservados em sua própria gordura. (*N. da T.*)

tilidade. Léon Blum, em *Le Populaire* [O popular], jornal da seção francesa da Internacional Operária: "Desejaríamos menos festas e discursos, mais inteligência humana e justiça." Os surrealistas protestam. André Breton, Paul Eluard, Louis Aragon e René Char divulgam um panfleto: "Não visitem a Exposição Colonial, em nome de Lenin, que foi o primeiro, no início deste século, a reconhecer nos povos coloniais os aliados do proletariado mundial."[22] A Contraexposição Anticolonial de Paris mostra o avesso do cenário, mas não tem eco em Argel. Alguns intelectuais de direita manifestam um anticolonialismo paternalista, é verdade, mas consciente. Henri de Montherlant, que conhece a Argélia, medita - privadamente - sobre "nossos indígenas muçulmanos, sem armas, sem imprensa, sem força cívica nem política".[23] O doutor Papillant, influencia do por Gobineau, disserta sobre "o valor das raças coloniais": "Os africanos do Norte e da Síria são de raça branca, de condição muito evoluída, cuja assimilação é desejável. [...] Uma mestiçagem lenta com franceses pode levar à assimilação."[24]

Outubro de 1931. Em recuperação, Camus volta ao liceu, a uma segunda série de filosofia, e a Jean Grenier. Os professores e liceanos de tendência liberal em torno de Camus são sensíveis às injustiças feitas às massas muçulmanas. Não suportam sua miséria nas cidades ou nos campos sem a conhecer bem. Na segunda série de filosofia, Camus encontra Robert Jaussaud, vindo da França, politicamente mais informado e aficionado de caminhadas. Em suas aulas, Jean Grenier não evoca problemas argelinos. Obcecado pela contingência, busca uma serenidade metafísica. Joga com a transcendência, o vazio, conta suas viagens aos alunos que o visitam em sua *villa* de Hydra. Místico prudente, ele diz sentir sua experiência mais intensa aos pés de uma árvore: "Deitado à sombra de uma tília, contemplando um céu quase sem nuvens, vi esse céu balançar e mergulhar no vazio."[25] Grenier se interessa pelas religiões da Índia. Segundo ele, é impossível conciliar a vida mundana e a vida com Deus: "Só se pode chegar ao mundo pelo mundo, e a Deus por Deus." Camus aflora essas ideias em Pascal. O Deus dos filósofos se encontra a uma boa distância do Deus dos Evangelhos. Camus conheceu a pobreza; passou perto da morte; se Deus existe, é um Deus mau ou um Deus não onipotente. Ou Deus não existe e o mundo parece injustificável. Jean Grenier desespera do homem, busca sua salvação em outro lugar. O liceano não.

Camus não é *o* melhor aluno. No entanto, é o primeiro a chegar ao exame de filosofia no terceiro trimestre e obtém a segunda parte do seu *bacca-*

lauréat, com menção *assez bien* [regular], portanto, no mínimo uma média de 12 sobre 20. Passa à primeira superior, para a *hypokhâgne*. Essa classe foi criada em 1929 por Pierre Martino, decano da faculdade de letras. Os alunos desembarcavam nas faculdades ignorando tudo sobre os métodos do ensino superior. Martino desejava que fizessem uma introdução ao assunto. As *khâgnes* dos grandes liceus da França preparam para o concurso de ingresso à École normale supérieure da rua d'Ulm, em Paris. Os melhores alunos do liceu são mandados para Paris, ao Louis-le-Grand e ao Henri-IV, ou ao liceu do Parc de Lyon.[26] Grenier, professor, frequentemente não comparece. Estuda-se pouco *na hypokhâgne* de Argel, intervalo de luxo.[27] Os alunos se cultivam, se distraem. Jogam futebol com alunos de outras classes preparatórias.

A classe de primeira superior, mista, compõe-se de uma dúzia de alunos. Aos poucos, as meninas ultrapassam em número os meninos, entre os quais encontram-se Camus, Claude de Fréminville e André Belamich. Com o *bac* no bolso, Camus fez duas perguntas a Grenier: ele tem possibilidade de prosseguir os estudos de filosofia? Tem possibilidade de escrever "coisas" dignas de serem publicadas? Grenier incentiva o jovem. A respeito de seu livro, *Les Îles* [As ilhas], Camus observa: "Ele está ali inteiro e sinto crescer a admiração e o amor que me inspira. [...] Saberei algum dia tudo o que lhe devo?"[28] Camus se indaga: "Eu precisaria aprender a domar minha sensibilidade pronta demais a se despejar. Sem a esconder sob a ironia e a frieza, eu acreditava comandá-la. Preciso deixar de ser pretensioso. [...] Ela me torna muito condescendente para com o impressionismo, o imediato. [...] Ela deveria falar, não gritar. [...] Valorizo demais minhas contradições. Detenho-me com excessiva frequência para considerar a fraqueza natural de meu caráter. [...] Maldito orgulho." Camus se interessa por Léon Chestov, considera que Stendhal exerce uma espécie de "terrorismo" sobre os escritores franceses.

Os alunos *hypokhâgne* usam barretes ornamentados com uma coruja, seu símbolo. Camus não. Suas relações são calorosas com alguns. Maurice Perrin observa que ele usa "invariavelmente um terno de flanela cinza, um pequeno chapéu de feltro redondo, uma grande gravata-cachecol azul marinho de bolinhas brancas, meias brancas e sapatos de verniz".[29] Esse traje sóbrio contrasta com a roupa desalinhada dos colegas: os meninos vestem túnicas cinza, tristes, amarradas na cintura com cordões. Perrin acha Camus "frio, sarcástico e distante", com ares de professorzinho.[30] Anda com uma maleta, tira dela revistas de arte, livros desconhecidos, cita Chestov, justamente, fala de Proust, zomba de glórias estabelecidas. Mas, para Perrin, sua "maturidade" engana.

Uma das dissertações francesas de Camus - "O romance como gênero literário" - recebeu a honra de uma leitura em classe. Ele remete aos grandes romancistas russos, retoma as ideias de Gide em *Les Faux-Monnayeurs* [Os falsos moedeiros], defende uma concepção "polifônica do romance". O gênero se distinguiria por temas entrelaçados e pela pluralidade dos personagens confrontados com um mesmo problema, afirma ele.

Paul Mathieu, professor de letras, ensina a arte tão francesa da dissertação - introdução, duas ou três partes, conclusão -, que nada tem em comum com o ensaio mais vago à inglesa. Muito bom ator, fez os alunos chorarem com *Germinie Lacerteux*, de Edmond e Jules de Goncourt. Conformista, Mathieu anuncia uma exposição sobre o surrealismo e declara:

— Como disse Horácio, são *aegri somni*, sonhos de doente.[31]

Camus associa rapidamente textos impressos e textos recitados ou declamados.[32] Está se desenvolvendo. Nem sempre obtém a melhor nota. O professor de letras acha esse aluno original *e* peremptório. Às vezes, como os colegas, ele "chupa" os autores, e frequentemente Nietzsche. Numa dissertação, "Tragédia e comédia", o aluno Camus conclui: "A tragédia grega nasceu da necessidade de fugir de uma vida por demais dolorosa. Sem procurar tornar a vida mais agradável, os gregos a aniquilaram pela tragédia, pelo sonho. [...] A tragédia, tal como a comédia, teria por objetivo apenas oferecer o esquecimento."[33] Nota 12 sobre 20.

Alguns alunos da *khâgne* brincam de tribunal. Vão condenar Camus, sem reserva. Um juiz diz: "Quanto a mim, gosto de Camus, sobretudo de manhã: vocês não notaram, quando ele chega, que cara triste?" Para Perrin, as relações com Albert, "sem nunca chegarem a uma franca camaradagem", tornam-se fáceis. Ele acha que Camus está enveredando "pelos caminhos estéreis de um estetismo que, momentaneamente, [o isola] de sua geração". Em seus encontros nos cafés ou na sua casa, Grenier empresta livros a Camus. Oferece-lhe *La Douleur* [A dor], de André de Richaud, um amigo. O romance conta os amores de um prisioneiro alemão e de uma francesa, fala a Camus do que ele conhece, uma mãe, a pobreza, céus bonitos.

Entre os colegas que se tornaram amigos, Camus se impressiona com Claude de Fréminville e André Belamich. O primeiro lê por atacado, tomando os autores em ordem alfabética. O segundo tem um verdadeiro conhecimento de música clássica. Um é extrovertido, efervescente, o outro, introvertido, modesto. "Frémin" é arrebatador, veemente, apaixonado, com entusiasmos extremos. Gosta de escrever no quadro: "Inteligência, puta velha."

Camus aprende a jogar o jogo universitário. Comprova-o a lista da distribuição solene dos prêmios em 5 de julho de 1933, presidida pelo sr. Peyrouton, secretário-geral do governo.[34] O prêmio de excelência da primeira superior vai para Jean Bogliolo. Cumprimentado, Camus arrebanha o primeiro prêmio de composição francesa, o segundo de filosofia. Nessa disciplina, tirou 14 em dissertação. Muitas vezes, Grenier acha que ele não tem "o traquejo escolar". Consegue também a segunda menção honrosa em história. Nada em latim ou em inglês. Não fez grego. Belamich e Perrin estão bem colocados na lista de premiados. Frémin, que não respeita as convenções universitárias, não figura nela. Camus contribui para a *Sud*, revista mensal de literatura e de arte na qual Grenier tem participação. No primeiro número, um certo "P. Camus" assina um pastiche de Verlaine:

L'horizon fuit
Et c'est la nuit
L'oiseau qui pleure
Annonce l'heure
Où le serein
Partout éteint
La vie si brève,
*la vie de rêve...**[35]

Na página seguinte, começa "O último dia de um natimorto", conto de "P.C.". O herói declara: "Tenho dezoito anos. Lembro-me pouco de minha infância, doce, bem-comportada e doentia. [...] Eu tinha princípios bem estabelecidos: Deus, a alma imortal, viver para os outros, os prazeres materiais muito desprezíveis." P.C. aborda o desejo: "Eu a sabia fácil; entabulamos conversa. E meu desejo superava infinitamente o amor, [...] quando senti seus seios, em meu peito. [...] Ela, assustada, recuou, e parti de volta para a montanha, correndo, sempre rindo." P. C. está triste: "... Depois, umas ideias: não tenho mais nada, não creio em mais nada. Impossível viver assim. Matei em mim a Moral. Já não tenho objetivo, razão de existir,

* O horizonte foge/ E é noite / O pássaro que chora/ Anuncia a hora/ Em que o sereno/ Em toda parte extingue/ A vida tão breve,/ A vida de sonho... (*N. da T.*)

vou morrer." Pouco mais novo, não católico como seu herói, Camus podia morrer.

Sem autoconfiança suficiente para assinar esboços imaginativos, ele publica quatro ensaios críticos em *Sud*. Grenier sublinha que os artigos não são "obras a serem discutidas, mas [...] às vezes esboços". Camus, quase dezenove anos, dedica um ensaio banal a Verlaine, outro grandiloquente a Jehan Rictus.[36] O rapaz busca um método de crítica literária: "Não deveríamos analisar as obras verdadeiras e sinceras", ele decreta. "Esse tipo de dissecação literária mata a emoção. [...] O que seduz é sobretudo [...] o contraste entre a vida lamacenta e suja do Pobre [Rictus] e o azul ingênuo de sua alma."

Esse liceano-estudante* redige um artigo curto e categórico sobre "a filosofia do século" para tratar do livro de Bergson, *Les Deux Sources de la morale et de la religion* [As duas fontes da moral e da religião]. Ele leu *Matière et mémoire* [Matéria e memória] na edição de 1929 e sublinhou duas frases:[37] "Este livro afirma a realidade do espírito, a realidade da matéria e tenta determinar a relação de um com a outra, a partir de um exemplo preciso, o da memória" e "A metafísica deve começar por dissipar suas obscuridades artificiais". Na ofensiva, Camus manifesta uma desilusão peremptória: "Eu esperava com impaciência o livro que deveria ser o coroamento da obra de Bergson. A filosofia bergsoniana era uma questão, um problema levantado, faltava-lhe uma resposta. Nascido o livro, veio a resposta. Ela me decepcionou." No entanto, ele encontrou em Bergson um escritor delicado e, com reservas, um filósofo arguto: "Decerto, ele ainda fez a apologia da intuição e a condenação da inteligência", mas por que Bergson "não fez uma obra de mestre ensinando a verdade?" Camus procura um mestre instalado num sistema. Afirma que "afastar a inteligência como sendo perigosa, basear todo um sistema no conhecimento imediato e nas sensações em estado bruto" é "dispensar toda a filosofia do nosso século".

Camus, reconhecido sem ser conhecido, tem, segundo Grenier, necessidade de "sucesso". Um número especial, o sétimo da SW, é publicado em 1932 com um ensaio sobre a música, em seis páginas cheias, de Albert Camus, uma dissertação reescrita. Grenier comenta nas margens: "supér-

---

* Em francês, a palavra *étudiant* [estudante] refere-se ao aluno de curso superior. Neste caso, *lycéen-étudiant* [liceano-estudante] é empregado por se tratar de um aluno de liceu que já se encontra nas classes preparatórias para a universidade. (*N. da T.*)

fluo", "sem interesse", "tolice"... O tio Acault tem um fonógrafo. Camus descobre que a música é harmonia. A música dodecafônica, Schoenberg, Berg e Webern ainda não chegaram a Argel nem a Paris. Camus desenvolve lentas análises sobre as relações de Schopenhauer e Nietzsche com a música, forjando um neologismo: "Nietzsche exorbitava* as ideias de Schopenhauer." Cândido, esse argelino que adora os estribilhos populares:

Ramona, Ramona,
*J'ai fait un rêve merveilleux,***[38]

exprime com grandiloquência suas relações com a música. "Em geral, e para terminar, a música verdadeiramente *fecunda* [*grifo meu, de um dos primeiros empregos de uma palavra muito camusiana*], a única que nos comoverá e que saborearemos de verdade, será uma música de sonho que banirá toda razão e toda análise. [...] A arte não tolera a razão." Fim do artigo.

O sobrinho se distancia do voltairianismo de Gustave Acault. Antes do final de 1933, Camus escreve um texto pendendo para a novela, em torno de um personagem chamado Beriha. Um amigo culto e ativo, Max-Pol Fouchet, manda para Camus uma carta crítica em dez itens.[39] Beriha, diz ele, é sobretudo um lógico. Camus replica, admitindo que ele mesmo o sente "muito mal". Beriha *não é* um lógico: "Coloco acima da lógica ao mesmo tempo o sonho e a ação. Pois vejo na lógica a pura inteligência, vazia e desprezível." Positivismo ou cientificismo não ameaçam o rapaz. O problema da lógica o preocupa: "Chamarei lógico um homem que sente logicamente, e não um homem que pensa logicamente." O que é essa lógica sentida?

Camus se manifesta em outros escritos de juventude, a meio caminho entre a anotação e o texto redigido.[40] "Aceitar a vida, tomá-la como ela é? Estupidez. Há meio de fazer diferente?"; "Aceitar a condição humana? Creio que, ao contrário, a *revolta* [*grifo meu*] está na natureza humana. [...] Aceitar ou revoltar-se é colocar-se diante da vida." Camus sente sua revolta, não a define. "Que ninguém se engane: a dor existe. Impossível tergiversar. Talvez, no fundo de nós, a parte essencial da vida." Ele acredita que nunca se livrará da tuberculose.

---

* No texto francês, *outranciait* (o verbo seria *outrancier*), neologismo criado por Camus a partir de *outrance*, exagero, excesso, algo que passa dos limites. (*N. da T.*)

** Ramona, Ramona/ tive um sonho maravilhoso. (*N. da T.*)

Um estilo emerge dos textos. Camus encontra *um* de seus tons, o solene. O que é um escritor senão um tom, portanto um clima? "Um homem jovem encontrar-se no limiar da vida e antes de qualquer empreitada, geralmente é uma grave lassidão e um desgosto profundo das pequenezas e das inutilidades com as quais se macula na própria medida em que se defende delas. [...] Ele sabe a inutilidade do que chamarei a libertinagem metafísica." Ele faz muitas anotações, gosta de se reler, reexamina seus gurus. Gide, em vaivém. *A favor* de Gide: "Reli minhas anotações sobre Gide. [...] Tive raiva da mediocridade de meu pensamento ao refletir sobre a profundidade do sentimento que tenho por Gide." *Contra* Gide: "A obra de Gide é uma tela diante de sua vida: 'Nossos livros não terão sido os relatos muito verídicos de nossas misérias.'" *A favor*: "Quando G. ama e fala apaixonadamente, há sempre Gide observando Gide." *A favor e contra*: "*Nourritures terrestres* [Alimentos terrestres]: essa apologia das sensações [...] nunca é mais do que uma intelectualização dos sentidos. [...] *Alimentos terrestres*: paraíso proibido..."

Camus se distancia e se aproxima do Gide escritor, não do burguês fazendeiro. "Meu gosto por Gide redobra quando leio seu *Diário*. Não é que ele é humano? Continuo também a preferi-lo a qualquer outro escritor. Por um efeito inverso, detesto Cocteau."[41] A seu mestre Grenier, que lhe deu de presente *Em busca do tempo perdido*, Camus explica o quanto é comovente, em Proust, "a oposição entre a força no conjunto e a minúcia no detalhe".[42] Proust representa o artista, supremo elogio camusiano. Admira-o tanto que larga seus livros com *amargura*. Muito cedo, Camus também utiliza essa palavra, mas com uma conotação positiva. Em Proust, "Tudo está dito. Não é mais preciso voltar ao assunto". Confissão patética ou patos: "Só sei uma coisa: minha alma mística que arde por se dar com entusiasmo, com fé, com fervor."

O fecundo fervor da amargura... Em textos reunidos sob o título bergsoniano de *Intuitions*[43] [Intuições], Camus alinha suas interrogações. Não submete esses textos à apreciação dos amigos: "Eu procurava o sentido da vida, dessa vida que eu não conhecia." Num fragmento de prosa, *Délires*[44] [Delírios], ele exprime uma exaltação de que nenhum colega, com exceção de Fréminville e Belamich, é capaz de suspeitar: "Esses devaneios nasceram de grandes lassidões, eles marcam o desejo de uma alma excessivamente mística que exige um objeto para seu fervor e sua fé." Nesse texto, o autor dialoga com um louco. Um Camus racional e apolíneo conversa com um Camus irracional e dionisíaco na apóstrofe lírica e moral. "Você nunca poderá ser feliz se continuar a procurar do que é feita a felicidade." Ele se fustiga: "Gosto demais das minhas mentiras e das minhas hipocrisias para não as confessar com fervor." Esse jovem não é religioso, mas joga ininterruptamente com a ideia de Deus: "Se algum dia acontecer que o homem me vença e conheça todas as coisas, disse Deus, então a aventura do homem estará terminada e ele mesmo se fará morrer nesta terra que nada mais terá a lhe fornecer."

Então Camus "comete"[45] poemas que ele perde ou destrói. Sobreviveu um muito longo sobre o Mediterrâneo, em versos bastante livres. *Aux cimitières marins, il n'est qu'éternité...** Camus, próximo de Valéry, canta também *Midi sur la mer immobile*** e abusa das aliterações: *Blond berceau bleu où balance l'incertitude...**** Um bom verso livre é tudo, menos livre, e, às vezes, as vozes da poesia são as da prosa.

* Nos cemitérios marinhos só há eternidade... (*N. da T.*)

** Meio-dia sobre o mar imóvel. (*N. da T.*)

*** Louro berço azul em que balança a incerteza... (*N. da T.*)

5

MEIAS BRANCAS

Perto do açougue dos Acault, na rua Michelet, fica o Champs-Élysées de Argel. Rebatizado como "Bugeaud" para o Centenário, em 1930, o grande liceu fica a vinte minutos. O apartamento dos Acault fica no térreo, em piso elevado. A primeira janela é a da sala de jantar, a terceira a de Albert. Na esquina da rua Michelet com a rua Tirman, Albert frequenta a livraria Notre-Dame, mantida por duas exiladas – "as virgens", diz o tio. Ele toma o caminho da Solidarité, onde um novo amigo, Jean de Maisonseul, mora sozinho com a mãe.

Os liceanos-estudantes da primeira superior "fazem" a rua Michelet, como outros em Paris fazem o Boul'Mich,* em Cambridge o King's Parade ou em Harvard o Square. Camus e Fréminville instalam-se no terraço do café des Facultés e observam as meninas que passam, empinadas.[1] Belamich fala de Chopin ou de Schumann. "Que cidade contém, ao mesmo tempo, todas essas riquezas que se oferecem ao longo de todo o ano, o mar, o sol, a areia quente, os gerânios e [...] os bosques de oliveiras e de eucaliptos?", escreve Camus. "Aflora-se a felicidade. [...] Eu nunca poderia viver fora de Argel. Nunca. Viajarei, pois quero conhecer o mundo, mas tenho a convicção de que, em outro lugar, estarei sempre no exílio."[2]

Esses jovens se encontram com frequência na praça du Gouvernement, no café de la Bourse e, pelas ruelas da Baixa Casbah, voltam à parte alta da cidade.[3] Então, eles têm contato com os árabes. Argel, com 170.000 brancos e 55.000 "indígenas", é uma cidade europeia. No café Fromentin, apreciado por Gide, os amigos fazem uma parada. Têm uma ternura especial pelo minúsculo cemitério das Princesas e pela Casa Mourisca, construída por Léon Claro,

---

* No jargão estudantil, bulevar Saint-Michel. (*N. da T.*)

professor de arquitetura da Escola de Belas Artes. Esses estudantes-liceanos não se detêm no museu Franchet d'Esperey, presente das comemorações de 1930. Caminham até a fortaleza, as muralhas e seus canhões de bronze, voltam pelo cemitério de El-Ketar. Mais adiante, nos cemitérios europeus, os amigos sentam-se perto dos túmulos, decifram as inscrições francesas, espanholas, italianas, maltesas que contam as sagas familiares e coloniais. Um sobrenome de soldado lembra uma campanha; vários nomes de uma lista com o mesmo ano de falecimento, uma epidemia. Avistam o mar, as pedreiras de calcário azul e marrom de Bab el-Oued, a basílica Notre-Dame--d'Afrique, horrível bolo confeitado, como o Sacré-Coeur de Paris. Voltam a descer pela rua Kataroudji, com seus escreventes e seus bordeizinhos. Ao pé da escadaria, figueiras e o túmulo de Sidi-Abderrahman. Os cemitérios argelinos têm o encanto discreto dos cemitérios protestantes. Os amigos apertam o passo na estrada de Sidi-ben-Our: a "casa Colette", comprida e coberta de telhas redondas, no meio de um bosque de pinheiros, os faz devanear, antes do Bordj Polignac, cercado de muros, e um imenso parque. Os estudantes, aos quais se reunirão amigos, como o pintor Louis Bénisti, chegam ao Village Céleste e ao pequeno restaurante. Max-Pol Fouchet julga seu estilo "regionalista francês" e chama sua gerente de "senhora hospedeira". Descendo a estrada, antes do forte, eles param no marabu de Sidi-ben-Our.[4]

Camus gosta da agitação de cidade grande e saboreia a calma de seus arredores. Os bondes de Argel são alegres, balançando e soltando feixes de faíscas. O colonizador implanta bondes – até na Indochina. Os argelinos dispõem de três redes: os Tramways Algériens (TA), verdes e brancos, os Chemins de Fer sur Route Algériens (CFRA), marrons, os Tramways et Messageries du Sahel (TMS), amarelos com um toque de vermelho. As duas últimas servem os subúrbios. A estação central é na praça du Gouvernement. Nesses bondes e ônibus, europeus e árabes viajam lado a lado: não há discriminação oficial.

À maioria dos que o conhecem, Camus dá a impressão de ser um rapaz satisfeito, mas em 1932 e 1933 ele está atormentado. Confia-se a Robert Jaussaud e a Claude Fréminville. Este último, órfão de um pai oficial de origem aristocrática e cuja mãe despreza os franceses de Orã, é, para Albert, "o melhor", "o mais bem-dotado".[5] Belamich, apelidado André Parnasse, provém, por sua vez, de um meio judeu mais abastado. Fréminville na verdade não estuda, e no entanto o professor de história prevê para ele uma carreira magnífica. O sr. Mathieu lhe reprova um tom rebelde. Fréminville escreve versos. Henri de Régnier acha que seus poemas "anunciam muito talento". A cultura de Frémin impressiona Camus, mas não Grenier, que não gosta dele.

Claude adora Orã, sua catedral de pedra amarela, e nas paredes desenhos obscenos de sexos masculinos gigantescos de onde escorrem rios de esperma. Como Camus, sente-se espanhol e francês. Albert e Claude dizem um ao outro "*buenas tardes*". Fréminville aprecia os *spirituals*, lê Faulkner, Hemingway, Proudhon, Jaurès, Romain Rolland e Tolstói. Tal como Robert Jaussaud, detesta o estado de espírito dos colonos, que se apressam em afirmar que os árabes são preguiçosos, sifilíticos, hipócritas e ladrões. Mas esses colonos precisam dos "indígenas" para fazer os pequenos trabalhos na cidade e os grandes no campo. Revoltados com os salários miseráveis, Robert e Claude levam Albert a tomar consciência dos problemas sociais para além de Argel. Albert e Claude trocam livros, ideias, artigos, poemas.[6] Recitam em vozes alternadas *L'Étranger* [O estrangeiro], de Baudelaire:

> — *Quem mais amas, homem enigmático, diz? Teu pai, tua mãe, tua irmã ou teu irmão?*
> — *Não tenho pai, nem mãe, nem irmã, nem irmão.* [...]
> — *Tua pátria?*
> — *Ignoro em que latitude está situada.*

Sentem-se franceses da Argélia.

> — *Ei! O que amas então, extraordinário estrangeiro?*
> — *Amo as nuvens... ali, ali, as nuvens maravilhosas.*

Em Orã, Fréminville prepara sua partida para a França. Camus lhe dirige cartas exaltadas: "Seja uma chama de alegria nas ruas. Não creia que você é ruim. Você é bom e é uma criança sensível que quer ser imoral, mas seja o que você é. Não mude [...]. Seja mau, orgulhoso. Ostente uma alegria insultante. O que importa, já que bem no fundo você continua ávido por ternura." Mas "a ternura não existe [...]. Não acredito mais em nada. [...] De Fréminville já não acredito nem mesmo em sua amizade na qual tinha esperança há alguns dias". Albert lança um adeus ao amigo, mas acrescenta mesmo assim: "Escreva-me se puder."

As moças não resistem a Camus, encantador e sedutor, de olhos cinza-esverdeados. Numa certa Simone Hié, ele descobre uma cínica. Belo rosto oval, sardento, olhos castanhos de reflexos verdes, pernas longas, aquela criatura elegante de andar sensual balança entre vários suspirantes, entre os quais Max-Pol Fouchet. Com seu casaco de pele preto, ela gosta de representar Greta Garbo, Marlene Dietrich, Nadja e a Garçonne* Reprovada no *bac*, ela assiste a aulas de faculdade.

Albert vê Simone pela primeira vez na casa de Max-Pol, que reúne amigos para ouvir música, de cortinas fechadas, conforme conselho de Gide. Filha da doutora Sogler, oftalmologista casada pela segunda vez, Simone Hié se diz noiva de Max-Pol, que a encontrou quando ela tinha dezesseis anos.[7] Os jovens referem-se a ela designando-a pela inicial de seu nome. Um ano mais nova do que Albert,[8] S. dá o que falar, os jovens murmuram que ela "vai para a cama", o que não é tão frequente na burguesia de Argélia, em que a virgindade continua sendo um capital. Muitos homens têm medo de seu gosto pelo escândalo – não se fazem notar.

Abrem-se as cortinas da casa de Max-Pol e os presentes ficam deslumbrados, sobretudo Louis Bénisti.[9] Simone com suas pálpebras azul-malva, seus cílios postiços, seu vestido transparente: é a graça, o mistério, Vênus com um toque de vulgaridade. Piteira na mão, ela mente e o confessa. Dá a entender que em seu pensionato, em outros tempos...

— Simone, você vai ser puta — diz seu padrasto.

Camus reata com Fréminville. Mandou-lhe um artigo e disseca o primeiro livrinho de poemas de Claude, de que ele não gosta. "Você compreende, meu velho, por que não temo lhe dizer a verdade. E que sei que o verdadeiro de Fréminville gostará mais de mim se eu for sincero."[10] Crítico leal e doutoral, Camus ainda não tem vinte anos. "Admito que se possa ver algo de Whitman em seus versos, no limite, de Claudel. Mas confesso que não vejo James. Enfim, orgulhe-se, mas não fique contrariado." Depois, volta às efusões: "Faço questão de não o perder na vida e de continuar em contato com você. Nesse momento, sobretudo, em que estou decidido a não ver mais ninguém e a viver sozinho." Verdade? Camus deixa a rua du Languedoc, brigado com a tia Gaby e o tio Gustave: o voltairiano anarquista não admite que o sobrinho receba moças no quarto – e principalmente S.

Militante da Juventude Socialista, Max-Pol viaja para o campo e S. afasta-se dele. Camus marca encontro com Fouchet no Jardim Botânico. Eles descem até a praia.

---

* Nadja e La Garçonne, figuras de mulheres livres, personagens-título de romances de A. Breton e de V. Marguerite, respectivamente. (*N. da T.*)

— Ela não virá mais... Ela escolheu — explica Camus.

Max-Pol se resigna.

— Eu me perguntava se você tinha caráter — disse Camus. — Você está nos dando a prova.

Fouchet estará aliviado por ter se desvencilhado de S.? Aquela criatura deslumbrante apresenta um inconveniente: quando sua mãe lhe deu uma injeção de morfina para combater as dores da menstruação, Simone descobriu o paraíso. Desde então, furta receitas da mãe para se reabastecer. Descoberto o subterfúgio, ela apela para outros médicos. A sedutora e inquietante S. cita André Breton, estende altas notas de dinheiro para os motoristas de táxi, cantarola refrões obscenos, fala de *Jeunesse de la Mediterranée* [Juventude do Mediterrâneo], um livro de Gabriel Audisio, meio poesia, meio prosa - técnica que atrai Camus. Depois, drogada, S. se ausenta, se encolhe, termina com uma frase de Tzara, que irrita Albert. Simone se interessa por Conrad, Rimbaud, e muito pelo desregramento de todos os sentidos.

O irmão de Louis, Lucien Bénisti, farmacêutico em Bab el-Oued, manda para Albert caixas de ampolas de diluição progressiva, fraca.[11] Na casa do professor Heurgon, na rua Michelet, Simone se pica no banheiro.[12] E também quando vai à faculdade, onde seus saltos-agulha e sua estola de raposa cinza-azulada surpreendem. Busto ereto, ela se desloca com passos largos, os homens se voltam. Camus tem vontade de quebrar a cara daqueles que a despem com os olhos: descobre a paixão e o ciúme. Há momentos em que se convence de que o amor "não queria dizer nada".[13] Em 27 de julho de 1933: "Fui obrigado a me separar de meus pais. Meu irmão me acolheu." O bom Lucien Camus, que mora no 117 *bis* da rua Michelet, não compreende bem o irmão caçula, mas sabe amá-lo. Os Acault cortam a mesada de Albert: "Vivo quase sozinho - estou desprovido - incerto." Seu irmão, agente comercial e contador, ajuda-o quando pode. Em sua profissão, ganha-se no máximo 1.800 francos por mês. Lucien, que vai se casar com uma jovem costureira em domicílio, também cuida da mãe deles.

Albert precisa ganhar a vida: "Tento fazer jornalismo para continuar minha licenciatura." Trata-se de começá-la. Suas dificuldades não o abatem. "Experimento uma certa felicidade em me sentir pleno de infinitas virtualidades." Abandona o "declive fácil demais [...] da revolta e da maldição". A beleza de Argel volta a tomar conta dele: "Há uma imensa claridade no pedaço de céu que vejo pela janela e, não sei por que, isso me lembra um passeio que fizemos sob as nuvens. Era muito bonito." Com vinte anos, ele acredita escrever para Fréminville, ao passo que escreve para si mesmo: "Acho que as belas coisas e as belas almas, mesmo quando riem e se exaltam, são frequentemente tristes e sempre trágicas." Camus sabe que sua tristeza é passageira: "Essas lassidões não são conclusões." Volta o estoico: "Sofrer não é nada. O que conta é saber sofrer." O que faz seu amigo em Orã? "... Sua cidade horrível. Todas as vezes que fui até aí, fiquei enojado com sua vulgaridade opulenta. Apesar de tudo, gosto mais de Argel." Camus lê pouco, escreve menos ainda: "É preciso saber aceitar essas hibernações do espírito." Como consolo ele toca, segundo diz, muita música. Gostaria de se reaproximar de Belamich, de férias em Orã.

Em todas as suas cartas do final de 1933 e início de 1934, Camus evoca suas finanças. Não tem mais bolsa. O semiliceano financiado por Acault torna-se estudante pobre. Tinha esperança de arrumar um emprego "de secretário numa editora. Acabou-se". Um outro nos impostos diretos "não lhe apetece". Será que Frémin poderia lhe conseguir um emprego de redator ou de cronista no *Oran-Matin* de Orã, ele faria seus cursos por correspondência. Escreveu na *Sud* e no *Alger étudiant* [Argel estudante], teve uma coluna de discos na *La Presse libre* [A imprensa livre]; não seria "portanto um principiante". Camus pensa nas "carreiras professorais", a segurança, segundo Acault. Ensina-se e escreve-se apesar dos riscos: adormecer num ambiente rotineiro e acordar assistente em meio à neblina de Lille ou às brumas de uma tese. Grenier, que *tesifica*, sabe disso. Camus teme que uma vida de professor asfixie o artista que há nele.

Obtém um certificado de moral e de sociologia, em novembro de 1933. Sua licenciatura se fará aos solavancos. Consegue o certificado de psicologia, fracassa no de estudos literários clássicos em junho do ano seguinte, mas passa no exame de novembro.

No circunlóquio de um parágrafo, depois de informar Fréminville de que está lendo Thomas Mann, Malebranche e Claudel, de que está estudando alemão e "experimentando as ciências", Camus diz: "... dei a mim mesmo quatro anos para escrever a obra que quero criar (quatro anos porque minha doença não me dá mais)." Não fala de poder escrever um livro, anuncia uma obra: "Por ter vinte anos, acreditamos ter direitos. Estou cada vez mais persuadido de que só temos deveres." Alerta o amigo contra "essa facilidade que estraga as mais belas obras". Lúcido e sentimental, Camus:

"Estou tão cansado, tão arrebentado. [...] Sentimo-nos envelhecer, aos vinte anos [...] Bem sei que, se estou sofrendo, estou vivendo plenamente. Sei que o sublime não se separa do trágico, mas às vezes o trágico se separa do sublime: quando ele nos aperta demais – impede-nos de chorar." Atravessa terríveis "dias de amargura e de descrença". Parece protetor com Claude – "amigo muito puro e muito criança".

As relações com Simone são tempestuosas, nas reconciliações e nas rupturas. "O que mais dizer a não ser que preciso me curar?", escreve Camus a Frémin. "Há o cheiro do sol, é verdade, e a Arte, e o Amor. Mas o Amor, quando o amor que vivemos vai mal, não é satisfatório." Pensa em seus artigos: "Nenhuma revista me convém, pois não quero publicar. É mais bonito e sobretudo mais seguro criar por criar, sem a esperança de uma magra imortalidade [...]. Mas, se eu tivesse de publicar, não seria antes de três ou quatro anos, pois uma obra deve ser carregada pelo menos durante todo esse tempo. [...] não acredito no gênio precoce." Ele mantém várias frentes, seus amores, o cotidiano prosaico e a obra a ser começada enquanto termina uma licenciatura.

De fevereiro a junho de 1934, Fréminville vive em Paris. Camus sente-se melhor. Não por gosto ao luxo, mas para "realizar essa obra", pede ao amigo que lhe procure um emprego, "de que possa viver à larga". Fréminville propõe um cargo na agência Havas. "Minha saúde não me permite nenhum trabalho à noite. E não posso ir embora neste momento", responde Camus. Simone e ele estão reconciliados. "Tenho pressa de viver muito – a largueza, se assim posso dizer. Somos dois a lhe pedir que nos ajude", escreve Camus, que desejaria 1.500 francos por mês. Dará um pulo até Paris. "Não irei sozinho em junho. Não imagine, porém, nada de romântico nem de muito fácil. E muito mais grave."

O departamento de filosofia de Argel reúne um professor titular, seus assistentes contratados e cerca de vinte alunos. As aulas são dadas numa sala quase vazia. Algumas moças usam chapéu e os rapazes se apresentam de terno e gravata. Calça branca, chapéu de feltro e gravata-borboleta, Camus é considerado um dândi. O chefe da seção, René Poirier, apega-se a seus cursos magistrais. Esse *agrégé** de filosofia publicou sua tese, *Essai sur*

* Trata-se de um título conferido por concurso (*agrégation*), neste caso a professores do liceu, ou seja, do ensino secundário. Também há o título de *agrégé* em certos cursos universitários. (*N. da T.*)

quelques caracteres des notions d'espace et de temps[14] [Ensaio sobre algumas características das noções de espaço e de tempo], muito científica para estudantes literários. Poirier se aprofunda na relatividade e na teoria dos *quanta*. Para ele, a ciência é uma escola de precauções intelectuais. Licenciado em direito, depois de dois anos na escola de línguas orientais, interessa-se também pelo budismo, principalmente pelo vedanta. A universidade francesa, na época, vê Freud com desconfiança, mas Poirier se debruça sobre o inconsciente. Lecionou em Montpellier. Acha Argel pouco acolhedora, com sua sociedade compartimentada em conventículos – colonos, militares, funcionários. A faculdade de letras parece compartimentada. Nela, catorze professores se espreitam através das mesmas conversas e por sobre os mesmos babás ao rum das recepções. Poirier sozinho prepara para os quatro certificados de licenciatura e tem duas turmas por ano. Em outubro, tem uma dúzia de alunos assíduos; em maio, seis – entre os quais Camus e a vaporosa Simone, como ouvinte, ou, mais sérias, Myriam Salama e Liliane Choukroun. Poirier trata da causalidade, do determinismo, da liberdade, compara a graça no xintoísmo à doutrina cristã. Suas aulas de lógica e de filosofia geral, segundo ele, não entusiasmam seus alunos, gentis, mas pouco interessados. O melhor no oral é Yves Dechezelles, exímio orador e militante da SFIO. Quanto às boas notas em dissertação e nas exposições, Albert Camus segue-o de perto. No escrito, segundo Poirier, Camus se destaca, embora em seus trabalhos a forma prevaleça sobre o conteúdo. Com tão poucos alunos, como convidar um deles para tomar um café amigavelmente e depois reprová-lo no exame? Poirier seleciona assistentes e confia um curso "complementar" a Jean Grenier, da mesma turma de *agrégés*. Mas Poirier obteve primeiro lugar, Grenier terceiro. Um se inclina para as ciências, o outro para as letras. O primeiro segue o programa, o segundo divaga. Poirier transmite um respeito não positivista pelas ciências que Grenier negligencia.

Um outro professor impressiona Camus: Jacques Heurgon, da École Normale, que ensina literatura latina e história romana. Em 1934, ele dedica um curso aos imperadores romanos, entre os quais Calígula. Sévrienne, sua mulher, tem um pai famoso, Paul Desjardins, que, nas *Décades de Pontigny*, reúne intelectuais e seculares em torno dos pontífices da *Nouvelle Revue française*. Gide, Roger Martin du Gard, Claudel, Malraux representam a literatura, Bernard Groethuysen e o sutil mandarim ao qual Poirier dedicou sua tese, Léon Brunschvicg, a filosofia. Heurgon aprecia Camus. Pena que o rapaz não tenha feito grego; lamentável que seja mediano em latim. Numa versão, de Tácito, Heurgon anota: "Apenas passável. Inteligente, mas ainda muito desigual, muito incerto."[15]

Camus tem uma certeza: irá escrever. Descobre a obra de um escritor, exemplar aos trinta e dois anos, André Malraux. Grenier recebe este último em sua casa, mas não convida nem seus colegas nem seus alunos-discípulos para encontrá-lo. Entre as centenas de livros que consome, dois impressionam Camus, *Les Îles*, de Jean Grenier, obra confidencial que poderia chamar-se "Les Solitudes" [As solidões], e *La Condition humaine* [A condição humana], de Malraux, Prêmio Goncourt.

Grenier, quinze anos mais velho do que Camus, estuda o invisível, o imaginário, o absoluto e, embora não o admita de início, o divino. Fala mais do que Fbirier do finito humano e do infinito divino, do mistério e do sagrado. As relações entre Grenier e Camus comportam tanto o diálogo quanto o monólogo. Em *Les Îles* – ensaio de cento e cinquenta páginas sobre a atração do vazio, as ilhas Kerguelen ou o gato Mouloud –, Camus descobre uma forma mais do que um conteúdo a que possa aderir. Aproxima Grenier prosador de Chateaubriand e de Barrès. Em seu mestre, Camus aprecia a ironia secreta, um toque de loucura, um sentimento metafísico da vida e sua maneira de ler um texto de Platão com as entonações orfelianas de Ludmilla Pitoëff. Certas ideias de Grenier seduzem Camus, suas premonições – suas monições,[16] diz o mestre –, seu gosto pela meditação, a ruminação sobre a pouca realidade das coisas, e sua doença literária inata. Grenier aconselha o aluno a visitar a Itália e a Grécia, e, se não a Índia, a Indochina. Camus poderia solicitar um cargo de professor em Saigon, despesas de transporte por conta do Estado.

O professor e o aluno gostam dos gatos e cães perdidos: "Um gato digno do nome de gato deve ter uma coleira", declara Grenier. "Imediatamente obtém um sucesso extraordinário com as gatas." Com esse Grenier pode-se sorrir, já menos com Poirier, que não mostra seus estados de alma. No escritor de *Les Îles*, Camus colhe palavras como grandeza, revolta, heroísmo, plenitude. Entre o homem de trinta e cinco anos de ideias delicadas, fluidas ou hesitantes, e o jovem com imensa fome de viver, se estabelece uma confiança sem familiaridade. Camus, cerimonioso, Grenier, respeitoso, tratam-se por *vous*, dirigem um ao outro bilhetes e cartas que este último conserva. Descendo de Hydra até a coluna Voirol, eles compram queijos: "Não é tanto pelo *camembert*, mas é que a hora do crepúsculo é difícil de suportar aqui",[17] diz Grenier, que apalpa os queijos como suas reflexões. Camus gosta de admirar mortos e vivos enquanto Grenier acumula cruezas e reticências. Tem uma dificuldade quase existencial de pagar uma rodada. O estudante, apesar de suas queixas, quer a felicidade; o professor, não. O discípulo, doente e pobre, às vezes berra; o mestre geme. Bem-apessoado o adulto saboreia menos do que o jovem, sujeito a gripes e febres, uma conversa ou um passeio entre amigos. Grenier se dilacera com as argumentações, Camus luta contra a tuberculose.

Eles compartilham uma paixão pelas paisagens mediterrâneas. Grenier evoca uma cultura mediterrânea que seduz Camus. Ao encontrar Grenier e seu aluno preferido num terraço, não se deve perturbar seu *tête-à-tête*, pois Camus pratica a arte do distanciamento glacial: Não estou incomodando? — Sim, está me incomodando. Ele pode apertar as mãos ou não.

Seus círculos íntimos apreciam e admiram Camus, apesar desse tom brusco. Outros estudantes se decepcionam. Um oranês desajustado, Henri Sanson, é rechaçado. Camus chama-o de "senhor Sanson" para distanciá-lo.[18] Algumas moças detestam Camus porque ele não as nota, perseguindo-as ou recusando seus avanços. Não tem relação nenhuma com um dos raros alunos "indígenas" do departamento de filosofia, um dos favoritos de Poirier, Amrouche, professor primário.[19] Camus ostenta um vivo sentimento de dignidade e uma superioridade que às vezes desagradam.

Grenier manipula paradoxos e aforismos diante de Camus e Belamich:[20] "Só temos o supérfluo, só nos falta o necessário", lança ele. "Desejando me preparar para a próxima última guerra, resolvi visitar um matadouro." Camus demora para falar de sua vida particular a Grenier, que descobre a importância de S. O tom das cartas de Albert para Simone é mais precioso do que sua correspondência com Fréminville: "Nossa mesa dobra-se sobre as flores de pilriteiro, as quais me lembram que a primavera com que havíamos sonhado só se iguala à morte que nos apavora", sussurra Camus, que filosofa densamente com Simone.[21] "Assim caminharemos para a unidade ou para a pluralidade em nossa admiração, em nosso panteísmo."

No domingo, Camus, Fouchet, Louis Bénisti e Maisonseul passeiam na Bouzaréah.[22] S. participa do passeio com um, em seguida com outro. Depois, a fantástica solta o verbo. Para Maisonseul, ela declara que o presente só tem realidade quando se torna lembrança.[23] Mireille, outra ouvinte da faculdade - irá se casar com Louis Bénisti –, está deslumbrada com aquele casal, Albert e Simone.

— Se eu escrevesse um romance, vocês estariam entre minhas personagens.[24]

Albert e Simone se intrigam e se envaidecem. Para surpresa de todos, menos da mãe de Simone, a doutora Sogler, os jovens decidem se casar. Camus tem vinte anos, Simone dezenove. Para a sra. Sogler, Albert só pode fazer bem à sua filha. Louis Bénisti suspeita de que Camus esteja caindo no angelismo: casando-se com Simone, pretende curá-la. Irá arrancá-la das drogas e dos delírios. Aquele ateu tem um lado são-bernardo. Para Louis, aquele casamento é um erro, em primeiro lugar porque Camus faz afirmações furiosas contra a instituição antinatural e contra o triste símbolo, a aliança no dedo, que aprisiona. Albert e Simone não se juram fidelidade. Por que se privar das felicidades possíveis, quando os corpos se cansam? "Tenho vontade de me casar, de me suicidar ou de fazer uma assinatura de *L'Illustration*. Um gesto desesperado, sei lá...", diz Camus.[25]

Os dois jovens escapam de suas famílias, obtêm a independência jurídica, mas não a autonomia financeira. A sra. Sogler e os Acault, reconciliados com Albert, ajudarão o casal. A primeira o alojará, e muito bem. Os segundos fornecem um pequeno rendimento e emprestam um Citroën 14CV. O tio e a tia Acault não aceitavam Simone Hié, mas acolhem Simone Camus. Cerimônia íntima, em 16 de junho de 1934. Catherine Hélène Sintès perguntou que presente agradaria ao filho:

— Uma dúzia de meias brancas.

Para a Argélia, é portanto uma escolha de dândi.

6

"PEDACINHOS DE ALMA"

Modas de roupas e acontecimentos políticos de Paris chegam bem depressa a Argel. Em 1934, extrema direita e extrema esquerda se digladiam no Parlamento. Os confrontos são sérios. Depois de 6 de fevereiro, os jornais de Argel publicam telefotografias, ataques a cavalo da guarda republicana, militantes lançando bolinhas de gude sob os cavaleiros, ônibus queimando diante da Câmara dos Deputados.

Camus se protege. Quis esse casamento de paixão e razão e pensa mais nas formas literárias do que na política. Em Paris, Fréminville se preocupa com o futuro do mundo e com Hitler no poder. Adere ao Partido Comunista Francês, bombardeia Belamich e Camus de cartas, incitando-os a aderir. Belamich se decide – dois dias. Camus previne Claude:[1] "Tome cuidado principalmente para não se apegar a um 'credo' de juventude, porque é um credo." Ele esclarece: "Temos tendência a qualificar como covardia o abandono de nossos antigos erros." Ele não recusa o comunismo como Max-Pol Fouchet, socialista: "Se eu fosse para o comunismo", escreve Camus, "e isso seria possível, eu colocaria dentro dele [*sic*] minha vitalidade, meus meios, minha inteligência, colocaria nele todos os meus talentos, toda a minha alma talvez, não todo o meu coração. Alguma coisa de mim não estaria ali. E isso eu não quero". O coração se mantém à parte da literatura: "Não é por respeito pelo que sou que não adiro. E por irrespeito por uma obra nobre, admirável. Tenho o espírito de religião profundamente ancorado. Para mim o comunismo não seria nada, se não fosse uma religião." Fréminville insiste. Um mês antes de seu casamento,[2] Camus indicava que não ingressaria, que não tiraria sua carteira: "*Aderir* seria me forçar, esconder de mim as outras coisas que há em mim." Ele reivindica seu direito ao egoísmo do criador: "Nada posso fazer se tudo me impele ao silêncio e à vida humana, se tudo me afasta do que é social. Agir? Mas eu ajo todos os dias." Ele tem tantas atividades quanto preocupações: "Eu me *esqueço* de aderir. Se a seus olhos estou errado, talvez no fundo, vá lá, tudo seja *equivalente*." Rude prenúncio de uma contingência absurda? "Aliás estou pagando: não sou nem feliz, nem alegre." Malraux proclama-o, o comunismo é também a fraternidade. Camus termina sua carta com um "fraternalmente". Em geral ele prefere outras fórmulas, "Seu, de todo o coração", "Até breve".

A juventude intelectual cria suas revistas, radicais e evanescentes. Em Paris, Georges Politzer, Henri Lefebvre e Paul Nizan lançaram *La Revue marxiste*. Fréminville resolve publicar uma revista em Argel. Seus batedores serão Belamich e Camus, que lhe envia um artigo sobre Malraux[3] e resume para ele seu ponto de vista: "Malraux. Não é gratuito: opor Ocidente e Oriente. É questão de opinião. Você reivindica a solução humana: eu só a conheço em ideia. Ao passo que conheço a solução oriental – e sei que é impossível para nós, europeus. Você leu *La Tentation de l'Occident* [A tentação do Ocidente]? Nele Malraux diz melhor do que eu as duas posições e sua irremediável separação." Pela primeira vez num artigo, Camus tenta abordar um autor vivo. Rabisca anotações rápidas sobre Gide ou Grenier, Nietzsche ou Stendhal. Tenta ligar seus dois autores vivos preferidos através de suas diferenças: "Este artigo tenta mostrar a distância que há entre *A T. do O.* e *A condição humana*. E só isso. Leia em Grenier *(Les Îles)* as páginas sobre a Índia. Mais do que na China, era na Índia que eu estava pensando nestas páginas. Fizemos da revolução uma espécie de precioso paraíso. É que temos necessidade de um paraíso. A Índia não o necessita (leia o Baghavad-Gita ou alguns Upanishads – *Chândogya-Cpanishad*, na Budé, 25 F)." Entre Grenier e Malraux, Camus quer conciliar duas visões de mundo. Sabe que os comunistas centram-se nos homens, os filósofos orientais os fazem gravitar "em torno do todo". Aproxima-se de Fréminville através de Malraux e se distancia dos pensadores indianos: "Digo-lhe que entre eles e nós há um fosso que *nada* pode preencher: nada, nem mesmo o comunismo e a revolução."

Camus pede que haja intransigência para com os artigos da revista – "os meus também". Deseja uma apresentação sóbria, propõe gastar 50 francos por mês. Ele ganha 300 francos por mês com aulas particulares, depende dos Acault e da doutora Sogler. Recusa um *Salut à Romain Rolland* [Saudação a Romain Rolland] cogitado: "... dedicatórias, incentivos, toda essa telegrafia do movimento revolucionário me parece muito vã." Fréminville submete à sua apreciação um artigo de um certo Mouchot sobre o jazz. Camus: "*Muito mal* escrito. Nenhuma ideia interessante." Mouchot é um pseudônimo de Fréminville. Camus começa então a carta seguinte por: "Foi preciso que eu o magoasse..."

Militante, Fréminville vê em sua revista um instrumento político e, a Belamich, confidencia:[4] "Sim, uma revista é útil porque nos permitirá ser os melhores ☭ e principalmente: porque ela poderá aliciar os indecisos para o marxismo. Mais utilitariamente ainda, ela salvará nós três [incluindo Camus] de uma nefasta influência trotskista, cujos efeitos eu temo terrivelmente." Fréminville se preocupa: "Deveremos deixar Camus sozinho? [...] compreendo o quanto é necessário nos voltarmos para ele." Albert pensa na literatura, Claude na ação política. Em março de 1934, o Instituto Marx-Engels-Lenin de Moscou publicou documentos sobre o programa dos partidos comunistas do Oriente: "Medidas de urgência devem ser tomadas com vistas a organizar e agrupar os comunistas na Argélia, na Tunísia e no Marrocos. Convém criar nesses países organizações comunistas autônomas, separadas do Partido Comunista Francês." Em sua correspondência com Belamich, Frémin pensa nos amigos da Argélia que poderão aderir ao PC, e no martírio: "Seremos censurados, levados à prisão."[5]

Fréminville amontoa coletâneas de poemas, romances e cartas: quarenta nas últimas semanas, diz ele a Belamich. Ele se exalta: "Sabe, André, a poesia não é digna do homem, nada é digno do homem. E não é uma religião, não! Não nos encham com os deuses! Francamente, André." Fréminville denuncia: "Deus desmontável, mesa desdobrável em peças: isso é Deus. Olhem bem. Vocês acham que há só um? Opa! Vou puxar: uma peça: o Espírito Santo. Outra: Eh! Eh! Jesus. Ah! Não maculem Jesus, porcos. [...] Os comunistas querem que o homem seja apenas o homem." Para ele, o comunismo é antes de tudo um humanismo. Camus, mais teológico: "Não dê as costas tão resolutamente ao que parece divino. E tema chamar de amor o que é apenas uma manifestação desse Deus."[6]

Camus explora a ideia de um deus mau, cruel, logicamente possível: "Principalmente não pense no Deus de justiça *deles*. Imagine-o caprichoso e injusto. O do Êxodo. E é preciso, senão como esperar que essa desesperante condição humana mude algum dia. Ah! de Fréminville, como o vento é frio nesse planalto de Hydra." Os jovens Camus moram na *villa* Frais Cottage, nº 12, no parque de Hydra. Maisonseul, discípulo de Le Corbusier, está reformando o apartamento deles, cujo aluguel de 400 francos por mês é pago pela sogra Sogler.

Camus a Fréminville:[7] "Não se deve querer que a paixão seja obscura e a inteligência clara. Isso é tolice e não corresponde à realidade. Por sermos demasiado inteligentes certamente nos enganamos tanto quanto por sermos apenas sensuais." Esses jovens não pensam, como Gide, Valéry ou Claudel, que suas cartas serão publicadas. No entanto, são muito (jovens) homens de letras... "Se você soubesse", escreve Camus, "que encantamento em Pascal. [...] Que não nos censurem a falta de clareza, pois dela fazemos profissão [...] E ao mesmo tempo seus pontos de vista claros, profundos, inesquecíveis sobre o coração do homem e sua glória desesperadora." Camus defende-se de ser um intelectual, um aristocrata de dossiês ordenados. Depois dá sua receita do bom café. Não se deve jogar a água fervente em pequenas porções, "mas um quarto de água *morna* e depois despejar em três porções os outros quartos, e isso *fervendo*". Em Argel as pessoas gostam de café forte. Fréminville, acusando-o de ser antes de tudo um intelectual, magoa-o. "Se você soubesse no entanto o quanto eu amo os homens", responde Camus.[8] "O quanto as aflições que me atingem são as das velhas empregadas domésticas que foram ofendidas ou dos trabalhadores que bebem comigo nos cafés de Belcourt."

Camus corrige a forma dos manuscritos de Fréminville, elogia algumas frases, "'belas linhas': 'Antonio ouviu o céu bater como uma vela em pane', [...] frases como eu gosto, como recipientes que encerram muitos perfumes misturados, indiscerníveis e emocionantes". Diretor literário, Camus reprova erros de ortografia e grosserias: "Por que começar com 'merda, um chute no saco'? falar em 'boceta velha', 'caralho' etc., na primeira página, isso me parece um desafio ao estilo Fréminville." Albert o diz a André:[9] ele duvida de si mesmo, mas nunca de Claude. Este último recomenda a leitura de *Santuário*. *O processo* de Kafka é "gênero Al. Camus", diz Camus, o Faulkner seria antes "gênero C. de F.". "Não sou da sua opinião quanto a *Os falsos moedeiros*. Talvez seja o melhor livro de Gide." Camus sente-se próximo do *Diário* de Katherine Mansfield, das cartas mais do que das novelas. Segundo Fréminville, o escritor Camus faz lembrar a romancista neozelandesa. "Não sei por que, afinal, você me aproxima dela", observa o envolvido, perplexo. "Talvez pela hesitação na criação?" Ele está trabalhando num livro: "Chama-se 'Le quartier pauvre' [O bairro pobre]. Escrevi cerca de um terço. A primeira parte e quase toda a segunda. Logo lhe enviarei a primeira parte. Você me dirá o que acha. Mas uma coisa de que faço questão é saber se dá para sentir que me debrucei nele com emoção e amor. Quando tudo estiver terminado (por volta de junho, mais ou menos) [1935] – tentarei publicar." Albert tem um emprego provisório no serviço de licenciamento de veículos na sede departamental em Argel, obtido por recomendação de seus professores. Para seu chefe de seção, sr. Pommier – aliás, animador de um círculo literário argelianista –, ele não escreve bem. Trata-se (sem dúvida) mais de sua caligrafia do que de seu estilo.

Há dois anos, Camus redige e retoca *L'Hôpital da quartier pauvre* [O hospital do bairro pobre] e *Les Voix du quartier pawvre* [As vozes do bairro pobre], dedicado a Simone.[10] Ele busca uma linguagem: "Não se deve deixar etiqueta numa obra de arte."[11] Nos fragmentos de O *bairro pobre*, ele não é realista nem naturalista. Ensaio e narrativa, *La Maison mauresque* [A casa mourisca] tem subtítulos descritivos bem-comportados: A entrada, O corredor, O cair da luz. Camus faz experiências com frases, curtas ou extensas: "O imenso parque grita sob o vento e sua vida intensa se levanta sob a chuva." Proust e justamente Faulkner passam por aqui: "Tal como as vozes sem sexo que nas catedrais sobem como um dardo às mais altas abóbadas enquanto a massa obscura do coro se cala para dar mais valor à flecha ardente, tal como as vozes cuja súplica se estende desesperadamente, sem um desmaio, até a morte final." Fréminville gosta de O *bairro pobre* e Camus se comove: "O que importa é que nossos amigos fiquem felizes e emocionados com o que escrevemos." O *bairro pobre* permanece no estado de esboço e se mistura no espírito de Camus com um outro projeto. Ele está sobrecarregado entre a faculdade e, novamente, as aulas particulares. Um aluno seu, Pierre Dana, acha-o notável como pedagogo.[12] Camus aconselha a Fréminville o jornalismo ou a representação: "Quando eu chegar a Paris, tentarei procurar isso para mim... [...] Não quero ser professor", ele repete. "Estou lutando neste momento para encontrar uma bifurcaçao. [...] Dizem-me: Não existe. E é desesperador. O meio artificial do liceu, os colegas que nos aborrecem, os alunos que nos mentem sobre seus verdadeiros sentimentos. Sabe, neste momento estou dando aulas no liceu da noite [organizadas no pequeno liceu]. Estou preparando para o *bachot* de filosofia empregados de comércio, de banco, de correio. Um público simpático (10 ao todo) que trabalha até as seis horas, assiste às aulas até as 11 horas, algumas noites, e consegue passar nos exames. Gosto muito deles." Ele prefere seus alunos mais velhos aos liceanos, "garotinhos chatos e pretensiosos".

A boemia não o atrai. "Também não quero levar vida de artista... Mas me parece que na sede departamental eu estava mais em contato com a vida!" Sete horas por dia, "um trabalho de cretino", diz ele. Quando tiver conseguido seus últimos certificados de licenciatura, irá encontrar Fréminville: "... estarei em Paris. Até, se fosse possível, tiraria meu diploma lá. Paris! A única cidade do mundo, segundo Grenier. Que alegria! Trabalhar com você. As exposições, a música, a música, o Louvre e depois a Paris com que sonho, as velhas ruas que se chamam rua Brise-miche, do Pot-de-Fer* etc."

De março a junho de 1935, Camus preparou-se para dois certificados: "Sei um terço do programa de cada um [...] um mínimo de 50 livros para serem esquadrinhados. Depois disso, terei mais do que nunca a 'tristeza da cultura'." No certificado de história da filosofia, ele consegue uma menção *assez bien* [regular], assim como em lógica e filosofia geral. Em história da filosofia, é o único a obter essa menção. Poirier anota secamente.

Camus decide permanecer em Argel, pois Simone continua se drogando e precisa de cuidados. Às vezes fica na casa da mãe, frequentemente passa uns tempos na clínica. Ele pretendia terminar seu livro no verão de 1935, mas não consegue. O projeto de revista fracassa. Camus planeja escrever com Fréminville *Faits divers*, uma peça de teatro:

"Vildrac mais Claudel. Parece idiotice. Mas é o seguinte: acho que o teatro deve ser arbitrário, convencional. Algo de monstruoso quanto ao estilo e quanto ao espírito. Mais exatamente, algo que esmague, mas ao mesmo tempo a mais rica matéria em emoção, em cotidiano, é o *fait divers*, o banal, a vida verdadeira. Então é preciso tentar conciliar. Ainda está meio vago, mas tente compreender:

Fundir c. com d., gritar cantar sobre o banal ou bem justapor (a ideia me interessa): quero dizer mostrar uma de cada vez as duas faces do mesmo acontecimento:

Uma mulher doente, por exemplo: expor então bem simplesmente.

E depois o conflito vultoso que uma mulher doente, uma moça morta cria em toda consciência sensível; conflito do além – de orgulho ou de resignação (Claudel).

---

* *Brise-miche* e *Pot-de-Fer* significam, respectivamente, "quebra-pão" e "vaso de ferro", mas, na gíria, podem-se interpretar como "quebra-bunda" e "cu de ferro". (*N. da T.*)

Cada acontecimento também é suscetível de duas interpretações. Nossa colaboração nesse ponto seria muito útil. Creio que há o que aprofundar aqui. Veja, reflita, colete fatos do dia a dia."

Camus pensa no teatro. Calígula, que tema!

Ele reúne em sua casa alunos da classe de filosofia reprovados no *bac* de junho de 1935 e com possibilidade de serem aprovados em outubro. Solange Safarti toma aulas com mais seis alunas.[13] Cada semana ele as faz preparar uma exposição. Professor e alunas tomam chá, fumam. Camus não se contenta em fazer anotações nas dissertações das moças. Manda cartas comentando... seus próprios comentários. Majestoso: "Demorei para lhe dar explicações sobre seu ensaio. Foi também porque fazia questão de me estender longamente. Se eu o considerasse como uma dissertação de exame, diria que está excelente. Bem escrita, bem conduzida e clara, ela me mostra que você não tinha nada a aprender no domínio do exercício escolar..." Em suma: você vai passar no *bac*. Porém ele acha a aluna de uma "obediência excessivamente dócil", pois ela não escolhe entre a visão de Pascal e as visões de Valéry, que Camus acha estúpido. Aos vinte e um anos, ele mantém suas reservas contra o gênero francês da dissertação, tese, antítese, síntese - às vezes sem interesse. Durante uma aula da quinta-feira, de longe Simone lança:

— Albert, você deixou seus sapatos na sala de jantar.

Camus sorri.

— Não se casem, senhoritas.

Em setembro, as aulas têm lugar na casa de uma aluna, numa *villa* no bulevar du Telemly, *12 ter*, na frente da igreja Sainte-Marcienne. Os sinos dobram para um casamento.

— Coitados — diz Camus —, eles não sabem o que estão fazendo. Não se casem, senhoritas, não se casem.

Ele usa seu charme, faz rir suas senhoritas de Argel, lê para elas *Le Mariage de Cagayous* [O casamento de Cagayous], de Musette. Solange Sarfati gostaria de estudar medicina, mas seus irmãos a empurram para farmácia.

— Não lhes dê ouvidos, Solange — decreta Camus. — Você é feita para ser uma boa médica.

Ele contava com cinco meses, de junho a novembro, para dar acabamento ao livro prometido a Fréminville. Camus se lança a uma nova obra. Simone adora os contos de Perrault ou de Grimm, Camus aprecia os de Anatole France. Para consolar sua mulher, sempre entre a *villa* de Hydra, uma clínica e o apartamento da mãe, ele escreve *Le Livre de Mélusine*, "conto para crianças muito tristes". De saída: "Para escapar à intrépida melancolia da espera, está na hora de criar mundos novos." Esse livro, conto-fábula mitológico, conto maravilhoso puro, parece um conto sobre os contos. O que é uma fada? Um ser perfeito e irritante - não exatamente Simone. Entre as fadas, "as mais simpáticas e mais próximas de nós ainda são as que de fada só têm o nome".

Já na segunda página o autor confessa: para esse exercício e a busca dos nomes é preciso ter "grandes faculdades inventivas [que ele] não tem". O conto exige um animal milagroso, "miraginoso" e muita lógica. Para Camus, um conto de fadas parte para a aventura e não significa nada. A morfologia dos contos lhe escapa.[14] Aqui, ele não chega de modo algum a achar um tom. O pêndulo do irreal avança demais nos lúgubres divertimentos de Mélusine. "Muitas vezes tive desejo de um conto", ele conclui, "que fosse apenas um começo e que ficasse suspenso, deliciosamente inacabado". Embrião de canção, oito longos versos claudelianos e claudicantes adornam *Mélusine*:

> *La vie est trop courte qui regrette et désire; hélas*
> *je crois à l'Amour, et qu'importent mes racines.*
> *Je sais que tout arrive et que le communiel*
> *instant loin de s'attendre se gagne...**

Camus perde-se em metaobservações dispersas, mas se solta: "Fada Melusina, Fada Morgana, Fada Urgela, Fada Viviane, tenho sede de sua humanidade. [...] amo os caminhos áridos, regados de esperança." Ele não é feito para o maravilhoso e, nesse ponto, S. de nada lhe adianta. Não submete *Mélusine* à apreciação de Fréminville. Com Simone, que provém mais das *Flores do mal* do que da *Bela adormecida*, Camus não faz galanteios, faz trejeitos. As palavras amaneiradas que reserva à Simone adormecida são mais comoventes: "E, já que desejamos, está feito. Tomarei minha menina pela mão e a farei sentar-se perto de mim."[15]

Max-Pol Fouchet está internado em Isère, no sanatório universitário de Saint-Hilaire-du-Touvet, e faz o primeiro gesto de reconciliação. Camus replica: "Não há nada a responder à sua carta, a não ser que cada um de nós aproveita o máximo possível de vida e de experiência até que tenha a sensa-

---

* A vida é muito curta quando lamenta e deseja; ai/ creio no Amor, e o que importam minhas raízes./ Sei que tudo chega e que o comunial/ instante longe de se esperar se ganha... (*N. da T.*)

ção muito nítida da inutilidade dessa experiência, o que é a mais profunda manifestação desta última. [...] Você num sanatório, outro [Fréminville] em Paris, aplicamo-nos em mascarar com fórmulas e buscas desesperadas uma verdade muito nua e simples: nossa condição é desesperadora." Nessa carta para Max-Pol e em outra para Claude, Camus fala de "pedacinhos de alma" que revelamos na correspondência. Que Fouchet lhe arranje matérias, artigos, aulas, ele lhe mandará livros e revistas. "Quanto ao mais", acrescenta, "dizemo-nos muito pouca coisa por carta". Não é verdade quanto a Camus. Imagina-se apertando a mão de Max-Pol e passeando com ele.

De volta a Argel, Fouchet vê pouco Camus: seja como for, tomou-lhe a namorada e pretende-se muito mais de esquerda do que ele, firme socialista. Camus tem círculos de amigos. Muitas vezes, ele os mantém afastados, protege ou esconde a mulher. Ela desconcerta, passeia seminua pela *vida* de Hydra ou na rua Michelet. Simone Camus, sempre morfinômana, é uma derrota para Albert. Ele protege esse falso segredo da família. Durante uma noitada, alguns amigos a veem, aturdida, dirigir-se para um cômodo à parte, depois voltar tranquilizada. Para Maisonseul e Louis Bénisti, S. é um suplício para Camus, que se esconde atrás de sorrisos irônicos ou de silêncios sarcásticos. Camus conheceu Maisonseul graças a Max-Pol Fouchet. Perfil romano, Jean Pandrigue de Maisonseul conhece a literatura tanto quanto a pintura. Uma ponta de sotaque parisiense do 16° *arrondissement*,* gosta de dizer que um quadro, um poema, um lugar é maravilhoso ou admirável. Seu bisavô, oficial da marinha, comandante militar do porto de Argel, pertencia a uma tradição liberal, com simpatia pelo reino árabe, protegido de Napoleão III, odiado pelos colonos republicanos *e* reacionários. Seu pai foi advogado e os Maisonseul eram partidários dreyfusianos. Camus descobre assim uma burguesia francesa da Argélia de espírito aberto, para a qual as injustiças são remediáveis. Em certos meios que se consideram distintos, fala-se dos *bicots*,** *dos frankaouis*, os franceses da França e, sem prudência, da *juifaille*.***

Jean de Maisonseul é a experiência, Louis Bénisti a inocência. Dez anos mais velho do que Camus, Bénisti será ourives. O governo geral manda-o com uma bolsa para a Casa Velázquez. Excelente escultor, Bénisti deve pin-

* Cada uma das circunscrições administrativas de Paris. (*N. da T.*)

** Pejorativo para designar os nativos do Norte da África. (*N. da T.*)

*** Pejorativo para designar os judeus. (*N. da T.*)

tar: vende-se melhor uma tela do que um bronze. Fréminville escreve que "os desenhos de Bénisti são sempre promessas de estátuas".[16]

Camus escreve sobre os amigos. Não se trata apenas de gentilezas de uma microssociedade de argelinos que admiram uns aos outros. Camus aprenderá mais tarde a redigir artigos por complacência. Em Argel, ele pensa o que escreve.[17] Um critério se impõe: "Um quadro cujo valor é duvidoso não resiste a alguns dias de vida em comum." No Salão dos Orientalistas, ele identifica os trabalhos em meias-tintas de René-Jean Clot, bom escritor também. Peremptório, afirma que Bénisti é o único escultor de valor na praça de Argel. "Sua arte está no início, suas concepções são quase maduras." Camus crítico de Bénisti fala quase de Camus escritor. Uma obra, escreve, "se constrói como se modela uma cerâmica". Camus não é um homem da primeira versão. Sobrepõe, cola palavras e frases num texto, como um ceramista acrescenta argila sobre um primeiro esboço. Tanto quanto Grenier, aprecia a palavra *ensaio.* Longe da abstração de certos cursos da faculdade em que às vezes se sente "afogado nas ideias dos outros, na filosofia dos senhores da Sorbonne", aprecia as formas dos arquitetos ou urbanistas, dos pintores e escultores. Anuncia a Fréminville, ancorado em Paris, que lhe enviará "um jovem amigo que mora no 5º *arrondissement*, na rua d'Ulm, [...] arquiteto, aluno de Le Corbusier, que está voltando da Alemanha. [...] Chama-se Miquel. [...] encantador, [...] ele compreende a vida sem lhe colar teorias. [...] E depois, você sabe, um arquiteto é sempre superior a um simples estudante. Porque é obrigado a considerar as coisas como elas são. Senão a casa cai por cima dele".[18]

Fiel à compartimentação, Camus reserva para si um pintor, um dos melhores de Argel, de nome soberbo: Sauveur Galliero. É um dos raros europeus que moram na Casbah. Nascido em Bab el-Oued, um ano mais novo do que Albert, aquele homem de andar lento, perfil de cigano, conhece suas origens alsaciana e siciliana. Nenhum dos dois conheceu o pai: o de Sauveur, cocheiro de fiacre, abandonou sua mãe, que trabalhava como cozinheira. Camus sempre bem-vestido, Galliero de alpercatas e short, eles não se parecem, mas desconfiam dos ricos e dos notáveis, preferem os mendigos do bairro da Marine. Sauveur fala bastante bem o espanhol e se defende no árabe. Eles caminham pelas ruelas da Casbah ou pelo porto. Secretário da prefeitura, desenhista de Alain Raymond, decorador, marceneiro, Sauveur carrega com ele uma minúscula caixa de aquarela e cadernos. "Para mim a pintura não é um problema nem uma solução, é. E cabe ao pintor pintar, o resto sendo literatura pura, coisa de escritor."[19]

Louis Allard, também pintor, diz a Sauveur:

— Você deveria ir para Paris, é melhor ser o último lá do que o primeiro em Argel.

— Em Paris — responde Sauveur — não há o mar, o sol.

Gustave Mercier, crítico de arte, e André Thomas Rouault, que dirige a Art de France, loja de móveis, incentivam Galliero, que desenha mesas e cadeiras. Suas obras fogem do orientalismo enfadonho. Ele se busca, na aquarela, no lápis, no óleo, assim como Camus no ensaio, na poesia, no conto. Os dois órfãos, filhos de proletários, gostam de falar com o sotaque de Bab el-Oued ou de Belcourt e recolhem cães perdidos. Camus se apega a Maisonseul, Bénisti e Galliero separadamente, a Clot também, bem menos a Caillet, Deschamps ou Famin, outros pintores argelinos.

Camus também deixa à parte, para seu prazer pessoal, Yves Bourgeois, professor do liceu Bugeaud. Zombeteiro, Bourgeois tem um percurso universitário que impressiona Camus: *hypokhâgne* no Condorcet com um certo Claude Lévi-Strauss, *khâgne* no Louis-le-Grand. Ingressou na École Normale Supérieure com dezoito anos e meio, *agrégé* de inglês, grande leitor, não bebe, nunca joga baralho, o que, em Argel, é respeitável. Espantoso para jovens argelinos que não foram além de Orã, Constantine ou Paris, Bourgeois percorreu os Estados Unidos de carona, visitou Québec, a Inglaterra, a Espanha, Portugal. Desembarcando em Argel em 1935, sentia-se pacifista anarcossindicalista. Em outubro, encontra Camus, que, segundo lhe dizem, se interessa por teatro. Albert disserta sobre Proust e Dostoiévski. Yves se interessa por Giono, Céline, Thoreau, Hardy. Já fala alemão, espanhol, português. Em Argel, empreende uma licenciatura em russo. Filiado à CGT, Bourgeois frequentou o Sindicato Autônomo da Construção de Lyon e toma contato com intelectuais nacionalistas argelinos, como Ali Boumendjel, Amar Ouzegane, Mouloud Mammeri. Tem ideias políticas: quer, simplesmente, sublevar o povo argelino. A ideia de uma rebelião armada encontra pouco eco entre os europeus ou muçulmanos, o que desconcerta o *agrégé*. Ah! Aquela inércia política da juventude liberal de Argel! Bourgeois milita com Maurice Bataillon, grande simpatizante da Espanha da faculdade de Argel, que redige um boletim de duas páginas, *Pour y voir claire* [Para enxergar com clareza], repleto de fatos constrangedores. Nele, comparam-se as superfícies das terras exploradas pelos colonos com as dos grandes e pequenos proprietários "indígenas". Bourgeois tem um Pilades, Alfred Poignant, professor *agrégé* de alemão, também muito culto, que revelará Garcia Lorca a seus amigos.

Yves Bourgeois encontra Camus, que lhe parece muito pouco politizado, duas ou três vezes por semana. Encontra Simone. Não entende que contrato une aqueles dois Camus, muito ligados, acha ele, mas também estranhos um ao outro. Um fim de tarde, longe de Argel, durante os feriados de Todos os Santos, Albert e Yves tomam um trago enquanto Simone passeia com um casaco de Bourgeois nos ombros.

— Ela tem a vida dela — diz Albert, divertido.

— Pode ser, mas está com meu casaco — responde Yves.

No mesmo dia, Camus, meio contente, meio descontente, diz a Bourgeois:

— Você, sim, é um marido.[20]

Até o verão de 1935 – seu segundo pulmão é então atingido –, Camus nada e acampa. Apaixonado por futebol, vê os meninos baterem bola, muitas vezes um trapo, e assiste aos jogos. Camus permanece torcedor fiel do RUA, com um fraco pelo Gallia, europeu, e pelo Mouloudia de Argel, árabe. Com Jaussaud, ele assiste a lutas de boxe. O esporte continua sendo uma das religiões argelinas não reconhecidas, mas praticadas.

Camus também frequenta um médico, Stanislas Cviklinski, "Stacha", um gigante. Grande falador, ele trabalha com embriões de frango e busca a pedra medicinal. Sua terapia, um jejum de trinta a quarenta dias, acompanhado de copos de água dentro dos quais se pingam algumas gotas de glicerina, não ajuda Simone. Camus permanece cético quanto a seus tratamentos. Força da natureza, proveniente da Polônia, Stacha retomou todos os seus estudos em Paris antes de se instalar em Argel. Escreve textos em prosa repletos de neologismos e de barbarismos. Tal como Camus, Cviklinski conhece bem Marcelle Blanchet. Vinte anos a mais do que Albert, uma curiosidade literária equivalente à de Fouchet e Maisonseul e com muito mais meios para satisfazê-la, assinante dos *Cahiers d'art* e da *NRF*, ela empresta aos jovens os últimos Montherlant, Claudel ou Valéry.

Nesses círculos argelinos cultos e singulares, alguns são estetas, outros políticos. Ou, como Albert Camus agora, as duas coisas.

7

A TENTAÇÃO DA AÇÃO

Camus mantém registros em cadernos.[1] Mais do que um diário em que taquigrafasse e julgasse sua vida, cada caderno torna-se um instrumento de trabalho. Ele esboça belas páginas para obras vindouras, fala de si mesmo, de personagens futuros, interroga-se sobre o espaço e o tempo, busca a "medida". A desmedida se agita nele. Leva, segundo diz, "uma vida desordenada". No papel, ordena suas desordens. Nesses cadernos, *eu* é um *ele* – e um *ele* direto, sarcástico, como se fosse mais fácil tomar distância de si mesmo dirigindo-se a outros. Em 1935 (sem precisão de data), Camus escreve: "Ele se sente à vontade na sinceridade." Tão importante quanto seu contrapeso, a comédia. "O que nos salva de nossas piores dores é esse sentimento de estar abandonado e só [...] nosso abandono nos infla e nos exalta numa tristeza sem fim. [...] frequentemente a felicidade não é mais que o sentimento compadecido de nossa infelicidade." Pode tratar-se de um personagem de romance futuro e de Camus. Nesses cadernos de 1935, ele remonta à sua infância. Anota: "Quando jovem, eu pedia aos seres mais do que podiam dar: uma amizade contínua, uma emoção permanente." Ele tem vinte e dois anos. "Sei pedir-lhes agora menos do que podem dar: uma companhia sem frases. A perfeição? Galliero. E suas emoções, sua amizade, seus gestos nobres mantêm a meus olhos seu inteiro valor de milagre: um inteiro efeito da graça."

Retiro antes de uma tomada de votos, evocação das origens do lado materno e homenagem às fontes, Camus visita Palma com sua mulher. A Espanha, segunda pátria, mítica e carnal. Turista, desfruta dos lugares e de seu prazer – amargo – de viajar. Aprecia o claustro de São Francisco, os portos, o convento de San Antonio e a baía de Ibiza. A influência de Grenier permanece considerável, e também a de Pascal. Anotações depois dessa excursão decantada:[2] "O que constitui a recompensa da viagem é o medo. E que, num certo momento, tão longe de nosso país, de nossa língua (um jornal francês torna-se de valor inestimável. E as horas da noite nos cafés em que procuramos tocar outros homens com o cotovelo), um vago medo nos toma, e um desejo instintivo de voltar ao abrigo dos velhos hábitos. E a mais clara contribuição da viagem." Ou, mais adiante, surge uma tentação, a fuga do mundo para o convento: "Encontrei no cume de uma colina um mosteiro muito amarelo e muito calcinado – como são todos naquela região. Um monge me disse que me alugariam uma cela, se eu quisesse, sob a condição de que eu cozinhasse para mim e aceitasse não ver ninguém durante dias. [...] A 800 metros, sozinho, e trabalharei no meu livro. Irei terminá-lo."

Camus sofre de uma "gripe" – mais uma vez a tuberculose. Associa a ideia de doença e de viagem às sensações fortes: "Nesse momento, estamos febris, mas porosos. O menor choque nos abala até o fundo do ser. [...] Quando se encontra uma cascata de luz, a eternidade está presente." A hiperestesia aparece de novo. Ele volta à recordação escrita, portanto filtrada: "Não se deve dizer que se viaja por prazer. Não há prazer em viajar." Mesmo com Simone? "Veria nisso, antes, uma ascese." Como as tentações de um misticismo pagão. O que é a ascese, além da ausência de satisfação sexual? Um exercício de vida interior, não uma privação ou uma falta, uma disciplina que Camus desejaria se impor. Para ele, o santo leigo não se dirige para a oração, mas para a arte. Grenier e as aulas de filosofia estão próximos. "É pela cultura que se viaja, entendendo-se por cultura o exercício de nosso sentido mais íntimo, que é o da eternidade. O prazer nos afasta de nós mesmos, como o divertimento de Pascal afasta de Deus. A viagem, que é como uma ciência maior e mais grave, nos traz de volta a nós mesmos."

Ao voltar das Baleares, Camus luta contra si mesmo. Em agosto de 1935, ao ficar sabendo que seu segundo pulmão está afetado, comunica-o com uma isenção clínica a Fréminville e Grenier: "Parti na sexta-feira num cargueiro, mas, assim que cheguei a Bougie, uma pequena hematúria obrigou-me a consultar um médico. Aconselhou-me a voltar o mais depressa possível, temendo que, em meu estado, esse pequeno acidente tivesse uma origem tuberculosa."[3] Depois Camus se recupera. Esse homem é uma mola sempre retesada.

Sem S., ele frequenta a *villa* Shéhérazade dos Raffi, novos amigos, numa colina de Argel. O pai, capitão de navegação na companhia Schiaffino, sexto armador francês, com vinte e dois navios de frete, e a sra. Raffi, anfitriã encantadora, têm filhos estudantes de direito e de arquitetura. A família herdou a *La Revue algérienne* [A revista argelina]. Graças a uma estudante, Colette Prévost, Camus encontra duas moças em casa dos Raffi, Marguerite Dobrenn e, depois, Jeanne Sicard. São de Orã e moram juntas. Testa alta, olhos claros azul-acinzentados, cabelos castanhos, estudante de letras, segura de si, capaz de se mostrar altiva e desencorajar a simpatia, tal como Camus – que a chama "Doce-Amarga" –, Jeanne também nasceu em 1913. Marguerite, historiadora, em 1912. Mais baixa, doce olhar indagador por trás dos óculos, ela tem um encanto tímido. Jeanne pertence à dinastia dos Bastos, industriais do fumo. Patrono da federação dos viticultores da Oranie, o pai de Jeanne presidiu um círculo da Ação Francesa. A AF teve problemas com o papa, que excomungou Maurras. Um bispo exigiu que Jeanne, aluna da escola Notre-Dame-des-Champs, de Orã, renegasse seu pai. Ela não gostava da AF, mas não tinha por que renegar o pai. Expulsa, ingressou no liceu de moças e encontrou Marguerite. O coração à esquerda, Jeanne quer sua independência e visa à *agrégation* em letras. Marguerite tem bisavós provençais e alsacianos, e seu pai é dentista. Camus tem grande afeição pela dupla Jeanne e Marguerite. Não precisa exercer seu charme masculino e descobre o prazer de certas formas "doces e discretas da amizade das mulheres"[4] A Marguerite e Jeanne ele confidencia seus projetos, assim como a outra amiga, Jeanne Terracini. Ele conta, segundo diz, com sua pena para viver e com sua glória.[5]

Muitos homens também se afeiçoam a Camus. Mensageiro na Schiaffino aos treze anos e meio, Charles Poncet pertence agora à secretaria – tráfico, informações e supervisão –, depois passa para o serviço de documentação. O adjunto do secretário-geral, Émile Scotto-Lavina, empresta-lhe romances americanos. Poncet, autodidata, é responsável em Belcourt pelo movimento contra a guerra e o fascismo, chamado Amsterdam-Pleyel, que, infiltrado pelo Komintern, agrupa progressistas de Argel.[6] Ele chega adiantado a uma reunião do movimento, no porão de um bistrô na esquina da rua de Lyon e da rua Lamartine.

— Já tem um sujeito lá embaixo — diz o dono.

Debruçado numa das mesas colocadas uma ao lado da outra, um jovem escreve. Poncet nota um rosto alongado, duas orelhinhas de abano, a gravata-borboleta e um casaco bem talhado.

— Camus.

— Poncet.

Albert explica a Charles que as autoridades do Amsterdam-Pleyel o enviam como "convencional às milícias" para agitar a seção de Belcourt.

— Os homens de Belcourt — diz Camus — eu conheço bem. Na bola, no buraco e no anisete são campeões. Mas em política...

Deseja criar um teatro político revolucionário. Poncet quer participar da empreitada? Ele aceita. Camus aprecia sua ponderação. Marca de confiança, chama-o de *tu*.* Durante muito tempo, no entanto, Poncet ficará sem saber que Camus nasceu em Belcourt e que é casado. Ele não usa aliança e não fala de Simone. Discreto rima com secreto.

Robert Namia, outro amigo, vem de uma família de colonos judeus da região de Blida. Impetuoso, também órfão, ganha a vida trabalhando para um arquiteto, um desenhista e depois para um encadernador. Leitor de *Commune*, publicação oficiosa do Komintern na França, muito politizado, Namia conhece Fouchet, em cuja casa encontrou Camus e com quem organizou reuniões comuns de jovens do PC e da SFIO. Todos têm horror à guerra. Namia lê *La Patrie humaine* [A pátria humana], de Victor Serge. O marxismo, segundo ele "uma fatalidade", fascina-o. Responsável pelo Socorro Operário à Infância, dirige um cineclube, revela Buñuel aos companheiros, apresenta produções soviéticas e pertence a uma célula comunista de Bab el-Oued.[7] Fouchet pretende fazer de sua vida o trampolim de seu sucesso. Camus replica, pelo menos é o que corre:

— Quanto a mim, pretendo fazer de minha vida o trampolim de minha obra.

Durante muito tempo permanecem rivais.[8]

Nem tudo é política, e os amigos de Camus dedicam densas horas aos passeios pelos arredores de Argel, de nomes encantadores e nostálgicos, a Redoute, o Bois de Boulogne, o parque da Fontaine Bleue, o parque Saint--Saëns, Climat de France. Diante da Notre-Dame d'Afrique, avistam a ponta Pescade e o forte l'Empereur, numa perspectiva que alcança a Casbah e Mustapha. Depois do passeio, os amigos e amantes param nos bares arejados de Bab el-Oued. Os homens encomendam um anisete, as mulheres xarope de orchata de quarenta cêntimos. Cada rodada vem acompanhada de tira-gostos - azeitonas, grãos-de-bico, pasteizinhos, tremoços. "Deem uma leve mordida na casca que envolve o tremoço, depois apertem entre o polegar e o indicador: o grão lhes jorra, salgado, para dentro da boca!", diz

* Em francês, o pronome tu marca um tratamento muito informal, dispensado apenas a amigos íntimos. (*N. da T.*)

Jeanne Terracini.[9] Os rapazes frequentam o Bas-Fonds, um bistrô do bairro da Marine. Putas e rufiões se agitam na escuridão estudada: à esquerda se ergue uma guilhotina; à direita, pende um esqueleto envolto num pano. Quando é levantado, um falo se ergue. Coco, o dono, um anão, benze os clientes com um pênis artificial. O deboche é maior no Bas-Fonds, ao lado dos estivadores e fumadores de haxixe, do que nos terraços dos cafés bem-comportados da rua Michelet. Ao encontrar os companheiros, Camus lança: *Alors, l'amikomenkçava?**

Quando uma conversa decola, o aprendiz de arquiteto Louis Miquel arregala os olhos, espantado. Mas os jovens não falam apenas de Joyce, Teresa d'Ávila, Gide, Nietzsche, Dostoiévski e Proust. Contam histórias apimentadas. A uma melodia de Vincent Scotto, *Sous les ponts de Paris* [Sob as pontes de Paris], o grupo urra uma canção de Edmond Brua:

> *Ça qu'c'est un coeur de mère*
> *Personne i peut sa 'oir*
> *Qu'on se tient la colère*
> *Jusqu'à minuit du soir*
> *Petit merdeux, ferme tes yeux...***

O refrão zomba do "Panthéon" e da ponte de "Osterliz", em Paris. Camus gosta de uma linguagem casta quando escreve e da licença quando fala. As turmas se reúnem nos restaurantes da Marine. Camus tem pouco dinheiro. No entanto, com frequência recusa quando é convidado e gosta de oferecer a refeição. Volta a lançar, sempre com a melodia de Scotto:

> *Aousqu'il est ton père*
> *Encore à le café*
> *Force à force on m'enterre*
> *Tellement qu'y m'en a part*
> *Tata Lucett'elle est au 7*
> *Pourquoua elle fait bien la maquerelle****

* Maneira debochada de dizer: Alors, ami, comment ça va? [Então, amigo, como vai?] (*N. da T.*)

** O que é um coração de mãe/ Ninguém pode saber/ Quando é tomado de raiva/ Até a meia-noite da noite/ Merdentinho, fecha os olhos... (*N. da T.*)

*** Onde está teu pai/ Ainda no café/ Miserável, miserável me enterra/ tanto que me arrebenta/ Titia Lucette está no 7/ Porque ela é mesmo a cafetina (*N. da T.*)

Os amigos retomam:

Argent bijoux le linge et tout
Ça qu'y de pluss mieux
*C'est pour elle.**

À noite, vão aos cinemas chiques do centro da cidade ou aos cinemas populares, o Variétés ou a Bijou Palace. Camus aprecia *westerns*, policiais americanos e os filmes russos obrigatórios. Aqueles jovens, como André Breton, têm gosto pelos filmes bobos e populares. Mas Camus desconfia das teorias literárias surrealistas, do encontro do absoluto e do relativo ou da escrita automática. O teatro, para ele, é uma arte superior ao cinema.

Acabou-se o futebol para Camus, que perde o fôlego rapidamente, mas, quando avista uma lata de conserva na rua, dá um chute. Como Galliero, observa a gente simples de Bab el-Oued ou de Belcourt, os fanáticos por *pétanque*** de gesto curvo majestoso. Os argelinos jogam bola em qualquer esplanada. Na rua, no café, na escola, joga-se *tchic-tchic*, europeus e "indígenas" chacoalham dados num tubo de bambu ou de metal, depois o emborcam na palma da mão. Todo mundo aposta: as crianças, figurinhas ou bolinhas; os adultos, dinheiro. Os velhos, os estáveis, os instalados, os ponderados especulam sobre os cereais e o vinho. A loteria nacional se difunde rapidamente na Argélia, faz sonhar os pobres e diverte os poderosos.

Camus reencontra o Jardim Botânico de sua infância, sua vegetação tropical, as adolescentes árabes segurando-se pelo mindinho, uma flor de jasmim atrás da orelha. Passeios, praias, banhos são os ritos pagãos dos argelinos, proletários que jogam buraco como o tio Étienne, ou burgueses que praticam o bridge. Crianças europeias e árabes misturam-se nas praias. "Em Argel não se diz 'tomar um banho' e sim 'dar-se um banho'", observa Camus. "Toma-se banho no porto e vai-se descansar nas boias. Quando se passa perto de uma boia onde se encontra uma bonita menina, grita-se para os companheiros: 'Eu te digo que é uma gaivota.'"***[10] O comunismo, segundo Lenin, é a eletrificação mais os sovietes. A felicidade, segundo

---

* Dinheiro, joias, carro e tudo/ O que ha de melhor/ É para ela. (*N. da T.*)

** Variante provençal do jogo de bocha. (*N. da T.*)

*** *Je te dis que c'est une mouette*, trocadilho intraduzível. Em francês, *mouette* é gaivota e também pneu salva-vidas. (*N. da T.*)

Camus, torna-se o mar mais o sol, gratuitos e inalienáveis. O estilo de um nado clássico ou de um *crawl* tem menos importância do que o concurso de mergulhos.

— Como vocês querem que ele mergulhe?

— À inglesa!

— À argelina! Com o salprigoso.

Isto é: com um salto perigoso.

— Que quente a água! Mijo de cavalo.

Com frequência no domingo, sozinho com Simone – quando não está trancada no quarto ou em tratamento de desintoxicação – ou com amigos, Camus toma um carro emprestado. Um fim de semana prolongado permite acampar perto de Djemila, a cento e cinquenta quilômetros de Argel: "A cidade morta fica no fim de uma estrada sinuosa, que parece prometê-la a cada curva e por isso mesmo se afigura ainda mais longa." Ele gosta do esplendor árido das ruínas, que suscitam questões: "O que me espanta sempre, visto que estamos tão dispostos a sutilizar em outros assuntos, é a pobreza de nossas ideias acerca da morte. [...] Sobre a morte e as cores, não sabemos discutir." A Argélia é uma magnífica lição de cores. Como traduzi-la em palavras? Às vezes o grupo toma um ônibus, chega ao cabo Bengui, a leste. A oeste, Tipasa e suas ruínas romanas tornam-se também um dos passeios preferidos: "Tipasa, na primavera, é habitada pelos deuses, e os deuses falam no sol e no odor dos absintos, no mar couraçado de prata, no céu azul inclemente, nas ruínas cobertas de flores e na luz aos borbotões sobre os montões de pedras." Camus lê para os amigos fragmentos desse ensaio lírico.

Aqui, ele encontra seu ritmo e uma de suas vozes: "Em certas horas a campanha fica preta de sol." As cores e os cheiros se apossam do jovem escritor: "Entramos num mundo amarelo e azul onde nos acolhe o suspiro perfumado e áspero da terra de verão na Argélia." Acabaram-se os arrulhos afetados de Mélusine. Camus canta as romãzeiras e os goiveiros, os pinheiros e os ciprestes, "o encontro do amor e do desejo". Denuncia o imbecil "que tem medo de gozar" e forja uma moral: "Viver Tipasa, testemunhar, e a obra de arte virá em seguida."

O grupo explora também o interior. Camus, Bénisti, Robert e Madeleine Jaussaud acampam nos desfiladeiros da Chiffa, entre Blida e Médéa. Uma macaca acariciada por Camus faz uma cena de ciúmes quando uma mulher se aproxima dele, contam os amigos que, esfomeados, vão dar na casa de um guarda-barreiras. Sua mulher oferece pão e sardinhas ao azeite. Camus mergulha no café suas fatias de pão com manteiga. Os amigos falam de literatura, pintura, filosofia.[11]

Em Argel, a política volta a envolvê-los. Desde 1934, o Front Populaire [Frente Popular], coalizão das forças de esquerda, defende as liberdades democráticas contra as ameaças dos grupos fascistas. O Front Populaire nasceu em Paris, sob o nome de Rassemblement Populaire. Dezenas de organizações responderam a um apelo do Amsterdam-Pleyel, em 14 de julho de 1935. O Rassemblement agrupa quatro grandes partidos e seus chefes: o Partido Radical - Camus o despreza -, com seus dois Édouard, Daladier e Herriot, a União Socialista Republicana de Paul Ramadier, a SFIO - da qual Camus desconfia muito -, cabeça pensante Léon Blum, e o Partido Comunista Francês, dirigido por Maurice Thorez. Aderem ao Rassemblement duas confederações sindicais, CGT e CGTU, assim como a Liga dos Direitos do Homem. Os guias do Amsterdam-Pleyel são Romain Rolland - Camus não o aprecia como pessoa e tampouco sua obra - e Henri Barbusse, que tem prestígio junto aos ex-combatentes de esquerda. Pertence também ao Rassemblement o Comitê de Vigilância dos Intelectuais Antifascistas, pilotado por dois Paul, Rivet e Langevin, e pelo filósofo Alain, de propósitos pacifistas e terra a terra.

O comunismo internacional incita então à unidade de ação com os socialistas: um outro regime totalitário em Paris se aliaria a Berlim e Roma contra Moscou. A unidade de ação é, portanto, a ordem do dia pregada por Thorez, seguindo as diretrizes de Eugène Fried, representante da Internacional em Paris.[12] Os comunistas estendem a mão aos radicais, aos socialistas, aos católicos perplexos. Já em 1929, Panaït Istrati, Boris Souvarine, Victor Serge descreveram a URSS, pátria da grande mentira.[13] Em Paris, menos em Argel, por assim dizer, é possível sabê-lo: a URSS é ditatorial, policialesca e não igualitária. Alguns eternos insatisfeitos, espíritos livres e minoritários, como Pierre Monatte, aprovam Souvarine *em La Révolution prolétarienne* [A revolução proletária], débil porta-voz da oposição de esquerda. Na SFIO, por trás da facção pivertista,* invocada por Max-Pol Fouchet, e no jornal *La Flèche* [A Flecha], distribuído na Argélia, o antistalinismo surge do mesmo modo que entre certos intelectuais, como Giono. O antibolchevismo também se encontra em *L'École émancipatrice*[14] [A escola emancipadora], órgão

---

* Facção operário-camponesa liderada por Marceau Pivert. (*N. da T.*)

profissional dos professores da escola primária, ao qual é filiado Germain, o ex-professor de Camus. Os novatos inocentes como Camus ignoram o essencial a respeito de Stalin e rendem homenagens indefinidas a Lenin. Não são marxistas, mas vibram com a ideia do comunismo portador de esperanças. Camus, mais ainda do que Jaussaud e Fréminville, sente o *Manifesto do Partido Comunista* com entranhas familiares. Lá está seu tio Étienne entre "aqueles trabalhadores obrigados a se vender aos pedaços [...] expostos a todas as vicissitudes do mercado" e descritos por Marx e por Engels. Lá está sua mãe: "o trabalho dos homens é suplantado pelo das mulheres."

A URSS carreia para seus simpatizantes ignorantes a libertação do homem. Os militantes de Argel são ansiosos e agressivos. A esquerda organizada tem a simpatia dos brancos pobres da classe trabalhadora argelina, que se lembra da crise de 1929 e do desemprego. Houve muitas dispensas, sobretudo entre os ferroviários argelinos. O tio Joseph Sintès trabalhou nas estradas de ferro. Os soviéticos teriam eliminado o desemprego, e em Belcourt isso é importante. Na própria Argel, segundo a polícia, no final de 1934, há cerca de duzentos mil militantes comunistas, dos quais quarenta na prisão. Teriam triplicado em um ano. A seção argelina da SFIO, com cerca de mil adeptos, trabalha à luz do dia. Socialistas e comunistas têm intermediários entre os sindicalizados.

Disciplinados, saudáveis, acordando cedo, deitando tarde, os comunistas argelinos lutam com meios limitados. Para Thorez e seu PCF, trata-se de defender a URSS, coração revolucionário propagando-se para o mundo.[15] Os comunistas também devem, com os camaradas socialistas, que já não são "social-fascistas", opor-se às ligas de direita de Argel, Orã e Constantine. Os Croix-de-Feu,* violentos, têm dezessete seções na Argélia, cada uma com mil a três mil membros.[16] Direita e esquerda organizam manifestações e contramanifestações. O ministro do Interior, claramente, e os chefes de departamento da Argélia, habilmente, querem aplicar as portarias de dissolução das ligas que se tornam, assim como a Cagoule,** uma obsessão da esquerda. O partido comunista apaga as frases antifrancesas e antimilitaristas de sua propaganda. Gabriel Péri e Gaston Monmousseau, membros da direção do PCF, fazem uma turnê pela Argélia. Os quadros argelinos

* Organização francesa nacionalista e anticomunista de ex-combatentes. (*N. da T.*)

** Alcunha do Comité secret d'action révolutionnaire (CSAR), organização clandestina de extrema direita. (*N. da T.*)

compreendem - ou não - a necessidade de atenuar a propaganda anticolonialista. Os militantes de base, ocupados em não "deixar passar o fascismo", não entendem essa virada. Os Voluntários Nacionais e as Juventudes Patriotas atacam, na rua Michelet, os vendedores do *Populaire*, jornal da SFIO.[17] A polícia intervém. Camus assiste a numerosas manifestações. Juventudes do Império Francês, Juventudes Patriotas, Croix-de-Feu se opõem, perto das faculdades, em torno da rua Michelet, à Liga dos Direitos do Homem, ao Comitê de Luta contra a Guerra.[18] Os chefes de departamento argelinos se inquietam. Os comunistas nutriram o antimilitarismo durante a guerra do Rif, no Marrocos, os militares não o esquecem. Quem são aqueles totens da Internacional, aqueles metecos, Dimitrov, Rakosi, Thaelmann, os oradores do Front Populaire que Gide ou Malraux defendem? Na Argélia, responsáveis civis e militares têm medo das forças (de choque) de extrema direita e de extrema esquerda, e mais dessas últimas.

Fréminville, flamejante, ardoroso, finalmente convenceu Camus a aderir ao partido comunista.[19] Camus informou Grenier e também Jaussaud e Fouchet, que acha engraçado. Bénisti tem dúvidas. Mas não algumas namoradas. Simone não tem cabeça política. Acima das rixas, Grenier, no domingo, recebe alguns discípulos e colegas. Certa tarde, falou do comunismo. Na idade de Camus, as pessoas devem se engajar em política, explica o professor, e tentar uma experiência, sob o risco de se retirar:

— Vocês fazem filosofia, a política é necessária — diz ele.[20]

Grenier escreve *Essai contre l'esprit d'orthodoxie* [Ensaio contra o espírito de ortodoxia]. O professor vive uma experiência militante por procuração: incitou Camus a se inscrever no PC, que está em busca de quadros.[21] Aquele jovem, tão talentoso, deve "desempenhar um grande papel político". O partido comunista, segundo o mestre, poderia "garantir uma carreira digna desse nome a um novo Julien Sorel". Camus não concebe a atividade política como carreirismo. Está impressionado com as desigualdades entre europeus e "indígenas". O comunismo promete a igualdade. Portanto Camus deve ser comunista. Grenier parte de uma máxima geral: os homens têm "direito à felicidade, e não necessariamente à verdade". "Por um ideal de justiça, devem-se subscrever tolices?", pergunta Camus. Menos impetuoso do que Fréminville, ele portanto hesitou, planejou sua adesão. Em 21 de agosto de 1935, de Tipasa, escrevia a Grenier: "Tem razão quando me aconselha a me inscrever no partido comunista. Eu o farei no meu retorno das Baleares." No entanto escreveu a Fréminville: "Estou partindo hoje para as Baleares. Quinze dias... Inscrevi-me no partido comunista. Estou trabalhando lealmente. Como soldado e não no estado-maior. Minhas competências serão utilizadas: jornalismo (*La Lutte sociale*),[22] escola marxista etc. É preciso viver as dificuldades e as vitórias do comunismo. Daqui a um ano farei meu balanço. Nós o faremos juntos... Larguei O *bairro pobre* [...] estou numa passagem importante."[23] Terá ele aderido ao PC argelino antes ou depois de sua viagem às Baleares? Pode ter aderido *antes* da viagem e ter sido aceito *depois*, ou ter antedatado sua adesão. Moralmente, havia aderido. Não tomou sua decisão num movimento impulsivo. "Os obstáculos que oponho ao comunismo é melhor vivê-los. [...] Parece-me, até aqui, que os excessos do comunismo repousam num certo número de mal-entendidos que podem ser repudiados sem prejuízo." Que excessos? "O que me deteve durante muito tempo, o que detém tantos espíritos, creio eu, é o sentido religioso que falta ao comunismo. E a pretensão que se encontra entre os marxistas de edificar uma moral na qual o homem se baste [...]. Talvez também se possa compreender o comunismo como uma preparação, como uma ascese que irá preparar o terreno para atividades mais espirituais. Em suma, uma vontade de se furtar aos pseudoidealismos, aos otimismos de encomenda, para estabelecer um estado de coisas em que o homem possa reencontrar o sentido da eternidade." Seu engajamento não é ortodoxo: "Justamente, na experiência (leal) que irei tentar, sempre me recusarei a colocar entre a vida e o homem um volume de *O capital*."

Camus não pretende ter lido *O capital*, cujos exemplares são raros em Argel. Jovens ou velhos, os militantes impregnam-se antes de tudo do *Manifesto* e os mais avisados leem Lenin, antes de tudo *Esquerdismo, doença infantil do comunismo*. Camus não se pretende marxista. Longa tentação, precipitada pelos acontecimentos, lançado numa busca do absoluto, ele faz uma *experiência* comunista.

8

HEROÍSMO E "GRANDES BOBAGENS"

Camus vê sua mãe fazer contas – ela não sabe ler. Ele conhece a pobreza dos trabalhadores de Belcourt, e um pouco a miséria dos árabes. Ganha cerca de 1.000 francos por mês, dando aulas. Um litro de azeite ou uma dúzia de ovos custam cinco francos, um quilo de café, 13 francos. Camus busca uma mística que esteja além da justiça social e de um combate contra as desigualdades. Seu comunismo tem o cerne tão metafísico quanto econômico e moral.

O PCF apresenta-se como partido da classe trabalhadora e da fraternidade: só isso já justifica que se o apoie, para além de uma ideia do proletariado portador da História. Camus defende sua mãe, faxineira, seu tio Étienne, tanoeiro, os habitantes da rua de Lyon. Procura também no PC uma igreja leiga. Pouco numerosos, perseguidos, na semi-ilegalidade, os comunistas argelinos são os cristãos das catacumbas. O PC milita contra as guerras – mas não todas. Órfão de guerra, Camus é sensível a essa vontade aparentemente pacifista, estratégia para os dirigentes, convicção para a base. Um panfleto, difundido pela seção de Argel da Liga Internacional dos Combatentes da Paz, exprime o pacificismo ambiente. As realidades técnicas nascidas de 1914-1918 lá estão: "A guerra pesará sobre as populações [...] provocando a morte dos velhos, das mulheres, das crianças ou, pelo menos, o pavor e a loucura geral. Os gases lacrimogêneos agem sobre os olhos, sobre as mucosas, sobre os órgãos respiratórios, sobre o estômago."[1] Paul Langevin, professor do Collège de France, membro do instituto, companheiro de estrada, declara: "... no momento atual bastam cem aviões, cada um carregando uma tonelada de obuses asfixiantes, para cobrir Paris com uma camada de gás de 20 metros de altura." Dez aviões bastariam para Argel.[2] Crentes e ateus de esquerda acham que, assegurada a paz, os pobres estarão salvos. Esquema aceitável para Camus: de um lado a burguesia reacionária, tanto na Argélia como na França, deve ser derrotada pelos proletariados revolucionários, árabe e francês. A burguesia pactua com o nazismo e o fascismo. É preciso fazer nascer o socialismo mundial. Tal como o catolicismo, o comunismo, molde perfeito das sociedades humanas, ostenta pretensões internacionalistas. Quem mais se prevalece da URSS do que o partido comunista? Sem desenvolver uma teoria sobre os camponeses ou operários árabes, Camus vê também em seu engajamento no partido comunista a possibilidade de defender os "indígenas". Grenier julga que a efervescência do Front Populaire atinge sobretudo os europeus, menos os árabes. Ele tem razão, mas o bom mestre contempla a opinião pública árabe do alto. Observa: "Os iletrados a quem se havia mandado gritar: 'Sovietes em toda parte', gritavam: 'Sapatos para todos!'."[3]

Camus visita sua mãe com frequência, na rua de Lyon. Belcourt é vigiado pela polícia. O sr. Coquelin, delegado de polícia no Secretariado Geral dos Assuntos Indígenas e de Polícia Geral, assinala "no muro do cemitério do Marabout, em frente do número 147 da rua de Lyon, a seguinte inscrição, em francês e árabe, com foice e martelo: VIVA A INEDEPENDÊNCIA* DA ARGÉLIA". O delegado tem em mãos folhetos subversivos "encontrados colados nos mictórios da rua A. Blassele".[4]

De 1931 a 1936, o partido comunista se atém à defesa dos "indígenas" e ao anticolonialismo em seus panfletos:[5]

PARTIDO COMUNISTA – JUVENTUDE COMUNISTA

À população árabe e cabila de Argel

Depois dos numerosos ataques contra nossos usos e costumes em seu plano de nos manter na escravidão, de afogar em sangue qualquer tentativa de nos libertar e de fazer de nós bucha de canhão para servir a seus interesses, o imperialismo francês acaba de provocar a massa indígena fazendo coincidir as manobras aéreas com a festa do Mouloud...

---

* No original francês, INEDEPENDENCE [*sic*]. (*N. da T.*)

Antifascismo, anti-imperialismo e anticolonialismo, para Camus, formam um todo.[6] Um argelino comunista, Amar Ouzegane, o impressiona. Para Ouzegane, os europeus, mesmo comunistas, continuam sendo, na melhor das hipóteses, paternalistas, na pior, colonialistas.[7] Os comunistas, segundo ele, lutam contra a religião, católica ou muçulmana, ópio do povo, e colocam como condição prévia o ateísmo. Camus lhe parece muito mais flexível, mais lúcido. Camus também frequenta simpatizantes dos ulemás – sábios muçulmanos –, os xeiques Ben Badis e El Okbi, que se reúnem no Círculo do Progresso. Concordando com Ouzegane, Camus incita à argelinização do PC na Argélia, mas como recrutar? Não conhece intimamente proletários, comerciantes árabes ou cabilas. Seus contatos limitam-se à elite. Gosta do ardor dos militantes. "Eu creio", escreve ele a Fréminville, "que há mais verdade nas relações entre comunistas do que entre suas profissões de fé". Distingue homens e textos: "Sempre sou mais envolvido por uma reunião de trabalhadores do que por um discurso da Commune."

Esse bom militante é também observador atento: "Vi ontem um filme soviético, *Sapatos rasgados*, no Ciné-Travail [cineclube paracomunista]. E voltei muito exaltado. [...] É nessas coisas, nesses gestos, nessa vida, que às vezes sinto todo o peso do novo comunismo. E como então admiro Malraux."[8] Assim, Camus descobre a fraternidade entre os comunistas.

Simone está internada numa clínica e Camus se lamenta: "Vivo muito só aqui. Vou frequentemente a Belcourt e é lá que realmente me reencontro." Através do partido, ele tem contato com os homens e mulheres dos bairros pobres. Pós-escrito para Claude, o bolchevique: "Você acha o comunismo capaz de se abrir para uma religião?" Camus recruta Jeanne Sicard e Marguerite Dobrenn. Depois Fréminville se reúne ao grupo em Argel. De início, não há célula. Para formar quadros argelinos, Paris organiza cursos em Marselha, dirigidos por Étienne Fajon.[9] Camus não participa deles, e também não passa pelos quinze dias de formação pilotados por Jean Chaintron, codinome Barthel, delegado do PCF na África do Norte, por quem tem simpatia. Barthel-Chaintron mal o nota.[10] O delegado, autodidata enviado à Argélia depois de uma formação africana sumária, encontrou Stalin pessoalmente em Moscou. Um estágio acelerado numa escola de quadros qualifica-o para dar cursos em Argel: "Questão essencial do marxismo-leninismo; princípios de economia política; o Estado; o imperialismo e o colonialismo." Recebe instruções contraditórias de um membro da comissão colonial do partido, ex-redator chefe do *L'Humanité*, André Morel, codinome Ferrat, que toma partido dos "indígenas" contra os franceses da Argélia. Antes de deixar Paris, Chaintron também encontrou-se *tête-à-tête* com Thorez, secretário do partido. Este sublinhou que, "colocando a ênfase na luta anti-imperialista, nem por isso devemos esquecer que, se não barrarmos o caminho do fascismo, a libertação nacional da Argélia, assim como a libertação social do povo francês e do povo argelino, e de todos os povos, será adiada para as calendas gregas e a própria existência da URSS comprometida pela guerra". A dialética leninista afirma que uma parte pode, às vezes, estar em contradição com o todo. No caso, a parte é a massa dos "indígenas".

Sob uma fachada de representante de artigos de papelaria, Chaintron trabalha na sede do partido – em Belcourt, na rua de Lyon, nº 66, perto da moradia dos Sintès-Camus. Ele cobre os três departamentos da Argélia. Alinha "150 comunistas, na maioria franceses. Apenas dez por cento [...] de origem árabe-berbere, ao passo que eles [representam] 90% da população argelina". A polícia de Argel se engana: contabiliza mais membros do partido do que Chaintron, mais bem situado do que os indicadores. Os comunistas argelinos são pouco numerosos e as autoridades podem acuá-los. Nessa época, Camus é membro do partido há um ano.

Em Paris, o escritório político do PCF preocupa-se com a linha do jovem partido argelino e envia a Argel o deputado Marcel Gitton, que toma a palavra no congresso do PC na sala Henri-Barbusse, em Bab el-Oued, nos dias 17 e 18 de outubro de 1936. Um embuste: quase todos os comunistas argelinos – mas não Camus – são delegados no congresso, 67 europeus e 62 "indígenas". Estes últimos, para dar a impressão de que estão quase em igualdade nas instâncias do partido. Um delegado, Paul Estorges, critica a atividade do Front Populaire, que "não sustenta as reivindicações coloniais", e quer que o PCF tome posição em favor dessas exigências. Gitton replica: devemos *primeiro* lutar na Argélia contra o fascismo, não contra o colonialismo. Atacar primeiro o colonialismo seria lançar-se numa "política trotskista". Gitton explica que o Front Populaire não é o partido comunista. Subentendido: não estamos fazendo o que *nós* queremos. Seria falso dizer que o partido comunista não apoia as reivindicações dos "indígenas".

Atrás de Barthel, secretário oficial do escritório regional do PC, estão europeus e argelinos, Ouzegane, Ben Ali Boukhort, Kaddour, e o pau para toda obra, que não clama sua pertença ao partido, Charles Escoute. Cunhado do arquiteto P. A. Emery, geômetra, bom pai de família, Escoute torna-se secretário-geral do Front Populaire de Argel. Para certos companheiros, nunca em público, ele diz frases interessantes: "Não há socialismo sem repressão."[11]

O partido incita Camus, que coordena organizações frontistas como o comitê Amsterdam-Pleyel. Em 2 de abril de 1936, é objeto de dois relatórios policiais[12] coincidentes, da segurança departamental e da polícia central. O primeiro estima em cento e cinquenta, o segundo em cento e quarenta, os participantes de uma reunião, na sala do cinema Stella, no Ruisseau. Relatório da segurança: "O sr. Camus, do Amsterdam-Pleyel, faz o histórico do Front Populaire. Para compreender o que é o Front Populaire é preciso ter ideia da situação da Europa no momento atual: uma Alemanha fascista superexcitada; uma Itália fascista lançada numa guerra colonial [a Etiópia]; um Japão supernacionalista que quer transformar a China em colônia nipônica." Segundo esse relatório, Camus se alça ao nível geopolítico e desemboca também na teologia comunista: o imperialismo e o fascismo são estágios supremos do capitalismo: "Em toda parte os perigos de guerra e de morte. Ora, *o fascismo não é mais que a expressão definitiva do capitalismo em seus últimos estertores* [*grifo meu*]. O capitalismo está fracassando porque, nesse regime, a coletividade trabalha para o lucro de uma minoria privilegiada e a uma produção intensa corresponde uma circulação rarefeita." Ortodoxo, o orador se faz economista: "Queimam-se e lançam-se ao mar as matérias-primas, enquanto 40 milhões de desempregados no mundo se perguntam como se alimentarão amanhã. No entanto o povo começa a compreender seu verdadeiro interesse e se revolta contra o jugo fascista." Depois dos sucessos dos nazistas e fascistas na Alemanha e na Itália, perplexidade. Camus tenta compreender esses êxitos: "O fascismo tem vários meios à sua disposição para manter o povo na situação em que se encontra. Em primeiro lugar, a força de certas palavras como 'PÁTRIA', 'GLÓRIA', 'HONRA', para eles sinônimos de cofre-forte. Depois a guerra. Finalmente e sobretudo a divisão do povo. [...] Artesãos, pequenos comerciantes, operários, intelectuais, classes médias, pequenos burgueses devem se unir para derrubar o jugo do opressor fascista." Camus quer apenas "um pouco mais de justiça, a liberdade para todos, trabalho assegurado a todos nas melhores condições e sem medo do futuro e, sobretudo, a paz universal". A sessão começou às 18h45. Escoute a preside, e a encerra às 20 horas. O agente da polícia central esclarece que, segundo Camus, "o capitalismo tende até mesmo a opor o elemento indígena deste país ao israelita". Camus está consciente da tradição antissemita na Argélia. Estabelece um paralelo também com a Alemanha, que "tenta isolar a França pelo antissemitismo". O policial esclarece que o orador foi muito aplaudido. A sessão termina, segundo o relatório, às 20h10. Os dois depoimentos se confirmam.

Camus distribui menos panfletos e cola menos cartazes que seus companheiros. Não vende *La lutte sociale* ou *L'Algérie ouvrière* [A Argélia operária],[13] jornais do partido, na rua de Lyon ou na rua Michelet. O partido vê os intelectuais com desconfiança, mas tem sua lógica de utilização. Camus tem, portanto, um status de quadro cultural móvel sem pasta. É reservado para falar em reuniões, ocupar seu lugar na Casa da Cultura, coordenar o teatro popular. No PC, as relações com os "indígenas" são instáveis. Ouzegane pensa em desviar a linha e atiçar a chama do anticolonialismo.

Alguns muçulmanos são otimistas durante o Front Populaire e cantam:

L'indigénat nous tue
Et la justice est étouffée,
Il ne faut pas désespérer
*Avec notre camarade Blum...**

Os habitantes de Belcourt e de Bab el-Oued se reúnem no cinema Mondial, no campo de manobras, "contra o [...] saque pretendido pelo fascismo mussoliniano e pela defesa do povo etíope".[14] Nos cartazes, os signatários das partes envolvidas, umas vinte organizações, do partido socialista SFIO à Liga pelo Direito ao Trabalho, ocupam o mesmo espaço que o texto dos chamados.[15]

Em 1936, as autoridades de Argel se interessam também pela extrema direita. Alguns meios administrativos acreditam estar na aurora de uma guerra civil. Relatório do diretor do gabinete do governador-geral baseado nas informações do chefe da segurança:[16] "Segundo informações colhidas nos meios do Front Populaire, os pilotos aviadores da seção de Argel dos Croix-de-Feu estariam em estado de alerta, prontos para se dirigirem a Maison-Blanche [o aeroporto] ao primeiro sinal e a levantar voo para levar ordens ao interior." A intoxicação a propósito da esquerda equivale à propaganda de direita. "Cerca de cinquenta membros do Front Populaire", prossegue a mesma nota, "teriam sido designados para vigiar o aeródromo e opor-se eventualmente à decolagem dos aparelhos". Ao mesmo tempo,

* O indigenato nos mata/ E a justiça está extinta/ Não devemos nos desesperar/ Com nosso camarada Blum... (*N. da T.*)

o chefe do departamento de Argel proíbe todas as reuniões, inclusive o grande piquenique de esquerda programado para o parque de Hydra, perto da *villa* dos jovens Camus. Em 28 de novembro, polícia e tropas estão em alerta. O governo geral teme uma marcha dos Croix-de-Feu sobre Argel. Suas seções se preparam para ocupar o correio, os prédios da alfândega.

Os amigos comunistas de Albert reúnem-se a cada quinze dias; eles se interessam pouco pela teoria marxista, mas fundam um círculo de estudos sociais (secretária: Marguerite Dobrenn), um Théatre du Travail [Teatro do Trabalho] e uma Casa da Cultura com membros ativos: Marguerite, Jeanne, Paul Raffi e Camus.[17] Comunistas diletantes eles não têm, com exceção de Camus, nenhum contato com Barthel ou Ouzegane. A sra. Barthel informa a Jeanne e Marguerite que as moças virgens devem evitar o ciclismo.[18]

Em 1º de janeiro de 1936, Camus escreve a Fréminville: "No fundo, bem no fundo dessa vida que seduz todos nós só há absurdo, e mais absurdo." O pessimismo camusiano não exclui a esperança, pois o aprendiz de militante acrescenta: "E é tudo isso, talvez, que constitui nossa alegria de viver. Pois só há uma coisa a opor ao absurdo: é a lucidez." Na ausência de seus companheiros de reuniões, para seu amigo, Camus medita sobre as relações entre comunismo, morte, heroísmo e confiança no homem: "Ao contrário de você, vejo [no comunismo] uma aventura e um desafio, mais do que uma certeza de comunhão." Ele retoma essa frase bem formulada nas conversas com os amigos e em outras cartas. Não é, como Fréminville, um "refém do entusiasmo". Afastando-se dos grandes sentimentos, aliás sinceros, ele diz: "E, se você não fosse inteligente, poderia a todo momento cair no sentimentalismo e nas grandes bobagens de humanidade, fraternidade, comunhão para imbecis." Camus pede que agora a correspondência seja enviada para a rua du Colonel-Driant, 10, Telemly, Argel. Não está mais na *villa* de Hydra.

Em suas cartas e seus cadernos, logo ele faz balanços:

"Aqui meu ano se anuncia carregado:

1) O Partido:
   Jornal
   Escola marxista
   Conferência
2) Talvez a criação de um teatro proletário (pensei em você para uma peça)
3) Ensaios que quero escrever: a Europa diante do Oriente, a propósito de Malraux – A metafísica do marxismo – alguma coisa sobre a experiência da Morte – e seu valor "social" – numa cultura, numa civilização.

4) Meu diploma a ser finalizado: neoplatonismo e cristianismo.

5) Bairro pobre

Etc. etc.

Estou um pouco assustado: mas bah! Se não este ano, um outro ano. E depois não, gastar todas as forças. Quero utilizar toda a minha juventude."[19]

Gide passa para segundo plano, pois Malraux atrai Camus cada vez mais. O escritor herói e arauto da revolução desembarca de um hidroavião em Argel e profere um discurso em Belcourt.[20] Pensando em A *tentação do Ocidente* e em *A condição humana*, Camus declara que os personagens de Malraux, admiráveis e emocionantes, lutam contra eles mesmos e um mundo de europeus orgulhosos. Longe do marxismo ou do comunismo, membro do partido, ele escreve sobre Gisors, o velho sábio de *A condição humana*: "Ele sabe que tendemos incessantemente para Deus e que de fato o consideramos como um objetivo imutável a ser atingido."

Ao mesmo tempo redige seu trabalho final de estudos superiores (DES - *Diplôme d'Études Supérieures*). Uma frase desse artigo a respeito de Malraux lança uma ponte entre os trabalhos pessoais do jovem escritor e seus trabalhos acadêmicos dedicados a Plotino e Santo Agostinho: "Façamos o que for, somos gregos e cristãos." Malraux tem importância para Camus e sua geração porque, nesse personagem baudelairiano, a ação é irmã do sonho. Realista e profético, vibrante, ele se engaja nas lutas de seu tempo sem se limitar à Europa. Esteve ao lado dos comunistas - pelo menos é o que se acredita - na China e na Alemanha. Membro do comitê Amsterdam-Pleyel, não é inscrito no partido. Quem o sabe? Em A *condição humana*, ele martela uma verdade que Camus compreende: para os pobres, os humilhados, os explorados, a dignidade é "o contrário da humilhação". Na Indochina, Malraux "pegou" algumas estátuas cambojanas; seus admiradores lembram que ele defendeu revolucionários em Saigon. Entre os leitores de Malraux, que tem um pé na transcendência, outro no Prêmio Goncourt, a percepção de sua literatura política e de sua política literária prevalece sobre a realidade. Aquele homem escreve e combate. Os jovens simpatizantes da esquerda em Argel leram seu prefácio ao livro de Andrée Viollis, *Indochine SOS*,[21] que critica a repressão colonial na Ásia. Malraux denuncia "a confusão entre as necessidades de uma colonização, mesmo que aceita, e as tolices que a invocam". É um ponto de vista que jovens argelinos sensíveis percebem. Malraux, assim como o jovem Camus, pensa tanto na ação política quanto em sua arte. "Penso", escreve ele, "que há muito poucos romancistas de nosso tempo que não tenham estado às voltas com as reportagens reunidas em livros, que não tenham sentido que nisso se preparava uma nova forma de romance, e que não tenham logo abandonado sua esperança". Os textos em que Camus trabalha ultrapassam a reportagem que, prossegue Malraux, "no entanto dá continuidade a uma das linhas mais fortes do romance francês, de Balzac a Zola: a introdução de um personagem num mundo que ele descobre para nós à medida que ele mesmo o descobre". Camus rejeita Zola e seu naturalismo, mas admira Balzac.

Malraux fala do nada, da morte, e frequentemente do absurdo, sem fazer exercícios filosóficos. Impressiona qualquer jovem parisiense ou argelino de esquerda. Trabalha no Congresso Internacional dos Escritores, cria uma Frente dos Escritores contra o Fascismo, com velhos – Gide, Julien Benda – e estrangeiros – E. M. Foster, Aldous Huxley, Heinrich Mann, Max Brod, Ilya Ehrenbourg. Nem todos os grandes escritores na França são de esquerda, mas os que apoiam o Front Populaire se impõem, parecendo reconciliar estética e política.

Em junho de 1936, aceitando o jogo universitário, Camus tira seu diploma de estudos superiores. A Fréminville, ele declara: "Todas as disciplinas são estúpidas. Mas todos os jogos têm sua regra. Se você quer se exprimir, siga a regra do jogo. E estúpido? Sim, mas exprimir-se por crises inarticuladas equivale a viver. Continuo persuadido de que há uma defasagem entre a Arte e a vida." Arte com maiúscula e vida com minúscula. "No fundo, entretanto, o que permanecerá será um grito um pouco mais verdadeiro, uma página que encontrará 'seu leitor'. E para chegar a essa página que se deve escrever por toda a vida." Fréminville não deve confundir a política, o social e a arte. A cada um seu reino. No comunismo, "uma certa vontade calculada de realizar" comove Camus.

Ele tem, ainda, projetos de teatro para Claude: "... toda uma criação a ser feita, tangível, constituída de vigas e cavaletes, de potes de cola e de ligações elétricas – isso para começar –, e com base nisso organizar homens, animá-los, fazê-los mimar uma tragédia, algo que sentem bem e que exprimem mal – falar, se consumir –, construir teorias artísticas pensando que é preciso convocar os bombeiros –, e, uma vez tudo lançado, tudo animado, fazer o todo chegar à representação, sacudir os desgostosos, diverti-los, acreditar em tudo aquilo que será dado e representado numa noitada e de que nada restará, no dia seguinte, a não ser a necessidade de varrer e fazer as contas. Não conheço experiência mais exaltante. Somos ator e maquinista, financista rigoroso, mas delicado quanto ao estilo. Você comigo, isso será ainda mais bonito."

O tio Acault não empresta mais seu carro – Camus procura uma motocicleta em promoção e planeja passar o verão com Fréminville.

9

SANTO AGOSTINHO SEM MARX

Camus decidiu tornar-se professor, portanto apresentar-se à *agrégation*. As autoridades universitárias lhe concedem um empréstimo de 4.500 francos, para sobreviver a uma grande penúria. As aulas particulares preencherão o déficit, com ajuda da atenta sra. Sogler, sua sogra.

Depois da licenciatura, o candidato à *agrégation* deve redigir uma memória, o DES, minidoutorado de cem a duzentas páginas.[1] Camus vê-se lecionando na Ásia – seguindo as pegadas de Malraux – ou na França metropolitana, mas de preferência na Argélia. Aos vinte e dois anos, imagina-se funcionário, sem prazer, mas com uma remuneração regular. No cume de um ensino secundário hierarquizado, o professor *agrégé*, equivalente no exército ao coronel, situa-se acima dos outros professores, oficiais subalternos. O *agrégé* deve ao Estado catorze horas de aulas semanais. É preciso levar em conta o tempo de preparação e da correção das dissertações. Um professor de filosofia consciencioso chega a passar meia hora em cima de uma só dissertação. Mas, Grenier insiste, um professor com ambições literárias se dedica à sua obra pessoal aproveitando as férias escolares, três meses no verão, quinze dias no Natal e o mesmo tanto na Páscoa. *Agrégé*, Grenier visa ao ensino superior. No início, na faculdade, são seis horas de aulas.

Camus tem um tema ambicioso para seu DES: *Metafísica cristã e neoplatonismo, Plotino e Santo Agostinho*. Essa livre escolha do tema, submetido ao veto professoral, constitui o encanto original do DES. Mestre da seção de filosofia de Argel, René Poirier aceita o título e o tema. Seu amigo Jean Guitton publicou um livro sobre Plotino e Agostinho. Grenier se inclinava para um trabalho sobre o hinduísmo.[2] Grande vantagem: o candidato Camus trata de um assunto que seus examinadores conhecem pouco. Poirier situa-se mais longe ainda de Plotino do que Grenier.

Camus sacrifica-se pelos ritos. Nem pensar em se mostrar revolucionário nesses exercícios. Seu DES é bem construído, bem escrito: introdução, capítulos, subcapítulos, seções, A, B..., subseções *a), b), c)*..., notas eruditas, aparelho crítico, pesado e terrorista. Algumas questões orientam o estudante: o pensamento grego sustenta e rejeita o cristianismo, mais trágico. Como conciliar espírito grego e cristianismo evangélico? Qual a contribuição de Plotino? Como pensar com a inteligência, com a sensibilidade? Quais são as relações da fé e do ceticismo, do racional e da sensualidade?

Camus demonstra uma simpatia nítida por um cristianismo... desvencilhado de Deus. Exaltaria um engajamento no mundo, desconfiando do providencialismo cristão que desembocaria numa filosofia da história contrária à luz da liberdade grega. Censura subjacente: o cristianismo leva ao pecado individual e à culpa geral. Ao ler esse DES, ninguém suspeitaria seu autor de militar, no próprio ano de sua redação, no partido comunista: Camus separa seus trabalhos assim como seus amigos.

Um jovem filósofo comunista, *agrégé* e da École Normale Supérieure, Paul Nizan, publicou *Les Chiens de garde* [Os cães de guarda], ataque contra a filosofia universitária francesa. Feroz, engraçado, injusto na polêmica, afirmava que existem duas filosofias, a dos opressores e a dos oprimidos, ideia que Camus – ele conhece o livreto de Nizan – nunca exprime. Apresentando um DES sem asperezas revolucionárias, Camus estaria cometendo *entrismo* universitário?[3] Ele não tem a violência enraivecida de um Nizan, que proclama: "Os homens não gostam de ser enganados, nem todos têm uma ingenuidade suficientemente considerável para acreditar que um *agrégé* de filosofia seja, em virtude de sua função, um grande generoso ou até mesmo uma pessoa respeitável." Nos altos círculos de Argel fala-se com veneração dos "professores *agrégés*". Camus os aprecia, Germain, Grenier, Heurgon; todavia, para ele, os diplomas são meios, não fins. Em sua correspondência com Fréminville, manifesta uma clara irritação para com a Sorbonne, mas parece mais respeitoso do que Nizan para com os trabalhos de Brunschvicg, Lalande, Parodi, Bouglé ou Poirier. Sua pesquisa universitária, bem circunscrita, não deve passar de Engels e Marx a Plotino e Santo Agostinho. Pouco leu os primeiros. Aparentemente, aceita uma filosofia francesa oficial adocicada e moralizante.

Em Argel, nem mesmo os estudantes talentosos colocam em questão os métodos e justificativas do ensino. Qual a relação entre Descartes e os salários argelinos ou entre Kant e o programa do Front Populaire? A filosofia universitária, de Estado, diria Nizan, está longe da derrubada da ordem social com que sonham Camus e seus amigos.

Aparentemente, portanto, não há nenhuma relação entre os problemas levantados por esse DES e os que a história impõe à França e à Argélia. Pode-se colocar um gabarito sobre esse Camus diplomável, um léxico que dê conta de suas aspirações religiosas e ateias debaixo de suas pesquisas universitárias:[4] *Deus = o marxismo* (Camus não frequenta Deus nem o marxismo). *O Messias = Marx* (autor a ser estudado detidamente). *O povo eleito = o proletariado, portanto o PC. Os eleitos = os proletários* (Camus os vê, os sente – muito mais do que a maioria dos estudantes). *Os danados = a burguesia* (Camus agora a conhece um pouco, mas não a denuncia). *A Igreja = o partido comunista. A graça = a adesão ao partido. A Ressurreição = a Revolução* (é evocada por todos os comunistas, Camus a deseja). *O inferno – a punição dos capitalistas.* O milênio será o advento do comunismo. Para Camus, o comunismo será, no limite, a fraternidade na liberdade e na igualdade dos trabalhadores cheirando a cigarro na saída das fábricas de fumo, dos empregados mal remunerados. Max-Pol Fouchet, diante do socialismo a ser realizado, seria franciscano; Camus, antes, dominicano – sem Deus. Ao mesmo tempo que redige esse DES, ele aprimora também ensaios literários. Neles, tem liberdade de conteúdo e de forma.

Por que escolhe o helenismo, uma vez que não estudou grego, e o cristianismo, uma vez que sua educação religiosa foi formal? Agostinho e Plotino são africanos, Camus sente-se mais do que argelino e argelino: imagina-se mediterrânico. Tem o sentimento estranho de ser grego num universo cristão e um estrangeiro na cidade, um meteco. Pergunta-se por que tem esse temperamento religioso sem a crença. Por que desejaria que o comunismo modelasse uma religião sem deus? Abre-se muito a esse respeito com Fréminville, um pouco com Grenier, mas não com Poirier. Os personagens de Plotino e de Santo Agostinho o atraem. Esses heróis estão mais próximos de seu coração, de seu corpo e de sua inteligência que Descartes, Kant ou Hegel. Plotino, fim dos gregos, início dos cristãos, contempla um mundo eterno de bondade e de beleza. Essa busca de Plotino acerta contas com a tentação mística do absoluto – para os cristãos, o Outro Mundo, o Reino dos Céus. Camus quer esse outro mundo na Terra. Plotino representa um neoplatonismo e, para os platonistas, o mundo real é o das ideias. Camus quer conciliar realidade e aparência, o visível, o sensível e o intelectual. Tal como Grenier, mas com menos discrição, Plotino persegue o "êxtase". Com frequência tem a impressão de levitar fora de seu corpo e de ter acesso à realidade de um mundo supersensível. Divinamente inspirados, devemos ver o *nós* e o Um. Seu misticismo não se opõe à beleza sonhada por Camus – que não levita durante seus passeios ao redor de Argel. O mérito de um sistema metafísico não está inteiramente nas verdades que ele abrange. Um sistema tem uma beleza por si mesmo. Em Plotino, a estética também seduz Camus.

Segundo Agostinho, Platão vivia de novo em Plotino, e Camus gosta de um no outro. Em Agostinho, há um homem e um filósofo. Agostinho é o teólogo da transcendência e da impenetrabilidade do Deus único. Para Camus, Deus é incompreensível. Agostinho não é um pensador seco, mas um rude moralista da concupiscência. Cândido e severo, ele suplica a Deus: "Concede-me a castidade e a continência, mas não imediatamente." Camus busca a satisfação dos sentidos e sua superação. Em Agostinho, aprecia a paixão e a busca da retidão, mas seu sentido do pecado deixa-o perplexo. De Agostinho a Tolstói, que ele lê, maravilhado, manifesta-se também uma vontade ferrenha de se confessar. Todo estudante talentoso se interessa pelo Bem e pelo Mal. Quando filosofa, estuda os problemas da liberdade e pergunta-se como conquistá-la. Para Agostinho, o homem se liberta obtendo a graça divina. Camus procura a graça dos homens.

Quem domina e compreende a história? Deus ou o comunismo? O maniqueísmo atrai Agostinho. Em 1936, Camus *está* no maniqueísmo, um comunismo simplista e generoso. Também encontra em Agostinho uma estética. Estudante de filosofia, continua sendo antes de tudo escritor, a forma importa tanto quanto o conteúdo. Através de Plotino e Agostinho, examinando os argumentos em favor de um pessimismo universal, ele procura as razões do otimismo e descobre, complementares, um senso da tragédia e a felicidade de viver.

Ele burila seu DES, primeiro longo manuscrito fechado,[5] mais satisfatório que artigos publicados. Leu detidamente os dois volumes de *Confissões* de Santo Agostinho na edição Garnier de 1925, texto latino em rodapé.[6] Sublinha inúmeros trechos: "E possível, Senhor, que haja em mim alguma coisa que seja capaz de vos compreender?" Camus nunca entra em Deus, pois deseja primeiro compreender o mundo: "Meu coração se desdobra ardente, fervente e espumando em impudicícia, e se difunde, transborda e se funde em dissipação..."

O estilo desse DES muitas vezes é pesado, e quase sempre beira o ensaio literário. Aqui e ali se introduzem expressões pouco universitárias: "Veem-se os disparates que faiscavam nessa heresia cristã, a quermesse metafísica."[7] Nesse trabalho, o essencial das preocupações camusianas inscreve-se para além das interrogações do estudante. A faculdade de letras flutua nas ideias, a boa distância da realidade. Em medicina, em direito, os professores têm vínculos com as instituições e os homens da Argélia, mas os filósofos muito poucos. Como um excelente seminarista, Camus disserta sobre o cristianismo, o gnosticismo, a alma que contamina a inteligência, a união com a Carne, o Verbo, a Fé, a Razão. Para contrabalançar – temendo Grenier –, ele toca de passagem nos filósofos indianos. Magnífico *pot-pourri* na melhor ou na pior tradição universitária, esse DES transborda em alusões a uma soma de conhecimentos inauditos. Encantador, sério, ingênuo, Camus metralha a tiros de citações latinas.

Sem cobrir todas as pistas, ele parafraseia e pilha os especialistas, como tantos estudantes em seu mestrado e, com frequência, muitos professores em seu doutorado.[8] Para dar maior densidade, ele "chupa" os peritos, J. Tixeront, L. Grandgeorge, P. Alfaric, É. Gilson, às vezes o admitindo, com frequência esquecendo-se de citar suas fontes. Suas análises, segundo Paul Archambault, são "muito embaralhadas e confusas". Impassível, Camus se inspira, um pouco mais do que é costume num DES, nos augustos comentaristas de Agostinho.[9]

De sua longa excursão teológica, Camus não emerge nem plotiniano, nem agostiniano. Ele seria, antes, pelagiano: o pelagianismo professa que só o homem é artífice de seu destino, espiritual e terreno. No primeiro ensaio de *Noces* [Bodas], ele encontra as cadências do Eclesiastes. "Há um tempo para viver e um tempo para testemunhar o viver. Também há um tempo para criar, o que é menos natural. Basta-me viver com todo o meu corpo e testemunhar com todo o meu coração."[10]

Camus redige o final de seu trabalho em companhia de um gato. 16 de abril de 1936: "Mouniou-Blanc morreu à noite", escreve ele a Marguerite Dobrenn. "De manhã encontrei-o todo rígido e no meio de sua urina. Dizem-me que foi envenenado. Mas dizem isso toda vez que um animal morre." Camus sonha com uma fazenda que os amigos, Marguerite, Jeanne e principalmente ele pudessem alugar – perto de Argel, na Itália ou na França. Um falanstério que tivesse seus estatutos: "Acrescentei mais um artigo. A.22: E a cabra se chamará Séguine." Anexa um desenho de si mesmo aureolado com a menção: "Quando eu for canonizado."

Comunista simpatizante de Plotino, Camus escreve também, em seus cadernos: "Mas, por outro lado, como conciliar comunismo e desgosto? Se tento as formas extremas, na medida em que atingem o absurdo e a inutilidade – nego o comunismo. E essa preocupação religiosa..." Ele pensa juntos o comunismo de hoje e o cristianismo de outrora.

Pouco antes de ele lançar essas anotações desencantadas num de seus cadernos, os partidos do Front Populaire, em 26 de abril de 1936, ganharam as eleições legislativas. A esquerda tem 378 deputados, a direita e os moderados, 222. Os 206.614 eleitores da Argélia participam da vitória do Front Populaire. A abstenção passou de 16%, levemente superior à eleição na França. Dos dez deputados argelinos,[11] três são socialistas ou simpatizantes, cinco são radicais, um é da esquerda independente e apenas um é de direita. Um entusiasmo, que não deixa nenhum vestígio nos escritos pessoais de Camus, toma socialistas radicais e comunistas. Reivindicam direitos sindicais, a dissolução das ligas, a defesa da escola laica, as quarenta horas semanais, um fundo de seguro contra o desemprego. Em maio, greves eclodem em Courbevoie, no Havre e em Toulouse. O PCF apoia o governo de frente popular formado por Léon Blum, chefe e guru da SFIO. Os comunistas não participam dele. Na Argélia, os comunistas sentem-se livres, finalmente.

Com o DES *Metafísica cristã e neoplatonismo*, Camus constrói um edifício de dois andares. Primeiro andar: o exercício universitário. Segundo: o primeiro livro finalizado[12] de um Camus que faz aparecer temas recorrentes. Se deixarmos recuar a maré de citações, de argumentos, afloram como rochedos as preocupações do homem Camus, que fala sem cessar de si mesmo e se busca através de Plotino e Agostinho. "A filosofia de Plotino é um ponto de vista de artista. Se as coisas se explicam, é porque as coisas são belas. Mas essa extrema emoção que toma o artista diante da beleza do mundo, Plotino a transporta para o mundo inteligível. [...] Plotino descreve a inteligência de maneira sensual." Camus jamais dirá, como Keats, que a beleza é a verdade e vice-versa. Mas a beleza dos seres e da natureza encarna um valor fundamental. Ele acha que os Evangelhos colocam a morte no centro das preocupações do novo homem e protesta: para ele, nosso reino é deste mundo. Os gregos eram luminosos e inocentes, segundo ele. No final do percurso, escolhe o mundo grego – tal como o imagina, contra o cristianismo: "O cristianismo só fará dar corpo à ideia, tão pouco grega, no entanto, de que o problema para o homem não é aperfeiçoar sua natureza, mas escapar a ela." Redigindo ao mesmo tempo algumas páginas de *Bodas*, Camus não quer que o homem escape à sua natureza. Pelo contrário. Santo Agostinho dizia: "A medida de amar é amar sem medida."[13] Nesta terra, acrescenta Camus. Impregnado de um cristianismo que rejeita, ele não rechaça a ideia do erro e da culpa, mas recusa a noção, cristã, do pecado.[14] A continência e o ascetismo pregados por Agostinho sempre horrorizam Camus, ao mesmo tempo que o fascinam. Examina a ideia do sentido da história – ao mesmo tempo significação e direção. Todo comunista, instruído ou não, acredita no Paraíso laico após a Revolução. Camus afronta a história tratando dos gnósticos e não de Marx. Para ele, em certos crentes, a alma "é desejo de Deus e nostalgia de uma pátria perdida". Ele tem a nostalgia, sem o desejo, do caminho do êxtase, que ele aflora no máximo como panteísta em seus arrebatamentos em Tipasa. Não quer a conversão: "Procurar-se é em certo sentido se juntar. A própria beleza não é suficiente."[15] Ao final, o jovem saúda o cristianismo após Santo Agostinho: "Durante longos anos ele permanece a única esperança comum e o único escudo efetivo contra a infelicidade do mundo ocidental." Agora o comunismo é um escudo, e o único?

Camus entrega sua memória em 8 de maio de 1936 e espera os resultados. Passa por mais uma separação e por outra briga com Simone, saída de uma clínica e ainda refugiada na casa da mãe. Desvencilhado desse trabalho universitário, ele tem quinze dias de folga. Num caderno,[16] anota: "16 de maio. Longo passeio. Colinas com o mar ao fundo. E o sol delicado. Em todas as moitas, rosas silvestres brancas. Grandes flores viscosas, de pétalas roxas. Volta também, doçura da amizade das mulheres. Rostos graves e sorridentes de jovens mulheres. [...] Não há notas falsas."[17] Introduz nesse ponto um trecho descritivo, quase um fragmento de romance ou de ensaio: "Miraculoso dia em que as árvores se desenhavam. Confiança e amizade, sol e casas brancas, nuances apenas ouvidas, oh! minhas felicidades intactas que já derivam e que não me entregam mais à melancolia da noite do que um sorriso de jovem mulher ou o olhar inteligente de uma amizade que se sabe compreendida." Melancolia a propósito de Simone. Olhar inteligente de Jeanne, sorriso de Marguerite. As pessoas se entregam mais em cadernos íntimos do que num DES: "Guardadas as proporções: o problema do cristianismo. Será que o crente se embaraça com as contradições dos Evangelhos e com os excessos da Igreja? Será crer admitir a Arca de Noé – será defender a Inquisição ou o tribunal que condenou Galileu?"

Em 25 de maio, Camus recebe seu diploma de estudos superiores. No escrito – coeficiente 2 –, ele obtém nota 28 sobre 40. No oral por sua memória – coeficiente 1 –, nota 14. Pela explicação obrigatória das *Acadêmicas* (II, 30) de Cícero, 14 também. Portanto, um total de 56. Resultado: menção *bem*. O certificado de aptidão é assinado por René Poirier, Jean Grenier e Louis Gernet, decano da faculdade de letras e *de jure* membro do júri. Poirier aplicou um princípio de seu mestre André Lalande: nunca se atribui mais de 15 a um trabalho universitário. Camus merece sua nota, talvez mais, pois em seu DES o detalhamento é primoroso. Com essa menção, será um excelente candidato à *agrégation*, embora Poirier julgue que essa memória revela sobretudo qualidades literárias.

Dois dias depois da defesa da memória, 27 de maio, greves de trabalho, com ocupação de empresas, de início na França. A classe trabalhadora, ultrapassando os limites de suas organizações sindicais, às vezes decreta que as fábricas e suas máquinas lhe pertencem. Atentado ao direito de propriedade garantido pelos revolucionários de 1789! A ideia chega a Argel, Orã e Constantine, mas muito atenuada. O porto de Argel não é paralisado como o de Marselha. Nas gráficas, nos hotéis, nas grandes lojas, os trabalhadores organizam bailes cadenciados pelos acordeões. Desconcertados, os policiais observam os grevistas, pouco violentos.

Léon Blum pede a retomada do trabalho, ao lado de Léon Jouhaux, secretário-geral da CGT. São escutados, não ouvidos. Em 8 de junho começa uma negociação triangular: Blum, a Confederação Geral da Produção Francesa, pelo patronato, a Confederação Geral do Trabalho, pelos assalariados, chegarão aos acordos do palácio Matignon. Em cada empresa com mais de dez empregados, serão eleitos delegados do pessoal. As convenções coletivas se generalizarão. Os salários terão um aumento de 7% a 15%, decisão contestada pelos economistas, mesmo de esquerda. Depois de semanas calorosas e quentes – "a razão troveja em sua cratera" –, duas medidas tomam as imaginações: a outorga dos quinze dias de férias pagas sem diminuição dos salários e a semana de quarenta horas – o tio Étienne Sintès já não precisará se machucar para se oferecer alguns dias de férias. Essas decisões provocam a cólera de numerosos colonos, mesmo radicais-socialistas. Essas medidas são aplicáveis aos árabes e aos europeus?! Inédito!

No final da primavera de 1936, Camus está *bem* diplomado e tem um canteiro de obras. Sua carreira parece traçada: *agrégation* e professorado. Por que não um doutorado, como Grenier? Ficar na Argélia? Ir para Paris, onde, Grenier reitera, se fazem as famas? Com ou sem a imprevisível Simone? Ele tem tantos projetos que precisa, mais uma vez, estabelecer um calendário: "Se o tempo corre tão depressa, é porque não distribuímos pontos de referência. Assim, da lua ao zênite e ao horizonte. É por isso que esses anos de juventude são tão longos por serem tão cheios, anos de velhice tão curtos por estarem já constituídos."

Camus está desvencilhado de Deus, não da necessidade de construir um código de conduta para si. Mas como fundamentá-lo, se Deus não existe? Nem tudo é permitido. É mais fácil esboçar uma moral social através do comunismo do que forjar uma moral individual. Portanto, como viver sem Deus, já que Ele não existe? Camus se dá uma resposta tríplice: viver, agir, escrever.

10

A CARTA DE SALZBURGO

No ano anterior, Yves Bourgeois, o amigo professor de inglês, aficionado do caiaque, navegou de Innsbruck até Budapeste. Ele propõe um périplo ao casal Camus. Yves admira a resistência de Camus, que leva em frente todas as suas empreitadas mantendo-se afável, cortês, elegante, e está seduzido por Simone, a quem visitou na clínica de Ben Aknoun. Ela fala em se lançar na dança clássica. Camus renuncia a seus trabalhos pessoais. Essa viagem afastará Simone da morfina, ela escapará de seus fornecedores argelinos. Bourgeois arma-se de guias *Baedeker* vermelhos abarrotados de anotações, um francês, *Autriche-Hongrie 1911*, os outros ingleses, *Southern Germany, 1910, Northern Germany, 1925.* Antes de partir de Argel para Marselha, ele inicia o casal nas dificuldades e alegrias do caiaque.

No início de 1936, o trio atravessa o Mediterrâneo e chega de trem a Lyon.[1] Bourgeois lecionou e militou nessa cidade. Em 13 de julho, Camus escreve a Marguerite e Jeanne: "Sobre a minha viagem, não esperem nada. Detesto o gênero 'impressões'. [...] a viagem tem para mim um valor muito particular, o do medo. Assim, isso não quer dizer nada. Mas, se eu fosse escritor, algum dia tentaria fazer com que o entendessem." Ele cai no clichê sobre Lyon, que seria sinistra e grandiosa. Tudo nela é "burguês: o conforto, a comida, os costumes, até mesmo as prostitutas. Cidade de hipócritas e fechados. Detesto-os de todo o meu coração. Fizeram tudo o que foi necessário para 'evitar' a vida. Abrigam-se por trás de empadões e linguados ao creme. O francês em toda a sua planeza e sua mediocridade". Albert aumenta o sarcasmo: "Em vez de tratar as pessoas de esterco, chamo-as de lionês."

Descobre com prazer Villeurbanne, subúrbio operário onde Bourgeois morou: "Municipalidade comunista – arranha-céu e arquitetura Le Corbusier", clama Camus, entusiasmado. "Na prefeitura, a foice e o martelo, e trabalhadores que carregam um piano mecânico numa carroça para anunciar bailes operários. Amanhã desfilarei com eles." Fica perplexo com as realizações sociais na URSS. Sorrindo, Bourgeois, que nunca aderiu ao partido, comenta:

— Eu também leio *Rússia de hoje*.

Naquele ano, Boris Souvarine publica seu *Stalin*, que desmonta o stalinismo para algumas centenas de ex-militantes avisados.

O trio instala-se no terraço de um café na praça des Terreaux. Um ex-aluno de Bourgeois, membro das Juventudes Patriotas de extrema direita e, para agravar o caso, filho de um delegado de polícia, cumprimenta seu professor. Camus reage violentamente. Não se pode falar com essa gente.

Bourgeois leva os Camus a Fourvières, para apreciar o panorama. Emergem perto da igreja de Santo Irineu.

— Vocês sabem que sou cristão? — diz ele, por provocação.

Camus se crispa.

Bourgeois aluga um segundo caiaque e eles tomam o trem, na terceira classe, para a Áustria, via Suíça. Camus chega cansado em Innsbruck. Ainda para Marguerite e Jeanne, em 17 de julho: "O que menos me interessa no Tirol... é o lado tirolês. Pois Innsbruck é uma cidade de ópera-cômica. As pessoas passeiam por ela de calça curta e chapéu de penacho." No entanto, reconhece, "o país é admirável - de uma delicadeza selvagem -, com lindas noites". Não está com estado de espírito para admirar a natureza. "Depois de amanhã vou partir pelo Inn de canoa e acamparemos ao longo do caminho." Gostaria de refazer essa viagem com Marguerite e Jeanne. Preocupações com dinheiro: "Tenho um bilhete da loteria argelina (50 F). Aqui não há jornais do Norte da África. Olhem, portanto, a terceira seção e vejam se o número 136918A nos deu milhões, a fazenda e a felicidade." Marguerite, Jeanne e Albert contentaram-se em alugar uma casa em Argel, no alto do Telemly, na esquina do caminho de Sidi-Brahim e da rua des Amandiers. Camus despacha suas instruções para acertar com o proprietário da "maison Fichu".*

Em Innsbruck, os viajantes se hospedam no hotel da Águia de Ouro, como Goethe. A guerra da Etiópia está no fim. A guerra civil sacode a Espanha, segunda pátria sonhada por Camus. Francisco Franco pretende derru-

* Literalmente, "casa Maldita". (*N. da T.*)

bar o governo do republicano de esquerda Casares Quiroga. Levante no dia 18, demissão de Quiroga no dia 19. Os insurretos, rotulados como nacionalistas, reprimem as forças republicanas e governamentais. Controlam Salamanca, Valladolid e Pamplona, nomes que tocam Camus mais do que Adis-Abeba. Segundo Camus e Bourgeois, a insurreição nacionalista fracassará.

Bourgeois não tem tempo de examinar os jornais. Coloca os caiaques na água em 19 de julho e navega na frente, com as bagagens. Na parada, os três amigos acampam. Camus acorda dolorido. Chegam a Kufstein, perto da fronteira austro-alemã. Em 22 de julho, Camus se queixa a Marguerite e Jeanne: "Senti-me extremamente cansado e só então me lembrei de que qualquer ginástica intensiva dos ombros me era proibida. Resolvi renunciar à canoa e percorrer trajetos paralelos a pé ou de ônibus. [...] Cada vez que percebo que na verdade sou um doente, sinto como estou distante do que gostaria de ser." Seus companheiros descerão o rio de caiaque, sem ele. "Seria preciso, aliás", declara ele, "que um dia eu escrevesse uma 'Psicologia do corpo' (a se acrescentar à incalculável multidão de minhas obras em preparação)". Pensa com menos alegria num emprego de professor numa escola particular de Orã, o curso Fénelon. Jeanne viaja, só Marguerite lê suas cartas. Camus caçoa dela: "Continua com seu espírito de elevador* e com seus meios sorrisos? [...] Aqui chove desesperadamente e os cinemas estão levando *Guerras das valsas*. As mulheres são louras, altas e tolas. Os homens são bons, prestativos e inofensivos. Fiquei sabendo que Henri Heine dizia que os tiroleses eram de uma imbecilidade insondável. É demais, mas há uma certa verdade na base."

Os nacionalistas espanhóis alcançam Burgos, instalam um contragoverno. Os Jogos Olímpicos se desenrolam em Berlim, os julgamentos dos trotskistas em Moscou. A França incita a Europa à não ingerência na Espanha. A Alemanha anuncia que aplicará o embargo, tal como a URSS. Nem uma nem outra respeitam essas pias resoluções. Tino Rossi, que a mãe de Albert adora, lança *Marinella*. Camus, que gosta dos refrões, cantarola também:

---

* No original, *ascenseur*. Referência à expressão francesa *renvoyer l'ascenseur*, literalmente "mandar o elevador de volta", com o sentido de retribuir uma ação com outra de mesma natureza. (*N. da T.*)

Marinella,
*Ah! reste encore entre mes bras...**

Bourgeois sente a tensão entre Albert e Simone. Em Berchtesgaden, eles ocupam um quarto a três, o que escandaliza o dono do hotel. Para Bourgeois, Camus não admira tanto quanto deveria Berchtesgaden, prolongamento alemão mergulhado na Áustria. Aqueles argelinos não sabem que se trata do ninho de águia do Führer. Sozinho, Camus escapa para explorar uma ilha e sua capela.

As montanhas nevadas o assustam. Claustrófobo, ele sente falta de ar. Isso se resolverá em Salzburgo, onde, embora sem dinheiro para participar das diversões musicais, os três planejam permanecer dois ou três dias. Alugaram dois quartos vizinhos. Sombrio, certa manhã Camus vai ao encontro de Bourgeois e lhe anuncia que está se separando de Simone. Numa posta restante, encontrou a carta de um médico argelino dirigida a S. Abriu-a. Aquele homem fornece droga a Simone Camus. Também é seu amante.[2] Em 26 de julho, Camus escreve a Marguerite e Jeanne. Duas horas depois de sua chegada a Salzburgo, esclarece, levou "um dos golpes mais penosos" de sua existência, "... minha vida viu-se completamente mudada. Não gosto de confidências. Mas quero simplesmente informar sua amizade de um fato: a partir de meu regresso à Argélia, viverei *completamente* sozinho. Só lhes pedirei que nunca me falem nisso." Que médico? O doutor X, que cuidou de Simone numa clínica, ou o doutor Z.?[3] Albert sabia que Simone se drogava, mas não que esses médicos eram seus amantes.

Camus tenta despertar as alegrias da viagem: "Escrevo-lhes ao sair de um 'mistério' redigido por Hofmannsthal e encenado por Max Reinhardt, *Jedermann ou O jogo da morte do homem rico*. Foi representado na praça da catedral às cinco horas da tarde. Aprendi muita coisa. Mas sobretudo foi estranhamente emocionante. No final, era o crepúsculo. O homem rico morria arrependido. E a Fé, debruçada sobre seu túmulo, dizia: 'Ele está despojado de tudo, até mesmo da vida.'"

Depois da leitura e da interpretação da carta terrível, ele se modera: "Talvez eu também esteja mais receptivo neste momento. Mas é a primeira vez em minha viagem que me sinto tão bem 'afinado'." Ele estava desconfiado, antes de deixar Argel. Parece preferível saber a verdade quando,

---

* Marinella/ Ah! Fique mais entre meus braços... (*N. da T.*)

justamente, vivemos de suspeitas e de meias mentiras. Em seu caderno de viagem, Camus é breve: "*Salzburgo.* Ildermann. Cemitério São Pedro. Jardim Mirabelle e seu precioso sucesso. Chuva, flox – lago e montanhas – caminhada no planalto." A suas duas amigas argelinas, esquecendo-se de que informou a Yves: "Apesar de tudo, continuo a viagem por causa de Bourgeois, que não sabe e não percebe nada." Chega até a brincar, parodia cantores e assume voz de mulher:

> *Siegfried, va, va, va plus loin,*
> *Rentre à la maison.*
> *Il y a des dragons...**

Insuflação em Linz. Quase taquigrafia do caderno: "*Linz* – Danúbio de subúrbios operários. O médico. Gutweiss. Subúrbio. Pequeno claustro gótico. Solidão."

Os três atravessam a fronteira tcheca. Camus prosseguirá de trem. Yves e Simone descem em Vltava, remam, admiram a lentidão do rio, os pinheiros e as bétulas, param em Budejovice, cidade sem interesse apesar de sua praça, a mais ampla da Europa, de suas casas amarelo-margarina, verdes e marrom-pastel. Simone pede dinheiro emprestado a Yves, precisa de uma... curetagem, segundo ela. Volta duas horas depois, sorridente. Encontrou droga, Bourgeois tem certeza. Estranha mulher! Tanto no caiaque como na barraca, mostra-se resistente.[4]

Em agosto de 1936, Camus passa quatro dias solitários em Praga. Vive dias "mortais" e cheios de "angústia"[5] num quarto barato. A comida lhe desagrada – "Não devo gastar mais de dez coroas em cada refeição. [...] indico no cardápio, incompreensível para mim, um prato [...]: uma mistura de sêmola e de carne, que se torna repugnante pela quantidade inverossímil de cominho."

Está muito desamparado em Praga.[6] A Marguerite, em 6 de agosto: "Cidade imensa. [...] perdi completamente o pé. Desde ontem não consigo me desvencilhar de uma estúpida melancolia que me impede de desfrutar o que há de admirável." Ele espera Simone e Yves. Os problemas de dinheiro o afligem. Critica sua própria preocupação: "Tenho dinheiro para oito dias", diz a Marguerite, "e arranjo um meio de me preocupar até com isso." Lúcido:

---

* Siegfried, vai, vai, vai mais para longe/ Volta para casa./ Há dragões... (*N. da T.*)

"Isso significa que vou passar (eu me conheço) três dias numa espera nervosa que, no ponto em que estou, só pode me deprimir. Você compreende isso, menina calma e cheia de saúde?" Ele se olha observador. O sujeito torna-se seu próprio objeto. Retoma um relato banal: "Praga é o tipo de velha cidade aristocrática e internacional. Com subúrbios industriais aqui e ali. [...] de longe percebe-se primeiro um povo de chaminés, de igrejas góticas e cúpulas barrocas. O conjunto lembra o campo." Propõe-se a visitar o cemitério judeu. Não o localizou, o que prova o quanto está desorientado, como um americano que não conseguisse encontrar a torre Eiffel. Camus vagueia, compra *L'Intransigeant* [O intransigente], jornal francês erroneamente denominado, pois, quanto à Espanha, transige a favor dos nacionalistas. Volta a seus projetos. Lecionar em Orã, encontrar "alguma coisa estável para viver em Argel"? Em 7 de agosto: "Pergunto-me hoje se não seria mais prudente largar tudo e ir recuperar minha saúde nos Alpes durante três semanas." Imagina Marguerite saboreando mel, rindo rodeada de cães e gatos. No dia seguinte: "Estou melhor. Vi a catedral e uma quantidade prodigiosa de igrejas barrocas. Não me inspira." No mesmo dia, para Fréminville: "Há mais de um mês vivo como um meio-louco neurastênico e nestes dias as coisas se agravaram mais." Não consegue decifrar as informações e as manchetes do *Narodni Politika*. Não entende o alemão e menos ainda o tcheco. Praga cheira a pepino em conserva no vinagre. Camus só gosta da cerveja escura e das músicas de acordeão. Não sente aquele povo. As paredes, cinzentas ou amarelo-manteiga, café e cacau, permanecem frias para aquele latino entre eslavos. Seus bondes não se parecem com os de Argel.

Um escritor se esconde por trás de seus personagens e, frequentemente, quanto mais jovem ele é, menos se disfarça. Depois dessa viagem, Camus iniciará um romance. Seu herói, Mersault, se parece com ele – quase demais. A viagem à Tchecoslováquia contada se cola à do casal. Camus está cansado e desmoralizado, como Mersault, mas, no romance, o leitor não entende por que Mersault foge da Argélia depois de um assassinato que não lhe toca. "Despertou suando, descomposto, e andou um pouco pelo quarto. Depois acendeu um cigarro e, sentado, com a cabeça oca, olhou para os vincos de sua calca amarrotada. Na boca, misturavam-se o amargor do sono e o do cigarro. [...] Tao *poroso* [*grifo meu*] e atento a cada sinal do mundo, Mersault sentiu a fenda profunda que o abria para a vida."[7] Camus não publicará *La Mort heureuse* [A morte feliz], romance mais para fracassado.[8] Camus-Mersault procura em Praga restaurantes baratos. Uma chuvinha fina desperta nele seus potenciais de angústia. É um estranho na cidade, a seu passado, ao presente e a seu futuro. Tal como seu herói, tem a impressão de que tudo está se desmoronando "na loucura". As sombras grotescas das estátuas da ponte Carlos sobre o Vltava trazem a Mersault-Camus "a consciência dolorosa e ardente de uma solidão sem fervor em que o amor" não participa mais.

Mudando de assunto, volta a fazer turismo político. Para Fréminville: "Daqui sigo muito mal os acontecimentos da Espanha e é sempre com angústia que, de longe em longe, dou com um jornal francês. Naturalmente as notícias são contraditórias. Mas pelo menos os nossos não se dispersaram." Esse aprendiz de comunista não desconfia então dos conflitos que dividem o campo republicano. Vive num universo político binário simplificador. Seus problemas pessoais não o impedem de incentivar Fréminville, que submeteu à sua apreciação uma reportagem destinada a *La Lutte sociale*, órgão comunista argelino. De Praga, Camus aconselha Claude a mandar seu artigo para *L'Humanité*, *Commune* e *Vendredi* [Sexta-feira], semanário progressista subvencionado pelo editor Gaston Gallimard.

Camus finalmente encontrou o cemitério judeu. Faz algumas confidências a Bourgeois, sobretudo quando Simone desaparece – à procura de morfina? Explica que um fornecedor-médico argelino é seu amante:

— Ela passa por todas as salas de espera — diz ele, cerrando os dentes.

No entanto a atmosfera se distende e Simone não para de divertir Yves. Nos restaurantes, os garçons traduzem o cardápio para o alemão ou o inglês. Depois, S. pede o que não consta nele. Então devora um prato enorme de cogumelos.

Bourgeois encontra refugiados antinazistas alemães. O trio assiste a uma representação de uma peça de Máximo Gorki, *Os pequenos burgueses*: Stalin aconselha a todos os partidos comunistas que divulguem Gorki. A peça, bastante "*agit-prop*", na linguagem militante, parece bem interpretada, mas mal dirigida. Bourgeois e Camus prometem fazer melhor em Argel, quando montarem *Submundo*.

Camus atravessa a fronteira alemã com Simone, para visitar Dresden. Bourgeois, contente por estar sozinho, vai até Melnik de trem e navega no Elba. Os três se reencontram em Dresden, visitam os museus. Na pinacoteca, admiram ritualmente uma Virgem de Rafael, a Madona Sistina engastada numa capela. Para Camus, tal como para o *Baedeker*, Dresden é a "Florença germânica".

Em 14 de agosto Camus dirige-se mais uma vez a uma de suas "filhas-irmãs-amigas", Marguerite. "Lembro-me de que aos 18 anos parecia-me que até as horas de sono eram roubadas da vida. Tinha uma sede furiosa e ávida de tudo o que me esperava, dos seres que não conhecia, das palavras que ainda não havia dito, das obras, dos livros, dos homens. E de tudo isso eu não podia abandonar nada. Não tenho certeza de que mudei." Ele moraliza: "Não gosto de que as pessoas se gabem de sua própria experiência. Porque ela se parece demais com uma derrota." O frente a frente de Salzburgo com Simone não foi uma vitória. Ele conta com suas duas oranesas, Jeanne e Marguerite: "Uma boa amizade não pode se sustentar quando não se apoia numa 'filosofia da vida' (naturalmente, isso não é verdade). Então podemos fazer duas coisas quando nos escrevemos: 1) bancar o imbecil (consigo fazê-lo bastante bem); 2) confessar (mostrar) que no fundo acreditamos que aconteceu (nisso sou muito inábil)." Em suas cartas,[9] Camus não fala de Simone, como se não conseguisse nem mais escrever seu nome.

Bourgeois manda os caiaques para a França. Eles param em Botzen, prosseguem rumo à Silésia. Consciencioso, Camus anota: "Cemitério gótico. Gerânios e sóis nos arcos de tijolo." Em Breslau: "Chuvisco. Igrejas e chaminés de fábrica. Trágico que lhe é particular." As planícies da Silésia? "Implacáveis e ingratas - dunas - caminho direto na manhã nublada pela terra viscosa."[10] Passagem rápida pela Alemanha. Depois Yves, Simone e Albert chegam a Olmütz. Estão novamente na Tchecoslováquia. Julgamentos sumários de Camus, misturando Alemanha e Tchecoslováquia: "Este país sem atrativos, morno, sujo, brumoso -algo de implacável e no entanto de estranhamente sedutor."[11] Eles não têm coroas nem marcos, esperam ordens de pagamento da sra. Sogler, o ordenado de Bourgeois. Chega uma ordem de pagamento da sogra, com um recado telegráfico: "Aproveitem."[12]

De Olmütz, em 22 de agosto, Camus para Fréminville: "Estou vindo da Alemanha, onde tudo cheira a ódio. [...] Estou na incerteza. [...] Se pretende falar de alguma coisa, dê-me um sinal. Estou mais do que nunca sem recursos." Não quer mais contar com a sra. Sogler. A humilhação é o contrário da dignidade. A Jean Grenier, ele explica que um emprego de bibliotecário adjunto na universidade pode ser concedido a um estudante, e tem pensado muito na diretora do curso Fénelon de Orã, srta. de Teulle: "Escrevi pouco e li pouco, mas senti (e vi) e vivi muito." Abre-se mais com Marguerite, que quer lhe mandar dinheiro. Ele recusa, grato: "O moral vai bem melhor. Resignei-me a tudo o que me atormentava. Quanto à minha saúde, estarei de volta dentro de três semanas. E as coisas retomarão seu caminho."

A semana de Olmütz é morosa para Bourgeois. Simone parece tomada por seus pensamentos, distraída e drogada. O trio instala-se no hotel Blaha em Viena. S. permanece com frequência no quarto, onde fica se enfeitando. Camus e Bourgeois percorrem o Ring em silêncio. Albert gostaria de abreviar a viagem e o informa a Marguerite. Não passará nem por Veneza nem por Gênova. Em Argel, ela deverá escrever-lhe para seu domicílio provisório, em casa do irmão, rua Berthezène, nº 2. Os viajantes *fazem* a cidade, o Hofburg e Schoenbrunn, o vinho novo e as salsichas sobre as mesas imensas em Grinzing, excursão para turistas. Camus, em seus cadernos: "Civilização." E em *A morte feliz:* "Viena era uma cidade refrescante: não havia nada para visitar. A catedral de Santo Estêvão, grande demais, o aborrecia. Ele preferia os cafés." Com um senso arguto de observação, nota o creme batido em todas as refeições, *mit Schlagsahne*![13]

Bourgeois continua se entendendo bem com Simone *e* Albert. Compram passagens de trem – uma semana obrigatória para aproveitar uma tarifa turística na Itália. Estão cansados. Deveriam instalar-se em Vicenza, a uma hora de Veneza, sugere Bourgeois. Deixando germânicos e eslavos, Camus renasce. Em Veneza, sonho talhado na pedra, no tijolo e na água, Bourgeois leva-os rapidamente à praça de São Marcos. Esgotados, voltam a tomar um trem, descem em Vicenza, entre Veneza e Verona. Uma estrada de ferro separa a cidade de Monte Berico. Ficam oito dias nesse vilarejo. Enfim horizontes, cores mediterrâneas que Camus consegue apreciar – e a calma. Depois de uma planície morna, ao norte de Monte Berico erguem-se montanhas nevadas, os Dolomitas. A esquerda, na direção de Verona, o castelo dos Montaigu. Simone não é Julieta e Camus não se sente Romeu, mas a tragédia paira no ar. E o primeiro contato de Camus com a Itália, seus teixos e seus ciprestes. Seria uma cidadezinha comum, se não fosse sua imensa galeria coberta de várias centenas de metros se estendendo na direção da igreja, do campanário, de uma esplanada e do hotel dos Dois Lobos, no alto da colina. Ele descansa. "Em Praga, eu sufocava entre paredes. Aqui, estava diante do mundo."[14] Em Vicenza, vê as melancias sangrentas nos mercados, examina os *trompe l'oeil* no palco do teatro Olímpico. O aficionado de teatro volta a surgir. Gosta daquelas cidadezinhas italianas entorpecidas durante o dia e ruidosas à noite. Joga bola com Bourgeois enquanto S. fica no quarto ou desaparece. Cansados, se não apaziguados, Simone e Albert comportam-se como amigos distantes. Vão a Milão, que não visitam. Embarcando em Marselha, chegam a Argel, onde o casal de fato se desfaz, em 9 de setembro. Albert se aloja na casa do irmão e Simone na casa da mãe.

Camus conhece a traição, o fracasso e uma cumplicidade rompida. Fundamenta sua doutrina da viagem: "Todo país em que não me aborreço é um país que não me ensina nada."[15] Justifica sua dor: "E bom, apesar de tudo, ter tido um grande amor, uma paixão infeliz na vida."[16] Em *A morte feliz*, faz a transposição. Mersault-Camus imagina Marthe-Simone: "Ele tinha certeza, aquele homem tinha dormido com Marthe. [...] Mersault sentia tudo desmoronar nele." O homem despedaçado de Salzburgo reconstrói-se como artista em Argel. No dia seguinte a seu retorno, escreve a Marguerite, lembrando-se antes de tudo de sua semana em Monte Berico: "Passei na Itália seis dias admiráveis [...]. Ganhei muito lá. Não escrevi uma linha, pronunciei poucas palavras. Pergunto-me agora se aquilo não era felicidade. Estou por enquanto na casa de meu irmão, que mora e vive modestamente."

Camus não ocupa a "maison Fichu", mas acerta os problemas de divisão do aluguel – 100 francos por mês para cada locatário. Precisa morar no centro de Argel. Em três semanas, se puder, arranjará um quarto. Planeja alugar um pequeno apartamento com sua mãe, "que está ficando idosa e tem necessidade de ser ajudada de todas as maneiras". Com uma confiança ilimitada em Marguerite, Camus substitui o amor pela amizade: "Não penso sem muita afeição na fidelidade e na simplicidade com que você me escreveu durante todo este verão. Mas vamos fechar as cortinas (por causa do sol, como diria d'Annunzio)."

11

POLTRONAS 156 E 157

Antes de partir para aquele périplo europeu, enriquecedor para o criador, infeliz para o marido enamorado e enganado, Camus mandava uma carta enérgica para Marguerite e Jeanne, consoladores confidentes: "Rapidamente por questões de serviço. Ontem, reunião do T. du T. [Théâtre du Travail]. Composição do programa para 36-37. Na ordem: 1) *O submundo*, de Gorki. 2) *A mandrágora*, de Maquiavel + reprise de *T. du M.* [Temps du Mépris]. 3) *Vautrin*, de Balzac. 4) *La Celestina*."

Uma das ocupações de sua vida é o teatro. Sempre o realizou, simultaneamente com a redação de seu DES, cuidando de Simone, dando aulas particulares, redigindo ensaios literários e com suas atividades militantes, apesar de sua saúde ameaçada. Camus é uma fortaleza. Empenha-se a fundo no teatro. Organizador, não apenas um espírito que disserta sobre ideias puras, Platão ou Plotino, ele adora o palpável, o concreto, o cheiro das lascas de madeira de tio Étienne. Às inseparáveis, Marguerite e Jeanne: "Para esse programa, é preciso ter uma sala. Propus uma combinação: se a Sala da Ajuda Mútua [em Argel] for conveniente, irei procurar a diretora, explicarei a situação com franqueza (teatro popular, construções de cenários suplementares etc.) e lhe perguntarei se, apesar dessas dificuldades, ela concordaria em fazer um *contrato* conosco por um ano, oferecendo-lhe todas as garantias. Por outro lado, você tinha dito, M. D. [Marguerite Dobrenn], que Bourgeaud poderia nos recomendar..." Uma ideia no ar! Henri Bourgeaud, filho de Lucien, um dos donos da Argélia, explora os mil hectares do domínio de La Trappe e possui parte das destilarias de Argel e as fábricas de cigarros Bastos.

Na escola primária, Camus gostava de fazer o papel de D'Artagnan. No liceu, adorava ler os papéis dos personagens de Molière ou Marivaux. Não gosta apenas de teatro: tem necessidade dele na cidade e no palco. Na vida, dá-se igualmente bem fazendo comédia ou tragédia. Oferece a si mesmo, como num repertório de canto, uma canção engraçada, uma dilacerante. Um argelino sabe não se levar a sério na melancolia. Através de suas cartas e de seus textos, Camus torna-se um personagem e seu próprio diretor.

Ele gosta de trabalhar em equipe. Os europeus da Argélia exprimem-se em voz alta, têm o senso do ridículo e do drama. Obras de caridade, clubes de esportes, grupos de escoteiros dão comédia,[1] mas, segundo Camus, Argel é um Saara teatral. Os argelinos, ecléticos, gostam dos elencos da metrópole, de Corneille e Racine, dos *chansonniers*, de Édouard Bourdet e de Henry Bernstein. Argel subvenciona uma ópera. Até os iletrados a frequentam, para ouvir o tenor acertar ou errar seu contradó. Os aficionados, graças às turnês Karsenty, têm acesso a um grosseiro teatro de bulevar, uma das formas mais mercantis de uma arte cabotina. Camus e seus amigos desprezam suas intrigas inverossímeis e seu erotismo chulo. Os jovens progressistas detestam tanto Henri Bataille quanto Marcel Pagnol. Para os filmes, contam com os cinemas de arte e de ensaios políticos, como o Ciné-Travail, coordenado por Max-Pol Fouchet.

Através do partido e do teatro, Camus, além de seu charme, descobre que é um empreendedor. O que fazer para e pelo teatro quando se adere ao partido comunista? Como impor peças nem vulgares, nem de grande público – no mau sentido –, como fazer reviver o repertório clássico, Ésquilo e Aristófanes, Shakespeare e Marlowe, os clássicos franceses, o século áureo espanhol, Fernando de Rojas, Calderón, Cervantes? Camus tem um fraco por André Gide dramaturgo. Sonha com as adaptações de grandes diretores, como Puchkin. Não pretende se contentar com representar e dirigir. Busca uma doutrina teatral e a encontra em Jacques Copeau. Voltando de Paris, Louis Bénisti conta sobre o palco parisiense, Dullin, os Pitoëff, os teatros de velha guarda e de vanguarda, sobretudo o do Nouveau Colombier. Camus introduz em seus programas uma frase de Copeau: "De teatros em que a palavra de ordem é trabalho, pesquisa, ousadia, pode-se dizer que não foram fundados para prosperar, mas para perdurar sem se submeter." Está pensando sobretudo nos textos dramáticos a que devem servir encenação e cenário despojados. Rejeitando naturalismo e simbolismo, o puritanismo profissional de Copeau e seu desinteresse convêm a Camus, que dissimula o diretor por trás do ator, e o ator sob o texto, com tablados, cenários e figurinos depurados.

Artigo do *L'Écho d'Alger*, conservador, ou seja, radical-socialista, em 25 de janeiro de 1936, dia em que Hitler, numa entrevista ao *Paris-soir*, afirma que a Alemanha se propõe a recuperar suas colônias: "É esta noite, às 21h15, na sala Padovani, em Bab el-Oued, que o Théâtre du Travail abre suas portas. No programa, *Le Temps du mépris* [O tempo do desprezo], de André Malraux, em benefício dos desempregados. Participação nas despesas: 4 francos. Entrada gratuita para os desempregados na bolsa de trabalho."

Para sua estreia, Camus, adaptador, sente o gosto do *agit-prop*. Com seus companheiros, trabalhou três meses. Pediu a Malraux que lesse sua adaptação da longa novela, *O tempo do desprezo*. Daí, um telegrama estimulante deste último: "Faça." A arte pode sair da torre de marfim. *O tempo do desprezo*, obra de circunstância – uma "droga", dirá seu autor – traz dedicatória:

> AOS CAMARADAS ALEMÃES
>
> que fizeram questão de me transmitir o que
> haviam sofrido e o que haviam mantido...

Em sua resenha, o *L'Écho d'Alger* fala gentilmente de um sucesso "junto a um público pertencente a todas as classes da sociedade". Lucienne Jean-Darrouy, amiga do grupo Camus, assina o artigo. O Théâtre du Travail dispõe de uma rede de amizades que rastelam também à direita: assim, a sra. Barrucan, surda, que mantém a coluna musical do *L'Écho d'Alger*, faz um artigo favorável.

A trama de *O tempo do desprezo*, oito breves capítulos, a história do comunista Kassner que foge depois de seu interrogatório pelos nazistas, convém aos meios do elenco e de um adaptador principiante. Camus reduz a peça a dois atos, de curtos quadros recitativos líricos, cela e interrogatório de Kassner, reencontro com sua mulher, reunião popular que integra os espectadores num teatro de participação. Algumas cenas do trabalho de Camus sobre o texto original subsistiram. O jovem sabe transpor, e tem habilidade. Malraux acrescentou o mais interessante, o prefácio, depois de uma primeira publicação. Com suas fulgurâncias e com imperiosas generalizações, alguns comentários esclarecem o encaminhamento de Malraux que seduz Camus: "Pode-se gostar de que o sentido da palavra arte seja tentar dar consciência a alguns homens da grandeza que ignoram em si mesmos." Desmentindo aqui a prática propagandística do texto, ele afirma: "Não é a paixão, é a vontade de provar que destrói a obra de arte." Com essa adaptação, Camus manipula uma arte demonstrativa. Companheiro de trajetória histórica e carismática dos comunistas, Malraux escreve também: "O desprezo pelos homens é frequente entre os políticos, mas confidencial." Camus conhece o desprezo dos nazistas pelo homem. Os jovens progressistas franceses aprenderão de cor o desfecho do prefácio de Malraux: "É difícil ser um homem. No entanto, não é mais difícil tornar-se um homem aprofundando sua comunhão do que cultivando sua diferença."[2]

Camus lembra-se das lições do alemão Piscator, dos russos Meyerhold e Stanislavski. Sua decupagem lembra a seu amigo Charles Poncet, que participa da empreitada, "uma história em quadrinhos trágica".[3] O elenco representa no Salão dos Banhos Padovani, estabelecimento popular em Bab el-Oued que reúne uma sala de quarenta metros por quinze e cabines para os banhistas. No domingo, as pessoas dançam, de frente para o mar, por trás de um vão envidraçado. O assoalho do palco repousa sobre mesas do restaurante, no fundo da sala, e não desmorona.[4] O cenário, moderno, é concebido e realizado por Louis Miquel: alguns acessórios, cadeira, berço, gravura mural. Os aprendizes de cenógrafo utilizam a tela de juta natural, sobre a qual pintam lajes de pedra, e tule de malhas largas que jogos de luz tornam transparente.

No sábado à noite, desembarcam cerca de setecentos espectadores, e o mesmo tanto no domingo à tarde. Um agente da Segurança Departamental de Argel[5] esclarece que, no sábado, houve cerca de trezentas mulheres, "entre as quais prostitutas". Por volta das 22h45 lançou-se um apelo em favor de Thaelmann, chefe comunista preso e modelo de Kassner. Os espectadores, entusiastas, são conquistados de antemão por uma peça que – exigência da época – transforma o comunista Kassner em democrata. Todos podem identificar-se com ele e odiar os nazistas. Um orador, interpretado por Robert Namia, dirige-se à multidão e um frêmito percorre o auditório. Segundo o relatório de *La Lutte sociale*, o auditório, inflamado, canta uma estrofe da *Internacional*. O digno Alazard, professor da faculdade de letras, conservador do museu de Argel que criou em 1930, ergue o punho. Marguerite Dobrenn, vestida de camponesa russa, lenço na cabeça, de um nicho iluminado à direita, grita:

— Vladimir Ilitch amava profundamente o povo!

Com o tempo, a história dessa representação e de outras dirigidas por Camus se transforma em lenda. Aqueles atores amadores foram bons ou ruins? Para alguns, o nível era honroso. Para outros, apenas aceitável.[6] Gritavam muito, mas a idade e a adaptação se presta aos berradores. Camus tem um senso da encenação que satisfaz seus fervorosos, mesmo os que dizem, sorrindo: "Albert tem uma voz terna, baixa. Contente em interpretar, ele interpreta melosamente. Não é seu forte. Não se pode dominar tudo."[7] O público? Estudantes, professores, profissionais liberais, amigos incentivam a paixão, os achados e a boa vontade dos amadores.

A segunda tentativa teatral de Camus, *Revolte dans les Asturies* [Revolta nas Astúrias], é mais ambiciosa. Em setembro de 1934, o governo espanhol de extrema direita reprimiu cruelmente uma insurreição de mineiros. O tema inspira Camus, Jeanne Sicard, Bourgeois e Poignant, os dois professores. O grupo se reúne com frequência na casa alugada por Marguerite, Jeanne e Albert, e concebe a peça como uma tela. Os atores seriam convidados a bordar sobre ela, à maneira da *commedia dell'arte*. Na verdade, eles interpretarão um texto escrito essencialmente por Camus.[8]

O povo se exprime através dos personagens estilizados. No palco desfilam um café, um conselho de ministros... Cantos, gritos, explosões, requisitórios, discursos pontuam as falas. Uma ironia violenta permeia a peça, que quase se chamou *La Neige* [A neve] ou *La Vie droite* [A vida reta]. Publicada, ela apresenta um manifesto de Camus: "O teatro não se escreve, ou é então um último recurso" – daí uma tentativa de criação coletiva. Depois reduz o conjunto a preocupações pessoais: "Basta [...] que essa ação conduza à morte, como é o caso aqui, para que ela atinja uma certa forma de grandeza que é particular aos homens: o absurdo." Os quatro autores se tornam propagandistas, mas tomando distância para criar efeitos cômicos, e para isso utilizam o rádio:

ALÔ, ALÔ, RÁDIO MADRI. – RECEBEMOS A SEGUINTE NOTA OFICIAL PUBLICADA PELO MINISTÉRIO DO INTERIOR: APROVEITANDO A ATMOSFERA DE TREVAS E DE CORDIALIDADE NA QUAL SE DESENROLARAM AS ÚLTIMAS ELEIÇÕES, OS REVOLUCIONÁRIOS PROFISSIONAIS DO MARXISMO E DO ANARCOSSINDICALISMO CRIARAM EM DIVERSOS CENTROS URBANOS DAS PROVÍNCIAS UM MOVIMENTO DE INSURREIÇÃO.

Os autores trabalham várias semanas na redação, os atores ensaiam em Belcourt, nas instalações da Africaine, sociedade musical. *Revolta nas*

Astúrias deve ser encenada na sala Cervantes, no campo de manobras. O chefe do departamento deu sua autorização, mas o prefeito Augustin Rozis, de extrema direita, Croix-de-Feu, não cede a sala, o que equivale a proibir a encenação. Não há como o Théâtre du Travail negociar com ele. *L'Algérie ouvrière* observa que "o espetáculo se faria em benefício da infância miserável europeia e indígena. Eis a contribuição do sr. Rozis à primeira manifestação popular, viva, inteligente do teatro argelino". A municipalidade de Argel, acrescenta o jornal, concede 800.000 francos de subvenções à ópera. Lá se montam *Carmem* "e outras obras-primas da burguesia. Cada sociedade tem a arte que merece". A proibição estimula Camus. Carta a Jeanne e Marguerite:[9] "Doce trabalho para seu servidor: Cartas de protesto aos jornais (estilo polemista: ... A hospitalidade de suas colunas... Seria pueril acreditar... Interesses comuns – os interesses da arte e da beneficência). Tiragem de 2.000 panfletos, 100 cartazes. Tentativa de uma reunião de protesto. Homem-sanduíche na cidade. Carros com faixas de protesto – tudo isso para ser organizado. Já comecei." O verdadeiro teatro permite desafiar a burguesia. Mas "tudo isso é muito cansativo". Camus planeja montar *O submundo* como substituto ou anunciar uma terceira representação de *O tempo do desprezo* e, estratégia marxista-leninista, "ler durante o espetáculo *R. nas A*". Ele conclui: "Sinto-me capaz de todos os excessos. Tornar-me dominicano, dedicar-me à regeneração das mães solteiras, colaborar *com L'Illustration* ou dizer que a poesia de André Breton é dinâmica, ou então procurar uma prostituta, levá-la a meu quarto e me arrastar a seus pés chamando-a de 'minha pombinha', falando-lhe de Deus, depois colocar o samovar sobre a mesa e suplicar que ela me cubra de cuspidas para que, perdendo meu orgulho na humildade, eu possa me tornar o pecador arrependido e absolvido."

Brincando, Camus afirma que está cultivando há muito tempo a ideia de um romance policial escrito também coletivamente. Uma cena de *Revolta nas Astúrias* será meio lida, meio representada no cinema Rio. A propósito dos praticáveis laterais representando as ruas de Oviedo e de um pequeno palco no meio da sala, que constituem o cenário, ele esclarece: o todo "cerca e pressiona o espectador, obriga-o a entrar numa ação que os preconceitos clássicos o fariam ver de fora. [...] A ação [...] em torno do espectador obriga a ver e a participar segundo sua geometria pessoal. Idealmente, a poltrona 156 vê as coisas de maneira diferente que a poltrona 157." *Revolta nas Astúrias* sobreviveu graças a um editor principiante, de vinte e um anos, Edmond Charlot, que publicou a peça em Argel, em tiragem limitada. O teatro para o povo e com o povo: essa ideia agita a atmosfera da época.

Amigos e companheiros, professores, estudantes *burgueses* que tomam o partido do *povo*, "a turma de Camus" dedica-se ao teatro de 1936 a 1939. Jeanne Marodon, professora do Conservatório, aceita um papel. O erudito Heurgon dá alguns conselhos. Está mais à direita do que os camusianos? Não importa! Camus pede-lhe que consiga a autorização de Gide para montar seu *Retour de l'enfant prodigue* [A volta do filho pródigo]. Jeanne e Marguerite dão seu apoio e sua admiração compreensiva, porém não incondicional: aquele Camus não pode deixar de seduzir as mulheres. Segundo Marguerite, *elas* caem em seus braços. Outros colaboradores: Miquel, desenhista, Max Béral e Robert Jaussaud, terminando seus estudos de direito. Madeleine – Mado – Jaussaud participa das operações. Esposas, namoradas, companheiras integram-se ao elenco, assim como os irmãos. Louis Miquel arrasta o seu, Pierre, sua mulher, Jeanne, e uma irmã, Pâquerette. Yves Bourgeois e seu Alfred Poignant também participam. Há muitas oranesas, entre as quais Lucette Françoise Meurer. Amizades e amores se fazem e se desfazem entre os espetáculos. Profissional ou amador, em Paris ou Argel, por toda parte, o teatro é um terreno de caça, uma ronda. Namia é o mais militante de todos. Para ele, a revolução eclodirá amanhã de manhã, às cinco horas. Vêm também Jean Négroni, muito jovem, e Paul Chevallier. Pintores, Louis Bénisti e Suzanne Delbais, colaboram. E o comerciante André Thomas Rouault, sobrinho do pintor, dono de uma casa de decoração e protetor de Sauveur Galliero. Thomas Rouault contesta a autoridade de Camus. Um músico, Frank Turner, presta serviços ao elenco, assim como Marie Viton – condessa d'Estournel –, mais velha, também pintora, chefe de figurino e conselheira de direção. Liberal, abastada, Marie pilota um avião. Veem-se de longe seu casaco e sua saia príncipe de gales. Ela conhece o novo teatro parisiense. No grupo faltam proletários. Uma exceção é o marceneiro Maks Widorschik, que executa os praticáveis desenhados por Miquel. Um degrau acima de simples operário, chefe de obras, polonês, judeu e comunista, culto, rosto quadrado e voz ressonante, Maks trabalha também na iluminação. O grupo conta com um muçulmano, maquinista, o jovem Belkadi, pintor de paredes.

Esse grupo teatral respira bom humor, espírito de descoberta e uma certa humildade, pois é difícil representar. O anonimato dos atores confere um brevê coletivo de virtude. O círculo se amplia. Poncet encontra um soldado aviador cheio de verve, Emmanuel Roblès, que ele apresenta a Camus. Roblès, de Orã, de um meio pobre, também escreve, e muito bem. O Théâtre du Travail não é o único elenco de amadores em Argel, mas é dele que mais se fala. Camus gosta de interpretar e a direção interessa-lhe ainda mais. Após discussão, seus projetos prevalecem. O elenco apresenta pequenas peças nas festas organizadas em 1936 nos subúrbios de Argel por *La Lutte sociale* e uma peça realista de Ramon Sender, *Le Secret* [O segredo]. Camus monta Puchkin. Ele se veria em *Dom Juan* de Molière. Faz um desvio poético irlandês com O *frívolo do mundo ocidental*, de Synge.

Camus participa de programas da Radio-Alger e representa para a União das Mulheres da Argélia, de Belcourt. Apresenta *L'Article 330* de Courteline, pesada, mas engraçada, que denuncia a justiça. Sua memória impressiona os companheiros. Arrebata com seu entusiasmo, passa facilmente do cômico maluco ao trágico lírico. Faz economia das simples leituras-ensaios à italiana. Incentiva seus atores a encontrarem seu próprio tom. Com falta de dinheiro, o elenco ensaia na casa de uns e de outros para o trabalho de estudo, leitura explicativa, e às vezes na sala Bordes, magnífica, alugada por 20 francos. Gabriel Esquer, historiador da Argélia, arquivista do governo geral, é seu administrador e defende o grupo. Os jovens também trabalham seus textos nas instalações do partido, em Belcourt, ou num hangar. Muito assistido, Camus assume ares de patrão sobrecarregado: "Ocupo-me sozinho de todo o teatro e atuo por decretos."[10] Ele estabelece os cronogramas. Montando o *Prometeu* de Ésquilo, dá indicações a Louis Bénisti:

— Quero introduzir elementos populares, máscaras gregas pintadas grosseiramente, roxas.

Bénisti faz croquis, Marie Viton concebe os figurinos. Depois Louis esculpe em papelão as máscaras de Io, Mercúrio e das Oceânidas. Cada espetáculo, apresentado duas ou três vezes, mobiliza várias semanas. Como arranjar acessórios para *Epicoene ou A mulher silenciosa* de Ben Jonson? Azar do anacronismo, usam o baú Napoleão II estilo Renascença espanhola de Bénisti. Camus fura a palhinha das cadeiras pulando em cima delas.

Domingo de manhã, os companheiros cantam em coro no terraço da cervejaria des Facultés, fingindo soluçar:

Elle était née lejour des morts
C'est un bien triste sort
Elle mourut à la Trinité
*C'est la fatalité...**

* Ela nasceu no dia dos mortos/ É uma triste sorte/ Ela morreu na Trindade/ É a fatalidade... (*N. da T.*)

Eles comem no Restaurant Marseillais, no bairro da Marine, no Divan, perto da catedral, no Cassar na Pêcherie, ou se oferecem um cuscuz no estabelecimento de Lamine Debaghine.[11] Namia e Camus, discorrendo sobre o suicídio, evocam mais o haraquiri ou Catão, o Antigo, do que Emile Durkheim. A guerra de 1914-1918 era a morte imposta, e, entre esses jovens, há muitos órfãos da Grande Guerra. O suicídio, decretam eles, é a morte escolhida, que nos pertence, quase a morte feliz. Muitos militam no PC e acompanham com paixão os acontecimentos da Espanha. *Viva la muerte*, clamam os franquistas. A Alemanha nazista convoca a legião Condor. Discutem-se diplomacias e hipocrisias da não intervenção. Malraux está na Espanha. Depois de uma primeira leitura de *Hamlet*, na casa de Thomas Rouault , Camus se impacienta:

— Chega de discutir. Quando nos reencontramos?

— Não estarei presente — diz Namia, que deveria interpretar Laertes.

— Onde vai estar?

Namia resmunga.

— Merda, onde? — pergunta Camus.

Belo perfil de águia, Namia responde altivo:

— Vou para a Espanha.

Camus se cala e, bruscamente, conclui:

— Fim do ensaio.

Depois de um *tagine** na casa de um companheiro, ele diz a Namia:

— Você tem sorte.[12]

As brigadas internacionais não aceitariam um homem com os pulmões de Camus. O grupo não representará *Hamlet*, nem *Otelo*, *Romeu e Julieta* ou *Pena que ela seja uma puta*, de John Ford, previstas por Camus. Nem *A mandrágora* de Maquiavel. Nem o *Vautrin* de Balzac. A juventude é também uma soma de projetos, e a Camus eles não faltam. Os comentários sobre a interpretação de uns e de outros são livres. Poncet irrita-se com o chiado e a postura pesada de um amigo em cena.

— Você tem razão — diz Camus —, se nos deixarmos deter por essas particularidades, logo elas se tornam insuportáveis. Mas, afinal de contas, acredito que é isso que faz os grandes atores.

Um figurante, de carregado sotaque oranês, preocupa Albert, que zomba:

Ai, atenção, aí está Cagayous.

---

* Prato da cozinha árabe norte-africana, espécie de cozido com carne de carneiro ou galinha, cebola, pimentão, ameixa-preta etc. (*N. da T.*)

Négroni, promissor, também tem talento para o atraso. Camus o repreende, mas o desculpa. Négroni se explica:

— Eu não podia vir, estava bêbado.

Como lhe querer mal? Eles zombam da srta. Garcin. Seu pai não larga dela durante os ensaios. O tal grupo e Camus, principalmente, cheiram a enxofre. Levam-se - e nem um pouco - a sério. Discutem indicações cênicas de Albert, que anota suas observações detalhadas ao longo dos primeiros ensaios. Caçoam de uma novata, Blanche Balain: nervosa, num papel de empregada, não pode chamar seu parceiro de "querido".

Para alguns amigos, o *Prometeu* não deu certo.

— É um começo — diz Jean Grenier, prudente fleugmático.

— *Prometeu?* Prometa não fazer de novo — murmura Edmond Brua para Bénisti.

Camus trabalha então em três livros, *A morte feliz*, *L'Envers et l'Endroit* [O avesso e o direito] e *Noces** [Bodas], mas sonha tornar-se ator. "Assim como outras pessoas", escreve ele em *A morte feliz*, "têm necessidade de solidão antes de tomar grandes decisões e de jogar a partida crucial de uma vida, ele [o *herói, irmão, duplo de Albert*], envenenado de solidão e de isolamento, tinha necessidade de refugiar-se na amizade e na confiança e de provar uma segurança aparente antes de começar o seu jogo." Em 14 de setembro de 1936 Camus expede duas cartas. A Marguerite, fala mais uma vez da fazenda: "É preciso que seja na Argélia (no limite, na Provence). O essencial é que não seja na Alemanha - e que haja ciprestes." Está começando a trabalhar: "E além do mais reencontrei também as noites daqui, quase verdes, com mulheres muito bonitas que sobem a rua Michelet. Não é verdade que tudo isso é admirável e pode ser suficiente para preencher uma vida?" Ele prepara uma formidável temporada teatral. Pode tomar emprestada a máquina de escrever de Marguerite? A Jeanne: "Espero apenas amizades verdadeiras, quero dizer, minhas duas meninas-modelo [...] parece-me que conquistarei facilmente uma espécie de paz consciente de que atualmente tenho necessidade [...]. Trabalho para mim com aplicação. [...] vejo os dias passarem sem conseguir refletir ou decidir. Em dez anos chamarei isso de felicidade." Trabalhar, para Camus, aos vinte e três anos, não é apenas escrever - manejar o arado, a garlopa, pregar os cenários equivale a manejar

---

* Albert Camus, *Noces*, Argel, Charlot, maio de 1939. É o segundo livro de Albert Camus. [Publicado no Brasil na coletânea *Bodas em Tipasa*, que inclui também *O verão*. (*N. do E.*)]

a pena –, antes de tudo é terminar os manuscritos. Separado de Simone, parece libertado. Como ganhar a vida, encontrar moradia, que não seja um quarto na casa do irmão, e comida? Alguns dias depois, ele escreve às "burricas": "Preciso me contentar, sem dúvida com minhas aulas e uma bolsa de *agrégation* que estão me prometendo." Ele não a obtém. "É isso quanto à parte grosseira de mim mesmo. Quanto à parte nobre, publicarei dentro de cinquenta anos uma 'História de minhas ideias' que lhes dará muitas informações (achei o título do primeiro capítulo: 'Como nasceu meu gênio' – Alain e Benda estão perdidos)."

As duas moças terminam suas férias em Orã. Camus gostaria de saborear bebidas geladas "no bulevar Oudinot, ao lado da casinha onde a anã põe o rádio para tocar". Para Marguerite e Jeanne, enganando-se – pois Fréminville, os Jaussaud, Bénisti estão à sua volta –, Camus afirma: "Percebi ontem que não tinha amigos neste momento." E possível ser amado sem amar: "Para mim, que gosto tanto da sociedade, é curioso. Leio sem parar e trabalho para mim e não consigo ser sério quando alguém me fala." Duplo movimento camusiano: eu trabalho; volto-me para mim mesmo e, ao ar livre, longe da folha de papel ou da máquina de escrever, eu brinco. Admirou *O caso Maurizius*, mas desejaria que o autor, Wassermann, "avançasse mais nessa história de ciúme sexual". Simone, distante e próxima... Camus não conseguiu ler mais de vinte páginas de um livro de Céline, *Mort à crédit* [Morte a crédito]: "Com a maior atenção até a 23ª página inclusive. Abandonei-o nesse ponto. E a fanfarronice da repugnância. Quer parecer pessimista e só busca os 300 mil." Para Jeanne e Marguerite, confidentes privilegiadas, contrapeso da tristeza de algumas cartas, Albert inventa sainetes em sua correspondência. Onde leu *O caso Maurizius?* Num "trem", sob o olhar de um velho árabe – era um velho crápula simpático:

Ele: Vai para Argel?
Eu: Sim.
Ele: Vai à escola (por causa da minha pasta).
Eu: Ainda.
Ele: É bom. Eu tenho paralesia [*sic*].
Eu: Ah.
Ele: Não está com sede.
Eu: Sim.
Ele: Não poderia ir buscar uma garrafa de Vittel (estávamos em Parrégaux).

Eu: Vou lhe explicar. Você desce do trem. Anda um pouco. Vira à direita. Está escrito: Bar. É lá.

Ele: Então você não quer.

Eu: Você entende depressa.

Nós dois rimos e ele me fez admirar seus furúnculos na coxa durante quase uma hora."

Algumas horas de espetáculo, algumas semanas ou meses de preparação, sem ganho para os atores... e no entanto ele se dedica furiosamente ao teatro.[13] Amador, mas metódico, inscreve suas peças num repertório e numa temporada. *O tempo do desprezo* poderia ser levado com *Prometeu acorrentado*: "Estou embalado pela ideia de representar isto ao mesmo tempo que Malraux. Comparar dois esforços trágicos com mais de dois mil anos de intervalo." *O submundo* programado atrai menos Camus decididamente. Com as duas amigas, emprega *o pataouète*:* "Ah! Crianças, a vergonha na cara me vem ao pensar em tudo o que ainda não fiz e que deveria ter feito há tanto tempo. Mas estou cheio de coragem no fundo, apesar de parecer bobo e desencantado." Quem o acusa de parecer bobo? Desencantado? Sem dúvida, mas ironicamente. Ele tem a coragem da resistência e da determinação. De modo nenhum chefe de escoteiros preparando espetáculos de fogueiras de acampamento, pergunta-se – mais uma vez – se sabe escrever: saberá, duplo desafio, compor uma peça e interpretá-la, atribuindo a si mesmo um grande papel? Deve evitar a dispersão: "Tenho certeza de que, se quiser manter minha lucidez e minha liberdade de ação, não lamentarei este ano." Defesa e ataque, Camus, em sua correspondência, assim como na vida cotidiana, mistura a seriedade e os sorrisos. Protege-se de sua gravidade natural gracejando à sua própria custa. Vamos, é preciso representar esse *Submundo*, apesar dos pesares:

"Como diz Prédhumeau, o jovem operário desempregado que faz o policial: 'Em resumo, nessa peça, só há dejetos sociais.' [...] Tudo isso é verdade a meu respeito também. Só tenho uma esperança: que o México ou a Índia venham nos colonizar. Mas não há esperança. Eles são inteligentes demais.

Até breve, apesar de tudo.

Seu amigo

A nula ação."**

---

* Linguajar popular compósito dos franceses da Argélia. (*N. da T.*)

** No francês: *À néant issement*, trocadilho intraduzível. *Anéantissement* significa anulação, aniquilamento. Pode-se ler, também, como *À néant issement*, "elevação a nada". (*N. da T.*)

Camus reconhece, a música não é seu forte: “Vocês sabem que não sei distinguir um dó de um si...” Jeanne tem conhecimentos musicais sólidos e pode ajudá-lo. Ele insiste em sua ignorância: “Não tenho nenhuma cultura musical além daquela que podemos adquirir em virtude de gostarmos das músicas que sentimos nossas.” No entanto, para todas as suas peças, ele procura um acompanhamento, contrapontos musicais com um princípio: sacrificar tudo pela unidade de expressão, no texto e na música. Esse diretor assemelha-se aos cantores capazes de criar melodias sem saber ler uma partitura. Assim para seu *Prometeu:*

> “Montei uma réplica musical da própria tragédia.
> Escutem:
> Flauta – coro = a piedade
> Violões = Oceano + Mercúrio + Ío =
> Forças que tentam dobrar
> Prometeu
> diplomacia
> Trombetas = Júpiter = nunca presente e
> sempre presente.”

Camus reescreve um texto: “Como sempre, o que escrevo é excessivamente tenso.” Ele talha musicalmente cada personagem. Júpiter: “Cada vez que se fala nele: breve explosão de trombeta. Bem. Então os temas se entrecruzam até o fim, em que Prometeu é volatilizado. Isso, em meio ao barulho das trombetas, das bombas e dos raios. Nesse momento, breve calmaria, a flauta e depois os violões tentam se fazer ouvir. Mas as trombetas de Júpiter explodem com mais força nos quatro cantos e submergem o todo. Só Prometeu se cala. Toda a tragédia é assim resumida no final e simbolizada na arquitetura musical.” Ele reage a sugestões: “Pensei muito em sua ideia de música politonal, J. S. Mas não entendi bem a parte técnica de sua explicação. Se se trata de operar alguma transposição, a coisa é evidente. Mas, na sua opinião, não seria possível simplesmente deixar atravessar o barulho das trombetas, o oboé de Bach e os violões das sardanas para serem encobertos em seguida. [...] desculpe-me se estou dizendo bobagens." Ele já não fala de música num vazio teórico como em seu artigo de *Sud*.

Pensa em acampar com Robert e Mado Jaussaud, Jeanne e Marguerite: "No acampamento, à noite, eu lhes falarei da imortalidade da alma. Quanto a você, M.D., dirá apenas e como que desatenta, muito baixinho: 'Mas onde está o salame?' A felicidade é isso, menina. Poder falar do salame quando outros estão interessados no destino da alma."

É muito convidado e não sabe por que, segundo diz. Brilha em sociedade, mostra sua cultura e não é bobo. "Faço paradoxos e me saio bem." Entre Chamford e La Rochefoucauld, solta uma frase de autor definitiva sobre as mulheres: elas "nos inspiram o desejo de fazer obras-primas e sempre nos impedem de terminá-las". As mulheres ou Simone, a filha-mulher?

Ele teme que Jeanne o abandone. Ela que pense nele, que tem tantas preocupações e todas as responsabilidades! Por esse maldito *Submundo* a ser encenado "*de qualquer modo* e por mais informe que esteja a peça, em 28 de novembro.[14] [...] Impossível adiar". O Gorki está servido, é preciso bebê-lo.

Camus salta os obstáculos, sempre.

12

"AGENTE PROVOCADOR"

Camus procura um quarto ou um apartamento para escrever e ler fragmentos de sua obra para algumas namoradas. Para Marguerite e Jeanne, ele desfia suas andanças: "Estou aborrecido, minhas meninas. Sinistramente. Procuro um apartamento e os que estão dentro de meu orçamento são odiosamente feios: 'locais para uso de moradia'. Tudo um avesso de vida, sem amor, nos que visitei: crianças malcuidadas, desordem, cozinhas com panelas ainda com restos de arroz do almoço. E a mãe me explicando, constrangida: 'O senhor compreende, queremos nos mudar logo, pois aqui é um pouco pequeno.' Isso quer dizer: 'Ainda é muito caro para nós', ou então: 'Aqui é um pouco alto, mas o ar é bom.' Infelizmente também há tapeçarias. E são vermelho-berrantes. Não sei se terei o heroísmo de viver com elas."

Camus prepara o programa de seu Théâtre du Travail, mas acha que não está trabalhando. "Tenho uma necessidade feroz desse apartamento para me reencontrar um pouco e ver as coisas com lucidez. Um mundo com olhos, ora. Tenho horror das pessoas que 'ficam atordoadas'. Como chegar, entre a lucidez e a grandeza, à felicidade sem 20 m^2 que sejam meus?" Ele passa longos dias no caminho de Sidi-Brahim, na "maison Fichu". Rivet, eletricista e pintor, negligencia os fios tanto quanto as paredes. Camus sugere deixá-las como estão. "Fica parecendo casa árabe. Ficará encantador." Ele passa de um ensaio à procura de um apartamento: "Até breve, moças. Hoje de manhã preciso ir ver um 'apartamento de 2 cômodos, banh., preços módicos'. Se pelo menos houvesse uma lareira, vocês iriam tomar vinho quente (laranja + canela + vinho). Continuem. (Trabalhem sobretudo os gestos – ondulantes – à russa.)"

Camus, membro do PC há pouco mais de um ano, é sarcástico quanto à linha:[1] "O partido comunista ostenta proclamações 'Aos conscritos que exaltam a unidade do exército a serviço da pátria'." O PC, engajado em sua luta antifascista, amortece seu anticolonialismo. As organizações o decepcionam? Apegue-se aos indivíduos. Camus: "Todo mundo me parece bobo e sem graça, menos o encantador e bíblico Bénisti [Louis], que vejo com bastante frequência e com quem falo sobre pintura e escultura – o que não me acontecia havia dois anos."

Esquecendo seus sonhos, a Indochina e a França, ele se apega a seu repertório teatral, que deveria segurá-lo por um ano em Argel. Espera a volta de Marguerite e de Jeanne. Em 29 de outubro de 1936, como se a observação não tivesse nenhuma importância, escreve-lhes: "Não tenho certeza de que estarei aqui quando voltarem [de Orã]: estou em entendimentos com um sanatório dos Alpes que procura um professor para crianças – na Alta Savóia. E pode ser que eu vá me encerrar a 1.500 m de altitude." Ele precisa se cuidar, mas se recusa a tornar seus dias mais leves. O sanatório permitiria que repousasse, trabalhando e ganhando a vida. Não se entusiasma com o emprego de professor: "A menos que o negócio não dê certo, o que meu coração deseja secretamente. Nesse caso, então, darei um jeito aqui de entrar num escritório e farei minhas oito horas como os coleguinhas. Não vai ser divertido, divertido. Mas estou sem um tostão, e então..." No mesmo ímpeto, despoja do tédio previsível suas oito horas de escritório imaginárias: "... na saída de seis horas tomaremos um chá juntos", escreve a Jeanne e Marguerite.

Esperanças e decepções se sucedem em cascata no mesmo dia: "Última hora. Sexta-feira. Não estou mais procurando apartamento. Não poderei assumir as despesas. Morarei, portanto, na casa do meu irmão." A "maison Fichu", quando finalmente se tornar habitável, será seu porto, quartos aqui e ali serão suas escalas. Uma feia manhã chuvosa de outubro, e ele já não gosta de Argel. Duas paisagens urbanas continuam bonitas, a parte recuada do porto de Agha e a Bouzaréah. "Estou entediado." Vamos observar de perto: "... bem sei que explicamos o nosso tédio por um fato ou um acontecimento – e que na verdade o acontecimento é apenas um pretexto que, no fundo, não explica nada. Isso faz com que as pessoas nos digam: 'Isso vai se resolver. O acontecimento não é grave'[...] e o raciocínio dá errado – é outra coisa que precisa ser resolvida. Quanto a mim, se estou lhes dizendo isso, certamente é sem ilusões."

Mais que outras, uma oranesa o faz esquecer Simone. Marguerite e Jeanne pediram a Albert que ajudasse uma amiga, Christiane Galindo, que deseja morar em Argel. Ele se dispõe a dar uma mãozinha à desconhecida. Christiane, secretária em Orã, precisa fazer um mês de aviso-prévio. Que empregador argelino irá esperá-la por tanto tempo? Há muitos empregos que seriam convenientes. As estenodatilógrafas são muito procuradas. Albert pesquisa os anúncios classificados para ele também, "na secreta esperança de que um príncipe hindu esteja solicitando um secretário de cultura ocidental". Devaneios complementares: o sanatório, um marajá. E se Christiane Galindo passasse duas semanas em Argel? "Poderia acampar na 'maison Fichu' (há uma cama e uma bacia, é o essencial), alimentar-se de maneira naturista (o que é excelente para a bolsa e para a saúde) e poderia ver as coisas de perto." Camus a guiará: "Em tempos normais eu a alojaria em minha casa. Mas já não tenho casa e não tenho dinheiro." Oferece-se como pai: "Quanto à terceira filha, esses reconhecimentos sucessivos de paternidade começam a me perseguir (se assim ouso falar), mas sou incapaz de rejeitar esses deveres sagrados. Espero-a resoluto (uma empresa de máquinas agrícolas está procurando uma estenógrafa há três dias)." Ele recomenda os anúncios do *L'Écho d'Alger*. Camus encontrou um emprego em Argel para Miquel e também colocou um operário eletricista. Nada para ele mesmo. Continua sem dinheiro, e irônico: "Há dez dias já não tenho nem mesmo os 10 tostões para comprar um selo. Então nomeei meu irmão secretário e, assim, ele expede minha correspondência." Lucien se preocupa com Albert. O novo Escritório do Trigo está procurando estenodatilógrafas. "Christiane Galindo que pegue sua mais bela Remington", escreve Camus, "e faça sua solicitação (referências e principalmente: situação familiar, sobre a qual deve escrever bastante). Se por acaso ela for pupila da nação, que peça ao Escritório Departamental para apoiar sua solicitação." Executada a manobra, Jeanne e Marguerite devem avisar Camus. Ele tentará obter o apoio dos "dois ou três sujeitos" que conhece no governo geral.

Bonita, morena e bronzeada, filha de professora primária, Christiane não tinha doze anos quando morreu seu pai, corretor de vinhos. Conhece Marguerite Dobrenn desde a sexta série. Em Argel, acha um emprego de estenodatilógrafa na firma Vinson, concessionários Peugeot. Christiane e Camus logo agradam um ao outro. Sua longa e apaixonada ligação, romance e cumplicidade, começa em janeiro de 1937, quando todos – Jeanne, Marguerite, Albert – ocupam de fato, acima da rua Michelet, no alto do Telemly, atrás de um parque, a "maison Fichu", com terraço, grande sala de estar, dois quartos e uma cozinha. Albert aceita a ternura de Christiane.

Devotada, ela sente e serve a seu talento, datilografa suas obras. Ninguém conhece tão bem, então, as forças e as fraquezas de Camus. Drogada, Simone parecia secreta e perversa. Christiane é aberta e saudável. No terraço, nua, ela toma banhos de sol. Sua beleza e sua gentileza comovem os amigos de Camus. Mado e Robert Jaussaud acham-na muito tolerante com ele.

Lendo *Le Journal d'un séducteur* [O diário de um sedutor], Camus joga com citações de Montherlant: "Não dou importância à felicidade. O que eu quero é a grandeza." Está farto de leitura.[2] A literatura? Tudo bem. Mas nada se compara aos gaivões no céu, às pequenas "mouriscas" nos terraços, ao cheiro do café torrado. Todos concordam[3] que ninguém descreve melhor do que Camus a "maison Fichu": "No bairro era chamada de casa das três estudantes. Subia-se até ela por um caminho muito difícil, que começava nas oliveiras e terminava nas oliveiras. [...] Chegava-se em grande aflição de suor e de respiração, empurrava-se uma pequena barreira azul evitando o arranhão das buganvílias e tinha-se ainda de subir uma escada muito íngreme, mas coberta de uma penumbra azul onde já se acalmava a sede. Rose [Marguerite Dobrenn], Claire [Jeanne Sicard], Catherine [Christiane Galindo] e o menino chamavam-na a Casa Diante do Mundo. Inteiramente aberta para a paisagem, era como uma naveta suspensa no céu brilhando sobre a dança colorida do mundo." A "maison Fichu" domina Argel, a colina de Laperlier, suas oliveiras, seus pinheiros e ciprestes. Avista-se a cerca de quarenta quilômetros o Djurdjura, que, à distância, domina o Bou Zigza. "Então", escreve Camus, "ninguém se queixava do caminho íngreme e do cansaço. Cada dia era necessário conquistar-se a alegria."[4]

Os trabalhos do Théâtre du Travail decoram a casa; as máscaras de Bénisti estão penduradas no quarto de tapeçarias pardas. Maços de tomilho e louro enfeitam e perfumam a cozinha. Camus recolhe animais, o cachorro Kirk, os gatos Cali, ruivo, e Gula, preto. Os amigos se revezam para cozinhar. Com uma melodia alemã, eles cantam um de seus textos.

J'avais des camarades,
Une maison devant le monde.
Dans le matin et le soir immenses
La journée toumait ronde
*Autour de notre silence.** (Bis)

---

* Eu tinha companheiros/ Uma casa diante do mundo./ Na manhã e na noite imensas/ O dia girava fácil/ Em torno de nosso silêncio. (*N. da T.*)

Na "maison Fíchu", as pessoas sabem calar e falar.

Là ou s'arrête un monde,
Prend naissance une amitié,
Désir têtu de transparence
Qui définit la liberté.
*Notre maison avance.** (Bis)

Na "maison Fichu", Camus vem escrever antes de se mudar.

La vie est un sourire errant.
*Miracle d'aimer ce qui meurt.*** (Bis)

Amor morto? O de Albert Camus por Simone Hié e sua "beleza berrante"[5] ou dos companheiros que estão se dispersando?

Com o coração à esquerda, Christiane, no entanto, não adere ao partido comunista. Seguindo instruções do partido, a Casa da Cultura criada em Argel dá cobertura ao Théâtre du Travail, ao Ciné-Travail, Médecine et Travail, aos grupos culturais do Front Social, ao Grupo dos Esperantistas Proletários, aos Amigos da Revista *Commune*, ao grupo *Savoir*, aos Amigos da URSS e a associações locais de pintores, arquitetos, escultores, escritores. Princípio elementar do bolchevismo: é preciso multiplicar as organizações, impressionar pelo número, demonstrar que os "progressistas e democratas" participam do trabalho dos comunistas. Objetivo confesso: oferecer a cultura, "ameaçada pela mediocridade e pela violência", fazer de "Argel a capital intelectual que ela tem o direito e o dever de ser no mundo mediterrâneo". Jovens, sempre com boa vontade e muitas vezes com credulidade, "querem mudar o mundo" e levar a cultura sem condescendência às massas. Objetivo inconfesso na seção do PC parisiense: controlar os intelectuais burgueses e pequenos-burgueses.[6] As sugestões do Congresso Internacional pela Defesa da Cultura, orientado pelo Komintern, vêm da metrópole. O Centro das Casas da Cultura em Paris é dirigido por um escritor comunista, René Blech.

---

* Lá onde um mundo para,/ Nasce uma amizade,/ Desejo obstinado de transparência/ Que define a liberdade./ Nossa casa caminha. (*N. da T.*)

** A vida é um sorriso errante./ Milagre de amar o que morre. (*N. da T.*)

Camus exerce a função de secretário-geral da Casa de Argel, Émile Scotto-Lavina a de tesoureiro. Jeanne e Marguerite, Robert Jaussaud, Charles Poncet participam. Reúnem-se pela primeira vez na casa de Scotto, uma *villa* na rua l'Abbé-de-l'Épée, que sobe em ladeira na direção de Telemly. Redes ligam a Argélia e a França do Front Populaire. Jean Balard, diretor da revista marselhesa *Les Cahiers du Sud* [Os cadernos do Sul], assiste à reunião. Pede a Scotto anúncios publicitários do armador Schiaffino. Camus se interessa pelo grupo do Rideau Gris [Cortina Cinzenta] de Marselha, que, com André Roussin e Louis Ducreux, se lança também numa ação teatral. Sob o guarda-chuva da Casa de Argel, desenvolve-se também uma União Franco-Muçulmana, da qual Fréminville participa. Ela publicará brochuras sobre a representação dos "indígenas" no Parlamento, questão que preocupa os membros do grupo Camus.

O Ciné-Travail, sempre coordenado por Max-Pol Fouchet, socialista – menos social-traidor, para Camus, desde a formação do governo Blum –,[7] programa frequentemente, como todos os cinemas de arte, experimentais e de política, O *encouraçado Potemkin*, de Eisenstein. São anos áureos do cinema. Essa nova arte, poderoso instrumento de propaganda, dirige-se tanto aos intelectuais quanto aos analfabetos. E mais fácil drenar um público popular para um filme do que arrastá-lo para uma conferência ou uma peça de teatro.[8] Camus tem paixão pelo teatro, mas se interessa pelo cinema como espectador. Não sabe até que ponto esse cinema russo, legenda bolchevizada, reescreve a história da URSS. *O caminho da vida, A terra tem sede, A linha geral, Dez dias que abalaram o mundo, Moscou de hoje, Tchapaiev, Espanha 1936* ou *A tomada de Sietamo pelas milícias republicanas* fazem sucesso. A guerra da Espanha mascara os expurgos sangrentos na URSS. Os comunistas argelinos são tão cegos quanto seus camaradas da França, porém menos doutrinários e, às vezes, menos críticos. Segundo o boletim do Ciné-Travail, "o gênio humano, mesmo sendo soviético, tem seus limites".[9]

A Casa da Cultura instala sua sede social na rua Charras, nº 8, publica dois boletins mensais, inacessíveis para os trabalhadores, europeus ou árabes, quer se trate do estudo minucioso de Jacques Heurgon sobre Puchkin, dos poemas árabes traduzidos por José Aboulker ou de um artigo de Frédéric Joliot-Curie sobre a transmutação da matéria e a radioatividade artificial.[10] Missionários da cultura, os membros do escritório informal da Casa organizam conferências. Estudantes e professores de faculdade formam o grosso do público. Ladeado por dois homens e duas mulheres no palco de uma sala da Ajuda Mútua Feminina laica, Camus é o primeiro a se apresentar:[11] uma cultura mediterrânea é realizável? Camus rejeita a mística da latinidade, tanto mais que o Duce a explora. Para Camus, o Mediterrâneo não é o campo fechado da Roma imperial nem de seus imitadores. A Espanha, obsedante para seus ouvintes – os nacionalistas acabam de tomar Málaga –, também detém uma força cultural. Através dela, vínculo entre a Europa mediterrânea e a África, compreende-se a África do Norte, ele afirma. Uma nova cultura mediterrânea adotará as fórmulas modernas de vida. Depois desses arroubos, que seriam contestados por alguns historiadores e antropólogos, Camus prevê um "coletivismo" para algumas regiões mediterrâneas, diferente do modelo comunista ou da Itália fascista, que no máximo é estatista. Camus fala de si mesmo: "Passei dois meses na Europa central, da Áustria à Alemanha, perguntando-me de onde viria aquele incômodo singular que me pesava nos ombros, aquela inquietude surda que me habitava. Compreendi há pouco tempo. Aquelas pessoas estavam abotoadas até o pescoço. Não conheciam o abandonar-se." Ele objetiva sua subjetividade, uma carta encontrada em Salzburgo e uma ruptura. Prefere a oliveira ao pinheiro, isso é claro. Suas generalizações diante dos germânicos parecem rasas.[12]

Camus tenta ultrapassar seu *status* de argelino sem se ligar apenas à França metropolitana, muito menos a Paris. Guia cultural, ele não se sente nem inteiramente francês, nem unicamente argelino. A Casa irá dedicar-se ao desenvolvimento do espírito mediterrâneo, organizará manifestações sobre as etapas da civilização mediterrânea, debates públicos a respeito de obras científicas, um "estudo autorizado" do folclore argelino. Camus anuncia a conferência de Claude Aveline que evocará Anatole France, revolucionário, para grande prazer do tio Acault. O orador estuda o conflito entre democracias, fascismo e nazismo, subentendendo que a URSS é uma democracia. Mais tarde, na cervejaria Au Quartier Latin, diante de estudantes pacifistas, ele apela a que se apoiem pelas armas os republicanos espanhóis. Camus o apoia, fala sem efeitos oratórios. Os conferencistas vindos de Paris fazem turnês como os artistas de teatro de revista, muitas vezes regressando pela Tunísia para distribuir os gastos. Dos luminares da cultura jornalística parisiense, vêm Simone Téry e André Wurmser. A primeira é colaboradora do *L'Humanité*, o segundo do *Canard enchaîné*. Wurmser é obcecado pela ideia do traidor, como tantos intelectuais ou semi-

-intelectuais do partido. Em seu discurso, "Variações sobre o renegado", ele visa André Gide, que voltou da URSS decepcionado.[13] Descreve a trajetória dos traidores em potencial, de esquerda ou de direita. Essas belas almas são anticonformistas em sua juventude, segundo ele. Depois querem a Academia Francesa. Wurmser ataca também os "judeus envergonhados", como Émile Herzog, dito André Maurois. Mais tarde, Jean Guéhenno destila em Argel seu suave humanismo, opondo-se à luta de classe. Filho de um sapateiro, ele comove Camus. Irène Joliot-Curie evoca os trabalhos de Pierre e Marie Curie, a crosta terrestre, o urânio, o tório. Às vezes, Camus estimula seus companheiros a participar ou solicita seus professores. Heurgon fala sobre *Don Juan*. Encenam *Don Juan* de Puchkin. Com sotaque basco, Mado Jaussaud dá a réplica a Camus-Don Juan.

A Casa não é o abrigo pacífico dos órgãos do partido. Seus jovens intelectuais têm uma candura política que nem sempre resulta na satisfação cultural. Não são eles que propõem uma conferência sobre "o luxo soviético", tema da sra. Shirardi, professora do liceu de moças, que informou a seiscentos ouvintes, na sala da Agricultura, que na URSS se trabalha sete horas por dia e que "a coqueteria é característica da mulher soviética".

Os membros da Casa de Cultura defendem o projeto Blum-Viollette. Governador da Argélia, Maurice Viollette queria conceder a cidadania francesa à elite muçulmana. Em 1931, publicou *L'Algérie vivra-t-elle*? [A Argélia viverá?]. Prevê que, se as elites muçulmanas não forem promovidas e integradas à nação francesa, a França perderá a Argélia por volta de 1945 ou 1950. Durante o Front Populaire, sua ideia é retomada. O projeto Blum-Viollette atribuiria direitos políticos a duzentos mil eleitores muçulmanos. Sob a pressão dos homens políticos, inclusive os radicais-socialistas, membros do Front Populaire, o projeto evapora, mas Camus o defende.

Poucos muçulmanos frequentam a Casa, mesmo quando ela se dedica às artes indígenas. Jeanne cuida da preparação – da impreparação, segundo Poncet – de uma noite de música árabe. Manda vir do sul argelino três músicos e duas dançarinas. Quarenta espectadores se espalham pelas seiscentas poltronas da sala Bordes. Como atrair os "indígenas"? As Juventudes Comunistas conhecem a alergia dos árabes aos progressistas europeus. Elas se perguntam se, para atrair os simpatizantes árabes, "é preciso formar círculos com esteiras no chão onde seja servido chá"![14]

Os progressistas europeus se voltam para os árabes, mas estes frequentam a Casa da Cultura menos ainda do que os trabalhadores franceses, italianos, espanhóis, malteses, para quem se organizam cursos, dirigidos por Marguerite.

A Casa patrocina festas mais políticas. Na Sala do Círculo Cervantes, no bulevar Villaret-de-Joyeuse,[15] a seção do Partido Comunista de Belcourt, o Comitê Mundial Contra a Guerra e o Fascismo, sob o patrocínio da Casa da Cultura – menos apolítica do que previa Scotto – dão uma Festa do Mediterrâneo em benefício dos republicanos espanhóis. Quinhentos participantes, entre os quais o sr. Tirado, vice-cônsul da Espanha, e o sr. Valigorski, dos Amigos da União Soviética, assistem ao concerto. Depois do martírio de Madri sitiada, como pretender ser apolítico? Os convidados de honra são os oficiais de um navio espanhol republicano, o *Mar Caribe*, atracado no porto de Argel. No entreato, Camus, apresentado como secretário da Casa, pede um aplauso para saudá-los. Cantam a *Internacional*, depois dançam.[16] As notícias da Espanha são militarmente ruins e politicamente vagas. Os anarquistas se ativam em Argel, porém menos do que em Orã. *Le Libertaire*, jornal da federação anarquista, explica a atitude dos stalinistas na Espanha, as tensões e depois as lutas entre comunistas e anarquistas. Estes, hostis à paz ou à pausa social na França, querem uma revolução proletária. A União Anarquista cola cartazes em Belcourt e Bab el-Oued: "São os stalinistas que acabam de desencadear a crise do governo de Valência." E: "A CNT e a FAI são os melhores escudos da revolução espanhola."

Em meados dos anos 1930 é difícil para um jovem argelino progressista *não* se sentir próximo dos comunistas. Ou se é militante e simpatizante da esquerda, ou se é fascista. Ou diletante. Camus ostenta seu progressismo, mas não sua pertença ao PC.[17] Os quadros do partido vindos de Paris teorizam, sem levar em conta passagens incendiárias do artigo de Lenin, "Tarefas da Internacional Comunista".[18] O saudoso Vladimir Ilich proclamou que os partidos que não promovessem a luta revolucionária no interior de suas colônias para derrubar sua "burguesia", que não introduzissem nelas "armas e literatura" eram "desprezíveis e traidores". Era a época dura do leninismo.[19] Em Argel, um dos raros a conhecer esses textos, Jean Chaintron-Barthel, o delegado de Paris, revolucionário profissional, assistiu às representações de *O tempo do desprezo* e de *O submundo*.[20]

A Argélia é uma colônia como as outras? Não serão os argelinos singulares? Em 1921, uma resolução da seção comunista de Sidi Bel Abbes afirmava que, "sendo os indígenas refratários à evolução econômica e social, contrários a qualquer instrução das mulheres, inaptos às técnicas de aproveitamento do solo e do subsolo, submetidos por seus correligionários burgueses a seus senhores feudais e a seus chefes religiosos, a independência levaria à opressão feudal".

La Lutte sociale tem uma tiragem de dois mil exemplares. Virada que passou quase despercebida para os militantes argelinos, o 7º Congresso da Internacional Comunista[21] declara que "nos países coloniais, a principal tarefa dos comunistas é trabalhar na criação de uma frente popular anti-imperialista". O antimilitarismo fica de fora, o que irrita Camus. Nem sempre se seguem palavras de ordem: muito tempo depois das instruções do Komintern e do PCF,[22] a Juventude Comunista da Argélia continua a espalhar a mensagem de uma canção:

> *... Quand on travaille au bagne*
> *Mais ça dur'ra*
> *C'que ça du'ra*
> *Quand on travaille au bagne*
> *Sous la montagne*
> *Comme des rats...*
> *On vous fait venir de Tatouine*
> *Des Sénégalais à babouines [sic]*
> *... de Bordj Boeufa Ouina*
> *Où l'on manie le nerf de boeuf...**

Nos anos 1920, o PCF, anticolonialista, ajudou os partidários de Messali Hadj e de sua Estrela norte-africana. As prioridades mudam com a escalada do nazismo e do fascismo: bloqueando-lhes o caminho, os proletariados francês e argelino se libertarão. Chaintron-Barthel adotaria essa nova estratégia na Argélia, explicando aos "indígenas" que a República francesa, com seus ideais de fraternidade, garante-os contra os senhores feudais árabes e os grandes colonos franceses, e também contra a dominação das potências fascistas. Em *La Lutte sociale*,[23] um comunista árabe escrevia: "Antifranceses? Não o somos, pois apreciamos as tradições revolucionárias do povo francês. [...]. Somos acusados de querer lançar todos os franceses ao mar. Que bobagem!" Difícil definir uma linha aceitável pelos brancos pobres *e* pelos "indígenas". Ouzegane e Chaintron dividem as tarefas entre si.

---

* Quando se faz trabalho forçado/ Isso vai durar/ Como isso vai durar/ Quando se faz trabalho forçado/ Sob a montanha/ Como ratos.../ Fazem vocês virem da Tatuína/ Senegaleses de babuínas/ ... Bordj Boeuf a Ouina/ Onde se maneja o açoite... (*N. da T.*)

Nos encontros, desenvolvem um tema duplo: contra o colonialismo até a independência e união franco-argelina contra o fascismo, portanto, pelo socialismo. Um, metropolitano, enfatiza a independência; o outro, árabe, insiste na união. Para além das "contradições", canta-se a união, sobretudo a dos sindicalizados, finalmente reunificados.[24] Argel celebra o acontecimento no salão do Empire Cinéma, abarrotado por três mil simpatizantes. A unidade sindical exige a unidade política. Como não se deixar emocionar por todos aqueles ferroviários, funcionários do correio, da alfândega, empregados dos serviços municipais ou de indústrias privadas? E a luta final, que não deve dividir os proletários europeus. Nem os separar de seus companheiros argelinos, com frequência messalistas, sobretudo os empregados dos bondes.

Em Paris, o Escritório Político põe ordem na casa. André Ferrat, que influenciou Chaintron, partidário da linha anticolonialista, é afastado do Escritório Político, depois expulso do partido.[25] Os messalistas fazem concorrência aos comunistas. É preciso combater sua influência e criar um Partido Comunista Argelino distinto do PCF Seus dois dirigentes oficiais são Ouzegane e Ben Ali Boukhort. Chaintron, ao lado deles, simboliza os vínculos franco-argelinos, assim como o camarada Mignot, "colaborador político e administrativo", que supervisiona seus grandes e pequenos companheiros. A arabização do partido começa. O Partido Comunista Argelino defende a URSS, os acordos Laval-Stalin, mantendo o princípio da independência nas entrelinhas. Messali Hadj defende uma libertação nacional que – ele continua tático – gira em torno da independência. Comunistas árabes juntam-se aos messalistas. Antes partidário do anticolonialismo, Chaintron desaparece. Luta nas Brigadas Internacionais na Espanha, que incluem muçulmanos.[26] Árabes ou cabilas comunistas são pouco numerosos. Sem o admitir, abandonam o islã como religião. Nem Lenin, nem Stalin, nem Thorez, nem Chaintron, nem Camus enxergam até que ponto o comunismo e o islã são incompatíveis. Um muçulmano não se dissolve no comunismo sem renunciar ao islã.[27]

Émile Padula, secretário da seção comunista de Belcourt, encarrega Camus de estudar os problemas do recrutamento em meio árabe, quebra-cabeça e quebra-coração. Arabizante, foi Padula quem o pôs em contato com chefes religiosos, com os ulemás, com o xeique Ben Badis e o xeique Taïeb el Okbi. Ouzegane, por sua vez, incentiva-o a contatar jovens muçulmanos. Camus não é arabizante e, embora conheça alguns estudantes e intelectuais árabes, não pode se introduzir nos meios operários.

Dois escritores continuam servindo como balizas à juventude de esquerda: Malraux, trinta e quatro anos, cabelos desgrenhados e blusão de couro, e Gide, sessenta e sete anos, com mais aparência de homem de letras tradicional, careca, friorento, manta sobre os ombros, mas não menos revoltado e revolucionário. Em novembro de 1936, publicou seu *Retour de l'URSS* [Volta da URSS]; seguir-se-á um pequeno livro mais heterodoxo ainda, *Retouches* [Retoques] ao *Retour*, em junho de 1937 – duas críticas fulminantes à URSS. Gide não pode ser tratado com um distante desprezo como burguês desgarrado. Quando foi insultado pela direita por seu *Voyage au Congo* [Viagem ao Congo] e por seu *Retour du Tchad* [Volta do Tchad], em que denunciou os crimes das administrações coloniais, a esquerda formou uma frente em torno dele. Com a mesma calma, ataca agora a mitologia da URSS. Viu o socialismo real. Falso ingênuo, em seu primeiro opúsculo Gide descreve "uma terra em que a utopia estava em vias de se tornar realidade". Esse viajante sem preconceitos vê as vitrines das lojas de Moscou. Visitando as casas de um próspero colcoz, escolhido por seu guia, descobre a despersonalização dos homens. Suas descrições não correspondem aos filmes aplaudidos pelos assinantes do Ciné-Travail em Argel: "Em cada uma delas, os mesmos móveis feios, o mesmo retrato de Stalin, e absolutamente mais nada; [...] há pobres. [...] demais." A ditadura do proletariado é a ditadura de um homem sobre o proletariado. Iconoclasta: "Duvido que em qualquer outro país hoje, mesmo na Alemanha de Hitler, o espírito seja menos livre, mais submisso, mais medroso (aterrorizado), mais vassalizado." *Volta da URSS* não deixa esperança. No entanto Gide, preciso e precioso, suspira: "A ajuda que a URSS acaba de prestar à Espanha mostra-nos as felizes recuperações de que ela é capaz." Na França, o aparato do partido entra em funcionamento: como barrar o caminho de Gide? Os intelectuais do partido, entre eles Paul Nizan, trinta e um anos, são encarregados de responder. Políticos, entre eles Fernand Grenier, membro do escritório político e deputado, também atacam o escritor, que pode envenenar tantos membros da burguesia!

Poncet, progressista, e Camus, comunista, estão confusos. Leem *Volta da URSS*. Poncet, alguns meses depois, lê *Stalin* de Souvarine. Para Charles, o livro merece um debate. Albert o aprova. A Casa da Cultura de Argel depende de Paris. Poncet avisa Blech, em Paris, que logo responde, embaraçado: compreende o interesse da discussão planejada. Será ela oportuna? Poncet mostra a carta de Blech a Camus. Poncet quer manter a discussão.

Camus a aprova. Patrocinada pela Casa, ela acontece, no início de 1937, numa sala no bulevar Baudin, diante de menos de quarenta espectadores. Poncet a preside, com o engenheiro Viel, membro da Liga para o Direito ao Trabalho. Não há debate, não há contestação, apenas algumas perguntas neutras. Nenhum comunista está presente. Surge Jean Grenier. Poncet pergunta ao professor de filosofia seu ponto de vista. Grenier responde que não está ali para discutir, mas para fazer uma avaliação dos comunistas diante do livro de Gide.[28] Como explicar a ausência de Camus? Ele participa com frequência de discussões menos significativas. Muito ocupado? Estará preocupado com as críticas de Gide, sem exprimir suas próprias dúvidas? Estaria querendo proteger sua reputação de militante?

Para combater Gide na Argélia, Fernand Grenier faz uma grande turnê. Em 25 de fevereiro, na sala Materèse, para oitocentos argelinos, entre eles o camarada Mignot, ele passa em revista o Front Populaire, as relações franco-soviéticas, os processos de Zinoviev, Kamenev e outras "hienas" em Moscou. Dedica muito tempo a Gide, que está errado, camaradas, na URSS há liberdade, liberdade... O membro do escritório político fala das diferenças de salários nas fábricas: a URSS está apenas no estágio do socialismo, portanto tem algumas imperfeições. Com o comunismo, a História realizará sua perfeição milenarista. Fernand Grenier percorre a Argélia, acendendo seus contrafogos. Singularidade francesa: um escritor é coisa perigosa.

Depois da publicação de *Retoques*, Camus entra numa zona de alta turbulência política. Em janeiro de 1937, o governo Blum, para satisfação do PCF, dissolveu a Estrela norte-africana: Messali fundou imediatamente o Partido Popular Argelino (PPA). Em março, greves eclodem na Argélia. No Kouif, a polícia atira nos grevistas. Em julho, à frente de uma imensa manifestação em Argel, Messali Hadj é preso e depois deportado. Alguns quadros do PPA provêm do PCF Portanto, no vocabulário stalinista, são renegados. Comunistas e messalistas se denunciam. Agora, para Messali Hadj, comunistas franceses e argelinos representam "o partido de Moscou". Camus está próximo dos militantes do PPA, sem o conhecer muito bem. Os messalistas fazem a Argélia *deles* passar à frente da defesa da URSS. Murmura-se que, para se desvencilhar da concorrência dos messalistas, os comunistas os entregam à polícia. Não se têm provas disso, mas não parece impossível. Em toda a Indochina, Ho Chi Minh entregou chefes nacionalistas e mandou executar trotskistas.[29]

Em junho de 1937, Camus torna-se procurador. Prédhumeau, o desempregado de *Prometeu*, orador das Juventudes comunistas, fez afirmações difamatórias a seu respeito. Acusa-o de ter desviado fundos da Casa da Cultura. É curioso, pois a Casa não tem dinheiro. Albert e seus amigos, encabeçados por Jeanne, a subvencionam. Outra querela opõe Camus a Jean Degueurce, que critica sua direção no Théâtre du Travail. Degueurce, militante comunista convicto, quer um teatro direto, de mensagem simples. *O tempo do desprezo*, *Revolta nas Astúrias*, *O submundo*, tudo bem. Mas Ben Jonson! Jeanne e Marguerite apoiam Camus contra Degueurce, que se alia a Thomas Rouault e Maurice Girard. Thomas Rouault tinha um grupo de teatro. Juntou-se ao de Camus. Sua oposição ao programa do Théâtre du Travail é mais pessoal do que política. Do lado *vaudeville*, Prédhumeau faz alusão aos sucessos femininos de Camus, dono do Théâtre du Travail. Camus quer quebrar a cara de Prédhumeau, que é excluído da Casa. Do lado político, Camus fala a Padula e Ouzegane de suas objeções à linha do Partido Comunista Argelino diante do PPA. Ouzegane, secretário do partido, quer convencê-lo de que essa linha é correta. Ouzegane não gosta de Messali, que o ultrapassa em popularidade entre as massas muçulmanas. Indicadores claros, quantificados: em outubro de 1937, na primeira circunscrição indígena nas eleições municipais, Ouzegane obtém 580 votos e Messali quase cinco vezes mais, 2.425. Não há dúvida, esse tal Messali é "cúmplice" do fascismo! Mesmo na semiclandestinidade, militantes e simpatizantes do PPA organizam manifestações e desfiles-relâmpago. Não levantam o punho fechado, mas a mão direita, com o indicador esticado, distinguindo-se dos comunistas e socialistas. Seu lema: "Parlamento argelino!" Gritam também: "A terra para os felás!" Recusam o afrancesamento: "Escolas árabes!" Esse lema se opõe ao universalismo linguístico republicano, do qual também estão imbuídos os franceses progressistas da Argélia. Religião contra religião, os messalistas também martelam: "Respeito ao islã!" Os comunistas raramente abordam essa questão delicada. Camus, com alguns europeus da Argélia, com frequência arabizantes, como Paul Estorges, de Constantine, ou o doutor Camille Larribère, de Orã, é sensível às aspirações de certas elites muçulmanas. Para Poncet, aqueles homens são "argelinos autênticos que não temem o ultranacionalismo árabe".[30]

Oficiosamente, Ouzegane e Padula advertiram Camus: ele está entrando no declive do desviacionismo, pecado mais do que venial. Camus não se demove: a linha do partido com relação ao PPA é falsa em suas análises, ignóbil por seus procedimentos. Ouzegane e Padula lamentam esses ímpetos, mas apreciam sua sinceridade. Suas atividades no Théâtre du Travail e na Casa da Cultura o provam, ele é tão eficaz quanto útil. Suspeitando-o comunista, famílias bem-pensantes proibiram seus filhos de frequentar suas aulas particulares. Sem graduação na hierarquia do partido, ele exerce, antes menos do que mais, função de secretário para aquilo que chamam, com enternecimento, a "célula dos intelectuais do planalto Saulière", no domínio da rua Michelet. Ela é dependente da seção de Belcourt, pois não há seções comunistas nos bairros nobres.

A célula dos intelectuais reúne-se pouco, agrupando sobretudo universitários: Albert, Jeanne, Marguerite, às vezes Fréminville. Juntam-se a eles Stiers, representante, e sua mulher, farmacêutica, Louis Miquel, arquiteto em potencial, Maurice Girard, pintor, próximo de Camus em virtude do PPA. Três companheiros árabes, trabalhadores braçais, são aceitos. Encontram-se às vezes na "maison Fichu". Falam de tudo, ou melhor, de nada mais que a situação internacional e local.[31] Caçoam dos hierarcas do partido. O novo enviado especial do PCF, Robert Deloche, menos flexível que Barthel, chega de Paris com diretrizes mais duras: a luta contra o fascismo passa à frente do anticolonialismo. Elie Mignot, que assegurou a interinidade de Barthel antes da chegada de Deloche, apoia este último. A imprensa comunista chama os messalistas de pseudonacionalistas, provocadores, agentes do governo. Muçulmanos pedem a Camus que reaja. Estar em desacordo com o PPA é concebível, mas chamar seus militantes de fascistas! Camus endurece o tom. Deloche e Ouzegane, que não se gostam, assistem a reuniões da célula intelectual. Acusado, Camus se recusa a se retratar. Ele não representa uma opinião isolada. Impõe-se o ritual da expulsão. Os quadros comunistas consideram os membros críticos do partido como doentes contagiosos.

Com o refluxo do Front Populaire, começa a hemorragia nas fileiras do PCA. Camus tem prestígio. É uma cabeça que deve cair. Primeiro ato do balé da expulsão: reunião da célula. Seus membros apoiam Camus, depois o desaprovam. Alguns deixam-se convencer; outros não querem ver se na mesma situação; outros, ainda, cedem por passividade continuísta. Camus, sem nunca evocar a independência, insistindo nos direitos cívicos e sociais, não cede quanto ao apoio devido aos "indígenas", o que, sublinha ele, seria a linha correta do partido. Nesse ponto, Maurice Girard concorda com ele.[32]

Depois, as instâncias de sua seção de Belcourt convocam o camarada Camus. A princípio, os membros de sua célula *e* o escritório da região de Argel devem assistir à reunião num café, na rua de Lyon. Os puritanos acham que se poderia ter feito melhor. Beloche, brutal enviado do escritório político e de sua seção colonial, preside o tribunal. Assessores, Ben Ali Boukhort, oficialmente secretário-geral do PCA, Ouzegane e Elie Mignot. Três camaradas são julgados. Camus e Maurice Girard explicitamente, Padula implicitamente. Camus faz um breve histórico das relações entre as massas argelinas e o PCF.[33] Os responsáveis o escutam, mas não lhe respondem. No final da reunião, Girard entrega sua carteira do partido a Deloche. A sessão é suspensa.

Depois Padula aconselha Camus a se demitir. Este recusa. Decidiu fazer-se expulsar.[34] Último ato do balé do procedimento, o escritório político convoca os quadros do comitê de seção de Argel. Nem Girard nem Camus são avisados. Padula, representando Belcourt e, por consequência, a célula dos intelectuais, opõe-se sem agressividade a Ouzegane. Burocratas convictos, Mignot e Deloche situam o caso Camus-Girard num contexto internacional. As coisas vão mal na Espanha, o Japão invadiu a China sem declaração de guerra, a URSS cercada precisa se defender. Em junho de 1937, a campanha de Stalin contra os trotskistas atinge o alto-comando militar soviético. Nessa era de "suspeitite" aguda quando se trata de intelectuais, Deloche e Mignot identificam traidores por toda parte. A divergência, primeira etapa da traição, é um crime. Deloche tacha Camus de trotskismo, pecado mortal. Ouzegane não. Deloche, encarregado de privilegiar a luta antifascista, saudou a hipotética constituição de uma seção Amsterdam-Pleyel na polícia argelina. Ora, esses policiais antifascistas, durante as greves ou as manifestações proibidas, espancam os trabalhadores árabes, de preferência aos europeus. Deloche desconfia de Ouzegane, que conhece melhor a situação argelina. Ele pratica a política do bilhar: tocando em Camus, desestabiliza Ouzegane, secretário do partido. Padula parece dividido entre a lealdade aos amigos muçulmanos e a fidelidade ao partido. Deloche expulsa o camarada Camus, mas o mais sutil e hábil diretor do balé da liquidação é Ouzegane, que no entanto aprecia Camus.

A seus olhos este não é um clássico europeu da Argélia: não sofre de "etnocentrismo ocidental".[35] Ouzegane fez uma coleta para ele quando, doente, estava sem dinheiro. Dos quadros do partido argelino, Ouzegane é o único que sabe que Camus publicou, algumas semanas antes, em maio, seu primeiro livro, *O avesso e o direito*, edição Charlot. Três anos mais velho do que Camus, autodidata, refinado, inteligente, Ouzegane vendeu jornais, trabalhou no correio, começou sua carreira de revolucionário profissional nas Juventudes sindicalistas. Compreende o interesse de Camus pelos trabalhadores muçulmanos. Conhece os meios operários e camponeses, os doqueiros, os mineiros e também os felás. Fala admiravelmente bem o francês. Não põe em dúvida a honestidade de Camus, mas para ele trata-se de um jovem militante de formação política rudimentar, também de um esteta. Disciplinado, menos rígido do que Deloche, acha que Camus está enganado com respeito a vários pontos, e não apenas quanto à questão dos membros do PPA que os comunistas teriam entregado à polícia. Para ele, "um revolucionário sério sabe solicitar de cada época aquilo que ela pode dar e aprende a estabelecer o possível imediato, sem deixar de preparar o objetivo final".[36] O partido se distancia do PPA: o que Camus considera, segundo Ouzegane, um erro estratégico e moral inaceitável é apenas uma mudança tática. Um vê nisso uma metamorfose política radical, o outro uma modificação provisória. Camus defende antes de tudo os "indígenas". Os comunistas fazem-nos passar para segundo plano. Camus, criado em Belcourt, foi muito influenciado por militantes muçulmanos, ex-comunistas, adeptos da Estrela norte-africana, perigosa corrente ultranacionalista. Os ulemás, chefes religiosos que ele frequenta, são, para comunistas sectários, socialmente nocivos e politicamente tóxicos. Assimilacionistas, os ulemás fazem contrapeso ao PPA, independentista quando convém. Para Ouzegane, os comunistas não estão abandonando os messalistas, o PPA está abandonando o PCF Ouzegane – síndrome do comunismo profissional – acredita que o PPA esteja cheio de delatores. Enfim, por que censurar os comunistas por suas variações e não os messalistas, que passam do ultranacionalismo ao integracionismo ao sabor das circunstâncias?[37]

O Partido Comunista Argelino está perdendo velocidade. Tem necessidade de bodes expiatórios: Camus não foi um partidário flexível e incondicional do Front Populaire. Na Argélia, os radicais-socialistas, representantes dos grandes colonos, derrubaram o projeto Blum-Viollette. Camus redigiu o Manifesto dos intelectuais da Argélia em favor do projeto, publicado no número 2 de *Jeune Méditerranée* [Jovem Mediterrâneo],[38] boletim mensal da Casa da Cultura de Argel. Sua linha é anticolonialista. Ele declara: "A cultura não pode viver onde morre a dignidade e [...] uma civilização não pode prosperar sob leis que a esmagam. [...] Não podemos falar de cultura num país em que 900.000 habitantes são privados de escola e de civilização." No plano legal, trata-se de alçar os "indígenas" ao nível dos europeus da Argélia. Ouzegane pode estar de acordo quanto ao objetivo, não quanto à prioridade a lhe ser atribuída. Ele distingue os colonos radicais-socialistas "republicanos ou franco-maçons dos colonos fascistas. [...] Para ser lógico consigo mesmo, Camus", segundo Ouzegane, deveria ter "lançado no mesmo saco o partido socialista SFIO, leal gerente do império colonial, inimigo, tão implacável quanto o Partido Radical, da independência da Argélia".[39] O desacordo ou o mal-entendido é completo entre esses dois convictos.

Num relatório de onze páginas dedicado à situação do partido na Argélia, Deloche explica ao PCF em Paris - que transmite o relatório ao Komintern em Moscou - suas diligências: "Foi preciso proceder a algumas depurações de agentes provocadores trotskistas, tais como Camus, ex-dirigente da Casa da Cultura, e Girard (há seis meses no partido), que desenvolviam uma campanha sistemática de calúnia contra os dirigentes do PCF e contra sua linha política...".[40] Mesmo Ouzegane será suspeito. Deloche escreverá a seu respeito, alguns meses depois:[41] "Todo o seu passado é permeado por histórias muito duvidosas... [...] Elemento trotskista, praticando constantemente uma política de grupelhos, eu pessoalmente o considero muito suspeito e perigoso para o bom andamento do Partido." Deloche mostra o quanto Ouzegane era perigoso já que, quando desempregado na França, estava "sempre muito bem vestido".[42] Camus também está sempre vestido com muito apuro.

Alguns meses depois, Fréminville, próximo do nacionalismo muçulmano em gestação, também deixa o partido. Para seu processo, o PCA desenterra outro pretexto. São lançados dois pontos de inculpação: Fréminville, que agora possui uma pequena gráfica, edita panfletos, cartazes e brochuras de propaganda para os messalistas. É acusado de comprar suas prensas com o dinheiro de um farmacêutico de Sétif, nacionalista moderado, Ferhat Abbas. Orgulhoso por não ter sido rotulado de trotskista, como Camus e Girard, Fréminville considera-se ferhatista. Prefere a demissão à expulsão ruidosa. Jeanne e Marguerite deixarão o partido mais tarde, rasgando suas carteirinhas.[43]

Em vinte meses, Camus perdeu sua mulher e seu partido. Romper com o aparelho marca-o sem o traumatizar, pois não tem a sensação de ter traído uma classe. Permanece fiel aos operários de Belcourt, europeus ou "indígenas". Tira pelo menos uma conclusão imediata desse episódio: seu negócio não é o teatro de mensagem política.

Alguns meses antes de sua exclusão-demissão, ele tinha nas mãos *O avesso e o direito*, seu primeiro livro, com uma tiragem de trezentos e cinquenta exemplares. Numa carta, Jean de Maisonseul censurou-o por ter utilizado excessivamente o *eu*. Camus responde, com a mesma franqueza:[44] "Sou da mesma opinião, Jean: deveria ter ficado nos bastidores." Mais tarde, diz ele, "poderei permitir-me dizer tudo com a minha paixão". Trabalhou com "uma mania de *nudez*" que o desencantava. Mais tarde ainda, empreenderá um livro no qual será "mais exterior". Confidência: "A obra de arte, hoje, não conta para mim, mesmo que certas páginas sejam bem escritas, meu coração e minha carne é que escreveram, e não minha inteligência."

Nos cinco belos ensaios-novelas de *O avesso e o direito*, o escritor alimenta sua obra com sua vida. Grave ou irônico, reencontra a mãe, a avó, que "nada mais era que uma atriz". Conta sua viagem às Baleares e à Europa central – sob um título ardoroso, "A morte na alma". Não leva em conta sua cronologia biográfica. Assim, Palma vem depois de Praga. O *eu*, onipresente, serve de fio condutor mais normal que metafísico. No caminho da felicidade, entre lucidez e grandeza, introduz-se a amargura. Perto da vida e da morte, entre "o sim e o não", Camus medita sobre a juventude: "Os jovens não sabem que a experiência é uma derrota e que é preciso perder tudo para saber um pouco." Viveu uma dupla solidão, com sua mãe e com Simone, que às vezes ele vê na cidade em companhia de Bourgeois. Camus domina sua pobreza: "Do mesmo modo como levei muito tempo para compreender meu apego e meu amor ao mundo de pobreza em que se passou minha infância, é só agora que vislumbro a lição do sol e das regiões que me viram nascer." À beira de sua ruptura com os camaradas comunistas, Camus se desvencilha "daquele gosto pelo nada" que trazia em si. Entrega-se ao "amor pela vida", título de um ensaio-novela. Mergulha no trabalho de diretor de teatro e também toma distância: "Sou ativo, dizem. Mas ser ativo é também perder tempo, na medida em que nos perdemos." Luta contra seus medos: "Se há uma angústia que ainda me oprime, é a de sentir o instante impalpável escorrer-me entre os dedos como as pérolas do mercúrio." A propósito de Palma, ele fala de Praga – "dos dias mortais que lá vivi". Com o recuo, constata que tinha "vontade de amar como se tem vontade de chorar". O autor agora se confessa escritor, não apenas aos amigos, mas diante de seus leitores: "Sempre tive vontade de escrever romances em que meus heróis dissessem: 'O que seria de mim sem minhas horas de gabinete?'"

Realiza exercícios de estilista nesse primeiro livro. Staccato, com "O avesso e o direito": "Era uma mulher original e solitária." Adagio, com "Entre o sim e o não": "Se é verdade que os únicos paraísos são os que perdemos, sei como chamar esse algo de terno e inumano que hoje me habita." Andante, com "Amor pela vida": "A noite em Palma, a vida reflui lentamente para o bairro dos cafés cantantes, atrás do mercado." Aos vinte e quatro anos apenas, Camus dispõe de vários tons. Gosta das "páginas por fazer", os *purple patches* de Shakespeare. Seu talento domina sua nostalgia: "Cada ser encontrado, cada cheiro desta rua, tudo para mim é pretexto para amar sem medida" - mais uma vez Santo Agostinho.

Última frase da coletânea: "No entanto é curioso, apesar de tudo, como vivemos entre pessoas apressadas." Esse primeiro livro cai na indiferença. A imprensa parisiense não reage. O primeiro artigo aparece em *Oran républicain*, com elogios e reservas.[45] "O grave é que de certas páginas do sr. Camus emana a própria vibração da frase do sr. Grenier, aquele sotaque inesquecível que, sob uma serenidade aparente, traduz a inquietude subjacente. Então, sentimo-nos subitamente incomodados; incomodados como diante de um espelho em que aparece o rosto de nosso melhor amigo ao passo que esperamos ver nosso próprio rosto." Depois de ver alguns artigos, Camus diz a Maisonseul: "Eu lia nessas pessoas as mesmas frases que se repetiam: amargor, pessimismo etc. Elas não compreenderam - e às vezes digo a mim mesmo que me fiz compreender mal."

A literatura pode liberar da política. Camus não é atípico. Muitos comunistas argelinos não voltam a obter suas carteirinhas. Retirando-se do PCA, Camus não foi de modo algum original. No máximo mostrou-se mais adiantado que alguns camaradas. O maior partido francês será o dos ex-comunistas. As esperanças do Front Populaire se dissolvem. Camus anota em seus cadernos: "Os que têm em si uma grandeza não fazem política."[46]

Ele não se desinteressa da política, apenas deixa de ser militante de um partido. Retém uma ideia de Marx: o reino da necessidade será substituído pelo reino da liberdade[47] graças a uma revolução social. Marx queria a redução da jornada de trabalho. Camus também, em um "Essai sur les quarante heures" [Ensaio sobre as quarenta horas], que não chega a publicar, apesar da datilografia perfeita de Christiane Galindo: "Não sei se há uma primazia do econômico. Vejo porém que ela [a esquerda] justifica alternadamente princípios opostos, que faz votar as quarenta horas e em seguida as enterra, que um dia se queixa de uma crise de superprodução e, no dia seguinte, reclama as quarenta e oito horas para aumentar a produção." O artigo mistura ensaio e diálogo: " — Ei, jovem (os realistas sempre chamam de 'jovem' os que não são realistas), o que é isso? Que grandes palavras! O lazer também é importante para nós e, nesse ponto, você está transpondo portas abertas. Ele é um fator de vida econômica." E mais adiante: "Nesse momento ele é interrompido pelo pensador idealista, que me diz tristemente, olhos voltados para o céu: — Admiro sua juventude, caro senhor. E sua fé ingênua. O homem? Sim. Mas o que é o homem, caro senhor?"

O tio Étienne, a mãe, o irmão Lucien estão nesse ensaio sem serem nomeados. "Há famílias inteiras em que os homens, por exemplo, são tanoeiros, e as mulheres, faxineiras. É assim que equilibram o orçamento. Assim que as crianças chegam à idade de um aprendizado, são postas para trabalhar. Para que 'contribuam'." Camus conclui: "Só há uma fatalidade na história: a que nós colocamos nela. [...] é nessa liberdade perigosa em que o homem se vê sozinho, diante de um destino que só ele criou, que ele encontra como uma alegria fecunda sua mais secreta fraternidade."

Jovem ex-combatente do PC, Albert Camus recusa-se a sacrificar os que chama de "os árabes" – e sua concepção da arte às exigências de um partido que faz o conteúdo político de uma obra passar à frente de qualquer outra consideração, sobretudo artística.

13

PROLETARIADO INTELECTUAL

Camus a Heurgon, 26 de julho de 1937: "Gosto de escrever por causa de toda a paixão que isso exige – secreta e ardente." No mesmo, dia, para Marguerite, desfia planos para várias semanas. Compara as certezas da amizade e do casamento – "um grilhão no casamento e uma liberdade na amizade". Embarcará dentro de três dias. Quer ordem nessas férias:

"Argel. Marselha. Aries. Avignon. Orange. Paris.
2 ou 3 dias 6 ou 7
dias
de 2 a
9 de agosto
aproximadamente
Paris Savoie (chalé de Degueurce que está vazio –
onde eu
cozinharei para mim e viverei com 7
francos
por dia)
1 mês a 1 mês e 1/2
prudência
Tédio
(9ª
potência)
Saúde

Início de setembro: a RECOMPENSA
Genebra Milão ou Gênova FLORENÇA – Assis – Siena
Ravena Roma NÁPOLES PALERMO Túnis
e Capri
Ao Todo 15 dias aproximadamente."

Jeanne e Marguerite são convidadas a ir encontrá-lo. Avisa: Fréminville, em vias de se divorciar, irá reunir-se a eles. Camus tem pressa de ir embora de Argel, de purgar seu sofrimento na Savoie, de gostar de Florença e de Nápoles. Está fazendo calor demais no Norte da África, embora os banhos de mar o tornem "bronzeado e sedutor". Boa notícia: "Não vou me casar." Sente-se venturoso e "aventureiro". Já dá seu endereço parisiense, em casa de Lucien Bénisti, rua Saint-Ferdinand, nº 9, 17º *arrondissement*. Depois estará no "Château des Affamés (wc), Lucinges par Bonne-sur-Menoge, Haute-Savoie".

Esse belo cronograma se desmancha. Depois de Avignon, Camus, doente, esmagado por uma apreensão que o toma "frequentemente em viagem", vai para Lyon.[1] Um ano antes, Lyon foi o ponto de partida da lúgubre excursão pela Europa central. Agora sente saudades de Argel, onde poderia contar com um equilíbrio, "frágil decerto", entre trabalho e sol.

Planeja ir para a região acima do lago de Garda. Custo: 20 francos por dia. Jeanne e Marguerite devem vir, mesmo que não tenham dinheiro! Farão um caixa comum. Camus não está trabalhando, gostaria de estar em Florença, que, repete, lhe deixa a língua seca. Não há chalé para alugar. Volta a partir: "Desci para Paris."[2] Passa em Paris cinco a seis dias febris, mas felizes, tomado por uma certa doçura da cidade: "Não encontro outra palavra que não ternura." O artista se abre: "Conheço Paris como se tivesse nascido aqui, intimamente, com o coração." Camus identifica na capital o que aprecia em Argel: "Sem dúvida meu passado de pobreza me faz ter uma inclinação por Paris. Belcourt se parece tanto com certos bairros de Paris (rua Mouffetard, a Cité etc.). [...] Tenho por esta cidade a afeição que temos pelas mulheres que nos enganam. Isto é, seria extremamente infeliz se vivesse aqui – mas, ao mesmo tempo, tão rico que só poderia escrever." Abre-se menos num caderno: "Agosto de 37. Ternura e emoção de Paris. Os gatos, as crianças, o abandono do povo. As cores cinzentas, o céu, um grande desfile de pedra e de águas." Visita a Exposição Internacional, assiste a *Os marinheiros de Kronstadt* no cinema soviético da Expo, vai para Embrun, no departamento de Hautes-Alpes, a 870 metros de altitude. "Tomei a decisão de purgar aqui meu mês, nem que seja para provar a meus amigos que isso não me fará bem." Sua pensão custa 33 francos por dia. Poncet o repreende por não seguir os conselhos dos médicos, que desejariam mandá-lo para um sanatório. Em Embrun, Camus se entedia "horrivelmente". Em repouso quase forçado, surpreende-se: "Aconteceu-me uma coisa curiosa.

Comecei a pensar em meu romance." Trata-se de *A morte feliz*: o romance sobe nele como a seiva numa árvore.

Fascínio: "E eu que não me via romancista começo a enxergar meus personagens com uma tal intensidade, que me retiro do mundo verdadeiro por algum tempo." Ele terminou ensaios ou ensaios-novelas. Para os homens de sua geração, o romance, gênero supremo, é ilustrado por Gide, Montherlant, Malraux. "Se estou refletindo em alguma coisa agora, é apenas em realizar esse mundo que vive em mim."[3] Prevê que seu romance será "verdadeiramente algo de bizarro e estranho – vivo, no entanto, não temam nada". Prevê também o tédio "à 9ª potência". Se não fosse o trabalho em andamento na sua pensão, Camus já teria "cuspido na cara de [sua] vizinha de mesa, que toma comprimidos, 'para fazê-la ir embora'". A vizinha mantém o marido a par dos "menores incidentes de seu funcionamento intestinal". Adeus, Gênova, Siena, Ravena: "A Itália está debaixo d'água. Talvez eu vá passar dois ou três dias só em Florença." Camus pensa em ir passar uns dez dias em Pontigny, no final de setembro. Lá deveria "visitar alguns grandes escritores e ser apresentado a Desjardins". Sente-se um toque de reverente ingenuidade nesse "grandes escritores". Tem esperança também de arrumar um emprego em Pontigny por alguns meses no ano seguinte. Apesar de tudo, encontra algum encanto em Embrun.[4] Não é um exílio entre a Argélia e a Itália, mas o retiro com que sonhava, "... alguma coisa que me deixou sozinho comigo mesmo. Em Argel, estava esgotado e vencido por meu corpo, muitas vezes agi como um imbecil e não tinha tempo para pensar em mim. Aqui, começo a superar meu corpo e é pelo tédio que começo a compreender muita coisa. [...] Tenho mais ânimo de viver aqui".

Faz reservas não à política, mas aos homens políticos, a sua demagogia distante dos cidadãos. Caderno datado de agosto de 1937: "Toda vez que ouço um discurso político ou que leio os que nos dirigem, fico assustado há anos por não ouvir nada que emita um som humano. São sempre as mesmas palavras que dizem as mesmas mentiras, [...] os homens [...] jogam com toda uma parte de sua vida e de seus interesses supostamente vitais." Primeira formulação escrita clara do tema de um outro livro: "Um homem que procurou a vida onde em geral a colocamos (casamento, emprego etc.) e que percebe de repente, lendo um catálogo de moda, o quanto ele foi *estrangeiro* à sua vida (a vida tal como é considerada nos catálogos de moda)." Meursault transparece sob Mersault, herói de *A morte feliz*, livro para o qual Camus redigiu um plano em três partes – que ele não respeita. Igualmente em três partes, ele anota um plano para outro livro, *L'Étranger* [O estrangeiro]: Parte I – Sua vida até então. Parte II – O jogo. Parte III – O abandono dos compromissos e a verdade na natureza." A seus olhos "esse mês de agosto foi como uma charneira – uma respiração profunda antes de soltar tudo num esforço delirante. [...] É preciso viver e criar. Viver chorando".[5]

A expedição a Pontigny parece difícil. Camus pensa em percorrer a Provence, menos cara que Florença, a pé, em pequenas jornadas. Sente-se forte. Jeanne e Marguerite são boas andarilhas. Se com Frémin não der certo, Camus fará isso sozinho. Quanto ao Dinheiro – com maiúscula –, dará um jeito. Fim de agosto:[6] "Faço parte do proletariado intelectual." O proletário está sem dinheiro. Faz contas sem parar. Emprestar? Claude também está duro. Camus não é um esteta instalado sobre suas rendas. Balanço do aperto, mais cruel do que a pobreza da infância:

"Eis minha situação: tenho 1.700 F.

Um mês de pensão vai me custar 1.000 F + 100 suplementares. Restam 600 F.

Com esses 600 F preciso viver de 10 de setembro a 20 de setembro, com o custo da minha viagem até Pontigny – + mais o custo da minha volta.

A 40 F por dia de 10 a 20 de set. =	400 F
100 F até Pontigny	100
250 F até Argel	250
	700
Imprevisto	250
	1.000"

Embora sem dinheiro, Camus propõe-se a emprestar 600 francos às amigas Jeanne e Marguerite. Emprestar de outras pessoas, entre elas a srta. Grellet, atriz de Argel? Isso o deixaria embaraçado, flertou com essa moça. Suas dificuldades, assim como seus projetos, o espicaçam. Ele cita Montherlant: "Meu Deus, como gosto dessas idas e vindas." Espera Jeanne e Marguerite com uma "alegria paternal", lança-se ao italiano, assina uma carta:[7]

"Sono molto felice di aspettare vi

ESCO

Fabrice dei Dongo
dito Albert Camus."

Seus amigos vêm passar uma semana em Embrun. Para Jeanne, Camus mostra uma frase de seu romance, inspirada pela pensão: "A sra. X, aliás uma perfeita puta velha, tinha um belo talento para música." Jeanne acha Claude deprimido. Em compensação, o tratamento de respiração, como diz Marguerite, está dando certo para Albert. Jeanne, Marguerite e Albert tomam o trem. Em Marselha, ele localiza em seu quarto de pensão cantos sujos atrás do aquecedor, "essa espécie de liberdade que nos vem do duvidoso e do suspeito". Quanto mais se aproxima da Itália, mais se distende. Seus cadernos se enchem: "M. 8 set. Longa descida fulgurante de sol. Os loureiros-rosas em Mônaco e Gênova cheios de flores. As noites azuis da costa liguriana. Meu cansaço e essa vontade de lágrimas. Solidão e sede de amar. Enfim Pisa, viva e austera, seus palácios verdes e amarelos, suas cúpulas e, ao longo do Arno severo, sua graça. [...] Esse algo aberto em mim que começa a cicatrizar."[8]

Na Itália, Jeanne e Marguerite, preenchendo suas fichas de hotel, escrevem "argelina", não "francesa", na linha *nacionalidade.* Todos eles são em primeiro lugar argelinos, e Albert, além do mais, argelino. Marguerite e Jeanne são de Orã.

Bom viajante desta vez, Camus contempla o Arno, copia grafites: *Alberto fa l'amore con la mia sorella.*" Seu olhar despe as mulheres. "O animal ardente do desejo que trazemos encolhido no fundo dos rins e que se remexe com uma lentidão selvagem", ele anota. De Florença, escreve para Fréminville. "Desde que deixei Embrun, compreendo o quanto foi difícil para você, assim como para mim. Aqui carrego todo o dia como que uma vontade de lágrimas. E minha maneira de ser feliz. [...] Há alguma coisa que finalmente se dissolveu em mim. Lá havia como que um quisto que se endurecia de dia para dia. Ah! Claude, como somos melhores quando estamos felizes. [...] E terrível como perdemos depressa o hábito de viver de verdade."[9] Ele desejaria encontrar Fréminville em Aries.[10] A Itália é um reino-paraíso reencontrado depois da França exílio-purgatório. Em Florença, ele se enternece tanto com as flores polpudas e brilhantes como com os rostos dos primitivos florentinos, que se parecem com os dos passantes. Especula sobre técnicas: "Primitivos sienenses e florentinos. Sua obstinação em fazer os monumentos menores do que os homens não provém de uma ignorância com respeito à perspectiva, mas da perseverança do crédito que dão ao homem e aos santos que representam." Camus, diretor de teatro, registra: "Inspirar-se neles para cenário de teatro."

Em Florença, os três argelinos arranjam uma pensão completa por 20 liras ao dia, menos de 20 francos da época. Depois de suas excursões a Fiesole, os viajantes voltam esfomeados. Servem-lhes pratadas de massas excelentes. Os amigos não falam sobre o fascismo, menos asfixiante do que o nazismo.[11] Camus gosta tanto de reescrever quanto de escrever. Na verdade, não é homem das primeiras versões nem do trabalho feito às pressas: "É para brilhar mais depressa que não se consente em reescrever. Desprezível. Fazer de novo."[12]

Depois ele volta a Argel, onde Marguerite lhe dá um pulôver. Pede que ela rasgue as fotografias tiradas em Florença: "Estou de fato parecendo um ajudante de cabeleireiro e prefiro não saber a verdade." Aquele pulôver lhe valerá "novas peras" – frutos, mulheres que cairão em seus braços. "Ou então será porque elas não entendem de nada." Camus assina: "Eugène (da permanente)."

Solicita da reitoria de Argel um emprego de professor adjunto e o consegue alguns dias depois de sua volta. É nomeado professor de gramática em Sidi-bel-Abbès, caricatural cidade de colonização. A sessenta quilômetros em linha reta de Orã, mas a doze horas de trem de Argel, feia, quadriculada, com subúrbios de nomes previsíveis, Bugeaud, Marceau, é Mondovi multiplicada por vinte. O primeiro regimento da Legião Estrangeira forma seus soldados nessa cidade. Camus apresenta-se ao reitor no sábado e volta a tomar o trem para Argel no domingo. Não conseguia imaginar-se naquela cidade horrível de província, desfiando dezoito horas de aula, corrigindo lições, abandonando amigos e namoradas de Argel. As tentações da solidão continuam presentes, mas ninguém se torna trapista no Palace Hôtel de Bel-Abbès. O quarto com chuveiro e privada no corredor não é uma cela tentadora. Caderno, 4 de outubro de 1937: "Nomeado em Bel-Abbès, diante do que uma tal instalação tinha de definitivo, de repente tudo refluiu. Recusei-me àquilo, não dando nenhum valor à minha segurança, sem dúvida, em vista de minhas possibilidades de vida verdadeira. Recuei diante da mornidão e da inércia daquela existência. Se tivesse superado os primeiros dias, certamente teria consentido. Mas esse era o perigo." Contando sua "aventura estúpida", Camus escreve a Heurgon: "Parece-me, enfim, que fiz uma espécie de aposta – que me obriga a criar alguma coisa importante, caso contrário será o absurdo completo." Como que para exorcizá-la, conta sua desastrada aventura a uns e outros. Camus retoma uma ideia de Huxley: "Afinal de contas, mais vale ser um bom burguês como os outros do que um mau boêmio, um falso aristocrata ou um intelectual de segunda categoria." Quer escrever, mas não planeja fazer disso uma profissão "ou obter vantagens", esclarece a Grenier.[13] "Não tenho muitas coisas puras em minha vida. Escrever é uma delas." Como tantos trabalhadores obcecados, ele se pergunta: seria um preguiçoso?[14] Escapou do perigo, para cair onde? "Resta escolher o mais estético suicídio: casamento + 40 horas ou revólver." Camus passa da experiência à consciência crítica de suas experiências. Fecha a cortina sobre o último verão: "Não é divertido viajar, nem fácil. E é preciso ter o gosto pelo difícil e o amor pelo desconhecido para realizar sonhos de viagem quando se é pobre e sem dinheiro. Porém, pensando bem, isso previne contra o diletantismo e, sem dúvida, não direi que o que falta a Gide e a Montherlant é ter desconto nos trens que os obrigam, ao mesmo tempo, a ficar seis dias numa mesma cidade. Mas bem sei que, no fundo, não posso ver as coisas como Montherlant ou Gide – por causa dos descontos nos trens."

Em Argel, Camus continua navegando entre quartos emprestados por amigos ou alugados por preço baixo, ou o apartamento do irmão. Aos poucos, ele se fixa na "maison Fichu".

Os acontecimentos da metrópole afetam a Argélia.[15] O desânimo se apodera dos militantes e simpatizantes da esquerda. A Casa da Cultura de Argel morre em silêncio. Na Espanha, os franquistas avançam e os republicanos matam uns aos outros. Camus conversa com Poncet, diante da sala Bordes. Mostra-lhe o fracasso do teatro de propaganda, que limita as possibilidades de escolha e de expressão. O teatro, um dos componentes essenciais de uma cultura, não pode economizar sua liberdade.[16] Camus funda uma companhia independente, o Théâtre de l'Équipe – nome inspirado em *La Belle Equipe*, filme de Duvivier, e em Jacques Copeau, que desejava "instruir uma equipe". Ele agrupa Robert e Madeleine Jaussaud, Jeanne e Marguerite, Charles Poncet, e, mais velho, Célestin Récagno, colega de Poncet no armador Schiaffino. Récagno tinha aulas no Conservatório de Arte Dramática de Argel, mas era demasiado hostil à política para se engajar no Théâtre du Travail. O manifesto redigido em outubro por Camus decanta os problemas: "O Théâtre de l'Équipe, sem tomar partido político nem religioso, pretende tornar seus espectadores seus amigos." Jaussaud sugere-lhe lançar carteiras de Amigos do Equipe. Vinte francos por ano, a assinatura dá direito a 25% de desconto nos ingressos. O manifesto define um ideal: "Uma arte de carne que dá a corpos vivos a tarefa de traduzir suas lições, uma arte ao mesmo tempo rude e sutil, uma integração excepcional dos movimentos, da voz e da iluminação." Soberbo como pai Karamazov, Récagno exige um empadão e vinho de verdade para comer com convicção, enquanto lança a Ivan:

— Deus existe?

— Não.

— Então tudo é permitido?

Deve-se deixar essa frase com um ponto de interrogação apenas esboçado?, pergunta-se Camus. Diverte-se com o hálito de alho exalado por Récagno. Camus se afasta tanto do realismo quanto do simbolismo. O teatro é também uma arte convencional "inteira nessa cumplicidade do ator e do espectador que traz um consentimento mútuo e tácito na mesma ilusão [...] o teatro está naturalmente a serviço dos grandes sentimentos simples e ardentes em torno dos quais gira o destino do homem (e apenas isso): amor, desejo, ambição, religião". O teatro satisfaz "à necessidade de reconstrução que é natural no artista". Camus volta a pensar em adaptar *A condição humana*, em encenar *Os acarnianos* na tradução de Nizan, passando de Malraux a Malraux, e de Ésquilo a Aristófanes.[17]

Nos meios universitários, não censuram o filho pródigo por recusar o emprego de professor supranumerário em Sidi-bel-Abbès. Camus não consegue sobreviver com aulas particulares. Heurgon, Grenier e outros se agitam. Em novembro de 1937, Jean Coulomb, diretor do Instituto de Física do Globo de Argel, recruta-o como assistente temporário de meteorologia, por 1.000 francos por mês.[18] Na França metropolitana, o salário de um professor *agrégé* iniciante oscila em torno de 2.000 francos por mês. Metódico, o assistente trabalha de guarda-pó branco sob o controle de Paul Seltzer. Ele não banca o desclassificado explorado iniciando-se na climatologia. Retoma com interesse vinte anos de observações barométricas de 350 postos. O filósofo-escritor coloca em fichas, reclassifica pressões atmosféricas, faz adições sucessivas, calcula médias. Traça curvas e anota desvios durante onze meses, até setembro de 1938.

Caderno:[19] "A temperatura varia de um minuto para outro. É uma experiência muito móvel para ser estabilizada em conceitos matemáticos. A observação representa aqui um corte arbitrário da realidade. E só a noção de média permite fornecer uma imagem dessa realidade." Esse caderno acumula projetos, anedotas, vinhetas. O homem Camus, assim como o escritor, amadurece: "A experiência 'real' da solidão", ele observa, "é uma das menos literárias que há – a mil léguas da ideia literária que se tem da solidão". Ele irá transpor suas solidões em seu primeiro romance. Trabalhou quase dois anos em *A morte feliz*, relato manco, mas matriz de outros livros: reporta-se a seu pai, sua mãe, seu tio, a tuberculose, através de uma intriga mal conduzida. O herói, Patrice Mersault, frequenta Zagreus, doente e rico. Pequeno empregado pobre, ele tem uma amante, Marta, a mesma que o doente. Mersault assassina Zagreus, apodera-se de sua fortuna, visita Praga, volta para a Argélia, casa-se com Lucienne, manda-a embora. Patrice-Albert vive feliz com três amigas, as "burricas", na Casa Diante do Mundo, a "maison Fichu". Mersault, doente, arranja uma casa no maciço do Chenoua, a alguns quilômetros de Tipasa, a fazenda-falanstério sonhada por Jeanne, Marguerite e Albert. Mais à vontade nos ensaios-relatos líricos de *Bodas*, que está burilando, Camus se libera de episódios vividos. O exorcista ironiza: um personagem conta de maneira grotesca a batalha do Marne. Mersault o interrompe: "Você está nos enchendo."

Para Camus, um romance também é uma moral. A moral de *A morte feliz* parece embrionária: Mersault quer viver plenamente a felicidade – ele o consegue, ao contrário de um Zagreus choramingas. Camus tenta a passagem do *eu* para o *ele* ou *ela*. As "três burricas" da "maison Fichu" se reconheceram,[20] Catherine é decalcada de Christiane, Claire de Jeanne, e Rose de Marguerite.[21] Claire, Rose e Catherine têm uma densidade, no entanto pouca liberdade romanesca. Camus as reproduz tal como as vive: passa por cima de sua ligação com Christiane, companheira, confidente e secretária.[22] A atmosfera distendida, não boêmia ou libertina, da "maison Fichu" atrai amigos e colegas. Menosprezador, desdenhoso, lisonjeado, ele sorri quando lhe chegam rumores: estaria vivendo com as três mulheres. Não há *ménage à quatre*. Salvo diante de alguns íntimos, como os Jaussaud, Camus não se abre sobre suas relações com Christiane.

Ele alinha em seu romance instantâneos da felicidade cotidiana na "maison Fichu". *Depois do amanhecer*: "Patrice e Catherine tomam seu café da manhã ao sol, no terraço. Catherine está de maiô, o menino, como o chamam as amigas, de cuecas, um guardanapo em torno do pescoço. Estão comendo tomates com sal, uma salada de batatas, mel." Claire-Jeanne diz de Catherine-Christiane: "E uma força da natureza." *Meio do dia*: "Aos quinze para meio-dia, Catherine chega, de vestido leve e sandálias abertas [...] e surge Claire ofegante: 'Vocês vão fazer lentilhas? Tenho uma receita muito boa.'" *Cai a noite*. "Claire levantou-se, pôs as mãos no muro e voltou o rosto para o céu. Diante de tudo o que há de elementar e nobre no mundo, ela confunde sua vida e seu desejo de viver e mistura sua esperança com o movimento das estrelas. Virando-se bruscamente, dirige-se a Patrice: 'Nos bons dias', ela diz, 'confiar na vida força-a a responder bem. — Sim', diz Patrice, sem a olhar."

Personagens secundários emergem, tal como o bom Noël - inspirado em Louis Bénisti. Os gatos, Cali e Gula, de sono pesado, "também sabem que o corpo tem uma alma em que a alma não participa". *Meia-noite:* "... já. Na fronte dessa noite que é como o repouso e o pensamento do mundo, uma surda turgidez e um rumor de estrelas anunciam o despertar próximo. Do céu abarrotado de astros, desce uma luz trêmula." Albert e Christiane vão sozinhos até a praia: Patrice nada até Catherine, toma suas mãos, estreita-a, e Patrice-Albert retoma seu *leitmotiv*: "Não renuncie nunca, Catherine. Há tantas coisas em você e a mais nobre de todas, o sentido da felicidade. [...]. — Não me queixo, Mersault, diz Catherine baixinho, segurando o ombro de Patrice. Só uma coisa importa por enquanto. Cuide-se."

A morte feliz não toma forma. Camus domina suas fichas meteorológicas, não seus capítulos de romance. Em compensação, supera-se em seus ensaios de *Bodas*, iniciados em 1936. Escreveu *O avesso e o direito*, de 1934 a 1936 quase sempre mergulhado em tristeza. Agora, *Bodas* explode em alegria lírica.

Camus renuncia mais uma vez a viver na França: o escritor Gabriel Audisio, que trabalha no Escritório de Turismo argelino em Paris, não encontrou emprego para ele na capital. Em *Bodas*, ele não retoma o luto por Paris, pois "o que se pode amar em Argel é aquilo de que todo mundo vive: o mar na esquina de todas as ruas, certo peso de sol, a beleza da raça. [...] Em Paris, pode-se ter a saudade de espaço e de bater de asas. Aqui, ao menos, o homem está pleno e certo de seus desejos; pode então medir suas riquezas".[23]

Camus pilha: em sua vida cruzam-se muitas jovens mulheres seduzidas pelo belo e brilhante tenebroso. Ele conhece as exigências de seu corpo, mas não gosta da maneira como Gide exalta o corpo: "Ele lhe pede que retenha seu desejo para torná-lo mais agudo. Assim se aproxima daqueles que na gíria dos bordéis se chamam complicados ou cerebrais. O cristianismo também quer sustar o desejo. Se mais natural, porém, nele vê uma mortificação." Lembra um companheiro, Vincent, tanoeiro, campeão de natação: "Ele bebe quando tem sede, se deseja uma mulher procura dormir com ela e a desposaria se a amasse."

Camus adora as brincadeiras de argelinos e argelinas, terra a terra e quase metafísicas: "Os valores estão aqui estreitamente ligados. A piada predileta do pessoal do Serviço Funerário, quando passam sem defunto, é gritar 'Tu vens, querida?' para as meninas bonitas que encontram no caminho. Nada impede de ver nisso um símbolo, embora desagradável." No fim dos textos líricos e muito escritos de *Bodas*, ele insere uma longa nota em linguagem popular, sublinhando que "a linguagem de Cagayous é amiúde uma linguagem literária, ou seja, uma reconstrução. As pessoas da "bandidagem" não costumam falar gírias. Elas empregam palavras com origem em gírias, o que é diferente". Na frente dos amigos, Camus adota um sotaque argelino caricatural: "Então Coco avança até ele e lhe diz: 'Pare aí, pare.' O outro diz: 'Que que foi?' Então Coco lhe diz: 'Eu vou te dar umas pancadas.' 'Você vai dar pancadas em mim?' Então ele coloca a mão para trás, mas era um ardil. Então Coco lhe diz: 'Não coloque a mão para trás, senão eu te dou um rabo de arraia e te como na pancada de qualquer jeito.'"[24]

Camus aprecia as palavras como frutas, as frases nobres e a linguagem suculenta, recheada de disparates, dos argelinos. Ator, mediterrâneo, ele utiliza entonações cantadas, acompanhadas de gestos obscenos, acentuando as sonoridades guturais do árabe, contando histórias de *katz* – o membro viril – ou de *angorade* – de trapaças. Contador e imitador, ele sabe que uma comunidade é uma língua, e sua língua uma identidade.[25]

No final do verão de 1937, Camus, sereno, senão feliz, com um pequeno salário, levando em frente sua *obra*, interroga-se sobre seu futuro imediato. Pensa o ano como se começasse com a volta às aulas da universidade. Para considerar que o ano se inicie em primeiro de janeiro, é preciso ter um emprego, pagar impostos. Camus encontrou um planeta de primeira grandeza numa constelação de jovens mulheres, das quais algumas também donjuanizam. A resplandecente Francine Faure, nem volúvel nem libertina, parece-lhe próxima da perfeição. Excelente pianista, que adora Bach e também matemática, está preparando seus certificados na universidade. Sabe-se hesitante e não esconde suas fraquezas. Apaixonado, Camus lhe faz uma longa corte e a incentiva a estudar música tanto quanto matemática. Com olhos pretos, nariz de gato, maçãs do rosto altas, que lhe dão ares tártaros, ela é encantadora. Seu sorriso mostra dentes de felicidade e suas pernas de bailarina conferem-lhe um andar flexível, uma elegância natural. Quando Camus e seus amigos blasfemam ou contam obscenidades, ela se ofusca. Adora ser cortejada, mas não é fácil aproximar-se dela. Em sua vida particular, Camus pretenderia uma ordem que respeitasse sua liberdade, enfim, a quadratura do círculo. Suas namoradas, Christiane, a primeira, Blanche Balain, Lucette Meurer dão-lhe essa liberdade. Francine Faure, uma apaixonada contida, nitidamente menos.

Camus consegue que Charlot edite os poemas de Blanche Balain, estudante de direito, acrescentando-lhes um prefácio grandiloquente. Ele fala do alto de sua obra que está por vir. Encontrou Blanche graças a Marie Viton, no campo de aviação de Argel-Maison-Blanche, e lhe propôs participar como atriz de *La Celestina*. O pai de Blanche, oficial, queixou-se para Edmond Charlot das assiduidades de Camus. Blanche compreendeu que aquele rapaz não poderia se fixar. O oficial mandará a filha para o Marrocos. Depois dessa ruptura, Camus escreve a Blanche num tom protetor: minha filha, menina. Que Blanche não tenha remorsos nem angústia. Desvenda nela "um ser excepcional". Aquela viagem a fará viver melhor, não deve renunciar a ela, "seja por uma família, seja por um desespero ou até por um amor".[26] Em suma, Blanche e Albert estão acima da lei comum. Ele não a ama. Devolve-a aos encantos da solidão, sua riqueza comum. Ele executa tão bem as coreografias da ruptura quanto as da sedução, e Blanche se resigna.

Outras giram em torno de Camus e também gostam dele. Lucette Meurer, estudante de farmácia, conheceu-o na frente do correio de Argel, graças a Manette Chaperon, prima de Francine Faure.[27] No liceu de moças de Orã, Lucette foi aluna de francês de Christiane, uma irmã de Francine. Manette e Lucette moram no Lar Feminino, no bulevar Saint-Saëns, em Argel. No Théâtre de l'Équipe, Lucette faz o papel da criada em *Os irmãos Karamazov*. Alguns a chamam de Françoise, outros, entre eles Camus, de Lucette. Nesse círculo, os homens são chamados pelo sobrenome, as mulheres pelo nome. Com Lucette, Camus leva um ano para passar do *voas* ao *tu*. Com Blanche, conversava sobre poesia. Com Lucette, sobre romance e política. Diz que nunca entendeu os sentimentos de Lucette por ele. Acha-a reservada, tímida e pudica. Sente por ela "ternura, desejo e muita amizade-companheira". Também não a ama. Fala-lhe constantemente de Francine, assim como a Christiane Galindo e outras.

A Francine Albert conta o banal e o essencial: "Dentro de dez dias, voltamos a representar. Programa: *A volta do filho pródigo*, de Gide (adaptado) e *Le Paquebot Tenacity* [O navio Tenacity], de Charles Vildrac. Esta noite estou distribuindo cartazes. Todos os meus domingos passo fazendo cenografia e todas as noites ensaiamos reclamando. Como você vê, a Arte também é uma flor que cresce no esterco. Vou lhe enviar um programa (quando ficarem prontos) e, se você quiser, mandarei reservar uma poltrona. Será a sua. [...] Viu o livrinho de Montherlant sobre Argel? Se não, eu o mandarei para você, vai ficar encantada."[28] Ele confidencia: "Há uma semana os *Karamazov* estão mortos; sucesso de crítica e de estima, desastre financeiro. Mas pelo menos estou recompensado. Estou contente por você ter gostado dos *Karamazov*. Devo dizer que defendi essa peça contra todos os nossos amigos e que quase a impus ao teatro. Hoje estão todos convertidos. Você acertou, eu fazia Ivan e sou incapaz de lhe dizer com que profunda alegria. A esse respeito, Grenier me disse: 'Eu tinha certeza de que você pegaria esse papel, Ivan é a inteligência sem Deus e sem amor.' Foi duro, mas correto. [...] Trabalhei sem parar e escrevi (posso lhe falar disso, não é?) um romance inteiro, que terminei há pouco." Trata-se de *A morte feliz*. "Só que tudo isso foi escrito em exasperação, carregado durante horas a fio para ser escrito apenas à noite. Então, apesar dos cumprimentos de costume que me fizeram (Grenier, Heurgon), uma coisa se depreende com clareza do que eles dizem: é um fracasso. Ofegante demais para ser artístico. Durante alguns dias, foi um golpe muito duro. Havia considerado aquilo um pouco como sendo minha última chance. Estava enganado. Agora estou melhor. Faltou-me tempo. Para tudo é preciso uma respiração, um tempo de parada, uma tomada de pé. Trabalhei sozinho. Não tinha para quem ler uma linha."

Camus se descobre: "Então me tornei cego e naufraguei. Substituí o que devia exprimir pelo que queria exprimir. Não me faço entender bem, decerto, mas não sei dizer melhor. O que faço é sempre muito obscuro para mim. Daí, sem dúvida, os limites que se sentem. Aliás, tudo isso deve lhe parecer bastante vão, mas é muito importante para mim. O ano passado, tinha medo de me levar a sério. Agora, não estou mais brincando e quero ser um escritor. Tenho muito a fazer, sem dúvida. Grenier me disse que o que mais me atrapalhava nessa história era minha pretensão e meu orgulho. Não sei lhe dizer até que ponto ele tem razão. Cada vez que o vejo (muito raramente), o que ele me diz me revolta durante alguns dias, depois entendo e sei o quanto sou capaz de amar esse homem. Para terminar de falar de mim, acrescento que também escrevi um pequeno livro de ensaios (Florença. Djemila. Tipasa e Argel)." Trata-se de *Bodas*. "Romance e ensaios têm como tema a felicidade. Veja – só que, mesmo nesses ensaios, há algo de muito tenso –, sem facilidade. Cada vez que você me diz: 'Mas não se pode falar de Bach', penso no magnífico modelo que ele é para todos os artistas: aquela exaltação e aquela generosidade, aquela superabundância na linguagem a mais simples e mais natural. E assim que se deve escrever. Mas para isso é preciso ter um coração puro e é a coisa que nunca terei no mundo."

Camus se extravasa: "Eu me releio e me envergonho um pouco de lhe falar com essa liberdade de coisas que geralmente guardo para mim. Mas sobre este ano não me 'comuniquei' com ninguém (duas vezes com Grenier) e tenho muita alegria em fazê-lo com você. Só que, embora tenha o desejo de ser verdadeiro e transparente diante de você, acabo sempre dizendo bobagens ou coisas pretensiosas. Diria, como você, que é a escrita que me trai. Mas lembro que, quando você estava presente, mostrei-me igualmente desastrado e pretensioso. Pior para mim."

Camus volta a pensar em se exilar. "Quanto à Indochina, estou à espera de uma resposta. Fiz meu pedido como faço todas as coisas desse tipo, num momento de desgosto e bruscamente. Continuo disposto a ir embora. Mas, neste momento, tenho uma chance sobre cem de obter o certificado médico que me permitiria, finalmente, preparar minha *agrégation* [...]. Se o conseguir, voltarei a trabalhar e ficarei um ano em Argel para me preparar para o certificado de ciências (biologia, sem dúvida). Senão, o que fazer! Estou precisando muito de dinheiro e isso a Indochina me dará. A esse respeito, estava errado ao lhe dizer que não tinha nada a perder ou a ganhar. São coisas que se escrevem porque elas surgem naturalmente sob a pena e porque isso faz bem. Espero pelo menos que você lhes tenha feito justiça..."[29]

14

UM IRMÃO MAIS VELHO

Jeanne Sicard parte para Paris e Camus explica a situação por ela:[1] "Sua vida aqui deixou de ensiná-la. Num certo nível, acabamos por nos tornar prisioneiros de um meio – pertencemos a um clã – e isso é mau, mesmo que o clã seja simpático." Assegura sua amizade a Jeanne. Com aquela mulher que ele trata por *vous*, abre-se mais do que com os homens a quem trata por *tu*. Ele aposta no novo grupo teatral, mas diz "poucos atores continuam participando". Não tem coragem de recomeçar do zero. O teatro é mais acessório do que necessário: "Sem dúvida renunciarei a esse luxo." Já sente saudade do trabalho em equipe: "Nunca deixarei de pensar com nostalgia nesse meio maravilhoso." Primeiras anotações de um *leitmotiv*: "Devo-lhe algumas de minhas alegrias mais puras e um certo número de amizades sólidas." Jeanne, por sua vez, acredita em *A morte feliz*, que ele está retomando. Também está reformulando *Bodas*. Acha que esse "livro de ensaios" agradará a Jeanne. Afirma que o livreto, de estilo esculpido, se "parece" com ele e o "ultrapassa". Acha a obra "inábil e muito rígida". Seus ensaios fecham uma época, desvencilhando-o dela. Os amigos que o leem acham que eles "marcam o início de um novo período". Não é contraditório. Camus liberou-se do Théâtre du Travail e do partido comunista. Quer apresentar-se ao concurso de *agrégation* de filosofia e elabora seu dossiê, certificados de licenciatura, diploma de estudos superiores, atestado de antecedentes. Precisa também de um certificado médico. Os serviços de ensino público, assim como as autoridades militares, recusam os doentes: temem ser obrigados a conceder uma pensão ao funcionário que tenha uma doença longa. O doutor A. Lévi-Valensi trata de Albert desde agosto de 1931.[2] Examina o candidato em potencial, esclarece que ele passou por um pneumotórax "realizado pelo doutor Loubeyre por causa de uma tuberculose pulmonar [...] infiltração da quase totalidade do pulmão esquerdo com afecção inicial da parte superior direita".[3] Mas ele recuperou peso. Lévi-Valensi continuou suas insuflações até maio de 1938. "Sem incidentes", nenhuma interrupção dos estudos secundários ou superiores. O médico simplifica, pois Camus se ausentou durante vários meses e repetiu o ano em filosofia. "A baciloscopia de 2 de setembro de 1938 é negativa." Auscultação e radiografia mostram as sequelas da afecção "sete anos antes". O candidato pode dar aulas "sem perigo para ele e para os que o cercam".

Em 6 de setembro, o doutor Émile Pouget recebe Camus. Conclusões do exame também satisfatórias. O candidato tem "boa constituição", pesa "65 quilos e tem 1,79 m ". Por outro lado, não "apresenta nenhuma enfermidade. Visão e audição normais [...]. No coração, nada a assinalar [...]. Na urina, nada de anormal". Exame encorajador, confirmando a avaliação do doutor Lévi-Valensi: "No momento atual, apesar dos antecedentes pessoais intensos, mas tratados regularmente de maneira judiciosa por meio de um pneumotórax à esquerda mantido por sete anos, a auscultação é negativa." O indivíduo "não apresenta nenhum sinal clínico de tuberculose pulmonar em evolução". Albert Camus "deve ser considerado curado, sem temor de uma recidiva". Ele "está apto para as funções de ensino e deve ser autorizado a se apresentar ao concurso". No entanto, em 8 de outubro, o médico inspetor da Argélia comunica ao candidato que ele não pode ser declarado "indene à tuberculose no quadro da regulamentação em vigor". Nenhuma intervenção é capaz de se opor ao veredito médico. Camus não é e nunca será funcionário titular.

Ele não milita mais, mas acompanha os acontecimentos políticos. Na Argélia, a esquerda está em baixa, a extrema direita em alta e agressiva. Jacques Doriot, ex-comunista e futuro fascista, fundador e chefe do Partido Popular Francês (PPF), organiza reuniões, dirige-se à classe média, aos ex-combatentes e aos muçulmanos. François de La Rocque e o Partido Social Francês (PSF), de extrema direita, mas não simpatizantes do fascismo, implantam-se entre os civis e os militares, reúnem adeptos entre os ex-combatentes muçulmanos e entre os estudantes.[4]

Na metrópole, PSF e PPF silenciam sobre o antissemitismo, com frequência um bom filão de comércio político entre os europeus da Argélia e os "indígenas". Muitos judeus, sobretudo nas cidades, sustentaram o Front Populaire. Na Argélia, Doriot prefere o boicote às violências?[5] Num anonimato prudente, sem mencionar o editor, alguns difundem panfletos e canções, como *La Marseillaise antijuive e antimaçonnique* [A Marselhesa Antijudaica e Antimaçônica]:[6]

Français de France et d'Algérie
Serrons les poings et terrassons
Deux fléaux de notre patrie:
Les youpins et les francs-maçons (bis) [...]
Crachons sur la gueule des juifs
Nous les connaissons à leur pif [...]

REFRÃO

Tremblez, frères Trois-Points, bouffeurs de ratichons,
Marchons, marchons,
*Youpins impurs, faites vos baluchons (tas d'cochons)**

O abominável antissemitismo europeu, de uma violência monstruosa na Alemanha, menos virulento na Itália, de início, em alta na França, encontra um bom terreno na Argélia. Os meios populares se impregnam de propaganda antissemita. Camus repreende seu tio Étienne quando, mais automaticamente do que por convicção, ele critica os judeus. Os franceses da Argélia de origem italiana, espanhola, maltesa exageram. Quanto menos as pessoas têm segurança quanto à sua identidade francesa, mais a reivindicam e mais proíbem os judeus de reclamá-la. Entre esquerda e direita, a batalha dos panfletos continua, sobretudo na Oranie, onde o antissemitismo é propagado pelos jornais *L'Écho d'Oran*, *Le Petit Oranais* e *Oran-Matin*. A esse respeito, indignado, Fréminville está constantemente encolerizado.

A partir de 1937, existe à esquerda o *Oran républicain*, jornal diário cujo surgimento foi saudado pelo socialista Léon Blum e pelo comunista Marcel Cachin. Seu redator-chefe, Michel Rouzé (Mikhaël Kokohezinski), veio de Paris. O *Oran-Matin* critica-o por se abrigar por trás de um pseudônimo de sonoridade francesa. Em alguns artigos, Rouzé atacou os messalistas e o PPA: "Toda reivindicação com tendência à autonomia serve definitiva-

* Franceses da França e da Argélia/ Cerremos os punhos e esmaguemos/ Dois flagelos de nossa pátria:/ Os judeus e os franco-maçons (bis) [...]/ Vamos cuspir na cara dos judeus/ Nós os conhecemos pelo nariz [...]
Estremeçam, franco-maçons, comedores de padres,/ Marchemos, Marchemos,/ Judeus impuros, arrumem suas trouxas (bando de porcos) (N. da T.)

mente ao interesse do fascismo."[7] Camus continua se recusando a condenar os messalistas. Em Argel, os estropiados do Front Populaire precisariam de um jornal. A SFIO dispõe do *Alger socialiste*, o partido comunista do *La Lutte sociale*, tendo Amar Ouzegane como redator-chefe. Os argelinos podem ler também *La Justice*, jornal quinzenal do xeique El Okbi. Assim como Si el-Bachir e todos os ulemás, El Okbi preocupa as autoridades por suas reivindicações, embora moderadas.[8]

Para fundar um jornal diário, *Alger républicain*, Jean-Pierre Faure,[9] engenheiro agrônomo, livre-pensador, racionalista, neto de Emile Faure, e Paul Schmitt buscam apoio desde 1937. Não o encontram entre os comunistas: "Preocupado em evitar entre as organizações que compõem o Front Populaire, cujo iniciador foi nosso partido comunista, qualquer motivo possível de desunião, nosso comitê central decidiu que o Partido Comunista da Argélia e seus militantes não podiam conceder sua colaboração efetiva ao *Alger républicain*."[10]

Faure, todavia, encontra fundos, uma gráfica e colaboradores. Espera distribuir de vinte a trinta mil exemplares. Aluga um sobrado na rua Koechlin, nº 9, na esquina da rua Malakoff, nº 8, para abrigar gráfica, composição, redação, administração. Os estatutos do *Alger républicain* foram elaborados em 5 de novembro de 1937. Seu primeiro número, depois de anunciado, é adiado. Faure e Schmitt lançam uma campanha através do Algérois, conferências em cafés, reúnem um conselho administrativo de vinte e quatro membros, entre os quais quatro "indígenas": dois professores primários, Mohammed Lechani e Kaddour Makaci, o comerciante Abbas Turqui e o médico Loufrani. Faure instala uma comissão de direção política de nove membros, dos quais oito europeus da Argélia. Entre eles, Eugène Colomb, engenheiro das obras públicas, Elie Gozlan, negociante, e Charles Escoute, o geômetra de geometria de esquerda polivalente. Escoute, companheiro de estrada do partido comunista, do qual oficialmente não é membro, é amigo de Ouzegane. Todos os administradores são argelinos, exceto o farmacêutico Jérôme Zévaco e o agricultor Georges Lassallas.

Calcado no *Oran républicain*, o *Alger républicain* é uma sociedade anônima original: ninguém pode ser administrador e deter um mandato de deputado, senador ou agente financeiro. Zévaco, candidato ao Senado, será demitido do conselho administrativo. Contraexemplos, *L'Écho d'Alger* é propriedade do senador Duroux, armador, moageiro e proprietário fundiário; na metrópole, Pierre Laval, deputado, ministro, depois senador, tem um pequeno império de imprensa. Nominal, cada ação *do Alger républicain* só pode ser cedida com o aval do conselho administrativo. Os acionistas demoram a aparecer.[11] Seus fundos não permitem que Faure contrate muitos jornalistas. Com os apelos à subscrição, os comunicados do jornal - que está por vir - são durante muito tempo transmitidos pela imprensa sindical.

Esse cotidiano de informações diz-se "honesto e inequívoco", sem ligação com os poderes públicos, a administração, os eleitos. "Vivo, limpo, livre", o *Alger républicain* será o "jornal dos trabalhadores". Evitando a expressão "classes médias", que cheira a aburguesamento, o *Alger républicain* também se tornará "o jornal das classes modestas". Cinco dias antes da data prevista para sua publicação, 1º de outubro de 1938, Faure financia uma campanha de cartazes, que apresentam sobre fundo vermelho, num raio de luz, um operário de calça azul e avental branco tendo na mão direita uma tocha flamejante e, na esquerda, erguida, seu capacete. Os anunciantes reclamam. Havas, que tem o quase monopólio da publicidade, começa a recusar ao *Alger républicain* os anúncios fúnebres, muito rentáveis. Faure protesta junto às autoridades: o *Alger républicain* deve receber o mesmo tratamento que o *La Dépêche* ou *L'Écho d'Alger* para os anúncios oficiais.[12] O secretário-geral do governo ordena aos chefes de departamentos que publiquem seus anúncios administrativos também no *Alger républicain.* O governador não vê "nenhum impedimento" a isso.

Faure, homem-orquestra, administrador, gerente, recrutador, está à procura de um jornalista para dirigir a redação. Encontrou, em Paris, Pascal Pia, secretário de redação, depois chefe das informações gerais do *Ce soir*, diário comunista montado pelo PCF para se opor ao *Paris-soir* de Jean Prouvost. Trabalham no *Ce soir* o codiretor Louis Aragon, Jean-Richard Bloch e, na política internacional, Paul Nizan.

Faure oferece a Pia a tarifa sindical dos jornais argelinos para um diário de segunda categoria e sugere que "alguns anos passados na criação de um jornal de província podem ser de certo interesse para um jornalista que goste da profissão". Pia seria "mestre da redação". Ganhará de início 48.000 francos por ano. A renda anual média dos trabalhadores na França é de 22.000 - e menor na Argélia. Os trabalhadores agrícolas "indígenas" mais bem pagos, quando trabalham durante todo o ano, recebem no máximo 5.000 francos. O promotor do *Alger républicain* telegrafe a Pia: deve liberar-se para 1º de setembro.[13] Pia hesita, recusa, volta atrás. Faure procura uma moradia para ele, "não muito longe de um bairro de *villas* muito agradável e barato: Saint-Eugène". A burguesia agora se fixa em Mustapha, local delicioso no inverno, mas inabitável por seis meses do ano, explica Faure. Pia deve deixar o quanto antes o *Ce soir*! Sua família virá depois. Assim, diz Faure gentilmente, a sra. Pia evitará o calor de setembro-outubro, que frequentemente é desagradável. O que Pia acha do sr. Aubertin, fotogravador parisiense que se instalaria na Argélia? Pia pode recomendar um eventual secretário de redação com um salário de 2.500 francos por mês?

Faure contatou Camus antes do verão de 1938. Em agosto, este último encontrou em Orã jornalistas do *Oran républicain* e correspondentes da revista *Rivages*, criada por Edmond Charlot. Hesita diante das ofertas de Faure: "Não aceitei em absoluto o cargo de redator. E até sofro um pouco com a indecisão em que me encontro. Neste momento tenho necessidade de calma e equilíbrio – nem que seja apenas para escrever. Se eu soubesse para onde ir, se pudesse tomar uma decisão firme, tudo seria mais simples. Mas há anos não saboreio um período longo de distensão e abandono. Tudo o que faço se ressente disso, necessariamente." Camus encara primeiro uma colaboração limitada no *Alger républicain*: "O cargo de redator me espera. Farei o trabalho de repicagem (redação dos despachos) e assumirei a crônica cultural e artística. Isso das cinco horas da tarde a uma hora da manhã. Durmo uma parte da manhã e tenho uma parte da tarde para mim. E isso quanto ao futuro."[14] Está pensando num outro romance e numa peça. Nos cadernos, anotou quanto a um romance sem título: "Hoje mamãe morreu. Ou talvez ontem, não sei. Recebi um telegrama do asilo: 'Sua mãe faleceu. Enterro amanhã. Sentimentos sinceros.' Isso não quer dizer nada. Talvez tenha sido ontem..."

Camus sente-se mais próximo dos sindicalistas do que dos políticos. A CGT convoca uma greve geral[15] para desestabilizar o ministério de Édouard Daladier. Camus continua detestando os radicais-socialistas, segundo ele responsáveis pelo naufrágio do Front Populaire. Engano seu: o grupo comunista na Câmara foi o primeiro a retirar seu apoio a Blum.[16] Na França, assim como na Argélia, a greve será um fiasco. Na véspera,[17] Poncet conversou com Camus no bonde, do ponto de Agha até Belcourt. Falaram da União Soviética. "Lá pelo menos", diz Camus, "não é como aqui, onde se fuzilam os testas de ferro. Lá fuzilam-se os generais." Hostil aos quadros comunistas franceses, ele respeita o comunismo soviético.[18] Poncet atribui essa reação, como lhe declara seu amigo Rouillard, administrador do jornal, a "um fundo de anarquismo sentimental". Poncet compra duas ações de

200 francos ao *Alger républicain*. Louis Bénisti, com 1.000 francos de renda mensal, não pode subscrever. Maisonseul está na França. O *Alger républicain* corre atrás do dinheiro. Em 27 de outubro, 5.609 ações estão subscritas, 903.904 francos arrecadados. Faltam 216.260 francos.

Em setembro de 1938, Camus encontra Pascal Pia.[19] Não lhe fala, de início, de sua adaptação de *O tempo do desprezo*. Nem de *O avesso e o direito*, publicado. Escreve em um caderno: "O prazer que se encontra nas relações entre homens. Este, sutil, que consiste em dar ou pedir fogo – uma cumplicidade, uma franco-maçonaria do cigarro." Pia *é* obrigado a se contentar sobretudo com principiantes, entre os quais Camus, e com *freelances*. Há acordos estabelecendo que o *Alger républicain* aproveitará alguns artigos do *Oran républicain*. Utilizam a imprensa parisiense, o rádio – Rádio PTT-Alger, Rádio Paris, Poste parisien, Paris PTT – para atualizar os acontecimentos até o último momento. Para Camus, Faure só pode oferecer 2.000 francos por mês.

Um jornal, sejam quais forem as intenções democráticas de seus fundadores, é antes de tudo um homem, dois no máximo, se dividirem nas tarefas. Camus procurou um pai em seu tio Acault, em Louis Germain, em Jean Grenier, que deixou Argel há um ano. Pascal Pia, cujo verdadeiro nome é Pierre Durand, tem dez anos a mais do que Camus, idade de irmão mais velho. Testa descoberta, rosto regular, tez opaca, boa altura, Pia inspira confiança.[20] Utiliza inúmeros pseudônimos: Toussaint, Marcel Lapompe, Médecin-Molinier, Louise Lalanne.[21] Camus e Pia são órfãos de guerra. A mãe de Camus era faxineira, a de Pia contadora e funcionária da ferrovia do Norte. Dissimulado, Pascal gosta de dizer que ela era zeladora. Também sente uma grata ternura pelo professor que o ensinou a ler. Conta que saiu de casa muito jovem, foi mensageiro de hotel, entregador de compras, barman, empregado de seguradoras ou de agências de câmbio, que frequentou cafetões e vagabundos, Antonin Artaud e Malraux. Com este último teria cantado canções chorosas pelas ruas de Paris. Pascal escreve poemas, desconfia das autoridades e das instituições. Tinha dezenove anos quando Jacques Rivière, diretor da *NRF*, interessou-se por ele. Erudito, leitor bulímico, Pia redigiu notas de leitura para Jean Paulhan na editora Gallimard. Conhece a Argélia e fez seu serviço militar no 3º Regimento de Zuavos. Foi reformado, com uma pensão de 50 francos por mês. Ainda fardado, assinou uma petição a favor de Malraux, perseguido na Indochina.[22] Adora Baudelaire, que desejava que dois princípios – o direito de se contradizer e o de partir – figurassem na Declaração dos Direitos Humanos. Baudelaire escrevia também que "o absurdo é a graça das pessoas que estão cansadas".[23] Camus está exausto quando conhece Pia, que observa suas frequentes crises de furunculose. Pia é pessimista, beira o niilismo. Não Camus, para quem o homem deve buscar a felicidade. Cético, não cínico, Pia encarna o oposto do carreirista.

O diretor técnico do *Oran républicain*, André Duquenne, que deveria supervisionar a instalação das máquinas do *Alger républicain*, morreu num acidente de automóvel. Constantemente adiado, o primeiro número do *Alger républicain*, oito páginas por 40 cêntimos, sai em 6 de outubro. A assinatura anual custa 132 francos. O preço do jornal, apesar da política de sua administração e de sua redação, exclui previamente um vasto contingente de leitores "indígenas". O *Alger républicain é* muito caro para um trabalhador árabe.

Na paginação, Pia mistura o sério ao fútil. À direita do título, na primeira página, "E a Espanha?" remete às informações das páginas internas. Abaixo, anuncia-se a demissão de Benes, presidente da Tchecoslováquia. Acima, uma fotografia de soldados alemães "encarregados de ocupar os territórios dos Sudetos, entrando na cidade de Waldhafust". À direita, uma enquete de Lucienne Jean-Darrouy sobre o ensino na Argélia, "Você não lerá". Milhares de crianças, todos os anos, não podem ingressar nas escolas argelinas. Lucienne Jean-Darrouy, passando das grandes enquetes às pequenas notas, será, em cerca de um mês, o único grande repórter do *Alger républicain*, ao lado de Camus. Em vários números, ela publica sua reportagem sobre a miséria, "Viagem aos casebres de Argel, a branca". Embaixo da página, um artigo de E. P. Dizard, batizado correspondente particular, sobre os plenos poderes financeiros votados em Paris. Dizard trabalha também para o *Oran républicain*, tal como André Leroux, progressista moderado que, do nº 142 da rua Montmartre, em Paris, cobre a atualidade internacional. Camus quer que duas de suas amigas oranesas, Lucette Meurer e Yvonne Ducailar, assumam uma crônica feminina, "quatro páginas datilografadas". Elas o fazem.

Os argelinos se interrogam sobre o tal Pia. Para dar fim aos rumores, ou fazê-los ricochetear, na segunda semana do *Alger républicain* um artigo curto, anônimo, mistura verdade com mentira:[24] "Pia é um parisiense de trinta e cinco anos [*verdade*]. Já com catorze anos de idade começou a trabalhar, seu pai tendo sido morto na guerra [*verdade*]. Ingressou na marinha mercante [*mentira*] durante quatro anos", fez seu *bac* em Marselha e o "PCN" [*mentira*]. O artigo declara que ele obteve *um* certificado de letras em Paris *e* que é autor de uma tese de doutorado sobre Tallemant des Réaux. Muitas vezes "escritor-fantasma", Pia sem dúvida reescreveu a tese de outra pessoa. Mais seriamente, essa apresentação conclui que Pia "foi secretário de redação do *Progrès de Lyon*. E chefe de informações no *Ce soir*, onde o encontramos". Pia nunca se recusa a uma farsa.

Como Camus, distingue brancos pobres de colonos ricos. Em seu primeiro artigo assinado,[25] separa "os representantes da grande propriedade e do grande patronato [...] Não os confundamos com os modestos proprietários que trabalham suas próprias terras". Pia e Camus são alérgicos aos políticos. Um político dissimula a verdade. Um jornalista tenta captá-la. Essas profissões têm valores incompatíveis. Pia e Camus percorrem juntos salas do Museu de Belas Artes, falam de Angkor Vat, de estatuetas africanas, dos últimos Picasso ou de Marcel Cerdan. Pia não compartilha a admiração de Camus por Gide e nunca pertenceu ao partido comunista. Por respeito absolutista, Pia renuncia à criação literária e se consagra ao jornalismo. Os que dirige e corrige se impressionam com sua memória e seu enciclopedismo. Profissional perfeccionista, identifica erros tanto nas citações literárias como nas notas sobre esportes.

Argel saboreia as manchetes do *Alger républicain*, quase sempre de Pia, e inspiradas no *Canard enchaîné*. Ele gosta de fazer brincadeiras na primeira página: "No *Quai des brumes*, o personagem principal era simpático. Não se pode dizer o mesmo da vedeta do Quai d'Orsay."*[26] Para o *Alger républicain*, os decretos-lei de Daladier constituem uma "tentativa de ditadura", tendo no horizonte o "advento do fascismo no país". Daladier, no entanto, nada tem em comum com Mussolini. O amálgama se realiza com frequência entre os jornalistas do *Alger républicain*. Pia passa uma manchete que a história não pode aceitar: "Por pouco que persevere, em seis meses o sr. Daladier será redator do *Gringoire* [*publicação de extrema direita violenta*]."

Pia vê em Camus um homem inteligente, sensível, culto, sem ilusões a respeito da esquerda, mas que não aceita a ordem estabelecida, sobretudo na Argélia, e que tem mais experiência do que a maioria dos homens de sua idade.[27]

---

* *Quai des brumes* [Cais das sombras], filme de Marcel Carné; Le Quai d'Orsay, sede do Ministério Francês dos Assuntos Estrangeiros, em Paris. (*N. da T.*)

A data de lançamento do *Alger républicain* é excelente: os acordos de Munique foram assinados alguns dias antes, em 30 de setembro, por Hitler, Mussolini, Chamberlain e Daladier. Mas poucos jornais atingem um público muito amplo dedicando grande espaço à política estrangeira. Mesmo com uma concessão, a foto de Janet Chapman, a menina-estrela americana, na frente dos artigos sobre o voto dos plenos poderes, Pia corre o risco de desestimular os leitores. Assunto batido do jornalismo: diante de leitores heterogêneos, como ser popular sem cair na vulgaridade?[28]

Boatos e informações duvidosas se introduzem também no *Alger républicain* em função da atualidade nacional e internacional e das matrizes ideológicas da chefia de redação. Na primeira semana, o jornal anuncia – no condicional, modo que os jornais detestam – que Franco "teria cedido uma parte do Riff espanhol à Alemanha". No dia seguinte, fala-se de um "risco de cessão de Tanganica ao Reich". Os tipógrafos cometem muitas gralhas. O essencial: *o Alger républicain* não deve ter aparência de um jornal de partido.[29]

A carta aos leitores proclama que o jornal terá um programa, o de farol do Front Populaire. Certamente terá inimigos, "os caixeiros-viajantes do fascismo, o feudalismo industrial agrário e bancário". Lutará contra "os privilégios exorbitantes de certas famílias". O *Alger républicain* lutará contra o antissemitismo "*made in Germany*", esquecendo que o antissemitismo argelino manifestou-se antes do antissemitismo nazista. O jornal opõe-se ao "conservadorismo social que pretende manter nossos amigos indígenas num plano de inferioridade". Ele reivindica "a igualdade social, imediata de todos os franceses, sejam quais forem sua origem, sua religião e sua filosofia", e "o encaminhamento dos indígenas da Argélia para a igualdade política".[30]

O jornal dedica uma página, depois duas, aos esportes e uma às notícias locais, "de Belcourt a Bab el-Oued". O *Alger républicain* insiste nas convocações das organizações progressistas, anuncia que "6.000 judeus estrangeiros estão prontos a se engajar", informação que não consta nos outros jornais argelinos. A objetividade também é triagem e não-retenção das informações. O jornal anuncia que a Casa da Cultura está retomando fôlego com suas matinês dançantes, seu baile dominical e conferências organizadas pela Rádio Liberté.

O *Alger républicain* apressa-se em dar os nomes dos membros de sua comissão de direção política – Rouillard, Colomb, Dalloni, Gozlan, Mucchielli, Pestre e Scelles, especialista no diálogo islamita-cristão. Não há "expediente", não há organograma, lista dos que dirigem e produzem o jornal, redator-chefe, chefes de seções, repórteres...

O *Alger républicain* ajusta suas colunas, Bolsas mundiais, classificados, leilões ou publicações oficiais.[31] Pia constata que Camus, principiante, escreve melhor do que os outros colaboradores. Ele não conhecia os dons de observador de Camus, cujos cadernos estão repletos de cenas, artigos ou notícias em potencial. Colocado na "seção local" – as informações argelinas –, ele frequenta as delegacias de polícia, leva a sério os *faits divers* e mantém distância com relação ao universo jornalístico. Cena anotada num caderno:[32]

"O belo mundo ou os dois velhos jornalistas que brigam em plena delegacia, rodeados por um círculo de policiais gozadores. O furor senil, que não se pode traduzir em socos, solta-se num espantoso excesso de grosserias: 'Esterco – Corno – Canalha – Impostor – Cafetão.'

— Eu sou um cara limpo.

— Entre nós dois há uma diferença.

— É, e grande. Você é o pior dos sacanas.

— Para com isso, senão eu te quebro a cara e te arrombo a bunda a pontapés.

— Pois eu meto tua força na ponta do meu caralho, eu sou um cara honesto."

Camus não quer se dedicar totalmente ao jornalismo. Deseja consagrar o essencial de sua energia à sua obra, planejada em tríptico, com um romance, uma peça teatral, um ensaio. Seu segundo livro será publicado pelo intrépido editor Edmond Charlot, ao qual ele já deve a publicação de *Revolta nas Astúrias* e de *O avesso e o direito*. Jornalista principiante, não está encantado nem tomado por sua nova profissão: "Estou fazendo jornalismo [...]", ele escreve a Jean Grenier, "incidentes do cotidiano e reportagem – alguns artigos literários também. Você sabe melhor do que eu o quanto essa profissão é decepcionante. No entanto, encontro nela alguma coisa: uma impressão de liberdade – não sou pressionado e tudo o que faço me parece vivo. Também encontramos nela satisfações de qualidade bastante precária: azar."[33] Se pudesse ter feito *agrégation*, não seria jornalista: "É por isso que aceitei o emprego de redator no *Alger républicain.* " Ele não entra no jornalismo como numa religião. Mas Pia, beneditino da imprensa, mostra que essa profissão pode ser honesta.

O problema fundamental do *Alger républicain*, depois da tesouraria, é separar opiniões de informações, dificuldade consubstancial do jornalismo. O jornal tem uma equipe barroca e duas linhas telefônicas. O 25 11 toca sem parar. Provinda do *L'Écho d'Alger*, a única jornalista profissional, e que se gaba disso, para irritação de Camus, é Lucienne Jean-Darrouy. Voltando ferido da Espanha, o veterano das Brigadas Internacionais Robert Namia colabora para o *Alger républicain*. François Mary, padre que renunciou ao hábito, apreciador de banquetes e redator incompetente, gira em torno de colaboradores permanentes ou ocasionais, como o professor primário Laurent Preziosi.[34] Yvonne Mamy e Pierre Armand Fabrega assumirão uma crônica de cinema, Roland Rheims de pintura, e Frank Turner, colaborador do Théâtre de l'Équipe, de música. Alguns também chegam ao jornal por acaso. José Bacri, dezessete anos, chega depois de uma conferência de filosofia, na sala Bordes:

— Vocês se interessariam por uma resenha?

— Sim — diz Pia. — Pode redigir.

Bacri executa o trabalho e Pia acha seu artigo bem construído. Quando é publicado, está reescrito e assinado "Albert Camus". Bacri vai se queixar. Camus fica contrariado:

— Vou lhe mostrar por que escrevi isso...

Dá uma lição de jornalismo a Bacri. O rapaz irá colaborar para a página dos jovens e falará sobre psicanálise com Camus — que não é apaixonado por Freud.[35]

Paul Balazaro trata de futebol. Os resultados saem domingo à noite e, quando o RUA ganha, Camus sapateia de prazer. Pia mostra a Preziosi as resenhas de jornalistas de esporte inábeis:

— Estou cheio de fazer esse trabalho...

Mas, Deus, como ele o adora! Confia em Camus para se revezar com ele na revisão das provas ou verificar as cotações dos vinhos. De passagem, Camus aprende a paginar. Às vezes, para as reportagens no estrangeiro, dispendiosas, Pia recorre a turistas. Maurice Pollet fornece artigos sobre o País de Gales. Afinal, lá há desemprego. Pollet é apresentado, em negrito, como "titular da universidade". Reverenciosa nostalgia de Camus e Pia ou encantadora confiança depositada nas qualidades jornalísticas dos universitários? Não, antes diversão de Pia, zombando dos títulos: maneira maliciosa de ridicularizar os que se levam muito a sério.

Dois operários muçulmanos trabalham no jornal. Um, segundo Pia, seria espião da polícia. Os redatores ocasionais muçulmanos são raros.[36] As relações entre redação e operários são boas, com alguns desentendimentos. O secretário de redação será demitido porque está pedindo um aumento excessivo e, além do mais, ele bebe. Preziosi executa duas funções e, depois do fechamento, antes da impressão, indica ao chefe da gráfica qual será a tiragem do jornal. Começando com uma tiragem de trinta mil exemplares, o *Alger républicain* logo desce para menos de vinte mil. Cerca de vinte carros distribuem o jornal em Argel e nos subúrbios, frequentemente com atraso. Daí as discussões e até mesmo uma briga entre Preziosi e Tabaron, encarregado da distribuição. Chamam-se de "bicha". Estilo bem argelino: o chefe dos tipógrafos, Mazuaillet, aponta um 6,35 para Preziosi. Tudo termina com uma reconciliação, à maneira argelina. Cumprimentam-se:

— Aperte aqui a minha mão, você sim é que é homem.

Em Paris, no jornal *Ce soir*, sentem falta de Pia. Virgile Barel, deputado comunista, manda-lhe o recado: "Aragon me disse: 'Como vai aquele jornal dele? — Acho que está dando certo! — Que pena! Se *o Alger républicain* desaparecesse, Pia voltaria para nós. Está fazendo falta.' J. R. Bloch me disse a mesma coisa, quase com as mesmas palavras. Paul Nizan fez um vasto elogio a você..."[37]

O *Alger républicain* às vezes empresta seus escritórios. Debaixo de uma vidraça azul, voluntários dão aulas aos muçulmanos analfabetos. Camus compartilha o bolo de reis com Catherine Lerouvre, professora, e seus alunos. A fava cai para ele: é o rei e fica encantado.[38] Os operários da gráfica, comunistas e comunizantes, sabem que Camus *foi* membro do partido, mas não o isolam. Ele é de esquerda, e isso basta. Faure negocia com os operários bonificações e ajustes dos horários.

O jornal oferece quartas partes de ação a 50 francos. Para conseguir a fidelidade dos leitores, os diários jogam com seus folhetins. Pia escolhe *Les Cenci*, de Stendhal, que está em domínio público. Em seguida Balzac e um romance policial. Roblés redige parte de um folhetim. Nem todos os leitores apreciam Stendhal: para seduzir um leitorado popular influenciado pelo cinema - em Argel há vinte e quatro salas de cinema muito frequentadas: Alcazar, Vox, Lux, Roxy... -, o *Alger républicain* publica uma espécie de picadinho: a transcrição adaptada do filme *Robin Hood* com Errol Flynn. Não é um comprometimento, mas uma conciliação.

A chefia de redação leva algumas semanas para avaliar o nível médio dos leitores, que, como a mãe ou o tio de Camus, têm mais facilidade em *J'attendrai ton retour* cantado por Rina Ketty ou Jean Sablon do que a *Missa da Coroação* de Mozart.

O *Alger républicain* reivindica o direito de voto para todos e utiliza tudo, reportagens, comunicados, notícias breves, editoriais de Maurice Viollette, ou de Amar Ouzegane e Ben Ali Boukhort, ambos ainda dirigentes dos comunistas argelinos.[39] Pia não é político, mas sabe mudar o tom quando a situação evolui. O jornal escarnece Daladier no tom Daladier-fascista ("revogações-demissões, por que também não o campo de concentração?"), depois passa para um tom estudantil: "Não é boa vontade, e sim tempo que falta ao sr. Daladier para violar nossas cartas no vapor." O *Alger républicain*, enfim, adota uma linha comedida, pois os italianos afirmam suas pretensões no Norte da África e os alemães na Europa central. Daladier faz uma turnê pela Tunísia e Argélia. Então o *Alger républicain* ostenta amplamente sua primeira página: "Argel aclamou ontem o chefe do governo que lhe trazia a garantia de que a República não cederia diante das exigências do estrangeiro..." O jornal dá prioridade à luta contra o nazismo, o fascismo e o franquismo – pela democracia. O socialismo é deixado para mais tarde.[40]

No final do ano, Albert observa em seus cadernos: "Quanto a *Calcula*: O anacronismo é o que se pode inventar de mais detestável no teatro. É por isso que Calígula não pronuncia na peça a única frase razoável que poderia ter pronunciado: 'Apenas um ser que pensa e tudo se despovoa.'" Camus é daqueles escritores que, desde Shakespeare e Molière, interpretam e encenam antes de escrever uma peça. Camus pensa em "retomar o trabalho sobre Plotino", ou seja, em um ensaio filosófico. Ele não terminou *Bodas*.[41]

A impossibilidade de prestar o concurso de *agrégation*, a monotonia de seu emprego na meteorologia fizeram-no cair no jornalismo, que freará suas atividades teatrais. Para a temporada 1937-1938, ele cria quatro peças em três espetáculos, *La Celestina*, *A volta do filho pródigo*, *O navio Tenacity* e, finalmente, *Os irmãos Karamazov*. Para a temporada 1938-1939, Camus montará, em 31 de março e 2 de abril, O *vagabundo do mundo ocidental*. Pierre Lescet, aliás Charles Poncet, o anuncia no *Alger républicain*. O elenco do Théâtre de l'Équipe gaba-se de seus próprios méritos: "Um teatro sem estrelas em que os atores não fazem salão, em que eles também são maquinistas, pintores, eletricistas, coladores de cartazes e figurinistas."

Camus se interessa por *Os acarnianos*, ainda na versão de Nizan. Em agosto de 1938, propunha-se a fazer uma turnê com o Théâtre de l'Équipe a Orã e planejava pedir uma subvenção ao abade Lambert, o prefeito de extrema direita.[42] Camus não quer mais montar peças sob o patrocínio piedoso de uma Casa da Cultura: "O Equipe se formou desvinculado de qualquer movimento político. Esse apadrinhamento o levaria para uma direção da qual investi toda a minha energia para afastá-lo. As Casas da Cultura (sou pago para sabê-lo) são academias ao contrário – frequentemente até mesmo sem que seus dirigentes o saibam."

Não é possível estar no palco e no mármore de um jornal. Camus renuncia a essa turnê. Quer a pureza no teatro e no jornalismo.

15

COMBATES

No verão de 1939, Camus está perplexo: "Não sei muito bem o que farei", ele escreve a Francine Faure. "Não sei se tiro minhas férias. Se o fizesse, gostaria de passar um mês trabalhando para mim, regularmente, num lugar de que gostasse. Mas não me sinto capaz de refletir sobre isso hoje. Recebi *Calígula* totalmente datilografado. E, na releitura, vi que devia retrabalhar aquilo. Tudo me parece difícil. Tenho *A condição humana* para adaptar, meu romance para prosseguir. E tudo isso exigiria mais energia do que tenho. E como trabalhar com esse ignóbil perigo de guerra?"

Alguns dias depois, à mesma: "Se o milagre não acontecer, tudo desmoronará. Penso numa das últimas frases de Lawrence: '*O mundo espera um grande movimento de generosidade ou uma grande onda de morte.*' A onda chegou. Se ela se retirar, será preciso que cada um de nós em seu círculo restrito faça o impossível para que o movimento nasça."[1]

"O que é a felicidade senão o acordo entre um ser e a existência que ele leva?", pergunta Camus em *Bodas*. A pergunta contém a resposta. Feliz, muito apaixonado por Francine Faure, que continua seus estudos de matemática em Argel, Camus está seguro de si. "Ninguém disse", escreve ele em *Bodas*, "que a felicidade é obrigatoriamente inseparável do otimismo".

Depois de umas férias curtas, prosseguindo seu trabalho por mais de um ano – 6 de outubro de 1938 a 28 de outubro de 1939 –, ao longo de 387 números do *Alger républicain*, Camus aprende o ofício de jornalista, e não como diletante. As pressões do cotidiano, o movimento acelerado da história europeia e seus pendores de escritor moralista levam-no a isso. A linha do jornal permite-lhe não sofrer com sua ruptura com o partido comunista, pois permanece solidário a sua classe de origem e também a seus companheiros muçulmanos. Ele não aceita o *status quo*, a injustiça social. Nem a vitória do franquismo na Espanha ou os avanços do nazismo e do fascismo. Rejeita o populismo e a demagogia de extrema direita argelina. Desde a proibição de *Revolta nas Astúrias*, ele tem, além do mais, contas a acertar com alguns políticos.

Camus tem uma bagagem universitária e literária. Nem todos os universitários conseguem enfrentar as exigências do jornalismo, e nem todo jornalista está equipado para burilar uma tese. Camus logo compreende que um artigo não é uma dissertação. Na faculdade de letras, adquiriu técnicas para armazenar, avaliar, classificar os conhecimentos. Na Argélia ou na Europa Central, aprendeu a observar e a descrever. O lirismo de seus ensaios, ele o sente quase sempre, não é adequado a artigos. O *Alger républicain* faz de Camus um polivalente que não cai na especialização limitada. Segundo Pia, ele tem o senso da língua e o talento da encenação do bom repórter. Essa profissão surpreende Camus, depois o toma plenamente. Singularidade entre seus colegas, ele começou vários livros e terminou dois, *O avesso e o direito* e *Bodas* – finalmente. Muitos escritores nascem pelo jornalismo. Outros são mortos por ele. Camus inicia um movimento inverso. Já sabe instalar um cenário, montar personagens. Sua licenciatura em filosofia lhe é útil: ele busca o *sentido* sob os *fatos*. Às vezes doutrinário – sobretudo em economia –, não é dogmático.

O primeiro artigo não literário assinado por Camus aparece no *Alger républicain* em 12 de outubro de 1938 e se refere ao poder de compra dos trabalhadores depois do Front Populaire e dos decretos-lei de Paul Reynaud sobre as horas extras. "O aumento dos salários [na época do Front Populaire] melhorou um pouco, portanto a situação da mão de obra indígena", ele escreve, "mas, quando se trata de um homem que ganhava 11,20 francos por dia, sente-se que uma melhora dessa ordem ainda não passa de um último expediente. [...] No que concerne ao trabalhador europeu, as variações desiguais dos salários e do custo de vida reduziram a nada o maior bem-estar que parecia adquirido a tanto custo em maio de 1936." Constatação honesta para um homem de esquerda. Camus não evoca o dinheiro em geral, fala de preços e salários. Conclui "que cada conquista da classe trabalhadora deve vir acompanhada, para ser duradoura, de um combate implacável à especulação e à política de carestia".

Filho de um adegueiro e de uma faxineira, sobrinho de um tanoeiro, o Camus jornalista pensa constantemente no preço do pão, da carne, dos ovos e do leite, para europeus e árabes. Acha que a redução do desemprego aumentaria os salários e o consumo. Não se pode ser jornalista econômico por improviso e ele leva alguns meses para dominar as cifras. Suas intenções são generosas, mas é pesada sua maneira de exprimir esses problemas. Pouco depois, ele publica um "diálogo entre um presidente do conselho e um empregado que ganha 1.200 francos por mês".[2] Camus viveu com 1.000 francos por mês. Na casa dos Sintès-Camus ninguém ganha mais de 2.000 francos. Longo e lento, esse diálogo tem características da revista da *khâgne* e do número do *chansonnier.*

"O presidente: Meu caro amigo, agradeço-lhe por ter compreendido seus verdadeiros interesses e que a grandeza da França deveria se consagrar dentro da ordem e da legalidade. Meu caro amigo, seu espírito de sacrifício me leva a prever que o senhor aceitará os sacrifícios que lhe peço. E é um momento emocionante este em que lhe digo: 'Meu caro amigo, toque aqui.'

O empregado: Peço-lhe desculpas, senhor presidente do conselho, mas não o entendi bem.

O presidente: Ora, meu amigo, o senhor vai se deixar tomar pelo despeito de seus dirigentes? Não sente que a França inteira acaba de aprovar minha política num grande ímpeto de abnegação?..."

Camus põe em cena um empregado abstrato. *O empregado* em geral não existe, exceto nos manuais. Esse presidente também paira sobre ideias gerais.[3] Camus pensa com frequência o homem em geral.

Ele estreia como repórter, com brilho, em 1º de dezembro de 1938. Nos porões de um navio, prisioneiros de direito (dito comum) esperam. Camus descreve: "No teto de cada compartimento [...] aquela boca está prestes a vomitar, em caso de rebelião, vapor de água sobre os presos." Como Albert Londres, que publicou uma magnífica série sobre a penitenciária em 1924, em *Le Petit Parisien*, ele se mostra, não se abriga por trás das terceiras pessoas impessoais: "Vejo, encarapitados numa escotilha, três árabes que olham Argel. Para seus companheiros, é uma terra estrangeira num mundo doravante estranho, mas para aqueles ainda é um pouco de si mesmos que procuram através da chuva." Camus sabe-se europeu "de origem" e livre: "Não me sinto muito orgulhoso de estar ali." Menos de dois meses depois de ter assumido suas funções no *Alger républicain*, ele confessa o mal-estar de um jornalista decente diante de prisioneiros. Trata sua visita à prisão flutuante como uma notícia: "Ao sair, um dos homens me pede um cigarro em árabe. Sei que o regulamento não permite. Mas que resposta mesquinha para quem está pedindo apenas um sinal de cumplicidade e um gesto humano. [...] Não respondi." Camus transmite informações, primeira função do repórter, e julga depois de evocar os argumentos daqueles que condenam com consciência limpa: "Ouço o que me dizem. Trata-se do 'rebotalho da sociedade'. E a coisa é verdadeira (embora preferíssemos que não fossem as mesmas pessoas que definissem a elite da sociedade pelos cães eruditos de salão, que se dão o direito de julgar esse rebotalho)." Golpe de misericórdia: "Gostaríamos de não ver no cais de embarque as senhoras elegantes que a curiosidade levara até ali."

Camus não discute o fundamento ou a injustiça das condenações. Descreve a condição desumana dos presos que estão sendo levados para Caiena e exprime sua moral: "Não se trata aqui de piedade, mas de algo bem diferente. Não há espetáculo mais abjeto do que ver homens reduzidos a uma condição inferior à humana." Nessas reportagens ele diz constantemente "eu", mesmo quando utiliza o "nós", a meio caminho entre o *eu*, jornalista, e *vocês*, leitores.

Percorre as delegacias para as notícias breves, acompanha os julgamentos e mostra-o no romance em que está pensando: seu herói, Meursault, termina no tribunal criminal. Comédia da justiça, clube dos juízes e dos advogados cúmplices. Comédia do jornalismo também. No romance que está por vir, um repórter diz ao acusado: "'O senhor sabe, nós aumentamos um pouco seu caso. O verão é uma estação magra para os jornais e só havia sua história e a do parricida que valiam alguma coisa.' Mostrou-me, em seguida, no grupo que acabava de deixar, um homenzinho que parecia uma doninha gorda, com enormes óculos de aros pretos. Disse-me que era um enviado especial de um jornal de Paris: 'Aliás, ele não veio por sua causa. Mas, como foi encarregado de cobrir o julgamento do parricida, pedimos que reportasse seu caso ao mesmo tempo.'"

Nesse romance-relato, o Camus escritor irá introduzir o Camus jornalista entre duas portas de uma sala de audiência, como Hitchcock se filma como figurante: "Os jornalistas já tinham a caneta na mão. Todos tinham o mesmo ar indiferente e um pouco irônico. No entanto, um deles, muito mais jovem, vestido de flanela cinza com uma gravata azul, tinha largado a caneta à sua frente e me olhava. Em seu rosto um pouco assimétrico eu via apenas seus olhos, muito claros, que me examinavam atentamente, sem exprimir nada que fosse definível. E tive a impressão bizarra de estar sendo observado por mim mesmo." Camus observa Camus.

Ele publica mais de cento e cinquenta artigos, alguns assinados, outros que lhe podem ser atribuídos. Com um *fait divers*, ele traz à luz do dia a sociedade argelina. Trata com desenvoltura temas austeros, eleições senatoriais, orçamento municipal, trabalhos de uma câmara da agricultura, do seguro social dos emigrados norte-africanos na França ou de um cuscuz de ano-novo oferecido por uma tal sra. Chapouton aos deserdados.

Camus vai fazendo seu nome em alguns grandes julgamentos. Não é um cronista judiciário clássico, tratando com igual distância o presidente de um tribunal, os advogados, o procurador. Ele toma partido, milita em três grandes casos em seis meses. Defende Hodent, agente técnico da Sociedade Indígena de Previdência, sob dependência do Escritório do Trigo. Encarregado de comprar colheitas para evitar especulação, Hodent indispõe-se com intermediários e grandes colonos, ricos europeus ou árabes. É acusado de desviar trigo e preso com seu armazenador. Hodent escreve a Camus, que segue o caso e o mantém vivo no *Alger républicain*, catalogando os vícios da instrução.[4] Não é o único a pedir a absolvição, mas cria um clima na opinião pública. Ultrapassando sua missão de repórter, publica uma carta aberta ao governador-geral. Camus logo adquire o gosto pela carta aberta, gênero literário. Hábil, não ataca o governador de frente, mas apela para sua humanidade: "Nós o vislumbramos através dos desfiles, dos decretos, dos discursos oficiais. Onde encontrar o homem através disso?" Sua carta justifica seus artigos e sua campanha: "Num mundo cuja miséria e cujo absurdo fazem tantos seres perderem sua qualidade humana, salvar um significa salvar a si mesmo e, consigo, um pouco do futuro humano que todos esperamos." Durante esse julgamento, Camus permanece a sudeste de Orã, em Tiaret, cidade de 16.000 habitantes num desfiladeiro das montanhas Guezzoul, a mil metros de altitude. Um julgamento determina as jornadas de todos os participantes. O acusado volta à prisão e os juízes a suas casas. Terminado seu artigo, como o jornalista pode matar o tempo? Camus preenche seus cadernos com histórias curtas, *short stories*, esboços de novelas.

"Em Tiaret, alguns professores me disseram que estavam de 'saco cheio'.

— E o que vocês fazem quando estão de saco cheio?

— Enchemos a cara.

— E depois?

— Vamos ao bordel.

Fui com eles ao bordel. Estava nevando. A neve caía fina e penetrante. Todos tinham bebido. Um guarda me fez pagar dois francos na entrada. Era uma sala imensa, retangular, curiosamente pintada com faixas oblíquas, pretas e amarelas. Estavam dançando ao som de uma vitrola. As moças não eram bonitas nem feias.

Uma dizia: — Você veio trepar?

O homem se defendia indolentemente.

— Pois eu — dizia a moça — estou com muita vontade de que você meta em mim."

Os jornais não fazem alusão a Hodent, que, em parte, deve sua absolvição a Camus.[5] Portanto as palavras — armas também — podem ser eficazes.

Camus defende trabalhadores agrícolas do Constantinois condenados, no total, a sessenta anos de trabalhos forçados, por diversas malversações, nem sempre provadas. Esperam pelo veredito do tribunal de cassação. Ele também toma o partido de Priaud e Bouhali, representantes da Assistência Popular da Argélia condenados a trinta dias de prisão por incitação "a desordens e a manifestações contra a soberania francesa".

Camus se reencontra com messalistas durante seu julgamento, em março de 1939, tal como esteve com eles em face das maquinações do partido comunista em 1937. Pede mais do que sua absolvição: "Os indígenas devem apoiar os que os apoiam, senão desestimulariam no futuro qualquer pessoa que se interessasse por eles." Depois de deixar o partido comunista, porque este último, segundo ele, havia traído os messalistas, Camus, fiel, é um jornalista coerente, que assume responsabilidades.

Numa outra questão, menos à vontade, ele se apresenta como cronista. O xeique El Okbi, modernista, racionalista, reformista, que Camus conhece, é acusado de ser mandante do assassinato de Kahoul, grande mufti de Argel. A polícia prende algumas prostitutas e vadios da ralé que confessam, depois se retratam. El Okbi e um outro acusado, Abbas Turqui,[6] beneficiando-se de uma improcedência, foram postos em liberdade provisória em fevereiro de 1938. A família do mufti apela. O xeique e seu coacusado voltam aos tribunais. O caso, sabotado pelos policiais e juízes de instrução, é um folhetim policial com ricochetes, depoimentos falsos extorquidos, fuga de denunciantes, suborno de testemunhas, sequestros, "esquecimentos" de análises de grupo sanguíneo e dos caracteres de uma máquina de escrever. Trinta e cinco meses após o assassinato, os dois homens estão no banco dos réus com mais três "indígenas". O caso tem uma dimensão política para os meios coloniais, que veem em El Okbi um perigoso reformista. Num telegrama a Paris, o mufti, partidário do sistema vigente, descrevia-o como agitador progressista. El Okbi e Turqui são absolvidos; inculpados secundários, Akacha e Mohara, condenados a trabalhos forçados perpétuos; Boukheira a vinte anos. Sob o pseudônimo de Antar, Camus louva a "grandeza" do combate por El Okbi, que se opõe ao racismo e ao hitlerismo. Ele é tolerante e, escreve Antar, "lembra Sócrates e Galileu". El Okbi também é poeta.

O mal-estar de Camus provém do fato de algumas testemunhas da defesa, os senhores Loufrani, Scelles, Gozlan, Makaci, fazerem parte do conselho administrativo do *Alger républicain*. O jornalista-juiz, e aqui testemunha, trabalha com um esquema simples: sendo o grande mufti reacionário, aliado da administração, o xeique El Okbi torna-se objetivamente, como se diz no PCF, aliado dos liberais, muçulmanos ou europeus. Um anticolonialista deve defender El Okbi. Tudo indica que o xeique tenha sido culpado, no mínimo um pouco instigador do assassinato do mufti.[7] Apesar de sua prudência, Camus deixa-se levar por seu desprezo pela administração colonial. Em seus relatórios, às vezes sucumbe à tentação permanente de todo jornalista engajado de fazer ou modificar a história ao contá-la.

Augustin Rozis, prefeito de Argel, simboliza aos olhos de Camus as piores inclinações do colonialismo, e o jornalista não esquece a proibição de *Revolta nas Astúrias*. Rozis, admirador de Maurras, odeia os sindicatos, combate o projeto Blum-Viollette, apoia fascistas e franquistas. Com o abade Lambert, prefeito de Orã, e Bellat, prefeito de Sidi-bel-Abbès, ele será um dos primeiros convidados argelinos de Franco. Rozis manda um telegrama a Daladier, recusando-se a acolher refugiados espanhóis republicanos. Ao longo dos meses, em companhia de Pia, Lucienne Jean-Darrouy, Roger Menicucci, Lamine Lamoudi e com a *Lutte sociale*, Albert Camus atira contra esse "homem a ser derrubado". Em suas manchetes, Pia assegura a continuidade da derrubada, mesmo quando Rozis não está em pauta: "É claro, o sr. Rozis é prefeito. Não é razão para deixar os gângsteres serem donos da rua", "O sr. Rozis custa mais de 60.000 francos por ano à cidade. Por essa quantia, quantos espanhóis pobres poderíamos socorrer", "Vocês conhecem 'Herr von Rozis'? É assim que a rádio alemã chama o prefeito de Argel para felicitá-lo." O *Alger républicain* até saúda o chefe de departamento que contesta o orçamento do prefeito. Nenhuma medida tomada por este último, nem mesmo sua taxa profissional, é aceita pelo *Alger républicain*. "Não é a pessoa do sr. Rozis que atacamos", escreve Camus, "ela só representa a si mesma, o que não é muita coisa". Rozis afronta seus funcionários municipais, suspende alguns, quer demiti-los. "O sr. Rozis", escreve Camus, "encontra à sua frente o muro sindicalista, sem uma só rachadura. Ele sonhara apenas em ser ditador. E acordou chefete". Rozis toma uma decisão administrativa: "Terei resumido escassamente minha opinião", lança Camus, "dizendo que ele é grotesco, ilegal e odioso".

Camus se rejubila: "A repressão começou nos serviços de obras e funerários. Mas os trabalhadores são demitidos apenas três a três, para não afetar as necessidades do serviço. Vê-se nisso um refinamento que honra o sr. Rozis." Augustin Rozis seria quase responsável por uma explosão na rua Blanchard depois da ruptura de uma tubulação de gás. Camus sente um prazer profissional em seguir esse caso durante cinco dias. Quando bem analisado, um *fait divers* muitas vezes ensina mais a respeito de uma sociedade do que um tratado de sociologia. Rozis paga o preço da cobertura camusiana do acontecimento. Aquele repórter milita descrevendo, descreve militando. É preciso ter talento para tornar viva uma perícia: "Por seu lado, o sr. Rozis decerto tem o direito e o dever de limitar suas responsabilidades. Ele não é obrigado, com efeito, a cobrir as despesas de uma catástrofe: isso cabe às companhias de seguro. Mas ele é obrigado [...] a não assumir um tom odioso quando os infelizes, dos quais muitos (e disso nos certificamos) são artesãos, costureiras, lanterninhas de cinema, que se encontram de fato sem recursos, vêm lhe pedir que se interesse pelo seu caso."[8]

Os romances, a peça de teatro em que Camus pensa ou trabalha servem ao jornalista, que, por sua vez, inspira o escritor. Seus ensaios reforçam também sua inclinação ao arrebatamento solene. A ironia do homem se transpõe para o estilo do repórter e emerge um polemista. Quando um advogado acusa El Okbi, Camus caçoa: "Mestre Colonna fala do Círculo do progresso em que El Okbi 'impera'. Falando dos depoimentos de afeição prestados a El Okbi no sábado de manhã, o bastonário ridiculariza as conferências tripartites em que o Talmude, a Bíblia e o Corão 'formavam um excelente casamento, como sempre o são os casamentos a três'. Essas testemunhas são, sem dúvida, espíritos superiores, mas podem se enganar, mesmo fundando 'um sindicato do monoteísmo'."

O escritor e o dialoguista surgem na encenação de uma sessão na sede departamental. Camus entra no personagem do repórter: "Na entrada, um 'Onde vai, senhor?' mostra-me que não tenho cara de delegado senatorial. Por mais modestos que sejamos, há constatações que nos deixam satisfeitos. Credenciais, escadas, cheiros de sede departamental, e eis-me lançado em plena selva." O sainete é tão sardônico quanto narrativo:

"De repente, explosões de vozes. O sr. Rencurel, conselheiro-geral de Oued-Fodda, conduziu à cabine de votação um delegado impotente de Orléansville. O sr. Ricci o viu. O sr. Mallarmé o denunciou:

— Não acompanhe às cabines de votação! — berra o sr. Mallarmé.

— Eu não acompanho — diz o sr. Rencurel.

— O senhor foi visto — diz o sr. Ricci.

— Não é verdade. [...]

As vozes se levantam. Será um mercadejo? Estarão vendendo um boi ou comprando feno? Não, é o sr. Mallarmé que está reivindicando o direito de representar alguns milhares de franceses. Esperamos a briga. Mas estamos entre gente fina. Retorna a calma."

O Camus jornalista principiante tem a tranquilidade de suas convicções morais. Ele cunha frases. A respeito do caso Hodent: "Sem dúvida, notamos que os considerados desse julgamento não se referem ao fundamento do caso. E que, na verdade, esse caso não tem fundamento." Ou: "Amanhã os juízes de Tiaret não terão de julgar um caso, mas de escolher entre duas causas. Encontrarão de um lado um partido sem condecorações e sem títulos, sem fortuna e sem ambição [Hodent], e, do outro, uma certa classe que de elite só tem o nome."

Pia passa dois terços de seu tempo no jornal, deixando-o após o fechamento, às duas horas da madrugada. Corrige até os revisores. Primeiro, Camus começa no início da tarde para terminar por volta da meia-noite. Depois vai chegando ao jornal cada vez mais cedo. O jornalismo não é uma profissão à qual as pessoas se entregam pela metade ou em horários fixos. A transformação de Albert Camus de ensaísta em grande repórter – expressão aliás absurda, alguém é bom ou mau repórter, mas não grande ou pequeno – produz-se numa reportagem sobre a Cabília. Ele só recebeu carteira de jornalista profissional há oito meses, quando, em março e junho de 1939, publica onze artigos sob o título "Miséria da Cabília". Vantagem: Camus viaja com frequência de ônibus com guias simpatizantes, caminha nas planícies e nas montanhas, aloja-se em hotéis ao acaso.[9] Não é cerceado por funcionários. A Irène Djian, uma amiga advogada, ele escreve: "Não encontro nesta viagem a paz que esperava. Estou chegando a uma idade em que, racionalmente, não se deveria falar em paz." Inconveniente: Camus não fala árabe nem berbere. É obrigado a passar pelo filtro dos intérpretes. Nunca parece consciente da especificidade dos cabilas. Tanto melhor, num certo sentido, pois a política colonial muitas vezes divide para reinar. O primeiro artigo, "A Grécia em farrapos", começa como uma passagem de *Bodas*: "Quando nos aproximamos das primeiras encostas da Cabília, ao ver aquelas cidadezinhas agrupadas em torno de pontos naturais, aqueles homens vestidos de lã branca, os caminhos ladeados de oliveiras, de figueiras e de cactos, aquela simplicidade, enfim, da vida e da paisagem como que numa harmonia entre o homem e sua terra, não podemos deixar de pensar na Grécia." Camus não viu a Grécia. Teme-se de início uma matéria turística, como as publicadas por Roger Frison-Roche em *La Dépêchel*.[10] Afastando-se do pitoresco, o escritor Camus caminha ao lado do jornalista: "Em nenhuma região que conheço o corpo me pareceu mais humilhado do que na Cabília [...]. A miséria dessa região é assustadora." As aldeias cabilas esvaziam-se de seus homens, que vão para a França. Camus vê os que restam: "Três quartos desses homens vivem de caridade administrativa." Ele quer fazer "cessar [...] os gargarejos oficiais". Europeu da Argélia, filho de brancos pobres, ele tem a "consciência pesada" diante dos mendigos, das mulheres esgotadas, dos alunos que desmaiam de fome, das aldeias sem médico e das cidadezinhas sem esgoto. Estuda os salários, o hábitat, o ensino, a degradação, o artesanato. Sem sufocar o leitor, mistura estatísticas e coisas vistas numa pesquisa bem-sucedida. Algumas afirmações dos cabilas ouvidas – ou traduzidas – são insuportáveis: "Tomara que venha a guerra, pois pelo menos nos darão de comer. [...] Eles são capazes de acreditar", escreve Camus, "que se cura o absurdo pelo absurdo." Na Cabília, mais do que pobres, ele vê miseráveis. Passa do particular ao geral e vice-versa: "Um relatório oficial avalia em 40% as famílias cabilas que atualmente vivem com menos de 1.000 francos por ano, ou seja (vale uma boa reflexão), menos de 100 francos por mês." Na França, um desempregado ganha 13 francos por dia – o que permite comprar cinco quilos de pão. "Para explicar os baixos salários e a disparidade com relação aos europeus, que recebem duas vezes mais, os colonos dizem que os indígenas têm vantagens em espécie: eles comem cinco a seis quilos de uvas por dia!"[11]

Camus não atribui à colonização todas as desgraças da Cabília. Leva em conta a História e os acasos: "A verdade é que convivemos diariamente com um povo que vive com três séculos de atraso." Pela primeira vez ele vê de muito perto a pobreza do campo. Conhecia a miséria urbana e lembra-se das afirmações de europeus da Argélia: "É desprezível dizer que esse povo não tem as mesmas necessidades que nós." Destaca o "desprezo geral que o colono tem pelo povo infeliz deste país". Camus não leu muito Marx, mas, implicitamente, concorda com ele: a colonização também traz o progresso. O que não aprendeu na escola primária ou no liceu sobre as colônias militares de Bugeaud agora ele sabe: "Se a conquista colonial pudesse algum dia encontrar uma desculpa, seria na medida em que ajudasse os povos conquistados a conservar sua personalidade. E, se temos um dever neste país, é o de permitir a uma das populações mais altivas e mais humanas deste mundo que se mantenha fiel a si mesma e a seu destino." Camus esclarece: "Se de fato desejamos uma assimilação, e que este povo tão digno seja francês, não devemos começar por separá-lo dos franceses. Se bem compreendi, é só isso que ele pede." Ele não sabe até que ponto os quadros do PPA são nacionalistas. O nacionalismo argelino existia antes de Messali. Como a quase totalidade dos moderados, dos liberais ou dos progressistas argelinos, Camus não imagina uma independência argelina. Essa dimensão política falta à sua reportagem.

Seu tio Étienne é pobre, mas não miserável. A emoção de Camus aparece: "Não desejaria endurecer o tom. Mas sou forçado a dizer aqui que o regime de trabalho na Cabília é um regime de escravidão. Pois não vejo que outro nome dar a um regime em que o trabalhador executa sua tarefa de 10 a 12 horas por um salário médio de 6 a 10 francos." Ele não poupa os proprietários cabilas, que "nada têm a invejar dos colonos".

O repórter julga a cidade indígena de Bordj-Menaïel satisfatória, e seus aluguéis mensais, de 40 francos, acessíveis, mas como pagá-los com os salários vigentes? Coloca o problema da caridade e da justiça, saúda religiosas e um pastor, até um chefe de subscircunscrição administrativa de departamento que, "*às suas próprias custas*" – Camus sublinha –, oferece uma refeição para cinquenta crianças uma vez por semana. Define sua posição numa época em que a esquerda vê na caridade apenas uma arma hipócrita da reação: "Não creio que a caridade seja um sentimento inútil. Mas acho que em alguns casos seus resultados o são e que, então, se deve preferir a ela uma política social construtiva." Vê a arbitrariedade de certos conselheiros municipais ou caides. "Nos Issers recusaram-se cereais aos indigentes que tinham votado no PPA." Ele pratica um militantismo jornalístico além de qualquer organização: "Isto não foi escrito para um partido, mas para homens." Em sua conclusão, publicada em 15 de junho de 1939, ilustrada por uma fotografia otimista – um cabila *e* um europeu, caras felizes, mas um distante do outro –, Camus insiste no sentido de sua enquete. Será criticado, sobretudo no Algérois, em que o jornal é difundido: "Não farei circunlóquios. Parece que hoje é agir como mau francês revelar a miséria de uma *região francesa* [*grifo meu*]."

Um detalhe ilustra a concepção do jornalismo de Pia e de Camus: eles reconhecem seus erros. "Demos ontem, no levantamento do pessoal médico de que dispõe a Cabília, um número errado. A comuna de Soummam tem, para cada 125.000 habitantes, não um médico e uma enfermeira, mas dois médicos e duas enfermeiras. No número de ontem [*reportagem publicada em 10 de junho*] não estava incluído, de fato, o pessoal de El-Kseur." Com muita frequência os jornais não gostam de imprimir estas palavras: nós nos enganamos.

Segundo o recenseamento de 1936, nos três departamentos, sete milhões de habitantes coexistem na época, dos quais um milhão de europeus. Em Argel, a população logo atingirá 360.000 habitantes, para 160.000 em Orã e 130.000 em Constantine. Durante suas reportagens, Camus constatou a importância da emigração cabila. Ele tem em mente o peso e a miséria do campo, mas tem dificuldade em enxergar que suas situações opõem o proletariado ou o subproletariado cabilas e árabes do campo e das cidades aos europeus da Argélia.

Seus artigos são atos: quer unir os argelinos das duas comunidades, acha que se podem modificar as relações dos bisnetos dos colonizadores e dos colonizados. No entanto, viu o governo do Front Populaire recuar diante das propostas mínimas do projeto Blum-Viollette.[12] Pela Cabília, portanto pela Argélia, Camus testemunha. Depois da publicação de seus artigos, o governador-geral Le Beau, que o *Alger républicain* trata com indulgência, vai justamente à Cabília. Relação de causa e efeito? Alguns leitores etnólogos julgarão seus artigos miserabilistas e, também, que às vezes Camus fala de cima. Ou que era fácil demais ir à Cabília, lugar-comum sociológico e turístico. No entanto, quem além dele redigiu então artigos tão fortes?

Os acontecimentos levarão a Argélia a segundo plano. O número de 1º de janeiro de 1939 do *Alger républicain* dedica várias colunas à Espanha. O jornal é de uma parcialidade militante. Para suas informações, ele cisca os jornais ingleses e reproduz o comunicado republicano.[13] A guerra da Espanha foi uma epopeia. Namia, enviado e admirado, voltou de lá com explicações e vaguezas heroicas. Poncet reuniu em sua casa para um cuscuz, no dia 22 de agosto de 1939, Robert e Mado Jaussaud, Jeanne Sicard, Émile Scotto--Lavina. Admiram-se com o atraso de Camus e põem-se à mesa. Ele chega:

— Desculpem, mas tivemos de refazer totalmente a primeira página do jornal.

Depois, em tom grave:

— Meus amigos, os dados estão lançados, a guerra é quase certa. Stalin e Hitler entraram em acordo e Ribbentrop estará amanhã em Moscou para assinar um pacto de amizade com a União Soviética.[14]

Os jornalistas tiveram tempo de colocar uma manchete perto do título: "Último minuto: a URSS e o Reich concluiriam um pacto de não agressão." Num artigo do mesmo número, redigido antes da circulação da notícia, Camus, sob o pseudônimo de Vincent Capable, meio sério, meio gozador, escrevia: "Deve-se conversar com Hitler?... Sou antes pelas conversações, sob condição de que nunca sejam interrompidas." Camus teme a repressão na França: "O perigo externo e o perigo interno parecem-me equivalentes." Mais uma vez a linha Daladier = fascismo.

Nos dias seguintes, o *Alger républicain* recusa-se a acreditar no conluio de Hitler com Stalin. Esse pacto "é muito barulho por nada [...] Esse tratado só faz confirmar dois velhos acordos de muitos anos". O pacto não comporta nenhum protocolo secreto, anuncia o diário, tomando seus desejos por realidades. Enfim, no último dia de agosto, Dizard, de Paris, denuncia a "fraude e a hipocrisia do governo soviético".[15] Só o ataque dos soviéticos contra a Polônia iluminará a redação do *Alger républicain*.

De início, o *Alger républicain* não foi pró nem contra Munique. O jornal não tinha editorialista regular. Misturava análises e opiniões. De Paris, Leroux dá a tonalidade média no sexto número: "Se é evidente que os acordos de Munique distanciaram a guerra, é pelo menos igualmente certo que, por enquanto, não nos trouxeram a paz."[16] Dois meses depois, Leroux endurecerá sua posição: "Munique talvez fosse inevitável, mas só Munique é suficiente."[17] Em particular, Camus se interroga. Quando Robert Jaussaud fala dos tchecos traídos pela França, Camus se enerva.

No *Alger républicain*, ele reescreve muitos despachos e, sobretudo, assina artigos de política interna. Uma exceção, a Espanha republicana, que ele apoia como defenderia sua mãe. Caçoa *de La Dépêche algérienne* e de seu estilo empolado. Comentando a chegada à Argélia de companheiros das Brigadas Internacionais, esse jornal dizia que os contribuintes franceses estavam pagando as despesas e que os brigadistas eram inspirados por um "desejo secreto de aventura enriquecedora". Camus aprimora então seu estilo de comentarista desdenhoso: "Joseph Prudhomme, como é normal, tem a moral de seu estilo: pretensiosa e mentirosa." Termina com um suspiro: "É terrivelmente cansativo desprezar."[18]

O desprezo, justificado ou não, vem facilmente a Camus.

16

"O SALÃO DE LEITURA"

Crônica dos livros de título inusitado, "Le Salon de lecture" [O Salão de Leitura] surgiu no número 4 do *Alger républicain.*[1] "Como a maioria das seções deste jornal, esta crônica não tem a ambição de ser regular nem sistemática." A exposição de motivos, anônima, cheira a Camus retocado por Pia. As negações veementes escondem a escassez de pessoal. O "Salão" apelará para todas as colaborações, não terá receio de misturar pontos de vista contraditórios "e espíritos sem parentesco".

O *Alger républicain* tem dificuldades em obter os serviços de imprensa distribuídos pelos editores parisienses aos cotidianos e hebdomadários estabelecidos. Os amigos, entre os quais Charlot, livreiro e editor, informam as novidades. Com Camus, três outros colaboradores, entre os quais Namia, fazem críticas. Camus publica cerca de cinquenta artigos sobre arte e literatura. Além disso, faz reportagens, prossegue o trabalho do Théâtre de l'Équipe, colabora como conselheiro na editora fundada por Charlot. Ele dorme pouco, fuma muitos Bastos, alimenta-se em horários irregulares, permite-se alguns fins de semana de praia com os Jaussaud. Pia lhe confia prioritariamente o "Salão", pois acha-o o mais culto de seus colaboradores. Camus tem uma concepção generosa da crítica literária: gosta de falar dos livros de que gosta. Nem hagiógrafo nem demolidor, ele não exerce a maldade brilhante. Crítico literário, tem alguns princípios, mas nenhuma teoria geral. Em Argel, os cronistas não conhecem mais do que em Paris Jakobson, Tomachevski e o formalismo, Saussure e a semiologia, ou os baús literários da psicanálise.

Camus se solta nesses artigos e esboça sua concepção do romance. Seus autores preferidos, Malraux e Gide, retornam.[2] No mundo de Argel, ele também retribui gentilezas. Jean Hytier, argelino, publica uma coletânea de suas conferências sobre Gide,[3] e Camus tece cumprimentos. Crítico literário, ele viola a deontologia perfeita resenhando as *Copias* populares andaluzas publicadas, como o livro de Hytier, pela Cafre – efêmera editora criada por CAmus e FREminville. Camus participou dessa tradução das *Copias*. O crítico elogia o "tradutor anônimo, cujo gosto artístico iguala a modéstia". De fato.

Um romance, uma peça de teatro, um ensaio, um tratado de filosofia são, com frequência, imensos espelhos deformantes. Adivinham-se neles a personalidade e os acontecimentos da vida do escritor, transposta. Um artigo curto colocado no papel torna-se às vezes, a despeito do jornalista, um espelho de bolso mais revelador e preciso. Em suas críticas, Camus transparece com suas interrogações, mesmo que banais: "Decerto nem sempre desejamos a mulher que amamos. Quanto à recíproca, ela é evidente." Segundo Camus, bom machão argelino, essa seria uma "disposição masculina".[4]

Camus conhece o outro lado da barricada crítica: *Bodas* vai sair[5] e um "Salão de Leitura" é inteiramente dedicado a uma publicidade dirigida à editora de Edmond Charlot.

"Acaba de ser publicado
Albert Camus

BODAS
18 frs
Edição original
100 ex em velino 25 frs
20 ex em japão 60 frs

Librairie des Vraies Richesses,
2 *bis*, rua Charras."

Bodas tem sucesso muito limitado. Camus recebe uma carta elogiosa de Montherlant aconselhando-o a ir a Paris.[6] E continua sensível à apreciação de Fréminville e do amigo comum Belamich.

Camus não busca modelos literários, mas descreve-se evocando Giono: "Ele está ligado à linhagem de prosadores que representam muito bem a tradição literária da França."[7] Na idade de Camus, é possível mostrar-se moralista sem afirmar que se é. Em sua resenha do romance de Ignazio Silone, *Pão e vinho*, Camus situa-se em sua estética pessoal. Antigo membro do escritório político do Partido Comunista Italiano, que abandonou após a expulsão de Trótski, Silone é um "ex" de peso. Em comparação com ele, Camus é apenas um militante de bairro. O herói de Silone, Pietro Spina, militante do PC, deixa o partido, segundo Camus, para permanecer fiel à classe operária. Spina não é operário. Em quem está pensando Camus, sobrinho de um tanoeiro? "Se a época nos ensina alguma coisa [...] é que a arte revolucionária não pode deixar de ter grandeza artística sem recair nas formas mais humilhadas do pensamento." Camus escolhe então *Bodas*, e suas obras em preparação, *Calígula* e *O estrangeiro* em potencial, contra *Revolta nas Astúrias*: "Não há meio-termo entre a baixa propaganda e a criação exaltante, entre o que Malraux chama 'a vontade de provar' [no prefácio de *O tempo do desprezo*] e uma obra como *A condição humana*. Camus escolhe a paixão, que não destrói a obra de arte.

Para compreender a vida literária, ele redige algumas notas breves sob o pseudônimo de *O objetor de consciência*. "O aniversário de Gabriele d'Annunzio foi celebrado pelos militares." "Jean Giono, condecorado pela Legião de Honra, responde à indignação de seus antigos amigos declarando que a Legião de Honra é um assunto particular. Como a consciência." Adeus, Giono! "Aragon reafirma sua admiração por Tino Rossi e Joana d'Arc. É o império que quer isso." Adeus, Aragon!

O *objetor* assinala que Malraux "traz de Barcelona um filme", "Os camponeses" – primeiro título considerado –, extraído de *L'Espoir* [A esperança]. O *objetor*, na coluna à qual Camus logo renuncia, mistura o literário com o político: "O poeta Pierre Morhange é condenado a uma multa de 5 francos por ter tratado Georges Bonnet de 'Tartufo'. Com 20 francos logo poderemos ser totalmente sinceros."

Camus dedicou ao romance de Aldous Huxley, *Marina di Vezia*, um primeiro longo artigo acanhado, percebendo nele uma "vontade de reconstruir o mundo [...] com a mistura de absurdo e de coerência que lhe é própria". Também é camusiana a evocação de uma "espécie de amargura secreta e terna". Camus emprega cada vez mais estas palavras: absurdo, amargura, lucidez, ternura, fecundidade. Seu talento de crítico *se precipita*, de repente. Ele trabalha em tantos domínios que seus amigos nem lhe prestam atenção. Deixa sua sensibilidade *pensar* e dedica suas páginas mais originais aos livros de homens, sete anos mais velhos do que ele, da École Normale e titulares de filosofia, que não conhece, mas que o intrigam: o primeiro, Jean-Paul

Sartre, apolítico em suas obras publicadas na época; o segundo, membro do partido comunista, Paul Nizan, com quem Pia teve contato em *Ce soir.*

Camus aborda *La Nausée* [A náusea]:[8] "Um romance não é mais do que uma filosofia colocada em imagens. E num bom romance toda a filosofia passa para as imagens." Camus se abre nesse artigo de crítica literária.[9] *A náusea o* fascina, mas a filosofia da obra o aborrece. Segundo ele, na moral, que "transborda dos personagens e das ações", a intriga perde sua autenticidade. Distingue em Roquentin, herói de *A náusea*, um "absurdo fundamental". Camus não adere à metafísica do romance sartriano. Ele decreta: "O erro de uma certa literatura é acreditar que a vida é trágica porque é miserável." Ele baliza seu próprio percurso: "Constatar o absurdo da vida não pode ser um fim, mas apenas um começo."

Inspirado e bem construído, esse artigo exprime uma perplexidade. "No entanto uma obra duradoura não pode dispensar pensamento profundo." Camus encontrou a fusão da experiência e do pensamento em *A condição humana*. Para o jovem crítico, *A náusea* é um romance em que o equilíbrio entre experiência e vida "é rompido, em que a teoria lesa a vida". Camus discerne em Sartre "dons emocionantes". Sucumbe sem querer, pois esses dons lhe parecem "ao mesmo tempo prodigalizados e desperdiçados". "Tomados isoladamente, com efeito", prossegue, "cada um dos capítulos dessa extravagante meditação atinge uma espécie de perfeição na amargura e na verdade". O conjunto não lhe parece convincente. Camus identifica em Sartre mais absurdo e amargura do que o próprio Sartre. Um romance deve antes de tudo resultar de um trabalho de artista, e *A náusea* não seria "uma obra de arte". Portanto Jean-Paul Sartre não é um artista. Camus não entra nas ideias de *A náusea*, mas reconhece a habilidade e o grande talento do "sr. Sartre". Vê nesse autor, que goza de boa reputação em Paris e obtém o Prêmio Populista, "dons ilimitados". *A náusea é o* primeiro romance "de um espírito do qual se pode esperar tudo": aposta de um crítico principiante. Toque de clarim: o sr. Sartre é um "espírito singular e vigoroso cujas obras e lições futuras esperamos impacientemente".

De passagem, Camus descobre um "parentesco do sr. Sartre com um autor que não foi citado (salvo erro) a propósito de *A náusea*, quero dizer, Franz Kafka". Erro: num artigo curto de *Ce soir*, Paul Nizan - tal como Camus, ele trata de política e de literatura -, fingindo não conhecer Sartre pessoalmente ("creio, professor de filosofia"), ao passo que são amigos desde os anos de liceu, escreve: "O sr. Sartre poderia ser um Kafka francês", e observa que "não há dúvida de que possuímos na pessoa do sr. Sartre um romancista e um filósofo de primeiro plano".

Camus não redigiu esse artigo com precipitação. Quatro meses antes, no final de junho de 1938,[10] ele escrevia a Lucette Meurer: "Li *A náusea* de Jean-Paul Sartre há algumas semanas. Teria muito a dizer sobre esse livro. Está muito próximo de uma certa parte de mim para que não goste dele. Mas é justamente a parte contra a qual gostaria de reagir. Por outro lado, quando escrevemos um romance, colocamos uma filosofia em imagens [*Camus insiste em sua fórmula*] e todo o êxito está em fazer essa filosofia passar unicamente para imagens. Em *A náusea*, há *uma* filosofia e imagens – justapostas. Isso me incomoda, porque é uma filosofia à qual adiro e na leitura sofro um pouco ao vê-la perder a força. Aliás, estou me exprimindo muito mal, mas por uma coincidência [*qual?*] refleti muito sobre esse livro... e me ressinto disso quando quero falar nele. Mas, já que sua amiga taitiana conhece Sartre, ficaria contente em ter detalhes sobre ele, sobre o homem..." A taitiana fotografada de pareô é Yvonne Ducailar, amiga de Lucette.

Camus não presta atenção em Roger Martin du Gard, que, depois do quarto volume de *Les Thibault*, obteve em 1937 o Prêmio Nobel de Literatura Nem nos talentos de direita em moda, Robert Brasillach, colaborador de *L'Action française*, ou Pierre Drieu la Rochelle, que publica *Rêveuse Bourgeoisie* [Sonhadora burguesia], talvez seu melhor romance. Também esquecido foi Jacques Chardonne e *Le Bonheur de Barbezieux* [A felicidade de Barbezieux].

Um mês depois de *A náusea*,[11] Camus trata do terceiro romance de Nizan, *La Conspiration* [A conspiração], que obtém o Prêmio Interallié, reservado aos jornalistas escritores. Nizan ainda pertence ao PCF por alguns meses, até o pacto germânico-soviético. Depois pedirá demissão. Em *A conspiração*, ele faz o julgamento de uma juventude intelectual adepta do partido. "Nunca se fica tão irritado quanto consigo mesmo", escreve Camus. "Essa cólera, cujos sinais ressoam ao longo de todo o romance, Nizan na verdade volta contra o próprio Nizan, ou pelo menos contra alguns de seus erros de juventude." Camus não mostra a mesma violência contra *seus* erros de juventude, seu casamento ou sua adesão ao PC.

Escritor e jornalista engajado, Camus parece então mais próximo de Nizan do que de Sartre. Mas sua referência continua sendo Malraux: "É comum [...] denunciar a atitude romântica de um escritor como Malraux; só que a questão não é saber se Malraux, na revolução, prefere a epopeia à construção econômica (ainda que *A esperança* seja inteiro uma resposta a essa acusação), mas perguntar-se se ele arrisca a vida todos os dias pelo modo de ver que lhe é atribuído." Para Camus, "é preciso ser grato a Nizan por não sacrificar o artista pelo partidário". Sartre, por sua vez, teria sacrificado o artista pelo filósofo. Mais uma vez, a paixão contra a vontade de provar, a arte contra a demonstração. As páginas de Nizan sobre Paris, que Camus mal conhece, o emocionaram, como aquelas sobre a ilha de Naxos, na Grécia – terra com que ele sonha. É obrigado a adiar uma viagem a Atenas e às ilhas.

Os jovens heróis de Nizan se lançam numa falsa conspiração, escondendo documentos sem interesse que pretendem fazer chegar à URSS. "Nizan coloca o grande problema dos intelectuais de nosso tempo: o da adesão [*ao partido comunista*]", constata Camus. Com um tom de ex-combatente das causas justas, o crítico literário do *Alger républicain* declara que está se descartando: "Não o seguiremos nesse terreno. Desde há alguns anos muito se escreveu e discutiu a respeito da adesão." Segue-se uma saída estranha: "Mas, afinal de contas, é um problema tão fútil quanto o da imortalidade, um assunto que um homem acerta consigo mesmo e do qual não se deve julgar." Mais revelador: "Aderimos como nos casamos." Para ter uma família? Camus não diz que um escritor engajado não possa fazer obra de artista. Mas o artista deve vir antes do militante: "Malraux, adepto, é um grande escritor. Gostaríamos de poder dizer o mesmo de Aragon e, por outro lado, o sr. Henry Bordeaux nunca pensou em aderir, o que nada acrescenta a seu talento, que continua sendo medíocre. Montherlant, que se recusa a qualquer registro, continua sendo um dos mais admiráveis prosadores do século. Nizan, enfim, partidário e partidário provocador, é um escritor de estirpe e o prova, desde *Chiens de garde* [Cães de guarda] até *A conspiração.*"

O "Salão de Leitura" e Camus reencontram o sr. Sartre em março de 1939, durante a violência dos alemães na Boêmia, quando Neville Chamberlain, primeiro-ministro britânico, garantiu à Polônia a inviolabilidade de sua soberania. As novelas de *Le Mur* [O muro] seduzem mais Camus do que *A náusea.* Ele insiste no "prodigioso interesse dos relatos do sr. Sartre e ao mesmo tempo sua profunda maestria".

As reservas também pululam. Para o recente estudante de filosofia, os personagens de Sartre "são livres. Mas sua liberdade não lhes serve para nada. É pelo menos a demonstração do sr. Sartre. A emoção dessas páginas, tão frequentemente perturbadoras, sua crueldade patética, sem dúvida provêm daí. Pois nesse universo o homem se livra de todos os entraves de seus preconceitos, às vezes de sua própria natureza, e, reduzido a se contemplar, toma consciência de sua profunda indiferença a tudo o que não é ele". Julgamento camusiano nítido: o homem "é só, ele está encerrado nessa liberdade. E uma liberdade que se situa apenas no tempo, e a morte lhe dá um desmentido breve e vertiginoso". Veredito sobre o homem sartriano: "Sua condição é absurda." Camus e Sartre pensam o absurdo do mundo, mas não sob o mesmo ângulo. Camus retoma a ideia de que toda grande obra romanesca contém uma filosofia, tanto em Sartre como em Huxley: "Um grande escritor traz sempre consigo seu mundo e sua predicação. A do sr. Sartre converte ao Nada, mas também à lucidez." Camus quer ultrapassar o absurdo no qual, segundo ele, caem os personagens de Sartre, "chegando aos confins de si mesmos". Faz uma reserva sobre a linguagem crua de Sartre: "A obscenidade em literatura", decreta o crítico, "pode atingir a grandeza. Com certeza, contém o elemento de uma grandeza, quando pensamos, por exemplo, na obscenidade de Shakespeare. Mas é preciso pelo menos que ela seja comandada pela própria obra. E em O *muro*, se isso se encontra em 'Érostrate', [...] eu não diria o mesmo de 'Intimité', em que a descrição sexual muitas vezes parece gratuita". Igual movimento com respeito a *O muro* e *A náusea*: Camus saúda a poderosa originalidade literária de Sartre, mas expressa reticências diante das bases metafísicas e morais da obra. Corre mais um risco de cronista: "Pode-se muito bem já falar de uma obra a propósito de um escritor que, em dois livros, já soube ir direto ao problema essencial e fazê-lo viver através de personagens obsessivos."[12]

Em outra parte, o Camus crítico situa-se frequentemente com relação a outros países e climas psicológicos. O filho do adegueiro reivindica sua hispanidade. Nas *Coplas*, ele encontrou "o que se pode captar de mais íntimo na alma espanhola: o gosto pela preciosidade, o amor pela vida no que ela tem de magnífico e de perecível e o sentido da imagem carnal". A argelinidade de Camus – e não o argelinismo – confunde-se com esse "direito de amar" sem medida reivindicado para se realizar. Realização: uma palavra-chave em Camus, como acordo. Em seu ensaio *L'Été à Alger* [O verão em Argel], ele descreve "um povo sem passado, sem tradições e no entanto não sem poesia", e ele reencontra nas *Fables bônoises* de Edmond Brua "a moral do povo sem alma e transbordante de vida que é o nosso". Em Brua, Camus aprecia o vigor da linguagem: "Os argelinos têm uma língua – não ainda uma literatura." Quem a criará? Segundo ele, ninguém tentou captar a psicologia dos argelinos, "a não ser talvez Montherlant em *Images d'Alger*". Brua escreveu uma "obra--prima de absurdo e de chocarrice". Não se trata de um artigo de coleguismo. O absurdo se manifesta também pelo espírito, pela ironia, pela derrisão, pela autoderrisão, pelo cinismo.

Camus identifica o absurdo no aparelho judiciário, no destino dos cabilas e na obra do sr. Sartre. Agora já não tem tempo de pôr um pé e sua pena em Paris; não pode portanto aceitar as ofertas de Michel Rouzé, que também se ocupa da revista *Méditerranée* e pediu a Pia: "O senhor aceitaria colaborar pessoalmente [...]? Posso me dirigir a Lucienne Jean-Darrouy, a Camus?"[13]

A política internacional e a Segunda Guerra Mundial arrancam Camus de sua crônica literária. Dispensado da classe de mobilização de 1931-32, apresentou-se à comissão do conselho de revisão "a pedido seu", esclarece sua caderneta militar, em 9 de setembro de 1939, mas foi "mantido dispensado". Tenta novamente ser mobilizado em 11 de novembro. Mais uma vez sem sucesso. Diferentemente de um reformado, um dispensado pode ser chamado pelo exército. Camus se apega a essa esperança. "Eu me inscrevi", explicara a Grenier, "[...] não porque tivesse aderido, mas porque não queria que minha doença me servisse de biombo nessa história e também porque me sentia solidário a todos os infelizes que partiam sem saber muito bem por quê. A comissão de reforma que me examinou, no entanto, julgou-me inapto e me manteve dispensado. Depois disso uma outra comissão que me chamou com os reformados de minha classe voltou a me dispensar".[14]

17

"TETA, BAIONETA E SACANAGEM"

No dia 3 de setembro de 1939, o Reino Unido e a França declaram guerra ao Reich. Mais de três mil blindados alemães avançam na direção de Varsóvia. Em seus cadernos, Camus é realista. Cruéis e ternos, o jornalista e o escritor anotam: "As pessoas que se fazem operar com urgência por um médico famoso de Argel porque têm medo de ser mobilizadas. [...] Na plataforma da estação, uma mãe a um jovem reservista (trinta anos): 'Seja prudente.' [...] A guerra eclodiu. Onde está a guerra? Fora das notícias em que se deve acreditar e dos cartazes que se devem ler, onde encontrar os sinais do absurdo acontecimento? Ela não está nesse céu azul sobre o mar azul, no ranger das cigarras, nos ciprestes das colinas. Não é esse jovem pulular de luz nas ruas de Argel." Camus está carregado de lembranças – e antes de tudo da morte de seu pai. "Mais tarde, sem dúvida, virão a lama, o sangue e a imensa repugnância." O *Alger républicain* anuncia a publicação de um jornal irmão, o *Le Soir républicain* [A noite republicana], cujo redator-chefe será Albert Camus. O número 1, a quarenta cêntimos, sai no dia 15 de setembro de 1939. O *Alger républicain* oferece oito páginas, o *Le Soir républicain* uma folha frente e verso, quase sem assinaturas. Esse novo diário, posto à venda por volta das 16 horas, opõe-se à "doutrinação". O redator-chefe tem poucos colaboradores. Os dois jornais são assinantes da Agence Radio para os despachos, não da AFR da Reuters ou da Associated Press. Argel é longe de Paris, primeira fonte de informações. Camus baseia-se na seriedade e na ironia. No dia de seu lançamento, o *Le Soir républicain* faz uma pergunta na primeira página: a URSS vai intervir? Subtítulo, que não é uma afirmação: segundo a imprensa inglesa, a URSS estaria planejando unir-se ao Reich para esmagar a Polônia. O jornal e sua redação agarram-se a um condicional para manter a esperança. Potência antinazista, segunda pátria da esquerda, a URSS desmorona no imaginário coletivo da esquerda.

Os soviéticos atacam a Polônia. O jornal não escapa aos boatos. Anuncia que Hitler estaria pensando em abdicar em favor de Goering; o Führer se dedicaria à literatura e às belas-artes; a ofensiva geral alemã vai se desencadear sobre o *front* francês, tão calmo naquele final de 1939. Como a quase totalidade da imprensa francesa, o *Le Soir républicain* aceita os comunicados franceses – trinta aviões alemães abatidos em um dia, e outras invenções. A imprensa às vezes se contenta com detalhes grosseiros, correspondendo à imobilidade dos beligerantes: "As patrulhas alemãs atacaram nossas linhas à granada." Estranha guerra, estranha informação, informações quase engraçadas.

O *Le Soir républicain* também publica na página 2 um folhetim que ocupa muito espaço, *La Chartreuse de Panne* [A cartuxa de Parma]. De Argel, o redator-chefe, como Fabrice em Waterloo, não enxerga o conjunto do campo de batalha. Trava contra a censura uma luta que se manifesta por um surgimento cada vez maior de "vazios". O *Le Soir républicain* pretende ser o jornal mais bem informado, mais esclarecido, mas tem dificuldade em enxergar com clareza. Para protestar, Camus enche o diário de citações de compreensão fácil, enquadradas, assinadas, inventadas ou não. Spinoza, Maupassant, Voltaire, Maurois, verso e prosa, marcam a posição do jornal: "O maravilhoso dessa empreitada infernal é que cada chefe manda abençoar suas bandeiras e invoca Deus solenemente antes de ir exterminar seu próximo."

De Túnis, o tenente Jean-Pierre Faure acompanha a agonia do *Alger républicain*. Em 6 de setembro, a Pia: "... dê-me algumas notícias de nosso infeliz jornal. Não o encontro aqui." Nenhum jornal de Argel chega a Túnis. Em 9 de outubro, Faure a Pia, mais uma vez: "Sei que vocês estão acabando." Finalmente, ele compra seu diário em Túnis: "Acho que é difícil fazer melhor enquanto jornal de informação com os elementos que vocês têm [...] de todos os jornais que tive nas mãos *é o mais digno.* [...] lembranças a Camus e [...] peça à sra. Pia que me perdoe por tê-lo metido nesse beco sem saída. Afetuosamente."[1]

No dia em que a Alemanha e a URSS fazem a partilha da Polônia, Camus escreveu a Francine Faure: "Depois de refletir bem, vou atacar meu romance (se ouso dizer). Vejo aqui sua forma e seus sinais, em torno de mim, nessa pobreza, nesses seres elementares, em sua indiferença e sua resignação. Bela imagem desse mundo sem ternura que dá a você um pouco de medo! Neste momento sinto que vou trabalhar sem nada sentir de [*ilegível*] em mim. Essa disponibilidade é maravilhosa. Mesmo agora. Mas ela me deixa triste e inquieto, como se penasse sob um peso muito grande. Se pelo menos pudesse levar isso a bom termo. Gostaria de me ver liberado das três coisas que preciso fazer de imediato, que a paz viesse e que eu pudesse ir com você para a Itália para rir e viver na inocência." No dia seguinte, à mesma: "Ontem comecei de verdade o meu trabalho. Como tinha lhe dito (e me dito) que começaria pelo meu romance, iniciei meu ensaio sobre o Absurdo. Além do mais, ele está muito mais maduro em mim do que o romance e consegui terminar um capítulo (pelo menos a primeira versão): aquele sobre Don Juan. Há algum tempo escrevo com mais facilidade, e o que faço é mais limpo, sem floreios. Busco menos o efeito e ontem estava contente com meu capítulo. Ainda não o reli e não sei realmente o que vale. Espero continuar sem me interromper."[2]

Albert e Francine se deixam, se reencontram, através das tempestades de um jovem casal. Camus tem confiança naquela mulher. Anuncia-lhe um fracasso: "O *Alger républicain* acabou. Amanhã sai seu último número. Só o *Le Soir républicain* vai continuar. Três quartos do pessoal foram liquidados – cerca de quarenta desempregados! No *Soir* só ficam Pia, um redator e eu. E quem sabe até quando isso vai durar [...] Pia está pensando em ir embora daqui a dois ou três meses e me deixar a direção do jornal. Serei um pouco mais bem pago e estarei um pouco mais ocupado. (Esqueci-me de dizer que o negócio quebrou porque a agência [de publicidade] Fournier retirou suas propostas bruscamente e, muito provavelmente, depois de uma pressão vinda de fora.) No mais, as coisas pioraram depois da publicação de nossos Éclairages de guerre [*coluna inventada por Camus*]. Falando de mim, um capitão da censura declarou a um dos redatores que eu precisava tomar cuidado e acrescentou 'pena que um rapaz de tanto valor (*sic*) seja um mau francês (de novo *sic*)'. Hoje de manhã, quando ele me pediu mais uma vez que suspendesse os É de G, respondi que nossa convicção era de que, para combater Hitler, era preciso combater também os maus franceses que querem introduzir os métodos hitlerianos na França. As coisas estão nesse pé." No dia seguinte, sempre para Francine, como que para apagar uma parte de seu passado: "Acabo de passar a tarde esvaziando dois baús cheios, com cinco anos de correspondência, e queimando todas as cartas acumuladas. Foi como uma fúria. Não poupei nada. Os que me eram mais queridos.

Os que me elogiavam. Os que me enterneciam. Grenier. Heurgon. Claude. Jeanne e Marguerite. Christiane. Todos e todas as outras: tudo queimou. Tenho cinco anos a menos de passado no coração. Reli algumas – ao acaso. Fui um jovem e depois um homem. Não tive uma só vez o mesmo rosto para dois seres. Quanto aos que me amavam, nunca os fiz felizes. É a única coisa que sei. E é tão pouco que não me arrependo de nada. Para bem fazer eu deveria também queimar suas cartas; para que servem esses testemunhos? Aliás, ia fazê-lo. Mas não sei que movimento me fez desistir. Ainda tenho muita coisa para queimar. Velhos artigos, ensaios ridículos, algumas cartas de escritores, Max Jacob, Audisio, Malraux, Montherlant. Será a segunda carga. Hoje esse fogo me exaltou e estou com vontade de parar um pouco e refletir."[3]

Camus acha essa guerra absurda, pois, segundo ele, poderia ter sido evitada. No dia seguinte ao cerco de Varsóvia pelos alemães, no dia do ataque soviético à Polônia, um Camus perturbado publicou um editorial, um grito. "Talvez nunca os militantes de esquerda tenham conhecido tantas razões para se desesperar." Em Argel, tal como em Paris, as posições da União Soviética são difíceis de decifrar. "Muitas esperanças e muitas crenças desmoronaram ao mesmo tempo que essa guerra." Camus evoca as "contradições" do mundo. Faz um retrospecto de si mesmo: "Muitos de nós não tinham compreendido bem os homens de 1914." Sem cair no antimilitarismo primário, denunciando-o às vezes, ele injuriou o espírito dos ex-combatentes. "Estamos mais perto deles agora, pois sabemos que se pode fazer uma guerra sem consentir nela." Depois, estranha frase num comentário político, em que o *eu* mais uma vez se esconde por trás de um majestoso *nós*: "Nós sabemos que, num certo extremo do desespero, a indiferença surge e com ela o sentido e o gosto da fatalidade." Os mobilizados de 1914, inclusive o pai de Camus, de quem ele não fala nesse artigo, acreditavam estar participando da "última das últimas". Camus busca em seu manifesto "as imagens frágeis e preciosas de um passado em que a vida conservava seu sentido: alegria dos corpos nos jogos do sol e da água, primavera tardia na eclosão das flores". Cantando ciprestes, lentiscos e rosas-chá, o autor de *Bodas* está presente. Não consegue conformar-se ao universo da guerra. *Bodas*: "Um homem jovem olha o mundo frente a frente. Não teve tempo de burilar a ideia de morte ou de nada, cujo horror, no entanto, ele ruminou." No final desse editorial vibrante, ele volta a passar do pessimismo ao otimismo comedido: "E talvez o extremo da revolta esteja em perder a fé na humanidade dos homens. Talvez depois desta guerra as árvores ainda refloresçam, uma vez que o mundo acaba sempre por vencer a história. Mas, nesse dia, não sei quantos homens estarão presentes para vê-las." Mais literário do que político, Camus, aqui, parece perdido. Ele não está só.

Antes, a URSS era a esperança da humanidade, a muralha contra a guerra. Agora? Sob o pseudônimo de Jean Mersault, Camus constata que, "no momento atual, tudo leva a crer que a União Soviética se perfilou entre as nações imperialistas".[4] A URSS quer engolir a Finlândia. Alguns amigos comunistas de Camus se ajustam antes mal do que bem à linha dos partidos comunistas francês e argelino, desfalcados de seus militantes frequentemente presos ou mobilizados. O editorialista principiante prevê uma "nova carnificina" se não se fizer a paz. Furioso, Robert Jaussaud – que mora perto das instalações do jornal – não concorda com Camus. Jaussaud pergunta como se poderia deter Hitler, "esse louco". Os dois amigos brigam.[5] Jaussaud também rompe porque, segundo Mado e ele, Albert está se comportando mal com Christiane.

O irmão de Albert, Lucien Jean Étienne Camus, segundo-sargento, apresenta-se ao centro de mobilização de artilharia da África, 3º grupamento, 55º grupo, em Constantine. Albert nem mesmo caiu no grupo auxiliar e o lamenta. Lucien ausente, o irmão se esforça para ir duas ou três vezes por semana até a rua de Lyon. A silenciosa quase não fala:

"Um vento frio entra pela janela.

Mamãe: O tempo está começando a mudar.

— É.

— Será que vão manter a iluminação reduzida durante toda a guerra?

— Sim, provavelmente.

— No inverno vai ser triste.

— É."[6]

Com seus ex-companheiros comunistas Camus não briga, deixa de vê-los. O *Le Soir républicain* é o único diário de Argel a protestar quando prendem os quadros e os militantes comunistas, partidários ou não do pacto germânico-soviético. Amargo, Camus observa: "Todos traíram, os que impeliam à resistência e os que falavam da paz."[7] Ele não tem linguagem dupla: suas anotações pessoais e seus artigos seguem a mesma linha. Opõe-se tanto ao "imperialismo revolucionário" quanto ao imperialismo nazista e fascista. Quantos homens de esquerda, em 1939, ousam escrever, mesmo que pensem "a URSS hoje classifica-se entre as nações predadoras"?

O *Alger républicain* e o *Le Soir républicain* denunciaram os nazistas, viram na ideologia e na revolução nacional-socialistas uma mística.[8] Camus gira em torno de uma ideia: comunismo e nazismo são religiões. Isso não basta para rejeitar o povo alemão ou para falar em "*boches*".

O Le Soir républicain conta com seu redator-chefe para preencher suas colunas. É preciso evitar a mesma assinatura quatro vezes num mesmo diário. Prática dos jornais pobres, Camus utiliza pseudônimos:[9] Vincent Capable, Demos, Irénée, Liber, Néron, Pétrone, Zaks, César Bórgia. "Marco" encarrega-se de explicar que o povo francês e o povo inglês (incurável tique francês, Camus diz "ingleses" em vez de "britânicos") não querem o esmagamento da Alemanha, sua submissão, seu esfacelamento. Camus peca por otimismo. Na França e na Grã-Bretanha, o belicismo não é tão violento quanto no início da Primeira Guerra Mundial, mas as populações desejam derrubar a Alemanha. Camus saúda, quase a contragosto, Daladier, o presidente do conselho, que se opõe a essa "política funesta". Comentarista recusando-se a se deixar levar pelos acontecimentos e pela propaganda, situa o conflito em perspectiva. O *Le Soir républicain* choca a maioria de seus leitores, e, pouco a pouco, seu fundador, Jean-Pierre Faure.

Dois meses depois da declaração de guerra,[10] um artigo assinado pelo *Le Soir républicain*, obra de Camus e de Pia, retoma as causas da guerra: "Pensamos ainda: 1) que havia nas reivindicações hitlerianas uma mistura bastante curiosa de reivindicações legítimas [*trata-se das populações fronteiriças dos Sudetos, três milhões e meio de alemães, um quinto da Tchecoslováquia*] e de pretensões injustificadas; 2) que a política internacional dos últimos anos consistiu, por um paradoxo não menos curioso, em recusar as primeiras e em conceder as segundas, e, quanto ao resto, em dar sob a ameaça o que não se soubera ceder em tempo; 3) que, seja como for, não se pode viver eternamente segundo um tratado ou num estado de fato, e que as noções de vencedor e derrotado estão sujeitas a trágicas transformações." Pia e Camus denunciaram as condições do tratado de Versalhes, o hitlerismo e suas exigências de espaço vital. Fazer alusão a "reivindicações legítimas" alemãs - de Hitler, infelizmente! - exige uma certa lucidez, quando não coragem. O *Le Soir républicain* deveria esclarecer que se tratava dos Sudetos e de seus alemães. A análise geopolítica não se satisfaz com claros-escuros. Na maioria dos artigos de Camus, diferentes das sínteses marxistas clássicas, o autor nunca subentende uma racionalidade oculta dos atores, Daladier, Chamberlain, Molotov e Mussolini. Camus não acredita no determinismo histórico, no fatalismo historicista, com algumas variáveis, diplomáticas, econômicas, militares. O absurdo estaria presente também? Camus é antes de tudo moralista e homem de boa vontade, menos anarquizante que Pia. "Só acreditamos, de fato", diz o mesmo artigo, "em uma fatalidade histórica, a que é introduzida por nós; acreditamos que esse conflito podia ter sido evitado e que talvez ainda possa ser interrompido para satisfação de todos." Seria possível chegar a um acordo satisfazendo Hitler e seu expansionismo em outubro de 1939? É duvidoso.

Camus também tem divergências com algumas namoradas que confiam nele quanto à literatura, mas reservam-se o direito de não o acompanhar em política. Ele tem algumas discussões com Blanche Balain. "Você me pede uma referência", ele escreve,[11] "e não precisa, pois já sabe o que quer e já aceitou, consciente ou inconscientemente, em todo caso em nome de um ideal ou de uma fatalidade que você tenta definir, a morte de milhões de seres humanos. Decerto sofre com isso, mas parece-lhe fatal que essa guerra esteja presente e você aceita essa fatalidade". A fatalidade povoa suas cartas, seus cadernos, seus artigos: "Não, essa guerra não era fatal. E podia ser evitada, pode ainda e em todos os momentos." Ele escreve isso em 11 de novembro de 1939, incriminando a mediocridade dos governantes, depois de ter tentado se engajar: "Querendo pelo menos arriscar minha vida sem consentir na jogada que me é proposta." Desgostoso com "o ódio que hoje nos submerge", Camus acha que os "únicos valores defensáveis" são "o amor e o espírito".

Igualmente, mobilizado no 9º regimento dos zuavos, Fréminville é hostil à declaração de guerra. "O que nos importa Dantzig?", diz ele. "Guerra dos meus colhões, França do meu cu!" Mas ele fica encantado no dia em que a União Soviética declara guerra à Finlândia. Finalmente o capitalismo vai ser destruído.[12]

Camus admira-se de que um candidato pacifista possa, no clima de guerra, apresentar-se às eleições britânicas. Convencidos de que não se pode confiar em nenhum partido, Pia e ele redigem juntos um artigo-profissão de fé que nunca foi publicado.[13] O *Le Soir républicain* "não poderia [...] apoiar os profissionais do nacionalismo e o lirismo extraído do sangue dos outros. Somos profundamente pacifistas". Pacifista: palavra perigosa, depois da declaração de guerra. O governo encurrala e prende os pacifistas revolucionários do Partido Socialista Operário e Camponês de Marceau Pivert, na orla do partido socialista. Os ingênuos partidários da paz a qualquer preço são acusados de derrotismo. Esses doidos irrealistas desejariam a paz universal. São confundidos com os não-violentos sistemáticos. Partidário da paz entre os povos e as nações, Camus não é desses. O homem jovem que pede que se reflita sobre a situação da Europa no final de 1939 é também o rapaz que adaptou *O tempo do desprezo.*

Iconoclasta, o *Le Soir républicain* enfrenta "Anastasie", a censura, mais draconiana na Argélia do que na França. Seu funcionamento foi instituído por uma instrução do governo-geral já em 1937.[14] O tenente-coronel Florit é chefe do serviço de "controle das informações", delicioso eufemismo. O serviço compreende uma seção europeia e uma "indígena". Oficiais e, depois, funcionários civis trabalham nele. Aparece então o oficial de imprensa, espécie de grande futuro no século XX. Protegido por sua instrução, Florit não considera que seu trabalho seja simplesmente de ordem militar. Fazendo uma ideia coercitiva de suas funções, ele quer ver na imprensa "informações criteriosamente selecionadas". Seu serviço conduz "a luta no domínio moral e psicológico". Seus oficiais têm uma tarefa: "orientar a redação dos jornais da colônia no sentido exigido pela situação do momento".

Encabeçada por Camus, a redação do *Le Soir républicain* aceita a censura das informações militares. Esses jornalistas não são provocadores inconscientes: "Não admitimos a censura dos espíritos." O espírito recusa *uma* linha política. Os serviços do tenente-coronel não aceitam as manifestações do espírito. Além disso, militares e civis destacados no controle das informações, na maioria burocratas, patriotas ou patrioteiros, querem se garantir: em caso de dúvida, não se abstêm, censuram.

Cortam-se também os artigos... sobre a censura, como os de Léon Blum, retomados pelo *Le Soir républicain, mas* publicados no *Le Populaire*, em Paris. Obstinado, Camus manobra com os meios disponíveis. As informações do *Le Soir républicain* são pobres. Já não é mais jornalismo, mas, antes, jornalismo sobre o jornalismo. Camus recua. Em vez de adotar uma linha categórica diante da guerra, tenta analisar suas causas, citando a imprensa metropolitana e estrangeira. Apesar de sua onipotência, os censores hesitam em proibir excertos de artigos publicados na França e na Grã-Bretanha. O *Daily Mail* vem em socorro do redator-chefe: "Stalin não age por amor a Hitler nem para salvar as democracias, mas no interesse da Rússia. Ele segue uma política realista."[15] Para Camus, trata-se não de aprovar, mas de explicar. Quase coincide com Nizan, demissionário do PCF, mas leninista, que compreende Stalin, não os comunistas franceses. Mais historiador do que jornalista, Camus apresenta, ao longo das semanas, suas exegeses do tratado de Versalhes. Sob o pseudônimo de Zaks, declara que "teria sido preciso criar um mundo internacional novo". Os censores cortam cláusulas... do tratado de Versalhes. "A escalada do hitlerismo não era inevitável." Essa alusão aos erros de outras potências antes da guerra escapa à Anastasie. Para Camus, trata-se de proteger o mundo do perigo nazista *e* de libertar dele a Alemanha.

Redator-chefe imaginativo, Camus criou uma coluna muito original, "Sous les éclairages de la guerre" [Sob os faróis da guerra]. Essa coluna, denso *pot-pourri* anônimo, tem um estilo que denuncia seu autor. Subtítulo do diário da noite, bravata: "*Diário de informação e de crítica (seis palavras censuradas).*" Camus com frequência coloca em sua melhor coluna a crítica, quando não a informação. "Éclairages" recomenda a leitura de livros de títulos anódinos para os censores, esclarecedores para os leitores avisados, *Mars ou la guerre jugée* [Marte ou a guerra julgada], de Alain, O *bravo soldado Chveik*, de Jaroslav Hasek. A coluna aconselha que se medite sobre o livro de Keynes a respeito das consequências econômicas do tratado de Versalhes. De repente Camus publica o artigo – parcialmente censurado – de Voltaire sobre a guerra em seu *Dicionário filosófico.* O intemporal vem socorrer a atualidade. "Éclairages" cita os jornais franceses menos conformistas, *La Lumière, Le Canard enchainé, Le Merle, La Bourgogne républicaine.* Furioso, Camus condena as canções guerreiras, publicando-as, sob pretexto de estudar a canção do soldado. No "gênero odioso", ele encontra a convocação da classe 15-16:

Au feu, tous en avant,
*C'est la lutte suprême...**

Benevolente ou míope, o censor em serviço deixa passar as estrofes do que é apresentado como a nova canção do exército francês. Nela há um refrão de que Camus gosta:

... C'est la baba, c'est le yoyo
C'est la nénette, c'est la baïonnette
Qui nous donnera la victoire
C'est le coucou, c'est le yoyo

---

* Fogo, todos avante/ É a luta suprema... (*N. da T.*)

C'est la nénette, c'est la couillonnette
*Qui nous apportera la gloire.**

A sacanagem da guerra também é uma face absurda. Camus compartilha seus estados de alma e de espírito com Francine: "Diga a Christiane [*a mais velha das moças Faure*] que não acredito de modo algum que eu seja o único a viver com a consciência de que é absurdo. É justamente o contrário. Acredito que seja uma verdade comum e válida para todos. Mas o que me interessa são as consequências. [...] As pessoas dizem 'é absurdo'. Depois pagam seus impostos e põem a filha numa instituição religiosa. E que elas acreditam que tudo termina quando se diz 'é absurdo'. Na realidade está apenas começando. Aliás, não consigo dizer em algumas palavras o que precisaria de um livro para se definir. Mas trata-se, para mim, de um trabalho em que a inteligência tem a maior participação – a moral vem depois. O absurdo da vida é um barco desgastado para intelectuais do pós-guerra. Mas o pensamento filosófico só começa a partir do momento em que prolongamos com rigor e honestidade a lógica dos lugares-comuns. Eu poderia do mesmo modo partir de uma imagem envelhecida, como 'a fuga do tempo' ou 'todo mundo é mortal'. O que extraio dela é que importa. E o que quero extrair é um certo pensamento humano, lúcido, limitado no tempo – uma certa conduta em que a vida seja armada por ela mesma e não pelos devaneios a que dá pretexto. Essa visão fundamenta, aliás, menos um modo de vida, já que nela as morais não têm importância, do que um modo de se exprimir."

Dois dias depois, Albert confidencia seu desânimo a Francine: "Desde ontem estou em dúvida. Ontem à noite comecei a redigir meu ensaio sobre o Absurdo. Até agora escrevi fragmentos dispersos – os que combinavam com meu humor do momento. Mas o verdadeiro trabalho está por fazer. É preciso escrevê-lo, levá-lo do começo ao fim, fundir tudo na mesma obra. Foi o que comecei ontem. E depois de uma meia hora tudo desmoronou. Eu tinha escrito duas páginas pueris perto do que sinto. Não conseguia enxergar com clareza. Perdia-me nos detalhes. Parei e de repente pensei que talvez não fosse capaz de escrever isso. Ter ideias é dado a todo o mundo. Mas fazê-las entrar numa obra, conservar a contínua mestria do criador, é isso que constitui o escritor... Até aqui me diverti escrevendo, sentindo e até, num certo sentido, vivendo. Pela primeira vez, agora, estou no início de

* É a xoxota, é a trepada/ E a teta, é a baioneta/ Que nos dará a vitória/ E o chifre, é a trepada/ é a teta, é a sacanagem/ que nos trará a glória. (*N. da T.*)

uma grande obra a ser realizada – e tal como a concebi. E, justamente tal como a concebi, ela não pode ser bem-sucedida pela metade. É preciso que tenha uma transparência perpétua. Um sucesso de cada instante. E pode-se muito bem conceber isso sem ser capaz de o realizar." Cinco dias depois, recaída. A mesma: "Renunciei a meu trabalho. Agora quando escrevo é minha vontade que traça as palavras e, em vez da chama quente que sinto e que gostaria de transcrever, é um jogo mais ou menos brilhante que sigo sem participar dele. Não é escrito com todo o ser – não coloco nele a vibração contida sem a qual nada é válido. Seria preciso uma soltura, um abandono. E eu estou crispado, extremamente tenso pela vontade de fazer a todo custo o que tenho a fazer. A verdade é que não sei mais escrever. Percebo isso mesmo ao escrever minhas cartas rapidamente. [...] Então esta noite não me esforcei mais. Vou parar de trabalhar quando for preciso. Se já não posso fazer o que meditei, não o farei; não farei nada, ler, passear, esperar. Esperar o quê? Não sei. Mas, a deixar uma obra que traia tudo o que sinto, prefiro não deixar absolutamente nada."[16]

"Éclairages" do *Le Soir républicain* cita em dezembro de 1939, em Argel, um alemão, Fichte. "Para mostrar coragem, não é preciso pegar em armas. Com frequência exige-se de nós, no decorrer de nossa vida, uma coragem maior, a de permanecer fiel a nossas convicções colocando-nos acima do julgamento do mundo."

O *Le Soir républicain* tem pouca publicidade, leitores em número insuficiente, e não vende seis mil exemplares. Camus exprime suas convicções em "Éclairages". Devem-se "recusar todos os regimes europeus propostos, *não apenas* o nazismo, o fascismo, o franquismo". Sob o pseudônimo de Alius, ele reivindica um socialismo que resolve redefinir: "O socialismo, a nossos olhos, não é a devoção a um homem, a uma seita, a um catecismo, nem mesmo a uma classe, a um governo." Camus rejeita a pertença a um partido ou a uma organização: "Há socialismo quando – e somente quando – há esforço de pensamento e de ação para melhorar a condição material e moral de todos os membros da sociedade coletivizando a economia." Ele acredita na possibilidade de um socialismo que não seja representado nem pela SFIO nem pelo partido comunista. Camus está tão isolado quanto Pia. Uma solidão a dois reforça uma amizade.

Em dezembro, eles estão cansados da guerrilha com os censores e da falta de informações. Pia redige uma série de artigos sobre a informação. Nizan publicou[17] *Chronique de septembre* [Crônica de setembro], análise da saga de Munique. No final de 1939, Pia, tal como Camus, sente-se próximo dele. Na ofensiva, em seu primeiro artigo, Pia cita a parte mais edificante desse último livro de Nizan, a introdução, de onze páginas. Camus segue de perto essas lições de metodologia do jornalismo. Como Nizan, Pia indaga-se sobre os circuitos da informação, sublinha, sobretudo quanto à política estrangeira, o número de intermediários pelos quais passam uma informação e suas modificações. Teoriza a prática jornalística: um jornalismo rigoroso deve definir regras de autocrítica. Poucos redatores-chefes se entregam em público a esse exercício na imprensa francesa de 1939. Pia examina os alimentos cotidianos dos jornalistas, notícias de agências de imprensa, documentos, fontes orais e escritas, informações dos correspondentes, que eram insuficientes no *Alger républicain* e não existem no *Le Soir républicain*. A série de Pia promete, mas depois do quinto artigo, em parte censurado, ele desiste. Camus medita e retoma a frase de Nizan: o jornalista "é um historiador do imediato".[18] O imediato, matéria-prima do repórter ou do editorialista, o presente do diário ou do hebdomadário, frágil, fugaz, torna-se na mesma hora, *instantaneamente*, passado a ser colocado em perspectiva.

Fim de ano moroso nas instalações do jornal. A maioria dos colaboradores se dispersou. O futuro do *Le Soir républicain* parece ameaçado. Os retornos financeiros são parcos. Fundadores e acionistas se preocupam – escandalizados com a linha percebida nas entrelinhas de "Éclairages". Dois membros importantes da diretoria irritam-se com as posições adotadas: Rouillard, mobilizado como coronel na direção do correio do exército, e Faure. Este último acha que o *Le Soir républicain* está tomando posições anarquizantes.[19] Além do mais, essas ideias não são comerciais. Nem Pia nem Camus, franco-atiradores independentes e altivos, pedem a opinião de Rouillard, no entanto acessível ao governo geral. Mobilizados e em desacordo com Camus, alguns amigos se afastam. Fiel, Poncet, de licença, vem visitá-lo na rua Koechlin, encontrando-o sério, mas pouco desmoralizado.

No número de 1º de janeiro de 1940, um editorial anônimo, com patéticos tons camusianos, distanciado da atualidade, mas não da realidade, proclama: "A única grandeza do homem é lutar contra o que o ultrapassa. Não é a felicidade que se deve desejar hoje, mas antes essa espécie de grandeza desesperada." O redator-chefe lança a seus leitores: "Vocês forjarão sua felicidade e sua dignidade." Uma janela de pé de página cita não Marx, mas o Evangelho: "Paz na terra aos homens de boa vontade." Os credores reclamam. O papel a preços viáveis torna-se raro. O jornal sobrevive em apneia num oceano de hostilidade. Os funcionários do governador estão irritados, os censores exasperados. Camus e Pia, muito presente no *Le Soir*, ostentam sua impertinência: Vocês censuraram Voltaire?! Vocês estão censurando seu chefe, Jean Giraudoux, diretor da Informação em Paris. O pequeno jornal não revela nenhum segredo militar, mas veicula uma oposição moral contrária ao clima da época. O *Le Soir*, mais ainda do que o *Alger républicain*, exprime dúvidas e interrogações. Certas informações vêm com um subtítulo "*sob todas as reservas*". Nunca os concorrentes, conformistas e servis, tomam essas precauções. O mais poderoso, o *L'Écho d'Alger*, bombardeia seus leitores com os comunicados oficiais e com os *slogans* de ministros: "Forjaremos o aço vitorioso." "Venceremos porque somos os mais fortes." As minas magnéticas e os submarinos alemães, num primeiro momento, ganham o que se tornará a batalha do Atlântico. Nada de grave, explicam o *L'Écho* e o *La Dépêche*, já que os ministros franceses o afirmam. Somos os melhores. A força das afirmações da informação oficial é inversamente proporcional à sua credibilidade. O *Le Soir républicain* não tem por que desejar um acordo com a Alemanha. Seus grandes confrades estão errados em alimentar um otimismo militar imbecil. Guerra chamada de posição no *front* franco-germânico: o *L'Écho d'Alger* louva a "guerra de escaramuças em que se afirma o domínio das tropas francesas"! Camus acha que essa guerra ainda pode ser evitada, mesmo porque entre franceses, britânicos e alemães ela na verdade ainda não começou. Ele superestima as faculdades de adaptação pacífica de Hitler, mas militarmente seu ponto de vista poderia ser discutido, não fosse o belicismo nazista.

O *L'Écho d Alger*, sob as ordens de Paris, é um jornal sentado sobre suas certezas, o *Le Soir républicain* é um diário que está em pé e é agressivo. O *L'Écho* aparece com poucos vazios. Francisque Laurent, correspondente-editorialista do *L'Écho* em Paris, reivindica um ministério da Informação, pois, escreve, "só há a censura! Ora, a censura só dispõe de instruções de tolerância ou de proibições".[20] E uma concepção do jornalismo em suas relações com os poderes públicos e os leitores, mas não a de Camus ou de Pia. Laurent quer "poupar os nervos da opinião pública". Com um alcance limitado ao número decrescente de seus leitores, o *Le Soir républicain* não poupa nem a opinião pública nem os poderes.

Bate-bocas entre jornalistas e censores se sucedem. Em 6 de janeiro de 1940,[21] o comissário Delgave vai à sede do jornal: "Fui recebido pelo sr. Hat [*sic*]", ele escreve em seu relatório. Pia declara que os militares censores, encabeçados pelo capitão Dupuy, acham que o *Le Soir républicain* "é dirigido por comunistas". Policiais e militares são frequentemente levados à amálgama, confundindo comunistas, anarquistas e pacifistas. Pia não resolve os problemas para Camus e para o *Le Soir* declarando que "no exército habitualmente não se aplica o princípio da utilização das competências". O comissário e o capitão fazem o relatório. Discussões, telefonemas do capitão Dupuy, que aparece no jornal. Novas exegeses de exemplares do *Le Soir*. Provocador, Pia se explica: solicitará nada menos do que a transferência do tenente-coronel Florit, chefe da censura. A guerrilha se transforma em guerra. Camus e Pia não vencem a última batalha. Em 10 de janeiro sai o número 117 do pequeno jornal. Em Argel, o cinema Olympia passa *Adeus para sempre*, com Bárbara Stanwick. "Éclairages de guerre" cita Anatole France: "O grande valor humano é o próprio homem" — grito veemente, vago, derradeiro. Nesse mesmo 10 de janeiro, o sr. Bourrette,[22] delegado de divisão, chefe da polícia especial departamental de Argel, pede para falar com o sr. Albert Camus, redator-chefe. O delegado lhe notifica uma portaria de 9 de janeiro de 1940, do senhor governador-geral da Argélia, suspendendo a publicação do jornal, por aplicação dos decretos de 24 e 26 de agosto de 1939. O interessado assina a notificação apresentada. Legalidade e papelada são respeitadas. O *Alger républicain* interrompeu "temporariamente" sua publicação com o número 387, de 28 de outubro de 1939. No final do dia 10 de janeiro de 1940, nas instalações do jornal, o delegado apreendeu 110 exemplares do *Le Soir républicain*, cintados, destinados aos assinantes, recuperou 1.051 exemplares nas bancas e tabacarias ou junto aos pequenos jornaleiros. O funcionário esclarece que, dos 1.161 exemplares confiscados, 107 foram apreendidos no 6º *arrondissement*, 5 no 7º... A morte do *Le Soir* é, em parte, um suicídio lógico inevitável: não havia dinheiro e nem compradores, que teriam permitido equilibrar as contas. A primeira vítima numa guerra é a verdade; a segunda, o espírito crítico. Na noite de 10 de janeiro, Pia e Camus discutem com dez operários, de catorze, que querem ser pagos. Pia diz que o acerto será feito em parcelas. Aconselha aos operários que procurem trabalho. Ao se apurarem as contas, em 21 de fevereiro, os salários dos trabalhadores serão amputados em dois francos por dia.

Durante três semanas Camus e Pia vagueiam. Caem no vazio, depois de meses difíceis, mas exaltantes. O jornalismo praticado sem cinismo é uma paixão. Pia não tem outra solução a não ser voltar para Paris, onde vislumbra possibilidades no *La Lumière*, jornal próximo da franco-maçonaria e da Liga dos Direitos Humanos, e no *Paris-soir.* Camus também precisa procurar emprego. Pia poderia ajudá-lo a juntar-se a ele na França? Camus procura aulas particulares e um outro emprego de jornalista. Negocia com o sr. Carbonnel, diretor de uma revista em estudos, *L'Afrique du Nord illustrée*, e com Emmanuel Andréo, que imprime publicações oficiais e bilhetes de loteria. Ele não deve se indispor com as autoridades: Camus cheira a enxofre. O projeto de revista cai por terra. Camus vê-se novamente sem trabalho, sem economias e, como Pia, vigiado pelos serviços oficiais.

Relatório da polícia do porto de Argel em 8 de fevereiro de 1940: "Durand Pierre, aliás Pia Pascal, diretor do jornal proibido *Soir républicain*, deixou Argel às 11 horas no *Ville-d'Alger*, com sua sogra Marguerite Angenot, de nacionalidade belga, sua filha (2 anos) e sua mulher."[23]

Albert Camus aprendeu a manter e inventar seções, redigir reportagens, análises, comentários, crônicas judiciárias e literárias. De repente, parece um pintor que, dispondo de pincéis e tintas, vê-se proibido de tocar numa tela. Em menos de dois anos, viveu uma experiência extraordinária e construiu para si uma moral jornalística. Através de dois diários que logo morreram, um após o outro, como os componentes de um velho casal, Camus viveu a amargura, a felicidade, a lucidez e o absurdo.

18

UMA PRAIA EM BOUISSEVILLE

Camus trabalhava oito horas por dia e seis dias por semana no jornal. Desempregado, tem tempo para seu ensaio sobre o absurdo, o polimento de uma peça terminada e seu romance.

Jornalista, ele dizia a Christiane Galindo: "Meu trabalho [...] me persegue. Acabo de terminar *Calígula* neste minuto. É uma coisa insuportável. Acho que, apesar de tudo, sou melhor do que isso. É preciso também que eu a retrabalhe. Vou me mudar no sábado e começarei meu romance na casa de minha mãe. Tudo isso vai me tomar muito tempo."[1] Pode também dedicar-se à sua vida particular. Ainda para Christiane: "Há também uma outra razão que não estou confessando. Tenho medo de rever F. [Francine]. Tenho vontade de vê-la e não quero reatar o que quer que seja, porque tenho coisa melhor para fazer. Talvez seja melhor deixar tudo isso morrer. Tenho necessidade, para minha obra, de minha liberdade de espírito e de minha liberdade, simplesmente." Em agosto de 1939, Camus, alternando entre uma e outra, propunha-se a viajar para a Grécia numa traineira com Christiane e alguns membros do Théâtre de l'Équipe, entre os quais P. A. Emery e Louis Miquel. O essencial para Camus, arrasado, continua sendo seus livros: "Não consigo desligar minha mente de *Calígula*. É capital que seja um sucesso. Juntamente com meu romance e meu ensaio sobre o absurdo, ele constitui a primeira etapa do que agora não tenho medo de chamar minha obra." Camus ainda não tem vinte e sete anos. "Etapa negativa e difícil de realizar, que decidirá tudo o mais." O tríptico literário, filosófico e moral – Camus busca mais uma fórmula de vida do que um sistema – está claro em seu espírito e afirmado no papel. Será ele capaz de realizá-lo? "Sinto-me atormentado e inábil diante de meu trabalho. No entanto, aferro-me a ele e acredito que possa ser belo à sua maneira (meu troço sobre o absurdo)." Interessante essa maneira de caracterizar o ensaio: *belo*, e não antes de tudo *verdadeiro*. Camus faz anotações há dois anos.[2] Trabalhou muito na casa da mãe, onde passou três meses, de setembro a novembro de 1939, por necessidade financeira. Sozinho, sereno, enquanto o jornal se acabava, ele quase perdeu as anotações de seu "troço". Ficou preocupado e, ao mesmo tempo, tinha receio de reencontrar o caderno, uma parte do ensaio, pouco antes de sua fogueira de cartas purificadora: "Há muito tempo (dois ou três anos) eu pensava que me fosse permitido, como a todo mundo, tentar uma felicidade normal." Tratava-se de Francine Faure. "Na época, estraguei tudo. Há pouco tempo, Francine, de quem amo o coração sincero, me telefonou. Consenti em tentar de novo ser um homem como os outros [...] Eu estaria mentindo, e Francine sabe disso, se dissesse que o aceitei sem pesar. Perco muitas alegrias e muitos seres, mas fiz o esforço de aceitar."[3]

Não o quiseram no exército e essa recusa ainda o atormenta. "Pensei que num abrigo ou no *front* [*sic*] eu estaria sozinho e livre, enfim, para desprezar. Recusaram-me também esse maldito consolo. Hoje pelo menos eu gostaria de tentar manter em meio a todas essas ruínas, e de minha parte, o que ainda resta de verdadeiro, a juventude e a amizade." Ele solicitou "um emprego no estrangeiro ou se possível em Orã".[4]

Entre as pessoas importantes para ele está Yvonne Ducailar, cujos pais são de Nîmes, que ele encontrou em outubro de 1939. Vinda da França, inscrita na universidade de Argel, ela se preparava para o diploma de estudos superiores. Sua amiga Lucette Meurer apresentou-lhe Albert no terraço de um café. Ela frequentou a Vraies Richesses, livraria de Charlot, assistiu às reuniões do Théâtre de l'Équipe e Camus a fez ler Chestov. Yvonne substitui um professor de filosofia durante seis meses no liceu de moças. Gosta do encanto natural de Camus, de sua gentileza, sua camaradagem, sua maneira de se mostrar profundo com leveza, sua ironia que beira o cinismo e, sobretudo, de seu olhar, muito presente quando ele fala, "como se a alma aflorasse".[5] Como não o amar? Ele morava então numa casinha isolada, a Deux merveilles [Duas maravilhas], perto da Notre-Dame-d'Afrique. Yvonne sabe, tal como Blanche, Lucette e Christiane: Albert ficou noivo de Francine Faure. Francine, em Orã, em 1938 e 1939, pergunta-se – e o confidencia a Christiane Galindo – se deve ceder à pressão de Camus. É fato consumado no outono de 1939. Ele renuncia com dificuldade, ou não renuncia, às outras: Lucette, Yvonne...

Ele passa os três primeiros meses de 1940 em Orã, dividido diante de seus amores, suas paixões, entre suas cidades e suas namoradas. Teorizou sobre sua natureza e sua confusão. Em *Bodas*: "Nem sempre é fácil ser um homem, menos ainda ser um homem puro." Reivindicava, para o coração e para o corpo, o direito de amar sem medida. Trabalhando seu ensaio sobre o absurdo, não trata unicamente da revolta e da liberdade, da consciência, da morte, do suicídio, do ator que ele foi – do conquistador que afirma que "o amante, o ator ou o aventureiro desempenham o absurdo" como "o casto, o funcionário ou o presidente da República". Não se indaga apenas sobre as relações da filosofia com o romance, sobre Kafka ou Sísifo. Também analisa um personagem, Don Juan. Nunca uma Doña Juana. No entanto elas existem nas redondezas. Seu Don Juan não é Camus, mas é *também* Camus.[6] O ensaísta constata: "Se fosse suficiente amar, as coisas seriam muito simples. Quanto mais se ama, mais o absurdo se consolida." Será que ele quer dizer com isso que o amor, pelo menos a paixão, tende a desaparecer, ou que a paixão se transforma em afeição? "Não é por falta de amor que Don Juan vai de mulher em mulher." Tal como seu Don Juan, Camus não é "um iluminado em busca do amor total. Mas é porque as ama com igual arrebatamento, e a cada vez com todo o seu ser, que precisa repetir esse dom e esse aprofundamento". Suas namoradas apaixonadas não se iludem quanto à permanência de seus laços com Camus.

Francine pretende-se compreensiva, persistente, paciente e sincera. "Daí que cada uma espera lhe [a Don Juan] dar o que nunca ninguém lhe deu", escreve Camus ensaísta. "A cada vez ela se engana profundamente e consegue apenas fazer com que ele sinta a necessidade dessa repetição." E ainda, prolongamento, conclusão do primeiro parágrafo, das linhas iniciais dedicadas ao dom-juanismo: "Por que seria preciso amar raramente para amar muito?" Camus se descreve, se desmascara esboçando o retrato literário de Don Juan, homem absurdo: "Aqueles rostos acalorados ou maravilhados, ele os percorre, os armazena e os queima. O tempo anda com ele. O homem absurdo é aquele que não se separa do tempo. Don Juan não pensa em "colecionar" as mulheres, ele as consome em maioria e com elas suas chances de vida. Colecionar é ser capaz de viver de seu passado, mas lhe recusa o arrependimento, essa outra forma da esperança, ele não sabe olhar os retratos." Camus joga, sem dúvida, com o *nós*, o *eu* e *o ele*. Como definir o amor? Tom universitário e generalizador: "Chamamos de amor o que nos liga a certos seres apenas por referência a uma maneira de ver coletiva e pela qual os livros e as lendas são responsáveis." Tom pessoal: "Mas, do amor, só conheço essa mistura de desejo, de ternura e de inteligência que me liga a determinado ser. Esse composto não é o mesmo para um outro. Não tenho o direito de dar a todas essas experiências o mesmo nome. Isso dispensa de acompanhá-las dos mesmos gestos."

Don Juan, insaciável, procura ordenar sua saciedade: "Se ele deixa uma mulher, não é de modo algum porque não a deseja mais. Uma mulher bela é sempre desejável. Mas é porque deseja outra e não, não é a mesma coisa." Adeus, Blanche! Até logo, Christiane! Não é nem um santo, nem um idealista, nem um fraco, nem um imoralista – aliás, com relação a que moral? Camus admite que se possa falar em egoísmo a propósito de Don Juan, mas não se detém nas relações de Don Juan com o Comendador, de Don Juan com Deus. Como ele, Don Juan nega Deus: "Acredito, sim, na bravata lendária, no riso insensato do homem são provocando um deus que não existe." Gozo e ascese são "as duas faces de um mesmo despojamento". Camus imagina e se imagina Don Juan, terminando numa cela de mosteiro espanhol. Essa imagem o obceca. Mais adiante, em *Le Mythe de Sisyphe* [O mito de Sísifo], ele escreve a respeito da conquista: "Um homem é mais homem pelas coisas que cala do que pelas coisas que diz. Há muitas que vou calar." Agora Camus sabe transpor, deformar, recompor suas experiências, arte mais fácil no papel do que na vida cotidiana. Escolher Francine é tão satisfatório quanto mutilante. Ela representa um futuro possível, uma nova maneira de viver. Donde, talvez, a fúria de Camus queimando as cartas de seu passado, como que para o apagar.

Imperiosa, Christiane Faure, irmã mais velha de Francine, comporta-se como um irmão árabe: ninguém toca em sua irmã caçula. Dominadora, ela tem o coração e as mãos em cima de Francine. Desde que esta última encontrou Camus, a família Faure tenta desencorajar o idílio:

— Acho que vou me casar com Albert Camus — diz Francine.

— Quem é Albert Camus?[7]

Ele não tem um tostão, explica Francine. Não tem mais emprego. Tuberculoso, em processo de divórcio, com gosto pela liberdade, ele não deseja se casar de novo. Um homem sem eira nem beira, um doente, um frívolo sem emprego? Foi jornalista, não é mais. Escritor! Quem ganha a vida com livros? Tudo para desagradar a uma mãe, um belo partido, de fato! Ela mostra uma foto de Camus.

— Parece um macaquinho — diz Christiane.

— É o macaco que mais se parece com o homem — replica Francine. Ela não vive sempre com Camus, ela está em sua vida. Ele aprecia as qualidades e às vezes os defeitos daquela companheira graciosa e séria. Francine amou homens doentes – como um estudante de direito, filho de advogado. Camus continua sendo um doente em potencial. Francine teve uma paixão infantil por seu tio Charley, esportista de perna de pau, louco por mulheres. Houve também, mais velhos do que ela, um chefe do setor de Mananciais e Florestas, um inspetor primário. Foi uma das raras moças a frequentar a classe de matemática elementar com rapazes. Conhece seus poderes de sedução. Pianista, deu recitais notáveis no salão de festas do liceu de moças de Orã, com sua tia Chaperon. Com ela, Albert, um ano mais velho, mostra-se paternalista e paternal.

Os Faure não são daquelas grandes famílias de Orã, conhecidas e ricas, como os Heintz – da gráfica –, os Bastos – dos cigarros –, a tribo da marquesa de Santocildes, que recebe muito, os Saint-Pierre, proprietários de terras.

— Brrr... os Saint-Pierre e Miquelon! — resmunga Fernande Faure, mãe de Francine.

Os Faure constituem simplesmente uma família unida, ligada, fechada. Núcleo rígido, inquebrantável: a mãe e suas filhas, Christiane, Suzy e Francine, a mais nova. Em Orã, a família grande aluga apartamentos próximos uns dos outros na rua d'Arzew: no 65, Fernande e suas filhas; no 63, tia Jeanne; no 61, os Chaperon. Pelos terraços, pode-se passar do 63 ao 65. A rua d'Arzew, prolongada a leste pela avenida de Túnis, a oeste pelo bulevar du 2e zouaves, equivale um pouco à rua Michelet de Argel, mas estreita. Na casa de Camus, os avós e bisavós logo se tornam fluidos, na casa dos Faure não. Em sua tribo, falam da avó, judia berberizada ou berbere judaizada, Clara Touboul, deprimida no final de uma vida difícil – com um filho mutilado em 1917, um marido que morreu jovem, de câncer. Também se lembram do avô, que trabalhou no porto de Orã e construiu as arcadas que percorrem a rua d'Arzew. Lê-se ainda "Faure e filho empreiteiros" em seus túmulos. Uma placa à direita da porta do 67 proclama: "Propriedade da Oranaise, Sociedade Argeliana de Construção, 1907, nº 11." Placa igual no 65.

O marido de Fernande, tenente dos zuavos, foi morto em setembro de 1914, na batalha do Marne, como o pai de Camus. Filha póstuma, Francine nasceu em dezembro. Durante a guerra, Fernande fez a promessa de se tornar cristã se o irmão escapasse da mortandade. As três filhas foram batizadas, bastante tarde. Por formalidade, fizeram a primeira comunhão. Suzy é a mais pagã. Francine não é religiosa, mas, por esteticismo, a musicista assiste quase sempre à missa de meia-noite. Essas moças viram Versalhes, Paris, Le Chambon-sur-Lignon, no centro da França. Doentes, lá ficaram hospedadas na casa de uma parenta, a sra. Oettly.

A viúva do tenente Faure deixara o liceu já na terceira série. Depois da morte do marido, tirou o diploma superior. Foi modista e funcionária do Crédito Fundiário para educar as três filhas. Também vendeu porcelana. Nos PTT, serviço postal e de telecomunicações, foi telefonista e depois supervisora enérgica, terminando no nível administrativo. Fernande Faure trabalha, ocupa-se de "seu interior", prepara as refeições, lava a louça, lava e passa, lustra seus cobres. Lê Madame de Sévigné, Colette, Tchékhov e revistas tradicionais, como *Conferência*. Indaga-se como Rousseau pôde escrever o *Emílio* e abandonar seus filhos. Respeita os detentores da Legião de Honra, governa uma casa tranquila, reina sobre um lar acolhedor. Desempenha o papel da mãe e do pai, embora seu cunhado, Louis Chaperon, tio atencioso, pai das primas Manette e Nicole, sentindo-se culpado por ter sobrevivido à guerra, apoie a mãe e as três filhas Faure. Fernande, com afeto e amor, tem uma autoridade temível.

A mãe e as duas filhas mais velhas não apenas gostam de Francine: elas a adoram. Pupilas da nação, as três irmãs dedicam-se ao ensino. Christiane e Suzy, da área literária, frequentaram o liceu Fénelon em Paris. Christiane integrou a École Normale Supérieure de Sèvres e leciona no liceu de moças de Orã, Francine obteve certificados de matemática em Argel. A sra. Faure e Christiane, preocupadas com o futuro, observam as rupturas e reencontros de Francine e Albert. Fernande deixou Francine prosseguir seus estudos em Argel.

Nesse início de ano de 1940, sem posição social, sem dinheiro, sem domicílio, Camus circula com frequência entre Argel e Orã, mas instala-se nesta última cidade. Sua âncora é sua obra. Ele cede e promete casamento a Francine, sem jurar fidelidade. Homem honrado, fidalgo, essa palavra o coage. Ama a amizade tal como a vida e o amor: "Os seres me atraem sempre na medida em que os sinto apaixonados pela vida e ávidos de felicidade. Talvez por isso eu tenha mais amigas do que amigos",[8] ele escreve a Lucette Meurer. Raros são os homens capazes de amizade verdadeira por uma mulher: "Há sempre um equívoco – um jogo duplo –, algo que falseia os sentimentos em sua origem. Creio que é porque poucos homens conseguem enxergar claramente seus desejos – ou seja, onde eles começam e onde terminam."[9]

Camus tem necessidade de companhia e de amizade feminina, de amor depois de solidão. Como é difícil limitar-se à amizade diante de uma jovem mulher desejável. Christiane, Lucette e Yvonne nunca imaginaram ou disseram que desejavam se casar com ele. Donde seu tom de liberdade com elas. Todas sabem que ele prometeu – que se prometeu. Ele não lhes esconde a importância de Francine. As moças, mesmo as que têm pouca experiência, sentem evidentemente um Don Juan, um sedutor nato em Camus. Ele gosta de Yvonne, que lhe parece distante e como que estranha: "Você não me falou muito de si mesma, minha menina", escreve-lhe de Orã, em 5 de janeiro. "No entanto, tenho vontade de saber o que está fazendo e se continua com seu ar de dedaleira. Talvez não seja tão natural eu ter ido embora. Tudo o que aconteceu não me impede de sentir algo de novo e de jovem em mim quando penso em você. E talvez, se soubermos esperar um pouco, ainda tenhamos dias para compartilhar e para viver melhor. Quanto a mim, eu o espero e desejo. Quando toda essa lama, todas essas sombras passarem, creio que estarei enxergando com mais clareza. Não me reconheço muito no que fui em Argel. Reconheço-me, totalmente ao contrário, numa certa vida que sei ter em comum com você. Mas estou patinando e dizendo tudo isso muito mal. No entanto é simples eu dizer que estou feliz por sentir sua presença na minha vida e acrescentar que fico confiante e relaxado com você. Escreva-me, Yvonne – um pouco longamente, se puder. Quanto a mim, não sei escrever nem com frequência nem muito, mas gostaria que confiasse em mim e tenho vontade de tê-la abraçada a mim."

Pousado mais do que instalado em Orã, Camus tem esperança de reencontrar um emprego de jornalista em Argel. Ele dá aulas particulares de filosofia e de francês. E escreve "... meu trabalho, felizmente".[10] Graças a suas oranesas, as moças Faure, suas primas, as moças Chaperon, por intermédio de Marguerite, Jeanne, Lucette e Christiane Galindo, ele fica conhecendo muita gente em Orã. Gosta particularmente do rude Pierre, irmão de Christiane, um silencioso e o oposto de um intelectual.

Tal como Pia, Camus mantém-se em contato com companheiros comunistas. O ex-comunista A. Smaïli, um dos quatro ou cinco militantes nos quais Pia pensa com frequência, nº 6614 na prisão civil de Argel, escreve a este último antes de sua partida para a França. Pensa em Pia e Camus, "que tiveram a insigne coragem de se debruçar sobre as misérias de nossos irmãos muçulmanos", e estes "se contam na ponta dos dedos". "Estou desolado com sua decisão de deixar proximamente nosso país. E, quanto a mim, por intermédio de Camus conforme me aconselha, manterei contato com você."[11] Smaïli agradece Pia por uma ordem de pagamento.

Camus fica conhecendo Orã. Já esteve lá várias vezes, mas nunca para uma longa permanência. Apesar de suas dificuldades, ele aprecia essa cidade, às vezes "magnífica" a seus olhos. "E fecunda e brutal. Creio que poderia viver aqui vários meses."[12] Das cidades argelinas, Orã é a que tem maior porcentagem de europeus: 90.000 franceses, 40.000 europeus de outras origens e 30.000 "indígenas" muçulmanos, estes últimos morando principalmente no Village Nègre. Os espanhóis estão bem implantados em Orã. Bem acolhidos, refugiados republicanos continuam desembarcando.

Orã é de uma beleza severa: a oeste, avista-se a massa rígida e nua do Aïdor, coroada pelo velho forte espanhol de Santa Cruz, ao qual Jean Grenier dedicou um ensaio. Israelenses e muçulmanos ocupam seus bairros. A cidade, de notável arquitetura, sobretudo no centro, perto dos apartamentos do clã Faure, e embora Camus com frequência diga que é feia, parece mais agradavelmente europeia do que Argel. Casas grandes de 1920, 1930, no bulevar des Chasseurs, a rua Jules-Michelet e a Emile-Loubet, dirigindo-se para o mar, testemunham a arte colonial dos arquitetos espanhóis e a habilidade dos pedreiros italianos. Às vezes se tem um pouco a impressão de estar em Barcelona ou em Nice. Argel abre-se para o Mediterrâneo, Orã recolhe-se sobre suas ruas e ruelas que sobem para os bairros Saint-Eugène, Lyautey e Eckmühl. A cidade parece separada do mar por penhascos, pelos cais, por bacias e pelos quebra-mares. Tal como Argel, Orã é bem servida por bondes e ônibus. Pequenos cafés alegram a rua d'Arzew. No bar Jeannot, Camus saboreia espetinhos de fígado. Ele também frequenta o Continental ou a Cervejaria Alsaciana. Para Camus, Orã tem um defeito irremediável: fica a um dia ou uma noite de trem de Argel. Francine, algumas aulas particulares, sua procura de emprego, o ensaio em que está empenhado deixam-lhe o tempo de lançar sobre Orã um olhar de simpatia sarcástica.[13] Ele distingue a cidade de seus arredores. "Nestas praias da Oranie, todas as manhãs de verão parecem ser as primeiras do mundo." O escritor se diverte: "Orã. Cidade extravagante em que as lojas de sapatos expõem horríveis modelos em gesso de pés torturados, em que os objetos-armadilha convivem nas vitrines com carteiras de dinheiro tricolores – onde se podem ainda encontrar cafés extraordinários com balcões envernizados de sujeira e salpicados de patas e asas de moscas, onde nos servem em copos rachados. Cafés felizes de um país feliz, em que o cafezinho custa 12 soldos e o café grande 18." Camus se enternece: "Cidade sem igual e simples, com seu desfile de moças imperfeitas e emocionantes, rosto sem maquiagem, incapaz de interpretar a emoção, simulando tão mal a coqueteria que o estratagema se revela imediatamente."

Camus detesta a Casa do Colono, construção pretensiosa, com motivos egípcios, bizantinos, africanos, peça montada pela glória do Império. Ele passeia com toda a liberdade do desempregado. Vadiando, caçoa dos jovens oraneses, rapazes de brilhantina, chamados de Clarke (Gable) ou Marlene (Dietrich) ondulantes. Aprecia o passeio do Étang, que contorna o Château-Neuf e leva a Calère, velha cidade espanhola com portas de pedra e fontes. Em suas ruas, o rádio berra: o valenciano tornou-se a segunda língua europeia daqueles oraneses, frequentemente calorosos e ruidosos.

Sobe-se a pé aos Planteurs, a floresta de pinheiros. Orã – Camus reconhece – tem alguns prédios nobres, como a sinagoga, a mais bonita da Argélia. Mas ele gosta sobretudo dos arredores, menos suaves, mais africanos do que os de Argel. A oito quilômetros abre-se uma magnífica baía de angra profunda, Mers el-Kébir. Mais além, no limite entre Bouisseville e Trouville, o avô Faure plantou pinheiros. Lá os Chaperon têm uma casinha, e Camus a frequenta. Mais longe vêm Aïn el-Turk, o cabo Falcon e a suntuosa praia das Andalouses.

Diante de Orã, Camus ora se emociona ora se irrita: "Nela aprendemos as virtudes inteiramente provisórias de um certo tédio." Ele caçoa de sua vida cultural. E mais fácil os cinemas passarem *Ben Hur* do que *O encouraçado Potemkin*. Não se vai além dos espetáculos das turnês Karsenty. A incultura dos oraneses parece demasiado proverbial para que se acredite nela. A livraria Manhès, nas galerias Perez, é excelente. Fernande Faure compra seus livros na livraria Chazau, perto do correio central. Piada clássica:

— Verhaeren — pede um cliente.

A vendedora:

— Vera Reine? E para procurar no V ou no R?

Diferente de Argel, Orã vive à noite, como uma cidade espanhola. Até meia-noite, as pessoas desfilam sob as arcadas, na rua d'Arzew. Para os oraneses, os argelinos, que se deitam às nove horas, são uns chatos. Denunciando o provincianismo de Orã, Camus defende a vitalidade de Argel. As rivalidades entre cidades fazem parte do folclore. Quando Camus extrapola, alguns oraneses acham que ele está bancando o *orgulhoso*. Para um verdadeiro oranês, todos os argelinos são orgulhosos. Os gracejos entre argelinos e oraneses são inesgotáveis, sobretudo quando se trata de esporte. O que vocês levaram quando o RUA (time argelino) veio jogar contra o CDJ (oranês). Levaram quatro gols. Comeram purê. Quanta mulherzinha no seu time, ualá. A fala de Orã mistura o francês, o árabe e o espanhol mais do que a de Argel. Camus sabe lidar com ela.

Seu companheiro preferido, Pierre Galindo, passeia e bebe com ele. Saboreiam sardinhas e escargots ao molho picante em pequenos restaurantes do velho porto e assistem às lutas de boxe, anunciadas em cartazes. Boxeadores de terceira zona: o temível *puncher* bellabesiano, o sólido mascareano, o coriáceo oranês que não desarmou. "A turma do Pierre", nessa sociedade de clãs em que judeus, árabes, espanhóis, franceses metropolitanos coabitam sem se misturar, inclui os irmãos Bensoussan, Raoul e Elie-Edgar, chamado Loulou, os Karsenty, os Tubiana, Belamich, Jenny e Jacques Vérin, Julio Davila e Manuel Vasquez, refugiados espanhóis. Durante meses, Vasquez se hospeda na casa dos Faure.

Um passeio a Bouisseville marca Camus e lhe fornece uma cena, forte e misteriosa, do romance no qual está trabalhando, aquele em que o Mersault um pouco inconsistente de *A morte feliz* torna-se o Meursault firme e resoluto de *O estrangeiro*.[14] É preciso dispor de bicicletas ou carros para ir até as praias, distantes da cidade. Associado ao cunhado num negócio de cereais, Galindo dirige um 10 CV azul e preto conversível de "motor livre" e silenciadores de escapamento. Na traseira, um cisne desenhado simboliza o silêncio e a suavidade. Um domingo de manhã, entre onze horas e meio-dia, a "turma do Galindo", uma dezena de pessoas, incluindo mulheres e namoradas, encontra-se na praia de Bouisseville. Os homens jogam futebol com uma bola Michelin inflável. Depois tomam banho. Em seguida voltam a jogar futebol. Excitado, Raoul Bensoussan, que não está participando do jogo, vem para perto do grupo, pede ao irmão que o acompanhe. Loulou se precipita. Raoul teve uma discussão com dois árabes na praia.[15] *Sufoco* inadmissível para um oranês, uma afronta! É necessária uma reparação imediata. Os oraneses têm o sangue quente e os dois irmãos têm o hábito de sair na porrada.[16] Vão à briga. Raoul disse em árabe ao indígena: o que foi, ficou doido? Situação anormal naquela praia popular num domingo de manhã. Árabes não tomariam banho junto com europeus. Árabes e europeus, até mesmo liberais como os membros daquela turma, pertencem a mundos separados. No entanto os homens e algumas moças da turma desfilaram cantando a *Internacional* na época do Front Populaire. Edgar não é comunista, mas assistiu às reuniões dos Amigos da URSS.

Árabe ou europeu, quem quer que ofenda uma mulher ("provocação") leva pancada. Raoul diz a Loulou que vai quebrar a cara de um árabe. O meu é aquele, o da esquerda, você cuida do outro. Raoul sabe brigar. Deixa o menor para o irmão. Edgar anda lentamente na direção do homem indicado pelo irmão, dá-lhe um soco na orelha, põe o árabe a nocaute. Estão à beira do mar, o ferido dentro da água. Raoul luta com o outro, dá-lhe uma cabeçada, leva a melhor, joga-se em cima do árabe no chão, começa a estrangulá-lo. De repente Pierre Galindo grita de longe:[17] Cuidado, ele tem uma faca! Tarde demais. Raoul leva duas facadas, na comissura dos lábios à direita e no braço. Um salto para trás – Raoul está sangrando. Famílias fazem piquenique nas vizinhanças. O pânico se espalha. O árabe da faca ajuda o amigo cambaleante a se levantar. Um primo dos Bensoussan, Henry Kouby, empunha um guarda-sol fechado, gira-o sobre a cabeça. Os dois árabes se afastam. A turma rodeia Raoul. Arranjam-se curativos e álcool. O doutor Georges Gugenheim sutura os lábios e o braço de Raoul que, vexado e furioso, quer reencontrar os dois árabes.

À tarde a turma se reúne numa *villa*, um chalé de alvenaria à beira do mar, e almoça. Para Raoul, enfezado e rancoroso, o caso não terminou. Não quebrou a cara do tal árabe. Vai massacrá-lo. Vou atirar nele como uma merda, preciso acertar um tiro nele. No fim do almoço, Raoul e Pierre Galindo saem à procura dos dois árabes. Em geral, aqueles amigos não andam armados. Mas no chalé há um pequeno 6,35, um automático com carregador. Às vezes, à noite, as mulheres ficam sozinhas ali. Raoul pega o 6,35. Pierre toma-o dele. Raoul está nervoso demais. Se encontrarem os árabes, Raoul os enfrentará, um contra um. Nem pensar em luta a dois. Mas, se as coisas piorassem, se um dos árabes voltasse a puxar a faca, ou se eles fossem mais numerosos, Pierre os ameaçaria com o revólver. Cortando a praia, rochedos avançam para a água. Faz muito calor.[18] Atrás de um rochedo: os dois árabes. Um está tocando *raïta*, uma flauta rudimentar. Venha cá se você for homem. Os árabes se levantam, dão o fora. Não há tiro nenhum. Volta ao chalé e confusão na praia.

Raoul foi ferido, policiais chegam ao ficar sabendo, registram uma acusação verbal e, por volta das quatro ou cinco horas, prendem dois árabes. O mais fortão teria antecedentes criminais: dois pares de algemas, um nas mãos, atrás das costas, o outro nas pernas. Raoul não dá queixa. Os árabes serão processados por perturbação da ordem pública, mas não por agressão e ferimento. É apenas uma rixa, ninguém é bandido porque briga, é o clima, o sangue espanhol e corso, praticamos luta, boxe, luta-livre, moramos fora. O pai dos Bensoussan é presidente do Concorde, clube de ginástica onde convivem judeus, espanhóis e árabes. Na verdade, uma rixa, nada mais. Pierre, em resumo, evitou o pior.

Contado muitas vezes, o caso marca Camus. No romance que está imaginando, escreverá na versão final: "Os árabes avançavam lentamente e já estavam muito mais perto. Não mudamos nosso passo, mas Raymond disse: 'Se houver briga, você, Masson, fica com o segundo. Eu me encarrego do meu sujeito. Você, Meursault, se vier outro, é seu.' 'Está bem' respondi, e Masson botou as mãos nos bolsos. A distância entre nós foi diminuindo regularmente. Quando estávamos apenas a alguns passos uns dos outros, os árabes se detiveram. Masson e eu começamos a andar mais devagar. Raymond foi direto ao seu sujeito. Não ouvi muito bem o que lhe disse, mas o outro fez menção de lhe dar uma cabeçada. Raymond deu, então, o primeiro soco, e logo a seguir chamou Masson. Este dirigiu-se ao que lhe fora destinado e aplicou-lhe dois socos com toda a força. O árabe estatelou-se no mar, o rosto dentro d'água, e ficou assim alguns segundos; à volta da cabeça, na superfície, rebentavam bolhas de ar. Enquanto isso, Raymond continuou a bater, e o outro estava com o rosto coberto de sangue. Raymond voltou-se para mim e disse: 'Vai ver como ele vai apanhar!' 'Cuidado' gritei-lhe, 'ele está com uma faca'. Mas Raymond já estava com o braço ferido e um talho na boca."[19]

"Os personagens de um escritor são sempre suas tentações." Meursault é simples e compósito, Raymond também.[20]

Camus se impacienta, Orã lhe pesa cada vez mais.[21] Ele não pode instalar-se em Trouville, continua sem dinheiro. Mandou vender alguns de seus livros em Argel. Nenhuma das "colocações" em que apostara se concretiza. Pede notícias do Théâtre de l'Équipe, pois, em Argel, os companheiros continuam se reunindo sem ele. Envia um manuscrito com sua adaptação *de Les Esprits* [Os espíritos], de Pierre de Larivey. Deseja montar essa peça, mas não decorou o texto. Reflete apenas sobre sua encenação. Raoul Bensoussan logo irá a Argel e recuperará o manuscrito, do qual Camus está precisando. Albert conta com seus correspondentes. Que não o esqueçam! Ele tem azar. Na posta restante, um outro sr. Camus pega suas cartas. Dá um pulo até Argel em 30 de janeiro. Não há notícias de Pia. Ficar dentro de um quarto durante dias, fumando, é abominável, e Camus detesta seu humor. Não gosta do gênero "insatisfeito", mas escorrega. Quanto tempo ficará sendo sustentado em parte pelos Faure e por seus amigos? Pouco antes, tinha um salário regular. Vaivém entre Argel e Orã.

Em 13 de fevereiro, Camus está morando na casa da mãe. Em papel da cervejaria de la Renaissance, ele escreve a Pia: "Até ontem não tinha recebido nenhuma notícia de sua partida." Sabe agora que Pia recebeu "regiamente 3.500 francos". Sem os amigos, a família Pia não teria conseguido voltar para Paris. Camus propõe-se a defender junto aos juízes trabalhistas os direitos de Pia e os seus: "Não se deve de modo algum deixar que, por indiferença, esses grandes homens [os administradores do *Alger républicain* e do *Le Soir républicain*] achem que a malandragem é uma virtude admitida por todo o mundo. Aliás, trata-se mesmo de uma operação de salubridade pública. Porque, mesmo que você usasse esse dinheiro para comprar uma elefanta, para seus passeios de domingo, ele seria mais bem empregado do que para prolongar por alguns dias a folha venenosa que nos estão preparando [um outro jornal]. Quanto a mim, ficaria encantado em participar dessa empreitada sanitária."

A Camus é concedido seu salário em atraso de dezembro e dez dias de janeiro. "Não tenho mais um tostão e não há como ir encontrá-lo em Paris", ele escreve a Pascal. "Andréo [impressor] me deu 1.000 francos por minha maquete e meus dois dias de trabalho. É com esse dinheiro que estou vivendo, e ele vai sumindo terrivelmente depressa. Em compensação, mandaram Andréo me propor que eu cuidasse da revista do G. G. [governo-geral] e respondi que não me agradava a profissão de puta, mesmo que bem paga." Camus confessa que sente falta de Pia: "Embora esteja contente em sabê-lo em Paris, não posso me rejubilar pessoalmente. Faltam homens aqui e sinto-me um pouco só. Acho que não lhe disse direito, mas sofri por deixá-lo. Defendemos juntos coisas que valia a pena defender, e isso seria suficiente para justificar minha saudade e minha amizade, se eu não lhe tivesse a estima e a gratidão que você bem sabe."[22] Seis dias depois, Camus a Pia, de novo: "Estou decidido a deixar Argel e ir para Paris. Não encontrei nada. No final da semana, irei de Argel para Orã, onde me arrumaram aulas de filosofia. Lá esperarei seu telegrama, que será bem-vindo [...] Sempre arranjarei um meio de ir para Paris se souber que aí poderei ganhar minha vida. Quanto a Francine Faure, ela e eu concordamos em que devo viver onde me agrada viver. Aliás, acho que ela iria me encontrar em Paris."[23]

Camus perde sua causa junto aos juízes trabalhistas. De Orã, a Pascal: "O golpe foi duro, mas legal. O *A. R.* *[Alger républicain]* alegou força maior: demissão imposta pelo governo geral em razão dos artigos *insensatos* do sr. Camus, artigos de natureza 'prejudicial à causa nacional'. Os juízes conselheiros empalideceram." *O Alger républicain* volta a ser publicado. "Fala '... da amizade franco-muçulmana selada nos campos de batalha e despertada em setembro pelas marcas do mais puro patriotismo' [*sic*]. O *La Dépêche algérienne* foi derrotado de longe. Mais uma vez o bom senso triunfou." Mais tarde, o *A. R.* acabará sob a influência do partido comunista.

Agora Camus não gosta de Orã: "Aqui não tem graça nenhuma, estou um pouco asfixiado e espero a oportunidade de ir embora. Estou disposto a partir de um dia para outro, até mesmo para Valparaiso." Pia está pensando num jornal? Ele falou nisso. Camus leu *La Lumière* e brinca: "Espero que [Albert] Bayet consuma menos gigantes de 89 e que Queneau devore menos padres. *La Lumière* seria bem melhor sem toda essa quinquilharia jacobina."[24]

Cabe a Camus não se dispersar para levar suas obras a bom termo. Ele tem necessidade de solidão. Em Paris, escapando ao círculo de suas namoradas, ele a encontrará. Pia, o fiel, arranja-lhe um emprego. A partida de Camus causa "um belo drama de família". A mãe de Francine, em lágrimas, censura-o por ir embora e não fazer a felicidade de Francine, por ser egoísta – o que aliás é verdade, segundo diz Camus.[25] Francine fica em Orã, onde leciona, mas – promete – irá ao encontro de Albert no final do ano escolar. Antes de partir, Camus, solene, compromete-se a desposá-la. Fernande e Christiane Faure sempre deram a entender que esse era o preço de sua autorização. Francine é maior de idade, mas, naquela família, a maioridade não exclui a moralidade. Camus deixa Argel na quinta-feira, 14 de março de 1940.

Viagem "exaustiva"[26] para chegar a Paris. Ele comeu pouco, não bebeu quase nada e não dormiu no navio. Camus ficou desempregado três meses. Ele gosta de tomar distância, de aplicar sua concepção de ascese indispensável ao trabalho criador. Em *Bodas*, cantava a exaltação, o abandono legítimo aos sentidos, mas não quer ficar preso a isso:

"Daí a necessidade absoluta de passar por provas" ele diz,[27] "por exemplo, de castidade, de se tratar com rigor. Antes de qualquer empreitada teórica, visando à glorificação do imediato, impõe-se *um mês* de ascese em todos os sentidos.

Castidade sexual.

Castidade no pensamento – proibir ao desejo que se solte, ao pensamento que se disperse.

Um só tema – constante – de meditação – recusar o resto.

Um trabalho em horário fixo, contínuo, sem esmorecimentos etc. etc. (ascese moral também)."

Em Argel, tal como em Orã, a castidade é difícil. *Elas* se precipitam em seus braços e ele não consegue resistir-lhes. E com frequência – enfim, às vezes – ele o deseja. Apesar de suas resoluções, o amor é como que um hábito. Francine acha e não acha que o levará, se não ao bom caminho, pelo menos a uma trilha menos atravancada.

Para seu romance em construção, Camus joga com diferentes títulos, "Um homem feliz", "O pudor", "Um homem livre", "Um homem como os outros", "O estrangeiro" também.

19

EXÍLIO

Camus desembarca em Paris num sábado, 16 de março de 1940, num fim de semana melancólico. Ele come, toma Martíni. Depois, "abarrotado de sono", vê as coisas "sob um ângulo mais correto". Pia reservou-lhe um quarto no hotel du Poirier, na rua Ravignan, nº 6, na colina de Montmartre, perto do bulevar de Clichy e do cemitério Montmartre. Para Camus, o hotel é "perfeitamente engraçado". "Devo dizer que ele é quase sórdido, e que é habitado por rufiões e subartistas, mas não há nada de mais burguês do que uma casa de rufiões e esses senhores moram aqui com suas 'senhoras', que não trabalham no hotel onde moram. É imoral." O hotel, "espantoso", está cheio de avisos: "Cuidado com a luz!" Os patrões temem as contravenções e, eventualmente, as bombas da aviação alemã. "A patroa dorme às cinco da manhã e se recusa a atender os clientes até às 12 horas. Arrumam os quartos no fim da tarde e todo mundo acha isso natural. Eu também, como convém." Ele tenta conseguir um despertador emprestado. Uma "princesa inverossímil e simpática, que tinha o tipo de Margot Lion na *Ópera de três vinténs*, que fumava andando sem parar em volta do aposento", prometeu-lhe um. Ele ia dormir. "Respondeu-me que eu podia dormir sossegado e que ela entraria durante meu sono, pois tinha a chave-mestra do meu quarto [...]. Achei aquela simplicidade genial e me recolhi, pensando um pouco no destino das poucas notas de cem francos que me restam." Na época Camus tem a intenção de permanecer em Paris um ano ou dois: "Não se pode viver aqui – só se pode trabalhar ou trepidar."

No Paris-soir, um redator-chefe recebeu Camus. Diante de Daniel Lenief e Henri Coquelin, assessores da secretaria de redação, esse chefe disse:

"— Aqui não se faz política...

Camus, muito calmo:

— Claro!"[1]

Tal como Pia, Camus torna-se secretário de redação. Um secretário de redação ganha 3.000 francos por mês. Não é mau para cinco horas de trabalho por dia. Os gerentes do jornal, Pierre Lazareff e Hervé Mille, orgulham-se de seus salários, os mais altos da imprensa francesa, 376.000 francos por ano.[2]

Camus assume um risco, pois foi contratado por um período de experiência, uma semana. O *Paris-soir* - em torno de um milhão de exemplares - é uma grande máquina, em comparação com o *Alger républicain*. No domingo, 17, Camus trabalha das seis horas às onze e meia, "e funcionou". Chegando com uma onda de frio sobre a Europa - o Sena carreia pedaços de gelo -, ele escreve a uns e outros que seu trabalho, técnico, o interessa e o "mantém intacto". Ele se ocupa da paginação. Hervé Mille acha que aquele rapaz pratica a estética e não dá importância ao valor das informações. Mas o que ele faz é muito bonito. Pia parece mais profissional. Camus insiste em sua independência, em sua virgindade ideológica, e não se sente responsável pelo conteúdo do *Paris-soir.* Colegas como Poncet e outros, fiéis à esquerda, a exemplo de Maurras, apelidam o jornal de "Pourrissoir".* Camus não escreve uma linha. E como se fosse um operário de uma fábrica de armamentos que dissesse: "Eu não atiro os projéteis." *Paris-soir*, o maior título da imprensa francesa,[3] não é tão podre quanto dizem seus detratores. Por vontade de seu proprietário e diretor Jean Prouvost, de Lazareff Mille, o diário faz apenas uma política: a do poder, seja ele qual for. Tem uma vocação de jornal comercial e moderado e coloca-se espontaneamente do lado do interesse governamental.

Pia trabalhou no *Ce Soir* em 1939. Esse diário criptocomunista tinha uma tiragem de 250.000 exemplares. Os dois ex-redatores-chefes do *Alger républicain* e do *Soir* estão ganhando a vida. Mas os oficiais tornaram-se suboficiais: um secretário de redação e um técnico. Sabendo de onde eles vêm, Lazareff, tolerante, mas prudente, decerto não lhes confiaria funções de redatores. Quatro páginas, cinquenta cêntimos, o *Paris-soir* visa os funcionários do Quai d'Orsay *e* os operários de Boulogne-Billancourt. Esse jornal está muito abaixo do *Le Figaro*, do *Temps*, do *Times* e do *New York Times*, mas dois degraus acima de certos jornais populares ingleses. Os cola-

---

* Trocadilho com Paris-soir. Literalmente, "podredouro". (*N. da T.*)

boradores representam um amplo leque, com um contingente da Academia francesa: André Chaumeix publica notas editoriais insípidas, mas Mauriac, Blum, Georges Duhamel, Kerenski, Souvarine, H. G. Wells também fazem crônicas. Lazareff apela para animadores populares, como Jean Nohain. Ingrediente xaroposo na massa do *Paris-soir*, Henry Bordeaux, desprezado por Camus, visita o papa. O Duce ainda não lançou a Itália na guerra. Segundo Bordeaux, Mussolini, "invisível e impenetrável" (falando claro: o acadêmico não foi recebido), prossegue sua obra.

Lazareff tem sua estratégia redacional.[4] Grande repórter, Joseph Kessel cobre o *front* a pé, a cavalo e de automóvel e briga com a censura sem que o jornal fale nisso. Lazareff não gosta dos "vazios" indicando a passagem da censura. Os irmãos Tharaud são enviados ao Oriente Médio. Pierre-Jean Launay redige algumas notas literárias curtas, bem distantes das críticas substanciais do *Alger républicain*. Para os leitores populares, Lazareff injeta, em doses maciças, fotografias de militares franceses e britânicos, soldados rasos ou generais, em poses altaneiras. Braço secular da propaganda, o *Paris-soir* afirma que a França dispõe de "quinhentos laboratórios" que trabalham dia e noite na elaboração de armas secretas, canhões de longo alcance, armas "controladas por rádio". A França pode enfrentar todas as armas alemãs imagináveis, pois dispõe dos torpedos de bolso mais rápidos do mundo. A Wehrmacht, a Luftwaffe, a Kriegsmarine não sabem o que as espera.[5]

Camus reserva energia para seu romance. Pede a Francine que lhe envie suas munições literárias. Não deixa que nada se perca: "Espero pelo menos que você tenha guardado o texto de *A morte feliz*. Se guardou, olhe atentamente o capítulo II, creio eu, e separe 1) a passagem do início em que Emmanuel e Mersault correm atrás de um caminhão no cais. 2) Tudo o que se refere a 'Dimanches à la fenêtre' [Domingos à janela]. Se esses dois trechos estiverem mesmo no capítulo II, é só me mandar o capítulo inteiro para a rua Ravignan."[6] Francine, não querendo ir encontrá-lo em Paris, o decepciona e o desespera. Ele sofre.

Camus simpatiza com os secretários de redação e tipógrafos. Não trabalhou muito tempo no ofício, ainda pode aprender. Sabe ouvir. Coquelin solta uma frase infeliz: não gostaria de trabalhar, ah, isso não!, ao lado de um tuberculoso. Lenief lhe dá um pontapé por baixo da mesa e conversa com ele à parte. Coquelin pede desculpas a Camus e eles se tornam amigos. Camus come espaguete na casa de Coquelin, mas nunca lhe conta que escreve.[7] Camus tem pouco contato com os repórteres. Cruza com indiferença com os grandes, como Kessel, ou com os pequenos, entre os quais Roger Vailland, que, muito bem pago, trabalha muito pouco. Sente-se sempre à vontade com os técnicos. Moça bonita, de voz quente, Janine Thomasset, vinte anos, terceira secretária de Lazareff há um ano, faz uma coleta para o presente de casamento de Paulette, chamada de Paupau. Ela notou Albert, bonito rapaz de casaco de *tweed*, que fuma *papier maïs*.* Aborda-o para falar da coleta e ele brinca:

— Você nunca me cumprimenta e agora vem me pedir dinheiro.

Janine acha que Lazareff e Paul Bringuier gritam muito. Ela e sua irmã Renée, tal como Camus, conheceram a pobreza. Moraram num pequeno apartamento de Clichy. Seu pai, um basco, regente de orquestra, engenheiro, militar, músico... abandonou mulher e filhos. As duas meninas viveram com a avó, vendedora nos Halles. Janine trabalhou na editora Fernand Nathan. Uma noite, no Coliseum, salão de chá dançante nos grandes bulevares, ela encontrou uma parte do clã de Gaston Gallimard, o editor, que também se interessava por cinema. Gaston, sua mulher, Jeanne, seus sobrinhos, Pierre e Michel, a irmã deles, Nicole, delegaram Louis Daniélou para abordar aquela moça bonita. Ele a convida para valsar, pisa-lhe nos pés e a apresenta às pessoas do seu camarote. Janine tinha lido romances baratos, mas sabia o que representava a Gallimard.

— Você deveria fazer cinema — sugeriu Jeanne a Janine. — Seria capaz de cantar e dançar?

Por que não? Desempregada, Janine contou sua vida. Ofereceram-lhe uma substituição de três dias na *NRF*. Pierre Gallimard confiou-lhe a datilografia da tese de seu irmão médico. Janine "saiu" com Pierre, loucamente enamorado. Logo ela acompanhou o aspirante Pierre Gallimard, piloto de bombardeiro, à estação de leste.

A França instala-se na "*drôle de guerre*".** Mulheres, crianças e velhos parisienses são evacuados para a Normandia, a Bretanha, a Touraine, o Sul. O governo imprime cartões de racionamento, mas não os distribui. Alguns dias, os comerciantes não têm direito de vender álcool ou carne de boi. Não

---

* Na França, cigarro popular, de papel amarelo. (*N. da T.*)

** Literalmente, "guerra estranha", ou "guerra bizarra". Na França chama-se drôle de guerre o período da Segunda Guerra Mundial entre a declaração das hostilidades, em setembro de 1939, e o início da invasão alemã, em maio de 1940, em razão da estranha calma que reinava no front. (*N. da T.*)

há aquecimento central autorizado de 1º de abril a 15 de outubro. Nos restaurantes, recomenda-se não servir mais de um prato de carne, cem gramas sem osso, cento e cinquenta com. Suprime-se o pão especial e o chocolate ao leite, de luxo ou *fondants*. O intendente-geral do exército anuncia que as tropas francesas serão as mais bem-vestidas do mundo: a polaina substituirá a panturrilha. Na primeira página do *Paris-soir*, recebendo grandes adiantamentos sobre vitórias futuras, os generais condecoram uns aos outros. Lord Ironside, chefe do estado-maior imperial britânico, batendo os recordes da tautologia em vez de abater os aviões da Luftwaffe e de derrubar *panzers*, declara: "Enquanto o exército alemão estiver intacto, o perigo subsistirá." Exercício de alerta: as sirenes gritam. Deputados comunistas são julgados e as polícias perseguem os militantes: o *Paris-soir* relata, sem comentários. A maioria dos comunistas mobilizados apresentou-se a seus corpos do exército. O *Paris-soir* publica os magros comunicados do estado-maior francês: Nº 394 (18 de março à noite): Nada a assinalar. Nº 395 (19 de março de manhã): Nada de *importante* [*grifo meu*] a assinalar. No *Paris-soir* não há dissonâncias nem faróis de guerra à maneira do *Le Soir républicain*. A aviação francesa, a se crer no jornal, está liquidando a Luftwaffe: Messerschmitt, Dornier, Heinkel caem aos cachos. Em 20 de março, em minoria na Câmara, o gabinete de Daladier se demite. Paul Reynaud torna-se presidente do Conselho e Daladier, ministro da Defesa Nacional. Reynaud provoca risos em Camus, sobretudo quando anuncia que todos aqueles que não trabalharem serão "moídos".

Apesar do charme do hotel du Poirier, Camus vai para a *rive gaúche* e ocupa um quarto no hotel Madison, na frente da igreja Saint-Germain-des-Près, no 6º *arrondissement*. Ele se debruça sobre o trabalho em curso. Cadernos: "Março de 1940. Cada vez mais, diante do mundo dos homens, a única reação é o individualismo."

O secretário de redação ganha sua vida. Conforme escreve a Fréminville, mobilizado, continua com "a consciência descansada".[8] Albert perde a esperança até mesmo nas revistas intelectuais em que Claude bem poderia publicar seus poemas: "A *NRF*, *Esprit* etc. estão abaixo de tudo, e o poder da safadeza parece contagioso." Confia numa revista ítalo-americana, *Le Monde*, dirigida por Guglielmo Ferrero, exilado nos Estados Unidos. Frequenta dois amigos escritores, ela argelina, ele italiano, Jeanne e Enrico Terracini. Na capital, de primavera tão triste quanto viscosa, Camus nota a "mediocridade das almas e dos rostos". Muitas vezes os argelinos acham os rostos na França inexpressivos. A Argélia é, para Camus, "um pouco como um paraíso perdido". Ele tem compensações intelectuais. A Fréminville: "Encontrei-me com Malraux, almocei com ele.[9] Ele tem os seus olhos e um certo jeito seu. Um pouco mais agora, decerto, pois você emagreceu. Vi em sessão secreta o filme dele sobre a Espanha e fiquei perturbado. Que felicidade poder admirar alguma coisa com todo o coração." A Yvonne Ducailar, ele repete o quanto ficou emocionado: "Depois, tinha encontro marcado com Malraux e Pia e passei uma hora apaixonante com um ser cheios de tiques, febril, desordenado, mas de uma inteligência deslumbrante." Camus encontrou um de seus grandes homens. Está pensando numa revista que seria editada por Charlot e falou sobre isso com Malraux, que respondeu: "Ou uma revista não terá nenhuma influência ou, se tiver, será suspensa."[10]

Camus gosta de gostar, de filmes e de livros. Nos teatros parisienses não identificou nada "como obra". Trabalha "como desesperado". Com frequência tem febre ou dores de cabeça. Precisa de força de vontade para aguentar fisicamente. "E eu tenho." Com Fréminville, fala de igual para igual: "Você sabe que depois dos 'exercícios' de *Bodas* julguei que poderia começar o que pretendo fazer: uma arte absurda. Já lhe disse: várias etapas, cada etapa representada em técnicas diferentes e suas sequências ilustrando as consequências de uma incorporação absurda com a vida. Não me faço entender bem, mas é menos sistemático e menos abstrato. Iniciei minha primeira etapa. *Calígula* (peça) terminou, você sabe. *O estrangeiro* (romance) – você leu o primeiro capítulo – tem três quartas partes escritas. Meu ensaio sobre o absurdo está escrito pela metade. Este verão terei terminado as três coisas (vou retomar um pouco *Calígula*) ao mesmo tempo." Camus enxerga longe: "Iniciarei a continuação. Você vê que tudo isso é vasto. Mas pela primeira vez depois de longos anos tenho consciência de tudo o que quero fazer e certeza de que levarei tudo a termo." O homem que canta a felicidade se indaga: "Feliz? Não falemos nisso." Alusão pudica: "Mas, embora minha vida seja complicada, não deixei de amá-la. Não há nenhuma distância neste momento entre minha vida e minha obra. Levo-as em frente e as duas com a mesma paixão." Sim, o individualismo, desligamento passageiro, se impõe: "Os impérios podem desmoronar e nos esmagar parcialmente, será necessário retomar a vida. Se no entanto tivermos de morrer, azar." O editor Charlot propõe comprar de Camus e Fréminville o efêmero legado da editora Cafre, que eles criaram. Por que não? Camus acostuma-se a Paris e propõe-se a permanecer na cidade até três anos. Em seguida, esclarece a Irène Djian,[11] retomará sua "carreirinha de judeu errante". "Vista de Paris, Orã tem muito charme." "Toda a Argélia deve estar cheia de flores." Camus sonha com isso. Para um Malraux em Paris, e alguns "caras bons de verdade", quantos "falsos artistas, fazedores e pensadores sem valor"? Camus quase terminou *O estrangeiro*. "Estrangeiro, quem pode saber o que essa palavra quer dizer?" Estrangeiro, exilado em Paris, arrebatado por sua criação, estará escrevendo um romance cujo sentido o ultrapassa? Não tem nenhuma necessidade de escrever em outro lugar, e principalmente não no *Paris-soir*: "Os acontecimentos caminham a uma tal velocidade que a única atitude sábia e corajosa é o silêncio. Pode-se utilizar essa guerra para uma espécie de meditação constante que preparará o futuro." Camus não tem o gosto pelos conformismos obrigatórios. Falará mais tarde,[12] e de cima. O anônimo secretário de redação não fez voto de silêncio: "Não tenho ambição real, além de um certo plano, mas, se eu também desejasse o que se chama 'um nome', seria para fazê-lo servir nessas ocasiões. No início da guerra, por exemplo, ele me teria sido muito precioso." Em Paris, ele deve "esperar e trabalhar".

Camus passeia no Quartier Latin e no 14° *arrondissement*, cruza com algumas estudantes loiras, medita sobre seu destino: "Mas ora! Serei um jornalista e morrerei jovem [...]. O que mais pedir e por que lamentar as vidas que não tivemos?"[13] No entanto ele as lamenta. Gostaria de ter muitas, uma com Francine e uma com Yvonne. No hotel, Camus adianta seu romance. No jornal, vê passar os artigos e as provas finais. "Acabam de me avisar que bombas caem sobre Paris – a vida é bela." Suas cartas alinham os fragmentos de uma reportagem sobre sua solidão. Ele esperava Francine. Gostaria que Yvonne estivesse ali: "Ontem à noite [...] eu estava num restaurante de Montmartre, ao lado de um bom velho que perdia muito tempo para encontrar no cardápio e encomendar pratos sem suplemento. A minha frente eu tinha um violinista italiano, baixinho e sujo, que engolia sem mastigar os pedaços de pão torrado de sua sopa. Se fosse eu, ficaria com dor de estômago. Ele fazia aquilo como se estivesse acostumado. Do outro lado havia uma moça meio feia que me cumulava de olhares. E todas aquelas pessoas limpavam os dentes, fungavam, contavam suas moedas, e eu me perguntava o que estava fazendo ali e por que aceitava aquele mundo sinistro." Camus deseja desligar-se das "sacanagens" dessa guerra e, ao mesmo tempo, gostaria de se engajar, de tomar partido de farda. Não tem mentalidade de retaguarda ou de reservista especial. Volta a falar de sua má saúde, de seu corpo que lhe "desgosta".[14] Está emagrecendo. Em Argel, seu corpo era moreno. Sua única alegria: escrever. Registra alguns acontecimentos sinistros: "Antes de ontem, a mulher que mora em cima do meu quarto se jogou no pátio pela sacada. Tudo ainda está respingado de sangue. Ela morreu dizendo: 'Até que enfim!' É uma posição como outra qualquer."[15] Cadernos, em abril: "Sentir no *Paris-soir* todo o coração de Paris e seu espírito abjeto de costureirinha. A mansarda de Mimi tornou-se arranha-céu, mas o coração permaneceu o mesmo. Está podre."

Albert pensa em Francine e Yvonne, em Yvonne e Francine. A Yvonne, anunciou: "Provavelmente vou estragar minha vida, a se julgar pelo senso comum. Estou querendo dizer que, a menos que ela recuse, vou me casar com F. Estou sem notícias há muito tempo."[16] Antes, na mesma carta, ele dizia a Yvonne: "Não estou dizendo que amo você..." Portanto, segundo ele, não ama nem Francine nem Yvonne. Sinceridade? Desculpa? Afetação? Perplexidade? Vontade de não ferir, ou o contrário...? Ele refreia seu desejo de amar na vida singular, talvez insignificante, que leva, segundo diz, tentando explicar o irracional de suas paixões: "E, para legitimar o que quero criar, é preciso que o negue." Por Yvonne, sente uma paixão da qual lhe fala, e por Francine uma afeição de que não fala a Yvonne. Como gostaria de se mostrar transparente diante de uma mulher. Sente-se "estupidamente mal". "Mas isso não tem maior importância do que todo o resto, a maneira como arranjei minha vida, o mal que possa fazer aos outros e a terrível inutilidade de toda essa agitação."

Por medo de ser ridículo ou desastrado, não ousa escrever: amo duas mulheres. Termina uma carta para Yvonne dizendo: "Tenho tanta vontade de beijá-la e tanta vontade também de me afastar."[17] Num pós-escrito acrescentado na mesma noite: "Também eu continuarei jogando para perder: é o que tentei lhe dizer." Diz que nunca mais escreverá assim. Alguns dias depois, afirma juntar-se a Yvonne numa aceitação "do acaso e do pior". Levarão duas vidas paralelas, uma fidelidade não menor do que outras. Não convém se desgastar em sofrimentos inúteis. O missivista se junta ao escritor, que reencontra o moralista e o filósofo: "Quanto ao resto, deixemos agir o pequeno deus absurdo. Sabe, ele é elegante e correto, bastante irônico e terrivelmente rápido quando bate. Sua religião é nunca se recusar a ser golpeado e saber assimilar os golpes." Em alguns aspectos, explica Albert, seu romance "assemelha-se" a Yvonne. Propõe-se a fazer com que seja editado com seu ensaio e sua peça em outubro.

Ele tem problemas com a ideia do casamento, tal como seu herói Meursault. O casamento, num certo sentido, não tem nenhuma importância. Recentemente, o romancista Camus escrevia: "À noite, Marie veio me procurar e me perguntou se queria me casar com ela. Eu disse que me era indiferente e que poderíamos fazê-lo, se ela quisesse. Ela quis saber, então, se eu a amava. Respondi, como já fizera uma vez, que aquilo não significava nada, mas que sem dúvida não a amava. 'Por que se casar comigo, então?', ela disse. Expliquei-lhe que isso não tinha nenhuma importância e que, se desejasse, poderíamos nos casar. Aliás, era ela que estava pedindo e, quanto a mim, contentava-me em dizer sim. Ela observou então que o casamento era uma coisa séria. Respondi: 'Não.' Ela se calou por um instante e me olhou em silêncio. Depois falou. Queria simplesmente saber se eu teria aceito a mesma proposta vinda de outra mulher, com quem tivesse a mesma ligação. Eu disse: 'Naturalmente.' Perguntou-se então se me amava e, quanto a isso, eu nada podia saber. Depois de mais um instante de silêncio, murmurou que eu era estranho, que sem dúvida me amava por causa disso, mas que talvez um dia eu lhe desagradasse pelas mesmas razões. Como eu me calasse, nada tendo a acrescentar, pegou-me o braço, sorrindo, e declarou que queria se casar comigo. Respondi que o faríamos assim que ela quisesse. Falei-lhe então da proposta do patrão e Marie me disse que gostaria de conhecer Paris. Disse-lhe que tinha vivido lá uma época e ela me perguntou como era. Eu lhe disse: 'É sujo. Há pombos e pátios escuros. As pessoas têm a pele branca.'"

O personagem de Meursault é inspirado em Camus e em Pascal Pia, em Pierre Galindo, nos irmãos Bensoussan, em Sauveur Galliero e em Yvonne. Semelhanças não constituem uma identidade. O todo é superior à – ou diferente da – soma das partes reunidas na autonomia imprevisível, maravilhosa e forte da imaginação criadora. Marie não é Francine. O escritor Camus domina seu romance, o homem Camus não domina sua vida. Meursault não se interroga, Camus se inquieta. Meursault mostra uma tranquilidade que está além da moral judaico-cristã corrente, Camus busca uma porta de saída. Meursault está longe de Calígula , mas, máscaras e tentações do escritor que duvida de si mesmo e confia em si, os dois personagens são próximos de Camus. Calígula proclama: "Mas o que é o amor? Pouca coisa", e também: "A infelicidade é como o casamento. Acreditamos que escolhemos e depois somos escolhidos." Ou: "Viver é o contrário de amar. [...] Amar um ser é aceitar envelhecer com ele. Não sou capaz desse amor."

La Lumière, dirigida por Georges Boris, publicou[18] um artigo de Camus comentando uma matéria de Mauriac à procura dos herdeiros de Barrès: Malraux, Montherlant, Aragon, Drieu la Rochelle? Todos, professores de energia, seriam da linha barresiana. Camus distingue Montherlant e Malraux de Barrès. Os primeiros transformaram "numa exaltante regra de vida" a ética que Barrès "só honrara no papel". Camus busca *suas* regras.

Não quer mais fazer jornalismo, incompatível com a literatura naquelas circunstâncias: "As pessoas que criam (falo nos grandes artistas, não nos jornalistas da literatura), ao contrário do que se crê, são quase sempre homens de ação que escolheram essa forma de ação para nela fazer agir sua vontade." Malraux continua presente. Parêntese de atualidade: "Hitler tinha ambições de pintor, mas não tinha inteligência suficiente para ser outra coisa que não um ditador."[19] Camus coloca sua obra antes de tudo. Tem um preço a pagar por isso. Bernard Shaw falava da frieza verdadeira e dura, *the true hard coldness*, do verdadeiro artista. Camus pensa da mesma maneira: "Para criar, é preciso necessariamente ter o coração um pouco seco." Não acredita no gênio: "O talento, isso é outra questão. É adquirido. Pelo trabalho."[20]

Ele expede seus textos e artigos, sua peça de teatro e páginas de seu romance escritas a mão: Christiane Galindo, professora no exercício de outras funções, datilografa-as em Orã. Camus corresponde-se com ela. Sente-se num terreno firme quando constrói sua obra, mas passa constantemente – quase de um minuto para outro – da satisfação relativa à dúvida absoluta: "Às vezes parece-me que tudo o que acumulo representa algo de único. Outras vezes é o desânimo diante do divórcio entre o universo que eu gostaria de criar e a imagem que acabo por dar dele. Talvez tenha me aferrado a alguma coisa que me ultrapassa. E, no entanto, quantas forças e lucidez sinto em mim em certos minutos!" Que criador tem uma visão de conjunto correta de seu trabalho? "Mas agora já não sou juiz de nada e trabalho como um surdo. Verei o resultado disso. O engraçado aqui é que vejo montes de pessoas (a maioria falsos grandes homens) e que transporto em meio a elas todo esse mundo que carrego. É um sentimento curioso de força não revelar nada do que se tem de essencial."[21]

A ambição de Camus é imensa, sua humildade também. A mediocridade do *Paris-soir* o impressiona, e o protege. De jeito nenhum sua pena irá se misturar àquilo. O *Paris-soir*, obrigado a se interessar mais pela política internacional, ocupa-se menos de seu leitorado frívolo. Em março, o enviado especial de Roosevelt, Sumner Wells, tenta uma mediação entre beligerantes, sem sucesso. Finlândia e Rússia fazem as pazes, Mussolini e Hitler se encontraram no Brenner. Alemães, britânicos e franceses prosseguiam a "*drôle de guerre*". Fala-se de "paz branca". Os alemães invadem a Dinamarca e a Noruega. Britânicos e franceses desembarcam na Noruega. Reynaud, especialista dos *slogans* históricos, declara: "A rota do ferro está cortada para a Alemanha." O jornal mantém sua linha: defender a pátria e o governo. Um ex-ministro dos Assuntos Estrangeiros, Yvon Delbos, em 20 de abril, dia seguinte à chegada de três mil caçadores alpinos franceses na Noruega, explica que a expedição é "para os Aliados um sucesso estratégico e para os neutros um exemplo". No dia 22, o *Paris-soir* proclama em grandes letras, na primeira página, que os Aliados tomam bases importantes na Noruega, mas, no mesmo dia, os Aliados são derrotados em Lille-hammer. O cotidiano, como a maioria dos jornais, está desnorteado. Entra-se numa fase de grandes boatos, sobretudo depois de 11 de maio, quando a Wehrmacht invade os Países Baixos, a Bélgica e Luxemburgo.

Absorvido por *O estrangeiro*, Camus trabalha como se estivesse dançando "numa corda-bamba, uma tensão apaixonante e solitária".[22] Desanimado, escreve a Francine: "Há pouco reli tudo o que escrevi de meu romance. Fiquei tomado de desgosto e me pareceu uma coisa errada do começo ao fim, que *Calígula* não era melhor e que os primeiros sinais do que quero fazer julgavam o que eu poderia fazer. Afastei-me de meus escritos com tristeza, mas era um pouco como se já me tivesse resignado. Tudo isso não é bom." Depois ele se recompõe: "Muitas pessoas me convidam, me solicitam. Aceito uma vez em cada cinco, e o resto do tempo não. Mas disso também não me queixo. Porque é a condição para escrever. E escrevo com grande alegria em mim. Nunca trabalhei tanto. Este quarto é miserável; vivo sozinho, estou cansado, no entanto não sei se é com ou contra isso, estou escrevendo tudo o que queria escrever e logo poderei julgar meu valor e decidir num sentido ou no outro."[23]

Em 1º de maio de 1940 – dez dias antes da ofensiva geral dos exércitos alemães, dezesseis antes da evacuação dos Aliados em Dunquerque –, Albert dirige-se a Francine. Prantos de tristeza e de alegria: "Estou lhe escrevendo de noite. Acabo de terminar meu romance e estou enervado demais para pensar em dormir. Sem dúvida meu trabalho não está pronto. Tenho coisas para retomar, outras para acrescentar, outras para reescrever. Mas o fato é que terminei e que tracei a última frase. Por que é para você que me volto imediatamente? Estou com o manuscrito diante de mim e penso em tudo o que ele me custou de esforço e de vontade – o quanto foi preciso estar presente para ele, sacrificar outros pensamentos, outros desejos para permanecer em seu clima. Não sei o quanto vale. Em certos momentos, nestes últimos tempos, algumas de suas frases, seu tom, suas verdades me atravessavam como raios e eu me sentia terrivelmente orgulhoso. Mas, em outros momentos, só vejo nele cinzas e erros. Estou impregnado demais desta história. Vou enfiar estes papéis na minha gaveta e começar a trabalhar meu ensaio. Daqui a quinze dias voltarei a pegar tudo isso e retrabalharei meu romance. Depois farei com que outros o leiam. Não quero demorar muito, porque na realidade o carrego há dois anos e bem vi pela maneira como o escrevia que já estava todo esboçado em mim. Vai fazer dois meses que trabalho nele. Todos os dias e toda uma parte de minhas noites. Coisa curiosa, eu saía para ir ao jornal, abandonava uma página escrita pela metade e, ao voltar, sem esforço, perfeitamente lúcido, eu retomava minha frase e continuava. Nunca escrevi nada com tal continuidade e tal facilidade. Atualmente durmo mal e tenho insônias. Nos momentos em que acordo, às vezes vejo claramente toda uma sequência de obras que escreverei como esta, sob inspiração, como se agora tudo estivesse claro em meus projetos e no universo que gostaria de ilustrar. Esta noite estou exausto. Nos últimos tempos perguntava-me se o trabalho do *Paris-soir* não estaria me cansando demais. Mas na realidade este romance também é responsável, porque exigiu de mim esse esforço contínuo, que me parecia fácil e que na verdade me exauria."

Última frase de Meursault em *O estrangeiro*: "Para que tudo se consumasse, para que eu me sentisse menos só, restava-me desejar que houvesse muitos espectadores no dia da minha execução e que eles me acolhessem com gritos de ódio."[24] Camus vive uma eufórica exaustão de escritor diante de uma obra terminada, mas sempre imperfeita a seus olhos cansados. Volta a suas dúvidas com ironia: "O mais engraçado é que não sei nem mesmo se estou contente. No entanto é a única coisa que me pode colocar acima de mim e creio que perdoarei tudo a Paris por ter me permitido viver assim inteiramente fechado no que eu fazia." Comportamento conjuratório: "Mesmo que isso não tivesse valor, a própria alegria do trabalho tem um valor que ninguém pode destruir, e é o que eu estaria sentindo esta noite se não estivesse tão cansado." Ele avançou desde A *morte feliz*. Meursault ultrapassa em muito Mersault. "Imagino entretanto que o leitor deste manuscrito ficará pelo menos tão cansado quanto eu e não sei se a tensão contínua que se sente nele não irá desencorajar muitos espíritos." Lúcido: "Quis essa tensão e me empenhei em transmiti-la. Sei que ela está presente." Trabalhador bastante satisfeito, também, o nosso Camus: "Não sei se isso é bonito. [Jean] Grenier me disse que Montherlant lhe falou de *Bodas* e de mim 'com muito calor'. M. não sabia que Grenier me conhecia e perguntou-lhe o que eu fazia. Isso me deu a ideia de enviar a Montherlant meus três manuscritos quando estiverem prontos e lhe explicar o que eu quero. Só ele, creio, pode me ajudar a publicar tudo junto." No entanto Montherlant está longe de Camus. Ambos cantam o esporte e o corpo, são sensíveis à miséria e à humilhação dos árabes e dos cabilas, mas Montherlant tem um paternalismo aristocrático – Camus, nunca. Ele não se inclina para o povo. Provém dele.

Os horários do *Paris-soir* são alterados, mas ele deve dar o mesmo número de horas de serviço: descansa na terça-feira. Tem dificuldade em suportar que Francine não venha a seu encontro. Para ele, é dramático. Seu livro o devolve a seu exílio e ao reino na outra margem do Mediterrâneo: "Penso numa frase de meu romance: 'Lá, também lá, a noite era como uma trégua melancólica.'" Ele pensa nas noites de Argel e de Orã: "E como tenho vontade dessa trégua diante do mar." Trégua diante de seu trabalho? Agora planeja passar em Paris, ou pelo menos na França, o fim do ano de 1940, o verão e o inverno de 1941, depois voltar à Argélia para "reencontrar um céu verde".

Em 4 de maio, o *Paris-soir,* impávido, explica na primeira página que na Noruega os Aliados se retiraram "sem perder um único homem". Manchete animadora que só os ex-combatentes conseguem compreender: "Foi a retirada de Gallipoli que permitiu a vitória de Salônica." As redações e os estados-maiores estão sem informações. A censura torna-se feroz, no *Paris-soir* os vazios se ampliam. Daí, tanto em Paris como em Londres, o boato e a mentira, voluntários ou não. Manchetes lúcidas do *Paris-soir*: "Desconfiem das pessoas 'bem-informadas'. Os que sabem de verdade não falam." Ou, excelente princípio, mas pouco jornalístico: "Silêncio: estamos em luta."[25]

Nenhum vestígio dos acontecimentos no que subsiste dos cadernos de Camus, mas sua correspondência mostra que ele não está impassível. Primeiro de maio de 1940, a Yvonne: "Estou lhe escrevendo do jornal em meio à loucura geral criada aqui pelos acontecimentos. Homens vão morrer aos milhares e milhares, há razão para se agitar." Camus continua querendo se engajar: "Este mês vou passar por uma nova comissão de reforma. Ser aceito me é indiferente. O que tenho a fazer ou a viver, posso fazê-lo tanto no meio da briga como no meio de Paris. Quanto às possibilidades de morte, não têm nenhuma importância. Hoje de manhã, alerta. As sirenes e os zumbidos de aviões e os tiros de DCA me acordaram. As pessoas urram e ficam nervosas ao meu redor."

Ele retoma essa carta às sete horas da noite. As edições do *Paris-soir* se sucedem, Camus fica no jornal até 20 horas para uma última paginação. Renuncia a Yvonne e a uma viagem projetada a Portugal. Yvonne e Albert prometeram dizer a verdade um ao outro. A propósito de um homem na vida de Yvonne em Argel - Camus batiza-o de Al Capone –, o jovem escritor finge aceitação: "Prefiro saber a imaginar."[26] Recusa o ciúme ou tenta rejeitá-lo: "Penso em você. Creio que nunca poderei, por exemplo, me casar com você. Com ninguém, aliás, está claro. Mas com você menos ainda. Só que tenho a impressão de que poderei sempre viver com você, encontrá-la, viajar, desejá-la, beber, achar você bonita, e tudo o mais." A análise de seu amor por Yvonne transforma-se em autópsia. Por outro lado, Camus realizou seu sonho invariável: o convento. "Há três meses, estou enclausurado - parei tudo para elaborar o que tinha a dizer por enquanto (não toquei em nenhuma mulher durante todo esse tempo e acho que é a primeira vez na minha vida)." Ele tem como que um sorriso triste: "Um dia eu lhe disse brincando que as coisas sempre terminavam como tinham começado e que nosso começo era um cemitério."[27]

Camus quer participar da guerra: "Se eu puder, pedirei para entrar nas tropas livres do *front* oriental e partir para a Síria. Naturalmente não por convicção, mas prefiro isso ao embrutecimento de uma caserna francesa. Você me vê dos lados de Puy ou no Franche-Comté...", ele escreve a Christiane Galindo.[28]

Nele, a dúvida beira o desânimo. Abre-se com Francine em 13 de maio: "... hoje de manhã, quando não estava de serviço, pus meu romance numa gaveta e tirei meu ensaio para organizar meu trabalho. Estou assustado com a quantidade de esforço e de consciência que ele vai exigir de mim. Estava assoberbado diante das notas, das opiniões etc. E tive medo de ser vencido por um projeto demasiado ambicioso. Na verdade, poderia ser o resultado de uma vida inteira. Mas, por outro lado, o que quero fazer só tem valor por esse aspecto desmedido. Se eu for incapaz disso, só me resta arranjar um emprego no setor automobilístico. Como, a esse respeito, não tenho ambições, preciso superar todas essas dificuldades. No entanto, seria bom não superar mais nada e me deixar levar." Camus pondera proposições: "Também tive algumas preocupações por causa da revista que estava projetando com Charlier. Ele me pressionou para que eu a fizesse em Paris. Mas minha vida aqui me permitiu refletir sobre muitas questões e sobre a política, se ouso dizer, em particular. Por um lado, a aparência idealista e otimista que C. dá a tudo isso não tem minha aprovação. E, sobretudo, achei que, antes de empreender ou propor qualquer coisa, seria preciso saber exatamente o que queríamos. Decerto, há coisas de que tenho certeza – você as conhece. Mas acho que voltar à estaca zero nesse domínio supõe uma reflexão mais profunda e convicções mais radicais. Para isso, é preciso tempo. O silêncio, ao que me parece, é a única atitude válida atualmente. Em primeiro lugar, porque ele traduz melhor do que nada o desprezo que se possa sentir, e, em seguida, porque ele nos permite refletir e enxergar nitidamente o que queremos. Só que, assim que temos certeza da menor verdade eficaz, é preciso agir imediatamente, mesmo que sacrificando tudo. Eu pensava e penso isso. Portanto vou escrever a Charlier que não quero criar uma revista ou um movimento. Está nítido e perfeitamente claro." No mesmo envelope ele introduz uma carta datada do dia 14, escrita quando a aviação alemã bombardeia Roterdam: "Você tem razão, Kafka diz sempre a mesma coisa. Mas o que é verdadeiro sempre é monótono. Ele precisa de leitores pacientes e, afinal de contas, que grandeza! Na minha carta de ontem, que estou enviando junto com esta, respondi mais ou menos a suas questões e preocupações. Mas é um pouco curiosa a preferência que você manifesta constantemente pelo meu ensaio. Parece até que as coisas da inteligência a atraem mais do que as obras 'exteriores'. E no entanto sei que isso absolutamente não é verdade em todos os casos, estou um pouco ansioso diante do trabalho que ainda me falta fazer. Tudo o que escrevi por enquanto sobre o assunto me agrada – porque sinto uma espécie de chama constante –, uma veemência que não pode ser indiferente, ao que me parece, apesar da aridez e da tensão do assunto. Mas falta fazer disso uma obra, um só rosto com a sequência de suas nuances e suas emoções. Para isso é preciso uma lucidez perpétua. Evidentemente é apenas uma questão de vontade. Mas esses raciocínios não acalmam minha apreensão."

Em 15 de maio, o exército holandês capitula. Os blindados do general Guderian chegaram a Sedan três dias antes. O inimigo, explica o *Paris-soir*, perde mais de cem aviões por dia. A derrota começa. O *Paris-soir* multiplica as bobagens para levantar o moral dos civis. O mais curioso nesse *Paris-soir* indefinido são algumas manchetes, no alto, ao lado do título, que muitas vezes lembram as do *Alger républicain*. Elas destoam, como que com um perfume de Pia vaporizado por Camus: "A França tem trunfos suficientes no seu jogo, ela não precisa trapacear nas cartas." Encaixadas imediatamente antes dos fechamentos, as manchetes podem escapar da censura e da chefia de redação: "Hamlet, príncipe da Dinamarca, tinha de escolher ser ou não ser", "A partir de sua aventura na Noruega, Hitler adotou um novo lema: NÃO HÁ POR QUE SE PREOCUPAR."* Pia e Camus não estão mais bem informados do que outros observadores.

Final de maio, uma parte da redação e da administração do *Paris-soir* é transferida para Nantes. Camus fica em Paris, "... no meio de um jornal quase deserto, com serviço dobrado. Paris está morta. A ameaça é latente. As pessoas voltam para casa e esperam o alerta ou qualquer outra coisa. Param-me regularmente na rua para verificação de identidade: a atmosfera é encantadora."[29] Agora mobilizado, o soldado Durand Pierre, codinome Pia, está no DGI 211, 20ª companhia, 3 seção, em Maisons-Laffitte.

Camus janta com frequência na casa dos Terracini. Jeanne publicou um livro pela editora de Charlot. Enrico, judeu, é primo de Umberto Terracini, um dos fundadores do Partido Comunista Italiano.[30] Curtidor de lãs e peles para ganhar a vida, Enrico refugiou-se com a mulher em Paris. Muitos refugiados políticos frequentam o apartamento da rua Condorcet, nº 43, no 9º *arrondissement*, perto do bulevar de Clichy, a três estações de metrô do primeiro hotel em que Camus se alojou. Jeanne não consegue acreditar na derrota. Ela conta com novos táxis do Marne.** Camus incita os Terracini a abandonar Paris:

— Vão embora. Vocês terão a Gestapo embaixo de sua casa.[31]

Os alemães contornam a linha Maginot. O *Paris-soir* dá informações patéticas em 25 de maio: "Atingimos os subúrbios de Amiens" - como se as tropas francesas estivessem entrando em Aix-la-Chapelle! Lazareff mantém seu jornal. Jean Prouvost, ministro da Informação, não se ocupa dele. O *Paris-soir* anuncia que "60% dos stukas" da Luftwaffe foram abatidos e

---

* Em francês, *Faux-pas s'em faire*, que contém um trocadilho intraduzível. *Faux-pas* ("equívoco", "passo em falso") é empregado por *Il ne faut pas*, ou *Faut pas* ("não há por que", "não é preciso"). (*N. da T.*)

** *Les taxis de la Marne*, táxis parisienses requisitados por Gallieni para transportar reforços, em setembro de 1914, o que permitiu a vitória da batalha do Marne, detendo a invasão alemã. (*N. da T.*)

apresenta o desastre de Dunquerque como um reembarque ordenado, mas de modo algum como uma vitória. O coronel Charles de Gaulle é promovido a general de brigada a título temporário e torna-se subsecretário de Estado da Defesa Nacional em 5 de junho. No dia 10, a Itália declara guerra à França e o exército norueguês capitula. Franco proclama que a Espanha está em estado de "não beligerância ativa". O governo da França toma o rumo de Tours.

Camus ainda pode se corresponder com Francine em 22 de maio: "À medida que os dias passam e que as ameaças se definem, Paris se torna mais angustiante. Tinha dado a mim mesmo até 15 de junho para terminar meu trabalho. Preciso dizer-lhe que em seguida queria tentar me engajar de novo. Mas as coisas estão caminhando depressa demais e acho que não posso sacrificar mais meu impulso profundo por uma obra que é secundária na ordem de meus valores. Recentemente solicitaram voluntários para dirigir ambulâncias no *front*. Mas é preciso que esses voluntários arquem com sua manutenção. Escrevi para oferecer meus serviços, mas pedindo para ser considerado como um soldado de 2ª classe liberado das preocupações materiais. Estou esperando a resposta. Sei que essa decisão será penosa para você. Mas você tinha me compreendido em setembro. As mesmas razões continuam válidas. Essa guerra não deixou de ser absurda, mas não podemos nos retirar de um jogo quando ele se torna mortal. Eu tinha me dado um prazo para ser mais livre depois de viver descomedidamente. Mas era uma maneira de me propiciar conforto. Se me aceitarem, terminarei meu trabalho no meio da briga, tenho certeza disso, e como o teria feito neste silêncio e nesta solidão de Paris. Assim que as coisas se decidirem, pedirei que me ajude e lhe mandarei 'instruções' detalhadas a respeito dos meus três manuscritos."

20

ÊXODO

Parisiense solitário, Camus sente-se então solidário não ao governo, mas aos franceses. Em 9 de junho, Jean Prouvost, em sua dupla função de proprietário-diretor do jornal e de ministro da Informação, dá instruções a Lazareff. Ele deve evacuar a maior parte do pessoal do *Paris-soir* para Clermont-Ferrand. Pierre Laval, homem político e comerciante prudente, propõe aos jornais recuados que utilizem a gráfica de seu jornal, *Le Moniteur*, em Clermont. Faz a mesma oferta ao *Populaire*, socialista, e ao *L'Action Française*, monarquista. Camus e alguns técnicos recebem a ordem de ir para Clermont. Em caminhonetes e carros, jornalistas, tipógrafos, revisores, contadores deixam Paris nos dias 10, 11 e 12 de junho. As tropas alemãs desfilam nos Champs-Élysées no dia 14. Aquele dia, Camus, o argelino, Camus, o algeriano, sente-se "francês de verdade".[1] Dois ou três milhões de franceses, civis e militares, refugiados holandeses e belgas são lançados nas estradas, com medo dos bombardeios, tristeza e vergonha de uma *débâcle* que se transforma em derrota. As comunicações telefônicas são cortadas. Os stukas investem sobre as longas colunas que marcham para o sul. Aqui, algumas unidades francesas corajosas ou bem comandadas resistem. Ali, elas debandam. Camponeses hospedam e abastecem refugiados exauridos. Outros vendem a água. Motoristas do *Paris-soir* são mobilizados. Camus dirige um carro tendo uma revisora a seu lado. Ele roda à noite e escapa dos bombardeios. Fumegante, com pouca gasolina, óleo ou água, o carro chega à praça de Jaude em Clermont.[2] Na praça, Lenief vê Camus precipitar-se para o porta-malas: sua mala está lá, com o manuscrito de *O estrangeiro*.

Para Camus, "essa cidade é exatamente o cenário de *A náusea*".[3] Cinzenta como a Bouville de Sartre, Clermont todavia tem seu encanto. Lá

Lazareff instala cento e cinquenta colaboradores. Camus divide um quarto com Lenief. Os sobreviventes do *Paris-soir* se agrupam nas instalações do *La Montagne* [A montanha] na rua Blatin, cruzam com parisienses e universitários de Estrasburgo. Jornalista, Charles Gombault, amigo de Camus, e Albert de Segonzac veem-se ao lado de secretárias, Françoise Giroud ou Janine Thomasset. Atrás das instalações do *La Montagne* erguem-se um hospício e um grande relógio. Um louco grita o dia inteiro. Depois de uns dez dias em Clermont, os homens do *Paris-soir* recebem nova ordem de recuo. De Tours, o governo vai para Bordeaux. O marechal Philippe Pétain torna-se presidente do Conselho na noite de 16 para 17 de junho. Camus não ouve o apelo do general De Gaulle no dia 18. Ele está indo de carro para Bordeaux, três dias "no meio da multidão de refugiados e do exército em debandada".[4] Janine faz parte do comboio. Em Bordeaux, durante um bombardeio, ela enfia a cabeça num travesseiro para se proteger, temendo ficar desfigurada. Camus perde, por um atraso de algumas horas, o barco que lhe permitiria "ir lutar em outro lugar".[5]

Os alemães ocupam Bordeaux. Camus, no turbilhão jornalístico, sabe o que acontece: "A vida na França é agora um inferno para o espírito", ele escreve três dias depois da assinatura do armistício de 22 de junho.[6] Ele desconfia da censura postal: "Não preciso lhe dizer o que penso e qual é minha situação", ele explica a Yvonne. Acha que sua equipe vai "voltar para Paris para fazer um jornal no meio das tropas de ocupação".

Pétain instala por alguns dias seu gabinete e os ministérios em Clermont. O *Paris-soir* segue. Faltam hotéis, apartamentos ou *villas* para alugar. Prouvost se metamorfoseia, no dia 26 de junho, em alto comissário da Propaganda, encarregado das tarefas inferiores. A partir de então, seu *Paris-soir* difunde uma outra doutrinação. Estilo açucarado: "O general Pétain tem excelente apetite. Com ele, nada de alimentos de regime, tampouco abuso de carnes grelhadas..." Pétain, quase oitenta e cinco anos, teria "as artérias de um homem de quarenta anos". Estilo simplório: "Assim, até meia-noite, uma hora, duas horas às vezes, sob o abajur de cambraia, a fronte calma, coroada de cabelos brancos, medita. Como meditava em Verdun..."[7] Os franceses têm necessidade de um pai e avô, o *Paris-soir* oferece esse homem de fachada dupla. Em alguns artigos anônimos, a ideologia antissemita desponta: "Acolhemos uma grande quantidade de elementos heterogêneos. Sem discernimento. Havia em nosso país muitas pessoas honestas vindas de fora. Mas havia ainda mais que constituíam apenas fermentos de agitação e de discórdia. Estas não viviam por nós. Viviam de nós. Eliminemos essas pessoas."[8] Palavra deplorável. O *Paris-soir* preconiza a mística do trabalho e o *Paris-soir é* sempre governamental. Alemães e britânicos se combatem sobretudo no ar. O *Paris-soir* dá os comunicados alemães: 441 aviões ingleses derrubados "esta semana", e 121 aviões alemães.[9] A BBC, por outro lado, também mente, um pouco menos intensamente. O *Paris-soir* é a voz de seus chefes sucessivos. O pessoal trabalha por rodízio, das 8 às 18 horas e das 18 horas à meia-noite.

Pétain instala-se em Vichy no dia 1º de julho e se faz proclamar chefe do Estado francês no dia 10. Estranho parêntese para Camus "em toda essa loucura".[10] Alguns dias ele tem a impressão de estar de novo "sem emprego".[11] Haverá demissões no *Paris-soir.* Ele acha que estará entre os despedidos. Terá 2.000 francos para esperar. Mas o quê? Não há trem, não há comunicações com o Norte da África. "Se houvesse um navio, eu iria a pé até Marselha em dez dias e embarcaria. A vida aqui é impossível", explica a Yvonne. Agora, mais do que à neblina de Puy-de-Dôme que o arrasa, ele reage ao clima político: "Não é apenas essa infame Clermont-Ferrand – mas é a covardia que me cerca e que se encontra por toda parte [...] o que vamos viver agora é insuportável de se pensar e sei que, para um homem livre, não há outro futuro senão o exílio ou a revolta estéril. Agora só há um valor moral, e é a coragem. Aqui ela serve para julgar os fantoches e os tagarelas que pretendem falar em nome de um povo." Pétain, no rádio, não para de doar sua pessoa à França e de instruir os processos da República. "Estou me sufocando aqui", escreve Camus.

Albert e seus colegas passeiam, bebem, veem a juventude do Auvergne festejar São João na montanha e voltam cantando. Moradores do Auvergne e refugiados fazem fila para o pão, a carne, o café. O mercado paralelo se instala com a escassez. As crianças até três anos têm 100 gramas de pão por dia; de doze a setenta anos, tem-se direito a 300. Açúcar, massas, arroz, margarina são racionados. Chega o cartão do leite. Os estoques do exército permitem vender cigarros de tropa, já é alguma coisa. Camus fuma muito. Nas cercanias do quartel Gribeauval, centro de desmobilização, vagueiam homens fardados, uma mistura de quepes, capotes cáqui, paletós e calças civis. Os subalternos do *Paris-soir* não podem oferecer-se restaurantes caros bem abastecidos. Muitas vezes eles fazem cozinha comum. Camus frequenta o quarto minúsculo em que o irmão de Lenief e dois amigos moram e cozinham. O futuro parece bloqueado. Camus cruza na cidade com Pierre

Salama, irmão de Myriam, seu condiscípulo na faculdade de Argel, com aspirantes da escola de infantaria de Fontenay-le-Comte.

— Bela farda — diz Camus a Salama. — Vamos beber um trago. Salama.

— Impossível. Estou fardado, não tenho direito de entrar num café. — Camus tira o paletó.

— Ponha isto. Estará vestido como civil. Não precisarei desse paletó por muito tempo. Vão me prender do dia para a noite.[12]

Camus, ex-comunista pertencente à equipe de Lazareff - judeu e gerente de um jornal que foi anti-hitleriano –, talvez fichado. Em Vichy, no dia 8 de julho, o governo rompe relações diplomáticas com a Grã-Bretanha. No mesmo dia, Albert também escreve a Francine: "Não há mais comunicações com o Norte da África. Se as houvesse logo, eu poderia chegar a Marselha a pé (não há mais trens, nem ônibus, nem gasolina) e embarcar. Cozinhamos, lavamos louça e esperamos. Quando você receber esta carta tudo estará resolvido, num sentido ou no outro - tanto mais que me disseram que o único meio de comunicação com a Argélia é o telégrafo. Por isso estas cartas são ridículas. Por isso também estou perto de parar de escrever."

Camus, o francês, o argelino, não é de modo algum petainista: "Em todo caso, são esses os fatos. Quanto ao resto, covardia e senilidade, é só isso que nos oferecem. Política pró-alemã, Constituição à imagem dos regimes totalitários, medo terrível de uma revolução que não virá, tudo isso para tentar amansar inimigos que nos esmagarão mesmo assim e para salvar privilégios que não serão ameaçados. São dias terríveis que se preparam: fome e desemprego geral com o séquito de seus ódios, seus discursos de velhos não impedirão isso - a ditadura militar e a censura não me impedirão de dizê-lo quanto eu quiser. É preciso desconfiar também da propaganda anti-inglesa - ela esconde os piores interesses. Não sei por que estou lhe dizendo isso. Sei apenas que manterei o que acredito ser verdade no meu universo particular e não cederei a nada, enquanto indivíduo. Não preciso dizer que perdemos nossa partida e que aqueles que nos levaram contra a nossa vontade a essa guerra desastrosa fortalecerão mais ainda seu poder com essa derrota inominável."

As derrotas não segregam apenas heróis lúcidos: "Além de uma ou duas exceções, só há covardes à minha volta. Em algumas semanas vi demasiadas coisas horríveis e tenho o coração afogado nisso tudo. Estou sufocado e gostaria de ir embora. Agora já não penso na Argélia como o país que amo e onde vivem aqueles que amo; mas também como a última terra francesa ainda livre (sem essa coisa infame que se chama ocupação) onde é possível se desgarrar e viver como indivíduo. Talvez eu esteja errado, mas são esses os meus sentimentos – e também (para tranquilizá-la) essa força que nunca me abandonou e que você conhece tanto quanto eu. Um beijo, minha querida. A ideia de que possa haver ainda um universo do amor, uma verdade humana, seres como você, parece-me inconcebível. E talvez o maior crime deles seja ter mutilado tantas almas. De todo modo, escreva. Tenha paciência se estiver sem notícias. Sairei intacto de tudo isso. Não espere nada e viva como convém. Eu a amo muito por sua coragem e sua fidelidade."

Camus adota um cachorro, batizado de Blaise Blatin: o grande Pascal é filho de Clermont e o *Paris-soir* tem seu QG na rua Blatin. Ele fica amigo de Rirette Maîtrejean, que foi a companheira de Victor Serge, rebelde de esquerda heterodoxo. Rirette também foi inculpada na época do grupo de Bonnot. Camus tem um grande fraco por todos os anarquistas. Está trabalhando em seu ensaio sobre o absurdo. Vista de Clermont, a situação da França parece compreensível, nem sempre decifrável e muitas vezes completamente absurda. No trabalho, Camus se reencontra, mais uma vez.

Em agosto, as perspectivas políticas se definem. Os lorenos indesejáveis foram expulsos pelos alemães de sua província, submetida, como a Alsácia, à administração civil alemã. O governo dissolve as lojas maçônicas. Charles de Gaulle é condenado à morte por contumácia. Em Paris, os colaboradores iniciantes cantam os méritos de uma exposição aberta em 5 de agosto, "O judeu e a França". Um dos primeiros resistentes, o general Cochet, manda distribuir um panfleto: "Velar, resistir, unir-se." *Leitmotiv* de Camus a Fréminville: "Aqui a vida é impossível. Há cheiro de covardia em todos os cantos." E depois: "Não abandonemos nada do que ainda tem valor. Talvez haja revanches."

A Francine, que não foi encontrá-lo, em 5 de agosto: "Não tenho nada a lhe dizer, nada a responder a suas cartas. Não tenho nenhuma vontade de falar de mim nem de nada. Só o seguinte: o *Paris-soir* me pediu para ficar ainda até 15 de agosto. Nessa data estarei disponível [...] serei obrigado a abandonar minha profissão. Estão preparando para os jornalistas um 'estatuto' que tenho a infelicidade de considerar desonroso ou quase. Por outro lado, estão mandando todos os judeus embora, mesmo os que voltam da guerra. Portanto vou procurar outra profissão. [...] Gostaria que, por seu lado, você cuidasse disso o mais rapidamente possível (firma ou comércio ou qualquer coisa). Principalmente gostaria que perguntasse a Pierre [Galindo] se ele não quer pensar em compartilhar alguma coisa comigo. Creio que neste momento podem-se conseguir terras com facilidade de pagamento – concessões oficiais. Estando no local, ele poderá ver. Não tenho medo de trabalhar muito, se for um trabalho livre, e gostaria de fazê-lo com Pierre mais do que com qualquer outra pessoa. E só isso. Mas o tempo urge e gostaria que você pensasse nisso seriamente. Estou bem e mando-lhe um beijo."

Não é um rompimento. Camus se prepara para ir para a Argélia. No entanto, a fenda parece tornar-se uma ruptura com aquele "Não tenho nada a lhe dizer". Em 6 de setembro, Camus a Fréminville: "O desemprego é geral e o *Paris-soir*, em particular, dispensou metade do seu pessoal. Ainda precisam de mim, mas talvez seja uma questão de tempo." Ele irá para Lyon. Também irá procurar um emprego para seu amigo, ainda na Argélia. Claude poderia reassumir sua gráfica de Argel, encontrar Francine em Orã, ela certamente o ajudaria: "Se você pudesse ser secretário de redação, é um ofício que permaneceu limpo e que paga bem." Desencontrados, Claude quer ir para a França, Albert deseja voltar para a Argélia. Forja para si certezas políticas, põe ordem em sua vida particular. Escolheu Francine. Deixando Yvonne – pelo menos numa carta –, ele reassume o tom paternal, que é um dos componentes da separação camusiana: "Até logo, minha menina. Você me parece muito longe e há anos não me sentia tão desamparado. Mas tudo isso é culpa minha. Desejo, desejo realmente deixar tudo e esquecer tudo." Ele se conhece além e aquém de suas boas intenções: "Mas os dois são impossíveis." Como se ele impelisse Yvonne a tomar uma decisão em seu lugar: "Gostaria que você não me respondesse." Como se, no mesmo movimento, ele negasse o que acaba de escrever: "Tente apenas não me esquecer."

O divórcio de Camus e Simone Hié finalmente é pronunciado quando ele chega a Lyon. Prometeu a Francine casar-se com ela assim que conseguisse o divórcio. Faz o balanço dos amigos e conhecidos. Alguns, como um camarada comunista de Argel, Max Béral, foram mortos. Pia chegou depois de atravessar a França a pé. Fazia parte de uma companhia esquecida num bosque da região parisiense e não foi feito prisioneiro. Foi desmobilizado em zona livre. O exército do armistício não o manteve. Ele volta a Paris, tenta recuperar bagagens de Camus no hotel Madison. Percebendo policiais e alemães nas redondezas, vai embora. Uma boa notícia: Malraux, prisioneiro em Sens, evadiu-se bravamente e chegou à Côte d'Azur. Yves Bourgeois, tenente no 3º regimento dos zuavos, está preso na Alemanha.

Camus abandona a ideia de publicar dois livros quase terminados, sua peça e seu romance: "Compreendi [...] que o que eu escrevia ainda precisava de muito tempo para ter valor. E por outro lado não penso em publicar nada na França durante longos anos, salvo os elogios da família"[13] – gracejo a respeito do lema do Estado francês, "Trabalho, Família, Pátria". Hesitações e dúvidas voltam a tomar o escritor: "Não tenho nenhuma alegria, nem mesmo a de escrever. Talvez valesse mais a pena abandonar tudo."[14] O homem do absurdo toma posição diante dos acontecimentos. No início de outubro, antes de qualquer pressão alemã, o governo de Vichy promulga um estatuto dos judeus, revoga o decreto Crémieux, que concedia a nacionalidade francesa aos judeus da Argélia. Pétain, depois de saudar Franco em Hendaye, encontra Hitler em Montoire. O *Paris-soir* – o redator permanece anônimo – escreve: "O estatuto dos judeus é publicado. E ditado por necessidades imperiosas. Por necessidades francesas. E ditado por um reflexo de conservação nacional."[15] O jornal esclarece que haverá derrogações. Subentendido: o Marechal não abandonará os judeus ex-combatentes, os burgueses judeus e, quem sabe?, o conjunto dos *judeo-franceses*. Essas leis, em suma, diriam respeito ao populacho da Europa central.

Em 23 de outubro, Camus escreve a Irène Djian, judia: "Tudo isso é particularmente injusto e particularmente abjeto. Mas queria que você soubesse que a coisa não é vista com indiferença pelos não envolvidos. Em outros termos, é neste momento que estamos solidários e faço questão de servir a essa solidariedade. O que estou lhe dizendo é também o que digo e direi sempre que necessário. Deixemos passar o vento, mas ele não pode perdurar. Não perdurará se cada um em seu lugar se limitar a afirmar tranquilamente que esse vento cheira mal." Também afirma seu apoio a uma outra amiga judia que conheceu na faculdade de Argel, Liliane Choukroun. Professora, ela não tem mais o direito de exercer a profissão. Despojado da nacionalidade francesa no dia em que Pétain, chefe do Estado francês, chama à colaboração, Lazareff partirá para os Estados Unidos. Mille assume a direção do *Paris-soir* em Lyon, onde se instalam muitos jornais parisienses. Outros, *L'Écho de Paris*, *Le Petit Parisien*, *Le Petit Journal*, se encolhem no Auvergne. Do lado oficial, *Les Documents français* e o *Journal officiel* conformam-se aos ucasses do Estado francês.[16] A fauna do "Tout-Paris", homens políticos, embaixadores, financistas, jornalistas, interroga-se em Lyon. Em torno do *Paris-soir*, um antigo surrealista, Roger Vailland, está fascinado por Laval. Pia e Camus, muito hostis à ideologia de Vichy, não suportam nem suas tiradas moralistas e provincianas nem seu espírito clerical. Pia, novamente secretário de redação, trabalha tanto quanto em Paris.

Camus faz Pia ler *Calígula*, entusiasmado. Os dois amigos planejam publicar uma revista. Ela se chamaria *Prométhée* [Prometeu]. Pia leva a se interessarem por ela Jean Paulhan, eminência preta e branca da editora Gallimard, Bernard Groethuysen, filósofo, Raymond Queneau, poeta e romancista, e também Malraux. A linha de demarcação separa duas Franças, uma ocupada pelas tropas alemãs e a outra chamada zona livre, dirigida pelos homens do Marechal. O meio-irmão de André, Roland Malraux, reuniria os textos em Paris para a revista e os faria passar para a zona Sul.

Em Lyon, metrópole, o abastecimento se mostra ainda mais difícil do que em Clermont. O mercado paralelo prospera. Os secretários de redação como Pia ganham 4.500 francos por mês, um tipógrafo em torno de 2.500 francos. Uma bicicleta custa o dobro do salário mensal de um operário. Bicicletas são roubadas. Instalam-se estacionamentos guardados. As rações de pão se reduzem. Os franceses inventam sucedâneos: o patê de carne de porco sem carne, à base de óleo de amendoim; o óleo de amendoim sem amendoim, à base de avelã; a geleia de resinado, açúcar de uva. A sacarina triunfa. Uma refeição simples no mercado paralelo sai por 200 ou 300 francos. Camus trabalha no jornal e no quarto de um hotel modesto, antigo bordel cujo cenário o diverte, sobretudo o salão do andar térreo, ornado de mulheres nuas. No seu quarto faz frio. Para chegar às instalações do jornal, no cours des Libertés, nº 65, ele atravessa o Ródano. A neve não é varrida. Camus nunca achou Lyon muito acolhedora. O *Paris-soir* – escritórios e edição em Lyon, Vichy, Marselha, Toulouse – publica virtuosas reportagens fotográficas sobre as turnês do Marechal. Muitas vezes, segundo o jornal, Pétain é aclamado... antes de chegar às cidades que ele honra com sua presença: a verdade cede às necessidades do fechamento. Multidões de homens de boné ou chapéu levantam a mão estendida para o Marechal: não é *exatamente* a saudação fascista. Esses admiradores prestam juramento. O *Paris-soir* não se detém na batalha da Inglaterra, evidentemente perdida pela Luftwaffe. Nem nas primeiras derrotas do Eixo na Cirenaica: as tropas de Mussolini e de Hitler não atingem o Cairo. Jean Prévost, jornalista e romancista, publica no *Paris-soir* um artigo histórico sobre o Egito, terra de invasão. O *Paris-soir* se enleia no petainismo. Em comparação com os jornais de Paris, como o *L'Oeuvre* [A obra], nas mãos de Marcel Déat, o *Paris-soir* não é infame todos os dias.

Camus, então, prometeu casar-se com Francine, que vai encontrá-lo em Lyon no final de novembro. Ele não está na estação para recebê-la, pois confundiu os horários dos trens. Ato falho? Casam-se no dia 3 de dezembro. As alianças serão de cobre.[17] Estão presentes na prefeitura Pia, Lenief, colegas do jornal, Lemoine, Lemaître, Cormier, Lionet. Nem cerimônia religiosa, nem refeição de casamento. O grupo toma um trago. A mãe e as irmãs de Francine acostumam-se ao novo nome, Francine Camus.[18] Os noivos recebem um telegrama delas.

Em Lyon, tal como em Paris e Argel, Camus gosta da gráfica, dos cheiros de papel úmido, do chumbo, da tinta e do coleguismo. Frequentemente cultos, reivindicativos e anarquizantes, os tipógrafos constituem uma elite operária. Os intelectuais que tanto falam dos operários podem encontrá-los num jornal. Camus participa alegremente dos "Alia...", cerimônias durante as quais se bebe *à saúde* de um colega, com canções da profissão ou do corpo de guarda. Esses refugiados reconfortam uns aos outros. Os lioneses não os adotaram logo de início. Camus, da equipe da noite, volta para casa entre duas e cinco horas da madrugada. Ele não tem máquina de escrever e Francine copia *O mito de Sísifo*, terminado. Camus quer enxugá-lo. Esse ensaio reflete *também* sua situação naquele momento de sua existência, no final de 1940. Consegue relê-lo. Breve *incipit* no final da primeira frase: "Só existe um problema filosófico realmente sério: o suicídio." Rápido *excipit* no final do livro: "Este mundo terrível e transtornado onde as próprias toupeiras fazem questão de esperar."

A trilogia prevista está pronta, uma peça, um romance-relato, um ensaio. Charlot pede a Camus que se associe à sua editora. Tentado, Camus não aceita a oferta. Em 12 de dezembro, ele aconselha Fréminville, sempre na Argélia, a escrever um livro para "publicá-lo dentro de dois ou três anos": "Deixe de lado todo o resto e talvez você perceba de novo que Orã é uma grande cidade e um lugar onde se pode viver. Sempre acreditei que você tinha talento. Não há razão para que eu me engane. Mas neste momento é preciso ter a força de se afastar e de aceitar tudo isso como um meio de se isolar." Ele acrescenta: "Logo terei terminado o que considero 'a primeira *pedra*'. Saberei muito depressa se é ruim. Nesse caso, abandonarei tudo. Mas sem raiva, acredito. Ninguém chega à idade adulta (é a nossa agora) sem terríveis dilacerações. No entanto isso interessa muito pouco aos outros. E, no fundo, não tem importância. Então, podemos perder o que constituía nossa força. Ninguém saberá de nada." Tendo encerrado três livros em menos de cinco anos, Camus visa não ser nem publicado nem reconhecido. Levanta o moral de Fréminville, explica-lhe que está errado em viver isolado, recomenda-lhe que visite os amigos oraneses dele, Camus, sobretudo mulheres. E Pierre Galindo: "Talvez um dos únicos homens por quem sinto uma amizade completa. Mas é preciso conquistá-lo." Casado há nove dias com Francine, Camus conclui: "Tenho feito muitas tolices desde há algum tempo, e as tolices são o que não traz felicidade aos outros nem a mim. Mas você sabe que continuo fiel a meus amigos e particularmente a você. É o único luxo, agora."

Apertados em seu quarto de hotel, os Camus procuram um apartamento com a ajuda de Pia. Não têm tempo de se mudar: Camus faz parte do rol de uma nova restrição de pessoal no *Paris-soir.* Uma solução: voltar para Orã. Lá, Francine e Albert não teriam aluguel para pagar.

Em janeiro de 1941, os Camus embarcam no *Président-Dal-Piaz* em Marselha.

21

PAUSA EM ORÃ

As galerias Audéoud correm ao longo da rua d'Arzew – como as arcadas numa pequena parte das ramblas de Barcelona. Há cafés, lojas, dois cinemas, o Régent e o Rialto. Os Camus instalam-se no apartamento do nº 67 da rua, cedido por Christiane, que foi para o 65 com a mãe. As sacadas dão para a rua. Mais de cem metros quadrados, sala de estar, dois quartos, banheiro, cozinha e, nos fundos, de cada lado de uma lavanderia, dois terraços de ladrilhos escuros. Albert coloca sobre uma lareira um pequeno buda de madeira dourada que ele conserva desde o rompimento com Simone. Os Faure acolhem Camus muito bem. O rebelde ao casamento finalmente casou-se com Francine. Mas aquele homem de vinte e sete anos ainda não tem – ou não tem mais – emprego. Frequentemente sombrio, ele não descerra os dentes. Acha a sogra autoritária. E ela é. Aos olhos de Camus, aquela família parece muito burguesa. Ao lado da sua, de fato, mas não se comparada a outras tribos oranesas. Camus mostra-se inutilmente agressivo. A sra. Faure pede-lhe que transmita suas "lembranças à senhora Camus". Albert corta:

— Não existe *senhora* Camus.

Na casa dos Faure, eles têm toalhas de mesa; na casa dos Camus-Sintès, um oleado. Às vezes Camus afeta maneiras de proletário para irritar a "coronela" – Fernande, assim apelidada pelo genro. Ostensivamente, ele coloca uma garrafa de vinho no chão. Entende-se com Christiane, que o admira. Ela gostaria de escrever.

Francine é professora primária substituta. Os Faure não são considerados judeus. Só uma avó, Clara Touboul, é judia. As moças são batizadas. Fernande continua trabalhando no correio. De Argel, Charlot insiste para que Camus vá trabalhar com ele, mas não pode garantir-lhe um salário honroso. Portanto Camus é obrigado a morar em Orã. Os produtos de primeira necessidade, caros, são ainda mais raros na Argélia do que na França metropolitana; óleo e gordura, açúcar, batatas, carne, leite estão em falta. Camus encontra muito Pierre Galindo, desmobilizado. A noite, eles voltam a frequentar seus cafés e bebem moscatel. Aos sábados, ouvem flamencos. Têm em comum a paixão pelo futebol. Vichy baniu as palavras inglesas. Como falar de *penalty*, de *corner*, de *break*?

Camus dispõe de um grupo de amigos fiéis em Orã, tal como em Argel, aonde vai com frequência. Têm as mesmas reações políticas que ele, passam naturalmente da hospedagem dos republicanos espanhóis à rejeição da ideologia de Vichy. Jacques Vérin, advogado, defende refugiados e comunistas diante dos tribunais militares. Camus se diz disposto a tudo, até mesmo a vender antiguidades ou a se tornar horticultor. Pensou em explorar umas terras com Pierre e Julio Davila, agora casado com Christiane Galindo. Pode falar de pintura com Robert Martin, que abrirá uma galeria-livraria, e liga-se à família Bénichou, brilhantes universitários judeus. Seus polos na vida – cultura, estudos, diplomas, o universo do livro – não são os de todos os oraneses. O avô Bénichou tinha uma loja de tecidos e faliu. O pai dos três filhos, Paul, André e Georges, também não tem êxito nos negócios. Depois de uma *khâgne* em Paris, Paul integra a École Normale Supérieure. O mais próximo de Camus, três anos mais velho do que ele, André, gosta de Baudelaire, Rimbaud – e de Proust, com paixão. Seu DES era sobre "A memória afetiva na obra de Marcel Proust". André saboreia o rigor platônico, Descartes e Spinoza e tem o senso da matemática. Louco por cálculo mental, dava aulas aos colegas aos catorze anos. Atingido por uma pleurisia, não se apresentou à *agrégation*. "Nós que somos tísicos", lhe diz Camus. A mulher de André, Mado, é amiga de Francine. Albert, que não submete facilmente suas obras a julgamento, passa o manuscrito de *O estrangeiro* a André, que o lê em uma noite. Para ele, Camus é um grande escritor. De fibra comunista, André sempre foi anticlerical. Por provocação, em outros tempos sentava-se à mesa de um café com os amigos e cantava a *Carmagnole du libre-penseur* [Carmanhola do livre-pensador] no dia do Kippur, na Sexta-feira Santa e no primeiro dia do Ramadã.

A política de Vichy reacende o antissemitismo na Argélia. Professor de liceu, André Bénichou foi despedido. No seu passaporte, a menção "cidadão francês" é substituída por "judeu indígena". Depois da revogação do decreto Crémieux retirando a nacionalidade francesa de 111.021 judeus, o almirante Abrial, governador-geral antissemita, coloca metralhadoras nos pontos nevrálgicos de Argel, Orã e Constantine para o caso de haver manifestações de judeus. Orã tem a maior densidade de judeus na Argélia, 26.671 ex-cidadãos franceses e seus filhos.[1] Explorado antes da guerra pelo abade Lambert, prefeito, fundador do grupo Amizades Latinas, o antissemitismo difunde-se entre o populacho espanhol de Orã. Esse antissemitismo torna-se um cimento, "elemento federador"[2] de diferentes camadas sociais, mais do que a personalidade de Pétain. As fotografias do Marechal decoram edifícios públicos e lojas. Em Orã,[3] jovens doriotistas reclamam o expurgo imediato "dos judeus e dos estrangeiros que infestam os liceus". Os alunos judeus são afetados primeiro por uma medida administrativa, que não será anunciada. Virão depois a lei e seu *numerus clausus* oficioso, 14%, depois 7%, nas escolas primárias e secundárias. Sucessor de Abrial, Yves Chatel, governador-geral, explica ao sr. Eisenbeth, rabino de Argel, por que as crianças judias são excluídas das escolas públicas: "Para evitar que os judeuzinhos se sintam desajustados no meio de um grande número de crianças não judias, julgou-se preferível deixá-los de fora e solicitar às comunidades judaicas que criassem escolas privadas." Eliminação suave, os judeus da Argélia não são deportados nem obrigados ao porte da estrela amarela, apenas - por assim dizer - perseguidos. Muitos judeus são professores primários ou da escola primária superior, de liceu, poucos são professores do ensino superior. Nenhum professor judeu na Argélia obtém uma derrogação. André Bérnichou, Maurice Sarfati (cunhado de Louis Bénisti), Marcel Toubiana e outros solicitam autorização para abrir um curso particular. Sob a direção do reitor Hardy, os inspetores da administração universitária encarregados de conceder ou de recusar seu aval são mais hesitantes do que os homens da sede departamental ou da segurança pública.[4] Um relatório policial referente a André Bénichou diz que antes da guerra ele tinha ideias avançadas. Quanto ao presente, nada a acrescentar a seu respeito.[5] Autorização concedida, Bénichou improvisa salas de aula em apartamentos, entre outros no nº 11 do bulevar Gallieni. A elite argelina protesta pouco, os pobres menos ainda. Os chefes de estabelecimentos públicos parecem indiferentes. A grande massa dos europeus da Argélia, tal como os franceses da metrópole, é então petainista. Respondendo a um apelo gaullista lançado de Londres, Fernande Faure faz alguns minutos de greve: é suspensa por dois meses, sem remuneração. A sogra de Camus é audaciosa.

A ajuda mútua é um modo de vida. Em torno de Camus e dos Faure faz-se uma coleta para Louis Bénisti, judeu que perdeu o direito de trabalhar como professor de desenho. Os Camus o hospedam por alguns dias. Fernande acolhe Nicola Chiaromonte, escritor, inteligência notável, amigo de Malraux e ex-metralhador de sua esquadrilha na Espanha. Com viajantes esclarecidos como Chiaromonte, Camus e seus amigos começam a achar que podem "fazer alguma coisa". Chegam da França refugiados tentando ir para o Marrocos, para a Grã-Bretanha, para os Estados Unidos. Chiaromonte parte para Nova York. Oraneses e argelinos se interrogam: como combater o vichysmo e os alemães? Mesmo que fosse para a Inglaterra, Camus bem sabe, não o aceitariam nas FFL, como Edgar Bensoussan, que se tornou aviador. Camus, tal como os Elgozy, Marguerite Dobrenn, os Choukroun, o doutor Cohen, Adrey, Hassan, prepara-se para a ação. Os comunistas argelinos publicam clandestinamente *La Lutte sociale*, desde novembro de 1940.[6] Em 1941, reivindicam a independência da Argélia, um governo democrático argelino, a terra para os que a trabalham, a industrialização, uma política habitacional, água potável nos aduares. Falta justificar o pacto germânico-soviético. Os comunistas explicam que a URSS está aproveitando as "rivalidades imperialistas para impedir o desencadeamento de uma agressão contra ela". A URSS "sabe que, dessa guerra, os imperialismos sairão enfraquecidos. Então, pelo jogo inelutável da dialética do desenvolvimento histórico, os povos sacudirão seu jugo e, nesse momento, a URSS prestará ajuda [J/C] aos povos em luta por sua libertação... Ajude-se – A URSS o ajudará". O Partido Comunista Argelino tem agora pouca influência.

Uma rede de resistência, de início intelectual, organiza-se através da Argélia e inclui inúmeros judeus. Mais tarde[7] eles se lançarão à resistência ativa. Os professores estão no centro dos primeiros núcleos. Trata-se de defender liceanos e estudantes excluídos da única faculdade, em Argel. Jacques Schapira, professor em Blida, agrupará estudantes na associação Quol Aviv.[8] Entre eles, filósofos como Jean Bensaïd, juristas e médicos, André Narboni, José Aboulker e os seus, Charles Guetta, Lucien Adès.[9] Em Argel, um liceano de dezessete anos, André Rosfelder, irá tornar-se chefe do grupo Mario Faivre, na rede de Astier-Pillafort. A Louis Bénisti, Camus fala em organizar "alguma coisa". Pierre Galindo e seus amigos estão dispostos. Sargento dos zuavos em 1939, Pierre acabou subtenente da Legião Estrangeira.

Nos meios cultos de oposição de Orã, dois homens são amigos e rivais, Camus e Jean-Paul de Dadelsen, jovem professor aprovado em primeiro lugar na *agrégation* de alemão. Homem bonito, Dadelsen usa luvas claras e pratica o beija-mão. Meio brincando, ele declara a Albert:

— Serei o maior poeta do século XX e você, o maior prosador.

Camus circula entre Orã e Argel, onde reencontra os Terracini, Poncet e Namia, que, comunista e judeu, será preso com Ouzegane num campo no sul da Argélia. Às vezes Francine – seu tempo é mais apertado do que o de Camus – acompanha o marido a Argel e reencontra os colegas do Equipe, entre os quais Lucette Meurer. Esses antigos membros gostariam de montar *Ivanov*, de Tchékhov. O herói, proprietário arruinado, cai no antissemitismo e se suicida ao descobrir a futilidade e o absurdo de sua existência. Francine lê papéis, a Elvira do *Don Juan* de Molière e Ofélia. Os amigos não realizam seu projeto. Sauveur Galliero vai para Orã. Manette e seu noivo, Robert Martin, primos de Francine, interessam-se pelo pintor e organizarão exposições na livraria deles, a Colline. Camus empresta dinheiro a Sauveur e depois recusa a devolução. Sem se explicar, o escritor diz:

— Eu devo muito a você.[10]

Sauveur não leu *O estrangeiro*, não sabe que Meursault também é inspirado nele.

Em suas escolas, os professores mantêm oito horas de presença por dia. Camus vagueia pelo apartamento com "grandes jornadas vazias".[11] Ele se desacostumou das férias. Gostaria de viver entre Orã e Argel, onde encontrou Yvonne. Em Trouville, perto de Orã, encontrou a mãe e a irmã de Yvonne. Agora tudo parece vão em Orã: "Estou me sufocando aqui, estou infeliz e decidi ir embora. Não sei muito bem o que vou fazer, mas vou embora. Não gosto de nada nem de ninguém daqui e acabei por dizê-lo a Francine." Camus, ator também, às vezes dramatiza. "Então, agora, só me restam coisas mortas, que me é indiferente perpetuar ou não. Farei o que quisermos."[12]

Seco, preciso, três dias depois, em 21 de fevereiro de 1941, em seus cadernos: "Terminado *Sísifo*. Os três Absurdos estão terminados. Início da liberdade."

Pede que Yvonne lhe escreva, que telegrafe para a rua d'Arzew ou para a posta restante. Um dia, se a sorte ajudar, comprará com ela passagens "para o fim do mundo". O realismo não exaure seu lirismo. "Devorado pelos fantasmas", não quer esconder nada – não quer se "rebaixar trapaceando".[13]

Tenta em vão trabalhar, afirma, ao passo que acaba de colocar um ponto final (quase) em seus Absurdos, revistos. Seus dias não têm referências. Sempre se abre mais em sua correspondência do que em seus cadernos: "Até hoje sempre soube o que queria fazer da minha vida – e sempre fiz o que devia para isso. Agora tenho a impressão de que estou perdendo a partida. Sinto-me corroído, numa redoma, anexado pouco a pouco. E como se fosse desapossado de minha própria vida – simplesmente por lassidão, como se abandonasse uma luta de boxe." Camus e Pierre Galindo frequentam o estádio do Gallia. Lá viram Marcel Cerdan, campeão da França, peso meio-médio, lutar contra Victor e Omar Kouidri. "Todos os dias", ele prossegue, "espanto-me por não ver surgir uma reação que conheço bem em mim. Espanto-me então ao ver que estou esperando ser ajudado pelas circunstâncias."[14] Se Yvonne estivesse a seu lado, não teria mais "a impressão secante" de estar sozinho diante do que o cerca. Não consegue explicar o vínculo obscuro que o liga a ela. Encontra uma amiga de Yvonne, Marica Toubiana, encantadora, mas "curiosamente casada":

— Mas você não é um intelectual, de modo nenhum — ela diz.

Engolindo Cinzano e sardinhas salgadas, Albert replica: é exatamente um intelectual, e o suporta com satisfação.

Tenta analisar em seus cadernos seus vínculos com Francine, Yvonne, as mulheres: "Por que meios um coração se governa? Amar? nada é menos seguro. Pode-se saber o que é o sofrimento de amor, não se sabe o que é o amor." Se = nós = eu. "[O amor] aqui é privação, nostalgia, mãos vazias. Não terei o ímpeto; resta-me a angústia. Um inferno quando tudo supõe o paraíso. No entanto é um inferno. Chamo de vida e amor o que me deixa vazio. Início, opressão, ruptura, esse coração sem luz disperso em mim, o gosto salgado das lágrimas e do amor."[15] E antes: "Renunciar à servidão que é a atração feminina." Don Juan dilacerado não é Don Juan. Camus quer mudar de rumo, divaga: "Se eu tivesse cedido à minha inclinação profunda, seria agora funcionário administrativo oito horas por dia e tentaria acreditar que é muito bom. Agora talvez não seja melhor, mas de todo modo fiz o esforço. Um dia talvez também me farte de fazer esforços. Deve haver uma espécie de paz repugnante em renunciar a tudo." Os outros podem estar doentes. Camus aconselha cuidado com o cansaço: "Não há nada mais infame do que a doença. Também então a tentação de se abandonar é muito grande." Yvonne? "Talvez, de fato, não seja uma paixão o que há entre nós, mas, se tento ver as coisas como elas são, sem arrebatamento e sem febre, digo a mim mesmo que não desejo nada diferente. E claro, não posso negar que neste momento penso em você como algo que não é minha vida atual." O humor aflora apesar de tudo: "É um ponto de vista que não tem muita grandeza."

Christiane Faure dá uma echarpe de presente a Albert, cuja calça está puída.

— Você devia ter lhe comprado uma calça — diz Francine.

— Ah! A echarpe deve cair por cima dos colhões! — replica Christiane.[16]

Restam os amigos, sobretudo Pierre. Rude, bruto, mas não brutal, "o único ser, aqui, com quem tenho prazer em conviver", esclarece Camus. Restam os passeios, a natureza em torno de uma cidade sem cultura, segundo Camus. Sua irritação na casa dos Faure se transforma muitas vezes em ódio à cidade. Ele deixa Orã, sozinho ou com amigos: "Antes de ontem passei um dia em Trouville. O dia estava muito bonito, com um vento forte e frio na planície. Havia muitos trevos e cólquicos muito frágeis. Passei um bom dia sem fazer nada. Encontrei um cachorro impressionante, meio pastor-alemão, meio cão cabila, que se remexia como um infusório num caldo de cultura. Chamei-o de Proto (subentendido: zoário) e ele ficou comigo o dia inteiro. Fiquei contente em tê-lo. Há momentos em que só me sinto bem com os animais, sobretudo os cães. Queria levá-lo comigo, mas os ônibus não os aceitam. Ele me acompanhou e, quando o ônibus arrancou, olhou-me com olhos bondosos. Espero voltar a encontrá-lo."[17] Camus adota muitos cães em sua vida, Kirk na "maison Fichu", Blaise Blatin em Clermont, Proto... Um cão é uma fidelidade inocente. Camus volta a Trouville e perde Proto em Orã. Ele se acostuma com os arredores luminosos de Orã: "Pareceu-me que havia anos eu deixara essa espécie de pátria e que a reencontrava como se ela fosse nova." Ele gosta de chegar ao limite de seu cansaço e de sua força, meio feliz e meio adormecido depois de um banho de chuveiro, no final de um passeio.

No início de abril, Camus se resigna a ficar naquela cidade e, em suma, com Francine. Dá aulas particulares e, assim, volta para trás: a sra. Sogler pagava seu aluguel, ele sobrevivia dando aulas; agora tem quase vinte e oito anos e os Faure o abrigam. Francine recebe uma remuneração e ele volta a uma vida de estudante no final dos estudos. Os direitos autorais da editora de Charlot são parcos e Camus não sabe se seus três Absurdos serão publicados. Edmond Brua lhe manda seu último livro, uma paródia do *Cid* como argelino. Camus gostaria de lhe dedicar um artigo, como em outros tempos para *Fables bônoises*, no *Alger républicain*. Na Argélia agora ninguém publicaria um artigo de Camus.[18]

André Bénichou lhe oferece aulas de francês em sua escola, que se tornará mais tarde o curso Descartes. Grande sucesso entre as meninas e os meninos: Camus é uma estrela; seus alunos sabem disso, ele publicou livros, está preparando outros, colaborou no *Alger républicain*, faz teatro. Que professor! Gostam de seu jeito de inclinar a cabeça, de seu timbre de voz. Camus sobrevive com o que Bénichou lhe paga generosamente e com horas dadas numa outra escola particular, Études Françaises, na rua Paixhans, nº 18, onde ensina francês, história, geografia, filosofia – e oferece seus conselhos ao time de futebol.[19] Na rua d'Arziew, todos dão aulas: Francine, sua irmã Christiane, que, professora no liceu de moças Stéphane-Gsell, também dá aulas particulares preparando alunos judeus para o *bac*, e Suzy, numa outra escola judia.

Camus tem seus lugares de peregrinação,[20] a praça des Armes, com imensos fícus rugosos, o bulevar Séguin, por onde já de manhã espalham-se homens e mulheres passeando; a Calère, o bairro espanhol; o bairro judeu, colorido; o Village Nègre, muçulmano, agitado, com cafés cheios de homens tomando chá, com uma folha de menta na orelha; o passeio do Étang, com seus belos terraços acima do porto, ao pé das fortificações espanholas. A primavera reaviva cores e odores, a umidade das calçadas e dos jardins regados, os perfumes de canela ou de pimenta dos herbanários e armazéns, o cheiro áspero dos panos de saco, as exalações das lonas alcatroadas ou, nos terraços dos cafés, os eflúvios sufocantes dos espetinhos sobre braseiros de carvão de madeira. Camus reencontra a luz, o calor, a África. Na poeira, a urina e a bosta dos cavalos não têm cheiro muito forte.

— *Agua dulce!* — gritam os vendedores de água.

As canalizações da cidade são ligadas a uma fonte salgada.

— *Codo'hran* — alardeiam os pequenos vendedores do *L'Écho d'Oran*.

Árabes oferecem figos da Barbaria:

— Higo de pala!

Camus tem ternura pelas praias da Oranie. Real e mítica, sua Argélia é o mar, o sol, as praias. André Belamich diz que vale a pena ir às de Orã, longe do centro da cidade. A gasolina está racionada, os ônibus, de horários imprevisíveis, são cheios. A "turma do Pierre" anda de bicicleta. Os Camus preferem as praias de oeste, as pequenas estações à beira do mar. Depois da praia estreita de Bouisseville, onde Meursault forjou seu destino, depois de Mers el-Kébir, chegam a Aïn el-Turk, onde se refrescam com uma *agua limon*, limonada gelada. Em seguida a turma pedala rumo às dunas e aos juncos. Depois de alguns quilômetros, atravessa a pé os grupos de lentiscos e de juníperos, e mergulha na areia e na água clara. De dia, o Mediterrâneo parece verde, depois ultramar. No fim da tarde, brilhos rosados caem do céu e, à noite, a água torna-se fosforescente. Com frequência, os amigos acampam. Às vezes, passeiam nus, surpreendendo alguns pescadores. Braços em cruz, olhos fechados, Albert toma banhos de sol. Seus companheiros se preocupam, ele tem os pulmões frágeis e aquele sol não é recomendado. A turma relembra canções em coro, uma velha melodia inglesa, lenta e alegre, *Green sleeves:*

Alas my love you do me wrong
To cast me off discourteously.
And I have loved you so long
Delighting in your company.[21]

Os campistas roubam melões nos campos. Camus conta a Belamich uma notícia lida outrora num jornal, a história de um mal-entendido: de volta a seu país, um exilado é estrangulado pela mãe e pela irmã, que lhe dão abrigo sem o reconhecer. Em *O estrangeiro*, ele faz alusão a isso.

Dois Camus vivem em Orã, um, público e disposto; outro, secreto e ansioso, confia sua angústia aos que lhe são próximos: "A volta a Orã, nas condições de minha vida aqui, não pode indicar um progresso." A Lucette, amiga de Yvonne: "Verei (no sentido mais simples da palavra) Y. aqui, se ela desejar." Ele retoma sua obra: "Vivo com a ideia de que tenho algo a dizer e de que estarei liberado de tudo depois que o disser."[22] A liberdade é conquistada com os três Absurdos terminados, mas Camus deve reconquistá-la, pois está pensando em outro livro: "Estou farto de Orã e de tudo. Se tivesse dinheiro suficiente, partiria para viver alguns dias sozinho numa montanha ou numa praia deserta." Em junho, ele acampa oito dias nas praias atrás do cabo Falcon: "As coisas para mim vão tão mal quanto é possível." Ele possui alguns móveis e objetos em Argel, e está precisando de dinheiro. Que Lucette os venda e reúna os livros emprestados a Emery, a Maddy Stora, às gêmeas Miquel e ao amigo Dhomme. Camus recebe uma parte de seus livros. As coleções a que tem apego estão incompletas por suas mudanças! A obra em doze volumes de Santo Tomás de Aquino tem lacunas. Lucette irá perguntar a Charlot se ele não tem alguns tomos. Charlot escreve a Lucette: "o rumor corre com insistência" de que Camus está pensando em voltar para Argel. Albert responde a Lucette: "Essa frase diplomática é lisonjeira, mas contrária à verdade. Diga aos rumores que não corram mais."[23] Ele não tem nem mesmo 1.000 francos para ir a Argel durante seus quinze dias de férias, de 1º a 15 de julho. Graças ao sempre atencioso André Bénichou, Camus dará aulas de filosofia durante todo o verão.

Yvonne obceca Albert. A situação é atormentadora entre Francine e Yvonne, à qual Camus diz no meio do verão:[24] "Mesmo que eu esteja errado e mesmo que você sofra, o que lhe importa o resto. Não vejo nada de vulgar nessa situação, porque nem você nem eu pusemos nela nada de semelhante. Embora a julgassem assim, bem sabíamos que não o era. Ainda sabemos. Você sabe também que não há nada de errado nem de comprometedor. Nunca será absurdo que você me escreva, nunca absurdo que você venha a meu encontro, nunca que você me telefone ou me estenda o rosto." Quantos sentimentos contraditórios: "Claro, não lhe disse que me esperasse [...] Não tenho uma única certeza que venha de você." A fidelidade de Camus não é comum: "Tenho, com ou sem razão, uma segurança que você também deve ter: a de uma fidelidade singular, acima de todo o resto e de nós mesmos, graças à qual sempre poderemos nos reencontrar. É isso que lhe peço, se você não puder me dar o resto. É isso também que lhe ofereço, porque, hoje, é tudo o que tenho." Ele a reencontrará: "Eu o saberei mesmo contra mim. E um fato do qual não devemos nos alegrar nem nos entristecer." Ele acampa uma semana com Yvonne. Vão acompanhados por Christiane Davila e dois rapazes. Esses dias livres e felizes substituem viagens sonhadas. A reação da família Faure é vigorosa. Camus manda a Yvonne um bilhete de rompimento: "Não a verei mais [...] Perdoe-me por tudo o que há de absurdo em tudo isso. Estou infeliz e amo você, mas até isso é vão."[25]

Em outubro, Charlot oferece 2.000 francos mensais, quantia insuficiente para Camus, que se vê preso a Orã: "Sinto que em dois meses serei totalmente oranês."[26] Em boa forma, ele joga futebol, centroavante: "No último treino, luxei o pulso."

— Isso vai ensiná-lo a querer bancar o rapazinho — observa Pierre Galindo.

Camus marcou o gol.

Além do mal-estar que sente, talvez tenha necessidade de Orã para escrever o livro com que sonha. Seus pedidos a Lucette são precisos: que ela pegue emprestado, por quinze dias, "na biblioteca das faculdades [de Argel], livros sobre a peste (os médicos)". Ele os quer "o mais depressa possível". Acrescenta outros títulos para serem mandados junto "com os livros pestilentos". Em novembro também, em busca de obras referentes à peste, ele se dirige a Emmanuel Roblès.

Camus incentiva os antigos do Équipe a retomarem os ensaios – mas seria má ideia, naquele momento, montar a *Joana d'Arc* de Péguy: "E adaptar-se um pouco demais aos costumes do dia de hoje. Mas todo mundo sabe que tenho aversão por esses temas." Ele resolve, entretanto, ir a Argel no Natal, se Charlot puder lhe pagar um pouco mais. Camus sente-se vazio: "Escrevo tão mal quanto um secretário de Estado e não tenho grande coisa a dizer."[27] No entanto está esboçando um romance.

22

"UMA COISA IMPORTANTE"

De Lyon, durante o ano de 1941, Pascal Pia se corresponde com Camus. Em 2 de março, agradecendo ao amigo um envio de tâmaras e de nugá, ele fala de um emprego na secretaria do *Paris-soir.* Camus que reflita. Lyon e o *Paris-soir* nada têm de encantador, Pia sabe. A presença de Camus permitiria que se reencontrassem e que relançassem o projeto *Prométhée.* Pia sabe como levar sua revista: "Mesmo que não possamos publicar a literatura clinicamente pura, se assim posso dizer, sentir-se-á nela pelo menos uma orientação que não será a de Vichy, nem a do Kommandantur."[1] Ele quer que Camus escreva para a revista: "Se você não fosse um preguiçoso consumado e o último dos menos que nada, como é sabido, você tomaria um atalho erudito para dizer coisas necessárias. O quê? [...] vejo-o muito bem falando de Spinoza e do eleitor palatino ou de Bayle redigindo seu dicionário na Holanda."[2] Pia, que conhece as dificuldades de Camus, imagina também para ele um emprego num hebdomadário de esportes.[3] Zomba do primeiro número da "nula" nova/VAF, dirigida por Drieu la Rochelle, fascista-nazista declarado. Chardonne publica pela Stock *Chronique privée de 1940* [Crônica privada de 1940] e defende as teses da colaboração: "O marechal Pétain aconselhou bem a França. E a mais sábia das revoluções se fez no silêncio [...]. Quando alguém é vencido pela força, não deve desconsiderar essa força, nem se queixar."[4] Para Pia, Chardonne "é de uma baixeza que embrulha o estômago". Paulhan escreve a Pia: "Li o Chardonne, pareceu-me abjeto (e abjeto é dizer pouco)." Numerosos escritores, não dos menores, vão e vêm em torno de uma *NRF* "abetzizada", segundo diz Pia, pensando nos colaboradores que cortejam o embaixador da Alemanha em Paris, Otto Abetz. Na *NRF,* Montherlant, fascinado pela força, descreveu uma ordem de cavalaria que ele quis fundar em outros tempos com "seres escolhidos".[5] Camus afasta-se dele. Nos primeiros números da *NRF* sob a Ocupação aparecem Ramon Fernandez e partidários dos alemães, mas também Valéry, Eluard, Guillevic, Gide.[6] Paulhan, resistente de primeira hora, jogador, maluco para uns, estrategista para outros, parece ter um princípio: a revista é o escudo da editora Gallimard, que os alemães fecharam e depois reabriram. Resistente confirmado e temerário, Paulhan passou alguns dias na prisão Santé, de onde Drieu o tirou. Sutil manipulador, Paulhan aceita que Drieu se apodere da *NRF*, encoraja Jouhandeau a participar, desencoraja Queneau ou Malraux. *Résistance*, publicação clandestina, denuncia a *NRF*: "De todos os órgãos literários da zona ocupada, só ela é publicada. Tratava-se de conservar-lhe o jeito e a aparência de liberdade. É a isso que se prestaram dois (ou três) grandes escritores que nela fizeram fortuna. Sob essa cobertura, os diversos colaboradores colaboracionistas podem fazer seu jogo."[7] Paulhan é o autor desse ataque. Esse homem parece uma boneca russa, e a última é radicalmente antinazista. Gaston Gallimard sabe disso. Para além de suas posições políticas, Paulhan cultua a literatura e respeita o talento. Acha que Pétain faz o que pode e que a França tem a sorte de também ter um De Gaulle: "Os resistentes e os obedientes: uns para salvar os princípios, outros para salvar – na medida do possível – os homens e a terra deste país!"[8] Paulhan não é um agente duplo de fidelidades contraditórias. No interior de um dispositivo literário e político, com seus enternecimentos – sobretudo a propósito de Drieu – ele defende a editora Gallimard. A convicção fascista de Drieu parece-lhe errada, mas "quem sabe corajosa".[9]

Pia se preocupa. Por que Camus hesita diante das onze horas de trem de Orã a Argel? "Geralmente você é mais intrépido." Ele espera com impaciência os três manuscritos prometidos. Camus não deve esquecer de mandá-los registrados. Alegra-se em reler *Calígula* e em ver – finalmente – *O estrangeiro*. Confia de início, pois propõe a Camus publicar o romance em folhetim no primeiro número de *Prométhée*: Joyce podia ser editado em folhetim e – argumento de peso – *A condição humana*, na *NRF*, antes da guerra, foi um sucesso.[10] Mauriac e Valéry aceitam publicar alguma coisa: "O marechal, que é da Academia, não pode dizer 'silêncio' a colegas." Nada de novo no *Paris-soir*. No jornal, "os pederastas", segundo Pia, privilegiam seus companheiros. Sentindo a aflição de Albert, ele escreve quase todas as semanas. Para a revista deles, o difícil não é encontrar uma gráfica, mas um estoque de papel no formato desejado, "*coquille* 45 x 56 ou *double co-*

quille 56 x 90". Camus se interessa pelos detalhes da composição. Pia pede sua opinião sobre os sócios de *Prométhée.* Textos de Aragon, de Paulhan, de Gertrude Stein, da mulher de Pierre Jean Jouve, psicanalista: "O que você acha?"[11] Pia graceja: "Um homem como você, que almoça na casa de Kierkegaard, janta na casa de Heidegger e ceia na casa de Husserl, e ainda por cima frequenta os devotos de Pontigny, como Grenier ou Heurgon", deve ter ideias. Pede que Camus pense em notas sobre alguns livros simpáticos, como "os últimos livros de Sartre ainda prisioneiro". Camus sugere outros títulos para a revista. "Le Rouge et le Noir" [O vermelho e o negro]? Já está tomado. "La Voix royale" [A voz real] provocaria uma certa confusão. "Aurore"[Aurora]? "La Gaie Science" [A gaia ciência]?... Pia reclama os manuscritos anunciados por cada carta de Camus.[12] Explica que um *Paris-Soir* talvez seja publicado em Argel, assim como um hebdomadário, *Sept jours* [Sete dias]. Esses projetos resolveriam as dificuldades de Camus. Seus manuscritos, seus manuscritos! Ele acusa o recebimento, em 10 de abril de 1941, de *O estrangeiro* e *Calígula*, que chegaram na antevéspera. Camus também os enviou a Jean Grenier. Este último responde no dia 19, com uma carta professoral,[13] um quarto ao mar, três quartos à terra. Positivo: "Li seus mss. *O estrangeiro* muito bem-sucedido – sobretudo a 2ª parte, apesar da influência de Kafka que me incomoda; não se podem esquecer as páginas sobre a prisão; a 1ª é muito interessante." Negativo: "... mas a atenção se relaxa – personagens episódicos muito bem-vindos (o homem do cachorro, o guarda, sobretudo Marie, que é muito comovente) – por uma certa falta de unidade e frases demasiado breves, estilo que se torna um estereótipo no início: 'eu estava contente...', por ex. Mas a impressão frequentemente é intensa." Em suma, o professor atribui nota 12 sobre 20. A peça de Camus não entusiasma o bom mestre: "O Calígula romântico a Jules Laforgue do 1º ato não me agrada – desespero de amor – o crepúsculo – os seios das mulheres (que nos seus 2 mss são uma obsessão freudiana), não é um pouco meloso e falso? Pode ser que no teatro seja diferente."

Uma semana depois, Pia manda uma carta mais perspicaz.[14] "Muito sinceramente, há muito tempo não leio alguma coisa dessa qualidade. Estou seguro de que, cedo ou tarde, *O estrangeiro* encontrará seu lugar, que é dos primeiros. A segunda parte – a instrução, o julgamento, a cela – é uma demonstração do absurdo, agenciado como uma máquina perfeita, em que, no entanto, nada denuncia um agenciamento. E as quinze últimas páginas são admiráveis." Para Pia, *O estrangeiro* contém passagens à altura de

Franz Kafka ou de Rudolf Kassner. Elas encantarão Malraux. Ele não tem em mãos *O mito de Sísifo*, mas amplia seus comentários, ligando a moral de Camus, *O estrangeiro* e *Calígula*. "Para quem sabe que você estudou o absurdo do ponto de vista filosófico, o caminho percorrido é evidente. Infelizmente, é raro que a Universidade e a Sorbonne levem a um grande livro; em geral, suas consequências não ultrapassam a *Revue de métaphysique e de morale* e a Bibliothèque Alcan, e admiro francamente a mestria que lhe permite ao mesmo tempo expor os *faits divers* de Meursault e escrever os monólogos desenfreados de Calígula."

Grenier acha *O estrangeiro* "muito bem-sucedido", expressão um pouco convencional, Pia o "admira". Grenier tem uma impressão "frequentemente intensa", mas identifica uma falta de unidade e frases demasiadamente breves. Pia se impressiona com a "adequação constante do tom e, acessoriamente, pela propriedade das imagens, como quando você fala das lágrimas e do suor no rosto do velho Pérez: 'Elas se espalhavam e se juntavam e formavam um verniz de água sobre aquele rosto destruído.' Aliás, é apenas um detalhe, mas que não é desprezível, pois em geral os 'moralistas', se ouso dizer – e com exceção, talvez, de Malraux – são despojados até a nudez (veja Vauvenargues, Sade, Benjamin Constant) ou, ao contrário, afogados sob as flores, como o Gide de antes da outra guerra".

As flores colocadas por Grenier parecem um pouco artificiais, muito naturais as de Pia, que gosta também da nova versão de *Calígula* e do ato acrescentado por Camus: "Tenho a impressão de que nele Calígula fala mais e de que assim parece mais 'delirante'. Parece-me que na versão original o espectador podia, durante os dois primeiros atos, perguntar-se se ele tinha algo a ver com uma mistificação ou com um possuído, ao passo que na segunda versão a dúvida se desfaz."

Diligente, Pia consegue dinheiro e papel, mas *Prométhée* não obtém autorização para ser publicada. Queria imprimir sua revista nos Estados Unidos: aquele homem não renuncia a seus projetos. Camus desejaria que Jean Hytier fornecesse uma crônica? Tudo bem! Pia tem um outro objetivo, publicar Camus. A máquina Pia entra em funcionamento. Ele envia os dois manuscritos a Roland Malraux, que os levará ao escritor, seu irmão, que está no Sul, em Cap d'Ail. Pia fala de *O estrangeiro* e de *Calígula* com Paulhan, que os espera. Pia não tem dúvida de que G. G. – Gaston Gallimard – os publicará. Avisa ao poderoso Paulhan que Camus deseja que seus três Absurdos sejam publicados ao mesmo tempo. O negócio não parece mau.

Gaston Gallimard vai e volta regularmente de Paris a Cannes, ele pode encontrar Malraux, cuja opinião deveria pesar. "Se o sr. Editor [...] porventura [...] hesitasse em assumir os três ms de uma vez", explica Pia, que tem sua estratégia, Camus facilitaria a conclusão do contrato apressando a datilografia de *O mito de Sísifo*. Ele confia no rumor: Gallimard não gostaria de ver "um autor inédito de talento lhe escapar".[15] Contente porque a nova *NRF* de Drieu está começando mal, Pia se corresponde muito com Paulhan e conta para Camus. "A propósito de Gide, P. me escreve o seguinte, que você achará divertido: 'Todo mundo aqui fala da recusa de Gide em colaborar [para a *NRF*], G. G. insistiu violentamente junto a ele, sem resultado. É curioso como Gide é naturalmente sensacional. Se ele tivesse simplesmente recusado, ninguém teria dado muita atenção a isso. Mas a aceitação e depois a recusa estão dando o que falar interminavelmente. É um pouco como com a URSS. E como se ele tivesse, para guiar sua sinceridade, um homem de espetáculos muito bem escondido.'" Pia não compartilha a admiração de Camus por Gide. "Agradeça-me: trago-lhe o ar de Saint-Germain-des-Près – o que é louvável para quem vegeta entre Saône e Rhône." Pia pergunta a Camus se ele ainda dá suas aulas na sua "escola de *bachot*" de Orã. Que pena! Não haverá *Paris-soir* em Argel.

Respeitoso, mas resoluto, Camus, em maio, responde a Grenier:[16] "Estou contente por ter encontrado boas coisas em *O estrangeiro*, creio compreender, no entanto, que no conjunto não gostou muito do que lhe enviei." Reação negativa: "Isso me deixa um pouco inseguro." Positiva: "Mas não hesitarei em terminar tudo o que empreendi. [...] Continuarei a trabalhar. Meu manuscrito sobre o Absurdo ainda não está datilografado. Não o estará antes de um mês." Até lá, gostaria de ler o ensaio de Grenier sobre o Absoluto. De Orã, ele lhe mandará tâmaras e figos. Para Grenier, Camus não o compreendeu. Responde portanto ao ex-aluno: "Achava que lhe tinha escrito que seus 2 ms eram muito bem-sucedidos. [...] *O estrangeiro* é excelente."[17]

Camus recebe duas cartas de Pia, dos dias 20 e 27 de maio de 1941. Incansável, Pia procura um emprego para Camus:[18] ao redor de Lyon trabalham algumas centenas de madeireiros. Talvez houvesse para Albert um emprego de agente florestal. Este dispõe de escritório e telefone. Com direito a alojamento, aquecimento e iluminação, o agente florestal "ganha 2.500 francos por mês". Nicolas, um colega do *Petit Dauphinois*, transmite esta proposta. Camus também poderia ser "redator comissionado" em

Vienne, perto de Lyon. Ele deve vir para a França. Pia se agita, quer "um emprego aceitável, num clima sadio" para seu amigo. Malraux, herói de Camus, leu seus manuscritos, recomendados por Pia: "É claro que seus ms o abalaram. É sempre assim com os ms de que ele gosta: pensa demoradamente, repensa, por assim dizer, propõe correções de forma."[19] Convencido de que Malraux deseja que ele transmita sua carta a Camus, Pia tira uma cópia. Malraux, com frequência homem de ímpetos soberbos e fluidos, é, aqui, simples e lúcido:

"Acabo de terminar os manuscritos de Camus", escreve o autor de *A esperança*. "É pena eu não ir a Lyon, porque falar dessas coisas, afinal, é mais sério do que cartas e outros resumos.

"Li primeiro *O estrangeiro*. O tema é muito claro [...]. Em suma, *Calígula* parece-me que deve ser engavetado enquanto *O estrangeiro* – ou outra coisa – não tiver familiarizado o público com Camus. Voltaremos a falar nisso, se quiser.

"*O estrangeiro* é, evidentemente, uma coisa importante. A força e a simplicidade dos meios, que acabam obrigando o leitor a aceitar o ponto de vista de seu personagem, são tanto mais notáveis pelo fato de a sorte do livro depender desse caráter convincente ou não convincente. E o que Camus tem a dizer, convencendo, não é pouca coisa."

Malraux ordena suas críticas técnicas:

"1. A frase é um pouco demais sistematicamente: sujeito, verbo, complemento, ponto. Em certos momentos isso se transforma num estereótipo. Muito fácil de arrumar, às vezes modificando a pontuação.

"2. Seria conveniente trabalhar um pouco mais a cena com o capelão. Não está *clara*. O que é dito está claro, mas o que Camus quer dizer só está dito parcialmente. E a cena é importante. Sei que ela é muito difícil. Mais uma razão, como diz o outro.

"3. Mesma observação para a cena do assassinato. Está bem; não está tão convincente, voltando a essa palavra, quanto o conjunto do livro. Talvez seja preciso simplesmente falar um pouco mais (um parágrafo a mais) sobre a ligação do sol com a faca do árabe.

"4. Para tudo o que se refere ao mar, *apertar* todas as ênfases que são necessárias, e boas; mas entre elas há acolchoamentos.

"Não estou tentando lhe dizer coisas inteligentes, nem do gênero penetrante, estou tentando lhe dizer coisas úteis, o que parece pedantismo. Azar. Quanto ao questionamento essencial buscado por Camus, ele que não se preocupe: está presente."

Malraux passará o manuscrito de *O estrangeiro* a Roger Martin du Gard, também refugiado no Sul e homem de bom conselho, segundo Pia, e, se Camus desejar, a Gallimard. Segundo Malraux, os editores não deixarão "de fazer uma comparação com Sartre, por causa do cenário. E só não dar bola. Camus pode ficar contente com seu livro". Pia responde a Malraux: "Concordo com você que seria conveniente ele retomar, por pouco que fosse, a cena do assassinato. Tive, como você, a impressão de que o assassinato foi realizado muito depressa pelo autor para convencer quem lê. Refletindo, no entanto, poderíamos aceitar tal e qual o relato do assassino, *O estrangeiro*, que não é atormentado pela preocupação de convencer. Com efeito, por que haveríamos de exigir mais do romancista do que do romance? [...] Quanto à cena final, concordo com você: Camus só diz parcialmente o que tem a dizer. Mas será possível, sem desequilibrar o livro, introduzir todas as implicações? Sinceramente, não o creio."[20]

Camus responde a Pia: "Malraux não é homem de falar para não dizer nada. Eu [...] tomo portanto suas críticas como provas da aprovação que ele concede ao que fiz [...]. Suas outras críticas são justas: o primeiro capítulo foi escrito *um ano* antes dos outros, redigidos em Paris. Decerto há o que retomar. O 'estereótipo' no estilo, se perceptível, deve ser corrigido. Naturalmente busquei a secura do relato (fabriquei inteiramente o estilo *longo*), mas é preciso evitar a caricatura em qualquer estética."[21] Camus retoma a cena do assassinato. Tem dificuldade em enxergar a "falha".

Segundo Pia, *O estrangeiro* é aceito de antemão por G. G. Só permanece em suspenso a publicação simultânea de três livros que nem todos os editores leram. Pia submete à apreciação de Albert suas observações sobre os comentários de Malraux.

"1. Sua objeção [*a de Malraux*] a respeito de *Calígula* cairá por si só se Gallimard – ou outro editor – publicar simultaneamente seus três manuscritos."

Pia coloca-se no cerne da técnica camusiana:

"2. A secura da frase não me incomodou. Mas, a meu ver, a única objeção de estilo que é válido fazer a um autor é quando seu estilo é incorreto – que não é o caso. O resto é questão de gosto, portanto questão pessoal.

"3. Percebi que você não havia esgotado seu assunto na cena do capelão. Não creio que o assunto pudesse se esgotar nela... Não se pode desequilibrar um livro sob pretexto de incluir nele todas as suas implicações. *O estrangeiro* leva a esperar outras obras do mesmo autor? Concordo. Não há muitas obras das quais se possa dizer o mesmo."

Em seu bilhar editorial, Pia joga Malraux, Martin du Gard e Paulhan: eles que levem Gallimard a publicar os três manuscritos. Também empresta o manuscrito de *O estrangeiro* para outros escritores, como Francis Ponge. Pia recebe *O mito de Sísifo*, que Camus lhe dedica: "O pouco que pude fazer por você não merecia tal recompensa." Continua pensando em sua revista. Se sua combinação americana fracassar, poderia entender-se com Fouchet para realizar "alguma coisa mais importante e mais interessante" do que a revista *Fontaine* [Fonte], criada por Max-Pol.

Camus mantém suas reservas diante dos comentários de Grenier: "Suas críticas não me tocavam. Apenas as achei úteis e utilizáveis."[22] Utilizadas? Não muito. Em Orã, Camus toma banhos de mar e anda de bicicleta, recusa-se a andar num tandem com Francine.[23] É ridículo! Em julho, Grenier – finalmente recebeu *O mito de Sísifo*[24] – anuncia que está deixando Montpellier. Reformula suas opiniões sobre a trilogia: "Ainda estou com seu ensaio, que quero reler. Parece-me absolutamente notável, de primeira ordem, sem comparação com o que você já fez. Há páginas admiráveis em nitidez, em *resolução viril*. O romance e a peça, aliás, bem o ilustram. Sim, é realmente notável... Obrigado por me ter *confiado* isto."

O *mito* chega também a Malraux, via Pia. Em outubro, Malraux escreve a Camus, de quem agora, finalmente, tem o endereço:[25] "A aproximação de *Sísifo* e de *O estrangeiro* tem muito mais consequências do que eu supunha. O ensaio dá ao livro seu pleno sentido e, sobretudo, transforma o que parecia de início, no romance, monocrômico e quase pobre numa austeridade que se torna positiva, que adquire uma força de primitivo." As obras de Camus esclarecem umas às outras. Malraux encontrará Gaston Gallimard e se empenhará em que ele publique os livros "um em cima do outro". Malraux conhece seus poderes: "Em outros tempos, teria certeza de levá-lo a decidir [Gaston]. Ele está longe de ser impermeável às boas razões. Resta o problema do papel, raro." Frase bem ao estilo de Malraux, anunciando que esse motor formidável funcionará com força total: "Nós vamos ver."

Malraux escreve também: "Deixo de lado os detalhes: o início patina um pouco. Já que você utiliza o enfoque do suicídio, inútil voltar demais a ele depois que foi colocado." Firme, ele pensa na publicação quase simultânea de *O estrangeiro* e de *O mito de Sísifo*: "O que importa é que com os dois livros juntos você toma lugar entre os escritores que existem, que têm voz, em pouco tempo um público e uma presença. Não há muitos deles." Malraux julga duas obras de um jovem autor. "Em seguida começa seu destino [o dos livros], mas é uma outra história." Lança de passagem: "Você faz uma espécie de moral do absurdo; falta fazer sua psicologia."

De Orã, em 15 de novembro, Camus envia a Malraux – quase falando de igual para igual ("Meu caro Malraux") – uma carta de sincero reconhecimento, levemente crispada: Malraux é famoso; Camus, desconhecido. "Você está entre aqueles de quem desejei aprovação, e a maneira pela qual a dá a mim aumenta minha gratidão." Depois das observações transmitidas por Pia, Camus, segundo diz, "reescreveu dois capítulos, que saíram bem". Malraux entendeu que os livros se completam: "Algumas obras podem esclarecer-se umas às outras. É com base nessa ideia que eu trabalho." Camus diz *obras* – não *livros*. "E é por isso que insisti, talvez com ingenuidade, em publicações simultâneas." Se Gallimard não o fizer, tudo bem, ele compreenderá. "Agora, essas coisas se desligaram de mim e farão o que quiserem." Verdadeiro escritor, falso desligamento? "Seja como for, se meus manuscritos não me trouxerem outra coisa além do acordo e da simpatia de alguns espíritos que aprecio e admiro, já será suficiente." Camus dá uma definição do "personagem completamente absurdo", a propósito de Lawrence (T. E., não D. H.): "sacrifício e jogo, epopeia e anonimato". Camus explica Malraux a Malraux: "A psicologia absurda conheceu algumas de suas melhores realizações com seus personagens. Não é um cumprimento vão." Espontâneo, e ousado: "Você sabe que isso é verdade. Lawrence [T. E.] se sentiria em casa em *A condição humana*." Mesmo em Orã, fala-se de uma adesão de Malraux à *NRF*. Camus acrescenta: "Fiz o que pude para dar a conhecer seu desmentido."[26] Malraux informa a Camus que ele espera pelo menos obter de Gallimard a publicação de *O mito* ao mesmo tempo que a de O *estrangeiro*.[27] Confirma-o por escrito para Pia:[28] "Terminei o ensaio de Camus. É notável, e passa o que ele tem a dizer – o que não era muito fácil. Esse livro esclarece totalmente seu romance, diminui em muito a validade das objeções de detalhe que eu lhe fazia." É preciso, de fato, publicar os dois livros ao mesmo tempo. Permanece, decerto, o problema do papel. Camus deve "estar muito contente – mais ainda do que a primeira vez, por causa do total". Um escritor fala de um escritor: "Eu o li com maior interesse ainda mais porque os caranguejos do meu atual romance agitam-se num cesto semelhante." Malraux trabalha *em La Lutte avec l'ange* [A luta com o anjo]. Para Pia, não seria "tão difícil assim obter a publicação do ensaio ao mesmo tempo que a do romance. Vamos nos empenhar". Paulhan o leu. Pia gosta dos relatórios meticulosos: copia para Camus "*textualmente*" o que

Paulhan lhe escreveu: "Finalmente estou com os Camus. Li de uma só vez *O estrangeiro*. O que fazer com ele? G. G. evidentemente estará disposto a publicá-lo." Paulhan gostaria de publicar excertos na *NRF* ou no hebdomadário *Comoedia*, "bastante honesto entre os jornais publicados em Paris". Essa pré-publicação renderia de 5.000 a 6.000 francos - que dá para viver dois ou três meses. Paulhan, para Pia, a propósito de *O estrangeiro*: "É muito bonito, muito francamente bom. Germaine [*sua mulher*] e eu ficamos muito emocionados." O ensaio? "Gosto menos de *O mito de Sísifo*. É inteligente, mas, enfim, é apenas uma crônica inteligente dos acontecimentos metafísicos." Paulhan identifica nele "uma obscuridade pessoal". Inseguro, gostaria de saber a opinião de Pia. Paulhan não leu *Calígula*. Volta ao romance num pós-escrito: "Sim, O *estrangeiro* é terrivelmente bom."

Esse livro, recomendado por Paulhan e Gaston Gallimard, passou com facilidade pelo conselho editorial em 12 de novembro de 1941. Gaston não se contentou com a opinião de leitor crítico, mesmo de Jean Paulhan, que deu a *O estrangeiro* a nota máxima, 1. Janine Thomasset, secretária--esteno-datilógrafa, assiste ao conselho e descobre que aquele Camus é o do *Paris-soir*. O conselho, na época, compõe-se de Marcel Arland, Emmanuel Boudot-Lamotte, Ramon Fernandez, Bernard Groethuysen, Brice Parain, Jean Paulhan, Raymond Queneau e, é claro, os Gallimard, Gaston, Pierre, Raymond, Michel e Claude.

Pia quer que Paulhan mude de opinião a respeito de *Sísifo*: "Ao contrário do que ele afirma, não acredito, além do mais, que um livro como *Sísifo* possa ser apenas uma simples curiosidade intelectual, à parte de qualquer 'problema' pessoal, como diz Paulhan. Se não houvesse 'problema', também não haveria tentativa de elucidação. No máximo, haveria uma exposição de professor de filosofia: *Sísifo* não é exatamente isso." Ele desaconselha Camus a publicar excertos na *NRF* de Drieu: "Está um lugar mais malcheiroso do que nunca." Ele não tem opinião formada sobre *Comoedia* e sugere que não assine um contrato com a Gallimard precipitadamente. Aprecia e conhece Gaston, "avaro demais para que se aceitem suas condições sem um esforço para melhorá-las".

A vida na França é cara, e Pia espera logo ver Camus em Lyon. No hotel Éden, "o quarto que custava 22 F com serviço incluído custa 35 F mais 12% de serviço". O irmão Pia ficará "incrivelmente contente em reencontrar" o irmão Camus. Com papelarias metropolitanas, Paulhan e Gallimard tentam comprar papel de alfa. Será que Camus pode se informar? "Você conhecia, antigamente, um certo potentado do setor econômico que talvez pudesse orientar seu levantamento", observa Pia. "[...] Malraux em todo caso acha que seria preciso, se houvesse algum negócio a ser concluído, que você interferisse como o faria um corretor interessado, pois não se trata de fazer filantropia em benefício dos editores e dos papeleiros. Pesquise, portanto, sobre o alfa."

Todos esses esforços, ardentes e obstinados, dão certo: em 8 de dezembro de 1941, de Cannes, Gaston escreve pessoalmente a Camus, cujo endereço em Orã lhe foi dado por Malraux. Para G. G., *O estrangeiro* é "notável". Ficará muito feliz em publicá-lo o quanto antes. Para onde deve mandar o contrato para Camus? G. G. propõe 10% sobre os primeiros mil, 12% sobre os mil seguintes. Com um adiantamento de 5.000 francos. Pia ganha então 4.600 francos por mês em Lyon.

Em Paris, a secretária de Gaston, Madeleine Boudot-Lamotte, fornece o manuscrito ao tenente Gerhard Heller, que trabalha para a Propaganda da Stafell como conselheiro das edições francesas e se agita no mundo editorial parisiense. Ele lê *O estrangeiro*, segundo diz, em uma noite. Nenhuma objeção. Aparentemente, é um romance associal? Nada grave. Apolítico? Perfeito.[29] Heller telefona para Madeleine Boudot-Lamotte dizendo que concorda, e oferece ajuda "em caso de dificuldade, pelo menos para obter todo o papel necessário".

Em Orã, Camus, pouco à vontade, isolado, acumula anotações pessimistas em seus cadernos:[30] "Vertigem de se perder e de negar tudo, de não se assemelhar a nada, de quebrar para sempre o que nos define, de oferecer ao presente a solidão e o nada, de reencontrar a plataforma única em que os destinos podem sempre se repetir. A tentação é perpétua. Deve-se obedecer a ela ou rejeitá-la? É possível realizar a obsessão de uma obra no vazio de uma vida monótona ou devemos, ao contrário, igualar-lhe nossa vida, obedecer ao lampejo? Beleza, minha pior preocupação, com a liberdade." Ele tem uma ideia clara e elevada de sua obra. A Europa está sob fogo e sangue. Ele lembra "... os que criaram em pleno período de distúrbios: Shakespeare, Milton, Ronsard, Rabelais, Montaigne, Malherbe." Lê as últimas obras de Tolstói – monótonas, na sua opinião –, livros hindus, as profecias bíblicas, o Buda, o Corão, Nietzsche, Pascal, Chestov. Sublinha a "... terrível monotonia de Proust, do marquês de Sade etc... etc...", anota o *Moby Dick* de Melville, traduzido por Giono: "Os sentimentos, as imagens, multiplicam a filosofia por dez." De passagem, dá outro apelido à sogra, Fernande Faure:

Moby Dick. Trabalha em seu novo livro, que será um romance-crônica em torno da peste, e pratica o aforismo: "A vontade também é uma solidão."

Início de 1942: danças e contradanças em torno dos livros de Camus. Entre a zona ocupada e a zona chamada livre, da qual a Argélia faz parte, os franceses se correspondem por cartões interzonas, em que se podem escrever umas quinze linhas. Primeiro sinal de Paulhan a Camus, em 2 de fevereiro: "Já lhe deveria ter escrito há muito tempo o quanto gostei de *O estrangeiro* [...] Ele me parece muito grande. O fato de me ter feito pensar aqui em Kafka e ali em Eugène Sue não é mais do que o sinal *de outra coisa*, de tudo o que ele consegue, da mais estranha unidade..." Por Raymond Queneau, membro do conselho editorial, Camus fica sabendo que *O estrangeiro* está em produção.[31] A quem mandar as provas? Quem se encarregará de sua revisão? O sr. Gallimard, segundo Queneau, gostaria que o livro saísse em março ou no início de abril. Queneau acrescenta um pós-escrito: "Seu ensaio apresenta dificuldades 'locais'" – a passagem sobre Kafka, judeu. Gaston confirma,[32] propõe que as provas sejam lidas por dois revisores. O *imprimatur* seria assinado por Paulhan "depois de uma nova leitura feita por ele". Gaston quer se apressar, pois a crise do papel está se agravando. Para *O mito*, "uma questão delicada": seria preciso – *bis* – suprimir o capítulo "Une création absurde" [Uma criação absurda], da página 107 à página 121 do manuscrito: "trata-se de Kafka", ainda. Gaston gostaria de receber uma nota biográfica e todas as obras de Camus já publicadas – "contra reembolso por seus diferentes editores". No dia seguinte, Paulhan, sempre entusiasta: "Penso frequentemente em *O estrangeiro*." Camus aceitaria fazer um artigo para um especial sobre Stendhal? Paulhan acrescenta: "*Sísifo* vai ser publicado ao mesmo tempo que *O estrangeiro*." Apesar dessas notícias revigorantes, Camus não está muito feliz. Em 21 de fevereiro de 1942, a Jean Grenier: "Tive uma grave recaída, exatamente como há dez anos. Neste momento estou em tratamento (mais uma vez pneumotórax etc.)."[33]

Em 4 de março, Gaston insiste, é preciso de fato substituir o trecho sobre Kafka por outro. Sabe que Camus está doente e sente muito: "Estou muito contrariado por ter de lhe escrever assim, ao passo que gostaria de publicá-lo sem objeções. Esteja convicto de que elas não vêm de mim." Os grandes vigiam: em 10 de março, Malraux a Camus: "*Dizem* que G. G. quer publicar seu pequeno livro da editora Charlot (que não conheço)." Malraux confunde em um mesmo volume *Bodas* e *O avesso e o direito*. G. G. aceita publicar o ensaio agora. "Ele me pareceu muito excitado com *O estrangeiro*." Malraux ao estilo de Malraux: "Nós veremos com o uso." Uma semana depois, carta de Pia.[34] Está procurando um lugar de repouso e, é claro, um emprego para o amigo, "jornais, escolas de *bachot* ou propriedades para serem gerenciadas". Camus recusa que excertos de *O estrangeiro* sejam publicados na *NRF*. Isso não comprometerá a publicação do livro: "Se Gallimard fosse corar ou se enraivecer cada vez que um autor desdenhasse sua revista, teria morrido de vergonha ou de raiva há muitos meses", diz Pia. Ele conhece a posição complicada de Paulhan, resistente, mas guardião da editora Gallimard, que não escreve na *NRF*. Fidelidade e tenacidade por parte de Pia: se *Sísifo* não for publicado pela Gallimard, poderiam tentar um editor na zona livre ou na Suíça. Camus se preocupa: o manuscrito correto está na composição? Pia o tranquiliza. *O mito* viaja: Grenier o entregou ao filósofo Gabriel Marcel, que o forneceu a Jean Wahl. Este último está entre os que introduziram na França numerosos filósofos alemães, de Husserl a Heidegger. Pia pede um favor a Camus: será que pode conseguir na Argélia três volumes de Kafka, *O processo*, *A metamorfose*, *O castelo*, agora impossíveis de serem encontrados na França? Piscadela emocionada: "Gostaria de sabê-lo revigorado e tão intrépido como quando se tratava de percorrer a Cabília."

Primeira carta calorosa a Camus de Queneau, que verificou o texto de *O estrangeiro*.[35] Paulhan corrige as segundas provas. Queneau: "Permita-me dizer-lhe a simpatia e a estima que tenho por sua obra: muito grande." 29 de março: Malraux lamenta saber que Camus está doente. Este último poderia conseguir-lhe *A vida de Lawrence*, de Liddel Hart? E, também, um tapete chamado de Tlemcen branco, de cerca de 3,5 m por 4,5 m?

A imprensa de Orã, fiel ao conformismo vichysta, colaboracionista e antissemita, filtra as informações. Na casa dos Faure, dos Bénichou, dos Bensoussan, ouve-se a BBC, mais crível do que as rádios francesas ou espanholas. A Resistência se organiza. Em 1º de janeiro de 1942, Jean Moulin entrou de paraquedas na França. Os agentes americanos montam redes na Argélia. Fevereiro de 1942: na zona ocupada, membros do movimento de resistência Combat e o filósofo comunista Georges Politzer, amigo de Nizan, são presos. O romance de Vercors, *Le Silence de la mer* [O silêncio do mar], é publicado pela Éditions Minuit, clandestina. Paul Eluard lança seu poema "J'écris ton nom, liberté" [Escrevo teu nome, liberdade], em abril de 1942 e não colabora mais para a *NRF*. Fichado, o ex-comunista precisa ser prudente. Os cadernos de Camus contêm anotações políticas codificadas. Com a imprensa argelina execrando a "pérfida Albion", ele analisa o ódio antibritânico: "Há muitas razões para a hostilidade oficial contra a Inglaterra (boas ou más, políticas ou não). Mas não se fala de um dos piores motivos: a fúria e o desejo vil de ver sucumbir aquele que ousa resistir à força que nos esmagou." Os partidários argelinos do Marechal não esquecem o ataque contra a frota francesa ancorada em Mers el-Kébir, perto de Orã. Camus também se interroga sobre o francês (em geral), sobre sua reputação de anticonformismo, de individualismo oposto ao conservadorismo: "O francês conservou o hábito e as tradições do grande pensamento.[36] Só lhe falta o estômago: tornou-se funcionário, pequeno burguês e frívolo. O golpe de gênio foi ter se tornado um revolucionário legal. Ele conspira com autorização oficial. Refaz um mundo sem levantar a bunda da poltrona." Oraneses, em contato com a Resistência, levantam suas bundas. Na França, amigos de Camus, como Pia, estão em pé e marcham com a Resistência. Em Lyon, encontram-se redes sólidas. Camus: "Sempre há uma filosofia para a falta de coragem." É preciso compreender para se engajar. Camus compreende as aflições de inúmeros franceses, sua adesão, frouxa ou firme, aos sermões petainistas, que ele rejeita: "Volta à Idade Média, à mentalidade primitiva, à terra, à religião, ao arsenal das velhas soluções." Na casa de André Bénichou, ele ouve o filho, Pierre, que apelida de "estorvozinho", cantarolar o hino vichysta imposto nas escolas:

Maréchal, nous voilà
Devant toi, le sauveur de la France
Nous jurons, nous tes gars,
*De servir et de suivre tes pas...**

Rindo, Camus se zanga com o menino. Em seus cadernos, ele evoca "a psicose da prisão".[37] Reflete sobre sua obra: cinco livros às costas, um em vias de impressão pela Gallimard. Indaga-se sobre as relações da realidade e da imaginação, sobre a maneira pela qual se nutre de sua vida para explorá-la – como um mineiro explora uma jazida: "Detestável, o escritor que fala, explora o que nunca viveu. Mas, cuidado, um assassino não é o homem mais adequado para falar do crime. (No entanto não será ele o homem mais adequado para falar de *seu* crime? nem isso é seguro.) É preciso imaginar uma certa distância da criação ao ato. O verdadeiro artista se encontra a meio caminho entre suas

* Marechal, aqui estamos/ Diante de ti, o salvador da França / Nós juramos, nós, teus homens,/ Servir e seguir teus passos... (*N. da T.*)

imaginações e seus atos. É aquele que é 'capaz de'. Ele poderia ser o que ele descreve, viver o que escreve. Só o ato o limitaria, ele seria aquele que fez." Para Camus, ser é fazer, e fazer, agir. O escritor age também com sua pena. Camus não pode se engajar militarmente, como alguns amigos.

Ele se situa na tradição literária francesa: "Há dois tipos de estilos: Mme de Lafayette e Balzac. O primeiro é perfeito no detalhe, o outro trabalha em massa e quatro capítulos mal são suficientes para dar a ideia de seu fôlego. Balzac escreve bem não *apesar de* mas *com* seus erros de francês." Clichê curioso, estabelecido até nos manuais escolares. Estribilho dos cadernos, com longas passagens sobre o romance em gestação e os prazeres da natureza ao redor de Orã:[38] "Quem pode dizer: tive oito dias perfeitos. Minha lembrança o diz a mim e sei que ela não mente. Sim, essa imagem é perfeita como foram perfeitos aqueles longos dias. As alegrias eram inteiramente físicas e tinham todas o assentimento do espírito. [...] Longas manhãs sobre a duna e entre os corpos nus, meio-dia escaldante, e seria preciso repetir toda a sequência, dizer mais uma vez o que foi dito. Aí estava a juventude. Aí está a juventude e, aos trinta anos, não desejo nada além dessa juventude a prosseguir. Mas..." Camus se envelhece.

Para romper seu isolamento, ligar Camus à sua obra, e à França, Pia está ali. Em 1º de abril de 1942, ele volta a pensar no amigo em dois planos, as questões financeiras e *a* questão, a da publicação de *O estrangeiro*. Ele alerta os amigos. Camus tem necessidade de altitude por causa da saúde? Pia procura no Dauphiné, na Savoie, volta a falar de um cargo de agente florestal, espécie de corretor responsável pela exploração. Dois jornalistas também se ocupam desse negócio, Bromberger e, ainda, Nicolas. Ele transmite uma oferta a Camus: um professor, René Ballon, emprestaria de boa vontade sua casa na Vienne para Francine e Albert, mesmo durante as férias. Pia colocou como chefe dos correspondentes e inspetor de vendas para *Le Progrès* de Lyon o poeta Francis Ponge em Bourg-en-Bresse. Imagina uma solução do mesmo tipo para Camus e, sempre cercando Paulhan, ocupa-se também de "conseguir um adiantamento" com G. G. Ele se ativa, certo de que o manuscrito definitivo está em impressão. Queneau pede a Pia informações biobibliográficas sobre Camus. Pascal tranquiliza Albert: "Vou mandar isso para ele. Fique tranquilo, serei discreto. No entanto, se você acha que devo apresentá-lo como um príncipe hindu ou um ex-oficial superior, ou como padre que largou a batina, posso enviar a Paris dez quilos de referências fantasiosas." Pia encontra Grenier com Jean Wahl. Grenier, mestre de conferências, vai à faculdade de Lille. Só falaram de Camus, que, compartimentador, não informou o mestre sobre seu casamento com Francine. Grenier não se zanga. Lembra-se de Francine e diz: "Se não me engano, a mulher dele é muito bonita." Segundo Pia, essa reflexão de Grenier prova que "ainda há conhecedores entre os filósofos".[39]

Malraux leu *Bodas* e acha que Camus deprecia seu livro: "Você, de fato, acha-o ruim demais. Há um pequeno lado Barrès, é claro; mas, apesar disso, muitas coisas boas, sobretudo no domínio ideológico [...]. E um desses livros de adolescência de que abandonamos a forma, mas cujo essencial reaparece, dez ou vinte anos depois, onde nós mesmos mal o reconhecemos." Gallimard gostaria de republicar outras obras de Camus, comprando-as de Charlot. Camus recusa. Malraux o aprova: "Você tem razão de preferir que Gallimard se atenha provisoriamente ao que ele tem."[40]

Camus anota em abril de 1942, antes de longas indicações sobre "a peste libertadora":

"*Abril*, IIª série.

O mundo da tragédia e o espírito de revolta

— Budejovice (3 atos).

Peste ou aventura (romance)."

Camus encontrou muitas vezes Emmanuel Roblès em cafés. Oranês, aviador desmobilizado e professor em Turenne, ele traz aos Camus vinho, massas, arroz de contrabando vindo do Marrocos. Conta a Camus a doença de sua mulher, Paulette, que apanhou tifo, como uma centena de milhares de argelinos em 1941 e 1942. A maioria morreu. O tifo é uma realidade e um símbolo, e a peste mais ainda. Um acampamento de doentes em Turenne estava cercado por um cordão sanitário de atiradores senegaleses. Roblès, quando se desloca, tem uma licença, assinada pelo doutor Dornier. Roblès, escritor, faz descrições precisas para Camus, que faz anotações fumando Bastos. Para mexer com ele, diz ser torcedor de times de futebol que não são os de Camus, o Asmo e o Calo. Camus, depois do RUA, defende o Gallia de Orã. Ele diz que escreve devagar.[41]

Gaston Gallimard expediu um contrato em 23 de abril e uma ordem de pagamento no dia 30. Sob a pressão de Pia, o sinal, o adiantamento sobre os direitos, passa de 5.000 para 10.000 francos – que dão para viver três meses e pagar uma viagem à França. Malraux conhece Gaston e a editora Gallimard. Mantém-se a par de tudo o que se refere a *O estrangeiro*: o crédito "é bastante importante para provar que ele [Gaston] se interessa por seus livros",[42] garante.

Em maio de 1942, Francine despenca no apartamento de Christiane Faure:

— Albert está escarrando de novo. O doutor Cohen vai lhe fazer um pneumotórax.

No dia seguinte, Camus, pálido, transpirando em sua cama, diz a Christiane:

— É um golpe duro. Achava que estivesse curado.

Na casa dos Faure não se temem os bacilos. Aliás, Camus está com bacilo? Ele se trata, se arrasta entre trabalho e doença, conta com seu adiantamento.

Na França, *O estrangeiro* é impresso em 19 de maio de 1942, numa tiragem de 4.400 exemplares, como *Pierrot mon ami* [Pierrot meu amigo], de Queneau, e *Le Théâtre*, de Gide. Outras novidades - Audiberti, Blanchot, Jouhandeau - saem então com tiragem menor. Camus não pode assinar seu serviço de imprensa, não vê seus exemplares nas livrarias, nem as primeiras críticas. Os Gallimard e Paulhan apostam em seu livro, mas menos do que nos de Aragon, de Aymé ou de Pourrat. Um Simenon então sai com tiragem de 1.000 exemplares, *Pilote de guerre* [Piloto de guerra], de Saint-Exupéry, de 22.000.[43] Com *Le Parti pris de choses* [O *parti pris* das coisas], de Ponge, os cadernos de Leonardo da Vinci e *Heureux les humbles* [Felizes os humildes], de La Varende, bem-visto em Vichy, Gaston coloca O *estrangeiro* à venda sem esperar o ensaio de que Paulhan lhe devolveu provas corrigidas, amputadas do trecho sobre Kafka. Segundo a nova regulamentação alemã, os manuscritos ou as provas devem ser submetidos antes da impressão a uma comissão de controle.[44] Gallimard espera essa autorização para *O mito*. Não há muito espaço nos cartões interzonas que Gaston manda para Orã, mas o editor na espreita acrescenta um pós-escrito: "Se conhecer obras de valor para serem editadas, não hesite em indicá-las para mim."

O estrangeiro, "romance", finalmente é publicado, a 25 francos, com a capa clássica da *NRF*, branca com fios vermelho e preto, anunciado na primeira semana de junho de 1942, com as edições encadernadas do *Ulisses* de James Joyce - que os alemães julgam decadente - de 200 francos e um Gide denunciado pelos jornais vichystas e colaboracionistas, *Les Nourritures terrestres* [Os alimentos terrestres] com *Les Nouvelles Nourritures* [Os novos alimentos],* em papel *héliona*, a 135 francos. Na mesma leva, em tiragem

* No Brasil, o título é "Os frutos da terra", e engloba "Les nourritures terrestres" e "Les nouvelles nourritures". (*N. do E.*)

restrita, três mil exemplares em papel alfa, a 60 francos, de *Cent phrases pour éventail* [Cem frases para leque], de Paul Claudel, marechalista. Gallimard manobra todos os dias, acima da linha de flutuação. Anúncios publicitários passam nos jornais das duas zonas. Os vinte exemplares do autor de *O estrangeiro* que foram enviados não chegam a Orã.

Albert e Francine solicitam uma licença para chegar à França. Os trâmites são exaustivos. Malraux acha que a publicação de *O estrangeiro* deveria facilitá-los. Ele diz a Camus que o rumor, o boca a boca, o elemento essencial então de um livro, são bons, sobretudo na Gallimard. *O estrangeiro* está "em boa companhia: com um tal de Stendhal...".[45] Malraux e Pia acham que Drieu la Rochelle empurra *O mito.*

Em 17 de junho, virada política, Laval aceita o princípio da troca; civis franceses trabalharão na Alemanha, e alguns prisioneiros de guerra serão libertados. Camus, nesse dia, finalmente tem em mãos um exemplar de amostra. Agradece Paulhan por ter corrigido também *O mito* e por se interessar por sua saúde: "A cura demora, mas tenho a intenção de me curar."[46] Ele luta contra sua tuberculose: "Estão me fazendo no pulmão direito o tratamento que foi feito há alguns anos no pulmão esquerdo (pneumotórax). Por enquanto, isso me obriga a me submeter a cada oito dias a uma insuflação na pleura. [...] aos poucos [...] as insuflações irão se espaçar. Quando forem feitas a cada quinze dias pensarei em deixar Orã - sob pena de voltar duas vezes por mês para meu tratamento [...]. Embora esteja melhor e esteja saindo, não posso pensar em fazer 600 quilômetros a cada oito dias [*até Argel*] - não estou em tão bom estado."[47] Nos apartamentos dos Faure, desde maio de 1941, Camus sofre do que os médicos chamam de uma crise evolutiva.[48]

— Achei que tivesse acabado — diz ele à cunhada preferida, Christiane.

O doutor Cohen, pneumologista, trata dele. Os escarros de sangue, a hemoptise cessaram em alguns dias, depois da criação de um pneumotórax, mantido por insuflações.

Camus vê a família de sua mulher com outros olhos. Ela cuida e gosta dele. Ele vive num ritmo lento, lê, já não toma banho de mar. Ele medita: "Claro, as doenças são aventuras solitárias. Mas havia dez anos que eu tentava sair da minha e achava mesmo que estivesse resolvida. Nem sempre é fácil recomeçar do zero. Viver em economia de mim mesmo e tudo o que eu sabia dizer ou fazer era excesso! E o melhor, decerto, é tentar transformar isso em meu proveito – um pouco como se estivesse repetindo o ano." Camus supera a doença através de dias "distendidos e intermináveis". Passeia até a falésia de Orã – "o melhor lugar para pensar na peste e em tudo o que quero fazer".

Julho de 1942. Camus gostaria de ir ao encontro dos amigos em Tipasa. Prepara-se para partir para a França. Ah! Rever a Itália, a Espanha, "sair do buraco, finalmente! [...] Fraco em 35%, normal em 23%". Ele passa quinze dias na Palestre, uma casa na encosta dos Planteurs, perto de Orã. Deveria passar todo o verão e o inverno na montanha, na Argélia ou na França. A Lucette, que o reabastece de livros, ele encomenda o ensaio de Berni, *Éloge de la Peste* [Elogio da peste]: "Eu lhe disse que meu livro saiu em Paris? Não sei nada mais."[49]

Camus não se indagou se deveria publicar na França. Alguns escritores, os judeus em primeiro lugar, estão proibidos. Poucos autores, como Jean Guéhenno e Tristan Tzara, recusam-se a ser publicados enquanto a França permanecer ocupada. O primeiro tem uma remuneração de funcionário, o segundo tem meios de subsistir, uma coleção de quadros e estatuetas e uma mulher sueca milionária. Camus precisa ganhar a vida e vive com a sensação de que seus anos estão contados. Não aceita certos comprometimentos: "Eu não gostaria de escrever na revista [*a* NRF *de Drieu*]. Em se tratando da editora, por outro lado, é diferente."[50] Ele quer que suas páginas sobre Kafka sejam publicadas em zona livre. Adota o ponto de vista de Paulhan e de G. G.: a editora Gallimard é uma coisa, a *NRF* colaboracionista é outra. Alguns santos, como Guéhenno, distinguem-se da massa dos escritores, pequenos, sobrevivendo, ou grandes, sucumbindo à sua avidez de notoriedade. Prudentes, publicando mas não colaborando, ou colaborando pouco, em revistas e jornais sob controle alemão, outros navegam.

23

QUE ABSURDO?

Denso, epigramático, de clareza enganosa, *O mito de Sísifo* apresenta-se como um ensaio curto, sem jargão técnico, compacto – muitas vezes demais. Camus fala do mundo, da história, e também de sua vida. Pode-se passar o livro por vários filtros.

Camus busca uma lição de vida que ultrapasse o ensinamento temeroso de Jean Grenier, e o de suas leituras – Pascal, Kierkegaard, Nietzsche, Chestov, Husserl, Jaspers. Ele disse a Christiane Galindo que estava contente por voltar à filosofia. Esse ensaio parece mais moral do que filosófico. E mais moral do que ético, uma vez que a moral visa fundamentar regras de vida e a ética visa analisar os conceitos da moral, eventualmente a possibilidade de uma moral exterior a quem propõe julgamentos morais, fundamentada, por exemplo, em Deus ou numa razão transcendental.

Camus coloca uma questão: como viver? *O mito* é também um *ensaio*, um rascunho formalmente perfeito, às vezes um poema em prosa filosófica, falsamente frio e intensamente autobiográfico. Camus se coloca sem espírito de sistema ou de antissistema. Respeita certos criadores de doutrinas – Descartes, Hegel, Nietzsche – ou os que chama de "existenciais", Heidegger em primeiro lugar. Mas não se compara a eles, embora os aprecie. Conhece mal, ou não conhece, aqueles que contestam a possibilidade de um sistema filosófico fora das ciências: Bertrand Russell, Rudolph Carnap, Ludwig Wittgenstein... Na época, a defesa de uma filosofia ampla, aberta, ultrapassando o empirismo analítico e o racionalismo sistematizante é então elaborada, mas na Nova Zelândia, por Karl Popper. Em quase todos os seus escritos, Camus exprimiu até então um sentimento trágico da vida e uma desconfiança intensa para com aqueles que constroem um sistema. Seu temperamento e sua leitura de Nietzsche nutrem suas suspeitas com relação a toda moral tradicional. Diante da incoerência do mundo, ele crê nos avanços modestos de um pensamento formulável. Uma questão o apaixona: Como devemos nos conduzir, em geral e durante esses anos obscuros, quando não acreditamos nem em Deus nem na razão?

Carregando dentro de si esse ensaio há quatro anos, Camus filosofa como que a despeito de si mesmo. Escritor, ocupando-se das relações da estética com a moral, não quer propor uma moral universal. É muito difícil formar uma moral individual. Camus vê um "universo indizível em que reinam a contradição, a antinomia, a angústia ou a impotência". De 1938 a 1941, experimentou um sentimento de absurdo diante do mundo, da história e de sua própria vida. Ataca seu ensaio a toque de címbalos: "Julgar que a vida vale ou não vale a pena ser vivida é responder à questão fundamental da filosofia." Outra maneira de afirmar: *To be or not to be, that is the question.* Nada permite afirmar que Albert Camus tenha sido tentado pelo suicídio até então. Nenhum documento ou testemunho autoriza afirmar o contrário. Ele experimentou esse sentimento permanente, profundo, mas vago, do absurdo. Nesse ensaio, que não foi escrito rapidamente como *O estrangeiro*, Camus não cai na autobiografia, no entanto lhe impõe limites que impedem o livro de se desencarnar. O ensaio é na primeira pessoa. O homem Camus fala: "Consciente de que não posso separar-me de meu tempo, resolvi incorporar-me a ele. É por isso que só faço tanto caso do indivíduo por ele me parecer insignificante e humilhado."

De 1940 a 1941, os franceses e a França não são insignificantes, mas são humilhados. "Sabendo que não há causa vitoriosa, tenho gosto pelas causas perdidas: elas demandam uma alma inteira, tanto em sua derrota como em suas vitórias passageiras." Derrota da França, vitória passageira da Alemanha: é *uma* das interpretações secundárias possíveis desse ensaio, de diferentes estratos – como *O estrangeiro*, concebido ao mesmo tempo. "Para quem se sente solidário do destino deste mundo, o choque das civilizações tem algo de angustiante. Fiz minha essa angústia, ao mesmo tempo que quis participar dela. [...] É preciso escolher entre a contemplação e a ação." Camus dirige-se aos leitores: "Digo-lhe, amanhã você será mobilizado. Para você e para mim, isso é uma libertação." Seu corpo o traiu. Ele não abandona a ação. Com Pierre Galindo e outros, quer agir em Orã. "O indivíduo nada pode e no entanto pode tudo", proclama seu ensaio. E também: "Estou do lado da Luta." Desafio que pode custar caro diante daqueles que negam o homem, Camus escreve: "Sim, o homem é seu próprio fim." Em 1941, um homem encarna o conquistador totalitário, Hitler. "Nada perdura do conquistador, nem mesmo suas doutrinas", diz Camus. Não é um pensamento velado: "Os cemitérios que cobrem a Europa e obcecam alguns de nós são ignóbeis." Cego, míope ou tolerante, o tenente Heller da Propaganda Staffel? Camus lança: "O criador absurdo não tem apego à sua obra. Seria capaz de renunciar a ela; às vezes renuncia. Basta uma Abissínia." Sem renunciar à sua obra, Camus ganhava a vida no jornalismo no *Alger républicain* enquanto Hitler e Mussolini, conquistadores, avançavam na Europa e na África.

A universalização é uma tentação da cultura francesa. Camus evoca o homem quando fala de si mesmo: "O homem se encontra diante do irracional." O homem em geral não existe, mas o homem Camus está presente: "Ele sente em si seu desejo de felicidade e de razão." Camus *coloca* a origem de seu absurdo, que "nasce do confronto entre o apelo humano e o silêncio irracional do mundo". Fórmula lírica, quase poética, que não é demonstrativa e não é mais conclusiva do que o *cogito*: eu poderia sonhar que penso. Camus passa sempre do *eu* ao *ele*: "Um homem se define tanto por suas comédias como por seus arrebatamentos sinceros." Talvez às vezes ele represente comédias, mas seus arrebatamentos são honestos. Ele dedica muitas páginas ao ator, pois conhece seus paradoxos. O ator vive vidas sucessivas em sua singularidade e sua diversidade. Camus conclui que "os atores *em geral* [*grifo meu*] [...] não são homens absurdos. Seu destino é absurdo". Camus se mostra: "Mas saber se podemos viver com nossas paixões, saber se podemos aceitar sua lei profunda, que é queimar o coração que ao mesmo tempo elas exaltam, eis toda a questão." Aqui, o homem em geral não está em questão. Trata-se de Camus. Antes, ele coloca o problema da lógica, num sentido muito particular, afirmando: "É quase impossível ser lógico até o fim." Ele constata: "Não sei se este mundo tem um sentido que o ultrapassa. Mas sei que não conheço esse sentido e que me é impossível, por enquanto, conhecê-lo." Curioso esse "por enquanto". Camus renunciou a Deus. Ele tenta captar, como verruma, revendo suas ideias, suas impressões e esse absurdo obsedante. Encontrou-o entre filósofos tradicionais e alguns escritores. Muitas vezes Malraux evoca o absurdo, sem se estender, em seus romances, tal como Sartre, num sentido diferente. Camus lança de passagem: "Essa 'Náusea', como a chama um autor de nosso tempo, é também o absurdo." Não é tão certo assim.

Camus pensa e escreve *O mito de Sísifo* entre vinte e três e vinte e sete anos, mais ou menos a idade em que Nietzsche concebia e executava sua única obra terminada, *As origens da tragédia*, que deveria chamar-se "O homem trágico". *O mito de Sísifo* poderia intitular-se "O homem absurdo". Os exemplos de personagens absurdos apresentados por Camus, Don Juan, o ator e o escritor, concernem a ele mais do que a ninguém, sem o limitar. O criador, o artista são privilegiados. Camus acaba dando neles, tomando uma tangente sem relação evidente com o absurdo. Forçando a mão, retoma a ideia de Malraux dos autores demonstrativos e dos escritores apaixonados: "Os grandes romancistas são romancistas filósofos, ou seja, o contrário de escritores de tese. Como Balzac, Sade, Melville, Kafka, para citar apenas alguns." Camus insiste: "O romance de tese, a obra que prova, a mais odiosa de todas, é a que se inspira com maior frequência num pensamento *satisfeito*." Saindo de *O estrangeiro*, Camus redefine sua estética e seus autores favoritos.

Dedica o primeiro trecho do capítulo "La création absurde" [A criação absurda] à filosofia e ao romance. Não pretende filosofar, enfim, não totalmente. Sua introdução indica o percurso: "As páginas que se seguem tratam de uma sensibilidade absurda que podemos encontrar esparsa no século – e não de uma filosofia que nosso tempo, propriamente dito, não conheceu." O absurdo, para Camus ensaísta, é um ponto de partida, "a descrição, no estado puro, de um mal do espírito. Nenhuma metafísica, nenhuma crença interferem por enquanto". Camus nunca reclama um direito a duas linguagens, uma filosófica, outra derivada do cotidiano ou do senso comum. Deve-se portanto tomá-lo ao pé da letra em toda parte – ou quase. Achou absurdos a condição do homem sartriano e os cartazes exibidos durante a mobilização. Percebeu o "pequeno deus absurdo" tanto na guerra como em sua vida: "Há casamentos absurdos, provocações, rancores, silêncios, guerras e também pazes", ele escreve. Em que homem? Em seu ensaio, Camus não negligencia o sentido literal: "'E absurdo' quer dizer: 'é impossível', mas também: 'é contraditório'. Se vejo um homem atacar com arma branca um grupo com metralhadoras, julgarei que seu ato é absurdo." Os acontecimentos o superam, a ele e a seus amigos. Vê "uma sensibilidade absurda", esparsa no século. Ninguém antes dele falou assim desse mal do espírito, um mal-estar moral e metafísico, sem também o definir de uma maneira satisfatória, verdadeiramente discursiva. Camus joga em vários registros. Pobreza do francês, o *absurde* parece ter dois sentidos correspondentes ao inglês *absurd* e *nonsensical*.[1] Camus parece ser o primeiro escritor francês com tantos exercícios sobre o absurdo. Emprega-o alternadamente no sentido de contraditório, errado, não racional. Sua argumentação parece rápida, martelada, fluida. Ele busca uma certa lucidez sem a atingir, exprime esse mal do século pela metade. Afirmar que o suicídio (do qual ele diz justamente, por implicação, que só os sociólogos como Durkheim trataram) seria o único problema filosófico sério não é sério do ponto de vista histórico. Os filósofos dissertaram mais sobre alma, causalidade, indução, essência, existência, transcendência do que sobre absurdo. Aceitar ou recusar a proposta de Camus é colocar um problema metafísico: a vida tem um sentido suficiente para que não nos matemos? Falando de lógica, Camus não remete à lógica formal. Pensa na coerência do comportamento que um homem escolhe, na moral que estabelece para si. Para o ensaísta, o absurdo, vasto sentimento intersticial e intersideral, situa-se entre o mundo e as aspirações racionais do homem. Segundo Camus, experimentamos o sentimento do absurdo na passagem do tempo, diante de um homem gesticulando dentro de cabine telefônica, diante do inevitável mistério da morte. Haveria contradição entre o caráter irracional do mundo e o desejo de clareza de todo homem pensante.

O universo não é absurdo em si mesmo, assim como não é amarelo, ou açucarado: ele *é*. A vida e o mundo têm um sentido para o crente que dispõe de um código de conduta, o evangelho baseado na palavra de Cristo. A angústia de Camus provém do fato de nenhuma moral ser imposta pelo mundo do ateu ou do agnóstico; em lógica, de uma proposição do tipo *A é B*, não se pode deduzir outra proposição do tipo *C deve ser D*. Do que/ não podemos deduzir o que *deve* ser. Trabalhando então em *L'Être et le Néant* [O ser e o nada], Sartre diz que de um indicativo não se pode deduzir um imperativo. O crente é convicto de que, da proposição ou frase "Deus existe", tudo se deduz no plano moral. Para alguns lógicos, "Deus existe" não é nem uma proposição nem uma frase significante. Ou ainda: da descrição total do mundo ninguém pode deduzir um sistema lógico. Um puro lógico afirmaria também que não há *uma* proposição única da qual todas as proposições verdadeiras possam ser deduzidas.[2]

Para Camus, nas ciências (ele conhece sobretudo psicologia e sociologia, as ciências ditas humanas) existem verdades, não uma Verdade. De maneira sumária, ele declara que a física acaba na poesia. Mas, apesar dos princípios de determinação de Heisenberg ou da incerteza e das construções imaginativas dos físicos após a teoria da relatividade, poderemos pretender que é impossível explicar o mundo físico? Ou que o mundo recusa ao homem a necessidade de racionalidade? Camus se lamenta, fala de "recusa contínua", de "insatisfação consciente", não se devendo confundir uma com a renúncia, outra com a inquietação juvenil. A inquietação camusiana é psicológica, metafísica num certo sentido: ele reclama um homem totalmente ajustado ao universo, ao mundo onde ele, Camus, encontrou o escândalo da morte das crianças inocentes enquanto se ocupava de teologia e, mais tarde, das políticas que ele rejeitava, quando se lançou no jornalismo.

Tentando esboçar uma moral, ele volta a Nietzsche: "O que importa não é a vida eterna, é a eterna vivacidade." O artista é o personagem que Camus melhor compreende. Ele decreta que o criador leva o absurdo a suas últimas trincheiras. Decerto é verdade para ele, não para todos os artistas. Volta à sua filosofia colocada em imagens – mais uma vez – e sua rejeição aos escritores de tese: "A obra absurda exige [...] uma arte em que o concreto não signifique nada mais do que ele mesmo." Uma "obra de arte se apresenta tal como ela é e não exige glosas" para ser apreciada. "Em todo caso, explicações e descrições não a esgotam." Braque dizia: "É preciso contentar-se em descobrir, mas evitar explicar. Em arte só há uma coisa válida: a que não se pode explicar." Camus indagava-se, ao escrever um romance, o que era um estrangeiro.

Através de Don Juan, hedonista, com o ator de trabalho efêmero, menos com o conquistador, muito com o artista, Camus situa sua moral pessoal como escritor e enquanto homem: "Não há destino que não se supere pelo desprezo." Diante da doença, apesar de suas crises de cansaço, heroico como o homem absurdo esboçado nesse livro, Camus frequentemente demonstra desprezo pelas contingências de sua existência. O absurdo é também o inadmissível, o inescusável, o incompreensível. Implicitamente, ele volta a colocar problemas da época, talvez uma questão, razoável ou não, que permeia a filosofia europeia de Leibniz a Heidegger: por que há alguma coisa em lugar de nada? Camus declara: "No plano da inteligência, posso dizer que o absurdo não está no homem [...] nem no mundo, mas em sua presença comum." Sem marcar nitidamente os vínculos, conclui: "Uma das únicas posições filosóficas coerentes é [...] a revolta." Ele não diz, com Dostoiévski, que se Deus não existe tudo é possível. Devem-se recusar certos atos, que são crimes: Camus explica antes de tudo o homem pelo homem. Toma como fim a pessoa humana e seu desenvolvimento, sua felicidade. O absurdismo é um humanismo: o mundo tem o sentido que lhe damos.

Para o título de seu ensaio, Camus foi influenciado por Jean Grenier que, em seu *Essai sur l'esprit d'orthodoxie* [Ensaio sobre o espírito de ortodoxia], falava dos mortais punidos pelos deuses: "Fala-se sempre de um mito de Prometeu, esquecendo-se de citar seu desfecho, que é sua parte principal. Nunca se fala de Sísifo."[3] Camus, extraindo três consequências de suas meditações sobre o absurdo, sua revolta, sua liberdade, sua paixão – nessa ordem –, identifica-se com Sísifo. O ensaio termina com um grito de esperança literária. Camus impele à fidelidade superior "que nega os deuses e levanta os rochedos. Também ele [o *homem, Sísifo, Camus*] julga que tudo está bem. Esse universo doravante sem um senhor não lhe parece nem estéril nem vão. Cada um dos grãos dessa pedra, cada estilhaço mineral dessa montanha cheia de noite, por si só, forma um mundo. A própria luta rumo aos cumes é suficiente para preencher um coração humano". Deve-se imaginar Camus feliz – ao terminar um manuscrito ou ao iniciar um outro. Sísifo rola seu rochedo, volta a subir a montanha, fim em si que não precisa de nenhuma justificação. Como escrever – criar.

O herói de *O estrangeiro* tampouco precisa se justificar. "Um mundo que se pode explicar mesmo com más razões", explica Camus em *O mito*, "é um mundo familiar. Mas, pelo contrário, num mundo subitamente privado de ilusões e de luz, o homem sente-se um estrangeiro." É o universo de Meursault, primeiro grande herói de Camus, absurdo, entre outras razões, porque não procura a significação do que lhe acontece. Ao contrário: abstém-se de comentar ou de julgar. Nunca se reduz uma obra literária à sua narração e à cronologia de seus acontecimentos sem cair em incongruências: Madame Bovary? Uma senhora da província não ama o marido e morre. Hamlet? Um jovem ama demais a mãe, não suficientemente o padrasto ou a noiva. Também morre. *O estrangeiro*? Meursault fica sabendo da morte da mãe num asilo de velhos em Marengo. Não sente emoção especial, enterra-a, vai para a praia e fisga uma moça. Mais tarde, ela lhe pede que a despose. Ele não a ama, mas não vê nenhum motivo razoável para recusar. Com a mesma distração, aceita a amizade de um locatário. Este último, meio rufião, maltrata a irmã de um árabe. Numa praia, Meursault, em circunstâncias arbitrárias, absurdas, mata um árabe. Vai ao tribunal. Sua indiferença para com a mãe adquire – absurdamente – mais importância que seu assassinato. Tem efeito pior sobre o presidente e os jurados. Condenado à morte, Meursault não quer morrer. Gostaria muito de ser indultado. Recusa a ajuda do capelão da prisão, ao qual tem vontade de matar. Prepara-se finalmente para morrer, mas tem vontade de viver. O final do breve romance-relato, prodigioso monólogo, é um grande grito: "Senti-me pronto a reviver tudo. Como se aquela grande cólera me tivesse purgado do mal, esvaziado de esperança, diante daquela noite carregada de signos e de estrelas, eu me abria pela primeira vez à terna indiferença do mundo. Ao senti-lo tão parecido comigo, tão fraternal, enfim, senti que tinha sido feliz e que ainda o era." Os acontecimentos da vida de Meursault podem parecer absurdos em sua descontinuidade romanesca, mas não seu mundo indiferente, contingente. Imaginando esse personagem, Camus pensou também em Pascal Pia,[4] aquele amigo não acima das convenções, das tradições, como Meursault, mas à margem delas. Camus inspirou-se em muitos homens e mulheres. Em última análise, Meursault é inexplicável, tal como a significação profunda de *O estrangeiro*. Não se pode reduzi-lo ao suposto desejo do *pied-noir* de eliminar o árabe nem à influência do clima sobre os argelinos de origem europeia. Um grande romance bem-sucedido solicita todos os sentidos, falsos sentidos, contrassensos, interpretações. Frequentemente ele escapa até mesmo a seu criador. Um ensaio também, às vezes.

Depois de seu primeiro exílio em Paris, sua perambulação através da França, de Paris a Bordeaux, de Clermont a Lyon, Camus reencontrou a Argélia e sua tuberculose. Medita um romance mais vasto que *O estrangeiro*, uma crônica em que descreva revoltas diante do absurdo do mundo.

24

RESPIRAÇÃO CURTA

Em julho de 1942, depois do final do ano escolar, que libera Francine, Cviklinski, médico e amigo de Argel, aconselha Camus a passar o inverno em grandes altitudes e na França. Graças à Gallimard e ao salário de Francine, os Camus têm um pouco de dinheiro.

No início de agosto, o casal passa quinze dias na fazenda Emerat, pertencente à família de Marguerite Dobrenn, perto de Aïn el-Turk. Lá se reúnem, com Jeanne Sicard, Dadelsen, seu irmão, as primas Nicole e Manette Chaperon. Os jovens tomam banho, se divertem, se esbaldam quando, certa tarde, um burrico sobe a escada da casa. Os que dormem na fazenda se amontoam uns sobre os outros. Paul, irmão de Marguerite, diz a Ginette Gantes:

— Quando é que vou te pegar?

Camus foge do sol. Apesar do calor, muitas vezes ele anda com uma toalha grossa sobre os ombros. Mostrando coragem, ele ri. Os amigos sentem sua exaustão. Tem a respiração curta e parece estar aguardando sua execução.[1]

Francine e Albert vão a Argel, mas não têm tempo para ver as pessoas de que gostam, inclusive Fréminville. Almoçam com dois amigos e Emmanuel Roblès. Este constata que Camus fala pouco e transpira.[2]

Os Camus embarcam num navio que cruza ao largo da Espanha para chegar a Marselha e dormem na coberta. Entre seus companheiros de viagem, um *agrégé* de história, Louis Joxe, professor no liceu Bugeau e na universidade de Argel, vai participar da Resistência na França. Joxe e Camus se aproximam. Camus está lendo um romance de Louis Guilloux, *Le Pain des rêves* [O pão dos sonhos] – mesmo editor, mesma capa que *O estrangeiro*

– e Joxe tem em mãos um Théophile Gautier. Depois das formalidades em Marselha, entre as quais um exame para verificar se os passageiros não têm piolho, os Camus tomam o trem até Lyon. Lá, Camus está cansado demais, até mesmo para encontrar Pia. Tomam outro trem para Saint-Étienne, depois um trenzinho local até Chambon-sur-Lignon e, finalmente, uma charrete por alguns quilômetros para chegar ao Panelier, a mil metros de altitude, em pleno Vivarais.

Marguerite, irmã do pai de Francine, casou-se com o ator Paul Émile Oettly. Sua mãe, Sarah, mantém uma pensão familiar numa fazenda-fortaleza, o Panelier, no centro de um aglomerado de quatro casas, das quais duas ocupadas por fazendeiros, os Grand. Francine e suas irmãs passavam férias lá durante sua infância. A sra. Oettly, afetuosa, maternal, cuida de Camus e lhe poupa até o cansaço das conversas. Os Camus tomarão suas refeições no quarto e não à mesa com os outros hóspedes. Eles repousam numa sacada de madeira, verdadeiro terraço no primeiro andar. A sra. Oettly não lhes faz pagar preço de parisienses: apenas partilharão as despesas.[3] Por suas seteiras, a grande construção aspira o vento que também sopra na espiral das escadas. Galos, galinhas, patos, bezerros, cabras fazem a serenata do despertar. As empregadas, entre as quais a sra. Faury, batendo os saltos no assoalho, levam para cima jarros de água quente. Alguns clientes moram nas dependências, outros ocupam o corpo principal sob sua torre quadrada. Móveis de madeira branca, encostam-se nas paredes rústicas revestidas à meia-altura de papel floral. Uma louça de porcelana decora a sala de jantar. Os quartos têm biombos de tela de Jouy. No meio do pátio erguem-se um tanque e um enorme plátano, que esconde um pouco o salão, antiga granja dividida em dois por tapeçarias. A mobília é barroca – um pufe, duas poltronas, uma mesa de madeira branca, um piano. Uma horta leva a um imenso gramado, atravessado por uma alameda margeada de árvores frutíferas, que vai dar no rio. O parque é magnífico. Além do rio, há imensos pinheiros, camadas de musgo, trevo, mirtilos e clareiras. Os hóspedes vão e vêm à vontade, entre as refeições. Alguns chegam à cidadezinha, Le Chambon, para fazer compras ou para ir ao correio ou ao cinema. Outros pensionistas, como Adélaïde Grumbach, assistem a sessões do Exército de Salvação, em território de missão em Le Chambon. Adélaïde acha essas reuniões "... muito boas e muito curiosas = primárias, teatrais, mas profundamente sinceras; numerosas [são] as pessoas da região que [seguem] e [cantam] com fé, [é] ao mesmo tempo tão estranho para nós, tão ingênuo e despojado de falsa vergonha, que tive a impressão de assistir a um filme; [sentimo-nos] quase indiscretos ao ouvir aquelas pessoas [contarem] sua conversão ao ES...”.[4]

Camus bate papo com a empregada da sra. Oettly, sra. Faury, que segundo ele tem bom senso, juízo.[5] Tal como sua mãe, ela não sabe ler nem escrever. Durante alguns dias, ele sai pouco, descansa no gramado, vai até o cemitério particular. Mais adiante, no Lignon, os pescadores pescam truta. Come-se melhor no planalto do Vivarais do que em Orã. Os fazendeiros vendem manteiga, leite, queijo, carne e saborosas batatas. Sarah Oettly não se contenta com as rações oficiais, mas consegue preços razoáveis. Naquela região protestante poucos camponeses se entregam ao mercado paralelo. Camus fez contato com um médico em Saint-Étienne. O escritor aprecia a paisagem, mas lentamente: “Bela região, um pouco austera. Prados, bosques, fontes, até o infinito. Aromas de capim e ruídos de água durante todo o dia.”[6] Choveu – muito agradável, depois do calor asfixiante de Argel. A paisagem é magnífica: “Acho-a bonita, mas ela ainda não entrou em mim. Serão necessários muitos dias e muitos passeios.” A alimentação não é perfeita: “sem contar que não há vinho de jeito nenhum.”

Consolo: *O mito*, segundo livro de Camus da Gallimard, é anunciado. Em 22 de setembro, Camus envia a Gaston Gallimard um primeiro projeto de *release*: “A inteligência moderna sofre de niilismo. Como cura, propõe-se que esqueça seu mal e volte para trás. São os ‘retornos’: na Idade Média, à mentalidade primitiva, à vida dita ‘natural’, à religião, ao arsenal das velhas soluções. Mas, para conferir a esses bálsamos uma sombra de eficácia, seria preciso negar as contribuições de vários séculos, simular a ignorância precisamente do que sabemos, fingir nada ter aprendido, apagar o que é inapagável. Isso é impossível. Esse ensaio dá conta, ao contrário, das luzes que adquirimos em nosso exílio. Ele propõe ao espírito viver com suas negações e fazer delas o princípio de um progresso. Diante da inteligência moderna, ele manifesta fidelidade e confiança. Nesse sentido, só podemos considerá-lo uma explicação, a definição prévia de um ‘bom niilismo’ e, em suma, um prefácio.” Camus submete também à apreciação de seu editor um projeto de cinta menos absconso: “Sísifo ou a felicidade no inferno.”

Camus está no Panelier para descansar e escrever o romance iniciado. “Espero que esta doença que me sufoca me seja tirada e, quanto ao resto, só tenho um desejo: trabalhar. Espero fazê-lo aqui.” Quando faz bom tempo Camus senta-se num banco de pedra na frente da casa, ouve os sapos, lindos animais de canto agradável à noite, segundo ele: parecem flautas.[7] Às vezes ele anda atravessando os primeiros pinheiros, até as margens do Lignon. Adota uma gata, Cigarrette, que morre no final do verão.[8]

Hóspedes pagantes passam pelo Panelier. Os Camus não compartilham seus chás e torradas com geleia de framboesa. Na França, evita-se falar: o que não se sabe não pode prejudicar ninguém. Uma outra pensionista, Raymonde Grumbach, admira o jovem casal, mas contenta-se em cumprimentá-lo.[9] Judia, residente dos hospitais de Paris, foi despojada de seu emprego. Toda a região de Le Chambon torna-se um refúgio para judeus perseguidos.

Camus interessa-se pela sorte de *O estrangeiro* com tranquilidade. De Paris, garantem-lhe que, mesmo que seja um fracasso, serão vendidos 3.000 exemplares. Pia escreve a Malraux para que ele influencie Gaston a fazer pagamentos mensais a Camus: "... tal como o conheço, não solicitará nada por si mesmo, sob pena de se deixar morrer por discrição."[10] Camus conta com uma entrada de dinheiro que lhe seria propiciada pela publicação de um ensaio, *Le Minotaure ou la halte à Oran* [O minotauro ou a parada em Orã], confiado a Charlot. Besteira crassa, a censura não autoriza sua publicação. O crime? Atentado ao regionalismo e ao patriotismo local. Pia a Camus: "Se você tivesse acrescentado a seu nome: presidente da Associação do Folclore de Orã, decerto lhe teriam concedido todas as autorizações desejáveis."[11]

De início, Camus não fica satisfeito com as reações a seu livro. Confia a Fréminville: "A crítica: medíocre na zona livre, excelente em Paris. Afinal, tudo se baseia em mal-entendidos. O melhor é tapar os ouvidos e trabalhar."[12] Albert gostaria de propor a Claude que viesse a seu encontro, mas quer lhe "evitar lágrimas. Não há vinho, não há fumo (quatro cigarros por dia), laticínios, nada que entusiasme a boca; em suma, com que você possa se divertir". Claude deve trabalhar também, publicar seu romance, *De toute mes forces* [Com todas as minhas forças]. Charlot o pegaria, Camus tem certeza.

Gaston Gallimard cuida de seu novo autor e lhe escreve: "A crítica foi absurda, de fato. No entanto, houve um bom artigo de Arland em *Comoedia* e um outro, igualmente favorável, na *NFR*."[13] Gaston quer conhecer aquele escritor promissor. O fracasso de um primeiro livro não o impediria de conferir sua confiança a um desconhecido. Ele trabalha a longo prazo. Os artigos de que fala não são surpreendentes: aquelas *gensdelettres** pertencem à rede Gallimard. O artigo de Marcel Arland, autor da casa, em duas colunas do *Comoedia* de 11 de julho, tem um título elogioso: "Um escritor que chega: Albert Camus." Arland conta e cita *O estrangeiro*. Matéria favorável, não brilhante. O cronista se força um pouco: "E por mais que se façam algumas reservas a respeito desse pensamento (ouço alguns outros cantos que sentimos formarem-se em nós, em face daquele), o importante é que a posição do sr. Camus seja sincera e que seu tom nos emocione." *Comoedia* é um hebdomadário de influência. Final do artigo, bom para as vendas: "... um verdadeiro escritor." Em setembro de 1942 uma nota da *NRF* – nunca se é tão bem servido quanto por sua própria revista – também parece rasa, embora menos antiquada. O cronista, Fieschi, liga Camus a uma insidiosa tendência "maldosista" – curiosa formulação para seu aparente niilismo. Todavia, eis "um livro sóbrio e justo, sobre um assunto, no entanto, de um trágico terrivelmente lúcido, e que cheira um pouco a Grand-Guignol". Gaston leu o artigo antes de sua publicação: "... um grande livro, daqueles que 'elevam a alma' justamente porque não fazem pregação." Ele não menciona para Camus um artigo publicado no *Le Figaro* – jornal publicado em zona livre – uma semana depois do de Arland.[14] Pontífice da crítica, André Rousseaux dedica seu artigo, uma crítica pesada, a *O estrangeiro*: "Parece que a crise do romance [*lugar-comum*] se agrava um pouco mais a cada dia. As estreias de jovens romancistas não revelam apenas, no mais das vezes, talentos medíocres. Quando uma tendência se manifesta neles, frequentemente há motivo para que ela nos deixe incertos ou inquietos." Rousseaux se lamenta: quem são então todos esses jovens desabusados? "O romance parece ter o triste privilégio de reservar para si o passivo espiritual e o dejeto moral." O cronista identifica um "talento já formado, [...] qualidades de prosador", mas "uma realidade bastante pobre". Esse Camus lembra uma "variedade do tipo de homem que o sr. André Gide chamou de imoralista". Meursault é "mutilado de tudo o que constitui o valor do homem".

De Lyon, Pia garante o acompanhamento de *O estrangeiro* e manda para Camus uma crítica do *Temps*,[15] de Émile Henriot, outro cacique da crítica literária. "Nunca duvidei de que o sr. Henriot fosse um imbecil. Ele fez questão de confirmar essa opinião. Apesar disso, o que ele diz é bastante

---

* Fusão de *gens de lettres*, gente de letras, *gensdelettres* é uma designação irônica de homens e mulheres de letras. (*N. da T.*)

encorajador, pois, depois de o ler, tem-se a sensação de que seria ruim para *O estrangeiro* ter sua aprovação. De Rousseaux a Henriot, eis o público que Meursault esperava para sua execução. Tenho vontade de escrever à Chancelaria para aconselhar que os dois personagens em questão sejam colocados nas listas dos jurados, se é que já não estão nela."

Quando se tem Malraux, Paulhan e Pia do lado, podem-se aceitar cronistas convencionais hostis. Camus se consola com amargura. Cadernos: "Três anos para fazer um livro, cinco linhas para o ridicularizar e as citações erradas." Ou ainda: "Grassa a 'moralina'. Imbecis que acreditam que a negação seja um abandono, ao passo que ela é uma escolha. Imaginar que a virilidade esteja no frêmito profético, que a grandeza esteja na afetação espiritual."[16]

Gallimard, sob o impulso do ensaio que está para sair, propõe a publicação de *Calígula*, mas Camus prefere esperar e recusa.[17]

Pia fornece também uma crítica de Maurice Blanchot, segundo ele o que se escreveu de mais inteligente sobre *O estrangeiro*:[18] "O homem que relata essa história, parecendo nada revelar de suas verdadeiras transformações, ou, antes, revelando sentimentos que, pela simplicidade, o lançam mais longe de nós, tornam-no mais estrangeiro para nós do que se não dissesse nada, tende a uma objetividade insuperável." Blanchot pensa no Faulkner de *Santuário* – pela justiça como "instrumento de uma assustadora fatalidade". Engrenagem e procedimento do processo parecem-lhe "artificiais". Segundo Pia, Blanchot "mete o dedo no olho ao chamar de artificial a encenação de um processo. É curioso que ainda haja tantas pessoas razoáveis que não tenham reconhecido o caráter demente da justiça e o ridículo de seu aparato: magistrados, advogados, testemunhas etc...". Pia manda para Camus *Les Fleurs du Tarbes* [As flores do Tarbes], de Paulhan. Ele mandará tudo o que lhe for necessário "em matéria de livros, de alimento ou de animais empalhados".[19] Camus voltou ao trabalho? Está seguindo o tratamento em condições aceitáveis? Na verdade, "não se tem nenhuma dificuldade para encontrar *O estrangeiro*".[20] Pia sugere que se faça contato com *Le Courrier de Neufchâtel*, *Le Journal de Genève*, *Le Curieux* [O Curioso]. Depois de dois ou três artigos, esses jornais suíços talvez propusessem uma crônica a Camus: "Esses suíços são um pouco pesados, mas menos frívolos e, no final das contas, menos idiotas do que a maior parte dos potentados da imprensa francesa."[21]

Em outubro, Camus, descontraído, trabalha: "Francine ficou todo o mês de setembro comigo, agora ela foi embora e devo meditar sozinho até o final de novembro. Então, voltarei e decerto me fixarei em Argel – salvo imprevisto." Ele gostaria de um apartamento em El Biar, ou no alto, no ar salubre das altitudes. "Aliás, não tenho mais vontade de Argel do que de Orã ou da França. Ficaria contente em me fixar em Paris, mas, em vista da minha saúde preciosa, lá eu morreria. E, conforme convém, não se deve..."[22] As paisagens de Le Chambon finalmente "entraram" nele: "Com o outono, esta região se torna muito bonita. Todas as árvores parecem grandes chamas vermelhas e amarelas. O céu coberto torna as linhas mais ásperas – e não há ninguém nos caminhos." Os hóspedes pagantes do Panelier vão embora: "Dentro de uma semana, estarei sozinho nesta propriedade com um boa velha senhora (a dona) que parece sair de um livro de ginecologia. Pelo menos poderei continuar a trabalhar. Já avancei bastante *La Peste* [A peste], mas creio que será preciso começar tudo de novo." Camus torna-se micólogo. "Quando não tenho nada melhor para fazer (e é frequente) vou catar cogumelos. Essa ocupação pacífica ajuda-me a esquecer tudo o que vejo quando vou a Saint-Étienne para meu tratamento: a miséria mais terrível que jamais encontrei." Saint-Étienne lhe parece mais triste ainda que a Cabília. Para lhe fazer companhia, tem "três cães de boa cara".[23] Camus gosta dos cheiros dos fogos de lenha: "Eu precisava de silêncio. Agora, não detesto ninguém mais. Se pelo menos eu pudesse me curar e viver como antes (desde que fiquei doente, não corri nem uma vez), parece que novamente eu seria capaz de felicidade. Mas naturalmente é melhor tentar me ajeitar com o que é do que desejar coisas improváveis."[24] Decisão tomada: ele se fixará em Argel no final de novembro.[25] O frio chega e a vida lhe pesa no Panelier: "Há muito tempo as andorinhas partiram para as regiões de verão, e estou seriamente atrasado."[26] Logo ele irá completar vinte e nove anos. Solicita um salvo-conduto para Paris, contando lá ficar por uma semana. Na capital, estão levando *A Celestina*, *Hamlet* e as peças de Synge: "Em suma, foi Argel que deu o tom e nós somos pequenos precursores. [...] Às vezes penso na saúde como um grande país cheio de sol e de cigarras, que perdi sem ter culpa. E, quando tenho muita vontade desse país e da felicidade que ele me daria, recupero-me no meu trabalho. Vou voltar [para Argel] com trabalho muito adiantado, mas que não me satisfaz e que será preciso refazer. [...] É sempre assim para mim: preciso refazer as coisas se quiser fazê-las realmente bem."[27]

Outro artigo sobre *O estrangeiro*, comentário consciencioso, por um colega de Camus, na revista *La Fontaine*: Henri Hell colaborou no Théâtre du Travail. Identifica em Camus uma influência de Dos Passos, que corre o risco de cair no "estereótipo, excessivamente mecânico", mas "essa monotonia, justamente, convém especialmente bem ao tema de *O estrangeiro*". No final das contas, o "sr. Camus conseguiu – graças a uma técnica que nada tem de clássica e sem escrever um romance psicológico e analítico – dar a seu livro o rigor e a pureza das narrativas clássicas da melhor tradição francesa".[28] Hell conhece Camus, mas passa ao largo de Meursault, "um homem sem humanidade, sem valor humano, e até, apesar da vontade de verismo que é o único suporte do livro, sem verdade da ordem humana". Os companheiros nem sempre são críticos penetrantes. Camus se explica melhor com seus amigos. A Blanche Balain, que lhe reprova uma certa dureza, ele escreve: "*O estrangeiro* é de fato um livro concertado e voluntário ao qual parece faltar emoção. Sob esse ângulo, o que você me diz dele é correto. Mas o livro tem duplo sentido, e Mersault [*sic*], que tentei tornar natural e vivo [*? a letra de Camus muitas vezes é hieroglífica*], é no entanto um símbolo ao mesmo tempo. Por outro lado, ele tem uma significação suplementar na medida em que está no início de uma sequência de obras cuja perspectiva o esclarecerá. Ele descreve o ponto 0 – e o que um homem instalado no ponto 0 pode ver da existência. Mas, é claro, há outra coisa e o sacrifício, a fidelidade, a honra, a vida fulgurante, todas essas virtudes absurdas conservam seu sentido." Em pós-escrito: "Eu poderia estar em Lyon no dia 28 de outubro. Se você não for para lá, sem dúvida suspenderei minha ida. Mas vou deixar o Panelier no final de novembro (por volta do dia 25) e, depois de uma curta parada em Lyon, tomarei o rumo de Marselha. Até breve portanto, cara asiática [o *pai de Blanche foi oficial nas colônias*], não esqueça seu amigo. Ele espera suas cartas."[29]

O sr. Jean-Paul Sartre, cujos livros Albert Camus examinava no *Alger républicain*, voltou de seu campo de prisioneiros há mais de um ano. Professor do liceu Condorcet em Paris, desenvolve uma atividade prodigiosa. Está terminando seu monumento de ontologia fenomenológica, *O ser e o nada*, escrevendo uma peça, *Les Mouches* [As moscas], iniciando *L'Âge de raison* [A idade da razão], primeira etapa de uma série de romances, e tentando organizar um pequeno grupo de resistência intelectual que publica alguns números do boletim *Socialisme et liberté*, em que se exprimem marxistas e não marxistas. Sartre aceita manter uma crônica literária em *Comoedia*, publica *um* artigo sobre *Moby Dick*, depois muda de ideia. Decide, com Simone de Beauvoir, que não devem escrever nos jornais da zona ocupada. Em setembro de 1942, Sartre escreve um ensaio de vinte páginas sobre *O estrangeiro*.[30] Na rua Sébastien-Bottin, QG da Gallimard, Sartre não faz parte do estado-maior literário, mas frequenta Paulhan e Queneau, que lhe recomendaram o livro. Também leu, nas provas, *O mito de Sísifo*, que sai em 16 de outubro, numa tiragem de 2.750 exemplares, número XII da coleção Essai, capa azul-clara.

O estudo de Sartre é então a análise mais original de *O estrangeiro*, sob um título condescendente: "Explicação de *O estrangeiro*". Eu, *agrégé* de filosofia e formado pela École Normale, vou lhe explicar, rapaz, o que o senhor queria exprimir, *a)* seus êxitos e *b)* seus fracassos. Sartre raramente dedica tantas páginas a um escritor. Antes da guerra, escreveu uma dúzia sobre Faulkner, o mesmo tanto sobre Giraudoux. Só Mauriac fez jus a um ensaio de tamanho comparável, com sua conclusão gravada no mármore: "Deus não é um artista; o sr. Mauriac também não." Para Sartre, Camus é um artista. Fascinado, Sartre termina seu ensaio em três dias.[31] Ele se aferra a convicções intelectuais que se constituem imediatamente em certezas, buscando *a* chave de *O estrangeiro*, aplicando-lhe o gabarito de *O mito*.

Como classificar esse "romance"? Não é um relato, segundo Sartre: esse gênero "explica e coordena ao mesmo tempo que recompõe, substitui o encadeamento cronológico pela ordem causal". O romance "exige uma duração contínua, um vir-a-ser, a presença manifesta da irreversibilidade do tempo". Suspiro de perplexidade sartriana: "Não é sem hesitação que darei esse nome a essa sucessão de presentes inertes que deixa entrever por baixo a economia mecânica de uma peça montada. Ou então seria, à maneira de *Zadig* e de *Cândido*, um curto romance de moralista com uma discreta ponta de sátira e com retratos irônicos, que, apesar da contribuição dos existencialistas alemães e dos romancistas americanos, continua muito próximo, no fundo, de um conto de Voltaire." Passando agilmente de *O mito de Sísifo* a *O estrangeiro* e vice-versa, o filósofo-romancista pensa Camus como pensa a si mesmo. Repete-se, na Gallimard, que *O estrangeiro* é o melhor livro desde o armistício. Essa maravilha exótica é um romance ambíguo. Diferentemente de Rousseaux e de Henriot – esses imbecis não leram *O mito* –, Sartre radiografa o coração de Meursault: "Nem bom nem mau, nem moral nem imoral." O absurdo segundo Camus? "O absurdo não está nem no homem nem no mundo, se os tomarmos isoladamente;

mas, como o caráter essencial do homem é 'estar-no-mundo', o absurdo, enfim, se confunde com a condição humana." Sartre projeta os conceitos heideggerianos de *O ser e o nada* em *O mito* e *O estrangeiro*. Quanto à filosofia, ele não aprova Camus. Do mesmo modo, nesse terreno intelectual, este último, quatro anos antes, dissecando *A náusea* e *O muro*, não aderia a Sartre. Examinador, Sartre manifesta uma amável indulgência: "A morte, o pluralismo irredutível das verdades e dos seres, a ininteligibilidade do real, o acaso, eis os polos do absurdo. Na verdade, esses não são temas muito novos e o sr. Camus não os apresenta como tais. Foram enumerados, já no século XVII, por uma certa espécie de razão seca, curta e contemplativa que é propriamente francesa: serviram de lugares-comuns ao pessimismo clássico." De Hell a Sartre, cola-se depressa o rótulo de "clássicas" nas obras de Camus. Mais adiante: "O sr. Camus cita com uma certa coqueteria os textos de Jaspers, de Heidegger, de Kierkegaard, que aliás ele nem sempre parece compreender bem."

Sartre adota um tom sorbonniano: "Nosso autor...", "Examinemos mais de perto...", não sem intuições: "Assim, o simples fato de passar sua mensagem sob a forma romanesca revela no sr. Camus uma humildade altiva. Não a resignação, mas o reconhecimento revoltado dos limites do pensamento humano." Como explicar o misterioso sucesso do livro em 1942? Segundo Sartre, deve-se tomá-lo "como uma comunhão brusca de dois homens, o autor e o leitor, no absurdo para além das razões", fórmula que se aplicaria a todo bom livro que é bem recebido. Às vezes Sartre levanta voo, e se esborracha, em suas ideias fixas: "O silêncio, como diz Heidegger, é o modo autêntico da palavra." Eixo sartriano, como se calar utilizando palavras, "como expressar com conceitos a sucessão impensável e desordenada dos presentes?". Com uma técnica nova. Qual é a técnica camusiana? "Disseram [*Paulhan*]-me: 'E Kafka escrito por Hemingway.'" Sartre não encontra Kafka. Camus encontrou Kafka em *A náusea*. "A visão do sr. Camus é inteiramente terrestre. Kafka é o romancista da transcendência impossível: o universo é, para ele, carregado de signos que não compreendemos; há um avesso do cenário. Para o sr. Camus o drama humano é, pelo contrário, a ausência de qualquer transcendência: 'Não sei se este mundo tem um sentido que me ultrapassa. Mas sei que não conheço esse sentido e que por enquanto me é impossível conhecê-lo. O que significa para mim uma significação fora de minha condição? Só posso compreender em termos humanos...'" E finalmente: "O homem absurdo é um humanista, ele só conhece os bens deste mundo."

O tom do romance hipnotiza Sartre. Suas variações sobre a disjunção, a oposição, a adição pura. As unidades temporais, o antropomorfismo, a verbalidade do verbo (nada menos), sua transitividade, a solidão da unidade perifrástica são sugestivas e discutíveis, raramente empoladas, às vezes excessivas: "Um naturalista do século XIX teria escrito: 'Uma ponte saltava por sobre o rio.' O sr. Camus se recusa a esse antropomorfismo. Ele diria: 'Sobre o rio, havia uma ponte.'" Melhor: "Dizia-se de Renard que ele acabaria escrevendo: 'A galinha bota ovo.' O sr. Camus e muitos autores contemporâneos escreveriam: 'Há a galinha e ela bota ovo.'" Sartre vai terminar *O ser e o nada*, obra excepcional, inclassificável, a igual distância da tese de doutorado, do manual de psicologia metafísica e do romance filosófico. Esse romance do Ser forja seus conceitos e seus personagens oniexplicativos, por si, em si, negação, má-fé, e analisa o solipsismo. Não seria Meursault um exemplo de perfeito solipsista? Sartre se impressiona com a originalidade de *O estrangeiro*: "Uma obra clássica [*mais uma vez*], uma obra de ordem, composta a propósito do absurdo e contra o absurdo." Mas ele não tem certeza de que é "o que o autor queria". Sartre não leu os artigos de Camus sobre *A náusea* e *O muro*. Ele *encontra* Camus aqui pela primeira vez:[32] dois escritores se cruzam com seus melhores intercessores, seus escritos. Sartre, quando escreve sobre *O estrangeiro*, não terminou o último capítulo de *O ser e o nada*, concernente às perspectivas morais. Um decreto do grande Tratado – e de cem outros filósofos – aplica-se a Meursault, seu amoralismo real ou pretenso: "A ontologia não pode formular ela mesma as prescrições morais." Camus e Sartre enfrentam o eterno problema das bases de uma moral quando não se acredita em Deus. As páginas de Sartre sobre o Olhar em *O ser e o nada* são tão complexas quanto penetrantes, e muitas vezes o olhar que ele dirige ao livro de um desconhecido é de uma espantosa acuidade, longe das tolices de Rousseaux.

No mesmo número de *Les Cahiers du Sud*,[33] Jean Grenier escreve um artigo mais curto e menos brilhante. Ele elogia "uma língua seca, breve e voluntariamente incolor". Grenier lembra-se de Camus ator e diretor de teatro: "Lembro-me dele em *O navio Tenacity*, em que encarnava aquele que não parte. Não exprimia a vítima inocente que nos toca (para tocar é preciso se aproximar), mas o dândi desabusado que não consegue tomar distância suficiente com relação a um mundo execrado – era a morte do lobo!" Camus não diz a Grenier o que pensa de seu comentário, mas comunica-lhe seu sentimento quanto à dissertação de Sartre. Está mais contente do que descontente, nem logrado nem decepcionado: "O artigo de Sartre é um modelo de 'desmontagem'. Claro, em toda criação há um elemento instintivo que ele não considera. A inteligência não tem participação tão importante. Mas, em crítica, é a regra do jogo e está muito bem assim, pois em várias ocasiões ele me esclarece sobre o que eu queria fazer. Sei também que a maioria de suas críticas são justas, mas por que o tom ácido?"[34]

Estreante na França, Camus faz jus aos principais jornais e às melhores revistas. São publicados muitos livros durante a Ocupação. Mesmo aqueles a quem *O estrangeiro* desagrada não podem ignorá-lo. O que é melhor, Camus encontra um público. Em novembro, a Gallimard reimprime 4.400 exemplares e a mesma quantidade seis meses depois.[35] Mesmo assim, no Panclier, amarrado à obra *A peste*, Camus não se sente compreendido. Cadernos: "Críticas sobre *O estrangeiro*: a impassibilidade, dizem eles. A palavra é ruim. Benevolência seria melhor."[36] Também confessa: "Três personagens entraram na composição do Estrangeiro: dois homens (entre os quais eu) e uma mulher." Ele não diz *somente* dois homens. A mulher? Yvonne Ducailar, que ele chamou muitas vezes, frente a frente e em suas cartas, de "a estrangeira".

Em Paris, Sartre frequenta Hegel, Husserl, Heidegger. No Panelier, Camus retoma Platão, Spinoza e a Bíblia. Em 12 de setembro de 1942, fracassa um desembarque dos Aliados no Norte da África, em Tobrouk. As comunicações entre a Argélia e a França da zona livre continuam boas. Os alemães atingem o Volga, ao norte de Stalingrado, mas a opinião pública francesa conta com menos petainistas. Sente-se um refluxo, sobretudo entre os homens de vinte e um a trinta e cinco anos que serão enviados à Alemanha pelo Serviço do Trabalho Obrigatório. Camus, doente, não está entre eles. Essa mobilização do STO impele indecisos à resistência ativa. Em Paris, em 20 de setembro de 1942, aparece o primeiro número clandestino de *Lettres françaises* [Cartas francesas]. Lyon torna-se um centro de resistência, informações e rumores. De lá, Pia continua cuidando de Camus e promete visitá-lo.

Camus habitua-se ao outono no Vivarais de bosques vermelhos, de faias que "formam manchas de um amarelo dourado ou se isolam na orla dos bosques como grandes ninhos vertendo um mel louro". Ao longe de vez em quando passa uma mulher bonita, mas as tentações são menos numerosas do que em Argel ou Orã. Camus volta à sua obsessão pela ascese necessária: "A sexualidade não leva a nada. Não é imoral, mas é improdutiva. Podemos nos entregar a ela durante o tempo em que não desejamos produzir. Mas só a castidade está ligada a um progresso pessoal. Há um tempo em que a sexualidade é uma vitória - quando a desvencilhamos dos imperativos morais. Mas logo depois torna-se uma derrota - e a única vitória é conquistada sobre ela por sua vez: é a castidade."[37] Alguns dias depois: "A sexualidade desenfreada leva a uma filosofia da não significação do mundo. A castidade, ao contrário, confere-lhe um sentido (ao mundo)." Pouco depois, Don Juan representa o desabusado, quase o cínico: "A mulher, fora do amor, é entediante. Ela não sabe. É preciso viver com uma e se calar. Ou dormir com todas e fazer. O mais importante está em outro lugar." Como construir para si uma moral da sexualidade? Embora Deus não exista, Camus não se permite tudo. Para ele, a criação artística é o trabalho *menos* (com frequência) a sexualidade. Pudico, discreto, secreto em seus cadernos - pelo menos no que ele não corta -, ele se olha, lança um projeto de ensaio, de conto: "Ideia: Ele recusa tudo o que lhe é oferecido, todas as felicidades que se apresentam por causa de uma exigência mais profunda. Estraga seu casamento, mete-se em ligações insatisfatórias, espera, tem esperança." Para Camus, a sexualidade muitas vezes parece absurda, contingente, mas não a sensualidade e a felicidade. "O mais importante" continua sendo a obra em vias de se fazer. Camus coloca em perspectiva seus romances-relatos. Depois de sair de *O estrangeiro* - mas será que um escritor sai realmente de um livro depois que este é publicado, parido? -, ele relê o que está escrevendo e o que foi publicado. Ele trabalha. Nessa época, Paulhan escreve ao poeta Jean Lescure, que publica uma revista proibida em Paris e transferida para Bruxelas com outro título, *Exercice du silence*: "Você gostaria de algumas páginas de Camus sobre o Absurdo? Muito bonitas." Nada mais.[38]

O romance em curso tem um sentido social e um sentido metafísico.[39] Em *O estrangeiro*, o social apenas aflora: vemo-lo na justiça mecânica e imbecil. Em *A peste*, o social e o histórico serão mais ambiciosos ou evidentes. Camus visa longe: "A primeira coisa que um escritor tem a aprender é a arte de transpor o que ele sente para o que ele quer fazer sentir. As primeiras vezes consegue-o por acaso. Mas em seguida é preciso que o talento venha substituir o acaso. Há também uma parte de sorte na raiz do gênio." Ele escreveu: "gênio". As gazetas reconhecem seu talento.

Uma terapia pretende tratar a tuberculose em grandes altitudes para superoxigenar o doente. De fato, rarefaz-se o oxigênio e não se reduz a taxa de gás carbônico no sangue. Os médicos acham então que, quanto mais a pessoa sobe, mais aumenta o número de glóbulos vermelhos. Assim seriam compensadas as perdas devidas aos escarros, às hemoptises. Sob esse impulso, o doente devora o mais possível de carne vermelha. Cozida: bom. Crua: maravilhoso! Estimula-se o paciente a tomar vinho tinto e a consumir ferro. Camus é vítima dessa mitologia médica.[40] Outro remédio, quase mágico: o repouso dos pulmões tuberculosos, por enfraquecimento e colapsoterapia. Camus evita o sanatório, mas, tuberculoso típico, exilou-se na França, "nas montanhas", local da cura, segundo a ciência médica da época.[41] Camus cai em considerações românticas: "A renúncia à juventude. Não sou eu que renuncio aos seres e às coisas (eu não conseguiria), são as coisas e os seres que renunciam a mim. Minha juventude me foge: estar doente é isso." Aceita sua doença com sua decisão de sarar, depressa. Não quer que a doença o segure. Ele a governa: "A doença é um convento que tem sua regra, sua ascese, seus silêncios e suas inspirações."

No Norte da África os Aliados se impõem. No início de novembro de 1942, Montgomery obtém uma vitória decisiva sobre o Afrikakorps de Rommel em El-Alamein. Os americanos desembarcam no Marrocos e na Argélia em 8 de novembro. No dia 10, Orã cai nas mãos dos Aliados. Na França, os alemães ultrapassam a linha de demarcação. No dia 11, consciente de estar isolado da Argélia e dos seus, Camus anota em seus cadernos: "Como ratos." Pia, alguns dias antes, previa outros desdobramentos: "E claro", ele escrevia a Camus, "que Vichy está preparando a opinião pública para uma intervenção americana pelo lado de Dakar. Mas isso não quer dizer que os americanos vão se precipitar amanhã sobre a África Ocidental Francesa. Além do mais, Dakar não é subúrbio próximo de Argel. O ataque desencadeado por Montgomery certamente é sério. Será vitorioso? Seriam necessários pelo menos vários meses para que os acontecimentos chegassem a ponto de a metrópole correr o risco de ser truncada da Argélia." Em Orã, os Faure se inquietavam. "Não vejo o que possa ter abalado Francine", escreve Pia.[42] Antes do desembarque americano na Argélia, Francine tinha medo. Albert achava que ela não devia se preocupar.[43]

Camus perde os últimos navios e não consegue chegar à Argélia. Ao mesmo tempo, no sentido contrário, a mulher de Yves Bourgeois não consegue atravessar da Argélia para a França: o professor, companheiro de viagem pela Europa central de Simone e Albert, oficial prisioneiro na Alemanha, aceita servir de intérprete numa fábrica. No entanto os oficiais prisioneiros são dispensados de trabalhar. Em suma, Bourgeois colabora, propõe aos alemães os serviços de sua mulher, enfermeira, mas ela não pode, da Argélia, chegar à Alemanha e a Munique.

Agora, os cadernos de Camus são dedicados por muito tempo ao trabalho no romance, segunda versão, e numa peça, *Le Malentendu* [O Equívoco], cujo primeiro título será *Bujedovice*. Camus vai a Saint-Étienne para fazer insuflações a cada quinze dias, sem nunca concentrar sua existência na tuberculose: "A doença é uma cruz, mas talvez também um anteparo. O ideal portanto seria ficar com sua força e recusar suas fraquezas. Que ela fosse o recuo que fortalece no *momento desejado*. E, se é preciso pagar em moeda de sofrimentos e de renúncia, paguemos." Camus tem falta de ar – de diferentes maneiras, e literariamente ricas. Sua tuberculose com frequência lhe tira o fôlego. Ele não pode falar com seus próximos. Não há mais zona (dita) livre ou nono (não ocupada). As pessoas falam em voz baixa. Andam rente aos muros. Camus inspira-se nesse mundo cercado: "Quero exprimir por meio da peste a asfixia de que todos nós sofremos e a atmosfera de ameaça e de exílio na qual vivemos. Quero ao mesmo tempo estender essa interpretação à noção de existência em geral. *A peste* dará a imagem daqueles que nesta guerra ficaram com a parte da reflexão, do silêncio – e a do sofrimento moral." Ao mesmo tempo Albert faz anotações sobre o tema da revolta. Agora vai dando à luz seus livros lentamente. Não é um escritor apressado. Sua vida nunca foi tão organizada. Suas limitações lhe convêm. Pode ir a Saint-Étienne ou Lyon, sonhar com alguns dias em Paris. É preciso solicitar um *Ausweis*, autorização para viajar, para transpor a linha de demarcação. Os acontecimentos militares pegaram a França desprevenida.

Pia acha que um sanatório em Hauteville, no Ain, seria mais conveniente do que o Panelier. É preciso ir para um lugar mais alto – sempre o ar puro. Quanto ao dinheiro, ele se arranjará com Malraux. Insistirão mais uma vez na mensalidade da Gallimard. Camus não precisará tentar nenhuma providência. *Paris-soir* e *Le Progrès* interrompem sua publicação em Lyon. Pia aconselha Camus a se registrar no ministério do Interior, subdiretoria da Argélia: os franceses do Norte da África retidos na França talvez tenham direito a uma alocação. Em Lyon, Prévost tem uma ideia: Camus poderia se inscrever na *agrégation*. Com algum pistolão, ele seria admitido em Saint-Hilaire-du-Touvet, instituição de tratamento para estudantes. Paulhan vai à luta junto a Gaston e solicita para Camus pagamentos de 2.500 francos durante pelo menos seis meses. Gaston, escreve Pia, tem uma "benevolência meio mole".[44] Demonstra uma generosidade inteligente e prudente. Finalmente tudo está combinado.[45] Pia anuncia os pagamentos mensais. Camus interroga Paulhan: seria possível encontrar trabalho em Paris? Pia, despedido por Jean Prouvost, planeja voltar à capital e trabalhar com um amigo numa livraria de saldos. Quer se lançar em tempo integral na Resistência e fala nisso em termos velados. Três de dezembro: "Pode ser que uma outra atividade me retenha aqui [em Lyon]." Sete de dezembro: "Vou fazer nestes dias uma viagem de três ou quatro dias num rumo completamente diferente."

Para voltar à Argélia pela Espanha, Camus pensa em transpor os Pireneus e abre-se com Pia. O fundador do *Alger républicain*, Jean-Pierre Faure, estaria morando no Sudoeste. Ele deve conhecer os canais. "No que diz respeito à possibilidade de uma visita a Jean-Pierre Faure", escreve Pia, "tive ocasião de estudar a questão desde minha última carta. Até fui a Perpignan entrevistar [*belo eufemismo*] diversas pessoas. Cheguei à convicção de que J. P. Faure de fato estava visível. Mas, pois há mas, não recebe as pessoas sem mais nem menos, é preciso acionar muitas artimanhas para acabar conseguindo chegar perto dele. Acho também que, quanto mais as coisas continuarem assim, mais as relações com ele se tornarão difíceis. Além do mais, esse deslocamento é caro e, sobretudo, provavelmente será longo e cansativo. Pelo que me dizia sua última carta, não o vejo correr hoje até J. P. Faure."[46] Pia talvez esteja confundindo Jean-Pierre com seu irmão, François.

Preocupado, fraternal e paternal, Pia imagina Camus morrendo de frio, chegando com dificuldade a Saint-Étienne para fazer seus pneumotórax. Na verdade, será que ele não deveria ir viver nas montanhas de climas menos rigorosos, os Alpes-Marítimos, Saint-Paul-de-Vence?[47] Lá ficaria menos deslocado. Em termos claros, Pia dá notícias de Aragon e de Malraux, utilizando os nomes de suas mulheres. Os Aragon (*Elsa*, diz Pia) moram numa fazenda abandonada do Drôme. O marido de Elsa derruba árvores para se aquecer. Josette (*Clotis, companheira de Malraux*) está em Corrèze. Constantemente os Aragon e os Malraux trocam de ares e de domicílio. Quando Camus tiver seu *Ausweis*, ele irá visitar Pia em Lyon: "Certamente terei muita coisa a lhe dizer."

Paulhan se corresponde com Camus[48] e deseja conhecê-lo em Paris. Que trabalho não o cansaria? A propósito de seu livro *Les Fleurs de Tarbes*, inocente e provocador, Paulhan, caligrafia grande e perfeita, poderia atrair a atenção dos censores para seu cartão interzona com uma frase copiada, bem legível: "Você já suspeita que, se o terrorista coerente e 'científico' se vê obrigado a se tornar retórico, o retórico não se vê menos obrigado por *leis da mesma espécie*, e não menos prováveis, a se tornar terrorista. Aqui se coloca, se você quiser, o absurdo." Censores e policiais estão à procura de resistentes e terroristas. Um inspetor francês ou um gestapista lendo estas palavras compreenderia que se trata aqui de terrorismo literário?

Os alemães passam a sofrer desvantagem na guerra da Europa. No final de dezembro, o general Von Paulus é cercado em Stalingrado. Para os franceses, o Eixo vai perder a guerra. Lucien Rebatet publica um panfleto gigantesco e infame, *Les Décombres* [Os escombros], em que denuncia a "podridão" do pré-guerra e toma o partido dos alemães. Argumentando que não dispunha de papel suficiente, Gallimard recusa-se a publicá-lo.

Da Suíça, voltam para a França, onde são muito difundidos, *Les Yeux d'Elsa* [Os olhos de Elza]. No prefácio a esses poemas, Aragon diz: "Enchem-nos com o folclore nos tempos atuais. Canto o homem e suas armas, mais do que nunca é hora para isso."

25

O *PARTI PRIS* DOS HOMENS

Os invernos são rigorosos no planalto Vivarais-Lignon. O vento forma amontoados de neve, estradas e ferrovias são bloqueadas. É até difícil ir a pé do Panelier até a cidadezinha de Le Chambon, a quatro quilômetros. Le Chambon e seu planalto são como uma fortaleza isolada com dois eixos de comunicação: de norte a sul, a estrada departamental 500, de Tence a Fay-sur-Lignon; de oeste a leste, a departamental 15, do Puy até o vale do Ródano, que permite chegar a Lyon. As estradas que sobem rumo a Le Chambon são tortuosas, os grandes centros ficam longe: Valence a oitenta quilômetros, Saint-Étienne, onde Camus faz tratamento, a sessenta e cinco. Levam-se três horas para chegar a esta última cidade de trem, quatro de ônibus. Em torno de Le Chambon, a "montanha", encrave protestante, com suas velhas tradições de fé, de luta e de refúgio, estende-se por todo o planalto. Sob o Terror, as famílias protestantes protegeram ali padres refratários. Antes da guerra, filhos de trabalhadores foram acolhidos nas pensões de Le Chambon, depois republicanos espanhóis. Esses protestantes, cuja memória carrega as dragonadas, as perseguições, a tortura, são tolerantes e resistentes. As duas comunas, Le Chambon-sur-Lignon e Mazet-Sainte-Voye, entre as quais fica o Panelier, têm 4.942 habitantes – 4.732 protestantes vivem em bom entendimento com 166 católicos que se sentem um tanto minoritários. Há dois tipos de *parpaillots*:* a maioria se diz da Igreja Reformada, cerca de mil são irmãos darbystas, comunidade singular. Decepcionado com a mornidão de sua Igreja, um pastor anglicano propagou no século XIX, na região da Haute-Loire, a ideia de que a Igreja não pode ser

---

* Designação pejorativa ou chistosa para "protestantes". (*N. da T.*)

uma organização visível. Seus "irmãos", agrupados em "assembleias", edificam-se uns aos outros, como os *quackers*, que esperam a luz interior para falar, para celebrar a Santa Ceia e assistir à volta do Senhor. Camponeses darbystas vivem em fazendas dispersas – um grande aposento comum, com lareira e camas embutidas. O estábulo dá para a sala comum com o celeiro de feno em cima das grades das manjedouras. A iluminação é feita com lampiões de querosene. Até meados de 1942, os pastores diziam facilmente: "Humilhemo-nos." A França derrotada se entregara ao espírito de prazer, ao ídolo do dinheiro, Deus a castigara. A nação culpada devia arrepender-se. Essa teologia marechalista – Erro-Derrota-Recuperação – desmoronou.

Em 26 de agosto de 1942, a polícia francesa lança sobre o planalto uma caçada que provoca um choque na população. Os protestantes abrigam os judeus facilmente – até 500 –, os darbystas muitas vezes porque os judeus são o povo eleito.[1] No planalto, há 24.000 habitantes e doze paróquias protestantes. A clandestinidade é muito fácil para cerca de 5.000 judeus que permanecerão ali – sem que Camus se dê conta do número:[2] os refugiados passam a noite de uma fazenda para outra. Vales, colinas cobertas de bosques, pequenos planaltos os dissimulam, com seus guias.[3] Em caso de alerta, os judeus se dispersam. Se todos os franceses tivessem sido tão acolhedores, um milhão de judeus teriam sido salvos: quatro vezes o efetivo da comunidade judaica francesa.[4] Código dos pastores resistentes para avisar que vão confiar um refugiado a um camponês: "Estou lhe enviando um livro." Ou ainda: "Chegaram quatro Antigos Testamentos." Depois de um breve período de petainismo, a população obedece a Deus, à sua consciência, aos deveres do Evangelho: "Partilha teu pão com quem tem fome e faz entrar na tua casa os infelizes sem asilo."[5] Em cada fazenda, uma velha Bíblia – que é lida – registra os nascimentos e as mortes da família. Embora no início nem todos os pastores estivessem de acordo em pregar a solidariedade, aos poucos quase todos os protestantes a praticaram.

Em agosto de 1942, uma mulher e duas crianças chegam debaixo de chuva, procurando refúgio. No dia seguinte, culto do domingo, na aldeia de Riou, perto do Panelier: o pastor André Bettex declara que as medidas tomadas contra os judeus são ilegais. A consciência só pode se *revoltar*. O dever de todos é socorrer, esconder, salvar os judeus. Ele conclui: "Incito-os a fazê-lo."[6] Ninguém dá instruções aos darbystas. Diante dos judeus perseguidos, cada família age segundo sua convicção. O filósofo resistente Georges Canguilhem[7] procura um esconderijo para judeus.

Apresenta-se numa fazenda. A família se reúne e medita. O chefe da família volta: "Tudo bem." Professores protestantes e camponeses darbystas, contra a peste marrom nazista e a peste cinzenta vichysta, colocam em prática um mandamento: "Amarás teu próximo como a ti mesmo." Taciturnas, aquelas pessoas da montanha são desconfiadas com a gente da cidade, os turistas, os estrangeiros, mas não com os infelizes perseguidos. Sua solidariedade é espontânea e eficaz.

As tropas alemãs instalam-se na região da Haute-Loire no início de dezembro. O hotel du Lignon, em Le Chambon, torna-se um centro de repouso para oficiais alemães convalescentes. Os protestantes franceses civis e alguns protestantes alemães fardados cruzam-se no templo. A Resistência, que se organiza, decide, para proteger os judeus e porque aqueles alemães não apresentam nenhum interesse militar, não hostilizá-los. Um refugiado judeu salva um soldado alemão de se afogar.

Camus pede a seus amigos parisienses dois romances de Blanchot e *Assim falava Zaratustra*, traduzido por Maurice Betz: "Na região, que é protestante, só se encontram obras edificantes. É instrutivo, mas anemiante."[8] Camus espera seu salvo-conduto: "Nós aprendemos a ter paciência, é uma boa coisa." Os heróis de *A peste* praticam a paciência na espera.

A rigidez protestante tem seus méritos: um preço é um preço. Inúmeros citadinos percorrem a região de bicicleta.[9]

— A senhora tem ovos? — pergunta um visitante à sra. Ruel.

— Quanto dá por eles?

— Pago 6 francos a dúzia.

— Não, de 6 francos não tenho.

— Pago 8.

— Não, de 8 francos não tenho.

— Pago 10.

— Não tenho de 10, só tenho alguns de 4 francos, mas não de 6.

Camus se liga a Pierre Lévy, dito Fayol, um visitante da pensão Oettly. Originário de Marselha, participante da Resistência desde 1941, Fayol adere em 1942 ao movimento Combat e se instala em La Celle, perto de Le Chambon. Está em contato com os representantes locais da Resistência em Tence, Bernard (dito Gagne) e Bruyère (dito Toussaint). Fayol e sua mulher simpatizam com Camus, que lhes apresenta Francis Ponge e o padre Bruckberger, dominicano fantástico, debochado e resistente. Fayol – codinome Simon, Rovière, Roux, Vallin – não dá, de início, explicações inúteis sobre suas atividades. Camus não esconde seus sentimentos. Sabe que Fayol é um resistente ativo. No Panelier, ouvem-se os programas da BBC e suas mensagens: "Tenho receio dos dias seguintes de festas", "O tubarão tem o nariz macio"... Camus toma algumas aulas de alemão com Marianne Fayol e lhe faz confidências: sofre por estar separado de Francine, que ficou em Orã e ensina matemática. Diz que durante todo esse tempo não poderá ter filhos. Marianne se compadece. Às vezes ela acha que, como artista egocêntrico, Camus pensa mais em si mesmo do que nos outros.[10] Aos Fayol, ele fala na lenta desagregação do amor dos seres separados.

Camus e os Fayol, que leem *Calígula* e *O equívoco* no manuscrito, encontram-se em La Celle ou no Panelier. Camus diz a Marianne que *A peste* está avançando com dificuldade. Ele passeia com uma cadela de orelhas pendentes, Pauline. "Esta cadela é minha cruz", diz, sorrindo. Ele ajuda o filho dos Fayol, Serge, a redigir uma dissertação e eles tiram uma boa nota. Cortam pijamas para Camus de cortinas do Panelier e dão risada.

Os Fayol correspondem-se com o irmão de Pierre, então na Inglaterra, através de intermediários postais em Portugal. Assim Camus também consegue fazer chegar cartas a Francine. Ele não abandona a ideia de ir para o Norte da África. Seu salvo-conduto para Paris lhe é concedido em 28 de dezembro de 1942. Camus toma o trem na segunda-feira, 4 de janeiro, chega à estação de Lyon, em Paris, às 21h55.[11] Lá permanece por duas semanas, e na Galllimard o pródigo é acolhido como um prodígio. Todo mundo quer ver o autor de *O estrangeiro*, tanto mais que o romance está vendendo bem. Camus está "aturdido". Revela uma "simpatia real" por Michel Gallimard, sobrinho de Gaston, e finalmente fica conhecendo Paulhan.[12]

Depois volta à Haute-Loire. "Para me distrair", ele escreve,[13] "imaginei a história de uma vítima do Terror que não consegue ir além da primeira frase de seu livro porque acha que ela não corresponde à realidade." Manda essa frase a Paulhan, para sua documentação: "Numa bela manhã do mês de maio, uma elegante amazona, montada numa magnífica égua alazã, percorria as alamedas floridas do bois de Boulogne": nasceu um personagem, Grand, escritor impotente de *A peste*. Camus se diverte, dando aos principais personagens de seu romance nomes tirados da região onde trabalha ou inspirados por eles. Inventa no Panelier o jesuíta Paneloux. O jornalista Rambert lembra Montrambert – meu Rambert?* –, triste bairro de acu-

* Montrambert soa como *mon Rambert*, meu Rambert. (*N. da T.*)

mulação de escória de Saint-Étienne. É um dos médicos de Le Chambon, modelo do Knock de Jules Romains, o doutor Rioux, tratou das meninas Faure em Le Chambon antes da guerra. Prescrevia o termômetro quatro vezes ao dia, mania em parte herdada pela família Faure. Diagnosticava a tuberculose em toda parte, salvo em seu filho, que morreu de tuberculose. Camus não o encontrou.[14]

Um riacho perto do Panelier também se chama Le Riou. O doutor Rieux em *A peste* lembra, curiosamente, o doutor Roger Forestier, membro da Resistência que atua em Le Chambon. Ele redige atestados falsos dispensando do STO, trata e abriga resistentes e judeus como o doutor Léon Eseinstein ou Rachel Barsam. O doutor Rieux, *em A peste*, e o doutor Le Forestier têm trinta e cinco anos. Aí termina sua semelhança física. O Rieux de Camus, altura mediana, tem a pele queimada, cabelos pretos, nariz forte. O doutor Forestier, cabelos castanhos, nariz mais para fino, tez clara e altura de 1,82 m. Outra diferença: o doutor Rieux, diante de Paneloux, proclama-se ateu, o doutor Le Forestier é profundamente crente. Mas surgem também analogias perturbadoras entre a pessoa de Le Forestier e o personagem de Rieux: independentes com relação às autoridades, um e outro se alistam, lutando contra a peste ou o nazismo e o sofrimento dos homens. Le Forestier, engajado em seu trabalho e na Resistência, interroga-se sobre sua profissão. Médico missionário no Congo, junto de Schweitzer, em seguida em Camarões, lutou contra a lepra. Suas anotações pessoais testemunham a força de um engajamento – cristão: "Conheci a miséria humana, a degenerescência do homem, a feiura do homem. Recusei-me a ver nas doenças que nos abatem a derrota do homem e tratei, consolei, curei." Rieux não o negaria.[15]

Camus pensa num outro ensaio. Para Paulhan: "Tenho [...] páginas sobre uma revolução pessimista. Mas são anotações sem importância e, depois, estão em Argel." Segundo ele, Alain definiu a noção do "relativo político". A ideia de Camus é um "relativo *com paixão*",[16] Sua correspondência com Paulhan também é divertida. Pensou nele para a Academia? Obrigado pela ironia. Camus reencontrou cachorros, mas não seu gato siamês. Piscadela para Paulhan: "Fiquei contente em saber que você gostava de animais. E um bom território de encontro."

No Panelier, Camus devolve a Fayol um exemplar do jornal clandestino *Les Étoiles* [As estrelas], que se tornou *Les Lettres françaises* [As cartas francesas].

— Dinamite — diz o escritor.

Esse jornal publica um poema de Aragon, *Celui qui croyait au ciel et celui qui n'y croyait pas* [Aquele que acreditava no céu e aquele que não acreditava]:

> *Et si c'était à refaire*
> *Je referais ce chemin.**

Marianne Fayol reproduz *Les Étoiles* em sessenta exemplares no mimeógrafo de Pierre Bernard, diretor de escola em Tence.

Camus continua se tratando em Saint-Étienne, onde encontra Blanche Balain. Ela o interroga sobre o rumor a respeito dos judeus. As deportações? Sim, é verdade, diz Camus. É preciso tomar partido, resistir.[17]

O Exército secreto e outros grupos formam equipes fechadas: que estejam prontas, chegada a hora, para agir.[18] Armas, fuzis, metralhadoras, granadas são raros. Os principais movimentos de resistência, Combat, Franc-tireur, Libération, reúnem-se em federação na primavera. Quando Jean Bonnissol, resistente importante, é preso,[19] Fayol confidencia a Camus: estão pedindo que ele suceda a Bonnissol. O que Albert acha disso? É uma decisão grave demais para que este último se dê ao direito de resolver.

Graças a Pia – que também pertence ao movimento Combat – Camus está a par do que a Resistência faz, de sua importância e de seus limites. Ele continua pretendendo voltar para a Argélia passando pela Espanha. Bruckberger deveria ajudá-lo. Marianne Fayol e Sarah Oettly costuram três moedas de ouro na braguilha de uma calça: deverá ser útil se Camus transpuser a fronteira espanhola.[20] Os Fayol tentaram dissuadi-lo: os franquistas o prenderão no campo de Miranda de Ebro e não cuidarão dele. Camus não tem medo de morrer – ou não o confessa –, mas sabe-se mais mortal do que outros: "A sensação da morte que doravante me é familiar: é privada dos socorros da dor. A dor amarra ao presente, exige uma luta que *ocupa*. Mas pressentir a morte à simples visão de um lenço cheio de sangue, sem esforço, é voltar a mergulhar no tempo de forma vertiginosa: é o pavor do futuro."[21]

Bruckberger hospeda Camus numa casinha perto do convento dos dominicanos em Saint-Maximin no Var. Não pode lhe oferecer um canal para deixar a França. Bruckberger sonha com um clero audacioso e pobre, conquistador e nietzschiano. Detestando a unção, episcopal ou não, gosta

* E se fosse para refazer/ Eu refaria esse caminho. (*N. da T.*)

de dizer: "Eles me enchem, os democrata-cristãos." Camus relata uma de suas conversas:

"Eu. — Quando jovem, eu acreditava que todos os padres fossem felizes.

Bruck. — O medo de perder a fé os faz retrair sua sensibilidade. Não é mais do que uma vocação negativa. Eles não olham a vida de frente."[22]

Camus volta a seu planalto. Em Lyon ou Saint-Étienne, frequentemente reencontra Pia, Ponge e um novo amigo, o poeta René Leynaud, que mora na rua Vieille-Monnaie, nº 6. Lá Camus lê *O equívoco* diante de um auditório restrito, estando presentes Ponge, Leynaud e Michel Pontremoli.[23] Enigmático, Pia viaja, percorre a França, vai até a Suíça, volta. Malraux brinca: "Anunciaram-me sua próxima partida para Paris e seu interesse súbito pelo comércio de animais empalhados."[24]

Em longas cartas a Camus,[25] Ponge desenvolve suas ideias, passando da justiça à abóbora, de seus problemas de dinheiro às obras de Elsa Triolet. A poesia moderna não apaixona Camus, mas ele apreciou *Le Parti pris des choses* [O *parti pris* das coisas]. Os objetos, o inanimado, podem se tornar fonte de emoção. Simples e forte, sua poesia fala da laranja, da borboleta, da ostra, do engradado, como pessoa. Reaprende a olhar, tocar, escutar. Ponge evoca os *Escargots*: "E aceita-te como és. Em concordância com teus vícios. Em proporção com tua medida." A medida de Ponge não é a de Santo Agostinho. Ponge, catorze anos mais velho do que Camus,* à École Normale Supérieure, publicou na *NRF*. Tal como ele, vê com reservas o surrealismo. Sente-se comunista. Antes mesmo de encontrar Camus, Ponge se encanta com *O mito de Sísifo*, fornecido por Pia. Segundo Ponge, Camus não inventariou um dos temas do absurdo, "a infidelidade dos meios de expressão [...] a impossibilidade para o homem não apenas de se exprimir, mas de exprimir o que quer que seja". Quanto a ele, publicou *fracassos de descrição*: "Em termos camusianos, quando o poema me é urgente, é a *nostalgia*. É preciso satisfazê-la, e se extravasar (ou tentar descrever)." Optando pelo Absurdo, Ponge constata que ele publica a relação desse fracasso.

Ele encontra Camus em Lyon e lhe envia suas primeiras anotações sobre *O mito*. Ponge a Camus: "Outra coisa que não lhe disse: quanto a mim, o peso de meu rochedo com frequência me desanima, torna-me muito preguiçoso. Será possível imaginar um Sísifo preguiçoso: seria o cúmulo do absurdo, ou seria apenas contraditório?"[26]

* Candidato aprovado nas provas escritas, aceito para prestar os exames finais. (*N. da T.*)

Ponge vai e vem entre Bourg-en-Bresse, Paris e Lyon. *Les Cahiers du Sud* nas mãos, ele dá sua opinião a Camus: "Li o artigo de Sartre, muito hábil em fazer você ser apreciado, apesar (ou por causa) do tom um pouco áspero, um pouco 'superior' (*absolutamente* injustificado). O de Grenier, menos loquaz, 'aparentemente mais fraco'[...] também é muito bom. (O que Sartre diz do classicismo de *O estrangeiro* me toca extremamente; classicismo absurdo – ou contra o absurdo: lá estamos nós, nós o entendemos!)."[27] Camus escreveu-lhe que compreendia por que ele era "ativista" – tradução aquém da censura: comunista. Ponge só pode tomar partido, o partido menos mau possível. O PCF e seu braço armado, os Francs-tireurs e guerrilheiros, são ativos. É preciso imaginar o pós-guerra, uma reorganização da sociedade: "Mundo novo?", interroga-se Ponge. "Eis por que: acredito (mais uma vez esse tom messiânico, ridículo, você tem razão) que o homem estará mentalmente mudado pelo fato de sua condição social o estar."

Ponge aceita em Camus o absurdo, mas se lhe for dado um sentido no mundo. Ele repreende o novo amigo: "Claro que o mundo é absurdo! Claro, a não significação do mundo. Mas o que há de trágico nisso? Eu gostaria de tirar do absurdo seu coeficiente trágico." Depois, gentilmente: "O suicídio ontológico só cabe a alguns jovens burgueses (aliás, simpáticos)."[28]

Na prática, o suicídio frio, deliberado, não está na ordem do dia. É possível suicidar-se muito facilmente ao lutar contra ou com os alemães, contra ou com os milicianos. Às vezes, Ponge tem a sensação de que Camus gostaria de vê-lo levar a filosofia mais a sério. Essa filosofia, para ele, é apenas um gênero literário. Prefere outros a ela: "Menos volumosos. Menos tominosos. Menos volumovariostomosos." Em junho de 1943, Gallimard publica as 724 páginas tomosas de *O ser e o nada*. Se Camus fizer questão, Ponge se fará filósofo, artista em prosa. "De que se trata para o homem? De viver, de continuar a viver, e de viver feliz."[29] Camus recomenda *Moby Dick* a Ponge, tal como faz Sartre aos leitores de *Comoedia*. Ponge exalta-se na perspectiva de um pós-guerra e da morte de Deus: "Sísifo, descendo sua encosta, já não estará só, mas de braços dados com todos os seus companheiros, você, eu, Paulhan, Eluard, Pia *e os milhões* de homens enfim fraternais." Ponge fala por meias palavras, cita Eluard.[30] Ele circula, vai para Paris e Grenoble.[31] Para Camus: "Não é possível falar dessas viagens, no entanto muito instrutivas. Trata-se de uma ascese, evidentemente."[32]

Em seus cadernos, Camus faz numerosas anotações para sua terceira versão de *A peste* – e sobre si mesmo ou o homem em geral. Distancia-se do absurdo e tenta combater sua nostalgia: "Já que a palavra existência cobre alguma coisa, que é nossa nostalgia, mas já que ao mesmo tempo ela não pode deixar de estender-se à afirmação de uma realidade superior, só o conservaremos de forma convertida – diremos filosofia inexistencial, o que não comporta uma negação mas pretende apenas dar conta do estado do 'homem privado de'. A filosofia inexistencial será a filosofia do exílio."[33] Para Camus, é preciso engajar-se: "A única covardia é pôr-se de joelhos. [...] O dever é fazer o que sabemos ser justo e correto", como René Leynaud, resistente, chefe regional do movimento Combat desde o início de 1942 e católico fervoroso. Por ele, Camus sente uma ternura admirativa. René, três anos mais velho do que Albert, fez direito antes de se tornar jornalista do *Progrès* de Lyon. Mobilizado, lutou na Lorena, participou da retirada de Dunquerque, chegou à Inglaterra e voltou à França para participar da Resistência já em 1941. Camus gosta muito daquele casal, René e sua mulher Ellen. A poesia de Leynaud é clássica:

Le ciel qui mue la terre à l'infini des plages
Très clair a fait le pré ou nagent les oiseaux
Parmi les reflets d'arbres et l'air des bleus roseaux
*Qui sont chants d'ailes folles ployées en lianes sages.**[34]

As dúvidas de Leynaud comovem Camus: "Muitas vezes me perguntei", escreve-lhe René, "se não exercia a poesia para mostrar a mim mesmo que não era poeta ou ainda para matar em mim o prestígio das palavras, que é grande".[35] Leynaud diz não ter conhecimentos filosóficos para apreciar *O mito de Sísifo*, mas acha *Calígula* admirável, "um relâmpago, uma revelação do impossível dentro de uma alma".[36] Ele submete seus poemas, com frequência sonetos, à apreciação de Camus, em cartas de letra bem comportada. Falam de Agrippa d'Aubigné, Blanchot, Martin Buber, e de boxe, de banhos de mar ou de acampamento. Leynaud sente-se como que "aburguesado na eternidade".[37] Às vezes, basta-lhes estarem juntos entre as crianças e os pombos da praça Bellecour em Lyon, e, depois de falarem em moral, achando que é preciso "fazer alguma coisa por ela", passam meia hora em silêncio. Saber se calar, rir e até mesmo se entediar juntos é um dos privilégios do

* O céu que transforma a terra até o infinito das praias/ Muito claro fez o campo em que nadam os pássaros/ Entre os reflexos de árvores e o ar dos caniços/ Que são cantos de asas que se curvam como cipós obedientes. (*N. da T.*)

amor e da amizade. Os Leynaud hospedam Camus num quarto de empregada. Ele vê uma família unida com um filho. À meia-noite, Leynaud se levanta, esvazia o cachimbo, dá alguns cigarros a Camus. Também marcam encontros em Saint-Étienne.[38] Se o inferno existe, ele deve, segundo Albert, "ser semelhante àquelas ruas intermináveis e cinzentas, onde todo mundo" está vestido de preto. Ele odeia em Saint-Étienne o contrário de Argel. A cidade simboliza um horror urbano moderno: "Saint-Étienne e sua periferia. Semelhante espetáculo é a condenação da civilização que o fez nascer. [...] Nenhum povo pode viver isento da beleza. Pode sobreviver por algum tempo, e é só isso. E essa Europa que oferece aqui uma de suas faces mais constantes afasta-se incessantemente da beleza."

Camus sofre quando lhe fazem seus pneumotórax em Saint-Étienne. Quer apresentar Bruckberger, religioso cruzado, a Leynaud, cristão evangélico, um monge-soldado ao soldado do movimento Combat. Bruck e Camus esperam Leynaud no restaurante da estação de Saint-Étienne. Ele chega à sobremesa, congestionado. Bruck vai embora. Albert e René dão voltas em Saint-Étienne, por seus cafés "desertos e cheios de moscas", tomando limonadas adoçadas com sacarina. René se alimenta de aspirina. Camus acompanha-o de volta ao trem. Leynaud ostenta uma fé simples e firme: "Que Deus nos dê mais este ano e alguns outros", ele escreve a Camus, "e a felicidade de servir à mesma verdade. São meus votos para 1944, que faço para você e para mim, já que hoje faço questão de não o dissociar de uma certa ideia que tenho de mim mesmo e que não é, espero, a menos nobre".[39]

Ao longo de 1943, Camus correspondeu-se com Elsa Triolet. Ele encontrou Aragon e sua companheira em Lyon. Ela leu *O estrangeiro* e *O mito* e vê no romance um buquê de desespero "mais completo ainda" do que no ensaio. Camus, segundo ela, escamoteia a velhice. Camus compara um livro de Elsa a ... *E o vento levou*, e isso preocupa Elsa Triolet,[40] que faz dengo. Elsa assina Elisabeth Mayzargues, anuncia que está mandando um amigo para tratar de "assunto que lhe concerne, ou melhor, assuntos que concernem a todos nós". Pierre Seghers está lançando sua revista *Poésie*. Elsa avisa Camus: ele receberá um texto, "'Quem é esse Estrangeiro que não é daqui?' [...] E que, como você bem imagina, concerne a você. Foi Seghers que se encarregou de mandar datilografá-lo, pois um panarício me impede de utilizar a máquina de escrever. Falta de substâncias gordurosas, ao que parece."

No rádio, Aragon, segundo Elsa, "ouviu com os próprios ouvidos sua mulher pedir notícias suas nominalmente". Aragon continua recolhido, grande senhor sem afinidades com aquele novo, jovem escritor. Os olhos e o coração de Elsa borboleteiam. Elsa sente as reticências de Albert: "Posso lhe fazer uma perguntinha? Por que é desconfiado e reservado com relação a nós? A mim?"[41] O tema retorna: "No que se refere a meu marido: você deve ser suscetível e tem ideias preconcebidas. [...] Por outro lado, embora eu odeie as pessoas que não gostam do meu marido, não temos necessariamente o mesmo grau de amizade por este ou aquele." Elsa não evita o patos: "Tenho [...] a impressão, no entanto, de ter feito uma declaração de amor à qual você não respondeu: amo-o como a um irmão!"[42]

O artigo alambicado de Triolet,[43] dezesseis páginas, mistura uma crítica alusiva de *O estrangeiro* e de *O mito de Sísifo* com uma história inventada envolvendo uma certa baronesa Mélanie (subtítulo do artigo: "O mito da baronesa Mélanie"). Camus não parece descontente com a baronesa: "Quanto a seu ponto de partida, a crítica de meu ensaio, você tem toda a razão: pode ser que haja um mito absurdo, mas o pensamento absurdo não é possível."[44]

Na prática e na teoria Camus ultrapassa então o absurdo. No Panelier e durante suas excursões a Lyon, sente-se revoltado contra a situação dos franceses. O escritor tem suas armas, as palavras. Publica nas Éditions des Trois Collines de Genebra *Des Exilés dans La Peste* [Exilados em A Peste], salvo algumas nuances, o início da versão definitiva do romance. Para os leitores, a peste é *também* o nazismo. Os ratos? Os alemães. *Exilados em A Peste* não tem grande repercussão, mas, com o texto, Camus testemunha. A peste não tem limites: é a ocupação, o terror, os sofrimentos, os mortos, o exílio, a prisão. Quer fazer também da separação "o grande tema do romance".[45] Sua vida na França de 1942 a 1943 nutre seu relato sem esgotar sua significação, assim como as passagens sobre as praias da Argélia ou nos tribunais de Argel não explicam *O estrangeiro*. Camus queixa-se de não ter imaginação. No entanto, ele a revela em suas duas peças de teatro terminadas. Baseia-se na vida cotidiana, nas lutas, nas crenças daqueles que o cercam. O doutor Rieux e o padre Paneloux dialogam. Camus extrai os argumentos de um e do outro de suas leituras, suas lembranças e suas conversas com Pia ou Ponge para os ateus, com Bruckberger e Leynaud para os crentes. No planalto do Vivarais, os ateus, como os Fayol, os crentes, como o doutor Le Forestier, lutam juntos para salvar judeus e resistir: "Trabalhamos juntos", diz Rieux a Paneloux, "por alguma coisa que nos reúne para além das blasfêmias e das orações. Só isso é importante".

As simpatias de Camus são evidentes. A peste não é absurda em si mesma. Diante dela, a revolta parece necessária. Duzentos milhões de europeus são prisioneiros dos nazistas, duzentos mil oraneses imaginários prisioneiros da peste. Nessa crônica, duas mulheres pesam por sua ausência: a mãe de Camus – através da obliteração da mãe de Rieux. Eis Catherine Hélène Camus, como em *O avesso e o direito*, mais uma vez debruçada em sua sacada na rua de Lyon. A sra. Rieux tem um "gosto especial [...] por uma certa janela [...] atrás da qual ela se sentava à noite, um pouco ereta, as mãos tranquilas e o olhar atento". A sra. Rieux é "de silêncio e de sombra", como a mãe de Camus. Grito do homem e do romancista: "Assim, sua mãe e ele se amariam para sempre no silêncio. E ela morreria por sua vez – ou ele – sem que, durante toda a sua vida, eles pudessem ir além disso na confissão de sua ternura." Francine Faure também está presente quando Rieux diz à sua mulher: "Tudo será melhor quando você voltar. Começaremos de novo. — Sim, ela diz, com os olhos brilhantes, começaremos de novo."

O toque de recolher reina, a iluminação se reduz, as filas se alongam nas portas das lojas de Orã, "em 194...", assim como em Le Chambon, em Saint-Étienne e em Paris em 1943. Estilizado, é o mundo da Ocupação, do abastecimento, da especulação, do mercado paralelo. O essencial, após os toques realistas, exprime-se nas reações dos oraneses – dos franceses: "A maioria das pessoas era sensível principalmente ao que perturbava seus hábitos ou atingia seus interesses." Das origens do nazismo, do horror em alguns campos de concentração os franceses não sabem nada: "Em matéria de peste, seus conhecimentos eram quase nulos." O Camus pacifista de 1940 desapareceu: "Na verdade, foram necessários vários dias para que nos déssemos conta de que nos encontrávamos numa situação inconciliável e de que as palavras 'transigir', 'favor', 'exceção' já não tinham sentido." Para Camus, assim como para Pia, Ponge ou Leynaud, qualquer conciliação torna-se comprometimento. Não que esses franceses antialemães e antinazistas sejam todos militantes, ou membros das redes de resistência. No romance, quando se trata de formar equipes sanitárias de voluntários para combater a peste, "os resultados foram escassos". Os permanentes da Resistência não ultrapassarão duzentos mil. Já é muito.[46] A maioria dos franceses e sobretudo dos habitantes do planalto em torno de Le Chambon são antialemães, salvando judeus, mantendo-se na clandestinidade, participando de atentados, por meio de atividades violentas e não violentas. Em Le Chambon, há ainda pacifistas como o pastor A. Trocmé, E. Theis ou um professor primário, F. Darcissac. O personagem de Tarrou, em *A peste*, encarna o não violento, o não engajado. No planalto, quase todos os habitantes abrigam os perseguidos: em *A peste*, relato alegórico, aqueles de quem Camus gosta engajam-se imediatamente, como Rieux, ou tardiamente, como Paneloux e Rambert.[47] Camus sugere o oportunismo de uma maioria e sua moral prática. Sua psicologia e sua arte consistem também em compreender os outros com indulgência. Antes de se engajar, ele hesitou, como Rambert. Este último quer fugir de Orã, Camus deseja voltar para a Argélia.

Com seriedade ou humor, ele se distribui em seus personagens. Estudou Santo Agostinho, especialidade do padre Paneloux. Rieux é filho de operário. De onde lhe vêm tantos conhecimentos? A resposta brota "imediatamente": — A miséria". O jornalista Rambert é aficionado de futebol. Em Le Chambon, Camus vê-se privado dos jogos. Tal como Rambert, ele acha que "o meio de campo é quem distribui o jogo". Mostra-se sarcástico consigo mesmo através do patético Grand, que pena escrevendo seu livro. Grand retoma a mesma frase e Camus está na sua terceira versão de *A peste*. A França de 1942 e 1943 não tem nada de engraçado. Camus, que gosta de rir, sorri pouco em *A peste*, história séria. Seus livros contêm remissões de uns para outros. Alusão a *O estrangeiro* em *A peste*, numa vendedora de cigarros: "No meio de uma conversa animada, esta falara de uma prisão recente que fizera alarde em Argel. Tratava-se de um jovem comerciário que matara um árabe numa praia." Alusão em *O estrangeiro* ao roteiro de *O equívoco*: Meursault em sua cela lia o relato do acontecimento que inspirava a peça.[48] Camus saúda de um livro para outro os amigos, eventualmente os críticos. Ele está presente, mal disfarçado, em dois personagens, Rieux e Rambert, os heróis mais densos, ao lado de Paneloux e Tarrou. Rieux é a coragem tranquila, o ateísmo lamentado, mas inevitável; Rambert, a inquietação, as dúvidas. Em Tarrou, há também algo de Pia, convicto da insignificância do mundo, que não o impede de militar em sua rede.[49] O romancista trabalhando em *A peste* em Le Chambon assemelha-se ao jovem que se interrogava em Argel sobre a morte dos inocentes. A das crianças sempre lhe parece, assim como a Rieux, "um escândalo".

Já em sua chegada a Le Chambon – Francine ainda estava com ele –, Camus anotava: "O absurdo *não ensina nada*. É o progresso definitivo."[50] Alguns meses depois, o absurdo não passa de uma "justificação estética".[51] Ele não tem o que fazer com esse argumento: "Vejo que o pensamento absurdo (mesmo em estética) leva a um impasse; será que se pode viver num impasse, eis o problema."[52] Rieux, Rambert, Tarrou, Paneloux, Camus encontram os caminhos da revolta. Um livro não é somente destinado aos leitores, ele é o movimento interior do escritor. Com o perigo denunciado por Malraux: quando o escritor quer concluir, oferecer uma moral, o romancista seca.

No outono de 1943, Camus parece encontrar uma sabedoria em falta de serenidade e uma satisfação fundamental: escrever. Não está contente com aquele livro grande, redigido com menos ardor do que *O estrangeiro*. Mas sente-se para onde ele vai: "Pode-se ler *A peste* de três maneiras diferentes. Ela é ao mesmo tempo a história de uma epidemia, o símbolo da ocupação nazista (e aliás a prefiguração de todo regime totalitário, seja ele qual for) e em terceiro lugar a ilustração concreta de um problema metafísico, o do mal [...]. Tendo a mais o gênio, foi o que Melville tentou fazer com *Moby Dick*."[53]

O mundo já não parece absurdo, mas terrível. Resposta que Camus quer dar em sua vida e sua crônica: a revolta.[54] O homem absurdo, Meursault ou os heróis abstratos de *O mito de Sísifo* foram superados pelos acontecimentos, pelas reflexões de um homem preso pelas tormentas das histórias francesa e europeia. Aquele que lidou com a ideia de que tudo é permitido se Deus não existe, com a dupla tentação de se desvencilhar da moral convencional e de fundar uma outra, constata que "não se pode suprimir *absolutamente* os juízos de valor. Isso nega o absurdo".[55] Quanto à estética, Camus, artesão e artista, fez uma de suas apostas: imaginou um "autor escrevendo cada um de seus romances num estilo diferente".[56] O estilo de *A peste*, tranquilo e amplo, difere radicalmente daquele de *O estrangeiro*, curto e seco. Dir-se-ia um lago depois de uma torrente.

Como Rieux – narrador de *A peste* que se revela e diz *eu* no final da crônica –, Camus é solidário dos vencidos, mais do que dos santos. Camus-Rieux afirma: "Não tenho gosto, acredito, pelo heroísmo e pela santidade. O que me interessa é ser um homem."

26

RUTABAGAS E RESISTÊNCIAS

"Trinta anos. A primeira faculdade do homem é o esquecimento. Mas é justo dizer que ele esquece até o que fez de bom." Em Paris, instalado há alguns dias no hotel Mercure, na rua de la Chaise, nº 22, perto da estação de metrô Sèvres-Babylone, Camus não tem um frente a frente fácil ou indulgente consigo mesmo. Continua fazendo anotações para *A peste*: "A maior economia que se pode realizar na ordem do pensamento é aceitar a não inteligibilidade do mundo – e ocupar-se do homem."[1] O mundo, considerado no plano metafísico, parece incompreensível, sem significação. Mas, naquele final de 1943, a história política e militar do planeta muda de sentido. As linhas alemãs serão rompidas em dezembro a leste. Na Itália, onde os Aliados desembarcaram, começam os combates em torno do monte Cassino. Um americano, o general Eisenhower, é nomeado comandante em chefe das forças que deverão libertar a França. Mesmo na Ásia, os Aliados retomam a ofensiva. Apesar de alguns sobressaltos japoneses, os americanos tomam as ilhas Marshall. A União Soviética se faz respeitar: *A Internacional* já não é seu hino nacional. Entre esses soldados aliados, com a 1ª bateria de segurança aérea, o segundo-sargento chefe Lucien Camus,[2] irmão de Albert, passará a capitão na Itália. Com dezenas de milhares de argelinos, muçulmanos ou não, Lucien Camus luta.

Albert Camus escreve a Pierre e Marianne Fayol alguns dias depois de sua instalação na rua de la Chaise: "Precisei procurar um quarto, organizar meus restaurantes, correr as prefeituras, as delegacias, levar reprimendas etc. etc. Tudo isso toma tempo." O hotel Mercure, mais uma casa mobiliada, fica no centro de um quadrilátero delimitado pelo Sena, entre a ponte Alexandre III e a ponte Saint-Michel, o bulevar Saint-Michel, a rua de Vaugirard e o bulevar du Montparnasse. Para ir à editora Gallimard, Camus toma a rua de Varenne, o bulevar Raspail, vira na rua de Montalembert e chega à rua Sébastien-Bottin. Empregado como editor a 4.000 francos por mês, ele compartilha uma sala com o escritor Jacques Lemarchand, mais conhecido do que reconhecido, o que, segundo Camus, é injusto. Lemarchand é reticente quanto ao teatro de Camus. Mas eles se divertem muito juntos. Produzirão uma coletânea de poemas que o conselho editorial irá aceitar.[3] Antes de chegar em Paris, Albert propôs a Blanche Balain que se tornasse sua secretária, e ela recusou.

Entre seu salário e seus direitos autorais, Camus não está rico, simplesmente confortável. Em novembro, "caiu no meio de 400 manuscritos para o Prêmio da Pléiade [*fundado por Gaston Gallimard*], que, ao que parece, só estava esperando por mim".[4] Camus e Lemarchand encarregam-se da triagem. Depois de uns cinquenta livros e manuscritos, Camus diz estar com a cabeça girando. O que leu é ruim. Se o resto tiver a mesma qualidade, Serge, o filho dos Fayol, poderá mandar suas redações: "Ele tem chance."

Seu quarto no hotel Mercure é aquecido e tem água fervendo. Dá para cozinhar. Lá Camus recebe Gabriel Audisio ou Marie Viton.[5] As empregadas se perseguem nas escadas a vassouradas e a proprietária pincela o rosto com azul de metileno para matar os micróbios. Camus encontra restaurantes bons, mas caros: "Em todo caso, Paris continua sendo a única cidade da França onde é possível esquecer as restrições – ou quase." Há quatro categorias de restaurantes e mais uma classe excepcional, onde os preços, dos entrecostos ao caviar, não chegam ao cúmulo. Os restaurantes de Camus, o Petit Saint-Benoît, na rua do mesmo nome, o Charpentiers, perto do mercado Mabillon, o Casques, o Assassins, Augustin Cheramy, Alexandre, na rua des Canettes, pertencem à segunda e à terceira categorias, que oferecem refeições de 150 ou 250 francos. Nos restaurantes de quarta categoria, servem-se rutabagas, tupinambos e beterrabas, como nas escolas e nos liceus. Os parisienses desfavorecidos podem frequentar um dos trezentos restaurantes comunitários a 12 francos. Nas cantinas de empresas, os empregados pagam de 15 a 25 francos. Os intelectuais desprovidos almoçam por quatro francos na avenida de l'Opéra, graças às subvenções da Sociedade dos Autores e dos Compositores de Música e da Sociedade dos Literatos. Camus faz mexericos para Pierre e Marianne Fayol. Não vai ao teatro há meses. A representação de *Suréna* de Corneille, "exumado" pela Comédie-Française, impressiona-o, pois seus versos são magníficos. Há muito tempo não sentia um tal choque. Termina sua crônica parisiense com uma publicação, o *Dédalo* de Joyce, magnífica primeira versão de *Retrato do artista quando jovem*. Às vezes algum Gallimard deixa Camus numa estação de metrô, e então, com rosto magro, pálido, o andar desajeitado, friorento, embrulhado num casaco dado por Michel Galllimard, gola erguida, ele tem o ar infeliz como um homem perdido, um estrangeiro, numa cidade hostil, cinzenta, sinistra.[6]

Em linguagem codificada, Camus dá a entender que está trabalhando para a Resistência: "Vocês sabem que eu tinha intenção de também fazer alguns trabalhos de jornalismo. Tudo vai bem sob esse aspecto e estou utilizando ao máximo meus pequenos talentos." Ele fez contato com o movimento Combat. E delegado por este ao Mouvement de Libération Nationale [Movimento de Libertação Nacional] (MLN). Não põe a mão em armas.[7] Dirigindo-se aos Fayol, preocupa-se com a duração da guerra: "Se a paz demorar muito a chegar, ela não terá mais sentido ou só o terá para alguns crápulas ou alguns covardes." Segundo ele, os parisienses estão otimistas: "Quando se está muito ameaçado, prefere-se ter esperança."

A duzentos metros do hotel Mercure, os alemães – Wehrmacht, SS, organização Todt, peste verde, marrom e preta – ocupam o imponente hotel Lutétia, assim como os prédios do Senado, o liceu Montaigne e, na *rive droite*, o hotel Crillon, na praça de la Concorde, ou o hotel Meurice, na rua de Rivoli, QG do governador militar de Paris. No bulevar Raspail e no bulevar Saint-Germain, carros e caminhões alemães se misturam aos automóveis de gasogênio e às bicicletas-táxi. Em todos os grandes cruzamentos erguem-se placas de sinalização em alemão. Depois de um atentado, a polícia alemã afixa à noite cartazes em vermelho e preto, ou amarelo e preto, com as listas de reféns fuzilados em represália. Quepe preto e uniforme azul-escuro, os milicianos ocupam o liceu Saint-Louis, no bulevar Saint-Michel, em frente à Sorbonne e à livraria alemã administrada, entre outros, por Robert Brasillach, escritor de talento e colaboracionista declarado. De manhã, os transeuntes descobrem nas paredes V ou cruzes de Lorena. Camus acha então "Paris muito bonita neste outono ainda suave que rola folhas mortas em todas as calçadas. As noites de lua são magníficas nas ruas desertas. [...] Há nisso uma grandeza que esta cidade não reencontrará [e] belas coisas e belos rostos nas esquinas das ruas".[8] As mulheres claudicam em sapatos de grossas solas de madeira. As que não têm meias pintam as pernas. "A cidade assume sua cara de prisioneira resignada. Dá vontade de fugir ou de quebrar alguma coisa. Mas calamos a boca e caminhamos em frente." Albert manda cartas para Francine através de Armand Guibert, poeta, que mora em Portugal.

Em 20 de dezembro, ele terminou a leitura de seus manuscritos para o Prêmio da Pléiade. Viu *Le Soulier de satin* [O sapato de cetim] de Claudel, montada na Comédie-Française. "Há o que dizer e criticar", ele escreve, mas não diz o quê.

Camus não passa necessidade. Um "doutor *agrégé*" trata dele. Os Fayol esperavam um médico inteligente e compreensivo, Camus acha que não se deve exigir demais dele. As relações do doente com o médico, segundo ele, "são necessariamente distorcidas. Elas se desenrolam no plano da desigualdade. E cada um representa sua comédia. O meu acabou sabendo que eu escrevia livros. Informou-me imediatamente que estava fazendo um sobre a tuberculose e que éramos colegas. Felicitei-o; ele me felicitou, representamos um pequeno segundo ato de bulevar". Conta o que ele chama de seus acessos de gripe, o médico lhe recomendou, gravemente, Antigripina. Naquele 20 de dezembro, Camus adverte os Fayol de que lhes mandará uma amiga de Orã bloqueada na França. Código: "Essa amiga tem uma saúde delicada, devido a uma infecção hereditária": ela é judia. Camus deve ficar em Paris por causa do trabalho. A sua obra, só pode dedicar uma ou duas horas à noite, depois de dias exaustivos.[9] "Sou como todo mundo. Aspiro à paz, em todos os sentidos da palavra." *Leitmotiv*. "Tenho uma obra a ser feita." E a propósito de Francine: "Talvez também uma felicidade a ser reencontrada." No início de 1944,[10] Camus reencontrará com prazer a sra. Oettly, que chegou com víveres mandados pelos Fayol: "Tudo isso me reforça em minha ideia de que não há Providência, mas que há apenas amigos." Está muito tomado por seu trabalho na Gallimard e seus "trabalhos jornalísticos". "*A peste* adormece e desperta de vez em quando, para voltar a adormecer."

E depois é tomado por uma peça de Sartre, *Huis clos* [Entre quatro paredes]. Um ato "sobre o inferno", diz Camus, "que se passa num salão Luís Filipe (o inferno é isso) sem interrupção ou ato e sem entrada nem saída – o que torna o problema de encenação bastante difícil". O teatro em que se apresentará *Entre quatro paredes* está em projeto, subvencionado por G. G. Camus tem muito contato com Simone de Beauvoir e Sartre, que encontrou durante o ensaio geral de *As moscas*, em junho de 1943. Camus prestou atenção em Sartre, Sartre menos em Camus.[11] Agora, são ligados. Sartre não aprecia com muita frequência a companhia dos homens, mas Camus, escritor que foi ator e diretor de teatro, o seduz. Então por que não faria o papel de Garcin em *Entre quatro paredes*? Por que não montaria a peça? De início, Camus aceita. Ensaios se desenrolam em quartos de hotel, os de Camus, de Simone de Beauvoir, apelidada de "o Castor", no hotel Louisiane, na rua de Seine, na casa de Wanda Kosakiewicz, amiga de Sartre e de Simone, ou na casa de Olga Barbezat, cujo marido Marc, dono de um laboratório farmacêutico e editor da revista *Arbelète*, produz a peça. Ao final de algumas semanas, suspeita pela polícia de pertencer à Resistência, Olga é presa. Obrigaram Sartre a procurar um diretor conhecido, e não aquele Camus desconhecido. Sartre vai montar a peça no teatro Vieux-Colombier, com atores profissionais. Camus renuncia então a trabalhar como ator e a dirigir.[12] Manda para Sartre uma carta curta, que Simone julga "encantadora", que os desobriga de seu acordo.

Camus e Sartre gostam de rir sob o olhar emocionado e altivo do Castor. Sartre escreve no Flore, mais raramente no Deux Magots, cafés de Saint-Germain-des-Près. Lá conchavam escritores e artistas resistentes, colaboradores ou oportunistas. No aquário de Saint-Germain pululam os colaboradores: Alain Laubreaux, Ramon Fernandez, Jacques Chardonne. Pascal, um garçom do Flore, é apelidado de Descartes por Camus, o que irrita o Castor. Sua simplicidade displicente e seu bom humor a atraem, mas também a irrita um "lado Rastignac que ele tem". Baixinho, troncudo, feio segundo os cânones clássicos, Sartre, cachimbo na mão, contrasta com Camus, bonito, 1,77 m, cigarro no canto da boca. Falam mais de mulheres do que de filosofia. Tiveram uma paixão súbita um pelo outro. Camus não expõe seu passado, mas Sartre sabe o suficiente para apreciar o homem. Sartre carrega seu pecado original: é burguês. Camus, casmurro, meditativo, às vezes rude, mas sedutor, provém do proletariado. Sartre, oito anos mais velho, poderia fazer o papel de pai. Mostra-se fraternal, nunca pedante ou protetor. Para o Castor, perplexa, ele cede demais aos encantos de Camus. Tal como ela. Logo, Simone de Beauvoir e Camus, luvas de veludo e patas de ferro, sentem ciúmes um do outro. Para o Castor, eles são "como dois cães em volta de um osso" — Sartre.[13] O Castor medita sobre um ensaio, *Pour une morale de l'ambiguïté* [Para uma moral da ambiguidade]. Sua sexualidade em geral e suas atitudes para com Camus são ambivalentes. Sartre adora o lado zombeteiro de Camus, sua fome de felicidade, o contraste entre seus livros burilados e suas brincadeiras atrevidas. Camus parece lisonjeado por lhe proporem que seja membro da família sartriana, mas ele permanece nas margens.

Filósofo, romancista, autor de peças de teatro e de novelas, Sartre surpreende Camus por seu descomedimento genial e por sua gentileza. Naquele inverno de 1943-1944, ele também compôs dois roteiros, *Les jeux sont faits* [Os jogos estão feitos] e *Typhus* [Tifo], burilou os dois primeiros volumes de *Les Chemins de la liberté* [Os caminhos da liberdade], escreveu panegíricos de Maurice Blanchot e Kafka, uma análise feroz de Drieu la Rochelle. Publicado em agosto, *O ser e o nada* não vendeu, mas fez seu caminho. Alguns evitam dar sua opinião sobre essa obra ambiciosa e monstruosa. Paulhan a declara muito prática para transações do mercado paralelo: colocam-se batatas num prato da balança e no outro *O ser e o nada*, que pesa exatamente um quilo.[14] Sartre, filósofo profissional, publicou *L'Imagination* [A imaginação], *La Transcendance de l'ego* [A transcendência do ego], *L'Esquisse d'une théorie des émotions* [O esboço de uma teoria das emoções], *L'Imaginaire* [O imaginário]. "Veja só, ele quer fazer um *Sein und Zeit* de maneira diferente", diz Maurice Merleau-Ponty a Jean-Toussaint Desanti, resistente e membro do partido comunista. A universidade francesa com frequência é bastante hostil a esse Sartre que publica romances e manda representar peças. A instituição filosófica acadêmica na França repousa sobre os sucessores de Léon Brunschvicg, neokantiano crítico. Curioso, *O ser e o nada*! Os universitários também frequentam o Flore e Desanti ouve os professores-mandarins Le Senne e Lavelle, herdeiros de Brunschvicg, fazerem gracejos sobre o "viscoso", tão importante em *A náusea* e *O ser e o nada*.[15] Por lealdade aos cafés, Sartre introduz em seu opus filosófico os lugares onde escreve: "Com certeza o café, com seus consumidores, suas mesas, suas banquetas, seus espelhos, sua luz, sua atmosfera enfumaçada e os barulhos de vozes, de pires batendo, de passos que o enchem, é uma plenitude de ser." O garçom de café torna-se herói filosófico equipado de em-si e de por-si. Mais tarde, na École Normale Supérieure, Le Senne comentará *O ser e o nada* como um livro importante, citando justamente o garçom de café.[16] Os primeiros leitores de Sartre são sensíveis ao modernismo de seus exemplos. Os professores da Sorbonne não buscam os seus no Flore, menos ainda na brasserie Lipp, em frente. Lá, Camus e Sartre às vezes almoçam ou jantam antes de tomar um trago na Rhumerie, mais adiante no bulevar Saint-Germain.

Camus não comenta em público a Suma de Sartre e nunca se fecha nos conceitos sartrianos. Eles não são cúmplices intelectuais como Sartre,

Maurice Merleau-Ponty, Raymond Aron ou Jean Pouillon; são escritores que se reconhecem, colegas, amigos. Meio embriagado, Sartre diz a Camus: "Eu sou mais inteligente que você, hein? Mais inteligente." Complacente e seguro, Camus meneia a cabeça. Camus vê Sartre brilhar diante de uma bela moça:

— Por que se dá a todo esse trabalho?

— Já viu minha cara? — responde Sartre.[17]

Há muitas mulheres bonitas no bairro, o que "varia um pouco das horrorosas desdentadas da Haute-Loire", constata Camus.[18]

Sartre e Simone de Beauvoir elaboram uma doutrina de suas relações. Inspirando-se em Kant, Sartre teoriza. Decide que ele e Castor terão uma relação *necessária*, inalterável – que os liga – e amores *contingentes*, passageiros. O arranjo convém a Sartre. Camus não moraliza sua vida a essas alturas filosóficas. Não resolveu a quadratura do círculo, como amar duas mulheres ou mais ao mesmo tempo. Conhece os jogos dos Sartre-Beauvoir, mas não participa deles. Encontra-os também no grande apartamento de Louise e Michel Leiris, etnólogo e escritor, no quai des Grands-Augustins. Sartre tem sua "família", Camus a dele: o círculo dos Gallimard o adota, sobretudo Pierre Gallimard e Janine Thomasset, que se casaram no início da guerra, e o primo Michel. Eles vão a boates, participam de "fiestas", tomam vinho quente com canela. Pierre nunca bebe, Michel bebe pouco, pois três copos o embriagam. Lemarchand, Queneau, Bataille são do grupo. Janine Queneau se solta. Embriagada, faz a volta dos convidados:

— E como anda sua vida sexual?

Do lado da família Sartre, Jacques-Laurent Bost torna-se especialista do cozido, da carne de boi à moda e do ragu de vitela – quando há carne. O toque de recolher reina: depois da meia-noite, é preciso ficar na casa dos amigos até o amanhecer.

Os Leiris organizam em sua casa uma leitura de uma peça de Picasso, *Le Désir attrapé par la queue* [O desejo agarrado pelo rabo]. Produtor e diretor, Camus distribui os papéis.[19] Ele leu muito o *Ubu roi* [Ubu rei] e o *Ubu cocu* [Ubu chifrudo] de Alfred Jarry ou *Le Mamelles de Tyrésias* [As tetas de Tirésias] de Apollinaire.[20] Surrealista, dadaísta, realista, a obra é difícil de contar. A representação começa às 17 horas diante de Jean-Louis Barrault, Georges Braque, Armand Salacrou, Marcel Mouloudji, Henri Michaux. Leiris interpreta Pé Grande, Sartre, Ponta Redonda, Simone de Beauvoir, a Prima e Queneau, a Cebola. O Castor teria preferido interpretar a Torta ou a Angústia Magra. Ela veste uma malha de angorá vermelho e grandes pérolas azuis. Camus caçoa dela e a magoa.[21] Castor está interessada por um médico, Jacques Lacan. Algumas tiradas da peça transportam atores e público às realidades da Ocupação: "Refletindo bem", diz Pé Grande, "nada vale um ragu de carneiro. Mas gosto muito mais de um *mironton* ou do *bourguignon* bem-feito." O fotógrafo Brassaï tira fotos. No público, magnífica, além dos cânones clássicos, olhos rasgados, queixo voluntarioso, voz rouca, uma atriz de vinte e dois anos, Maria Casarès, nota o diretor: com um *brigadier* – bastão que dá o sinal para levantar a cortina – Camus declara o espetáculo iniciado, anuncia a peça, lê notas referentes ao cenário e às indicações cênicas. Maria Casarès descobre aquele homem jovem e sedutor: suas inflexões, sua voz parecem nítidas e roucas, ausentes e presentes, ele tem um perfil altaneiro, um olhar perdido, um ar altivo e cansado. Deve ser ator, ela imagina.[22] Maria Casarès estreou com brilho no teatro des Mathurins, no papel principal de *Deirdre*, de Synge. O diretor de cinema Robert Bresson escolheu-a para trabalhar em *Les Dames du Bois de Boulogne.* A leitura na casa dos Leiris termina uma hora antes do toque de recolher.

Sartre e Camus não se comprometem nos salões literários da moda. Não frequentam a casa da sra. Boudot-Lamotte, mãe da secretária de Gaston Gallimard, nem, principalmente, a casa de Florence Gould, americana que recebe às quintas-feiras na avenue de Malakoff, no 16° *arrondissement.* Ao lado de alguns oficiais alemães, o tenente Heller, censor, o escritor-capitão Ernst Jünger, vê-se uma insegura nata de Paris em casa de Gould: Pierre Benoit do arcaísmo, Marcel Jouhandeau da colaboração, Henry de Montherlant, Jean Cocteau do qualquer lugar, o acrimonioso Paul Léautaud da misantropia, Marcel Arland ou Jean Paulhan pela Resistência...

Para a enciclopédia que Gaston planeja publicar, Sartre, Merleau-Ponty, Simone de Beauvoir e Camus preparam capítulos dedicados à ética. Farão deles um "manifesto de equipe".[23] Pressente-se o fim da guerra: quando Paris e a França forem libertadas, o grupo publicará uma revista.

Camus, marido em *sursis*, desfruta de uma dupla família, profissional e amiga, entre os Gallimard. Empregado oficialmente como "secretário", depois "editor",[24] participa do conselho editorial, cargo estratégico em que reencontrou Janine Tomasset-Gallimard. Não há hierarquia oficial na Gallimard. Pai fundador, Gaston é secundado por seu irmão Raymond, financista da editora. O último irmão, Jacques, não trabalha com edições. Camus é ligado à segunda geração dos Gallimard, Pierre, Michel e Robert, primos. Michel é quatro anos mais novo do que Albert. Inseparáveis, adoram rir, ler, dançar. Certa noite, no Taberin, frequentado por oficiais alemães, percebendo Camus agressivo, Robert o detém:

— Não vá bancar o imbecil, hein!

Apesar de seus ares de importância, o exilado encantador muitas vezes deixa transparecer seu cansaço. Michel admira, estima, adora Albert. Tal como o último da tribo, Robert, caçula do grupo. Michel tem meios, Janine e Pierre também. Camus sempre se alimenta, aconteça o que acontecer. Já não enfrenta a pobreza, mas diz:

— Michel, você não tem a experiência da pobreza [*subentendido: como nós, Janine e eu*].

Olímpico, sedutor, esperto, generoso, avaro, Gaston, o grande, supervisiona sua editora, toca o barco desde o início da Ocupação. A *NRF* foi fechada, depois reaberta. Em novembro de 1940, Gaston – erro – escreveu a Jean Luchaire, jornalista colaboracionista, diretor de *Nouveaux Temps*, que sua editora estava empenhada "em colaborar" com o doutor Kaiser da Propaganda Staffel. Palavra perigosa – mas na época não tinha o sentido pleno, sangrento de 1944.[25] Gaston se recusará a publicar Luchaire. A imprensa da colaboração, *Le Petit Parisien*, *Le Pilori*, *Je suis partout*, ataca Gaston: "Gallimard? Onde foi que vi esse nome? [...] No pé dos livros de André Gide, de Malraux, de Aragon, dos Freud, de livros surrealistas, de documentos obscuros, necrosados. Perniciosos? Perniciosos! [...] Livros de propaganda a favor de Israel. Quantos nomes de judeus na Gallimard... Freud!... Benda!... Abraham! Wahl! Gallimard assassino do espírito", escreve Paul Riche em *Le Pilori*.[26]

Como pilotar o navio Gallimard? Confiada ao colaboracionista Drieu, a revista publica trinta números durante a guerra, com 5.000 exemplares. Antes, a *NRF* tinha uma tiragem de 15.000. Como todos os editores da praça de Paris, Gaston deve seguir as instruções de Otto Abetz, o embaixador alemão. A "lista Otto" ordena que se triturem as edições das obras dos judeus e não judeus que "envenenaram a opinião pública francesa". Mais de mil livros – 2.240 toneladas – são liquidados.[27] Para aplicar sua estratégia de sobrevivência a longo prazo, Gaston sacrificou taticamente alguns de seus autores: Aragon, Kessel, Malraux, Maurois. Mas ele envia quantias mensais a outros "triturados". "Continua em contato com Malraux, por sua vez amigo de Drieu. Durante a guerra, apesar de tudo, publica 173.800 exemplares de Gide, 157.850 de Valéry, 183.350 de Claudel, 184.550 de Péguy, 119.250 de

Saint-Exupéry. Gaston sabe que Paulhan é um resistente de primeira hora. Conhece a simpatia dos meninos Gallimard e de Camus ou da maioria dos empregados da rua Sébastien-Bottin. Não adota uma posição de santo: ele não suspende voluntariamente as atividades de sua editora. Malraux deveria participar do júri do Prêmio da Pléiade.[28] *Je suis partout* o execra: "Malraux, do partido comunista e das brigadas internacionais [...] então [...] se a Pasionaria parir um livro, ela terá sua chance."[29] O Prêmio da Pléiade coube a Mouloudji, ator e escritor, por seu romance *Enrico*.[30] Sartre manobrou em seu favor. Com esse prêmio, autores da Gallimard atribuem a um autor da Gallimard um prêmio da Gallimard. Para comemorar o prêmio de Mouloudji, Camus propõe um de seus restaurantes norte-africanos preferidos, o Hoggar, na rua Monsieur-le-Prince, tendo Audisio como convidado de honra.

No início de 1944, o conselho editorial, no qual se é admitido por decisão de Gaston, reflete as posições políticas. Membros do Comitê National des Écrivains [Comitê Nacional dos Escritores (CNE)], organização resistente de núcleo comunista, mas que acolhe todo mundo: Paulhan, Jean Blanzat, Groethuysen. Entre os últimos adeptos, Queneau e Camus. Este último adere por princípio, mas nunca participa de uma reunião, nem em Paris nem em Lyon. Camus, no início de 1944, está ativamente na Resistência. Entre os displicentes do CNE, Arland, Lemarchand, Brice Parain.[31] Enfim, todo o conselho editorial está do "lado certo" – com exceção de Fernandez (colaboracionista).

Camus tem excelentes relações, embora distantes, com Paulhan. Submete à sua apreciação excertos de *A peste*. Paulhan fundou o CNE com Jacques Decour, a Editions du Minuit com Vercors. Camus se dá bem com o encantador Queneau, que escreve poemas tão bonitos quanto seus romances:

Tuileries de mes peines
Tuileries de mes soucis
Morte est la Seine
*Mort est Paris.**

Queneau resiste intelectualmente nos jornais clandestinos.[32] Malraux recusou juntar-se à Resistência enquanto ela não tivesse armas e dinheiro. Agora, engajou-se.

---

* Tulherias de minhas dores/ Tulherias de minhas preocupações/ Morto está o Sena/ Morta está Paris. (*N. da T.*)

Em contato com o movimento Combat, graças a Pia e Leynaud,[33] Camus é convocado no final de 1943 por Claude Bourdet,[34] responsável pelo Comitê National de la Résistance [Comitê Nacional da Resistência] (CNR). A conselho de Pia, Bourdet deseja confiar a Camus a direção da *Revue noire*, publicação intelectual. Fornecem-lhe documentos falsos, uma carteira de identidade em nome de Albert Mathé, filho de Jacques Mathé e de Madeleine *Pannetier* [*grifo meu*], redator, nascido em 7 de maio de 1911, em Choisy-le-Roi, no departamento do Sena; a carteira data de 20 de maio de 1943. Em caso de prisão e verificação, ela poderá resistir a interrogatórios: os registros desse mês desapareceram provisoriamente do registro civil. Depois, Camus irá tirar uma certidão de nascimento[35] que poderia confirmar as "informações" dadas pela carteira de identidade. Quase todos os membros ativos das redes têm documentos falsos. Sartre não. Na Resistência desde o início de 1942, Pia, tendo voltado da Suíça para a França, tem vários pseudônimos: Ponteau, Renoir... Foi um dos assessores de Marcel Peck, chefe do Combat para a região de Lyon. Já em agosto de 1941, alguns homens, entre os quais Henri Frenay e Jean-Guy Bernard, tinham formado o movimento Petites Ailes [Pequenas asas], que, com o Liberté, outro movimento, constituirá o Combat. Frenay é chefe da organização militar. Dois jornais, *Liberté* e *Vérité*, também se fundiram sob o nome de *Combat*. Bourdet renunciando à *Revue noire*, Pia propõe Camus – sob seu segundo pseudônimo, Bauchard – para reorganizar o jornal.[36] Bourdet é preso e Pia torna-se membro adjunto do CNR, cobrindo todas as atividades clandestinas.[37] Ele circula pela França, prepara os comitês de libertação, que os comunistas absorvem e destroem. Apresenta Camus a Jacqueline Bernard, mulher jovem, de boa família – pseudônimo Auger ou Oger.[38] Da mesma idade de Camus, ela fez Ciências Políticas. Bertie Albrecht disse-lhe:[39] "Você não quer datilografar alguns pequenos artigos em que se explica que Pétain e Joana d'Arc não são a mesma coisa?" Coronel, o pai de Jacqueline fornece dinheiro a *Combat*. Os primeiros resistentes pensaram em chamar seu jornal de "Notre combat" [Nosso combate]; lembraria demais *Mein Kampf* [Minha luta], sem responder ao título de Hitler. Jacqueline encontrou Pia em Lyon, apresentou-lhe alguns politécnicos e um impressor. Todas essas pessoas foram para Paris depois da ocupação da zona livre. Os artigos são com frequência redigidos em Paris, mas compostos em Lyon. O primeiro impressor chama-se Martinez, o segundo André Bollier – pseudônimo Carton. A Jacqueline, Camus se diz disposto a assumir todas as tarefas úteis: sabe escrever e paginar. Os textos compostos são fotogravados e enviados até a quinze impressores na França. Expedir jornais pelo correio ou por trem é arriscado. Um pacote marcado como "produtos de manutenção" aterrissa na casa de um comerciante de tintas desavisado. Aturdido, presta queixa à polícia, que suspeita dele.

— Está vendo, é tão perigoso não fazer resistência quanto fazê-la — diz Camus a Jacqueline Bernard.

Ela trabalha num quarto de empregada. Como encontrar locais em que a "redação" possa se reunir? Um simpatizante propõe seu apartamento, menos na sexta-feira, pois nesse dia ele recebe sua "amiga", detalhe que encanta Camus. Jacqueline Bernard dirige-se a uma antiga faxineira de seus pais, de origem belga. Ela ocupa um cubículo de zeladora na rua de Lisbonne, no 8º *arrondissement*. Os resistentes se reúnem nos fundos. Pessoas abrem a porta:

— Senhor Pineauva?

— Terceira à esquerda.

Ninguém se pergunta por que há tanta gente reunida nos fundos daquele cubículo. Camus finalmente conta a Jacqueline quem ele é. Ela pode encontrá-lo na Gallimard. Nem Jacqueline nem Camus são pagos pela Resistência. Ela o faz conseguir pneus para sua bicicleta através de um empregado da Comédie-Française. O francês serve como caixa postal da Resistência. Alguns associados e pensionistas são membros, como Sartre e Leiris, do Comitê national du théâtre. Sartre comparece a uma reunião do *Combat*, oferece-se "até mesmo para as colunas de fatos do cotidiano". O Castor oferece seus serviços como agente de ligação. O *Combat* recebe fundos via Suíça e Sul da França, e algumas quantias são confiadas a Michel Gallimard, que as guarda em seu cofre. Camus assume a chefia de redação do jornal – uma folha de 25x16 cm[40] muito bem impressa. O *Combat* "tem um único chefe: De Gaulle. Um único combate: por nossos libertados", e uma cruz de Lorena no "C" de seu título. Seu lema: "Tanto na guerra como na paz, a última palavra é daqueles que nunca se rendem." O jornal se apresenta como o órgão dos Mouvements Unis de Résistance [Movimentos Unidos de Resistência] (MUR), que reúnem *Combat*, *Libération* e *Francs-tireurs*. O número 53, datando de dezembro de 1943, anuncia que Michel Clémenceau, filho do Tigre, acaba de ser deportado. Partindo de 10.000 exemplares, o *Combat* tem agora uma tiragem de 250.000. Os franceses obtêm mais informações ouvindo as emissões francesas da BBC ou da Radio Brazzaville do que lendo a imprensa da Resistência, *Libération*, *Franc-tireur*, *Résistance*, *Défense de la France* ou *Combat*, que representam e ligam simbolicamente a Resistência. Núcleos em torno dos quais se constituem redes,[41] esses jornais são testemunhos, sobretudo, da vitalidade da Resistência e lançam *slogans*, particularmente contra o Serviço do Trabalho Obrigatório:

PARTIR É TRAIR
TRAIR É MORRER

E pela participação no maqui:

SE VOCÊ TEM CORAGEM
SE ENGAJA NO MAQUI.[42]

O *Combat*, que deveria sair a cada quinze dias, sai a cada três semanas ou uma vez por mês. O número de setembro de 1943 contém informações sobre o Sul da França e as operações contra os professores e estudantes da universidade de Estrasburgo refugiados em Clermont-Ferrand. Fornece um balanço vago das ações da Resistência:

"De 2 de novembro a 2 de dezembro, 310 atentados, sabotagens, execuções e operações de reabastecimento foram executadas pelos maquis, os grupos francos e os FTP da Haute-Savoie.

Cerca de vinte vezes apenas a polícia foi capaz de identificar os autores dessas operações.

As mercadorias saqueadas: fumo, trigo, conservas etc. Poderiam encher um trem inteiro.

Cerca de sessenta traidores foram abatidos."

Na quarta página, um manifesto para o futuro, em dez pontos, que Pia e Camus podem aprovar: "Não queremos mais um sistema parlamentar impotente diante das potências capitalistas [...]. Não queremos repetir a experiência do Front Populaire, isto é, ver reformas aplicadas por um governo impotente, sabotadas por funcionários hostis, vigiadas por um capitalismo intato e que preferiu perder a França a vê-la se socializar." Nota gaulliana: "Não queremos mais um sistema político que coloca o Executivo à mercê de alguns políticos profissionais e que daria novamente à França ministérios que caem a cada quinze dias para serem reconstituídos pelos mesmos homens. Não é nessa desordem que reside a verdadeira democracia." Toque da resistência interna de esquerda: "Não queremos mais uma classe trabalhadora posta de lado pelas assim chamadas classes dirigentes. Queremos ver integrados na democracia as grandes organizações trabalhadoras (CGT, sindicatos cristãos etc.) que há anos, e mais particularmente nos anos de resistência, adquiriram a confiança do conjunto da Nação."

Na página 2 um artigo, "Ainda o 'espectro do comunismo'", aborda um problema da Resistência. Trata-se de responder à propaganda germano-vichysta "de que o bolchevismo é a última carta e ao chavão". Muitos se perguntam que equilíbrio se estabelecerá, "uma vez que o PC será, no momento da Libertação, a única força eficaz". O *Combat* afirma que há equilíbrio entre os não comunistas e os comunistas, em Argel, em torno de Charles de Gaulle e de seu governo provisório, e na França. Os comunistas podem participar da obra comum: "Pois, afinal, mesmo que se continue desconfiando da boa-fé do partido comunista, se há pelo menos uma boa qualidade que seus piores adversários sempre lhe reconheceram, é a ciência das forças e das possibilidades que se chamou 'realismo político'." Os comunistas, por sua vez, investem no atentado: são mortos alemães e milicianos, o que desencadeará represálias cegas, provocando a hostilidade da população, que irá preparar-se para a insurreição.

Os MUR e o *Combat* acham que é preciso evitar provocações e juntar suas forças para a batalha quando os Aliados desembarcarem. Ambos os lados preparam-se para tomar o poder no momento da Libertação. Alguns resistentes acham que De Gaulle os trata como quantidade desprezível. O *Combat* intercede em seu favor, publicando uma fotocópia de uma carta do General:[43] "Meus camaradas, do que vocês estão fazendo, do que estão sofrendo na Resistência, isto é, no combate, dependem a honra e a grandeza da França. O fim se aproxima!"

Camus esconde seus documentos antinazistas no escritório de Pierre Gallimard, dita a Janine alguns artigos curtos para o jornal. Algumas reuniões do *Combat* também se fazem na casa de Maurice Leroy, na rua d'Abouir, com a cumplicidade de sua zeladora.[44]

Camus não faz parte de um "grupo de ação". Não é encarregado de transportar armas, transmitir informações militares ou participar de sabotagens. Ele seleciona as informações, conta linhas, recruta redatores, entre os quais Dionys Mascolo, na Gallimard. Seu escritório na rua Sébastien-Bottin também serve de caixa postal. Em 1943 e 1944, a redação de um panfleto pode levar à prisão e à deportação. Em *A peste* – em que Camus está trabalhando –, os que lutam contra a doença não são apresentados como heróis. "Bauchard" reescreve artigos, redige quatro para o *Combat* em março, abril e maio de 1944. "A guerra total, resistência total" prega o engajamento contra a neutralidade política. Os simpatizantes correm o mesmo risco que os militantes, declara Camus. Em abril, ele ataca a milícia: "Sganarelle quer fazer melhor do que Don Juan, o criado supera o mestre." Em maio, descreve a execução de mais de oitenta reféns depois do descarrilamento de um trem.[45]

Ele fornece um artigo a *Les Lettres française*,[46] "Revista dos escritores franceses associados ao Comitê Nacional dos Escritores". Critica Pierre Pucheu, vichysta, responsável por execuções de reféns, que irá para o Norte da África, onde De Gaulle mandará fuzilá-lo – após um julgamento. Quanto a Drieu la Rochelle, deverá imaginar-se entrando no Exército Vermelho, enquanto Pucheu acreditará poder passar do petainismo ativo ao gaullismo. O irrealismo dessas "políticas" parece espantoso. Camus é feroz: "Quanto às leis que assinava no cenário de todos os dias, num escritório confortável e anônimo, ele não teve imaginação suficiente para ver realmente que elas se transformariam em manhãs de agonia para franceses inocentes que seriam mortos [...]. É preciso que se saiba em toda a França (e nos ministérios) que o tempo da abstração terminou." Ele polemiza em *Les Lettres Françaises* com dois comunistas, Eluard e Claude Morgan: estes acham que Camus não é suficientemente duro e que a falta de imaginação atribuída a Pucheu tem costas largas. Teoricamente, Camus faz parte da comissão de direção de *Les Lettres françaises*, com Paulhan e Eluard. Comunista, Morgan dirige de fato a publicação. Camus declara-se partidário da execução dos traidores e colaboracionistas.

Suas contribuições escritas mais importantes para a ação da Resistência são ensaios, sua *Lettres à un ami allemand* [Cartas a um amigo alemão]. A primeira foi publicada na *Revue librei*.[47] Influenciado por *Le Silence de la mer* [O silêncio do mar] de Vercors, Camus considera o pós-guerra. Solene, dirige-se a um amigo alemão imaginário e explica por que "aceitou agora a espada". Opõe-se não aos alemães, mas ao nazismo. Camus desfez-se de fato de sua pele pacifista. "Tivemos de vencer nosso gosto pelo homem, a imagem que fazíamos de um destino pacífico [...]. Tivemos de fazer um longo desvio, estamos em grande atraso." Concentrou sua segunda carta[48] numa anedota: um capelão, acompanhando alguns condenados à morte, vê um deles escapar e dá o alerta. O prisioneiro é pego. Camus fala do povo francês: "São seus melhores filhos que estão caindo. Este é meu mais cruel pensamento." Ele só detesta os "carrascos", os nazistas. Mesmo entre os resistentes mais ativos,[49] não se conhecem então todas as atrocidades dos campos de extermínio. Sabe-se que os resistentes pegos pela Gestapo ou pela milícia são torturados. Mas e depois?

O impressor Bollier suicida-se um pouco antes de ser preso. Bourdet e Jacqueline Bernard são deportados. Camus teme que Pia tenha sido pego e planeja montar um comando para libertá-lo em Lyon. "Bauchard" não participa de ações de tipo militar, mas se envolve em algumas operações. Pede a Mascolo que transporte com ele um mimeógrafo. Maria Casarès acompanha Camus. Revólver no bolso, Mascolo põe a máquina numa caminhonete e, surpreso, reencontra os amigos no terraço de um café na praça d'Anvers, no bulevar de Rochechouart, no 9º *arrondissement*, onde se cruzam cafetões, colaboracionistas e resistentes. Camus está lá mais por solidariedade do que por necessidade. Mascolo aderiu com Edgar Morin ao partido comunista,[50] Robert Antelme e Marguerite Donnadieu (Duras) ao Mouvement National des Prisionniers de Guerre [Movimento Nacional dos Prisioneiros de Guerra] (MNPDG), dirigido em parte por François Mitterrand, codinome Morland. Antelme é preso em casa de sua irmã Marie-Louise, na rua Dupin, no 6º arrondissement, perto da rua du Cherche-Midi. Um amigo, Rodin, alerta outros membros do grupo. Mascolo avisa Camus. Os arquivos, dossiês e fotografias do MNPDG estão escondidos na casa de Antelme, na rua Saint-Benoît, no mesmo *arrondissement*. Mascolo vai buscá-los enquanto Camus fica vigiando, na esquina da rua Saint-Benoît e da rua Jacob.

Camus fornece uma assistência fraternal. Ajuda Malraux a arranjar um quarto, na casa de Jean Lescure, para um dos oficiais de seu maqui, de passagem por Paris. O sigilo, um princípio da Resistência, não é respeitado. Alguns membros levam consigo cadernos de endereços com códigos fáceis de serem decifrados. Mascolo admira os resistentes comunistas, segundo ele mais rígidos, menos aventurosos, não aventureiros como alguns gaullistas. Os comunistas – encabeçados por Jean Marcenac – denunciaram num panfleto a pretensão à Resistência (e à clandestinidade) de pessoas como Camus, Frénaud, Sartre e Lescure, pessoalmente citados. Isso parece uma carta anônima, uma vez que os panfletos chegam muito depressa às mãos dos alemães. Camus dá de ombros quando Lescure lhe mostra o texto.[51]

Os intelectuais e os escritores não desempenham um papel muito importante na Resistência, mas Camus quer publicar um jornalzinho, expedi-lo, *testemunhar* e arriscar a pele.

27

180.000 EXEMPLARES

— Acho que você pode interpretar Martha. É a obra de um jovem autor que aprecio. Leia — diz Marcel Herrand a Maria Casarès, enviando-lhe o manuscrito de *O equívoco*.[1]

Herrand, ator, encenador, diretor do teatro des Mathurins, inteligente - nem sempre é o caso dos diretores de teatros privados -, homossexual, esnobe, mundano e cínico, quer montar *O equívoco*, peça de cinco personagens.

Os manuscritos de Camus circulam em Paris. Jean Vilar interessa-se por *Calígula*. Vinte e cinco personagens! Herrand leu as duas peças. Aproveitando o impulso de *O estrangeiro* e de *O mito de Sísifo*, acha melhor que Camus comece no teatro com uma obra mais intimista. Um primeiro encontro de trabalho é marcado no apartamento de Herrand, em cima de seu teatro, perto do bulevar Haussmann. Então, Casarès reconheceu o rapaz que segurava o *brigadier* na casa dos Leiris e sentiu vibrar nela "o inevitável instinto de conquista".[2] Vê em Camus um "rosto altaneiro sem insolência", um "ar de indiferença displicente", uma "presença impressionante". Sente também o tédio, uma certa instabilidade e fragilidades difíceis de captar, "a vulnerabilidade que se faz força dada pelo exílio".

Camus tem desenvoltura, mas também fica nervoso ao ler *O equívoco* com voz abafada. Interrompe, bebe alguns goles de água. Todos o escutam, Herrand e também Casarès, Hélène Vercors e os atores sondados, Marie Kalff, Paul Oettly. Ele desfia o segundo e o terceiro atos mais calmamente. Cansado, transpira. Para Casarès, de uma beleza violenta, telúrica, Camus está igualmente tocado - por ela. Ela sente uma "vontade de intimidação, de desafio, à provocação se não à 'sacanagem'". Herrand põe fim à sessão antes que Camus termine a leitura.

Espanhol, liberal, francófilo, republicano, rico, o pai de Maria foi ministro da Marinha, das Comunicações, de Obras Públicas, do Interior, presidente do Conselho e ministro da Guerra. Durante a guerra civil, Vitolina – apelido de Maria – trabalhou num hospital. Seu primeiro amante, Enrique Lopez Tolentino, pertencia ao Partido Operário de Unificação Marxista (POUM). Maria herda o anarquismo, a "altivez e a teatralidade de todas as Espanhas". Refugiada na França, Vitolina fez em 1939 seu *baccalauréat* no liceu Victor-Duruy. Fracassou no segundo *bac*, preparou-se três vezes para o concurso de ingresso ao Conservatório, onde impressionou colegas e professores, assim como no curso Simon. Julien Bertheau dizia-lhe: "Pretinha [...] o que você tem a nos mostrar?" Ela gosta de Claudel porque "dominar-se significa *o contrário* de ser bem-comportado". Casarès, vibrante, calorosa, passa de Berenice à Rainha de *Ruy Blas* ou à *Joana d'Arc* de Péguy. Indiferente ao "o que é que vão dizer", muito feminina, exige a igualdade com os homens. Gostou de *O estrangeiro* e *O mito*.[3] O escritor e a atriz formam um casal dentro de uma grande tradição a partir de Molière e Armande Béjart. Da comédia e dos atores, Camus escrevia: "Penetrar em todas essas vidas, senti-las em sua diversidade, é propriamente interpretá-las."[4] Casarès atriz identifica-se com suas personagens. Camus ensaísta, ainda a propósito do ator e do escritor, escreve: "Um ator é bem-sucedido ou não é. Um escritor mantém uma esperança mesmo sendo desconhecido."

Eles se parecem e se atraem por sua hispanidade, real ou imaginária. Em Camus, é o castelhanismo, em Casarès, um galicianismo, mais forte. Agora atriz francesa, ela tem uma ponte de sotaque madrileno. Tem nove anos a menos do que Camus e, na cidade, tanto no palco como na tela, um encanto de feiticeira. O dom-juanismo também corre em suas veias. Tal como Albert, é uma estrangeira conquistadora, efervescente, porém mais intimista do que ele. Seu lema seria *todo es nada*, tudo é nada. Eles são independentes, orgulhosos, possessivos, quase despóticos. Tal como Camus, Casarès guarda no coração a morte da República espanhola, com mais lirismo e menos senso político. Maria, por sua vez, tem uma saúde de ferro. No sentido próprio e no figurado, Camus e Casarès são ambos atores. Camus: "Mímico do perecível, o ator só se adestra e só se aperfeiçoa aparentemente. A convenção do teatro é que o coração se exprima e se faça compreender apenas pelos gestos e no corpo – ou pela voz, que é tanto da alma como do corpo." Em cena, Casarès tem a voz alta e rouca. "A lei dessa arte prescreve que tudo seja aumentado e se traduza em carne." Ela gosta quase tanto de dançar quanto de representar.

Menos bom no *paso doble*, Camus dança tango e valsa. Em comum, eles têm refrões, Charles Trenet ou Édith Piaf:

Quand il me prend dans ses bras
Qu'il me parle tout bas
*Je vois la vie en rose...**

Eles se tornarão celebridades parisienses. Quando chegam numa boate, a orquestra ataca um *paso doble* em sua honra, *Pisa morena*: os músicos saúdam a morena Maria. Camus ajuda-a a descobrir autores. Ela trabalha, ele também. Maria o reencontra em casa dela, perto do hospital Necker, na rua de Vaugirard, nº 148, 15º *arrondissement*, onde ele gosta de se sentar no amplo terraço. Ou ela vai a seu encontro no ateliê-*kitchenette*, prolongamento do apartamento de Gide, na rua Vaneau, 1 *bis*, no 7º *arrondissement*. Sem conhecer Camus, o velho escritor o aluga – aluguel pago de mão a mão. Assim, a polícia não pode localizar Camus. E Gide não paga imposto sobre o aluguel.

Na noite de 5 de junho de 1944, Camus e Casarès participam de uma festa em casa de Dullin. Voltam de bicicleta, um pouco embriagados, ela sobre o guidão. A operação Overlord começa naquela noite e os Aliados desembarcam na Normandia. A vida parisiense continua, embora o campeonato francês de futebol seja interrompido. Em 17 de junho, a Gestapo e a Milícia invadem uma gráfica clandestina do *Combat*.

Os ensaios de *O equívoco* se desenrolam bem. Herrand, diretor, não passa descomposturas em seus atores. Camus assiste a alguns ensaios, ouvindo com atenção aquele profissional. Dirigir o elenco do Théâtre de l'Équipe em Argel e o do teatro des Mathurins em Paris não é jogar na mesma divisão. Herrand tem a peça na mão e Camus se mantém discreto. Pede a Casarès que transmita uma sugestão: dois atores se beijam em cena. Talvez eles pudessem se estreitar um pouco mais... Argumento de *O equívoco*, frequentemente invocado por Camus: um homem volta para casa, não diz à mãe e à irmã quem ele é. Sua irmã o assassina. Adivinhado desde o início, o argumento imobiliza a ação.

Camus aparecia pouco em sua primeira peça terminada, *Calígula*: o imperador louco de lucidez não é Camus, além do humor. Algumas observações remetem à vida do jovem argelino que via o mundo político: "É pre-

* De *La vie en rose*, célebre canção composta e interpretada por Édith Piaf: Quando ele me toma em seus braços/ E me fala baixinho/ Vejo a vida cor-de-rosa... (*N. da T.*)

ciso um dia para fazer um senador e dez anos para fazer um trabalhador." Cherea, às vezes, fala tanto do autor quanto sua criatura, Calígula: "Não podemos amar aquele rosto que tentamos mascarar em nós." Calígula, em alguns momentos, reflete seu criador: "Amar um ser é aceitar envelhecer com ele. Não sou capaz desse amor." Escrito em Argel, *Calígula* foi retomado muitas vezes. *O equívoco* é uma obra de solidão, e nela Camus se olha de perto. A peça quase se chamou *Budejovice*, pois desenrola-se na Tchecoslováquia. O herói, Jan, surpreende-se com que tudo lá pareça singular, "a linguagem e os seres". Jan volta de um país do sol. Tal como Camus em Le Chambon, onde ele burilou seu texto, Jan tem saudade daquele país e das "noites de lá [...] promessas de felicidade". Martha quer "muito dinheiro para viver livre diante do mar". Jan proclama: "Não se pode continuar sempre sendo estrangeiro. Quero reencontrar meu país, tornar felizes todos aqueles a quem amo. Não vislumbro mais do que isso." De quem fala Martha, então, ao exclamar que "o amor dos homens é um dilaceramento. Eles não conseguem se impedir de deixar o que preferem"? Para Camus, *Calígula* "é a história de um suicídio superior". Será *O equívoco* a de um suicídio inferior? Escrita em 1942 e 1943,[5] num país ocupado – "longe de tudo que eu amava" –,[6] a peça "traz as cores do exílio", mas não é desesperada ou desesperante. Camus escrevia *O equívoco* e trabalhava em *A peste*. Para a peça, pensou num terceiro título, "L'Exilé" ["O exilado"], e para o romance em "Les Exilés" [Os exilados]. Sua segunda peça não é pessimista: "Terminada a tragédia, seria errado acreditar que essa peça defendesse a submissão à fatalidade. Peça de revolta, ao contrário, ela poderia até mesmo comportar uma moral da sinceridade." Posteriormente, o escritor extrai um sentido possível de sua obra: "Se o homem quer ser reconhecido, deve dizer simplesmente quem é. Quando ele se cala ou mente, morre sozinho, e tudo em torno dele está destinado à infelicidade. Ao contrário, quando diz a verdade, morrerá, sem dúvida, mas depois de ter ajudado os outros e ele mesmo a viver."

O ensaio geral de O *equívoco* acontece em 24 de junho, depois de uma representação gratuita no dia 23, antes da tomada de Cherbourg pelo 7º corpo americano. Alguns dias antes, *Entre quatro paredes* de Sartre teve grande sucesso num teatro da *rive gaúche*, perto de Saint-Germain-des-Près, o Vieux-Colombier. Sartre e Simone de Beauvoir assistem ao ensaio geral de *O equívoco.* Leram *Calígula*, segundo eles, melhor. Os Gallimard, Gaston e Jeanne, Robert, Michel, Pierre e Janine estão nas primeiras filas, fiéis. A peça não pega. Com seu desfecho anunciado já na primeira cena, a ação esmorece. Béatrix Dussane, amiga e professora de Casarès, vai embora antes do final, indagando se os responsáveis pela frieza do espetáculo não seriam os atores.[7] Os Gallimard aplaudem. As críticas são boas para Casarès. Em *La Gerbe*, hebdomadário colaboracionista, André Castelot cumprimenta Maria, mas ridiculariza a peça. Alguns amigos de Camus atribuem o fracasso à reputação de seu autor: alemães e colaboracionistas suspeitariam de sua participação na Resistência e tratar-se-ia de um complô. Quase um mês depois do lançamento da peça, Albert Buesche escreve no *Pariser-Zeitung* [Jornal parisiense] que "a forma e a ideia [...] se embaralham de maneira bizarra". A peça "parece afirmar que o homem de hoje só pode pretender um futuro sob condição de saber renovar as próprias bases de sua existência". Camus está acabrunhado. *O estrangeiro* foi bem acolhido pela crítica e pelo público. *O mito* também. Terceiro painel do tríptico do absurdo, a peça desaba e Camus lamenta não ter podido apresentar *Calígula*, segundo ele mais acessível.[8] Um dos erros consistiu em fazer o filho, de menos de trinta anos, ser interpretado por Herrand, com mais de quarenta. Mas pela primeira vez Camus se vê montado em Paris, interpretado por aquela a quem chama uma "maravilhosa atriz".[9] Alguns consolos: Cocteau lhe escreve em 9 de julho de 1944 e explica que sua "solidão naquele palco era magnífica". Paulhan leva muito tempo para lhe "falar mais francamente" sobre *O equívoco*: "Parecia-me que o tema era admirável e o estofo de má qualidade."[10] Na Gallimard, o filósofo Brice Parain também não gostou muito da peça ao lê-la. Foi invadido "por uma tristeza compadecida que não tinha os personagens por objeto". "Eu não sabia quem lamentar, você, eu ou todo o mundo, e não via em que me apoiar. [...] os personagens [falavam] demais."[11]

Camus é apanhado numa batida policial com Casarès. Perto do metrô Réaumur-Sébastopol, policiais franceses e alemães bloqueiam os dois extremos de uma rua. Ele está transportando um leiaute com o timbre do *Combat*. Coloca-o primeiro no bolso do casaco depois o passa para Maria. Os alemães revistam os homens, pedem os documentos às mulheres. Maria vê Camus com as mãos levantadas, pensa que se o torturassem na sua frente ela falaria. Com frequência Camus afirma que nunca se sabe o que se faria sob tortura. Ele se muda, faz desaparecer documentos e se aloja na casa de Paul Raffi.

Janine Gallimard encontra Albert Ollivier,[12] que lhe diz que a rede foi denunciada. Jacqueline Bernard já foi presa em 11 de julho. Naquela noite deveria encontrar Camus e Casarès, utilizada como correio.[13] Albert precisa sumir. Pierre e Michel pegam papéis e roupas em seu quarto, depois partem de bicicleta para Verdelot, a sessenta quilômetros de Paris, para uma casa indicada por Parain. Os Gallimard e Camus ficam alguns dias em Verdelot, onde Albert cozinha seu prato preferido, *Maizena*, mingau de milho. Roger Stéphane, resistente, se apresenta. Pretende fazer uma revista com Lemarchand, Sartre e Camus – que recusa.

Pierre volta para Paris, para sua fábrica de encadernação. Seu primo Michel faz uma declaração a Janine, que cai em seus braços. Estão num *vaudeville* trágico. Janine explica a situação a Albert. Será que está realmente apaixonada por Michel?

— Quando penso nele, eu tremo.

— Bem. Então você está apaixonada.

Pierre volta. Camus aconselha Janine a não lhe dizer que vai deixá-lo por Michel. Mesmo assim, ela diz. Camus, por sua vez, treme de amor por Maria Casarès. Espera-a, mas ela não vem a Verdelot. O bom entendimento entre os dois impressiona os que os conhecem. Força da natureza, fogo e chama, Maria às vezes é uma impaciente violenta. Albert frequentemente chama-a de "A guerra e a paz". Com ela, o escritor para de bancar o indiferente ou o estrangeiro. Ela quer segui-lo em todas as atividades. Os "refugiados de Verdelot" voltam a Paris.

Em 15 de agosto, os Aliados desembarcam na Provence, no dia 18 começam as lutas da libertação de Paris. Desde o dia 16, as delegacias de polícia estão fechadas. A eletricidade funciona à noite. Os trens param. Não há mais jornais, nem correio. Pia e seus amigos prepararam a publicação de um *Combat* livre. Pia garante a colaboração de dois jornalistas profissionais, Georges Altschuler e Marcel Gimont, do antigo *Paris-soir.* Comboios alemães descem o bulevar Saint-Michel, são detidos por homens por trás das barricadas. As Forces Françaises de l'Intérieur [Forças Francesas do Interior] (FFI) e patrulhas alemãs se seguem, se cruzam no bulevar Saint-Germain. As bandeiras, francesas, britânicas e americanas aparecem e desaparecem nas janelas. Os policiais, agora resistentes, com trajes civis, de braçadeiras e metralhadoras, ocupam a delegacia da praça Saint-Sulpice. A duzentos metros deles, soldados alemães num blocausse na esquina das ruas de Vaugirard e Guynemer os observam. Há lutas. Prisões. As ações se repetem numa desordem trágica para os alemães, lírica para os franceses. Os comunistas desejam uma insurreição geral, os gaullistas querem ganhar tempo, economizar mortos ou feridos e garantir que os comunistas não tomarão o poder antes dos homens do general De Gaulle.

Tal como Pia, Camus não sabe das negociações com o governador militar de Paris por intermédio do cônsul da Suécia. Nem das divergências que opõem o general gaullista Jacques Chaban-Delmas e o coronel comunista Laurent Rol-Tanguy. Camus não tem uma posição de suficiente responsabilidade na Resistência para exprimir seu ponto de vista sobre a política a ser adotada antes que despenquem os tanques da 2ª divisão blindada do general Leclerc. A equipe do *Combat*, tal como as do *Défense de la France* e do *Franc-Tireur*, ocupa o nº 100 da rua Réaumur, prédio da imprensa colaboracionista, antigas instalações de *L'Intransigeant*. A serem tomados – e de fato tomados: escritórios para a redação e a administração, rotativas, estoques de papel, algumas granadas dentro das gavetas. Saíram cinquenta e oito números clandestinos do *Combat*: o primeiro número livre será o 59. Paris é uma festa, com manchas de sangue.

Para o Comitê Nacional do Teatro, Sartre foi encarregado de ocupar a Comédie-Française, vazia, mas símbolo cultural. Michel Leiris, da Frente Nacional dos Museus, solicitado por Sartre, prefere ocupar com alguns amigos o Museu do Homem.[14] A caminho para a rua Réaumur, Camus passa para ver Sartre na Comédie-Française. Esgotado depois de uma caminhada por Paris, Sartre dorme na orquestra. Camus o desperta, rindo:

— Você colocou sua poltrona no sentido da história!

Embora disponham de tanques e de alguns aviões, os alemães são mais prisioneiros do que carcereiros de Paris. Ocupando alguns pontos fortes, eles patrulham os grandes eixos, bulevares e vias que margeiam o Sena, onde se reúnem resistentes em torno das barricadas. As multidões se desfazem quando os tiros recomeçam. Paris parece um quadro de Dufy. Não há muitos mortos nem feridos. Não há atrocidades de um lado e de outro, mas os alemães fuzilam trinta e cinco jovens resistentes na cascata do Bois de Boulogne, outros na sede da Gestapo. Os soldados alemães prisioneiros são vaiados. Às vezes, civis valentes cospem em feridos da Wehrmacht protegidos pelas FFI. Também há linchamentos. Alguns dias depois fica-se sabendo que as tropas alemãs massacraram todos os habitantes de um vilarejo, em Oradour-sur-Glane. Alguns meses depois já não será possível ignorar a verdade atroz da "solução final".

A partir de 21 de agosto, a imprensa da Resistência é vendida em pregão. Alguns se perguntam se os alemães irão retomar Paris inteira. O editorial do *Combat*, "Eles não passarão",[15] tem a marca camusiana: "O que é uma insurreição? É o povo em armas. O que é o povo? É o que numa nação jamais quer ajoelhar-se." *Vaudeville* e tragédia mais uma vez se misturam: Pierre Gallimard, não aceitando que Janine se separe dele, quer morrer. Mais vale morrer por uma boa causa: portanto Camus manda Pierre ao encontro das tropas americanas para fazer uma reportagem. Ele deverá atravessar as linhas alemãs.

A maioria das lojas está fechada. Algumas padarias fabricam pão, que deve ser vendido a 3,75 francos o quilo. Chega a custar 35 francos no mercado paralelo, a manteiga de 60 a 600 francos.[16] Os alemães fazem sua mudança, embarcando dossiês e caixas de champanhe. Alguns soldados da Wehrmacht vendem café, açúcar, arroz e macarrão. Nos braços florescem braçadeiras tricolores com o V da vitória, a cruz de Lorena ou siglas, conhecidas ou desconhecidas: FFI, FTP (Francs-Tireurs et Partisans [Franco-Atiradores e Guerrilheiros]), OCM (Organization Civile et Militaire [Organização Civil e Militar]), CDLL (Ceux de la Libération [Os da Libertação]), CDLR (Ceux de la Résistance [Os da Resistência]). Aparecem revólveres, metralhadoras, fuzis. Os Citroën 11 e 15 pretos, tração dianteira, circulam, com bandeiras tricolores ao vento e siglas pintadas em branco nos capôs. Outros carros são transformados em ambulâncias. Alguns oficiais e suboficiais fazem ressurgir quepes e fardas, em meio a improviso, alegria e uma indubitável falta de coordenação. Ordens, mexericos, contraordens, informações e desinformações se difundem. Os jornalistas, na rua de Réaumur, tentam se situar ouvindo as emissões da BBC, imprecisas, sobre a situação em Paris. Os alemães se agrupam na *rive gauche*, no palácio do Luxembourg e em seus jardins, na Escola Militar, no Quai d'Orsay, na Câmara dos Deputados, perto da *kitchenette* de Camus e da editora Gallimard. Na *rive droite*, os alemães se reúnem na Opera, na caserna da República, nos palacetes Meurice e Majestic, na porta Dauphine. Os combates envolvem bem poucos homens, de ambos os lados. Poucos blindados entram em ação. Em Paris e nos subúrbios, os alemães não chegam a ter vinte mil homens. No plano estratégico, a libertação de Paris é um acontecimento menor, menos importante do que a tomada de Caen ou de Estrasburgo. No plano poético e político a coisa é outra.

Num editorial de 24 de agosto, Camus transmite essa atmosfera e a perspectiva dos resistentes. "Paris abre fogo com todas as suas balas na noite de agosto. Neste imenso cenário de pedra e de água, em volta de todo esse rio de vagas carregadas de história, as barricadas da liberdade, mais uma vez, se erigiram. Mais uma vez, a justiça deverá ser comprada com o sangue dos homens." A história de 1789, de 1848, da Comuna também é evocada. Camus fala de uma "liberdade, conquistada nessas convulsões". E também no "terrível parto [que] é o de uma revolução". Ele propôs como subtítulo desse *Combat* que vem a público: "Da Resistência à revolução", expressão extraída de um artigo de Georges Altman, gerente do *Franc-tireur*: "Enquanto as balas da liberdade ainda sibilam na cidade, os canhões da libertação transpõem as portas de Paris, em meio a gritos e flores." Camus fala para os verdadeiros resistentes, para os combatentes ocasionais, supranumerários do verão, e para aqueles que, algumas semanas antes, tendo aclamado Philippe Pétain no bulevar Saint-Germain, aplaudem, em 26 de agosto, Charles de Gaulle nos Champs-Élysées. "Há quatro anos, homens levantaram-se no meio dos escombros e do desespero e afirmaram com tranquilidade que nada estava perdido." Ele canta "a maravilhosa alegria que nos invade como uma maré". A multidão se espreme à passagem do general e atrás dele enquanto – realidade e símbolo eficazes – homens e tanques da divisão Leclerc com as FFI reduzem as ilhas de resistência alemãs. De Gaulle, no Hôtel de Ville, fala de "Paris! Paris ultrajada! Paris quebrada! Libertada por si mesma, libertada por seu povo com o concurso dos exércitos da França!". Num acordo tácito com os responsáveis pela Resistência, gaullistas, socialistas, socialistas-cristãos ou comunistas, De Gaulle estabelece uma lenda que os jornalistas do *Combat*, sem recuo, não estão em condições de contestar: a França e Paris são libertadas pelos franceses, civis e militares – com o apoio, admite-se, dos soldados americanos, britânicos, canadenses, poloneses. E do Exército Vermelho ao longe.

De Gaulle promulgou, em 22 de junho de 1944, um decreto sobre a imprensa condenando todos os títulos de jornais publicados duas semanas depois da chegada dos alemães à França, 25 de junho de 1940 para a zona ocupada e 26 de novembro de 1942 para a zona não ocupada. O general escolheu essas datas para liquidar o diário *Le Temps*, que não suspendeu suas atividades a tempo na zona sul após a chegada dos alemães. Ao se instalar o governo provisório em Paris, o *Journal officiel* publica os títulos de treze diários autorizados. Os comunistas levam vantagem, com o *L'Humanité*, órgão central do PCF, o *Libération* e o *Front national*, jornais criptocomunistas. *Ce Soir* ressurge, tendo Aragon como diretor.[17] Os socialistas da SFIO voltam a publicar o *Le Populaire de Paris*, os socialistas-cristãos do MPR retomam *o L'Aube. O* grande jornal "burguês", *Le Figaro*, teve a inteligência e o senso político de suspender suas atividades em Lyon em 11 de novembro de 1942, ressurgindo em Paris em 1944. Vários diários nascem da Resistência: *Combat*, *Franc-tireur*, *Front national*. Um diário evanescente, *L'Homme libre* – mais tarde *Libre* –, representa o órgão nacional dos prisioneiros de guerra e deportados, cujo editorialista é François Morland, aliás François Mitterrand. Dois grandes resistentes, Philippe Viannay e Pierre Salmon, lançam um jornal popular da noite, *Défense de la France*, instalado no mesmo imóvel que o *Combat* e o *Franc-tireur*. Pierre Lazareff, que trabalhou no Office of War Information nos Estados Unidos durante a guerra, volta a Paris e retoma – toma, na verdade – o *Défense de la France* de Viannay. Mudando de título,[18] o diário se transformará em *France-Soir*.

Do mesmo modo que o *Franc-tireur*, o *Combat* não depende de nenhum partido ou potência financeira. Já em 21 de agosto, Albert Camus, redator-chefe, aprovado por Pascal Pia, diretor, sublinhou que a liberdade de imprensa era uma conquista: "Não seria suficiente reconquistar as aparências de liberdade com que a França de 1939 devia se contentar." Pia e Camus têm na memória as decepções de seu jornalismo argelino. "E só teríamos cumprido uma parte ínfima de nossa tarefa se a República francesa de amanhã se encontrasse, como a 3ª República, sob a estreita dependência do Dinheiro. Sabe-se que a luta contra as potências de dinheiro constituiu durante muito tempo um dos temas favoritos de Pétain e de sua equipe. Mas sabe-se também que nunca o Dinheiro pesou tanto sobre nosso povo como a partir de julho de 1940, ou seja, a época em que, alçando os traidores ao poder, ele, para conservar e aumentar seus privilégios, ligou deliberadamente seus interesses aos de Hitler." Visão alegórica, um pouco simplista, mas fundamentada. Camus acrescenta: "Não é por acaso que vimos suceder-se, nos conselhos de ministros de Vichy, os Laval, os Bouthillier, os Baudouin, os Pucheu, os Le Roy Ladurie." Pia é o grande animador do *Combat*.

O governo provisório raciona o papel dos jornais segundo critérios políticos. Socialistas e comunistas são privilegiados, o *Le Populaire* e o *L'Humanité* têm direito, respectivamente, a 250.000 e 300.000 exemplares. O *Ce Soir* e o *Défense de la France* a 225.000. O *Combat*, o *Franc-tireur* e o *Libération* são obrigados a se satisfazer com 180.000.[19] De Gaulle quer manter o *L'Illustration*, que segundo ele desfrutaria de um certo prestígio nas embaixadas.

— Em matéria de embaixadas, ele é encontrado principalmente nos cabeleireiros — diz Pia.

Os comunistas baseiam seu poder no duplo mito da URSS e do PCF, pouco contestado, tanto à direita como à esquerda. Para a maioria dos franceses, o país dos Sovietes representa antes de tudo, então, a pátria do Exército Vermelho. Fala-se das "grandes democracias", situando a URSS no mesmo plano que a Grã-Bretanha ou os Estados Unidos. O pacto germânico-soviético se apaga da memória coletiva, mesmo entre os intelectuais. Na classe jornalística, poucos conhecem a realidade abominável dos campos de concentração russos. Com a chegada dos deportados, todos se fixarão no universo dos campos de concentração nazistas. A URSS continua sendo o Estado-farol dos operários e dos camponeses. Camus ainda está convencido de que o povo soviético sustenta o regime: se não fosse assim, como o Exército Vermelho poderia ter abatido o exército alemão?[20] A revolução deve levar ao socialismo e a um certo tipo de coletivismo. O da URSS tem, sem dúvida, algumas imperfeições, mas continua sendo, se não exemplar, pelo menos edificante. A URSS representa a pátria do proletariado, embora Marx afirmasse que este não tinha pátria. Na França, o PCF encarnaria a classe operária, pretensão que impressiona Sartre e tantos outros.[21] Depois da Libertação, o Partido Comunista Francês se apresenta como o "partido dos 60.000 fuzilados", o que é exagero, pois serão recenseadas 29.000 execuções.[22] O PCF propaga uma dupla lenda: os operários resistiram mais do que outras classes sociais e, na classe operária, os comunistas mais do que ninguém. Apesar da prudência desconfiada dos fiéis ao General, os comunistas têm posições importantes no aparelho de Estado e na imprensa. Homens como Camus não as contestam. A revolução deverá fazer-se com o PCF, que obterá mais de 25% das vozes nas eleições. A esquerda, os conhecimentos econômicos são sumários, redutores e binários: o capitalismo representa o dinheiro, seus malefícios, seus crimes; o socialismo encarna a felicidade, a abundância, a justiça social para os desfavorecidos. De Gaulle declara-se partidário das nacionalizações. Os homens saem da Resistência com magníficas, simplistas e perigosas ilusões revolucionárias sobre a organização da sociedade nacional e internacional. Camus também.

Ele era conhecido como escritor. Com seus artigos do *Combat*, torna-se um jornalista famoso. Romancista, aliciava alguns milhares de leitores. Editorialista, influencia várias centenas de milhares de franceses. Na Gallimard, continua sendo membro do conselho editorial. No *Combat*, Pia é tanto redator-chefe como diretor. O jornal apoia-se primordialmente nele. Nesses primeiros meses, Camus volta-se muito pouco para *A peste*.

Lamenta-o. Trabalhando no jornal, vive sua paixão com Casarès, sai tarde da noite para as boates de Saint-Germain-des-Près, Montparnasse e Montmartre ou se descontrai depois do fechamento.

Camus volta a mergulhar no jornalismo para desenvolver ideias, mas também porque gosta desse meio. De 1941 a 1943, viveu solitário, principalmente durante os meses em Le Chambon. Reencontra na rua Réaumur o trabalho de equipe e o jornalismo, droga doce e difícil. Não faz uma corte abstrata aos operários. Ele gosta das relações com os tipógrafos. Conheceu alguns em Paris, Clermont-Ferrand e Lyon. Os operários das gráficas têm suas tradições e seu jargão, que Camus saboreia. Se alguém solta uma tolice, eles exclamam: "*Piot!*" Tradução: besteira.

A gráfica parece estar na época artesanal e industrial. Os tipógrafos da imprensa são independentes da direção do jornal e organizam seu trabalho como bem entendem. A hierarquia quase não existe. O proto, chefe da oficina de tipografia, tem mais uma função do que um grau. Os velhos gostam de lembrar que, antigamente, um operário-tipógrafo carregava uma espada. Paginadores, linotipistas, clicheristas, tipógrafos, esse mundo de uma aristocracia operária, corporativista, consciente de suas qualidades e seus privilégios, estabelece uma espécie de igualdade entre jornalistas e operários. Os aventais cinza dos tipógrafos, pinças no bolso presas num barbante, são uniformes de que eles se orgulham, e não marcas de uma condição inferior. Rotativistas e clicheristas circulam de macacão azul, que protege contra os jatos de tinta, os respingos de óleo, a graxa. Nas escrivaninhas, por trás das divisões, os revisores, letrados, puristas da gramática, defensores da sintaxe, anarquistas em sua maioria, com frequência xingam os redatores. Esses revisores, quase uma casta, ostentam suas manias, obsessões das vírgulas ou teorias dos pontos:

— Camus, o certo é dizer "desculpe-me". Não "eu me desculpo"! Nem parece que estudou!

Armados de conhecimentos, de dicionários e de enciclopédias, os revisores contestam: isso está errado, não é assim que se escreve, não se diz "ao contrário", mas "em compensação". Os redatores como Camus e Pia respeitam os revisores, que gostam de acreditar que sem eles nenhum jornal existiria – o que não é errado. Camus vai ao mármore para verificar, cortar. O mármore, de aço, mantém seu nome antigo, nele continua-se colocando as "fôrmas". Os tipógrafos reinam: tire cinco linhas, não posso fazer esse leiaute. Camus ouve, sente-se à vontade. No setor de imprensa, os operários são sindicalizados na CGT, comunista. Mas têm como que uma indiferença à cor política do jornal para o qual trabalham. No *Combat*, eles podem gostar do tom simpático ao socialismo, mas alguns trabalhariam do mesmo modo para o *Le Figaro*, conservador. Num jornal, operários e intelectuais parecem reconciliados – sonho realizado de escritores. Comungam-se tomando um trago. Tal como os jornalistas, esses operários têm uma relação singular com o tempo. Trabalham por turnos de seis horas – não oito. Trata-se de estarem prontos quando o trabalho chega. Não se pode fazer uma rotativa funcionar sem clichê. Então esperam. Operários e jornalistas conversam. Não ficam sem fazer nada necessariamente na oficina de clicheria, mas de preferência nos cafés da esquina, tais como os repórteres. O dia começa com o vinho branco seco, seguido por branco suave, tinto. Continuam com o aperitivo, o *brouilly* do almoço e o tinto argelino da tarde. Depois vem a efervescência. Alguns vão "às putas", na rua Saint-Denis, a dois passos.

Não Pia, que, indo dormir um pouco antes do amanhecer, chega cedo, já às 10 ou 11 horas, com sua garrafa térmica de café. Sua mulher, que continua a chamá-lo de Pierre, seu nome verdadeiro, leva uma outra garrafa térmica ao meio-dia. Pia foge das mundanalidades, come pouco, trabalha e fuma sem parar. Seu paletó tem manchas de cinza de cigarro. Camus chega por volta das 16 horas. Na rua Réaumur misturam-se os cheiros do óleo quente, do chumbo e do antimônio, o aroma da tinta das provas, um cheiro de graxa e de cera, da gasolina e do querosene que limpam as provas. Em 1944 o cheiro é de um sucedâneo, o óleo de carvão, não de linhaça. Na fotogravura, o odor é de zinco.

As relações entre jornalistas e operários são ainda mais cordiais por alguns terem resistido juntos.

— Vamos tentar fazer um jornal racional. E, como o mundo é absurdo, ele vai fracassar — diz Pia.

Aos jovens recrutas, Camus afirma:

— Vou obrigá-los a fazer coisas desagradáveis, mas nunca repugnantes.[23]

Pia, diretor, motor, inspirador, pivô, eixo, coração do jornal, governa como patrão paternal. Redator-chefe admirado pela maioria dos colaboradores, não por todos, Camus reina. O *Combat* consagra a autoridade moral daquele Camus feliz como num palco de teatro ou num campo de futebol. Os jornalistas se divertem. Fazem um diário sério, às vezes solene, consomem Bourbon americano, descoberto com as canetas Eversharp ou os cigarros Camel. Revendedores circulam pela rua Réaumur, oferecendo produtos desconhecidos. Camus descobre o Alka Seltzer, eficaz depois de uma bebedeira, o Vick Vaporub para seus acessos de "gripe".[24] Pia segura o leme do navio, mas uma desordem simpática instala-se nas coxias. No *Combat*, tal como no tempo do *Alger républicain*, ele se sente responsável por tudo, dos informes de três linhas às reportagens. Continua adorando ordenar os classificados e as notícias de última hora. Também propõe temas, relê títulos, subtítulos, notas de rodapé, indica em que fonte determinado artigo deve ser composto: Times, Didot... Desenha o leiaute. Pia não delega. Cabeça inclinada, o diretor trabalha de porta aberta dentro de seu escritório exíguo. Próximo e distante, não formula opinião, nem mesmo sobre os editoriais: eles passam ou não. Sua memória é excepcional, quer se trate dos resultados eleitorais, de lutas de boxe ou de obras raras do século XVIII. Tal como em Argel, ele revê até os revisores, que ficam impressionados. Recusa-se a escrever: em três anos produzirá um pós-escrito a uma crítica de *Le Corbeau* de Clouzot, para expressar seu desacordo com o autor do artigo.[25] Continua adorando as piadas, os trocadilhos, os jogos de palavras, uma quadra de Tristan Bernard em que Lugdunum rima com Blum. Um jovem jornalista ensina-lhe o *jitterbug*. Tal como Albert, Pascal tem um fraco por aquele secretário de redação que, relinchando, bate no chão como que com o casco, imitando um cavalo.[26] Pia passa do deboche à gravidade. Verdadeiro modesto, não quer que se fale do resistente Pierre Durand que percorria a França ocupada. Sempre recusa convites e condecorações. Sua rejeição ao carreirismo é também um desprezo pelo oportunismo. A medalha da Resistência é atribuída, sem que eles tenham solicitado, a colaboradores do *Combat*, entre os quais Camus:

— Nós éramos imbecis, agora somos imbecis condecorados — diz este último.

Pia frequentemente manifesta sua admiração por Camus lendo em voz alta as provas de seus editoriais. Quando Roosevelt morre, Camus fala em seu artigo da doença do presidente americano. Roosevelt lutou contra ela durante toda a vida. "Ele tinha o semblante de felicidade, [...] sabia que não há dor que não se supere pela energia e pela consciência." Camus, observa Pia, não poderia escrever isso sem pensar em sua tuberculose, que ainda o ameaça.[27] Mesmo durante os dias da libertação de Paris, Camus ia ao doutor Georges Brouet para fazer insuflações. Uma gafe: quando o *Combat*, justamente, anuncia a morte de Roosevelt, coloca-se um quadro referente à melhoria do abastecimento, sem verificar se ele destoa do editorial: "Enfim uma boa notícia"... Algumas seções horrorizam Pia, como o horóscopo, que desonra um jornal. Pia opõe-se a uma coluna de correspondências. Os leitores, ele decreta, existem para ler o jornal, não para escrever nele. Os *faits divers*, na primeira página em função do sangue, não como fenômeno social, repugnam Camus e Pia. Sabe-se que este último é inflamado, atento, desinteressado, irônico. Alguns o acham terno, sentimental, revestido de um falso cinismo e de um profundo cepticismo. Raros são os que viram Pia chorar, mas isso acontece.[28]

Na rua Réaumur, num outro andar, Pia e Camus veem o jornal que eles não querem fazer: o *Défense de la France*, que cai no sensacional, nem sempre distingue o vulgar do popular, parece-lhes mais inaceitável do que o *Paris-soir.* Lazareff deseja encontrar amigavelmente Pia e Camus, a quem empregou no *Paris-soir.* Eles recusam. Camus, ignorando certos traços humanos de Lazareff – fidelidade, gentileza –, só leva em conta sua repugnância ao jornal dele. Influenciado por Christophe, criador do Sapeur Camember, Lazareff acha que "o primeiro dever de um jornalista é ser lido", Camus acha que é dizer a verdade desde que se consiga captá-la, o que não impede que se tenha estilo. O "lazareffismo" representa para Camus um jornalismo inadmissível, mistura de submissão política, de *faits divers* estúpidos e de frivolidades. Pia e Camus detestam a grande imprensa frouxa, subordinada, que alimenta os instintos baixos dos leitores. Lazareff não faz o jornalismo crítico com que eles sonham. Lazareff, na rua Réaumur, parece uma provocação, um lembrete de que, quase a contragosto, Pia e Camus – trabalhadores técnicos, secretários de redação – tiveram de trabalhar para o *Paris-soir.* Talvez também estejam acertando contas consigo mesmos. A alguém que se encontra com Lazareff, Camus escreve: "Confesso que você encontrou a verdadeira canalha deste país infeliz. Tentarei pô-lo em contato com pessoas mais frequentáveis."[29] Mais tarde, a um jornalista que encontra em Lyon e que lhe pede um texto circunstancial para *Elle*, hebdomadário dirigido pela mulher de Lazareff, Camus declara: "Não tenho nenhuma estima pelo grupo editorial que está ligado atualmente ao *France-Soir* e a seus diretores, e que representa para mim o que conheci de pior e de mais desprezível no jornalismo. Nem por milhões eu colaboraria com ele [...] Por melhor que seja a lembrança que guardei de você, não posso colaborar com uma revista que depende direta ou indiretamente dessa empresa miserável."[30] Crítico tenaz e feroz, Camus acrescenta um pós-escrito: "Cá entre nós, autorizo-o a fazer com que minha carta seja lida por Lazareff e seus colaboradores, como se diz."

Em 1944, esperança, pureza e revolução estão na atmosfera do tempo.

28

NOVOS COMBATES

A ligação de Albert Camus e de Maria Casarès é conhecida e eles parecem continuar felizes juntos, mas, perplexos diante do futuro, planejam emigrar para o México. Pouco depois da Libertação, Camus escreve a Francine, ainda retida em Orã:[1]

"Minha querida, posso lhe mandar uma carta em prioridade e quero tranquilizá-la o mais depressa possível sobre minha sorte. Há meses estou sem notícias suas e suponho que o mesmo aconteça com você. Vou bem, embora um pouco cansado. Não tenho tempo de lhe contar a história verdadeira destes dois anos. Depois de tentar ir para a Espanha e renunciar a isso porque seria preciso fazer vários meses de campo ou de prisão, e eu não poderia fazê-lo em meu estado, entrei nos movimentos de Resistência. Refleti muito e o fiz com toda a lucidez, pois era meu dever. Trabalhei na Haute-Loire e imediatamente depois em Paris, com Pia, no movimento Combat. O resto é decorrência natural, contarei depois. Há seis semanas quase fui preso e sumi da vida pública. E depois houve os dias maravilhosos da insurreição e a produção do diário *Combat*. Atualmente Pia e eu estamos fazendo o jornal – com um certo sucesso. Não sei se poderei deixar Paris, mas assim que for possível mandarei dinheiro e você virá para cá.

"Tenho muito, muito a lhe dizer. Mas estou sem voz diante de você. Agora tudo vai se arranjar e estou muito feliz por este país estar livre. Eu também sabia que essa era a condição de nossa reunião. Tinha duas razões para trabalhar por isso.

"Encontrei Adrey [*um amigo pintor*] que me falou de você. Você trabalhou, tocou numa orquestra e não sei o que mais. Fiquei aborrecido. Mas acho que tudo isso acabou. Agora tenho dinheiro e você poderá descansar, estudando sua música.

"Vou mandar esta carta depressa, não tenho paciência de esperar o correio normal. Se puder responder, faça-o ao jornal *Combat*, 100 rua Réaumur, ou à *NRF*, 5 rua Sébastien-Bottin. Diga-me que me esperou e que irei reencontrá-la como antes.

"Beijo-a com toda minha ternura. Albert

"Dê um beijo a todo o mundo à sua volta e à minha mãe."

Camus escreve como a uma amiga. É o tom mais de um amigo do que de um marido.

As Faure anunciam sua chegada a Paris. Sendo a primeira a desembarcar, Christiane, cunhada preferida de Camus, logo percebe a situação. Como proteger a irmã mais nova e dar um jeito para que sua mãe, Fernande Faure, não fique sabendo? Christiane compreende o gosto de Camus pelas mulheres. Francine instala-se com o marido no apartamento da rua Vaneau.[2] A separação foi longa, o reencontro é difícil.

Durante mais de dezoito meses, *Combat* sairá em duas páginas e em dois formatos, conforme os estoques de papel: 42x57 ou 24x42, vendido a 1,50 franco e 2 francos. Os primeiros números foram elaborados ao longo de reuniões no apartamento de André Gide. Quando o *Combat* sai do anonimato, o jornal esclarece que é redigido por "Albert Camus, Henri Frédéric, Albert Ollivier e Pascal Pia". Algumas semanas depois, o expediente, minúsculo, se modifica: "Pascal Pia, diretor, Albert Camus, redator-chefe..." Durante três semanas, a primeira leva de colaboradores inclui Paul Bodin, Georges Altschuler, Yvonne d'Almeras, Pierre Kauffmann, da École Normale, e um fotógrafo, Maurice Ede. Em outubro e novembro juntam-se a eles Jean Rougeul, Jacques-Laurent Bost, Gérard Jarlot, Jean Grenier, Michel Hincker, Serge Karsky, Merry Bromberger, e outros jovens jornalistas com temperamento de escritores, Alexandre Astruc, Henri Calet, Roger Grenier, Albert Palie, Henri Thomas, muitas vezes recrutados sem maiores formalidades. Astruc trabalhou antes no *Franc-tireur*, do qual um dos responsáveis, Marcel Fourrier, é comunista. Camus, encontrando Astruc na escada, contrata-o para o *Combat*.[3] Roger Grenier é contratado para a crítica teatral, que ele cede a Jacques Lemarchand para se lançar à reportagem. Durante a libertação da capital, Sartre publica "Os relatos de um passeante pela Paris insurgida". Imposição da amizade, seu nome aparece em caracteres grandes na primeira página. O *Combat* não deixa de anunciar que o rádio transmitirá um texto de Sartre, "Le mur", lido por Michel Vitold. Convidado pelos americanos para ir aos Estados Unidos, Sartre enviará reportagens, "Um francês em Nova York", ou "Em Los Angeles". Ele descobre que os *dancings* são uma distração inocente. A alimentação parece abundante. Sartre também envia ao *Combat* artigos laboriosos sobre o Tennessee Valley Authority, que exasperam Camus e Pia. Chega ao cúmulo de fornecer ao *Le Figaro*, jornal burguês que compartilha Sartre nas Américas com o *Combat*, reportagens mais vivas. Mas Camus perdoa as ofensas por se tratar de um amigo.

Pia e Camus nunca se esquecem de Malraux. A princípio o *Combat* manifesta sua inquietação: o escritor teria sido morto em Corrèze. Ele surge em Paris: coloca-se na primeira página a foto do herói, boina com cinco galões de coronel, cigarro na mão. Depois o jornal, embora não dispondo de muito espaço, publica excertos de *La lutte avec l'ange* [A luta com o anjo].[4] É uma maneira de mostrar que literatura e homens engajados são importantes para o *Combat*. Pia tanto tem estima por Malraux quanto desconfiança com relação a Sartre – aquele "filósofo de gabinete". De uniforme de correspondente de guerra – como são práticos os blusões e *rangers* americanos! –, Bost precipita-se até o *front*,[5] inspeciona a brigada Alsácia-Lorena comandada pelo coronel Malraux. Bost nota muitos oficiais na linha de frente: "Talvez não seja útil do ponto de vista militar, diz o coronel, e até corremos o risco de ter uma grande porcentagem de perdas entre os quadros difíceis de substituir. Mas é preciso que os homens constatem que seus chefes não estão se escondendo."

Os repórteres do *Combat*, e principalmente Bost, correspondente de guerra sedutor e animado,[6] são tão virtuosos quanto os editorialistas do jornal. Bost produz um artigo no qual ridiculariza seus colegas que chamam os soldados de "garotos". Em política estrangeira, Kauffmann é menos repreensor. Até um escritor como Henri Calet, enviado por Pia para cobrir o museu de l'Asperge, cai no sentimentalismo quando assiste ao julgamento de soldados americanos condenados a mais de cinquenta anos de prisão por associação criminosa devido ao mercado paralelo. Calet defende esses militares. Suas penas são reduzidas. Ele interpela seus leitores que fumam maços comprados no mercado paralelo: "Que gosto vocês sentem nesse cigarro americano?"

Durante os primeiros meses, os artigos e reportagens do *Combat* são vivos, mas clássicos, menos tradicionais do que os do *Le Figaro*, menos contidos do que alguns do *Le Monde*, publicado a partir de dezembro de 1944. Camus, sob o pseudônimo de Suétone, é francamente hostil ao jornal fundado por Hubert Beuve-Méry. Para ele, sua seriedade, sua tipografia, seu formato lembram o extinto *Le Temps*. Camus-Suétone está convencido de que o *Le Monde* foi criado por De Gaulle – é verdade – para servir ao General – não será o caso. Camus acha que *Le Monde* é contra a Resistência: "O *Combat* é impresso nas rotativas que imprimiram o *Pariser-Zeitung*", ele escreve. "As máquinas do *Le Temps* estão tão habituadas que já não têm necessidade das subvenções do Comitê das Fundições para fazer um trabalho sério: desacreditar a Resistência." É grave. Uma história de ódio amoroso, de contradições, de mal-entendidos e de suaves injúrias se desencadeia entre Hubert Beuve-Méry, diretor do *Le Monde*, e o escritor e redator-chefe do *Combat*. Os editoriais – anônimos, siglados ou assinados A. C., A. O., P. H. (Albert Camus, Albert Ollivier, François Bruel) –, com frases precisas, são contundentes. Camus define uma linha jornalística. Alguns dias depois da Libertação, anunciava: "Estamos decididos a suprimir a política para substituí-la pela moral..."[7] Fazendo eco aos artigos de Pia sobre o método jornalístico em *Le Soir républicain*, esboça uma teoria do jornalismo. Heidegger perguntou *Was ist Metaphysik?* [O que é metafísica?], Camus coloca problemas profissionais: o que deve ser o jornalismo? O que ele propõe, depois da saída dos vichystas? Ao longo dos meses, Camus reitera suas perguntas e tenta respondê-las.

O *Combat* tem uma tiragem de até 182.000 exemplares, mas às vezes 30% permanecem "encalhados", sem vender. O moralismo deontológico camusiano exaspera concorrentes. Quem é aquele borra-botas, aquele borrador, para propagar tantas lições? Seus colegas parisienses conhecem pouco ou nem conhecem os diários em que colaborou na Argélia. Camus gosta de utilizar o nós de majestade coletiva e unaninista: "O que nós queremos? Uma imprensa clara e viril, de linguagem respeitável." Deixemos de lado o "viril". Ele quer jornais independentes do dinheiro, "um tom e uma verdade que coloquem o público à altura do que ele tem de melhor".[8] Para ele, um bom jornal procura o denominador comum mais elevado de seus leitores, não o mais baixo. Dez dias depois do surgimento da nova imprensa, ela não lhe parece "muito satisfatória", e Camus está pensando no *Défense de la France*: "Decerto não é sem irritação que lemos, no dia seguinte à tomada de Metz, e sabendo o que ela custou, uma reportagem sobre a entrada de Marlene Dietrich em Metz. E teremos sempre razão de nos indignar com isso." Acrescenta que "não significa para nós que os jornais devam ser necessariamente chatos". Ele martela: "Simplesmente não achamos que em tempo de guerra os caprichos de uma estrela sejam necessariamente mais interessantes do que a dor dos povos, o sangue dos exércitos, ou o esforço encarniçado de uma nação para encontrar sua verdade."[9] Não se pergunta se há dois públicos ou mais. Identifica aqui e ali uma "sensibilidade de costureirinha" de alguns jornais de antes da guerra: "Querem informar depressa em vez de informar bem. A verdade não ganha nada com isso." No *Combat*, tal como no *Alger républicain*, Camus deseja que os jornalistas expressem suas dúvidas, que não hesitem diante do condicional, modo da inquietação e da reserva – também usado por *Le Monde*. Às vezes, o *Combat* hesita: Hitler estaria morto, segundo a rádio suíça... O *Combat* também se engana. Nos últimos meses de 1944, lendo esse jornal, poder-se-ia acreditar que a Espanha franquista estivesse se esfacelando.[10]

Para Camus, o jornalismo crítico "implica exigir que os artigos de fundo tenham fundo e que as notícias falsas ou duvidosas não sejam apresentadas como notícias verdadeiras". Para o escritor, observador e ator político, "a informação [...] não pode dispensar um comentário crítico". Mas deve-se separar a informação do comentário. Camus não nota que a simples seleção de certos fatos constitui em si mesma uma opinião. Reclama também um "tom", um estilo. Coloca o problema do talento dos indivíduos e da honestidade coletiva. Leitores votam na objetividade do *Combat* tornando-se assinantes. Com sua "preocupação de objetividade e de prudência", retomando as análises de Pia, inspiradas em Nizan, em *Le Soir républicain*, Camus define o jornalista: "Em suma, um historiador no dia a dia."[11] Um jornal não pode estar a serviço de um sistema e ele convida jovens repórteres e velhos comentaristas a se questionarem. Ele nunca expressa, naqueles meses, seus momentos de desânimo. Gide dizia: "É o grande mal do jornalismo: forçar-nos a escrever quando às vezes não temos nenhuma vontade. Não estamos inspirados; o tempo pesa; a pena arranha; o pensamento não se solta e a frase permanece informe."[12]

Pia e Camus apelam para escritores literários para dar um cacife ao *Combat*: Gide, justamente, ou Bernanos. Camus não renega em si o jornalista em nome do escritor. Guarda algumas indagações para os livros e faz algumas notas no papel timbrado do *Combat*:

"Crise do homem
Ou podemos acreditar no homem?... [...]
Acreditar também que ele seja capaz de alguma coisa admirável

Ora, isso não é possível
nem no materialismo absoluto nem no espiritualismo absoluto."[13]

Para seus editoriais, Camus tem sua fórmula: uma ideia, dois exemplos, três laudas.[14] Faz suas anotações, redige, depois dita o texto a uma secretária. Sem dúvida corrige menos seus artigos do que seus textos literários. Aprovado por Pia, nos dois primeiros meses do *Combat* ele formula princípios de moral política e de política moral: "Não acreditamos aqui nas revoluções definitivas." Camus não é mais comunista. Nem marxista, se é que algum dia o foi. Não acredita no fim de uma história fatalmente socialista. "A revolução não é a revolta. O que sustentou a Resistência durante quatro anos foi a revolta. Isto é, a recusa total, obstinada, quase cega no início, de uma ordem que queria pôr os homens de joelhos. A revolta é de início no coração. Mas chega um momento em que ela passa para o espírito, onde o sentimento torna-se ideia, onde o ímpeto espontâneo termina em ação concertada. É o momento da revolução."

Os grandes modelos de revolução são a França de 1789 e a URSS de 1917. Camus insiste, portanto: "A revolução não é necessariamente a guilhotina e as metralhadoras, ou melhor, são as metralhadoras quando é preciso."[15] Ele aceita uma dose de violência inevitável. Define o tipo de sociedade que o *Combat* pretende defender: "Desejamos para a França uma economia coletivista e uma política liberal." Condenando o capitalismo, confiando no socialismo, ele não explica como uma economia de mercado pode se desenvolver sob um coletivismo, sonho e unicórnio de uma parte de sua geração. O trabalhismo britânico e os escandinavos social-democratas atraem Camus, que declara também: "Queremos realizar sem demora uma verdadeira democracia popular."[16] Nem ele nem seus amigos sabem então que as "democracias populares" que emergirão a leste da Europa, na Ásia, na África e na América Central serão tudo, menos populares e democráticas. Aragon diria: "É preciso falar de então com as palavras de então." A expressão "democracia popular" sobreviverá por muito tempo.

Um problema moral surge para Camus com o expurgo, a punição e a liquidação dos colaboracionistas. O expurgo econômico é menos praticado do que o expurgo intelectual.[17] Os tribunais especiais de justiça interessam-se mais pelos jornalistas e escritores do que pelos empreendedores do muro do Atlântico. Segundo Camus, não se trata de expurgar muito, mas de expurgar bem. Em torno do hebdomadário *Les Lettres françaises*, através do Comitê Nacional dos Escritores,[18] Aragon, Eluard, Benda, Vercors e Morgan, Sartre e Simone de Beauvoir apresentam-se como vingadores supremos do expurgo. Morgan é insuperável: "O silêncio de Giono", ele escreve, "foi por si só um crime!" Constitui-se um comitê de expurgo das editoras. Fazem parte dele, impávidos, editores que aplicaram as ordens da Propaganda Staffel – Jean Fayard –, velhos políticos social-democratas – Francisque Gay –, simpatizantes comunistas – Pierre Seghers – ou histriões – Sartre. Os expurgadores reúnem-se num palacete particular perto do Élysée. Quanto menos resistiram, mais alguns querem castigar colegas comprometidos ou colaboracionistas. Chegando de Londres, o jornalista Jean Oberlé denunica os "pequenos Fouquier-Tinville"* do expurgo.[19] Jean Galtier-Boissière, do *Crapouillot*, também pede moderação, assim como o filósofo Gabriel Marcel em *Témoignage chrétien*.

Paulhan e Mauriac, resistentes reconhecidos, distinguem-se. Em setembro de 1944, Paulhan se demite do conselho de redação de *Les Lettres françaises*, que publicou uma lista de uma centena de escritores excluídos. Também deixa o Comitê Nacional dos Escritores. Em viva troca de acusações, do *Le Figaro* para o *Combat*, Camus e Mauriac irão se opor. Camus também se demite do CNE, dirigindo-se a Paulhan: "Agradeço-lhe o favor de comunicar a nossos colegas minha demissão Sinto-me muito pouco à vontade para me expressar num clima em que o espírito de objetividade é recebido como uma crítica necessariamente hostil e a simples independência moral é tão mal suportada... Veja, é um primeiro recuo antes do grande silêncio que, decididamente, me tenta cada vez mais."[20] Mauriac, cristão que pensa na caridade, burguês que sonha com uma reconciliação dos franceses, segundo ele necessária, que, sem dúvida, pensa um pouco também em Pierre Mauriac, seu irmão, presidente do Conselho da Ordem dos Médicos sob Pétain, ataca a expurguite: "Aspiramos a algo melhor do que uma perseguição mútua de carrascos e vítimas. A 4ª República não deve, a nenhum preço, calçar as botas da Gestapo."[21] Para Camus, nos jornais há ataques pessoais demais e excesso de retórica. Ele teme que se chegue a posições simetricamente inversas às da imprensa da Ocupação. Tem horror à pena de morte e ao acessório da justiça francesa, a guilhotina. Nunca se esqueceu do que sua mãe e sua avó lhe contaram: seu pai, voltando de uma execução capital, vomitou. Aquela história – talvez a herança fundamental legada por seu pai – o assombra. Faz cada vez mais alusão a ela.

---

* Magistrado e político francês (1746-1795), acusador público implacável do tribunal revolucionário. Foi executado durante a reação do Termidor. (*N. da T.*)

Em seus editoriais, no início, Camus diz um pouco menos do que pensa. Esquematicamente, Mauriac – "São Francisco *des Assises*",* para *Le Canard enchaîné* – invoca a caridade, Camus evoca a justiça. Raposa velha, acadêmico, Mauriac fere Camus acusando-o de falar "do alto de uma obra que está por vir". "Cada vez que, a propósito do expurgo, falei em justiça", escreve Camus, "o sr. Mauriac falou em caridade. E a virtude da caridade é bastante singular para que eu possa ter aparentado, ao reclamar justiça, defender o ódio. Parece na verdade, ao ouvir o sr. Mauriac, que devemos obrigatoriamente escolher, nesses assuntos cotidianos, entre o amor de Cristo e o ódio dos homens. Ora essa! Não." Os dois escritores são adversários dignos um do outro. A Paris das letras e da política observa o confronto de outubro de 1944 a janeiro de 1945. Várias polêmicas brotam em torno do expurgo. Nenhuma se desenvolve como a que opõe Camus, de trinta e um anos, ao velho, Mauriac, de cinquenta e nove. Lendo um artigo de Camus, Mauriac brande o *Combat* e lança ao diretor do *Le Figaro*, Pierre Brisson: "Tenho meu parceiro nas mãos." Os dois editorialistas levantam o problema da responsabilidade do jornalista, e de todo escritor, durante a Ocupação. Eles têm ironia e uma tropa de choque literária. Duas consciências morais se opõem, o velho crente e o jovem ateu. Ambos saem da Resistência, Camus com a reputação de ter fundado o *Combat*, Mauriac de ter publicado pelas Editions de Minuit sob o pseudônimo de François la Colère. Eles se respeitam, se irritam, se admiram, se provocam. Mauriac, que foi para *Le Figaro*, tomou posição contra o franquismo, o que comove Camus.

Nem um nem outro contestam a necessidade do expurgo. Num primeiro momento, Camus não exclui a pena de morte. Ambos exigem juízes imparciais e julgamentos com fundamentação jurídica sólida. Os comunistas aceitariam tribunais populares expeditivos. Nem Camus nem Mauriac os querem. A Libertação pode liberar os instintos mais belos e os mais baixos. Camus modificará seu ponto de vista. Em 4 de setembro de 1944, pede uma "justiça exata e rápida". No dia 9, Camus e Mauriac assinam um manifesto de escritores reivindicando em *Les Lettres françaises* o "castigo justo aos impostores e aos traidores". O traidor é mais difícil de definir do que o impostor. Recusando a noção de uma rápida justiça popular, Camus, comprometendo o *Combat*, declara: "Mantemos a liberdade no próprio

---

* Trocadilho intraduzível. *Les assises*, em francês, são os tribunais criminais. (*N. da T.*)

proveito dos que a combateram." Que são os traidores? Segundo Camus, "um corpo estranho" que é preciso "destruir". A destruição é a liquidação física. No mesmo artigo,[22] Camus, atacando Mauriac, acha que a justiça, diante dos traidores, deve "fazer calar a misericórdia". Mauriac defende o jornalista Henri Béraud, anglófobo - germanófobo também - condenado à morte, achando que as causas más não devem fabricar mártires. O caso Béraud, segundo Mauriac, é uma questão de delito de opinião, não de traição. De Gaulle indulta Béraud. Quatro meses depois da libertação de Paris, Camus, escandalizado com o procedimento de certos tribunais, tanto na província como em Paris, clama: "Um país que fracassa em seu expurgo prepara-se para fracassar em sua renovação. As nações têm a cara de sua justiça, a nossa deveria ter outra coisa a mostrar ao mundo que não essa face desordenada."[23]

Camus acusa Mauriac de ser "um escritor de humor e não de raciocínio".[24] E devemos escrever sem humor, afirma ele sem um sorriso, como se fosse da raça dos editorialistas de sangue-frio, como um Raymond Aron, que raramente deixa transparecer sua sensibilidade e não cede em nada ao sensacionalismo.[25] Camus deixa a Mauriac o gosto do perdão. Ele por sua vez perdoará, afirma, com Mauriac, "quando a mulher de Leynaud" permitir. Seu amigo poeta e resistente foi pego numa batida e fuzilado antes da Libertação. Sete meses depois, num artigo de 11 de janeiro de 1945, Camus lança: "Recusaremos até o último momento uma caridade divina que despoje os homens de sua justiça." Georges Suarez e Paul Chack são executados.

O caso de um homem comove Camus: o de Robert Brasillach, escritor e jornalista condenado à morte em 19 de janeiro. Intelectuais assinam para ele um pedido de indulto dirigido a De Gaulle. Para alguns, as palavras não comprometem muito um autor, para outros é preciso graduar as penas. Outros ainda temem o contágio das sentenças duras, ou querem restabelecer uma concórdia nacional, reconciliar gaullistas e petainistas. Argumento frágil, os signatários da petição lembram a De Gaulle que o pai de Brasillach, tenente, foi morto em 13 de novembro de 1914 - algumas semanas depois do pai de Camus. Entre os cinquenta e nove signatários estão o músico Arthur Honegger, o pintor Vlaminck, os escritores Valéry, Claudel, Jean Anouilh, Cocteau, Colette, Paulhan e Mauriac.[26] Marcel Aymé dirige-se ao editorialista do *Combat* e ao escritor em 25 de janeiro de 1945.[27] Solicita-lhe "um movimento de compaixão e de fraternidade literária, [...] eu poderia do mesmo modo dizer apenas fraternidade. Parece-me que há muito acaso nas opiniões políticas". Aymé parece sincero, convicto, mas inábil. Os colaboradores franceses da Gestapo e seu chefe, Bonny, foram presos. Aymé tem uma frase ousada: "Eu dizia certo dia a um amigo que, se François Villon tivesse vivido sob a Ocupação, ele provavelmente teria participado do grupo de Bonny [*a serviço da Gestapo*]." Se Camus estiver de acordo com os signatários da petição, ele que escreva ao advogado de Brasillach, Jacques Isorni.

No dia 27, Camus responde numa carta que não dissimula nem seus sentimentos nem sua angústia. Ele conhece Marcel Aymé de vista, não tem um gosto particular por sua obra. "O senhor me fez passar uma noite péssima. Finalmente enviei hoje mesmo a assinatura que me havia pedido. [...] Sempre tive horror à condenação à morte, e julguei que pelo menos enquanto indivíduo não podia participar dela, mesmo que por abstenção. [...] E só isso é um escrúpulo que, suponho, feria rir os amigos de Brasillach. E, quanto a este, se for indultado, se a anistia vier a libertá-lo devidamente dentro de um ou dois anos, gostaria que, no que me concerne, minha carta pudesse dizer-lhe o seguinte: não é por ele que junto minha assinatura às de vocês, não é pelo escritor, que para mim nada vale, nem pelo indivíduo, que desprezo com todas as minhas forças." Camus refere-se a Leynaud, a "dois ou três amigos mutilados e abatidos pelos amigos de Brasillach enquanto seu jornal [...] encorajava [alemães e colaboracionistas]". Quanto à escolha de uma ideologia ou de uma facção, ele replica: "O senhor disse que nas opiniões políticas há acaso, e disso não sei nada. Mas sei que não há acaso em escolher o que nos desonra." Sempre pensando em resistentes executados, ele acrescenta: "E não é por acaso que minha assinatura irá se encontrar entre as outras, ao passo que a de Brasillach nunca se colocou em favor de [Georges] Politzer, ou de Jacques Decour." Politzer e Decour, fundador de *Les Lettres françaises*, executados pelos alemães, pertencem à geração de Camus. Conclusão da carta: que Aymé leve ao conhecimento de Brasillach tudo isso "e também que [Camus não é] um homem de ódio, sentindo [-se] mais levado ao recolhimento do que à política. Talvez [Brasillach] compreenda então algumas das nuances que lhe faltaram, que fazem com que [Camus não possa] nunca lhe apertar a mão".

Sartre, Simone de Beauvoir e alguns outros recusam-se a assinar. O Castor também pensa em Politzer e no poeta Robert Desnos. Se levantasse um dedo em favor de Brasillach, ela mereceria, segundo diz, que os amigos lhe "cuspissem na cara". No caso de Brasillach não se trata de delito de opinião: "Por suas denúncias, por seus apelos ao assassinato e ao genocídio", ele "colaborou diretamente com a Gestapo",[28] explica Simone de Beauvoir. Mauriac e Camus aderiram por razões diferentes. Brasillach não é indultado. Antes de ser fuzilado, na prisão de Fresnes, em 3 de fevereiro, ele acusa o recebimento: "Em todo caso, para além de todas as divergências e de todas as barricadas, intelectuais franceses fizeram a meu respeito o gesto que mais poderia me honrar." Não *os* intelectuais, mas intelectuais.

Depois de Brasillach, nenhum escritor reconhecido será executado – apenas jornalistas: Jean Luchaire, presidente da federação de imprensa francesa e diretor do *Nouveaux Temps*, jornal colaboracionista, e Jean Hérold-Paquis, editorialista da Radio Paris, que terminava seus editoriais com um rouco "A Inglaterra, tal como Cartago, será destruída." Charles Maurras será simplesmente condenado à reclusão.

Camus também intervém em favor de Lucien Rebatet, autor de *Décombres*: "Pedem-me que junte minha assinatura ao pedido de indulto feito em favor de Lucien Rebatet. Embora minha intenção não seja dissimular a culpa deste último, muito pelo contrário, coube-me combater até o fim o homem que ele era, é um movimento mais forte que me obriga hoje a desejar que se poupe o condenado que se tornou. Seja o que for que se possa dizer e pensar, nenhum país do mundo pode dispensar a piedade. E mais urgente e mais exemplar do que matar um homem é dar-lhe oportunidade para refletir sobre seu erro. Eis aqui, brevemente formuladas, as razões que me levam a lhes dirigir este pedido, que, peço-lhes que acreditem, não é fácil para mim."[29]

Os julgamentos dos homens políticos vêm depois daqueles dos escritores, e Camus assiste ao de Pétain. Sua condenação à morte é comutada por De Gaulle em prisão perpétua. Para Pétain, Camus pedia "a mais impiedosa [...] das justiças". Mas em todos os culpados ele desvenda uma "parte de inocência".[30]

Camus pretende escolher a justiça humana, ao passo que Mauriac pensa na justiça divina, portanto na indulgência. Para Camus, os ateus só podem escolher, mesmo que imperfeita, a justiça humana. O expurgo, segundo ele, deveria fazer-se em nome desta última. Admite que muitas vezes ela acarreta injustiça e aberrações. A justiça – com seus ecos de absurdo descritos em *O estrangeiro* – coloca o problema da liberdade.

Justiça e liberdade se opõem, e em seus cadernos, em julho de 1945, Camus anota: "Revolta. Afinal, escolhi a liberdade. Pois, mesmo que a justiça não seja realizada, a liberdade preserva o poder de protesto contra a justiça e salva a comunicação. A justiça num mundo silencioso, a justiça dos mudos destrói a cumplicidade, nega a revolta e restitui o consentimento, mas desta vez sob a forma mais baixa. É aqui que se vê a primazia que pouco a pouco o valor de liberdade recebe." Os processos de expurgo levantam problemas morais e metafísicos: "No entanto o difícil é nunca perder de vista que ela [a liberdade] deve exigir *ao mesmo tempo* a justiça." Há um ano Camus medita tanto sobre a liberdade quanto sobre a justiça.[31] Ele conclui: "A liberdade é poder defender o que não acho, até mesmo num regime ou num mundo que aprovo. É poder dar razão ao adversário." Em público, no *Combat*, é impossível aprovar, porém não é impossível explicar as razões dos adversários. Num editorial pode-se fazer moral, mas não metafísica. Mais discreto do que secreto, mais pudico do que pudibundo, Camus não expressa todas as suas dúvidas em público. Em particular, ele confessa suas aflições. Cadernos, em 30 de julho de 1945: "Aos trinta anos, um homem deveria ter-se nas mãos, saber a conta exata de seus defeitos e de suas qualidades, conhecer seu limite, prever seu enfraquecimento – ser o que ele é. E sobretudo aceitá-los. Estamos entrando no positivo. Tudo a fazer e tudo a renunciar. Instalar-se na naturalidade mas com sua máscara. Conheci coisas suficientes para poder renunciar a quase tudo. Resta um esforço prodigioso, cotidiano, obstinado. O esforço do secreto, sem esperança, sem amargor. Nada mais negar já que tudo se pode afirmar. Superior à aflição."

"É certo agora", ele constata em meados do verão de 1945, "que o expurgo na França além de falhar foi desconsiderado. A palavra expurgo por si só já era muito dolorosa. A coisa tornou-se odiosa."[32] A incoerência de certas penas é impressionante: o mesmo tribunal condena Georges Albertini, acusado de ser recrutador da Legião dos Voluntários Franceses contra o Bolchevismo, a cinco anos de trabalhos forçados, e o pacifista René Gérin, que mantinha a crônica literária de *L'Oeuvre* durante a guerra, a oito anos. Para Camus, é ilógico e injusto. O julgamento mais grotesco, vergonhoso, atamancado, será o de Pierre Laval, fuzilado em outubro de 1945. Em 1940, Camus foi um pacifista relativo. Em 1945, ele escreve: "O pacifismo integral parece-me infundado e nós sabemos agora que sempre chega um momento em que ele se torna insustentável." Nós, a equipe do *Combat*. Eu, Albert Camus. "Não podemos aprovar que Gérin tenha escrito, mesmo que sobre assuntos literários, *em L'Oeuvre*." Uma contribuição literária, tal como a de Sartre em *Comoedia*, é desculpável. Não uma crônica regular.

Diante da violência e do expurgo, diante da guilhotina, Sartre e Simone de Beauvoir não hesitam. Aceitam suas divergências com Camus. Sartre compreende sua querela com Mauriac e, em viagem pela Bretanha, avalia a polêmica enquanto profissional. Para Camus: "Gostaria de juntar a este bilhete um editorial do *Ouest-Éclair* para mostrar-lhe a fama do *Combat* nestas províncias, mas não consigo obtê-lo. Saiba em todo caso que nele se declarava que Mauriac e você eram os dois maiores jornalistas de hoje e que, aliás, enfim estavam de acordo."[33] Camus dirá mais tarde que "quanto ao ponto preciso" de sua controvérsia "o sr. Mauriac tinha razão".[34]

A Argélia obceca Camus. No *Combat*, desde que o jornal é publicado livremente, evoca o Norte da África.[35] A derrota de 1940, segundo ele, acarretou "num povo viril [*mais uma vez!*] como são os árabes uma perda de consideração pelos franceses", e, ao mesmo tempo, a maioria dos franceses do Norte da África, vichystas, opuseram-se a qualquer política de emancipação. É consternadora a ignorância dos franceses da França diante do que ainda se chama o Império, em que reina a injustiça. Os europeus da Argélia controlam quase toda a atividade econômica, apesar de algumas fortunas árabes. A relação demográfica cava o abismo. Agora, de nove milhões de habitantes, apenas um décimo é de origem europeia. Em abril de 1945, Camus passa três semanas nas regiões de Argel e de Orã.

Em 8 de maio de 1945, é anunciada a capitulação alemã em Paris. Camus está com Gide, na rua Vaneau. O fim da guerra e a censura militar anulam quaisquer outras informações, entre elas sobre os acontecimentos na Argélia. Ora, durante a guerra, membros da elite política autóctone abandonaram a ideia de assimilação: querem um Estado argelino, embora a ideia não tenha penetração nas massas.[36] Os radicais do movimento nacional, com Messali Hadj, e os moderados de Ferhat Abbas ou Bachir el Ibrahimi unem-se, criam os Amigos do Manifesto da Liberdade. Os messalistas pensam num levante. Messali foi deportado em 25 de abril. Outros pensam em negociar. Manifestações ocorrem em várias cidades da Argélia a partir de 1º de maio de 1945. As agitações eclodem precisamente em 8 de maio, dia da rendição alemã.[37] Os Amigos do Manifesto desejam para a Argélia "uma república autônoma federada a uma república francesa renovada". Reivindicam uma Argélia independente e incorporada. Esses Amigos compõem-se talvez de trezentos e cinquenta mil adeptos e simpatizantes. Nos corredores da primeira conferência das Nações Unidas em San Francisco evoca-se uma eventual independência da Argélia. Em Sétif e Guelma, as primeiras manifestações degeneram. Nos dias seguintes, centros de colonização são atacados e europeus são massacrados.

É um bom pretexto para acabar com o nacionalismo. Entre 8 e 13 de maio, o governo geral sublinha que 103 europeus foram mortos, uma centena de mutilados e feridos. Denunciam-se violações. Os jornais de Paris, inclusive o *Combat*, dão conta principalmente dos mortos europeus. A imprensa parisiense não fala do banho de sangue entre os "indígenas". Algumas famílias perdem todos os seus homens. Poucos jornalistas metropolitanos ou estrangeiros permanecem na Argélia. O *L'Humanité* fala das agitações "reacionárias" de Sétif e das "provocações de agentes hitlerianos".[38] Tal como a SFIO, o PCF continua negando a existência de uma questão nacional na Argélia. A esquerda francesa é tão assimilacionista quanto a direita conservadora. Os argelinos devem tornar-se bons franceses, por emancipação progressiva. Não se pensa em acabar com o regime colonial. O PCF, tanto em 1945 como em 1938, subordina o destino da Argélia à estratégia da URSS. A luta contra o imperialismo anglo-saxão, sobretudo americano, substitui a luta contra o fascismo germânico-italiano de 1935 a 1945.

A repressão na Argélia é atroz: o general Duval serve-se da Legião Estrangeira, dos *tirailleurs* senegaleses e dos *tabors* marroquinos – não das tropas argelinas que lutaram com franceses da Argélia na Europa. Balanço: 4.650 prisões, 1.307 condenações pelas cortes marciais, das quais 99 à morte e 64 a trabalhos forçados perpétuos.[39] Em particular, os militares admitem que houve entre seis e oito mil mortos.[40] Os nacionalistas falam de quarenta e cinco mil. Em Argel, cerca de mil manifestantes foram presos na rua d'Isly, perto das Galeries, por forças policiais que tentavam tomar as faixas que diziam: "Libertem Messali", "Viva a Argélia livre". Tiros são dados por policiais e, ao que parece, por europeus a partir das sacadas: dois mortos, Ziar Abdelkader e El Hassaf.[41]

A imprensa parisiense tem pouco interesse pelo assunto. Quanto a Pia e Camus, eles têm ligações com a Argélia. Camus publica no *Combat* seis artigos a partir de 13 de maio. Para chamar a atenção dos leitores, o título aparece no alto à esquerda da primeira página, em negrito. Camus não é capaz de se dar conta da repressão. Não assistiu a ela e tem poucas informações sobre a região do Constantinois. Inicia sua série com prudência, mantém-se a distância mais do que toma partido: "Diante dos acontecimentos que hoje agitam a África do Norte, convém evitar duas atitudes extremas. Uma consistiria em apresentar como trágica uma situação que é apenas séria. Outra implicaria ignorar as graves dificuldades em que hoje a Argélia se debate." Ele lembra ou informa a seus leitores que a Argélia não é a França. Uma fração importante da opinião pública argelina já não acredita na política de assimilação. "Os indígenas norte-africanos distanciaram-se de uma democracia da qual se viam indefinidamente afastados."[42] Eles "não querem mais ser franceses"; "os árabes exigem para a Argélia uma constituição e um parlamento". Camus adverte contra a ideia de uma "massa indígena" disforme e desinformada. Para Camus não há nenhuma dúvida de que a maioria esclarecida da opinião pública árabe segue Ferhat Abbas e lê seu jornal, *Égalité*. Mudanças políticas produziram-se a partir da guerra.

Encontrando um outro argelino, oficial de carreira de ambições literárias, Jules Roy, Camus o surpreende pela maneira fraternal com que fala dos árabes.[43] Há "muito a dizer a favor e contra Ferhat Abbas e seu partido", diz Camus, mas ele protesta quando em Paris acusam este último e os Amigos do Manifesto de organizarem agitações insurrecionais. Camus busca as causas dos distúrbios e propostas que, aplicadas, ofereçam um futuro à Argélia. Reencontrando o texto e o fôlego do repórter do *Alger républicain*, ele denuncia "a fome na Argélia", sublinha que "a crise evidente [...] é de ordem econômica". As rações oficiais já não são respeitadas: "Na Cabília, no Ouarsenis, no Sud-Oranais, no Aurès, para tomar pontos geográficos distantes uns dos outros só foi possível distribuir 4 a 5 quilos [de trigo] por mês, isto é, 130 a 150 gramas por dia por pessoa." As rações dos "indígenas" – 300 gramas – são inferiores às dos europeus. Camus pede "barcos de víveres *e justiça*" [*grifo meu*]. Fiel a suas posições de 1937 e de 1938, ele lembra o projeto Blum-Viollette: "Não tinha nada de revolucionário. Atribuía direitos cívicos e *status* de eleitores a cerca de 60.000 muçulmanos. Esse projeto, relativamente modesto, despertou uma imensa esperança entre as populações árabes." É preciso rever toda a política francesa na Argélia: Camus expressa sua simpatia por Ferhat Abbas, sem o aprovar. O escritor está convencido de que os militantes do PPA, dissolvido em 1936, trabalham "pelo separatismo argelino" no seio dos Amigos do Manifesto. Não assina embaixo o programa de Ferhat Abbas, mas sabe que ele coincide com as aspirações políticas árabes.

Sem na verdade concluir sua série, Camus recusa a teoria das agitações desencadeadas por "agitadores profissionais". A crise política, estrutural, segundo ele não conjuntural, era anterior à fome. Reclama, com certa vaguidão, uma ação política que seja ao mesmo tempo "firme e democrática". Mas como exportar o regime democrático? Perturbado, inquieto, esse Camus: "Não são discursos que devem ser exportados, mas realizações. Se quisermos salvar o Norte da África, devemos marcar diante do mundo nossa resolução de fazer com que lá a França seja conhecida por suas melhores leis e por seus homens mais justos." Ele não toma posição sobre as reivindicações que mencionou honestamente, uma Constituição e um Parlamento argelinos.

A França e Paris, para ele, perderam a Argélia e o apoio das elites assimilacionistas. Última frase de sua série: "É a força infinita da justiça, e só ela, que deve ajudar-nos a reconquistar a Argélia e seus habitantes." Angustiado, Camus não escolhe entre a política assimilacionista a longo prazo esboçada por decreto e a nova política nacionalista de Ferhat Abbas: ela leva logicamente a uma independência argelina, para além das precauções oratórias e do desejo sincero de manter vínculos com a França. A posição de Camus é original, mas, às vezes, vaga. Ela o torna um homem só. O *Combat* segue com simpatia a política do governador-geral na Argélia, o socialista Yves Chataigneau, que tenta, sem sucesso, arrancar concessões dos colonos e de seus grupos de pressão em Paris.

Em maio de 1945, depois dessas agitações e massacres, Jean Amrouche, escritor argelino, muito francófilo, viaja seis semanas pelo Norte da África.[44] Foi a Sétif e Constantine, Túnis, Argel e encontrou Ferhat Abbas. Propõe ao *Combat* um artigo de dez páginas datilografadas, recusado, principalmente porque é redundante com a série de Camus. Para Amrouche, a fome, e não o PPA, é a causa das agitações. Ele evoca o horror cotidiano: "No último inverno recolhiam-se todos os dias cadáveres de homens, mulheres e crianças mortos de fome e de frio." Amrouche afirma também que a política de assimilação está ultrapassada.[45]

Camus detecta um racismo desonroso de numerosos países através do mundo. Gostaria de preservar a França disso. Pelo menos na metrópole, os cidadãos não são racistas. Ele conhece a força do antissemitismo: "Sempre temos certeza de, mais dia menos dia, dar com um francês, com frequência inteligente, que diz que os judeus na verdade estão exagerando."[46]

Em 8 de agosto de 1945, Camus é o único editorialista francês a expressar seu horror após a explosão de uma bomba atômica americana sobre Hiroshima. Para a esmagadora maioria dos franceses e dos comentaristas, essa bomba significa o fim da guerra. Muitos mortos japoneses evitam numerosos mortos americanos. "A civilização mecânica acaba de atingir seu último grau de selvageria", ele escreve. "Será preciso escolher, num futuro mais ou menos próximo, entre o suicídio coletivo e a utilização inteligente das conquistas científicas." Camus é o único a reagir assim de imediato. Ele não nega a eficácia da bomba: "Que nos entendam bem. Se os japoneses capitularem após a destruição de Hiroshima e por efeito da intimidação, nós nos regozijaremos." Segundo a agência Reuters, a invenção da bomba atômica faria os tratados caducarem. Camus protesta: agora é preciso defender "mais energicamente ainda uma verdadeira sociedade internacional, em que as grandes potências não tenham direitos superiores aos das pequenas". A vocação moralizante de Camus se expressa nesse editorial mais do que em qualquer outra parte. Ele não percebe o papel de dissuasão da invenção atômica. Está desanimado. Acreditará na eficácia de suas tomadas de posição no *Combat*? Será que um editorial influencia os leitores, modifica seu ponto de vista, ou será que solidifica suas opiniões e preconceitos? Simone de Beauvoir fica horrorizada com a bomba de Hiroshima, mas nem ela nem Sartre o dirão em público.[47]

Em 21 de outubro de 1945, os cidadãos franceses elegem a primeira Assembleia Constituinte. Ela dá à luz em sete meses a 4ª República – que só terá vícios. Graças a De Gaulle e à atmosfera da época, os franceses votam, finalmente. Os comunistas têm 159 deputados, de um total de 586. Os europeus da Argélia "em pleno direito" votam na esquerda e os muçulmanos que têm o direito de votar ainda mais. Há dois colégios. O primeiro representa 561.824 franceses da Argélia e 58.000 muçulmanos chamados singularmente "de *status* local". Cada colégio elege treze deputados. A Argélia envia à Câmara seis deputados do PCF, seis da SFIO, dois do MRP, dois radical-socialistas e três "muçulmanos de progresso". Enquanto isso, a eleição de três deputados muçulmanos em cada sete será anulada. A sub-representação dos não europeus é grotescamente insultante, como não cessa de dizer Amar Ouzegane, eleito pelo partido comunista. A esquerda, na França, se desinteressa dessa questão. Deixa-a para mais tarde. Já houve um progresso, não é mesmo? Os cidadãos franceses argelinos, já excessivamente representados – é preciso três vezes mais eleitores na França para eleger um deputado –, podem vangloriar-se de uma taxa recorde de abstenção, mais de quarenta por cento.

Na falta de coisa melhor, Camus, tal como o *Combat*, impeliu ao voto socialista.

29

OS RAMBERT

Editor da Gallimard, redator-chefe do *Combat*, escritor, Camus leva três vidas profissionais. Sente-se cansado e seu terceiro ofício exige tempo. Às vezes ele se libera: em 1945, é pago durante sete meses pelo jornal, cinco por sua editora.[1] *A peste* se arrasta, mas o personagem do jornalista Rambert se adensa. Camus vê muitos Rambert à sua volta. No *Combat*, a maioria dos jornalistas tem menos de quarenta anos; eles têm o entusiasmo dos principiantes e uma ideia elevada de seu ofício, às vezes de si mesmos. Alguns gostam de se tomar por cavaleiros da profissão. Pia pratica a democracia direta. O *Combat* parece ser o único diário importante em que não há conferências de redação, reais ou formais. Um jornalista tem mais possibilidade de êxito num artigo proposto por ele do que num artigo imposto: os colaboradores fazem suas ofertas a Pia, que toma as decisões depois de consultar os chefes de setor. De cerca de quinze, no início, os permanentes passam a trinta. Só o administrador dispõe de uma sala grande. Pia divide a sua com Coquelin. Gimont cobre a política estrangeira, Altschuler a política interna. Os despachos chegam para os três. Pia dá uma olhada e faz sugestões: Você extrairia duas laudas disso?

Vários círculos se formam em torno de Pia e de Camus. Entre os administrativos, atua Jacqueline Bernard, secretária geral, salva da deportação. As finanças são confiadas a um advogado, Jean Bloch. Resistente desde 1940, torturado, ele assinará seus livros como Bloch-Michel. Pia brinca:

— Todos os contadores trapaceiam. Você não seria capaz.[2]

Com respeito à linha política ou à direção financeira do jornal, não são solicitadas as opiniões dos dois fundadores, Henri Frenay, ministro dos Antigos Combatentes, e Claude Bourdet, de volta após um ano em Sachsenhausen e Buchenwald e nomeado diretor da rádio. Bloch-Michel sugere que às vezes seria preciso fazer uma reunião para tratar dos problemas materiais:[3] como aumentar a distribuição? É preciso comprar máquinas de escrever? Ponto fraco de Pia: ele não é financista. Acha que "sempre se dá um jeito" e também que um jornal de qualidade destina-se ao fracasso. Aceita um almoço mensal numa sala privada de um restaurante não muito chique: durante a primeira reunião, as discussões se referem a essas questões materiais. Na segunda, Camus chega com o escritor Louis Guilloux. Esse almoço delicioso não trata da tesouraria. Convidam Malraux. Em 16 de janeiro de 1946, este, convertido ao gaullismo fervoroso, passa um furo para Pia: De Gaulle vai se demitir. Como não comprometer o informante? Passam o furo para o *News Chronicle* de Londres e depois citam esse jornal como fonte.

Enigmático, consciente – talvez demais – de que é um dos modelos de Meursault, Pierre Galindo foi recrutado pelo *Combat*. Um primeiro círculo de colaboradores compõe-se dos repórteres. Alguns são enviados ao estrangeiro. Apresentado a Pia por Camus, Roger Grenier é dos que se sentem próximos do diretor e do redator-chefe. Entre outros assuntos, ele cobre processos. Os recrutamentos fazem-se também por simpatia ou amizade. Albert Palie, caído de paraquedas num maqui em 1944, foi apresentado por Raymond Aron, por sua vez levado por Malraux. Suas referências: um texto em *Les Temps modernes*, revista de Sartre, e dois em *France libre*. Palie acha Camus encantador, mas "um pouco estrela", satisfeito com seus Rambert, mas também "muito satisfeito consigo mesmo [...] amigável e gentil, mas um pouco soberano, não verdadeiramente arrogante, mas quase".[4] Palie, tal como Roger Grenier ou Bost, tem mais do que talento de jornalista. Alexandre Astruc também. Entrevistando Heidegger, ouve-o dizer que prefere Merleau-Ponty a Sartre e que este último não vale nada.[5] Pierre Kauffmann – Pia conheceu-o durante a guerra – inicia com temas franceses e prossegue com matérias de política estrangeira. O que faz um especialista em política estrangeira?

— Consiste em passear à custa do jornal — brinca Camus.

Kauffmann, filósofo que não pôde se apresentar à *agrégation* durante a Ocupação por ser judeu, fala um pouco de inglês. Camus explica-lhe a linha do *Combat*:

— Não somos dogmáticos. Não faremos anticomunismo, mas, quando não estivermos de acordo com os comunistas, nós diremos.

Essa declaração soa bem. Para o PCF, já é anticomunismo. Kauffmann percorre o mundo, do Oriente Médio ao Canadá. Mantém reservas com relação a Camus, pois considera-o um "orgulhoso do estilo",[6] um Chateaubriand jornalístico. O amigo encontrado em Orã, Jean-Paul de Dadelsen, é correspondente em Londres – e, secretamente, um poeta muito original. Jean-Pierre Vivet, cujo trabalho para o primeiro diploma de estudos superiores será sobre Camus, escreve artigos de humor, passa para o cinema, volta a relatórios de processos. O *Combat* tem falta de pessoal. Vários jornalistas são polivalentes. Alguns não têm nenhum gosto pela especialização. Colaboradores recusam que se mexa em suas matérias. Só Pia tem todos os direitos. Bernard Voyenne é *rewriter*, e também o que num jornal inglês se chamaria *subeditor*. Astruc, o caçulinha, aterrissa em sua sala. Seu artigo terminava com: "No cinema, tal como alhures, não há milagre." Voyenne risca "tal como alhures".

— Meu velho, seu ofício são os erros ortográficos. Não os milagres — diz Astruc.[7]

O jornal passa para quatro páginas. Pia contrata, para a coluna literária, Maurice Nadeau, trotskizante. Jacques Lemarchand comanda o teatro, Jean Grenier e um novo crítico, Charles Estienne, cobrem a pintura. Denis Marion ocupa-se do cinema.[8] Amigo de Camus, Guy Dumur, crítico de teatro, impõe-se com um faro de descobridor. Pia, tal como Camus, gosta de pessoas que escrevem bem: daí a presença, episódica, de Marc Bernard. Pierre Faucheux cuida do leiaute. Maurice Henry produz desenhos humorísticos. Outros colaboradores ativos: Robert Namia, Victor Peroni, Jean Chauveau e Marcelle Rapinat.

O editorialista mais importante, ao lado de Camus e Albert Ollivier, será Raymond Aron. No dia de sua chegada, discreto, ele se instala em sua sala. Esquecem-no. Palie o nota e apresenta-o a Pia. Aron passou a guerra em Londres. A seu conhecimento da filosofia e da sociologia alemãs, ele acrescenta estudos de economia política. Leu Marx de fato. Segundo Aron, quanto ao talento literário, o "prêmio de excelência"[9] cabe a Camus, que no entanto teria falta de rigor em suas análises econômicas e diplomáticas e não se interessaria suficientemente por política estrangeira. Camus e Aron têm pontos em comum: acreditam na necessidade de uma renovação nacional, na solidariedade, e desconfiam dos comunistas. Camus é partidário de um outro socialismo, que não deve sacrificar a liberdade política pela justiça econômica. Não vê com muita nitidez que liberdade política e liberdade econômica são variáveis dependentes. Aron também dá então oportunidade ao socialismo, que deve unir a "direção da economia pelo Estado sob a influência das massas populares" e "o liberalismo intelectual e pessoal que a França não aceita sacrificar".[10] Para Aron, acadêmico, a análise deve ser despojada de toda paixão. Camus tem paixões, entre as quais a compaixão. Aron expressa suas decepções quanto à situação na França: "O país não se desvencilhou do peso do passado, não eliminou os venenos espalhados por quatro anos de ocupação, não se lançou com uma alegria unânime na grande obra de reconstrução." Camus e Aron concordam, aparentemente, pois Camus se interessa em primeiro lugar pela moral, pelo desejável, Aron pela política, arte do possível. "Não acreditamos no realismo político", escreve Camus. O que é o realismo? O oportunismo, a submissão dos fins aos meios, o cinismo. Aron não é cínico, mas acredita antes de tudo nas realidades. Será o pensador frio da guerra fria. E, numa certa época, o teórico morno de um socialismo frouxo. Se os editorialistas aconselham os príncipes, eles devem apoiar seus argumentos no plausível. O *Combat* proclamava, algumas semanas depois de sua publicação na Paris libertada: "A imprensa tem um papel de conselheira a ser desempenhado junto ao governo e de guia junto à opinião pública." Aron pensa antes de tudo nos governantes, Camus dirige-se aos leitores.

Camus não tem atração por Léon Blum, o intelectual da SFIO. Desde o *Alger républicain*, ele se mantém de sobreaviso, tal como Pia, diante de todos os homens políticos. O *Combat*, diferentemente do *Franc-tireur* e do *Libération*, não lhes oferece tribuna. Camus reprova a SFIO, em 1944 e 1945, tal como em 1936 e 1937, por não ter imposto o projeto Blum-Viollette ao Parlamento francês e por ter abandonado os republicanos espanhóis. Quanto a esse assunto, Maria Casarès é uma evocação viva. Seção francesa da Internacional Operária? Para Camus, a SFIO parece francesa, sem dúvida, mas pouco socialista, não internacionalista e moderadamente operária. Ele pende para os homens jovens que ficaram na França de 1940 a 1945: "Não esquecemos nenhum dos serviços superiores prestados por nossos camaradas de Argel." Mas, acrescenta, "não é possível que os órgãos da Resistência sejam dissolvidos e seus membros mandados de volta para casa com algumas palavras amáveis e a devida condecoração".[11] A SFIO, para ele, está reaquecendo um grande ensopado eleitoral, que mistura personagens políticos novos e desgastados.[12] Camus tem uma concepção heroica da Resistência. Ela poderia fundar uma "ordem na qual o semblante do homem aparecesse sob uma luz intensa".

Um homem, Charles de Gaulle, dirige-se aos franceses por cima dos políticos, pairando sobre o caudal dos partidos que, querendo ou não, o apoiam. Apesar da alergia de Pia e de Camus ao nacionalismo do personagem de um 18 de junho inesquecível, o *Combat* quis que o governo provisório fosse reconhecido pelos Aliados. Pia e Camus são politicamente hostis aos militares, que primeiro devem provar sua inocência. De Bonaparte a Pétain, todo militar parece potencialmente um aprendiz de ditador. Camus admite, tal como Ollivier, que De Gaulle foi um dos primeiros a proferir a linguagem da recusa, e aprova-o quando nacionaliza o carvão e a eletricidade. Isso não obriga a segui-lo em tudo. Como aquele De Gaulle é difícil de rotular! Camus reconhece o chefe das Forças Francesas Livres, mas não lhe confere uma legitimidade histórica permanente. De fato, ele julga o General a cada ação. Constata que nem o general (no *Combat*, frequentemente g minúsculo, não maiúsculo) nem a situação da França logo depois da Libertação parecem revolucionários.

Camus não aposta mais, se é que chegou a acreditar, na grande noite. Tateia, busca uma linha, a igual distância do nacionalismo reformista gaulliano de uma parte da direita e do internacionalismo comunizante que fascina a esquerda. Ele exprime a solidariedade dos resistentes do interior diante dos políticos da França livre e contra os "políticos" do pré-guerra, como o insubmersível Édouard Herriot, radical-socialista, prefeito de Lyon. "Quanto a Herriot, somos muitos a pensar que ele não tem mais nada a nos ensinar. Se ainda nos pode ser útil, é na medida em que, considerando o que ele é e o que foi seu partido e em seguida a prodigiosa aventura que a França deve perseguir para renascer, diremos que não há medida comum e que a renovação francesa exige outra coisa que não esses corações frouxos."[13] Camus não raciocina em termos de classes contra classes, mas, com frequência, de gerações. Os velhos da 3ª República, dos quais muitos votaram por conceder plenos poderes a Pétain, são traidores, fracos e maus servidores do país.[14] Camus utiliza a palavra "burguesia", por aproximação e pejorativamente, como muitos intelectuais naqueles anos. Para ele, a burguesia francesa abandonou seu papel dirigente, em 1940.

O Partido Comunista Francês coloca problemas para os jornalistas do *Combat*. Eles vivem da unanimidade ecumênica da Resistência e da reputação gloriosa do Exército Vermelho, que libertou a Europa. O "marxtelamento" primário é ininterrupto. O PCF parece controlar mais intelectuais do que a SFIO. Ele é poupado. Maurice Thorez, seu secretário-geral, desertor em 1940, negociou com De Gaulle sua volta à França e sua participação no governo em troca da dissolução das milícias patrióticas. O *Combat* não lembra o pacto germânico-soviético de 1939 e a deserção de Thorez. É preciso ser cortês, "realista"? Camus ainda acha que o pacto pode ser explicado pelos acordos de Munique.[15] Porém, deixando um pouco de lado sua reserva, ele rompe com o PCF em janeiro de 1945, quando o Movimento de Libertação Nacional (MLN) faz seu congresso. O *Combat* tem vínculos com o MLN. Os comunistas e os simpatizantes comunistas do movimento gostariam que ele se fundisse com ao Front National, criptocomunista. Fulgurante, Malraux opõe-se a esse amálgama e o *Combat* apoia Malraux: a Resistência deve continuar pluralista, não se voltar na direção do PCF.[16]

Os comunistas, por intermédio do *L'Humanité* e de um hebdomadário de boa conduta em sua esfera de influência, o *Action*, atacam o *Combat* e Camus. Este último espera antes de replicar. No clima da época, algumas inibições ainda retêm os comentaristas de esquerda ou de direita. O anticomunismo, para o grande público de esquerda, torna-se equivalente ao antissovietismo. "O antissovietismo", diz Camus, "é uma estupidez tão temível quanto seria a hostilidade sistemática à Inglaterra ou aos Estados Unidos."[17] Menos avançado do que Gide, que não volta atrás em seus julgamentos referentes ao comunismo, Camus não vê antes de tudo na URSS um Estado totalitário. Gide não se banhou na fraternidade da Resistência e dos comunistas "de guerra". O velho homem preocupa-se com o clima na França, teme um conformismo de pós-guerra, vê um perigo totalitário na França. Em seu diário, em 15 de janeiro de 1945, ele anota: "Acho que logo se reconhecerá que algumas de minhas acusações são fundamentadas; particularmente aquelas que se referem à opressão do pensamento. [...] Essa opressão começa a se exercer, a exemplo da URSS, na França. Todo pensamento não conforme torna-se suspeito e é imediatamente denunciado." A submissão, a obsequiosidade, o próprio servilismo diante do comunismo nacional ou internacional estão no ar.

No *Combat*, durante um tempo, há muita prudência. Não sabem a verdade sobre o universo totalitário soviético, ou não querem sabê-la. O *Combat*, que dispõe de um excelente correspondente em Londres, que é Dadelsen, não o tem de início em Moscou ou em Washington. O jornal não pode oferecer correspondentes permanentes e se contenta em mandar enviados especiais: depois de Kauffmann, Serge Karsky vai à Polônia ou à Romênia, Vivet à Costa do Marfim, Chauveau à Tunísia, Roger Grenier à Espanha e à Grécia, Bost aos Estados Unidos. A serviço de órgãos oficiais franceses ou americanos, pessoas importantes bancam os repórteres – Simone de Beauvoir, depois de Sartre, nos Estados Unidos. Camus enviará seu amigo Amrouche à Argélia.[18] O *Le Monde* e o *Le Figaro* têm uma cobertura internacional muito mais ampla do que o *Combat*, pois seus meios são superiores. Mais filorusso ou filosoviético do que filocomunista, Camus não se apaixona pelos detalhes das implicações da cena internacional.[19]

O horizonte do *Combat* é limitado a oeste pela costa da Califórnia, a leste pelo Oriente Médio, com uma exceção: sobre a Indochina, o coronel Bernard, pai de Jacqueline, publica artigos frequentemente perspicazes. O *Combat* utiliza os despachos de agências para cobrir, em 1945, a proclamação da independência da República do Vietnam.[20] Contraponto de Camus sobre a Argélia, o coronel Bernard escreve: "O que mais chama a atenção quando se levanta um problema colonial é a ignorância daqueles que pretendem resolvê-lo."[21] O coronel se indaga se há "realmente na Indochina um partido marxista, qual é sua organização, qual é sua força e quais são seus chefes". Ho Chi Minh, tanto em Paris como em Washington, é considerado primeiro nacionalista, depois comunista. O *Combat* publica em primeira página um artigo de título claro: "A França fará de suas colônias inimigos se lhes recusar o direito à independência."[22] Camus não se interessa pelo Vietnam, pelo Camboja ou pelo Laos. O mundo ainda não é uma aldeia planetária. Parlamento e grande público francês estão pouco voltados para a atualidade indochinesa. A esquerda comunista e não comunista identifica os indochineses revoltados com os resistentes.

Camus evita a mistura de gêneros. O romancista faz poucos artigos literários no *Combat*. Chama-se Suétone, um pseudônimo do *Alger républicain*, para atingir Claudel.

Articulistas ou cronistas confundem Sartre e Camus, que marca sua diferença: "Não tenho muito gosto pela muito famosa filosofia existencial, e, em uma palavra, acho suas conclusões falsas, mas elas representam pelo menos uma grande aventura do pensamento."[23] Isso para responder a ataques de *L'Aube*, diário do MRP, e também de *Les Lettres françaises*. Em *L'Aube*, Georges Rabeau atribui a Nietzsche o gosto pela luxúria, e também censura o *Combat*, implicitamente, por ter leitores. Camus acumula inimigos e amigos. Georges Bernanos lhe escreve: "Nem sempre concordo com você, mas sempre o contradirei a contragosto."[24] Camus faz questão de dizer alto e bom som que seu pensamento, tal como o de Sartre ou o de Malraux, não desemboca num pessimismo absoluto: "A ideia de que um pensamento pessimista é necessariamente desencantado é pueril." O *Combat* não defende automaticamente a obra de Sartre. Se por um lado Lemarchand é muito favorável a *Entre quatro paredes*, reprisada no Vieux-Colombier, Nadeau não se impressiona com a série *Os caminhos da liberdade*, cujo segundo volume, picadinho literário, inspira-se nas técnicas de Dos Passos.[25] Camus não escreve sequer um grande artigo sobre os livros de Sartre e Simone de Beauvoir. Mas os três escritores conservam relações muito amigáveis.

Camus continua trabalhando em *A peste*. Mais no final do romance o jornalista Rambert reencontra sua mulher: "Quando o trem parou, separações intermináveis que muitas vezes haviam começado naquela mesma plataforma de estação lá terminaram, em um segundo, no momento em que braços se fecharam com uma avidez exultante sobre corpos cuja forma viva haviam esquecido. Rambert nem teve tempo de olhar aquela forma que corria para ele, e já ela se abatia encostada a seu peito. E, segurando-a em seus braços, estreitando uma cabeça da qual só via os cabelos familiares, deixou correr suas lágrimas, sem saber se vinham de sua felicidade presente ou de uma dor reprimida por muito tempo, certo pelo menos de que elas o impediriam de verificar se aquele rosto refugiado na concavidade de seu ombro era aquele com que tanto sonhara ou, ao contrário, o de uma estranha. Saberia mais tarde se sua suspeita era verdadeira. Por enquanto, queria fazer como todos aqueles que pareciam acreditar, à sua volta, que a peste pode chegar e ir embora sem que o coração dos homens se modifique." Em seus cadernos, Camus anota: "Oitenta por cento de divórcios entre prisioneiros repatriados. Oitenta por cento dos amores humanos não resistem a cinco anos de separação."

Muitas vezes amigos de passagem, como Lucien e Mireille Bénisti, notam a tensão no casal Camus.[26] Albert parece aborrecido, irônico, mordaz, embora sempre cortês com sua mulher. Ele não é homem de gritos e cóleras. Apresentada a Sartre e Simone de Beauvoir, Francine não se sente à vontade com eles. Eles a acham bonita. Ela participa de algumas festas, não de todas. Maria Casarès não está amuada, mas se preocupa. Camus a tranquiliza:

— Francine é como minha irmã.

Quando ele anuncia que sua "irmã" está grávida, Maria, compreensiva, mas íntegra, rompe. Camus não gosta de mentiras, ela também não. Às vezes o mais fidalgo dos dois é ela.

Evitando a palavra tuberculose, Camus fala em "doença respiratória".[27] Recaídas, sinais de esgotamento, falta de ar: ele se deprime. Reencontrando Poncet, instalado em Paris na editora Charlot, que tenta a sorte na capital, Camus se queixa: "Imagine [...] que a partir de meados de outubro, você sabe que na verdade não verá mais o sol durante seis meses..." Ele reencontra alguns amigos argelinos com prazer, arrasta-os após o fechamento do *Combat*, tarde da noite, para boates e bares, principalmente para o Méphisto e o Tabou. Em visita aos Poncet, conta que Francine está grávida; depois, encarando o bebê deles, ironiza:

— Mas é uma larva!

Os Camus não podem mais morar numa *kitchenette*. Moram na antiga residência de Chateaubriand, a Vallée-aux-Loups, deliciosa pensão, mas um pouco longe demais de Paris. "Aqui comemos legumes cozidos em água", escreve Camus a Janine e Michel Gallimard. Os Camus ficam nesse lugar por algumas semanas, depois se instalam numa casa mobiliada em Vincennes, mais cômoda para chegar ao *Combat* ou à Gallimard. Lá também podem alojar a mãe de Francine, que chegou antes do parto: "Minha sogra desembarcou em Le Bourget um pouco aturdida pela altura e vagamente enojada porque todo mundo tinha vomitado menos ela. [...] O genro se tranca no quarto e tenta dar forma a uma história de epidemia da qual acabará morrendo, mas não sem antes trabalhar o mês inteiro [de agosto de 1945] no *Combat*."[28]

Guy Schoeller, editor, oferece uma casinha que pertence à sua mãe, à beira do Sena, em Bougival, a vinte minutos de Paris, de trem ou de carro.[29] Os Camus se mudam mais uma vez. Francine Camus dá à luz gêmeos, Catherine e Jean, em 5 de setembro de 1945, na clínica do Belvédère, perto da porta de Saint-Cloud. Indo buscar a mulher, depois de colocar as bagagens no carro do *Combat*, Camus se instala e profere um belo "Vamos embora!". Só se esqueceu dos gêmeos, observa Francine.

Em Bougival, ele encontra Louis Germain, seu professor, vindo do quartel central das FFL, atrás da Escola Militar. Com cinquenta e oito anos, tenente-coronel, Germain está engajado nos corpos irregulares. Confia um baú aos Camus e, depois de sua visita, manda uma carta em que expressa ao ex-aluno sentimentos contraditórios: "Acredito ter uma certa participação, muito modesta, é verdade, em seu destino." Depois: "Gostaria que você me afirmasse que não me enganei ao orientá-lo para o liceu."[30] Para o bom professor, Paris é nefasta.

A vida cotidiana continua difícil, embora os franceses, meio vencidos, estejam menos sujeitos a racionamentos do que os britânicos, vencedores. Americanos se reúnem para ajudar os intelectuais, e principalmente os escritores franceses. Os Camus recebem pacotes de Ira Williams, advogada na Filadélfia. A gentileza de seus correspondentes impressiona Camus, admirado também com o senso de organização americano. São oferecidos vários tipos de pacotes, entre os quais o tipo A: uma libra de legumes em lata, meia libra de cacau doce, uma libra de leite em pó, uma libra de queijo *and so on*. Camus agradece aos remetentes o envio regular de pacotes. Oferece mandar-lhes seus livros.[31] A França não está mais sob o reinado do mercado paralelo, mas lança mão de melhores métodos para se desenredar. O automóvel inglês do jornalista Pierre Bourdan está quebrado. Camus pede a Dadelsen que arranje peças. Ele põe o carro do *Combat* à disposição de Jean Grenier e de sua mulher, que embarcam em Marselha para o Egito,[32] onde o bom mestre torna-se professor na universidade de Faruk I da Alexandria.[33] Irá colaborar a distância para o *Combat*. Sua crítica pictórica muitas vezes é sutil.

Em agosto de 1945, começam os ensaios de *Calígula* no teatro Hébertot. Camus assiste. Henri Rollan, excelente ator, não poderá trabalhar, atingido "pela doença designada pelo vocábulo *flaibitte*". Camus fica muito satisfeito com um jovem ator, belo, tenebroso, romântico, Gérard Philipe. *Calígula* tinha três atos – e agora tem quatro. Mais do que *O equívoco*, a peça se encaixa no ciclo dos Absurdos. Camus mostra um tirano inteligente cujos móbeis parecem "ao mesmo tempo singulares e profundos". "Especialmente", diz, "ele é o único, que eu saiba, a ter *ridicularizado o próprio poder*."[34] Já em 15 de setembro, favorecido por seu elenco, *Calígula* é muito bem recebida. Fidelidade familiar, a direção de cena é de Paul Oettly, apoiado por Camus. Fidelidade argelina, o figurino é de Marie Viton, o cenário de Louis Miquel; Jean Oettly, um primo, é o primeiro guarda. Com Gérard Philipe como Calígula e Margot Lion no papel de Caesonia, notam-se também Michel Bouquet como Cipião e Georges Vitali como Hélicon.

O público aprecia a causticidade de Camus: "Tudo estava no mesmo pé: a grandeza de Roma e tuas crises de artritismo", "Governar é roubar, todo mundo sabe disso. Mas há o jeito"... As tiradas mais sombrias também: "Perder a vida é pouca coisa e terei essa coragem quando for preciso. Mas ver dissipar-se o sentido dessa vida, desaparecer nossa razão de existir, isso é insuportável. Não se pode viver sem razão." Alguns espectadores avisados, sabendo Camus atacado pelo jornal de extrema direita *L'Époque* e pelo *Action*, pensam nessas polêmicas quando Cipião diz: "Posso negar uma coisa sem me julgar obrigado a difamá-la ou a tirar dos outros o direito de acreditarem nela." O sucesso de sua peça não impede o autor de expressar em seus cadernos um amargor irritadiço: "Trinta artigos [sobre *Calígula*]. A razão dos elogios é tão má quanto a das críticas. Apenas uma ou duas vozes autênticas ou emocionadas. A fama! Na melhor das hipóteses, um mal-entendido. Mas não assumirei o ar superior de quem a desdenha. Ela também é um sinal dos homens, nem mais nem menos importante do que sua indiferença, do que a amizade, do que a aversão. Afinal, o que tenho a ver com tudo isso? Esse mal-entendido, para quem sabe utilizá-lo, é uma libertação. Minha ambição, se é que tenho alguma, é de outra ordem."[35] Também anotou: "Aos trinta anos, quase que de um dia para outro, conheci a fama. Não o lamento. Poderia imaginar que fosse pior. Agora sei o que é. É pouca coisa."

A Sartre e a Simone de Beauvoir, Camus dá a impressão de saborear sua reputação. Evidentemente, no entanto, ele está menos feliz do que aquele Sartre rejubilante. "O que é um homem célebre?", pergunta em seus cadernos. "É um homem cujo primeiro nome não importa. Em todos os outros, o prenome tem um sentido bem particular."

Camus sente-se enredado em seu casamento e não consegue terminar seu romance. Solicitam-lhe artigos, conferências e sua participação em debates. Ele não gosta que se alie seu nome ao de Sartre, mas nos Estados Unidos, em entrevistas, este último cantou os méritos do amigo. Para a *Vogue*,[36] ele instala Camus no panteão moderno: "A Resistência nos ensinou que a literatura não é uma atividade supérflua, independente da política." Sartre afirma que se podem distinguir duas gerações de escritores franceses: a de antes da guerra – Blanchot, Bataille e Anouilh. A segunda inclui Leiris, Cassou e Camus. Para Sartre, este último seria o arquétipo do escritor engajado, as chances de um "novo classicismo". As principais características da literatura francesa futura podem ser vislumbradas na "obra pura e sombria de Camus". Sartre sustenta que a geração de Malraux e a de Camus podem ser opostas, a última acreditando na "ação austera, modesta e útil". Suas generalizações às vezes parecem tão grandes quanto seu entusiasmo, mas ele não poderia se mostrar mais elogioso – em público.

Camus não tem problemas de dinheiro no horizonte, mas sente-se cercado pelas preocupações materiais: está principalmente procurando uma residência permanente e decente para a família. Permanecer no subúrbio? Não. Ele explica a Jean Grenier que não consegue trabalhar exasperado. Não "teve um dia de descanso nos últimos três anos".[37] Vive de noite e de dia. Sartre e o Castor trabalham furiosamente, até catorze horas. Sem filhos, gostam de morar no hotel e não têm de cuidar um do outro materialmente. Francine consulta Albert para comprar uma mesa, uma colcha, um casaco. Francine, com a paixão contida, é mais indecisa do que infantil. Como escrever com aquelas mulheres girando em torno daqueles bebês chorões? Camus às vezes inveja a liberdade de Sartre. Ele aprecia as relações de amizade viris. Os dois são machos, mas Camus gosta de conversar com as mulheres. Sartre não, ele parece ter encontrado com o Castor o cérebro feminino único e suficiente.

Camus e Sartre são cúmplices. Além de algumas observações rápidas – Mauriac é cansativo, Gabriel Marcel é *kitsch*, Faulkner é extraordinário –, eles têm poucas conversas filosóficas ou literárias. Com reservas e mesmo de sobreaviso, Camus se confia mais a Simone de Beauvoir. Sartre tem a naturalidade e a palavra fáceis. Camus parece mais contido. Quer a Sartre, com quem frequenta os cafés, os bares de Saint-Germain-des-Près ou de Montparnasse, as boates como a Rose Rouge, onde ouvem Boris Vian tocar trompete e Juliette Gréco cantar, quer a Malraux, com quem se encontra na Gallimard, Camus não exporia seus tormentos metafísicos. Um homem como ele confessa certos sentimentos mais a mulheres. Ele janta sozinho com o Castor na Lipp ou em outro lugar. Conversam até tarde da noite em torno de uma garrafa de champanhe.[38] Simone de Beauvoir afirma que Camus deseja um dia escrever a verdade sobre ele. Para ela, o abismo entre o homem público, a obra e o homem privado é grande em Camus. Simone, com um lado de professora severa, ou antes de *agrégée* emancipada, gosta de um "lado malandro" em Albert. Ela toma seu ceticismo por cinismo, mas continua sensível a seu charme.[39] O Castor e Sartre têm pontos de vista maniqueístas, Camus não.[40] Sartre se mostra tanto mais violento por não ter resistido muito: sua intransigência para com os intelectuais colaboracionistas é inversamente proporcional aos riscos que correu, ao passo que, mais engajado, Camus mostra-se menos intratável.

Sartre e Simone de Beauvoir aprovam quanto ao conteúdo, menos quanto à forma, lenga-lenga a seu gosto, a maioria das tomadas de posição de Camus com relação à história presente: "Vichy nos ensinou que a grande responsável era a inteligência. Os camponeses tinham lido demais Proust.

E todo mundo sabe que o *Paris-soir*, Fernandel e os banquetes das Associações de amigos eram sinais de inteligência." Isso poderia ser de Sartre: é de Camus, lendo um texto na Mutualité, lugar privilegiado dos *meetings* parisienses.[41]

Sartre, Simone de Beauvoir e Camus não têm a mesma atitude diante da ideia de Deus. São todos ateus, os sartrianos com satisfação, Camus quase que com inquietude e perplexidade. Sartre desvencilhou-se de Deus, velho berloque filosófico, da religião e do sagrado há muito tempo. Deus se dissolve em alguns parágrafos de *O ser e o nada*: "Uma criação *ex nihilo* não pode explicar o surgimento do ser, pois, se o ser é concebido numa subjetividade, mesmo que divina, ele é um modo de ser intrassubjetivo. Não poderia haver, nessa subjetividade, nem mesmo a *representação* de uma objetividade, e consequentemente ela não poderia nem mesmo ser afetada pela *vontade* de criar do objetivo." *Und so weiter*. Estas não são afirmações que se possam discutir numa boate. Sartre e Camus adoram dançar. Nenhum personagem de Sartre até então sente-se possuído pelo diabo ou pelo bom Deus. Camus, ao contrário, não conseguindo terminar *A peste*, vive a existência e os pensamentos do jesuíta Paneloux e do doutor Rieux, o crente e o ateu que se reencontram diante do sofrimento humano. Revoltante para Paneloux, esse sofrimento está além do entendimento dos homens. Camus tenta compreender a fé. Para Sartre, essa grande superstição não merece atenção. Camus sente-se próximo de seu jornalista Rambert e do médico Rieux, declarando: "Tenho outra ideia do amor. E recusarei até a morte amar essa criação em que crianças são torturadas." Paneloux, perturbado, responde: "Ah! Doutor... acabo de compreender o que se chama de graça." Rieux replica com doçura: "É o que não tenho, eu sei. Mas não quero discutir isso com o senhor..." Camus não discute sobre Deus e sobre a graça com Sartre. Nem sobre o sagrado, como poderia fazer com Malraux.

Em compensação, Camus e Sartre falam de política. As discussões giram em torno dos comunistas. Sartre acha que é preciso escolher: marchar com os comunistas ou contra eles, com ou contra os Estados Unidos. Opõe crentes a ateus. Para Sartre, *o* grande debate ocorre entre marxistas e não marxistas. Em seus cadernos, Camus anota: "Sentido de minha obra: Tantos homens são privados da graça. Como viver sem a graça? No entanto é preciso empenhar-se e fazer o que o cristianismo nunca fez: ocupar-se dos danados." Eles se interessam igualmente pelos danados da terra e pelos prisioneiros da fome, mas Camus pensa na religião que outrora pretendia salvá-los. Sartre e Camus não acham que o mundo tenha outro sentido que não aquele que os homens lhe dão ao agir. Cada vez mais, Sartre se apega a um historicismo marxista, às revoluções futuras, com suas vitórias e suas derrotas programadas nos genes da história. Camus não aceita o materialismo histórico, negação de toda liberdade. Em nome da liberdade, Sartre rejeita o determinismo absoluto, mas, encurralado entre o sentido da História e a liberdade, ele não atribui, como Camus, um lugar privilegiado ao cristianismo no século XX. Para a metafísica ou a teologia – tomista ou marxista –, Sartre acha Camus pouco dotado.[42]

Em seus cadernos, este último se interroga: "Com que direito um comunista ou um cristão (para tomar apenas as formas respeitáveis do pensamento moderno) me censuraria por ser pessimista?" Ele rejeita o otimismo cristão e a maldição divina tal como o otimismo marxista, a salvação assegurada no outro mundo ou garantida neste. Camus distingue marxistas e comunistas, militantes ingênuos e comoventes dos quadros filosofantes e brutais: "Poucos homens levaram mais longe a desconfiança para com seus semelhantes. Os marxistas não acreditam na persuasão nem no diálogo." Ele tenta pensar a revolução como Sartre, mas imagina antes de tudo uma revolta que evitasse o mais possível a violência e o sangue: "Meu esforço: demonstrar que a lógica da revolta recusa o sangue e o cálculo. E que o diálogo levado ao absurdo dá *uma* oportunidade à pureza." Muitas vezes, em Sartre, o sangue derramado parece abstrato. Há o sangue bom, vermelho. E o mau, branco ou azul, o sangue reacionário da "direita" e dos moderados, sem dúvida. Camus: "Eu diria que, pessimista quanto à condição humana, sou otimista quanto ao homem." Sartre? Na prática, otimista quanto ao destino do homem individual e quanto à história a longo prazo.

Camus abre-se mais fora do círculo dos intelectuais parisienses. Aborda demoradamente o tema do diálogo com um correspondente estudante de Bruxelas, Jacques de Vriendt,[43] julgando poder lhe "falar com toda a simplicidade".[44] Em *O equívoco*, De Vriendt "compreendeu que ele subentende uma moral da sinceridade". "Saber dizer: 'Eis o que sou', é isso que pode ajudar o homem a se salvar." O escritor tem esperança de encontrar, para além das imperfeições de sua obra, "uma ou duas fórmulas que desfaçam [...] os nós em que nos debatemos". Camus reconhece que em público, antes de tudo por suas obras, ele mostra uma firme segurança: "Não sou tão firme quanto parece. Tenho minha parcela de dúvidas e hesitações." De Vriendt é, então, crente e filósofo. Camus rejeita a reputação de pessimista que lhe é atribuída: "Posso lhe dizer apenas o seguinte. Tenho demasiado gosto pela vida e senso do mundo para acreditar que tudo seja nada." Sua carta assume um tom de credo ateu: "Não creio que a negação resuma tudo. Creio apenas que ela está no início de tudo. Hoje, quando todos os problemas se colocam em termos de carne, é natural que a dúvida intelectual tenha se tornado uma dúvida vital que coloque em questão toda a existência." Tal como Rieux, Rambert e Paneloux, Camus procura fundamentar seus valores. Inveja as certezas dos cristãos: "Para vocês, os valores são dados de antemão na revelação. Seu esforço é apenas conciliá-los com este mundo. Pessoalmente, acredito-os inconciliáveis com ele." Depois: "O único estado religioso coerente parece-me o estado monástico, com todos os seus rigores." Para Camus, o ateu está quase em posição de fraqueza com relação ao crente, pois, renunciando ao absoluto, contenta-se com o relativo: "Para nós [...] fora do eterno, temos de encontrar os valores relativos que coincidam com o destino humano." Camus crê nos saberes, nas morais conquistadas, não adquiridas. Procura conciliar um mundo dos valores com o mundo absurdo. O homem não tem necessidade do Eterno, "ou dos subterfúgios racionalistas". O escritor procura respostas: "Procuro consegui-lo neste momento pela análise da noção de revolta [...]. Parece-me encontrar no movimento da revolta o lugar-comum em que os homens se reúnem." Lembrando o ateísmo da Europa, ele diz a seu correspondente teísta: "Você diz que três quartos dos homens do Ocidente estão, hoje, privados de Deus e que é preciso tentar formular o pensamento, consciente ou inconsciente, desses homens. É hora de fazer alguma coisa pelos danados" – todos os desfavorecidos da Terra, da França e da Argélia. Ateu definitivo, mas conciliador, manifestando o lamento daquele que não é capaz de crer, mas sem remorsos, Camus acrescenta: "Deus foi e continua sendo, suponho, uma das grandes chances do homem. Mas, para todos os que se desviaram dele, resta-lhes encontrar um outro caminho e fazê-lo sem demasiado orgulho e sem demasiadas ilusões." Agradece ao belga por lhe ter escrito o que pensava de bom sobre a França. Camus faz um verdadeiro ato de fé, laico e patriótico: "Sim, ame este país. Conheço seus erros e suas fraquezas e fui capaz de julgá-lo com severidade, mas no próprio seio de seus piores erros juro que ele se manteve grande e que merece o respeito de todos aqueles que sabem julgar a qualidade humana." Camus se escancara com aquele desconhecido, não com os sartrianos. Não é membro do que estes últimos chamam de "a família" e não pertence ao conselho de redação de *Les Temps modernes*.

Nem todas as festas dão certo. Depois do ensaio geral de uma peça de Simone de Beauvoir, *Les Bouches inutiles* [As bocas inúteis], com disposição favorável, apreciador das celebrações, Michel Leiris anota em seu *Diário*:[45] "Festa fracassada[...]. Bate-bocas, choros, não há acordo entre nós. Parece que, afinal, quase ninguém gosta de fato da peça e que muito poucos ousam dizê-lo." Evocando *As moscas* e *Entre quatro paredes*, cuja linguagem às vezes roça a poesia, Leiris acrescenta: "As peças de Camus, sem pertencerem ao domínio da grande poesia, no entanto valem mais." O Castor fala de Camus a seus amigos e amantes num tom lamentoso, com notas de vulgaridade. Tem por ele uma afeição amorosa e não é correspondida. O terreno está livre para todos os mal-entendidos.

Em Paris e outros lugares, *diz-se* – bons e maus jornalistas, grandes e pequenos acadêmicos, quem fala desses escritores e quem os lê – "Sartre e Camus", não "Camus e Sartre". Para Camus, é aborrecido, mas compreensível.

Camus abre-se mais com Jean Guéhenno, catorze anos mais velho do que ele, que publicou um *Journal des années noires 1940-1944* [Diário dos anos sombrios 1940-1944]. Escritor, professor retrógrado durante a Ocupação, cronista do *Le Figaro littéraire*, Guéhenno é de origem operária. Camus escreve-lhe: "A democracia é uma aventura, de fato, e é até mesmo a aventura própria da França e de cada um de nós. Por isso não há democratas satisfeitos. Há satisfeitos que se dizem democratas, eles estão na abstração, pensem o que for, isto é, longe do homem." Este mundo parece-lhe muito pesado. Guéhenno consegue compreendê-lo: "tenho muitas coisas em comum com você, mas antes de tudo uma fidelidade às mesmas origens", diz Camus. "Por isso, com você, Guilloux ou outros, tenho a impressão de poder deixar falar um pouco o que tenho de mais profundo."[46]

30

A ILHA DE TRÊS RIOS

Em 31 de janeiro de 1946, depois da proclamação das repúblicas populares da Hungria e da Albânia, do fim das hostilidades entre comunistas e nacionalistas na China, depois que o boxeador Marcel Cerdan, acontecimento notável, manteve o título de campeão da França, Vincent Auriol foi eleito presidente da Assembleia Nacional Constituinte da França. Em Washington, Frederick B. Lyon, chefe do departamento de coordenação das atividades estrangeiras (*Foreign Activity Correlation*), escreve ao honorável J. Edgar Hoover, diretor do FBI.[1] O Departamento de Estado recebeu informações de que "Albert Camus, codinome P. F. Corus, correspondente nova-iorquino do *Combat* [...], enviou relatórios inexatos [*inexact reports*], pouco favoráveis ao interesse deste país". Erros de transmissão, erros ortográficos e confusões põem em circulação um inimigo imaginário, Corus.

Duas semanas depois, um agente do FBI em Washington, Guy Hottel, esclarece que o Departamento de Estado desconhece Albert Canus [*sic*] ou P. F. Corus. Os funcionários do FBI empenham-se em localizar Canus-Corus. Apuram um artigo de Hannah Arendt, "O existencialismo francês", no hebdomadário *The Nation*.[2] Segundo o exegeta do FBI, os principais representantes do existencialismo são "o sujeito [do relatório] e Jean-Paul Sartre". O agente parafraseia Arendt. Os existencialistas opõem-se ao "espírito sério", pecado original, carreando respeitabilidade e má-fé. Solicitados, Sartre e Camus recusaram, imaginem, pedir a Legião de Honra. Assim, os responsáveis pelo FBI nova-iorquino ficam sabendo que "um tinteiro é sempre um tinteiro. Um homem é sua vida e seus atos [...] Ele é sua existência". Camus, segundo esclarece o relatório, não deseja portanto ser descrito como um existencialista porque para ele o absurdo não existe no mundo ou no homem em si mesmo, mas porque são ligados um ao outro. Camus Albert também se recusou a apresentar sua candidatura à Academia Francesa – "a vida ou a morte da Academia Francesa me parece coisa supérflua..."[3] Através dessas análises, o FBI quase que se tranquiliza.

Em setembro de 1945, Camus é convidado para ir a Nova York pela mulher de seu editor americano, Blanche Knopf. Ele o informa à Diretoria Geral dos Assuntos Culturais do Quai d'Orsay, que se encarrega das despesas de viagem. O mundo das relações culturais é um produto honroso, útil e muito francês da civilização dos financiamentos. As relações culturais também são uma forma moderna de concorrência entre aliados, pela penetração cultural. Estas, felizmente, às vezes também se transformam em cultura das relações com o estrangeiro. Camus propõe dois temas de conferências, "Um ano de jornalismo livre" e "Pronunciamento em favor da Europa". Suas exposições não terão, esclarece, "incidência política".[4] Ele pede um visto americano e preenche os formulários: todo solicitante compromete-se então a não ir aos Estados Unidos para assassinar o presidente e garante que jamais pertenceu ao partido comunista. Na época, Maurice Nadeau se surpreende: Camus lhe jura que nunca aderiu ao PC – como num formulário de pedido de visto.[5]

Ele embarca em Le Havre em 10 de março de 1946, no cargueiro *Oregon*, que dispõe de algumas cabines. Entre os passageiros, mulheres de funcionários, um empregado consular, um peleiro e um psiquiatra, Pierre Rubé. As relações culturais estão mandando esse médico, ex-resistente, aos Estados Unidos para estudar psiquiatria de grupo e psicanálise de crianças. O *Oregon* é lento, seu conforto é limitado. As mundanalidades, raras, restringem-se aos coquetéis com o comandante. Camus divide uma cabine com Rubé e um francês – que não se lava – e relê *Guerra e paz*. "Como eu teria me apaixonado por Natacha!"[6] Ele estuda um pouco de inglês. Lê razoavelmente bem essa língua, compreende-a mais ou menos, fala-a mal. Mantém um diário de viagem: "Mais uma vez olho [o oceano], como faço há anos, os desenhos que a espuma e a esteira fazem na superfície das águas, essa renda feita e desfeita, esse mármore líquido... e mais uma vez busco a comparação exata que fixará um pouco para mim a maravilhosa eclosão de mar, de água e de luz que me escapa há tanto tempo." Camus escreve num canto. Rubé, ao piano no salão dos passageiros, ataca o concerto italiano de Bach:

— Ah, você toca essa peça. Minha mulher também, com frequência — diz Camus.

— Sua mulher é musicista?

— Sim, ela me apresentou Bach.[7]

O *Oregon* chega a Nova York à noite. "Ao longe", anota Camus, "os arranha-céus de Manhattan num fundo de bruma. Tenho o coração tranquilo e seco que sinto em mim diante dos espetáculos que não me comovem." Ele não enxerga uma espada, em vez de uma chama na ponta do braço da estátua da Liberdade, como o Karl Rossmann de Kafka. O desembarque ocorre por volta das 11 horas. Camus é o único passageiro do *Oregon* tratado como suspeito. Finalmente, o funcionário de imigração pede desculpas por ter retido o sr. Camus e um funcionário francês leva-o a seu hotel, na 70ª Rua Oeste.

O conselheiro cultural francês, Claude Lévi-Strauss, trabalha em meio-período num magnífico palacete particular e redige *Les Structures élémentaires de la parenté* [As estruturas elementares do parentesco]. Antes de Camus, acolheu Sartre, Simone de Beauvoir, Roger Caillois, Madeleine Ozeray. Conselheiro excêntrico, Lévi-Strauss queria exportar esquilos cinzentos americanos para os parques franceses e comprar coleções de arte indiana.[8] Entre ele e Camus instala-se uma amável reserva. O conselheiro acha o escritor "bem-pensante, virtuoso de esquerda".[9] Camus acha aquele acadêmico disfarçado de diplomata muito silencioso. O conselheiro arrasta Camus, missionário das relações culturais, para os cafés-concertos.

O escritor explora Nova York e confidencia a seus "caros e afeiçoados" Janine e Michel Gallimard: "Sim, seu amigo é uma lata de lixo, um cano de esgoto e um filho bastardo, pois ainda não lhes enviou a expressão escrita da longa e nutritiva paixão que rumina por vocês há tantos anos."[10] Albert recomenda-lhes os gêmeos e Francine. Os Gallimard os hospedam agora na rua de l'Université, nº 17, ao lado da editora. Está acima das forças humanas, escreve Camus, "dar uma ideia da maneira curiosa pela qual vivem os oito milhões de bisões que habitam o Luna Park das alturas que os geógrafos chamam de Nova York e no qual circulam 102.000 escaravelhos verdes, vermelhos e amarelos que os entomólogos chamam de táxis e que param, voltam a arrancar, se cruzam [...] com ares de formigueiros bem educados, enquanto 252.000 bisões vestidos de generais e almirantes de opereta se postam diante da porta dos prédios, uns para deter os escaravelhos por meio de um apito, outros para nos abrir a porta, e outros, enfim, que sobem e descem como um ludião em gaiolas de 50 andares que os exegetas chamam de ascensores em memória à Virgem Maria, que não conseguiu muitos discípulos aqui enquanto virgem, o que num certo sentido é uma bênção, pois afinal de contas ninguém será crucificado".

Camus tem dificuldade em conciliar suas impressões contraditórias. Podemos nos perguntar, ele sugere, se aqui nos encontramos "entre loucos ou entre as pessoas mais razoáveis do mundo, se a vida aqui é tão fácil quanto se diz ou se ela é tão tola quanto parece, se é natural que se contratem dez pessoas onde bastaria uma e sem que por isso o serviço de fato se acelere, se devemos considerar os americanos pudicos, liberais ou conformistas, se é admirável ou indiferente que os lixeiros usem luvas bem talhadas, se é bom que aqui o circo apresente dez atrações simultâneas em quatro picadeiros diferentes de modo que, interessados por todas, não possamos ver nenhuma, se é significativo que milhares de jovens que andavam comigo de patins de rodinhas, outra noite, ao som de um realejo gigantesco, numa espécie de Vel' d'Hiv',* balançando numa luz amarelada, tivessem uma expressão tão séria e absorta, como se estivessem resolvendo a equação do 8º grau".

Ao longo dos anos, em sua correspondência com Michel e Janine Gallimard, Camus se abre, e sem desconfiança. Eles são suas "caras coisas velhas", "caros gêmeos", "caros urbi et orbi", "Laura e Petrarca", "caros assim-assim", "minhas pombas", "caros estibordo e bombordo", "Rômulo e Remo", "meus bons queridos". Envia "bênçãos" e torna-se "seu pai que os abraça forte". Seu "velho Michel" pertence, no entanto, ao meio literário do qual Camus desconfia, mas aquele Galllimard é antes de tudo um confidente fiel. Camus conhece Janine muito bem. Aquele casamento bem-sucedido não se parece com o dele.[11]

No início, Camus é ciceroneado por Dolorès, casada com um médico americano. Dolorès Vanetti Ehrenreich, minúscula, trabalhou no Office of War Information. "Ela fala a gíria mais pura que já ouvi", esclarece Camus. Egéria de Sartre, ela diz: "Imagine, fui para a cama com Napoleão!" Ela preocupa o Castor, que acha que aquela contingente poderia substituir *a* necessária. Ela explica a Camus que os americanos não gostam das ideias. Ele não acredita muito em chavões tão franceses: "É o que se diz. Eu desconfio."[12] As pequenas coisas, os acontecimentos do dia a dia lhe interessam. Observa a absorção considerável de uísque e soda nos meios culturais, o luxo e o mau gosto até nas gravatas, o amor pelos animais, inclusive os gorilas do Central

* O Vélodrome d'Hiver [Velódromo de inverno], em Paris, demolido em 1959, em que se realizavam manifestações populares esportivas e políticas. (*N. da T.*)

Park e os protozoários do Museu de História Natural, os sucos de frutas pela manhã, os sorvetes deliciosos, o congelamento dos preços, as variações brutais de temperatura, os milhões de janelas iluminadas à noite, os banhos quentes, as doses de vitaminas, os ovos com *bacons* saboreados nos *drugstores*. Camus vê uma megalópole excitante, elétrica, composta de "15 grandes cidades apitando, berrando, trabalhando, divertindo-se com uma espécie de desespero mecânico". Os americanos são, segundo ele, "cordiais, hospitaleiros e indiferentes, que se satisfazem depressa, que se esquecem depressa". A polícia nunca pede os documentos de identidade aos transeuntes. Ele aprende "que o segredo de qualquer conversa aqui [é] falar para não dizer nada. 'Good morning. — Nice weather today, is it not? — It is. — The spring will be wonderful. — I think so. OK. How do you like America now, M. Camus? — OK! I like it very much. — You are right. It's a nice country, is it not? — It is. — Will you come back again? — Sure. — Etc. etc.'"[13]

Camus dá uma entrevista coletiva "chata",[14] segundo ele, no escritório do conselheiro cultural, na 5ª Avenida, a uns quinze jornalistas. Faz referência a seu próximo livro, recusa-se a falar de suas atividades de resistente, declara que leu o romance americano, de Dos Passos a Faulkner. Sim, a técnica desse romance o influenciou. Mas ela não terá acarretado um empobrecimento dos meios de expressão literária? "Aliás, os próprios romancistas americanos estão se libertando dessa fórmula."

Alguns dias antes de meio milhão de americanos fazerem greve contra os baixos salários,[15] Camus pronuncia uma conferência na universidade de Columbia. Acompanham-no uma celebridade, Vercours, e um desconhecido, Léon Motchane, codinome Thimerais.[16] O anfiteatro MacMillan, 688 lugares, está abarrotado. Pedem a Camus que discorra sobre teatro, literatura e até filosofia. Ele sugere que talvez seja mais interessante falar dos ferroviários, dos mineiros, de sua geração que atingiu a adolescência durante a crise econômica mundial. Seus membros "tinham vinte anos quando Hitler tomou o poder". Com a guerra da Espanha, Munique, o conflito de 1939 a 1945, a derrota, quatro anos de ocupação, "suponho que esta seja o que se chama de uma geração interessante". Àqueles jovens americanos Camus declara que "a literatura do período estava em revolta contra a clareza, a narração e até mesmo a frase. A música rejeitava a melodia. Quanto à filosofia, ela ensinava que não havia verdade, apenas fenômenos, que podia haver Mr. Smith, M. Durand, Herr Vogel, mas nada que fosse comum a esses três fenômenos particulares". Pergunta: "Será que há uma crise humana?" Camus responde com quatro exemplos. Dois acusados, amarrados, são torturados certa noite num apartamento da Gestapo. A zeladora faz a limpeza. Um acusado a interpela. Indignada, ela responde: "Não interfiro nos assuntos de meus locatários." Em Lyon, um companheiro de Camus, com as orelhas arrancadas, é tirado de sua cela para um terceiro "exame". O oficial alemão, que já o interrogou, pergunta, solícito: "Como vão suas orelhas agora?" Na Grécia ocupada, um outro oficial se prepara para fuzilar três irmãos, reféns. A mãe deles implora clemência ao alemão. Ele poupará um de seus filhos. Ela que o escolha. Será o mais velho, que tem filhos. Com isso, ela condena os outros filhos, o que o oficial desejava. Última ilustração: deportados são repatriados passando pela Suíça. Ao avistar um enterro, eles riem, histéricos: "É assim que os mortos são tratados aqui!"

Hoje, Camus explica, pessoas inteligentes afirmam que, se Hitler tivesse ganho a guerra, a História o teria santificado e teria justificado o terror. Camus não quer que se pense que nada tenha sentido. Relatório em inglês, tal como subsiste: *that everything is meaningless.* Os ocupantes pensavam e agiam "de acordo com o detestável princípio de Hegel: 'O Homem é feito para a História, e não a História para o Homem.'" Tanto na ação como no pensamento, diz Camus, devem-se rejeitar todas as formas do pensamento realista ou fatalista. A ONU fará uma reunião importante em Nova York e ele pede que após os julgamentos de Nuremberg seja proclamada a supressão da pena de morte no mundo inteiro. Ele resume: "Há hoje na França e na Europa uma geração que considera que quem deposita confiança na condição humana é louco, quem perde a esperança nos acontecimentos é covarde." Camus está com seu terceiro manuscrito de *A peste* na bagagem e nele afirma que a peste não desapareceu.

Ele respeita o gosto americano pela liberdade e pela felicidade. Um estudante relata um incidente que ilustra a crise da humanidade: a receita da noite, destinada aos órfãos de guerra franceses, foi roubada. O público decide pagar uma segunda vez, e muito mais. Camus anota em seu caderno: "Típico da generosidade americana. Sua hospitalidade, sua cordialidade fazem parte do mesmo gosto, imediato e sem afetação. O que há de melhor neles." Depois ele recebe os cumprimentos, com prazer.

Conferência no Vassar College: "Um exército de jovens estrelinhas de pernas compridas que se cruzam nos gramados." Os *campi* americanos, que pouco se parecem com as tristes universidades francesas, o encantam: "O que se faz pela juventude aqui merece ser registrado." Ele saboreia os prazeres do conferencista: ser bem acolhido por auditórios abertos e calorosos, sentir-se compreendido. Camus não improvisa: sem ler um texto, utiliza anotações. À medida que sua turnê avança, afasta-se delas e segue sua inspiração. As perguntas do público interessam ao conferencista tanto quanto sua fala. Essas perguntas também são respostas, Camus termina sua turnê em 1º de maio, no Brooklyn College, que celebra um dia francês pela segunda vez. O presidente do *college*, Harry D. Gideonse, faz um discurso sobre a França, "país da qualidade e não da quantidade"...[17] Camus diz que esperava uma juventude americana mais emotiva.[18] A mais perigosa tentação do homem, sublinha, é a inércia. O homem comum acha que exercendo bem seu ofício está assumindo todas as suas responsabilidades, mas não é suficiente. É preciso participar de outras lutas. Os problemas e dúvidas da juventude americana são os dos jovens europeus. O que sabe ele, depois de algumas semanas? Já não há problemas nacionais, mas internacionais. Camus fala do pessimismo e do otimismo, se contradiz ou simplifica um pouco: o pessimismo europeu – ou camusiano? – crê que toda a vida seja uma tragédia. Para o otimismo americano, toda a vida seria boa, maravilhosa. É preciso sintetizar, impelir à solidariedade entre os dois países. Essa síntese será uma "civilização clássica". Os estudantes americanos devem enviar pacotes por correio a seus colegas franceses e corresponder-se com eles. Milhares de estudantes americanos deveriam ir à França. Camus está dentro do espírito do senador Fulbright, que lançará um amplo programa de bolsas, permitindo um vaivém de estudantes através do Atlântico. Camus é existencialista?

— Não — ele suspira.

Ele gosta da Broadway, de seus teatros, de suas luzes de néon, da Bowery, gigantesca avenida com seu metrô aéreo. Camus, bom turista, adora Chinatown, o Bronx, as cantoras decadentes, grotescas, patéticas, repugnantes – de propósito – do perverso *Sammy's Bowery Follies*. Ele excursiona: "Doçura dos finais de tarde nos amplos gramados de Washington, quando o céu se torna vermelho e a relva começa a escurecer, quando enxames de crianças negras jogam bola com uma tábua em meio a gritos alegres, quando americanos em manga de camisa, desleixados, largados sobre os bancos, vindos direto de um *saloon* de filme antigo, chupam com um resto de energia sorvetes enformados em caixas de papelão pasteurizado, enquanto esquilos vêm desenterrar sob nossos pés guloseimas cujo nome só eles sabem e, nas cem mil árvores da cidade, um milhão de pássaros saúdam o surgimento da primeira estrela, acima da pirâmide de Washington e no céu ainda claro, ao passo que criaturas de pernas compridas percorrem os caminhos de relva no horizonte dos grandes monumentos, oferecendo ao céu num momento de distensão seus rostos esplêndidos e seus olhares sem amor."[19]

De volta a Nova York, ele retoma suas peregrinações pelo Harlem, a negra, Brooklyn, a judia, e Coney Island, a popular. Para fazer suas excursões, consulta Jacques Schoeller, irmão de Guy, que lhe emprestara a casa de Bougival, e Jean Vallier, diretor do Instituto Francês. A tradução de *O estrangeiro* é lançada em 11 de abril. No rádio, fala-se de Albert Camoose. Mulheres, jovens ou maduras, o perseguem, a milionária Dorothy Norman cumula-o de convites, Eleanor Clark manda-lhe flores. Ele aprecia os pintores, Ryder e Figari. Um homem se apresenta como produtor de teatro. Sim, irá montar *Calígula*, *O equívoco*, todas as obras futuras de Camus: Harold Bromley encanta o escritor. Com ele e o doutor Jerry Winter, Albert ouve um pianista negro, Rocco: "Ele toca em pé, diante de um piano com rodinhas que ele empurra à sua frente. O ritmo, a força, a precisão desse jogo e ele participando, saltando. Dançando, jogando a cabeça e os cabelos para a direita e para a esquerda." Será que um novo amigo, mais sério do que Bromley, o escritor Waldo Frank, tem razão ao dizer que aqui, na América, "a originalidade é uma solidão"? No dia seguinte à conferência em Colúmbia, Frank mandou um bilhete elogioso: "Seu discurso ontem à noite foi muito bonito – nos sentidos morais e estéticos principalmente [...]. E havia tanta gente ao seu redor que eu não quis ser demais. Mas espero muito que possamos conversar juntos e que eu não lhe seja totalmente desconhecido."[20] No dia seguinte, um segundo bilhete: "Gostaria que você lesse logo meu novo romance [...]. P. S. Para encontrar a grande arte – e a grande poesia, na América, é preciso ir à América hispânica." "W. Frank", anota Camus, "um dos raros homens superiores que encontrei aqui. Está um pouco desesperado da América de hoje e a compara com a do século XIX. 'Os grandes espíritos (Melville) sempre foram solitários aqui.'"[21] Frank corresponde-se com Malraux. Os amigos de meus amigos são meus amigos. Convida Camus a visitar sua casa de Truro, em Massachusetts.

Camus encontra André Breton, que passou a guerra nos Estados Unidos, no Office of War Information, e também Lazareff. Breton recusou-se a aprender o inglês, diz ele que para não poluir seu francês. Os dois escritores mantêm uma reserva hostil. O surrealismo nunca interessou Camus, que além do mais tem sentimentos rancorosos em relação aos franceses que ficaram nos Estados Unidos durante a guerra, André Maurois à frente. Breton não esquece as maldades de Sartre para com um surrealista em "L'enfance d'un chef" [A infância de um chefe]. Camus = amigo de Sartre.[22] Há como que uma rivalidade em estado gasoso entre eles. O surrealismo está menos na moda do que o sartrismo ou o camusismo.[23]

Um desconhecido de dezenove anos, estudante da Wesleyan University, Michel Vinaver, aborda Camus no vestíbulo de seu hotel. Ele escreve novelas em francês e em inglês.

— Quero escrever. Mas tudo já foi escrito — ele diz.

— Não, de jeito nenhum. Entre em contato comigo em Paris — responde Camus.[24]

Afável, Camus, o protegido de Jean Grenier, de Malraux e de Paulhan, de Pia e de Gide, instala-se por sua vez no papel de gentil protetor. Tenta evitar o turbilhão tagarela de um missionário das relações culturais, dedica tempo a universitários, Germaine Brée, a quem encontrara em Orã, ou Justin O'Brien e Nicola Chiaromonte, que ajudara a ir para o Marrocos em 1941.

Patricia Blake, vinte anos, muito bonita, olhos azuis e cabelos castanhos, lhe foi apresentada em 16 de abril, depois do encontro "chato", por Jessica Daves, *managing editor* da *Vogue*, que publicou um retrato fotográfico malsucedido, mas notado, de Camus feito pelo famosíssimo Cecil Beaton. Patrícia, filha de um médico e de uma pianista, fala muito bem o francês. Precoce, está quase terminando seus estudos de história no Smith College, uma das melhores universidades femininas americanas. Ela morava na Casa francesa do Smith, aperfeiçoando seu conhecimento dos autores do século XVII ao XX. Tem diploma de *bachelor of arts*. Ouviu Jean Wahl, fugitivo de Drancy, falar de Kierkegaard. Escreve alguns artigos para a seção literária do *New York Times*. Modesta *copywriter*, ganha 35 dólares por semana na *Vogue*.

Com frequência Camus, diante de uma mulher, emprega a técnica do piloto de caça-bombardeiro: lança e, muitas vezes, a operação dá certo. Depois ele vai embora depressa. Camus imediatamente convidou Patrícia para o dia seguinte. Ela aceitou – e não se separaram mais. O piloto, pego e apaixonado, permanece em cima do objetivo. Albert se mostra com Patrícia, confidencia a Pierre Rubé que está se sentindo muito apaixonado. Está morando agora num duplex do Central Park oeste, com sala, cozinha, dois quartos, colocado à sua disposição por um peleiro e admirador, sr. Zaharo. Camus diz a Rubé:

— Você não acha que aquela menina, Patrícia, é admirável para sua idade? Ela representa um certo tipo de americanas?

Rubé acha-a excepcional, diferente das moças que conheceu, "única", no sentido de rara. Ele não é especialista em jovens americanas, mas Patrícia tem uma aura de talento, tem dons, uma maturidade intelectual sob uma aparência de candura. Camus sorri. Tarefa divertida, Patrícia o acompanha a uma conferência no Bryn Mawr College. O casal às vezes choca. Camus tem trinta e três anos, idade suficiente para se tornar um Pigmalião, mas não para bancar o guru. Guia Patrícia pelos mares da literatura e pelos oceanos da política, evitando-lhe certos recifes. Patrícia descobriu Proust, grande verdade, ela diz. Meia verdade, ele observa. Ela se interessa mais do que Camus pela poesia. Ele lhe rabisca uma carta de recomendação para Saint-John Perse. Muito progressista, simpatizante do comunismo - então -, alimentada por Marx e Lenin, Patrícia tem necessidade de um antídoto. Os responsáveis comunistas, Camus explica, não são apenas utopistas. São também assassinos. Patrícia diverte-se com a paixão de Camus pelos restaurantes de Chinatown. Por ocasião de um jantar com alguns franceses, ele lhe lança olhares apavorados pois, toda dengosa, a esposa de um conviva faz avanços ao escritor, sob a mesa. Sua mão sublinha sua intenção.

Camus continua fascinado pelas boates. Patricia é obrigada a segui-lo. Aos cafés-concertos burlescos, ela prefere o teatro. Veem Laurence Olivier em *Édipo rei* e *O crítico*, de Sheridan. Ele arrasta ao Copacabana o historiador da filosofia Étienne Gilson. Até onde se pode levar um tomista? Para abreviar a noitada, Patrícia finge desmaiar. Não é entusiasta da música popular, mas diverte-se com a maneira pela qual Camus dança os *slows* e os *fox-trot*, mantendo a parceira à distância, cerimonioso como um operário bem-educado.

Ele lhe propõe que datilografe algumas páginas de *A peste*. Cadernos: "Peste. Tarrou frequenta as dançarinas espanholas. Ele só ama a paixão." Patrícia e Albert vivem uma paixão. São "uma ilha sobre a ilha dos três rios": esse é o apelido bizarro que Albert dá a Nova York.

Camus ganha um pouco de peso, mas com frequência parece exausto, até mesmo cadavérico. Acha que vai morrer. Deixa-se levar por um certo gosto pelo mórbido, coleciona palavras finais, recita-as, interessa-se pelos estranhos costumes funerários dos americanos. Vindo aos Estados Unidos depois de Camus, Evelyn Waugh escreverá *The Loved One*, e ele não gosta nem dos americanos nem dos Estados Unidos. Camus transpira, tem períodos de febre alta, fuma muito, tal como Patrícia, mas bebe pouco. Quando se sente mal e escarra sangue, ele se afasta, por pudor. Repete em seus bilhetes que vai morrer. A Patrícia, diz seu medo de um fim iminente, em um ou dois anos; a seus cadernos, sua necessidade de viver intensamente: "Mas por que não dar nome também a essa vontade que sinto no coração e a esse desejo tumultuoso que me toma de reaver o coração impaciente que eu tinha aos vinte anos. Mas conheço o remédio, olharei o mar por longo tempo." Ele tem um senso agudo do tempo que passa, e do tempo verdadeiramente perdido.

"Tristeza de me sentir ainda tão vulnerável. Daqui a vinte e cinco anos terei cinquenta e sete. Vinte e cinco anos, portanto, para fazer minha obra e encontrar o que procuro. Em seguida, a velhice e a morte. Sei qual é o mais importante para mim. E encontro ainda o meio de ceder às pequenas tentações, de perder tempo em conversas vãs ou em divagações estéreis. Dominei duas ou três coisas em mim. Mas estou longe daquela superioridade de que eu tanto precisaria."[25] Ele tem acessos de desespero suicida e guarda a cópia de uma carta de A. Ioffé a Lev Trótski: "Toda a minha vida achei que o homem político deve saber ir-se embora a tempo [...] Agora, ao que parece, chegou a hora em que minha vida *está perdendo o sentido* e, consequentemente, aparece-me *a obrigação de deixá-la, de colocar-lhe um termo.*"[26]

Camus trata de um assunto para a editora Gallimard, em litígio com Reynal e Hitchcock. Gallimard tinha os direitos de Saint-Exupéry, mas Saint-Ex deu aos americanos *O pequeno príncipe* e *Piloto de guerra* durante as hostilidades. Quando Raymond, irmão de Gaston, pai de Michel, desembarca em Nova York, *Pour la victoire*, hebdomadário francês nova-iorquino, o ataca. O que aquele Gallimard vem fazer "contra os editores americanos que cometeram o crime de ajudar os autores franceses [...] enquanto a *NRF* tinha como Führer Drieu la Rochelle?". Numa carta a Michel, Camus chama o hebdomadário de "papel higiênico [...] que sempre só expressou a opinião dos franceses corajosos que em 1941 ficaram no Waldorf Astoria pagando 1.000 dólares por mês por um apartamento".[27] Camus ciceroneia Raymond. "Sentimental e [...] impressionável", este "se preocupa diante da ideia de encontrar o advogado dos americanos. Quer largar tudo. Naturalmente (capítulo III dos 'Usos e costumes da tribo Gallimard') Raymond não sabia nada do assunto, teve a impressão de que o Novo Mundo lhe caía sobre a cabeça". Camus sublinha que esse caso tem uma importância relativa: "Vocês [os Gallimard] não recebem comentários mais desfavoráveis da imprensa aqui do que na França." Albert e Raymond descobrem assim o segundo esporte nacional americano, a ação judicial. Camus está muito contente: "Minha 'missão' aqui não foi inútil", ele esclarece para Michel. "E além disso descobri que tinha dons de orador. Sabe como as moças da *Vogue* me chamam? 'The young Humphrey Bogart'!!! Sabe, eu poderia obter um contrato de cinema quando quisesse."

Camus prometeu visitar Montréal. Bromley compra um carro em promoção. Ao atingirem os Adirondacks, região montanhosa magnífica e selvagem ao norte do estado de Nova York, Camus quer voltar. Aceita, no entanto, ir até Montréal. Manda para Patrícia uma carta escrita em Camp Downey: "Sábado, 9 p.m. [...] Dei um jeito para ter este momento de paz e de solidão de que preciso para lhe escrever. Acho que você gostaria deste lugar, perdido nos Adirondacks, onde aterrissamos há dois dias, onde vagueamos pelas montanhas desta região. É uma velha casa isolada, geralmente frequentada pelos pescadores e pelos caçadores, mas que neste momento está deserta. Estou no *living-room*, diante de uma grande lareira e sob um teto de vigas de madeira. Houve uma tempestade há pouco e agora o silêncio da noite se enche dos chamados de sapos, pássaros e grilos... Minha querida, fiquei tão infeliz por deixá-la e tão insatisfeito comigo mesmo. Não deveria ter cedido ao meu desejo de não decepcionar ninguém. O único desejo que valia alguma coisa era o de manter você perto de mim [...]. Afinal, pedi a B. para voltar mais cedo."[28] Camus lembra-se principalmente "do profundo tédio que [...] reinava" em Montréal.[29] Durante aquela viagem, misteriosa, ele anota: "A única coisa que eu gostaria de dizer, fui incapaz de dizê-la até agora e decerto não a direi nunca." Está cansado não dos americanos, mas dos Estados Unidos. "Minha curiosidade por este país cessou de repente. Como acontece com alguns seres dos quais me afasto sem explicação e sem mais interesse (o que Francine me censura). E certamente enxergo as mil razões que podemos ter para nos interessar por ele, seria capaz de apresentar sua defesa e apologia, posso descrever sua beleza e seu futuro, mas simplesmente meu coração parou de falar."[30]

Dirigindo-se a Michel e Janine, ele olha os americanos com olhos cansados: "Portanto, cá estou pronto, sim, para deixar esta América [...], tendo-a já deixado em espírito e só tendo deixado nela um despojo sem alma, bem-vestido, é verdade, e que continua a circular no meio dos oito milhões de mortos, que por sua vez também continuam a fazer de conta que vivem nesta tão espantosa capital." Nova York é a capital moral dos Estados Unidos. Ele prossegue: "Esse despojo, não, não se parece com aquele ser encantador e excepcional que vocês tiveram a sorte de encontrar."

Camus admite sua incapacidade para compreender os Estados Unidos, os americanos, os nova-iorquinos, o que não é comum entre os franceses; desde Tocqueville, têm a convicção de conhecer os americanos melhor do que ninguém. "Nova York, da qual nem mesmo tenho uma ideia precisa depois de tantos dias, mas que continua a me irritar e me seduzir ao mesmo tempo [...]. Nova York se parece com Orã." E uma reserva crítica, pois a Orã de *A peste* que está em sua bagagem é pouco atraente, mas também um cumprimento, porque Orã fica na Argélia. "[Esses americanos] se assemelham tanto a nossos colonos da Argélia, mas não consigo viver com eles." Camus tem pressa "de reencontrar os defeitos e as taras da Europa. Conversas em que se exerce o humor, mesmo que maldoso, a ironia, a elevação, a paixão e suas mentiras, seus rostos gentis de franceses".[31]

Camus toma o navio de volta. Patricia não o acompanha ao cais. Depois da França metropolitana, da Tchecoslováquia e da Itália, essa temporada de menos de três meses nos Estados Unidos foi a quarta grande viagem do escritor. Ele já não poderia escrever, como cerca de dez anos antes: "Não há prazer em viajar. Veria nisso antes uma ascese."[32] Atento e prudente, ele descobriu uma parte ínfima do Novo Mundo. Nem Cristóvão Colombo, nem Dickens, nem Tocqueville, ele não profere demasiadas generalidades sobre o povo americano. Não aplica ao poderoso país-continente a grade marxista a que o submetiam e colavam Sartre, antes dele, e mais tarde Simone de Beauvoir. Estes últimos fecham-se numa teoria oniexplicativa do imperialismo econômico e militar americano. Camus não se pronuncia. Falando de sua viagem a Poncet, que lhe pergunta por que não publicou um relato sobre ela, dirá: "Por toda parte recebi uma acolhida calorosa, por toda parte expressei-me com liberdade total. Não vou, como Sartre, cuspir no prato depois de ter aceitado tomar a sopa oferecida." A Louis Germain, ele diz que os Estados Unidos são "um grande país, forte e disciplinado na liberdade, mas que ignora muitas coisas, e antes de tudo a Europa".[33]

Camus tem como que uma hierarquia mítica. No alto, os argelinos, árabes e franceses da Argélia. Depois, os homens da bacia mediterrânea, franceses, espanhóis e italianos. Depois vêm os eslavos, personagens literários de um encanto de pessimismo niilista *e* que possuem uma fome da felicidade de viver. Diante dos anglo-saxões, ele se mantém de sobreaviso. Dos Estados Unidos ele traz umas dez páginas dedicadas a Nova York.[34]

Sobre Argel, Orã, Paris, Camus tem suas ideias, fixas e variáveis. Nova York? "Desta só guardo emoções potentes e fugazes, uma nostalgia exasperada, os instantes da dilaceração. Depois de tantos meses, não sei nada de Nova York." Poucos literatos viajantes têm essa humildade decente. "Perco pé, em suma, ao pensar em Nova York." Bem mais adiante: "Sim, perco pé. Percebo que, com as cidades, ocorre o mesmo que com certas mulheres, que nos provocam, nos transtornam e nos esfolam e das quais trazemos em todo o corpo a preciosa queimadura, ao mesmo tempo escândalo e deleite." Camus – Patrícia o viu – chora diante dos que estão próximos, mas raramente o confessa por escrito: "... durante dias, passeei por Nova York com os olhos cheios de lágrimas [...] simplesmente porque o ar da cidade é cheio de ciscos. [...] É desse modo, enfim, que carrego Nova York em mim, como se veicula no olho um corpo estranho, insuportável e delicioso, com lágrimas de enternecimento e fúrias de rejeição a tudo. Talvez seja isso que chamamos de paixão..." Final em forma de despedida, quase de adeus doloroso: "Sim, gosto das manhãs e das noites de Nova York. Gostei de Nova York, com aquele amor possante que às vezes nos deixa cheios de incertezas e de ódio: às vezes temos necessidade de exílio."

Camus volta a Paris com um caixote de oitenta quilos – açúcar, café, ovos em pó, arroz, farinhas e alimentos para bebês, conservas de carne, sabonetes e sabão em pó. Também transporta uma nostalgia, tortura e delícias de escritor:

> 24 de junho de 1946, Paris.
>
> Pat querida, aqui estou, tendo chegado a minha velha Paris depois de doze dias de mar e um dia de estrada que foram plenos de você, de minhas saudades e daquela coisa desesperadora e maravilhosa que houve entre nós.
>
> Fez bom tempo no Atlântico, passei meus dias ao sol e desembarquei com um rosto de negro...

Camus reencontra um reino no exílio. Com frequência gosta de Paris, mas não de certos meios parisienses. "Meu único consolo está nesta Paris que continua bela. Passeei sozinho por ela várias vezes. Era a única maneira que tinha de passear com você." Patrícia deu-lhe de presente um chaveiro ao qual se prendia uma moeda de 5 *cents* – um *buffalo nickel*. Camus, sentimental como um colegial: "Quando pego minhas chaves, o búfalo que você conhece me queima um pouco a mão. O que acontecerá quando eu vir sua letra?"

O reencontro com Francine foi difícil. Em *A peste*, todos esses encontros estão condensados: "Ele desejaria voltar a ser aquele que, no início da epidemia, queria correr de um só ímpeto para fora da cidade e precipitar-se ao encontro daquela a quem amava. Mas sabia que isso não era mais possível. Tinha mudado, a peste havia produzido nele um alheamento que, com todas as forças, ele tentava negar, e que, no entanto, continuava nele como uma surda angústia. Num certo sentido, tinha a sensação de que a peste terminara muito de repente, ele não tinha sua presença de espírito. A felicidade chegara a toda velocidade, o acontecimento era mais rápido do que a espera. Rambert compreendia que tudo lhe seria devolvido de uma vez e que a alegria é uma queimadura que não se saboreia."

Camus envia seus livros a Patricia, fez para ela a assinatura de *L'Arche* e *Temps modernes*, alegra-se por receber *Casket and Sunny-side* e *The Embalmer's Monthly*, revistas profissionais da indústria funerária americana. "São leituras saudáveis." Irá retirar-se para Seine-sur-Marne, no campo, por volta do final de julho: "Preciso terminar *A peste* [...] Acho que esse livro não deu certo [...] não estou disposto a publicá-lo neste momento."[35] Ele passeia por Paris suas dúvidas sobre "tudo" o que está escrevendo. Na iluminação do bairro da montanha Sainte-Geneviève, ele vê as luzes da 8ª Avenida, que desceu com Pat na véspera de sua partida, "... o céu vermelho sobre as casas feias, a enorme multidão indiferente e seu rosto voltado para mim para me lembrar que a beleza era mais forte do que uma cidade inteira. Oh! Pat, o que seria se você estivesse nesta Paris que prodigaliza tanta beleza."

Depois, em "18 de julho de 1946, Paris. [...] Tomei um trago com dois americanos que não falavam francês. E, no meu esforço para compreendê-los e para encontrar minhas palavras, voltava a me ver tal como era aí e pensava em Nova York, nessa ilha em que vivemos, e era difícil fazer calar em mim o sobressalto, a descoberta de que eu fora feliz, de que era isso a felicidade". É uma constante camusiana: ele tem direito à felicidade e, intensamente, percebe que foi feliz, *depois* de seus momentos de felicidade. Segunda constante: a rigor o trabalho pode substituir a felicidade. "Se eu trabalhasse, as coisas seriam mais simples. [...] Não gosto de nada do que escrevo e tenho a impressão de um fracasso irreparável." Sartre escreve cercado pela agitação parisiense, menos no campo ou à beira-mar.[36] Camus tem necessidade de isolamento – de Le Chambon – para produzir. Ele se apega, por pouco que seja, a quem tenha cruzado com Patricia Blake: "Encontrei ontem na rua o seu Jean Wahl com sua nova mulher. É uma ruiva alta que conheci em Argel há uns dez anos. (*He doesn't come up to her navel, but to her chin, really.*)"[37] Patricia afirmava que Wahl, muito baixinho, chegava à altura do umbigo da noiva, não de seu queixo. Camus se corresponde com Frank e Bromley, "que acha que a vida é absurda" e enternece Camus "por tanta ingenuidade e satisfação consigo mesmo". A curta viagem ao Canadá com o mitômano Bromley exauriu Camus. Nem por isso deixa de tratá-lo com uma amizade distante: "Dizemo-nos que, já que não podemos ter nada do que queremos, nem mesmo é necessário ter o que podemos. Em suma, estou em vias de entrar para um convento."[38]

Camus acha que está bem de saúde. Quanto ao moral, sua angústia vai além do desencanto de uma volta de viagem: "Não consigo reencontrar meu equilíbrio. Não posso dizer que minha vida estivesse muito feliz antes de minha partida para a América, mas eu a suportava e, por outro lado, corria de um ser para outro." Ele utiliza um delicado eufemismo: "Agora isso não me interessa mais. E não consigo mais entrar de novo no que foi minha vida. A isso se acrescenta a dúvida em que me encontro com respeito à minha obra. Mas no final de tudo sairei dessa, pois é preciso."[39] Ele recusa convites, mas faz uma conferência no sanatório dos estudantes nos Alpes: "O espetáculo daquelas centenas de rapazes e moças presos por uma doença que é tanto moral quanto física, curiosos pela vida e afastados dela, nada tinha de muito alegre." Viu-se em seus olhares. Alguns dias antes, esteve "na mais bela região do mundo",[40] em "Lourmarin, uma cidadezinha do Vaucluse, a 60km de Avignon. Estava alojado num velho castelo restaurado, com imensos aposentos pintados a cal, com móveis raros e antigos, e durante todo o dia eu passeava num campo de colinas, oliveiras e ciprestes. Os dias se inundavam de sol, as tardes eram doces e as noites cheias de estrelas. Lá eu estava quase feliz, isto é, carregava perpetuamente uma espécie de vontade de chorar".

Em 3 de agosto, Camus chega à Vendée. Precisa terminar *A peste*, relato-romance no qual está trabalhando há cinco anos.

31

"O TERROR"

Patrícia quer escrever. Camus, dando-lhe conselhos, também se desvenda: "Também não se alarme se o que você escrever não lhe agradar. São necessários anos para encontrar nossa própria voz, o tom, a verdade de nosso coração. As pessoas acham que isso é dado de antemão e que o trabalho do escritor consiste em traduzir esse dado. Mas não! O trabalho do escritor consiste em escrever, com o máximo possível de exigências, e ao final desse esforço às vezes lhe acontece encontrar o que tanto buscou em si mesmo. A criação não é uma alegria no sentido vulgar. É uma servidão, uma terrível escravidão voluntária – e a alegria se assemelha muito à das grandes vitórias, tem um perfume de melancolia." Ele recomenda a Patrícia paciência, coragem e um horário rigoroso. Entre o *Combat* e a Gallimard, como ele pode encontrar tempo? Um pouco machista em algumas generalizações, Camus escreve à sua pequena americana, seu "tesouro das Américas": "Sei [...] que você nunca se tornará a alma morta coberta de visom [...] que todas as mulheres, ou quase, aspiram a ser."

Em 5 de agosto de 1946, ele se instala em Les Moutiers, a quarenta quilômetros de Nantes e a dois de um mar que ele acha frio, na casa da mãe de Michel Gallimard, primeira mulher de Raymond. Camus dispõe então de coragem e de tempo. Passa o mês, em família, numa "casa muito ampla e velha, mobiliada com móveis bonitos e velhos, tapeçarias antigas e telas de ancestrais. Não há eletricidade, mas é um dos castelos da Vendée dos quais Balzac fala com frequência. Grandes parques, belas árvores e uma luz admirável dão à região um ar de calma e grandeza". Confissão de serenidade, se não de felicidade, a Patrícia: "Aqui encontrei a paz. Quer dizer que trabalho de oito a dez horas por dia no silêncio mais absoluto e que estou terminando *A peste.* [...] Não penso em nada além deste livro e você (mas é a mesma coisa, pois nele trata-se com frequência de separação)."[1] O escritor não dissocia sua vida da obra em curso, foge dos sofrimentos passados e presentes com o tema da separação em *A peste.* Camus divaga: "Caí uma vez em pleno galope porque meu cavalo rolou, mas voltei a me levantar sem nenhum arranhão." Vinte e um de agosto: "Trabalhei tanto que ontem terminei meu livro. Deveria estar contente. [...] mas ainda não posso julgar. Estou cego diante deste livro bizarro, um pouco monstruoso em sua forma. Ainda não sei se o chamarei *La Terreur* [O terror] ou *A peste.*"[2] Mais uma vez, seu primeiro movimento passa pela dúvida: "Espero não sei o quê, que a luz volte, que eu sinta novamente em mim talento e força, que seu rosto seja despejado diante de mim."[3]

Ele folheia *Naked City*, bela coletânea de fotos nova-iorquinas, e lê o *Melville* de Lewis Mumford. A baleia branca é outro símbolo do Mal, da peste. Camus adia uma viagem à Argélia, envia para Patricia *Les Pléiades*, de Gobineau, e *O ser e o nada.* De volta à capital, ele detesta o céu parisiense, "espesso e esbranquiçado como se fosse nevar. Mas não neva e permanece apenas a ameaça e a tristeza [...]. É verdade que ultimamente nada ia bem: saúde ruim, coração ruim e principalmente essa *Peste* que retomei mais uma vez, em parte refeita, e que me desanima. Enfim, resolvi publicá-la como está, assim o fracasso será completo e isso me ensinará a modéstia".[4]

Nunca Camus levou tanto tempo para terminar uma obra. Em 1943, fez desaparecer um personagem, Stephan, substituído por Grand e Rambert, e eliminou passagens grandiloquentes.[5] Nunca sublinhou tanto a mensagem, a moral de um livro. Em 1946, a peste é o totalitarismo, o nazismo, acessoriamente o fascismo e o franquismo. Mas também o comunismo. Tal como para Malraux, então, o principal perigo provém, segundo Camus, não do oeste, com os Estados Unidos, mas do leste e da URSS. Dos dois imperialismos, o comunista é o mais perigoso. Camus passa da revolta solitária à revolta coletiva contra as injustiças do mundo ocidental e as crueldades do universo comunista. Não acredita no realismo na arte. Inútil designar no texto do romance-relato-crônica que é *A peste*, os regimes ou os sistemas visados. O escritor quer que seu livro "seja lido em vários níveis".[6] O conteúdo manifesto é a luta dos resistentes contra os nazistas, o conteúdo latente, a luta inevitável contra todos os totalitarismos e autoritarismos. Camus se abstém, um pouco, de expressar com veemência sua oposição ao comunismo de Stalin. *A peste* sublinha a oposição tanto entre crentes e ateus que podem se unir quanto entre resistentes e portadores de peste.

Antes de partir para os Estados Unidos, Camus filosofava segundo a demanda, interessava-se pelo existencialismo. Define-o raramente, a não ser para afirmar que não é membro da tribo. Teria de bom grado assinado um pequeno anúncio com Sartre para explicar que eles não são da mesma família intelectual. O existencialismo, segundo Camus, tem duas formas: "Uma, com Kierkegaard e Jaspers, chega à divindade pela crítica da razão, a outra, que chamarei de existencialismo ateu, com Husserl, Heidegger e logo Sartre, termina também com uma divinização, que, no entanto, é simplesmente a da história, considerada como o único absoluto. Não se crê mais em Deus, mas crê-se na história." Ele rejeita Deus tanto quanto uma história divinizada em progresso contínuo: "Compreendo muito bem o interesse da solução religiosa, e percebo particularmente a importância da história, mas não creio nem em uma nem na outra no sentido absoluto." Irônico: "Ficaria muito aborrecido se me forçassem a escolher absolutamente entre Santo Agostinho e Hegel. Tenho a impressão de que deve haver uma verdade aceitável entre os dois."[7]

A peste não é a-cristã, mas é o mais calma e didaticamente anticristão dos livros de Camus, que tenta no entanto dar a palavra ao jesuíta Paneloux, especialista... em Santo Agostinho. Revendo o manuscrito, o escritor anota em seus cadernos que "o único grande espírito cristão que encarou o problema do mal foi Santo Agostinho [Camus simplifica]. Chegou à conclusão do terrível 'nemo bonus'. A partir de então o cristianismo aplicou-se em dar ao problema soluções provisórias. O resultado aí está. Pois é o resultado. Os homens demoraram, mas estão hoje envenenados por uma intoxicação que data de 2.000 anos. Estão exaustos do mal, ou resignados, o que dá no mesmo. Pelo menos não podem mais suportar a mentira a esse respeito".[8]

Em dezembro de 1946, Camus fala diante dos dominicanos no convento do bulevar de La Tour-Maubourg, em Paris. O dominicano é muito "radical chique" entre os intelectuais de esquerda. Camus só faz entrar no convento com o qual sonha. O escritor franco-americano e crente Julien Green está presente. "Há gente demais", ele escreve em seu diário, "e os dois salões do primeiro andar estão cheios. Colocam-nos na primeira fila. Camus está sentado a dois metros diante de nós. [...] doente e visivelmente cansado, Camus fala, no entanto, de uma maneira que acho muito emocionante, daquilo que se espera dos católicos na França de 1946. Ele é emocionante sem querer, sem nenhuma tentativa de eloquência; é sua honestidade que o faz. Fala rapidamente, simplesmente, com anotações. Em seu rosto um pouco lívido o olhar é triste, e triste também seu sorriso. Terminada a conferência, o padre Maydieu me pergunta se tenho algo a dizer e faço sinal de que não, incapaz de responder sem ter pelo menos alguns minutos para refletir. Nem Jean Wahl, nem [Hubert] Beuve-Méry, nem Pierre Leyris, nem Marcel More, que estão presentes, tomarão a palavra. Alguns ouvintes fazem perguntas, mas com tal inabilidade que teria sido melhor se manterem em silêncio. Um deles, ex-revolucionário de fisionomia cândida, disse o seguinte, fazendo estremecer uns e outros: 'Tenho a graça, e, senhor Camus, digo-lhe com toda a humildade, o senhor não a tem.' A única resposta de Camus é aquele sorriso [...] mas ele diz um pouco depois: 'Sou o seu Agostinho antes da conversão. Debato-me com o problema do mal, e não consigo uma solução'".[9]

Camus responde aos cristãos mais do que aos marxistas. A seus ouvintes crentes, ele lembra dois temas terríveis da doutrina agostiniana, a danação das crianças sem batismo e a miséria da criatura sem a graça. Delega a Paneloux a tarefa de "defender Deus". Rejeita o cristianismo e o catolicismo, doutrinário ou tolerante. Nunca aceita o pecado original e a ideia de que os homens merecem sua infelicidade. No fundo, gosta de Pascal por seu estilo. Mas Camus está longe de Port-Royal e de uma graça ou de uma predestinação que negue a liberdade. Paneloux termina seu primeiro sermão com uma exortação à paciência: "Não se deve ter mais pressa do que Deus." Camus parece ter mais pressa. Não consegue explicar a peste ou Deus. O mal, problema insolúvel, é um mistério para os cristãos e ele toma o partido do doutor Rieux, também a-crente: "Tarrou não me representa. Naturalmente, os personagens de um romancista – se é que sou um romancista, coisa de que não tenho certeza – representam sempre 'tentações' [...] É Rieux que me representa."[10] Esse mistério do mal torna ilusória a verdade cristã. Mas os católicos gostam de atrair para si os autores ateus evocando Deus: se você tanto fala do Criador, para negá-lo, está admitindo ser uma de suas criaturas. A sinceridade de Camus atrai aqueles crentes.

Mais tarde Green dirá, a propósito dele: "Sua figura tão sensível e tão humana me tocou vivamente. Há nesse homem uma probidade tão evidente que ela me inspira quase que de imediato o respeito; simplesmente, ele não é como os outros."[11] Para os que o apreciam, o encanto de Camus é feito também de uma honestidade sensível.

Depois de ler *A peste*, o padre Maydieu escreverá a Camus: "É muito claro para mim que a fé que Cristo solicita e dá responde às exigências que o senhor tem [...]. Somos todos padres Paneloux [...]. O senhor nos ajuda a adquirir um maravilhoso conhecimento tanto do homem como de Cristo."[12] Assim, Camus mais ajuda cristãos do que comunistas, provavelmente porque suas relações com os primeiros não são ambivalentes. Eles constatam seu ateísmo, mas esperam sua conversão, embora ele nunca tenha tido fé. A França se descristianiza e os cristãos ficam felizes cada vez que um ateu os respeita. Depois do dominicano Maydieu, o ex-colega de Camus no grande liceu de Argel, o jesuíta Georges Didier, também lhe escreve uma longa carta, sempre a propósito de *A peste*.[13] Didier vê em Camus uma "lealdade em tentar compreender" os pontos de vista dos crentes, mas não se reconhece em Paneloux: "... nada em comum com ele, nem mesmo sua solidão." Ele protesta: "Toda a experiência de meus dezesseis anos de vida religiosa é a de um aprofundamento, de uma ampliação do coração, que faz da amizade, para mim, uma força e uma alegria cada dia mais bem sentidas." Didier insiste no "sentimento de ser indispensáveis uns aos outros [...] o amor de Cristo não suprime as outras afeições, mas se introduz nelas e lhes comunica seu próprio calor, sua própria ternura".[14]

Apesar dessas trocas de ideias, a questão comunista, a História deificada dos marxistas ocupam Camus, agora, mais do que as provas da existência de um Deus impossível. Arthur Koestler, que vive as mesmas indagações políticas, chega a Paris em final de outubro com sua companheira, Mamaine, para a criação de uma peça, *Le Bar du crépuscule* [O bar do crepúsculo]. Ele se introduz no grupo Camus-Sartre-Beauvoir. De origem húngara, brilhante, Koestler foi militante do sionismo, correspondente do grupo berlinense Ullstein em Paris nos anos 1920. Membro do Partido Comunista Alemão, descobriu a União Soviética em 1932. Detido nas prisões franquistas durante a guerra da Espanha e depois no campo de Vernet, na França, chegou a Londres: é agora um escritor francês reconhecido. A publicação de seu romance *O zero e o infinito*, denúncia do stalinismo e dos julgamentos de Moscou, tornou-o célebre. Com Camus, "a camaradagem foi imediata".[15] Eles têm vínculos: passaram fome, foram comunistas. Tal como Koestler, Camus aprecia um escritor britânico de esquerda, anticomunista feroz, claro e analítico, George Orwell, cujo *A revolução dos bichos*, conto político, é proclamado o livro do mês nos Estados Unidos.[16] Já em seu primeiro encontro, Camus e Koestler tratam-se por *tu*. Koestler vai com bastante frequência a Paris. Ponto em comum com Sartre, em sua conversa as ideias crepitam, o que ocorre menos com Camus. Sartre brande conceitos filosóficos; Koestler, noções científicas. Ele parece em ebulição intelectual. A família sartriana sabe que Koestler é antistalinista, mas acredita-o ainda de esquerda. Ele diz a Sartre: "Você é melhor romancista do que eu, mas pior filósofo." Simone de Beauvoir, atraída pelo homem, julga-o um bom romancista, mas não aprecia suas posições filosóficas mais do que as de Camus. Sartre e o Castor o acham pedante, autodidata, cientificista e "de uma formação marxista medíocre".[17] O Castor distribui notas baixas com facilidade.

Todos adoram Mamaine, loura muito bonita. Simone reconhece que ela tem "o espírito arguto", uma "graça frágil". A cordialidade reina e voltam as festas. Simone se apaixona alternadamente por Arthur e por Albert. O primeiro sucumbe, o segundo não.

— Imagine o que ela deve contar depois, no travesseiro! — suspira Camus. — Horrível, uma tagarela daquelas, uma pedante total, insuportável!

A questão comunista continua agitando o mundo. Os comunistas chineses retomaram a luta contra Chaing Kaishek, Ho Chi Minh entra em Haifong, Stalin afirma que a URSS não está engajada numa corrida da bomba atômica.[18] Koestler, Sartre e Camus concordam: os intelectuais devem tomar iniciativas diante das duas superpotências, a americana e a soviética. É preciso defender os direitos do homem em toda parte. Na França, a Liga dos Direitos Humanos é teleguiada pelo PCF. Como criar uma outra organização? Em companhia de Manès Sperber, escritor, psicólogo, alemão e judeu, amigo de Koestler, uma delegação vai à casa de Malraux, em Boulogne.[19] Observando as estátuas, as telas e os empregados domésticos, Camus é seco em seu caderno: "Entre Piero della Francesca e Dubuffet." Quem provocou o encontro? Malraux, para atrair os escritores progressistas para os gaullistas, ou os escritores de esquerda, para trazer Malraux de volta à sua antiga família? Será o último confronto privado entre Malraux e Sartre. Koestler declara que é preciso acabar com os sofismas, as *fallacies*.[20] Sperber tenta esboçar a organização a ser criada. Malraux se mostra cético quando se fala do proletariado:

— O que é isso?

Sartre identifica na organização em vista uma arma de guerra contra o PCF, segundo ele o melhor representante do proletariado. Opõe-se ao projeto sustentado por Camus. É preciso escolher entre o campo das democracias ocidentais, portanto os Estados Unidos, e o bloco soviético, portanto a URSS. Segundo Camus, Sartre diz:

— Não posso voltar meus valores morais unicamente contra a URSS. Ora, é verdade que a deportação de vários milhões de homens é mais grave que o linchamento de um homem negro. Mas o linchamento de um homem negro é o resultado de uma situação que dura há cem anos ou mais e que, afinal, representa a infelicidade de tantos milhões de negros através do tempo quantos são os milhões de tcherquesses deportados.[21]

Bela dialética sartriana. Sartre não se demove: escolherá o Leste. Pouco antes, almoçando em Golfe-Juan com o Castor, Aron e Pia, Sartre teve quase a mesma discussão.[22] Com Malraux, Camus não coloca o problema em termos binários - ou os Estados Unidos ou a Rússia -, mas busca uma terceira via. Durante a discussão, para ele é impossível "definir o que entra de medo ou de verdade no que cada um diz".[23] Como fundamentar valores políticos?

— Vocês não acham — diz Camus — que todos nós somos responsáveis pela ausência de valores e que, se todos nós, provindos do nietzschismo, do niilismo [*refere-se a Malraux e a si mesmo*] ou do realismo histórico [*trata-se antes de Koestler, de Sartre e às vezes dele mesmo*], disséssemos publicamente que nos enganamos e que há valores morais e que doravante faremos o necessário para os fundamentar[24] e ilustrar, vocês não acham que seria o início de uma esperança?

Um intelectual francês raramente admite seus erros em público. Koestler sente-se mais próximo de Camus do que de Malraux ou de Sartre, mas acha seu humanismo "um pouco confuso". O sistema fechado de Sartre expressa, segundo Koestler, "uma dialética talmúdica".[25] A deriva dos intelectuais progressistas que não querem denunciar o stalinismo o obceca. Ele declara, segundo Camus:

— É preciso dizer que, enquanto escritores, estaremos traindo diante da história se não denunciarmos o que deve ser denunciado. A conspiração do silêncio será nossa condenação aos olhos de todos os que nos seguirem.

Outra discordância entre Sartre, Simone de Beauvoir e Camus: no *Combat*, onde Camus retomou sua função, dois editorialistas, Albert Ollivier e Raymond Aron, com o apoio de Camus, sustentam mais o partido socialista. Jacques-Laurent Bost, que, tal como Sartre, detesta os social-democratas, protesta.

— Se não está contente, vá embora — diz Camus.

— É o que vou fazer — replica Bost, tão teimoso quanto gentil.[26]

No *Combat*, a situação é conflitiva. Ollivier e Aron foram favoráveis ao não no referendo sobre a Constituição, a maioria foi favorável ao sim. O projeto – rejeitado –[27] propunha um sistema de monocâmara: a Câmara única onipotente, com um Executivo fraco, seduzia os comunistas.

Numa noitada em casa de Boris Vian, Camus, de mau humor, ataca Maurice Merleau-Ponty, que escreveu um artigo, "O iogue e o proletário", parodiando um livro de Koestler, *O iogue e o comissário*. Para ele, a prosa afetada de Merleau-Ponty justifica os julgamentos de Moscou. Sartre defende "Merleau". Camus bate a porta, apesar das súplicas de Bost e de Sartre.

Esse último e Camus se comportam, contudo, como se as opiniões políticas não devessem separar amigos. Os colegas se reencontram no bar Pont-Royal, na Lipp ou no Dominique, restaurante russo em Montparnasse. Os Koestler frequentemente se alojam no hotel Montalambert, perto da Gallimard. Koestler acha que, "para se tornar amigo de verdade de alguém é preciso começar quando se têm vinte anos".[28] Então, segundo ele, suas relações com Camus são "mais de conivência do que de amizade profunda". Os Camus, os Koestler, Sartre e o Castor jantam num restaurante argelino, depois vão a um pequeno local dançante na rua des Gravilliers.[29] Diário de Mamaine, 3 de novembro de 1946: "Vi igualmente o espetáculo encantador de K. estreitando o Castor (que, acredito, praticamente nunca dançou na vida) em torno da pista enquanto Sartre (mesma coisa) estreitava a senhora Camus." Koestler arrasta o grupo ao Shéhérazade – boate que os Camus e os Sartre não conhecem –, onde encomenda zakuskis, vodca, champanhe. Imediatamente Sartre se embriaga, e Simone de Beauvoir também, chorando muito. Francine está meio alta. "Camus", relata Mamaine, "diz que a primeira vez que me encontrou sentiu-se muito atraído por mim, mas que nada podia fazer por causa de K. e, quando eu disse que K. não se incomodava que eu flertasse com homens que não representavam nada, ele disse que eu era o tipo de moça pela qual alguém pode se apaixonar."[30] Simone faz declarações a Arthur. Ouvindo *Os olhos negros*, Koestler se enternece:

— Impossível sermos amigos quando não nos entendemos politicamente.

Mamaine se persuade de que Camus não dá nenhuma importância a Francine (*doesn't care a damn about her*), mas sente o quanto Rancine gosta de Camus. Sartre despeja pimenta e sal em guardanapos de papel, depois os guarda nos bolsos. Tarde da noite, eles se dirigem a um bistrô de Les Halles para comer ostras regadas com vinho branco. Todos se tratam por *tu*. Sartre está convocado para fazer uma conferência na Unesco, durante o dia.

— Então você falará sem mim — diz Camus.

Sartre:

— Eu bem que gostaria de falar sem mim.[31]

Camus se indaga: "Por que as pessoas bebem? Porque na bebida tudo adquire importância, tudo se ordena segundo uma linha máxima. Conclusão: bebe-se por impotência e por condenação."[32] As noitadas de bebografia são menos estimulantes do que antes da Libertação.

"Você não pode imaginar o quanto Camus é atraente e simpático",[33] escreve Mamaine à sua irmã Calia. Para um jantar improvisado em casa dos Camus são convidados Sartre – que raramente aceita ir à casa de amigos –, o Castor, Koestler, Mamaine e, acompanhado da mulher, um jornalista americano, Harold Kaplan, que trabalha para os serviços de informação dos Estados Unidos. Sartre ataca o jornalista por ser americano, portanto inimigo da Liberdade. Koestler acusa Sartre de defender o Terror staliniano. Seguem-se uma altercação, uma cena, depois uma troca de desculpas. Sartre escreve a Koestler: "Você era seu aval [de Kaplan], eu não tinha nada o que dizer." Depois, cândido, explica a razão profunda da cena: "Aborreci-me profundamente aquela noite." Na mesma carta,[34] delirante e sedutora, a dialética de Sartre se põe em ação: "Nós já encontramos essa diferença no Shéhérazade, quando lhe ofereci minha amizade (por motivos de apreciação psicológica que são exatamente o oposto do difamação, mas de mesma natureza) e você declinou de aceitá-la (porque eu não estava engajado *a priori* numa operação comum que pudesse servir de base a nossa amizade). Não acho que meu ponto de vista seja superior ao seu, ou o seu ao meu: acho que ambos são incompletos e que não é sua culpa nem minha. Enquanto uma sociedade concreta – em que o homem e sua operação sejam realmente impossíveis de distinguir – não se der, esse tipo de conflito continuará existindo." Sartre liquida o incidente: "Só nos resta rirmos juntos disso." Há algum tempo, o Castor tem achado Camus insuportável e – crime filosófico e político – por demais anticomunista. Certa noite, levando-a para casa de carro,[35] ele defendeu De Gaulle contra Thorez: "O general De Gaulle, apesar de tudo, é bem diferente do sr. Jacques Duclos." Camus está distante do General, porém mais ainda do PCF.

A ronda dos cafés, das boates e dos restaurantes parisienses continua. Albert e Mamaine se lançam numa aventura apaixonada. A jovem inglesa mantém seu diário e se corresponde com a irmã. Diário de 7 de novembro:

"No metrô [...] Camus diz: 'Je ne peux pas te quitter.'* Disse que não tinha tanta certeza de levar isso tão a sério quanto ele. Mais tarde, terno, Camus disse: 'Só me sinto bem perto de você.' Eu disse: 'O que vamos fazer?' Ele disse: 'Ir embora.' Eu disse: 'Para onde?' E ele disse: 'Para a Provence.'" É quase Hemingway. Mamaine, no teatro, assiste a *Mortos sem sepultura* e *A prostituta respeitosa*, de Sartre, peça direta e muito antiamericana.

Mamaine vai ao encontro de Albert em Avignon. Camus: "Durante esta semana você me fez tão feliz e tão infeliz quanto se pode fazer um homem." Mamaine: "No trem de volta [...] eu disse: 'Sabe, você vai me esquecer.' Ele disse: 'Claro, tudo se esquece; mas não tenho vontade de viver num mundo em que eu a tenha esquecido.'" Eles andam nos jardins do Luxemburgo, vão de um café para outro. Camus submete à apreciação de Mamaine trechos de *A peste*, manda-lhe um buquê de flores, antes de sua volta para Londres, e uma carta:[36] "Não consigo me acostumar com a ideia da sua partida. Se pelo menos eu me soltasse, haveria em mim um tal ímpeto que certamente a levaria embora. Enquanto isso não acontece, não consigo arrancá-la deste coração, que, no entanto, você não acha bom. [As flores], na Espanha, significam paixão e violência. Mas nós somos civilizados e fazemos raciocínios. Até logo, querida estrangeira! Quando você voltar, não me deixe sozinho de imediato, volte-se ainda um pouco para mim. Não é fácil perdê-la, é isso que sei agora."

Para Camus, Yvonne era também uma querida estrangeira. Ele também não quer que Patrícia se afaste. Essas mulheres não são aventuras, pois, realidades e nostalgias mescladas, elas o habitam. Explicação romântica: ele corre de uma mulher para outra para encontrar apenas uma e única. Seria um Don Juan à maneira de Hoffmann e Puchkin. Outras interpretações – hipotéticas: a cada vez, por embriaguez da novidade, Camus seduz, como o herói de Molière ou de Mozart.[37] Vai de uma a outra com o mesmo entusiasmo, para combater uma vertigem, um medo da doença e da morte. "Sou devorado pela gripe e pela febre", ele diz a Mamaine, que também é tuberculosa.[38] Ele teme não terminar seus livros, principalmente *A peste*. Conquistador seduzido, Camus adquire o hábito da conquista, sabendo-a insignificante. Quer acreditar que nunca o amam suficientemente, e escreve-o a Mamaine. Como evitar uma culpa a cada ruptura e poupar Francine? Suas paixões – não as simples passantes, frequentemente simplórias

* Não posso deixá-la. (*N. da T.*)

– raramente são francesas da França. Ele gosta das mulheres estrangeiras ou estranhas: Simone Hié, Yvonne, Francine têm pelo menos laços argelinos. Patricia é americana, e Mamaine, inglesa. E Maria, muito espanhola. Camus não escolhe mulheres longínquas – geograficamente – totalmente por acaso. O Don Juan de Tirso de Molina navega do reino de Nápoles a Castle, Camus, dos Estados Unidos à Grã-Bretanha. Nos primeiros meses de uma paixão, ele se tranquiliza, se equilibra numa felicidade densa. Don Juan se inebria a cada nova conquista. Esse logro parece sua sinceridade do momento. Suplica a Mamaine e a Patrícia que se *voltem* para ele, que não lhe deem as costas. Ancorado em sua teoria do Castor Necessário, Sartre volita com frequência em torno de pesos-pluma ou de tolas que não trata como iguais – salvo Dolorès, ameaçadora exceção para Simone de Beauvoir. Ele não se instala em amores impossíveis, ele liquida. O Don Juan do mito persegue mulheres de uma outra classe social. Camus Don Juan, como em Puchkin, exige tratamentos de ascetismo. A ideia do "convento" volta constantemente. Camus acredita na riqueza infinita da existência. Por que não amar duas mulheres, e, se duas, por que não mais? Com as que ama apaixonadamente, passa do amor à afeição, reserva a todas sua ternura. Não é dado, como Sartre, a rupturas brutais, buscando a cumplicidade do Castor para injuriar a abandonada. Mais prosaicamente, Camus é representativo de sua geração e de sua profissão, que se pretendem liberados. Além do mais, ele é norte-africano.

A todas Camus mente, bem ou mal, tal como Sartre. Mamaine escreveu à irmã que Camus se casou com Francine porque ela estava grávida. Como explicar suas relações com Francine, o código de honra norte-africano, a palavra dada? É mais fácil dizer: ela estava esperando um bebê, eu reparei.

Camus lança no papel um divertimento, que ele guarda na gaveta, "L'impromptu des philosophes" [O improviso dos filósofos], trinta e seis páginas manuscritas, quarenta datilografadas, movimento de humor assinado com um pseudônimo, Antoine Bailly.[39] Dentro do gosto molieresco, ele ataca os pseudoexistencialistas dos porões de Saint-Germain, visa ao espírito pesado carreado por um certo sartrismo. Um tom rápido sustenta esse pastiche, com suas fórmulas bem do século XVII ("julgai do prazer em que me encontro...", "ardo por..."). Os personagens burlescos se confrontam, em diálogos ora enlevados, ora pesados:

"Este mundo é absurdo.

— E por que este mundo é absurdo?

— Pela razão de que não se explica. [...]

— É vossa inteligência que tem essa honra.

— Meu Deus, como essa filosofia me dá satisfação! E como sinto que irei adotá-la sem mais tardar."

O sr. Néant [Nada], agente que vende doutrinas novas, visita o sr. Vigne [Vinha], prefeito e farmacêutico de província que está para casar sua filha, Sophie. Nada possui um livro que "desmente a religião". Somos livres porque não somos nada, afirma ele. Nada tem causa, tudo é acaso. Nada é Sartre, mas Vinha não é exatamente Camus, ou Nada e Vinha são ao mesmo tempo Sartre e Camus. "O improviso dos filósofos" parece um exercício de autocrítica e de desrecalque. O sr. Nada recita pastiches de *O ser e o nada*. À sra. Vinha, ele propõe seu lema: "Fazer-se sendo." O sr. Vinha prega para a mulher: "Pelo que sei agora, não sou nada sem você e devo realizar o que sou ajudando-a a ser o que você é, donde se conclui que sendo o que sou devo fazer o que você faz [...]. Essa é a razão por que devo jantar. Está claro?"

Dessas caricaturais alturas ontológicas Camus desce a considerações psicológicas. Nada, servindo a Vinha a desenvoltura filosófica parisiense, define a angústia: "É uma apreensão muito geral a respeito de acidentes que não se podem definir e que, aliás, não são forçados a acontecer [...]. Angústia, mais angústia, sempre angústia... e seremos salvos." Nada quer que se exerça "a *portas fechadas*" [*grifo meu*] o amor do homem. Sob a influência de Nada, Vinha gostaria de um genro marginal, criminoso, incestuoso ou pederasta. Camus tem alguns amigos homossexuais, mas detesta os que gostam de crianças, e o fascínio de Sartre por alguns homossexuais o incomoda. Em "O improviso", Camus se desvencilha de uma exasperação filosófica. De passagem, ele toma como alvo a crítica literária: o diretor do hospício de onde Nada fugiu declara que aquele doente era crítico de seu ofício e "seu método é portanto nunca ler os livros de que fala. É o costume dessa bela profissão". É um Camus crispado e irritável. Nada aconselha que se vote "nos que suprimem a liberdade. [...] Só haverá República na França quando os franceses desaparecerem". Quando Vinha tiver apurado seu amor pela liberdade, votará "naqueles que desejam suprimi-la". Segundo "O improviso", na França "há tal adoração pelo patriotismo que, quando a oportunidade se apresenta, é-se patriota por dois ou três países. Há massacres em nome da paz e promessas de prisão em nome da liberdade".

Em 10 de novembro de 1946, os franceses elegeram a primeira assembleia nacional da 4ª República: 183 deputados comunistas ou afins, em 618, constituem o primeiro grupo parlamentar. O PCF, com 28,6% dos votos, diz ter 800.000 adeptos. Dos 26 deputados argelinos, 11 representam a União do Manifesto Argelino. Na Europa, a Guerra Fria está no ar. Camus escreve a Patricia: "A Europa torna-se cada vez mais pesada... O medo é geral. Acabo de tomar posição numa série de artigos, 'Nem vítimas, nem carrascos'. Compreendi o quanto se pode ser solitário ao se empregar uma certa linguagem. [...] Não se pode desertar, no entanto a posição de vítima não me agrada."[40]

Camus quer esclarecer sua posição política nesses artigos do *Combat* a partir de 11 de novembro. Recusa a chantagem de uma esquerda complacente para com os comunistas: "Não devemos falar de expurgo dos artistas na Rússia, porque isso traria proveito à reação. [...] Devemos nos calar a respeito da manutenção de Franco pelos anglo-saxões, porque isso traria proveito ao comunismo." Em 1946, ele estima, os homens vivem na abstração das ideias absolutas e no messianismo sem nuances. Em "O improviso dos filósofos", um personagem dizia: "Na época em que vivemos, os messias nunca seriam demais." Pela primeira vez Camus denuncia os trapaceiros de direita e de esquerda que desejam a felicidade dos homens a despeito deles, e quase do mesmo modo "as ideologias marxistas e capitalistas, umas e outras baseadas na ideia de progresso, umas e outras persuadidas de que a aplicação de seus princípios deve levar fatalmente ao equilíbrio da sociedade". O mundo vive num estado de terror. Camus opõe-se às filosofias "que fazem da história um absoluto (Hegel, depois Marx: o objetivo sendo a sociedade sem classe, tudo o que conduz a ele é bom)".

Como um socialista francês pode se orientar? A SFIO fez um congresso com o qual Camus não está satisfeito. De Gaulle se demitiu em janeiro de 1946. Na Assembleia Nacional, por ocasião das eleições de novembro, a SFIO tem apenas 105 deputados e perdeu 24 para o PCF. Guy Mollet, que se tornou secretário-geral da SFIO,[41] também invoca o marxismo. "É evidente", escreve Camus, "que nossos socialistas, sob a influência de Léon Blum, e mais ainda sob a ameaça dos acontecimentos, têm à frente de suas preocupações problemas morais (o fim não justifica todos os meios) que até agora não tinham sublinhado. Seu desejo legítimo era referir-se a alguns princípios que fossem superiores ao assassinato." Camus – cujo voto continua sendo socialista[42] – segue a SFIO até aqui. "Não é menos evidente", ele acrescenta, "que esses mesmos socialistas querem conservar a doutrina marxista; uns porque acham que não se pode ser revolucionário sem ser marxista; outros, por uma fidelidade respeitável à história do partido que os persuade de que também não se pode ser socialista sem ser marxista." A SFIO não quer ou não consegue sair de uma situação ideológica confusa. Camus não arrasa os socialistas, mas coloca seus problemas: "Ou eles admitem que o fim cobre os meios, portanto que o assassinato pode ser legitimado, ou renunciam ao marxismo como filosofia absoluta, limitando-se a reter seu aspecto crítico, frequentemente válido." Ele não questiona a necessidade da revolução, mas a ideia da tomada do poder pela violência, do grande entardecer, "ideia romântica". Aviação e unidades blindadas podem garantir uma bela repressão. Camus assassina uma ideia dos revolucionários de 1946: "1789 e 1917", ele escreve, "ainda são datas, mas já não são exemplos." Ele supõe que a revolução esteja eclodindo, na França, na Itália, na Tchecoslováquia... Em 1946, ela seria natimorta: o país que realizasse sua revolução veria cortados seus créditos americanos: "Não temos liberdade, enquanto franceses, de ser revolucionários." O que se entende por revolucionário? Para Camus, a aspiração implica uma utopia relativa, mas dentro da mundialização da política e da economia. É preciso evitar o perigo de guerra, atômica ou não. Os marxistas aceitam de antemão milhões de mortos "pela suposta felicidade daqueles que ficam. [...] é um preço muito alto". É preciso, portanto, uma democracia internacional e democracias nacionais. A utopia camusiana visa a um parlamento mundial com eleições. Ele acredita na ONU e numa ordem internacional "que traga enfim as reformas estruturais duradouras pelas quais a revolução se define". Saindo de algumas generalidades, ele não define essas reformas. Conta ainda com certas receitas e ideias prontas, como as nacionalizações das estradas de ferro, do gás, da eletricidade, das minas de carvão, da Renault, que De Gaulle, que não é exatamente marxista, aceitou junto com a do crédito: essas reformas não serão viáveis num único país, segundo Camus.

Ele tem belas fórmulas, mas não define as ideias práticas de seu novo contrato social: "Não se cura a peste com os meios que se aplicam aos resfriados. Uma crise que aflige o mundo todo deve ser tratada em escala universal." Camus se recusa a adorar ou odiar um país, Estados Unidos ou URSS, assim como um povo, americanos ou russos. No entanto, ataca mais as ameaças do Leste do que as do Oeste: "Somos alguns que sentimos muito bem nossas semelhanças com todos os homens. [...] A maneira certa de amar o povo russo, em reconhecimento ao que ele nunca deixou de ser, ou seja, o fermento do mundo de que falam Tolstói e Gorki, não é desejar-lhe as aventuras do poder, é poupá-lo, depois de tantas provações, de uma nova e terrível sangria. Diga-se o mesmo quanto ao povo americano e à infeliz Europa." Camus defende o diálogo universal contra a servidão, a mentira e as injustiças. Ele prevê que em todos os continentes "e nos anos futuros, uma luta interminável se travará entre a violência e a pregação". Camus jornalista deixa-se com frequência arrebatar pela forma e às vezes poupa seu público. Em particular, diz as coisas mais diretamente ainda:

"Encontrei Tar na saída da conferência sobre o diálogo. Ele tem o ar reticente e no entanto o mesmo olhar de amizade que tinha quando o fiz entrar nos grupos do Combat.

— Você agora é marxista?

— Sim.

— Então será um assassino.

— Já o fui.

— Eu também. Mas não quero mais.

— E você foi meu padrinho.

Era verdade.

— Ouça, Tar. O verdadeiro problema é o seguinte: aconteça o que acontecer, sempre o defenderei contra os fuzis da execução. Quanto a você, será obrigado a aprovar que me fuzilem. Reflita sobre isso.

— Refletirei."[43]

Naquele final de 1946, distanciando-se dos marxistas e dos existencialistas sartrianos, Camus tenta aprofundar a ideia de revolução e de revolta. Esboça um capítulo de livro: "Relação do absurdo com a revolta."[44] Ele não fala de suicídio em seus artigos, é claro. *Cadernos*: "Nossa época é aquela que, tendo levado o niilismo a suas conclusões extremas, aceitou o suicídio. Isso se verifica na facilidade com que ela aceita o assassinato, ou que o assassinato seja justificado. [...] Os homens do terror levaram os valores do suicídio à sua extrema consequência, que é o assassinato legítimo, ou seja, o suicídio coletivo."[45]

Camus não sabe que no plano mundial seu isolamento intelectual é relativo. Em 1945, em Londres, um pensador, mais jovem do que ele, publicou uma obra dando respostas detalhadas às suas indagações: Karl Popper trabalha desde 1939 em *A sociedade democrática e seus inimigos*. O livro não interessa os intelectuais franceses, a não ser Aron e alguns outros.[46] Popper, tal como Camus, acha que é preciso lutar contra todas as pestes e a violência. A Providência não existe. O homem dá um sentido à história lutando contra a injustiça, como os Rambert e Rieux. Popper também detesta o totalitarismo. Sua crítica do marxismo busca as raízes do historicismo cientificista e acomete uma tradição metafísico-política corrente, segundo ele, de Platão a Hegel para culminar em Marx. Espírito mais filosófico do que Camus, Popper – esquematizando – domina as duas tradições europeias, a anglo-saxônica empirista e a continental franco-alemã, racionalista. Ele comentou em Londres, num seminário de Friedrich von Hayek, um texto que escreveu sobre a *miséria do historicismo*, a divinização da História, diagnosticada tanto entre os comunistas como entre os nazistas. A análise de Camus é menos construída e discursiva. Mas, tal como Popper, ele passa dos sabres às palavras, *from swords to words*. Sartre já acha que o marxismo é o horizonte insuperável de nosso tempo, fórmula aflitiva. É possível imaginar um físico dizendo "Newton é insuperável"? Menos armado conceitualmente do que Popper ou Aron, Camus ataca no *front* do romance e do jornalismo, com seus talentos e seus limites, a cidadela totalitária mais evidente, o comunismo, sem deixar de lado os bastiões autoritários, como o franquismo.

Na França ele caminha sozinho, ou quase: seu amigo, o filósofo antimarxista Bernard Groethuysen, morreu em setembro de 1946. A fuga dos cérebros criadores do PCF ainda não começou. Três anos depois, Marguerite Duras, que não é uma cabeça política, soltará as amarras.[47] Camus avança mais lentamente do que Popper, que trabalhou sua anatomia do marxismo e sua patologia do comunismo de longe: na Nova Zelândia, Popper não esteve submetido ao terrorismo e à fraternidade do vivido, às pressões dos acontecimentos e à camaradagem dos comunistas antes da guerra e sob a Ocupação. Camus vive numa estufa francesa insular que conhece pouco as ideias estrangeiras, de Wittgenstein a Popper. Outra desvantagem, mas contradição enriquecedora: Camus aceita *e* recusa apresentar-se como filósofo. Vê-se antes de tudo artista e moralista: *A peste* contém um catecismo leigo. As opiniões de Camus precipitam-se quimicamente e depressa. Ele rejeita a hipótese de leis históricas que levam a um progresso inevitável, a aceitação de todas as violências ditas revolucionárias, a dialética da infelicidade individual hoje em proveito compensatório da felicidade universal e social amanhã. Resta-lhe argumentar sua recusa, sem deixar de lado sua obra. Relato demonstrativo, *A peste* o liberta. Camus formula seu credo de escritor. "Gosto mais dos homens engajados do que das literaturas engajadas. Coragem na vida e talento nas obras já não é tão mau. O escritor se engaja quando quer."[48] Sartre engajou-se com *A prostituta respeitosa*, através do "problema negro". Camus não gosta desses exercícios. O autor de *Entre quatro paredes*, aliás, desliga-se depressa dessa obra atamancada. Seja como for, Sartre continua sendo artista, mas entre ele e Camus as fraturas político-ideológicas se ampliam.

32

AMARGURAS

Albert e Francine finalmente são locatários titulares de um apartamento – propriedade dos Gallimard, no centro do 4º *arrondissement* – num palacete particular, na rua Séguier, nº 18, a alguns metros do Quartier Latin. A rua Séguier sai da rua Saint-André-des-Arts, desemboca no quai des Grands-Augustins e no Sena. Com pé-direito alto, os apartamentos, adaptados às pressas, são difíceis de aquecer. O dos Camus compõe-se de uma entrada, uma sala de jantar, uma sala de estar, dois quartos, para os pais e os gêmeos, uma cozinha, um banheiro com chuveiro. Camus adora os filhos, "os dois cômicos", "Bidasse e Mandarine", "meus dois troncudos".[1] Mas como criança atrapalha! Para chegar à Gallimard, Camus vai até o bulevar Saint-Germain pela rua de Buci, onde há uma feira magnífica, colorida, quase argelina ou espanhola. Atento às crianças e à saúde delas – Jean parece frágil –, Camus tem dificuldade em se habituar à vida de casal. As visitas percebem as inquietudes na rua Séguier e o aborrecimento do marido. A vida é difícil, o abastecimento irregular. Há dois anos, Camus corresponde-se com Régine Junier, uma francesa, modista nos Estados Unidos, admiradora maternal – "Quer aceitar o que lhe é oferecido de bom coração por uma irmã mais velha?".[2] Ela envia pacotes, leite em pó, açúcar, café-verde, sardinhas, pudim de passas, echarpe, pulôveres, um urso para Jean, uma boneca para Catherine. Régine Junier escreve aos Camus: "As últimas caixas não estavam tão bem-feitas quanto anteriormente. Vocês devem ter visto, não tenho mais flexibilidade nas mãos, estou sofrendo terrivelmente de artritismo." Como a mãe de Camus. "Minhas mãos começam a se deformar e, como sou obrigada a usá-las constantemente, tenho dores contínuas. Acho que meu coração está começando a falhar. Às vezes tenho pontadas na parte baixa do peito: preciso parar e ficar bem quieta por um momento, e então passa. Aconselho-o, Albert, a cancelar [anular] a ordem que deu para o envio de 200$. Prefiro não me responsabilizar por uma tal quantia nas condições atuais."[3] Camus se preocupa tanto com a saúde da srta. Junier quanto Régine com a saúde dos gêmeos: "Cara Régine", ele escreve, "ficamos aborrecidos por sabê-la doente. Temos certeza de que com a primavera, que finalmente está de volta, você já está bem melhor. Francine e os gêmeos estão bem, salvo uma bronquite impressionante de Catherine. Eles continuam turbulentos e nos divertem muito. Finalmente estamos instalados em nossa casa".[4]

No Natal, os Camus passam um tempo em Briançon. Camus descansou: "O inverno aqui se arrastou por tanto tempo e estou tão sobrecarregado de trabalho[...]. Só tenho pressa de uma coisa, deixar Paris e o mundo literário em que vivo para ir ao encontro do Mediterrâneo. Aspiro ao sol e à solidão." Ele manda um catálogo de moda para Régine: "Assim você saberá o que se está fazendo em Paris neste momento e poderá inspirar-se para suas clientes exigentes. [...] Para nós a vida se torna cada vez mais difícil na França. O mundo torna-se cada vez mais bobo e alguns de nós estão fartos." Ele planeja deixar Jean e Catherine com a família da sogra em Orã para que Francine possa descansar um pouco. "Quanto a mim, continuo a trabalhar. Estou preparando uma peça de teatro e um ensaio filosófico." Ele parece otimista a propósito desse ensaio: "Está quase terminado."[5]

A todos – sobretudo a quem não pertence ao meio parisiense – Camus diz o quanto a vida lhe pesa na capital. Viagens curtas à Suíça, à Argélia, à Inglaterra não o arejam. Tem inveja dos Fayol, instalados no Marrocos: "Estou sobrecarregado de trabalho. *A peste* vai sair logo. Retomei a direção do *Combat* por alguns meses, e para evitar um naufrágio ameaçador. Há greves, a crise financeira, a frouxidão de alguns e o desânimo geral."[6] Camus pede que o desculpem por suas cartas agora batidas à máquina. Para ganhar tempo, ele as dita. Outra excelente razão: "Minha letra está se tornando cada dia mais ilegível.[7] (Não quero lhes infligir o trabalho de decifrá-la.)"

Camus vive uma primeira agonia do *Combat*. Quer reformular o jornal e abre-se a esse respeito com Francine: "Para o *Combat*, tudo é simples. Pia e alguns queriam largar. Eu disse (e talvez tenha sido meu erro) que nas condições atuais isso seria uma demissão. Pia me respondeu que para dirigir um jornal era preciso acreditar em seu êxito, que ele não acreditava e que consequentemente deveria ir embora. Finalmente, aceitou ficar se eu me

Arquivos A. Camus/Imec

Albert Camus e seu irmão, Lucien.
Nunca suspeitei a verdadeira situação da sua família... (Louis Germain)

Sra. Sintès.
Comunhão? Ou é já ou ele fica sem fazer...

No grande liceu de Argel, classe de 1932-1933, Camus é o segundo, da direita para a esquerda, na fileira superior. Na segunda fileira, atrás do diretor, Claude de Fréminville. Na mesma fileira, o segundo a partir da direita, André Belamich.
Eu procurava o sentido da vida...

Da esquerda para a direita: Mado Bénichou, Albert Camus, Simone Dayan, Yvette Nouchi, André Bénichou, uma pessoa não identificada, Georges Bénichou, Irène Dayan, Paul Bénichou, Gina Bénichou, Maurice Adrey. As duas crianças: Sylvia e Pierre Bénichou.
Cada um de nós aproveita a vida ao máximo...

Coleções particulares – D. R.

Marguerite Dobrenn

Da esquerda para a direita: Belkadi, Marguerite Dobrenn, Jeanne Sicard, Christiane Galindo e Albert Camus.
A amizade doce das mulheres...

Coleção Jean-Pierre Bénisti

Coleção Jean-Pierre Bénisti

Marguerite Dobrenn e Jeanne Sicard, croqui de Louis Bénisti.
As burricas…

Coleções particulares – D. R.

Pierre Fassina
Na rua de Lyon por volta das seis horas, em outubro, o dia desponta…

Marguerite Dobrenn

Autocaricatura de Camus.
O-jovem-que-acreditava-que-tinha-acontecido-e-que--percebeu-que-não-tinha-acontecido…

Coleção Dr. Contteneau

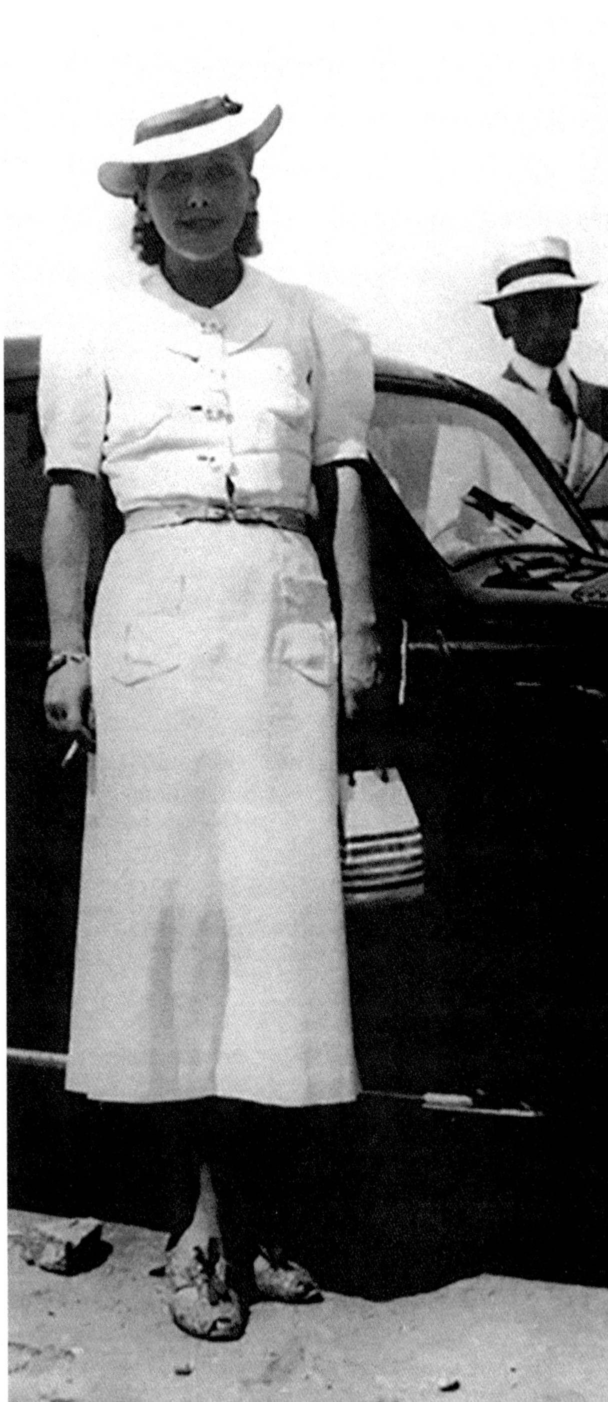

Simone Hié.
Ela não virá mais… Ela escolheu…

Christiane Galindo

Em Tipasa.
Camus bancava o Don Juan...

Coleção Yves Bourgeois

Yves Bourgeois.
Eu também leio Rússia de hoje.

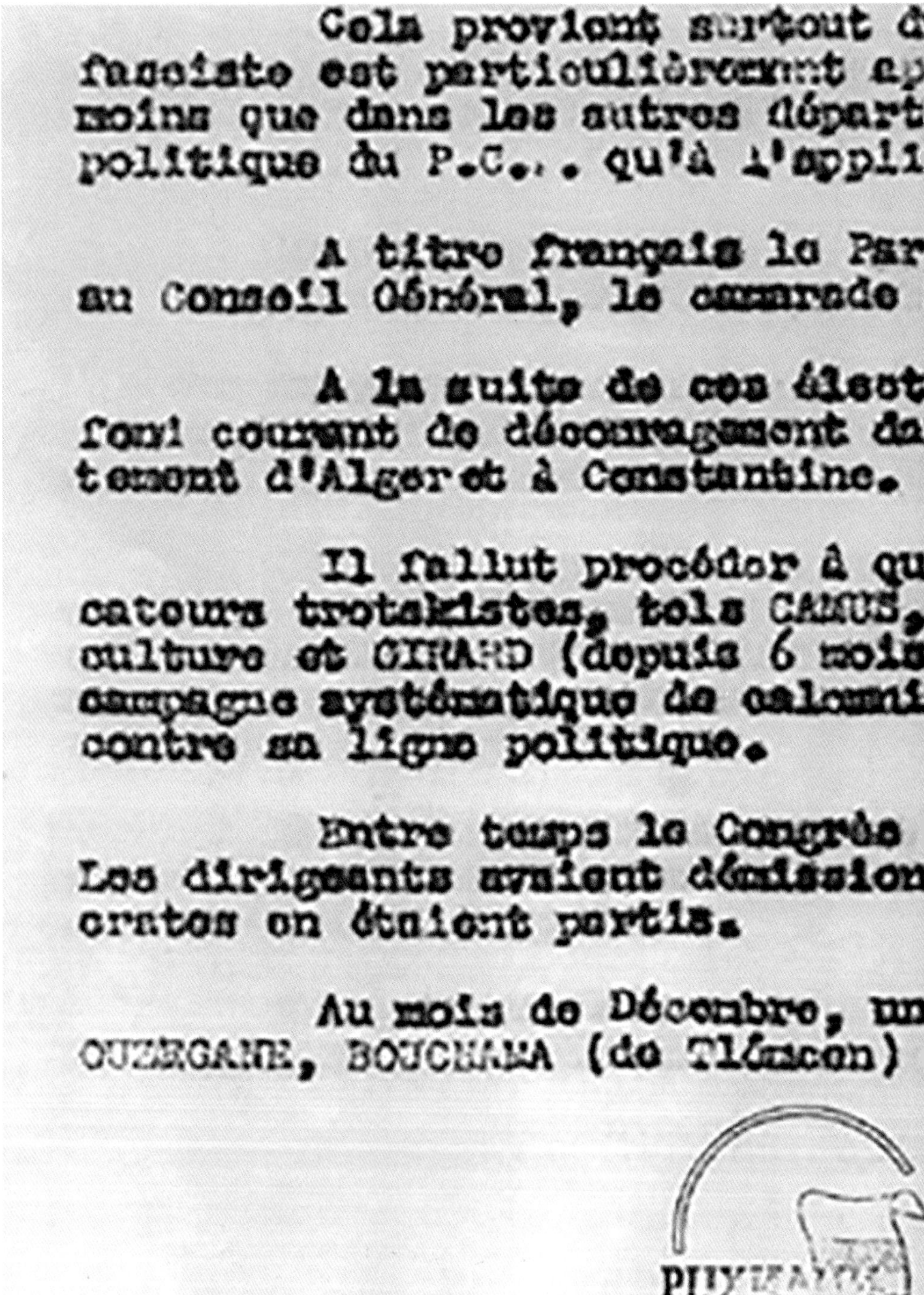

Cela provient surtout d
fasciste est particulièrement ap
moins que dans les autres départ
politique du P.C.. qu'à l'appli

A titre français le Par
au Conseil Général, le camarade

A la suite de ces élect
fort courant de découragement da
tement d'Alger et à Constantine.

Il fallut procéder à qu
cateurs trotskistes, tels CAMUS,
culture et GIRARD (depuis 6 mois
campagne systématique de calomni
contre sa ligne politique.

Entre temps le Congrès
Les dirigeants avaient démission
crates en étaient partis.

Au mois de Décembre, un
OUZEGANE, BOUCHAMA (de Tlémcen)

Num dossiê do Partido Comunista Argelino, arquivos do Komintern:
Foi preciso proceder a algumas depurações de agentes provocadores trotskistas…

ait qu'en Oranie où la menace
ente, le Parti concevait beaucoup
nts à discutailler sur la ligne
er.

eut pour la première fois un élu
ETTACCI à Oran.

s, il fallut remonter un pro-
le Parti, surtout dans le dépar-

ques épurations d'agents provo-
-dirigeant de la maison de la
 Parti) qui développaient une
contre lesdirigeants du P.C.F. et

ulman avait fini de se désagréger
.Les éléments socialistes ou démo-

tentative de replâtrage fut fai'
quelques communistes beaucoup

Camus com a equipe do *Alger républicain*:
Não desejaria endurecer o tom. Mas sou forçado a dizer aqui que o regime de trabalho na Cabília é um regime de escravidão...

Coleção Christiane Galindo

Coleção Christiane Galindo

Camus em seu primeiro terno.
Uma dúzia de meias brancas...

Coleção Jean-Pierre Bénisti

Louis Bénisti e Charles Poncet.
Um inocente puro e um sisudo...

Arquivos A. Camus/Imec

LE SOIR REPUBLICAIN
QUOTIDIEN D'INFORMATION ET DE CRITIQUE
(dix mots censurés)

Combat
Dans la guerre comme dans la paix le dernier mot est à ceux qui ne se rendent jamais. Clemenceau
Le tirage total des journaux du Mouvement de la Libération Nationale COMBAT - DÉFENSE de la FRANCE FRANC-TIREUR - LIBÉRATION LORRAINE - RÉSISTANCE atteint 1 million 150.000 exemplaires.
Un seul chef : DE GAULLE — Un seul combat : pour NOS LIBERTÉS
ORGANE DU MOUVEMENT DE LA LIBÉRATION NATIONALE N° 57 MAI 1944

L'EXPRESS

Bibliothèque Nationale de France, Paris

Três ciclos jornalísticos.
Faremos um jornalismo honesto, portanto impossível...
(Pascal Pia)

Camarades!...

Assistez le 8 Mai, à 10 heures du matin, à la visite et à l'inauguration de l'immeuble d'**Alger Républicain**

VOTRE JOURNAL

8, Avenue Malakoff

et 3, Rue Kœchlin

Centre des Archives d'Outre-Mer, Aix-en-Provence

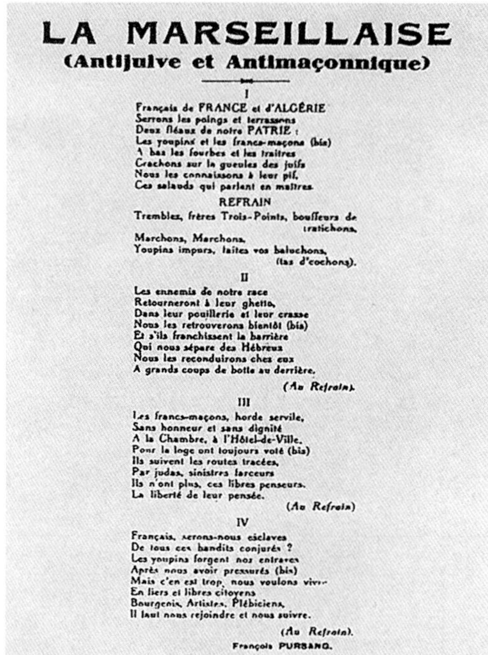

LA MARSEILLAISE

(Antijuive et Antimaçonnique)

I

Français de FRANCE et d'ALGÉRIE
Serrons les poings et terrassons
Deux fléaux de notre PATRIE :
Les youpins et les francs-maçons (bis)
A bas les fourbes et les traitres
Crachons sur la gueules des juifs
Nous les connaissons à leur pif,
Ces salauds qui parlent en maîtres.

REFRAIN

Tremblez, frères Trois-Points, bouffeurs de cratichons.
Marchons, Marchons.
Youpins impurs, faites vos baluchons,
(tas d'cochons).

II

Les ennemis de notre race
Retourneront à leur ghetto,
Dans leur pouillerie et leur crasse
Nous les retrouverons bientôt (bis)
Et s'ils franchissent la barrière
Qui nous sépare des Hébreux
Nous les reconduirons chez eux
A grands coups de botte au derrière.

(Au Refrain).

III

Les francs-maçons, horde servile,
Sans honneur et sans dignité
A la Chambre, à l'Hôtel-de-Ville.
Pour la loge ont toujours voté (bis)
Ils suivent les routes tracées,
Par judas, sinistres farceurs
Ils n'ont plus, ces libres penseurs.
La liberté de leur pensée.

(Au Refrain)

IV

Français, serons-nous esclaves
De tous ces bandits conjurés ?
Les youpins forgent nos entraves
Après nous avoir pressurés (bis)
Mais c'en est trop, nous voulons vivre
En fiers et libres citoyens
Bourgeois, Artistes, Plébiciens,
Il faut nous rejoindre et nous suivre.

(Au Refrain).

François PURBANO.

Centre des Archives d'Outre-Mer, Aix-en-Provence

Centre des Archives d'Outre-Mer, Aix-en-Provence

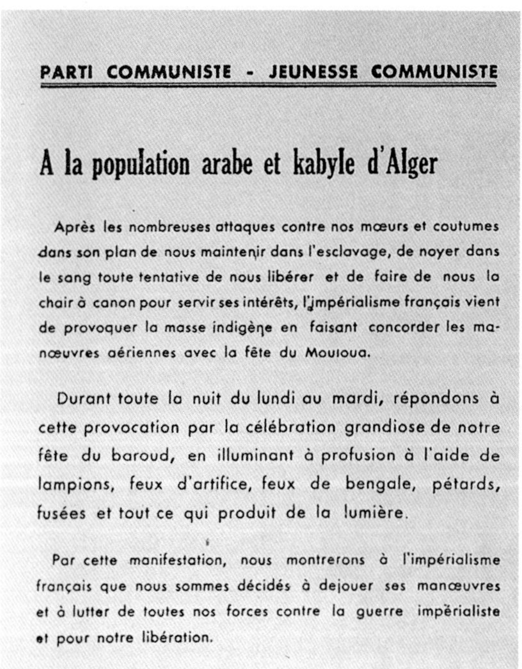

PARTI COMMUNISTE - JEUNESSE COMMUNISTE

A la population arabe et kabyle d'Alger

Après les nombreuses attaques contre nos mœurs et coutumes dans son plan de nous maintenir dans l'esclavage, de noyer dans le sang toute tentative de nous libérer et de faire de nous la chair à canon pour servir ses intérêts, l'impérialisme français vient de provoquer la masse indigène en faisant concorder les manœuvres aériennes avec la fête du Mouloud.

Durant toute la nuit du lundi au mardi, répondons à cette provocation par la célébration grandiose de notre fête du baroud, en illuminant à profusion à l'aide de lampions, feux d'artifice, feux de bengale, pétards, fusées et tout ce qui produit de la lumière.

Par cette manifestation, nous montrerons à l'impérialisme français que nous sommes décidés à dejouer ses manœuvres et à lutter de toutes nos forces contre la guerre impérialiste et pour notre libération.

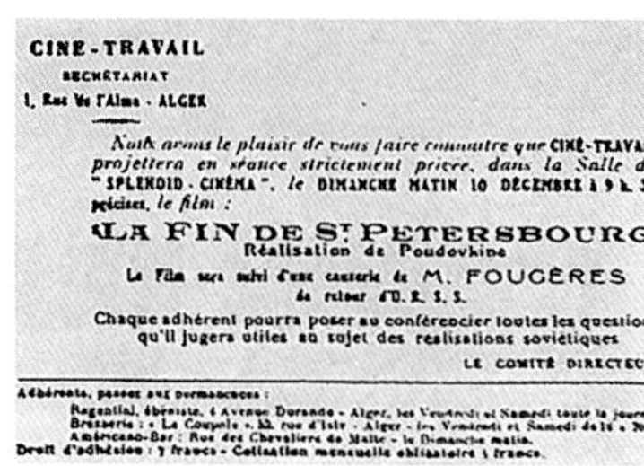

CINE-TRAVAIL

SECRÉTARIAT

1, Rue de l'Alma - ALGER

Nous avons le plaisir de vous faire connaître que CINÉ-TRAVAIL *projettera en séance strictement privée, dans la Salle du* "SPLENDID-CINÉMA", *le* DIMANCHE MATIN 10 DÉCEMBRE à 9 h. 30 précises, *le film :*

LA FIN DE St PETERSBOURG

Réalisation de Poudovkine

Le Film sera suivi d'une causerie de M. FOUGÈRES du retour d'U. R. S. S.

Chaque adhérent pourra poser au conférencier toutes les questions qu'il jugera utiles au sujet des réalisations soviétiques

LE COMITÉ DIRECTEUR.

Adhérents, passez aux permanences :

Brasserie : « La Coupole », 33, rue d'Isly - Alger

Américano-Bar : Rue des Chevaliers de Malte - le Dimanche matin.

Centre des Archives d'Outre-Mer, Aix-en-Provence

Panfletos dos anos 1930 na Argélia.
O imperialismo francês acaba de provocar a massa indígena...
Cuspir na cara dos judeus...

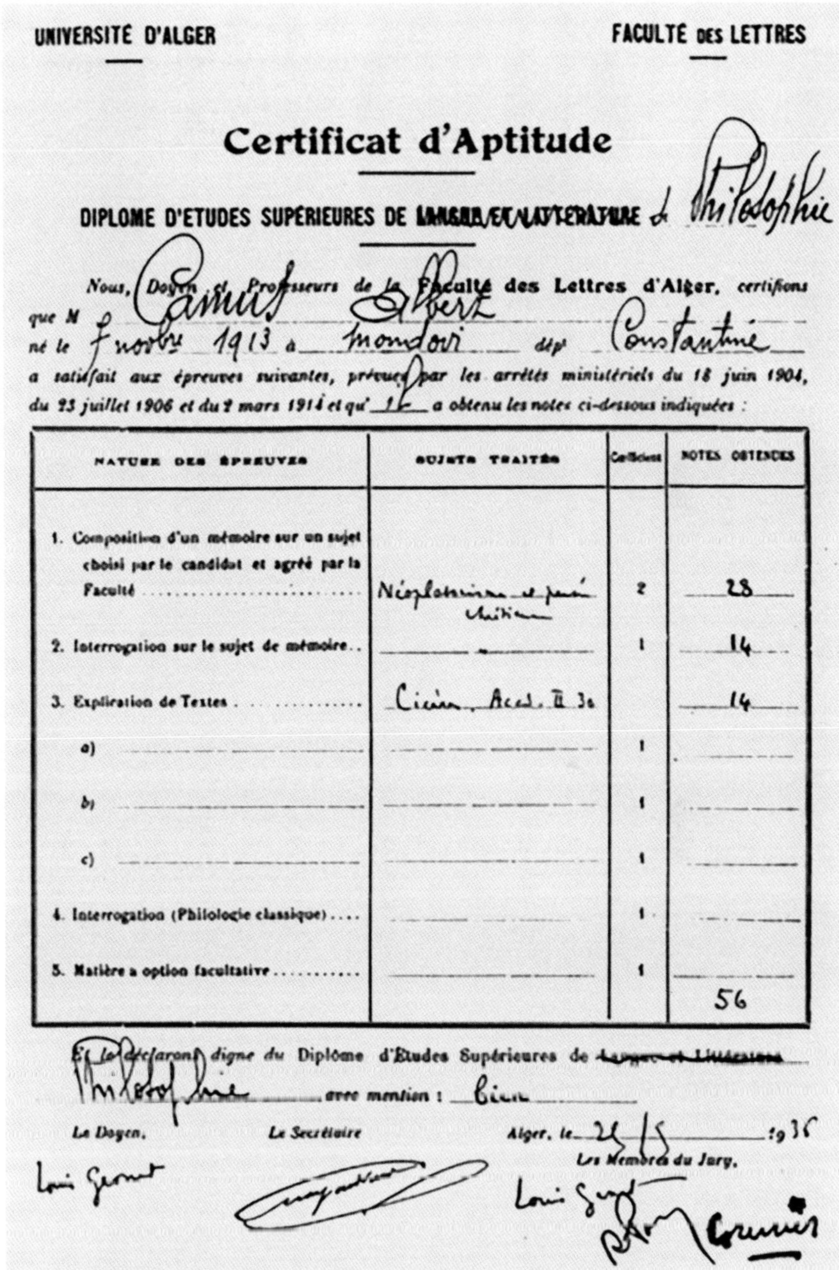

UNIVERSITÉ D'ALGER — FACULTÉ DES LETTRES

Certificat d'Aptitude

DIPLOME D'ETUDES SUPÉRIEURES DE ~~LANGUE ET LITTÉRATURE~~ de Philosophie

Nous, Doyen et Professeurs de la Faculté **des Lettres d'Alger,** *certifions que M* Camus Albert *né le* 7 novbre 1913 *à* Mondovi *dép* Constantine *a satisfait aux épreuves suivantes, prévues par les arrêtés ministériels du 18 juin 1904, du 23 juillet 1906 et du 2 mars 1914 et qu'*il *a obtenu les notes ci-dessous indiquées :*

NATURE DES ÉPREUVES	SUJETS TRAITÉS	Coefficient	NOTES OBTENUES
1. Composition d'un mémoire sur un sujet choisi par le candidat et agréé par la Faculté	Néoplatonisme et pensée chrétienne	2	28
2. Interrogation sur le sujet de mémoire		1	14
3. Explication de Textes	Cicéron, Acad. II 30		14
a)		1	
b)		1	
c)		1	
4. Interrogation (Philologie classique)		1	
5. Matière a option facultative		1	
			56

Et le déclarons digne du Diplôme d'Études Supérieures de ~~Langue et Littérature~~ Philosophie *avec mention :* Bien

Le Doyen, Louis Gernet — *Le Secrétaire* — *Alger, le* 25/5 1935

Les Membres du Jury, Louis Gernet, R. Poirier, Grenier

D.E.S. assinado por Louis Gernet, René Poirier e Jean Grenier.
Santo Agostinho sem Marx.
Avaliação razoável.

Coleções particulares – D.R.

Arquivos A. Camus/Imec

Em Florença.
Alberto fa l'amore con la mia sorella.

Coleções particulares - D.R.

Claude de Fréminville
Ah, Claude, como somos melhores quando estamos felizes...

Coleção Bénichou

Com André Bénichou.
Saboreia o rigor platônico, Descartes e Spinoza...

Coleções particulares – D. R.

Décisions ou actes liant (1) Camus Albert

au service militaire ou modifiant, suspendant ou supprimant l'obligation de servir.

Mentionner, dans l'ordre chronologique, les décisions des conseils de revision et des commissions de réforme (sursis d'incorporation, exemption, ajournements, incorporation, réforme temporaire n° 1 ou n° 2, réforme n° 1 ou n° 2, classement dans le service auxiliaire ou dans le service armé) ainsi que les actes (engagements, rengagements, commissions, etc.), liant l'homme au service ou les circonstances (décès, retraite, etc.) faisant cesser le service.

Chaque inscription doit être datée et porter la signature et le timbre de l'autorité qui l'a prescrite.

Les différentes périodes d'exercices seront également inscrites dans ce tableau.

Sur sa demande. Maintenu Exempté

par la Commission de Réforme d'Alger du 9

Le Comt du Recrutement

BUREAU DE RECRUTEMENT D'ALGER

LE COMMANDANT

Maintenu exempté

par la Commission de Réforme d'Alger du 1 NOV 193

Le Comt du Recrutement

(1) Nom et prénoms.

Caderneta militar de Camus.
Dispensado, quer ser mobilizado a pedido seu…

Coleção particular

Francine Camus em Orã.
Talvez também uma felicidade a ser reencontrada…

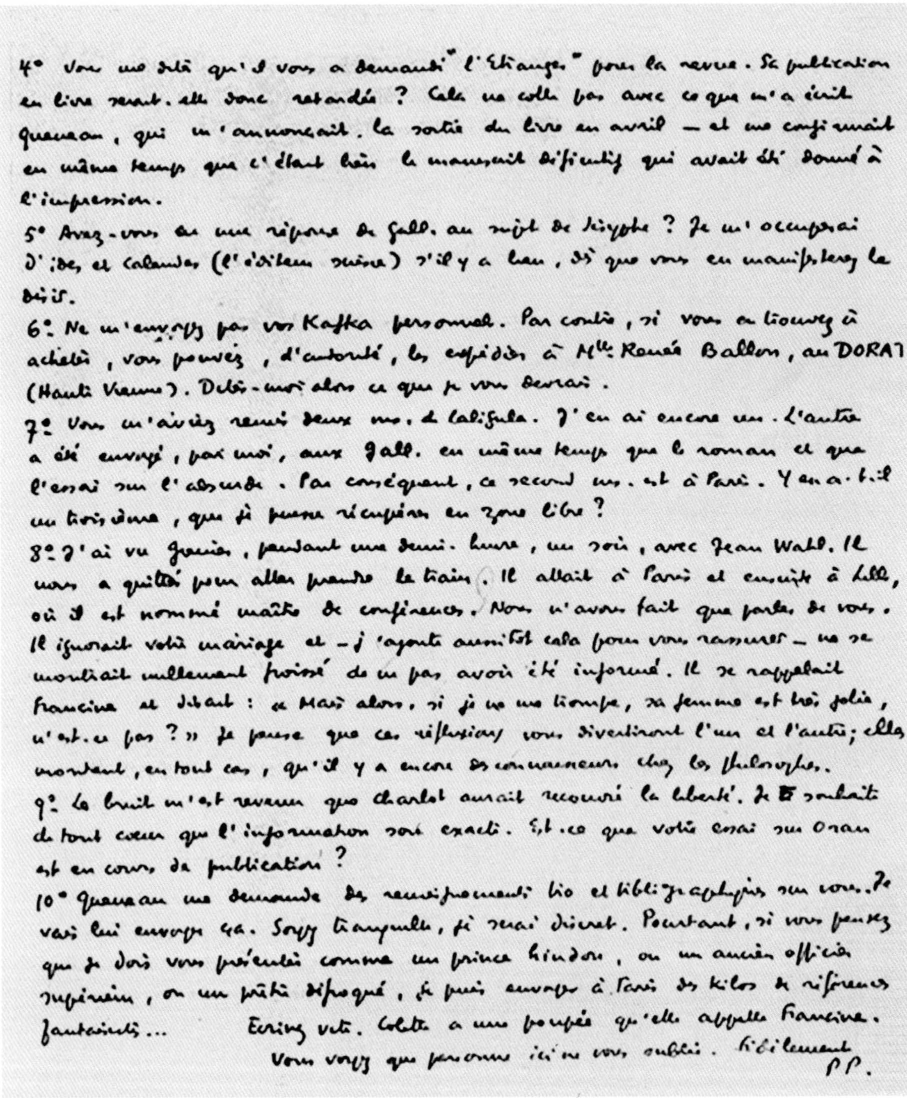

4° Vous me dites qu'il vous a demandé "l'Étranger" pour la revue. Sa publication en livre serait-elle donc retardée ? Cela ne colle pas avec ce que m'a écrit Queneau, qui m'annonçait la sortie du livre en avril — et me confirmait en même temps que c'était bien le manuscrit définitif qui avait été donné à l'impression.

5° Avez-vous eu une réponse de Gall. au sujet de Sisyphe ? Je m'occuperai d'Ides et Calendes (l'éditeur suisse) s'il y a lieu, dès que vous en manifesterez le désir.

6°. Ne m'envoyez pas vos Kafka personnels. Par contre, si vous en trouvez à acheter, vous pouvez, d'autorité, les expédier à Mlle Renée Ballon, au DORAT (Haute Vienne). Dites-moi alors ce que je vous devrai.

7° Vous m'aviez remis deux ms. de Caligula. J'en ai encore un. L'autre a été envoyé, par moi, aux Gall. en même temps que le roman et que l'essai sur l'absurde. Par conséquent, ce second ms. est à Paris. Y en a-t-il un troisième, que je puisse récupérer en zone libre ?

8°. J'ai vu Grenier, pendant une demi-heure, un soir, avec Jean Wahl. Il nous a quittés pour aller prendre le train. Il allait à Paris et ensuite à Lille, où il est nommé maître de conférences. Nous n'avons fait que parler de vous. Il ignorait votre mariage et — j'ajoute aussitôt cela pour vous rassurer — ne se montrait nullement froissé de ne pas avoir été informé. Il se rappelait Francine et disait : « Mais alors, si je ne me trompe, sa femme est très jolie, n'est-ce pas ? » Je pense que ces réflexions vous divertiront l'un et l'autre ; elles montrent, en tout cas, qu'il y a encore des connaisseurs chez les philosophes.

9°. Le bruit m'est revenu que Charlot aurait recouvré la liberté. Je souhaite de tout coeur que l'information soit exacte. Est-ce que votre essai sur Oran est en cours de publication ?

10° Queneau me demande des renseignements bio et bibliographiques sur vous. Je vais lui envoyer ça. Soyez tranquille, je serai discret. Pourtant, si vous pensez que je dois vous présenter comme un prince hindou, ou un ancien officier supérieur, ou un prêtre défroqué, je puis envoyer à Paris des kilos de références fantaisistes... Écrivez vite. Colette a une poupée qu'elle appelle Francine.

Vous voyez que personne ici ne vous oublie. Fidèlement

PP.

Carta de Pascal Pia a Camus.
Se você acha que devo apresentá-lo como um príncipe hindu…

Coleção Bénichou

Coleção Colette Durand-Dominique

Francine, Albert e Pascal Pia.
Tenho muito, muito a lhe dizer...
Agora tudo vai se arranjar...

Coleção Edgar Bensoussan

Pierre Galindo, um "estrangeiro".
Edgar Bensoussan: *Não passa de uma confusão...*
E Camus, redator-chefe do *Combat.*

Peter Wolff

Com Jean-Paul de Dadelsen.
Um excelente correspondente
(e poeta) em Londres...

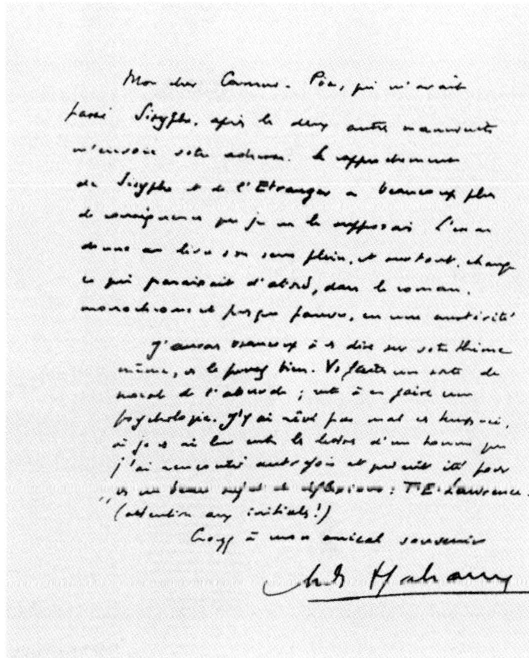
Mon cher Camus. Pia, qui m'avait passé Sisyphe, après les deux autres manuscrits m'envoie votre adresse. Le rapprochement de Sisyphe et de l'Etranger a beaucoup plus de conséquence que je ne le supposais. L'un donne au livre son sens plein, et surtout change ce qui paraissait d'abord, dans le roman, monotonie et [illegible] [illegible], en une [illegible].

J'aurais beaucoup à dire sur votre thème même, et le ferai bien. Vous faites une sorte de morale de l'absurde ; moi, j'en fais une psychologie. J'y ai rêvé pas mal ces temps-ci, et je n'ai lu que les lettres d'un homme que j'ai rencontré autrefois et qui m'était pour ce [illegible] [illegible] : T. E. Lawrence. (attention aux initiales !)

Croyez à mon amical souvenir

André Malraux

Coleção Florence Malraux

Carta de André Malraux a Camus.
A aproximação de Sísifo *e de* O estrangeiro *tem muito mais consequências do que eu supunha…*

René Saint-Paul

André Malraux e Pascal Pia.
A Resistência deve continuar pluralista, não deve seguir a linha do PCF…

Bernard

Com Maria Casarès e Serge Reggiani.
À direita, Jean-Louis Barrault e Balthus.
Gosto desse ofício que me obriga a considerar, ao mesmo tempo que a psicologia dos personagens, o lugar de uma lâmpada ou de um vaso de gerânios, a textura de um tecido, o peso e o relevo de um caixotão que deve ser levado às galerias...

Bernard

Maria Casarès.
A única...

Charles Leirens

Patricia Blake.
Reaver o coração impaciente que eu tinha aos vinte anos…

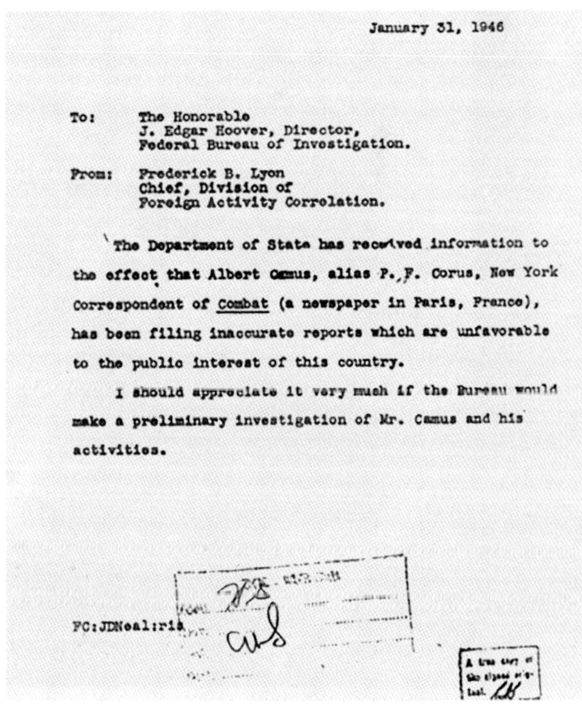

January 31, 1946

To: The Honorable
J. Edgar Hoover, Director,
Federal Bureau of Investigation.

From: Frederick B. Lyon
Chief, Division of
Foreign Activity Correlation.

The Department of State has received information to the effect that Albert Camus, alias P. F. Corus, New York Correspondent of <u>Combat</u> (a newspaper in Paris, France), has been filing inaccurate reports which are unfavorable to the public interest of this country.

I should appreciate it very much if the Bureau would make a preliminary investigation of Mr. Camus and his activities.

FC:JDNeal:ria

Arquivos do FBI

Dossiê Camus, arquivos do FBI.
Corus, Canus… relatórios inexatos…

Coleção particular

Fotografado por Mamaine Koestler.
Eu bem que iria para a Inglaterra...

Coleção Renée Gallimard

Gaston, Janine e Michel Gallimard.
Gaston não gostava de ser fotografado... (Janine Gallimard)

Coleção Janine Gallimard

Janine Gallimard.
Rua de l'Université, n° 17…

Bernard

Albert, Jean e Catherine Camus.
"O tranquilizador" e seus "estorvinhos"…

Coleção Renée Gallimard

Renée e Robert Gallimard.
Depois de A queda*: Era isso sua impotência?*

Coleção Jeanne e Urbain Polge

Jeanne e Urbain Polge.
Meus caros Jeanurbains...

Coleções particulares - D.R.

Na NRF, na sala de Gaston Gallimard. Da esquerda para a direita: Robert Gallimard (em pé), Raymond Queneau, Albert Camus, Gérard Philipe, Gaston Gallimard (em pé, de perfil), Jacques Lemarchand, Jean Blanzat.
"Fundos" e "frente"...

Coleção particular

Michel, Janine e Albert.
Caros urbi et orbi…

Renée Gallimard

Em Sorel.
Pintar estatuetas de Mokarex…

Com René Char.
Calmo bloco caído...

Com André Malraux.
Polido em Os possessos*...*

Robert Doisneau / Rapho

Com Catherine Sellers.
Leia a peça. Se o papel lhe agradar, é seu…

Coleções particulares - D.R.

Mi.
Quando você ler esta carta...

Coleção particular

A mãe de Albert Camus.
Para você, que nunca poderá ler este livro...

tornasse diretor do jornal, ele fazendo o trabalho material [*o que Pia sempre fez*] e eu a reforma, primeiro, e depois a supervisão. A experiência está fixada em seis meses. Se as vendas aumentarem, Pia terá tido a demonstração de que o jornal pode dar certo e retomará seu trabalho. Eu disse que consentia em fazer essa experiência limitada, porém não mais (poderei portanto tirar férias). Isso significará uma presença de seis às nove todas as noites. Darei um jeito de não ir no sábado. O que me dará quase três dias para mim."[8]

A situação não é nem um pouco "simples". Não há mais uma "linha" *Combat*, o número de leitores está caindo e a tiragem se reduz a cem mil exemplares, com 20% de encalhe, às vezes 30%. Para o ano de 1947, *o Combat* prevê um déficit de dezenove milhões de francos.[9] Fala-se em gestores – *La Voix du Nord* ou bancos contatados por Aron. Pia propõe que se feche o jornal, depois volta a se animar. Ao lado de Bloch-Michel e Pierre Galindo, ele discute em Lille, em janeiro, com Léon Chadé, dono de *La Voix du Nord*, que garante 500.000 francos por mês ao jornal e receitas publicitárias. De longe, Camus aprova, mas "o lado balzaquiano de Chadé"[10] o preocupa. Chadé quer ordem. Paul Bodin torna-se redator-chefe. O jornal passa a vender menos ainda, a distribuição é ruim e, de 11 a 17 de fevereiro de 1947, uma greve da imprensa parisiense – mais uma – fere mortalmente o jornal. Pia tira alguns dias de descanso, empacota sua garrafa térmica e seus famosos chinelos. Certo dia, ele diz a Roger Grenier, Nadeau, Vivier e Palie: "Se vocês não virem mais meus chinelos na minha gaveta é porque fui embora de verdade." Perplexidade: Pia confirma sua saída por telegrama.[11] Rumores: alguns sugerem que ele está saindo para juntar-se aos gaullistas com garantias financeiras. Silêncio de Camus. Ollivier liga-se a De Gaulle. Voltando ao jornal, Camus escreve, em 22 de abril: "Se bem me lembro, o *Combat* não foi escolhido para ser jornal de um partido." De Gaulle está fundando seu grupo? Muito bem. O *Combat* não subirá no tripé. Depois, recuperando o *nós* coletivo, ele declara: "O partido do qual nos sentimos mais próximos, com as decepções que isso acarreta, é o partido socialista."

Unidos na Libertação, os colaboradores do diário estão desunidos diante da questão gaullista. De Gaulle vai criar um partido, o Rassemblement du Peuple Français [União do Povo Francês],[12] e decreta que quem não estiver *a seu favor* estará contra ele. Malraux é gaullista. Sartre é antigaullista. Com sua velha base republicana, Camus teme a partidocracia e o cesarismo. Aparece com frequência no jornal, mas escreve menos. Não se trata de escolher De Gaulle ou de rejeitar sistematicamente suas sugestões. Camus quer tratar os gaullistas "em pé de igualdade com os outros partidos".[13] Não é a opção de outros editorialistas, François Bruel ou Albert Ollivier. A discordância se endurece com Ollivier, que quer fazer uma reformulação em abril. Primeiro Camus recusa, para não acabar com aquele "jornal desgraçado". Finalmente Ollivier passa um comunicado: "O general De Gaulle apoia imperativamente ideias sobre a Constituição, a organização política da França e o regime dos partidos. Julgamos ou não essas ideias legítimas? Eis a verdadeira questão."[14] Camus não censura. Surgem outros conflitos. Ollivier quer preconizar a aceitação pela França do Plano Marshall, rejeitado pela União Soviética. O maniqueísmo reina: quem aceita o plano torna-se um lacaio dos americanos; quem recusa é companheiro de estrada dos comunistas. Aberto ao conjunto dos países de Leste, e à URSS, o Plano Marshall tenta fazer com que a economia de toda a Europa tome novo impulso e impedir que o continente se volte para o comunismo. A França e a Grã-Bretanha não têm dificuldade em fazer com que sua opinião pública o aceite.[15]

Camus reúne na rua Séguier vários jornalistas do *Combat* para falar das dificuldades do jornal. Como financiar as perdas? De Gaulle acha os homens do *Combat* simpáticos, mas um pouco malucos. Malraux transmite uma oferta de ajuda dos gaullistas. De maneira nenhuma! Claude Bourdet, um dos fundadores do jornal com Henri Frenay, desejando voltar, incita Henri Smadja, homem de negócios tunisiano disposto a comprar a metade das partes do *Combat* e que se diz pronto para saldar déficit e dívidas. Como todo gestor, Samdja jura que não interferirá na redação. Não há outra solução. Em 1º de junho de 1947, os acionistas cedem suas partes a Bourdet. Pia, julgando-o demais à esquerda, não quer participar do novo *Combat*. Comparecendo à reunião de "transferência", recusa o cheque que lhe cabe e se levanta:

— Vocês se conduziram de uma maneira inadmissível, deixando que dissessem que eu havia saído para me juntar aos gaullistas. Até logo!

Pia não admite que o julguem venal e tem certeza de que Camus não refutou aquelas maledicências. Bloch-Michel, Jacqueline Bernard, Ollivier, Gimont e Camus ficam perplexos. Quando perguntam a Pia por que está pendendo para o gaullismo, ele responde com uma bravata:

— Porque De Gaulle tem humor.[16]

Pia e Camus nunca mais se encontrarão, apesar das tentativas de reaproximação feitas por Jacqueline Bernard.[17]

Georges Altschuler, Jean Sénard, Maurice Nadeau, Jacques Lemarchand continuam no jornal. Roger Grenier irá para o *France-Soir*. Smadja compra a metade das partes do *Combat* – e o controla inteiramente. Bourdet foi ingênuo. Decepcionado e aliviado, Camus termina assim seu segundo ciclo jornalístico. Irá dedicar-se à sua obra, recebendo seu salário de editor na Gallimard. Para sua independência, depende desse emprego. Resoluto, anota em seus cadernos:

"Sem dia seguinte.

1ª série. Absurdo: *O estrangeiro* – *O mito de Sísifo* – *Calígula* e *O equívoco*.

2ª – Revolta: *A peste* (e anexos) – *O homem revoltado* – Kaliayev.

3ª – O julgamento – O primeiro homem.

4ª – O amor dilacerado: A fogueira – Do Amor – O Sedutor.

5ª – Criação corrigida ou O sistema – grande romance + grande meditação + peça irrepresentável."[18]

"Kaliayev": trata-se de *Justes* [Justos] em preparação. Camus realizou as duas primeiras "séries" de seu programa em dez anos. Ele esboça um programa para quinze ou vinte anos.

Em 3 de junho de 1947, o *Combat* tem uma tiragem de 125.000 exemplares, mas suas assinaturas caíram a 6.000. Seguindo educadamente a regra do jogo, Camus despede-se dos leitores, explica que o jornal continua. Sorriso amarelo: "Nosso colega Claude Bourdet, um dos fundadores do jornal clandestino [...] que suas tendências políticas sempre aproximaram de nosso jornal, decidiu assumir o encargo da exploração do título." Adeus-réquiem pouco caloroso, e Bourdet se magoa com Camus. A todos os que lhe escrevem para lamentar sua saída, Camus envia uma lúgubre carta circular:[19] "Agradeço-lhe sua carta. Ela me consola de muitas coisas." Responde pessoalmente a alguns colaboradores, como Touratier, tipógrafo. Catastrofista ao estilo de Pia, Camus repete que uma imprensa adequada continua sendo impossível: "Estávamos desarmados, pois éramos honestos. Essa imprensa, que pretendíamos digna e altiva, é hoje a vergonha deste país infeliz."[20]

Os boatos circulam: Pia, o homem da recusa de publicar, niilista radical, estaria com ciúmes da notoriedade de Camus. Impossível. Camus deixa o *Combat* por causas e razões múltiplas: cansaço, má saúde, o prosseguimento de sua obra. Pia irá para uma agência de imprensa gaullista. Entre os dois homens o fosso político – importante na França – se aprofunda.

Camus recebe os primeiros exemplares de *A peste* no início de junho. O livro, com uma tiragem de 22.000 exemplares, é colocado à venda no dia 6. Dez dias depois, uma nova edição de 22.000 exemplares. São vendidos 52.000 exemplares de julho a setembro. É o primeiro grande sucesso de Camus,[21] que obtém o honroso Prêmio dos Críticos. A maioria dos artigos é elogiosa.

O de Nadeau, publicado no *Combat*,[22] fere Camus: *seu* jornal expressa reservas. Enquadrado no artigo:

> — Em resumo — disse Tarrou com simplicidade —, o que me interessa é saber como alguém pode tornar-se um santo.
> — Mas você não acredita em Deus...
> — Justamente. Poder ser um santo sem Deus é o único problema concreto que tenho hoje. (*A peste*)

Nadeau identifica no autor uma tentação à santidade, nem surpreendente nem inesperada. Ela provoca um "mal-estar". Para ele, mais do que um acontecimento, a peste aparece como "um estado que precede ou se segue à epidemia; ele é independente dela" – interpretação que Camus não compartilha. *A peste*, crônica bastante maniqueísta, é *uma* imagem da condição do homem, de sua prisão simbólica. O livro exigiu anos de trabalho. Nadeau, conciliador, o recomenda: "As ideias expressas por certos personagens de *A peste*, alguns de seus comportamentos, são muito inusitados para provocar a imaginação e tocar o coração do leitor. Mas, sobretudo, este se encontra em presença de um absoluto que ele deve aceitar ou rejeitar. O mérito do autor é tê-lo apresentado sem maquiagem artística, sem comprometimento racional, com um tom de calor fraternal que irradia de frases bem clássicas." Sem maquiagem artística? Podemos traduzir: 1) Sem muitas qualidades literárias. 2) Esteticamente, não tem o valor de *O estrangeiro*. Nadeau se força para recomendar a leitura de *A peste*.[23] Recrutado por Pia sem que Camus seja advertido, esse trotskista não aprecia a moral laica e humanitária de *A peste*. Para Camus, Nadeau tem uma paixão excessiva pelo surrealismo.

Sabendo-o vulnerável, amigos e conhecidos nem sempre lhe dizem de suas reações diante daquela narrativa solene do mal avançando mecanicamente. Sartre, em turnê de conferências nos Estados Unidos, louva os méritos do livro. Em público, louva seu talento. Em particular, declara que Camus não é um gênio.

Camus passa férias em Le Panelier com a mulher e os filhos antes de deixá-los embarcar para Orã, que continua exercendo forte atração sobre Francine. Camus não está alegre. O Prêmio dos Críticos?[24] "... tristeza do sucesso [...]. Se tudo fosse mais difícil para mim, teria muito mais direitos a dizer o que digo. A verdade é que posso ajudar muito mais gente – por enquanto." Ele rabisca fragmentos de diálogos para uma peça. A Marguerite Dobrenn, feia de sua morosidade e do prazer de voltar a Le Chambon: "Aqui estou longe de tudo (e, aliás, muito contente por estar) [...]. E o Prêmio dos Críticos não me consola do final da história do *Combat*, que só me deixou decepções."[25]

Mostra menos autopiedade e assume um tom alegre ao escrever a "Castor e Pollux", "Tutti Quanti", seus "*chers et poisson*",* Janine e Michel Gallimard. Camus adora brincar com os Gallimard:[26] "Hoje é domingo. Chegamos há cinco dias e tudo está calmo no setor. Dias bonitos, dias cinzentos, ventos leves, chuvas e brisas." Camus está a ponto de fezer versos, ou pelo menos rimas. "Reencontramos a verdade do mundo. Fizemos por merecer: a viagem à noite com os gêmeos foi uma danação.

Quand je m'en vais à la campagne
*Le Paradis, je me le gagne.***

"[...] Enfim, resumindo, estamos na torre, como Chateaubriand em Combourg – mas não só. No térreo, os gêmeos. No primeiro andar, a Senhora e o Senhor. No segundo, o Senhor. É bem no alto da torre, com efeito, que me entrego à desordem da inspiração.

Au petit matin, on est révolté
*Et dans la soirée je suis empesté.****

"É assim, com efeito, que emprego o tempo, com o sono e a comida (como e durmo como um cossaco). Nas horas de folga, penso em vocês, com a mescla de

---

* Literalmente, "queridos e peixe". Trocadilho intraduzível com a expressão "*ni chair, ni poisson*" [nem carne nem peixe], correspondente a "nem fede nem cheira". (*N. da T.*)

** Quando vou ao campo/ O Paraíso eu ganho. (*N. da T.*)

*** De manhãzinha ficamos revoltados/ E à noite fico empesteado. (*N. da T.*)

ternura e de melancolia que é inseparável dos grandes e frutíferos amores [...]. Mas vocês adivinharam que neste momento estou lendo *Memórias de além-túmulo* e que, o estilo, tomo-o para mim."

Camus recebe os recortes de artigos fornecidos pelo serviço de imprensa da Gallimard: "Sou enterrado sob as flores, isso me faz ter dúvidas ou, antes, as reforça." Ele lê cuidadosamente suas críticas. Sartre percorre rapidamente os artigos a seu respeito, no máximo! Agora em órbita, Sartre, não precisando mais das críticas, zomba delas. Camus denuncia o jornalismo francês em geral, mas é atencioso com alguns jornalistas, mesmo de hebdomadários bastante vulgares:

"Fiz bem em deixar Paris – embora o *Samedi soir* tenha me enviado um jornalista até aqui, entre um trem e outro. O infeliz, mal informado, chegou aqui por Dijon, Lyon, Saint-Étienne e de ônibus, mais de 4km a pé. Ao chegar, estava precisando de uma maca. Depois disso, estou tranquilo.

Si tu veux faire le journaliste
*Mieux tu t' emportes l'eau de mélisse.**

"Francine está bem. Não tem nada para fazer, ou quase nada, e é disso que está precisando. Está lendo Platão e diz que Sócrates é inteligente. É minha opinião. E ela a compartilha. 'Embora', diz ela, 'ele não seja gentil com o pequeno Hípias.' Catherine teve cólica e deram-lhe água de arroz. Jean está com colibacilos, mas entende-se bem com eles. Quanto a mim, estou ressuscitando lentamente [...].

"Ah! meus pintainhos, é muito difícil viver e mais ainda falar de si mesmo..."

Esses dois Gallimard quase sempre despertam o bom humor em Camus. Michel anuncia reimpressões rápidas. Camus brinca:[27] "Por mais que Michel diga e faça, jamais serei confundido com vocês na mesma ignomínia. Suponham de fato que se reimprimam mais 50.000 ex. de *A peste*, como estão me dizendo. Pois bem! se eu ganho um milhão, o editor ganha cinco milhões. E, quanto mais eu ando, mais o editor corre. De modo que, afinal, quanto mais temos sucesso, mais somos explorados. É por essa razão que vou mudar de editor." Nem se fala nisso, é claro. "Mais uma coisa engraçada: vieram me propor a Legião de Honra." Volta à carga. "Recusei dignamente, dizendo que preferia um bom automóvel. Diante de tanta sordidez e

* "Se você quer bancar o jornalista/ É melhor arranjar água de melissa." (*N. da T.*)

impudência, eles se inclinaram." Camus não participará do júri do Prêmio da Pléiade. Acha que seria melhor dar o prêmio a jovens escritores. Tal como ele, Gaston Gallimard acha ridículo que o Prêmio dos Críticos seja atribuído a Camus: "Tudo isso é de uma leviandade exasperante. Sei que Gaston não pode fazer nada. Eu também não. E, nesse caso, prefiro me privar do almoço anual."

Fernande Faure chega a Le Panelier com a jovem prima, Nicole Chaperon. O escritor está *liberado*, e desamparado, como tantos romancistas depois do término de uma obra. Ele flutua: "Não sei. Tenho vontade de mudar um pouco de existência, mas só enxergo a viagem."[28] Tem em vista um destino, a Bretanha, para reencontrar Louis Guilloux. Camus viaja no Citroën 11 novo de Jean Grenier. Eles levam dois dias para cobrir quatrocentos quilômetros, visitam Combourg, Saint-Malo e Saint-Brieuc. Lá, Camus vai ver o túmulo de seu pai. Primeiro acha que essa visita não tem "nenhum sentido". Não conheceu o pai. Lucien Camus morreu ignorado naquela terra. Depois uma ideia ocorre ao escritor: "O homem enterrado sob esta laje, e que tinha sido seu pai, [é] mais jovem do que ele", Albert Camus.[29] É um pai mais novo.

Camus volta a Paris. Prefere a capital no verão: o tempo está bonito; a fauna de Saint-Germain-des-Près está folgando em outros lugares; o escritor tem tempo livre. Em seu escritório, o calor o arrasa. A Janine e Michel: "Estou sozinho na NRF, carregando corajosamente o peso desse negócio enorme e enriquecedor, recebendo pessoas que não falam francês e que me solicitam os direitos para o estrangeiro."[30] A editora está despovoada, assim como tantas outras empresas francesas em julho e agosto. De uma sala para outra, Camus atende ao telefone: "Aqui é o departamento para o estrangeiro. Aqui é a diretoria comercial. Aqui é a diretoria literária. Sim, é da produção. Sou o cavalo de Troia [Le cheval de Troie, *revista do padre Bruckberger perseguida por ultraje a magistrado*]. Está falando com *Les Temps modernes* [*revista mensal de Sartre, que persegue a justiça e todas as instituições francesas*]. A revista de geografia sou eu. Sim, querida, sou eu, Raymond [...] Em suma, graças a um artifício conhecido no Opéra, onde se fazem passar sempre os mesmos coristas no desfile dos Mosqueteiros, dou a certeza ao exterior de que esta casa não foi levianamente abandonada a si mesma por responsáveis inconscientes de suas responsabilidades, mantenho a NRF a todo custo, eu a perpetuo, agito-a acima dos vagalhões e garanto-lhe uma sobrevivência que constitui ao mesmo tempo, nestes tempos de canícula, meu desgaste e minha morte." Em 17 de agosto, Camus ocupa-se de um amigo de infância deprimido. Sua mulher mandou-o a ele: "Ele é bonzinho, mas tem amnésias e está com medo de que lhe cortem os colhões. Convenci-o de que isso só se faz por razões muito fortes e, agora, ele está mais ou menos tranquilo."

Camus tem em mente uma peça, *L'État de Siège* [O estado de sítio]. "Haveria um papel para [Gérard] Philipe e um para Maria [Casarès] [...] seria o elenco ideal." Ele trabalha pouco, bate "ideias até virarem margarina" e nada numa piscina em Chevreuse.

Agora, depois de outras colaboradoras intermitentes, Renée Thomasset e Odile de Lalène, Camus tem uma secretária em tempo integral na Gallimard. Inteligente, terrivelmente fiel, Suzanne Labiche, que Albert apelida de "a graciosa corça",* lhe foi apresentada por Béatrix Dussane. Suzanne, também tuberculosa, foi internada algumas vezes no sanatório dos estudantes de Saint-Hilaire-du-Touvet. Descendente do dramaturgo, datilografou a versão final de *A peste*. Não compreendeu muito bem que em secretária há *secret* [segredo]. Coleciona os rascunhos de Camus e mantém um diário referente a seu grande homem. Ele percebe, repreende a corça e queima o diário na frente dela. Da secretária particular, única, centralizadora, Suzanne tem as qualidades indispensáveis: dedicação, resistência, paciência, sagacidade na filtragem dos telefonemas e na ventilação da correspondência. E alguns defeitos incorrigíveis: fanatismo das devotas e curiosidade insistente. Relata as conversas de uns para outros, às vezes faz acréscimos, criando incidentes. Sua posição é ingrata: sabe quase tudo da vida de Camus. Deveria calar-se, defender a compartimentação. Ela idolatra o escritor, mas se zanga quando ele recebe por muito tempo uma pessoa bonita. Para fazê-la admirar as flores de sua sacada, é claro. Labiche tece intrigas com boa vontade.[31]

Famoso, Camus é perseguido. Em sua juventude, Albert Camus e Jean de Maisonseul juraram-se responder às cartas. Camus se esforça para manter a palavra. Prepara cartas-modelo, deixando à secretária a tarefa de inventar as variações. Esse período lhe inspira uma novela, "Jonas", história de um pintor que não pinta mais. Jonas-Camus, sobrecarregado, dedica menos tempo ao essencial, sua obra, do que ao supérfluo, sua correspondência: "Sua fama, por sorte, crescia tanto mais quanto menos ele

* Em francês, "la gracieuse biche", por referência ao nome Labiche (la biche = a corça). (*N. da T.*)

trabalhava. [..] Tantas obrigações lhe proibiam em todo caso a divagação e a despreocupação do coração. Sentia-se sempre atrasado, e sempre culpado, mesmo quando trabalhava, o que lhe acontecia de vez em quando." Camus está atravessando um ciclo de dúvida, tal como Jonas: "Ele se dizia que não trabalharia nunca mais, estava feliz." Não Camus quando teme não escrever mais. "Jonas" termina com um amigo do pintor observando uma tela em branco – um maço de folhas em branco? Então Jonas-Camus escreve em letras muito pequenas – "uma palavra que era possível decifrar, mas que não se sabia se era *solitário* ou *solidário*".[32]

No entanto Camus trabalha num ensaio, *O homem revoltado*, e em *Justos. Cadernos II:* "Reli todos estes cadernos, desde o primeiro. O que me saltou aos olhos: as paisagens desaparecem aos poucos. O câncer moderno corrói também a mim. [...] O problema mais sério que se coloca para os espíritos contemporâneos: o conformismo." Mais adiante, a nostalgia, sob forma de gracejo: "Cristãos felizes. Conservaram a graça para si e nos deixaram a caridade." Aos cadernos às vezes falta ironia. Camus manda datilografar alguns, enxugados. Um diário íntimo que se imagina que provavelmente será publicado se enrijece quando o autor recusa o exibicionismo.

Camus está muito engajado nos assuntos políticos da época. Contrário aos blocos americano e soviético, procura uma terceira via. Em outubro de 1947, intelectuais lançam um primeiro apelo à opinião pública internacional, que sai no número de novembro de *Esprit*. Entre os signatários, o diretor, Emmanuel Mounier, e um colaborador da revista, Jean-Marie Domenach, Bourdet, Sartre, Maurice Merleau-Ponty, David Rousset, autor de dois livros poderosos, *L'Univers concentrationnaire* [O universo dos campos de concentração] e *Les jours de notre mort* [Os dias de nossa morte], e Camus. Como prelúdio à paz, esse manifesto coloca a independência com relação aos dois grandes. Reivindica para a Europa a unidade econômica e preconiza o neutralismo em política estrangeira assim como no domínio militar. Falha imediata, Merleau-Ponty retira sua assinatura, recusa-se a colocar excertos do apelo em *Les Temps modernes*. Em novembro, Camus autoriza Jean Daniel a retomar em sua revista *Caliban* seus artigos de "Nem vítimas, nem carrascos". Eles se justapõem ao apelo à opinião pública internacional: "Todos nós sabemos [...] que a nova ordem [...] não pode ser apenas nacional ou até mesmo continental, nem principalmente ocidental ou oriental. Ela deve ser universal."

Caliban, excelente revista provisoriamente bimensal, em razão da debilidade de suas finanças, busca seu lugar entre as *Seleções do Reader's Digest* e revistas mensais de prestígio, como *Esprit*, cristã de esquerda, *Les Temps modernes*, *Europe*, criptomarxista, *Empédocle*, literária. *Caliban* opõe-se a *Digest*, publica textos originais completos para lutar contra a divulgação vulgar. Camus telefona à redação para propor *La Maison du peuple* [A casa do povo] de Guilloux, *Patrão e criado*, de Tolstói. Jean Bensaïd, que adotou o pseudônimo de Jean Daniel, tornou-se redator-chefe de *Caliban* em outubro de 1947.[33] Trabalhou na presidência do Conselho. É chefe de setor na Sociedade Nacional das Empresas de Imprensa de Jean-Pierre Bloch.[34] Camus se liga à *Caliban* e a Jean Daniel, que tem vinte e sete anos. Chefe de gabinete de René Pleven, presidente do Conselho, Jeanne Sicard, que agora vive em Paris com Marguerite Dobrenn, ajuda *Caliban* e entrega, em mãos, um milhão de francos a Daniel: "Para a imprensa em dificuldade, algumas ajudas são possíveis. A presidência do Conselho tem fundos secretos."[35] Diretor das Relações Culturais, Louis Joxe fica com mil assinaturas, destinadas às alianças e institutos franceses, delegações e embaixadas.

Guéhenno, Étiemble, Louis Martin-Chauffer, Camus e Sartre contribuem para *Caliban*, que se abre da literatura à política, da filosofia aos *faits divers* e aos acontecimentos sociais. Filho de um moageiro de Blida, Jean Daniel sente-se argelino, tal como Camus. Também tem licenciatura e diploma de estudos superiores de filosofia. Pelo jornalismo, renuncia a ser *agrégé* de filosofia. Interessa-se por literatura, gosta de sol, de mulheres, de dança e tem ambições literárias. Irá publicar um romance, *L'Erreur* [O erro], prefaciado por Camus,[36] em que figura um certo Vilmas, em boa metade inspirado pelo autor de *A peste:* "O encanto, que, geralmente, vai de par com a versatilidade era nele o sinal de uma rica natureza. Tinha comédia em si, mas era sua natureza que ele utilizava; desempenhava, como todos, um papel, mas era o seu, e tinha autenticidade por ser natural. Conheci em Vilmas uma única fraqueza, seu gosto pela aventura amorosa, embora fosse casado com uma mulher adorável – e que o adorava." Daniel e Camus seduzem um ao outro. *O erro*: "A dificuldade era que eu gostava muito da mulher de Vilmas, que me parecia uma companheira excepcional: Mas Vilmas! Que contágio tinha na fraternidade, que calor na atividade! Uma maneira de nos tomar o braço [...] maravilhosamente perspicaz e capaz de nos tirar da solidão, de fazer acreditar na comunhão." Entre Camus e Daniel se estabelecem "as misteriosas cumplicidades da amizade". Outros camusianos colaboram regularmente para *Caliban*: André Belamich – sob o pseudônimo de André Bellerie –, assim como Marie Susini, companheira de Jean Daniel.[37]

Deputado, Emmanuel d'Astier de la Vigerie, flamejante diretor do diário criptocomunista *Libération*, quis dialogar com Camus. Tese adotada em seis páginas pelo diretor do *Libération*: devemos primeiro arrancar a vítima aos carrascos.[38] Vendo em Camus um intelectual refugiado na moral, fugindo da política, d'Astier ironiza: "Sou pacifista. Você é pacifista. Mas seu movimento social pela paz parece um movimento social contra a tuberculose [*d'Astier não sabe que seu adversário é doente*], que teria como objetivo detê-la recusando os meios para preveni-la." A terceira via camusiana parece irrealista, tal como seu contrato social e seu parlamento internacional: "E surpreendente vê-lo codificar a anarquia mundial sob o pretexto de não poder sair dela." Para além dos projetos de instituições a serem criadas, a questão da violência separa d'Astier de Camus. Para d'Astier, alinhado com o PCF, os condenados da terra se libertarão pela violência: "Não foi o proletário [...] não foi o escravizado que inventou a pena de morte, a prisão, o canhão, a bomba atômica. O escravizado, o proletário arrancaram essas armas, esses meios de seus patrões [...]. Só a sua vitória e uma mudança da sociedade poderão pôr um termo a esses próprios meios."

Camus acha que há mudanças a serem promovidas *na* sociedade sem mudar radicalmente *de* sociedade. Fala de sua reação a Jean Daniel, "com impaciência, irritação, intolerância".[39] Camus vê em d'Astier um companheiro de estrada e um aventureiro stalinista: "Você não compreende, Daniel, a gravidade de tudo isso [...]. Enquanto Aragon, Casanova e Kanapa fazem reinar o terror entre esses pequenos literatos franceses, o sr. d'Astier de la Vigerie finge acreditar que o perigo provém de mim e que vou esquecer todas essas vítimas pelas quais ele jamais teve a menor preocupação!" Camus replica em nove páginas, com um título abrupto:[40] "Onde está a mistificação?" Camus não é um intelectual resignado: "A verdadeira resignação leva à cega ortodoxia e o desespero às filosofias da violência." Ele fala da teoria marxista com prudência mas firmeza. Censuram-no por não conhecer Marx, por não ter aprendido a liberdade em Marx: "É verdade; eu a aprendi na miséria [*para ele, Camus costuma falar em pobreza, mas ele viu a miséria*]. No entanto a maioria de vocês não sabe o que essa palavra quer dizer. [...] Vocês dizem que para suprimir a guerra é preciso suprimir o capitalismo. Concordo. Mas, para suprimir o capitalismo, é preciso fazer a guerra contra ele. É absurdo, e continuo pensando que não se combate o mau com o pior, mas com o menos mau."

D'Astier e Camus se digladiam, um com artigos amavelmente intitulados "Pôncio Pilatos entre os carrascos" no hebdomadário *Action*,[41] outro em *La Gauche*, bimensal.[42] "Nunca seremos a favor dos campos de concentração", martela Camus. Pendendo para o lado do "marquês vermelho" (apelido de d'Astier), sem afrontar Camus diretamente, Sartre desenvolve argumentos comunistas contra a democracia e o capitalismo, com base nas liberdades formais e liberdades reais: "Os direitos ou pretensos direitos que todos nós temos, em princípio, só têm sentido real para uma parte ínfima da população. Por direito, cada membro é livre para possuir, tal como é livre para possuir o que tem, o que quer dizer que o capitalista é livre para possuir os instrumentos de seu trabalho e o trabalhador para possuir seu salário." O direito de propriedade consagra um regime de desigualdade social. O diretor de *Les Temps modernes* assume um tom colegial: "A liberdade, tal como a vemos nas democracias burguesas, é uma farsa [...] o simples fim, que leva a reclamar um aumento de salário e simplesmente isso, já é uma reivindicação de um homem que reclama ser liberado da necessidade, que reclama ser liberado de tudo o que o impede de ser um homem."[43] As espadas são embotadas nesse duelo por artigos interpostos. Em *Caliban*, Camus, churchillista, publica "A democracia, exercício de democracia", "o menos mau dos regimes". Trata-se da democracia burguesa, não da democracia popular dos países do Leste. Camus sente que Winston Churchill está mais "à esquerda" do que Stalin.[44] Agora, sem tergiversar, Camus se opõe ao marxismo, inaceitável em sua pretensão a resolver todos os problemas.

Ele distingue dois raciocínios reacionários: "O primeiro consiste em dizer: 'Nunca mudaremos nada nos homens' [...] O outro [...]: 'É possível mudar os homens [...]. Mas sua libertação depende de tais fatores e é preciso agir de tal maneira para lhes fazer bem.'" Conclusão de Camus, cruelmente conciso: "é lógico oprimir: 1º os que pensam que não há mudança possível; 2º os que não estão de acordo com o fator; 3º os que, não estando de acordo com o fator, não o estão quanto aos meios destinados a modificar o fator; 4º todos aqueles, em geral, que pensam que as coisas não são tão simples." Camus critica tanto o utopismo como o totalitarismo, que aliás se confundem. Está com os que "recusam agravar essa miséria em nome de uma teoria ou de um messianismo cego". Avançando num ensaio, *O homem revoltado*, ele tenta separar análise crítica e profetismo em Marx.[45]

Publica também em *Caliban* uma carta em que define as relações entre jornalismo possível e um grande leitorado:[46] "1º Um romance não se condensa, embora às vezes se o resuma." O jornalista, o colaborador de uma revista deve lembrar que "2º Divulgação não é vulgaridade", "3º Não podemos nos interessar por um grande público sem deixar de observar as regras da linguagem e até levando em conta o estilo e a originalidade". Não se deve nem desinformar nem subinformar. Nem cor-de-rosa nem preto, o mundo é complexo: "4º O grande público não é desprezível a ponto de ser necessário dizer-lhe constantemente, como aos moribundos, que tudo está ótimo." Finalmente Camus fala de si mesmo: "5º Só uma coisa é mais tola do que o pessimismo absoluto: o otimismo absoluto." Uma imprensa honrosa não cairá no sensacionalismo, na descrição complacente da vida dos privilegiados ou no catastrofismo. Camus faz uma determinada ideia do jornalismo, "a mais bela profissão" que ele conhece: "Com uma ou duas exceções [Combat, Franc-tireur, *às vezes* Le Monde, *segundo Camus*], o escárnio, a zombaria e o escândalo são a essência de nossa imprensa..."[47]

Tal como Georges Altman no *Franc-tireur*, Hubert Beuve-Méry no *Le Monde*, Albert Camus acha que os jornais devem guiar seus leitores e não se deixar levar por seus gostos ou seus instintos: "Deve-se dirigir o público, e é esse o papel da imprensa." O tom de Camus parece apocalíptico. Ele viveu muitos fracassos com três diários para não sentir uma duradoura amargura. Considera os jornalistas membros de uma elite, mas, ele rumina, "quando as elites traem, as sociedades morrem. Nesse caso, o consolo de nossa sociedade será o de ser a primeira a morrer claramente de tolice e de vulgaridade".

Isso soa como um réquiem para um jornalismo em parte realizado e considerado, a longo prazo, impossível.

33

"CARO CAMARADA"

A um correspondente desconhecido, Jacques Fontaine, que teme que Camus se encerre numa torre de concreto literária e pergunta-lhe se não é preciso criar um novo partido, o escritor responde em 2 de janeiro de 1945: "Estou longe de ter dito que entre a criação e o engajamento político eu escolhia a criação. Há anos faço o contrário." Camus passou mais da metade de seu tempo de trabalho no *Combat*, embora alguns achassem que ele tirava férias com facilidade: "E nos últimos seis meses é verdade também que não escrevi uma linha para mim: suponho que isso deva se chamar engajamento. Mas você me perguntou se não acho que é preciso criar um partido, uma vez que não estou disposto a me inscrever nos que existem. Respondi que criar um partido exige todo o tempo e todas as forças de um homem e que não creio ser eu este homem. Sirvo a política, a história ou o homem, como você preferir, à minha maneira, que é dupla. Em primeiro lugar, lutando em minha posição como um militante de base; em segundo lugar, utilizando minha linguagem para definir o que acredito ser bom. Quando esse partido do qual falávamos for criado, serei dele e nele servirei da maneira dupla que lhe disse. Mas não serei seu chefe, porque conheço meus limites. Não acho, no entanto, que esse engajamento me impedirá de fazer a obra que persigo, porque essa obra destina-se justamente a servir a esse engajamento."

O autor de *A peste* é indissociável do editorialista. "Irei responder-lhe, portanto, categoricamente: sim, é preciso se engajar. Mas nem eu nem você devemos concluir daí que seja preciso nos precipitar à primeira tribuna que surja. O serviço ao homem exige uma lucidez política contínua, uma fidelidade difícil." Diferentemente de Sartre, Camus não se acredita onisciente em política. Pretende-se fiel a uma esquerda honesta, que recusa uma filosofia do fim justificando todos os meios. Conselheiro por vocação, confessor sem querer, Camus dá receitas a seus correspondentes: "Escolha valores políticos, mas não se esqueça de que tudo está ligado, de que você só os servirá bem permanecendo um homem tão íntegro quanto possível."

Agora a esquerda comunista e criptocomunista vê um belo alvo em Camus. Quanto a ele, distingue chefes, quadros e propagandistas dos militantes de base que estima. Alguns escritores ou jornalistas, como Aragon, czar dos literatos comunistas, ou Pierre Courtade, jornalista do *Action*, são, para Camus, cínicos. Conhecem a sociedade do socialismo real na URSS, sabem que o comunismo é economicamente ineficaz, sua nomenclatura privilegiada e seu aparelho policial adepto dos campos de concentração e militarista. Cúmplice dos dirigentes soviéticos, a elite do PCF não tem desculpa.

Seus intelectuais retomam as doutrinas de Andrei Jdanov e do realismo socialista soviético. Poetas franceses consagram hinos a Stalin. Sob a ordem de Aragon, que mais tarde irá se retratar disso, o alexandrino volta à moda. Existe uma produção diferente, decerto, e os melhores escritores simpatizantes do comunismo, como Roger Vailland – que Camus não aprecia –, gostam mais de publicar pela Gallimard do que pela Éditions Sociales Internationales, filial do PCF.

Um ataque de Jdanov contra duas revistas de Leningrado e, entre outros, à poeta Anna Akhmatova, repercute na França. Comunistas e criptocomunistas denunciam a decadência cultural capitalista evidente na propagação do romance policial – a Série Noire, publicada pela Gallimard –, do erotismo de Henry Miller, das obras anticomunistas de Koestler, da pintura abstrata. Para Sartre, o djanovismo, sua defesa de uma arte pretensamente realista e figurativa, os ataques contra a arte moderna sob todas as formas, é um acidente de percurso indesejável, mas não estrutural. Para Camus, tudo é consubstanciai a uma doutrina de tendência marxista dos dirigentes soviéticos e franceses.

Em 1947 e 1948, os ex-Aliados têm relações de guerra fria. Na França, a contrassociedade do PCF, seus dirigentes e seus intelectuais, engole, com o realismo socialista, a teoria de uma conspiração contra a URSS cercada e da traição dos iugoslavos de Tito. À ciência burguesa, Moscou opõe a ciência proletária de Trofim Lyssenko, cuja tese desconcertante é defendida por Aragon, em nome da dialética do materialismo histórico. Incompetente no domínio das ciências físicas, Camus suspeita que, no universo comunista, as experiências fraudulentas de Lyssenko correspondem às fraudes do processo. A genética moderna e sua hipótese da invariabilidade dos genes opõem-se frontalmente à ideia lyssenkista da influência preponderante do meio sobre a hereditariedade.

Camus não consegue manter com responsáveis comunistas as relações fraternais da Resistência, mas às vezes aceita encontrar alguns quadros. Charles Poncet, invocando uma antiga camaradagem, convida-o para almoçar com um membro influente do partido comunista, Raymond Sigaudès. Juram que não falarão de política. Sigaudès não resiste à tentação de contar um episódio: de acordo com um turvo princípio diplomático segundo o qual o *status quo é* o melhor sistema possível, o embaixador da França em Varsóvia confiou a Sigaudès que seria indispensável fraudar as eleições polonesas. Senão, odiando os russos, aqueles poloneses encrenqueiros votariam em massa contra a URSS. Crispado, Camus vê nisso uma curiosa concepção da democracia. Poncet faz a conversa mudar de rumo.[1]

Em 1948, Camus não se inscreve num partido, mas toma partido pelo Rassemblement Démocratique Révolutionaire [União Democrática Revolucionária] (RDR). A aspiração à união contra o Rassemblement du Peuple Français, gaullista, paira no ar. Durante um congresso da SFIO, dois socialistas, Léon Boutbien, membro da diretoria do diário *Franc-tireur*, e Jean Rous lançam o RDR. O movimento nasce sob o impulso de Georges Altman, diretor do *Franc-tireur*, e do escritor David Rousset. Três dias depois da tomada do poder pelos comunistas em Praga, um comitê de instrução lança um apelo.[2] "Entre as podridões da democracia capitalista, as fraquezas e as taras de uma certa social-democracia e a limitação do comunismo à sua forma stalinista", o apelo recusa a célebre política dos blocos. O RDR pretende ser um "grupo de homens livres" para "fazer dar vida nova aos princípios de liberdade, de dignidade humana, ligando-os à luta pela revolução social". Os filiados ao RDR conservam o direito de militar na SFIO ou na 4ª Internacional Trotskista. A conclusão do manifesto invoca Saint-Just: "A felicidade é uma ideia nova na Europa." Os fundadores do RDR formam uma nebulosa cuja circunferência se desenha por toda parte na esquerda não comunista, mas seu centro não existe em lugar algum.

O primeiro comitê de direção compreende doze membros, sendo eles Sartre, Rousset, Paul Fraysse, *de Esprit*, Théo Bernard e Gérard Rosenthal, advogados, jornalistas, entre os quais cinco do *Franc-tireur*, Altman, Charles Ronsac, Jean Ferniot, Bernard Lefort, Didier Limon. O *Franc-tireur* é o ponto de encontro das esquerdas francesas não comunistas, mas o diário tem comunistas em sua redação. Os chefes do RDR reúnem-se nas instalações do *Franc-tireur*, na rua Réaumur, às vezes no escritório de Sartre, na rua Bonaparte, 42, em casa de sua mãe, a sra. Mancy. Há menos proletários do que boas intenções na direção. Aron, que foi para o *Le Figaro*, mantém uma simpatia crítica: "O lugar que os stalinistas deixam vazio, o Rassemblement Democratique Révolutionnaire, do *Franc-tireur* a *Les Temps modernes*, tenta ocupar."[3] Charles Ronsac cria uma frase: "A paz exige um *no bloc's land*." Durante uma entrevista à imprensa, em 10 de março de 1948, promovida pelo *Combat* e pelo *Franc-tireur*, Rousset explica de uma maneira um pouco confusa que o RDR não é um partido. Mas "precisamos de cinquenta mil filiados dentro de três meses". O RDR não atrai mais de dois mil.[4] Camus segue sua evolução, publicando um artigo em *La Gaúche*. Slogan dessa publicação bimensal: "Por uma nova resistência internacional." Os militantes gaullistas mais limitados atacam uma reunião do RDR, na Salle des sociétés savantes [Sala das associações científicas]. Em *La Bataille socialiste*,[5] Gilles Martinet identifica no RDR "um conjunto de fórmulas doutrinárias tão sumário quanto heteróclito", ilusões de intelectuais que não devolverão aos "trabalhadores desorientados confiança em si mesmos". Ex-comunista e resistente, Martinet escreve: "O socialismo não se 'repensa' *com*, mas *contra* Jean-Paul Sartre." Naqueles anos, é preciso ter coragem para se defrontar com Sartre. O RDR não atinge a classe trabalhadora. Ele recruta seus membros na pequena e média burguesia, entre os professores. Tomando o poder na Tchecoslováquia, os comunistas separaram-se dos socialistas. Agora, socialistas franceses separam-se dos comunistas, mas se recusam a tomar partido pelo bloco Ocidental, atrás dos Estados Unidos.

A maior e última reunião do RDR se faz na sala Pleyel, na *rive droite*, em 13 de dezembro de 1948, num contexto nacional e internacional tenso. Greves quase insurrecionais eclodiram na França, e em Alès os tanques entraram em ação. Três mortos em um mês, dois entre os mineiros em greve, um entre as tropas convocadas para reprimir os rebeldes. Metalúrgicas e estradas de ferro foram atingidas pelo movimento. Para apoiar as novas formações das Companhias Republicanas de Segurança, as CRS, Jules Moch, ministro socialista do Interior, trouxe tropas da Alemanha. Suspeita que o PCF esteja provocando distúrbios sociais para tomar o poder. Os assuntos estrangeiros não caminham melhor. Na China, as tropas de Mao marcham sobre Nanquim e Xangai. Em Berlim,[6] as ameaças soviéticas se intensificam no corredor aéreo que liga as zonas de ocupação americana, britânica e francesa à antiga capital do Reich. Alguns temem uma terceira guerra mundial. Nas fileiras do RDR, buscam-se fórmulas políticas mágicas que permitam estabelecer uma coalizão entre os dois blocos. Comissões do RDR sustentaram os grevistas franceses. Estes e seus sindicatos não apoiam o RDR. Cerca de quatro mil pessoas assistem à reunião da Pleyel.[7] A composição da tribuna lembra o sumário de uma revista literária: representando os americanos, Richard Wright, célebre por seu *Black Boy*; pelos alemães, Theodor Plievier, autor de *Stalingrad*, e, pelos italianos, Carlo Levi, cujo *Cristo parou em Eboli* obteve muito sucesso. As celebridades francesas são Sartre, Breton e Camus, na tradição francesa dos escritores responsáveis, Voltaire, Hugo, Zola, e na sucessão da Associação dos escritores e artistas revolucionários de antes da guerra – mas sem Malraux e sem Aragon.

Os intelectuais das influências gaullista e comunista não levam a sério o RDR nem a palavra de ordem da reunião, "Por uma Internacional do Espírito". Diante da 3ª Internacional, a do Espírito não é muito pesada, menos ainda do que a 4ª Internacional. Os oradores agitam ideias ecumênicas. Ex-comunista desencantado, Wright afirma que tanto os Estados Unidos como a URSS sacrificam o espírito humano para além de suas pretensões a representar a liberdade humana. Segundo Breton, os partidos políticos existentes não satisfazem as aspirações dos homens.

Camus – presente porque, atendendo a seu pedido, Maurice Merleau-Ponty foi deixado de lado – parece sombrio. Ele diz: "É melhor enganar-se sem assassinar ninguém do que ter razão diante de matadouros." E aplaudido. Profere uma frase esotérica: "O mundo está em desgraça e já os inquisidores sentaram-se nas cadeiras ministeriais." Cabe a cada um decidir onde se alinham mais cadeiras sangrentas. No Kremlin, na Casa Branca, no Elysée ou no Ministério do Interior? Camus foi um dos primeiros, em "Nem vítimas, nem carrascos", a retomar a ideia de um mundo livre das soberanias nacionais. Sartre insiste na importância da Europa: "Os homens que estão aqui são homens que acreditam na Europa [...]. É pela união das massas europeias que essa unidade deve começar." Nem Sartre, que desconfia dos escritores que falam bem demais,[8] nem Camus são grandes oradores, mas o público já tomou partido de antemão. Breton, Sartre e Camus, contudo, não têm nenhuma ilusão quanto à sua influência sobre as massas. Além disso, há divergências no RDR. Rousset pende para uma colaboração com alguns americanos. Ele irá obter, aliás, fundos de seus sindicatos, o que leva Sartre a deixar o RDR.

Camus, por sua vez, afasta-se dos sartrianos e de sua propensão, num movimento de metrônomo, a não tomar posição diante das violências soviéticas nem americanas. Ele parece mais à vontade defendendo Gary Davis. Esse ex-piloto de guerra rasgou seu passaporte americano, refugiou-se no palácio de Chaillot, sede provisória da ONU, e atribuiu-se a "cidadania mundial". Em setembro de 1948, lançou o Movimento dos Cidadãos do Mundo. A imprensa francesa vê nisso um "tema" magnífico. Davis parece mais conhecido do grande público do que o RDR. Para proteger esse apátrida e apoiar sua ação, intelectuais franceses dão uma entrevista coletiva à imprensa. À frente, Wright, Camus, Breton, Vercors, Queneau, Paulhan, Mounier e um padre, o abade Pierre. Desconfiando do mundialismo utópico e do evangelismo, Sartre abstém-se de participar. O existencialismo não é um humanitarismo. Sartre irá declarar-se, contudo, disposto a dialogar com Davis. Para Camus e os escritores que estão por trás do RDR e dos Cidadãos do Mundo, é preciso lutar contra a guerra fria e a política dos blocos. O RDR? Um meio. Gary Davis? Um símbolo. No *Le Figaro*, um editorialista de grosso calibre, Mauriac, expressa seu ceticismo. *Le Monde* noticia. É necessário algo estrondoso para relançar o movimento: menos de um mês antes da reunião do RDR na sala Pleyel,[9] o cidadão do mundo sobe à tribuna do público na ONU e improvisa um discurso. A polícia o prende. Breton, Camus e Ronsac vão ao secretariado-geral da ONU para pedir sua libertação. Camus é reconhecido, Breton não. O secretário-geral adjunto os recebe: "Imaginem os senhores se qualquer um viesse fazer discursos." Camus arrasta os jornalistas para uma cervejaria na praça du Trocadéro, improvisa uma outra entrevista coletiva. Depois, com Breton, Paulhan, Vercors, Altman, Rousset, o abade Pierre, participa de uma reunião de apoio a Davis no Vélodrome d'hiver. Sartre recusa-se a comparecer. Davis entra em cena. Como um Cristo, abre os braços, enquanto duram os aplausos. Segundo Camus, a ONU está se enroscando e o governo mundial é desejável.

O caso Davis parece irrealista, surrealista, e Breton é seduzido por Davis quando ele rasga o passaporte: "Sozinhos de início, alguns homens, que são todos amigos de *Caliban*, reconhecem nesse gesto insólito o caráter maravilhoso e simples das grandes açoes."[10] Ultrapassando o gesto gratuito, Breton acrescenta: "É preciso ajudar Davis, pois a guerra atômica ameaça. [...]. Que não nos objetem a impossibilidade em que estamos de nos fazer ouvir atualmente por uma parte do universo."

Camus se desinteressará rapidamente de Davis, que conta com a venda de ubuescos passaportes de cidadão do mundo. Menos ingênuo do que Sartre imagina, Camus não estimula ninguém a rasgar o passaporte e se explica em particular: "Não acredito que aderir ao movimento de Gary Davis seja o único meio de evitar a volta da peste, mas acredito que os que recusam ao mesmo tempo a ditadura e a peste se acham justificados na situação dos médicos da peste. Eles não dispõem de uma vacina que vença tudo. Lutam no dia a dia com os meios disponíveis. Mas nada impede que se pense (ao contrário, na minha opinião) que novos meios mais eficazes acabarão por ser encontrados."[11]

O RDR supera uma grande dificuldade, a ideia dos Estados Unidos da Europa, mas também a esse respeito ele se divide. Para alguns, uma Europa federal deveria ter em vista sua defesa diante da URSS. A única solução seria uma aliança militar com os americanos. Outros, pacifistas, recusam um governo federal europeu com uma força militar: é a doutrina neutralista com a qual flerta *Le Monde*. Tal como Sartre, Camus se distancia do RDR, que, em falta de um programa realista, de finanças e de um apoio popular, se desfaz.[12]

Politicamente, Camus se afasta dos olhos do grande público, mas não renuncia a toda ação. Procura outros meios, de resultados mais imediatamente visíveis. Nos Estados Unidos, seu amigo Chiaromonte, Sidney Hook, Kaplan, Mary McCarthy, Nicolas Nabokov, Delmore Schwartz, Niccolo Tucci participam de programas elaborados pelos Grupos Europa-América. Apostando na paz, Camus ajuda a formar os Groupes de Liaison Internationale [Grupos de Ligação Internacional] (GLI), sob a influência do Movimento Sindicalista Revolucionário, não comunista, e da revista *La Révolution prolétarienne* [A revolução proletária]. Camus denuncia duas ideologias: "A primeira, a tecnolatria stalinista, parece ser a mais impressionante porque a mais recente e também porque não recua diante do sacrifício das massas, europeias hoje, asiáticas amanhã. É a mais violenta [...] apressada em opor-se com eficácia à tecnolatria mais avançada dos Estados Unidos, [que] apresenta, com efeito, as características de uma tecnolatria instalada. Menos brutal, mais total do que totalitária, é mais penetrante e sedutora porque soube, através do cinema, da imprensa e do rádio, por um apelo constante ao menor esforço que fosse, tornar-se indispensável psicologicamente e se fazer estimar." Camus define dois modos de ação: "1) Uma amizade internacional concreta, expressa por uma ajuda mútua material,

[...] especialmente reservada às vítimas das tiranias totalitárias. A regra de cada grupo será ajudar-se por si mesmo, [...] não imitaremos governos europeus que mendigam cinicamente a ajuda da América sem nunca se sentirem obrigados à gratidão. 2) A constituição de um escritório de informações em que nossas diferenças serão confrontadas, em que tentaremos reunir as informações verdadeiras, levar ao conhecimento da Europa a ação dos opositores americanos, pressionar a opinião dos Estados Unidos para que se faça uma clara distinção entre os dirigentes soviéticos e o povo russo em si. [...] Essa tentativa, cujos limites assim estabelecemos, é a única capaz de nos justificar hoje. Mas sob condição de que aceitemos o estilo de vida que ela acarreta, que deve ser não conformista. Não se trata de aumentar ainda mais o ódio do mundo e de escolher entre duas tecnolatrias, embora saibamos que uma delas representa o menor mal." Programa limitado, mas ambicioso.

São convocados por Roger Lapeyre e Gilbert Walusinski, para uma reunião em 4 de janeiro de 1948 às 18h30, na rua de l'Université, nº78: Camus, Henriette Pion, Alfred Rosmer, Nicolas Lazarevitch, Gilbert Sigaux, Abel Thomas, Marthe Mercier, Denyse Wurmser, Gilbert Salomon, Charles Cordier, Robert Jaussaud e Pierre Monatte.[13] Tal como outros sindicalistas de ação direta, este último não considera a obra do jovem ou do velho Marx uma vulgata insuperável. Revisor, Monatte reviu as provas de *O ser e o nada* e de O *equívoco.* O punhado de militantes de *La Révolution prolétarienne*, subvencionada de início por Robert Lauzon, politécnico, que tem 1.300 assinantes e talvez 5.000 leitores, é antistalinista e anticapitalista. Para Monatte, os sartrianos são "borboletas atraídas pela lâmpada russa, ingênuos".[14] Rosmer é francês e americano – o que lhe permite entrar nos Estados Unidos sem visto. Para ajudar as vítimas do stalinismo e do franquismo, aos socialistas, social-democratas e liberais, Camus prefere seus libertários, Roger Lapeyre, Pierre Monatte, Maurice Chambelland, Daniel Martinet. O objetivo imediato é fornecer documentos: o amigo Jaussaud, diretor da mão de obra no Ministério do Trabalho, mostra-se eficaz. Esse amigo íntimo de Camus recusou-se a ser nomeado chefe de departamento. Também arranja trabalho e alojamentos para os republicanos espanhóis e às vítimas dos governos totalitários da Europa do Leste e da África. Camus redige um programa publicado no primeiro boletim dos grupos de ligação que abandona as ideologias disponíveis – filocomunismo, pró-capitalismo, neutralismo – mas não as ideias: "Os GLI propõem-se a criar acima das fronteiras das comunidades de homens que se uniram por outra coisa que não os laços abstratos da ideologia."[15] Camus questiona o neutralismo: o inimigo principal está a leste.[16] Nas eleições, os comunistas obtêm mais de 25% das vozes tanto na Itália como na França: "Quando um quarto do eleitorado na França e na Itália vota no inimigo, rearmamento ou não, não estamos em condições de resistir eficazmente." Camus inveja os britânicos, que não têm PC.

Aos encontros enredados em retórica, Camus prefere o clima fraternal das reuniões libertárias. Com seus novos amigos, ele utiliza uma palavra que não empregava desde antes da guerra. A Rosmer: "Meu caro *camarada* [*grifo meu*] [...] Chiaromonte e eu estávamos achando que seria preciso modificar um pouco a fórmula de nossos amigos da América, tornar o grupo verdadeiramente internacional e desenvolver a parte positiva (ajuda mútua) mais do que a parte negativa (política)."[17]

Camus sabe que, num país ocidental, as melhores boas vontades não são capazes de criar um partido sem programa e sem representação no Parlamento, sem base social ou socioprofissional e sem dinheiro. Não considera insignificantes, como Sartre, as aquisições da democracia burguesa, eleições, partidos e imprensa livres. Não acredita que se possam dispensar liberdades "formais" em nome da defesa das liberdades "reais": "Sem a garantia constitucional da liberdade política, a economia coletivista corre o risco de absorver toda a iniciativa e toda a expressão individuais."[18] Outra divergência com Sartre, Camus reflete sobre a não violência. Gandhi obteve resultados: "Estudei [...] a teoria da não violência e não estou longe de concluir que ela representa uma verdade digna de ser pregada pelo exemplo. Mas para isso é preciso ter uma grandeza que não tenho."[19]

Camus vê na França massas operárias enganadas pelo PCF: é normal que os operários sejam atraídos pelos militantes de base que parecem falar para os trabalhadores e não conhecem a história da URSS. Precisam acreditar que lá a tirania não existe. Camus detesta também aqueles que dizem: "Os operários são burros. Têm mesmo é que permanecer em suas fábricas, onde estão a classe dirigente e as elites – e os artistas podem frequentar seus salões."[20] Camus volta a se fechar: "Também não acredito na eficácia real das grandes ações de massa."[21] O RDR não agitava as massas. O desânimo de Camus parece tão subjetivo quanto objetivo: "A educação, as definições cada vez mais claras de um vocabulário de que fazemos uso, o recuo, quando necessário, eis objetivos que me parecem preferíveis a tudo."

A solidariedade deve no entanto triunfar sobre a solidão. Onde estão os companheiros, os camaradas? Camus conserva uma ternura nostálgica pelos operários do Sindicato do Livro, ligado à CGT, mas que manifesta sua independência. Não há muitos lugares em que intelectuais e proletários se encontram. Camus tem alguns contatos com militantes da Força Operária ou da Federação da Educação Nacional e ele distingue duas correntes no movimento operário. Uma, centralista, socialista, cesárea, antidemocrática, tomou o poder na URSS e nas democracias pretensamente populares. Outra sobrevive entre socialistas revolucionários, proudhonianos, populistas, anarquistas. Camus não se vê como escritor operarista. Acha que o povo não o lê. Camus guarda no coração a esperança socialista e detesta "a sociedade do dinheiro". Para ele, o capitalismo só se mantém pelos vícios da sociedade revolucionária. Entre os trabalhistas britânicos ou escandinavos, que o seduzem, se esboça uma terceira forma de socialismo: a autonomia sindical existe na Suécia e na Grã-Bretanha. Camus aceita as supostas virtudes da coletivização dos meios de produção e de distribuição, busca uma outra sociedade, para além do capitalismo e da livre empresa na economia de mercado. Não se pronuncia claramente sobre a luta de classes. Para ele, a política não é apenas a organização da cidade, do país, do mundo; ela expressa também as relações de um ser humano consigo mesmo. Camus se singulariza: não o clama em público, diz *a si mesmo* que um homem deve ter honra – mistura de franqueza, sinceridade e coerência – em seus comportamentos. Nota de Camus numa folha volante:

"A nobreza obriga à honra. Mas o homem obriga à nobreza.

A honra é um estilo de vida [...] Há *partes* de honra.

Vigny enxergou com propriedade que a honra era a única moral possível para o homem sem Deus. As razões do homem não se mantêm em pé. É o homem que se mantém em pé em seu lugar.

[...] O homem não é nada sem os homens.

Por isso uma revolução que é separada da honra trai suas origens [...] (ver os movimentos libertários espanhóis)."[22]

Camus encontra homens honrados, nobres, de estilos de vida exemplares, retratários marginais que não renunciam à esperança socialista e que o impressionam mais do que os intelectuais do RDR. A esses homens, ele dedica com frequência um "caro camarada". A eles, fornece seu número pessoal, reservado aos amigos: "Babylone 12 93... estou, para você, todas as manhãs em minha casa..."[23]

No entanto, seus camaradas revolucionários, Rosmer, Lazarevitch, Monatte, não têm as mesmas preocupações que ele. Camus caminha confiantemente com eles para criar uma sociedade aceitável. Trabalha, também sob sua influência, numa peça e em seu ensaio sobre a revolta. Nicolas Ivanovitch Lazarevitch coleta para ele uma documentação sobre os terroristas russos do século XIX. Cinquenta e três anos em 1948, nascido na Bélgica, ele fala francês, russo, alemão, inglês, italiano. Colosso com roupa de couro preta ou terno de veludo, bigode enorme, cabelo em escovinha grisalho claro, Lazarevitch sempre teve um emprego – não é um militante profissional, um quadro, assalariado das organizações. Foi eletricista, operário de construção, revisor gráfico... Internacionalista e cosmopolita, batendo no peito como um personagem dostoievskiano, mostra um talento absoluto para a desorganização confusa, excomungando à direita e à esquerda. Secundado por sua mulher, Ida, chamada Mett, doutora em medicina, tradutora técnica na indústria química, Lazarevitch impressiona Camus. Ávido por encontrar militantes que tragam experiências que ele não viveu, Camus conhece mal esse mundo revolucionário que o ajuda a manter distância com relação à direita. Lazarevitch encarna a história do movimento operário.[24] Conheceu Simone Weil, cujas obras Camus descobriu. Irá publicar, com Louis Feuillade, *Tu peux tuer cet homme, Scènes de la vie révolutionnaire russe* [Pode matar esse homem, Cenas da vida revolucionária russa]. Um puro, um justo, Lazarevitch é um irmão e um novo pai político para Camus. Ele denuncia o partido comunista, mas também os trotskistas e os social-democratas, a SFIO e os partidos de direita.[25] Lazarevitch é um herói de romance ou de peça de teatro.

Camus tem ainda mais afinidade com Alfred Rosmer, Griot para o registro civil. Baixinho, distinto, verbo preciso, homem direito e firme, ele recusa conciliações e comprometimentos. Executor testamentário de Trótski, foi parcialmente responsável por seu assassinato, sem o querer nem saber.[26] Foi responsável pela seção internacional de *L'Humanité* e viveu em Moscou. Próximo de sindicalistas revolucionários como Monatte ou Chambelland, instrui e apoia Camus. Rosmer, Monatte e Boris Souvarine lutaram contra a bolchevização do partido. Em minoria, renegados pela Internacional, demitiram-se do *L'Humanité*. "Sindicalistas-comunistas", esses homens nunca são carreiristas ou mundanos. Sempre suas convicções prevalecem sobre seus interesses. Os filhos têm um papel nessas amizades de Camus: seus gêmeos gostam dos passeios suburbanos à casa dos Rosmer e Francine entende-se bem com eles – muito melhor do que com os Sartre. A mulher de Rosmer toma o partido de Francine quando o clima entre os Camus é de tempestade.

Admirando aqueles revolucionários que têm trinta anos de luta na bagagem, Camus prefacia suas memórias e procura editores para eles. Se Gallimard não os quer, Camus tenta a sorte de seus amigos junto ao editor Sullivan. "Rosmer, em tempos tortuosos, seguiu um caminho reto, a igual distância do desespero que acaba por desejar sua própria servidão e do desânimo que tolera a submissão de outro [...]. Não renegou nada do que sempre acreditou."[27] Em 1914, Rosmer recusou "a palinódia da Segunda Internacional": Camus não esquece que os socialistas franceses e alemães foram nacionalistas, belicistas, responsáveis também pelos mortos, entre os quais seu pai, Lucien Camus. Rosmer simboliza a esperança revolucionária. Camus, tal como milhares de homens da esquerda francesa em 1948, tem uma visão simplificada da revolução russa "antes da morte de Lenin: tempos magníficos, em que o mundo parecia recomeçar, a história começar, enfim, sobre as ruínas de um império. Até mesmo homens que, num outro extremo do mundo, continuavam sofrendo opressão acreditaram-se então libertados e pensaram atingir o que Liebknecht chamava as portas do céu". Camus tem uma imagem homogeneizada e romântica dos sovietes. Não aprofundou a ideia, heterodoxa à esquerda, de um golpe de Estado bolchevique. "Rosmer", diz ele, "testemunha aquele tempo à sua maneira, no dia a dia, sem nenhum romantismo." "As revoluções se fazem também a poder de reuniões, no ingrato labor dos comitês e dos congressos", escreve Camus. Por intermédio de homens como Rosmer, ele abandona parcialmente Lenin, tal como abandonou Stalin em 1940. Quando Rosmer estava em Moscou, foi publicada uma brochura que aquele justo "resume indicando apenas que se trata de *A doença infantil do comunismo* e que essa brochura de Lenin contém os germes de uma outra doença, que assolará os militantes menos armados do que Lenin e que se chama tática". Hesitante, num prefácio escrito para Rosmer, Camus se reformula, substitui estas últimas palavras por "sob o nome de tática ou de manobra".[28]

Seus amigos revolucionários o informam sobre as condições econômicas e políticas da sociedade soviética. Rosmer condena de uma maneira "de tom comedido, mas definitiva [...] a ditadura stalinista". Camus aprecia seu comedimento. Rosmer aderiu à revolução russa e "soube também reconhecer sua perversão". O fracasso da revolução – isso é fundamental para

Camus – não condena todas as empreitadas revolucionárias. Identifica-se com ele: "O difícil [...] é assistir aos desvios de uma revolução sem perder a fé na sua necessidade." Camus recusa à direita a permissão de criticar os desvios das revoluções: "Para bem refletir sobre esse problema não se pode ser daqueles que insultam a revolução em si e que se apressam em ver um *aborto* em todo nascimento." Para o escritor, de férias da política tradicional, a esquerda europeia deve opor-se ao regime stalinista, não "por ele ser herdeiro de uma revolução em que a propriedade burguesa foi destruída, mas porque reforça por suas loucuras a sociedade burguesa". Camus vai mais longe em sua crítica a essa sociedade: "No dia em que a libertação do trabalhador vier acompanhada de belos julgamentos ao longo dos quais uma mulher apresentar ao tribunal seus filhos para arrasar seu pai e solicitar para ele o castigo supremo, nesse dia o egoísmo e a covardia das classes mercantis [*ele escreve primeiro: a sociedade burguesa*] correm o risco de ser esquecidos." Camus adere ainda a um mito marxista fundamental: só o desaparecimento da burguesia permitirá a realização da sociedade ideal.

Entre camaradas revolucionários – não no PCF –, manifestam-se discordâncias. Camus nem sempre segue Rosmer: "Quando, por exemplo, por aderir à época de que está falando, ele justifica tudo, e até Kronstadt." Camus pende para o lado dos mencheviques: "Meu primeiro movimento é de aprovação, ao passo que ele subestima a repercussão enorme que teve a dissolução, pelos bolcheviques, da Assembleia Constituinte. Quaisquer que tenham sido as justificativas dessa medida, ela foi o sinal visível de que a arbitrariedade, legitimada até então porque se exercia contra os antigos opressores, podia se voltar contra os próprios revolucionários." Entre eles, a liberdade de tom parece total, contrária a qualquer pensamento hegemônico.

Acompanhado por seus camaradas, Camus analisa dez anos de vida política, abrigando-se por trás de seu "nós" majestático: "A guerra e a resistência só nos ensinaram sobre elas mesmas e talvez sobre nós. Elas bastaram [*aqui ele rabisca um prudente* provavelmente] para nos fazer verificar que a abjeção totalitária era o pior dos males." Camus não escolhe o "campo capitalista" contra o "campo comunista", mas afirma sua "decisão irredutível" de combater por toda parte a abjeção totalitária. Franca e lúcida candura: "Quanto a todo o resto, caminhamos nas trevas." Os Rosmer não agem à sombra do sucesso, eles "recusam ao mesmo tempo a desonra e a deserção". Camus acredita nas possibilidades frágeis de um renascimento socialista e inclina-se diante da esquerda minoritária revolucionária, o sal da terra de esquerda: "Sim, nossos camaradas de luta, nossos precursores são aqueles de quem se ri porque não têm a força e estão aparentemente sozinhos. Mas não estão. [...] Só a servidão é solitária, mesmo quando tem a cobertura de mil bocas para aplaudir a força." O mesmo vale para os companheiros de estrada fascinados pelo poder do stalinismo e suas falsidades proletárias.

Para Camus, Rosmer mantém a verdade revolucionária e socialista sem sacrificar a liberdade. Camus se fixa nesses militantes íntegros que não sucumbem aos hábitos da sociedade burguesa, literária e parisiense. Mas o escritor não aceita os despropósitos dos amigos libertários ou anarquistas. Paul Rassinier cai em imprudências verbais a respeito dos judeus. Camus o repreende: "O espírito libertário não pode permitir-se a mais leve indulgência para com o antissemitismo sem negar a si mesmo."[29] Camus está sempre disponível para os isolados da esquerda não comunista, originais solitários: intervém a favor de Louis Lecoin, defensor dos objetores de consciência. Camus compreende o pacifismo no percurso caótico de Lecoin, que, em setembro de 1939, publicou um panfleto, *Paix immédiate* [Paz imediata]. Lecoin também foi defendido pelo jornal colaboracionista *Je suis partout* [Estou por toda parte]. Não importa! Por sua convicção essencial – o direito de não portar armas, a recusa de matar –, Lecoin pagou, em campos e prisões. Sua ação a serviço do sonho impressiona Camus. Ele também aprecia Maurice Laisant, membro do conselho de redação do *Monde libertaire*, secretário de propaganda das Forças Livres da Paz, que será acusado de ter afixado um violento cartaz sedicioso contra a guerra da Indochina.

Camus se mantém afastado do processo Kravtchenko, em janeiro de 1949. Antigo membro da missão soviética em Washington que veio para o Ocidente, Victor Kravtchenko ganhará seu processo contra o hebdomadário criptocomunista *Les Lettres françaises*, dirigido por Aragon. Em sua extensa autobiografia, *J'ai choisi la liberté* [Escolhi a liberdade], ele denuncia a ditadura stalinista. Os comunistas o acusam de anticomunismo e de calúnia. Dois jornalistas, André Wurmser e Claude Morgan, são condenados a pagar 150.000 francos por perdas e danos. A esquerda não comunista mantém-se reservada – Kravtchenko não parece simpático e, apesar das provas, ela não quer acreditar no horror do mundo comunista. A guerra fria é também intelectual. Camus nega igualmente a Kravtchenko, "aproveitador [*em seguida o escritor escreverá:* beneficiário] do regime stalinista", o direito de criticar a ditadura de Stalin. Rosmer e os seus merecem esse privilégio.

O domínio de intervenção privilegiado de Camus continua sendo a Espanha. Apega-se a ela como a nenhum outro país, com exceção da Argélia. De seus ascendentes não sabe quase nada. Aos poucos conseguirá remontar a seus bisavós, Margarita Cursach Doncella e Miguel Sintès Sottero, casados no extremo ocidental de Minorca. A avó materna de Camus, Catherine Marie Cardona, nasceu em 1857, segundo ele descobre em 1948, em San Luis, cidadezinha perto de Mahon. Camus promete a si mesmo fazer pesquisas genealógicas. Decifra o espanhol com dificuldade. Em 1948, trabalha em *O estado de sítio*, peça situada deliberadamente na Espanha. Seus amigos libertários e anarquistas são Dom Quixote. Para ele, a Espanha encarna a grandeza e a desmedida. Participa de encontros na sala da Mutualité, nas Sociedades científicas, na Pleyel, em Wagram, para protestar contra a não libertação (uma nova não intervenção) da Espanha pelos Aliados depois da guerra. Contrário à admissão da Espanha na ONU e na Unesco, Camus não aceita o princípio, obtuso, segundo ele, do Departamento de Estado americano: a Espanha franquista seria um mal menor.[30] Para o autor de *A peste*, "a manutenção de um regime totalitário [*na Espanha*] significa a prazo mais ou menos curto o reforço do comunismo". O governo republicano no exílio encarna o único governo legal da Espanha. Camus o proclama em público e privadamente.[31] Ele assina dezenas de petições, às vezes com Jaussaud, Char, Guilloux, Sigaux, Bloch-Michel. Entrega uma pessoalmente na embaixada da Espanha, para protestar contra a condenação à morte de um oponente, Enriche Marcos Nadal.[32] Publica artigos nos jornais e revistas da oposição de difusão confidencial, como *Solidaridad Obrera*, jornal da CNT, sindicato anarquista.

Desde que lhe foi atribuída por ofício a medalha da Resistência, Camus recusa todas as condecorações, tal como Sartre, mas ele aceita, pelo símbolo do gesto, uma nomeação de comendador da ordem da libertação da Espanha. Vai à residência oficial do governo da República espanhola, na avenida Foch, nº35. Cena irreal, é lido um decreto na presença do grande chefe, Sua Excelência o Presidente da República, Diego Martinez Barrio, assistido pelo grande chanceler, ministro da Justiça, Fernando Valera, pelo chanceler Dionisio Terrer, por Martinez Moreno, deputado de uma Câmara dissolvida há muito tempo, representante da *Generalitat da* Catalunha. Promovido, Camus expressa sua gratidão pela distinção conferida.[33] Em 1949, a Espanha franquista parece sólida, quase eterna. Ninguém pensa que o regime irá desmoronar. Camus acha que é preciso testemunhar sem trégua, *como se* o franquismo estivesse para ser derrubado.

É num rascunho de discurso, escrito de uma enfiada – quatro correções, uma palavra riscada –, que Camus melhor se expressa sobre a Espanha, sua segunda pátria, ele reitera. Nesse texto, passando de sua história privada à crônica política,[34] ele se interroga: "A Espanha? Creio que não sei mais falar sobre ela. Em 1938, os homens de meu sangue e de minha idade compartilharam a revolta e o desespero da República espanhola. O jornalista da Resistência viveu suas ilusões: "Em 1944, compartilhamos sua imensa esperança e falei por ela como me foi possível. Já que havíamos estado na mesma derrota, minha ideia era de que deveríamos estar na mesma vitória. Mas, aparentemente, minha ideia não era razoável." O ritmo do discurso acentua as cadências: "E falamos em vão, e hoje não há vitória para ninguém uma vez que não há justiça para a Espanha." O orador cinzela suas formulações: "A justiça é como a democracia, ou é total ou não o é. Quem ousará me dizer que sou livre quando os mais dignos de meus amigos ainda estão nas prisões da Espanha?"

Os companheiros mais próximos de Camus são os libertários franceses e espanhóis. Mesmo vocativo quando se dirige aos espanhóis: "*Camaradas* [*grifo meu*] espanhóis, sabemos agora que o mundo é covarde." A emoção o toma: "Vocês acreditaram ser um exemplo e eram apenas um trunfo. É uma história que remonta a muito tempo e é uma derrisão que nos é comum. O sangue, a luta, o exílio, o furor, tudo isso por enquanto é vão." Camus orador coloca-se a igual distância da moral, da poesia e da política passiva do mundo ocidental. Reivindica seu idealismo, seu antirrealismo: "Quando temos para nós apenas a justiça, a nobreza e o direito, equivale a dizer que nada temos aos olhos dos realistas." O realismo é a *realpolitik* da URSS e dos Estados Unidos: "E os realistas hoje governam o mundo e se arrebentam uns aos outros. Vocês acharam que sua terra fosse a de Cervantes, de Calderón e de Machado [*relendo-se, Camus acrescenta:* de Goya]. Demonstram-nos todos os dias", ele prossegue, "que ela é aos olhos dos realistas apenas a terra do mercúrio e de alguns portos que interessam aos militares". Em tom fremente, Camus imagina um futuro: "Mas talvez chegue um dia em que a grandeza já não seja medida pelo número de canhões e pela escala dos destruidores, em que a civilização já agonizante queira voltar às fontes do espírito e reencontrar a arte de viver. Essa hora, essa hora de verdade, será a da Espanha [*relendo-se, Camus, convicção e retórica, acrescenta:* em primeiro lugar e sobretudo], último país da civilização verdadeira." Ele volta à primeira pessoa: "Nesse dia, e pela primeira vez em oito anos, um enorme peso de vergonha e de amargura será eliminado e poderei enfim respirar livremente. Nesse dia a nossa liberdade será a de vocês como é nosso o seu duro silêncio de hoje."

Para além da política, da moral e da literatura, Camus tem outra razão para vibrar pela Espanha e com os republicanos espanhóis.

34

"A ÚNICA"

Para quem frequenta o casal Camus – Janine, Michel, Robert Gallimard –, está claro que Albert tem uma ternura fraternal por Francine. Passando do enternecimento à irritação, ele a faz sofrer. Mas o charme, a bondade, a timidez, a vozinha tranquila de Francine o emocionam. Às vezes ela parece viver em permanente insegurança, quer se trate de escolher um disco ou um lugar para passar as férias. Quando eles têm encontro para o almoço, Camus vai buscá-la, temendo que ela perca tempo às voltas com os sapatos. "E depois", diz ele, "como vamos encontrar Evelyn Waugh, prefiro lembrar-lhe de que esse escritor é um homem."

Francine toca muita música, estuda com professores. Passa seis meses na Gallimard, a serviço dos direitos para o estrangeiro. Mas, quando Fernande chega a Paris, as tensões aumentam.

— Não sabia que tinha me casado com quatro mulheres — diz Camus, exasperado.

A mãe e as irmãs de Francine, querendo protegê-la, separam-na do marido: ele sempre dá com aquelas mulheres no apartamento. Francine deixa-se manipular por Fernande e por Christiane, menos sisuda, de humor mais tolerante. A sra. Faure tem as virtudes das viúvas bem-comportadas, uma moral retilínea, uma dedicação às vezes possessiva – minha filhinha, meus gêmeos queridos. Christiane contemporiza, é conciliadora. Não há pai ou irmão na casa das Faure. Camus permanece distante de Fernande e de Suzy. Christiane o diverte quando rouba suas cuecas. Para a família, Francine é uma joia confiada àquele homem que, tudo bem, agora tem uma profissão e faz sucesso. Mas todos aqueles casos de mulheres... A família correndo de casa em apartamento! Francine atravessa crises depressivas. Camus, pouco à vontade em seu papel de marido, sente a família da mulher ora reticente, ora hostil. Francine nunca se queixa, não banca a mulher sofredora e perdida de amor, mas continua dolorosamente apaixonada pelo marido.

Ele se encarrega da casa – aluguel, gás, eletricidade, encargos sociais, caixa de compensação, impostos. Quando o marido estava nos Estados Unidos, Francine não preencheu a folha de declaração de renda. Camus reivindica sua liberdade e aceita as responsabilidades de pai de família. Antes de tudo, Francine é a mãe de seus filhos. Ele cuida deles, embora não se sinta feito para uma vida familiar regular. Nunca disse que queria ser pai, instalar-se com uma mulher, filhos, e menos ainda com uma tribo.[1] Frequentemente tem dificuldade em conter sua exasperação. Constantemente doente, não pode se ocupar como Fernande dos gêmeos, que em 1948 estão com três anos.

A família em que se sente livre, ele a tem na casa de Michel e Janine Gallimard. Aqueles Gallimard são, cada vez mais, os preferidos de Albert, ao lado do primo Robert, que em 1952 irá casar-se com Renée, irmã de Janine.[2] Camus leva Robert a descobrir a literatura. Deleitaram-se quando Robert disse:

— Eu joguei *rugby*.

E Camus respondeu:

— E eu futebol.

Lema da rua Sébastien-Bottin: literatura, endogamia, fraternidade. Mas, ocasionalmente, o clã tem semelhanças com os Atridas. Michel não se dá com Claude, filho de Gaston. Camus foi de tal modo adotado por Michel e Janine, que faz o papel de tio de Anne (filha de Janine e Pierre). Michel adora engenhocas e cumula de presentes os gêmeos de Camus. O pai protesta, mas deixa andar. Ele fala de todos os seus problemas a Janine e Michel. Bonita, uma voz deliciosa, língua um pouco presa, sob uma aparência desenvolta e leve, Janine é uma rocha. Idolatra Camus e o elogia com toda a sinceridade. Sabe de cor réplicas de *Calígula* e *O equívoco* e as recita.

— Mas Janine, afinal... — diz Albert, muito satisfeito.

Camus quer que as pessoas de quem gosta gostem de seus livros tal como de sua pessoa. Sua suscetibilidade e suas dúvidas exigem que o apoiem.

Michel foi durante muito tempo o preferido de Gaston Gallimard, e o suposto delfim da casa. Ruivo, tez pálida, olhos um pouco oblíquos, elegância natural, cortês, mas colérico, ele cultua a amizade, às vezes exagerada.

Camus nunca se queixa disso. Fastuoso, Michel gosta de organizar jantares aos sábados, no Relais Saint-Germain, entre a rua des Saint-Pères e a rua Saint-Thomas-d'Aquin. Ciumento como um doente que precisa de cuidados, quer seu mundo à mão e Janine permanece ao alcance de sua voz. Albert zomba de Michel, gastador, apreciador de carros bonitos e de iates alugados para cruzeiros. Michel está *dentro* do meio parisiense, mas não é característico *do* meio. Ele não critica Camus. Camus diz a si mesmo que nunca Janine, Michel ou Robert o trairão. Sabem e aceitam (quase) tudo dele. Com esses Gallimard, Camus assume facilmente um tom de caçoada. Uma noitada tediosa se arrasta. Albert graceja:

— Então, vamos tirar a roupa?[3]

Albert visita Michel, que está acompanhado por Janine, no sanatório de Leysin, na Suíça, e simpatiza com o doutor René Lehmann, pneumologista atencioso e encantador. Ele cuidará bem de Michel. "Caros Urbi et Orbi", escreve Albert, de volta a Paris, a seus dois preferidos.[4] "Minha saudade, meu desespero e meu isolamento viram-se ligeiramente atenuados pelo pensamento de que os estava deixando nas mãos desse agradável companheiro [Lehmann]." Camus conta uma viagem em companhia de "um velho horroroso. Baixinho, orelhas de abano e vermelhas como a roseta da Legião de Honra que trazia em sua abotoadura, o nariz estilo Parmentier* e crivado de cravos da mais bela cor preta, a calvície em tonsura, o personagem abriu a porta da cabine-leito.

Diálogo:

Ele: Cavalheiro, aqui está seu companheiro de viagem.

Eu: Hum!

"Depois de algumas disposições, dado que só é possível ficar dentro de uma cabine-leito em pé ou deitado, deitei-me, devidamente despido, no leito de cima, lendo *Amores estranhos* de Valle-Inclán.

"Aqui, passo ao presente. Depois de algum tempo, o velho horroroso se deita. Apago a luz do teto e cada um medita, sob a lâmpada de cabeceira. O tempo passa quando ouço agitação no andar de baixo. A agitação é seguida de um barulho de fonte nova, hesitante, gota a gota. Surpreso, arrisco um olhar. Aquele homem caía de nariz (se me atrevo a dizer) no urinol e, depois de alguns segundos, soltas todas as águas, a fonte tornara-se torrente.

* Referência à batata, introduzida na França por Antoine Augustin Parmentier, farmacêutico militar, no final do século XVIII. (*N. da T.*)

Um pouco sufocado, digo a mim mesmo que aquele sem-vergonha bem poderia ter deslocado suas carnes até a privada que ficava atrás da porta ao lado. Justamente indignado, viro-me então para o outro lado, voltando a mergulhar na poesia espanhola. O sono me vence e estou prestes a dormir quando a agitação se produz de novo, e a fonte, e a torrente. Para abreviar, quatro tentativas de sono foram interrompidas pela incontinência daquele horrível senhor.

"Chegando em Paris, ele teve no entanto a cortesia de me perguntar se eu tinha dormido bem."

Quando está sozinho, Camus ora adora e ora detesta os corredores do metrô, o gosto de um cigarro em jejum, o apartamento vazio e sem a empregada, as pilhas de correspondência, os telefonemas de Suzanne Labiche, que se tornara Agnely por casamento, os almoços na Lipp, o trabalho na Gallimard: "Acabo de encontrar um distinto que está oferecendo montes de ouro pelos direitos cinematográficos de *A peste*, mas não me interessa ganhar dinheiro pois ela [*sic*] deve trazer proveito ou a meu editor, ou a meu coletor de impostos. [...] voltei aqui a uma sobriedade que me é mais natural e reencontrei portanto meu equilíbrio interior. Afinal, parece-me que eu estava muito bem aí [em Leysin], mas é que os verdadeiros paraísos são os que perdemos."

Pouco depois, Camus parte para a Argélia com Francine e passa por Argel. Ele vê sua mãe três ou quatro vezes por ano. A Michel e Janine, ainda em Leysin:[5] "Caros Cavaliera e Rusticana [...] Ligeiro desmaio no avião por causa de claustrofobia. Mas aterrissei, em boa forma." Ele saboreia essa viagem com Francine. Camus revê seus instantes de felicidade – paraísos perdidos –, projeta sombras doces do passado sobre os momentos presentes: "Reencontramos uma vida de que gostávamos e isso repercutiu em nossa felicidade." Francine e Albert tomaram banho em praias desertas entre Argel e Orã. "Enquanto nos bronzeávamos ao sol roubaram meu terno azul elétrico, ao passo que Francine abandonava ao inimigo sua bolsa de lagarto da África, uma pulseira mexicana, sua capa de chuva americana e sua saia de Vichy. Fomos procurar a polícia, não porque tivéssemos ilusões, mas porque estávamos sem documentos de identidade. Os policiais nos olharam com suspeita e quase acabamos na prisão..."

Michel conta suas desgraças. Camus o anima: "... grande saint Michel, [...] eu não estava em boa disposição para receber as prodigiosas bobagens que recheiam sua carta. Recapitulei as numerosas doenças de que você se queixa: tuberculose, esterilidade, provável impotência, ciática e hemorroidas, varíola e prostatite. É essa enumeração que produz em você uma melancolia tão distinta me deu um acesso de riso, pelo qual me desculpo. Mas devo confessar que era irresistível." Um tuberculoso fala a um tuberculoso: "Quanto a saber qual pode ser a solução para suas provações médico-metafísicas, de qualquer modo não é a mim que você deve se dirigir. Só reconheço como séria sua doença atual. Ainda assim trata-se de uma forma modesta e tanto menos perigosa por estar sendo convenientemente tratada." Na amizade, o riso é uma das armas de Camus: "Não posso nem mesmo me apiedar por algumas privações que ela representa, pois sei que você nunca fez questão das coisas de que ela o priva. Quanto às outras privações, embora sejam temporárias, sei que são duras, e nisso, é verdade, meu coração está com você. [...] Goethe disse que só o ser limitado é capaz de esperança. Em linguagem simples isso significa que basta ser bobo para dar um jeito em tudo. Não é o seu caso, e é evidente que males que parecerão suportáveis a um Presidente da República parecem, ao contrário, muito dolorosos a alguém que tem sensibilidade." A conivência Michel-Albert nunca se rompe: "Se posso me permitir uma confidência, poucas pessoas consideraram o próprio caso com tanto horror quanto eu quando me aconteceu o que aconteceu a você. Esse horror explica muitas coisas do homem que me tornei. Mas afinal não são as coisas melhores. E creio que me encaminho agora para uma atitude mais estimável. Dostoiévski, que anunciava o homem novo, dizia que seria o homem para quem se tornaria indiferente morrer. Naturalmente não falo de mim, mas creio que é para esse homem novo que tendem todos os dilaceramentos da sensibilidade moderna."

Camus associa a experiência da doença à da religião: "Mesmo que você não acredite na religião, mesmo que Deus esteja morto (assassinado pelas costas, dizia um amigo meu), resta algo verdadeiro na experiência religiosa, tal como na experiência, simplesmente: é que a vida *pessoal* só tem relações muito longínquas com a felicidade. Até mesmo os gregos tinham compreendido isso muito bem, e são eles que, afinal, dão a resposta ao problema que coloco e que você coloca: eles não negavam o mistério, mas reservavam a ele seu lugar (verdade profunda que os cristãos não podem compreender), e ponto final. É que há um equilíbrio. Cada um dos males é compensado por um prazer – ou por uma grandeza que está ligada a ele e, afinal de contas, só o amor pela vida pode justificar um homem (a morte não nos concerne, dizia Epicuro). É claro, o amor pela vida é o contrário do deboche e do *boogie-*

-*woogie*, ou da viagem a 150 por hora. Quando se tem qualidades (e, embora eu não seja pródigo em cumprimentos a seu respeito, é preciso reconhecer que você as tem) acaba-se sempre tirando proveito de tudo. [...] Eu lhe disse muito mal o que às vezes penso claramente, em alguns instantes dos quais depois guardo saudade e nostalgia. Digamos que se trata, com efeito, de uma confidência, e que as confidências não podem ser engenhosas."

Quinze dias depois, a seus "Caros Zig e Puce",[6] esperados em Paris: "A notícia da volta de Janine e Michel provocou na *NRF* uma verdadeira comoção de júbilo; pessoas subiam e desciam as escadas, abraçavam-se nos corredores, as rolhas das garrafas de champanhe saltavam em todos os cantos, e esses festejos acabaram como de costume na *NRF*, e como vocês bem imaginam! Em todo caso, começamos a preparar os dispositivos de recepção: o orfeão no pátio, Auguste [Bitodeau] como tambor-mor, os pintores perpétuos executando as ordens de 'portas pincéis', e Gaston, como almirante da esquadra (desde que está na administração), lhes dará o beijo de boas-vindas." Camus adora o zelador Auguste Bitodeau, personagem e instituição. "Quanto a nós, os verdadeiros amigos, os pequenos, os sem-patente, modestamente enfurnados na sala de pingue-pongue, participaremos da alegria geral esmagando discretamente com a unha as verdadeiras lágrimas da ternura. À espera desse dia abençoado, trabalhamos ativamente, cada um de nosso lado, a fim de aumentar o capital desta casa e de assegurar assim a perenidade dos lazeres que você se oferece desde há quase dois anos."

Francine deixou os gêmeos, "nossos dois subprodutos", ironiza Camus, em Orã. Para ele, na filosofia do casamento que está por escrever, "o capítulo da mulher deveria intitular-se 'o estorvo', o capítulo sobre os filhos 'os estorvinhos'. Na rua Séguier, os Camus estão num espaço apertado. Francine quer algumas semanas de liberdade completa para organizar a vida em comum e procurar outro apartamento. "O resultado é que, dedicando todo o seu tempo à organização definitiva de nossa vida, seu aspecto provisório atual está ameaçado [...]", diz Camus. "Quero dizer nosso abastecimento: estamos sem manteiga, açúcar, sabão e diversos outros produtos de primeira necessidade; minha roupa está desprovida de seus botões mais elementares, o apartamento (ele mesmo provisório) está entregue ao cego furor de arrumação que toma diariamente nossa pequena bretã que resolve misturar minhas imortais criações com seus manuscritos medíocres que a *NRF* me obriga a ler por um preço irrisório." Camus solta, como que com um suspiro:

"Não me estenderei sobre esse assunto, mas devo dizer que começo a perder a esperança de extrair outra coisa que não projetos da natureza de Francine, no entanto generosa."

Convidado pelos institutos franceses do Reino Unido, Camus vai à Grã-Bretanha com Francine. Em Edimburgo, frequenta alguns dias Annie e Jean Guéhenno. Camus continua admirando tanto a pessoa do velho escritor quanto sua obra. Aquele filho de sapateiro sente-se à vontade com as pessoas simples, como Camus. Depois de sua volta à França, os amigos percebem como que uma distensão no casal, apesar dos cansaços de Albert.

Em 18 de junho de 1948, no bulevar Saint-Germain, Camus encontra Maria Casarès, atriz que se tornou muito famosa, tanto no teatro como no cinema:[7]

— Aonde você ia?

— Ao teatro. E você?

— Ia à casa de Gide.

Estão perturbados. Desde sua separação, viram-se de longe, aqui e ali, só isso. Ela teve aventuras. Agora, companheira de Jean Servais, deixa o ator por Camus. Pelas crianças, Camus não quer deixar Francine.

Maria Casarès ancora a fidelidade de Camus à Espanha: muitas vezes uma mulher encarna uma cidade próxima e visível, mas também um país distante e imaginário. Casarès torna-se toda a vida de Camus. Às vezes ele lhe escreve duas vezes por dia, frequentemente sem humor. Se ela desaparecesse, ele perderia a vontade de rir, afirma. Ele tem ciúmes: ela precisa trabalhar. "Você deve fazer seu trabalho, pensar em mim." Que nenhum homem ponha as mãos nela. Quando estão longe um do outro, espera uma carta dela todos os dias. Angustiado, diz-se louco. Maria quer que ele se acalme, se cuide, trate de suas gripes e de suas recaídas. Contente de estar vivendo, estar amando, Maria flameja, lamenta que não possam viajar juntos. Ela lhe diz: "Seja feliz com seus filhos." Camus fala de Francine com carinho. Ele a estima. Tem uma amizade profunda, muito afetuosa por F., uma paixão ardente por M. Francine tem plena consciência dessa dualidade em Camus. Tem a generosa coragem de aceitá-la – ou quase. Para o Ano-Novo de 1949, Camus envia votos a Maria: "Feliz ano, meu amor, ano juntos, e que eu não morra longe de você."[8] Para Janine e Michel Gallimard, ou Mado e Robert Jaussaud, Camus parece querer dizer: não sou feito para o casamento. Como me é penoso amar. Mas amo. Como me é penoso escrever. Mas escrevo.

O reatamento da ligação com Maria chega ao conhecimento das Faure. Tentam escondê-lo de Fernande, pouco afeita aos costumes parisienses. Christiane, falando no caso Maria, tenta consolar a irmã mais nova:

— Francine, não é tão grave assim. Você não vai querer que Albert lute contra os BK *e* suas paixões. É pedir demais.

Suzy, a outra irmã, não concebe que um marido e uma mulher possam enganar um ao outro. Francine cerra os dentes. Não se imagina infiel. Gosta de Albert, ele deve gostar dela: está ali, vive ligações, mas não fala em divórcio. Às vezes ele volta às três horas da manhã. O jornalismo autorizava horários fluidos e loucos. Embora Camus passe tantas horas fora, Francine está presente nele. Até em seus sonhos. Pois ele sonha com ela, com sua ajuda, e anota: "Ele é levado à guilhotina, com uma mulher chamada Véra. Francine vai a seu encontro e lhe arranja um revólver. Ele lhe diz: 'Eu sabia que você estaria aqui para me ajudar.'"[9]

Francine não se parece em nada com Maria ou com Castor, que teoriza os casos ou as paixões de Sartre e os oferece a si mesma, às vezes com uma aplicação suspeita. As tensões em Francine são terríveis, contidas, silenciosas. Essas situações nunca são fáceis, mas ela não tem os nervos fortes. Sua avó materna tinha acessos de neurastenia. Na família Faure, são recusados o trágico, o melodrama, as cenas. Nesse ponto, não é uma família mediterrânica. Mas Francine não consegue, como Sarah Oettly, divertir-se em ser enganada. Menos simples do que imaginam alguns amigos de Camus, que, pretendendo desculpá-lo, tomam-na por uma pequena burguesa convencional que está impedindo um homem excepcional de viver plenamente, Francine parece inerte, mas não está impassível. Ela diz a Albert: "Sou um ser esquisito. Só consigo conhecer minha capacidade de amar pela minha capacidade de sofrer. Antes de sofrer, não sei."

Richard Wagner chamava Cosima de "A Única". Camus dá esse apelido a Casarès. Eles não se largam mais. A ligação é pública, embora Camus tente poupar Francine. Ele revê seus laços com Maria: "Vivemos horas magníficas em 1944. Mas elas foram, por muito tempo, e mesmo depois de nossa reunião, interceptadas pelo orgulho de ambas as partes. O amor de orgulho tem sua grandeza – porém não tem a segurança perturbadora do amor-Dom."[10]

Constatação dos amigos de Camus: Maria é a mulher de sua vida. Com ela, ele lhes parece totalmente à vontade, distendido, e ri muito:

— Do que está rindo? — pergunta ela.

— De prazer.

"Substituindo meu pai, ele me fez", escreve Maria. Ela o aceita como é, fiel em suas infidelidades. Ele burila uma fórmula que utiliza com frequência: "Eu a enganei, nunca a traí." Camus concede a si mesmo liberdades que não oferece. Se alguém evoca na sua frente alguma breve ligação de Maria, uma simples aventura, ele se zanga. Fala-se de Gérard Philipe, que trabalhou com Maria em *Les Épiphanies* de Henri Pichette: Camus se crispa. Casarès havia recusado a irmã-esposa, Francine, quando ela esperava os gêmeos, mas aceita a mulher-mãe: "Não tomei nada de ninguém", dirá. "Nesse domínio não se pode tomar o que está livre ou liberado."

Maria-Doña Juana também conhece Don Juan: "Nunca me veio à ideia, superada a paixão e reinando o amor, ofender-me com novos laços que pudessem ligá-lo [Camus] a alguma outra pessoa." A propósito daquele machão francês típico, ela acrescenta: "... por sua vez, ele nunca tentou combater aqueles que eu estabelecia com outros que não ele." Eles não elaboram juntos a teoria sartro-beauvoiriana de Necessidade e das Contingências, mas um *modus vivendi* tolerante em torno de um amor absoluto e de desvios relativos.

Ardente, furiosa, *star* – no sentido estrito: estrela –, diva, a Única se interroga menos do que Camus em *O mito de Sísifo* a respeito do amor em geral. Quando Camus colhe belas efemérides, Maria está serena: "Nós nos sentíamos tão confiantes um no outro que nada nos podia fazer duvidar e, certos de termos sido eleitos um pelo outro, tudo se tornava possível, o que não impede que para chegar a isso, tanto um como outro, tivéssemos de vencer em nós, para superar o período perigoso e atormentado da provação, toda ideia convencional do mundo em que nos movíamos e que estava em nós, toda tentação de posse abusiva, tudo aquilo de que a vaidade pode se disfarçar, e, o mais difícil, o orgulho que tomava a ambos e que gritava em um e no outro sua sede insaciável de absoluto."[11]

Eles compartilham suas vidas sem viver juntos. Camus vai buscá-la no teatro. Diante de Maria, ele admite mostrar-se doente, surgindo em sua casa com o fôlego curto, suado, pálido. Ela sente sua claustrofobia, sabe acolhê-lo, feliz ou infeliz, coerente ou incoerente. Eles se admiram, o autor e a atriz que foi Martha em *O equívoco*. Quanto ao lirismo, Maria, falando de Albert, o supera. Por que ela o ama, para além do – dos prazeres? "Por que, preso em suas contradições que ele era o primeiro a denunciar, mesmo nos momentos de diversão sem os quais homem nenhum consegue subsistir, empenhou todo o seu cuidado em nunca se deixar distrair daquele veio vivo que ele seguia bem à superfície da pedra sem nunca se desviar – sob o risco até de, às vezes, 'parecer' perder de vista – no labirinto, ou quando o traçado mergulhava fundo dentro da terra – a própria linha à qual ele se apegava para permanecer fiel à sua paixão pela justiça e pela verdade." Uma paixão arrebatada, incondicional, espanhola, argelina e sem reservas.

Eles encarnam um ao outro e se confundem. Sartre tem suas atrizes, mas de menor envergadura. Com frequência elas desaparecem de sua vida e do palco quando ele deixa de lhes oferecer papéis. Voz inimitável, dicção selvagem, Casarès foi uma atriz independente e autônoma antes de conhecer Camus. Ele não a criou, ele cria com ela. E assim o teatro volta à vida de Camus. Ele reescreve peças, o que não faz há anos, embora corrija *Calígula* constantemente, e Maria trabalha em suas duas novas peças.

O estado de sítio é apresentada em 27 de outubro de 1948 no teatro Marigny, *Os justos* em 15 de dezembro de 1949 no teatro Hébertot. O personagem central de *O estado de sítio* é a peste, o sistema totalitário, a ditadura. Nada em comum com o romance, exceto o mundo absurdo do terror. Camus quer "imaginar um mito que possa ser inteligível para todos os espectadores de 1948": "1º Deve estar claro que *O estado de sítio*, seja o que for que se tenha dito a seu respeito, não é em nenhum nível a adaptação de meu romance; 2º Não se trata de uma peça de estrutura tradicional, mas de um espetáculo cuja ambição confessa é misturar todas as formas de expressão dramática desde o monólogo lírico até o teatro coletivo, passando pela representação muda, o simples diálogo, a farsa e o coro." O dramaturgo inspira-se nas estilizações do auto sacramental à maneira de Calderón e trabalha – mal – com Jean-Louis Barrault. Camus volta, em parte, ao teatro total que animava *Revolta nas Astúrias. O estado de sítio* quase se chamou "A inquisição em Cádiz", e sua mensagem é a revolta. Sua moral implícita diz que, para vencer a peste, todos os totalitarismos, o soviético em primeiro lugar, ou os autoritarismos, como o franquismo, é preciso perder o medo. "Até onde minha memória alcança, sempre bastou que um homem superasse seu medo e se revoltasse para que a máquina deles começasse a ranger. Não digo que ele pare, não chega a tanto. Mas, enfim, ela range e, às vezes, acaba engripando." Diego, o herói da peça, que abate a peste, interpretado por Barrault, opõe-se a Nada, a negação na qual cai um Pierre Brasseur tonitruante e magnífico. Diego prega aos habitantes de Cádiz: "Não tenham mais medo [...]. Em pé todos os que puderem! [...] Joguem fora suas mordaças e gritem comigo que não têm mais medo." Camus sobrevoa a história com a peste-Nada proclamando: "Pelos cinco continentes, ao longo de séculos, matei sem parar e sem fraquejar. [...] Um morto, se querem minha opinião, é refrescante e não tem renda. Enfim, não vale um escravo. O ideal é obter uma maioria de escravos com uma minoria de mortos bem escolhidos. Hoje, a técnica está no ponto. É por isso que, depois de matar ou aviltar a quantidade de homens necessária, colocaremos povos inteiros de joelhos."

Os povos da Espanha franquista estão de joelhos e aqueles dos países do Leste em zona soviética mais ainda: é a atualidade sobre a qual discutem os amigos comunistas, revolucionários e libertários de Camus. Em *O estado de sítio* um mensageiro diz claramente: "É rigorosamente proibido prestar assistência a qualquer pessoa atingida pela doença, a não ser denunciando-a às autoridades que se encarregarão dela. A denúncia entre membros de uma mesma família é particularmente recomendada e será recompensada pela atribuição de uma dupla ração alimentar, denominada ração cívica."

Sartre e o Castor não gostam da trama alegórica da peça. O público também não, apesar dos cenários e figurinos de Balthus ou da música de Honegger. Diante de um fracasso completo, Camus, sarcástico, agridoce, diz: "*O estado de sítio*, por ocasião de sua criação em Paris, obteve sem esforço a unanimidade da crítica. Certamente, há poucas peças que se beneficiaram de uma demolição tão completa. Esse resultado é ainda mais lamentável porque nunca deixei de considerar que *O estado de sítio*, com todos os seus defeitos, talvez seja dos meus escritos o que mais se parece comigo."[12] Diego se parece com Camus e reúne suas tentações líricas ou romanescas. O personagem de Victoria ajusta-se a Casarès. Diego e Victoria aparecem num duo romântico e os espectadores amigos do casal pensam em Maria e Albert:

"Victoria

Sim, fale nossa linguagem mesmo que ela pareça louca aos outros. Amanhã, você beijará minha boca. Olho a sua e minhas faces queimam. Diga, será o vento sul?

Diego

É o vento sul e ele me queima também. Onde está a fonte que irá me curar?

Victoria

Ah! Sofro por tanto amá-lo! Aproxime-se mais.

Diego

Como você é bela!
Victoria
Como você é forte!"

O filósofo católico Gabriel Marcel surpreende-se por Camus situar a ação na Espanha. Teria sido melhor o cenário dos países do leste. Por que a Igreja aparece tão ignóbil? Camus responde: denunciou em outra parte os campos de concentração russos, e as democracias ocidentais toleram a Espanha franquista. Quanto à Igreja, seus aspersórios também sabem benzer os fuziladores franquistas, o que não impede Camus de se lembrar dos cristãos resistentes.

Camus modifica, reenquadra *Os justos*. A Francine: "A nova versão [...] está datilografada. Eu a tinha refeito em quatro atos, influenciado por Hébertot. Perdi toda a confiança em mim. Está na hora de eu parar de escrever, qualquer pessoa é capaz de me fazer modificar qualquer coisa. E depois voltei à minha primeira ideia (5 atos) e deixei Hébertot de lado. A nova versão é, portanto, a que você conhece, com modificações (Voinov volta no quinto ato). Hébertot está contrariado comigo e eu com ele: cada vez que lhe proponho um nome de autor, este 'se conduziu mal para com o teatro Hébertot'. Logo meus terroristas serão interpretados por escoteiros e maricas. Pode ser que isso acabe mal [...]. É preciso ler Epicteto quando estamos em agonia. Isso serve para este momento. O resto do tempo admiramos e fazemos outra coisa. Vi *O equívoco* [*novamente em cartaz*] com emoção. É a peça que mais se parece comigo. Bem interpretada, com exceção de Martha. O segundo ato é ruim, agora sei. Mas o resto merece pelo menos ser ouvido. Você notou que na peça se fala muito de si mesmo?" Camus está trabalhando em seu ensaio sobre revolta e revolução. "O que mais? O ensaio não está avançando, está proliferando."[13]

Em *Os justos*, encenado pelo primo Oettly, Casarès tem o papel principal, Dora Doulebov. Nessa peça, bem-recebida, que toca mais o público, Camus remonta à época pré-revolucionária dos niilistas. Ele falou muito com Lazarevitch sobre seus tormentos. Camus inspira-se nos terroristas do partido socialista-revolucionário em fevereiro de 1905. Mantendo o nome de um herói, Kaliayev, ele se atém à trama histórica e inventa outros personagens. Uma moça, Dora, fabrica uma bomba que seu amante irá lançar sobre o carro do grão-duque Serge, governador de Moscou. O terrorista não tem coragem de jogar a bomba, pois vê a grã-duquesa e seus filhos no carro. A polícia prende Kaliayev – episódio atestado. A grã-duquesa o visita na prisão para levá-lo ao arrependimento e fazê-lo voltar-se para Deus. Dora e Kaliayev, puros, às vezes colocam valores como o amor acima da revolução, mas não conseguem esquecer a peste no mundo e se dedicar egoisticamente à ternura. Opõem-se a Stepan, interpretado por um dos atores preferidos de Camus, Michel Bouquet. Tal como os comunistas no poder na URSS, Stepan justifica os meios pelo fim. O justiceiro e o assassino confundem-se nele: "Quando nos decidirmos a esquecer as crianças, nesse dia seremos os senhores do mundo e a revolução triunfará." Camus admira Kaliayev e Dora, mas também dá muita força a seus adversários.

Mantendo as distâncias do criador para com todos os protagonistas, ele volta a colocar o problema da morte política, da execução, do assassinato – da revolta e da revolução. A visão, a progressão, os paralelos implícitos de Camus são claros: antes dos bolcheviques, terroristas socialistas revolucionários como Stepan queriam a justiça. Por desprezo à vida humana, eles criaram uma outra polícia. Retórica e ternura enredam e desenredam as lógicas contraditórias dos heróis fraternais. Dora exclama para Annenkov: "Sim, você é meu irmão, e vocês são todos meus irmãos a quem eu amo [...]. Mas que gosto horrível tem às vezes a fraternidade!"

Com Maria, a paixão, e Francine, o pivô, Camus leva suas vidas paralelas. A muitos conhecidos, que não são seus amigos, ele dá então a sensação de ser organizado, muito seguro de si, até mesmo arrogante: deve dominar e controlar seus imbróglios. Não é assim que ele se julga: "Nunca enxerguei muito claro em mim, enfim. Mas sempre segui, por instinto, uma estrela invisível [...]. Há em mim uma anarquia, uma desordem horrível. Criar me custa mil mortes, pois trata-se de uma ordem e todo o meu ser se recusa à ordem. E sem ela eu morreria esmigalhado."[14] Seja como for, ele volta ao problema insolúvel: "Obstinamo-nos em confundir o casamento e o amor por um lado, a felicidade e o amor por outro lado. Mas não há nada de comum. É por isso que às vezes, a ausência de amor sendo mais frequente do que o amor, os casamentos são felizes." Ele não despreza as mulheres, suas mulheres, embora às vezes, a propósito de uma namorada de passagem e que deseje prolongar uma ligação breve, repita: "Eu a fiz compreender que não era o estilo da casa."[15] Suas atitudes poderiam levá-lo ao desprezo das mulheres e de si mesmo. Escritor, aceitará adaptar *La Princesse de Clèves* [A princesa de Clèves]. E ele se incorpora um pouco ao personagem do vidama e ao de Nemours:

"Nemours: [...] Vidama, sabe o que é amar todas as mulheres?

O vidama: Eu soube [...].

Nemours: [...] Sei tal como você que esse amor não ocorre sem um pouco de desprezo por aquelas a quem dizemos amar...

O vidama: Essas, meu amigo, são coisas que podemos pensar, mas nunca devemos dizer."[16]

Pouco à vontade no apartamento da família, Camus se distende na casa de Maria, feliz entre a Única, sua velha empregada e o cachorro. No entanto ele tem necessidade de Francine, no papel ingrato de esposa mãe de família. Maria desempenha outro papel, mais alegre ou brilhante, o de amante titular. Camus pode falar de M. e de F., e dele, a Michel e Janine. Eles saem com Albert e Francine, ou Albert e Maria. Michel, o amigo, o irmão, o companheiro, nunca é um rival nem um juiz. Na casa dos Gallimard, Camus pode se queixar dos aborrecimentos da vida cotidiana. Voltando de uma viagem à província, a "seus caros usos e costumes":[17] "Ao voltar, reencontrei as chateações à moda da casa: o apartamento pequeno demais, onde pôr as crianças, onde pôr a sogra, não há porão para o carvão, aliás não há carvão, mas lenha, que ocupa mais lugar ainda, não há mais empregada. Em suma, é de ficar louco. Estou tão cheio que me sinto muito perto de fazer uma desgraça [...]. Estou me tornando pessimista. Já não tenho a sensação de que podemos confiar em todo o mundo. Há poucas pessoas que temos vontade de contar entre os amigos, e os homens em geral me parecem muito covardes e muito cruéis [...]. Estou me tornando um velho caranguejo e [...] o melhor é eu me retirar do mundo e parar de escrever." Um pouquinho ciclotímico, à mercê de sua tuberculose, do que ele continua chamando suas gripes, ele se apega ao trabalho, sempre, antes de viajar mais uma vez: "Estabeleci como projeto entregar a meu explorador contratual cinco volumes antes de partir para a América do Sul. Isto é, 'La Corde' [A corda], peça em cinco atos, 'L'Homme révolté' [O homem revoltado], ensaio em 250 páginas, um volume de ensaios críticos, um volume de ensaios políticos, um volume de ensaios literários sobre o Mediterrâneo. Trata-se portanto, para mim, de me desvencilhar de tudo o que se arrasta atrás de mim há anos, de não escrever mais nada depois, durante alguns meses, e de iniciar o segundo ciclo, que deve me conduzir à glória universal. Por enquanto, esses cinco volumes deveriam me render o suficiente – se a parte do leão Gallimard não se estender demais – para me permitir viver com humildade. No entanto, para terminar o que quero fazer daqui até junho, preciso trabalhar sem parar, não ser chateado por ninguém, e realizar uma pressão considerável sobre minha displicência natural. Estão me incentivando, é verdade, e bastaria, em resumo, um pouco de sorte."[18]

Camus trabalha na Gallimard na rua Sébastien-Bottin, mas em alguns minutos chega pela escada interna ao apartamento de "Jami", na rua de l'Université. À tarde, Michel faz sua sesta, rodeado de amigos. Numa cumplicidade de doentes, Michel e Albert sabem se poupar, fazer jogos de paciência, se proteger, principalmente no campo. Uma família se estabelece em lugares aonde ela vai regularmente. Em 1951, Michel e Janine Gallimard compraram o Clos de Sorel, antigo albergue da cidadezinha de Sorel-Moussel, no Eure, a oitenta quilômetros de Paris, nos limites da Île-de-France e da Normandia, a duas horas de carro. No alto da escada estão enfileirados todos os exemplares, preto, branco e amarelo, da Série Noire, enciclopédia do romance policial. Em suma, é uma casa de férias. Lá, os Camus e os Gallimard jogam mímica, pingue-pongue, não praticam esportes violentos, saboreiam os mesmos ritmos lentos, rodam filmes em 16 mm, redigem roteiros. Doentes, Michel e Albert comportam-se como se o tempo para eles estivesse contado, tiram fotos e, em muitas, são vistos com um livro na mão. Às margens do Eure, Robert Gallimard também tem uma propriedade, a Patoche. Camus vem com seus gêmeos. As crianças mais velhas nadam no rio, nos fundos do parque-jardim. Camus senta-se debaixo de uma tília, pesca, às vezes pega um linguado. Ele e Michel vivem em câmera lenta naquela cidadezinha adormecida, sem lojas.

Às vezes a turma janta nos arredores de Paris, em Carrières-sur-Seine. Camus gosta de Anne, lhe faz dedicatórias em volumes da Pléiade: "Seu velho tio." Ele lhe dá conselhos, assim como a seus filhos: "Quando andar pela rua, sorria para as pessoas. Se alguém lhe disser bom dia, responda. Com isso você sairá sempre ganhando alguma coisa."[19] No liceu, ela cabulará aulas e será reprovada no *bac*. Os professores não apreciam as dissertações redigidas por Camus, ou Étiemble, universitário, cientista escritor heterodoxo, mentor de Michel e sobretudo repetidor de Claude.

Camus é reconhecido naquele mundo parisiense da literatura, do teatro, do jornalismo, mais centralizado do que as comunidades que agrupam as mesmas espécies na Alemanha, na Itália, na Grã-Bretanha ou nos Estados Unidos. Os abraços seguem-se às polêmicas. Tal como em Argel, Camus se fecha, para se proteger. Na Gallimard, segundo dizem, basta alguém mencionar a La Biche que está vindo de Orã ou de Constantine para conseguir marcar um encontro. Com Claude de Fréminville, as relações se tornam tensas. Camus não pode ajudar o escritor Frémin tanto quanto desejaria. Belamich, discreto, trabalha nas redondezas, e Poncet, sério, na editora Charlot. A comunhão com Jaussaud é o futebol, acompanhado por refeições compartilhadas. Também há Mado e André Bénichou, que gostam de Francine e vêm frequentemente a Paris.[20] Quando o temporal desaba entre os Camus, os Bénichou aplacam. Através das tempestades sentimentais, todas essas pessoas se divertem, frequentam os locais de Saint-Germain. Para os seus, aquele Camus irresistível tem o *status* de um Sartre que fosse parecido com Gérard Philipe. Qual o argelino, qual o argelino que tem essa aura de sucesso?

Para com seus escritores da Argélia, Roblès, Jules Roy, Sénac, Amrouche, Clot, Camus mostra-se caloroso e protetor. A admiração deles não lhe desagrada. Pode-se falar em escola literária norte-africana, mas Roblès e Roy acham que ela está emergindo. Com o olho brilhante, Camus se diverte com as traquinagens de Roy: "Esse bravo Jules, esse bom Julius." Ele aprecia diferentemente os livros de uns e de outros. De uma fidelidade edificante, exalta-os em público. Antigos membros do *Combat*, como Jean-Paul de Dadelsen, também continuam na área de influência de Camus. Sob o jornalista Roger Grenier, Camus logo percebeu um escritor de talento. Do mesmo modo, detecta rapidamente em Jean-Claude Brisville um dramaturgo. Camus gosta de sua corte, à qual também pertence Bloch-Michel. Entre Malraux e Camus, os vínculos permanecem respeitosos, corteses, não profundamente amigáveis. Camus tem pouca ligação com Roger Martin du Gard e Emmanuel Berl, e sente-se próximo do filósofo Brice Parain: suas pesquisas sobre a linguagem e seu conhecimento da URSS o fascinam.

Camus sente ternura por Louis Guilloux, filho de proletários, também órfão de guerra, e este lhe dedica afeição. A presença de Camus o rejuvenesce: "Apesar de meus quarenta e sete galões, sinto-me, com você, como aos dezoito anos."[21] Albert confidencia a Louis seu ódio da vida parisiense, afirma que vai embora. Guilloux, ponderado, responde: "O bom senso não seria viver nas proximidades de Paris? [...] O excesso de solidão é um mal." Guilloux, na Bretanha, sabe do que está falando: "A reclusão nos departamentos, a Sibéria nas sedes de departamento também pode ser mortal."[22] Albert e Louis passam depressa a se tratar por *tu*. Camus gosta da candura de Guilloux quando este lhe diz: "Imagine que estou me sentindo tornar-me bom. Estou descobrindo que gosto realmente dos homens e desejaria fazer alguma coisa por eles. É como uma espécie de sentimento religioso, por assim dizer."[23] Guilloux lê *A peste* três vezes: "É um livro muito grande e que irá crescer." O pudor de Camus o impressiona.[24] Os escritores muitas vezes formam microssociedades de admiração mútua. Ou de ódio. Camus gosta não apenas do homem Guilloux, ele aprecia realmente sua obra. Depois da publicação de *A peste*, Camus torna-se mais conhecido do que Guilloux. Prefaciando-o, ele explica sua simpatia: "Sempre preferi que se testemunhasse, se me atrevo a dizer, depois de ser estrangulado. A pobreza, por exemplo, deixa aos que a viveram uma intolerância que não suporta que se fale numa certa privação a não ser com conhecimento de causa. Nos periódicos e nos livros redigidos pelos especialistas em progresso, o proletariado com frequência é tratado como uma tribo de costumes estranhos e fala-se então de uma maneira que daria náuseas aos proletários se eles tivessem tempo de ler os especialistas para se informar sobre o bom andamento do progresso."[25] Guilloux, tal como Jules Vallès e Eugène Dabit, sabe falar do povo sem adulação, condescendência ou desprezo. Camus sente nele – o que este também vê em Camus – "uma espécie de pudor que parece mal distribuído no mundo em que vivemos e que sempre o impedirá de aceitar que a miséria dos outros possa ser um palanque". Diante dos romancistas realistas-socialistas e antes deles, Guilloux não é para Camus apenas um romancista da pobreza: ele fala da justiça.

— A única chave... é a dor — diz Guilloux a Camus. — É por ela que o mais horrível dos criminosos mantém uma relação com o humano.

A esse respeito, Camus cita uma frase de Lenin, que, durante a guerra, queria que prisioneiros comuns participassem das lutas. Um camarada havia dito: "Não, com eles não." Resposta de Lenin: "Com eles não, mas por eles." Lenin continua tendo boa reputação. Segundo Camus, Guilloux "só utiliza a miséria do dia a dia para esclarecer melhor a dor do mundo". Camus se vê sobretudo em *La Maison du peuple* [A casa do povo], o primeiro livro de seu amigo: "Nunca consegui lê-lo sem um aperto no coração: leio-o com lembranças." A pobreza, Guilloux o sabe tanto quanto Camus, não é enriquecedora: "Um excesso de pobreza reduz a memória, afrouxa o ímpeto das amizades e dos amores", escreve Camus. "Quinze mil francos por mês, a vida de oficina, e Tristão não tem mais nada a dizer a Isolda. Também o amor é um luxo, eis a condenação." Por seus amigos que foram pobres, Janine e Renée, Guilloux, Poncet e outros, Camus sente uma simpatia indelével. Guilloux está sempre indo e voltando, entre sua Bretanha e a capital. Os Gallimard emprestam-lhe um quarto na rua Sébastien-Bottin, "seu quarto de bom",* dizem os colegas. Quando Guilloux ganha o Prêmio Renaudot por *Le Jeu de patience* [O jogo de paciência], em 1949, ele compra um apartamento na rua Servandoni, perto da praça Saint-Sulpice. Partidários e adversários dos grandes prêmios literários franceses são obrigados a concordar num ponto: um laureado, a sociologia literária o confirma, muitas vezes consegue comprar um apartamento. No apartamento do bom Guilloux, um enorme aquecedor de água embrulhado em palha domina o banheiro. Alguns meses depois, a palha continua onde está. Guilloux se esquece de tomar banho e usa a mesma roupa de veludo. Francine, que alguns esnobam, sente-se à vontade com ele, gosta de sua simplicidade. Na área de influência da Gallimard, vários jovens escritores constituem a guarda pessoal de Camus.

Camus retoma contato com Jean Grenier quando este volta à França e se instala em Fontenay-aux-Roses, em maio de 1950. Suas relações são complicadas, confiantes, prudentes, compassadas e invertidas. A tutela terminou desde que Grenier deixou a Argélia e a notoriedade de Camus superou a sua, situação desconfortável para os dois: Grenier tem obsessão por Camus, mas não retém na mesma medida a atenção do ex-aluno. Para Camus, muito grato em público, Jean Grenier é "um dos raros escritores de importância". Camus o impõe aos que não o conhecem prefaciando uma nova edição de seu livro, *Les Îles*. Os caminhos literário e político dos dois homens não são paralelos, mas não entram em choque. Camus é famoso, Grenier é conhecido num meio francês restrito. Em particular, Camus gosta de escarnecer das tendências avaras de Grenier, que aliás se defende muito bem. Em seus cadernos, o mestre irá anotar: "Podemos ser avaros nas pequenas coisas e generosos nas grandes."[26] Ele não hesita em solicitar Camus para se livrar de contravenções. Para comprar uma casa em Bourg-la-Reine, pega dinheiro emprestado de Camus e de um colega universitário, o encantador anglicista Jean-Jacques Mayoux, sorbonnista entusiasta, excêntrico, e anota: "Os que emprestam: Não os ricos (capital imobilizado), não os homens de negócios (garantias sempre insuficientes), mas os amigos (sem garantia) e, entre os amigos, aqueles dos quais se duvidou ou a quem se censurou alguma coisa."[27] Mantendo-se na defensiva, Camus muitas vezes se abre com Grenier: confidencia-lhe que nunca se casará com Maria.

Apesar de tantos amigos atentos e atenciosos, Camus se sufoca em Paris, ou sente-se ameaçado. Agora dois homens contam mais do que outros para ele, e não são parisienses.

---

* Em francês, *chambre de bon*, jogo de palavras com *chambre de bonne*, quarto de empregada. Não há o masculino *bon* nesse sentido, o que cria o trocadilho. (*N. da T.*)

35

TRÊS AMIGOS

Em 1948, Albert Camus tem trinta e cinco anos, o poeta René Char quarenta e um. Camus não é grande apreciador de poesia contemporânea, mas aconselhou a publicação de *Feuillets d'Hypnos* [Folhas de Hypnos]. A novidade desses textos lhe parece "fulgurante". Ele tranquiliza Gaston Gallimard, perplexo. A G. G. e outros, Camus diz: "Difícil julgar nossos contemporâneos. Mas, se há alguém que tem talento, é René Char."[1]

Camus considera-o um poeta-filósofo: "Char reivindica com razão o otimismo trágico da Grécia pré-socrática. De Empédocles a Nietzsche, um segredo transmitiu-se de apogeu para apogeu, e dele Char retoma, depois de um longo eclipse, a dura e rara tradição [...]. Antiga e nova, essa poesia combina o refinamento e a simplicidade."[2] Na obra e na pessoa de Char, Camus vê uma moral. Aceita uma ideia implícita: a poesia levaria a resumos filosóficos, ela seria uma verdade. Para ele, Char torna-se *o* poeta, *a* poesia. Char foi surrealista, mas não o é mais, o que convém a Camus: "Char, passando pelo surrealismo, conservou dele apenas o melhor. Um dia os surrealistas serão definidos como os últimos escritores que ousaram pronunciar a palavra amor conforme convém."[3] Char de fato se distanciou: "Desconfiem do surrealismo, essa 'escola', outrora excelente, hoje é fóssil."[4] Camus gosta das máximas de Char: "Curva-te apenas para amar." E de suas imagens: "A mimosa, calor com rosto de recém-nascido." E de seu lema: Liberdade, Desigualdade, Fraternidade. E dos julgamentos político poéticos de Char, a propósito de 1940: "A França tem reações de carcaça de navio incomodada em sua sesta. Tomara que os careneiros e os carpinteiros que trabalham no campo aliado não sejam novamente naufragosos."[5]

Char é um clássico, declara Camus a Roger Grenier.[6] A admiração não é tão simétrica. Char percorreu *O estrangeiro*, tal como *A peste*, mas não aprecia o gênero romanesco: "Tenho má disposição para com o romance contemporâneo, não sei *desejar* seu tema ou desposar suas intrigas, sua essência, seu contexto."[7] Seu amigo, Urbain Polge, o interroga. O que acha da obra de Camus? Irônico, René Char, com seu sotaque meridional, diz:

— É um *bong*, muito *bong* jornalista.

Mas basta alguém atacar Camus para Char se eriçar. Eles se encontram regularmente desde o outuno de 1946.[8] Instalado no hotel de l'Europe em Avignon, Camus procura uma propriedade na região, descobre uma, muito cara para ele, e encontra coisa melhor graças a "René Char, com quem passei três dias e que é um adorável-sensacional-consolador bom sujeito".[9] Char apresentou-lhe camaradas da Resistência. Ele gosta da "alegria alada ou refletida de Camus". Mostrando-lhe o Luberon, os Alpilles, o Ventoux rodeando a planície de L'Isle-sur-la-Sorgue, Char vê um Camus exuberante reconhecer sua terra da Argélia na Provence. Desde então, por três anos seguidos, Camus irá alugar uma casa de campo, Palerme, perto de L'Isle-sur-la-Sorgue, onde mora Char.

Camus gostaria de casar Char com uma Gallimard, mas não há mais nenhuma disponível e o poeta, com múltiplas companheiras, não é do tipo que se casa. Camus teve pais por procuração - Louis Germain, Jean Grenier -, irmãos confidentes - parecidos, como Robert Jaussaud, gêmeo como Claude de Fréminville, mais velho como Pascal Pia. Em Char, ele descobre um irmão mais velho que o impressiona, cativa, fascina. Recebendo sua mãe e sua sobrinha Lucienne no aeroporto de Marignane, Camus apresenta René Char:

— Mamãe, é meu irmão, você vai gostar dele.

Mais de um metro e oitenta e cinco, maciço, dedos de ferreiro, Char é um menir, uma árvore que não se consegue derrubar. Tem a cabeça nas estrelas poéticas e o corpo enraizado na terra provençal. Camus lembra-se de Mallarmé em seus cadernos: "Char. Calmo bloco, caído de um desastre obscuro." Char se faz encantador ou odioso, recusando a contradição. Sedutor, como Camus, mas com o sotaque de L'Isle-sur-Sorgue, Char não é daqueles escritores parisienses que possuem ou alugam palacetes particulares, apartamentos gigantescos, fazendas ou moinhos. Isso também tranquiliza Camus. Char irá morar perto de L'Isle-sur-Sorgue, no Busclats, uma casinha cercada de álamos, tílias, esquilos e chapins: um cômodo e uma cozinha embaixo, dois quartos no andar superior. Sobre a lareira ou os aparadores, cascas de plátano pintadas em que ele escreve versos longamente improvisados. Sua personalidade arrebata tudo e – quase – todos. Ele recebe com pastis. Contador de casos, mistura verdade e mentira, modifica suas histórias. Não importam as versões diferentes! A beleza é a verdade em detrimento do real. Char surpreende constantemente a maioria de seus ouvintes, entre eles Camus.

O combatente Char e sua lenda também maravilham Camus. Ele aderiu em setembro de 1943 às forças francesas combatentes.[10] A Camus, tal como a seus amigos da Resistência, Max Fischer, Roger Louis ou Frédéric e Marie-Claude Duriau, agente de ligação do movimento Combat, ele conta grandes e pequenos fatos da Resistência: como se conseguiam presunto e armas, como achavam que um poeta não saberia desmontar uma metralhadora. Os resistentes, os verdadeiros e os falsos, tal como os antigos combatentes, gostam de relembrar aqueles anos duros. Seus relatos têm então, Char reconhece, um lado de exagero. Aqueles grandes adultos os repetem "pela centésima vez, não com vaidade, mas com aquele deleite que temos em evocar coisas terríveis quando essas coisas terríveis estão no passado. E, quando as vivíamos, não sabíamos que eram exatamente terríveis pois as estávamos vivendo, e quando as contávamos ficávamos tão felizes por terem terminado que elas eram cobertas como que por um orvalho. E o terrível parecia o cotidiano".[11] Admirado, Camus escuta Char. Em Paris, ele conviveu com alguns falsos resistentes. Costuma dizer a seu próprio respeito que nunca fez grande coisa.

Char conta e borda tão bem que Camus anota suas histórias:[12] "R. C. No trem de ocupação, o dia se levanta. Os alemães. Uma mulher deixa cair uma moeda de ouro. C. a cobre com o pé e a devolve. A mulher: obrigada. Ela oferece um cigarro. Ele aceita. Ela oferece aos alemães. R. C.: 'Pensando bem, minha senhora, devolvo-lhe seu cigarro.' Um alemão olha para ele. Túnel. Uma mão aperta a sua. 'Sou polonês.' Ao saírem do túnel, R. C. olha para o alemão. Ele está com os olhos cheios de lágrimas. Na estação, o alemão, ao sair, volta-se para ele e dá uma piscadela. C. responde e sorri. 'Sem-vergonhas', diz um francês que surpreendeu a cena." Camus guarda uma história legendária: "Os amores de Char e da leoa no Jardin des Plantes. Ele pega sua cabeça através das grades. Ela se deita. Ela abre suas patas curtas."[13]

Outra característica de Char, para um Camus seduzido: o poeta se recusa a viver em Paris, rejeita postos, honrarias e condecorações. Camus adora futebol, Char adora *rugby* e quebrou um dedo jogando. Ele evoca mais esse ferimento do que golpes sofridos no maqui. Camus e Char gostam de mulheres. Mas Char tem um pouco de medo delas. Mascara seus temores por trás de ares de conquistador e uma certa dureza, até mesmo brutalidade. O poeta e o romancista trocam confidências. Albert a seu "caro René": "A verdade é que é preciso encontrar o amor antes de encontrar a moral. Ou senão os dois perecem. A terra é cruel. Os que se amam deveriam nascer juntos. Mas amamos melhor à medida que vivemos e é a própria vida que separa o amor. Não há solução – a não ser a sorte, o lampejo ou a dor."[14] Char que esqueça seus dissabores ou dilemas amorosos, ele que pense antes de tudo em sua obra. Os poemas dos *Matinaux* [Matinais] o engrandecem ainda mais aos olhos de Camus: "Você avança com segurança. Nesse caminho, pelo menos, você nunca hesitará. Tudo frutifica para você – um dos raros *criadores* de hoje..."

Com Janine e Michel, nos momentos de grande confiança ele busca a alegria; com Char, adota facilmente um tom grave, grandiloquente. "Passei a idade do sonho", ele diz. "E além do mais meu esforço constante foi de recusar a solidão, a diferença [...]. Eu queria estar *com*. Mas há um destino, essa é minha única crença. E para mim ele está nessa luta em que nada é fácil." Confissão meio séria, meio divertida, ele conclui: "Escrevo-lhe como a meu amigo e a meu irmão. Mas não me imagine muito triste, pois você sabe que tenho filosofia." Camus não estava convencido de que Char e ele devessem se encontrar – caçoa dos atores astrólogos, concedendo-lhes o direito de ser supersticiosos –, no entanto, a partir do momento em que se cruzaram, sua amizade lhe parecia inevitável, um destino. "Eu o encontrei", dirá Char, recordando o nascimento de sua amizade, "e imediatamente soube que teríamos um caminho a percorrer juntos." As amizades têm seus relâmpagos, às vezes retrospectivamente embelezados. Em todos os livros de Camus com dedicatória para Char, a amizade está presente. Até mais: a afeição. Ele lhe oferece um exemplar de *Bodas*: "A René Char, para colocar entre nós dois esses anos em que não o conhecia mas que já continham as razões de nossa amizade. Fraternalmente." Char torna-se também para Camus "aquele irmão de dor e de alegria, cuja afeição"[15] ajuda-o a viver. Camus lhe presenteia discos, entre os quais o *Don Giovanni* de Mozart. Eles perambulam juntos, viajam entre Paris e a Provence no caro Citroën de Camus. No bar de um albergue de interior, em Tain-l'Hermitage, o dono toma-os por Pierrot le Fou e Dédé la Mitraille, célebres bandoleiros.

"Uma hospedaria para patrícios do mercado paralelo nos viu desembarcar [...] forçados pelas circunstâncias e pela bomba de gasolina. O dono, do qual eu vira centenas de exemplares em Montmartre vivendo da generosidade das mulheres, plantado no meio de uma clientela refinada e de uns vinte abajures cor-de-rosa, vê chegar um Citroën preto de onde descem dois vagabundos, meio repulsivos, um deles com formato de porta de garage [Char, é claro]. Diálogo (um pouco adaptado por mim, mas a verdade está intacta):

Char. Olá. Queremos dormir.

O dono. Quantos quartos?

C. Dois.

O d. Só tenho um.

C. Com duas camas?

O d. Com uma só.

C. Obrigado. Não o queremos.

Eu (sempre prático). Então, queremos comer.

O d. Está bem.

Instalamo-nos. Conversamos. O dono vai esvaziando vários copos atrás do balcão e da gravata. Depois de uma hora, volta a se manifestar.

O d. Os clientes que deviam me telefonar por causa do quarto não o fizeram.

Eu. A mulher deve ter refugado.

O d. Com razão. Então, vocês querem dormir.

C. Certo.

O dono vai esvaziar um copo. Volta com fichas.

O d. Vocês entendem, nós somos vigiados. Mas podem colocar o que quiserem, não vou pedir as carteiras de identidade.

Char e eu nos entreolhamos. Nós entendemos. Fazemos as fichas.

Ele coloca: 'industrial'. Eu, 'jornalista'. O dono volta.

Eu. Está bom assim?

O d. O essencial é não colocar Pierrot le Fou.

Resultado final: no dia seguinte uma conta ultramodesta e o dono empurrando o carro para ele pegar. Estávamos entre pessoas do mundo."[16]

Parecer-se com gângsteres, que maravilha para um poeta e um romancista que sabem, também, falar de tomilho e de salva, de Epicuro ou de Heráclito! Char serve de esboço para Rateau, personagem que consola o pintor-Camus em "Jonas".

Os dois homens planejam fundar uma revista. *Empédôcle* será lançada em abril de 1949.[17] "Dom Quixote é meu patrono", afirma Char, que cuida de seus interesses poéticos na Gallimard sem mundanalizar. Juntos, eles caçoam dos literatos parisienses e suas pretensões. Segundo Camus, Char "se encontra prodigiosamente solitário sem ter gosto pela solidão. Char não se concebe sem a amizade e, quanto à maior parte dos homens de sua época, não consegue gostar deles. Daí a exigência, às vezes violenta, com relação a certos homens que estima [...] ele merece que o sustentem e o amem por inteiro, porque ele é inteiro de uma qualidade tão rara que, sem ele, o mundo de hoje demoraria muito para renascer".[18] Meu amigo, esteja ele errado ou certo, *right or wrong.*

Char conhece há muito tempo os Mathieu, que exploram o domínio de Camphoux, a alguns quilômetros de Palerme e de Busclats. É muito ligado a essa família calorosa, Marcelle Mathieu, seu filho, o poeta Henri, sua filha Jeanne e o marido desta, Urbain Polge. Em Camphoux, Francine, Albert e os gêmeos encontram os Polge e seus filhos, Gérard e Jacques. Este último tem a idade de Catherine e de Jean. Os Polge e os Camus se divertem, juntos e separadamente. Urbain, alto e calmo, merece seu nome. Farmacêutico em Saint-Rémy-de-Provence, apreciador de Proust, Tolstói e Berl – sem saber que Camus conhece este último –, não apresenta nenhum dos inconvenientes do mundo político-literário de Paris. Os Polge e os Camus passam férias juntos regularmente, no Vaucluse ou nos Alpes-Maritimes, em Cabris, na casa de Pierre Herbart, amigo de Gide. Então, um amigo de Urbain, o doutor Sauvy, trata de Camus. Os Polge vêm a Paris. Jeanne e Francine se escrevem. Urbain também se torna um homem ao qual Camus pode se confiar sem temer sentir-se julgado, machucado ou traído. Em matéria de filhos e de problemas conjugais, Char limita suas competências e seus esforços. Polge, Char e Camus são amigos.

Tão frequentemente precavido com os outros, sobretudo com os que o acusam de ser um estrategista literário cultivando os jovens Gallimard para gerir sua reputação, Albert, com Urbain e Jeanne, mostra-se direto, desprovido daquele ar de Eu-Sou-Albert-Camus que chama a atenção de alguns em Paris. As crianças, sob o comando de Jacques, apelidado "o gênio" por Camus, formam uma turma. Albert e Urbain falam de tudo e de nada, sem constrangimentos. Sabem apreciar os silêncios, tal como as confidências. Um provérbio árabe diz: "Se o que você tem a dizer não é tão belo quanto o silêncio, não o diga." Camus manifesta suas opiniões, seus conselhos, suas perplexidades: Paul Bourget não é tão mau escritor assim, é preciso ler toda a obra de Balzac, por que Francine não aprende a dirigir o Citroën? Polge tem dois anos a mais do que Camus. Antes de seus quarenta anos, Albert lhe diz:

— Você terá de me dizer como é ser quadragenário.[19]

Com a ajuda financeira de Camus, Polge abrirá um laboratório de análises em Grasse. Francine também se sente totalmente confiante com os Polge. Mais do que Albert, talvez, ela aceita o ambiente de Paris, mas lá se sente vigiada. Camus gosta de Palerme, casa alugada, e de Camphoux. Uma amizade secreta seus códigos; Albert repete, portanto, ritualmente para Marcelle Mathieu:

— Quando você fizer sopa de abóbora com feijão, eu virei.

Camus gosta das paisagens duras e suaves do Vaucluse, um mecânico consertando um trator, um trabalhador agrícola sulfatando uma vinha. Um camponês contempla Camus escrevendo à sombra de um plátano:

— Então, *teh*, a primeira bobagem que lhe passa pela cabeça o senhor escreve?

— Seria preciso dizer isso a muitos escritores — diz Camus a Polge.

Em Grasse, donos de perfumarias convidam Camus e o interrogam piamente:

— Acha que somos corretos com nossos operários?

— Tentem viver um mês com o que eles ganham. Vocês verão.

Os Polge vão ao encontro dos Camus em Le Panelier, aonde Camus volta com prazer.[20] André e Mado Bénichou com seu "estorvinho", Pierre, também vêm. Camus compra o *Livre du parfait pêcheur* [Livro do perfeito pescador]. Urbain o observa rindo e quase caindo na água depois de perder um peixe enorme. A pesca em rio lento convém às saúdes frágeis. O tio Paul Oettly, truculento, conta seus desempenhos, pequenos, suas boas fortunas, numerosas:

— Entre Lyon e Valence, leva bem uns quarenta minutos. Eu trepei no trem. Foi o tempo justo!

O bom Paul não é rico:

— A gente já é pobre, se ainda tiver de se privar!

Essas histórias encantam Urbain, André e Albert. Com seus íntimos, Albert se despoja de toda solenidade e caem os drapeados. Com as Faure também. Francine precisa escrever-lhes toda semana, senão chega o telegrama: PREOCUPADAS SEM NOTÍCIAS PT.

Fernande Faure não só ama sua caçula Francine: ela adula e asfixia a filha involuntariamente. Dispõe de três armas: a saúde precária de Francine, as estroinices de Camus e sua posição de matriarca. Christiane, primeiro, depois a sra. Faure suspeitam que aquele inconstante, bom pai apesar de tudo, não vá se emendar. Diante de Fernande, não se pronuncia o nome de Maria.

Adorando *seus* gêmeos, *nossas* crianças, a Senhora mãe e avó transborda de atividades. Lava, passa, faz tricô, doces, exerce poder total sobre Catherine e Jean. Francine precisa descansar! Imperativa e atenta, imperiosa e previdente, Fernande parece ser tão enérgica quanto Francine é hesitante, e ela determina os horários. O café da manhã torna-se uma cerimônia: a sra. Faure pesa o chocolate com leite, calibra das farinhas e mingaus, que devem cozinhar por muito tempo senão, como se sabe, dão constipação. Fernande com frequência procede por decretos. Se Jeanne Polge faz um vinagrete, ela critica:

— Você não o bateu. Um bom vinagrete precisa e-mul-sio-nar.

Jeanne e Urbain sentem a irritação constante de Camus. Para distender a atmosfera, resta Christiane, viva, inteligente, quase tão autoritária quanto a mãe, porém mais tolerante. Com Christiane, Albert pode jogar dados. Não com Suzy, fina e apaixonada, mas que gosta de fazer observações desagradáveis:

— Albert, *não* se deve tomar *este* vinho com *cuscuz*.[21]

As Faure já não consideram Camus um boêmio sem futuro, incapaz de suprir as necessidades de uma família. Agora acaba sendo pior: ele vive num mundo pouco frequentável, embora muito atraente. É curioso como esse universo agrada a Francine. As Faure sentem-se um pouco provincianas na França metropolitana.

Os Polge conhecem as forças e as fraquezas de Francine. Terna e doce com os filhos, concentrada diante de seu piano, tocando Bach e Scarlatti, ela parece cada vez mais desorientada quando se trata de fazer uma escolha, atrasada quando é preciso fechar as malas. Na vida prática, Albert caminha em linha reta, Francine está sempre girando em torno de si mesma, e muitas vezes dramatiza.

Jean está mancando.

— E se ele estiver com poliomielite? — pergunta Francine, meio séria.

Jean enfia um espinho no pé. Deprimida, Francine consulta médicos.

Mesmo em férias, Camus já não escapa da sua notoriedade. Um autor em potencial persegue o escritor em Le Chambon, para submeter seus textos à apreciação dele.

— O que esse homem não poderia ter escrito? — pergunta Camus a Polge. — Uma peça de teatro?

O homem brande uma tragédia. A propósito de teatro, Camus, sorrindo, diz a Polge:

— Se eu quiser ganhar dinheiro, terei de fazer uma peça com dois personagens. Teatro custa caro.

A Urbain, Albert também confidencia:

— Você bem sabe que Francine e eu vamos terminar nossa vida juntos.

Jean e Catherine adoram os Polge. Urbain torna-se "Papai dois" e a "bela Jeanne", "Mamãe dois". Camus trata-os de "caros cunhado e cunhada" em suas cartas. Calorosos, prestativos, Urbain e Jeanne não julgam nem Francine nem Albert, seus entendimentos e desentendimentos. Urbain vê crescer a consciência pesada de Albert, que contraria seu gosto de felicidade. Para ele, Camus parece um menino que não consegue rejeitar um doce. Ele parece geneticamente programado para o amor. Camus gosta de amar como se gosta de comer, de andar, de nadar. Alguns têm paixão por chocolate, morango, salmão defumado, morcela (Camus), sabonetes ingleses, cervejas alemãs - ou mulheres (Camus, mais uma vez). Outros não.

No Sul, é mais fácil Polge e Camus assistirem às touradas de Nimes do que aos jogos de *rugby* em Perpignan. Em todo lugar, no Vaucluse, nos Alpes-Maritimes, no Vivarais, Francine e Jeanne fazem compras e as crianças fazem bobagens. Os maridos não reformam o mundo: não estão em Paris. Em férias, Camus esquece os parisienses. Com Simone de Beauvoir ou Sartre, não se fala de mingaus, sarampo, férias. Está terminada a época das festas e bebedeiras. Os Camus e os Sartre veem-se menos. Ao crítico e professor René Lalou, que lhe faz perguntas precisas, Camus escreve: "Relações de amizade [com Sartre] se estabeleceram [...]. Nossos encontros são espaçados, mas calorosos. Vejo em Sartre o maior e mais persuasivo dos talentos, mas seus livros nunca tiveram a menor influência sobre mim, pela razão muito simples de que nossos climas são incompatíveis. Do ponto de vista da arte, digamos apenas que o céu de Le Havre não é o de Argel. Do ponto de vista das ideias, Sartre se nutre da filosofia alemã, que ele conhece admiravelmente, e eu sempre preferi Platão a Hegel."[22] Camus acrescenta que seu verdadeiro mestre é Jean Grenier.

Em Paris, Sartre conhece melhor Maria do que Francine. Uma certa época, Castor gostou muito de Francine. Um pouco depois, já não gostava nem um pouco. Agora, não é só o comunismo, Gary Davis e a vida de família que separam Sartre de Camus. Este último se considera em primeiro lugar artista, Sartre vê-se antes de tudo como filósofo. Ele ilustra suas teses com um romance, uma peça de teatro, um roteiro, um panfleto. A essência de sua filosofia precede a existência de seus romances.

Camus tem dois exemplares de *O ser e o nada*, um em edição de luxo, o outro da edição de 1943. Neste, ele sublinhou algumas passagens: "... e em particular a indagação metafísica que é *nossa* indagação". No início desse volume, algumas anotações, pontos de interrogação, barras duplas e triplas em todas as páginas. Muito menos anotações a partir da página 183, como se Camus tivesse se cansado no caminho. *O ser e o nada* é daqueles livros de que todo mundo fala, mas que poucos leitores terminam. Bruscamente, na página 317, as anotações de Camus ressurgem. Ele sublinha: "Eu *me* vejo porque *me veem*."

Sartre sabe, enfim, que ele é um gênio. Isso lhe dá um modesto orgulho. Deus não existe, mas Sartre *é* Deus. Atento antes da guerra às intrigas literárias e jornalísticas, agora não liga para elas: Deus não lê suas críticas. Nunca seguro, nem mesmo de seu talento, Camus continua em carne viva. Nem Jean Grenier nem René Char lhe dão segurança. Um rumor referente a Maria publicado no *Samedi Soir* o mortifica. O mesmo referente a ele faria Sartre se divertir. Eles são contundentes, mas de maneiras diferentes. Sartre diz de um adversário: "É um imbecil", depois passa para outro tema de insatisfação ou satisfação. Sartre aniquila seus adversários com uma frase. Camus interioriza e se fecha. Sartre ri, Camus rumina objeções e agressões. Com respeito a algum inimigo, Camus primeiro acha que ele é desonesto ou farsante, depois modifica seu ponto de vista. No fundo, para Sartre, o "sem-vergonha", com algumas raras exceções, seria antes tolo, até dar provas de má-fé. Para Camus seria o contrário. Na página 513 de *O ser e o nada*, Camus sublinha: "É fugindo de uma situação para nossa possibilidade de modificá-la que organizamos essa situação em complexos de motivos e de móbeis." Os motivos e móbeis que movem Sartre são – quanto à teoria – brutais, totais, totalitários. Camus é mais inquieto ou sutil, embora não tenha a mestria filosófica, muitas vezes verbosa, de Sartre, vertiginosamente inteligente. Camus é sensível. Sartre tem o couro curtido. Quem me segue me ame, se lhe convier, e os outros, todos imbecis, menos minha mãe, uma santa, e o Castor... não verdadeiramente santa. Sartre não tem complexo de superioridade: sabe ou acredita ser superior. Camus se reconhece bom artesão ou artista de palavras. Sartre dispõe de tantas palavras e conceitos... Ele se deixa invadir, levar e arrebatar por eles. Descobre uma substância por trás de cada substantivo, uma essência sob cada aparência. É capaz de trabalhar doze horas por dia pregado em sua cadeira. Camus é mais prudente, infinitamente menos filósofo à francesa. Geralmente, trabalha quatro a cinco horas, mão na pena, andando de um lado para outro, salvo quando ataca seu ensaio, *O homem revoltado*. Sartre – sem família, pois a família Sartre mais parece uma amável corte sem filhos, um harém boêmio de geometria variável – vive sem obrigações. Camus está preso nas malhas de uma vida dupla. Para os sartrianos, Camus continua ameaçado de aburguesamento, como todos aqueles que derivam no casamento. Sartre, inebriado por todas as suas superioridades, gosta bastante do devoto insolente e jovem. Camus aprecia mais as fidelidades respeitosas, tanto dos mais idosos como dos menos velhos. Pontos em comum, os dois homens, escritores famosos, são órfãos de pai. Sartre execra o seu jubilosamente, injustamente,[23] tal como o padrasto. Camus pensa muito, com tristeza, no seu pai. Os dois adoram a mãe. Camus não pode comunicar-se com a sua, em Argel, ou quando a convida para vir à França. Sartre acampa na casa de sua mãe, a sra. Mancy, encantadora burguesa parisiense, maravilhada por seu "Poulou". A sra. Mancy é capaz de admirar J.-P. Sartre, embora nem sempre o compreenda, conforme admite. A sra. Camus sabe apenas que seu filho é muito conhecido.

Camus e Sartre afastam-se um do outro, renunciam a seu almoço quase semanal. Camus não adere às posições filosóficas de Sartre, nem, principalmente, a suas opções políticas. Para Camus, os inimigos de Sartre eram potencialmente os seus. Conclusão provisória: ao ver os que atacam Sartre – durante uma época, para Camus, "nosso Diderot" – sabia-se que era preciso estar com ele.[24] Os amigos de meus amigos nem sempre são meus amigos, mas os inimigos de meus amigos são meus inimigos.

Sartre circula no mundo e nas palavras, em revolução ininterrupta. Como é divertido! A solidão? Que problema, que solidão? Sartre nunca tem vontade de se recolher a um mosteiro. O ideal do retiro sartriano é um bom hotel três estrelas em Roma. Camus, em seus cadernos: "Retirei-me do mundo não porque nele tivesse inimigos, mas porque tinha amigos. Não porque me tratassem normalmente, mas porque me acreditavam melhor do que sou. É uma mentira que não pude suportar."

Sartre nunca se censura por suas mentiras, vaporizadas filosoficamente como contradições, nas quais ele desvenda verdades profundas. A verdade é uma mil-folhas dialética: uma camada de creme-mentira, uma outra de massa-verdade, uma de... Desde a Libertação, Sartre já não se preocupa com o que a família ou o universo pensam dele. Quem poderia *pensar* Sartre? Sabe-se único entre seres banais, mas exige que se veja nele um homem comum. Em teoria todos os homens são iguais, mas Sartre, a despeito dele, é mais igual do que outros. Camus rumina a propósito de suas relações com os seus: "A sorte de minha vida", ele anota em seus cadernos, "é que encontrei, amei (e decepcionei) apenas seres excepcionais. Conheci a virtude, a dignidade, a naturalidade, a nobreza, nos *outros*. Admirável espetáculo – e doloroso."[25] Ou, um pouco mais tarde: "Um homem consciente, diz Dostoiévski, poderá se respeitar por pouco que seja?" E também: "Não há uma coisa que façamos por um ser (que façamos verdadeiramente) que não negue um outro. E, quando não podemos resignar-nos a negar os seres, é uma lei que esteriliza para sempre. No limite, amar um ser é matar todos os outros." Em seus mergulhos introspectivos, Sartre nunca se entregaria a essas tristes considerações: "Tentei com todas as minhas forças ser um homem de moral. A moral mata. [...] Começamos por não amar ninguém, depois amamos todos os seres humanos em geral. Em seguida amamos apenas alguns, depois só um", diz Camus.

Diante de Char ou de Polge, ao longo de uma conversa com Parain, ou de um jantar com Gide ou Martin du Gard, Camus, perscrutando-se, tenta se reconciliar consigo mesmo. Gostaria de ser outra pessoa. Todas as manhãs, desde a Libertação, Sartre, unificado, crepitando na cidade e no palco, tocando cravo enquanto engole um uísque, em seus livros e seus artigos, aceita-se com bom humor. Camus permanece dividido. Esses dois moralistas não se parecem. Sartre, de saúde excelente, resiste tanto ao álcool como aos excitantes. Camus, frágil, considera no entanto que ele tem uma energia "consternadora". Dever-se-ia dizer: estupefaciente.

36

"STREPTO – 40 GRAMAS"

Camus não abusa do uísque e não usa, como Sartre, Corydrane ou outros estimulantes. Durante os primeiros meses de 1949, cansado, entregue, irascível, ele marca passo, sobretudo no ensaio sobre a revolta. O que lhe adianta ter conseguido uma pseudoaposentadoria antecipada como jornalista se isso não lhe permite avançar em seus trabalhos de escritor? Tem dificuldade em se habituar ao duplo papel de marido e amante, sabendo que Francine, apesar de se calar, não está suportando a situação.

O contexto político nacional e internacional se degrada mais. Conhecidos e amigos afastam-se de Camus, ou Camus deles. Partidários e adversários da URSS organizam-se e o temor de um conflito mundial se difunde. Em Paris, Maurice Thorez, secretário-geral, declara diante do comitê central do Partido Comunista Francês que está excluída qualquer participação dos comunistas franceses numa guerra contra a URSS.[1] Policiais fazem batidas nas redações de jornais comunistas, prendem alguns jornalistas. Camus recusa-se a tomar partido violentamente. Há alguns meses Moscou criou o Movimento da Paz para reunir simpatizantes, mobilizar os intelectuais pacifistas e, se possível, atrás deles as massas. Alguns conhecidos de Camus, como Jean-Louis Barrault, são totens nas instâncias dirigentes oficiais do Movimento da Paz francês. Camus gostaria de condenar a corrida aos armamentos, mas não unilateralmente como Aragon, Eluard, Vercors ou Picasso, que denunciam o "colonialismo e o imperialismo americanos". Camus é atacado pelos "progressistas", seguidores do Movimento da Paz ou partidários do PCF, que acham as bombas russas limpas e as americanas sujas.

A cena jornalística e a informação na França deprimem Camus. Seu ex-empregador do *Paris-soir*, Jean Prouvost, lança um hebdomadário popular, o *Paris-Match*,[2] segundo Camus mais uma "imprensa medíocre", em que casamentos principescos e *faits divers* estúpidos têm a mesma importância que os acontecimentos graves que sacodem o planeta – fundação do Estado de Israel ou greves e distúrbios em Berlim Oriental. No *Paris-Match*, inspirado na *Life*, as fotografias têm primazia sobre os artigos. Além do mais, Camus odeia o culto à fofoca.

Um programa de rádio, "L'envers du décor" [O avesso do cenário], faz coleção de boatos. Anuncia que Camus acaba de ceder os direitos de *A peste* por uma quantia vultosa a uma empresa americana. Camus escreve ao diretor da rádio, aos cuidados do Ministério da Informação, que a controla. Ignorando uma precaução elementar, o jornalista não telefonou a Camus: "Essa informação", escreve este último, "é o tipo da notícia falsa que se pode evitar por uma simples verificação junto ao interessado. [...] A rádio nacional não deveria ser feita nem para difundir notícias falsas (nossa grande imprensa basta muito bem para isso) nem para desacreditar pessoas privadas."[3] A rádio nacional, na época, é inteiramente controlada pelos políticos no poder e é da alçada de um ministério intervencionista.

Claude Mauriac, filho fervoroso de François, lança uma revista mensal, *Liberté de l'esprit* [Liberdade do espírito]: ela tenta dissuadir jovens que se deixariam seduzir pelos comunistas. Em seu primeiro número[4] aparecem textos de escritores que Camus conhece – Malraux, Amrouche, Fouchet – e um ataque a ele de um jovem polemista de direita, Roger Nimier. Com vinte e dois anos, este denuncia os pensadores de esquerda, escarnece de Camus, que teria silenciado quando a Resistência fazia o expurgo de intelectuais colaboracionistas. "O silêncio do sr. Camus, no silêncio universal", escreve o grosseirão de *Preuves*, "nada teria de muito notável, se o mesmo escritor não se levantasse (com eloquência) em favor de pessoas negras, palestinas ou amarelas." Nimier também teme a guerra, mas, segundo explica, "não a faremos com os ombros do sr. Sartre, nem com os pulmões do sr. Camus".[5] Nimier saberá que Camus é tuberculoso? Num outro número de *Liberté de l'esprit*, um colaborador da revista, Jean Lescure, poeta que Camus encontrou durante a Resistência, protesta. Mais tarde, Nimier apresentará suas desculpas. Sinceras?[6]

Camus quer afastar-se de Paris. Não podendo soltar todas as amarras, aceita uma viagem. Roger Seydoux, da Direção Geral das Relações Culturais no Quai d'Orsay, propõe-lhe uma turnê pela América do Sul. O escritor poderia fazer cinco conferências. Camus sugere duas, uma "sobre a crise espiritual do mundo contemporâneo (Os embaraços da violência ou Nós assassinos) e uma conferência, esta literária, sobre o romance, que poderíamos chamar: Romance e revolta".[7]

Muitas vezes Camus se recusa a falar em público. A Marc Blancpain, diretor da Aliança Francesa, ele confidencia: "Não gosto muito de fazer conferências."[8] Mas aceita-as nos sanatórios. A América do Sul o tenta, pois deseja tanto conhecer esse continente quanto fugir de Paris. Patrocinadas pelo Quai d'Orsay, essas excursões não são inocentes, sobretudo quando o "missionário", representante semioficial da França, vai a países de democracia duvidosa. Na Argentina, Juan Perón fez do partido justicialista o instrumento de seu poder pessoal. No Brasil, a situação não parece mais animadora. O partido comunista foi dissolvido pelo governo e Luís Carlos Prestes, secretário-geral do PC brasileiro, vive na clandestinidade. No Chile, uma lei dita de defesa da democracia[9] exclui os comunistas de qualquer função sindical e proíbe-os de votar ou de se candidatar. Em suma, a viagem de Camus não parece fácil. Ele quer dirigir-se aos oposicionistas e planeja uma conferência na Argentina sob a égide do grupo *Sur*, que reúne, ao lado de Victoria Ocampo, intelectuais de peso. Esta, com cinquenta e nove anos, tumultuosa, cosmopolita, frequenta Borges e Supervielle, Ortega y Gasset e Roger Caillois, correspondia-se com Drieu e Waldo Frank. Muito cedo rompeu com os comunistas.[10] A revista é vendida nos Estados Unidos, e muito em Madri e Paris. Com uma tiragem de 4.000 exemplares, antes de tudo literária, ela atrai as suspeitas dos justicialistas. *Sur* publicou *A volta da URSS* e *A condição humana*. Seydoux aconselha evitar "um convite único", "um total açambarcamento" pelo grupo *Sur*.[11] Camus poderia também dirigir-se aos *Amigos del libro*, associação menos marcada, dar uma conferência numa sala da faculdade de letras, no Instituto Francês. Camus dirige-se a Gabrielle Mineur, do serviço das relações culturais da embaixada da França no Brasil. Ela que tome as decisões: "Posso dizer-lhe apenas que não desejo falar muitas vezes e que agradeceria que me evitasse o mais possível as manifestações oficiais?"[12] Ele prefere as conversas a dois aos banquetes. As negociações para essa viagem parecem trabalhosas. Ele quase tem vontade de renunciar: vai à América do Sul "um pouco como a uma corveia".[13] Um intelectual deve levar a palavra (certa) aos países autoritários ou totalitários? Manifestar sua reprovação recusando qualquer contato, sobretudo oficial, e assim frustrar intelectuais, estudantes, oposicionistas? Camus renuncia à Argentina: "Acabo de saber da proibição de *O equívoco* pela inteligente censura argentina", ele escreve à atriz Margarita Xyrgu, intérprete preferida de Lorca, que deveria trabalhar na peça. "Para dar expressão clara a [minha] solidariedade, recusei-me a visitar oficialmente a Argentina e lá fazer conferências." Camus tem lugar reservado no *Campana*, que deve sair de Marselha em 30 de junho e chegar ao Rio em 21 de julho. Camus permaneceria no Brasil até 10 de agosto. Ele conversa com Albert Cossery, na época um dos raros escritores europeus a conhecer a América do Sul. Quem se lembra de que em julho de 1944 tropas brasileiras desembarcaram na baía de Salerno com os Aliados? Cassery, que fez a festa com Camus no raio de ação do Deux Magots e do Flore, dá-lhe endereços de cabarés e boates interessantes, entre os quais o Tabaris na Bahia.[14]

Pouco dado ao irracional, à horoscopia ou às premonições, Camus no entanto expressa temores: não deveria viajar, o malefício paira no ar, segundo diz a Maria Casarès. Robert Jaussaud leva-o de carro até Marselha. Em seu diário, Jaussaud anota: "*Marselha.* Quando chegamos ao Vieux-Port, o primeiro sol do ano nos esperava. É uma cidade para não mais se deixar, dizíamos. Certamente porque basta ficar em pé diante do mar, virar ligeiramente a cabeça às vezes para receber o sol em todo o rosto [*aqui deve-se imaginar o sotaque argelino*]. Ho, diz Albert, olhando os barcos, onde é o castelo d'If? — Ai, eu lhe digo, é um castelo onde um sujeito morreu e outro fez disso um romance inteiro. Depois, não dissemos mais nada."[15]

O *Campana* faz escala em Dakar. Camus, que gosta tanto do mar, não aprecia a travessia. Ele viaja em primeira classe. Cadernos: "Sentimento de vergonha vendo os passageiros de 4ª classe, alojados nas entrecobertas, em leitos sobrepostos, estilo campo de concentração." Lê "o diário de Vigny onde muitas coisas [o] encantam, exceto seu lado cisne constipado". O escritor atravessa longas crises depressivas: "Em duas ocasiões, ideia de suicídio."[16]

Um Camus oficial, à vontade, fala de improviso, dá entrevistas. Lendo-as, diverte-se e fica lisonjeado com a acolhida. Dois anos antes, nos Estados Unidos, era conhecido. Agora sente-se famoso, embora aqui nem sempre sua obra pareça elucidada. Embora, para seu desgosto, seja apresentado como "o número dois do existencialismo". Existencialista? Não. Número dois? Três vezes não. Ele fala com desenvoltura. Aceita as inevitáveis recepções, procura com o olhar as moças bonitas e conversa, irônico. Um pouco pretensioso ou ingênuo: "Pergunto-me por que sempre atraio as mulheres do mundo todo." Ele fez menos sucesso do que nos Estados Unidos. Esses países são imensos e, além do mais, Camus entende pouco o espanhol e não entende nada de português.

No Brasil, pede para assistir a um jogo de futebol, o que a maioria dos conferencistas não fez. Os brasileiros ficam pasmados. No Rio, Camus não quer ficar no hotel: a embaixada francesa o aloja. Ele carrega Maria dentro de si, sofre por estarem separados. Escreve-lhe: "Não amou quem não imaginou uma prisão perpétua para aquela a quem ama."[17] Ele almoça com notáveis, visita a cidade, as boates famosas, dorme tarde, submete-se às suas obrigações de missionário. O subdesenvolvimento sul-americano o surpreende, e principalmente o contraste entre bairros ricos e pobres, edifícios modernos e favelas, que são para ele "espécies de *bidonvilles* agarradas aos flancos das colinas, sem água nem luz, onde vive uma população miserável, negra e branca. As mulheres vão buscar água ao pé das colinas, onde fazem fila, e carregam suas provisões em recipientes de latão, como as mulheres cabilas". Esse subdesenvolvimento lembra a Argélia. Camus se impregna de sensações que não tem tempo de organizar, sabendo que lhe faltam os parâmetros sociológicos e culturais. Sua viagem aos Estados Unidos foi, se não metódica, pelo menos calma. Aqui, ele fez boa figura em público, mas esse périplo revela um homem entre a fadiga e a loucura. Para ele, o Brasil "terra sem homem" é uma criação de preço desmedido: "aqui a natureza sufoca o homem". Camus, por sua vez, dá a impressão de estar se sufocando. Por entre as surpresas e as tarefes de um missionário, ele mantém o humor: "Não esperava a provação que se seguiria. O poeta chega, enorme, indolente, olhos pregueados, boca caída. De vez em quando inquietudes, uma brusca agitação, depois ele se joga na poltrona e ofega um pouco. Levanta-se, dá uma volta, volta à poltrona. Fala de Bernanos, Mauriac, Brisson, Halévy. Aparentemente conhece todo mundo. Fizeram maldade com ele. Ele não fez política franco-brasileira, mas criou com franceses uma fábrica de fertilizantes. Aliás, não o condecoraram. Condecoraram todos os inimigos da França naquele país. Mas não ele etc. etc."

Não há árabes no Brasil, mas negros, uma assimilação em parte bem-sucedida, apesar da terrível miséria. Camus: "Gosto *a priori* dos negros e sou tentado a ver neles qualidades que não têm." Mantém relações calorosas com um elenco de jovens negros que vão montar *Calígula*. Escapando das cerimônias solenes, vai com um de seus atores a um baile negro para se distrair, em segredo. O ator repete:

— Segredo, segredo.*

Propõe-se a Camus uma versão de *Calígula* que não lhe convém. O diretor do teatro "quer enfiar balés na peça. É uma mania internacional". Tinham o mesmo projeto em Londres. Muitas vezes, para um conferencista, os acontecimentos em torno de sua turnê são mais interessantes do que as perguntas e respostas depois de uma conferência: "O cônsul me acompanha e me passa sob a mesa, durante o último copo, um envelope contendo cerca de 45.000 francos em moeda brasileira. É o cachê que me dá a universidade da Bahia. Surpresa do cônsul diante de minha recusa. Ele me explica que 'há outros que reclamam esse cachê'. Depois ele cede. Sei, por outro lado, que não poderá deixar de pensar: 'Se precisasse, ele aceitaria.'" As relações entre cultura, dinheiro, diplomatas e escritores às vezes são complicadas e imprevisíveis.

Conferências para universitários, entrevistas coletivas em que Camus parece seguro de si encaixam-se em expedições às vezes surpreendentes. "Almoço em pé [...]. Às três horas levam-me, não sei bem por quê, à penitenciária da cidade, 'a mais bonita do Brasil'. É 'bonita', de fato, como uma penitenciária de filme americano, salvo o cheiro, o horrível cheiro de homens que paira em todas as prisões. Grades, portas de ferro, grades, portas etc. E, de longe em longe, cartazes: 'Seja bom' e, principalmente, 'Otimismo'. Envergonho-me diante de dois ou três detentos, aliás privilegiados, que fazem o serviço da prisão. Depois o médico-psiquiatra me enche com classificações de mentes perversas. E alguém me diz, ao sair, a frase ritual: 'Aqui o senhor está em sua casa.'"

Consciente de seu charme, Camus encanta seus auditórios. No entanto, a seus "Caros Samba e Rumba", Michel e Janine, ele diz: "Não acho que esteja me saindo muito bem em minhas funções aqui." A seu caderno, confidencia sua aflição: "Cheguei com uma volta enfurecida da gripe e da febre. Desta vez parece sério."[18] Continua não escrevendo a palavra tuberculose. Quinze dias depois: "O que ficou claro para mim ontem, e finalmente, é que desejava morrer."[19] Uma semana depois: "Obrigado a reconhecer que, pela primeira vez em minha vida, estou em plena ruína psicológica. O duro equilíbrio que resistiu a tudo desmoronou apesar de todos os meus esforços. Em mim, são águas turvas, em que passam formas vagas, em que se dilui minha energia. É o inferno, de uma certa maneira, essa depressão. Se

---

* Em português no original. (*N. da T.*)

as pessoas que me acolhem aqui sentissem o esforço que faço para parecer normal, fariam pelo menos o esforço de um sorriso."[20] Camus percorre paisagens que, vistas por ele, parecem surrealistas. Depois de dezenas de horas de carro, de balsas pouco seguras, de chegadas noturnas em cidades desconhecidas, de pousadas desconfortáveis, ele volta às cidades grandes, conversa com professores, romancistas, filósofos, se liga por alguns dias a uma bela moça de "olhos verdes de mãe má",[21] assiste a lutas de serpentes ou de boxe, atravessa vilarejos à noite, faz seus deveres. Em público, o ator Camus esconde um homem apavorado.

Durante uma conferência em São Paulo, ele declara: "Alguns de vocês têm a generosidade de se interessar pela Europa. E reconheço o mérito disso." Camus foi ator por tempo suficiente para oferecer uma boa representação. Perguntam-lhe sobre Sartre, Faulkner ou Char, o nazismo segundo Hitler ou o naturalismo segundo Zola, sobre a França, a Espanha e a Itália, os excessos dos dois imperialismos, o americano e o soviético. Sempre atencioso, Camus prepara suas conferências com cuidado, tal como seu tio Étienne consertava os tonéis. O artista é um artesão consciencioso.

No Rio, ele fala no palácio do Itamaraty, que abriga o Ministério dos Assuntos Estrangeiros. Sentada na primeira fila, uma jovem mulher, Gilda Gabaglia, devora as palavras do orador. Camus lhe faz sinal para se aproximar. Fica surpreso ao saber que ela leu vários de seus livros. Ela cita Camus para Camus:

— Tenho pressa em chegar ao país em que o sol queima as perguntas.[22] Ele relata a Francine seus encontros depois de uma conferência: "Felizmente, antes de falar, vi chegar uma boa cara de espanhol. Era um republicano que conheci em Paris. Agora ele trabalha numa fazenda (grande propriedade a 100 quilômetros do Rio). Percorreu esses cem quilômetros para me ouvir, para ver 'su compañero', e foi embora no dia seguinte (não se esqueça de que este país nao tem comunicações e que cem quilômetros fora das grandes rodovias é uma expedição). Aproveitava para me trazer um maço de cigarros que tinha escolhido porque se aproximava mais do 'gusto francese'. Fiquei comovido até as lágrimas. A sala me tornara retrátil, mas aquele me libertava. E, afinal, foi para ele que falei."[23]

Suas anotações de conferências bem sugerem a técnica de Camus: uma introdução precisa, ideias alinhadas, prontas para os desenvolvimentos adaptados a seu auditório. Depois a conclusão – redigida – e repetida como toque de gongo final: "A Europa deve reaprender a modéstia. Pois quem tem esperança na condição humana talvez seja um pouco louco. Mas quem perde a esperança nos acontecimentos com certeza é um covarde."[24] Depois, entediado ou exausto, ele retoma as mundanalidades, que o irritam cada vez mais. A viagem está se transformando numa "tourada".[25] Às vezes lhe infligem duas conferências no mesmo dia. As cidades sul-americanas surpreendem Camus: "As térmitas vão devorar os arranha-céus",[26] ele escreve a René Char a propósito de São Paulo.

Em Paris, esqueceram o visto chileno. Camus se vê, então, num quartinho de hotel. Precisa chegar ao Chile via Uruguai. Encontra o escritor Rafael Alberti: "Sei que ele é comunista, afinal explico-lhe meu ponto de vista. Mas a calúnia fará o resto e um dia irá me separar daquele homem que é e deveria continuar sendo meu camarada." Em 14 de agosto, ele finalmente se instala no hotel Crillon de Santiago: "Nesta viagem estúpida, só as imagens e as pessoas do Chile me reconfortaram [...]. O Chile me ensinou que os vulcões podem ser ternos."[27]

Camus não se distende por muito tempo. Faz sua conferência ritual sobre a época dos assassinatos, este mundo imundo em que a tortura se torna necessidade de Estado, conta uma anedota frequentemente repetida: franceses falam de filosofia diante dos oficiais alemães num restaurante, durante a Ocupação. Um jovem declara que não há ideia pela qual valha a pena morrer. Os oficiais o chamam. Um deles encosta um revólver em sua têmpora. O que você disse? O jovem repete. O oficial o escarnece: "Provei-lhe seu erro, você acaba de mostrar que há ideias pelas quais vale a pena morrer." Como não se repetir durante essas provas? A sensação hipnótica do já-dito ao longo de uma conferência só se iguala à repetitividade fastidiosa nas entrevistas depois da publicação de um livro. Camus também fala de Chamfort. Ao longo de todo o seu percurso de combatente-conferencista, esse moralista ajuda-o a suportar as obrigações de sua missão: "Chamfort tem razão: quando queremos agradar no mundo, precisamos decidir a deixar que nos ensinem muitas coisas que sabemos por pessoas que as ignoram." Camus "ensaia", em seus públicos, fragmentos de *O homem revoltado* em curso.

O Chile parece mais repousante do que o Brasil ou a Argentina. Camus assiste a uma encenação de *O equívoco* em espanhol. Em 17 de agosto, o escritor anota: "Dia de distúrbios e agitações. Já ontem ocorriam manifestações. Mas hoje parecem tomados por um terremoto. O motivo é um aumento dos 'micros' (ônibus de Santiago). Os ônibus são derrubados e incendiados. Quebram-se os vidros dos que passam. À tarde anunciam-me que a universidade, onde os estudantes se manifestaram, está fechada – e que minha conferência não pode ser realizada. Em duas horas os serviços franceses organizam uma conferência no Instituto Francês. Quando saio de lá, as lojas fecharam suas portas e a tropa de capacete e armas literalmente ocupa a cidade. Às vezes dispara tiros de festim. É o estado de sítio. À noite, ouço tiros isolados."

Ele volta ao Rio em 20 de agosto e parte de volta para Paris de avião, levando na bagagem as amizades de Victoria Ocampo e do escritor espanhol José Bergamín. Este último "não quer escolher entre catolicismo e comunismo enquanto a guerra da Espanha não tiver terminado. Um hipotenso cuja energia é apenas espiritual. Gosto desse tipo de homem"... Ele também anota: "Bergamín: Minha mais profunda tentação é o suicídio. É o suicídio espetacular." Camus junta o material para uma novela enigmática, "La pierre qui pousse" [A pedra que cresce], realista e irrealista, com tons pouco habituais, alucinações cheias de sombras, conchas e marulhos. Rangidos, brumas, chuvas, silhuetas, gritos de pássaros, penitentes brancos carregando bandeiras vermelho e azul, portas fechadas se sucedem. Nessa novela, Camus irá rastrear as aventuras do engenheiro d'Arrast pela selva, por entre rios gigantescos. O autor confere uma importância singular à macumba, dança frenética. O exílio do herói desemboca na fraternidade e quase numa expedição redentora: a descrição transposta das andanças de Camus de uma conferência para outra? No final, o herói sai da sombra. Ele "escutava sem nada ver, e o barulho das águas o enchia de felicidade tumultuosa. De olhos fechados, saudava jubilosamente sua própria força, saudava, mais uma vez, a vida que recomeçava". Jamais Camus irá redigir um texto tão próximo das sugestões do inconsciente e perfilar dessa maneira frases que derrubam as barreiras da lógica.[28]

Camus despojou-se de dois meses de sua vida, voltando insone, eczematoso e depressivo.[29] Em Paris, consulta vários médicos, que encontram em seu escarro bacilos de Koch e diagnosticam uma tuberculose de evolução lesiva. Não lhe recomendam, mas ordenam meses de repouso. Ele não pode retomar suas atividades na Gallimard. Suzanne Agnely envia cartas do tipo: "Antes de sua partida para as montanhas...", "O sr. Camus deve ter dois meses de repouso total"...

O escritor acha que vai morrer, com sua grande obra por fazer, e pensa em Tolstói. "... nascido em 1828. Escreveu *Guerra e paz* entre 1863 e 1869.

Entre 35 e 41 anos." Camus tem trinta e seis anos. "Melville aos 35 anos: 'Consenti na aniquilação.'" Nos períodos difíceis, Camus reencontra seus guias romanescos, Melville e Tolstói. Ele faz balanços: "*Setembro de 1949.* O único esforço de minha vida, sendo que o resto me foi dado, e amplamente (salvo a fortuna, que me é indiferente): viver uma vida de homem normal. Eu não queria ser um homem dos abismos, esse esforço desmedido não serviu para nada. Pouco a pouco, em vez de ter cada vez mais êxito em meu empreendimento, vejo o abismo se aproximar."

Camus registra suas reações: "Fim de outubro de 1949. *Recaída* [*grifo meu*]. [...] Depois de uma certeza tão longa de cura, esse retorno deveria me arrasar. De fato está me arrasando. Mas, depois de uma série ininterrupta de arrasamentos, finalmente ele me leva a rir, eis-me liberto, a loucura também é libertação." Ele se detém em Hawthorne, Shelley, Keats - mais um tuberculoso -, e Melville, mais uma vez Tolstói, Fichte, Stendhal, Rimbaud, Delacroix, Maritain. Interessa-se pelos personagens de Graham Greene, faz anotações. Scobie adúltero: "A virtude, a vida pura o tentavam à noite tal como tenta o pecado." *Id.* "O amor humano não conhece nada que se possa chamar de vitória, apenas alguns sucessos estratégicos antes do desastre final da morte ou da indiferença."

Camus está dividido entre um forte desejo de viver e a tentação da morte. Pela primeira vez em sua vida, o suicídio parece realmente o único problema sério. Os pneumologistas encontraram um tratamento. No entanto, ávido de confidências médicas, Camus detalha seu protocolo: "Strepto - 40 gramas de 6 de novembro a 5 de dezembro de 49. P. A. S. 360 gramas de 6 de novembro a 5 de dezembro de 49. + 20 g Strepto de 13 de novembro a 2 de janeiro." Ele não se contenta com essa terapia nova e pesada. Também consulta, e recomenda a Michel Gallimard, o doutor Jacques Ménétrier, a quem confidencia que está num impasse em todos os planos, material, familiar, profissional. Não consegue terminar seu livro.[30] Para cuidar daquele homem esgotado, desesperado, Ménétrier pratica uma medicina chamada total e de restauração das defesas naturais. Prescreve a absorção, em pequenas quantidades, de elementos minerais - cobre, ferro, cobalto, magnésio -, terapia baseada nos "oligoelementos", moda ou método proveniente dos Estados Unidos. Ela não poderia, de modo algum, expulsar os bacilos e curar a tuberculose.

Os tratamentos e a vontade de Camus obterão resultados. Lentamente, sua saúde melhora. Ele se restabelece, mais uma vez. Seu trabalho também é uma terapia e um descanso, que está além de sua fadiga. O livro sobre revolta e revolução cresce. O tempo de Camus já não é roubado por uma editora, um jornal, uma viagem. Ele consultou um psiquiatra, tanto a propósito de Francine como de si mesmo. Tal como Sartre, expressa reservas quanto à psicanálise. Teóricas: afinal, o que é o inconsciente? Práticas: as sessões com um psicanalista não secariam um escritor? Camus levou em conta também, um pouco menos do que Sartre, a ideia de uma análise.

Em sua cumplicidade e amizade, ele compara sua saúde com a de Michel. Duvida da eficácia dos famosos "oligoelementos". "Meus próprios métodos de cura não me parecem recomendáveis."[31] Entre 1949 e 1951, descansa trabalhando, com frequência em Cabris, perto de Grasse. Lá, o campo é quase florentino. Ele se aloja num quarto no anexo do hotel de la Chèvre d'or, aproveita a lareira, mantém Francine a par do seu trabalho: "Esta viagem me fez bem, acho. E espero que isso finalmente impulsione meu trabalho, pois não fiz nada desde que cheguei aqui. Estou só com meu pensamento [...] embora me lembre de ter falado com Grenier, Sartre, Chiaro [*Nicola Chiaromonte*]", ele esclarece. "Mas não se pode falar o tempo todo. Além do mais, e essa é a base do problema, não acredito nos pensamentos de discussão, nos choques de ideias. Não sou um filósofo e para mim o pensamento é uma aventura interior que amadurece, que machuca ou que transporta – é uma meditação que leva anos e dias para tomar forma, para avançar, para encontrar suas palavras. Há cinco anos penso nesse ensaio e não tenho certeza de que cem horas de discussão tivessem podido apressar em um segundo que fosse o ritmo de minha gestação. Além disso, sempre somos ruins por nossa culpa."[32] A Maria também ele participa suas reflexões: "Pensei em *Os justos*. Pensei exatamente que a única justiça possível é uma nova distribuição da injustiça. Fazemos as revoluções para que sejam outros a ocupar os vagões-leito."[33]

Sorte excepcional, Camus apoia-se nessas duas mulheres, Maria, a amante telúrica, e Francine, a mãe de seus filhos. Francine? "Ela me é muito cara", ele escreve a Janine e Michel. "[...]. Não cesso de encontrar em mim mesmo todas as suas qualidades, ou quase todas. Mas seria preciso erguê-la e segurá-la com a força dos braços e para isso seria preciso que eu recuperasse toda a energia que gasto escrevendo, querendo mudar o mundo, e interrogando-me sobre o destino." Francine lhe responde "sempre por cartas expressas, que chegam exatamente no mesmo tempo que as outras, mas que custam 24 francos". Camus brinca: "É que tive a infelicidade de lhe dizer que minha conta de autor tinha crédito."[34]

Para um convalescente, o ensaísta tem um ritmo de trabalho puxado: "Despertar às 9 horas, leitura de Hegel e anotações até 11 horas. Passeio até 12h30. Almoço. Sesta de lh30 a 2h30. Correspondência ou limar as unhas até 4h. Revolta de 4 às 8 e de 9 às 10/12. Deitar. Leitura de Montaigne. Sono." Emergindo de vários meses de esgotamento e de depressão, ele zomba de si mesmo. Não quer "avançar no caminho da perfeição em que [ele se] engajou há muitos anos e em que [lhe] parece que [ele] está um pouco marcando passo"?

Francine vai a seu encontro, fica com ele algumas semanas, dá-lhe aulas de espanhol, depois vai embora. Ele recebe os Jaussaud, os Bloch-Michel, seu irmão Lucien. Às vezes vai visitar Roger Martin du Gard, cuja vida e obra acha tão exemplares quanto edificantes. A uns e a outros mostra fisionomias diferentes. Blanche Balain, instalada em Nice, encontra-o e acha-o "lúgubre".

Ele tem conversas previsíveis e tranquilizadoras ao longo desses dias cheios e regulares com sua interlocutora, sra. Dufour, gerente do Chèvre d'or:

"Sra. Dufour: Belo tempo hoje, sr. Camus.

Eu: Eh!... (aqui riso idiota)

Sra. Dufour: Tomara que dure!

Eu: O quê? Ah! Sim, claro!

Sra. D: Enfim, bom apetite, sr. Camus!

Eu, me recompondo: Obrigado, muito obrigado, *senhor.*"

Ele ganha peso, volta a ter um sono normal: "Luz radiosa. Parece que estou emergindo de um sono de dez anos - enroscado ainda nas faixas da infelicidade e das falsas morais - mas novamente nu e voltado para o sol. Força brilhante e comedida - e a inteligência frugal, mordaz, renasço também como corpo."[35] Julgando seus livros e sua pessoa, mostra-se tão excessivo quanto sincero: "Toda a minha obra é irônica." Não é, na verdade, o caso do ensaio em que está trabalhando. "Minha tentação mais constante, aquela contra a qual nunca cessei de travar um combate extenuante: o cinismo." Seu *O homem revoltado* se arma de ceticismo, mas não de cinismo. Camus volta a explicar: "Minha obra durante esses dois primeiros ciclos [o absurdo e a revolta]: seres sem mentiras, portanto não reais. Não estão no mundo. É por isso sem dúvida que até agora que não sou um romancista no sentido em que entendemos. Mas antes um artista que cria mitos proporcionais a sua paixão e a sua angústia. É por isso também que os seres que me arrebataram neste mundo foram sempre os que tinham a força e a exclusividade desses mitos." Ele espera terminar seus ensaios, com uma paciência proporcional à sua energia, para se lançar numa obra de imaginação: "Depois de *O homem revoltado*, a criação em liberdade." Ele planeja um grande romance no qual irá inspirar-se em Marguerite Dobrenn, Jean Grenier, Pia, Herrand, Paul Oettly, Lazarevitch, Christiane Galindo, Blanche Balain, Lucette Meurer, Janine Gallimard e sua irmã, Mamaine... De um personagem futuro, sem esclarecer qual, colocando aspas, como que para desligar-se dele, Camus escreve: "O amor para ele era impossível. Só tinha direito à mentira e ao adultério." Esse romance fará parte, depois dos mitos de Sísifo (o absurdo) e de Prometeu (a revolta), do mito de Nêmesis...

Camus vai e vem entre Paris, Cabris e Le Chambon. De volta à capital, prossegue a redação de *O homem revoltado*. Recusa-se a editar *O estrangeiro* em livro de bolso: "Não, não tenho muita vontade de ver *O estrangeiro* sair do círculo, apesar de muito seleto, da coleção Blanche." Tem consciência da parcela de mistério, de irredutibilidade do relato à análise. "É um livro que não é para todo mundo, como *A peste*. Mais tarde, talvez." Camus também explica a Michel que quer desligar-se das tarefas gallimardianas, de seu trabalho de editor. Licenciado por doença, ele recebe seu salário mensal. "Em outubro, tomarei uma decisão definitiva no que se refere às minhas funções na editora. Atualmente, em todo caso, não tenho vontade de mantê-las."[36] Desvencilharam-no do *Combat*, ele se desvencilhada da Gallimard.

Camus procura outro apartamento para sua família e conta com Michel para ler os anúncios imobiliários do *Le Figaro*. Novamente, em Le Panelier, apesar do calor, das crianças e das moscas, Camus trabalha: "Se eu tivesse talento, *O homem revoltado* seria um livro curioso. Mas..." O homem revoltado, fragmentado, dividido, mas organizado se reencontra em agosto com Maria no hotel em Grand-Valtin, aldeia dos Vosges perto de Gérardmer, a 850 metros de altitude, num vale cercado de campinas e florestas.[37] Seu endereço, Albert explica ao leal Michel, é confidencial. Camus continua querendo poupar e proteger Francine. La Clanche d'or não tem nada de um quatro estrelas. O silêncio reina, mas o hotel "esqueceu-se de ser confortável". Sua rusticidade encanta o escritor. Que prazer lavar-se numa bacia do tamanho de uma tigela, ir à privada de madeira carcomida separada do quarto. Os aldeões "parecem buldogues amáveis e [...] os rostos bonitos podem ser contados nos dedos de uma pata de ganso". A eletricidade é cortada às 22 horas. Nada melhor para viver saudavelmente. Às vezes Camus e Maria Casarès vão até uma cidade, em suma, até a civilização, e fazem tratamentos de hidroterapia. Albert trabalha, escreve para Francine, mentindo por omissão a respeito da presença de Maria: "Aqui, o nada exterior (mais a chuva e a feiúra imunda dos seres em geral). Aliás, quanto mais trabalho mais o fim se distancia. Continuo sem me preocupar com nada, lendo, redigindo e reconstruindo. Desse ponto de vista esta temporada (e a chuva) terão sido benéficas. Espero que eu continue com o mesmo ímpeto em Paris ou outro lugar, se outro lugar for necessário."[38]

Em 25 de junho, as tropas norte-coreanas transpõem o 38° paralelo e a ONU intervém. Em 1º de julho, as forças americanas desembarcam na Coreia, Douglas MacArthur é comandante supremo das forças da ONU. "Esqueço o mundo e os coreanos", escreve Camus, "e a prodigiosa chateação de viver numa época interessante."[39] Ele volta a ser brincalhão, recorta num jornal local uma dúzia de anúncios classificados e cola-os numa folha de papel para seus "abençoados Janine e Michel".[40] Depois dos anúncios otimistas e antes dos verídicos, ele busca os realistas:

> Escrit. provençal se disp. a realizar
> um "tratado da alma feminina" coletaria c. satisfação
> confidências de mulheres;
> discrição ass. REGICO 5568.

As sátiras:

> Ant. of. gendarmeria, poss.
> café danç., beira do Marne, gostar,
> enc. menina d. f. encant.
> de 20 anos. REGICO 5571...

Camus reencontra a alegria de viver. Em Paris, finalmente descobriu um apartamento de cinco cômodos que será conveniente para ele e muito prático para a família, na rua Madame, nº 29, perto da praça Saint-Sulpice, no 6º *arrondissement*. Apoia-se constantemente em Maria: "Você me pertence absolutamente e para sempre, como uma mãe pertence a quem ela criou."[41] E em Nietzsche: "É o único homem cujos escritos exerceram, outrora, uma influência sobre mim. E depois tinha me desligado dele. Neste momento vem a calhar. Ensina a amar o que é, a se apoiar em tudo, e em primeiro lugar na dor. [...] O que constitui o grande estilo, diz ele: sentir-se senhor da própria felicidade e desgraça."[42] Nietzsche é imenso. Mas e Camus? "Pois há isso também, há muitos dias, e eu não lhe disse, uma dúvida sobre mim, minha obra, uma dúvida profunda, insistente. No entanto seria a morte."[43]

Depois de dois meses de tratamento com estreptomicina e três de permanência em Cabris, sua saúde "consternadora" se recupera. Ele já não pensa em suicídio e se liberta de seu ensaio sobre a revolta.

37

RUA SÉBASTIEN-BOTTIN, Nº 5, FRENTE

Desde o sucesso de *A peste*, Camus poderia viver de seus direitos autorais, mas recusa que sua vida material dependa do sucesso de seus livros e não quer que seus livros dependam do sucesso. Sua segunda profissão numa editora lhe dá os direitos da liberdade, mas também os deveres de suas obrigações. A Gallimard continua sendo a editora mais prestigiosa, não pelo volume de negócios, mas por seu catálogo. Nesse aspecto, Gaston Gallimard, editor desde 1911, está à frente de seus pares, Bernard Grasset, Denoël, René Julliard. Descoberto durante a guerra, Camus se mantém fiel. Na época da Libertação, Gaston teve problemas judiciários porque aceitara que a *Nouvelle Revue française* fosse dirigida por Drieu.[1] Este, membro de direita do conselho editorial, esteve presente a ele cinco vezes. Gallimard não frequentou certos salões colaboracionistas, mas conheceu o tenente Heller. Camus participou da defesa de Gaston e depôs em seu favor diante das autoridades judiciárias: "Declaro ter conhecido de 1942 a 1944 a atividade da editora Gallimard com a qual estive em relação constante. Era então público e notório que a editora encontrava-se completamente dissociada da revista *NRF* dirigida pelo sr. Drieu la Rochelle [...]. Considero meu dever testemunhar que a Gallimard ajudou-me em várias ocasiões difíceis. Em 1943 e 1944, meu escritório na editora sempre serviu como local de encontro para os militantes do grupo Combat, que tinham relação comigo. Embora não conhecendo detalhes dessa atividade, o sr. Gaston Gallimard conhecia seu princípio e sempre me deu cobertura a esse respeito [...]. A família Gallimard me abrigou e protegeu constantemente."[2] Muitos escritores da Resistência – isso é importante para Camus – continuaram a publicar na Gallimard. Segundo o escritor, se condenassem Gallimard, condenariam também a ele, e a outros mais conhecidos, como Valéry, Gide, Sartre.[3] Gallimard foi absolvido. No dossiê figuravam também acusações absurdas. O serviço de informações do estado-maior do governo militar de Paris concluía após a Libertação: "Gallimard deve ser um agente dos serviços de informação e propaganda alemães."[4]

Gaston Gallimard, para sua centena de assalariados, mesmo para algumas secretárias e empacotadoras, é antes de tudo "Gaston", um nome que vale um título. Não dizem "senhor Gallimard". Para falar com os Gallimard, ou com Louis Daniel Hirsch, diretor comercial, não se marca hora. Bate-se na porta. Gaston, simples e gentil, levanta-se e recebe. Esperto, quando não quer responder a alguma pergunta, desvia contando episódios sobre Proust, Gide e companhia. Gaston concilia. Ele diz: "Sempre fiz se suportarem pessoas que tinham todas as razões para não se suportarem." É grato a Camus e a outros por o terem defendido. Se, durante a guerra, ele não teve um comportamento heroico, também não foi infame. Seria infâmia encontrar o tenente Heller ou o capitão Ernst Jünger?

Gaston também continua muito contente por ter em seu catálogo Albert Camus, escritor prestigioso e rentável que poderia ter voltado para Charlot, seu primeiro editor, instalado em Paris depois da Libertação. Mas quem, então, admitido na Gallimard, pensaria em sair dela? Charlot fez maus negócios, apesar de um Prêmio Renaudot obtido por *La Vallée heureuse* [O vale feliz] de Jules Roy. Vítima de seu sucesso, não tendo a capacidade de produção ou as finanças para responder à demanda, Charlot, em 1950, fechou sua cabeça de ponte parisiense e Charles Poncet, que lá trabalhava, foi para Argel. Gaston aplica um princípio simples e feroz: ninguém *me* tira meus autores, mas, se eu puder, claro, tiro os dos outros. A lealdade para com a Gallimard implicava que Camus deixasse Charlot. Um desentendimento e uma embrulhada financeira entre Camus e Amrouche, diretor literário de Charlot, acarretou negociações, antes que Camus recuperasse seus direitos e pudesse publicar *Bodas* pela Gallimard.

Gaston estima e respeita Camus, mas, a seus olhos, não se trata de um autor imortal. Michel, Pierre e Robert falam de "Albert", ele diz "Camus", ou, mais solene, "Albert Camus". Gaston, navegando sobre e sob seus cardumes de peixes editoriais e seus escritores, tem seus preferidos: Léon-Paul Fargue ou Valery Larbaud, Proust e Saint-John Perse. A edição tem dois objetivos: a qualidade literária e, se possível, os benefícios financeiros. Gaston faz questão tanto de uma coisa como da outra. Perdeu dinheiro antes da guerra com sua *NRF* e ganhou, sem se vangloriar muito, com *Détective*, revista que Saint-John Perse não teria lido. Mas orgulha-se de ter publicado, sempre antes da guerra, o hebdomadário progressista *Marianne*. G. G. precisa ser ecumênico para oferecer um catálogo amplo. Detesta os sectários, os dogmáticos, e no entanto é preciso tolerar alguns. Ele conhece seus escritores, capazes de ter um grande estilo e um caráter mesquinho. Ao lado de Paulhan, G. G. parece transparente, mas, em relação a outros editores, difícil de captar. Empregou seu filho único, Claude, diplomado pela Escola Livre de Ciências Políticas e doutor em direito, mais jurista do que literato. O mesmo Gaston sentia-se próximo de seu sobrinho, Michel, e, quando Claude foi feito prisioneiro de guerra, todo mundo achou que Michel fosse dirigir a editora.

Camus diverte-se com aquele clã, suas paixões, suas simpatias e suas cisões. Trata seus membros com familiaridade. Jacques, um dos irmãos de Gaston, trabalha no setor de contabilidade. Quatro anos na artilharia durante a Primeira Guerra Mundial com uma bateria de 75, Jacques, gentil e neurastênico, frequentemente repetitivo, regala Albert e Michel com suas histórias da guerra. Camus as ouve. A guerra dos ex-combatentes – sobretudo a de seu pai – o comove. Às vezes ele foge educadamente, para sua sala e seu terraço.

Camus não está no núcleo da atividade da Gallimard. Editor, participa do conselho editorial e dirige uma coleção, "Espoir" [Esperança]. A reunião semanal do conselho editorial é para Gallimard o que a missa é para a Igreja: comunga-se com livros. O conselho se reúne na sala dos Gallimard. Três janelas do grande recinto oval dão para o jardim onde se realizam coquetéis rebuscados, dos quais Camus pouco participa. Diante da janela da direita, a escrivaninha moderna de G. G. Com a mão sobre o telefone ou a garrafa de água mineral, Gaston senta-se de costas para a parede. Sedutor, o olhar encantador ou duro, para uns ele reina e governa como cardeal leigo. Para outros, com sua gravata-borboleta, ele parece um *maître d'hôtel* distinto com traje civil ou meio embriagado. Na sua frente, seu filho Claude, silencioso, mas ocupado. Mesma disposição simétrica diante da janela da esquerda: Raymond Gallimard e Michel. Nos anos 1950, em semicírculo em torno deles, no campo de visão de Gaston, principal oficiante, e de Raymond, sumidades, célebres ou pouco conhecidas. Nos dois extremos da sala, Dionys Mascolo, amigo de infância de Michel, secretário editorial antes de se tornar responsável pelo setor de estrangeiros, e Robert Gallimard, encarregado da secretaria literária.[5] Entre eles, os lugares são imutáveis como os genuflexórios com placa de cobre dos paroquianos numa igreja da zona rural: Brice Parain, Albert Camus, Jacques Lemarchand, Jean Blanzat, Raymond Queneau, Roger Caillois, Marcel Arland, Dominique Aury – única mulher –, Jean Paulhan.

Na maioria das vezes, uma secretária, equivalente aos questores na Câmara dos Deputados, faz anotações em abundância, que são segredos de Estado. Os relatórios são perdidos ou guardados em cofres-fortes dos quais fingem ter perdido a chave. Dentre quinze participantes com direito à palavra, cinco Gallimard de linhagem pura constituem um bloco amplamente minoritário. Os Gallimard podem ter divergências, mas concordâncias implícitas os vinculam. *Manterei* é também o lema tácito daquela família. Gallimard não é nem uma instituição democrática nem um regime autoritário. O conselho editorial não se autosseleciona. Quando surge uma vaga, a função é preenchida por nomeação de Gaston. O aroma dominante do conselho na época em que Camus participa dele é difícil de definir. Não há um mínimo que seja de vulgaridade ou de populismo nem vanguardismo excessivo. O escritor mais original, entre aqueles sábios, parece ser Queneau, e o mais lido, Camus; o mais refinado, Caillois; o mais misterioso, Paulhan; os mais convenientes sem serem conformistas, Jean Blanzat, Jacques Lemarchand, Marcel Arland; o mais filósofo, Brice Parain; o mais denso, às vezes confuso, Dionys Mascolo: desde a Resistência ele medita sobre a impossibilidade de não ser comunista e a impossibilidade de permanecer no PC. Como convém, Paulhan, de fato – nada é de direito na Gallimard –, continua sendo o editor mais poderoso, também o mais ativo, o mais próximo do sol, Gaston.

Este preside sem exercer pressões muito fortes. Há uma combinação tácita de que os debates do conselho editorial e as notas – de 1 a 3 – atribuídas às obras permanecerão confidenciais. Tal como nos conselhos de ministros, não se podem evitar os vazamentos: os escritores tagarelam. Paulhan abre a sessão, fala do que leu durante a semana, e ele lê muito. Fazem a síntese das anotações de leitura, cada um faz seus relatórios. Quando está presente, Camus lê os seus seriamente. Redige longas fichas quando o livro lhe parece merecer atenção, quatro linhas quando a obra não tem nenhum interesse. Dura provação para a secretária, a letra de Camus torna-se difícil de decifrar, em forma de patas de mosca. Às vezes Camus diz a Gaston: "Gostaria de pegar isso para minha coleção."[6]

Paulhan adora as digressões, pelo prazer de gracejar ou de injuriar. Robert Gallimard faz resumos por escrito, tal como a secretária. Gaston volta-se para Robert:

— Está aceito.

Retórica clássica da casa, um membro do conselho diz:

— Conceito 1 e 1/2. Acho bom, mas desejaria uma segunda leitura.

— Quem gostaria de reler?

A avaliação se faz conforme o gênero. Camus encarrega-se tanto de ensaios como de romances. Algumas decisões são tomadas fora do conselho. Gaston diz a si mesmo: não vale a pena que eu faça passar pelo conselho esse Joseph Kessel ou esse Jacques Perret. Eles – as sumidades do conselho – vão me encher, dizer que é ruim e que quero publicá-lo para ganhar dinheiro.

Algumas coleções funcionam fora do conselho. Os responsáveis pela Pléiade ou pela Série Noire, principados autônomos, tratam com Gaston, Claude e Michel.

A secretária pessoal e pretoriana de Camus, Suzanne Agnely, foi técnica de produção da coleção Pléiade. Rosto em lâmina de faca, à Virginia Woolf, corpo maciço, sempre fanaticamente devotada a seu grande homem, ela protesta, com ar cansado: ele é impossível, com seus telefonemas, suas mulheres que é preciso manter separadas, ele me coloca em situações insustentáveis! Mas ela não consegue viver sem ele, e ele a aprecia. Tal como inúmeras mulheres da casa – setenta por cento do pessoal é do sexo feminino –, ela parece estar apaixonada por Camus. Já não o chama de "patrão".[7] Alguns homens, com toda a simplicidade, têm ciúmes de Camus. Alguns o dizem arrivista. Depois da guerra, ele chegava de manhã às 11 horas, à tarde às 17. Agora, vai e vem conforme sua vontade. Quando não é o *Combat*, é um ensaio. Tudo bem. Ou uma licença por doença? É, dizem.

Um escritor reconhecido primeiro saboreia sua notoriedade. As vendas provam a existência dos leitores, a correspondência é com a secretária. A partir do sucesso de *A peste*, Camus parece estar sobrecarregado. Aguenta e se contém graças a La Biche. Sartre quase nunca responde ou passa o bordão, a correspondência, para sua secretária.[8] Depois da Libertação, os franceses buscam para si mestres pensadores e as cartas chegam a Camus aos pacotes, às vezes umas cem por semana. As solicitações de entrevista acumulam-se rapidamente. Os loucos, meio loucos, obsessivos, escoteiros, fotógrafos – e não dos menores: Karsh, Cartier-Bresson –, professores da Sorbonne, deficientes, pessoas que buscam recomendação junto a júris literários e ministérios, todos assediam Camus, até os liceanos: "Ficaria muito feliz se o senhor me desse algumas ideias sobre sua doutrina filosófica..." Atores e atrizes, biógrafos, monógrafos escrevem, exigem artigos, críticas, prefácios. As cartas vêm da Casa da Paz, da Unesco, da Aliança Francesa, dos Assuntos Culturais, da Sociedade dos Amigos de Zola, das lojas maçônicas, da Associação para o Progresso Intelectual e Artístico da Valônia... Os solicitantes escrevem. *Sehr geehrter Herr.* Jovem mestre, *admirado escritor*, caro senhor Mau Correspondente (*enclosed photo*). *Sono un giovane studente di Torino.* Sem passar pela secretária editorial da Gallimard, enviam-se para Camus romances, poemas e peças de teatro. Querem seu apoio, e rapidamente. La Biche filtra: encarregada de abrir a correspondência do senhor Albert Camus em sua ausência..., a data de seu retorno ainda não... Camus propõe um encontro na *NRF* por volta das 11 horas. Teses são submetidas à sua apreciação. Oferecem-lhe títulos de doutor *honoris causa*. "Quando escreveu o seu primeiro livro? O senhor se corrige muito? A vida, em suas complexidades, lhe sorriu com frequência? Em que momento de sua vida o senhor conheceu a verdadeira felicidade?"

— Suprima-se o correio — suspira Camus.

Aceita jantar com Brisson e Mauriac, X, Y, Z? "Sou médico, um paciente meu se suicidou, eu gostaria..." "E depois gostaria muito de saber do senhor.

> primeiro: sobre DEUS
> segundo: sobre o HOMEM
> terceiro: sobre o MUNDO
> Mais encantado à sua disposição..."

Jean Galtier-Boissière, diretor do *Crapouillot*, pede gentilmente que Camus responda a um questionário: altura, peso, ascendência provinciana e estrangeira, condecorações, automóvel, esportes, animal doméstico. Camus, amável, responde: "Coloco-me à disposição da sociedade... um estado civil (sucinto) e um endereço (aliás falso), e o resto, todo o resto, desde o animal da família até a segunda mulher, só diz respeito a mim. Uma tal avareza no que concerne à minha vida privada só pode se justificar pelo gosto irracional que tenho pela liberdade individual. Sei que ao lhe dizer isso encontrarei um cúmplice na pessoa do diretor do *Crapouillot*."[9]

As revistas conhecidas como periódicos obscuros pedem a Camus que faça parte de seu conselho de redação. Ele recusa, mas faz uma assinatura.

O senhor é um homem justo, honesto e compreensivo... Por cortesia, estratégia ou masoquismo, ele responde, incansável. Alguém lhe pede livros? Ele manda. Não, não pode participar do 800° aniversário da cidade de Munique. Ele é, sim, o Jonas da sua novela e, mais do que o pintor, cercado de datilógrafos, editores, tradutores, comentaristas, caçadores de autógrafos. Sente que tem deveres, cedeu às solicitações de prefácios dos amigos Guilloux, Jean Grenier... Não cede mais: nada como um prefácio para fazer inimigos. Mas está sempre atento aos correspondentes dos "países infelizes", da Espanha à Grécia. Já não pode nem mesmo aceitar falar no sanatório de Saint-Hilaire-du-Touvet. Como responder às epístolas intermináveis de admiradores e admiradoras, talvez bonitas? Se Camus manda uma carta curta, o correspondente o acusa de indiferença. La Biche desvia: infelizmente, as datas propostas não são adequadas. Se o repreendem demais, Camus se zanga: "Não gosto, por exemplo, de sua maneira de me falar de meu ofício. Devo lhe dizer que sou filho de operário, que conheci a miséria e que a pobreza e o trabalho nunca me pareceram condecorações. Respeitá-los, sim. Adorá-los, não. Também trabalho, e muito, para fazer viver aqueles a quem amo. Isso sempre me impedirá de desenvolver complexos de inferioridade como tantos intelectuais [...]. Você me fala da glória. Digamos, para sermos mais justo, da fama. Em cada carta em que sou repreendido há uma alusão a essa fama. Devo dizer que há momentos em que a acho pesada. Não a procurei e obtive-a sem um comprometimento, na liberdade. [...] deixe que eu lhe diga que a regra principal é não *desprezar ninguém.* "[10] Apesar de sua boa vontade, Camus cria inimigos. Agnely perde cartas: "Ao fazer ordem encontro sua carta..."

As cartas dos colegas, de Silone a Koestler, consolam. Camus não pode recusar todos os manifestos – mania francesa – que lhe são submetidos. Claro, assinará o texto de Nadeau para defender Henry Miller, acusado de pornografia. A partir de 1949, La Biche acumula as explicações diplomáticas que não são simples e más desculpas: Camus está obrigado ao repouso, condenado ao leito. Ele hesita em participar do Conselho de Administração da Leitura em sanatório, ligado à Comissão Nacional de Defesa contra a Tuberculose. Só participaria de maneira teórica, tal como Gide, Duhamel ou Roger Martin du Gard. Acaba aceitando.[11]

As propostas sérias exigem respostas ponderadas. Jean Renoir pensa em adaptar *O estrangeiro.* Os cérebros financeiros da Gallimard pedem dez milhões. O que fazer? Camus-Jonas: "Ele pôde, com efeito, isolar-se com muita frequência para responder às numerosas cartas que recebia agora e que sua cortesia não podia deixar sem resposta. Umas diziam respeito à arte de Jonas, outras, de longe as mais numerosas, à pessoa do correspondente."

A torrente de solicitantes nunca se esgota: "Ficaria feliz se o senhor aceitasse me confiar seu ponto de vista sobre a questão da homossexualidade, com a qual trabalho." Camus, de próprio punho: "Prezado senhor, falta-me tempo – e também gosto por essa pesquisa." Camus-Jonas: "Ele respondia às mais urgentes, que geralmente provinham de desconhecidos, e guardava para uma época melhor as que demandavam uma resposta prolongada, isto é, as cartas de amigos."

Camus, editor oficial, pode afirmar que não há linha política nas entrelinhas dos julgamentos literários e o escreve: "Está completamente errado ao pensar que a decisão das edições possa ter sido influenciada por considerações políticas. Um simples lançar de olhos sobre o catálogo da Gallimard, em que figuram os autores das mais opostas tendências, lhe daria certeza quanto a esse ponto."[12]

A posição de Camus é invejável e difícil. Se os livros de certos amigos são recusados, é ele o culpado. Julgam-no menos responsável se são aceitos. Às vezes precisa justificar as recusas. Fréminville publicou pela Gallimard *Bien sur tous les rapports* [Bem em todos os aspectos]. Camus explica que só foram vendidos 400 exemplares. Portanto, ele não poderá obter para Frémin um adiantamento sobre outro livro. Responde ao amigo médico argelino Stacha, que enviou um manuscrito: "Falo com a franqueza do coleguismo: você o escreveu numa língua impossível e com frequência incompreensível."[13]

Supõe-se que Camus seja onipotente na Gallimard: até sua primeira sogra, a doutora Sogler, propõe-lhe o manuscrito de um rapaz de vinte e um anos. Camus sempre se deleita quando um argelino ou um algeriano publica uma obra. O irmão de seu amigo André, o erudito Paul Bénichou, dá à Gallimard um livro muito importante, *Les Morales du grand siècle*[14] [As morais do grande século]. Camus não intervém, mas se diz encantado – e fica, de fato – quando Groethuysen e Arland o aceitam.[15] Opinião favorável às recordações de Maurice Joyeux, o eterno objetor de consciência: "Mas o segundo editor a ler foi mais severo do que eu", escreve Camus, "e, depois de alguma hesitação, a editora renunciou a publicar seu livro. Não é que eu tenha achado o livro irrepreensível, particularmente o vocabulário ganharia em ser mais preciso e algumas construções em se tornar mais leves. Mas de fato o livro é por demais apaixonado para pretender a perfeição formal. [...] reveja muito detidamente o estilo." Camus é bem-sucedido quanto às obras de amigos muito dotados. Assim, faz publicar *Les Chagrins de l'usure* [As aflições da usura] de Jean Terracini. Com os tradutores, ele se mostra exigente, apesar de seu "conhecimento decididamente imperfeito do espanhol".

Em suas anotações de leitura, defende com prazer e sucesso alguns próximos, Jean Bloch-Michel ou Jean Daniel. Estende suas análises: "Deve-se notar que este volume é o primeiro de uma trilogia. Apesar da relativa complexidade dos acontecimentos, é uma narrativa clara, ordenada, de bela leitura e emocionante em seu conjunto. A ser aceito sem hesitação."[16] Ponto comum do editor da Gallimard e do crítico do *Alger républicain*: ele gosta de gostar. Um romance não é um manual de química. A alguém que se queixa de não ter sido realmente lido: "... um julgamento literário é a coisa mais relativa do mundo e [...] é suficiente expressá-lo o mais simplesmente possível."[17] Esse fator pessoal, relativo, atua muito num domínio: "Não me fio muito no meu julgamento em poesia (mesmo quando ela é em prosa)."[18] Camus desconfia da poesia militante, mas, quando se trata de argelinos, permanece aberto. A Kateb Yacine: "Interessei-me por seus poemas, que às vezes acho muito concertados, mas o grito traspassa [...] e é isso que me toca." Ele não pode publicar a coletânea, mas irá propor alguns textos às revistas, e em primeiro lugar *Présence africaine*. A Argélia aproxima através da poesia: "Você e eu", escreve o *pied-noir* ao argelino, "nascemos na mesma terra. Acima de todas as querelas do momento, isso constitui uma semelhança."[19]

Sobre o segundo romance de Guy Dumur, *Le matin de leurs jours* [A manhã de seus dias], Camus escreve: "É belo no conjunto, muito evocador, um pouco estranho, e no entanto maravilhosamente 'ferido' e presente. Apesar de duas ou três imperfeições que vou lhe dizer, acho-o melhor do que as 'Petites filles' [*Les Petites Filles modèles* (As meninas modelo), primeiro romance de Dumur]. Suponho que a Gallimard, portanto, não colocará nenhuma dificuldade para editá-lo. [...] não é fácil esquecer sua narração, depois de fechar o livro. Você é um escritor, [...] trabalhe o mais possível." Camus tem uma ternura especial por Guy Dumur, que foi tuberculoso, mas acha que, dedicando-se demais ao jornalismo e sobretudo mundano, ele corre o risco de não levar a termo uma obra literária.[20]

Na Gallimard, Camus também lida com ensaios científicos: "Embora minha cultura científica não me disponha a julgar [...] de maneira exaustiva, não pude deixar de ser sensível à sua documentação, à sua acuidade e à boa fundamentação de sua discussão da tese bergsoniana." Também recusa uma obra do bom doutor Ménétrier, *Ce monde polarisé*[21] [Este mundo polarizado], negocia as publicações da obra de Jung. Muitas vezes, o conselho editorial serve-lhe de escudo: gostei, mas, o que você quer que eu faça, a maioria... Camus sabe recusar estimulando: "Há muito talento no romance extravagante que você me apresentou."[22] Também estimula referindo-se à sua própria experiência: "Posso lhe confidenciar que escrevi dois romances muito ruins antes de conseguir publicar um terceiro." Alusão à obra *A morte feliz*, engavetado. Salvo exagero seu, um de seus manuscritos desapareceu sem deixar vestígios.

Ele mantém excelentes relações com Roger Quilliot, universitário e socialista, que se interessa, de um ponto de vista biográfico e crítico, por Camus escritor. Quilliot propõe um romance. Camus está desolado: "Seu livro suscitou discussões no conselho editorial da editora Gallimard, e consequentemente foi submetido à apreciação de vários editores. Finalmente, digo-lhe sem demora, a decisão foi negativa. Os editores reconheceram, tal como eu, a solidez da narrativa, a verdade dos detalhes, do próprio tema. Foi a feitura que chocou. Falou-se em *grisalha naturalista*. Fiz notar que era difícil falar do meio operário com as cores pastel. No entanto, cá entre nós, é verdade que, por uma preocupação talvez excessiva com a verdade (conheço esse tipo de escrúpulo quando se trata de falar do meio dos trabalhadores), você calcou de muito perto a realidade e o livro carece da transposição necessária a toda obra de arte."[23]

Em 1949 e 1950, Camus participa muito menos do trabalho da Gallimard do que um Paulhan ou um Queneau, mas age como colaborador rigoroso. O ofício de editor, suspira ele, esgota a faculdade de descoberta e de admiração. Quando se fica muito tempo em cima de manuscritos, é impossível manter o viço. Um editor se asfixia, não consegue distinguir os bons livros. A não ser que descubra um texto excepcional, ele caminha numa fronteira de indecisão. Camus explica a Gaston e ao estado-maior da Gallimard que eles deveriam conceder férias sabáticas aos colaboradores, para que eles possam refrescar a cabeça. Para terminar um de seus livros, ele se protege no campo.

Ao longo dos anos, Camus, apesar de não ser um descobridor, identifica talentos. Estimula Romain Gary ou Roger Ikor.[24] Desvenda as qualidades e os defeitos de Camille Bourniquel, pede-lhe que veja em suas críticas sinais de simpatia.[25] O jovem Michel Vinaver, entrevisto em Nova York, vem ter com o escritor-editor, conforme o combinado, com seu romance *Lataume*, que é publicado. Camus encontra brevemente Robert Pinget, e o faz entender que "deu um relatório de leitura muito bom" sobre seu romance, *Le Renard et la Boussole*[26] [A raposa e a bússola]. Recebe calorosamente Jean-François Revel. Para apoiar autores que aprecia, ele telegrafa a seu editor americano: "ED SENHORA KNOPF [...] ENTRE OS ESCRITORES FRANCESES PIERRE MOINOT É UM DAQUELES EM QUE DEPOSITAMOS NOSSA MELHOR ESPERANÇA PT ELE SE DESTACA NA LITERATURA FRANCESA ATUAL."[27]

Camus gosta de receber, é claro, os autores dos livros aceitos. Aos recusados, é melhor escrever aparando as arestas. A Gallimard recusa *Dramatis personae* de Marguerite Yourcenar: Camus tem grande estima pelas belezas desse texto ("não estou falando do conteúdo das peças"), mas, infelizmente, embora "o conselho editorial tenha sido da [sua] opinião, a editora Gallimard não é favorável à edição de peças de teatro".[28] É uma simplificação, mas Marguerite Yourcenar não tem o catálogo da casa diante dos olhos.

Editor, Camus é hábil. Dirige-se diretamente a certos escritores, mesmo que saiba que têm vínculos com outras editoras. Seduzir é uma regra do jogo na edição. Embora Frédéric Grendel esteja sob contrato, Camus teria satisfação em lê-lo: "... para meu prazer pessoal".[29] Tenta em vão trazer para as redes da rua Sébastien-Bottin o amigo Emmanuel Roblès, ligado ao dono da Seuil, Paul Flamand. Em Roblès, Camus aprecia o homem de sangue espanhol, o escritor de energia berbere e força aliada a generosidade.

Camus, editor, tece uma rede de correspondentes, seus caçadores de livros. François Bondy, de *Preuves*, viaja com ideias precisas. Camus pede-lhe que "levante" manuscritos e livros. Não basta comprar obras estrangeiras publicadas, é preciso ir à fonte. Annabel William-Ellis indica-lhe a publicação de *O aeroporto*, de Rex Warner, infelizmente comprado por outra editora.[30]

Camus não é um erudito, mas tem gostos de editor avisado. Pergunta ao diretor da biblioteca cantonal de Genebra se ele teria o manuscrito completo do diário de Benjamin Constant. Confia a André Belamich a tradução das obras de Lorca. Em Argel, foi Charlot que se apaixonou por esse escritor espanhol. Belamich traduz sozinho oito décimos de Lorca. Camus gosta tanto do encantador e modesto André, de uma bondade universal, que por antífrase, entre os íntimos, chama-o de "a víbora".

Por que tanta gente, no estrangeiro e na França, se apega a Camus? C. W. Milosz fornece uma chave: "... não busco em você um mestre, mas alguém que torne minha existência um pouco legítima."[31] A torrente de correspondências chega a Camus e a exaustão obriga-o a confiar uma parte de suas respostas a La Biche. Desde sua volta da América do Sul, cada vez mais ele manda datilografar suas cartas, mesmo aos amigos. A Guilloux, que lhe responde com ternura "Meu caro Albert": "Caro Louis, estou ditando esta carta porque é muito mais simples. De fato, estou de cama, e provavelmente por muito tempo. Aquilo que eu trazia incubado, e de que você foi testemunha, era um despertar da minha antiga doença."[32]

Apesar dos progressos da medicina e dos tratamentos, Camus vive ameaçado a cada dia.

38

FUNDOS

A editora Gallimard é uma empresa média.[1] Gaston Gallimard é patrão – e os empregados querem aumento. Colocar-se-á o problema de participação numa greve geral? Alguns quadros, como Dionys Mascolo, apoiam os reivindicadores. Como defender os trabalhadores sem ofender o patrão, e em que tom redigir uma petição amável, mas firme? Como dizer "não queremos fazer greve na nossa estimada editora, mas somos solidários com a greve geral"? Gallimard não é Renault. Dionys Mascolo elabora a petição com Renée, cunhada de Michel Gallimard, que trabalha com ele.

Camus não tem carteira sindical. Onde se inscreveria? Nem na CGT, próxima do comunismo, nem nos sindicatos social-democratas e cristãos. Camus parece muito popular entre o pessoal menos qualificado. De posição mais elevada na hierarquia, sua hispanitude, seu dom-juanismo e seus sucessos profissionais muitas vezes irritam os homens. Ele manifesta uma cortesia encantadora nos corredores? Decretam que está exagerando. Mas Camus tem prestígio. Portanto, vão procurá-lo com a petição. Será o primeiro a assinar. Bela arrancada das assinaturas: Albert Camus, Dionys Mascolo, Renée Thomasset...

A petição circula. Jean Prestat, contador, e Édouard Caen, chefe do setor comercial, delegados do pessoal, apresentam-se no escritório dos cinco Gallimard: Gaston, Claude, Raymond, Michel e Robert. Os delegados entregam a petição a Claude, que, irritado, ameaça demitir alguns empregados. Os delegados recuam, insatisfeitos. Michel se irrita com a reação de Claude. Raymond, que detesta conflitos, se cala. Gaston fica aborrecido. Robert não aguenta ficar entre a árvore e a casca, os tios e os primos. Quer sair. Gaston ordena que fique. Michel explica que, de qualquer modo, a Gallimard não é um estabelecimento reacionário. Acre, Claude acha estranho que Camus – seu amigo, Michel! –, Mascolo – seu amigo, Michel! – e Renée – a irmã da sua mulher, Michel! – estejam encabeçando aquela história. Forma-se uma briga gallimardiana geral. Depois as coisas se acalmam.

Mais homem de negócios do que Michel, Claude é politicamente centrista. Mais literário, Michel pende para a esquerda. Julga que a petição não é ofensiva e fala sobre ela com Albert, que tem dificuldade em admitir algumas das reações do clã: afinal, estamos numa democracia! O assunto acaba dando em nada: aumentos de salários são aceitos e a greve termina. Mas deixa como que um fosso entre Michel e Claude. Albert é amigo de Michel. Projeto e fantasia, num dado momento Michel pensará em deixar a Gallimard para fundar sua própria editora. Camus iria com ele.

Com os próximos, Camus tem seus maus momentos. Para a edição completa de Lorca, ele se ocupa dos tradutores, Robert da administração e dos contratos. Um dos tradutores mostra-se desagradável. As condições propostas, segundo ele, são insuficientes. Impossível fazer mais, o orçamento está estabelecido. O tradutor não aceita as condições. Camus o recomendou. Robert entra na sala de Albert. O que fazer? Camus assume um ar altivo: afinal, meu velho, o merceeiro é você. Ele manifesta um lado não-vamos-misturar-pano-de-chão-e-guardanapo, cultura e comércio, eu sou nobre, o outro é plebeu. Robert sente-se ferido. Ah, então Albert acha que é assim? Ele que limpe a merda sozinho. Também esse caso se resolve. Camus, o fidalgo, pede desculpas. Jornalista, era apaixonado pela paginação, mas como editor não se ocupa da fabricação dos livros. Na Gallimard, quer ser um empregado como os outros, mas não consegue, é claro. Escritor, seus livros, tais como os de Queneau ou de Paulhan, não são submetidos ao julgamento do conselho editorial, tampouco os de Malraux e de Sartre.

Sua coleção, "Espoir", lançada em 1946, irá publicar vinte e quatro obras. Gaston não aceitou o primeiro título proposto, *Prometeu*. Em seu catálogo, figuram livros de amigos de Sartre, com tiragens respeitáveis, e títulos cheios de ímpeto e esperança: Colette Audry, *On joue perdant* [Jogamos perdendo] (2.750 exemplares), Jacques-Laurent Bost, *Le Denier des métiers* [A última das profissões] (3.300). Entre os poetas, René Char, com seus *Feuillets d'Hypnos*, que fascinaram Camus (3.850 exemplares iniciais, número considerável para textos poéticos), e *Lettera amorosa*. Jean Sénac entrega seus *Poemas*, prefaciados por Char. A única descoberta muito original de Camus é, sem dúvida, a poesia de Dadelsen, que, influenciado por T. S.

Eliot, inventa uma espécie de verso branco francês. Depois da publicação, em 1955, de *Bach en automne* [Bach no outono] na *NRF*, Dadelsen será reconhecido por outras revistas. Camus edita romances, *L'Erreur* [O erro] de Jean Daniel - reconheceu-se nele, divertido. Publica também crônicas judiciárias, *Le Rôle d'accusé* [O papel de acusado] de Roger Grenier. Camus liga-se a esse autor promissor, seis anos mais novo do que ele. Quando ele anuncia que vai se casar na Igreja: a família da minha mulher, você entende..., Camus ri:

— Muito bem. Já que é para fazer uma besteira, é melhor fazê-la com música.

Camus também edita *Tu peux tuer cet homme* (Pode matar este homem), que reúne cenas da vida revolucionária russa selecionadas, traduzidas e apresentadas por Lucien Feuillade e Lazarevitch, com uma "advertência" de Brice Parain. Deste último, Camus publica *L'Embarras du choix* [O embaraço da escolha], já em 1947. Em 1949 ele descobre e faz com que seja descoberta a obra de Simone Weil, para a qual Parain chamou sua atenção: *L'Enracinement* [O enraizamento], subtítulo "Prelúdio a uma declaração dos deveres para com o ser humano" (3.300) acarreta *La Connaissance surnaturelle* [A consciência sobrenatural] e sobretudo *La Condition ouvrière* [A condição operária] (11.500), o mais vendido da coleção. O interesse do público será menor para *Lettre à un religieux* [Carta a um religioso] (7.700) e *La Source grecque* [A fonte grega] (6.600), belos resultados, no entanto, numa França descristianizada. Camus imporá oito obras de Simone Weil, a professora *agrégée* mística que quis viver a condição operária e participou da guerra da Espanha como cozinheira, provocando a zombaria de Simone de Beauvoir. Weil, a crente, denuncia as condições desumanas da vida dos proletários e fascina Camus. Mas ele não aprecia sua inclinação para a infelicidade e a morte. Por ela, Camus acredita sentir como se sai do niilismo. O trabalho do operário deve encontrar um sentido, tal como o do artista. Camus pedirá sem sucesso a Malraux um prefácio para *Ce qui ne fut pas* [O que não foi], de Savinkov. "Você é o único capaz de falar adequadamente do niilismo, do terror e do impasse a que ele leva [...] o fim do romance (o espírito, não a força) faz pensar no fim de *A luta com o anjo*."[2] Apresentando a coleção "Espoir", Camus escrevia: "À sua maneira, que é simples, e em seu lugar, que é modesto, esta coleção pode ajudar, ao mesmo tempo, a denunciar a tragédia e a mostrar que a tragédia não é uma solução nem o desespero uma razão. Depende de nós que essas provas necessárias se tornem promessas."[3] Sua coleção de fato foi modesta, e seu horizonte mais preto do que cor-de-rosa.

Camus atenta para Violette Leduc, incentivada pelo Castor. Ela hesita entre vários títulos tão alegres quanto outros da coleção, *L'Asphixie* [A asfixia], *L'Étranglement* [O estrangulamento], *L'Assassinat* [O assassinato].[4] Violette protesta, jura: "Em seu escritório eu menti: escrevi cento e vinte e cinco páginas ao todo, e não duzentas." Um bom diretor literário precisa ser psicólogo, médico, um pouco banqueiro.

Como autor, Camus não é um maníaco das retiradas semanais ou mensais. Não se assemelha mais a Montherlant, que acha que o estejam lesando, do que a Sartre – desde que a Gallimard lhe deposite sua mensalidade... Robert Gallimard também mantém as fichas das contas dos autores e propõe a Camus examinar a de *A peste*. Por que não? Seguem-se as brincadeiras rituais sobre a exploração dos escravizados da pena. Camus não tem respeito nem ódio ao dinheiro. Teme seu poder no jornalismo e no cinema, mas conhece seu valor. Desagrada-lhe Sartre andar com notas altas nos bolsos, maneira de não lhes atribuir importância. Sartre dá gorjetas régias. Tudo bem, mas, afinal, é fácil. Camus não faz despesas extravagantes. Quanto a seu carro, cujas portas deixa sempre abertas ("Não gosto de desconfiar. E, depois, se alguém o roubar é porque está precisando."), ele se contenta com um velho Citroën "tração dianteira", sentindo saudade do B14 de seus vinte anos. Cronista minucioso, Jean Grenier nota que, na época em que as estradas de ferro francesas têm três classes, Camus viaja na segunda. Não se veste com alfaiates conhecidos. Gosta de calças de flanela, de paletós de *tweed* e, às vezes – os jovens Gallimard zombam dele – de gravatas berrantes. Coqueteria, ele adquire o hábito de cortar o cabelo no salão Ortega, na rua Pasquier, perto da Madeleine. As crianças precisam aprender o valor do dinheiro. Nunca os gêmeos o verão ser jogado pela janela. Evocando sua infância, Camus os faz compreender que a pobreza é nobre – não a miséria. Não devemos possuir muito, nos abarrotar de máquinas fotográficas, carros, tapetes espessos, móveis suntuosos. Camus não é contra a propriedade, desde que ela permaneça modesta. Segundo ele, o luxo afrouxa.

Ele não se adapta muito bem às instituições parisienses. Gaston tem sua política de prêmios literários. Convencido de que são bons para as vendas, ele não acha no entanto que confiram imortalidade. Se a Gallimard se coloca bem num júri, por tropismo os manuscritos de qualidade irão afluir – é a opinião de quase todos os patrões da edição. Camus quase ganhou o

Renaudot e o Goncourt por *A peste*. Ele decide não aceitar nenhum prêmio no futuro, nem da Academia Francesa nem do Principado de Mônaco. E se lhe oferecessem o Nobel? perguntam os Polge.[5] Ele sorri. As honras são um horror. Camus caminha no *quai* Conti com Jules Roy e aponta o lindo prédio da Academia Francesa:

— Jure que você nunca vai entrar ali.[6]

A Gallimard ostenta uma série de acadêmicos: Paul Claudel, Jacques de Lacretelle, Henri Mondor[7]... Queneau e outros autores da casa participam do Goncourt. Mas Gaston, tanto quanto Camus, detesta a Academia Francesa. Para este, os prêmios literários, importantes na vida literária da França, são excelentes para os jovens escritores. Porém os júris são também os lugares privilegiados daquilo que Camus detesta num meio de intelectuais e semi-intelectuais parisiense: perfídia, maldades, friezas, mesquinharias, cumplicidade, acerto de contas, mundanalidades. Na Gallimard as mundanalidades também existem, mas distintas, discretas como as relações de editoria.

Quando ele chegou à Gallimard, em plena guerra, todo mundo o acolheu com alegria. Tal como em todas as microssociedades, as relações agora se matizam, tornando-se mais ternas com alguns, mais duras com outros. Os homens mais influentes do conselho editorial, Queneau e Paulhan, com o passar dos anos, têm boas relações com ele, com tonalidades diferentes. Camus não se esquece de que eles foram seus primeiros correspondentes para *O estrangeiro*. Não há amizade entre Queneau e ele, mas uma estima evidente. Camus vê em Queneau, dez anos mais velho do que ele, tímido de riso aberto, um homem de uma cultura enciclopédica, fiel à sua caneta Sergent-Major, os bolsos cheios de anotações, gentil e, além do mais, escritor muito original. Simplesmente, não tem as mesmas preocupações de Camus, mas sente-se tão próximo dos pobres e humilhados quanto ele.

Camus não escreveu muito sobre os escritores de sua época. Um artigo é um depoimento de maior peso do que uma frase numa conversa. Seduzido pelo romance de Queneau, *Pierrot mon ami* [Pierrot meu amigo], lançou algumas linhas no papel. "Os livros de Raymond Queneau são fantasias ambíguas em que o espetáculo de vida cotidiana se mistura a uma melancolia atemporal. Embora a amargura não lhes falte, parece que seu autor sempre se recusa às conclusões e que obedece a uma espécie de horror à seriedade."[8]

De estatura imponente, o falar preciosista contrastando com sua cabeça de touro, Paulhan não deixa ninguém indiferente. Para a literatura, ele tem a aura do patrão *bis* na Gallimard. De Gaulle tem uma certa ideia da França, Paulhan uma certa ideia da Gallimard. Buscando ouro com G. G., ele descobriu grandes pepitas. Lida com o paradoxo, mas detesta os contrabandistas da literatura. Não interfere nas finanças da casa, mas aconselha Gaston a editar Cioran para conhecedores ou Kessel para os leitores do *France-soir.* Camus sente que, nesse mundo literário de alta densidade neurótica, Paulhan não lhe dará punhaladas. Ele pode ser viscoso, falsamente amável e verdadeiramente mau, mas é tão corajoso em tempo de paz quanto em tempo de guerra. Aos olhos de Camus, ele continua sendo o homem que, com um mimeógrafo em casa durante a Ocupação, imprimia panfletos com sua letra muito reconhecível. A editora ainda existe graças a G. G. e a Paulhan, embora os gracejos deste último, seus subentendidos, seus pequenos recados com tinta roxa irritem Gaston. Na opinião de Camus – ele nada escreve sobre a obra de Paulhan – tudo isso merece respeito e consideração. Aquele resistente teve, mais cedo que ele, dúvidas sobre as violências do expurgo. Paulhan esteve a seu lado no caso Gary Davis.[9] Que homem difícil de captar! Sartre cortejou Paulhan antes da guerra. Denuncia nele – para Camus – "um idiota, um medíocre, um chato..." de "falso paradoxo escondendo banalidades rasteiramente enunciadas".[10] Paulhan confia na obra de Camus, mas não acha que seja duradoura. Nem todo o mundo é um André Dhôtel, um de seus autores preferidos. Não há estudo de Paulhan sobre Camus. Eles se sabem fiéis à literatura, mas não à mesma. São homens de convicção, mas podem divergir, ainda que no plano político sintam as mesmas alergias. Jules Roy, Jean Amrouche e outros tendem a falar de uma escola norte-africana. Camus confessa a Paulhan: "Cá entre nós, vou lhe confiar que a literatura norte-africana está começando a me aborrecer um pouco, mais ou menos tanto quanto o absurdo."[11] Camus se desliga de Ponge, progressista-comunizante, e se aproxima de Paulhan. Em suas correspondências, Camus não semeia ao acaso suas fórmulas finais. Com Paulhan, passa do "cordialmente" ao "amigavelmente" e do "todo seu" ao "afetuosamente".

Sente-se muito mais próximo de Brice Parain. O físico tranquilizador, com sua cara boa de olhinhos afundados, seu cabelo pimenta e sal e seu corpo de camponês de Seine-et-Marne, Parain comenta Platão, mas fala com simplicidade. Camus gosta de vê-lo pegar na foice em seu campo em Verdelot. Parain, que conhece o russo e a URSS, rompeu com o comunismo por reflexão – Camus por decepção.

Uma época, compartilhando sua sala, Camus se liga a Jacques Lemarchand, consciencioso, editor assíduo que também foi jornalista no *Combat*. Camus tem três ou quatro manuscritos na sua frente, Lemarchand tem uma dúzia. A carreira literária deste termina num beco sem saída. A gaveta de sua escrivaninha contém uma garrafa de rum, e a partir das 11 horas o rum reprime, segundo dizem no Sul. Por alguns anos, Camus e Dionys Mascolo têm boas relações, mas disputam a amizade que lhes tem Michel Gallimard.

Com outras sumidades da Gallimard, Camus mantém relações distantes e delicadas. Marcel Arland tem consideração por ele. Camus o acha terrivelmente *NRF*. Mas o que é esse lado *NRF*? Um toque de Gide, um de Martin du Gard, uma pitada de Jacques Copeau e um pouco de Paulhan, a elegância rebuscada, e muitas vezes encontrada. Camus não é exatamente *NRF*. Mas o que é, precisamente, a nota Paulhan? Uma mistura de julgamentos rigorosos e de afetações. A atmosfera da editora encanta Camus quando ele se atém à esfera de Michel, Janine e Robert Gallimard. Irrita-o quando se vê enredado nas intrigas. Uma reunião de escritores não é uma tebaida. De perto, seus defeitos são aumentados e suas qualidades esquecidas. Muitas vezes, uma obra é superior a seu autor. Camus se surpreende: "*NRF*. Curioso meio cuja função é suscitar escritores e onde, no entanto, se perde a alegria de escrever e de criar."[12] Ele nota "o ódio dos escritores, tal como pode ser contraído numa editora".[13] Até os maiores se vigiam, se invejam, e julgam sempre que seu editor não faz bastante por eles. Alguns, raros, como Malraux ou Sartre, escapam quase sempre às mesquinharias. Embora seu gaullismo aborreça Camus, Malraux conserva sua auréola. Camus gosta de seus livros, adora seus títulos.

— Pode haver melhor do que *O tempo do desprezo*, *A condição humana*, *A esperança*? — ele diz.

Em 1948, um conflito surge entre Sartre e Malraux. Num artigo de *Les Temps modernes*, Merleau-Ponty decretava que Malraux pertencia à "liga das esperanças perdidas".[14] Malraux, desejando que a Gallimard se desvencilhe da revista, resmunga frases ameaçadoras sobre dossiês do tempo da Ocupação; poderiam ser revelados. Gaston, furioso, não suporta essa chantagem. Os Gallimard fazem conclaves e consultas. Raymond, Claude e Michel acham que seria melhor perder Sartre do que Malraux. Camus compartilha sua opinião, a obra de Malraux lhe parece mais importante. Gaston cede. Em 1948, *Les Temps modernes* vai para a Julliard, mas o autor Sartre fica na Gallimard.

Por sua estatura, seu temperamento e seu modo de vida, um homem, Roger Martin du Gard, suscita o respeito total de Camus. Trinta e dois anos mais velho do que Camus, compartilha com ele uma admiração quase sem reservas por Tolstói. Martin du Gard se apaga por trás de seus personagens. Nem antiquado nem de vanguarda, seu estilo é despojado. Cedo decidiu viver no campo, longe das agitações parisienses, para terminar *Les Thibault*. Caráter forte e personalidade modesta, esse ex-aluno da École des Chartes* passou cerca de vinte anos em Clermont, Bellème e Sauveterre. Trabalha sem folga. Tal como Camus, é um criador inseguro. A admiração parece recíproca, assim como a necessidade de proteger sua vida, privada e pública. "Roger Martin du Gard", diz Camus, "era da opinião de que um escritor deve ao público sua obra e não sua pessoa. Portanto, exercia e recomendava aos amigos a mais extrema discrição quanto à sua vida privada."[15]

Nos labirintos gallimardescos (no sentido próprio e no figurado), Camus também gosta de encontrar o padre Bruckberger. Na rua Sébastien-Bottin, Camus execra o espírito das conspirações, reais ou supostas, as críticas dos devotos e hipócritas. Novamente está pensando em se desvencilhar de Paris, e não apenas por alguns meses passados em Cabris. Queixa-se a Jean Grenier de que está dedicando apenas quatro a cinco horas por dia a seu trabalho pessoal. Gostaria de colocar em sua porta uma placa "Entrada proibida". Ele se censura por não trabalhar o suficiente:

— Só encontro as pessoas de quem gosto. Uso com cinismo a minha doença para não encontrar quase ninguém.

— Sempre digo que sua saúde não lhe permite ir aqui ou ali — responde Grenier.

O professor e o aluno ainda se tratam por *vous*.

— Durante dois anos, os parisienses me pegaram em sua feira literária. Não gosto dos gracejos deles — diz Camus.

Grenier afirma-lhe que continua sendo argelino, acrescentando:

— Impossível frequentar os colonos. E os árabes me parecem muito distanciados de mim.

— O melhor — conclui Camus — seria o meio, a Provence, Antibes, Cannes, principalmente Menton, para onde vai pouca gente.[16]

Importunado pela doença, impelido pela necessidade de escrever, Camus quer ir embora. Gaston lhe dá férias.

---

* Escola voltada para a formação de especialistas no estudo de documentos antigos. (*N. da T.*)

Tal como Sartre, Camus não gosta das mundanalidades. Francine aceita um convite do presidente Auriol para almoçar. Furioso, Camus cancela e conta o caso à sua mãe, durante uma viagem. E o que eles comeram na casa do presidente? Nada, pois declinaram do convite.

— É bom, meu filho, ah!, não é gente para nós — suspira Hélène Camus.

Camus também irá recusar um convite do conde e da condessa de Paris.[17] Além de alguns fins de semana ou dias com Maria, e outras escapadas, ele gosta principalmente de voltar a Cabris e suas oliveiras, a Le Chambon e seus pinheiros. A família tem seus hábitos em Le Panelier. Lá, quando não faz bom tempo, Camus diz que "cheira a lesma". Diante de Urbain Polge, ele admite que os vales o oprimem e que a claustrofobia ainda o espreita.

Camus parece mais feliz e distendido na casa dos outros ou nos hotéis do que em sua casa – na casa delas, as Faure –, como se lhe fosse impossível aderir às formas materiais do casamento: "O lugar em que prefiro viver e trabalhar (e, coisa mais rara, onde me seria indiferente morrer) é o quarto de hotel. Nunca pude me abandonar ao que chamam a vida de interior (que muitas vezes é o contrário da vida interior); a felicidade dita burguesa me entedia e me assusta."[18] De Larbaud e Fargue a Camus, de Cossery a Revel, os escritores franceses gostam de hotel: lá se têm todos os direitos e poucos deveres, a não ser para consigo mesmo. Escapa-se aos horários dos outros. De seus anos de juventude, Camus guarda não o respeito pelo dinheiro, mas pelo trabalho simbolizado pelo dinheiro. Mais simples em seus gostos do que econômico, ele sempre graceja sobre os recolhimentos da editora Gallimard, mas não se queixa das porcentagens que lhe conferem como autor ou diretor de coleção. Malraux se instala aristocraticamente em palacetes particulares cheios de obras de arte e em sua mesa no Lasserre. Sartre leva uma vida de velho estudante sem problemas de dinheiro. Camus não é avarento nem perdulário. É generoso, enviando cheques regulares à Leitura no sanatório, à Federação dos Deportados Espanhóis, aos membros do POUM... Encontra Blanche Knopf, no Ritz, mas por si mesmo não escolhe hotéis de luxo ou restaurantes famosos. Em Paris ou Argel, na casa de ricos amigos de amigos, Camus se escandaliza com o luxo. Mesquinho nunca, ele não é negligente. Discute com os diferentes órgãos, sempre dispostos, segundo ele, a sugar o sangue dos autores, como a SACEM. Usufrui de seus direitos, não aceitando os ucasses da burocracia.[19] Da época do Comitê Nacional dos Escritores, ele conservou uma desconfiança a respeito das associações e clubes de autores, embora tão inofensivos quanto a Sociedade das Pessoas de Letras. Mantém-se a distância,[20] encarrega Mireille Dorion de centralizar a representação de seus direitos literários e dramáticos.

Uma matéria-prima lhe falta no início dos anos 1950: o tempo. Para economizá-lo e porque suas longas viagens sempre o deixaram em estado de abatimento, recusa ofertas tentadoras, entre elas um convite para ir ao Japão, de seu editor Ioshio Sato, da Schinchosha Company.[21]

Camus detesta que o imaginem escrevendo por dinheiro. Um jovem escritor solicita um artigo seu para uma revista de tiragem confidencial. Pede que Camus o desculpe, pois não poderá lhe retribuir. Segundo o correspondente, os "grandes escritores achariam execrável" não serem pagos. A resposta de Camus estoura: "Não sabia que os grandes escritores (entre os quais por enquanto ainda não me incluo) sofriam tanto por não serem retribuídos. Parecia-me, ao contrário, que fossem os escritores muito jovens a se queixar, mas este é um ponto de vista de bom senso e da maneira como anda o mundo." Seco, Camus: "Não cheguei à idade em que se armazena, como diz poeticamente Claudel."[22] Ele não tem *tempo*, é só isso.

É mais fácil e passivo corrigir os manuscritos dos outros do que criticar os próprios. Camus se diz preguiçoso, mas está constantemente pensando em trabalhar. Só tem a sensação de viver de verdade quando um livro está em obra. Em casa ou no hotel, escreve à mão. Poucas pessoas, com exceção de Francine, Maria, alguns amigos e La Biche, podem relê-lo. Ele reescreve muito, anota ideias em cadernos, pedaços de papel. Camus sempre pensa num livro dentro de um tríptico de um ciclo. Na cabeça, ele tem um imenso plano de trabalho, sabe aonde quer chegar, mas com frequência sente-se indigno de seu sucesso. Antes de *A peste*, anotou: "O que constitui o sucesso dos meus livros é o que constitui sua mentira para mim." Depois, em 1950: "Minha obra durante esses dois primeiros ciclos: seres sem mentira, portanto não reais. Eles não estão no mundo." Ele anota esse peso da mentira em 1948, 1949 e 1950.

Temendo a impotência de criação, Camus diz a Urbain Polge, entre outros, que lhe falta imaginação. Distância entre a emergência de uma ideia, de um tema e sua concretização: uma anotação num caderno, algumas palavras, duas linhas se ampliam ao longo dos meses, ou dos anos, mais tarde. Sartre não escreve como fala, e Camus menos ainda. Mas Sartre tem no sangue a tinta de escrever, a escrita espontânea, e trabalha em qualquer lugar, se adapta aos barulhos, até os procura. Camus tem necessidade de ascese em Cabris, em

Le Chambon, em hotéis da *rive droite* ou num apartamento emprestado por algum amigo escritor. Ancorado na rua Sébastien-Bottin – "meu endereço perpétuo" –, ele quer se refugiar definitivamente. Às vezes, tem medo da solidão que o força a escrever. Não gosta que o obriguem a republicar certos textos de juventude, como *Bodas*, *O avesso e o direito*, mas acaba aceitando, revendo seus "maus defeitos". Envolve-se numa mistura camusiana de rigidez e complacência. Mesmo famoso, sente-se inseguro, busca uma continuidade em sua obra.[23] Não constrói uma sequência de romances, uma saga, como Proust, Martin du Gard, Jules Romains, Georges Duhamel, John Galsworthy. O bom Parain lhe diz que os textos de *O avesso e o direito* são o que ele escreveu de melhor: "Ele está enganado, pois aos vinte e dois anos, afora o gênio, mal se sabe escrever. Mas compreendo o que Parain, douto inimigo da arte e filósofo da compaixão, quer dizer [...]. Há mais amor verdadeiro naquelas páginas inábeis do que em todas as que se seguiram." Brota em Camus a nostalgia "daquele mundo de pobreza e de luz" em que viveu tanto tempo, em que estava preservado de perigos "contrários que ameaçam todo artista, o ressentimento e a satisfação". Antes dos quarenta, Camus se define: "Para corrigir uma indiferença natural, foi colocado a meia distância entre a miséria e o sol. A miséria impediu-me de acreditar que tudo está bem sob o sol e na história; o sol me ensinou que a história não é tudo. Mudar a vida, sim, mas não o mundo do qual eu fazia minha divindade. Foi assim, decerto, que cheguei a esta carreira desconfortável em que estou, engajando-me com inocência numa corda bamba em que avanço penosamente, sem ter certeza de atingir o fim. Em outras palavras, tornei-me um artista, se é verdade que não há arte sem recusa nem consentimento." Na época do engajamento, não é frequente a reivindicação do título desusado de artista. "Até confessarei", ele escreve aceitando ser levado a sério, "que o sucesso de alguns livros meus sempre me surpreendeu. Claro, acabamos nos acostumando, e de maneira bastante indigna." Naquele mundo literário, os que não conhecem a terrível dúvida acham que ele está querendo agradar a todos. "O ofício de escritor, particularmente na sociedade francesa", ele acrescenta, "é em grande parte um ofício de vaidade." Quem ele acha que é, esse Camus?, perguntam-se alguns. Mais obscuramente, ele busca um equilíbrio: ele "irá se estabelecer entre o que sou e o que digo, nesse dia, talvez, e mal ouso escrevê-lo, poderei construir a obra com que sonho". Quando volta a dizer que depois de cerca de vinte anos de trabalho acha que sua obra mal começou, raros são os que acreditam na sua sinceridade. Aquele sujeito está fazendo pose.

Camus leva manuscritos para casa em Paris e para as férias. As obras dos outros invadem as suas. Ele se recupera, está melhor, dá informações sobre sua saúde a Michel Gallimard: "Uma nova radiografia, feita aqui, mostrou uma melhora sensível. Voltei à imagem de março que Lehmann tanto admirava. Deve-se atribuí-la ao tratamento de Ménétrier? O fato é que, apesar do calor tórrido, estou me sentindo bem melhor do que quando você me viu. Escrevo-lhe isso, é claro, com a maior satisfação, mas, informado e amadurecido pela experiência, espero antes de me regozijar."

Novamente em Cabris, Camus trabalha em *O homem revoltado* e se documenta, com a ajuda de Francine:

"Gostaria também que você me mandasse rapidamente três livros:

— Os *Cadernos sobre a dialética de Hegel*, de Lenin — *NRF* formato grande (na estante atrás da minha escrivaninha)

— e no mesmo lugar: Bertrand Russel, *História das ideias no século XIX* (biblioteca das ideias *NRF)*

— Mais *O espírito das formas* de Élie Faure, que está com os livros de arte no armário envidraçado da sala.

[...] Só o trabalho, uma criação, mantém a alma em pé. Bem o sei, eu que finalmente estou trabalhando depois desses longos meses de marulho e de lodo. Não estou feliz e até nunca me senti tão sombrio, mas pelo menos acabaram-se aqueles dias desonrosos em que eu me arrastava envergonhado por não fazer nada e incapaz de aceitar minha vergonha de fazer o que devia para que ela cessasse.

Estou trabalhando dez horas por dia, é só o que há a dizer de mim. Não sei o que vai sair disso, nem como estarei ao sair daqui, mas continuo dia após dia."[24]

Em 27 de fevereiro de 1951, Camus escreve a Char: "Há um mês, estou mergulhado num trabalho ininterrupto. A total solidão e a vontade de terminar fazem com que eu permaneça à minha mesa dez horas por dia. Espero terminar antes de 15 de março. Mas o parto é longo, difícil e parece-me que a criança é muito feia. Esse esforço é extenuante."

Em março, enfim, no dia 8, depois da morte de Gide,[25] que comove Camus, ele anuncia a Francine: "Esta manhã terminei meu ensaio e ainda estou aturdido, com a cabeça oca e a energia distendida. [...] Agora as cartas lhe serão poupadas, você me terá em domicílio. Ainda tenho muito a trabalhar, mas, para o que tenho a fazer, será fácil em casa. Terminei e no entanto não estou sentindo nenhuma alegria. Gostaria que este livro me fizesse dar um passo decisivo, e comigo muita gente com quem me sinto solidário.

Se bem-sucedido, este livro poderia, à sua maneira, dominar este momento da época, anunciar uma fecundidade. Você vê que minha ambição não era pequena. Mas duvido muito que tenha tido êxito. Há um gênio que não tenho esperança de ter. Proponho-me sempre tarefas acima das minhas forças, é isso que me faz viver sempre num esforço constante e que me esgota. Mas para que tudo isso? Vamos ver quando tudo estiver claro." Lucien Bénisti vai visitar Camus e o acha desanimado, "trabalhando como um trapista numa cela monacal".[26]

Camus escreve a Maria: "Terminou e no entanto não estou feliz. Dúvida ou cansaço, não sei. No entanto preciso me recompor, ainda há o que fazer. Mas agora estou mais ou menos certo de ter terminado tudo por volta de 10 de março. Depois terei de retrabalhar o conjunto. Mas, para isso, Paris não é impedimento. Pelo contrário, aqui vivo e trabalho um pouco como alucinado, sem repouso, sem derivativo. Acontece também que estou dormindo muito mal. Um pouco de desenvoltura será útil, um olhar mais próximo e mais distante..."[27]

Camus volta a Paris e em 11 de março anuncia a Char que acabou mais cedo do que o previsto, alguns dias antes. Em 26 de junho, sempre para Char: "Ainda estou trabalhando em refazer algumas partes de meu livro [...]. No final não é sem angústia que me separarei dele. Gostaria de ter sido ao mesmo tempo verdadeiro e útil, mas isso supõe uma generosidade em todos os instantes. Senti-me solitário durante todo o tempo deste trabalho." Para Char, Camus diz que ter expulsado esse livro deixa-o num estado de "depressão aérea". Em 10 de julho, ao amigo: "Agora é preciso esperar."

Em julho, as negociações entre beligerantes começaram na Coreia.[28] Camus está então em Le Chambon, tendo alugado a *villa* Le Platane, na estrada de Molle. Ele pesca trutas com os filhos. Enternecida, Francine observa seu pequeno mundo. Camus preocupa-se com a situação na Coreia - "muito inquietante. Mas tenho a impressão de que será circunscrita e de que temos alguns meses de sursis".

— Nunca houve uma tal virada na história da humanidade, uma mudança tão capital — Camus declara a Jean Grenier, que passa por Le Chambon. — Como pôde surgir uma sensibilidade nova, tão diferente da antiga? Pessoalmente, sinto-me mais próximo do helenismo, mas, no interior do cristianismo, estou mais próximo do catolicismo do que do protestantismo. E bastante distanciado do judaísmo, por causa de seu antinaturalismo, que causa uma obturação no espírito deles.

— No entanto — diz Grenier —, você se aproxima dos israelitas em seu sentimento de revolta contra a injustiça, em seu senso de humanidade...

Camus o interrompe:

— Mas considero que é preciso revoltar-se para chegar à felicidade, é preciso amar a natureza, ter uma sabedoria de vida no imediato e não no longínquo. Gosto muito do lado estático do helenismo.

Depois, diante do bom professor, Camus, nostálgico, volta a seus anos de estudante:

— No fundo não é uma anomalia que eu tenha escolhido como tema de trabalho final um tema sobre esse período (do neoplatonismo). Sempre me interessei por ele.

Camus lustra e reaprimora *O homem revoltado*. Passeia com Jean Grenier entre Le Chambon e Le Pànelier, margeando o Claisse, que se lança no Lignon, admirando as giestas suntuosas. Agora as reuniões e os seminários sociais, religiosos, filosóficos se sucedem em Le Chambon, que se torna um grande centro de veranistas cultos. Lá, universitários, médicos, engenheiros se encontram, se recolhem, meditam, conversam. Até o Exército de Salvação reaparece, exibindo seus cartazes: "Deus te procura."

— Ele não me procuraria se já não me tivesse encontrado — diz Camus.[29]

39

Revoltas

George Orwell foi, como Camus, um homem de esquerda, crítico precoce do colonialismo, do comunismo e do stalinismo. Lutando na Espanha, viu os comunistas diante dos anarquistas. Também Orwell era tuberculoso. Camus quase participou com ele, Gide, Silone e Koestler de um livro comum, *The God that failed* – o deus [o comunismo] que fracassou. Camus não conheceu o homem Orwell, que morreu em janeiro de 1950, aos quarenta e sete anos.

A família Camus está instalada, então, na rua Madame, nº 29. Albert torna-se proprietário. Michel Gallimard constitui com ele uma sociedade civil imobiliária para comprar o apartamento. Camus irá recomprar todas as partes. A família já não vagueia de casas emprestadas para apartamentos alugados. Calma, burguesa, a rua Madame fica a quinze minutos a pé da editora Gallimard, perto de um bistrô, o café de la Mairie, na praça Saint-Sulpice, onde Camus gosta de parar depois de comprar alguns jornais na banca perto da fonte Quatre-Évêques. Ao norte, o bulevar Saint-Germain, seus cafés e suas cervejarias; ao sul, os jardins do Luxembourg, onde Camus leva os filhos gêmeos para passear entre os velhos carrosséis, um palhaço e alguns burricos.

"Não tenho uma sogra, tenho três", diz Camus, exasperado com as Faure.[1] Em seus momentos de irritação, chama a sra. Faure de "a burguesa" ou "Tartufo". Fernande cuida sempre muito bem das crianças, distribuindo alguns tapas ocasionalmente. Camus tem a impressão de que a família asfixia sua mulher, mas não interfere. Em viagem, numa cabine de trem, se alguém lhe pede licença para fumar, Fernande responde: "Sim, vamos tossir." Entre suas viagens, suas temporadas no campo ou nas montanhas, Camus não é muito presente. Rodeando Francine, suas irmãs e sua mãe, pretorianas afetuosas, fazem-no fugir. Na rua Madame, Camus instala um divã no seu escritório, onde trabalha de manhã, antes de ir para a Gallimard. Francine toca piano quando ele se ausenta. Poncet observa o quanto é agradável ter uma mulher que toca tão bem. Camus resmunga:

— Se você engolisse seis horas de Bach por dia, não falaria assim.

Ele exerce bem seu quarto ofício de pai em meio período. Conta histórias aos gêmeos, explica que "nasceu na carroça da mudança" que levava sua mãe para Mondovi, em 1913. Fala muito dela, a outra avó dos gêmeos, que eles veem menos do que Fernande, pois ela mora em Argel. Como frequentemente acontece, a família materna exerce mais poder do que a paterna. A sra. Camus mãe manda presentes, sacos de doces para Catherine e Jean, e um chouriço para o filho, no Natal.

Camus leva o papel de pai tanto mais a sério, talvez, por não ter conhecido o seu. Terno e rígido, gosta dos filhos, símbolos da esperança e da inocência. Na rua Madame ou em férias, ele brinca e aplica seus princípios pedagógicos. Chama os gêmeos de "os horríveis", "a peste" ou "a cólera".

De manhã, precipita-se no quarto das crianças cantando:

Avez vous entendu, gens des campagnes
*Le grand cri descendu de la montagne?**

Com o pai, Catherine e Jean cantam em coro:

Jules est Hercule
Cyprien est musicien
Maman est somnambule
*Et moi je ne m'en fais pas, pa, pa, pa***

Depois os três repetem, uma oitava acima:

Pa-pa Jules est Hercule...

---

* Vocês ouviram, gente dos campos,/ O grito alto que desceu da montanha? (*N. da T.*)

** Júlio é Hércules/ Ciprião é músico/ Mamãe é sonâmbula/ E eu não vou me preocupar, pa, pa, pa. (*N. da T.*)

Camus e seus filhos entoam refrões:

On a trouvé, zim zim boum boum
Dans la rue Bab Azoum
Un homme mort assassiné
*Et la police zim zim boum boum...**

Jean se parece fisicamente com o pai e psicologicamente com a mãe. Também tocará piano muito bem. Tal como sua mulher, Camus orgulha-se de que Jean seja tão sensível à música. Pronuncia-se a palavra Deus diante dele:

— Ou seja? — diz Jean.

De humor mais regular, Catherine, transbordante de vitalidade, gosta de desenhar, é boa em composição francesa e ginástica. Por trás dos óculos, tem uma carinha engraçada e séria. Aberta, decidida, não terá problemas na vida, segundo decreta Camus, mais preocupado com o futuro de Jean, mais introvertido. Camus não consegue conceber um filho diferente dele mesmo. Irá forçar Jean a jogar futebol. Jean dará preferência ao xadrez. Muito argelino, Camus quer fazer do filho "um homem". Preocupa-se com a saúde das crianças, principalmente de Jean, mas, no inverno, obriga-o a abrir o colarinho da camisa. Camus se aborrece com as influências da família de sua mulher:

— Esse menino, educado por essas mulheres, não é possível!

Com suas tiradas, Jean surpreende uns e outros. Durante uma briga com a irmã, ele diz seriamente:

— Me largue enquanto ainda tenho a força da minha cólera.

Sua mãe acaba de dizer:

— Ora, vocês não têm o que fazer?

— Não tem graça não fazer nada quando não há nada para fazer — replica Jean.

Catherine, é claro, tem paixão pelo pai, que ela apelida de "o tranquilizador".[2] Jean também tem afinidade com a avó e a tia Christiane, a quem dará a mão para andar na rua até os doze anos. Solteira, Christiane leva suas funções muito a sério. Leva os gêmeos até um bazar embaixo da rua Madame, na rua do Vieux-Colombier, caverna das maravilhas, e anuncia:

— Peguem o que quiserem.

---

* Encontraram, zim zim bum bum/ Na rua Bab Azum/ Um homem morto assassinado/ E a polícia zim zim bum bum. (*N. da T.*)

Camus aprecia a boa intenção, mas não gosta desse sistema. Tampouco quando Michel Gallimard, sem razão, dá de presente um Meccano, uma boneca, um pequeno labirinto com uma bolinha.

— Michel, perde-se um tempo louco com essas bobagens — diz Camus.

Diante das larguezas de Michel, Albert sempre se mantém reticente. Lança o refrão:

— Michel, você nunca irá compreender porque não tem a experiência da pobreza.

Sem filhos, Michel é igualmente generoso com a enteada, Anne. Compra máquinas fotográficas, relógios, e Albert zomba dele. Passada a fase do urso de pelúcia, Camus gosta de dar aos filhos presentes *úteis* - como sua avó Sintès -, até mesmo no Natal: um sobretudo, livros, discos, objetos "honrosos".

Entre uma partida de futebol de mesa e uma sessão de pintura dos personagens encontrados nos pacotes de café Mokarex, Camus profere discursos cívicos: não se deve gastar dinheiro à toa. Deve-se respeitar os empregados domésticos, Catherine. Vocês mesmos vão engraxar seus sapatos. Não se deve deixar resto no prato, Jean. Vai comer salada, sim, duas folhas. Seu filho surpreende Camus. Por que, quando alguém pergunta se ele quer mais batata, é preciso esperar dois minutos pela resposta? Não se deve pôr os cotovelos na mesa. Criança não xinga. Parem de brigar. Mas por que Catherine está agindo como menino? Leiam Júlio Verne.

— Ei! Vocês conhecem a regra? — pergunta o pai.

Catherine e Jean, em coro:

— Não-fa-lar-du-ran-te-as-re-fei-ções.

Camus educa brincando:

— Um minuto de silêncio!

Os gêmeos estouram na risada. O pai também. Seja na rua Madame, seja na casa de "Jami" ou de outros amigos, Camus não adere ao gênero "há muita mulher por aqui, vou fazer outra coisa, elas que cuidem disso".

No que se refere à educação, Camus pretende-se leigo. Nem pensa em colocar Catherine e Jean em escolas privadas, sendo que há algumas reputadas no bairro: o colégio Stanislas para a burguesia católica, a Escola alsaciana frequentada pelos protestantes, ou a Escola Bossuet. Camus gostaria de inscrever seus filhos imediatamente no curso primário de um liceu. Mas as classes estão lotadas, com cinquenta alunos cada uma. Ele daria preferência ao liceu para que as crianças ficassem semi-internas, escapando da atmosfera familiar excessivamente feminina. Jean e Catherine frequentarão a escola maternal da rua Madame, depois a excelente escola primária, a cem metros do apartamento dos Camus,[3] e o liceu Montaigne. Mais tarde Jean irá para o curso Marcel-Proust, fundado por André Bénichou, e para o Louis-le-Grand; Catherine irá para o liceu Victor-Duruy.

Com os gêmeos, Camus tem autoridade e sabe manifestar sua severidade. Ouve-os, não se pretende perfeito e deixa-se criticar, dando-lhes a impressão de que a opinião das crianças vale tanto quanto a dos adultos. Camus faz pilhérias diante de Catherine e Jean:

— Hoje, encontrei um senhor que me disse: "Eu sou modesto e inteligente" — ele conta, colocando a ponta do dedo no supercílio.

O pai ensina civilidade e respeito pelos outros. Pede que estudem bastante. Se Jean tem notas baixas, Camus diz:

— Vou colocar você como aprendiz numa oficina mecânica. Catherine mostra-lhe uma redação.

— Não é demais coisa de escritor, adulto demais?

Camus não se zanga com a filha, frequentemente indócil. Ela declara que quer fazer primeira comunhão:

— Por quê? Está querendo um vestido bonito e presentes, ou você acredita em Deus?

A menina sente-se sugada pelo chão:

— Por causa do vestido e dos presentes.

— Você acha isso brilhante?

Não se fala mais no assunto. Com os filhos, Camus nunca mostra sua imagem pública, com frequência rígida. Explica que a mentira mata a vida. Catherine descobre a medalha da Resistência do pai numa gaveta.

— Onde achou isso? Ponha de volta na gaveta.

Ele gosta de caçoar, tal como Francine, que ri diante dos sapatos de Catherine:

— Tamanho 39 com doze anos! Seu pai e eu temos pés bonitos.[4]

Embora para os íntimos Camus repita que não é feito para o casamento, ele nunca diz: não sou feito para a paternidade. Um pai que não teve modelo de pai ou de avô pode ter alguma dificuldade em desempenhar seu papel: precisa inventar tudo. Camus não mostra aos filhos que foi – ou é – doente. Com Michel, diante de Janine ou de Francine, longe dos gêmeos, ele evoca sua tuberculose, gracejando. Albert e Michel falam em fazer um seguro de vida e, rindo, concluem que não será possível, em vista do estado de seus pulmões. Outra provocação, para Janine:

— Forçosamente vamos morrer antes de você. Mande nos embalsamar. Coloque nós dois na sala e venha falar conosco todas as noites.

Francine, mãe excelente, não se queixa, apesar das crises de depressão. Camus sente-se culpado e revoltado. Merda! Cada um é livre na vida! Ele não quer ferir ninguém, respeita os outros. Mas ele machuca. Fala de Maria Casarès a Poncet. Poncet acha que é pedir demais a uma esposa, pobre Francine.[5]

Camus se cala. Declarações de Camus relatadas por Grenier: "Francine nunca está feliz. De milhares de banhos tomados em Orã, houve apenas um ou dois satisfatórios. Necessidade de fé religiosa. Ela não admite infelicidades. Sempre se indaga por quê. Quanto a mim, sou frívolo. Então, embora pense a mesma coisa, desfruto dos detalhes da vida. Ela não. Sou um estúpido..."[6] Sem segundas intenções, Francine parece mais próxima de Jean Grenier, místico silencioso, do que de Camus. Até acha a escrita de Grenier, renda encantadora, muito agradável. Consola-se com a música, flerta ao máximo com Silone.

Quando Camus se afastar da rua Madame, passará por lá todas as quintas-feiras ao meio-dia. Depois do jantar, as crianças apresentarão sua caderneta escolar. Nem uma palavra em tom mais alto por parte do pai, mas as apreciações severas são lançadas.

Em 1950 e 1951, Camus se rebela diante das tensões da rua Madame. Revolta-se contra sua condição de marido. Em sua vida privada, o centro continua sendo Maria Casarès, que para ele tem "o gênio da vida".[7] Passantes, muitas vezes atrizes, desfilam. São estrelas cadentes. Diante das crianças, Camus parece sereno. Menos diante de Maria, com quem se abre: "Sempre tive a impressão de estar em alto-mar: ameaçado no fundo de uma felicidade régia." Ou ainda: "Ninguém mais do que eu desejou a harmonia, o abandono, o equilíbrio definitivo, mas sempre precisei buscá-lo pelos caminhos mais abruptos, da desordem, das lutas." Muitas vezes ele não gosta de si mesmo: "Faço de mim a ideia mais pavorosa, durante dias."[8]

Sua vida essencial continua sendo o trabalho, ao qual dedica quase menos tempo do que às suas outras vidas, mas não menos talento. "Não há um talento para escrever e outro para criar. O mesmo basta aos dois. E podemos ter certeza de que o talento que só conseguiu produzir uma obra artificial só poderia sustentar uma vida frívola." Os seis primeiros meses de 1951 foram dedicados principalmente a terminar *O homem revoltado*. É complicado escrever, ser pai em tempo parcial e ser fiel, mesmo que à Única.

Camus guarda para si as grandes mágoas, e sob forma de anotações secas: "11 de junho de 1951. Carta de Régine Junier anunciando-me seu suicídio." E nos Estados Unidos Régine se mata. O único problema filosófico sério... Camus, sombrio e generalizador, contempla o ano transcorrido: "O homem de 1950: ele fornicava e lia jornais." Para fugir da rua Madame com maior frequência, Camus também tivera uma excelente razão, seu ensaio. Nunca dedicou tanto tempo a pesquisas. Três anos antes, anunciava a seu editor que seu "ensaio filosófico" estava "quase terminado", acrescentando: "Não há romance em vista, por muito tempo."[9]

Vindo de Argel,[10] de passagem depois da falência da Charlot em Paris, Poncet encontrou Camus num pequeno hotel do 1º *arrondissement*, na rua de Beaujolais. De seu quarto, Camus avistava os jardins do Palais-Royal. Albert explicou a Charles que estava se dedicando a um trabalho de pesquisa considerável. Tinha lido Marx "atentamente", não *todo* Marx. A ideia da revolta preocupa Camus pelo menos desde 1943, e, em 1945, ele redigia cerca de quinze páginas, "Remarque sur la révolte" [Observação sobre a revolta].[11] "O que é um homem revoltado? É antes de tudo um homem que diz não. Mas, embora recuse, ele não renuncia: é também um homem que diz sim. Entremos nos detalhes com o movimento de revolta." Aí está, quase palavra por palavra, o início do primeiro capítulo de *O homem revoltado* terminado.

Camus abre-se a respeito de seu ensaio com uns e outros, mas não com a família sartriana. Em 1949, Georges Bataille lhe perguntava quando contava terminá-lo.[12] Camus dizia-se então longe do final. Redigiu sua primeira versão em papel pergaminho de boa qualidade, como se fizesse questão de escrever num suporte "rico", como se trabalhasse para a posteridade.[13] Ele dedica a obra a Jean Grenier, que influenciou duplamente seu pensamento político: antes da guerra, o professor o impeliu a aderir ao partido comunista e, ao mesmo tempo, estava escrevendo um ensaio contra o espírito de ortodoxia, no qual dizia, a propósito de um texto marxista consagrado à dialética em biologia: "Estamos aqui em pleno messianismo, um messianismo que justifica todos os massacres." Em seu livro, Camus pretende examinar a ortodoxia revolucionária da esquerda criptocomunista e o messianismo do genial Marx. Grenier e Camus se encontram em Fontenay-aux-Roses, onde o professor está instalado, perto da *villa* de René Poirier, outro professor de Camus em Argel. Grenier, então, leu um manuscrito de *O homem revoltado*. Camus lhe descreve a organização de seu projeto:

— Quero falar do humano, sobretudo da moderação enquanto escala do humano. Do negativo ao positivo.

— Seu livro está na linha reacionária de Maurras — diz Grenier.

— Azar [...] devemos dizer o que queremos... — responde Camus.[14] Ele não aceita uma retórica da complacência política. Ninguém lhe fará dizer que é noite em pleno dia.

— Você vai fazer muitos inimigos — observa Jean Grenier.

— É, provavelmente, meus amigos não serão muito firmes.

Camus faz modificações em seu manuscrito, manda um exemplar datilografado e corrigido para René Char, em 12 de julho de 1951:

"Meu caro René,

"Aqui está o objeto de tantas penas. Percebo que este manuscrito está muito rabiscado. Dei o melhor à gráfica. Mas sei que você se reconhecerá nele. Possa ele ser digno, em sua forma, do que ambos pensamos. É com uma alegria profunda, em todo caso, que o confio a você [apesar de minha ansiedade, é claro]. Extraí muito de nosso encontro de ontem, ou melhor, você me tirou de algumas das dúvidas em que me encontrava depois deste longo trabalho obstinado. Mais uma pedra branca no caminho belo e estrito de nossa amizade. Muito afetuosamente seu..."

A obra poderia ter como subtítulo: "o homem contra uma certa ideia de revolução". Para Camus, esse livro, teoria política e artística, é uma "confidência".[15] Ele expõe mais seu pensamento em anotações ou cartas pessoais do que em algumas obras buriladas. "Nossas gerações", ele escreve a um correspondente, "não tiveram outra fé além da revolução. Eis o drama em que a revolução, em seus próprios sucessos, nos mostra uma face horrível [...]. Em cento e cinquenta anos, a França conheceu quatro revoluções sangrentas e um certo número de rebeliões. No mesmo lapso de tempo, a Inglaterra, sem uma só rebelião [*Camus parece esquecer o movimento cartista assim como as revoltas operárias na Grã-Bretanha no século XIX*], realizava uma incontestável democracia social, hoje a mais avançada do mundo, ao lado das escandinavas. A revolução não é portanto um fim, não pode portanto ser um objeto de fé, ela é um meio a serviço da justiça e da verdade. Se não serve a seus fins, como é visível neste momento, é preciso reconhecê-lo e dizê-lo."[16]

Antes da redação de *O homem revoltado*, e depois - diante de Jean Grenier, entre outros -, Camus sublinha essa ideia. Por volta do final dos anos 1940, na *intelligentsia* progressista, e em torno da redação de *Les Temps modernes*, não se insiste em certas realidades do mundo comunista – regime policial, campos de concentração –, para não colocar em perigo a Revolução em geral. As realidades revolucionárias são maquiadas. Todos mentem para os outros e para si mesmos. As aparências do regime são negativas, mas, com sinceridade ou má-fé, as pessoas se acreditam "realistas". Camus: "Às vezes odeio minha época. Não sou um idealista. E não são essas realidades, por mais abjetas e cruéis que sejam, que odeio. São as mentiras em que elas chafurdam. [A Rússia é] hoje uma terra de escravos juncada de postos de vigia [...]. Combaterei até o fim o fato de esse regime de campo de concentração ser adorado como instrumento da libertação e como uma escola da felicidade futura... Só uma coisa no mundo me parece maior do que a justiça: é, se não a própria verdade, pelo menos o esforço no sentido da verdade. Não temos necessidade de esperança, temos apenas necessidade de verdade."[17] E não de "dialética".

Em 1951, Camus está muito isolado dentro da *intelligentsia* de esquerda. Marguerite Duras, então pouco conhecida, com dois romances publicados, e Jean Duvignaud, escritor, deixam o partido em 1949, seguidos oficialmente, dois anos depois, por Edgar Morin, que se afastou há mais tempo. Permanecem no PCF os filósofos Jean-Toussaint Desanti, Henri Lefebvre, Roger Garaudy.[18] Na aurora dos anos 1950, Camus pressente a quarentena. Ele ouviu, na embaixada soviética, um funcionário russo dizer:

— Fizemos um grande esforço. Pensem bem, tínhamos dez milhões de prisioneiros políticos. Agora há muito menos.[19]

A hemorragia dos intelectuais irá começar realmente em 1956, com outros escritores: Alphonse Boudard, Aimé Césaire, Jean-Pierre Chabrol, Dominique Desanti, Jacques-Francis Rolland, Claude Roy, Roger Vailland, Robert Merle, Claude Morgan. E prosseguirá com Jorge Semprun...[20]

Camus, em *O homem revoltado*, entrega-se a um exercício filosófico ambicioso. Quer elaborar suas experiências, seus conhecimentos e suas leituras, sociais, literárias, filosóficas. Aborda ao mesmo tempo a política, o social e o literário e se lança numa aventura filosófica francesa típica, às vezes perigosa. Alguns anos antes, ele observava: "Creio que para mim tanto faz estar em contradição. Não tenho vontade de ser um gênio filosófico."[21] Agora famoso, com esperança de poder desempenhar um papel, quer pôr ordem nas contradições progressistas que compartilhou. Deseja ultrapassar o absurdo, pela revolta. Mas, quando esta se pretende revolucionária, adota razões que a levam a um novo absurdo, o assassinato. O homem revoltado verdadeiro conserva sua dignidade e recusa a humilhação. Depois de 1917, e bem antes segundo Camus, o assassinato se torna uma moral provisória. De esquerda ou de direita, os revolucionários no poder justificam prisões, assassinatos em nome da felicidade futura da humanidade. Camus espera hoje formular um novo humanismo. Pelos sofrimentos humanos, ele não tem uma piedade fingida. Seus sentimentos humanitários, sua simpatia pelos pobres, pelos explorados, pelos perseguidos, estão ligados à caridade leiga. Ele faz uma pergunta fundamental: como certos homens, em nome da revolta que se tornou revolução, aceitaram o assassinato coletivo? Como militantes, justamente revoltados, transformados em revolucionários profissionais, criaram, no século XX, Estados totalitários? Os homens não acreditam mais em Deus, mas alguns, sobretudo na Europa ocidental, divinizam a história.

O livro analisa a época e seus males. Camus tenta fugir do absolutismo ideológico, não das ideias. Opõe-se ao espírito de intolerância e de ódio. Antes de todo artista, a seu ver, ele define o lugar do criador revoltado. A gestação do livro foi penosa. Os planos sucessivos o atestam.[22] Para Camus, hoje "a filosofia [...] pode servir para tudo, mesmo para transformar os assassinos em juízes". Esse ensaio aparentemente simples – forma polida, horizontes múltiplos –, opondo-se à divinização hegeliana da História, continua sendo um pouco hegeliano, querendo explicar tanto a arte quanto a história, a história na arte, e a arte na história. Um pouco antes, Aragon publicou o primeiro volume de *L'Homme communiste* [O homem comunista]. Através dessa coletânea de textos, ele desenhou "o homem comunista que nasce diante de nossos olhos". Em seu livro, mais elaborado, Camus descreve o homem revoltado e revolucionário não comunista. O homem diz não à sua condição de ser mortal, e à criação. O não se transmuta em sim à liberdade e à justiça. Pela revolta, o homem se liberta da sua condição e recria a unidade do gênero humano. A revolta metafísica é recusa, consciência dessa recusa e consciência de si: "Eu me revolto, portanto existimos." Desvencilhado de Deus, o homem entra na história. A revolta torna-se revolução. Mas a revolta histórica torna-se, por sua vez, negação da revolta metafísica e legitima o crime.

A construção – densa para alguns, complexa para outros – apoia-se em cinco pilares. Camus, definindo o homem revoltado, estuda o que ele chama de revolta metafísica, depois passa à revolta histórica e à revolta artística. Conclui com "o pensamento mediterrâneo", menos analítico, mais lírico e camusiano: o autor de *Bodas* opõe um equilíbrio mediterrâneo ao desequilíbrio do totalitarismo, mais nórdico. Faz um elogio da medida – como diante de seus ouvintes da Casa da Cultura de Argel em 1937. Liberdade e justiça se opõem: sem comprometimento, é preciso chegar a um compromisso. Camus desenvolve um paradoxo aparente: com uma total liberdade, não há mais justiça; com a justiça total, a liberdade é inútil.

Para ele, os ideólogos, sobretudo alemães, historicistas no sentido de Popper, ou seja, que consideram a história como sendo determinada por forças irresistíveis, são responsáveis pela intolerância no século XX, pelo absolutismo intelectual e político que faz nascer inquisidores. Originalmente, o grande responsável pelo desvio historicista é Hegel, de quem Marx, os marxistas e os comunistas são herdeiros. Hegel, o primeiro, descreveu o papel criador do grande homem, como Carlyle. Defensor no fundo do tribalismo nacionalista, das exaltações do estado inimigo de todos os seus concorrentes, portanto votado à guerra, ele estaria na origem do *Führerprinzip*. Hegel fez do sucesso histórico o princípio moral de todo comportamento coletivo ao qual devem subordinar-se os comportamentos individuais. Torna admissíveis as mentiras da propaganda e as deformações da verdade. Guerra e glória tornam-se fins desejáveis. Enfim, Hegel opôs a vida esplêndida do homem heroico à do pequeno-burguês medíocre, idealizando os combates e o sangue derramado.[23] Estava aberta a brecha para os métodos que legitimam o pior.

Para teorizar, Camus fundamenta-se no que viveu – em seu conhecimento direto, *knowledge by description*, diria Russell –, mas sobretudo em conhecimentos indiretos, *knowledge by acquaintance*, e livrescos. Seu ensaio se transforma em autobiografia intelectual descontínua. Sua experiência revolucionária é limitada: membro do Partido Comunista Argelino, diante dos nacionalistas argelinos, viu o partido forjar e abusar de uma dupla linguagem. A Resistência não desembocou numa Revolução com que Camus sonhava ainda em 1944. Seus amigos revolucionários Lazarevitch, Rosmer – e Boris Souvarine, que ele conhece – explicaram em que a revolução bolchevique havia traído o ideal revolucionário puro. Recomendaram-lhe os livros de testemunhas como Margarete Buber-Neumann, que escapou do *gulag* e de Ravensbrück, ou Victor Serge, testemunha lúcida do "socialismo real" soviético.[24] Camus tem um mérito, raro: desde há alguns anos, ouve algumas testemunhas críticas da Revolução russa – elas não faltam, mas, como se fosse por acaso, são pouco ouvidas[25] – e lê obras que, muitas vezes, são tabus. Tenta em vão a publicação de alguns textos de Souvarine, "o primeiro desencantado do comunismo".[26] Enquanto estava trabalhando em *O homem revoltado*, na Berlim bloqueada pelos soviéticos reunia-se, em junho de 1950, o Congresso pela Liberdade da Cultura, organização patrocinada por quarenta intelectuais, entre os quais Camus, Blum, Gide, Aron, Rousset, Mauriac, Rémi Roure; entre os britânicos, Koestler e Russell; no bloco americano, John dos Passos, Upton Sinclair, James Burnham; à frente dos italianos, Silone. Camus não participou da reunião de Berlim, mas assinou um Manifesto aos Homens Livres. Declarava que "a liberdade intelectual implica em primeiro lugar a liberdade de pensamento e de palavras, sobretudo se estes se opõem aos dos dirigentes", acrescentando, nota camusiana: "privado do direito de dizer não, o homem torna-se um escravo". Já na primeira página de *O homem revoltado*, Camus escreve: "Um escravo, que recebeu ordens durante toda a vida, de repente julga inaceitável um novo comando." O manifesto diz: "É também a afirmação de que a teoria e a ação dos Estados totalitários são a maior ameaça que a humanidade teve de enfrentar ao longo da história e da civilização."

O ensaio de Camus expressa o estado de espírito dos melhores desencantados do comunismo. Em março de 1951 surge a revista *Preuves*, ponta de lança da luta intelectual. É dirigida em parte por François Bondy e será posteriormente financiada, sem que Camus ou Aron e outros o saibam, pela CIA, que investe na cultura.[27] Camus recorreu, como vimos, a amigos como Lazarevitch para explorar a história dos terroristas e niilistas russos. Do mesmo modo, alimentou sua obsessão pelo sagrado ao longo de discussões com o padre Bruckberger. Há uns dez anos ele lê ou relê Platão, Kier-kegaard, Nietzsche, Jaspers, Heidegger, Chestov. Parece menos minucioso e acadêmico com relação a Hegel: embora faça anotações para *A fenomenologia do espírito*, também utiliza textos selecionados ou estudos de especialistas como Hyppolite ou Kojève. No que se refere a Marx, sua leitura ainda é fragmentária: utiliza muito a antologia de Henri Lefebvre e Maximilien Rubel.

Seu livro contém numerosas alusões a Marx, algumas a Lenin, nenhuma a Stalin. Camus deseja ultrapassar o espírito revolucionário sangrento e o absurdo do absurdo, que leva a um impasse: "O absurdo ultrapassa a si mesmo." Ele busca uma pureza da revolta que devolveria uma coerência à ação. *A posteriori*, o ensaio *O homem revoltado* é uma ilustração teórica de *A pes-*

te; *O mito de Sísifo* foi o contraponto de *O estrangeiro*. *O homem revoltado* e *A peste* fazem parte do mesmo ciclo, juntamente com *O estado de sítio* e *Os justos*. Em seu ensaio vibrante, Camus explica sua época a seus *camaradas* e acerta contas consigo mesmo. É também "um esforço para compreender meu tempo". Alusão a *O mito de Sísifo*: "Poderia ser útil interrogar-se a respeito do problema do suicídio no tempo da negação." Naqueles anos 1950, "no tempo das ideologias", é preciso opor-se ao assassinato político.

O coração e a alma da obra é um questionamento, então radical e original, da revolução em geral e das revoluções soviética e francesa em particular – empreitada corajosa, sobretudo para um escritor de esquerda em evidência. Seus professores de história ensinaram ao jovem Camus liceano e estudante que revolução e democracia eram idênticas, e reacionárias todas as críticas à ação revolucionária. Opor-se à Revolução francesa ou criticá-la era conspirar contra a liberdade, trair a França e sua vocação universal. Naqueles anos 1950, a historiografia marxista de 1789, dominante na universidade francesa, reprime o debate. Nem historiador nem filósofo acadêmico, Camus rebela-se contra uma versão oficial e expurgada bem antes que uma escola de novos historiadores franceses, em sua maioria provindos de *Annales*, reexaminasse as revoluções de 1789 e 1917.[28] Os historiadores marxistas ou pseudomarxistas franceses ou estrangeiros transformam os bolcheviques em herdeiros dos jacobinos. Tanto por intuição como por raciocínio ou através de suas pesquisas, Camus vincula, numa óptica inversa, o Terror francês ao Terror soviético. Ele ataca toda uma mitologia da Educação nacional francesa e da *intelligentsia* de esquerda, comunista e não comunista. Mostra 1917 sob a luz de 1789, sem negar as aquisições da Revolução Francesa e os valores da democracia representativa. Mas descreve e denuncia os aspectos mais funestos dessa Revolução e da simbólica revolucionária. Mais excêntrico ainda para a época, na contracorrente, ele atira bolas no grande boliche do museu Grévin da Revolução, que continua sendo o mito fundador da República e da Resistência. Há um curso e uma cátedra da Revolução na Sorbonne. Pontífices como Georges Lefebvre, Albert Mathiez e Albert Soboul fazem *a lei* nos círculos acadêmicos e fora da universidade. A trajetória de Camus é atípica.[29] Jornalistas e quadros, historiadores e hierarcas do Partido Comunista Francês veem a revolução bolchevique pelo prisma do perídodo jacobino. Camus, com uma candura e uma audácia singulares, vê o jacobinismo no bolchevismo. Ele ataca personalidades-tabu. Todo liceano francês, se a família não é de extrema direita, tem um respeito confesso ou secreto por Robespierre e Saint-Just. Iconoclasta, Camus pulveriza Saint-Just "... seu tom definitivo. A cascata de informações peremptórias, o estilo axiomático e sentencioso [...]. As sentenças se desfiam em ladainha, como a própria sabedoria da nação [...], as definições [...] se sucedem como comandos frios e claros, [...] Os princípios devem ser moderados, as leis implacáveis, as penas sem retorno. É o estilo guilhotina". Estamos longe dos manuais escolares do ensino público, do Saint-Just, duro, com certeza, mas tão puro, apresentado por tantos professores. Camus descobre nele sobretudo um fanático, e, na revolução jacobina tentando instituir uma religião da virtude, cinismo, assim como o início de uma evolução sangrenta, subordinando meios infames a fins idealizados. Camus agrava seu caso: nos liceus da França e da Argélia – não no ensino privado, que exagera de maneira diferente –, parte-se de um axioma: a execução de Luís XVI talvez tenha sido votada precipitadamente, mas foi necessária. Em 1951, tranquilo, Camus escreve: "É um escândalo repugnante ter apresentado como um grande momento da nossa história o assassinato público de um homem fraco e bom. Essa decapitação não marca um apogeu, longe disso." Não se trata de saber se a apreciação de Camus é correta. Ele vê na morte de Luís XVI o fim de uma história de direito divino, mas questiona a execução de um rei e as motivações dos regicidas.[30]

Depois de longas digressões sobre Hegel e Marx, de quem ele respeita as análises, mas não o messianismo – Marx é para ele um "desemburrecedor incomparável" –, depois de desvios para o lado dos niilistas russos, Camus constata que à esquerda o único valor dos anos 1950 é a revolução. Em nome de seus deveres, os revolucionários se conferem todos os direitos.

Camus executa outros heróis – literários – em voga. Assim, para ele, Sade exalta sociedades totalitárias: "O sucesso de Sade em nossa época se explica por um sonho que ele tem em comum com a sensibilidade contemporânea: a reivindicação de liberdade total, a desumanização operada a frio pela inteligência." Os romances de Sade são de uma terrível monotonia erótica. Camus reconhece, todavia, dois méritos no marquês: ele odiava a pena de morte – tanto quanto Camus – e, como um terrorista russo, achava que um assassino político devia pagar com a própria morte. Camus também ataca Arthur Rimbaud e o pretenso conde de Lautréamont. Em Rimbaud ele não questiona o poeta – "o maior de seu tempo" –, mas o homem. Para ele, Rimbaud foi um poeta da revolta em sua obra, não em sua vida, cujo fim foi lamentável. Camus se supera: "O mago, o visionário, o preso intratável sobre o qual a prisão sempre volta a se fechar, o homem-rei na terra sem deuses, leva perpetuamente oito quilos de ouro num cinto que lhe cinge o ventre, queixando-se de que ele lhe dá disenteria. É esse o herói mítico que se propõe a tantos jovens que não cospem no mundo, mas que morreriam de vergonha à simples ideia desse cinto?" É possível ser um adolescente revoltado genial e um adulto convencional, até mesmo colonialista. Na época, os manuais de literatura francesa, conformistas e temerosos, não ousam criticar o homem Rimbaud. Nos liceus, *Histoire illustrée de la littérature française* [História ilustrada da literatura francesa], de Émile Abry, Paul Crouzet, Charles Audic, todos *agrégés*, os dois primeiros inspetores gerais da Educação nacional, consolida a vulgata rimbaudiana, saudando o visionário, libertador da prosódia e encantador "nas asas de suas visões febris". Eles resumem o desfecho de sua vida com menos severidade do que Camus: "Ele acaba se empregando numa exportadora de Aden e torna-se seu agente para a Abissínia. Enquanto Verlaine, em seus *Poetas malditos*, revela aqueles poemas aos estetas maravilhados, ele trafica na selva mercadorias coloniais. Está em plena realidade, esquecido de suas fantasmagorias de adolescente."[31] Camus quer que a vida de um homem, seus atos e seus pensamentos coincidam. Na França, insiste-se com frequência em que é preciso distinguir as simpatias nazistas de Heidegger de seus escritos e separa-se facilmente a obra de Céline de seus delírios antissemitas.

Camus nunca se apresentou como especialista em poesia, mas, em seu ensaio, faz questão de estabelecer uma escala de valores sãos. *Os cantos de Maldoror* de Lautréamont são "o livro de um colegial quase genial" – um "quase" mortal: nos anos 1920, Lautréamont foi admirado pelos surrealistas e, depois da Libertação, continua sendo um pedestal homologado. Para os inspetores gerais Abry e Crouzet, prudentes, Lautréamont participa simplesmente "do romantismo extravagante". Em sua corrida solitária, Camus ataca até mesmo os totens da ideologia gasosa que se difunde à esquerda.[32] Depois trata do surrealismo. Suave, acerta contas com Breton e Aragon. Mais afável com o velho surrealista do que com o comunista, Camus saúda Breton, que "escolheu o amor, na sordidez de sua época, e isso não se pode esquecer, ele é o único a falar profundamente do amor". Mas uma declaração estrondosa de Breton continua sendo inaceitável para Camus, que a toma ao pé da letra: o ato surrealista mais simples consistia em descer à rua, de revólver em punho, e atirar ao acaso na multidão. Camus sugere que Breton deve estar arrependido de ter proferido essa frase estúpida.

Entre Camus e os surrealistas, a crise se abriu desde *O mito de Sísifo* e refere-se à questão do suicídio: "Eles falaram do suicídio como uma solução e Crevel, que julgava essa solução 'provavelmente a mais justa e definitiva', matou-se, tal como Rigaut e Vaché. Aragon pôde, em seguida, estigmatizar os discursadores do suicídio. Não impede que celebrar a aniquilação e não se precipitar para ela com os outros seja honroso para alguém." Uma vez mais, Camus prefere os que harmonizam suas declarações e seus atos. "Nesse ponto", acrescenta, "o surrealismo conservou da 'literatura', que ele abominava, as piores facilidades."

Camus afirma também que "os surrealistas [...] escolheram servir à revolução de sua época". A seu tempo, eles são cúmplices do bolchevismo e do jacobinismo. Camus parece injusto, pois os surrealistas, grupusculares e crepusculares no início dos anos 1950, não são aqueles dos anos 1920 e 1930. Não podem ser acusados de cumplicidade com o partido comunista. Chegando dos Estados Unidos, Breton tomou partido contra o regime soviético. Continuando a cantar Sade, a mulher-criança , o acaso objetivo, o trotskismo, a anarquia e o humor ácido, Breton é um profeta sem fiéis, ou quase, de ilusões tão irrealistas quanto comoventes, com poucos leitores militantes, a despeito da bela história do surrealismo de Maurice Nadeau. Os surrealistas estão na história, pelo menos literária. Não a fazem mais. Depois da Ocupação e da Resistência, que ecos e que sentido podem ter afirmações como "o surrealismo declara-se o único qualificado para lançar na balança as forças de que se fez prospector"?[33] Breton, três anos antes da publicação de *O homem revoltado*, foi violentamente atacado por Roger Vailland, companheiro de estrada do PCF.[34] Cortês, mas pérfido, Camus sublinha, tal como Vailland, as tentações irracionalistas de Breton. Vailland utiliza seu comunismo para se desvencilhar do surrealismo, ao passo que Camus utiliza o próprio surrealismo, nos aspectos que lhe desagradam, para liquidar mais ainda o comunismo. As agressões sucessivas de Vailland e de Camus parecem excessivas. A fúria de Camus, aqui, remete quase tanto a antipatias pessoais quanto a argumentos rigorosos.

O homem revoltado termina com um elogio à medida, pouco surrealista. Camus canta seu lírico "pensamento mediterrâneo", o Mediterrâneo contra o norte da Europa, Platão e Santo Agostinho contra Hegel e um Marx deturpado pelos marxistas. Solene, às vezes pomposo, Camus se empolga: "Na miséria comum, a antiga exigência renasce então; a natureza novamente se ergue diante da história [...]. Lançados na ignóbil Europa em que morre, privada de beleza e de amizade, a mais orgulhosa das raças, nós mediterrâneos continuamos vivendo da mesma luz. No âmago da noite europeia, o pensamento solar, a civilização de semblante duplo [face norte e face sul] espera sua aurora. Mas ela já ilumina os caminhos do verdadeiro domínio." Para ultrapassar o niilismo, Camus recorre à retórica e frequentemente à grandiloquência. Termina seu ensaio, aliás, não com um raciocínio, mas com ênfase imagética: "Nesta hora em que cada um de nós deve retesar o arco para reafirmar seu valor, para conquistar, na história e contra ela, o que já possui, a magra colheita de seus campos, o breve amor dessa terra, na hora em que enfim nasce um homem, é preciso abandonar a época e seus furores adolescentes. O arco se verga, a madeira range. No auge da maior tensão irá brotar o ímpeto de uma flecha direta, do dardo mais rijo e livre."

Nesse livro, Camus pensa sozinho contra seu meio na França e revolta-se contra os clichês de uma *intelligentsia* de esquerda à qual pertenceu. Sua salvação se encarna na revolta artística do escritor. Escrever é agir contra uma história encarnada pelo fascismo, pelo comunismo, pelo nazismo, pelo franquismo, cujas finalidades repousam em crimes cada vez mais irracionais. Em sua crítica do marxismo e do comunismo – que leitores e comentaristas retêm antes de tudo –, Camus sente-se heterodoxo, embora outros à sua volta – aos quais ele remete, Roger Caillois ou Jules Monnerot – também derrubem os totens da esquerda. Camus publica O *homem revoltado* quatro anos antes do surgimento de *L'Opium des intellectuels* [O ópio dos intelectuais] de Raymond Aron e vinte e cinco anos antes de *La Tentation totalitaire* [A tentação totalitária] de Jean-François Revel.

Camus é também, a contragosto, um francês insular. Ainda não leu Popper, mas distinguem-se convergências entre eles. A seus olhos, Marx continua sendo estimável, generoso – eles não criticam o homem, como Monatte, que detesta o gênio que engravidou sua empregada e se desinteressou dela. Para Popper e Camus, o marxismo antes de tudo não é científico. Popper aprofunda mais e, tal como Aron, liquida a teoria da mais-valia, da qual Camus passa por cima.[35]

Muitos críticos do planeta se debruçam sobre o marxismo e suas consequências, desejadas, previstas ou não, por Marx. Com o tempo, Orwell, Popper e Camus pesam sobre os espíritos, mas, no início dos anos 1950, Albert

Camus é o único escritor francês mundialmente apreciado ou depreciado, e provindo da esquerda, a tomar posições tão nítidas.

Ele corrige as provas de *O homem revoltado* no início do verão de 1951. Para os leitores, um romancista terá mais crédito e peso do que um economista ou um sociólogo?

40

A "VEDETA" E O "ENCOURAÇADO"

Camus entrega fragmentos de *O homem revoltado* às revistas antes do lançamento do livro, em outubro de 1951. *Les Cahiers du Sud*, pelos quais ele tem uma ternura desde a Ocupação, publicam seu capítulo sobre Lautréamont. Ele não fica surpreso ao ler, no hebdomadário cultural *Arts* de 12 de outubro, um artigo de André Breton injuriado. O combatente e papa do surrealismo vê em Camus um conformista: crime fundamental, ele critica "a obra mais genial dos tempos modernos", a de Lautréamont! Os hebdomadários culturais adoram as polêmicas. Uma semana depois, *Arts* publica uma resposta de Camus. Diz não ser conformista ou resignado: "O essencial de meu esforço é demonstrar que esse niilismo, com que somos todos solidários, pelo menos em parte, é gerador de conformismo e servidão, e contrário aos ensinamentos, sempre válidos, da revolta viva."

A discussão acre prossegue. O papa "conversa" com Aimé Patri em *Arts* em 16 de novembro e diz: "O que é esse fantasma de revolta que Camus se esforça por propagar e por trás do qual ele se abriga: uma revolta na qual se teria introduzido 'a medida'?" Uma semana depois, nova réplica paciente de Camus excomungado. Segundo Camus, "Breton limita sua crítica filosófica insuficiente ao marxismo. [Breton] gostaria [...] que, na decadência em que o mundo se encontra hoje, só os marxistas fossem culpados; e é por isso que ele reconhece no meu livro o privilégio de ser capital, pois contém uma crítica do marxismo. Mas seria bonito demais. Não há um bom e um mau niilismo, há apenas uma longa e feroz aventura de que somos todos solidários". Breton e seus fiéis continuarão a esgrimir contra Camus.[1] No mundo intelectual, essa polêmica não surpreende: Breton sempre distribuiu notas boas e más. O rádio e os jornais dão conta dessas discussões.

Breton, tal como Aragon, é um dos raros autores vivos que Camus ataca em *O homem revoltado*, e a reprovação, em geral, lhe vem menos facilmente do que a admiração. Não há uma palavra sobre Malraux nesse ensaio. Camus o explica em particular. Malraux está muito vivo e Breton quase morto: "Não falei de Malraux em *O homem revoltado* porque me apoiei, para meus exemplos e minhas ilustrações, em obras já terminadas. O único vivo cuja atitude estudei foi André Breton, mas podemos considerar que o surrealismo já pertence à história. [...] Quanto a Malraux, ele está caminhando."[2]

Alguns dias antes do lançamento de *O homem revoltado*, Jean-Claude Brisville almoça com Camus no restaurante do hotel Lutétia. Antes de deixá-lo, Camus lhe diz:

— Vamos apertar nossas mãos. Porque, daqui a alguns dias, não haverá mais muita gente para me estender a mão.[3]

O livro começa bem. Colocação de 16.800 exemplares em 2 de novembro, reimpressão de 11.000 no dia 19 do mesmo mês, depois em 5 de dezembro, em 29 de fevereiro de 1952, em 9 de julho: 60.800 livros vendidos em quatro meses. Depois há uma redução, visto que a quinta reimpressão, de 5.500 exemplares, só ocorre em 16 de fevereiro de 1954. Camus não se surpreende com os ataques na imprensa de tendência comunista.

— É pena, seu livro está fazendo sucesso à direita! — diz-lhe Albert Béguin.

Camus acha o comentário grotesco. Se a direita afirmasse que a Terra é redonda, dever-se-ia negar?[4] Os elogios de uma imprensa de direita moderada, limitando-se muitas vezes a resumir ou parafrasear os trechos consagrados ao comunismo e a Marx, não o espantam.

Sua mãe quebra uma perna e Camus se precipita para Argel. "Cheguei sob uma chuva torrencial, bem argelina, que ainda perdura", ele escreve a Francine. "Mamãe já tinha dado entrada na clínica. Só a deixei por algumas horas, para dormir. Foi operada esta manhã. Tudo correu bem. [...] Neste momento ela está dormindo e seu estado geral é excelente. Foi muito corajosa e sensata e eu a amo. [...] Quanto a mim, sinto-me cansado, mas suponho que tudo está melhor. É preciso dizer também que depois da publicação desse livro fiquei num estado horrível, que foi se agravando até estes últimos dias. Não sei se conseguirei suportar por mais tempo essa profissão nem essas provações solitárias."[5]

Satisfeito no entanto por ter "expulsado", publicado o livro, Camus com frequência parece alegre, porque aliviado, e ao mesmo tempo inquieto quanto a seu futuro imediato. Expressou ideias importantes a seu ver e, com reservas, falou de si mesmo. A Maria, em 22 de novembro, manifesta sua preocupação: "É minha hesitação diante do que tenho a dizer ou a fazer agora. Há dias em que gostaria justamente de não ter o que dizer ou fazer. Talvez seja uma espécie de medo diante da minha vocação. Medo que nunca tive e que talvez me venha do cansaço, talvez também porque esteja vendo melhor que a exigência que me fez avançar até aqui não tem limites, a não ser o esgotamento e o fim. E no entanto sem essa exigência eu não seria nada e minha obra também não. Às vezes tenho vertigem de exaustão ao pensar no futuro."

"Sem parecer, eu me confessei", ele escreve no dia seguinte a Mamaine Koestler.[6] Gostaria de viajar. Vislumbra uma ida a Londres. Uma foto dos gêmeos – "meus dois palhaços" –, enviada por Mamaine, o encanta. Ela disse que seu capítulo preferido era "Revolta e arte". O meu também, responde Camus. Mas a imprensa dá mais atenção ao conteúdo político do que às considerações literárias de *O homem revoltado*. Na época do realismo socialista, Camus analisou sua estética e, sobretudo, depois de *A peste*, liquidou o realismo, que é impossível: "Para ser de fato realista, uma descrição está condenada a ser infindável, [...] o realismo é a enumeração indefinida."

No *Le Figaro littéraire* de 24 de novembro, Guéhenno afirma que Camus isolou um grande tema: "Ele o deve à sua sinceridade, a um sofrimento autêntico, a um sentimento profundo da baixeza e da grandeza deste tempo." Em seu elogio, Guéhenno associa Malraux e Camus: "De um título ao outro, de *A condição humana* a *O homem revoltado*, desenvolve-se todo um drama da inteligência francesa." Camus é um humanista. Algumas de suas referências, Sade e Lautréamont, incomodam Guéhenno, mas Camus está "no grande caminho". Malraux está justamente fazendo seu serviço de imprensa de *As vozes do silêncio*, na Gallimard:

— Albert Camus teve razão em demolir Breton e mesmo Rimbaud — diz ele.[7]

A esquerda intelectual não comunista se manifesta no *France-Observateur*, dirigido por Claude Bourdet, despojado do *Combat*. O *Obs*, hebdomadário em formato pequeno, sem fotos, tipografia sóbria, um pouco calcado no inglês *New Statesman and Nation*, determina o bom tempo e a chuva ideológicas na esquerda não comunista. Bourdet em pessoa dedica dois longos artigos, favoráveis em linhas gerais, a *O homem revoltado*, nos dias 13 e 20 de dezembro. Mas Camus e alguns de seus amigos dão maior importância a uma nota no *Obs* elogiando um artigo, desagradável com respeito ao escritor, do comunista Pierre Hervé, em *La Nouvelle Critique*, revista comunista. Suscetíveis, Camus e seus fiéis retêm a nota mais do que os artigos do diretor do *Obs.*[8]

Em *O homem revoltado*, Bourdet "vê o resultado de um imenso trabalho de dissecação" – cumprimento –, "de compilação" – reserva – "e de análise, no qual sentimos simultaneamente eclodir, a cada linha, a extrema paixão do autor por um tema incorporado à sua própria vida". Em seu segundo artigo, Bourdet aprova "Camus por ter escrito antes a história da revolta ideológica, aquela que não se realiza diretamente nos acontecimentos coletivos, para passar em seguida à revolta histórica, aquela em que as ideias e os acontecimentos estiveram intimamente ligados". Camus mostra "excelentemente" a principal contradição do marxismo – sua contradição entre hipóteses e predições. Ele recebe de Bourdet o brevê de intelectual de esquerda não comunista.[9] Suas cartas de credenciamento à esquerda não comunista leiga, republicana e democrática parecem impecáveis. Bourdet e Camus, no entanto, distanciam-se quanto a um ponto, que não aflora a propósito de *O homem revoltado*: para Bourdet, deve-se trabalhar com os comunistas franceses, apesar de sua submissão aos soviéticos, e Camus recusa essa posição.

O escritor espera os estudos das revistas mensais e o que a redação de *Les Temps modernes* não deixará de lhe dedicar. A secretaria da revista recebeu as provas de *O homem revoltado* em setembro. Novembro e dezembro se passaram: nenhum artigo, mas Camus não está preocupado. A redação e a administração da revista são simpaticamente caóticas. Aqui, Sartre reina sem governar. Ali, Simone de Beauvoir, escrupulosa, mostra-se melhor organizadora e editora. *Les Temps modernes* publicou em agosto de 1951 "Nietzsche e o niilismo", de Camus, como artigo de capa.

Camus sempre foi bem-tratado pela publicação mensal, que dedicou dois longos artigos, e de colaboradores importantes, *A peste*.[10] O primeiro, de Étiemble, defendia Camus contra uma crítica da *Pravda*. Com reservas, reconhecia que Camus renunciava "aos recursos e às facilidades do 'realismo'". Étiemble não aceitava todas as conclusões de *A peste*, mas manifestava sua "simpatia pelo autor, por suas intenções, sua retidão, seu calor humano". Jean Pouillon, por sua vez, tratou do otimismo de Camus. *A peste* era "um êxito perfeito". Pouillon também discutia alguns aspectos do romance-relato de Camus, mas rendia "homenagem" – vocabulário acadêmico não frequente em *Les Temps modernes* – a "seu talento literário". Segundo Pouillon, a "mensagem" de *A peste* era clara e humanista. Via em Camus uma "afirmação da exterioridade do mal", que o expunha naturalmente a uma crítica marxista. Camus atrairia os cristãos: "Eles podem sempre pensar", explicava, "que a revolta se transformará em resignação ou manterá a virulência apenas suficiente para constituir o que se chama de uma 'bela alma' e que o absurdo encontrará uma explicação na teologia." Os dois artigos exprimem reservas, mas seus autores saúdam em Camus um caráter íntegro, um escritor talentoso e um pensador de quem não somos obrigados a aceitar todos os pontos de vista sobre o mundo e a história. Camus não tem nenhuma razão para pensar que a família sartriana possa atacá-lo.

Em novembro e dezembro de 1951, ao longo das reuniões do conselho de redação, em seu escritório da rua Bonaparte, no domingo à tarde, Sartre solicita um voluntário para resenhar *O homem revoltado.* A amizade leva a não falar mal de um livro de Camus; por outro lado, ninguém acha bom aquele livro. O caso se arrasta.

O sucesso comercial do livro se afirma, mas Camus se interroga sobre o número de compradores que de fato o penetram. Fevereiro de 1952: "*O homem revoltado* é um livro que vende, mas que não se lê ou que se lê pouco", ele escreve. "Se provocou agitações, elas não aparecem. Deu origem a bolhas, mas que arrebentam logo."[11] Camus concede entrevistas, ora insignificantes ora esclarecedoras. À *La Gazette des lettres* ele declara: "Não acredito, no que me concerne, nos livros isolados. Quanto a certos escritores, parece-me que suas obras formam um todo, em que cada uma se esclarece pelas outras e em que todas se olham."[12]

Em 10 de fevereiro de 1952, Jean Amrouche lhe mandou uma carta meio aprovadora, portanto meio crítica. Camus responde com uma frase de esquiva: "Gostaria de lhe falar sobre isso um desses dias." Também se justifica: "Os acontecimentos da África do Norte fazem pesar sobre mim uma angústia que não me deixa." Camus se interessa pouco pelo problema da Indochina. Em compensação, preocupa-se com as questões da África do Norte, com os protestos de nacionalistas, com as ameaças que a administração faz pesar sobre o líder Messali Hadj.[13] Sartre, por sua vez, interessa-se mais de perto pelos acontecimentos do Tonkin e por uma guerra de guerrilha contínua; a opinião pública francesa também.

Em 22 de fevereiro, sempre presente no *front* espanhol, Camus reencontra Sartre na sala Wagram para apoiar um apelo em favor de sindicalistas espanhóis condenados à morte pelos tribunais franquistas. Camus até sugeriu, apesar de sua polêmica, que, com seus amigos Char, Guilloux e Silone, Breton figurasse na tribuna. Camus encontra Sartre na rua. Eles tomam um trago. Embaraçado, "chateado", conforme diz aos amigos, Sartre informa Camus: a crítica de *Les Temps modernes* não será favorável. Sartre toma a decisão depois de meses de silêncio: Francis Jeanson tratará do livro.[14] Segundo o Castor, Sartre deseja então uma crítica firme, mas cortês. Afinal, uma dezena de anos antes, em sua "Explicação de *O estrangeiro*", Sartre só alinhou cumprimentos. Março: rotina dos homens de letras, Camus endereça a Sartre um manuscrito de Frankin, redator-chefe de uma revista belga mensal, *Démenti* [Desmentido], que Sartre, não sacralizando nem seus manuscritos nem os dos outros, deixa de lado. Camus não está sozinho no mundo. Seu ensaio é objeto de felicitações avulsas interessantes. Hannah Arendt lhe escreve: "Li *O homem revoltado* de que gosto muito."[15] O escritor polonês Witold Gombrowicz, sentindo-se enterrado vivo na Argentina, depois de ler *O homem revoltado* pede a Milosz que mande seus livros para Camus, maneira de dizer: "Creio que estamos na mesma batalha."[16]

Durante as férias de Páscoa de 1952, Camus, esperando em Le Chambon a entrega de *Les Temps modernes*, pesca e faz confidências a seus "Caros Frente Verso", Janine e Michel. Perdeu uma Jornada Jules Romains nas redondezas. O acadêmico estava dando uma conferência sobre o despovoamento dos campos. Camus se diverte: "Que destino o nosso, literatos!" Zomba de si mesmo e de seu local de nascimento: "Parece que em Mondovi estão me preparando um quiosque. Espero que seja de música." Longe de Paris, Camus sente-se melhor: "Tudo está bem por enquanto, salvo meu trabalho e meu estado de alma. Nado como a siba no escuro e represento as Almas mortas."

Francis Jeanson, filósofo, é um exegeta do pensamento de Sartre. Seu artigo sobre *O homem revoltado*, vinte páginas de uma violência inaudita, "Albert Camus ou a alma revoltada", sai no número de *Les Temps modernes* de maio de 1952, na seção "Exposés" [Exposições]. Jeanson começa a reprovar Camus pelas apreciações favoráveis de Émile Henriot e de Jean Lacroix no *Le Monde*, e de Bordet no *Obs*, em nome de um princípio: cada um seria responsável por suas críticas. Jeanson, pérfido de início: "Em lugar de Camus, parece-me, apesar de tudo, que eu ficaria preocupado." Já na segunda parte ele se torna insultante: "Essa satisfação geral explicar-se-ia por uma certa inconsistência de seu pensamento indefinidamente plástico e maleável, apto a receber muitas formas diversas?" Esse pensamento camusiano exprime "um humanismo vago, preciso extrato da porção necessária de anarquismo". Jeanson louva a forma: "De um ponto de vista estritamente literário, esse livro é uma realização quase perfeita." Mas o próprio estilo, em sua excelência, denuncia o conteúdo: "É de temer que a arte aqui tenha ultrapassado o protesto." Jeanson o admite: não gosta, nessa arte tão segura de si, de sua "sede de medida". Revê a obra de Camus. *A peste* não era o que outros colaboradores de *Les Temps modernes* acreditavam. Já *A peste*, escreve Jeanson, era uma "crônica transcendental". Diferentemente de *O estrangeiro* – o mundo então era visto por "uma subjetividade concreta", que se descobria "estrangeira" existindo entre outras subjetividades concretas –, *A peste* "contava acontecimentos vistos de cima por uma subjetividade fora da situação, que não os vivia ela mesma e se limitava a contemplá-los". O artigo de Jeanson é moldado em 50% nessa massa grumosa. *A peste*, ele afirma, é um romance "*metafísico*". Esses itálicos de Jeanson tornam mais pesado o rótulo infamante. O romance de Camus veicula uma moral de Cruz Vermelha. Pela cortesia prevista por Sartre, um crítico poderia ter feito melhor.

Camus, segundo Jeanson, é incapaz de passar da revolta metafísica à revolta histórica. Já na sétima página de seu artigo, Jeanson dá com os horrores heterodoxos de Camus. Como ousou falar com comiseração de Luís XVI, que – além do mais! – o leva a pensar na Paixão de Cristo?! Jeanson não suporta que Camus tenha questionado Hegel, e sobretudo Marx, mesmo distinguindo o analista do profeta. O ensaísta "chega a recusar qualquer papel ao histórico e ao econômico na gênese das revoluções". Sua empreitada, em suma, visa a reduzir o conceito de "revolução" à "divinização do homem". Condenação definitiva: "Evidentemente, Camus não acredita nas infraestruturas." Jeanson situa o âmago do debate: "Camus pretende estabelecer que a doutrina de Marx conduz logicamente ao regime stalinista, mas é obrigado finalmente a se contentar em nos revelar, sob formas mais ou menos sutis, que Stalin fez stalinismo." Jeanson não aceita as simpatias de Camus pelo sindicalismo revolucionário ou pelos social-democratas dos países escandinavos e ele pratica o retrospecto crítico: no limite, em Camus, suas essências precederiam sua existência; um Camus tortuoso sempre esteve em Camus, salvo talvez num breve momento, durante a Ocupação: "A Resistência, todavia, teve de abrir uma brecha no sistema, por onde penetraram algumas ilusões: com a Libertação, Camus acreditou-se à vontade na história, a ponto de empreender moralizá-la." Jeanson reencaixa o político no filosófico: "A nossos olhos incorrigivelmente burgueses, é bem possível que o capitalismo ofereça uma cara menos 'convulsa' do que o stalinismo: mas que cara ele oferece aos trabalhadores das minas, aos funcionários sancionados por participação em greve, aos malgaxes torturados pela polícia, aos vietnamitas 'lavados a napalm', aos tunisianos 'rastelados pela Legião'?"

Conclusão da análise, mais salgada do que doce: não é o caso de atribuir a Camus uma indiferença para com malgaxes, vietnamitas, tunisianos, no entanto ele se revela, como que em si mesmo, portador de uma pseudofilosofia e de uma pseudo-história das revoluções: "*O homem revoltado* é antes de tudo um grande livro que não deu certo." A carga de Jeanson desemboca num pedido: "Imploramos aqui a Camus que não ceda ao fascínio e que reencontre em si aquele tom pessoal – pelo qual sua obra continua sendo, apesar de tudo, insubstituível."

Les Temps modernes, por intermédio de Jean Cau, secretário de Sartre, leva ao conhecimento de Camus, perplexo, que a revista, é claro, publicaria uma resposta dele. Camus burila as dezesseis páginas de sua réplica. Datada de 30 de junho, ela é publicada no número de agosto de *Les Temps modernes*.[17] De saída, em sua primeira versão, Camus nomeia Jeanson. Depois; risca seu nome. Aplica na polêmica literária o princípio de certos homens políticos, como De Gaulle, que anulam o adversário fazendo alusão a ele sem tocar em seu nome. Segundo um hábito quando escreve aos jornais e revistas, Camus começa seu artigo por um "Senhor Diretor" que exaspera Sartre. Segundo Camus, o diretor é solidário com o artigo. O ensaísta escolhe o registro da dignidade irônica. As aprovações que acolheram *O homem revoltado*? "Não se decide sobre a verdade de um pensamento conforme ele seja de direita ou de esquerda e menos ainda conforme o que a direita ou a esquerda decidam fazer. Se fosse assim, Descartes seria stalinista e Péguy abençoaria o sr. Pinay." Camus ousa escrever, em 1952: "Se, enfim, a verdade me parecesse estar à direita, lá estaria eu." Ele informa aos leitores de *Les Temps modernes* que foi injuriado em *Rivarol*, hebdomadário de extrema direita. Quanto à direita clássica, Claude Mauriac o ataca em *La Table ronde*. Camus observa que muitos jornais direitistas "saudaram com frequência os livros dos autores de *Les Temps modernes*, sem que estes últimos fossem acusados de tomar café da manhã com o sr. Villiers [presidente do Conselho Nacional do Patronato Francês]". Ferido, Camus pretende ferir. Os cumprimentos de Jeanson pela felicidade do estilo de *O homem revoltado*? "Destacarei apenas", diz o escritor, "o quanto é desairoso para os escritores do progresso dar a entender que o belo estilo é de direita e que os homens de esquerda têm o dever, por virtude revolucionária, de escrever algaravia e gíria." Camus finge não ter tanta certeza quanto Jeanson de seu êxito estético: "Se é verdade que meus pensamentos são inconsistentes, é bom escrevê-los bem para limitar os estragos. Suponha-se, com efeito, sermos obrigados a ler pensamentos confusos em estilo lastimável, seria o exílio!" Camus lamenta que se utilizem os escritos canônicos de Hegel e Marx para fazer de seu livro "um manual anti-histórico e o catecismo dos abstencionistas". Observa que *Les Temps modernes* recusa-se a ver agora uma evolução, no sentido de uma solidariedade e da participação, de *O estrangeiro* a *A peste*. Camus empreendeu com *O homem revoltado* um estudo do aspecto ideológico das revoluções e vê nas do século XX um movimento de divinização do homem. Acumulando os gracejos, ele corta todas as pontes, como Jeanson: "A economia é nosso lugar-comum [...]. Centenas de volumes e de publicações chamam a atenção de um público muito paciente para os fundamentos econômicos da história e a influência da eletricidade sobre a filosofia. O que *Les Temps modernes* faz todos os dias com tanta boa vontade, por que eu haveria de refazer? É preciso se especializar."

Para o escritor, o artigo de Jeanson quer "colocá-lo fora do circuito mais uma vez". Camus quis mostrar com seu livro que "o anti-historicismo puro, pelo menos no mundo de hoje, é tão indesejável quanto o puro historicismo". Sua obra não nega a história – isso não teria sentido. Ele critica a atitude que visa a fazer da história um absoluto. Camus não renuncia à eficácia. Jeanson joga-lhe na cara "indochineses, argelinos, malgaxes e trabalhadores das minas, numa confusão". De fato, Jeanson fala dos vietnamitas e tunisianos. Camus ouviu "argelinos" – compreende-se por quê. "Esse argelinos dos quais ele faz seu pão de cada dia foram, até a guerra, meus camaradas num combate bastante desconfortável." Pouca gente em Paris sabe que Camus foi membro do partido comunista, que ele teve uma simpatia ativa pelos nacionalistas messalistas e contra o partido. Camus lembra uma nota de seu livro: "Digo textualmente que Marx misturou em sua doutrina 'o mais válido método crítico e o mais contestável messianismo utópico'." Ele levanta a voz e ataca – sem nunca escrever "Sartre" – "esses intelectuais burgueses que querem expiar suas origens, mesmo que ao preço da contradição e de uma violência feita à sua inteligência". Ele afirma uma terrível e incessante liberdade. Então, dirige-se ainda ao Senhor Diretor e conclui que está "um pouco cansado" de se ver, assim como a "velhos militantes que nunca recusaram nenhuma das lutas de seu tempo, receber sem trégua lições de eficácia por parte de censores que nunca colocaram nada além de sua poltrona no sentido da história". Mensagem codificada: nem mesmo um leitor em cada cem mil sabe que se trata aqui de uma alusão à libertação da Comédie-Française por um Sartre adormecido na orquestra em 1944.

Questionado e irritado, Sartre sente-se obrigado a responder. Redige dezenove páginas corrosivas, misturando considerações pessoais e críticas essenciais. Sartre pratica a excomunhão com mais verve do que Breton. Excomunhão maior da obra, depois excomunhão menor do homem. Sartre começa quase ternamente. Camus trata-o de Senhor Diretor. Sartre, simples, diz: "Meu caro Camus, nossa amizade não era fácil, mas sentirei falta dela."

Não é Camus que vai lhe ensinar o subjuntivo: "Eu teria preferido que nossa divergência atual se referisse ao fundamental e que não se misturasse a ela um certo ressaibo de vaidade ferida [...] Você me questionou tão deliberadamente e num tom tão desagradável que não posso guardar silêncio sem perder a dignidade." Anuncia que vai tratar Camus, pela primeira vez desde que o conhece, sem o poupar. Sartre censura o caráter de Camus, sua "suficiência sombria", sua "vulnerabilidade", "sua morna desmedida". Todos esses defeitos impediram Sartre até então de lhe dizer umas verdades. Picador, Sartre, que adora brigas, encontra fórmulas arrasadoras: "Você fez seu Termidor." Sartre, por sua vez, dá nome ao adversário: "Onde está Meursault, Camus? Onde está Sísifo? Onde estão hoje aqueles trotskistas de coração, que pregavam a revolução permanente? Assassinados, provavelmente, ou no exílio." Sartre bem sabe que o exílio é um tema camusiano. "Uma ditadura violenta e cerimoniosa", prossegue o Diretor, "instalou-se em você, que se apoia numa burocracia abstrata e pretende fazer reinar a lei moral." Sartre detesta o lado professor, pregador, de Camus, que se revolta mais facilmente contra o Estado comunista do que contra si mesmo. Não é um argumento, mas uma flecha: as demonstrações de Camus são professorais e sua serenidade é crispada. Tom dissimulado, familiar, superior, como de um adulto que se dirigisse a uma criança: "Diga-me, Camus, por que mistério não se podem discutir suas obras sem despojar a humanidade de suas razões de viver?" Camus chamou-o de burguês. Quem é ele, então, Camus, o escritor estabelecido? "Não acho que você seja o irmão do desempregado comunista de Bolonha ou do diarista miserável que luta na Indochina contra Bao Dai e contra os colonos [...]. Pode ser que você tenha sido pobre, mas não é mais; é um burguês, como Jeanson e como eu." "Pode ser" é maldade, pois Sartre conhece as origens proletárias de Camus. Sartre não para mais: "Você se assemelha de muito longe a são Vicente de Paula ou a uma 'irmã' dos pobres [...]. Veja, ouvi demasiados discursos paternalistas: aceite que eu desconfie desse tipo de fraternalismo. E a miséria não o encarregou de nenhuma missão." Camus, assim como qualquer outro, não tem o direito de falar em nome do proletariado.

Sartre vislumbra chantagem no método da epístola camusiana: "Não lhe reprovo sua pompa, que lhe é natural, mas a facilidade com que você maneja sua indignação." A resposta de Camus lhe parece por demais *escrita*. Com frequência cintilante, a resposta de Sartre não é atamancada, mas o artigo vai e vem, em todos os sentidos, retoma diferentes temas, passa da personalidade de Camus à de Jeanson ou às ideias de Marx: "Você me chama de Senhor Diretor, quando todos sabem que temos ligações há dez anos: é apenas, admito, um procedimento; você se dirige a mim, ao passo que seu propósito evidente é refutar Jeanson: é um mau procedimento. Seu objetivo não é transformar seu crítico *objeto*, em morto? Fala *dele* como de uma sopeira ou de um bandolim; *com ele*, nunca. Isso significa que ele se colocou fora do humano. Em você, os resistentes, os presos, os militantes e os pobres o metamorfoseiam em pedregulho." Jeanson desumanizou Camus, Sartre o coisifica. Tal como Jeanson, Sartre tira o chapéu para o escritor: "Seus méritos literários não estão em discussão; pouco importa que você saiba escrever melhor." Confissão meio admirativa, um boxeador profissional da literatura cumprimenta o outro profissional, mas prossegue: "E que ele [Jeanson] saiba raciocinar melhor ou vice-versa: a superioridade que você se atribui e que lhe dá o direito de não tratar Jeanson como um ser humano deve ser uma superioridade de *raça*." Sartre se desenfreia: "E se seu livro atestasse simplesmente sua incompetência filosófica? Se ele fosse feito de conhecimentos colhidos às pressas e de segunda mão? [...] E se você não estivesse raciocinando muito corretamente? Se seus pensamentos fossem vagos e banais?" O *agrégé* da École Normale é deliberadamente ferino: "Terei em comum com Hegel pelo menos o fato de você não ter lido nem um nem outro. Mas que mania você tem de não ir às fontes [...] não ouso aconselhá-lo a recorrer a *O ser e o nada*, a leitura lhe pareceria inutilmente árdua: você detesta as dificuldades de pensamento e apressa-se em decretar que não há nada a compreender para evitar de antemão a crítica de não ter compreendido."

Sartre sente-o mais do que Jeanson: o caso dos campos soviéticos é fundamental para Camus. Sartre lembra o mau aluno de que ele, Sartre, tomou posição contra os campos de concentração: "Sim, Camus, tal como você, acho esses campos inadmissíveis: mas igualmente inadmissível é o uso que a 'imprensa chamada burguesa' faz deles a cada dia." Sartre não voltará a falar com muita frequência no *gulag*. Eis a principal linha de ruptura entre Camus e Sartre. Sartre não aprova nem o Leste nem o Oeste: "Na minha opinião, o escândalo dos campos de concentração questiona todos nós. Você e eu. E todos os outros: a cortina de ferro é apenas um espelho e cada uma das metades do mundo reflete a outra metade. A cada volta da porca *aqui* corresponde uma volta do parafuso *lá*, e afinal, aqui e lá, somos os parafusadores e os parafusados." Dialética sartriana: aos horrores do mundo comunista correspondem crimes igualmente infames do mundo capitalista.

Naqueles meses, Sartre dá uma guinada política, numa série de artigos, "Les communistes et la paix" [Os comunistas e a paz],[18] que não irá terminar: em julho, outubro e novembro eles enquadram a polêmica com Camus em *Les Temps modernes*. No plano teórico, há três anos, depois do fracasso da experiência do RDR, com Camus, Sartre engasta o existencialismo no marxismo. Ou vice-versa. Já no início do ano, ele se reaproximou dos comunistas. Sartre, o homem que acorda todas as manhãs perguntando-se que clamor deveria lançar por um determinado perseguido, apresentou ao Presidente da República, Vincent Auriol, uma petição em favor de Henri Martin. Aquele marinheiro revoltado pela guerra da Indochina redigiu panfletos de protesto e foi condenado a cinco anos de prisão. O caso Henri Martin tornou-se um grande assunto dos progressistas franceses. Camus recusou associar-se a suas diligências, apesar de julgar escandalosas as sanções contra Henri Martin. Para Sartre, qualquer episódio, microscópico ou macroscópico, da oposição planetária dos Estados Unidos e da URSS deve ser visto à luz da divisão do mundo: "O caso Henri Martin torna-se Truman contra Stalin." Quando o primeiro artigo referente a Camus aparece em *Les Temps modernes*, Sartre está passando uma temporada na Itália. Em Paris ocorrem manifestações contra a vinda do general Ridgway, nomeado, após uma passagem pela Coreia, comandante em chefe das forças aliadas na Europa, no Shape. Parisienses manifestam-se aos gritos de "*Ridjvê* a Peste": Wilfred Burchett, jornalista australiano, companheiro de estrada do PC, garante que os americanos utilizaram armas bacteriológicas na Coreia. Uma tentativa de greve geral na França fracassou. Para Sartre, o PCF, apesar da imbecilidade e do dogmatismo de seus intelectuais, representa a classe operária. Quanto à URSS, apesar dos episódios deploráveis do stalinismo, ela ainda oferece a imagem do socialismo. Para Camus, os crimes do totalitarismo devem ser denunciados sem considerandos ou atenuantes. Ele acha que Sartre se coloca numa perspectiva de longo prazo. Para Sartre, todo anticomunista "é um cachorro". O caso Camus é secundário para ele. Vários colaboradores de *Les Temps modernes*, sobretudo Claude Lefort, Étiemble e Maurice Merleau-Ponty, farão reservas quanto às posições políticas de Sartre. Étiemble reprova-o antes de tudo por ter silenciado no momento da perseguição antissemita lançada por ocasião do "complô dos aventais brancos"* no início de 1953.

Na primavera e no verão de 1952, o confronto na Coreia lança sua sombra sobre todos os debates políticos nacionais e internacionais – e sobre a vida literária parisiense. Apesar das negociações em curso, os americanos enviam em junho quinhentos bombardeiros às barragens do Yalu, para obrigar chineses e norte-coreanos a uma troca de prisioneiros. O maniqueísmo é tentador, e Sartre não o economiza. Condena Camus, que não toma partido como ele, em todas as frentes. Bem, é claro, ele cumpre seus deveres quanto à tirania de Franco ou a política colonial francesa. Mas, vejam só, Camus está enredado com a guerra da Indochina: "Se for para aplicar seus princípios", declara Sartre, "os vietminh são colonizados portanto escravizados, mas são comunistas portanto tiranos." Implícita, outra ampla questão histórica à qual nem Sartre nem Camus respondem, mas este último se mantém em desconfiada prudência: os comunistas vietnamitas serão em primeiro lugar nacionalistas ou antes de tudo comunistas, dispostos a sacrificar outros partidários da libertação indochinesa? Sartre se constitui, por sua vez, em prodigalizador de lições: "Para merecer o direito de influenciar homens que lutam, é preciso primeiro participar de seus combates, é preciso primeiro aceitar muitas coisas, quando se quer tentar mudar algumas delas." Sartre não tem a consciência pesada, não está de modo algum envenenado pela vergonha, não se assemelha a Camus, cujas condenações, conforme atesta o diretor de *Les Temps modernes*, anulam umas às outras. Estocada do matador: "Você se condenou a condenar Sísifo."

---

* Processo empreendido na URSS contra nove médicos acusados de serem responsáveis pela morte de Schdanov, dignitário do regime. (*N. da T.*)

De repente, como se, diferentemente de Jeanson, ele desejasse deixar uma porta aberta, Sartre se suaviza para solidificar, mais do que anular, uma amizade; elogioso, professor comovido por um aluno que não é mais de sua classe, se é que algum dia já foi, ele resume *seu* Camus: "Você foi para nós – amanhã pode ser ainda – a admirável conjunção de uma pessoa, de uma ação e de uma obra." Quanta nostalgia! "Era 1945: descobríamos Camus, o resistente, tal como havíamos descoberto Camus, o autor de *O estrangeiro*. E, quando comparávamos o redator do *Combat* clandestino com o Meursault que levava a honestidade ao ponto de recusar-se a dizer que amava sua mãe, e sua amante, e a quem nossa sociedade condenava à morte, quando sabíamos, sobretudo, que você não deixara de ser nem um nem o outro, essa aparente contradição nos fazia avançar no conhecimento de nós mesmos e do mundo, você não estava longe de ser exemplar." *Nós* é Sartre, que tem o talento das notícias necrológicas enviadas enquanto os interessados estão vivos: "Pois você resumia em si os conflitos da época e os superava por seu ardor em vivê-los. Você era uma *pessoa*, a mais complexa e a mais rica: o último e mais bem-vindo dos herdeiros de Chateaubriand e o defensor aplicado de uma causa social." Lírico, esse Sartre matador: "Você tinha todas as possibilidades e todos os méritos, pois unia o sentimento da grandeza ao gosto apaixonado pela beleza, pela alegria de viver no sentido da morte." Depois de afirmar que Camus pensador permanece na tradição clássica francesa, hostil à história desde Descartes, Sartre volta ao homem Camus. Deixa-se levar pela melancolia, para melhor rejeitar seu adversário: "Como o amávamos então. Também éramos neófitos da História e nos submetemos a ela com repugnância, sem compreendermos que a guerra de 1940 era apenas um modo da historicidade, nem mais nem menos do que os anos que a haviam precedido. Aplicávamos a você as palavras de Malraux: 'Que a vitória caiba aos que fizeram a guerra sem a amar.'" Perspectiva ou curiosa telescopia: antes da Segunda Guerra Mundial, Sartre e Simone de Beauvoir, pacíficos passantes, viam a história se fazer enquanto Camus se engajava.

Reinvestindo contra Camus escritor, esquecendo-se de que cantou os méritos de *A peste* e publicou dois artigos ponderados, mas favoráveis em *Les Temps modernes*, Sartre, furioso, ataca o romance de Camus e o condena retroativamente por ser uma "mistificação": os micróbios de *A peste* são os alemães. Sartre releu as passagens de *Bodas*. Tocado para além de suas condenações, tenta mais uma vez compreender Camus: "Imagina-se que as circunstâncias de sua vida, mesmo as mais dolorosas, o elegeram para testemunhar que a salvação pessoal era acessível a todos." Sobre *A peste* e *Bodas*, sobre o "ódio de Deus" que, segundo Sartre, aparece nos livros de Camus, os arroubos do diretor de *Les Temps modernes* são muito bonitos, mas incompletos. Mesmo levando em conta as palavras por parte de Sartre, nenhum personagem de escritor, a não ser Paul Nizan, parece emocioná-lo tanto.[19] A propósito de Nizan, tal como de Camus, Sartre utilizará a palavra "exemplar".

Mas é preciso não se enternecer. A história passa antes dos homens, e passa acima. Portanto, mais uma vez Sartre mergulha Camus no idealismo, pois ele teria achado que a história estava errada. É de fato uma necrologia antes da morte biológica e enterro do suspeito: "Sua personalidade", afirma Sartre, "que foi real e *viva* enquanto o acontecimento a nutria torna-se uma miragem; em 1944 ela era o futuro, em 1952 é o passado, e o que você acha a mais revoltante injustiça é que tudo isso lhe venha de fora e sem que você tenha mudado." Assassinato: "Você já vive apenas pela metade entre nós." Sartre conhece Camus, sua suscetibilidade, igual à de Breton: "Se está me achando cruel, não tenha medo: logo falarei de mim, e no mesmo tom." Já está pensando em redigir *Les Mots* [As palavras]. Confissão que não é apenas de um literato: "Você é completamente insuportável, mas apesar disso é meu 'próximo' pela força das circunstâncias." Sartre não consegue choramingar. Nos maus ventos da história em 1952, a sorte de um Camus, de suas ideias ou de sua ausência de ideias pouco importa. Então o professor Sartre golpeia com as últimas verdades o mau aluno Camus: "Marx nunca disse que a história teria um fim [...] falou apenas do fim de uma pré-história." Sartre exclui da história Camus, "abstração de revoltado". Se Camus quiser responder a Sartre, *Les Temps modernes* estarão abertos. Sartre anuncia que irá parar nisso: "Eu disse o que você foi para mim e o que é agora. Mas, seja o que for que você possa dizer em resposta, recuso-me a combatê-lo." Última frase da réplica incendiária do Senhor Diretor: "Espero que nosso silêncio faça esta polêmica ser esquecida." Belo fim. Mas Jeanson faz questão da última palavra. Acrescenta um novo texto, desta vez de vinte e nove páginas, sob um título crepuscular: "Pour tout vous dire..." [Para lhe dizer tudo...]. A tourada no entanto parecia terminada. O picador volta à arena. Curioso mimetismo, Jeanson imita Sartre e Camus. Reafirma alguns insultos, volta ao "tom sempre um pouco nobre demais [...] a monótona empáfia e o *parti pris* de grandeza" revelado em *O homem revoltado* e imita Sartre:

"Você falava de tão alto! Não estou muito habituado a conversar com os oráculos." Camus se imobiliza numa postura marmórea, julga Jeanson, que também decreta que Camus se ocupa menos dos homens do que de Deus. Ele quer acabar com o Justo, o Puro, o Solitário, o falso revoltado. Jeanson parafraseia Sartre: "Assim você se retira da história para melhor enfrentá-la."

O primeiro artigo de Jeanson foi comentado na nata literária e jornalística de Paris – aranhas dentro de um pote, para Balzac. Jeanson lembra esse mundo: "No momento em que eu criticava seu livro, não só constatei por parte de várias pessoas como *também senti em mim* um curioso fenômeno de inibição: a sensação de que *a seu respeito* os direitos da crítica não eram exatamente os mesmos que a respeito de qualquer outro. A você devíamos, em suma, considerações especiais." Jeanson manifesta a satisfação do crítico pouco conhecido atacando um escritor reconhecido: 'Albert Camus' por essência, O Grande Sacerdote da Moral absoluta [...] pareceu-me que você era *tabu*. Ora, não gosto dos tabus e detesto em mim a tentação, às vezes, de respeitá-los." Jeanson deixa transparecer o prazer da crítica massacrante.

De um lado e de outro, nessa polêmica a forma prevalece em muito sobre o conteúdo. Para além dos ataques pessoais ou literários, o cerne continua sendo a divergência quanto ao comunismo, o "socialismo real". Sartre ainda acredita no socialismo de fisionomia humana, para o futuro. Não adere nem ao stalinismo nem ao PCF, mas não quer romper. Acredita na empreitada revolucionária que o PCF acabaria por incorporar. *Engaja-se* a seu lado, persuadido de que é um homem histórico, *inserido no contexto*, herético, não apóstata diante do comunismo. Sartre e Camus voltam a representar, a dois, as tragédias e comédias das revoluções de 1789 e de 1917. Sartre é jacobino e bolchevique, Camus quase girondino e menchevique. Sartre proferiu seu grande insulto a Camus: burguês! Por parte do primeiro, o ódio ao burguês parece mais teológico e psicológico do que sociológico. Camus utiliza menos essa noção. Nenhum deles sugere, nesse início dos anos 1950, que a burguesia, apesar de tudo portadora de uma cultura, encarne também a sociedade moderna.[20] Sartre difunde o clichê mítico do burguês: mentiroso, sem-vergonha, explorador, *parvenu e* filisteu, partidário teórico dos direitos humanos, mas colonialista. Forçando-se a acompanhar o PCF, Sartre não acredita estar se desligando do mundo burguês, mas pelo menos se afasta dele. Quando denuncia o burguês Camus, transforma-o em cúmplice de todos os exploradores. Jeanson, Sartre e Camus jogam pingue-pongue com Marx, Sartre acusando Camus de brincar com conhecimentos de segunda mão. Serão os de Sartre *muito* mais avançados? Um homem como Raymond Aron, leitor paciente de Marx, está persuadido de que Camus e Sartre, nesse aspecto, são igualmente incompetentes.[21]

Camus ainda não sabe, mas os homens mais informados à direita também não gostam de seu livro. Aron, ex-editorialista do *Combat* agora colaborador do *Le Figaro*, acha-o ruim: "... as linhas-mestras da argumentação perdem-se numa sucessão de estudos mal vinculados uns aos outros, o estilo da escrita e o tom de moralista não permitem o rigor filosófico."[22] Para Aron, "o pensamento de Camus parece banal e razoável e essa querela, insignificante. [...] Sartre e Camus não são nem comunistas nem 'atlânticos' [...]; ambos reconhecem a existência de iniquidades nos dois campos. Camus quer denunciar umas e outras; Sartre apenas umas, do lado ocidental, sem negar a realidade das outras. Nuança, decerto, mas que questiona toda uma filosofia."[23] Aron, que outrora foi amigo de Sartre, mas nunca de Camus, mantém reservas com relação a este último. Mais uma vez o *agrégé* contra o licenciado, o especialista contra o amador, o sociólogo, alimentado por Dilthey e Max Weber, contra o escritor, fiel a Nietzsche e Pascal? Aron irá nuançar mais tarde seu ponto de vista: "Camus não ataca apenas determinados aspectos da realidade soviética. O regime comunista lhe parece tirania total, inspirada e justificada por uma filosofia. Ele reprova os revolucionários por negarem todo valor eterno, toda moral transcendente à luta de classes e à diversidade das épocas, acusa-os de sacrificarem os homens vivos por um bem pretensamente absoluto, por um fim da história, cuja noção é contraditória e, de qualquer modo, incompatível com o existencialismo."[24]

Camus continua acreditando que um socialismo a ser definido, um pouco social-democrata à escandinava e trabalhista à britânica, possa ser realizado. Camus e Sartre são típicos dos intelectuais franceses de sua época em sua relativa ignorância dos dados econômicos. Têm um igual desejo de transformar a sociedade. Sartre e Camus querem uma nova ordem social, mais humana. A paixão não é a mesma. Ainda é revolucionária e violenta por parte de Sartre. Camus já não é revolucionário: é um homem revoltado que rejeita em bloco o universalismo jacobino e o universalismo comunista.

Sartre na França continua sendo o farol de uma parte da esquerda não comunista. Não é que todos os intelectuais franceses se situem à esquerda, mas na área de influência de revistas como *Esprit* e *Les Temps modernes*, de hebdomadários como *France-Observateur*, a grande inteligência é Sartre. Não Camus. Afinal, Camus e Sartre separam-se onde se encontraram. O jovem crítico do *Alger républicain* admirava *A náusea* e *O muro* e desconfiava do filósofo autor dessas ficções. Em sua "Explicação de *O estrangeiro*", Sartre admirava o artista, mas atribuía notas baixas ao pensador. Sartre tinha Camus em baixa conta intelectual e falou de seus sentimentos a Jean Cau: Camus era "uma espécie de professor primário, nulo em filosofia mas ostentando uma arrogância moralizadora" e uma "vedeta [*nos dois sentidos: estrela e naviozinho*] do pensamento". Sartre considerava-se, segundo Cau, como um encouraçado inaufragável.[25]

41

"NUMA ESFERA DE VIDRO"

Em 5 de setembro de 1952, Camus escreve a Francine: "Paris me angustia como sempre quando volto para cá. *Les Temps modernes* saiu com vinte páginas de resposta de Sartre e trinta de Jeanson. Antes mesmo que a revista aparecesse nas livrarias, alguns excertos foram publicados em *L'Observateur.* O assunto teve bom destaque, embora sem elegância. Quanto às respostas, uma é maldosa, a outra boba. Nenhuma responde às minhas questões, exceto Sartre, num ponto. Mas as cinquenta páginas são deliberadamente insultuosas. Tive também o prazer de ser chamado de policial e de cabotino, entre outras coisas. No conjunto é uma longa dissertação sobre meu orgulho, que no entanto desfere, como você vê, um belo golpe. Muita gente vai se deliciar. Decididamente estou pagando caro esse maldito livro. Hoje duvido totalmente dele – e de mim, que me pareço demais com ele." No dia 17, mais uma vez à sua mulher: "Vivi quase solitariamente, estes últimos tempos, pensamentos um pouco sombrios, um pouco adormecidos. Tento me acomodar a tudo isso como posso, tal como procuramos uma boa posição numa cama incômoda. Nem sempre é fácil. Compreendo que se discuta minha obra. É a mim, antes de tudo, que ela parece discutível, e profundamente. Porém nada tenho a dizer quando se condena a minha pessoa. Qualquer defesa torna-se então apologia de mim mesmo. E o impressionante é essa explosão de uma detestação há muito reprimida. Isso prova que essas pessoas *nunca* foram meus amigos e que sempre as irritei ou feri naquilo que sinto. Daí essa vil demonstração e essa incapacidade de generosidade. Não tenho outra explicação para a extrema vulgaridade desses ataques. Mas não responderei, é impossível. É preciso apenas tentar distinguir o verdadeiro do falso nessa lama, conseguir também, pela razão, não ficar vexado nem humilde, resistir à tentação de desprezar *demais* e à de não desdenhar o suficiente. Enfim, saber romper (isso sim), mas sem ressentimento. Essas acrobacias não são fáceis, mas são a parte que me cabe. A desgraça é que tenho coisas demais para cuidar e menos energia vital do que outrora. O único benefício dessa operação (a operação 'Pedestal') é que ela clareou as divergências. Esses senhores querem, invocam, exigem a submissão. Provavelmente irão submeter e ser submetidos. À saúde deles!"

A seus amigos muito próximos, Camus mostra sua irritação, seu sofrimento, suas dúvidas. Voltando à rua Madame, Camus fala de Sartre a Jeanne Terracini, com exasperação:

— O que você quer que eu faça? Que eu vá quebrar a cara dele? Ele é muito baixinho!

Camus teria vontade de lhe aplicar uma *donnade*, ao estilo argelino. A querela divulgada pela imprensa mais vulgar ("Briga entre os existencialistas", "Sartre contra Camus") provoca falatório e o aumento da tiragem de *Les Temps modernes*.

— Já encheu, não vou continuar a responder e fazer propaganda para eles — diz Camus a Urbain Polge, de passagem por Paris.[1]

Camus tem um sentimento de injustiça: deturparam seu pensamento e ele tem confiança total em Polge, pois aquele homem não tem ligação com o mundo parisiense. Diante dele, pergunta-se se tem razão naquele caso. É uma constante de sua parte, Camus passa por rupturas que desagradam a muita gente. Sartre, de coração leviano, não exprime arrependimento, como sempre acontece quando rompe. Mostra a alegria e a despreocupação de seu gênio de orgulho modesto e intacto. Quanto a Camus, interroga-se incessantemente sobre seu talento e sobre a validade de seus raciocínios. A relação Camus-Sartre termina em fratricídio. É o fim de uma história de amor, diz Robert Gallimard, um dos raros a conhecer e apreciar os dois. Na época, intelectualmente, Robert sente-se mais próximo de Sartre, mas continua íntimo de Camus.

Nem todos os amigos deste último estão de acordo. André Bénichou, assim como Urbain Polge, não pertence aos círculos parisienses. Sempre foi generoso, continua atencioso. Amigo de Ferdinand Alquier, filósofo profissional, Bénichou também estudou filosofia e aconselhou Camus com relação a suas leituras de filósofos gregos. Não toma partido de Sartre, mas diz francamente a Camus que não gosta de seu livro e lhe fala de sua decepção no plano técnico, embora compreenda seu ponto de vista. É pouco comum um amigo ser franco imediatamente após a publicação de uma obra que ele desaprova. Jean Daniel – na época –, no final das contas, acha que Sartre está ganhando pontos.

Francine e Maria, leais, tentam fazer Camus esquecer a polêmica. Camus fala pouco no assunto com a Única. Chega à casa dela, na rua de Vaugirard, sem gravata, sufocado, passando por crises de claustrofobia, à beira das lágrimas. Maria explica que é preciso tomar distância. Ele não consegue. Na Gallimard, muitos caçoam. Engraçado aqueles grandes escritores descerem de seu pedestal para brigar em público! Brilhantes os artigos de *Les Temps modernes*! À esquerda, é como se dessem notas: 18 para Sartre, apenas a média para Camus. No dia seguinte à réplica de Sartre, Camus fez a ronda das salas, em busca de apoio. Encontrou pouco. Gaston parece aborrecido. Está acostumado com discussões entre seus grandes e se omite. Claude, seu filho, se diverte, porque todo aquele caso aborrece Michel, amigo de Camus, e o deixa infeliz. As tensões entre Claude e Michel são evidentes. Mesmo Robert mantém-se reservado. Diz a Camus, em linhas gerais: sou o editor de Sartre na Gallimard; sei que nessa discussão você gostaria de ver as pessoas tomarem partido. O problema é de vocês. Vamos manter a dignidade, não falemos mais nisso, replica Camus, dividido, contente por se ter separado dos sartrianos e sartrólogos, mas, num certo sentido, órfão, com o orgulho, o amor-próprio e a amizade feridos.[2]

Brice Parain manifesta sua simpatia. O bloco dos incondicionais, Brisville, Guilloux, Char, se reduz e nem todos estão presentes na rua Sébastien-Bottin. Paulhan mostra, por meio de bilhetinhos, que está do lado de Camus e termina com uma palavra de que este último bem que está precisando: "Afetuosamente."[3] A uns e a outros o ensaísta pergunta se Sartre não estaria com a razão.[4] Paulhan tenta trazer Camus de volta ao senso das proporções: tudo isso é uma tempestade numa xícara de tisana parisiense. Sublinha os aspectos exagerados, teatrais, fúteis do caso. Camus expressa sua gratidão: "Desde que me tornei (em parte graças a você) o que se chama de escritor, não parei de me surpreender com meus confrades. Às vezes no sentido da admiração, é verdade. Hoje é num outro sentido. Mas sempre sinto minha insuficiência."[5]

Para além da discussão de ideias, muitos estão contentes por Camus levar uma surra. Teve sucesso excessivo, o autor de *O estrangeiro*, *A peste*, *Calígula*, o chantre solene e glorioso do *Combat*. Um percurso sem erros, até agora, já é demais, isso vai lhe baixar o topete, vai fazer bem para sua arrogância. Antes, na Gallimard, Camus, gentil e sorridente, passeava pelos corredores, descia até o depósito. Agora anda sombrio, passa e fala pouco, parece manifestar sua arrogância mais do que nunca, e também sua aflição. Sartre costumava dizer a Robert Gallimard: "Camus me repreende o tempo todo." Ultimamente todo o mundo pode dizer: Sartre castigou Camus! Peripécia para Sartre, o caso se transforma em drama para Camus.

Na saída da editora Gallimard, ele dá com partidários, reais ou supostos, da Sartreria e o escritor evita lugares públicos de Saint-Germain-des-Près – ainda é a época do apogeu dos cafés. Foge até mesmo do Dôme, da Coupole ou da Palette em Montparnasse, onde Sartre almoça regularmente. Para Camus, cada conhecido torna-se um adversário potencial. Pária em sua família natural, a esquerda não comunista, Camus sente-se cerceado, condenado, e se atormenta.[6] Cada vez menos expansivo, ele revê a controvérsia: "Polêmica contra o *H. R.* É a convocação geral dos tenébrios. Leio no Littré 'Tenébrion': 1) amigo das trevas intelectuais. 2) Gênero de coleópteros do qual uma espécie, no estado larvar, vive na farinha. Diz-se também *blatte*. Engraçado." Ou ainda: "Paris é uma selva, e suas feras são miseráveis." Ele se arrebata, escoando sua cólera em fórmulas: "*Parvenus* do espírito revolucionário, novos-ricos e fariseus da justiça. Sartre, o homem e o espírito, *desleal*."[7]

Camus coloca um problema: por que tantos intelectuais, antes e depois da Segunda Guerra Mundial, são atraídos pelo totalitarismo ou pelo autoritarismo, pelos ditadores? Escritores de direita e de esquerda aceitam comportamentos extremos dos Estados policialescos.[8] Sartre não é stalinista, mas, no final das contas, ele não faz o jogo do stalinismo? Camus: "Polêmica *T. M.* – Canalhices. Sua única desculpa está na época terrível. Alguma coisa neles, afinal, aspira à servidão. Sonharam em chegar a ela por algum caminho nobre, repleto de pensamentos. Mas não há via triunfal para a servidão. Há a trapaça, o insulto, a denúncia do irmão. Depois disso, a ária dos trinta dinheiros."[9] Camus escreve a palavra *irmão*.

Ele pensa numa segunda resposta aos ataques de Jeanson e Sartre – um longo artigo publicado numa revista? Qual? Nenhuma concordaria. As mensais de esquerda lhe são hostis. *La Table ronde* e *La revue de Paris* o acolheriam, mas Camus não quer se amarrar à direita. Um panfleto? Ele mostrou em sua epístola ao Senhor Diretor que também podia ser sarcástico, como na época do *Le Soir républicain*. Redige cerca de vinte páginas, que acabam não sendo publicadas. Ele engaveta sua "Defesa de *O homem revoltado*"[10] Escreve para si mesmo mais do que para um público eventual, e num tom grave: "Na raiz de toda obra encontramos o mais das vezes uma emoção profunda e simples, ruminada por muito tempo, que, sem a justificar, basta para a explicar. De minha parte, não teria escrito *O homem revoltado* se, nos anos 1940, não me tivesse visto diante de homens cujo sistema não conseguia explicar e cujos atos não entendia. Para resumir as coisas, não compreendia que os homens pudessem torturar outros homens sem deixar de olhar para eles..." Camus nunca faz alusão à sua passagem pelo partido comunista. Volta a suas condenações das duas sociedades, a socialista e a capitalista, ambas exploradoras. A última, ele repete, "já não se mantém por suas virtudes desaparecidas, mas pelos vícios dramáticos da sociedade revolucionária. Por isso me pareceu bom e útil proceder a uma crítica racional do único instrumento que pretendeu libertar os trabalhadores, para que essa libertação fosse outra coisa que não uma longa e desesperadora mistificação".

Em sua resposta de *Les Temps modernes*, Sartre zombou com desdenhosa ferocidade da medida camusiana. "Acreditei então poder escrever a palavra medida", escreve Camus. "Poderia ter escrito 'enfrentamento' ou 'corpo a corpo' para satisfazer à sede de proezas militares que se encontra em nossa sociedade literária." A observação não cai do céu e não mergulha no intemporal literário: o Vietminh luta contra as tropas francesas na Indochina e há sempre o temor de uma Terceira Guerra Mundial. Camus prossegue: "Preferi a palavra correta, que era *medida*, mas no sentido clássico em que a entendiam os gregos. Sim, a revolta é a medida da revolução, e vice-versa." Convém definir também o contrário da medida. Camus é menos preciso: "O que chamo de desmedida é o movimento da alma que ultrapassa cegamente a fronteira em que os contrários se equilibram para acabar se instalando numa embriaguez de consentimento, cujos exemplos covardes e cruéis abundam sob nossos olhos." Esse texto reflete o desânimo de Camus: *O homem revoltado* não propõe nem uma moral formal nem uma moral dogmática. Afirma apenas que uma moral é possível e custa caro. Aqui, não em *O homem revoltado*, um Camus amargo se lamenta, constatando: "O tempo dos artistas sentados terminou." Outra alusão ao Sartre sentado e adormecido numa poltrona da Comédie-Française seis anos antes? "Uma das tentações do artista é acreditar-se solitário e, na verdade, o que acontece é que isso lhe é alardeado com uma alegria muito ignóbil." Os ventos maus e pestilentos sopraram, mas o artista precisa se recompor: "Talvez a tragédia de cada homem seja, tanto quanto sentir-se sozinho, às vezes não o poder estar realmente. Há horas, seria inútil negar, em que se gostaria de estar separado do universo dos homens, nem que por um instante." No fundo do poço, Camus confunde na mesma repulsa os homens e alguns parisienses. "Mas não adianta", ele continua, "e é assim mesmo; precisamos dos outros mais do que eles precisam de nós." Ele não para de se interrogar sobre as motivações de seus adversários que foram amigos e que hoje se declaram seus inimigos. "Cada adversário, por mais aversivo que seja, é uma de nossas vozes interiores que estaríamos tentados a fazer calar e que devemos ouvir para corrigir, adaptar ou reafirmar algumas das verdades que vislumbramos da mesma maneira." Lúgubre, mas decidido a se reerguer, Camus termina esse texto com: "Nada é inútil." Ter compradores e leitores é se fazer compreender?

Para Char, Camus, com *O homem revoltado*, escreveu seu melhor livro. Guilloux, fiel e caloroso, dá seus conselhos: "Você me diz que não está trabalhando [...]. Só há remédio na paciência [...]. Não devemos nos enrijecer, não devemos nos rebelar – pelo menos não deveríamos."[11] Pierre de Boisdeffre[12] propõe a Camus participar de um debate no Centro Católico dos Intelectuais Franceses com Raymond Aron e Thierry Maulnier pela direita, Claude Bourdet e Jean-Marie Domenach pela esquerda. Camus recusa: "Todo esse caso ainda está em sua fase jornalística e [...] portanto as mínimas palavras que eu possa dizer serão utilizadas de uma maneira que me repugna de antemão. [...] Pois me seria impossível num caso como esse expressar-me sempre com uma polidez acadêmica. É engano considerar-me um homem deliberadamente polido e a quem se pode insultar com toda a tranquilidade. Considero, por exemplo, meus contraditores de *Les Temps modernes* doravante desqualificados, e o diria se fosse para falar deles."

Mauriac ganha o Prêmio Nobel de Literatura em 6 de novembro de 1952. Alguns dias depois, Charles-André Julien publica *L'Afrique du Nord en marche*[13] [A África do Norte em marcha], em que são analisados o despertar dos nacionalismos e a vontade de independência na Argélia, na Tunísia e no Marrocos. A obra não tem penetração no mundo político, mas torna-se um clássico na universidade. No mês seguinte, sai em Paris *L'Histoire des démocraties populaires* [A história das democracias populares], de François Fejtö: quem *quer* se documentar sobre o mundo comunista *pode*.

Amigos ou Maria e Francine aconselham Camus a não dar prosseguimento à polêmica. A sua mulher: "Suponho que vocês todos têm razão e nesse caso vou deixar por isso mesmo. Afinal, não sei por que quero defender o que é meu bem e minha vida. O mais simples é deixá-lo aos outros e que eles façam disso o que quiserem, que o comam ou o deformem, ou o vomitem. Todos juntos são demais para mim e, resumindo, não aguento mais. O melhor que posso fazer é me calar, tampar os ouvidos, e tentar trabalhar..."[14]

Em dezembro, depois de ver sua mãe, Camus visita uma Argélia que ele não conhece, os territórios do Sul, em companhia de André Rosfelder, geólogo que descobriu a primeira jazida comercial de petróleo na Argélia. "Voltei ontem à noite do Sul, aturdido pelo longo trajeto de automóvel, mas impregnado do que tinha visto e contente com os dias de silêncio e de solidão", explica Camus. "Esta manhã recebi minha correspondência e as chateações começaram."[15]

Em janeiro de 1953, ele volta da Argélia, "reerguido e pacificado". "Aquele país e seus homens sempre fazem com que eu volte a mim mesmo." Depois dessa pausa, ainda analisa o estado de espírito de seu adversário: "Não acredito mais na honestidade de Sartre. Falo agora sem cólera, mas doravante sei que ele (tal como seus amigos) é capaz de falsidades e de mentiras."[16]

Consolo: Camus recebe cartas em abundância. Seus correspondentes são famosos ou desconhecidos, cândidos ou sutis. Um artista-pintor e escritor polonês, autor de um livro sobre os campos soviéticos,[17] Joseph Czapski, lhe diz: "Imediatamente após o ataque concentrado contra o senhor, quis lhe escrever porque o estimo e porque tem mais amigos do que pensa." Na ocasião, Camus vai ver a exposição do pintor. Não é um pintor moderno: "Não importa muito", diz Camus, "que você não esteja no que se chama 'o movimento'. Esse movimento hoje não progride." Depois, solta-se. A violência brota: "Se as palavras 'de esquerda' já não têm muito sentido, é porque os intelectuais de esquerda, particularmente, escolheram, como se vê pelo exemplo de *Les Temps modernes*, ser demolidores da liberdade. Por isso devem ser combatidos de frente e neutralizados."[18]

Sartre foi ao congresso do Movimento da Paz em Viena, de 12 a 19 de dezembro de 1952, depois da execução dos líderes comunistas tchecos Slansky e Clementis.[19] Lá, o escritor e filósofo reinava com dois "encouraçados" do comunismo internacional, Ilya Ehrenbourg e Pablo Neruda. Para Sartre, três acontecimentos lhe "devolveram a esperança", o Front Populaire de 1936, a Libertação em 1944 e aquele congresso! Em Viena, ele declara – sempre o princípio dos espelhos: "O mundo foi cortado em dois e cada metade tem medo da outra. [...] Os próprios homens tornam-se abstratos nessa perspectiva. Cada um é o Outro, o inimigo possível, desconfia-se dele." O truísmo, então, ocorre facilmente àquele cérebro poderoso: "O que há de novo e de admirável neste congresso é que ele reúne homens." Rito sacrificial, Sartre, para mostrar que é a favor dos comunistas, se não do comunismo, faz com que sua peça *Les Mains sales* [As mãos sujas] seja proibida em Viena. Assim, reconhece que foi um pouco ou demasiado anticomunista.[20] Camus anota: "Ir a Viena, em tempos comuns, era participar de um ato de guerra fria. Ir com o pano de fundo de onze enforcados, cujo nome era seguido da palavra judeu nos jornais tchecos, já nem tem qualificação. Encontramo-nos diante da típica traição dos intelectuais – e sempre pelas mesmas razões. Tal como nossos homens de direita foram fascinados pela força hitleriana, nossos homens de esquerda o são pela força comunista, condecorada com o nome de eficácia." Camus faz questão de se situar exatamente quando na URSS, três meses antes da morte de Stalin,[21] as autoridades "descobrem" um complô de médicos judeus, dito "dos aventais brancos", e lançam uma campanha antissemita. O delírio de autossacrifício toma conta das democracias populares. Na República Democrática Alemã, o ministro dos Assuntos Estrangeiros, Georg Dertinger, foi preso por espionagem. Em todo o mundo comunista executa-se continuamente *O zero e o infinito*. Camus: "Sempre para mim a direita se chamou opressão e obscurantismo." Ele ousa colocar a equação comunismo = fascismo. O comunismo é pior do que a direita e reina "no Leste da Europa e nas nostalgias de nossos intelectuais, cujo trabalho único e aversivo é distinguir cuidadosamente entre os bons e os maus concentracionistas e os bons e os maus antissemitas. É de vomitar". Num ímpeto otimista, Camus faz predições a longo prazo: "Tenho certeza, por outro lado, de que essas confusões durarão apenas um tempo."

As marcas da polêmica com Sartre acumulam-se em seus cadernos: "Nobre ofício em que devemos nos deixar insultar sem reclamar por um lacaio de letras ou de partido! Em outros tempos, considerados degradantes, conservava-se pelo menos o direito de provocar sem ridicularizar e de matar. Idiota, certamente, mas isso tornava o insulto menos confortável."[22] Camus vive essa querela por muito tempo. Acredita que deve mostrar que, se foi companheiro, se não amigo, de Sartre, este último não o foi seu; está persuadido de que nunca Sartre o influenciou de fato. Disse-o quando faziam a festa juntos. Agora que estão separados, repete-o. Assim, diz a um universitário americano, Napoléon Tremblay: "Não sou e nunca foi existencialista. O existencialismo ateu vive hoje baseado em princípios originais tais como 'não há natureza humana, mas o homem existe antes de ser'." Camus afirma que a existência precede a existência: isso não o transforma em sartriano mas o define, entre outras coisas, como não cristão. Ele manipula o paradoxo: "Somos obrigados a ser livres embora ninguém nos force a isso." Ou ainda: "'Todo mundo é responsável por sua sorte e ninguém merece a piedade, mas é preciso fazer uma exceção para os pobres, que são a maioria.' Uma lógica tão luminosa sempre me pareceu adequada a preparar os espíritos para qualquer tipo de servidão. Isso não tardou, e os existencialistas de hoje são os advogados generosos de um estado policialesco."[23] As bobagens políticas de Sartre são inúmeras, mas Camus, durante algum tempo, instala-se num maniqueísmo diabolizador embora argumentado. Ele rumina sobre o existencialismo em seus cadernos: "Segundo nossos existencialistas, todo homem é responsável pelo que ele é. Isso explica o desaparecimento total da compaixão em seu universo de velhos agressivos. No entanto ele pretende lutar contra a injustiça social. Há, contudo, pessoas que não são responsáveis pelo que são, o miserável é inocente de sua miséria. Então? O mutilado, a feia, o tímido. E, para terminar, novamente a compaixão?"[24] Camus nunca se interrogou tanto em seus cadernos sobre os existencialistas: "Existencialismo. Quando eles se acusam podemos ter certeza de que é sempre para abater os outros." Para caracterizar seus excessos, ele anota uma fórmula: "Juízes penitentes."[25] Ele faz questão, realmente, de marcar que não sofreu a influência literária de Sartre.

Camus atinge uma tal fama, que surgem candidatos a biógrafos enquanto ele é vivo. Roger Quilliot, que obteve sua confiança, submete à sua apreciação o manuscrito de seu estudo, *La mer et les Prisons* [O mar e as prisões]. Ele é, segundo Camus, "tão completo, e discreto quanto se possa desejar", acrescentando: "Tirei [...] as referências a Sartre pela excelente razão de que seus livros nunca me influenciaram, ao contrário dos de Malraux que você cita."[26] Para ele, *O homem revoltado* é sua melhor obra: "É um livro que fez muito alarde, mas que me valeu mais inimigos do que amigos (pelo menos os primeiros gritaram mais alto do que os últimos). Sou como todo mundo e não gosto de ter inimigos. Entretanto reescreveria minha obra tal como ela é, se tivesse de fazê-lo. Dos meus livros é o de que mais gosto."[27]

Apesar das tensões com Francine, o ano de *1953* não começa muito mal. De Londres, Mamaine manda para Camus uma daquelas capas de chuva Burberry's que lhe dão um ar de Humphrey Bogart: "Tantos bolsos, faixas, correias etc. enchem a mais antiga de minhas nostalgias. [...] Estou com um ar divinamente 'tough', o que é, como você sabe, meu ideal na existência."[28] Ele pensa em viajar. "O que será uma maneira de resolver meus problemas sem os resolver", explica, "mas estou cansado da coragem, da evidência, e dos bons sentimentos." Camus sabe que não eliminamos nossas dificuldades fugindo. "Acho que para mim é hora de me deixar conduzir pela vida em vez de querer conduzi-la."

Ele se dedica de novo ao teatro. Os atores são mais acolhedores do que os intelectuais, sobretudo quando estes se interessam pela política. Os atores aceitam as divergências e não seguiram com tanta paixão as balas trocadas por Camus e os sartrianos. O diretor adjunto do teatro des Mathurins, Robert Cérésol, um pouco autor, a quem Camus se liga, não reduz tudo à política. Camus prepara um festival que se desenrolará no pátio do castelo de Angers, às margens do Maine. Abandonado pelos homens de letras, ele reencontra calor, amizade e cumplicidade entre as pessoas de teatro. A inspiração puramente criadora para uma grande obra escrita lhe foge. Ele adapta duas peças nas quais Maria irá trabalhar e cuja encenação ficará a cargo de Herrand. Parece mais fácil adaptar do que escrever. Camus reelabora textos existentes. Nesse caso, a vertigem da página em branco não o ameaça. Ele trabalhou antes da guerra, na Argélia, *Les Esprits* [Os espíritos], de Pierre de Larivey. Maria ajuda-o a traduzir e aprimorar *A devoção à cruz*, de Calderón. Camus também se sente mais à vontade no tablado ou durante um ensaio do que no conselho editorial da Gallimard.[29] Adaptador, restringe-se a uma tarefa relativamente fácil para ele.

Também está preparando duas obras de valor desigual, reunindo seus artigos de 1948 a 1953. Alguns autores da Gallimard podiam permitir-se editar seus ensaios e prefácios, Valéry com sua série das *Variétés*, Sartre e suas *Situations*. Em *Actuelles I*, dedicado a Char, Camus retomou seus artigos do *Combat*.[30] Esse primeiro volume tinha uma homogeneidade que feita a *Actuelles II*, um bricabraque que tem de tudo um pouco. A atualidade parece demasiado recente. Os títulos e subtítulos dos prefácios e artigos dão o tom: "Justiça e ódio", "Perseguidos e perseguidores", "Os fariseus da Justiça", "O partido da Resistência", "Servidão do ódio". Camus ainda não digeriu o caso de *O homem revoltado* e a maior parte de *Actuelles II* é dedicada a essa polêmica. Ele repisa aspectos secundários e republica sua carta ao Senhor Diretor de *Les Temps modernes*, sob o título de "Revolta e servidão". Camus marca posição. Para mostrar que continua ancorado à esquerda, também retoma seu prefácio a *Moscou sous Lenine* [Moscou sob Lenin], de seu amigo Rosmer. Assim todos verão onde Camus se situa. Aos que pretendiam levar a crer que ele se tornou reacionário ou que perdeu a esperança, ele proclama: "Homens como [Rosmer] souberam resistir ao desmoronamento de sua esperança, e resistir duas vezes, primeiro recusando abandonar-se, como tantos revolucionários, ao conforto da servidão dita provisória, em seguida recusando perder a esperança na força de revolta e de libertação que atua em cada um de nós." Em seu preâmbulo, Camus ousa predizer: "A verdadeira libertação certamente não é para amanhã, mas o niilismo já pertence ao passado, embora seus últimos gritos ainda repercutam em nossos jornais e nossas revistas." Os homens dos jornais e das revistas, responsáveis e subalternos, rangem os dentes e zombam com frequência. Camus, num tom mais íntimo: "A criação, sempre possível, torna-se então cada vez mais necessária. As contradições da história e da arte não se resolvem numa síntese puramente lógica, mas numa criação viva."

Nesses meses penosos, Camus burila ensaios de artista: prepara *L'Été*[31] [O verão]. Depois dos combates de ideias abstratas que pretendiam ser racionais, ele reencontra um sopro lírico, volta à Argélia, distancia-se dos debates. Claude de Fréminville, que no jornalismo se tornou Claude Terrien, indaga-se sobre o título da coletânea, *O verão*: "Trata-se de expressar por sua estação essencial o Mediterrâneo para o qual Camus nunca deixou de se voltar com fidelidade? Não se trata também da estação da vida que doravante é a de Camus? Pois há nele um gosto muito nítido pela simbologia, isto é, no fundo, por uma poesia em que o concreto e o abstrato se juntam."[32] Um texto curto de Camus, "L'énigme" [O enigma], escrito três anos antes, critica os mal-entendidos, as complicações, as maledicências que espreitam qualquer vedeta das letras. Ele se descreve em busca de uma esperança comedida: "Claro, um certo otimismo não faz parte de mim. Cresci, como todos os homens de minha idade, ao som do tambor da primeira guerra, e nossa história, desde então, não cessou de ser assassinato, injustiças ou violência, e o verdadeiro pessimismo, que se constata, consiste em incrementar tanta crueldade e infâmia." O desfecho é muito subjetivo: "Em sua busca obstinada, só podem ajudar o artista aqueles que o amam e aqueles que, também amando e criando, encontram em sua paixão a medida de toda paixão, e portanto sabem julgar." Relatando uma volta decepcionante, mas instrutiva a Tipasa, Camus já não é o homem, o pensador que digladiou com Sartre. Voltou a ser, como na época de *Bodas*, um poeta da prosa. "Navegamos por espaços tão vastos, que nos parece que nunca chegaremos a termo. Sol e lua sobem e descem alternadamente, no mesmo fio de luz e de noite. Dias no mar, todos semelhantes, como a felicidade..."

O festival de Angers se desenrolou bem, mas Marcel Herrand, um amigo, morreu dois dias antes da estreia. Camus volta a Paris desanimado e triste. Não sabe o que irá fazer naquele verão de 1953. Francine está em férias com os gêmeos e os Polge no Sul. Camus se interroga: "Será preciso tomar uma decisão que não tenho coragem de tomar. Gostaria apenas que me deixassem viver como quero. Mas isso é pueril, e nós somos adultos." Ele passa um triste 14 de julho em Paris. "As pessoas dançam sob os guarda-chuvas, com o mundo de cabeça para baixo."[33]

No outono, a mãe de Francine sofre uma entorse grave. Francine está cansada. "Estou circulando, portanto, no meio de um hospital", escreve Camus. "Felizmente, tenho vitalidade para dez."[34] Em 10 de outubro, ele confidencia aos "caros Janurbins", os Polge. Jean está na casa deles, em Saint-Rémy-de-Provence. Albert diz: "Francine fica no quarto e dorme a maior parte do tempo. A sogrinha, com o pé esticado, parece o vice-rei do Peru em *A carroça do Santo Sacramento*, Catherine tornou-se por milagre uma adulta silenciosa, e eu vagueio, consciente de minha inutilidade. Devo dizer-lhes, no entanto, para compensar a carta de Francine, que não estou preocupado com ela. Está sofrendo de uma depressão moderada, ao meu ver (o que não significa agradável), e cuidados e um repouso *prolongado* serão suficientes para que se restabeleça definitivamente." Sempre pai atencioso e severo, Camus sublinha que seria bom Jean não pôr os cotovelos na mesa ao comer e, também, não abusar da gíria parisiense.[35]

Francine está abatida. Fala pouco e se repete. Em 21 de outubro, Camus diz a seu respeito: "Ela é minha maior preocupação. [...] Sua depressão se ampliou e agora ela está se tratando." Pouco depois, Camus acha que ela está melhor: "Ainda não é a grande floração, mas é uma pequena primavera, tímida, mas inegável. Ela já está falando em ir a Orã, o que é bom sinal."[36] No mesmo dia, Francine concorda: "Quanto a mim, estou lutando há um mês contra a depressão e é difícil. Mas creio que estou melhor."[37]

Simone Hié, que em Paris às vezes se faz passar por "Senhora Camus", casou-se com o doutor Cottenceau e mora no bulevar Saint-Michel, nº 57. Desde 1947, a polícia a prendeu várias vezes em flagrante delito de compra de heroína e de morfina. Sob seu nome de solteira ou de mulher casada, tal como antes da guerra na Argélia, ela consegue obter com cinco médicos receitas de ampolas de morfina. Esteve em tratamento na clínica Bellevue. Injeta-se doses de dois gramas por via intravenosa. Os policiais da brigada de narcóticos a interpelaram no café de Flore. Encontraram até seis gramas de heroína com ela. Presa, foi encaminhada à enfermaria de Fresnes em 28 de outubro. Condenada a uma multa de 50.000 francos, saiu de lá em 3 de novembro. Sua mãe há alguns meses pede socorro a Camus. Ele não sabe o que fazer: "Refleti e não sei realmente o que lhe dizer. Há dezessete anos, por uma espécie de intuição que no entanto não era própria da minha idade, compreendi que era uma situação sem saída. Por isso rompi totalmente, embora isso tenha me custado mais do que eu disse a quem quer que seja. Hoje só sinto por Simone, e sobretudo pela senhora, toda a compreensão de que sou capaz. Quanto a seu marido, embora não o conheça, não é necessário dizer que compreendo o que ele possa estar sentindo. [...] é preciso limitar os estragos, [...] antes de tudo evitar que aconteça o pior, [...] poupar-lhe as consequências judiciárias de sua loucura. É preferível que ela viva em Argel, que se procure uma casa de saúde que pratique preços razoáveis. [...] infelizmente temo encontrar-me tão impotente hoje quanto há dezessete anos."[38] De Argel, onde mora, sua ex-sogra, pela qual ele continua sentindo afeto, pede-lhe que arranje um emprego para Simone. Ele responde: "Cara amiga, [...] por mais duro e difícil que seja para sua saúde e para a senhora, é a seu lado que Simone encontrará o melhor abrigo [...] é melhor olhar as coisas de frente. Sem jamais perder a esperança de uma cura possível, é preciso considerar as recaídas como prováveis. Parece-me impossível, portanto, recomendar Simone a um editor sem lhe dizer francamente qual é a situação."[39] Presa novamente, Simone desta vez não será condenada. Ela perambula por Paris, encontra o professor René Poirier numa plataforma de metrô, faz afirmações incoerentes sobre Camus: afirma que outrora ele a teria feito de cobaia.[40]

Camus vai ao encontro de Francine, que foi para a Argélia descansar. De Orã, em 26 de dezembro de 1953, ele escreve a Jean Grenier, depois de adiar uma viagem ao Egito: "Foi com o coração muito apertado que lhe enviei há pouco aquele telegrama sabendo que o deixaria muito aborrecido. No entanto não pude fazer outra coisa. O estado de Francine, que permanecia estacionário há muitos dias e que eu esperava fosse então evoluir para melhor, agravou-se subitamente após uma doença repentina (escarlatina) de Catherine. Não posso lhe dar detalhes aqui, mas o fato é que agora somos obrigados a cuidar dela constantemente. Deverá seguir um tratamento e a única questão é saber se será possível fazê-lo aqui ou se será preciso voltar para Paris." Um doente depressivo e seus parentes não são os melhores juízes do estado do paciente. Em 28 de dezembro – ele está há dez dias em Orã com Jean – Camus escreve aos caros "Janurbins": "Encontrei Francine num estado pior do que quando parti de Paris. No primeiro dia, principalmente, fiquei espantado. Desde então parece que está muito melhor." Depois, para Grenier: "Peço desculpas por ter pedido sua ajuda para anular a passagem de Francine, mas achei que seria o mais eficaz. Aliás, estou em grande apuro. Encontrei Francine aqui num estado alarmante. Eu tinha a esperança de que essa volta à célula natal a ajudasse a recuperar seu equilíbrio. Encontrei, ao contrário, sua depressão agravada, tornando-se neurastenia, e complicada por manifestações de angústia e de obsessão. Estou muito preocupado e censuro-me por não ter levado mais a sério os primeiros sintomas. Na verdade, se fosse possível, eu teria preferido adiar essa viagem ao Egito. Para mim é penoso deixar Francine sozinha neste momento em que, com exceção de minha cunhada [Christiane], ninguém de sua família é realmente capaz de ajudá-la ou compreendê-la. Mas agora é tarde demais. A única coisa que poderei fazer é apressar minha volta e reduzir ao mínimo minha permanência lá."[41]

Ele tem intenção de voltar à França para confiar seu filho aos Polge. Depois das festas de Natal, o estado de saúde de Francine piora. Ela se precipita para o terraço que reúne os apartamentos dos Faure na rua d'Arzew. Albert e Christiane a seguram. Tentativa de suicídio? A ideia passa a perseguir o marido e a irmã. Camus, em 4 de janeiro de 1954, escreve aos Polge: "F. está em observação numa clínica daqui e fui obrigado a renunciar a minhas viagens a Argel e ao Egito."[42] Francine passou vinte e quatro horas no hospital, depois quatro dias na clínica Gasser, sob os cuidados do doutor Bénichou (sem nenhuma ligação com André Bénichou). Camus não vai visitar sua mãe em Argel: portanto, julga a situação muito séria. Quanto a Francine, "os médicos estimam que se trata de um caso pouco grave, mas que uma vigilância e um tratamento é [*sic*] necessário". Camus volta para Paris de avião com Francine, acompanhado por André Bénichou. Christiane irá levar Jean até os Polge. A Urbain e Jeanne, Camus fala de seu desalento: "Estou tão desorientado que me volto antes de tudo para vocês." A depressão parece uma grande parede lisa, contra a qual se chocam o doente e os que o cercam, completamente desarmados.

Francine fica internada numa casa de saúde na rua Jeanne d'Arc, em Saint-Mandé. Camus sente-se ora responsável, ora farto e irritado. Às vezes sua exasperação atinge amigos, como Brisville. Voltando da clínica, ele conta que Francine, sentada na cama, olha fixamente para a frente, enquanto Albert está a seu lado.[43] Aquela doença rege a vida cotidiana. As indicações dos médicos parecem flutuantes, como frequentemente acontece em casos de depressão. Christiane, agora inspetora da educação popular em Orã, vem ver a irmã a cada três semanas. Suzy, casada, morando em Paris, passa com frequência. Em Saint-Mandé, Francine está sob os cuidados do doutor Montassu e da doutora Colin. Os médicos não estão de acordo entre si, pelo menos é essa a impressão dos parentes de Francine. Se a doutora Colin diz que Francine "tem tudo", neurastenia, acessos interpretativos ou delirantes, Christiane protesta: nunca se tem tudo! Francine chora, dorme, fala de Maria. Christiane tem certeza de que a irmã ficará curada. Montassu propõe um tratamento à base de iodo. Camus e Christiane se opõem. A doença de Francine aproxima as Faure de Albert. Eles têm aquela desgraça em comum. Camus teme que Francine morra. Em 30 de janeiro de 1954, ele constata: "F. não está nem melhor nem pior e tenho a impressão de que o diagnóstico dos médicos é hesitante. Minha convicção, no entanto, é de que o restabelecimento se fará, porém levará mais tempo do que eu imaginava. Vejo-a agora todas as tardes e tento ajudá-la a emergir, mas às vezes sinto cruelmente minha impotência. Outras vezes, ao contrário, percebo muitos sinais de bom augúrio e é neles que devemos confiar." Camus deseja que a convalescença ocorra logo: "Uma pequena viagem ao Sul, de que ela tanto gosta, lhe proporcionará uma boa transição para se reinstalar na vida do dia a dia."[44]

No final do inverno, Camus apanha uma forte gripe e o estado de Francine não melhora. "Saí da gripe", diz ele, "mas não da maldição. F. não está melhor."[45] Seu quarto agora fica no primeiro andar. As janelas estão abertas. Francine as terá aberto? Em todo caso, ela pulou. Christiane acha que a irmã desejava fugir da clínica; Albert, que ela quis se matar.[46] Um *raptus*, no jargão dos psiquiatras, uma descarga explosiva que pode levar o sujeito à angústia e a um ato violento contra si mesmo ou contra outros? Francine, ao cair, fraturou a bacia. Engessada, ela é imobilizada por mais de um mês e fica com escaras.

Os Jaussaud, os Bénichou, os verdadeiros amigos estão presentes. A respeito dos Polge, Camus diz aos filhos:

— Devemos amá-los duplamente, pois são bons e inteligentes, e os seres bons e inteligentes são raros.

Francine e Albert vivem uma dupla doença: uma mental, inapreensível, a outra física: "A fratura da bacia", constata Camus, "a imobilização com gesso, uma temperatura que neste momento estão tentando reduzir com penicilina, tudo isso não favorece a melhora psicológica, e estamos agora diante da perspectiva de um longo tratamento com insulina, cujos resultados não devemos esperar para antes de junho."[47] Com a insulina, que leva à perda da memória, provocou-se um coma hipoglicêmico. Camus está desarvorado: "As proporções assumidas pelos acontecimentos nos ultrapassam um pouco e minha inquietação é grande." Se os Polge escreverem a Fernande Faure, que está em Orã, sobretudo não deverão mencionar a fratura de Francine. Isso deve ser poupado à velha senhora. O genro esquece então as admoestações da sogra.

Camus, para os Polge, mantém a crônica das quedas e recaídas de sua mulher. Os gêmeos estão com oito anos. Urbain e Jeanne propõem ficar também com Catherine. Camus resolve confiá-la à avó Faure. Catherine gosta de Orã. Camus conta com as virtudes pedagógicas de Christiane. Confia mais nela do que em Fernande. A família de Francine atribui cada vez mais sua depressão às infidelidades de Albert, sobretudo à ligação com Maria. Fazem-se também alusões discretas às tendências depressivas da avó Touboul, mãe de Fernande, e a uma tia. Só isso. Quem se pergunta se a morte do pai, antes do nascimento de Francine, também não teria a ver com o estado de saúde desta última? Grávida, Fernande estava de luto. O pai de Francine foi um herói póstumo. Qual é o efeito desses pais? Em sua infância, tal como Albert, Francine não teve a presença de um homem em casa. Tal como Camus, que pai ela estaria procurando? Por que se casou com um órfão...? Fernande, Christiane, Suzy não têm nenhuma paixão pela psicanálise. Parece mais fácil atribuir a depressão a um responsável vivo, e só a ele, Camus, e querer fazê-lo deixar definitivamente o apartamento da rua Madame. O monstro é ele. Camus diz a Francine: "Acham que sou culpado." Francine diz a si mesma que não foi uma boa mulher, uma boa mãe.[48] O refúgio, a fuga, o para-vento de Camus é o trabalho. Mas a Janine e Michel, a Christiane, ele declara: "Não consigo escrever." Pensa em reunir novelas.

Confia mais seus problemas ditos "pessoais" às mulheres do que aos homens, com quatro exceções: Robert Jaussaud, André Bénichou, Michel

Gallimard e Urbain Polge. A Mamaine, cuja saúde também não vai bem, Albert escreve em 28 de março de 1954: "Não, Francine não está melhor. Ela tem uma psiquiatra (além do médico responsável) que faz parte da clínica. Francine gostava dela e lhe falava. No entanto fala cada vez menos. Tenho a terrível impressão de que está se distanciando cada vez mais. Mas talvez não seja assim. Em todo caso tenho medo do pior e se isso acontecesse eu ficaria desesperado." Ele não quer que os detalhes da doença de Francine se divulguem. Nem que suas reações sejam evocadas: "Não tenho o direito de falar de sua infelicidade, nem de minha dor." Ele tenta olhar para si mesmo com lucidez no momento das piores provações daquele casamento: "Não sou dotado nem para o amor nem para o sofrimento. Vagueio, mas não sei qual o objetivo."

Ele informou a Paulhan que não mora mais nem na rua Séguier, nº 18, nem na rua Madame, nº 29. Antes de ocupar no terceiro andar da rua des Chanaleilles (7º *arrondissement*), nº 4, escada anexa, um apartamento de dois cômodos arranjado por Char onde ele próprio dispõe de um ponto, Camus vagueou pelas casas de uns e outros, entre quartos de hotel e *kitchenettes* emprestadas. Ele passava pela rua Madame. As separações de Catherine e Jean são dolorosas. A seus Gallimard preferidos, Camus escreve, simplesmente: "Sinto muita falta de meus filhos."[49] Durante suas ausências, suas viagens, suas fugas, saber que Jean e Catherine estão na rua Madame, disponíveis, imediatamente visíveis, mesmo quando não morava com eles, aliviava Camus. Podia conversar por telefone, embora não abuse desse instrumento. Distantes, Jean na Provence, Catherine na Argélia, eles pesam com toda a sua ausência.

Camus se interroga sobre suas relações com Francine e sobre a personalidade daquela mulher: "F. tem o gosto pelo absoluto."[50] Ele volta, incessantemente, a pensar na hipotética convalescença: "Se ela se curar, o que desejo com todas as minhas forças [...], tentarei sair dessa, com ajuda de minha energia, e também de meu pessimismo, tão útil em certas circunstâncias da vida." Por que esses desentendimentos entre Francine e Albert, "irmão" e "irmã"? "A maturidade", constata Camus, "certamente faltou a nós dois." Ele tem crises de culpa: "Sou o primeiro responsável por isso. É que uma parte de mim nunca deixou de pensar, instintivamente, que os assuntos humanos não eram sérios. Foi assim que feri tantos seres à minha volta. [...] E, realmente, não sei como sair disso, quando imagino que F. possa continuar a ser o que é neste momento."

Cada um contribui com sua previsão. Mamaine consultou um médico a propósito de Francine. O inglês – a distância! – declara-se otimista. Camus se apega a essa análise sem parecer convicto: "Enfim, o que seu médico diz quanto ao prognóstico me consola um pouco. Aqui também me dizem que, embora demorada, a cura virá. Faço com que meu coração permaneça paciente e obstinado, para esperar, para ajudá-la, principalmente a ela." Confia em si mesmo: "Sempre tive força suficiente para me sair de tudo. Também agora acho que tudo vai dar certo para F. e que nos restará a lembrança de um mau pesadelo e a obrigação de arranjar nossas vidas sobre uma base decente que, afinal, será um bem."[51] A decência seria uma separação clara e pública.

Em 23 de abril, Camus participa a Mamaine, assim como aos Polge, uma ligeira melhora. A Mamaine: "F. está um pouco melhor. O tratamento parece estar dando resultados. E agora tenho esperança." Mesmo tom para Jeanne e Urbain, com a palavra-chave: esperança. "O estado de Francine é estacionário, embora o início do tratamento tenha trazido uma certa melhora. Ela vai poder se levantar, estando a fratura agora um pouco reduzida. A vida lhe volta um pouco. É preciso esperar até o fim do tratamento (em junho), mas tenho bastante esperança e coragem."

A depressão muitas vezes parece uma sucessão de montanhas-russas – em primeiro lugar para Francine, e também para seu marido, suas irmãs, sua mãe. Camus também precisa se ocupar mais do que de costume dos filhos. Separado da mulher, ou a caminho da separação, dificilmente continua sendo um bom pai a seus próprios olhos. Com a mãe doente, a responsabilidade paterna parece decuplicada e, por mais que um homem faça, mal assumida. Camus se apega ao menor sinal. Constata que sua mulher está saindo lentamente daquele túnel horrível. Astênica, empanturrada de remédios, Francine, emagrecida, está pesando quarenta e cinco quilos. Camus está confiante novamente: "F. vai *muito melhor.* As coisas talvez caminhem mais depressa do que se pensava. Nem tudo está resolvido para mim, mas tenho um enorme peso a menos sobre o peito. Não acredito no entanto que nos encontremos no Sul no final de maio. Enfim, pode ser que haja surpresas."[52] Mamaine está doente, Camus a consola. Ela que não se preocupe: "Essas recaídas não querem dizer nada, apenas que houve muita pressa em considerá-la curada." Há meses, Camus conhece o preço do tempo e da paciência, pois também lutou contra a doença. Imagina Mamaine indo ao encontro de Francine na Provence para uma convalescença sob os ciprestes. A palavra *recaída* torna-se um *leitmotiv* das cartas: "Francine está melhorando a cada dia. Se tudo continuar assim, e se não houver recaída nesse ínterim, poderemos pensar numa convalescença."

A Michel, Janine ou Robert Gallimard, Camus se diz ainda com a inspiração em pane – e também a Mamaine: "Não podendo trabalhar em nada, e também precisando de dinheiro, aceitei fazer os diálogos de um filme sobre a princesa de Clèves. Isso me toma muito tempo, mas estou aprendendo um ofício que não conhecia. Quanto ao resto, vou aos jogos de futebol e passeio numa Paris de verão, quente e tempestuosa."

Michel e Janine partem num cruzeiro para os lados de Ibiza. Camus, nostálgico, escreve a seus "caros Piratas", pensando em sua viagem com Simone Hié antes da guerra: "Vocês devem ir a Saint-Antoine, do outro lado da ilha. Lá Deus me deu algumas alegrias, em outros tempos. [...] Ociosa juventude. [...] Espero que ele (Deus) lhes tenha dado melhor tempo do que aqui, onde chove sempiternamente. O tempo se desagrega, ou melhor, o meu tempo, não estou fazendo nada. Trabalhei um mês na Princesa [de Clèves]. Depois Bresson foi tão chato (é um louco maníaco) que precisei renunciar."[53] O produtor não fecha contrato. Camus trabalhou à toa. Os custos da clínica são altos e, para ganhar dinheiro, ele grava sua obra: "... minha posição financeira beira o desastre." Depois: "F. está melhor, mas não ouso me pronunciar."

Camus vive de possibilidades, de *se*. "Se, dentro de quinze dias, nada tiver mudado, ela [Francine] poderá partir para o Sul. Teremos completado assim o 6º mês, o que é, ao que parece, bastante rápido em casos como esse. Seja como for, desejo-o de todo coração." Junho torna-se sombrio, Francine regride: "O período de observação terminou [...] estes dias", constata Camus, "não em recaída, mas num pequeno recuo que recomenda prudência. A saída portanto foi um pouco adiada."[54] É caso para uma longa convalescença de Francine longe de Paris – sem marido nem filhos.

Camus quer ficar com os gêmeos, procura uma casa para alugar na região parisiense. Ele poderia cercar-se de um bando de crianças, com Gérard e Jacques Polge. Jean é repatriado do Sul e, em julho, Camus instala-se com os gêmeos em Sorel, na casa de seus Jami. Para "Papai dois" e "Mamãe dois" – os Polge –, Camus relata o reencontro: "Jean sente muita saudade de Saint-Rémy, mas a companhia tirânica de Catherine ocupa-o o suficiente para distraí-lo um pouco. Ele é mais calmo e mais fácil do que a irmã, e sei que devo isso a vocês." O essencial: "Francine está melhor. Vai para Divonne com a irmã [Christiane], e espero que depois do tratamento de seis semanas que lhe foi prescrito as coisas estejam resolvidas." Quanto ao trabalho, Camus afirma que está "vegetando".[55]

Francine e Christiane passam então uma temporada em Divonne, em junho e julho de 1954, com uma enfermeira. Nos corredores do Grand Hôtel, elas cruzam com o presidente do Conselho, Pierre Mendès France, que está negociando em Genebra com os vietnamitas, os soviéticos e os chineses. Camus está esgotado, farto. O doutor Lehmann, consultado em Lausanne, informa que sua capacidade respiratória está muito reduzida. As notícias de Divonne são bastante boas, apesar do que parece ser, para Christiane, "uma pequena tendência interpretativa". Christiane faz a guarda noturna.

Camus se ocupa muito dos filhos, cuida para que escrevam a uns e outros – o que fazem de boa vontade, a menina mais abreviadamente do que o menino. Jean Camus a Jeanne Polge:

"Sinto muito a sua falta.

Estou muito contente por estar aqui.

Catherine acabou de se curar da angina dela, que na verdade era dor de dente. [...]

Pesco quase todos os dias e pego dezenas de barbos."

Seguem-se os beijos de costume. Catherine, que durante as férias tende a passar mais tempo entre as árvores do que seu irmão, acrescenta: "muitos beijões a todo mundo". Camus tem orgulho de seus gêmeos, ainda mais impressionado com os dons musicais de Jean.

Mamaine morre, de tuberculose. Para Camus, muito abalado, Mamaine representava um ser humano realizado, a inteligência, uma coragem e uma mulher que o aceitava tal como ele era. Em agosto, Francine parece ter superado as etapas mais difíceis. Camus tem quase certeza disso. Por convicção, para se defender ou por egoísmo, tem certeza de que não é mais capaz de apoiar a mulher: "Francine está muito melhor e espero que na volta tudo esteja terminado. É preciso, pois agora estou cansado e não poderei mais ajudá-la."[56] Voltando de trem para Paris, Francine é seguida nos corredores por Christiane.

— Pare — diz Francine —, eu não vou me matar.

Em setembro, depois de uma temporada em Grasse, ela volta à rua Madame. Camus não pode pensar em deixá-la. Tenta reviver com ela. Recusa os convites de amigos: "Estou tentando fazer todas as minhas refeições em casa."[57] No ano anterior, Camus evitava muita gente em razão de seus desacordos com Sartre. Não encontra praticamente ninguém, pois dedica-se a Francine.

Fernande Faure instala-se em Paris. As Faure agora pediram a Camus que deixasse a rua Madame. Francine não foi consultada. Em geral, Camus toma por si só as decisões importantes. Essa saída quase oficial, que aliás ele desejava, lhe foi imposta. Ele se acostuma à ideia de que a doença de Francine será longa. Especialistas serão consultados com uma série de clínicos: o professor Logre, cronista do *Le Monde*, o professor Delay, escritor e acadêmico, e sobretudo o professor Bertagna. Todos parecem convergir, trata-se de uma neurose, não de uma psicose. Os sofrimentos de Francine são terríveis. Na época, a farmacopeia é restrita. Os medicamentos mais acalmam do que curam. Camus pensa num tratamento psicanalítico, mas desiste.

Em novembro, ele constata que tem cada vez mais dificuldade em escrever. "Eu me senti absorvido como a tinta [...] por um mata-borrão", confidencia a Jeanne Polge. "F. está mais ou menos no estado em que você a viu, acrescentando-se que está se esforçando pelos filhos e que tem muitos bons momentos. No entanto foi preciso proceder a um tratamento há um mês e decidir, estes últimos dias, uma nova série de três tratamentos. Se depois disso F. não sair de sua depressão larvada, será preciso fiar-se apenas no tempo, que, como você sabe, não tem pressa." Francine será submetida a vinte e três eletrochoques. Só a palavra eletrochoque já é inquietante. Essa terapia consiste em provocar uma crise de epilepsia. Na época, justamente para reduzir o choque, para limitá-lo ao sistema neural, evitando convulsões musculares, utiliza-se o curare. Mais tarde, o eletrochoque será praticado sob anestesia. Na ausência de medicamentos antidepressivos eficazes, o eletrochoque faz o paciente sofrer menos do que a depressão, quase sempre longa. Ainda não se sabe por que o eletrochoque é eficaz para certos indivíduos. A tarefa o "ultrapassa", escreve o marido de Francine. O artista Camus parece em pane, mas o homem continua de pé. Ele conhece seus recursos – "... velho maníaco de felicidade como sou". Cada um tem sua parte de infelicidade. O essencial é a felicidade de existir. Camus aprecia em seus amigos Polge, para além de todas as tempestades, sua "força de vida e de felicidade".[58]

Francine está fechada em sofrimentos atenuados. Camus a segue, com movimentos de revolta e de compaixão. Tanto no exterior como na França, ele procura remédios que possam ajudá-la e pede-os ao doutor Lehmann.[59] Alternadamente, Camus se acusa e se absolve da depressão de Francine. Ele tem o direito de viver fora daquela doença. Mas ela existe. Camus registra suas reações, brevemente. Depois de uma conversa com um especialista: "Segundo ele, a necessidade que tenho de poupar a saúde de Francine me faz viver 'numa bolha de vidro'. Sua receita: liberdade e egoísmo. Magnífica receita, digo eu. E de longe a mais fácil de viver."[60]

Camus também está doente e se abre com Christiane:

— O doutor Lehmann me disse que isso que eu tomo por resfriados são ataques de tuberculose. Vou voltar a tomar antibióticos.

42

1º DE NOVEMBRO DE 1954

Na Indochina, em 7 de maio de 1954, as forças francesas entrincheiradas no campo de Dien Bien Phu renderam-se depois de duros combates: 4.000 mortos e feridos, 8.000 prisioneiros, ou seja, 5% do corpo expedicionário francês, um desastre político e diplomático mais do que uma catástrofe militar.[1] Em 8 de maio, Camus anotou em seus cadernos: "Queda de Dien Bien Phu. Como em 1940, sentimento dividido entre vergonha e furor. Na noite do massacre, o balanço é claro. Os políticos de direita colocaram infelizes numa situação indefensável e, ao mesmo tempo, os homens da esquerda lhes atiravam pelas costas."[2]

Sem conhecimentos extensos dos problemas asiáticos, Camus tem intuições. Diferentemente daqueles "homens da esquerda", ele recusa o maniqueísmo. Na mitologia de esquerda, os soldados franceses na Indochina tornam-se, na melhor das hipóteses, brutos, na pior, nazistas, ex-SS, gestapistas ou milicianos abarrotando a Legião Estrangeira, cretinos colonialistas. Os oficiais subalternos seriam *cyrards** obtusos; os superiores, traficantes arrivistas e execráveis estrategos – o que não é mentira, como prova Dien Bien Phu. Muitos soldados e suboficiais argelinos aprenderam na Indochina o sentido da palavra nacionalismo e adquiriram por procuração o gosto pela independência. O caso indochinês, Camus o sente, é mais complexo do que se pensa em *Les Temps modernes*. Aqueles infelizes talvez não lutem apenas para os "Pés vermelhos", o banco da Indochina, os pneus Michelin, os bondes de Hanói. Camus não aceita a versão progressista dessa fatia de história. Compreende que um dos raros homens políticos por quem tem simpatia,

---

* Alunos da escola militar de Saint-Cyr. (*N. da T.*)

Pierre Mendès France, breve presidente do Conselho, seja obrigado a negociar, preservando uma metade livre do Vietnam abaixo do paralelo 17.

Camus segue mais de perto os assuntos da África do Norte. Não deixou de se engajar a respeito, para além das petições ou das cartas. Testemunhou, numa carta a Dechézelles transmitida por Poncet,[3] em favor de cinquenta e seis militantes do Mouvement pour le Triomphe des Libertés Démocratiques [Movimento pelo Triunfo das Liberdades Democráticas] (MTLD), acusados em Blida de manobras subversivas. Pouco antes da queda de Dien Bien Phu, em 22 de março de 1954, ele escrevia ao presidente da República, René Coty, em favor de sete militantes nacionalistas tunisianos condenados à morte que tinham assassinado três policiais. Camus, solicitando clemência, apresenta-se como "um escritor independente cuja única qualificação é conhecer as questões norte-africanas por causa de suas origens e tentar em todas as ocasiões julgar sem *parti pris*". Ele diz a Coty que "o mundo inteiro está entregue à razão de Estado". Camus interessou-se igualmente pelas vítimas de um terremoto em Orléansville[4] e participou com Maisonseul e outros numa campanha para coletar ajuda.

Seis meses depois da queda de Dien Bien Phu, na noite de 31 de outubro para 1º de novembro de 1954, entre meia-noite e três horas da madrugada, dezenas de atentados são assinalados na Oranie, no Algérois e no Constantinois.[5] Essa explosão não é espontânea, como em 1945 depois das manifestações de Sétif. Bombas explodem em Argel, na Pétroles Mory, na Radio-Algérie, na Électricité et Gaz d'Algérie. Postos de polícia e casernas são atacados. Esses acontecimentos são sincronizados. No quilômetro 79 de uma estrada entre Biskra e Arris, um professor primário auxiliar, Guy Monnerot, arrancado de um ônibus, é morto por uma rajada de metralhadora que visava uma autoridade, Hadj Saddok. A mulher de Monnerot é ferida. Esse caso impressiona Camus: dois professores, Louis Germain, Guy Monnerot...[6] Pouca repercussão em Paris. No *Le Monde*: "Vários mortos na Argélia durante vários ataques simultâneos a postos de polícia." Sete mortos na Argélia não têm nenhum peso diante dos acontecimentos cotidianos no Marrocos e através da Tunísia em ebulição, e sobretudo depois das perdas em Dien Bien Phu. A Armée de Libération Nationale [Exército de Libertação Nacional] argelina (ALN), naquele 1º de novembro, dispõe de menos de 800 combatentes e de 400 armas. O braço político da insurreição, o Front de Libération Nationale [Frente de Libertação Nacional] (FLN), tem um suporte logístico de cerca de 1.200 militantes. A esmagadora maioria da população argelina não conhece nem o FLN nem a ALN, cujas declarações se difundem sobretudo na Cabília.[7] Em Argel, o governador-geral dá à luz uma fórmula que serve para qualquer ocasião: a situação é "preocupante, mas não dramática". O essencial, para a administração, é que a população "indígena" não tenha se movido. O general Cherrière tem muito mais homens – 3.500 operacionais – à sua disposição do que os embriões da ALN.

Seis chefes históricos desencadearam um movimento com meios muito precários.[8] Naquele país de dez milhões de habitantes, os partidos anticolonialistas talvez disponham, no máximo, de 50.000 militantes, a maioria nas cidades e burgos.[9] Uma nova geração de militantes emerge: os argelinos, europeus ou "indígenas", que aprovam ou execram Messali Hadj e Ferhat Abbas, nunca ouviram falar em Ahmed Ben Bella, em Hocine Aït Ahmed, em Mohamed Boudiaf, Rabah Bitat, Mohamed Khider e em Krim Bel Kacem, membros da OS (Organization Spéciale), organização especial responsável pelos atentados de 1º de novembro.[10] Além dos círculos militantes argelinos e dos "especialistas", poucos políticos sabem que velhos como Messali foram ultrapassados por jovens que resolveram chamar a atenção do mundo inteiro e das elites argelinas para a necessidade da descolonização. Esses novos militantes, membros do Comitê Révolutionnaire d'Unité et d'Action [Comitê Revolucionário de Unidade e de Ação] (CRUA), transformado em FLN, querem abalar a inércia das massas muçulmanas. Mas houve, já de início – do que mesmo? –, aquela mácula, Guy Monnerot.

Pierre Mendès France, democrata, radical-socialista, declara: "Nossos departamentos da Argélia são parte integrante da República." A situação não teria nenhuma relação com a Indochina, a Tunísia e o Marrocos, aos quais Mendès France irá conceder um estatuto com vistas à independência. O ministro do Interior, François Mitterrand, proclama: "A Argélia é a França." No Parlamento, ele insiste nas duas faces de sua política, econômica e repressiva: "As medidas militares serão desenvolvidas, mas não bastarão para resolver todos os nossos problemas. [...] Faremos tudo para que o povo argelino, parte integrante do povo francês, sinta-se em casa, como nós e entre nós."[11] Os comunistas franceses também mantêm suas reservas. O *L'Humanité*, órgão central do Partido Comunista Francês, pergunta-se em 2 de novembro se "aquela revolta não é obra de provocadores para desencadear o terror". Pouco depois, o escritório político do partido proclama: "O PCF não poderia aprovar o recurso a atos individuais suscetíveis de fazer o jogo dos colonialistas, se é que não são fomentados por eles."[12] O

Partido Comunista Argelino também toma posição contra os acontecimentos de 1º de novembro: é preciso "evitar palavras de ordem irrefletidas e atos individuais [...] que não correspondam às amplas camadas da população e que corram o risco de fazer o jogo dos colonialistas".

A maioria dos analistas acha que foram messalistas que desencadearam esse início de insurreição. Messali, que há muito tempo fala de independência, teria consentido. Não quer que lhe roubem essas revoltas e suas revoluções. O *Le Monde* endossa a ideia de que o MTLD é o principal responsável: "A presunção das responsabilidades parece legítima."[13] O jornal, no entanto, revela uma cisão no MTDL. Em todo caso, não se pode concluir desses "acontecimentos"* – expressão utilizada para descrever essa situação inapreensível – "a certeza de um longo prolongamento da calma argelina". O FLN quer também fazer desaparecer da memória dos argelinos os ulemás, sábios religiosos reformistas, partidários da justiça social e do bilinguismo cultural. Alguns especialistas da polícia na Argélia identificam um fenômeno constante. Diante de Urbain Polge, Camus, aterrado, não nega os excessos do colonialismo, mas observa:

— É horrível. Lá não há só ricaços.[14]

Ele observa sua família: inúmeros europeus da Argélia são proletários, operários, pequenos empregados, ao lado de alguns milhares de grandes colonos e industriais.

Assimetria: Paris continua muito perto da cabeça e do coração dos franceses da Argélia, mesmo quando estes, como se diz na Argélia, "seguram o touro", se enraivecem contra os governantes na metrópole. A Argélia, por sua vez, parece muito longe da França. Ignora-se, e antes de tudo à esquerda, que não há vinte mil pessoas "bem de vida" na Argélia e que o nível de vida dos *pieds-noirs* é pelo menos 20% inferior ao dos franceses da metrópole.[15] Camus conhece os seus. "Se os franceses não têm nada na barriga", ele diz, "nós não temos nada na cabeça." Os poucos "indígenas" que frequenta são, em sua maioria, urbanos, entre os quais sobretudo intelectuais. Não conhece bem nenhum dos quadros nacionalistas, nem mesmo muitos militantes.[16] Afastado das massas dos campos e das montanhas, o escritor percebe as relações dos europeus da Argélia com a metrópole: quando se

* Em francês, "*évenements*" empregado correntemente por elipse de "*évenements d'Algérie*", "acontecimentos da Argélia", para designar a guerra da Argélia. Daí a expressão "a guerra que não queria dizer seu nome". (*N. da T.*)

opõem a Paris, proclamam-se furiosamente argelinos; quando surgem problemas com os "indígenas", como agora, em novembro de 1954, esses franceses da Argélia dizem-se da França. A maioria não decifra certas medidas sociológicas e demográficas: eles são 984.000 e não sabem que a população muçulmana aumentou muito mais rapidamente do que a europeia. Relação de forças, a Argélia compreende agora 9 milhões de "indígenas". Os europeus refluem para as cidades. Paralelamente, assiste-se a uma evolução das elites muçulmanas, mas não suficientemente rápida para satisfazer homens como os responsáveis, intelectuais ou não, pelos atentados. A Argélia tem três vezes mais habitantes do que a Tunísia. Mas há 184 advogados tunisianos em exercício para 78 argelinos, 153 médicos para 75 na Argélia, 79 farmacêuticos - como Ferhat Abbas - para 36.[17] O *Alger républicain*, antes da guerra, insistia na falta de escolas.

O programa do FLN, de que pouca gente ouviu falar, visa à "restauração do Estado argelino". Haverá discussões para saber se ele algum dia existiu. O Estado do FLN será "soberano, democrático e social no quadro dos princípios islâmicos". Correntes divergentes e uma vocação de partido único abalam o FLN e seu braço armado, a ALN. Em 1954, o autor de *O homem revoltado* desconfia de qualquer revolução, embora nem sempre negue a necessidade da violência revolucionária. No FLN, o anti-imperialismo e o anticolonialismo se retrancam num discurso igualitarista e socialista: Camus sabe que na Argélia os europeus fornecem mais de 80% dos funcionários, quadros superiores e técnicos. O trabalho não qualificado continua sendo "privilégio" dos árabes e dos cabilas. Entre os muçulmanos, há cerca de um milhão de desempregados ou de homens e mulheres em idade de trabalhar que não têm emprego. Camus sabe que a administração republicana e colonial espoliou numerosos "indígenas", apropriou-se das terras incultas dos* públicos, que houve trapaça nas eleições, que a esmagadora maioria dos europeus da Argélia se opõe à assimilação dos muçulmanos. Há muito tempo Camus se inquieta. Na França metropolitana, reina a perplexidade, com a subinformação. R. Treno, então jornalista do *Franc-tireur* e colaborador do *Canard enchaîné*, instituição de uma esquerda libertária, escreve a Camus em 24 de novembro para lhe pedir um artigo, que o escritor não

* Uma das instituições características do direito muçulmano. Bens inalienáveis cujo usufruto é atribuído a uma entidade pia, tal como um mosteiro, um cemitério, a tumba de um marabu etc. (*N. da T.*)

lhe fornecerá: "Pensei muito em você estes dias", diz Treno, "a propósito dos acontecimentos na Argélia. Por um momento fiquei desorientado. [...] Tenho dificuldade em aceitar o terrorismo, o massacre de inocentes. Mas a morte, o sacrifício do professorzinho do Aurès [Guy Monnerot] não é suficiente, apesar de tudo, para resgatar os crimes do sistema."[18] Treno sabe que, sempre que pode, Camus denuncia o racismo cotidiano de que são vítimas os magrebianos na França.

Em 6 de dezembro de 1954, reúnem-se no restaurante Drouant os membros do júri do Prêmio Goncourt, evento menos importante para a França do que as agitações argelinas. Quatro dias antes da atribuição do Prêmio Nobel a Ernest Hemingway, por sete votos contra dois para Raymond Las Vergnas, anglicista e professor da Sorbonne, o Prêmio Goncourt é atribuído, no segundo turno, a Simone de Beauvoir, por *Les Mandarins* (Os mandarins), romance volumoso publicado pela Gallimard.[19]

É verdade que a Gallimard ocupa o terreno do júri com quatro membros escritores da casa: Philippe Hériat, Pierre Mac Orlan, Raymond Queneau e Armand Salacrou. Autores ocasionais da Gallimard: Alexandre Arnoux (quatro livros publicados por Gaston), André Billy (dois), Francis Carco (dois). Roland Dorgelès não tem vínculos editoriais com a rua Sébastien-Bottin. Gérard Bauër é o único a apoiar *Le Passage* [A passagem], magnífico livro de Jean Reverzy, o melhor da seleção, hoje se sabe. Em seguida esses acadêmicos substituem no júri Colette, falecida, por Jean Giono. Queneau e Salacrou teriam preferido Jacques Prévert. Assim corre a vida parisiense.[20]

O Castor aceita o prêmio, mas recusa qualquer convite de entrevista, salvo para o *L'Humanité-Dimanche*. "*Os* intelectuais de esquerda", ela explica, "devem manter-se ao lado dos comunistas e trabalhar com eles." Na Itália, febril, gripado, Camus anota, em 11 de dezembro: "Recuperar a saúde a qualquer preço. Tenho necessidade de minha força. Não quero que a vida me seja fácil, mas quero poder me igualar a ela, se ela for difícil." Em 12 de dezembro, em Roma, também em seus cadernos: "Um jornal me cai nas mãos. A comédia parisiense que eu havia esquecido. A farsa do Goncourt. Desta vez para *Os mandarins*. Parece que sou seu herói. De fato, o autor tomado no contexto (diretor de um jornal provindo da Resistência) e todo o resto é falso, os pensamentos, os sentimentos e os atos. Melhor: os atos duvidosos da vida de Sartre são generosamente colados às minhas costas. Fora isso, lixo. Mas não voluntário, como de certo modo transpira." Camus explicará a Poncet que Beauvoir se aproveita do rompimento Camus-Sartre para acertar suas contas:[21]

— Você não pode imaginar a que ponto ela leva o cinismo. Por exemplo, imputa a Henri [*cujo modelo é Albert*] ações bastante duvidosas de Sartre. Assim, Henri permite a representação de uma peça num teatro cuja diretora se comprometeu mais ou menos com a colaboração. Ora, não fui eu que durante a Ocupação dei uma peça a Simone Berriau, mas Sartre.

Camus refere-se à obra *As moscas*, onde ele não vê propriamente um apelo à Resistência. Camus a Poncet, a propósito do Castor:

— Ela não suportava a amizade que ligava Sartre a mim. Você sabe que nós três tínhamos um almoço semanal com dia marcado, durante anos...

Ele ilustra suas relações com o maldoso Castor:

— Um dia ela veio a meu escritório para dizer que sua amiga gostaria de ir para a cama comigo. Respondi que nessa matéria eu costumava escolher sozinho. É uma humilhação que uma mulher como ela não esquece.

Estamos longe das discórdias políticas e das incompreensões filosóficas – ou muito perto, segundo Koestler, que diagnostica frustrações sexuais em muitas atividades políticas. Camus, diante dos rumores e das calúnias na esteira de *Os mandarins*, reage com fúria e amargor:

— Jogaram nas minhas costas todas as sacanagens deles.

Ele faz muitas anotações para um livro, que poderia chamar-se "Le premier homme" [O primeiro homem] – e um outro, mais hipotético, que seria seu *Fausto*. Simone de Beauvoir declara que seu Goncourt não é um *roman à clés*.* Ela detesta o gênero.[22] Mas é evidente que Henri Perron, um dos heróis, é calcado em Camus, e o outro, Robert Dubreuilh, em Sartre. *Os mandarins* torna-se um imenso ajuste de contas, redigido nos dois anos seguintes à polêmica com Sartre. Henri dirige um jornal que se assemelha ao *Combat*, *L'Espoir* – que lembra o nome da coleção da Gallimard cujo responsável é Camus e, de passagem, o título do romance de Malraux. Destroçado como Camus visto pelo Castor, Henri diz: "Gostaria que meus leitores soubessem quem eu sou, mas eu mesmo também não estou muito definido." O principal personagem feminino, Anne – psicanalista, clone de Simone –, julga Henri. Escritor, seus livros são "demasiado construídos" – seu estilo demasiado *escrito*, dizia Sartre em seu artigo de *Les Temps modernes*. Mais adiante, o Castor, sobre Perron-Camus: "Seus romances são mortalmente clássicos." Desde o início de *Os mandarins*, a romancista faz de Dubreuilh um sol e de Perron um pequeno planeta: "Aos vinte anos, ele admirava tanto

* Romance em que os personagens e fatos são reais, mas dissimulados pelo autor. (*N. da T.*)

Dubreuilh que se via obrigado a macaqueá-lo; resultado: estava sempre com sono e se empanturrava de drogas." Sartre, sim, ainda gosta de escrever sob efeito de excitantes, especialmente de Maxiton. Onisciente, paternal, Dubreuilh é apresentado como mestre de todos, sobretudo de Henri. Julga *L'Espoir* com fórmulas sartrianas: "Se seu jornal agrada a todo mundo, é porque não incomoda ninguém. Não ataca nada, não defende nada, elude todos os problemas verdadeiros. Sua leitura é agradável: mas como a leitura de uma gazeta local." Camus confidenciou seus tormentos a Beauvoir. Henri se confidencia a Anne, mulher de Robert: "Vou lhe confessar tudo: não tenho mais nada a dizer; ou digamos que o que tenho a dizer parece-me não ser nada." Henri Perron só é capaz de escrever artigos.

A imaginação do Castor disfarça pouco as pistas. Uma jornalista, Antoinette Nordmann, introduziu-se como empregada doméstica na casa dos Camus alguns anos antes. Alexandre Astruc a identificou. Ela confessou que queria fazer uma reportagem na casa de um grande escritor. Puseram-na para fora imediatamente. Simone de Beauvoir coloca na mesma situação, na casa de Anne e Robert Dubreuilh, a jornalista Marie-Ange Bizet. Simone-Anne é – fantasiosamente – casada com Jean-Paul-Robert: em suas cartas, Simone de Beauvoir chamava Sartre não apenas de "meu pequeno absoluto", mas também de "meu marido".[23] A família sartriana estava a par das tensões entre Francine e Albert – e da depressão. No romance, Henri tem uma mulher doente, Paule, que sente profunda admiração pelo marido: "O que lhe ensinei foi que sua vida e sua obra deviam ser uma só realização: uma realização tão pura, tão absoluta, que servisse de exemplo ao mundo." Por sua vez, Anne explica: "Pensei com inquietude que, se ela – Paule – empregava esse tipo de linguagem com Henri, ele devia estar seriamente enfastiado." Henri já não ama Paule: "Eu não queria me comportar como um canalha, mas não tenho vocação para o martírio. Às vezes a situação me parece simples: quando não se ama mais, não se ama mais. Em outros momentos parece-me injusto ter deixado de amá-la: é a mesma Paule."

No plano literário, Henri Perron é alugado pela imprensa conservadora: "Toda a direita cobre você de flores. É constrangedor. Você me dirá que não pode fazer nada: mesmo assim, é constrangedor." É Jeanson censurando *O homem revoltado* por ser incensado pelos jornais de direita. Mais sério: na intriga, Henri tem uma ligação com uma atriz, Josette. Em Paris, todo mundo sabe da ligação de Camus com Casarès. Para agradar à mãe de sua amante, Henri presta falso testemunho em favor de um miliciano, que obtém uma impronúncia. Perron-Camus protege então um colaboracionista, informante da Gestapo. Camus pediu a anistia de Brasillach na Libertação. Aqui, a metamorfose e a transposição romanesca tornam-se moralmente, não juridicamente, caluniosas e infames.

Em *Les Temps modernes*, Camus foi apresentado como alma revoltada. Em *Os mandarins:* "Ele quer agradar a si mesmo e isso o levará fatalmente para a direita: porque à esquerda as boas figuras não encontram muitos apreciadores. [...] Henri, diz Robert, não quer que o acusem de se deixar intimidar pelos comunistas; prefere passar efetivamente para o campo dos anticomunistas. Nessas condições, é conveniente para ele ser confundido comigo." Dubreuilh não é um incondicional dos comunistas, mas, no final das contas, alinha-se com eles, como Sartre. As afirmações que Simone de Beauvoir lhe atribui são as de Sartre naqueles anos: "Levantar a opinião pública contra a URSS", diz Dubreuilh. "É justamente o que devemos evitar, principalmente agora!" Ou ainda – sempre Dubreuilh-Sartre: "... Duvido que tudo seja perfeito na URSS, o contrário é que seria espantoso. Mas, enfim, são eles que estão no caminho certo."

Alguns meses antes da publicação de *Os mandarins*, Sartre publicou seu terceiro artigo sobre os comunistas e a paz.[24] Ele buscava as causas do desânimo operário e se lançava em construções filosófico-econômicas tão originais quanto alambicadas – período de "ultrabolchevismo", irá diagnosticar Merleau-Ponty. O Castor-Anne se pasma: Robert "tinha ocupação por anos: economia, história, filosofia, não acabaria nunca! Só para estar mais ou menos às claras com o marxismo, que trabalho! Não daria mais para escrever!". Robert deseja o triunfo do comunismo, mesmo sabendo que não poderia viver num mundo bolchevizado. O romance também apresenta, além do mais, um personagem inspirado em Koestler, Scriassine: "Vocês estão lhes entregando a Europa, vocês são todos cúmplices!", diz Scriassine. "Vocês têm medo, essa é a verdade: vocês traem porque têm medo."

De quebra, Henri, no desfecho desse ... *E o vento levou* dos intelectuais parisienses de esquerda dos anos 1950, torna-se genro de Robert. Esse romance, crônica e comentário, é instrutivo para um psicólogo, um psicanalista ou um sociólogo: mostra bem as posições criminosas da família Sartre, se é que um livro e artigos são atos. Para Charlus, Proust inspirou-se em Robert de Montesquiou com delicadeza. *Os mandarins* é um exercício obstinado de difamação. Será que a literatura tem todos os direitos? O mais tocante ou consternador nesse romance-rio é que Sartre-Dubreuilh faz um filho em Anne-Simone. A relação do Castor com o ter filhos não está clara, e antes de tudo em *O segundo sexo*, talvez seu livro mais importante.

Na Gallimard, sorrisos e zombarias reflorescem. Gaston mantém a distância. Camus tem seus fiéis, Parain, Janine, Michel e Robert, muito aborrecido. Difícil expressar simpatia sem dar a entender que se supõe que Camus esteja ferido. Czeslaw Milosz, instalado na França, pergunta a Camus por que ele não responde.

— Não se deve discutir com os esgotos — diz Camus.[25]

O Prêmio Goncourt passa, a Argélia fica. Em torno da rua Sébastien-Bottin, movimentos de simpatia pelos insurretos argelinos irão se manifestar. Também então, Camus está isolado. Alguns progressistas franceses, Sartre à frente, antecipando-se em muito à SFIO e ao PC, tomarão partido unilateralmente pelos revolucionários argelinos. Outros fundam comitês contra o prosseguimento do que eles chamam, nome merecido, guerra da Argélia. O governo em Paris e a administração argelina falam de operações de manutenção da ordem ou de polícia. Escritores que não estão marcados pela esquerda, Roger Martin du Gard ou François Mauriac, apoiam os que se opõem à guerra. Sempre próximo de Camus, René Char se recusa a apoiar o FLN. Na sua opinião, ele constitui uma corrente nacionalista, não um movimento de libertação.[26] Os partidários do FLN - Dionys Mascolo, Marguerite Duras, Robert Antelme, Edgar Morin - tentam falar com Camus. Alguns o acham empolado e pomposo. Outros têm a impressão de que está excessivamente voltado para si mesmo. Às vezes Camus sente-se traído: Robert Gallimard, membro fundador e tesoureiro do comitê dos intelectuais contra o prosseguimento da guerra da Argélia, está encarregado de coletar assinaturas. Consegue até mesmo a de um apolítico, Lemarchand. Robert obtém também a assinatura de Michel Gallimard. Michel está deitado em sua casa. O texto do apelo foi impresso. Camus surge:

— Michel, você assinou isto?

— Mas... ouça Albert — gagueja Michel.

— Não digo que estivesse errado ao assinar ou que o procedimento dessas pessoas seja mau, mas acho perigoso, você corre o risco de sujar as mãos de sangue.[27]

Algumas semanas depois dos primeiros "acontecimentos" da Argélia, Camus formula sua posição numa carta:[28] "Evidentemente é mais fácil ser anticolonialista nos bistrôs de Marselha ou de Paris." Acusam-no de colonialismo: "Sei no entanto de onde vêm às vezes essas acusações. Mas os árabes também sabem quais são seus verdadeiros amigos." Ele lembra que os comunistas "traíram [esses árabes] em 1936". "Seja como for, nesse mesmo momento eu estava ao lado deles. Agora, porém, provavelmente ninguém sabe que faço parte do comitê França-Magreb, que desempenha sua função." Na intimidade Camus fala agora de sua passagem pelo PC antes da guerra. Sente-se não renegado, mas separado de amigos argelinos. Conversando com Jeanne Terracini, reconhece que os franceses na Argélia "exploraram os árabes".

— Esses revolucionários nos expulsarão — diz Jeanne.

— Não. É possível encontrar um *modus vivendi* — responde Camus.[29]

Malraux também parece então discordar de Camus. Segundo o autor de *A esperança*, é impossível conservar as antigas colônias, embora os franceses tenham certos direitos. Malraux encontrará Camus intransigente, recusando a discussão.[30]

No início do ano de 1955, Mendès France nomeou Jacques Soustelle, etnólogo e deputado gaullista, governador-geral da Argélia. A partir de 1º de novembro de 1954, os atentados se sucederam, com uma escalada do terrorismo nos Aurès. Os colonos opõem-se a Soustelle, que propõe reformas e a integração dos muçulmanos. Os civis de origem europeia o acolhem mal. Suprema injúria (e erro), veem nele um "judeu indígena".[31] Os militares também não confiam nele, pois, "vendilhão" da Indochina, Mendès France o sustenta. Soustelle balança: as operações policiais e militares não impedem que a rebelião armada se estenda pela Cabília e pelo norte do Constantinois. Ele procura o diálogo com nacionalistas moderados. Não elabora uma solução política, nem mesmo com Ferhat Abbas. O governador-geral se atém a reforminhas, cria centros sociais e escolas, multiplica o número de funcionários muçulmanos. Pouco a pouco, cede diante das iniciativas do exército. Soldados de carreira ou homens do contingente têm direito a prêmios e a uma "meia-campanha" na África do Norte. Soustelle aumenta os efetivos. Incluindo reservistas, ele dispõe de cento e vinte mil homens, permite a criação das Sections Administratives Spéciales [Seções Administrativas Especiais] (SAS), comandos encarregados de assegurar a presença militar francesa num plano social - unidades do Exército de Salvação com metralhadoras. Com os grupos móveis de polícia rural, conta-se também com os supletivos argelinos. Soustelle rebatiza como "política de integração" os velhos métodos assimilacionistas. Fala-se, sem rodeios, em aplicar "lealmente" o estatuto de 1947.

Um grupo de jornalistas dirigido por Jean-Jacques Servan-Schreiber, politécnico talentoso e ambicioso, com Françoise Giroud, profissional da imprensa, cria o *L'Express*, jornal de centro-esquerda, liberal, independente das influências comunistas ou marxistas. A família Servan-Schreiber possuía um jornal diário, *Les Échos*: de início o *L'Express* foi seu suplemento dos sábados. O primeiro número, tabloide de apresentação sóbria, título vermelho bem desenhado, foi publicado em 16 de maio de 1953. Mendès France será derrubado pelos deputados franceses em fevereiro de 1955. Depois de ter tirado a França da "enrascada" indochinesa, PMF esgotou seu tempo. Será demitido por 319 deputados contra 273. Dentro da tradição da 4ª República, seu governo durou pouco mais de sete meses. O *L'Express* torna-se diário em 13 de outubro de 1955, tendo como objetivo levar Mendès France de volta ao poder.

Camus carrega pesadas lembranças jornalísticas. Depois de sua saída do *Combat*, recusou as propostas de colaboração. Como Tolstói, acha que o jornalismo é com frequência um "bordel intelectual".[32] Jean-Jacques Servan-Schreiber, que logo se torna JJSS, e Françoise Giroud concebem um jornal legível e de qualidade. Querem "grandes assinaturas", Mauriac, Sartre, Camus... JJSS conhece as simpatias de Camus por PMF. Um dos principais colaboradores do jornal ligado a Camus, Jean Daniel,[33] é solicitado: pedem que prometa ao escritor liberdade de palavra e obtenha dele uma colaboração regular. Apesar de reticente, Camus aceita. Tentando fugir do isolamento em que o deixou *O homem revoltado* e perturbado pela questão argelina, ele diz a Daniel: "Sou solitário em minha época. Sou também, como você sabe, solidário a ela – e estreitamente." *Leitmotiv* camusiano: solidariedade e solidão. "O jornalismo", ele prossegue, "sempre se apresentou para mim como a forma mais agradável de engajamento." Motivado pela Argélia, Camus inicia um terceiro ciclo jornalístico: "Quero contribuir para trazer Pierre Mendès France de volta ao poder", explica ele a Daniel. Paris apresenta muitos políticos em serviço e alguns homens de Estado. Entre estes últimos, alguns são competentes, eficazes e humanos. Camus encontrou Mendès France: "Pareceu-me encontrar pela primeira vez um verdadeiro homem de Estado." Na Câmara, aquele homem revelou que havia libertado crianças presas no Marrocos. Para falar nesse assunto, PMF manifesta uma qualidade que, segundo Camus, "não pode enganar". Camus, impressionado, reencontrou Mendès France em sua casa, em sua circunscrição de Louviers. Jantam juntos algumas vezes. Para Mendès, muito amável, Camus é um intelectual entre os outros. Ele o leu? Camus é o essencial, respeita Mendès.

Acertado o princípio de sua colaboração, Camus vai para a Grécia, passar quinze dias de férias. Vê as províncias, as cidades e as ilhas com que sonhava: Micenas, Argos, Delfos, Atenas, Mikonos, Delos, Olímpia... Reencontra Frank Turner, velho amigo de Argel, faz anotações para novelas – "L'hôte" [O hóspede], "Le rénegat" [O renegado] – e um romance, *Le premier homme* [O primeiro homem]. Fascinado, ele fala a Belamich dos templos que dominam o espaço e se respondem de uma colina para outra.

Trabalha num prefácio para uma nova edição de *Les Îles*, de Jean Grenier, e manda para o *L'Express* um primeiro artigo, em que lança um apelo em favor de Volos, destruída por terremotos. Encontrou arquitetos e arqueólogos que, "longe de nossos falsos ofícios, de nossos pequenos ressentimentos, de nossas comunidades vazias e destruidoras, de nossas solidões incompletas [...] exercem, no calor do trabalho criador, um ofício de homem". Volos lembra-lhe Orléansville. Servan-Schreiber está aterrado: quem poderá se interessar por aquele tipo de coisa, mesmo que num artigo bem elaborado? Prometeram a Camus liberdade de expressão. Daniel previne Servan-Schreiber: ele não terá Camus se não publicar aquela matéria. A liberdade de expressão começa por aí. JJSS telegrafa para Camus: TEXTO SUBLIME – PT.

Voltando a Paris em 16 de maio, Camus, com o "coração apertado", cai numa armadilha jornalística. Dois dias antes da publicação de seu primeiro artigo no *L'Express*, uma notícia breve do *France-Observateur* critica Camus na seção "Vie des lettres" [Vida das letras]. Subtítulo: "Água no vinho deles." Tom irônico, do mel ao fel: "A literatura é uma grande família à qual acabam de se juntar, tardiamente, seus filhos pródigos. Por seu lado, o sr. Albert Camus, que no entanto deve ter sobre a imprensa concepções diferentes da sra. Françoise Giroud, irá fornecer uma crônica literária ao *L'Express*." Essas palavras suscitam uma longa resposta de Camus. "[A propósito da] sra. Françoise Giroud, a quem vocês tentam me opor. [...] Não tenho nenhuma dificuldade em aprovar sua concepção da imprensa e sinto-me completamente autorizado a colaborar com esse jornal, com a total liberdade que ele aceita me conceder. Em compensação e por razões inversas, não teria podido colaborar com o *France-Observateur*. Não tenho, de fato, as mesmas ideias que seus dirigentes sobre o papel e a objetividade de um hebdomadário de opinião." No *Obs*, Camus vê farisaísmo e "facilidade demagógica" e diz a Giroud:

— Não se deixe intimidar, são uns cachorros.[34]

Claude Bourdet e Gilles Martinet replicam em duas páginas.[35] Giroud vem do hebdomadário feminino *Elle*, do qual continua sendo editorialista. Os responsáveis pelo *France-Observateur* declaram: "Evidentemente não temos simpatia pela maneira como são concebidos jornais como *France--Dimanche* e *Elle*..." Camus não gosta do grupo de Lazareff mais do que de Bourdet ou de Martinet. No entanto, certos jornalistas são respeitáveis... "Dito isso", explica o *Obs*, "concepções jornalísticas diferentes refletem necessariamente morais diferentes. No contexto de uma imprensa essencialmente comercial, o 'bom jornalista' é ao mesmo tempo aquele que se mostra mais receptivo às flutuações da moda e aquele que melhor ecoa as ideias dominantes da sociedade. O fato de muitas dessas ideias provirem hoje dos Estados Unidos explica que alguns de nossos colegas tenham adotado tão facilmente um estado de espírito tipicamente americano..." A imprensa americana, mas não os mesmos jornais, fascina tanto JJSS como Lazareff. Os homens do *France-Observateur* não querem saber de um jornalismo de sedução. "A simples comparação da fórmula do *L'Express* e daquela dada ao *Combat* de 1944 a 1947 por Camus e Pia [...] legitima nosso espanto." Camus estaria traindo o ideal da imprensa clandestina. Dá a entender "maldosamente" que a honestidade do *France-Observateur* é contestável. Camus esqueceu as quatro páginas de Bourdet dedicadas a *O homem revoltado*. Bourdet e Martinet lembram-nas.

O caso cresce como maionese fermentada. Virulento, Camus replica no *L'Express* de 4 de junho: "Estamos na casa da zeladora, que acha que o artista do terceiro andar está decididamente satisfeito com seu mundo e isso não lhe trará felicidade." Para os homens do austero *France-Observateur*, o *L'Express* representa a esquerda anticomunista, a-marxista , burguesa, e Françoise Giroud simboliza a seus olhos o parisianismo. Três anos antes, ela publicou uma série de retratos, *Le Tout-Paris*, em que os jornalistas, teóricos e deontólogos do *Obs* identificaram um abominável amor pelo sucesso e pelo dinheiro.[36] Martinet e Bourdet, comparando o *France-Dimanche* e o *L'Express*, forçam a mão. O *France-Dimanche*, o *France-Soir*, assim como o *Paris-soir* antes da guerra, são jornais sensacionalistas: procuram sangue, lágrimas, e os oferecem mais ao coração do que ao espírito dos leitores. O *L'Express*, por sua vez, vulgariza sem vulgaridade, e examina todos os problemas da sociedade. Mais vivo, de estilo mais claro do que o *France-Observateur*, quer conquistar um público amplo. O *L'Express* lançará o jornalismo de investigação, proporá crônicas sobre economia e, novidade, a economia em quadrinhos. Nem mesmo o respeitado e institucional *Le Monde* tem então uma crônica regular sobre economia. PMF pensa antes de tudo como economista, na contracorrente dos homens políticos da época e dos escritores. Os da esquerda continuam partidários de um indefinido coletivismo e de certas nacionalizações para instaurar a justiça social. Alguns próximos de Mendès France, como Simon Nora, inspetor das Finanças, põem a nu esses arcaísmos com seu bom senso e seus conhecimentos.

Através dessa discussão entram em confronto duas personalidades, mais jornalística com Giroud, mais políticas no caso de Martinet e Bourdet – e duas atitudes diante do comunismo. Camus pende para o lado de Servan-Schreiber, contrário a uma aliança tática com o PCF. Camus não tem grandes afinidades com JJSS, embora tenham certas características comuns concorrentes: a gravidade, solene em Camus, crispada em Servan-Schreiber. Em público, levam-se muito a sério, JJSS como profeta tecnológico, Camus como moralista político. Aqueles que os cercam conhecem seu dom-juanismo. Uma lagoa é sempre pequena demais para dois sedutores. Servan-Schreiber não tem nenhuma cultura literária. Acredita na ciência, na "eficácia", sua palavra-chave.[37] Queixo levantado, mostra-se autoritário – *manager*: essa palavra atravessa o Atlântico com a mania das siglas – JJSS, PMF – depois da Coca-Cola e antes dos cartões de crédito. A respeito de Servan-Schreiber, Mendès France diz que ele é incontrolável. Até Giroud, que o adora, reconhece: Jean-Jacques não tem um miligrama de humor. Gosta menos de rir do que Camus. JJSS é um herdeiro, um empresário, sedutor apesar de sua arrogância. Até o velho Mauriac, que, engajado no anticolonialismo, fornece a coluna "Bloc-notes" ao *L'Express*, tem um fraco quase amoroso por aquele homem de imprensa e sobretudo por seu irmão mais novo, Jean-Louis. JJSS tem convicção de sua força, mas nem sempre a força ou a habilidade para fazer triunfar suas convicções.

No mundo dinâmico, tecnocrático, rápido, conciso, esnobe e mundano de *L'Expressy* Camus não se sente à vontade. Ele estuda o terreno na composição do jornal, na avenida des Champs-Elysées. Tem mais conhecidos do que amigos na redação. Tem afeição por Florence, filha rebelde de André Malraux, simpatias por alguns. Philippe Grumbach, secretário-geral da redação, recebe de presente de Camus *Guerra e paz*, com a seguinte dedicatória: "... o livro mais belo que já li." Carregando a França e o universo nas costas, Servan-Schreiber impõe os hábitos que adquiriu e as manias que aprendeu nos Estados Unidos: no *L'Express*, come-se em bandejão, faz-se ginástica no salão, trata-se a secretária por *vous*, chamando-a pelo prenome – salto qualitativo na sociedade francesa, sempre amarrada aos títulos: segundo o costume bem francês, por toda a vida Mendès France é chamado de "Senhor Presidente". Nas noites de fechamento, JJSS abre frascos de comprimidos de vitamina e, imperioso, oferece-os a seus colaboradores, Pierre Viansson-Ponté ou Daniel:

— Tome isto, Jean, não podemos arrefecer.[38]

Servan-Schreiber criou um jornal de opinião, contrário à guerra da Indochina, e agora o *L'Express* toma posição contra os "acontecimentos" da Argélia. JJSS tem uma ambição monomaníaca: tornar-se Presidente da República. Para ele, o jornalismo é um meio, um instrumento político, e com frequência ele despreza os jornalistas. Deixa a informação por conta de sua codiretora, Françoise Giroud, que então aprende política. Ela escreve, reescreve, burila os artigos, ensina a arte da encenação jornalística. No *France-Observateur*, um artigo logo se transforma em dissertação. Para o *L'Express*, uma reportagem não tem introdução, desenvolvimento e conclusão, mas exige um ataque, uma narrativa, personagens, um desfecho. Evitam-se a fraseologia e o jargão. Estimula-se a descrição colorida, impressionante, às vezes inútil, do tipo: PMF, gravata azul-escura, terno trespassado cinza, levanta-se às 6h33, coloca quatro colheres de flocos de aveia em seu leite. Às 7h09 telefona ao ministro da Defesa. Ou: na Drouant, depois da proclamação do Goncourt atribuído a Simone de Beauvoir, os jornalistas consumiram 40 garrafas de vinho *pouilly-fuissé*, 4 aperitivos, 350 pastéis folhados, 150 torradas (cortadas em oito).[39] Camus tem muita estima pelo profissionalismo de Françoise Giroud, mas tem certa desconfiança com relação a ela. Grave defeito, ela não sucumbe a seu sorriso, que muitas vezes acha automático. A tendência de Camus à mágoa lhe parece excessiva.[40]

Camus sente-se confiante com Pierre Viansson-Ponté, encarregado da política interna, e com Jean Daniel, que se ocupará do setor estrangeiro. Em comum com este último, ele tem noitadas, até mesmo algumas visitas castas a bares e bordéis, onde as mulheres chamam Camus de "Albert, a peste". Depois de *Caliba*, que deixou de ser publicada ao final de cinco anos,[41] Jean Daniel viu-se sem recursos. André Bénichou lhe propôs um cargo de professor. Daniel tornou-se jornalista em tempo integral. Em sua sala, onde ele termina suas matérias, Camus fala da Argélia. Jean Daniel muitas vezes mantém reservas com relação à febre de esquerda americana do *L'Express*.[42]

Perplexo, Camus o interroga: quem é afinal Servan-Schreiber? O anticolonialismo para ele será mais importante do que a ambição? No fundo, JJSS não é mais publicitário do que jornalista? Camus reencontrou também no hebdomadário o efervescente Robert Namia.

No *L'Express*, Mendès France tem uma coluna, "Opinion", Mauriac tem "Bloc-notes", Mitterrand às vezes faz "Notes politiques" e o economista Alfred Sauvy tem "Propos". As discussões da Libertação estão enterradas. Camus o reconheceu, Mauriac, o caridoso para com os colaboracionistas, tinha razão. As relações entre os dois escritores parecem corteses. Mauriac se irrita com Camus, que, segundo ele, não sabe... sentir o campo. Mauriac leu *Bodas*? Ele se enternece ao saber que Camus é filho de uma faxineira. Nunca serão íntimos. Para Camus, Mauriac não compreende a Argélia.

Os trinta e cinco artigos de Camus no *L'Express*, de 14 de maio de 1955 até 2 de fevereiro de 1956, são publicados sob o título "Actuelles" [Atuais]. A atualidade política arrasta o artista Camus. A grande obra de arte irá esperar. A paixão permanece, com a vontade de provar que, para a Argélia, há outros caminhos a serem seguidos e soluções, para além dos extremos, à direita e à esquerda.

Camus escreve no *L'Express* para a Argélia e, em sua óptica, para todos os argelinos.

43

"A ARGÉLIA NÃO É A FRANÇA"

Rindo, com seu sotaque reconhecível – meio-termo entre Argel e Paris –, Albert Camus descreve-se fisicamente: "Sou uma mistura de Fernandel, Humphrey Bogart e samurai." Ele sabe se distrair, almoçando com amigos, jantando e ouvindo música com suas mulheres. Seus gostos são simples: adora o *Don Giovanni* e todos os quintetos de Mozart, os quartetos de Beethoven, *O canto da terra* de Mahler – sobretudo interpretado por Kathleen Ferrier... No cinema, apreciador eclético de sua época, sem cair na cinefilia convulsiva e autoritária, Camus gostará de Fellini e Max Ophuls, Orson Welles e Bergman. Ah, Ingrid Thulin de *Morangos silvestres*! Ele tem um fraco pelo Bogart de *The Big Sleep*, de Hawks. Não vai muito à Ópera. Mas, depois de uma sessão noturna de teatro ou cinema, se ouve informações no rádio, a política o reacende. Muitas vezes, quando se fala da Argélia, seus olhos verdes se entristecem.

Alguns meses antes do desencadeamento da insurreição, numa mensagem ao Comitê para a Anistia aos Condenados de Ultramar,[1] Camus expunha a contradição e as enfermidades do colonialismo francês, que "se apresenta com a Declaração dos Direitos Humanos na mão esquerda e, na mão direita, com o bordão da repressão".[2] A Argélia obceca o escritor, embora, ocasionalmente, ele evoque no *L'Express* as armas nucleares, a Espanha franquista, o comunismo esclerosado ou as dificuldades da condição operária.

A seus amigos, não para de falar dos equívocos a respeito da Argélia. Em 1º de julho de 1955, ele almoça com Jean Grenier no Marius, na rua des Fossés-Saint-Bernard, perto da Halle-aux-vins. "É preciso que surjam acontecimentos graves para que se dê atenção à Argélia", ele explica. "Os colonos não têm consciência pesada; eles veem as coisas com simplicidade..."[3] Camus não se perde em considerações sobre o racismo, paternalista ou não, dos brancos mais pobres, mas, meio brincando meio a sério, ele diz: "Nós somos os judeus da França" – vítimas da discriminação da metrópole. Ao *L'Express*, ele fornece dois artigos esclarecendo seu pensamento sobre o terrorismo, a repressão e o futuro argelino[4] – em continuidade e dentro da lógica de seus artigos do *Alger républicain* de dezessete anos antes. Lembra aos leitores franceses o projeto Blum-Viollette, que não teve prosseguimento, e as eleições sempre trapaceadas na Argélia. O povo árabe vive "sem futuro e na humilhação". Camus não desculpa. Ele tenta compreender: "Na Argélia, assim como em outros lugares, o terrorismo se explica pela ausência de esperança." Atribuindo a mesma importância a seus amigos do PPA e ao FLN, o escritor afirma que os movimentos nacionalistas são "pobres em doutrina, mas ricos em audácia". Ele pesa os elementos, as ideias e os homens dos dois campos que se defrontam. Condena o terrorismo argelino – entendido como o do FLN. Dirigindo-se aos leitores liberais do *L'Express*, imaginando colonos sitiados nas fazendas isoladas, insiste: não se tem o direito, em Paris, de tratar essa tragédia levianamente. Alguns comparam os insurretos do FLN aos combatentes do Vietminh ou aos resistentes franceses. Para Camus, esses paralelos não se sustentam, e ele acredita que a pacificação seja possível. Seria preciso convocar imediatamente em Paris uma conferência reunindo representantes do governo francês, da colonização e *dos* movimentos árabes. Defasado e mal informado, Camus enumera esses movimentos: a União Democrática do Manifesto Argelino de Ferhat Abbas e o Movimento pelo Triunfo das Liberdades Democráticas de Messali Hadj. Camus raciocina segundo suas perspectivas e seus dados de 1937 e 1938. Seus interlocutores não são os que dirigem o jogo no campo, nas casbás, na ONU, nem mesmo em Paris. Ele recomenda a dissolução da atual Assembleia argelina e a organização de eleições honestas. Uma Assembleia argelina teria competência para a administração interna, e o Parlamento federal em Paris, com seus representantes argelinos, cuidaria dos problemas da federação franco-argelina. Camus retoma os tons e as palavras do *Alger républicain*: "Se a colonização pudesse algum dia encontrar uma desculpa, seria na medida em que favorecesse a personalidade do povo colonizado." Ele imagina uma colonização transformada em associação. Os franceses trariam suas técnicas; os argelinos, suas riquezas humanas.

Nos dias 20 e 21 de agosto de 1955, 71 europeus e 52 muçulmanos são massacrados na *willaya** 2 do Constantinois do norte, perto de Philippeville. Em represálias, 1.273 "adversários" ou "rebeldes" são mortos. Os europeus confundem cada vez mais muçulmanos e mudjahidines, combatentes da guerra santa cujos grupos, então, constituem mais do que bandos e menos do que batalhões. Repressões policial e militar se intensificam. Os escritores argelinos de Paris acompanham os acontecimentos e se dividem. O ensaísta e poeta Jean Amrouche escreve a Jules Roy: "Li dois artigos sobre a Argélia que ele [Camus] escreveu para o *L'Express*. Faz observações corretas. Mas, quanto às soluções que preconiza, não acredito nelas. O mal é muito mais profundo [...]. Não há acordo possível entre autóctones e franceses da Argélia. [...] Em suma, *não acredito mais numa Argélia francesa.* Os homens de minha espécie são monstros, erros da história. Haverá um povo argelino falando árabe, alimentando seu pensamento e seus sonhos nas fontes do Islã, ou não haverá nada. Os que pensam de maneira diferente estão cem anos atrasados. O povo argelino decerto está enganado, mas o que ele quer obscuramente é constituir uma verdadeira nação, que possa ser para cada um de seus filhos uma pátria natural e não uma pátria adotiva."[5]

Camus passa uma parte do verão na Itália e trabalha na primeira versão de uma coletânea de novelas, *L'Exil et le Royaume* [O exílio e o reino]. Uma, que poderia chamar-se "La chute" [A queda], cresce. De volta a Paris, ele se corresponde com Edmond Brua, jornalista de *La Dépêche quotidienne* de Argel: "Aproveito para lhe dizer minha angústia diante dos acontecimentos da Argélia e do tom da imprensa local. Sejam quais forem os justos ressentimentos que fizeram nascer os acontecimentos de Philippeville, cabe a nós, franceses adultos, politicamente mais avisados das realidades históricas do que essas massas ignorantes e tão facilmente cruéis, conservar nosso sangue-frio." Camus conhece a imprensa argelina: "Na medida, muito estreita, eu sei, em que você possa ter uma influência sobre a orientação de seus jornais, exerça-a [...] no sentido da pacificação."[6]

Amrouche passou duas semanas na Cabília. O medo, os avanços da arabização e da islamização o impressionam. Ele teme a "guerra santa"[7] e sugere a Mauriac que provoque uma declaração comum das mais altas autoridades morais e religiosas. "Acredite em mim: o caso marroquino é simples. A aventura argelina só está começando." Na esquerda argelina,

* Região militar. (*N. da T.*)

trabalham dois grupelhos. Um, minoria da minoria europeia, reúne-se em torno de Pierre Chaulet, católico, que há muito tempo tenta com Pierre Popie e Pierre Roche aproximar-se dos escoteiros, da juventude do MTLD, dos Estudantes Muçulmanos da África do Norte. Os militantes do Partido Comunista Argelino, desatrelado do partido francês, estabelecem contato com o Front. Os três Pierre frequentam Salah Louanchi e Ornar Lagha, da alta hierarquia política do Front. Esses católicos e comunistas independentistas resolutos militam também com intelectuais: Mohammed Harbi, Ben Khedda, Ben lahia, europeus como Georges Hadjadj e Daniel Timsit. Chaulet afirma que cinco ou seis anos antes "era pornográfico dizer na Argélia que havia favelas. Era mais correto para um burguês ter três amantes do que frequentar um árabe". Esses ultras se reúnem na Associação da Juventude Argelina para a Ação Social, na sede dos Estudantes Muçulmanos, na Robertsau. Poncet estima, tal como Camus, que uma solução para o problema argelino deve levar em conta a especificidade dos "*pieds-noirs*".[8] Por toda parte espera-se uma tomada de posição de Camus, o mais famoso escritor da Argélia. Os *dirigentes* comunistas argelinos desconfiam do FLN. Depois de ter proibido o PCA, Soustelle suspendeu o *Alger républicain*, que voltara a ser publicado. Os comunistas franceses navegam conforme os ventos de Moscou: o *L'Humanité* evoca ritualmente as "justas reivindicações" dos argelinos, mas os comunistas franceses proíbem seus militantes convocados de desertar. Quando um jovem mobilizado e confuso se dirige a ele, Camus explica que os soldados franceses na Argélia protegem moralmente e fisicamente os europeus de origem, entre os quais os proletários. Camus é contra a criação pelos colonos franceses de milícias batizadas como "grupos de autodefesa". Ele escreve a Poncet: "Estou muito angustiado diante dos acontecimentos da Argélia. Hoje tenho esse país atravessado na garganta e não consigo pensar em outra coisa. A ideia de que [...] vou começar a escrever artigos [...] e com mal-estar, pois a esquerda e a direita me irritam igualmente quanto a esse assunto, envenena meus dias." Ele pede a Poncet que lhe forneça informações: "Talvez você evite que eu diga bobagens."[9]

Camus repensa os problemas da África do Norte com Jean Grenier, que se espanta com um artigo de Mauriac no *L'Express*. O romancista destacou o sultão do Marrocos como monarca venerado que deve ser levado de volta ao trono, o que irá acontecer. Camus está surpreso, tanto mais que o sultão não reprovou um massacre de europeus em Oued-Zem, no Marrocos – em 20 de agosto também, como em Philippeville, na Argélia:

— Estou desconcertado — diz Camus a Grenier. — Não sei mais o que dizer. Seja como for, é preciso que árabes e franceses encontrem uma maneira de viver juntos.

Ele comenta sua colaboração no *L'Express* e se afasta muito de Mauriac:

— Aceitei, depois de hesitar, escrever no *L'Express* por causa de Mendès France, que sabe o que se pode dizer e fazer usando a razão. Mas Mauriac... está rodeado de jovens árabes. E agora que está escrevendo seu *Amyntas*.[10]

Jean Grenier o interroga sobre a vida em Argel. Lá ainda se tem tranquilidade?

— Não — responde Camus —, à noite as pessoas saem à rua armadas. Minha mãe está apavorada porque, no bairro dela, Belcourt, outra noite um comerciante árabe que estava baixando sua porta de ferro foi apunhalado.

— Os franceses da Argélia não deixarão de reagir.

— Eles são muito resolutos e sem matizes. A coisa mais engraçada quando se conhece o antissemitismo total dos argelinos [*trata-se dos europeus*] é sua admiração atual por Israel. "Essa gente sabe agir com os árabes como é preciso", eles dizem.

Nem todos os argelinos saem armados. Os cinemas continuam funcionando, com os portões fechados após filtragem – e proibição de sair durante o intervalo. A situação, é claro, é muito tensa.

Quanto ao Marrocos, Edgar Faure está prestes a ceder, assim como a opinião pública francesa. Novo presidente do Conselho, ele cria uma fórmula: "independência na interdependência". A receita não se aplica à Argélia. Ele declara no rádio: "Toda a honra da França assim como sua missão humana, tudo nos impõe absolutamente, sem equívoco e sem reticências, a manter a Argélia da França e na França."[11]

Camus responde a Edgar Faure e aos deputados que tergiversam. Num artigo, "L'absente" [A ausente], o editorialista reclama, mais uma vez, eleições verdadeiras: "A Argélia não é a França, não é nem mesmo a Argélia, ela é aquela terra ignorada, perdida ao longe, com seus indígenas incompreensíveis, seus soldados constrangedores e seus franceses exóticos numa neblina de sangue. Ela é a ausente cuja lembrança e cujo abandono apertam o coração de alguns e de que os outros aceitam falar, contanto que ela se cale." Camus tenta situar-se não acima da confusão, mas com todos os participantes, franceses da Argélia e argelinos de origem, que ele continua chamando "os árabes". Para ele, a esquerda e os liberais na área de influência do *France-Observateur*, do *L'Express*, de *Les Temps modernes* e do *Esprit* tornam-se maniqueístas. A direita também, sobretudo em torno do *Le Figaro*, do *L'Aurore* e da imprensa provinciana. "Nem todos os franceses da Argélia são brutos com sede de sangue e nem todos os árabes são massacradores maníacos. A metrópole não é povoada apenas por omissos ou oficiais gerais nostálgicos." Nos dias 16 e 18 de outubro de 1955, no *L'Express*, que se tornara diário, Camus repete mais uma vez: "Do mesmo modo, a Argélia não é a França, como se teima em dizer com uma soberba inconsciência, e no entanto com a cobertura de mais de um milhão de franceses, como se tem, por outro lado, excessiva tendência a esquecer."

Como sempre, Raymond Aron se dirige sobretudo aos (pequenos) príncipes que governam. Camus visa ainda os governados; sua pena didática opõe-se constantemente às caricaturas dos jornais de esquerda, comunista e não comunista, assim como às imagens de Épinal* da direita: "Lendo-se uma certa imprensa, parece de fato que a Argélia seja povoada por um milhão de colonos com chicote e charuto, montados em Cadillac."[12] No *Alger républicain*, descrevendo a miséria na Cabília, ele analisava preços e salários. Utiliza o mesmo método no *L'Express*. Examinou minuciosamente relações econômicas: "Oitenta por cento dos franceses da Argélia não são colonos, mas assalariados e comerciantes. O nível de vida dos assalariados, embora superior ao dos árabes, é inferior ao da metrópole." Demonstração: "O salário mínimo interprofissional garantido é fixado a uma taxa nitidamente mais baixa do que o das zonas mais desfavorecidas da metrópole. Além disso, em matéria de vantagens sociais, um pai de família com três filhos recebe cerca de 7.200 francos, contra 19.000 na França. Esses são os aproveitadores da colonização." Camus nunca nega os privilégios dos brancos mais pobres nem a persistência de seus preconceitos. No dia seguinte ao primeiro aniversário da insurreição argelina, aqueles que já não são chamados de briguentos, mas de fora da lei, "terroristas" ou "rebeldes", lançam uma greve geral. Os argelinos a observam no Constantinois, mas não na Oranie. A Urbain Polge, frequentemente Camus dá a impressão de ser pessimista, mas, a seus leitores, ele declara que o futuro não está comprometido: "Proponho portanto que as duas partes em confronto assumam, simultaneamente, o compromisso público de não tocar, sejam quais forem as circunstâncias, nas populações civis. Esse compromisso não modificaria

---

* Representações simplistas e ingênuas de uma realidade complexa, por referência a um gênero de ilustrações produzidas tradicionalmente por artesãos da cidade de Épinal. (*N. da T.*)

por enquanto nenhuma situação. Visaria apenas eliminar do conflito seu caráter inexpiável e preservar, no futuro, vidas inocentes."[13] Camus volta a esse tema.[14] Ele julga sempre com severidade a imprensa francesa, que dedica pouco espaço à queda mortal de dois operários telhadores mas várias colunas às desgraças de uma inglesa e seu pretendente Peter Townsend. "O calvário da princesa Margaret, por mais terrível que tenha sido, teve seus bons efeitos", ridiculariza Camus. "O relato interminável de seus sofrimentos – que a mim, pessoalmente, levou a um estado de exaustão do qual não sei se conseguirei me recuperar – terá pelo menos permitido à nossa opinião pública, enfim abalada, distrair-se das trivialidades da existência."[15] O escritor, que simpatiza com os anarquistas e os grupelhos da ultraesquerda não comunista, milita no *L'Express:* aponta a prisão de um jovem operário libertário, Pierre Morain, que "manifestou posição suspeita em matéria de política argelina". No pós-escrito de um artigo, ele dá o endereço de seu comitê de apoio. Só, ou quase, no *L'Express* um Camus pode se permitir essa extravagância. Imagine publicar os endereços de todos os comitês! *L'Express* tem uma tiragem de 135.000 exemplares. O escritor, portanto, tem certa influência sobre cerca de meio milhão de leitores.

Ele almoça com Jean Grenier no restaurante Le Frégate, no *quai* Voltaire, perto da Gallimard:[16]

— Recebo cartas sobre a Argélia de leitores até mesmo instruídos, como um professor de Bordeaux, que me dizia: "Vamos deixar que árabes e franceses da Argélia se virem juntos."

Segundo Camus, reinam a ignorância e o espírito de omissão.

Antes da guerra, Grenier imaginava uma carreira política para Camus, e a ideia ainda persiste dentro dele. Nas eleições para a Câmara dos Deputados em janeiro de 1956, Guy Mollet e Mendès France organizarão as listas da Frente Republicana.

— Por que você não pensou em se apresentar como candidato a deputado? — pergunta Grenier.

— Meu tio Acault — responde Camus — dizia, quando alguém tinha a ambição de ser deputado ou ministro: "Já sei, é um modesto!"

Ele confidencia a Grenier que o doutor Ménétrier o está tratando com manganês e cobre. E que sua mãe, assim como o tio Étienne, não querem vir morar na França, nem mesmo no Sul, que lembra a Argélia. Quando Hélène Camus vai à França, põe-se a uma janela do apartamento da tranquila rua Madame e fica olhando o trânsito, bem menos colorido do que em Argel. Sente falta do rolar dos bondes, da agitação das pessoas.

— O que você queria, não há árabes — ela diz ao filho.

Ela não quer morar na França, e Camus a compreende.

Ele se apega à ideia de que PMF será presidente do Conselho depois das eleições. Camus rouba de si mesmo algum tempo para escrever, mas o editorialista consome o artista: "Levo uma vida selvagem", diz ele a Poncet, "[...]. Constantemente atrasado em tudo... Precisaria de três vidas para dar conta de tudo." A ideia de uma trégua na Argélia avança nele. Exprime seu "horror, que se tornou doentio, de aparecer em público". Mas, "de todo modo, não se pode desertar". Ele aposta na honestidade de Mendès: "Não acredito que PMF, sozinho, dê um jeito em tudo. Enxergo seus limites, e depois não sou um homem de partido nem de eleições. Mas acho que ele tem possibilidade de ajudar a refazer um corpo econômico e talvez moral para o país, e a partir disso poderemos avançar. Quanto à Argélia, ele é o único que pode inaugurar as soluções que nos convenham e que respeitem igualmente os direitos dos árabes e dos franceses."[17] Camus reserva-se o direito de criticar o governo Mendès France.

Sabe que Mendès é liberal, assimilacionista, não independentista. Antes das eleições, engaja-se nas colunas do *L'Express*: "Até aqui não participei, como se pôde notar, na campanha eleitoral. Minhas razões são simples. Não me sinto à vontade para isso, em primeiro lugar, e falta-me uma certa linguagem. Um espírito formado (ou deformado) para refletir sobre as razões do adversário sofre mais, nessas competições, de uma deficiência difícil de superar. Tenho dificuldade em me desvencilhar, enfim, de uma desconfiança instintiva para com os jogos do palanque parlamentar." Camus preconiza a associação dos dois povos, francês e argelino, dentro da liberdade e do respeito mútuos. Vê duas soluções: a associação ou "continuar [...] a política dos governos precedentes, dar ilusão de movimento com algumas reformas sem importância, enfim, administrar aspirina a um canceroso".[18] Segundo ele, a associação é a essência de um programa da Frente Republicana – que ganha as eleições legislativas em 2 de janeiro de 1956, com 32% dos votos. Vitória fluida, pois essa frente é uma coalizão de centro-esquerda formada por iniciativa de Jacques Chaban-Delmas, gaullista, prefeito de Bordeaux, tendo como totens Mendès France, Mollet e Mitterrand, este último pertencente ao pequeno Rassemblement de la Gaúche Républicaine [União da Esquerda Republicana]. A assembleia heteróclita divide-se em treze grupos e subgrupos, sendo 144 deputados comunistas, 95 socialistas, 83 independentes, 56 MRP, 52 poujadistas, 24 social-republicanos – gaullistas – e o mesmo número de partidários de Edgar Faure.

A máquina militar francesa funciona: os soldados do contingente são enviados em número cada vez maior à Argélia, tal como foram à Tunísia e ao Marrocos, o serviço militar é prolongado em vários meses. Os convocados reforçam os efetivos. Antes dos políticos, os militares instalam-se numa guerra que não ousa dizer seu nome. Camus passa duas vezes por semana pelo *L'Express* para redigir seu editorial. Conversa frequentemente com Jean Daniel, um de seus melhores interlocutores políticos, assim como Poncet.[19] Diante de Jean Daniel, Camus mostra-se apaixonado, espontâneo, dilacerado:

— Não se pode viver em desacordo consigo mesmo, isto é, não é possível resignar-se aos métodos do FLN nem ao sacrifício da comunidade. A nossa comunidade é composta pelos não muçulmanos da Argélia. Não nos venham falar dos franceses, italianos, espanhóis ou judeus. Há os muçulmanos e há os outros...

A ignorância de alguns parisienses, membros do que ele - como bom machão - chama de "esquerda fêmea",[20] parece-lhe ridícula e superficial:

— Há, com efeito, uma frivolidade mortífera na visão de uma nação argelina ocupada que tenta livrar-se do ocupante e que, de fato, tem o direito de utilizar todos os meios para obter sua libertação, isto é, também sua revanche sobre os não muçulmanos.[21]

Camus afirma que compreenderia melhor um muçulmano do FLN do que um professor de Paris. Muitos professores se mobilizam contra a política francesa na Argélia. Eles pensam - lentamente - na independência e evocam, para além do povo, a nação argelina.

— Hoje — diz Camus a Jean Daniel — falam-nos de "nação argelina", e isso me exaspera. Lutar para criar uma nação é direito do FLN (e talvez seu dever, não sei, digo que é concebível); também é justo que ele queira fazer valer a ideia de uma nação preexistente à conquista.

Para Camus, existe uma pátria argelina:

— Você bem sabe que tudo isso nada tem a ver com o conceito de *nação*. Em todo caso, hoje, a Argélia é um território habitado por dois povos, estou dizendo dois povos, um é muçulmano e o outro não. [...] Os dois povos da Argélia têm igual direito à justiça, igual direito a conservar sua pátria.

A administração da Argélia é francesa, mas a responsabilidade é parisiense. Os partidários do FLN na França, segundo o escritor, esquecem que qualquer solução também passa pelos franceses da Argélia. Ele pertence a essa comunidade francesa. Intelectual, não irá se renegar, não irá defender um povo contra o outro. O autor de *O homem revoltado* reaparece:

— Não há como se resignar ou acreditar numa história que seja justa. O que importa é a luta pela justiça. Nessa perspectiva, a repressão francesa não tem nenhuma justificativa e a violência dos métodos do Front de Libération também não.

Camus quer lutar por uma trégua: a ação é irmã do sonho, e o escrito irmão da ação. Ele publica, no *L'Express* de 10 de janeiro de 1956, "Trêve pour les civils" [Trégua para os civis], dirigindo-se aos franceses da Argélia e aos militantes do FLN. Dois dias depois da publicação desse editorial, ele escreve a Poncet: "É preciso anunciar uma manifestação do *grupo* em que tomarei a palavra *ao mesmo tempo* que representantes das outras tendências ou confissões. Não sou o profeta desse reino em ruínas." Camus conta com uma ação coletiva eficaz, não se contenta em dissertar.

Doze de janeiro. O escritor almoça no térreo da Lipp com Jean Grenier, que – é um hábito – anota seu cardápio para a posteridade: arenque, pernil, salada, fruta.[22] Pessimista naquele dia, Camus não tem muita ilusão quanto à trégua.

— O confronto de forças não será evitado — diz Grenier.

— Talvez não, de fato — responde Camus. — Mas cada um irá mostrar o que quer. Em todo caso, o primeiro efeito dessa proposta foi fazer as pessoas saírem da sombra.

— Os colonos devem estar muito exaltados. Consideram-se como que abandonados pelos franceses da metrópole.

— Com efeito. Se fosse preciso, eles se tornariam americanos. Criaram uma técnica: a dos quatro tiros. Quando vão de automóvel de uma cidadezinha a outra, levam um revólver, que chamam de "dicionário francês-árabe". Quando encontram algum indígena que tenha uma atitude minimamente suspeita, dão-lhe dois tiros. O segundo, para o caso de o primeiro errar o alvo. Depois, com outra arma, dão dois tiros na carroceria de seu próprio carro... Chamam de "semi-internos" os indígenas que de dia trabalham como felás em suas propriedades e, à noite, assassinam como *fellagha*.*

— É pena — diz Grenier — que entre os indígenas e os colonos não tenham permanecido lá pessoas como você, da sua geração, que poderiam ter ajudado a constituir uma Argélia viável.

Camus afirma que teria ficado na Argélia se não tivesse sido mandado embora em 1940. Grenier fala dos artigos de Jean Daniel no *L'Express*, que, segundo ele, atacam a França:

---

* Combatente argelino na guerra de libertação da Argélia. (*N. da T.*)

— O *L'Express* exulta quando franceses são mortos na Argélia.

Apreciação errada. *L'Express* e os artigos de Jean Daniel expressam, entre outras, uma ideia: pouco antes da independência do Marrocos e da Tunísia, a da Argélia parece inevitável. Atormentado pela guerra que ele segue de perto, Jean Daniel destaca que na Argélia as autoridades policiais e militares passam à repressão coletiva. Sobretudo depois que o jornal passa a ser diário, Camus faz reservas ao estilo jornalístico do *L'Express*, demasiado flamejante para seu gosto. Agora, trata-se do conteúdo, da linha política com relação à Argélia. "Pensei em me retirar", ele diz a Poncet.[23] "Depois, às vésperas das eleições, não era possível. Seria covardia."

Em 27 de janeiro, o Comitê dos Intelectuais contra o Prosseguimento da Guerra na África do Norte organizou em Paris, no salão da Mutualité, um encontro do qual participam Sartre, Mandouze e Aimé Césaire. Sartre preconiza a independência argelina imediata e a luta ao lado do povo argelino. Amrouche assiste à manifestação e tenta tomar a palavra: "Sou cabila e cristão..." E vaiado e cortam-lhe a palavra.

Em Argel, Fancet e Maisonseul, pintor e urbanista, Roland Simounet e Louis Miquel, arquitetos, encontram-se com frequência na sala dos fundos de um café, la Marsa, cuja proprietária é a mulher de Amar Ouzegane – que participou da expulsão de Camus do partido comunista –, para falar sobre teatro com alguns muçulmanos: Mouloud Amrane, Boualem Moussaoui e Mohamed Lebjaoui, os três comerciantes. Querem ir além dos debates literários em torno do elenco teatral da sra. e do sr. Cordreaux – instrutor do setor da Juventude e dos Esportes. "Liberais" agrupam-se no Casbah-Club com Roblès. O grupo do la Marsa criou um Comitê pela Paz. Camus, por ocasião de suas passagens por Argel, esclarece que não se trata de lançar uma ação pela paz, mas em favor de uma trégua. A palavra "paz", para ele, tem uma conotação comunista, lembrando os Movimentos da Paz lançados por Moscou.[24] Camus irá se manifestar em Argel.

Na véspera de sua chegada, ele publica no *L'Express* "Le parti de la trêve" [O partido da trégua]: esse artigo opõe-se às doutrinas da guerra total. Poncet e Miquel recebem Camus no aeroporto de Maison-Blanche. Ele apresenta, sorrindo, Patrick Kessel, jornalista do *L'Express*.

— Nós dois também viemos fazer a nossa pequena guerra santa.

O clima político e militar na Argélia se deteriora. Alguns dias antes, houve noventa e cinco mortos, civis e militares.[25] Surge em Argel um Comitê de Ação e Defesa da Argélia francesa. Os amigos acompanham Camus até o hotel Saint-Georges. "Aquela angústia que eu carregava em Paris e que se referia à Argélia me abandonou", ele anota. "Aqui pelo menos estamos na luta, dura para nós, que temos a opinião pública contra nós. Mas é na luta que, afinal, sempre encontrei minha paz. O intelectual por função, por mais corajoso que seja, e principalmente se ele participa apenas por escrito nos assuntos públicos, vive como um covarde. Ele compensa essa impotência com um excesso verbal. Só o risco justifica o pensamento. E, além disso, qualquer coisa vale mais do que essa França da omissão e da maldade, esse pântano em que me sufoco. Sim, levantei-me feliz, pela primeira vez depois de meses. E reencontrei a estrela."[26]

No Saint-Georges, Camus reencontra André Rosfelder, o engenheiro de petróleo, especialista em hidrografia, com que visitou o Sul. Rosfelder é um antigo resistente levado duas vezes ao pelotão de fuzilamento pelos vichystas, oficial paraquedista durante as campanhas da Libertação. Camus lhe diz que o FLN irá lançar uma campanha de terrorismo urbano para provocar uma reação civil e militar. É preciso prevenir esse ciclo de terror e de repressão. Segundo Rosfelder, Camus não está em Argel apenas para fazer frente aos ultras. O escritor quer manter contato com todos os representantes dos europeus da Argélia, incitá-los a dialogar. Maisonseul encontrou-se com o prefeito de Argel, Jacques Chevallier, que prometeu a sala da prefeitura, mas as autoridades voltaram atrás nessa decisão. Quando a sala Pierre-Bordes também é recusada aos organizadores da grande reunião prevista, Camus pensa em alugar uma sala de cinema.

Várias reuniões preparatórias se desenrolam, numa excitação confusa. Rosfelder persuade-se de que Miquel e outros, mas não Camus, sabiam que representantes do FLN estavam participando. Tem a sensação de que Camus se protege por trás de seu irmão Lucien, de Roblès, de seus companheiros de Belcourt e dele, Rosfelder, para marcar uma certa reprovação ou distância com relação aos outros organizadores. Durante um conclave organizado por Roblès, na rua Drouillet, um professor argelino ataca Camus:[27]

— Não estamos nem aí para sua trégua civil. Precisamos é da independência imediata, absoluta e incondicional.

Depois, Camus confessa a Miquel:

— Eu me pergunto o que estava fazendo ali. É foda! Afinal, eles não vão querer que a gente baixe as calças, não é mesmo?

Outra reunião, na sala do teatro Mahieddine, com o reverendo padre Lanfry, o abade Tissot, representante da diocese de Argel, enviado pelo cardeal Duval, ao qual apresentará um relatório.[28] Cerca de quarenta pessoas estão presentes, com uma ligeira maioria de muçulmanos, entre os quais Ouzegane, Moussaoui e Amrane, assim como o doutor Khaldi e o mestre Chentouf. Os pastores Bollay e Capieu representam os protestantes. Também estão presentes Roblès, Camus, Maisonseul, Miquel e o subtenente Prax, que, reservista feito prisioneiro, foi solto no Bou Zegza por um grupo da ALN. Tendo vivido alguns dias entre os maquis, ficou impressionado com sua disciplina. Suas declarações desconcertam o governo-geral. Para os homens de boa vontade em torno de Camus, trata-se de provar com uma reunião a possibilidade de uma colaboração fraternal entre os diversos elementos da Argélia. O diálogo, esclarece o abade Tissot, seria "apolítico". O grande rabino – os israelitas não têm representante na sala Mahieddine –, o arcebispo e os pastores quiseram fazer uma declaração comum. "Os ulemás não funcionaram", explica Bollay. Os muçulmanos dizem que vieram *ver*. Embora reticentes, acabam por se expressar.

Camus define um objetivo limitado: durante a trégua que ele imagina, os beligerantes se comprometeriam a respeitar os civis, os prisioneiros, todos aqueles que não estivessem armados. Ele insiste no diálogo necessário entre todas as famílias religiosas e políticas "europeias e árabes". Apesar das advertências de Poncet, Camus diz – e escreve: "os franceses", "os árabes" – não "os argelinos". Muçulmanos mandam esclarecer que não se trata de condenar a luta atual do povo argelino ou de aprová-la, mas de humanizar a guerra. Ele insiste que não se pensa em rebaixar a França. Alguns o aprovam. Alguém levanta o problema dos "traidores": é difícil para o FLN não os executar. Camus declara que tem esperanças fundamentadas quanto a um eventual acordo do FLN. Vários interventores pedem que o debate se amplie. Segundo Camus, deve-se ficar nisso. Poncet organiza um almoço no Bagdad, restaurante argelino, na rua Jules-Ferry. Yves Dechézelles, advogado de Messali que chegou de Paris e foi convidado, discute com Ouzegane. O incidente mostra a Camus, contrariado, que seus interlocutores muçulmanos, nesse caso, têm uma simpatia exclusiva pelo FLN. Tal como Poncet, ele não quer privilegiar o FLN. Alguns gostariam de reconhecer o FLN como combatente e não unicamente como assassino.

Uma outra reunião se realiza no dia 19, nas instalações do Movimento da Abundância, com cerca de vinte participantes, socialistas, comunistas, vários professores, entre os quais Laurent Preziosi, ex-membro do *Alger républicain*. Camus permanece em pé. Um muçulmano diz em essência:

vocês nos pedem para dar fim ao terrorismo, mas só poderemos fazê-lo se vocês reconhecerem a premissa da independência. Camus se tranca. E vai embora.

Últimos conciliábulos. Mil cartões serão enviados para a grande reunião, marcada para 22 de janeiro e que, por sugestão de Lebjaoui, será realizada no Círculo do Progresso, ao lado da Casbah, entre a praça du Gouvernement e a catedral. Camus prepara uma intervenção de trinta e cinco minutos e, em seu quarto do Saint-Georges, dita-a a Evelyne Chauvain, secretária-tradutora do centro cultural americano. O clima em Argel continua agitado. Dois dias antes de sua chegada, alguns aconselharão o escritor a não dormir no hotel Saint-Georges. Todos têm na lembrança tumultos ocorridos após uma conferência de Charles Hernu, progressista, um pouco antes. No hotel, por telefone e por escrito, Camus recebeu ameaças de morte. Ele poderia ser sequestrado. Um policial do serviço de informações, o comissário Gonzalès, amigo de Roblès – ambos foram alunos da escola normal de professores primários –, avisa que os adversários dos liberais, os militantes do cafeteiro Ortiz e do poujadista Goutaillier, mandaram imprimir convites falsos. Novos cartões são impressos. Advertido por Maisonseul, o chefe de polícia garante que irá dirigir pessoalmente a segurança na praça diante do Círculo. Lebjaoui garante que haverá um serviço de segurança muçulmano. Camus tem um encontro com Ouzegane, Lebjaoui e Massaoui num apartamento da rua du Divan e coloca o problema que, para ele, é fundamental: forçar o governo francês e o FLN a evitar vítimas civis. Quem assumirá o compromisso pelo FLN? Camus não sabe qual o lugar de seus interlocutores na hierarquia político-militar do Front.

— Não acredito — diz Lebjaoui — que o governo francês aceite essa proposta. A repressão contra a população civil constitui a base da política de pacificação.

— Pois bem — responde Camus —, se o FLN aceitasse e o governo francês não, eu tomaria meu cajado de peregrino e percorreria a França para denunciar o governo. E isso teria repercussão! Mas seria preciso que o FLN aceitasse.

Lebjaoui volta à situação geral:

— O contato com o FLN nós temos. Se você, por seu lado, puder ter uma conversa com uma personalidade governamental, há possibilidade de êxito.

Camus aceita falar com simpatizantes muçulmanos do FLN, não com militantes europeus do FLN. Ele compreende os argelinos, mas continua sendo europeu da Argélia. Assim, recusa-se a encontrar o professor André Mandouze, especialista em Santo Agostinho, muito engajado, que publicou um panfleto do FLN em sua revista, *Consciences maghrébines* [Consciências magrebianas].

Tenso, Camus chega ao Círculo do Progresso ladeado por dois amigos de seu irmão, Lucien. Apresentando-os, ele brinca:

— Meus gorilas.

Às 16h30, a sala do primeiro andar está cheia:[29] uma maioria de europeus, muitas mulheres, poucos muçulmanos, um público de intelectuais, burgueses e pequenos-burgueses. Poncet observa que os operários são raros. Europeus, ele passaram da esquerda do Front Populaire em 1936 para posições de extrema direita. Pouco instruídas, as massas muçulmanas decerto vacilam, esperando para ver emergir um vencedor. No exterior do Círculo, cerca de mil opositores se agitam. Eles gritam:

— Mendès fuzilado!

— Morra Camus!

Alguns homens também gritam:

— Camus conosco![30]

Entre os manifestantes, Joseph Acchiari, um ultraexacerbado. Do outro lado dos cordões de isolamento da guarda móvel e dos CRS, mais de mil militantes do FLN, alguns armados. No estrado, Roblès preside, pois Poncet não quer se colocar em evidência. Ao lado de Roblès, o padre branco Cuoq, especialista em questões árabes, o doutor Khaldi, o pastor Capieu, Maisonseul. O subtenente Prax, que deveria comparecer, foi detido pelas autoridades militares. Uma cadeira vazia espera Ferhat Abbas. Não há nenhum rabino. Amigos de Camus, entre os quais Louis Bénisti, estão na primeira fila do público, ao lado do doutor Francis. Lucien Camus quase não conseguiu entrar. Estava sem convite "novo".

Sério, Camus lê seu texto, martelando as frases. Não está lá para dividir, mas para reunir. Homem e escritor que dedicou uma parte de sua vida a servir a Argélia, dirige-se aos dois campos. Afirmação idealista – irrealista? –, seu "apelo situa-se fora de qualquer política". Em Argel, agora, tudo é política. Fiel a si mesmo, Camus coloca-se entre o pessimismo e o otimismo: "Aliás, à medida que os acontecimentos se precipitam e que as desconfianças aumentam de um lado e de outro, talvez eu tenha mais dúvidas do que certezas a expressar." Há vinte anos ele deseja a concórdia dos "dois povos" da Argélia. Fora, alguns manifestantes – eles são um punhado – desejam que Camus se alie à Argélia independente, à Argélia argelina.

Para chegar a uma "comunhão da esperança", é preciso que haja diálogo, portanto a trégua civil. Camus reconhece que a luta está assumindo um caráter inexpiável, com suas paixões e seus excessos:

— "Não há mais discussão possível", eis o grito que esteriliza qualquer futuro e qualquer possibilidade de vida. Sendo assim, é o combate cego em que o francês resolve ignorar o árabe, mesmo sabendo, em alguma parte de si mesmo, que os franceses da Argélia também têm direito à segurança e à dignidade sobre nossa terra comum. Trancado em seu rancor e seu ódio, ninguém consegue então escutar o outro...

Ferhat Abbas chega. Camus e ele se abraçam. O escritor faz um apelo aos moderados árabes que deveriam falar, assim como os franceses liberais, senão logo estes "terão a boca fechada". Camus teme que os dois povos – ele nunca fala em nação – se separem definitivamente. Também aqui transparece o autor de *O homem revoltado*:

— Resignamo-nos muito facilmente à fatalidade. Aceitamos muito facilmente acreditar que no final das contas só o sangue faz a história avançar e que o mais forte prevalece então sobre a fraqueza do outro...

Pedras batem nas vidraças da sala. Lívido, Camus fala depressa:

— A tarefa dos homens de cultura e de fé não é [...] desertar das lutas históricas nem servir ao que elas têm de cruel e desumano. É manter-se nelas, ajudar nelas o homem contra o que o oprime, favorecer sua liberdade contra as fatalidades que o cercam.

Ele conclui:

— Estamos num duelo de punhais, ou quase, e o mundo caminha à velocidade de nossos aviões supersônicos. No mesmo dia em que nossos jornais imprimem o terrível relato de nossas brigas provincianas, eles anunciam o *pool* atômico europeu. Amanhã, bastará a Europa entrar em acordo para que torrentes de riquezas cubram o continente e, transbordando até aqui, façam perecer nossos problemas e caducar nossos ódios.

Aplaudido por um público emocionado, Camus conclui liricamente com a ideia de homens livres "que recusam, ao mesmo tempo, exercer o terror e submeter-se a ele". Nem carrascos nem vítimas, ainda. Depois dele, o padre Cuoq, o pastor Capieu, o doutor Khaldi e Roblès, que solicita assinaturas para as listas de apelo à trégua civil, falam brevemente. Camus saúda o xeique El Okbi, a quem defendeu dezessete anos antes no *Alger républicain.* Roblès fez uma visita em Saint-Eugène ao velho homem, em nome do qual ele assiste a essa reunião. A sala se esvazia aos poucos para evitar os opositores que estão do lado de fora. Alguns participantes se agrupam numa sala dos fundos. Bénisti conversa com Ouzegane. Está pensando numa plataforma comum franco-argelina, uma Argélia e uma França unidas.

— Meu querido Bénisti — diz Ouzegane —, depois de cento e cinquenta anos de irredentismo, nós pretendemos, no final das hostilidades, ter uma Argélia inteiramente livre e independente.[31]

Bénisti se cala. Alguns participantes europeus da reunião se perguntarão se caíram numa armadilha. Os interlocutores de Camus no caso da trégua, Lebjaoui em primeiro lugar, são muito próximos da direção do FLN. Engajando-se através de intermediários, delegando homens como Ouzegane, o FLN, prevendo que o governo francês recusaria a trégua, estaria querendo principalmente separar os amigos de Camus dos outros europeus da Argélia? Ou, caso o governo francês aceitasse aquela trégua tão improvável quanto impossível, o FLN estaria procurando um reconhecimento? De boca a ouvido, sabe-se na praça du Gouvernement o que Camus diz. Fanny Raynaud chora sentada na sarjeta. Estudante de psicologia e empregada na reitoria, falando árabe clássico e dialetal – o que é raro entre os *pieds-noirs* – ela pertence a um grupo de cristãos e comunistas argelinos – talvez duas dúzias de homens e mulheres – que estão em contato com o FLN: eles escolheram esse lado. Com Pierre Chaulet, ela fez uma pesquisa entre os estudantes: quinhentos muçulmanos, cinco mil europeus – proporção inversa à da população argelina – e os resultados dessa pesquisa foram publicados em *Consciences maghrébines*. Ela conhece a consciência pesada da alta administração argelina, que deseja fazer a felicidade dos argelinos à revelia deles. Está em contato diário com o FLN, principalmente através de Mohamed Drarine, um dos fundadores da Union Générale des Travailleurs Algériens [União Geral dos Trabalhadores Argelinos] (UGTA), clandestina. Essa militante está chorando porque esperava o aval de Camus à posição tomada por esse pequeno grupo de europeus partidários do FLN. Por eles, Camus tenta lançar a terceira força. Agora, estão achando que Camus é um "sacana", não simplesmente um "imbecil".[32] Evidentemente, nas elites militantes, à esquerda, no centro, até mesmo à direita, todos esperavam Camus, tão grande era seu prestígio na Argélia.

Na praça du Gouvernement, em torno da estátua do duque de Orléans e nas redondezas, entre a rua Bab-Azoun e a rua de la Lyre, perto da arquidiocese, diante da catedral, acotovelam-se milhares de argelinos, cercados pelos responsáveis do FLN. Por trás do cordão de isolamento do CRS, a outra multidão não é homogênea. Encontram-se lado a lado nostálgicos do vichysmo – a cruz celta de extrema direita logo surgirá nos muros de Argel –, pequenos colonos com Boyer-Banse, comerciantes citadinos misturados aos poujadistas do cafeteiro Ortiz, ex-combatentes do Reno-e-Danúbio, gaullistas da Resistência, da França livre reunidos em torno do comissário Achiary e, em grande número, estudantes.[33]

O apelo de Camus acaba dando num impasse, numa armadilha, um acúmulo de mal-entendidos, inconscientes ou desejados. Para Rosfelder, Camus saiu logo do Círculo não porque temesse por sua segurança pessoal, mas para evitar antes de tudo que em torno da praça milhares de muçulmanos e centenas de *pieds-noirs* entrassem em confronto sangrento. O caso da trégua civil anuncia o fim da Argélia do passado, do pacto colonial e do princípio da integração segundo o modelo federativo defendido por Camus. Os dados estão lançados e os campos se tornam homogêneos, impelidos pela política de um Guy Mollet ultrapassado.

Pouco depois do apelo lançado no Círculo do Progresso, um comando da ALN ataca um farol perto de Bougie e, ao contrário do esquema costumeiro, poupa os guardas e suas famílias.[34] Resultado da reunião? Camus e seus amigos parecem encurralados entre a história e a moral, a repressão e o terrorismo, e vítimas do princípio comum aos ultras: "Quem não está conosco está contra nós." Camus tem a sensação de que sua fala decepcionou seus amigos. Para Maisonseul, a ideia da trégua é bonita, mas, caso se chegasse a um acordo, ela não se manteria oito dias. Leal, ele irá a Paris para se encontrar com Chouraqui, secretário da Agência judia, para que ele incite os judeus argelinos a agir com Camus.

No dia seguinte ao apelo, Camus faz uma visita ao cardeal Duval, com quem tem relações há três anos. O escritor encontra-se também com o governador-geral Soustelle, que se diz interessado. O princípio não é contestável. Mas e sua aplicação? Soustelle retoma a ideia dos "semi-internos", camponeses de dia, combatentes da ALN à noite. Quem é *fellagha* à noite?

O jornalista Edmond Brua, amigo de Camus, relata a reunião no *Le Journal d'Alger*: "Fora de qualquer posição política, Albert Camus lançou ontem um patético apelo pela proteção dos civis inocentes. [...] É de acreditar que, se os manifestantes que, aglomerados na praça du Gouvernement, lançavam gritos hostis enquanto Albert Camus falava no Círculo do Progresso, diante de uma sala superlotada, pudessem ouvir suas palavras, teriam vergonha de seus gritos e teriam, com a assistência, aclamado longamente o grande escritor, seu concidadão."[35]

Depois de uma longa visita à mãe, Camus volta para Paris. Publica "Un pas en avant" [Um passo à frente], seu último editorial sobre a Argélia no *L'Express*. Sua excursão argelina é ridicularizada: "Sei que esse tipo de ação provoca entre nós mais zombarias do que adesões. Considera-se que seja, de certa maneira, uma confissão de ignorância ou de impotência. Essa confissão não me custa nada, já que fazem questão. Acredito firmemente na possibilidade de uma associação livre entre franceses e árabes na Argélia. Acredito também que essa associação de pessoas livres e iguais represente a solução mais justa. Mas, quanto aos meios de chegar a ela, após reflexão e uma longa confrontação das diferentes teses que se apresentam, só posso, honestamente, confessar minhas hesitações pontuais."[36] Não é o tom de onisciente certeza de numerosos editorialistas.

Decepção para Camus e para muitos eleitores da frente republicana, o Presidente da República René Coty encarregou Guy Mollet, e não Mendès France, de formar o governo. PMF é ministro de Estado sem pasta. Recusaram-lhe os Assuntos Estrangeiros, confiando o Quai d'Orsay a Christian Pineau. No dia 31, Mollet, presidente do Conselho, define sua política argelina numa declaração de investidura: "A vontade do governo é, antes de tudo, restabelecer a paz, libertar do medo os espíritos de uns e outros e, para isso, conseguir que cessem o terrorismo e a repressão cega. [...] O destino futuro, definitivo da Argélia não será, de modo nenhum, definido unilateralmente." Mollet anuncia uma verdadeira consulta popular, eleições livres de colégio único, em suma, uma reforma eleitoral. Naquele dia, Camus encontra-se com Jean Grenier. Segundo este último, Camus afirma que os árabes "fazem exigências loucas: uma nação argelina independente; os franceses são considerados estrangeiros, a menos que se convertam. A guerra é inevitável".

— E se a França abandonar tudo — pergunta Grenier —, como está disposta a fazer?

— Não poderá fazê-lo, porque lançar 1.200.000 franceses ao mar será inadmissível para ela.

— Os franceses da metrópole têm o espírito de Munique — afirma Grenier.

— Sim, é Munique de esquerda.[37]

Camus cruza com Claude de Fréminville, agora muito conhecido como editorialista da *Europe 1*, sob o nome de Claude Terrien. Frequentemente ele ataca as operações de rastreamento ou a tortura.

"Avalio", diz Camus, "a coragem que você precisa ter para abordar todas as manhãs os mesmos problemas, tentar esclarecê-los, comover o egoísmo dos franceses da França; a coragem que precisa ter para falar em voz alta do seu sofrimento, do nosso sofrimento... Sabe, Claude, você tem pelo menos essa vantagem sobre mim: você é ouvido."[38]

Em 2 de fevereiro, Camus publica uma crônica intemporal, "Remerciement à Mozart" [Agradecimento a Mozart]. Ele retoma Don Juan, que "morre sob o fogo divino. [...] Mozart sabia o que todo artista aprende em sua própria experiência: para crescer, como criador e como homem, é preciso reconhecer seus limites e manter-se dentro deles. Ao querer transpô-los, ele se arrebenta". Camus evoca "nossa resistência e nossa esperança. Muito perto de nós, no tempo e no espaço, aquele [Mozart] viveu e criou. Nossa vida e nossas lutas se justificam pelas mesmas razões". São as últimas frases de Camus no *L'Express*.[39]

Em Argel, em 6 de fevereiro, o presidente do Conselho, Guy Mollet, apavorado, constata que operários, gente pobre, recusam sua política e apoiam os ultras. Ele recebe tomatadas. Mollet cede à multidão de europeus da Argélia. Havia nomeado governador o general Catroux, liberal. Pedindo sua "demissão", Mollet o substitui por Robert Lacoste. A Jean Daniel e a Roger Quilliot Camus manifesta sua desaprovação e suas desilusões. Aquele governo, covarde, cedendo aos manifestantes europeus, perdeu a confiança dos muçulmanos. Em Argel, Maisonseul e outros membros do grupo da trégua civil - entre eles Ouzegane - enviaram uma petição a Mollet. Gemendo por causa das tomatadas, este a guardou dobrada na pasta, sem interrogar ninguém:

— Deixo-a de lado a contragosto. Veja Lacoste, é como eu.

O grupo saiu de lá muito decepcionado. Lacoste fará seu secretário-geral receber Maisonseul.

Em 8 de fevereiro, Jean Grenier almoça mais uma vez com Camus na Lipp. Camus informa-lhe que vai se demitir do *L'Express*, pois não concorda com os artigos de Servan-Schreiber sobre a Argélia. Segundo Camus, Mendès não deveria ter aceito entrar como refém no governo, como ministro de Estado sem poderes. Mollet cedeu à rebelião em Argel. Só um governo forte pode agir.

— Pela primeira vez no *L'Express* daquele dia — diz Grenier — Daniel fala de outros argelinos que não os "feudais": os pequenos. Seu artigo é mais moderado e mais justo.

Camus coloca sua carta de demissão em tubo pneumático na agência de correio da rua des Saints-Pères. Ele "o segura [o tubo pneumático] por um instante: 'Devo enviá-la? Sim, é assim que se deve agir. É preciso decidir. Agora, estou liberado. No entanto, o *L'Express* me rendia 30.000 francos por artigo.' Para dois artigos por semana, eram 240.000 francos por mês"... Grenier se apega aos esclarecimentos financeiros. Camus fala em ir para o Sul, procurar algo para alugar durante o verão. Quer também comprar uma casa para a mãe.

Nas classificações em uso, Poncet, Maisonseul, Roblès, Miquel, Simounet estão à esquerda, Rosfelder mais à direita. Camus sabe, mas quer manter o contato com todas as categorias de *pieds-noirs* de que está afastado. Entre os muçulmanos, conhece escritores como Mouloud Ferraoun, Mahamed Dib. Camus compartimenta seus informantes assim como seus amigos. A Rosfelder e a Jean Grenier[40] explica sua demissão: "Deixei o *L'Express* [...] por duas razões, aparentemente contraditórias, mas que definem minha posição: a adesão de Mauriac à France-URSS e a exibição de Guy Mollet em Argel..." Para Camus, a France-URSS não é apenas uma organização "cultural. Nada do que é comunista é cultural". Ele vê, nas atividades, a revolta, a revolução dos nacionalistas argelinos do FLN, os braços de Moscou e do Cairo. Essa apreciação o separa de muitos amigos, sem o aproximar muito de Francine, de suas cunhadas ou da sogra. Fernande fala das campanhas "infames" do *L'Express*. Muitas vezes Camus falou em se demitir. Em sua decisão, razões e causas se misturam. Não encontrou a fraternidade do *Adger républicain* ou o calor do *Combat*. Ele tem o *status* do colaborador ocasional, grande *free lance*. Não está presente o tempo todo e não compartilha a excitação das noites de fechamento. Passa pelo *L'Express* com menos gosto do que Mauriac, este, sim, à vontade naquele meio progressista dos bairros ricos. Também interfere a alergia de Camus às técnicas publicitárias de JJSS. Verdadeiras conversas políticas, de coração aberto, ele tem com Jean Daniel – divergem com respeito à Argélia[41] – e com Pierre Viansson-Ponté, que deixa o jornal um pouco depois.[42] Às vezes, na secretaria de redação, com Namia, que gostaria que Camus se tornasse redator-chefe. Enfim, no jornalismo, Camus aprecia a rapidez de execução, mas detesta a impossibilidade de rever seu pensamento e suas provas. Um artigo, mesmo que meditado, simplifica. Camus ressente-se tanto de sua impotência quanto de sua solidão. Com Namia, ex-combatente das Brigadas Internacionais e do *Alger républicain*, ele se interroga: o que fazer pela Argélia?

— Nada — responde Namia —, calar-se. Seja o que for que dissermos, seremos considerados traidores.

— Tem razão — responde Camus.[43]

O silêncio pode ser uma ação. O homem arrasado se cala sobre a Argélia "a fim de não aumentar sua infelicidade nem as bobagens que são escritas a seu respeito".[44] Dois princípios o orientam: condena radicalmente o assassinato de todos os civis, mas compreende os combatentes da ALN - nunca os terroristas, que seriam capazes de matar sua mãe. Diferentemente de numerosos colaboradores do *L'Express*, encabeçados por Mauriac e Daniel, não consegue aceitar afetiva e intelectualmente a ideia de uma independência da Argélia: acha que ela faria dos brancos pobres - sua mãe, seu tio, seu irmão, a família de sua mulher - estrangeiros numa terra que é também a deles, ou cidadãos pela metade. Namia tem razão: Camus é um traidor tanto para os *pieds-noirs* e a direita - não apregoa a Argélia francesa - como para a esquerda metropolitana - não toma partido a favor do FLN. O coração do problema, problema de coração para Camus, torna-se essa independência. Longo mal-entendido pois, sobre esse assunto, nunca houve uma discussão franca entre Camus e Servan-Schreiber ou Françoise Giroud.[45] Camus distancia-se do *L'Express* mais do que o *L'Express* se distancia dele. Para o jornal, é um fracasso não saber conservá-lo. Todos conhecem a suscetibilidade de Camus, mas consideram-no, principalmente Françoise Giroud, um excelente jornalista. A separação se faz com base numa divergência política. Segundo Camus, a independência tem mais a ver com profecia do que com predição. Seguro de si, JJSS afirma:

— Haveremos de reencontrar Camus.

Engano seu. Camus - ele o confidencia a Viansson-Ponté - deixa até mesmo de ler o hebdomadário, ruptura mais simbólica ainda. Depois de Camus, Sartre fornece alguns grandes artigos ao *L'Express*. Esse acidente, devido à atualidade, a insurreição dos húngaros em Budapeste, não reaproxima Camus do hebdomadário. Camus não consegue entender que não se tenha a mesma visão que ele do problema argelino.

Rosfelder comunica que alguns de seus amigos lamentam ter se manifestado contra Camus por ocasião de sua fala no Círculo do Progresso em Argel. Camus lhe escreve: "Compreendo a aflição de seus amigos. E pode dizer-lhes que não os censuro nem por um segundo pelas manifestações a meu respeito. Mas isso deve fazê-los refletir. A situação atual, os infames massacres de civis e de crianças pelos terroristas dão argumentos válidos à facção dura dos franceses da Argélia." Ele prossegue: "Hoje me desanima ver a Argélia entregue ao mesmo tempo aos Sérigny [*proprietários do* L'Écho d'Alger, *jornal ultra*] e aos homens 'de esquerda' que há alguns dias aplaudiam na Mutualité a bandeira *fellagha*." Também então, Camus se abre mais nas cartas do que em seus artigos: "Neste momento há em mim alguém que está morrendo de vergonha. Se eu acreditasse na possibilidade de uma ação, por mais louca que fosse, eu a tentaria. [...] No entanto estamos rolando para o abismo, já estamos nele. A opinião pública francesa, por uma evolução da qual tentei prevenir os árabes de boa ou de menos má vontade, e que me vale, suponho, sua desconfiança, está aos poucos admitindo a ideia da guerra." Camus pode compreender os amigos de Rosfelder, mas se inquieta por sua "referência constante a Soustelle", que desembarcou liberal e, horrorizado pelo terrorismo, rejeitou o federalismo e qualquer política dita de abandono. "Depois de refletir, não tenho nenhuma confiança [em Soustelle]. Pode comunicar a seus amigos o que estou dizendo. Que eles tentem apenas compreender que um homem como eu, que nunca conheceu o desânimo e que tem horror a qualquer complacência, não lhe escreve isto sem razão. Estou arrasado, esta é a verdade."[46]

Para a maioria dos europeus da Argélia, ela faz parte da República francesa, una e indivisível. É impossível para eles aceitar uma ação e uma negociação que legitime uma secessão ou a independência.[47] O substituto de Soustelle, Lacoste, ministro *résidant* (não *résident,** Mollet abandona o título de governador-geral), continua recusando contato com Poncet, Maisonseul e Miquel.

Em Paris, Camus tenta alguns procedimentos para convencer o governo do caráter não utópico de sua trégua, que se perde nos desertos administrativos e das gafes:[48] quando Miquel e o doutor Khaldi vão a Paris, este último fala com um jornalista e o caso transpira. Camus, encolerizado, não encontra nem Mollet nem Mendès France. Os amigos de Camus, tal como ele, nunca tiveram a aprovação clara do FLN. Magro consolo, Yves Dechézelles transmite a concordância condicional de Messali a Camus. O assunto da trégua civil se desagrega. Mollet quer negociar, mas em posição de força. Acredita de boa-fé que poderá domar os ultras e os militares. A trégua civil parece-lhe uma tentativa moral que contrariaria seus proje-

* "Residente", no sentido de aquele que reside, que mora. "Residente", no sentido de representante do Estado protetor, num protetorado. (*N. da T.*)

tos. Tal como inúmeros políticos ou homens de Estado ocidentais, Mollet não tem uma concepção detalhada e geral do Terceiro Mundo. Na ilha de Brioni, onde em 1956 se reúnem os fundadores do Movimento dos Não alinhados, o coronel Nasser, Jawaharlal Nehru e o marechal Tito manifestam sua "simpatia pelo desejo de liberdade do povo argelino", mas evocam os "elementos de origem europeia" e recusam-se a receber uma delegação do FLN. De Constantine a Orã, o contraterrorismo dos europeus escandindo *Al-gé-rie fran-çai-se* se enxerta no terrorismo do FLN. A Argélia entra na era da "strounga", a bomba de plástico, e do ciclo revolução-repressão--violências. Em 1955, é proclamado o estado de emergência e restabelecida a censura na Argélia.

44

O GRITO DO PRISIONEIRO

No início do ano de 1956, Camus envia um manuscrito datilografado a Vivette Perret, mulher de seu amigo Jean Bloch-Michel, então chefe adjunta do setor de política estrangeira do *L'Express*: "Você tem tempo para ler estas 120 páginas? Hesito e recuo um pouco diante delas. Você verá por quê. Se Jean também as lesse, vocês poderiam me aconselhar [...] O livro poderia ferir Francine. [...] De qualquer modo, estou feliz por tê-lo feito." Refrão camusiano: "Realmente pensei durante um ano que não seria mais capaz de nada." Em pós-escrito: "Não tenho título, a não ser 'Um herói do nosso tempo', que já existe. 'O juízo final'? 'O bom apóstolo?'[1]

Em 31 de março, também para Vivette: "O livro será publicado com o título *Le Cri* [O grito], relato. Mas agora estou completamente afastado dele. Continuo tendo a mesma vontade, febre seria mais correto, de trabalho. Como os prisioneiros que querem recuperar os anos perdidos."[2]

Havia mais de um ano, Camus repetia para seus amigos da Gallimard, Belamich, Maisonseul, para Francine ou Maria, que estava "esvaziado". À sua volta, alguns colegas de talento – Lemarchand, Louis-René Des Forêts – parecem condenados ao silêncio das páginas em branco. Não é o caso de Sartre, que, seguro de si, funciona a pleno vapor, usando chá e Corydrane como combustíveis e uísque para descansar.

Apesar de seus trabalhos jornalísticos, ao longo dos últimos dezoito meses Camus exerceu atividades teatrais, ao mesmo tempo que terminava sete novelas: "La femme adultère" [A mulher adúltera], "Le renégat" [O renegado], "Les muets" [Os mudos], "L'hôte" [O hóspede], "Jonas", "La pierre qui pousse" [A pedra que cresce] e "La chute" [A queda]. Esta última tornou-se um longo *relato*, cresceu como uma pérola, quase que escapando à vontade do escritor. Camus caminha na incerteza, mas escreve. Quase vinte anos antes, ele registrava o seguinte: "Às vezes tenho necessidade de escrever coisas que em parte me escapam, mas que precisamente confirmam que o que está em mim é mais forte do que eu."[3] Decidindo publicar esse relato antes de suas novelas, Camus joga ainda com outros títulos, "O grito", "O pelourinho", "Um puritano de nosso tempo", "O espelho", "A ordem do dia". *A queda*, título sugerido por Roger Martin du Gard, é adotado apesar da opinião de Belamich:

— As pessoas dirão "A queda de Camus", com tudo o que isso implica.

Nas esferas progressistas e gallimardescas, murmura-se que Camus caiu para o lado da reação. Não apenas anticomunista primário, secundário e terciário - mostrou-o com *O homem revoltado*, não é mesmo? -, mas agora está se recusando a tomar o partido dos colonizados.

Em 16 de maio, a Gallimard põe *A queda* à venda. Primeira edição: 16.500 exemplares. As reimpressões se sucedem: 11.000 exemplares em 1º de junho, 11.000 no dia 8. Até novembro são vendidos 126.500 exemplares.[4] Francine brinca:

— Esse você deve a mim.[5]

Camus passou quatro dias nos Países Baixos em outubro de 1954, sendo dois em Amsterdam. Terminou seu relato em meados de março de 1956 e assina com suas iniciais uma quarta de capa. Esse texto para-vento, prudente, coloca questões, remetendo ao relato para as respostas: "O homem que fala em *A queda* entrega-se a uma confissão calculada... Refugiado em Amsterdam, numa cidade de canais e de luminosidade fria, onde ele banca o eremita e o profeta, o velho advogado espera num bar duvidoso ouvintes complacentes. Ele tem o coração moderno, isto é, não suporta ser julgado. Apressa-se então em fazer sua própria acusação, mas é para melhor julgar os outros. O espelho no qual se olha, ele acaba estendendo aos outros. Onde começa a confissão, onde a acusação? Aquele que fala no livro está fazendo sua acusação ou a de seu tempo? Será ele um caso particular, ou o homem da época? Só há uma verdade, em todo caso, nesse jogo de espelhos estudado: a dor, e o que ela promete." Lendo o relato, as pessoas próximas de Camus ficam estupefatas:

— Você está me gozando! Era isso sua impotência! — exclama Robert Gallimard.

A queda não é uma autobiografia. Em suas entrevistas, Camus esclarece que ele não é seu herói, Jean-Baptiste Clamence. Mas Camus terá sido algum dia tão profundamente e sutilmente autobiográfico quanto por trás da máscara de Clamence? Amigos e íntimos não têm dúvida. Conhecem Camus e o reconhecem. Uma das leitoras avisadas, Francine, compreende que seu marido – seu irmão – quer se desvencilhar de uma parte de si mesmo, assim como do ambiente parisiense, onde se sente pouco à vontade. Ela e alguns outros sabem a que corresponde o episódio simbólico da jovem mulher que se joga no Sena da pont des Arts: é Francine, em Orã e em Paris, em 1953.

Camus submeteu à sua apreciação alguns trechos do livro. Ela disse:

— Você está sempre defendendo a causa de uns e de outros. Mas será que ouve os gritos que lhe são dirigidos?[6]

O grito da mulher que Clamence não salva é também o grito contido de Francine – Albert não o escutou ou ouviu –, e de outras mulheres.[7] Quilliot não esquece o dia em que – estava trabalhando na sala grande da rua Madame – Camus lhe disse que não podia almoçar com ele. Explicaria num outro dia: "Minha mulher tentou o suicídio." Claro, *A queda* não é *apenas* biográfico. Clamence não tem filhos. Ele declara: "É muito difícil separar o verdadeiro do falso no que estou contando." Clamence-Camus tem razão. Embora dissimule, o autor não mente. A criação e o imaginário têm seus direitos. *A queda* parece um diamante negro, com facetas visíveis, muitas vezes límpidas quanto à sua vida, porém com o coração inacessível. Camus não é Santo Agostinho, no entanto transmite um magnífico trecho de uma confissão de saint Camus, mártir e ator, lúcido e titubeante. Em seus cartões de visita, Clamence anuncia que não é apenas advogado, é também "ator". Ele representa, engana os outros, finge e se explica.

Oito anos antes, em 1948, em seus cadernos, Camus anotava: "1º Ciclo. Desde meus primeiros livros (*Bodas*) até *A corda* [*primeiro título imaginado para* Os justos] e *O homem revoltado*, todo o meu esforço foi, na realidade, para me despersonalizar (a cada vez num tom diferente). Em seguida, poderei falar em meu nome." Depois: "As grandes almas me interessam – e só elas. Mas eu não sou uma grande alma." Camus se refrata em Clamence, assediado pela culpa e pela mentira, pela duplicidade ou pelo cinismo, seduzido, mas incomodado pelo próprio encanto. *A queda* vem e volta de longe. Em 1948, Camus situava no tempo e no espaço a irônica logorreia de Jean-Baptiste. O escritor planejava escrever "uma novela que se passará num dia de neblina amarela".[8]

Para Simone de Beauvoir, Camus elimina acuidade e mordacidade em seu relato ao colocar sua confissão a serviço de seus ressentimentos. Sartre, que recebeu um exemplar sem dedicatória, se entusiasma: uma obra-prima, quando não o melhor livro de Camus, pois nele ele se mostra e se esconde inteiro.[9] No entanto os sartrianos não o podem clamar. Nem alguns cronistas que resenham a obra. Pontífices, André Billy no *Le Figaro*, Émile Henriot no *Le Monde*, André Rousseaux no *Le Figaro littéraire* saúdam o talento literário do escritor, mas não suspeitam até que ponto Camus se colocou em seu livro, tornando-se mais procurador do que advogado de si mesmo, tanto juiz quanto penitente. As críticas distinguem com propriedade as variações de tom dos relatos-romances, *O estrangeiro*, *A peste*, *A queda*. Sob suas máscaras e disfarces,[10] Camus *é* e *não é* Meursault, Rieux ou Clamence, a quem ele serve, trai e transcende. Todos lhe devem um traço, uma mania, um defeito, qualidades, porém eles o superam. O mais estranho é que acabam se aproximando. Em A *queda*, Camus faz alusão às inocências da infância, que foram as de Meursault. O jovem escritor mandava Meursault para a guilhotina. Simbolicamente, o autor de A *queda*, que tem mais de quarenta anos, quase mata Clamence da mesma maneira. Monólogo final de Meursault: "Para que tudo se consumasse, para que eu me sentisse menos só, restava-me desejar que houvesse muitos espectadores no dia da minha execução e que eles me acolhessem com gritos de ódio." Último monólogo do penitente de Amsterdã, dirigindo-se a seu interlocutor: "Vocês me prenderiam, portanto, seria um bom começo. Talvez em seguida cuidassem do resto, eu seria decapitado, por exemplo, e não teria mais medo de morrer, estaria salvo. Acima do povo reunido vocês levantariam então minha cabeça ainda fresca, para que eles se reconhecessem nela e novamente eu os dominasse, exemplar. Tudo estaria consumado, eu teria terminado, nem visto nem conhecido, minha carreira de falso profeta que grita no deserto e se recusa a sair dele."

Para que tudo se consumasse (1942) e *tudo estaria consumado* (1956). Certas repetições encantatórias ou retomadas segundo outra música não são acidentais. Clamence remete a Meursault. Eles refletem um ao outro, de cada um dos lados do espelho criativo. Camus muda o tom, mas volta a sua obra passada, reencontra uma de suas obsessões, um de seus pesadelos reiterados: sua própria execução.[11] O grito final de *O estrangeiro* e de *A queda* é a culpa reconhecida pelos outros, recusada e aceita pelo herói, sancionada: Meursault será guilhotinado, Clamence aspira a ser executado.

Exilando-se em Amsterdam, Clamence faz o balanço de um "quadragenário" de "olhar avisado". Camus termina *A queda* aos quarenta e três anos. Realizando o desejo constante de Camus, Clamence deixa Paris, "um verdadeiro *trompe-l'oeil*, um magnífico cenário habitado por quatro milhões de silhuetas". Em torno de Camus, no claro-escuro das divergências – a propósito dos campos (os futuros *gulags*), da Argélia e de seu destino –, alguns amigos tornam-se conhecidos, que se transformam em silhuetas nas ruas de Paris. Char permanece ao lado de Camus, mas Mascolo e outros tomam partido contra os *pieds-noirs* em bloco.

Sarcástico, Camus volta às suas zombarias e a seus gracejos tão apreciados por Brisville ou Dumur, Daniel ou Polge, na vida cotidiana. Ele burila os traços de Jean-Baptiste: "A natureza me serviu bem quanto ao físico, a atitude nobre me vem sem esforço." Jean Grenier e outros brincam com o lado castelhano de Camus. Feliz acaso, Clamence, apreciador de esporte e intelectual de profissão, confidencia: "Eu teria antes a aparência de um jogador de *rugby*." Camus gostaria de ter uma constituição de atleta. Mas, "a julgar pela conversa", explica Clamence, "é preciso admitir que tenho um certo refinamento." Esse duplo retrato, com suas ambiguidades, encanta Robert Jaussaud, que viu Camus berrando de alegria num estádio durante a Copa da França, ou quando seus velhos companheiros do RUA lhe ofereceram um banquete em Argel. Mais uma coincidência, Clamence é um "dançarino incansável" – como Camus, frequentando bares e boates. Ele não vai para a cama com prostitutas mas tem consideração por elas. Camus apresentou uma a Francine.

Clamence, tal como Camus, lida muito com o subjuntivo: "Confesso meu fraco por esse modo, e pela bela linguagem, em geral." Camus e Clamence ostentam uma "cortesia [...] célebre e no entanto indiscutível". Nas lojas, nos restaurantes, nos bancos, com os empregados da Gallimard, Camus mostra polidez e respeito intensos. É capaz de dispensar os importunos com uma estupidez que Michel ou Robert Gallimard lhe reprovam. Clamence passa por generoso. Camus não o ostenta, mas responde regularmente aos pedidos de ajuda de instituições de caridade, sobretudo quando se trata de doentes, de cantores ou escritores em dificuldade financeira. Não joga dinheiro fora, mas separa-se dele sem dificuldade. Engolindo copos de álcool, o recluso solene e áspero de Amsterdam declara-se sem religião. Disfarçando por um momento a questão do sagrado sob o problema religioso, Clamence, tal como Camus, recusa duas ou três vezes a Legião de Honra.

A queda é em parte dedicada às mulheres. Com elas, Clamence tem sucesso, "e sem muito esforço". Camus – é um eufemismo – também. Clamence-Camus se interroga sobre sua atração por essas mulheres. Por uma questão de literatura, ele afirma que "a sensualidade, e só ela, reinava em [sua] vida amorosa", porém matiza: "Quase todas as mulheres que conheci, julguei-as melhores do que eu." Pelo menos as que eram levadas em conta. Em Paris ou outros lugares, Camus deixou para trás algumas mulheres feridas. Extinta a paixão, com as que ele amou continua tendo boas relações. O narrador de *A queda*, juiz-penitente, antes de fazer penitência julga a si mesmo: "Por uma aventura de dez minutos, eu teria renegado pai e mãe. [...] É penoso confessar, teria trocado dez conversas com Einstein por um primeiro encontro com uma bela figurante. É verdade que no décimo encontro estaria suspirando por Einstein, ou por leituras importantes." Roger Quilliot e tantos outros viram Camus, esquecendo Marx ou Bakunin, abandonar uma conversa séria para se dedicar a uma mulher bonita. Menos dotados, colegas em Argel ou Paris não lhe perdoam seus sucessos. Aquele sedutor conquistador, graças a Deus, quebrou a cara com *O homem revoltado* e a Argélia, e suas relações à esquerda e à direita não vão melhor. Clamence não ostenta uma moral convencional, mas princípios, e cai num cinismo muitas vezes temido por Camus: "Eu chegava a meus fins, quase sempre que queria" – o que não está ao alcance de todos os escritores, conhecidos ou desconhecidos. Homens e mulheres dizem que Camus, terno e charmoso, odioso ou arrogante, é capaz de oferecer um sorriso natural ou artificial. O que é o charme, pelo menos o dele? Clamence resmunga: "Achavam que eu tinha charme, imaginem só!" Albert-Jean-Baptiste prima nas imagens da sedução: "Vocês sabem o que é o charme: uma maneira de ouvir responder sim sem ter feito nenhuma pergunta clara." Clamence nunca toca nas mulheres de seus amigos; simplesmente, antes de as conquistar, deixa de ser amigo do marido. Na vida, nem sempre Camus teve esses escrúpulos. Alguns amigos foram resignados, complacentes ou envaideceram-se com as atenções prestadas a suas mulheres.

Diante de seu interlocutor, em Amsterdam, o advogado dedica pouco tempo à caça, à paquera. Em Paris, o escritor folga mais: "Quantas vezes, plantado na calçada no âmago de uma discussão apaixonada com amigos, perdi o fio do raciocínio que me era exposto porque uma mulher tempestuosa, no mesmo momento, atravessava a rua?" Inúmeros são os que veem

Camus despir com o olhar as belas criaturas do 6º *arrondissement*. Diante de Robert Gallimard, Camus, com o olhar vivo, falando de uma moça bonita e interrogando-se a respeito dela, esboça um gesto; levanta as duas mãos, modela no ar seios imaginários e, irônico, pergunta: "Ela é... inteligente?"

Clamence fala no passado, tempo sobreposto ao presente de Camus. Perfeitos, imperfeitos e passados planam também no futuro. Depois de sua vida com Simone Hié, Camus jurou que não teria mais ciúmes e não conseguiu. Clamence também não. Camus, francês, mediterrâneo, censura Maria por ligações passadas. Clamence: "Às vezes eu chegava a fazê-las jurar [*suas mulheres*] que não pertenceriam a nenhum outro homem." Quando Casarès contracenava com Gérard Philipe em *Les Épiphanies*, de Henri Pichette, os dois atores rolavam um por cima do outro. O diretor detinha-se na situação: a mão de Philipe colocava-se sobre o sexo de Casarès. Contrariado, Camus dizia a Robert Gallimard:

— Sabe, Paris inteira anda dizendo que Maria foi para a cama com o idiota do Gérard Philipe!

Clamence: "Eu tinha dificuldade em imaginar, apesar da evidência, que uma mulher que tivesse sido minha pudesse algum dia pertencer a outro." Quando ele arranja uma mulher de passagem, por inadvertência, se ela insiste, Camus dá a entender que seus verdadeiros vínculos estão em outra parte. As aventuras breves não lhe criam problemas, mas ele tem dificuldade em deixar as mulheres amadas. Daí o acúmulo de riqueza de sua vida. Clamence: "Eu considerava, assim, a dificuldade que tinha em me separar definitivamente de uma mulher, dificuldade que me levava a ter tantas ligações simultâneas."

No rádio, nos jornais, Camus nega ser Clamence. Afinal, ele não é cristão, não é mesmo? Seu "único ponto em comum com Jean-Baptiste Clamence – com o qual todos teimam em [o] identificar" – seria sua "falta de imaginação". É o que o escritor declara ao *Le Monde* três meses depois do lançamento de *A queda*.[12] Por que essas negações? Camus está protegendo sua vida privada e os seus, e, principalmente, sua pessoa enriquece o personagem Clamence, mas não o esgota. A rigor, Camus pode admitir que, tal como Clamence, ele nunca fecha o carro à chave e detesta o casamento burguês. Tenta analisar seu gosto pela honestidade e as mentiras de sua vida. Na nostalgia, reaparece o Camus de seus vinte anos. Clamence diz: "Só fui realmente sincero e entusiasta no tempo em que fazia esporte e, no regimento, quando trabalhava nas peças que representávamos por nosso prazer." Essa alusão romanesca ao serviço militar de Clamence mal dissimula Camus. Ele diz com frequência: "Ainda agora, os jogos de domingo, com o estádio superlotado, e o teatro, que amei com uma paixão inigualável, são os únicos lugares do mundo em que me sinto inocente." O contrário da inocência, às vezes, é a culpa e, sempre, a responsabilidade – de Camus para com Francine ou outros. Separada de Camus, que mora na rua de Chanaleilles, Francine compreendeu perfeitamente o livro.

Um homem não pode sacrificar sua vida pelos interesses, reais ou supostos, de seus filhos, diz Camus aos Gallimard ou a Brisville. Camus, segundo suas normas, permanece leal a Francine. Às vezes, desliga-se de sua culpa, aceitando suas responsabilidades, mas sente que não poderá fugir ao "grito"... da jovem mulher que se jogou no Sena: "Compreendi também que ele continuaria me esperando nos mares e nos rios, por toda parte, enfim, onde se encontrasse a água amarga de meu batismo."

Na vida cotidiana, Camus se mostra divertido, severo, irônico, pomposo. Em *A queda*, ele lida com todos esses registros. Clamence não tem ilusões, sobretudo diante de suas confissões – como Sartre, afirmando em seus cadernos de guerra: "Não se fiem muito, aliás, nos meus enternecimentos, nem em meus delírios. Eles são dirigidos." Clamence vai muito além de si mesmo e de Camus na derrisão.

Achado do romancista, Camus também faz de Clamence um representante da esquerda parisiense e de Sartre. Numa réplica final, acaso criador ou necessidade consciente, *A queda* remete a *Os mandarins:* através do romance de Simone de Beauvoir, as confusões, em nome da liberdade do escritor, se organizam em torno de Henri e Robert, Camus e Sartre. Em *A queda*, Clamence apresenta um perfil de Camus e um de Sartre. Uma diferença se destaca entre os personagens de *Os mandarins* e o narrador de *A queda:* os primeiros tipificados, definidos, instalam-se numa hierarquia maniqueísta, Robert como Deus pai, Henri como filho crucificado; único relator, Clamence ocupa toda a cena, seu interlocutor só solta algumas frases em eco. Poderosamente presente em sua diversidade, Jean-Baptiste se procura, se condena, mas escapa a qualquer rótulo redutor. Artesão e artista, Camus revoluciona sua técnica romanesca, lança uma ponte entre *A queda* e *O estrangeiro* por cima de *A peste*, em que bons e maus são lineares. O escritor não reencontra apenas o *eu*, ambivalente apesar de sua aparente simplicidade; ele redescobre a tentação do narrador-boneca-russa: Camus foi nitidamente o Meursault de *O estrangeiro.* Em *A queda*, ele se torna Clamence, mas não é possível prendê-lo nesse papel como uma borboleta numa caixa. O primeiro romance-relato de Camus e seu último são produtos de uma inspiração, de uma lava que se funde com uma violência brutal e uma elegância concisa. *A peste* se constrói ao longo de anos e revela mais intensamente sua arquitetura.

Les Temps modernes entregou Camus aos leitores da esquerda não comunista. O juiz foi julgado. Ele o é mais uma vez, pois se recusa a apoiar o FLN. À esquerda, Camus perde uma legitimidade, um magistério moral ora aceito – no *Combat* – ora recusado. Clamence: "Eu me sentia vulnerável e entregue à acusação pública. Meus semelhantes deixavam de ser a meus olhos o auditório respeitoso a que estava acostumado. O círculo do qual eu era o centro se quebrava e eles se colocavam numa só fileira, como no tribunal. A partir do momento em que apreendi que havia em mim algo a ser julgado, compreendi, em suma, que havia neles uma vocação irresistível de julgamento."

Em suas primeiras versões de *A queda*, Camus, muito direto, falava em "nossos filósofos". Do mesmo modo, respondendo a Jeanson, em sua primeira versão de "resposta ao Senhor Diretor", ele dava nome a seu crítico. A versão definitiva de *A queda* se despoja de uma atualidade recente, se depura. Camus apresenta personagens intemporais, "eles", conferindo-lhes uma surpreendente universalidade. Fúria e honestidade de autocrítico, em seguida ele diz "nós". Clamence, então, torna-se um compósito de Camus, Sartre e Jeanson – intelectuais de esquerda.[13] O autor de *A queda* se vê por intermédio dos outros, tal como sartrianos o percebem. Camus se liberta, mas constata com Clamence: "Recebi todos os ferimentos ao mesmo tempo e perdi minhas forças de uma só vez." Ele caricatura, chegando ao gracejo de colegial: aquele que poderia ser ou não ser o autor de *O ser e o nada*, o Clamence meio-irmão de Sartre, redige um início de "Ode à polícia" e uma "Apoteose do cutelo" digna do sr. Nada de "O improviso dos filósofos". A literatura se afasta da atualidade. Camus não fala do café de Flore, do Deux Magots em Saint-Germain-des-Près, da Coupole, da Palette em Montparnasse, mas dos "cafés especializados em que se reuniam nossos humanistas profissionais" e "nossos ateus de bistrôs".

No três últimos anos, Camus, tal como Clamence, descobriu muitos inimigos seus. Finge compreendê-los, e se entrega ao amargor ou à zombaria. Clamence em Sartre, filtrado e deformado por Camus, monologa: "Tanto em filosofia como em política, sou portanto por qualquer teoria que recuse a inocência ao homem e por qualquer prática que o trate como culpado... Outrora, eu só tinha a liberdade na boca. Espalhava-a no café da manhã em minhas fatias de pão, mastigava-a o dia inteiro, eu trazia ao mundo um hálito deliciosamente fresco de liberdade." Em seu "improviso", Camus atacava Sartre pesadamente. Ao longo de *A queda*, o tom, mais grave, é muito pouco mais complacente. A liberdade? "Eu lançava essa palavra-mestra a todos os que me contradiziam, eu a colocara a serviço de meus desejos e de minha força."

Camus tem uma última razão para romper literariamente as pontes com Sartre. Em nome da liberdade e dos colonizados, este último recusa para a Argélia qualquer outra solução que não seja a independência. Na ocasião em que Camus está corrigindo as provas de *A queda*, Sartre, considerando o colonialismo um sistema, alerta contra a mistificação neocolonialista. Conclusão de Sartre, atroz para Camus: "A única coisa que podemos e deveríamos tentar – mas é hoje o essencial – é lutar [ao] lado [do povo argelino] para livrar ao mesmo tempo os argelinos e os franceses da tirania colonial."[14] Camus está constantemente preocupado com a vida de sua mãe, seu irmão, seu tio, suas sobrinhas, e nunca aceitará que sejam confundidos com os colonos ricos. Para Camus, na prática, uma certa esquerda francesa e Sartre tratam todos os europeus da Argélia como culpados.

Um outro aspecto de Clamence evoca os dois escritores: o advogado que "sempre morreu de vaidade [...] liberada com relação a todos" pois "não reconhece ninguém igual a ele". Sartre sabe que é genial. Recusando a discussão sobre o marxismo, até mesmo com Aron, não aceita nenhum igual a ele. Sartre repete, no entanto, que não vale nem mais nem menos do que qualquer outro homem. Ele poderia murmurar com gentileza, como Clamence: "De tanto ser homem, com tanta plenitude e simplicidade, eu me achava um pouco super-homem." Embora corroído por dúvidas, Camus, para além do orgulho, muitas vezes se toma por Camus.

Ele volta a falar na tentação totalitária daqueles que considera adversários por toda a vida: "Bem sei que não podemos deixar de dominar ou ser submetidos. Todo homem precisa de escravos como de ar puro. Comandar é respirar, você também não acha?", pergunta Clamence. Na dialética dos sartrianos e em seus jogos de palavras, Camus identifica um pensamento desviado, embriagado de si mesmo. Esse pensamento tende "a ambicionar humildemente os confortos da servidão, sob pena de apresentá-la como a verdadeira liberdade". Chantre metafísico da liberdade, Sartre faz uma corte quase masoquista aos liberticidas. Lutando pelo PC ao mesmo tempo que o critica, o genial Sartre nunca levou tão longe o paradoxo político. No início do ano, ele exclamava: "Levado pela história, o PC manifesta uma extraordinária inteligência objetiva: é raro ele se enganar; ele faz o que deve ser feito; no entanto essa inteligência – que se confunde com a práxis – não se incorpora com frequência em seus intelectuais."[15] Camus, com seus amigos Rosmer e Lazarevitch, caçoa das contorções sartrianas. Para ele, em face da Argélia e da história sangrenta do comunismo, Sartre e os seus se dobram diante de violências e diante das supostas necessidades da história.

Desvencilhado de *A queda*, Camus toma distância com relação ao existencialismo e ao marxo-existencialismo e comunica um pensamento menos agressivo a Nicolas Daniloff, estudante de Harvard.[16] Depois da guerra, Camus resmungava que não era existencialista. Agora parece aceitar a ideia de que alguma coisa o unia ao amigo Sartre: "Não sou existencialista no sentido atual da palavra", diz ele a Daniloff, "o existencialismo de Sartre me parece uma filosofia contraditória em que abundam confusões e má-fé. [...] Longe de levar a uma solução decente do problema liberdade-autoridade, [ele só pode levar] à servidão." A servidão perturbava Clamence, homem absurdo e livre. Para Camus, os existencialistas sartrianos mudaram: "Essa evolução é inevitável a partir do momento em que, recusando-se a reconhecer qualquer valor estável, na realidade os existencialistas modernos fazem da história um valor absoluto. Condenam-se então a elaborar apenas a filosofia do fato consumado. É essa a situação." Advogado, Clamence se espoja em sua especialidade, "as causas nobres". Camus defendeu muitas. Ridiculariza a si mesmo, chegando à flagelação: "Seria de acreditar de fato que a justiça dormia comigo todas as noites." O justo se contempla, exilado, proscrito e grotesco.

Em *A queda* reaparece não o problema da existência de Deus, mas a fatídica questão divina. No final, o autor remete crentes e cristãos a sua "regra terrível". Clamence se vota ao inferno ou ao purgatório. Os canais de Amsterdam à beira dos quais ele passeia, com seu interlocutor-leitor, lembram os círculos concêntricos do inferno dantesco. O estudioso de Santo Agostinho, admirador de Pascal, fala com uma terrível desenvoltura do pecado e da graça. Seu sentido do sagrado investe-se num quadro roubado – e no prenome de Clamence, Jean-Baptiste [João Batista]. Críticos e leitores se interrogam: "Será verdade que o nome Jean-Baptiste Clamence foi escolhido por semelhança com o João Batista do Evangelho e que Clamence significaria 'o que clama'?", perguntará a Camus uma estudante belga, Malvina Eeckhout. "Como se deve entender esse personagem? Ele permanece sincero consigo mesmo ao longo de toda a sua evolução? Ele se torna juiz-penitente apenas para aliviar sua consciência, para se fazer esquecer esmagando os outros sob o peso da miséria deles, ou será de certo modo um processo de psicanalista, ou, conhecendo a causa de seu distúrbio posterior, ele não aceita, assim, se superar e se reabilitar?"[17] Camus, como um molusco soltando jatos de tinta sobre os críticos parisienses, responde minuciosamente à estudante: "1) Sim, há um jogo de palavras com Clamence, e a palavra é a que você diz. 2) Esse personagem é sincero quando reconhece sua duplicidade, e nesse momento eu o aprovo; não o é quando bate no peito para melhor arrasar os outros. Desaprovo então essa atitude bem contemporânea. Por isso ele termina seu longo monólogo com mais um sarcasmo. Mas deixei a ele uma parte de sua verdade na frase que você cita: 'O, moça, jogue-se mais uma vez na água...'"[18] E uma tentação constante dos seres humanos, escritores ou não, reviver sua vida e reescrever sua história.

Camus sabe que há quem murmure em Paris que sua participação na Resistência foi tardia e a de Sartre pouco séria. Clamence, aqui personagem grotesco, foi à zona sul para se informar sobre a Resistência: "Mas depois de chegar, e me informar, hesitei. A empreitada me parecia um pouco louca e, para resumir, romântica." Aqui Camus se afasta de si mesmo.

Redigindo A *queda* numa febre controlada, ele não a encaixou de antemão num ciclo, como O *estrangeiro* no do absurdo e *A peste* no da revolta. Nesse relato, talvez o mais fulgurante e acidental de todos, Camus resume, sobrevoa e reúne sua vida, dando-lhe como que sem querer, *a posteriori*, uma unidade. Nunca ele foi tão inspirado, transportado, arrebatado por um estilo, um tom tão diferente do *eu* de *O estrangeiro*, e do *eles* de *A peste*. Com os paroxismos jubilatórios, contrapeso de uma serenidade altiva, apreciador de Nietzsche e de Chamfort, Camus faz crepitar aforismos, máximas, pequenas frases secas, emoções contidas e interrogações metafísicas: "Quando não se tem caráter, é preciso dar-se um método." O homem moderno? "... ele fornicava e lia os jornais." Camus insiste nessa ideia. Obteve sua terceira aposentadoria de jornalista, dessa vez voluntária. Dialogista do monólogo, ele descrevia o homem moderno de 1956 em seu *release*: "Ele tem o coração moderno, isto é, não suporta ser julgado." Esse homem moderno existe? Tratar-se-á principalmente de Camus?

Afastado dele, Pascal Pia ironiza: "Perguntei-me se também eu tinha o 'coração moderno'. Talvez eu o tenha tido, mas, nesse caso, devo tê-lo perdido, pois, sem estar mais satisfeito comigo hoje do que ontem, tornou-se indiferente para mim ser julgado. A razão, decerto, é eu ter envelhecido. Minha sabedoria deve ter um nome banal: provavelmente cansaço. No fundo, não acredito no 'coração moderno' que Camus denuncia, nem em seu contrário – o coração antigo, imagino? [...] Por mais que Clamence diga, não acredito, como ele, que sejamos todos juízes."[19]

Emmanuel Berl, com quem Camus se entende muito bem, acaba de confessar em *Présence des morts* [Presença dos mortos] que o suicídio de Drieu la Rochelle deixou nele um sentimento de culpa. *A queda* irrita Pia. "O sr. Berl utiliza a propósito de Drieu uma linguagem que o Clamence de *A queda* não teria desaprovado. Uma epidemia de justiça penitente estaria afetando neste momento os autores do sr. Gaston Gallimard, a quem *Presença dos mortos* é dedicado?" Nenhum crítico poderia ter ferido tanto Camus: Pia, o antigo companheiro, irmão mais velho, tão presente em outros tempos, gaullista hoje, compara indiretamente Camus a Drieu. No entanto Camus, tanto quanto Pia, despreza Drieu. Outros, que foram ou continuam próximos, simpatizam com o escritor, mesmo que não compreendam seu relato. Georges Didier, seu colega de liceu, o jesuíta, lhe diz: "Gostei da arte desse livro, em que o interminável monólogo de horizonte nítido exprime, quase tanto quanto o conteúdo, a dolorosa incapacidade de sair de si mesmo. Gostei também de sua alma." O padre acredita ver nele uma busca platônica do êxtase e esboça várias transposições teológicas. Como se empurrasse suavemente Camus para uma crença que ele sabe que o amigo não pode aceitar, explica que sua vida de religioso se transformou no dia em que ele compreendeu "que o amor – de Deus, dos homens – só atinge a perfeição mudando de sentido".[20] Às vezes Camus parece mais bem compreendido pelos crentes do que pelos ateus. Mauriac sente a ausência de Deus em *A queda*: "Falta a Camus fazer passar sua vida por esse cadinho o julgamento de Deus, ao qual o cristão é submetido. [...] Descubro através de Camus que nao somos sempre nós, os cristãos, que cedemos mais à, mania de nos examinar, de nos espiolhar."[21]

A propósito de *A queda*, um psicanalista se interrogava sobre prenomes ou iniciais:

Albert Camus
Jean-Baptiste Clamence
Jesus – o Batista – Cristo

Jean Catherine

Acaso? Clamence: clemência, *clamans*, clamar,*...

Poncet diz a Camus que considera seu relato, tão cruel quanto lúcido, um de seus melhores livros, mas um pouco amargo.

— Porque você acha que este mundo é sorridente? — replica Camus.[22]

— Seu último herói — diz Brisville, que está preparando um livro sobre ele — parece desanimado. [...] Ele exprime o que você pensa atualmente?

— Meu herói está desanimado, de fato — responde Camus —, e é por isso que ele exalta, como bom niilista moderno, a servidão. Quanto a mim, por acaso escolhi a servidão?

Os que conhecem o homem e o escritor, como Urbain Polge, reconhecem-no mais facilmente nas confissões calculadas de *A queda* do que nas declarações crípticas de *O estrangeiro*. Para eles, Camus não encobriu as raízes autobiográficas. Admirando o relato, Jean Daniel distingue nele uma "necessidade cristã-teatral de autoflagelação". Com seus jogos de espelhos infinitos, Clamence arrebata e desconcerta leitores. Até Fernande Faure, que censura Camus, assim como toda a família Faure, por ter colaborado para o *L'Express*, diz a Christiane sobre Albert:

— Ele não foi mais feliz do que ela.

Trata-se de Francine, é claro.

Camus deixou a Argélia. Para além dos atentados e das operações militares, a Argélia não o deixa. Sua mãe continua se recusando a se instalar na França, apesar da insistência do filho. Golpe mortal para Camus, seu amigo Jean de Maisonseul, chefe do departamento de urbanismo em Argel, é preso, detido sob o número 2.813, 3ª divisão, K 24, em Barberousse, prisão civil de Argel. Em 28 de maio, ele é inculpado. Informados por um empregado de Maisonseul, os homens da Direction de la Surveillance du Territoire [Direção da Vigilância do Território] (DST) fizeram investigações em seus escritórios. Ele havia recebido a visita de uma amiga, que residia no Marrocos. Ela lhe confiou, para um advogado argelino, uma carta contendo uma lista de marroquinos simpatizantes da revolução argelina. Maisonseul decidiu não a enviar. Miquel avisa Camus da prisão: "Não sabemos de nada preciso sobre os motivos. Ultimamente ele nos havia lido uma carta, que lhe tinha sido entregue, dirigida a um árabe por uma jovem mulher que passara um certo tempo num maqui MNA. Essa carta podia fazer com que fosse

* *Clamser, clampser* ou *clamecer*, termo de gíria que significa morrer. (*N. da T.*)

perseguido por omissão de denúncia de malfeitor."[23] O árabe em questão é o mestre Ougouag. Uma jornalista, Claude Gérard, resistente, condecorada com a Legião de Honra por feitos de guerra, publicou "Comment j'ai vu les maquis algériens" [Como vi os maquis argelinos] no *Demain*, jornal de esquerda. Presa em la Roquette, ela foi transferida para Argel. Maisonseul é interrogado pela DST, assim como Gérard e o abade Tissot ou outros participantes da "trégua civil". Na prisão, onde o padre Cuoq vai visitá-lo, Maisonseul descobre um preso comum que aprecia Camus. Os policiais tomaram os documentos do Comitê da trégua; o juiz de instrução lançou vinte e cinco rogatórias. O juiz abandona a inculpação de Maisonseul por atentado à segurança interna do Estado.

Camus envia uma longa carta ao *Le Monde*.[24] Expressa sua "estupefação indignada". "Obriguei-me até agora ao silêncio sobre o caso argelino a fim de não aumentar a infelicidade francesa e porque, afinal, não aprovava nada do que se dizia tanto à direita como à esquerda." Ele conhece Jean de Maisonseul há vinte anos. Apaixonado por arquitetura e pintura, aquele homem nunca se ocupou de política, apenas do projeto de trégua civil. "Não se tratava de nada que pudesse assemelhar-se de perto ou de longe a uma negociação, tampouco a um simples 'cessar-fogo', mas apenas de um conjunto de disposições humanitárias." Um despacho de uma agência de notícias deu a entender que Maisonseul seria membro de uma organização subversiva. Não se pode acusar Maisonseul de ter pretendido negociar um cessar-fogo ou "o estabelecimento de uma república argelina independente". Camus ataca Mollet, presidente do Conselho. Pede que diga se o indivíduo tem o direito de ser liberal. "Quanto a mim", esclarece Camus, "se sou firmemente contra todos os tipos de capitulações, não o sou menos à política dos ultras da Argélia, que representam a meu ver uma outra espécie de omissão, cuja responsabilidade é infinita." Seria preciso, então, prender Camus, os representantes da Cruz Vermelha, Mollet e Lacoste, que tiveram conhecimento do projeto de trégua. Surpreendendo certos amigos argelinos, entre os quais Poncet, Camus acrescenta: "O presidente Mollet, em particular, mandou me transmitir, há apenas um mês [*ou seja, final de abril, começo de maio*] uma adesão pessoal que ele próprio qualificava como calorosa à ação desse comitê." Sarcástico, como muitas vezes quando está perturbado, Camus prossegue: "Essas felicitações, é verdade, manterão tranquilo em sua cela meu amigo preso." Mollet, ainda atomatado por sua excursão argelina, anuncia uma guerra sem cartel.[25] Camus multiplica as intervenções via

Quilliot, que, socialista, interfere junto ao gabinete de Mollet. Não obtendo a libertação imediata de Maisonseul, Camus publica um segundo artigo no *Le Monde*[26] de título tão depreciativo quanto acusador: "Gouvernez!" [Governem!]. O escritor coloca em questão a política do governo e termina com uma ameaça, quase um ultimato. Irá "apelar diretamente para a opinião pública e [...] suscitar seu protesto por todos os meios". Além do mais, exige reparação do dano causado a Maisonseul por uma detenção arbitrária prolongada. Nesse artigo-carta, Camus rompe com Mollet, embora admitindo que Robert Lacoste, ministro *résidant* – não *résident*, Mollet faz questão da distinção –, talvez tenha sucumbido a suas polícias: "Os amigos de Jean Maisonseul [*inclusive ele, Camus*] não podem se satisfazer com desculpas expressas nos bastidores. A reputação e a liberdade de um homem não se pagam com condolências ou nostalgia. Ao contrário, são realidades carnais, que fazem viver ou morrer. Eu diria até que entre os arroubos de eloquência na Câmara e a honra de um homem, a urgência cabe à honra." Para Camus, as relações entre Argel e Paris já não passam de uma "anarquia burocratizada. E a França torna-se como a minhoca que se retorce procurando sua cabeça". Através do caso Maisonseul, no prolongamento da visita de Guy Mollet em 6 de fevereiro a Argel, Camus condena a política do ministério de Frente Republicana. Ela o decepcionou muito depressa: com Lacoste, ele cai para o lado dos ultras da Argélia francesa. "A fraqueza também se torna um delírio, e que explica todos os desvios."

Por causa disso, Camus é o Homem da Semana no *L'Express*.[27] Assinado por Thomas Lenoir, o artigo tem a pata e as garras de Françoise Giroud. Camus abandonou o jornalismo, mas os jornalistas não conseguem abandoná-lo. Elogiosa e crítica, a página dupla do *L'Express* saúda o autor de *O homem revoltado*, que descreveu e condenou "o desvio stalinista", e explicou a propósito de Sartre o "nefasto rompimento de uma amizade difícil, tumultuosa, mas intensa, em que os dois homens se completavam e se enriqueciam". Presta-se homenagem a um homem "demasiado célebre aos trinta e quatro anos", diz um intertítulo. O artigo contém flores, não coroas: "Ele dispõe, para agradar, de um olhar violeta cor de crepúsculo e de toda a arte do ator que foi, entre vinte e dois e vinte e cinco anos..." Imagina-se Albert Camus diante de Françoise Giroud, tendo entre eles o obrigatório bandejão: "O gesto mediterrâneo e a frase econômica, o sol levantando-se nos olhos e a sombra aprofundando os traços, ele aparece como o campo de um duelo incessante entre a doação calorosa de si mesmo e a recusa a se entregar." Depois uma falsa questão: "Ao mesmo tempo que aos confortos da glória, terá ele se obrigado a reagir contra essa facilidade, a sedução indiferenciada?" Thomas Lenoir vê em Camus "uma vigilância crispada e às vezes irritante para os que não pensam em surpreendê-la". *L'Express* formula sua constatação: "Prisioneiro de sua glória, que o transformou muito depressa em estátua, é possível que ele já não consiga sair do deserto em que repercute sua voz, a de *O homem revoltado*, a de uma geração." Françoise Giroud estava em Clermont-Ferrand e em Lyon no início da Ocupação, no rasto do *Paris-soir*; *Françoise* Lenoir lembra-se "de um rapaz irônico, mas sem humor, que carregava o peso da melancolia do exilado". Irritado pelo "aspecto moralista, e até moralizador" da obra, Thomas Lenoir reconhece que Camus, recusando qualquer Igreja, "luta em duas frentes: contra a reação e o stalinismo, contra o colonialismo e o fanatismo árabe, contra a religião e o anticlericalismo". Conclusão de Thomas Giroud: "Diante desse homem em carne viva, que parece ter sempre uma flecha enfiada no flanco e tanta dificuldade em nos suportar quanto em nos deixar, em não agir quanto em agir, em acreditar quanto em desesperar, lembramo-nos do Moisés de Vigny: 'Senhor... deixa-me adormecer com o sono da terra.'"

Camus pede que a justiça argelina seja destituída do caso Maisonseul e que o dossiê seja transmitido a Paris. Poncet vai assistir em Rouen ao lançamento de um navio,[28] o *Laurent-Schiaffino*. Depois irá para Paris. Camus escreve-lhe em 30 de maio: "Fiquei fora de mim com os acontecimentos recentes. Atualmente estou movendo céu e terra por Jean. Estarei em Paris em 8 de junho. Telefone assim que chegar." Depois de uma passagem pelo *L'Express*, onde fala rapidamente com Robert Namia e Jean Daniel, Poncet encontra Camus na Gallimard.[29] Se Maisonseul não tivesse sido solto, o escritor teria organizado uma manifestação. François Mitterrand, chanceler, acompanha o caso. Os amigos de Camus, Monatte e Rosmer, diretores do *Révolution prolétarienne*, com influência nos sindicatos operários anarco-sindicalistas, o teriam ajudado tentando desencadear greves. É claro que esses sindicatos não têm o peso da CGT comunista – que não teria interferido por Maisonseul. Camus interroga Poncet:

— Então, como foi que aconteceu exatamente?

Poncet fornece detalhes, alguns a propósito da carta marroquina. Camus acha que alguns amigos cometeram imprudências. Maisonseul é posto em liberdade provisória:

— Estamos sempre em liberdade provisória — ele sorri.

Seu dossiê atola. Ele é suspenso, com vencimentos. François Mitterrand não trata do assunto com precipitação. Maisonseul dedica seu tempo à pintura.[30] Diante dos nacionalistas argelinos, Camus está bem longe de alguns amigos argelinos: é difícil ser partidário eficaz de uma terceira posição, oposta a todos os terrorismos e todas as repressões coloniais. É onde começam a imprudência, a traição, a cumplicidade? Para André Bénichou, o *L'Express* – finalmente Camus o deixou! – é, como *Le Monde* e o *France-Observateur*, um dos três agentes do FLN na França. Tal como a família Faure, Bénichou não aprova as posições políticas de Camus com relação à Argélia.

No curso Marcel-Proust, retomando uma vida mais ou menos normal, Francine, restabelecida, ensina matemática, umas dez horas por semana. Quando ela volta a tocar piano – e órgão – todos acham que superou a etapa mais dolorosa. Camus sempre a estimulou a tocar. Gostaria que ela realizasse plenamente sua vocação musical.

45

"ANÊMONA DE CORAÇÃO PRETO"

Francine passa férias em Palerme, perto de L'Isle-sur-Sorgue, com os gêmeos e o marido, que está preparando uma coletânea de novelas. Em 6 de agosto de 1956, Jean Grenier o visita. Camus submeteu à sua apreciação um manuscrito, dedicado a Francine.[1] Aquele Camus que não conseguia mais escrever também está terminando novelas com coloridos diferentes.

— Eu quis, em cada novela, mudar o estilo e compor algo original — disse ele ao bom mestre.[2]

Quanto aos temas e às técnicas narrativas, Camus parece provar a si mesmo que sabe utilizar vários instrumentos: *L'Exil* [O exílio] é histórico, geográfico, moral; *Le Royaume* [O reino] representa o paraíso perdido, para além dos sofrimentos, da renúncia - de *A queda* também. Grenier admira "Les muets" [Os mudos]: Camus, evocando uma greve, recria sua infância e reencontra seu tio operário.

— Ah! Você gosta de "Os mudos". Quis mostrar que se pode fazer "realismo socialista" para quem está diante de nós, embora não acreditando nele.

Provocação, pois a novela é realista. Camus volta a Belcourt e à tanoaria, a seus barris, bordalesas e grandes tonéis, a seu tio ajustando as aduelas, apertando-as ao fogo sem ráfia nem estopa. Camus gosta do mundo dos armazéns e barricas, longe dos escritórios parisienses da NRF e das abstrações de Jean-Baptiste Clamence. Esse relato cheira a sardinha, chouriço e fogo de lenha. Nele se ouvem a garlopa e as serras. O leitor respira o suor dos homens no trabalho. De passagem, Camus aborda aqueles que fazem "discursos sobre o trabalho manual" sem saber do que estão falando. Em Paris, muitas vezes Camus é acusado de ser conservador, reacionário. Com "Os mudos", ele grita: estes são os meus! Grenier critica "A pedra que cresce", "admirável novela" de final elíptico. Camus, professor-aluno, pergunta a Grenier, aluno-professor, qual sua opinião sobre "L'esprit confus" [O espírito confuso].

— Não entendi nada — responde Grenier —, e, se você não me tivesse dito de que símbolo se tratava (os intelectuais de esquerda), eu não o teria adivinhado.

O primeiro título era "Le renégat ou l'esprit confus" [O renegado ou o espírito confuso]. É preciso ter imaginação para detectar um intelectual de esquerda naquele missionário africano à espera de um substituto. O autor monologa, como em *A queda*, através de um longo sonho de que o relator e os leitores têm dificuldade em acordar. O efeito buscado, já na primeira frase, é atingido pela metade: "Que confusão, que confusão! É preciso pôr ordem na minha cabeça."

— Vou esclarecê-lo — diz Camus a Grenier, a propósito de sua novela.

Este acrescenta:

— Gostei muito de "A mulher adúltera" e "O hóspede". No entanto, não vejo os árabes como você.

Aqui, silenciosos, impassíveis, os árabes enchem um ônibus - "escolta muda" como quase todos os muçulmanos nas ficções de Camus. Ele fala muito como jornalista, pouco como romancista. Camus conhece os franceses da Argélia, sofre por eles. Autor de novelas, não consegue descrever "os árabes". Bastante convencional, saúda neles os "senhores miseráveis e livres de um estranho reino". Mas sugere-os em "O hóspede": um professor primário, Daru, vive numa solidão glacial. Em toda parte aquele homem "sentia-se exilado". O policial Balducci, levando por uma corda um árabe, com as mãos atadas, quer confiar o prisioneiro ao professor, que recusa:

— Ouça, Balducci — diz Daru, subitamente —, tudo isso me repugna, e esse seu sujeito antes de tudo [*o árabe é um assassino*], mas não o entregarei. Lutar sim, se for preciso, mas isso não.

O árabe, a quem Daru oferece tâmaras, pão e açúcar, ruma sozinho para a prisão quando Daru o deixa livre. Daru é também Louis Germain, Guy Monnerot, e uma das múltiplas máscaras de Camus. Fim simbólico da novela, na classe de Daru, na lousa, uma mão inábil escreveu: "Você entregou nosso irmão. Você pagará." Agora Camus se cala sobre a Argélia. Lá, Daru, "naquele vasto país que ele tanto amara [...], estava só". O professor Daru, tal como o escritor Camus, aposta na não violência. Estão presos entre duas comunidades.[3]

Camus recusa-se a confiar uma novela em fase de pré-publicação ao *L'Express*. Françoise Giroud envia-lhe uma carta amável: "É um pouco triste nunca mais encontrá-lo." Camus, sob o mesmo ímpeto de "Senhor Diretor" (de *Les Temps modernes*), recusa em quatro linhas, pedindo à co-diretora (do *L'Express*) que acredite em sua "fiel e respeitosa lembrança".[4] Há maneiras de se mostrar mais caloroso.

Camus volta à rua Sébastien-Bottin. Parou de fugir. Robert Gallimard, ao vê-lo muito enternecido olhar no pátio da NRF uma jovem atriz, Catherine Sellers, percebe que seu amigo está apaixonado. Prova dos nove, Camus a apresenta a Janine e Michel. Antes de encontrá-la num restaurante, divertido e perplexo, Camus diz aos Gallimard:

— Vocês vão ver. Uma atriz maravilhosa. Uma mulher deliciosa. É extraordinário: ela não come nada. Vai encomendar uma fatia de presunto, tirar da volta o menor vestígio de gordura, lambiscar três pedacinhos e pousar o talher, vocês vão ver.

Em compensação, Catherine Sellers toma litros de café. Camus, em seus cadernos: "Gosto daquele rostinho preocupado e ferido, trágico às vezes, belo sempre; daquele pequeno ser de ligamentos fortes demais, mas cujo rosto é iluminado por uma chama sombria e doce, a da pureza, uma alma. E, quando ela vira as costas no palco, insulta seu parceiro, então aquela pequena desgraça que se vai, e suas costas frágeis. Pela primeira vez em muito tempo, tocado no coração por uma mulher, sem nenhum desejo, nem intenção, nem jogo, amando-a por ela, não sem tristeza." Nenhum desejo?

Camus também está trabalhando em suas adaptações teatrais. Mas não deseja apenas traduzir algumas peças. Protegendo-se dos intelectuais de esquerda, não quer voltar a se ver sozinho: irá montar um elenco, com um programa ambicioso. E quer dirigir um teatro. Iniciando um outro ciclo – romance, peça de teatro, ensaio –, ele toma novo impulso. Será escritor, diretor teatral e talvez novamente ator. Em seu exílio político-filosófico parisiense, ele curtia a nostalgia do reino de seu elenco e de seus teatros de antes da guerra em Argel. Foi amador, irá tornar-se profissional. Quando trabalhava em A *queda* e nas novelas, adaptou, em 1955, *Un caso clínico*, de Buzzati, sob o título francês *Un cas intéressant* [Um caso interessante]. Comunica ao ator Michel Bouquet que irá reler *Romeu e Julieta*. Camus sempre reserva para Shakespeare um lugar muito elevado. "Mas um empreendimento como esse", ele diz, "deve ter 'de saída' um espírito lúcido e sensível para lhe traduzir as belezas."[5] Camus enxerga grande e a longo prazo.[6] Um organizador surge sob o adaptador, que planeja dirigir um teatro de alternância: manteria em cartaz cinco representações semanais de uma peça importante, como *Os possessos*, duas de um clássico como *O cavaleiro de Olmedo*, e – Camus permanece prudente – uma vesperal clássica com, por exemplo, *Sofonisba* de Corneille. Camus imagina um núcleo de elenco com atores eventuais à sua volta. Planeja, por assim dizer, arrendar o teatro Hébertot.

Camus ainda é um homem de projetos contínuos. Não há loucura em seu método, mas uma resistência determinada. Artesão, quando começa um livro, ele o termina. Sartre não completa sua série de romances, *Les Chemins de la Liberté* [Os caminhos da liberdade], ou sua saga de artigos, "Les communistes et la paix" [Os comunistas e a paz]. Menos produtivo ou prolífico, Camus leva quase todas as obras a termo. Nas peças estrangeiras a serem apresentadas, ele retoma *A mulher silenciosa* de Ben Jonson, montada em Argel, *O estranho interlúdio* de Eugene O'Neil, que em outros tempos pensou em interpretar, *A desgraça de ter espírito* de Griboiedov, *O poder das trevas* de Tolstói e adaptações de *Otelo*, *A tempestade*, *Timon de Atenas*, que irá terminar. Para Camus, Shakespeare, saboreado de perto graças a Sellers – que fala correntemente o inglês e conhece a literatura elisabetana –, equivale no teatro a Tolstói no romance. Camus pensa seriamente em *Esta noite se improvisa* de Pirandello, em *O trapaceiro de Sevilha* de Tirso de Molina, em *O mágico prodigioso* de Calderón, em *A sonata dos espectros* de Strindbergh, em *Catarina de Heilbronn* de Kleist.

A segunda seleção de seu teatro de alternância será composta por peças clássicas francesas, entre as quais *Berenice* e *O misantropo*. Camus gostaria de interpretar Alceste. Terceira seleção: peças francesas modernas. Retomaria *O equívoco*, que pretende reaprimorar. Camus pensa também em adaptar para o teatro *O sangue negro*, do amigo Guilloux. Disposto a dedicar dez anos ao teatro, ele encomendaria peças a outros grandes autores – e, por sua vez, empreenderia um *Don Juan* que seria também seu *Fausto*. Pensa nisso desde seus anos de estudante em Argel.

Os diretores de teatro solicitam o escritor. Apesar de sua decepcionante experiência comum de *O estado de sítio*, Barrault desejaria apresentar *O castelo* de Kafka adaptado por Camus. Jean Vilar, que extravia uma adaptação manuscrita de *A duquesa de Amalfi*, gostaria que Camus adaptasse um outro Calderón, *O alcaide de Zalamea*?[7]

Esse homem, que às vezes se convence de que está desgastado, aniquilado,[8] prevê mergulhar no teatro de Mérimée, Puchkine, Marloe, Congreve, Cervantes, Alexandre Bloch e Claudel.[9] Nada menos. Poderia também escrever uma peça cujo título fosse "Lespinasse ou le double amour" [Lespinasse ou o duplo amor] e que ilustrasse uma tese – prática – de Camus e de alguns outros: é possível amar duas pessoas ao mesmo tempo.

Verão de 1956: Camus tem dez peças atrás de si, seis adaptações ou criações coletivas realizadas.[10] Quase vinte anos antes, trabalhou tanto na transposição de um romance de Malraux como com Ésquilo ou Gide. O tradutor e adaptador tem experiência, mas o diretor precisa mostrar seu valor.

Camus relê Dostoiévski. Desde sua juventude, aquele russo o fascina, assim como Melville ou Nietzsche. Adaptador, Camus exerce um outro ofício que lhe permite trabalhar com amigos. "Dizem-me também com uma solicitude que me perturba, pode ter certeza: 'Por que você adapta textos, quando poderia escrever suas próprias peças?' Claro." Ele nem se desmereceu nem renunciou: "Mas na verdade eu as escrevi e escreverei outras e me resigno de antemão a que elas forneçam às mesmas pessoas pretextos para ter saudade das minhas adaptações." Críticas – quiméricas – de obras futuras já o atormentam: "Só que", ele explica, "quando escrevo minhas peças, é o escritor que está trabalhando, em função de uma obra que obedece a um plano mais amplo e calculado. [...] Quando adapto, é o diretor que trabalha de acordo com a ideia que tem do teatro." Segunda volta ao jovem coator de *Revolta nas Astúrias*: "Acredito, de fato, no espetáculo total, concebido, inspirado e dirigido pelo mesmo espírito, escrito e encenado pelo mesmo homem, o que permite obter a unidade do tom, do estilo, do ritmo, que são os trunfos essenciais de um espetáculo." Dramaturgo, Sartre produz mais; homem de teatro, não *do* teatro como Camus, as atrizes o apaixonam, a encenação menos. Quando Sartre faz uma boa adaptação do *Kean* de Dumas para se distrair e dar um papel a Pierre Brasseur, ele se empenha menos, deixa as teorias da encenação aos especialistas.

Camus dedicou um capítulo à comédia e aos atores em *O mito de Sísifo*: suas ideias estão vinculadas a um período de mais de vinte anos. Ele se identifica tanto com seus atores quanto com os personagens. Esse capítulo de *O mito*, em que Camus pensava que "o coração só se exprime e se faz compreender pelos gestos e no corpo – ou pela voz, que é tanto da alma como do corpo", terminava com o paradoxo camusiano do autor: "Basta um pouco de imaginação para sentir então o que significa um destino de ator. É com o tempo que ele compõe e enumera seus personagens, é também com o tempo que ele aprende a dominá-los. Quanto mais viveu vidas diferentes, melhor ele se separa delas." Irônico bumerangue: "Há casas para velhos atores aposentados."[11] Camus repete para seus atores que ele reivindica "o direito de evoluir". Mas tanto em 1956 como em 1938, uma das leis da arte teatral, para ele, é que "tudo seja aumentado e se traduza em carne". É preciso ouvir os silêncios, e a imobilidade deve ser espetacular. Camus faz seus atores berrarem tanto que Stacha Cviklinski[12] teme que ele arrebente a voz das atrizes, como ele forçou a de Maria, que aliás não esperou seus conselhos para dizer *crescendo* com sua bela voz rouca.

Camus, reescrevendo Calderón, Malraux ou Faulkner, se *vê* dirigindo os atores. A redação ou a adaptação de uma peça leva a um trabalho coletivo, Camus sente-se à vontade com seus atores, Michel Bouquet, Pierre Blanchard, Marc Cassot, Jean-Pierre Jorris, Serge Reggiani ou Pierre Vaneck, e suas atrizes, Maria Casarès, Catherine Sellers ou Tatiana Moukhine. Entre os atores, Camus reina sem discussão. Durante um longo passeio, ele confidenciou a Jean Daniel suas desconfianças,[13] vituperou os intelectuais, os *agrégés*, os professores do Collège de France, aqueles herdeiros titulados da burguesia, entre os quais Sartre e o Castor, que, segundo Camus, afastados do ensino há muito tempo, determinam suas férias segundo o ano escolar. Os atores, por sua vez, trabalham e ensaiam em todas as estações. "Prefiro a companhia das pessoas de teatro, virtuosas ou não", afirma Camus, "à dos intelectuais, meus irmãos. Não apenas porque é sabido que os intelectuais, raramente amáveis, não conseguem amar uns aos outros, mas é que na sociedade intelectual, não sei por quê, tenho sempre a impressão de que há alguma coisa pela qual tenho que ser perdoado."[14] Ele gosta da camaradagem de um elenco, à qual se aplica o princípio do todo orgânico: a soma é quase sempre superior à adição das partes. Os atores são vaidosos, egocêntricos, muitas vezes odiosos, mas durante o espetáculo seus defeitos se estancam. Camus não gosta de uma mitologia veiculada pelos cronistas: "Uma imprensa especializada, ou especial, já não sei, talvez ajude a imaginar as pessoas de teatro como animais que deitam tarde e se divorciam cedo! Talvez eu cause decepção ao dizer que o teatro é mais comum do que isso e que nele há até menos divórcios do que no setor têxtil, da beterraba ou do jornalismo. Simplesmente, quando isso acontece, fala-se mais, necessariamente. Digamos que o coração de nossa Sarah Bernhardt interessa mais ao público do que o do sr. Boussac", grande industrial.

Camus tem necessidade do desgaste físico exigido por ensaios e representações, pois a fadiga o exalta: "Só no esporte de equipe, no tempo de minha juventude, conheci essa sensação poderosa de esperança e de solidariedade que acompanha as longas jornadas de treinamento até o dia do jogo ganho ou perdido. [...] Na verdade, o pouco de moral que sei, aprendi nos campos de futebol e nas cenas de teatro que continuarão sendo minhas verdadeiras universidades." Que moral? A fraternidade, a lealdade sem as quais um elenco se desfaz. Camus conhece seus ofícios: "O teatro também me ajuda a fugir da abstração que ameaça todo escritor. Do mesmo modo como no tempo em que fazia jornalismo eu preferia a paginação no mármore da gráfica à redação daquelas espécies de pregações que são chamadas de editoriais [*Camus zomba de si mesmo, do jornalista do* Combat *ou do* L'Express], também no teatro gosto que a obra crie raiz na confusão dos projetores, dos praticáveis, das telas e dos objetos." Ele imagina suas encenações com seu corpo – uma vez trabalha a partir de maquetes concebidas por Léonor Fini[15] – e torna-se lírico: "Gosto desse ofício que me obriga a considerar, ao mesmo tempo que a psicologia dos personagens, o lugar de uma lâmpada ou de um vaso de gerânios, a textura de um tecido, o peso ou o relevo de um caixotão que deve ser levado às galerias." Interroga-se em voz alta, faz anotações, pratica uma espécie de "corrida desordenada através do teatro"; "é uma arte singular que tem suas leis, seus acidentes, sua voz própria".[16] Camus diz a Catherine Sellers: "Se eu pudesse ter me dado um talento ao nascer, teria sido escultor. Não escritor, mas escultor, antes mesmo de ser jogador de futebol ou ator. Para mim, a escultura é a primeira das artes."[17] Palavras no ar, inspiração do momento? Talvez, mas ditas com convicção. Ele escreve: "Pode-se dizer a respeito de todas as artes que elas não poderiam viver sem público. Mas pelo menos o valor de uma escultura ou a emoção de um poema buscam seus juízes fora do público. A qualidade de uma obra dramática, pelo contrário, julga-se por seus efeitos sobre o público." O que é o teatro poético, que relações se estabelecem entre o texto, os atores, o diretor e o autor? Camus define para si mesmo: "O grande ator é [...] o mais submisso à vontade do autor." Pode-se dizer que o público tem mau gosto? Frequentando mais os teatros do que os cinemas, ele manifesta seus desgostos: abandona a sala no intervalo de *Patate* de Marcel Achard.

Francine está no Sul com os Polge e Camus lhe escreve em 16 de agosto de 1956: "... Os ensaios [de *Réquiem para uma freira*] começaram, à tarde e à noite. Portanto só tenho minhas manhãs livres e ainda preciso passar de vez em quando pela *NRF*. Mesmo assim retomei todas as minhas novelas, aproveitando as suas críticas e as observações de Grenier. Quanto a Jonas, refiz a 'situação' de Louise, também ela exaurida pela falta de tempo e de espaço e solidária. Revi cuidadosamente os *indícios de escritor* na vida de Jonas. Na verdade só encontrei um: a assinatura dos manifestos (que aliás também se pede a pintores) e talvez a correspondência. Deixei a indicação, reduzindo sua importância. Esclareci (e para melhor, parece-me agora) 'O espírito confuso', que agora se chama 'O renegado', revi 'O hóspede' e 'A mulher adúltera', que simplificavam um pouco, mais para cor-de-rosa, a psicologia árabe. Enfim encontrei os cortes em 'A pedra', e acrescentei no final uma saudação à vida. O conjunto pelo menos ganhou em verdade. Quanto à qualidade, o céu julgará (já que não há mais críticos). Obrigado a você, em todo caso. Os ensaios neste momento referem-se aos lugares e são muito cansativos, pois trata-se de um trabalho minucioso. Mas, é claro, acho divertido voltar a esse ofício (estou nervoso, pois o jogo é difícil)."

Em setembro, ele empreende ao mesmo tempo a finalização das novelas e os ensaios de *Réquiem para uma freira*. Muito tempo antes, sua agente, Nicole Lambert, irmã de Michel Gallimard, tinha pedido autorização a Faulkner para adaptar seu livro.[18] No entanto Camus não é favorável às adaptações teatrais de romances. A Koestler, depois de ler a de O *zero e o infinito*, ele dizia: "O teatro, sei por experiência, exagera, banaliza. E, se alguém escolheu a forma do romance para contar uma história, é porque esta supunha matizes e jogos de sombra que só o romance autoriza."[19] Mas esse romance de Faulkner tem uma estrutura teatral natural. O próprio Faulkner ajudou uma estudante, Joan Williams, a realizar uma adaptação teatral. Publicado em 1951, o romance divide-se em três "atos": tribunal, cúpula dourada, prisão.[20] Camus extrai dele uma peça em duas partes e sete quadros. Simultaneamente, Maurice Edgar Coindreau trabalha para a Gallimard na tradução do romance. Tradutor e adaptador se correspondem, discutem o título. Como traduzir a palavra *nun*? Coindreau acha que "Réquiem para uma *religiosa*" seria horrível e "Réquiem para uma *irmã*", pior. "Réquiem para uma *santa*" soa bem, mas seria inexato, pois não há santo naquela tragédia de religião pouco ortodoxa. *Freira* [*nonne*], segundo Voindreau, tem um tom divertido.[21] A tradução do romance e a peça deveriam ter o mesmo título. Camus decide: será *Requiem pour une nonne*.

Tanto quanto a história de Nancy, assassina do filho de Temple e Gowan, seus mestres, e condenada à forca, tanto quanto o personagem de

Temple, o tom faulkneriano atrai Camus: "O estilo de Faulkner", ele diz, "com sua respiração cortada, suas frases interrompidas, retomadas e prolongadas em repetições, seus incidentes, seus parênteses e suas torrentes de subordinadas, fornece-nos um equivalente moderno e nada artificial da tirada trágica. É um estilo que ofega, com o próprio ofego do sofrimento." Camus, é claro, não segue Faulkner palavra por palavra. Pretende ser fiel "a certas particularidades de seu estilo". Ele escreve a Coindreau: "Pareceu-me que sua frase 'aglutinada' podia, pelo menos em certos casos, ser útil para o ator quando precisasse exprimir o ofego do sofrimento. Na verdade só introduzi grandes mudanças no último quadro (a prisão), que se tornava abertamente uma pregação e que corria o risco de ser mal recebido na Paris de 1956. Mas com tudo isso faço Faulkner passar bem à frente de todo o resto, e, sem dissimular as dificuldades da empreitada e minhas próprias imperfeições, creio que me desincumbi fielmente delas..."[22] Camus vê em Faulkner um dramaturgo profundamente trágico, e em seu romance um tema tão antigo quanto moderno: heróis divididos entre responsabilidades e destino. Alguns se admiram com as características religiosas do texto. "Não acredito em Deus, é verdade", diz Camus. "Mas nem por isso sou ateu. Até concordaria com Benjamin Constant em ver na irreligião algo de vulgar e... sim, ultrapassado."[23] Camus não é mais crente em 1956 do que 1936, mas continua se interessando pelos diálogos entre crentes e descrentes, fala de religião em seu apartamento da rua des Chaneleilles com o abade Altermann, conhecido nos meios parisienses. Muito perto, em torno da sede da arquidiocese de Paris, na rua Barbet-de-Jouy, gravitam várias associações e círculos de estudos de que Altermann participa.

Conforme exigem as conveniências e a gentileza – é preciso poupar Francine –, Casarès e Camus não aparecem num mesmo cartaz de teatro. Camus notou Sellers quando ela trabalhava em *A gaivota*. Marcou encontro com ela na Lipp,[24] para lhe entregar o manuscrito do *Réquiem*.

— Leia a peça. Se o papel lhe agradar, é seu.

Não é comum um diretor oferecer, sem um teste, o papel principal – no caso o de Temple Drake – a uma (quase) principiante. Catherine Sellers, filha de um médico morto no degredo e de uma violinista amadora, redigiu um trabalho de diploma de estudos superiores sobre o teatro elisabetano, tratando muito de *A duquesa de Amalfi*, peça que Camus também gostaria de adaptar. Outra sorte marcada, Catherine Sellers, aluna de Balachova, substituiu Maria Casarès numa turnê em *Seis personagens à procura de um autor.*

Séria e divertida, brevemente casada com um inglês, Catherine é provavelmente a atriz mais culta que Camus já encontrou. Falsa *pied-noir*, viveu na Argélia durante a guerra. Corpo de elfo, olhar negro, para modelar um personagem ela reflete durante horas sobre sua maneira de andar, de pronunciar uma palavra, de tomar uma xícara de chá. Busca uma criação total. Pesquisa e lê. Camus lhe propõe um papel magnético, à beira da loucura. O dramaturgo renova uma experiência singular, já vivida com Maria, a Única: ver uma mulher pela qual está apaixonado dizer as palavras *dele*, moldar-se num personagem imaginado por ele. Maria e Catherine, atrizes paroxísmicas, sensuais, uma espanhola e passionária, outra mais contida, mais elisabetana, são para Camus sonhos concretizados.

Camus logo explica para Catherine: o teatro seria a mais elevada, a mais universal das atividades literárias. Escrever peças é o apogeu da arte de um escritor. Camus não diz que suas peças são suas obras mais importantes. Por que está adaptando o romance de Faulkner? Insólito encontro o de Camus, o clássico, com frases tensas, e Faulkner, o romântico, com períodos proliferantes. Para Camus, Faulkner é o "maior escritor americano". "Quero dizer que ele criou seu mundo, reconhecível entre mil e insubstituível, como fizeram antes dele Melville, Dostoiévski ou Proust. *Santuário* e *Pylon* são duas obras-primas."[25] Para Sellers, Camus insiste na ideia de uma "espiral interminavelmente desfiada de palavras e de frases [que] conduz aquele que fala aos abismos de sofrimentos enterrados no passado; Temple ao delicioso inferno do bordel de Memphis que ela queria esquecer, e Nancy à dor cega, espantada, ignorante que a tornará assassina e santa ao mesmo tempo".[26]

Nancy é negra. No entanto, o que apaixona o adaptador não é principalmente o problema racial, mas o sofrimento e a redenção. Durante os ensaios, Camus insiste: deve-se exprimir a espessura e o peso daquela desgraça. Gowan, marido de Temple, tem razões para ter ciúmes. Camus dá muita importância a essas cenas, que Michel Auclair como Gowan interpretaria mal. Um homem descobre cartas eróticas dirigidas à sua mulher. Camus descobriu uma carta em Salzburgo. Simone Hié reaparece de vez em quando, através das cartas de sua mãe. Para conseguir droga, um doente utiliza a mentira. Simone mentia muito. Temple Drake: "Por que não consigo parar de mentir? Deveria ser fácil. Parar de mentir, exatamente como paramos de correr, ou de beber, ou de comer doces, porque estamos fartos. Mas parece que nunca nos cansamos de mentir." Para Camus, a mentira, muitas vezes inevitável, às vezes toma proporções metafísicas. O *Réquiem* torna-se assim uma história de abjeção e de redenção. Catherine Sellers, apelidada de "Sherlock Holmes" por Camus, explora a saga faulkneriana e a vida de Temple. Depois do trabalho à mesa, onde dá aos atores indicações úteis, Camus lança-os ao tablado, às vezes saltando para cima dele para dizer textos, indicar gestos:

— O teatro é uma história de grandeza contada por dois corpos.

Ele invoca Nietzsche: devemos desconfiar de um pensamento que não provenha da festa dos músculos. Os atores devem saber abrir amplamente os braços. Camus não se mostra diretivo ou autocrático. A cada diretor seu estilo. Um Raymond Rouleau diz: "Faça essa palavra em dó sustenido", ao contrário de Camus, que suspira:

— Sobretudo não imite minhas entonações.

Com aquela ponta de sotaque mediterrâneo, argelino, Camus não grita, não cria histeria no tablado. Não força nem viola seus atores à maneira de um Strehler e evita o psicodrama à Balachova. Seu prazer de diretor consiste também em deslocar uma cadeira, uma corda, em modificar uma iluminação. Com frequência ele não é bastante exigente. Aprende a não desanimar diante das insuficiências de certos atores. Melhor seria fazê-los trabalhar mais, e ele deseja *demais* que os ensaios se façam banhados em felicidade. Camus também chama o teatro de seu falanstério, *stukibutz*. Na solidão do criador, terminando *A queda*, Camus, excomungado por uma esquerda da qual no entanto faz parte, chegou ao fundo da infelicidade intelectual. Agora, a depressão de Francine se atenuando, na fraternidade do teatro, sob os olhares apaixonados, ternos e atentos de Maria e de Catherine, esquecendo os tratamentos minerais e vegetais do doutor Ménétrier, dando mais importância aos conselhos de um nutricionista, o doutor Georges Pathé - que trata de Tito e de Sihanuk -, Camus volta a deslanchar: o *Réquiem*, segundo diz, é seu *baccalauréat*, seu primeiro diploma de diretor de teatro profissional. Mais tarde, montando Shakespeare ou Dostoiévski, ele obterá sua *agrégation*.

Célebre, efervescente, Maria vive a vida plenamente e trata Albert em pé de igualdade. Refinada, Catherine o admira tanto quanto Maria, mas tem menos segurança. Ela tem vinte e cinco anos, ele quarenta e três. Com ela, Camus pode mostrar-se mais didático, sem ser intensamente pigmalionesco. Ela faz anotações em seus livros, ilegíveis de tão sobrecarregados, e Camus lhe dá exemplares novos, aos pacotes. Se ele a aconselha a ler uma obra de Meredith, ela enfrenta todas. Juntos, eles descobrem Musil, ouvem música. Camus tem paixão pelo Quinteto em sol menor e pelo *Réquiem* de Mozart. Gostaria de ouvi-lo ao morrer. Lê em voz alta Char ou Saint-John Perse para Catherine:

> — ... *Esses grandes atores de olhos exaustos, esses profetas acorrentados...*

A carreira de Maria Casarès se desenrola sem Camus, a de Catherine Sellers começou um pouco antes de seu encontro com o escritor. Trabalhando também para ele, torna-se muito conhecida. Maria e Catherine aceitam sua concorrência ou sua complementaridade e levam em conta o apego de Camus a Francine e as obrigações que ele implica. Maria suporta os acidentes, as aventuras de Camus com mais tolerância do que Catherine.

Camus dirige oitenta ensaios do *Réquiem*, das 13 horas à 1 hora da manhã, com sessenta minutos de pausa. Engole uma refeição no Cocconier, atrás do teatro des Mathurins. Catherine compra carne moída e come na rua. Camus tem uma revanche para acertar no Mathurins, onde *O equívoco* foi um fracasso. Ele dirige Catherine fazendo mais exigências do que aos outros atores, a quem larga bastante, deixando que trilhem o próprio caminho quando encontram o fogo do personagem. Depois, bons ou maus, eles que queimem! A peça repousa em Catherine Sellers. Ela não gosta de suas mãos. O diretor esboça um gesto para Temple saindo do bordel:

— Você não separa os dedos. Seja como for, não são as mãos que fazem a beleza, mas o movimento.

Catherine mantém cadernos de anotações. Uns são técnicos – "abrir uma porta", "discar um número de telefone", "virar-se". Preenche outros depois dos ensaios, com indicações mais poéticas do que psicológicas. Anota a propósito de Temple: "Personagem trágica, nem morosidade, nem lassidão, nem tristeza: energia, alegria na desgraça... Anêmona de coração preto, mas todas as cores da vida..." "Jogar com desespero e generosidade, com dom e exaltação, com indiferença e ternura, com distância e febre..."

Quando Camus publica sua adaptação, Catherine Sellers a anota. Página 100: "Temple é como uma bobina que se esvazia e no final ela ainda está cheia." É uma indicação de Camus para traduzir o tom da cena. René Char vê *Réquiem para uma freira* por volta da quinquagésima representação.

— Parece um novelo que se desenrola até o último fio e no fim percebe-se que ele ainda está cheio — ele diz a Catherine Sellers.

Por Camus, ela aprende datilografia. Irá bater textos e conferências. Eles não vivem um em função do outro – frequentemente uma das condições da paixão, não é mesmo? Na Gallimard, Suzanne Agnely serve de plataforma giratória para a vida profissional e, um pouco, para a vida privada de Camus. Para ela, o homem Camus gosta de segredo e, antes de tudo, seu segredo seria seu trabalho. Pelo menos é o que ela diz às mulheres de Camus, que decidem acreditar ou não na secretária. La Biche dá a entender que carrega nos ombros o peso de segredos ou dissimulações indecifráveis: Camus está trabalhando, mas com quem?

Ao ser buscada no teatro à noite, Catherine é uma das raras a ir até a rua de Chanaleilles, rua tranquila onde Camus está instalado de fato desde junho de 1956. Ele comprou o essencial da mobília no Bon Marché, que fica próximo. Char está no primeiro andar. O pequeno apartamento de Albert – quarto e escritório, aluguel de 50.000 francos por mês, pago diretamente ao proprietário, Jean de Tocqueville, inspetor de finanças – se encontra num imóvel anglo-normando, perto do palacete particular do armador Niarchos. Maria tem sempre uma razão para não ir à rua de Chanaleilles. No escritório de Camus, os visitantes notam retratos de Tolstói e de Nietzsche, e a fotografia da mãe de Camus num banco de coro. Camus gosta de escrever em pé. Catherine Sellers tem um álibi para ir à rua Madame: é atriz da peça de Camus em cartaz. Francine finge ignorar aquela relação amorosa que começou em setembro de 1956.

Tal como Maria, Catherine tem direito aos locais preferidos, restaurantes de cuscuz dos 5º, 6º, e 14º *arrondissements*, e o Louis XV na praça des Victoires. Camus também frequenta o Petits Pavés, a Boulangerie, o Solférino, o Petit Cios, o Cambridge. Ele cuida de sua saúde e vigia a de Catherine. Sozinho, almoça flocos de aveia e ovos mexidos. Bebe pouco. Incessantemente, Catherine e ele resolvem parar de fumar. Camus aguenta quinze dias e volta a seus Disques Bleus, prejudiciais à sua respiração, ele sabe. Como é difícil privar-se do fumo! Camus não tem força de vontade diante de uma mulher ou de um maço de cigarros. Falta de ar, pânico, claustrofobia – os sintomas voltam e Camus sente-se enlouquecer. Luta contra sua angústia e faz ioga. Catherine Sellers apresentou-lhe seu professor, Jean Klein. No teatro, o diretor pede a seus atores uma respiração, um fôlego, que às vezes lhe faltam na cidade.

Camus tem uma deontologia do teatro e a recita para Catherine: os atores não devem frequentar os críticos. Nunca se deve escrever-lhes, seja qual for o teor de seus artigos. O contrário do que faz Camus escritor. Ou agora, depois do caso de *O homem revoltado*, estará compreendendo que se devem deixar passar as tempestades das gazetas? Livros e peças ficam, um artigo desaparece. Camus não respeita em absoluto seus princípios: continua tendo ótimas relações com Guy Dumur, um dos críticos mais perspicazes da época. Mas ele o conhece há muito tempo.

Antes do ensaio geral do *Réquiem*, Camus começa a escrever páginas sobre a pena de morte, suas *Réfléxions sur la guillotine* [Reflexões sobre a guilhotina]. A imagem obcecante desde a infância, e presente em *O estrangeiro* e *A peste*, volta: Meursault é guilhotinado, o pai de Tarrou, magistrado, assiste - como se diz - os condenados - para horror do filho. Camus consulta Roger Grenier: repórter, ele fez falar um antigo ajudante do escritório de Paris e utilizou suas afirmações em *Les Monstres* [Os monstros], belo romance denunciando os jornalistas esquadrinhadores da dor e da merda, detestados por Camus. Abolicionista, Camus não é simplesmente humanista. Para ele, "há trinta anos, os crimes de Estado superam em muito os crimes dos indivíduos". É preciso colocar a pessoa humana acima do Estado. Ele argumenta por "pessimismo racional [...] lógica [...] e realismo". As contribuições de Koestler e Bloch-Michel para um livro sobre a pena de morte são mais elaboradas do que as de Camus. Catherine, que lhe dá assistência em seus trabalhos, obtém uma entrevista com um capelão da Santé e volta estarrecida: aquele padre é partidário da pena de morte.

Uma lógica afetiva move criação e crítica em Camus: o *Réquiem*, em que Nancy é condenada à morte, e as *Reflexões sobre a guilhotina* se confirmam. Os franceses são, em esmagadora maioria, favoráveis à pena capital, e Camus contribui para criar um clima a favor da abolição. Ele volta a um acontecimento marcante, imagem primitiva de sua vida, já nas primeiras linhas de seu ensaio: "Pouco antes da guerra de 1914, um assassino cujo crime era particularmente revoltante (havia massacrado uma família de fazendeiros com suas crianças) foi condenado à morte em Argel. Tratava-se de um trabalhador agrícola que matara numa espécie de delírio de sangue, mas agravara o caso roubando as vítimas. O caso teve grande repercussão. Estimava-se, de modo geral, que a decapitação fosse uma pena branda demais para tal monstro. Essa foi, disseram-me, a opinião do meu pai, a quem sobretudo o assassínio das crianças havia indignado. Uma das raras coisas que sei a seu respeito, em todo caso, é que ele quis assistir à execução, pela primeira vez na vida. Levantou-se no meio da noite para ir ao local do suplício, do outro lado da cidade, em meio à grande afluência do povo. O que viu, naquela manhã, meu pai não disse a ninguém. Minha mãe conta apenas que ele voltou como uma rajada de vento, fisionomia perturbada, recusou-se a falar, deitou-se por um momento na cama e de repente começou a vomitar. Acabava de descobrir a realidade que se ocultava por trás das grandes fórmulas com que a mascaravam. Em vez de pensar nas crianças massacradas, não conseguia pensar em outra coisa que não aquele corpo palpitante que acabava de ser jogado em cima de uma tábua para lhe cortarem o pescoço."

Sucesso, *o Réquiem* chega a mais de seiscentas representações. Quando o ator Michel Maurette, interpretando o governador, cai doente, Camus o substitui por quatro sessões, com prazer e, ao que parece, trabalhando sem efeitos excessivos. *Réquiem para uma freira* – sete personagens – é um bom negócio, com um elenco não muito caro. Antes da guerra, os membros do Théâtre du Travail zombavam das organizações parisienses, que faziam "rodar"* peças. No final de 1956, os *galas* Karsenty, especializados em teatro de bulevar, e as produções Georges Herbert disputam o *Réquiem*. Os dois organizadores de turnês querem mandar a peça – obra de Camus *e* Faulkner – para a província, para a Suíça, a Bélgica, Luxemburgo e a África do Norte.

Camus é muito solicitado. Vindo dos Estados Unidos, o ator Louis Jourdan o encontra em Paris. O ator e seus agentes sondaram produtores. "Gostaria de encenar *Calígula* em Nova York?"[27] O escritor desconfia dos atores de cinema que passam para o teatro. Depois da décima tomada, um bom diretor de cinema é capaz de dar talento a um medíocre, mas no palco os atores provam seu valor. Camus responde: "Fui muito tentado [...] por sua proposta." Ele não pode aceitar a oferta: "A direção para mim não é apenas a distribuição dos atores e o controle da apresentação, nem mesmo dos problemas do ritmo, que são tão importantes e que tantos diretores negligenciam. Mas há também, e sobretudo, o problema da direção dos atores, e aqui meu parco conhecimento do inglês seria o obstáculo principal." Ouvindo Catherine Sellers ler ou dizer um texto em língua inglesa, arcaica ou moderna, Camus dimensiona suas insuficiências. "É claro", ele prossegue para Jourdan, eu poderia falar diretamente com você [...] mandar

---

* Em francês, *toumer*, "rodar", "girar", empregado por trocadilho com o sentido de "fazer turnês". (*N. da T.*)

traduzir o que teria a dizer a outros atores." No entanto, além da tradução, Camus teria um "problema de ouvido". Muitas vezes, ele acompanha uma cena no ensaio com os olhos fechados: "Ora, eu seria totalmente incapaz de dizer se uma entonação inglesa é falsa ou verdadeira: ou melhor, você teria apenas uma metade de diretor, quando é preciso haver uma unidade de direção. Mas acho que posso ajudá-lo, mesmo de longe, dando-lhe uma opinião (que você poderá levar em conta ou não) sobre cada uma das questões que quiser submeter à minha apreciação."[28] Camus sugere que poderia assistir aos últimos ensaios.

Ele se afastou da cena jornalística e política pública. Como tantos intelectuais franceses, Camus seguiu com paixão a greve geral na Hungria, a formação do grande conselho operário em Budapeste, a chegada de Imre Nagy ao poder e sua prisão depois da retomada das tropas soviéticas. Então, Sartre rompeu: em um ano, a seu ver, o PC perdera sua "extraordinária inteligência objetiva". Sartre prepara um número especial de *Les Temps modernes* sobre a Hungria e denuncia no *L'Express* a intervenção dos tanques em Budapeste. Ainda acredita no comunismo, mas não em sua versão soviética. Vilipendia "a falência estrondosa do comunismo enquanto mercadoria importada da URSS". Camus, por sua vez, aprova a tentativa de intervenção franco-inglesa no Egito depois da nacionalização do canal de Suez, o que o separa de numerosos amigos liberais e muitas vezes da esquerda não comunista. Continua achando que o FLN é manipulado por Moscou e pelo Cairo. O coronel Nasser, pan-arabista carismático, ajuda o FLN, sem dúvida. O FLN não obedece a Kruchtchev, autor do relatório sobre os crimes do stalinismo e que quer usar o FLN, mas até mesmo Amar Ouzegane se separa do comunismo. Aqui, falta a Camus perspicácia política. O governo Mollet, ao qual Mendès France já não pertence, dá cobertura à interceptação de um avião fretado pelo governo marroquino e que transporta chefes do FLN, Ahmed Ben Bella, Mohamed Khider, Hocine Aït Ahmed, Mohamed Boudiaf e Raban Bitat, em 22 de outubro de 1956. Esse ato de pirataria em direito internacional é um golpe de Max Lejeune, ministro socialista. Um outro ministro, Alain Savary, se demite. Camus julga essa operação contrária à honra, noção de pouco valor, é verdade, nas relações franco-argelinas. O encarceramento dos chefes históricos da insurreição não ajudará a esboçar uma solução. Pelo contrário.

Não há sonho civil ou militar no horizonte. Alguns milhares de franceses na França pensam numa Argélia independente. A esquerda critica

Camus, que se indigna com a repressão na Hungria, por não protestar o bastante contra o emprego da tortura na Argélia. Camus recusa-se a assinar certas petições, a seu ver de mão única.

Mas ele age.

46

AS VIAS DO SILÊNCIO

O ano de 1957 começa terrível para Camus, obcecado pelo problema argelino, isolado em todas as suas famílias, entrincheirado em si mesmo ou em quarentena, depende. Diz que tem dor na Argélia como se tem dor nos pulmões.

As operações de manutenção da ordem são chamadas agora de "guerra da Argélia", e esta muda de natureza. Os nacionalistas perdem terreno no plano militar, mas ganham do ponto de vista diplomático e político. Em Paris, os deputados, inclusive comunistas, votaram poderes especiais para o governo de Guy Mollet, o que implicava o envio em massa de soldados do contingente à Argélia.[1] Comunistas argelinos são independentistas e cismatistas. Jovens franceses serão mantidos além dos doze meses de serviço militar e alguns prestarão mais de dois anos e meio. Outros, reservistas, serão reconvocados. Muitos murmuram ou gritam: "Deserção!" Camus pensa incessantemente nos seus, civis ou fardados, ameaçados. Lucien escreve a Albert:[2] "... mamãe vai muito bem. A não ser os pés, é claro. De fato, estão se deformando cada vez mais e ela tem muita dificuldade para calçar os sapatos." Lucien está mobilizado na força territorial:

"Já não bastavam meus aborrecimentos profissionais, e ainda as autoridades militares me convocam para montar guarda nas estações e trólebus. Se não fossem as moças bonitas de Argel, garanto que seria muito chato. [...]

Seu livro novo saiu. Você acha que vai poder me dedicar um exemplar? Um grande abraço.

Lucien."

A mãe de Camus poderia ser morta num bonde, e também Lucien ou as Faure. Apesar dos apelos à insubmissão lançados por alguns intelectuais franceses, entre os quais muitos que outrora foram próximos de Camus, Sartre em primeiro lugar, apenas algumas centenas de jovens se recusarão a servir, indo para a Suíça, Alemanha e para os países escandinavos, onde se juntarão a algumas dezenas de desertores. O exército francês, soldados profissionais, tendo à frente a Legião Estrangeira, seguida pelos *haris*, supletivos argelinos, esquadrinha o país. Operários, empregados, camponeses fardados manifestam-se contra a guerra, em Paris, em Rouen... Na Argélia, cumprem seu "dever", com maior ou menor convicção. Os nacionalistas lançaram uma campanha de terrorismo urbano, colocando bombas no Mil Bar e na Cafétéria d'Alger.[3] Amédée Froger, presidente da Federação de Prefeitos de Argel, é assassinado.[4] O general Massu torna-se responsável pela ordem com seus paraquedistas, implacáveis e eficazes: irão prender Yacef Saadi, chefe da zona autônoma de Arge,[5] e Roland Simounet, que fornecia insulina a Amar Ouzegane quando este estava foragido e sendo procurado.[6] O comando do FLN deixou Argel depois do assassinato de um responsável, Larbi Ben M'hidi, executado sem julgamento depois de ser preso, e instala-se em Túnis. O novo Comitê National de la Révolution Algérienne [Comitê Nacional da Revolução Argelina] (CNRA), convocado no Cairo, faz entrar em seu comitê executivo Ferhat Abbas, o moderado, o homem que abraçou Camus durante a sessão da trégua civil e que entrou na revolução alguns meses depois. Em Paris, o governo Mollet cai, substituído pelo de Bourgès-Maunoury, por sua vez suplantado por Félix Gaillard, num boliche governamental que se torna esporte nacional.

O FLN endurece posições. Seus homens massacram, em Mélouza, 374 argelinos suspeitos de simpatia pelo MNA de Messali. Os *wilayas* do FLN perdem o fôlego, pois o exército francês os expulsa das cidades, mas a ALN se reforça nas fronteiras e na Tunísia: ela tem uma base camponesa, que Camus conhece pouco, e quadros urbanos. Na Argélia, a ALN se esgota.[7] Os *katibas*, regimentos da ALN, têm falta de armas e de homens, e dissidências espoucam. A força militar do nacionalismo argelino é inversamente proporcional a seu poder político. A população muçulmana começa a odiar os franceses. Os relatos de tortura preocupam a opinião pública metropolitana desorientada. Quadros militares franceses, assombrados pela Indochina, persuadem-se de que na Argélia estão defendendo o Ocidente. No entanto o FLN socializante é anticomunista em profundidade, a-comunista na superfície. Camus continua desconfiando de um pan-islamismo dotado de um posto de comando no Cairo.

A guerra da Argélia se prolonga na *rive gaúche* e torna-se *o* grande debate. Em meio aos partidários da Argélia francesa, encontram-se, entre os escritores, Jacques Laurent, na linha de frente dos historiadores, Raoul Girardet, e na tropa dos jornalistas, Raymond Bourgine. Na Gallimard, com homens como Dionys Mascolo, e nos meios influenciados pelo *L'Express* ou pelo *France-Observateur*, lentamente vai-se aderindo ao FLN. Francis Jeanson, homem revoltado contra o colonialismo, irá montar uma rede de ajuda ao FLN na França, chamada de "carregadores de malas". Até Aron se mostra favorável - tal como Sartre, mas por razões diferentes - à independência argelina. Não podendo expressar-se a esse respeito no *Le Figaro*, Aron publica um opúsculo rigoroso, *La Tragédie algérienne* [A tragédia argelina]: prevendo um destino de exilados para os *pieds-noirs*, ele mostra que a integração é impossível, que a Argélia está custando caro à França e que a independência é inevitável. Aron, tal como Camus, acha que guerra civil, guerrilha e repressão são abomináveis. Mas o movimento nacionalista argelino não tem outra saída a não ser a união em torno de uma ideia-força, a independência. Aron nunca justifica, como Sartre, o terrorismo argelino. Camus aceitaria uma bandeira das teses de Aron se os franceses pudessem permanecer na Argélia, mas rejeita o FLN hegemônico. O massacre de Mélouza o confirma, como as batalhas que opõem até em Paris ou Lille os militantes da federação da França do FLN aos do MNA, menos numerosos e acusados pelos frontistas de colaborar com os colonialistas franceses.

Em 4 de janeiro de 1957, Jean Grenier conversa com Camus na Gallimard. O assunto se volta para a política. Francine surge imprevistamente e defende a ideia da "Argélia francesa", à qual Soustelle aderiu.[8]

— O *L'Express* era odioso quando, por ocasião dos massacres de franceses, publicava boletins de vitória — diz Francine.

Grenier e Camus concordam quanto a um ponto: o governo francês deveria declarar seus objetivos políticos. Seria preciso dizer o que os árabes querem, esclarecer a opinião pública.

— O governo francês — diz Camus — não deveria discutir com o FLN, que está recrutando em massa mulheres e crianças. Dizer claramente que se recusa a isso.

É a era da *gégène*,* os paraquedistas esmagam os nacionalistas de Argel, torturando seus prisioneiros. Presidente do Conselho, Mollet propôs

---

* Dínamo utilizado como instrumento de tortura. Termo popular criado pela fusão das palavras *géneratrice*, gerador de eletricidade, e *gêner*, torturador. (*N. da T.*)

que Camus participasse de uma comissão de salvaguarda das liberdades examinando o problema da tortura na Argélia. Camus recusou o convite e explicou por quê, numa carta ao presidente do Conselho e a amigos como Poncet: os poderes da comissão não estão definidos, o governo não lhe confere nenhuma garantia de independência e de eficácia, nem poderes discricionários para investigar.[9] Camus decide calar-se em público quanto à Argélia, mas não no plano particular, em que ele luta em várias frentes. O escritor Jean Sénac, também argelino, publicou numa revista confidencial, *Exigence*, um artigo em que ataca Camus: "Aquele que escreve nunca estará à altura dos que morrem, declarava Camus outrora, numa época em que ainda não renegava a injustiça de *Os justos*." Camus recebeu o artigo anonimamente. Responde, sem mais, com uma carta.[10] O dramaturgo não vê nenhuma contradição entre sua atitude em face da Argélia e a que exprimia em sua peça: "Esse 'ainda não' é excessivo. O tema de *Os justos* é justamente o que nos ocupa hoje, e continuo achando o que achava então. O herói de *Os justos* recusa-se a lançar sua bomba quando vê que, além do grão-duque, que ele aceitou abater, corre o risco de matar duas crianças. Essa recusa, essa certeza apaixonada de que há no assassinato e na injustiça um limite que não deve ser ultrapassado, eu os dei como exemplo, na minha peça e em *O homem revoltado*, porque são os únicos a reservar à revolta sua verdade e sua grandeza. Minha posição não variou a esse respeito e, embora seja capaz de compreender e admirar quem luta por uma libertação, sinto apenas repugnância diante do assassino de mulheres e crianças. A causa do povo árabe na Argélia nunca foi mais bem desservida do que pelo terrorismo civil praticado agora sistematicamente pelos movimentos árabes. E esse terrorismo está retardando, talvez irreparavelmente, a solução de justiça que acabará por intervir. A objeção que consiste em dizer que os franceses fazem a mesma coisa poderia ser discutida se intelectuais ou responsáveis árabes tivessem protestado contra esses assassinatos de inocentes como nós o fizemos, e publicamente, contra a repressão coletiva. Nada houve. Pelo menos não me faça aprovar, mesmo que no passado, os atos que me repugnam. Continuo, ao contrário, não a renegar, mas a condenar absolutamente, tanto hoje como ontem, o assassinato de civis inocentes. Acrescentarei, finalmente, que seu 'ainda não' é não apenas inexato como ligeiramente injurioso, dirigindo-se a um homem que você sabe ter sido o único de sua condição, na Argélia, há vinte anos, a tomar a defesa do povo árabe." Camus não estava só no *Alger républicain*. Ele diz que não deseja dar aulas a Sénac. "Muita gente [...] morre hoje na Argélia, e dos dois lados. Você que escreve, pense nisso, antes de se dar ares, contra mim, de aceitar a propalada injustiça dos *Justos*. Essa fórmula, leve aqui, lá tem o peso do sangue." Sénac, escritor da Argélia, também se separa, então, de Camus. Irá enviar-lhe um cartão-postal lírico, com uma vista de Fiesole: "Apesar das rupturas, apesar dos crimes dos Mestres do Sarmento, a terrível cólera de meus irmãos, apesar da noite de sangue em que estamos mergulhados, sei que reencontraremos um dia, juntos, a paz fraternal de Fiesole, a paz que eu havia amado antes de a viver nas páginas de *Bodas*.[11]

Camus voltou a publicar, quase vinte anos depois, em cem exemplares de luxo, *O avesso e o direito*, cujos direitos Jean-Jacques Pauvert adquiriu da Editora Charlot. No prefácio, Camus confessa que a forma dos textos ainda lhe parece "inábil", mas não "renega nada do que está expresso" ali. Brice Parain considera que seja o que Camus "escreveu de melhor". O prefácio de Camus, tenso, sutil e melancólico, é um canto refletido de inocência e de experiência. "Para corrigir uma indiferença natural, fui colocado a meia distância entre a miséria e o sol. A miséria me impede de acreditar que tudo está bem sob o sol e na história, o sol me ensinou que a história não é tudo." Camus fala de sua "castelhanaria", de sua falta de gosto pelo conforto e pelas riquezas. "Sou avaro da liberdade que desaparece quando começa o excesso de bens. [No passado] pude conhecer o medo e o desânimo, nunca o amargor."

Na Argélia mata-se e guilhotina-se. Camus publicou excertos de suas *Reflexões sobre a guilhotina* na nova *Nouvelle Revue française*.[12] Almoço ritual com Jean Grenier em 26 de março de 1957, na Lipp.[13] Camus constata que o FLN recusa uma proposta de eleições lançada por Mollet, que ele acha vantajosa para os nacionalistas. Segundo o escritor, o partido comunista, que agora contém seu apoio a Mollet, está tentando enfraquecer a França, no interesse da URSS. Para Camus, o MNA messalista está "desvinculado da Rússia".

— Os indígenas estão fartos do prolongamento da guerra — diz ele.

Dá um exemplo. Chegando a Argel em busca de trabalho, um camponês explica a Lucien Camus que, no campo, ele está encurralado: de um lado, os *fellaghas* tomam suas galinhas, de outro os soldados, em represália, lhe confiscam sua cevada. Para Camus, os homens do FLN não seriam políticos. Eles não compreendem seu próprio interesse.

Em 1º de abril de 1957, Camus almoça em casa de Jean Grenier, em Bourg-la-Reine. A situação na Argélia continua no centro de suas conversas: o chefe do departamento de Orã ameaça sancionar o diretor de uma escola secundária se ele obedecer à ordem de greve do FLN; ele obedece; detido por quarenta e oito horas, ele ouve as confidências de um tentente desesperado com o trabalho infame que está executando.[14] Camus descreve a Grenier um encontro com argelinos - amargurados - em Paris:

— Eu disse aos argelinos que acompanhavam [André] Bénichou que era um erro acreditar que a opinião pública francesa estivesse indiferente ou favorável à independência do país deles. Há uma forte corrente contrária. Um dia ou outro será preciso chegar a uma partilha, conforme propuseram os três deputados radicais [entre os quais Marc Lauriol] com a troca das populações. Se os árabes reclamarem por lhes tirarem Argel, Orã e as regiões industriais, a resposta será fácil: essas regiões foram valorizadas pelos franceses.

Esse encontro aconteceu na Clauserie des Lilas. André e Paul Bénichou estavam presentes, com um professor argelino, amigo de André, e um outro argelino de confiança do FLN, ao que parece. Depois, quando André Bénichou atravessava um dos encantadores pequenos jardins do Luxembourg, o professor citou um provérbio árabe: "O melhor em todas as coisas é seu meio" - pelo menos foi o que Paul entendeu. Assim, o professor marcava sua preferência por uma solução moderada.[15]

Camus prepara-se para acertar uma encenação de *Calígula* em Angers. Depois talvez vá para o Sul, para Cabris, se estiver cansado, ou Collioure. Ele evita as multidões da Côte d'Azur. A conversa com Grenier volta à Argélia.

— Mendès France? Está isolado e sofrendo com isso: está passando por uma crise de depressão — diz Camus. — Edgar Faure? Está disposto a vender tudo, a ceder tudo. É um homem sem consciência. De Gaulle vai voltar...

Camus continua agitando a ideia da divisão da Argélia: "Mesmo que a partilha não seja desejável para a França, é melhor lutar tendo uma perspectiva do que sem perspectiva." Ele leu avidamente os *Carnets* [Cadernos] de Montherlant. Como o autor de "Jonas", artista sobrecarregado, Montherlant emite propósitos de vingança contra os que impedem os escritores de trabalhar.

Camus continua excessivamente sensível a qualquer crítica, venha ela de onde vier. Da Inglaterra, em *Encounter*, um certo Caracciolo o atacou por seus silêncios. Camus escreve a Stephen Spender, um dos diretores da revista. Deseja que se proclame o fim do estatuto colonial, que se reúna uma mesa redonda sem precondições, que se discuta um estatuto de autonomia "helvética": ele preservaria as liberdades dos dois povos e se inscreveria num contexto federal. "Como francês", escreve Camus, "não posso me engajar nos maquis árabes. Como francês da Argélia [...] não posso aprovar o terrorismo civil que, aliás, atinge muito mais os civis árabes do que os franceses."[16] No mesmo dia, respondendo a uma carta de E. Lebrun, sindicalista, suscitada por uma reunião em que Camus tomara a palavra, o escritor fala de seu silêncio jornalístico – que faz muito ruído: "Por mim, renunciei ao jornalismo regular, ainda mais por não me sentir de acordo com nenhuma das equipes atuais. Isso não quer dizer que tenha renunciado a tomar posição e que esteja me recolhendo ao convento teatral [...] Continuarei minha ação, no dia em que decidir. O equilíbrio entre a criação (ou um ofício) e essa assunção de responsabilidades é nosso único problema." Altivo, Camus ataca "uma certa embriaguez política". "Denunciei publicamente os métodos de tortura, quer se exerçam em Budapeste ou em Argel." Ele participou de um encontro, na sala Wagram, em favor dos húngaros.[17] "Denunciei", ele prossegue, "a repressão coletiva antes mesmo que ela assumisse as formas de que acaba de se revestir. Provavelmente eu havia escolhido mal o momento: meus artigos ainda não brandiam cadáveres em número suficiente para chamar a atenção..." Ele não esquece a desgraça húngara em nome da desgraça argelina. "Aceite que um homem que, durante vinte anos, defendeu a mesma causa se cale até o dia em que puder falar, quando a frivolidade parisiense tiver esquecido essa desgraça argelina como já esqueceu a desgraça húngara. E pergunte-se, finalmente, se esse mesmo homem, no momento em que vive na carne a tragédia argelina, com todos os seus expostos nos próprios locais dos acontecimentos, merece que o senhor se autorize a lhe falar como fez."

Em julho, na Gallimard, outra visita de Jean Grenier. Este último lembra que Camus previra que a revolta argelina, diferentemente da indochinesa, seria vencida se fosse intransigente. Não parece ser esse o caso. As munições vinham da China para o Vietminh, o FLN as recebe do Marrocos e da Tunísia.

— Não devemos esquecer — replica Camus — que a França sofreu uma derrota *militar* na Indochina [*está enganado*] e não na Argélia [*tem razão*]. Os dados ainda não estão lançados. Minha mãe, decididamente, vai ficar em Argel.[18]

Ele lhe suplica constantemente que se instale na França, mas ela realmente não gosta do clima e da atmosfera de Paris. Só consegue viver em Argel. Agora ela não sai mais de casa, segundo Camus. Cada vez que o rádio ou os jornais falam de um atentado, de uma bomba que explodiu, Camus pensa na mãe. Ele é intimado a tomar partido publicamente. Denis Forestier, secretário do sindicato dos professores primários da União Francesa, conjura-o a se explicar. Também a ele, Camus responde: "A maioria das declarações públicas acumuladas na metrópole se paga com mortos, tanto árabes como franceses. Toda a minha família se encontra hoje na Argélia, exposta, por força das circunstâncias, às ações do terrorismo civil. Pessoalmente não posso aceitar fazer seja o que for que, mesmo de longe, mesmo indiretamente, possa servir de justificativa para quem atingir os meus." Amrouche escreve a uma amiga: "Lamento de todo o meu coração a França, e sobretudo os franceses da Argélia, que perderão tudo, que um dia serão obrigados, sem que os expulsem, por não poderem viver numa Argélia independente, a deixar o céu da África, e que descobrirão que a França não é sua pátria."[19] Amrouche, tão solitário quanto Camus, mas num outro campo, continua: "Não, não há nada a fazer com Camus. Ele não quer se comprometer num diálogo. Acaba de me escrever que fará sozinho seu depoimento."[20]

Camus sente-se próximo de Germaine Tillion, etnóloga e ex-resistente. Em *L'Algérie en 1957*, ela afirma que a independência empurraria a Argélia para a miséria, a indigência. Desaprovado por Camus, Amrouche publica um artigo violento em *Témoignage chrétien* [Testemunho cristão], de tom tão duro, que o hebdomadário dos cristãos de esquerda acrescenta um chapéu editorial manifestando sua reserva.[21] Para Amrouche, "a situação dramática, desesperada da Argélia em 1957 tem como causa determinante o reinado do capitalismo há 127 anos". Ele acha Germaine Tillion leviana a propósito dos aviltamentos coloniais, de um "modo de existência que faz do *bicot*, do *raton*, do *bougnoul** uma espécie zoológica cuja hominização não se considera consumada". Em junho, Jean-Paul de Dadelsen, amigo de Orã e do *Combat*, morre de um tumor no cérebro. Antes de entrar em coma, ele escreveu:

Voici refermée la porte qui menait
Aux eaux sombres et souterraines,

---

* *Bicot, raton, bougnoul* são formas pejorativas de designação dos árabes do Maghreb. (*N. da T.*)

Certes, il y a encore du dégât. Un oeil fermé,
*Une ample cicatrice du crâne.**[22]

O verão é terrível para Camus, impotente diante dos acontecimentos e do seu trabalho. Em torno dele e dos seus, um mundo desmorona. Habib Bourguiba torna-se presidente da Tunísia, que abriga as bases por trás da ALN. O senador democrata John Kennedy deseja que Washington intervenha em favor de uma independência argelina. Como estranho contraponto, Khruchtchev prevê que a URSS alcançará o nível de vida dos Estados Unidos. Na França, alguns acreditam até que ela o ultrapassará.[23]

Na véspera de intervenção de Kennedy, Camus escreve a Catherine Sellers. "Vou bem, mas estou num estado esquisito [...] e incapaz de outro trabalho que não mecânico, o que faço, comportadamente, esperando que a inspiração aflore e me sacuda. Pessimista além disso, sem memória ignorante etc. e desencorajando a mim mesmo. [...] E tenho paciência, esperando o quê, a aurora, o ímpeto, a força alegre? Não sei ou não sei mais escrever. Um bárbaro, em suma." Em 7 de agosto: "Sempre louco ao contrário e louco estéril, de fato! Nem uma linha em forma, anotações raras como gramíneas do deserto." No dia 10: "O balanço é negativo. Há dois dias, aliás (depois de uma releitura de *Crime e castigo*), tenho vontade, pela primeira vez na vida, de renunciar a ser escritor. Eu faria teatro, adaptações às vezes, seria livre interiormente, sem esse esforço no vazio, tão dessecante. Sim, eu deveria renunciar, talvez, e brutalmente." Em setembro: "Precisamos ocupar-nos sem muita pretensão e esperar a iluminação que nos torne digno, por um segundo, desse pão absoluto que parece não fartar. [...] jamais conheci este estado em que estou, sem memória, sobretudo sem nenhuma sensibilidade, e profundamente humilhado por já não sentir se mexer em mim o coração do qual não posso prescindir. Como escrever, fazer, dar neste estado? Se fosse para isso durar até a morte, seria o inferno, tenho certeza."

Camus não é o único *pied-noir* abalado. Em Argel, Jean Daniel encontrou Jean Scotto, padre e progressista, para quem o jornalista está um homem "dilacerado". Mas, tal como Jean Daniel, Scotto não vê outra solução a não ser a independência. Camus explicou demoradamente a Daniel suas posições.[24] Ele pensa nas injustiças coloniais e nos "reparadores" de injustiças como Sartre, a seus olhos um "frívolo", tal como muitos intelectuais:

* Eis que se fecha a porta que levava/ Às águas sombrias e subterrâneas,/ Decerto, ainda há destruição. Um olho fechado,/ Uma ampla cicatriz do crânio. (*N. da T.*)

— Quero lutar pela justiça. Não nasci para me resignar à história. Em primeiro lugar porque não acredito nela, depois porque meu dever é não acreditar nela. Não é meu papel. Não pode ser o papel dos intelectuais. Ora, todos os argumentos invocados pelos intelectuais para justificar a violência muçulmana contra os civis inocentes implica a crença numa história, e uma história justa.

Camus continua sendo o autor de *O homem revoltado*. Em 1957, tal como em 1956, ele se nutre de uma ideia fixa e de um sentimento carnal: a solução de um problema argelino deve passar também pelos franceses da Argélia mantidos na terra argelina. Ele se recusa a apoiar um dos dois povos da Argélia em detrimento da causa do outro.

Germaine Tillion, que viveu três anos no Aurès, encontra o escritor em Paris. Camus aprecia a coragem dessa mulher. Ele irá prefaciar a edição inglesa de seu livro. Em seus cadernos, ele anota:[25]

"*1° de outubro.* Visita a G. T., que, antes de partir para a Argélia, veio me confidenciar o que fez. Há um mês em Argel. Contatada por emissários do FLN, que lhe propõem um encontro com responsáveis que têm perguntas a lhe fazer sobre seu livro *(Algérie* 57). Ela aceita. Encontro depois trâmites. Enfim casa casbá onde recebida por duas mulheres. Depois chegam dois homens armados. Discutem. G. T. explica-lhes sua tese, a 'indigencização', o volume dos salários complementares que vem da metrópole etc. (sua opinião: politicamente válidos, economicamente incultos). Nesse momento, um deles, que parece o chefe: senhora nos considera assassinos.' Então G. T.: 'Mas vocês são assassinos' (é pouco depois do atentado da cornija). Então a outra reação terrível: lágrimas nos olhos. Depois: 'Eu queria ver essas bombas no fundo do mar. — Só depende de você', diz G. T. Falam da tortura. Sou queixosa, ela diz (ela participou da comissão sobre [o] sistema de campos de concentração). Eles chegam a [um] acordo: supressão do terrorismo civil contra supressão execuções. Mais ou menos nos termos que eu havia proposto (mas o prosseguimento, infelizmente...). O outro, a propósito de encravamentos, diz: 'É a França. — Vá dizer isso à sua avó, diz G. T. Eu estava lá. É o FLN e você sabe disso.' O chefe faz um sinal ao outro para que se cale. Ela fica sabendo pouco depois que se trata de Ali la Pointe [do FLN]. Ao sair, ela o agarra pela gravata e o sacode: 'E não se esqueça do que eu disse.' E ele responde: 'Não, senhora.'

"2ª entrevista após execução e ela fica sabendo então que o chefe é Yacef Saadi [*chefe da zona autônoma de Argel do FLN*]. Duas semanas depois este último é preso.

"Mostra-me também as redações de 30 alunos árabes de 11 a 12 anos aos quais o professor árabe deu o tema: 'O que vocês fariam se fossem invisíveis?' Todos pegam em armas e matam ou os franceses, ou paraquedistas, ou os chefes do governo. Estou desesperado do futuro."

Um de seus melhores informantes, Robert Vignon, antigo chefe de departamento na Guiana e no Allier, está agora na grande Cabília. Camus se recusa a assinar todos os manifestos de esquerda "pela paz na Argélia", mas nunca a interceder por prisioneiros ou condenados. Para ele, e já antes da insurreição argelina, um escritor, resistindo às modas e maiorias de uma época, deve apoiar em todos os continentes aqueles que são perseguidos pelos poderes. Ele protestou para salvar gregos ou iranianos. Sempre manteve vigilância sobre a Argélia. Em 14 de julho de 1953, a polícia atirou contra manifestantes argelinos e matou sete na praça de la Nation em Paris. Camus foi um dos escritores que proclamaram sua indignação.

Tendo feito voto de silêncio público, Camus intervém constantemente, impelido em primeiro lugar por seu ódio à pena de morte: busca a eficácia, solicitando a soltura de prisioneiros ou sua transferência para a França. Quer agir, não em segredo ou com vergonha, mas num silêncio rentável. Espera também que intervenções múltiplas permitam reconciliar os adversários. Como escapar ao rígido nacionalismo absolutista do FLN e ao maniqueísmo dos partidários do *status quo* de uma Argélia colonialista dita francesa? Camus compreende, afinal, que a maioria dos muçulmanos rejeite a França das exações e da tortura, "... vocês, democratas árabes", ele escreveu a Ouzegane, "devem fazer tudo, por seu lado, para aplacar a francofobia das massas."[26] Uma simples ameaça é capaz de mobilizar Camus: ele fica sabendo que Mouloud Mammeri, escritor liberal, é procurado por ter escrito um artigo – não assinado – no jornal mensal *Espoir Algérie* [Esperança Argélia]. Camus se aflige. Roblès lhe comunica que Mammeri não será perseguido.

Camus escreve aos ministros, ao presidente do Conselho, ao Presidente da República, aos dirigentes dos partidos políticos, a chefes de Estado estrangeiros. Pouco depois da manifestação argelina em favor da trégua civil, o subtenente Prax, detido, foi submetido à prisão regulamentar: Camus então dirigiu-se a Louis Faucon, conselheiro em Matignon.[27] Não compartilhava da admiração sincera e angelical de Prax pelos combatentes da ALN, mas pediu que o ministro Max Lejeune recebesse seu pai, René

Prax: "Trata-se de uma família liberal da Argélia, e, lá, a solidão desse tipo de homem é dolorosa."

Pierre Léonardon, argelino suspeito de ser comunista, está detido num campo. Informado, Camus escreve a sua amiga advogada Irène Dayan: "Essas detenções naturalmente são idiotas e não resolverão nada. Mas o que se pode fazer nesse caso específico?"[28] Detidos como Pierre Liddi escrevem a Camus:[29] "Creio que lhe devo expor o caso dos cento e vinte e cinco homens que, aqui comigo, se encontram presos no campo de recolhimento perto de Médéa. Verdadeiro campo de concentração cercado de arame farpado, guardado por policiais, correspondência submetida à censura, nos dois sentidos, e recebendo a visita de nossos familiares por conta-gotas, esta sendo suspensa às vezes sem razão, por simples humilhação [...] As instalações em que estamos amontoados são das mais rudimentares. [...] Fomos trazidos para cá algemados como ladrões em 18 de novembro de 1956. Ainda nos perguntamos qual a razão desta injustiça gritante [...] pois nenhuma culpa nos foi atribuída." Na Argélia, o estado de direito se dissolve – na medida em que existe para os árabes –, substituído pelos direitos que se conferem policiais e paraquedistas. Liddi fornece um resumo sociológico dos prisioneiros: "Aqui há médicos, professores secundários, professores primários, e em grande maioria militantes sindicais, como é meu caso; até mesmo pessoas que tiveram em outros tempos pequenas responsabilidades sindicais, que há anos não fazem mais nada. Temos aqui um companheiro militar 100% reformado, velhos, entre os quais um com 72 anos, numerosos enfermos e doentes com afecções permanentes." A polícia argelina manifesta uma boa continuidade em suas atitudes e reflexos: "Enfim, vários companheiros ex-internos dos campos de concentração sob Vichy. Isso supera a imaginação." Nem todo o mundo tem a sorte e a notoriedade de um Maisonseul: "Mediante uma simples circular do ministro residente Lacoste", explica Liddi, "em flagrante violação do estatuto da função pública e dos estatutos do pessoal, nossas remunerações foram suprimidas desde nosso internamento. Isso coloca nossas famílias em situações materiais extremamente difíceis: é o caso dos funcionários dos serviços públicos e nacionalizados, e consequentemente também o meu, funcionário da Electricité et Gaz d'Algérie há vinte e cinco anos."

Camus conheceu esse preso no Partido Comunista Argelino antes da guerra. Louis Miquel dissera à filha que não achava que o escritor fosse interceder em favor de um comunista.[30] A situação dos últimos comunistas argelinos parece perturbadora. O partido é leninista: convocados, mantidos e reconvocados devem partir para a Argélia e obedecer, avançar e ter esperança de se sair bem. Os comunistas simpatizantes na Argélia em sua maioria retiraram-se da política. Muitos se colocam, com um ímpeto bem mediterrâneo, ao lado da Argélia francesa, alguns se reúnem ao FLN. Camus responde a Liddi.[31] Irá escrever diretamente aos ministérios responsáveis – Guerra, Justiça, Interior – para que se examine sua situação. O escritor também explica sua posição: "Quanto a mim, estou um pouco desesperançado da Argélia. Não apenas por causa dos erros que acumulamos no passado, mas também por causa da atitude atual do FLN: colocar a independência como precondição e praticar ao mesmo tempo um terrorismo cego, que se abate também sobre as mulheres e as crianças, é deteriorar sistematicamente a situação, levar a população francesa ao desespero e tornar impossível qualquer outra solução que não seja a mais tola e a mais odiosa das guerras." Camus sabe das repreensões que a política francesa merece, mas o que propõem os nacionalistas? Ele constata que "não se encontra um militante árabe que diga hoje que o assassinato de crianças e de inocentes nunca serviu a nenhuma causa nem ação, por mais justificadas que sejam em princípio". Camus acha que um ex-companheiro o compreenderá: "Digo isso para esclarecê-lo quanto a meu estado de espírito, compartilhado também por muitos franceses liberais e adeptos, há muito tempo, de reformas profundas na Argélia." Nos ventos da Argélia flutuam muitas lembranças: "Coragem", ele termina, "e não duvide da afetuosa lembrança do seu Albert Camus."

O febril Maurice Clavel, escritor, cristão de esquerda, alerta Camus em favor de Mokkar Debache, condenado à morte por tentativa de homicídio. A "vítima" obteve oito dias de incapacidade de trabalho. O dossiê é fornecido por Camus a Patin. Os advogados parisienses sabem que Camus está disponível para aqueles que tentam salvar seus clientes sem fazer, antes, durante e depois do processo, declarações políticas incendiárias que garantam condenações. Depois de três execuções capitais na prisão Barberousse, entre as quais a do suposto assassino do prefeito de Argel, Amédée Froger, Yves Dechézelles escreve a Camus[32] que a lógica das execuções é clara: "Para que os gritos de furor dos ultras não venham perturbar o descanso dos homens de Estado, é necessário um contingente de cabeças que caiam [...] Mas, bom Deus, você precisa gritar. Perdoe-me por colocar em suas mãos a defesa de homens pelos quais me sinto inteiramente impotente." No entanto

Camus recusa-se a ajudar Gisèle Halimi, colaboradora de Dechézelles.[33] O escritor percorre grossos dossiês que enumeram confissões viciadas, sevícias e detenções arbitrárias. Na Gallimard, numa gaveta, os dossiês se amontoam. Para interceder, ele não utiliza cartas padronizadas. Dirige uma solicitação hábil e honesta a René Coty em favor dos irmãos Mezzi, de Brick Amar, Harfouchi Mohamed ben Ahmed, Haddidi Mohamed, Letabi Rabah, Arabi Rabah, Yanes Bachir, Bourenane, Kab Abderrahmane, Bensaïd Saïde:[34] "Essas memórias [de pedidos de clemência] ", explica Camus, "sem me autorizar a me pronunciar sobre a essência dos casos, no entanto me incitam a juntar minha solicitação à deles." Camus argumenta. Aqui não se trata de atentados cegos. Ali não houve mortes humanas, ele destaca. Ou os condenados são jovens, sua família numerosa. O escritor solicita do presidente piedade e indulgência. Fala a Coty como a Liddi: trata-se de "preservar um pouco do futuro argelino que todos nós esperamos". A Presidência da República acusa recebimento. Seu pedido será examinado, prometem os colaboradores do presidente. Às vezes eles não sabem que o condenado pelo qual Camus intercede já foi executado. Apesar da desconfiança que Mollet lhe inspira, Camus também busca seu apoio, admitindo por outro lado sua ineficácia relativa: "Intercedi várias vezes junto ao Presidente da República para solicitar sua clemência. Porém os homens em questão foram quase todos executados."[35] Camus fornece novos dossiês a Mollet, endereçando sua carta para o socialista à sede da SFIO, na *cite* Malesherbes. Com Mollet, ele utiliza argumentos políticos pragmáticos: "No momento em que o terrorismo se desacelera [...] novas execuções voltariam a impulsionar, temo eu, o terrorismo." No mesmo dia, escreve mais uma vez a Coty.[36] O diretor do gabinete presidencial responde. O dossiê será enviado ao Conselho superior da magistratura: "O presidente é sensível à delicadeza que inspirou os termos de sua mensagem." Camus decide, aconteça o que acontecer, seja qual for o resultado de seus procedimentos, prosseguir sua ação.

Ele curte seus rancores e suas críticas a respeito da Nova Esquerda. A seus olhos, ela apoia unilateralmente o FLN. No entanto, com prudência num primeiro momento, Camus se diz disposto a ajudar Pierre Stibbe[37] – advogado dessa Nova Esquerda. Stibbe defende nacionalistas argelinos, entre eles Ben Saddok, originário da região de Bône (como Camus) e acusado de ter matado uma "pomba" argelina, Ali Chekkal. Camus enviaria uma carta ao presidente do tribunal criminal do Seine se Stibbe aceitasse não divulgar o assunto: "Não quero de modo algum tranquilizar a consciência, através de declarações sem risco para mim, do fanático estúpido que atirar em Argel contra uma multidão em que se encontrem minha mãe e todos os meus." Camus acrescenta: "Essa razão, que pode parecer ingênua em Paris, tem para mim a força de uma paixão aprovada pela razão." Camus conta com a lealdade de Stibbe. Se o presidente do tribunal não aceitar as condições, Stibbe se limitará a citar o livro de Camus sobre a pena capital, pois essa obra, esclarece o escritor, "foi escrita justamente na esperança de que os advogados de todas as causas a utilizassem". Camus não tem ilusões: "Além do mais, estarei à sua disposição depois da sentença, se ela for capital, para qualquer intervenção direta suscetível de evitar a execução." Em seu projeto de carta ao presidente do tribunal,[38] Camus esclarecia, a propósito de Ben Saddok: "... embora eu desaprove inteiramente seu ato". O *France-Observateur* revela que Stibbe utilizará seu testemunho. Camus, então, retira sua carta. Com isso, Stibbe pede a Dechézelles que volte a interceder junto ao escritor, pois a cabeça de um homem está em jogo. Camus não reage.

Jean e André Delecourt escrevem-lhe de Lyon, juntando à sua uma carta de Selim Menouche, encarcerado:[39] "Fui pego esta segunda-feira de manhã por volta das 5h30 e [...] transferido para Saint-Paul." Menouche vai ser expedido para Argel sob a principal inculpação de atentado à segurança externa do Estado. Na prisão, dentro de sua mala, ele leva suas aulas da Escola universal: "Espero que me deem permissão para estudar..." Para evitar a transferência, Camus intervém. E também em favor de Taleb Abderrahmane, estudante. Em seu caso, Camus está convencido de que "não se tratava [...] de um assassino sem escrúpulos, mas, antes, de um espírito fraco e atormentado que a extrema pobreza e as circunstâncias adversas levaram a participar de uma ação da qual, afinal, ele não aceitou todas as consequências".[40] Camus insiste em que o estudante manifestou remorsos.

Segundo Jean Daniel e Germaine Tillion, Camus intervém em mais de cento e cinquenta casos. Apesar de suas divergências com Daniel, continua em contato com ele a propósito dos pedidos de clemência. Não voltam a se encontrar, mas reatam, passando por cima das discordâncias.[41] Camus envia a Maurice Patin, presidente da Comissão de Salvaguarda das Liberdades e dos Direitos Individuais, com uma carta,[42] listas de muçulmanos argelinos, advogados, médicos, farmacêuticos, professores primários, ferroviários, comerciantes, conselheiros municipais, sindicalistas, livreiros, ulemás. Enfim, membros da elite argelina, os homens-ponte de uma reconciliação possível mas improvável. Estes estão internados nos campos de recolhimento de Bossuet, aqueles nos centros de Bérni-Messous ou de Tefeschoun. Quase sempre, seja qual for o motivo da detenção, de prisão, de condenação, Camus entra na batalha.[43] Tillion lhe escreveu que "a proporção de assassinatos entre as duas populações é de cem assassinatos cometidos por nós para um assassinato cometido por eles [o FLN]".[44] Camus coloca na carta esses números desanimadores e reveladores. A ação humanitária de Camus tem uma intenção positiva e política: na teoria ele está sem esperanças, na prática age como se houvesse acesa uma chama de esperança.

Uma das últimas intervenções do escritor será um certificado dirigido ao presidente do tribunal permanente das forças armadas de Argel em favor de Ouzegane. Então, Camus sabe que este último e seus amigos do FLN o trapacearam, pelo menos por omissão, no caso da trégua civil. "Eles nos enganaram", ele disse, amargo, a Poncet. O cidadão esquece as razões que poderia ter para não agir. Muitas vezes ácido na polêmica, Camus não é muito rancoroso em política. Uma vida não vale nada, escrevia Malraux, mas nada vale uma vida. Portanto, Ouzegane, segundo o atestado de Camus, "tentou organizar uma trégua destinada a poupar os civis franceses e muçulmanos da Argélia [...]. Fez tudo o que estava em seu poder para o sucesso de sua empreitada, de objetivo puramente humanitário".[45] Ouzegane, membro importante da direção do FLN, não desaprova as violências terroristas, consideradas inevitáveis por ele e por muitos franceses "progressistas". Camus às vezes sente satisfação, quando presos são libertos ou recebem clemência.[46]

Em sua solidão, ele se digladia também pelos húngaros e responde – em particular – aos que o acusam então de parcialidade. A propósito dos acontecimentos na Hungria, o escritor Robert Merle censurou-o por ter falado em "genocídio". Admirando-se também de que Camus não tivesse condenado a "agressão [franco-inglesa] de Suez", intimou-o a se justificar: "Não imite, meu caro Camus, as pessoas de direita que têm duas morais e uma sensibilidade de mão única." Camus manteve suas prestações, como ele diz. Não perde a esperança de ver Merle voltar a se ligar a elas – "como fizeram outros que, no entanto, não me pouparam no passado nem críticas nem insultos a fim de melhor justificar a política totalitária do governo russo".[47] Camus assina os manifestos pelos insurgentes húngaros com dois prêmios Nobel franceses, Martin du Gard e Mauriac, e um inglês, T. S. Eliot. Escreveu com Eliot, Silone e Karl Jaspers às autoridades de Budapeste em favor de Tibor Dery, condenado a nove anos de detenção. O duplo procedimento de Camus visa, aqui também, à eficácia: intervir pública e privadamente, por via diplomática quando se trata de casos particulares. Tal como a certos altos funcionários do Quai d'Orsay, essa via às vezes lhe parece preferível. Outros escritores foram condenados com Tibor Dery: Jules Hai a seis anos, Zoltan Zel a três anos, Tibor Tardos a um ano e meio de prisão. O hebdomadário literário húngaro *Magyar Orsag* ataca Camus num artigo, "Camus e Russell e a liberdade dos escritores": "A profissão de escritor não dá o direito de incitar à revolta nem de dar tiros de revólver. É normal que o povo coloque esses 'loucos' num lugar onde não tenham contato com pessoas sãs."[48] A maneira pela qual Tibor Dery reivindicou a responsabilidade por seus atos e sua participação no movimento de ideias que levaram à saída de Rakosi e à insurreição húngara impressiona Camus.

No *France-Observateur*, Roger Stéphane acusa Camus de permanecer em silêncio diante dos horrores da repressão na Argélia. Sua moral seria "abstrata".[49] Stéphane, preso, já teve dificuldades com Camus, que, na última hora, se recusou a apoiá-lo porque o *France-Observateur* divulgara o teor de uma carta de solidariedade. Camus havia se queixado do procedimento a Bourdet: "... vocês deveriam perder o hábito, em seus meios, de só atribuir suas dificuldades a meu orgulho detestável, que não pode explicar tudo. O argumento é um pouco vulgar e realmente muito confortável. [...] a redação de minha carta *pessoal* a Martinet sobre o caso só poderia enganar quem quisesse ser enganado. Eu a reli e dificilmente posso acreditar na boa-fé de vocês. Ela os autorizava, de fato, a utilizar meu nome para a libertação de Stéphane e isso *sem reservas*, segundo a frase que você pode ler nela. E ela comunicava a meu correspondente, a título *privado* e sem que fosse questão um só minuto de publicar esse ponto de vista, que essas reservas existiam. Era a maneira que eu encontrara de ajudar Stéphane, e vocês deixaram de imprimir as duas frases que me solidarizavam com vocês, sem equívoco possível. Esse é, exatamente, um exemplo do que não gosto em vocês. Uma tal utilização, tão escandalosamente arranjada, de uma carta, aliás solicitada por vocês, chama-se deslealdade ou cegueira. Porém, neste último caso, é preciso reconhecer que vocês foram cegados por qualquer outra coisa que não a amizade ou a simples simpatia."[50] Querela parisiense? Não. Essa carta mostra também, no mínimo, tanto a vontade que Camus tinha de ajudar como sua técnica de intervenção.

Seus amigos liberais argelinos aprovam seus procedimentos, quando têm conhecimento deles. Restam todos aqueles, mais numerosos, para quem sua visão histórica seria *demasiado* anticomunista. Raros são os que compreendem e apoiam Camus. Antigos companheiros argelinos – sua opinião é importante para ele – reprovam-no constantemente por não tomar partido pela independência argelina apoiada tardiamente pela esquerda. Raymond Sigaudès, ex-comunista, colaborador do Théâtre du Travail, que foi com ele a jogos de futebol no Parc des Princes aos domingos, telefona para a Gallimard para lhe falar. Camus explica mais uma vez que não pode se alinhar aos nacionalistas argelinos. Sigaudès lhe diz:

— É porque você tem medo de não ganhar o Prêmio Nobel se tomar posição.[51]

Sigaudès e Camus rompem. Para o escritor, cada ruptura é uma ferida. Mesmo seus companheiros da esquerda proletária discordam dele quanto ao caso argelino.

47

O PREÇO A PAGAR

Em 17 de outubro de 1957, Camus almoça com Patricia Blake no primeiro andar do Marius. Desde a véspera, rumores provindos de Estocolmo circulam em Paris. Um jovem, enviado pela Gallimard, aproxima-se, afasta um garçom e anuncia ao escritor que ele irá ganhar o Prêmio Nobel de literatura. Camus parece "sufocado".[1] Repete para Patrícia:

— Malraux deveria ganhá-lo. Você sabe, Malraux...

O secretário de Sartre, Jean Cau, dá ao patrão as informações do dia:

— O que há de novo?

— Camus ganhou o Nobel — diz Cau.

— Ele não o roubou — declara Sartre.[2]

Pouco depois, em Argel, a mãe de Camus recebe um telegrama, que ela mostra a Poncet: "Mamãe, você nunca me fez tanta falta."[3]

Ele sabe que muitas vezes o mencionaram para aquele Nobel.[4] Camus figurava nas listas do Comitê.[5] Os nobelizáveis têm seus informantes. Muito antes, Holger Ahlenius, do departamento francês do editor sueco Bonniers, avisara Camus: "A Academia sueca me pediu um estudo sobre sua obra."

Francine é avisada por telefone. Na rua Madame, sua filha e uma amiga, Odile de Lalène, secretária de Camus durante uma época, descem voando as escadas para comprar champanhe. Camus vai até lá:

— A vida é um romance!

— Há um Prêmio Nobel para os acrobatas? — pergunta Catherine, do auge dos seus doze anos.

— Pobre Albert, você que teria dado um tão belo rebelde — diz Odile.[6] Camus não tem vontade de gracejar. Pensou em recusar o prêmio.[7] Por um instante, teve a ideia de aceitá-lo, mas enviar um discurso sem assistir às cerimônias. Gaston Gallimard declara que seria inadmissível.

Entre os Gallimard, na rua de l'Université, Camus, andando de um lado para outro na sala grande, vê sua mãe na televisão. Presente, Renée Gallimard tem a impressão de que Albert não quer parar para não chorar. Tenso, precisa aguentar seu cansaço, permanente. O doutor Wolffomm trata-o, por seu lado, com oligoelementos, ferro, cobre e manganês. Sobrecarregado, Camus suspende suas aulas de ioga, onde estava aprendendo, entre outras coisas, a respirar com uma só narina. Jornalistas e fotógrafos o assediam. Durante um coquetel na Gallimard, Guilloux e Jean Grenier acham Camus complacente com a imprensa. Francine e os gêmeos estão presentes.

— Eu quero ir a Estocolmo — diz Catherine. — Os patins de gelo suecos são fantásticos!

— Então papai agora tem certeza de que vai ficar na literatura? — pergunta Jean.

Certo dia Jean, encolerizado, havia soltado para o pai:

— Escritorzinho de nada!

Abraços, *flashes*, empurrões. Os amigos e colegas estão presentes: Jules Roy, Bloch-Michel, Lemarchand... Gigantesco, Philippe Hériat ultrapassa a multidão em uma cabeça. A nata do teatro também se acotovela na Gallimard, com Madeleine Renaud. Mas, conforme obrigam as convenções e Francine, Maria Casarès e Catherine Sellers estão ausentes. Assim como uma nova mulher muito importante na vida de Camus, Mi.

O embaixador da Suécia em Paris, Ragnar Cumlin, discursa num estilo de provedor 1900 no dia dos prêmios:

— Como o herói corneliano, o senhor é um homem da Resistência...

— Agradeço — responde o laureado — e peço-lhe que transmita meus agradecimentos à Academia Real da Suécia, que houve por bem distinguir em primeiro lugar meu país e em seguida um francês da Argélia.

O Nobel foi atribuído no ano anterior ao espanhol J. R. Jimenez. Os franceses têm se saído bem. 1937: Roger Martin du Gard. 1947: André Gide. 1952: François Mauriac. Camus fará quarenta e quatro anos dali a menos de um mês. Em idade, somente Kipling, laureado aos quarenta e dois anos, o "vence". Agências de notícias, jornais, provinciais e parisienses, estações de rádio destacam que a França conta com o maior número de prêmios Nobel de literatura. Camus também foi precedido por Sully Prudhomme, Frédéric Mistral, Romain Rolland, Anatole France, Henri Bergson...[8] Belo prêmio literário para um país de importância média. No campo da ciência, os franceses se destacam menos. Na França, os escritores têm um *status* sociológico e político, mais do que na Grã-Bretanha ou nos Estados Unidos. O presidente René Coty envia o telegrama obrigatório: "No momento em que lhe é conferida a mais alta recompensa internacional que possa honrar um escritor e por intermédio dele sua pátria..." Dilúvio de jantares e almoços oficiais. A embaixada da Suécia, à qual Bélamich acompanha Camus, convida Jacques de Lacretelle e Mauriac. A Quilliot, Camus parece angustiado, como que enterrado vivo.[9] Camus fala sempre de Malraux, mais merecedor. Alguns dias antes, este último almoçou com o poeta Jean Grosjean na Casa da Dinamarca. Segundo Grosjean, Malraux em alguns momentos parecia certo de que ganharia um Nobel, ao mesmo tempo achando que não o premiariam porque era gaullista. O governo francês interferiria junto a seu homólogo sueco. Que, por sua vez, pressionaria a Academia. É improvável. Camus repete por toda parte: "Eu gostaria de ver Malraux ser coroado" ou "Ele deveria ter ganhado". Malraux, num belo gesto, escreve:

"Caro Camus,

Acabo de ler sua declaração. Ela honra a nós dois e lhe agradeço. Amigavelmente."

Nada mais, nada menos. A Jean Grenier, Malraux escreve: "Camus escolheu o partido mais digno."[10] A filha de Malraux, Florence, constata que é melhor não falar muito em Prêmio Nobel com seu pai.[11] Meio mistério da formulação camusiana, qual o sentido de "... deveria ter ganhado"? Malraux merecia o prêmio mais do que eu? Ou: se não fosse por suas posições políticas, de fato seria o caso de ele ganhar? As relações entre os dois escritores são cordiais, mas assimétricas. Camus admira Malraux: "Foi uma das sortes de minha vida ter lido Malraux como um de meus mestres quando eu era jovem escritor e em seguida tê-lo encontrado como amigo..."[12] Malraux estima Camus, considera-o mais um protegido do que um amigo. Aliás, será que ele tem amigos ou iguais a seus próprios olhos?

É preciso organizar-se para o cerimonial. Num cabeleireiro, Francine diz a Renée Gallimard:

— Albert me pediu para ir ao Prêmio Nobel com ele. Sei que está fazendo isso para me agradar. Será que devo ir? Tenho medo de aborrecê-lo.

— Não, de modo algum — responde Renée.[13]

A sua nova companheira, Mi, vinte e dois anos mais nova do que ele, Camus explica:

— Francine esteve presente na dificuldade, é normal que esteja na honra.[14]

Os sentimentos de Albert por Francine continuam sendo complicados. Respondendo a uma carta de felicitações de sua prima, Nicole Chaperon, Camus explica que o Nobel desperta nele "mais dúvidas do que certezas. O sucesso é um bálsamo, mas fugaz. E o mal-estar do artista continua incurável: ele morre sem saber". Principalmente, Camus se enternece com a generosidade de Francine, a quem "nunca deixou de amar a [seu] mau modo".[15] Na mesma carta, ele diz que Francine o "perdoou".

Jacqueline Bernard organiza uma reunião com alguns veteranos do *Combat*, entre os quais Roger Grenier.

— Eis o discurso que vou fazer em Estocolmo — diz Camus.

E ele parodia o Eclesiastes: "Tudo provém da merda e retorna à merda." A imprensa francesa canibaliza Camus. São publicadas biografias e artigos elogiosos, convencionais e convenientes. No *Le Monde*,[16] Émile Henriot, agora da Academia Francesa, louva as "altas qualidades literárias" do laureado, "puro artista", "mentor espiritual notório". Presbita pouco informado ou cego filosófico, Henriot vê em *A peste* uma "concepção existencialista do esforço humano. [...] Só o teremos visto uma vez dar um passo em falso, em sua penúltima obra, intitulada justamente *A queda*, em que um excesso de pessimismo, por ocasião de uma infâmia, o fez acusar cegamente da mesma culpa todos os seres humanos [...]. Muitos de seus admiradores preferem suas cóleras a seus gracejos".

No *Le Figaro littéraire*, Mauriac, suave, em onze linhas - por imposição do fechamento -, diz: "O Prêmio Nobel é, na maioria das vezes, a recompensa por uma obra e uma vida." Conclusão ambígua: "Foi essa voz jovem, à qual toda uma geração faz eco, que conquistou, imagino, o júri do Prêmio Nobel."[17] Jean Grenier, no mesmo número do *Le Figaro littéraire*: "Sua grandeza vem de seu distanciamento, e seu distanciamento não é mais que a manifestação natural de sua grandeza." Antes, durante um almoço no bulevar de Montparnasse, no restaurante Le Moulin de la Souveraine ("ostras, guisado de filhote de javali", "uma delícia", anota Grenier), Camus incitou seu bom professor: "Não diga que preenchi o vazio que se abriu diante da minha geração, mas que tentei preenchê-lo."

Depois:

— Terei mais inimigos do que nunca.[18]

Elegias na imprensa da província acompanham algumas críticas pesadas ou venenos na parisiense. Camus comenta:

— *L'Humanité* me criticou, mas corretamente.

Passando à crítica de extrema direita, Camus observa:

— Se você quer saber até onde pode levar a ignomínia, leia Renatet no *Dimanche matin*. Ele diz que eu gostaria de ter comandado um pelotão de fuzilamento; ora, sou um dos três escritores da Resistência que obtiveram sua clemência.

"Essa recompensa que na maioria das vezes cabe a septuagenários não é prematura", escreveu Rebatet. "Já em sua alegoria de *A peste* diagnosticava-se em Camus uma arteriosclerose do estilo."

Kléber Haedens, crítico influente, declara: "Será possível escrever língua mais morna e mais morta? [...] dar às banalidades uma aparência mais pomposa?" No mesmo jornal, *Paris-Presse*, é publicado um artigo doce-salgado de Pia:[19] o Nobel "é o mais substancial de todos os prêmios literários e o único de repercussão mundial" - 42.000 dólares; em francos da época: 18.776.583. Pia estima que Camus, aceitando o Nobel, saldou sua dívida literária para com André Malraux.[20] Pia não esquece que, em *O homem revoltado*, Camus reprovou Rimbaud por ter percorrido o Harrar "com todo o seu ouro no cinto". "Onde ele queria que o pusesse?", pergunta Pia a Maurice Nadeau. "Diferentemente do sr. Camus, Rimbaud não dispunha de conta bancária."[21] Nesse artigo, Pia mostra que gostou em Camus do tom e do estilo direto "que raramente se encontram num escritor de menos de trinta anos". Hoje, ele não aprecia o homem que se parece menos "com um revoltado do que com um santo leigo". Última estocada e conclusão de Pia: "Cidadão do mundo, pacifista, signatário de petições generosas, adversário declarado da pena de morte, Albert Camus, tal como o definem suas obras e tomadas de posição recentes, não poderia desagradar a Estocolmo onde, como se viu quando as vizinhas Finlândia e Noruega foram invadidas [*a Suécia deixou as tropas alemãs passarem*], o amor obstinado pela paz sempre prevalece sobre qualquer outro sentimento." A matéria mais feroz será de Bernard Frank,[22] cronista competente, artesão talentoso da discussão em torno de livros: "Cada vez que acha que ele vai falar, a crítica, em seu conjunto, se agita, se ativa, freme, ondula, e tudo o mais. Nada acontece. Camus se obstina. Não cessa de se calar. Oh! nesse domínio ele é um artista, gradua seus efeitos. Há alguns anos, não se ouvia seu silêncio, agora ele o alardeia. Façam alguma coisa. As pessoas vão acabar percebendo que ele nunca escreveu nada."

Camus também se diverte. O chefe de esquadrão Dornic e oficiais do 59° regimento de artilharia enviam um telegrama: "Na guarnição de Mondovi há quase dezoito meses, permitimo-nos dirigir-lhe nossas mais vivas felicitações." Camus janta com Jean-Claude Brisville, Vivette e Jean Bloch-Michel na Coupole. O dono oferece o champanhe:

— E agora, sr. Camus, bebo a seu próximo prêmio!

No teatro des Mathurins, continuam representando *Réquiem para uma freira*. A diretora, sra. Baur, manda imprimir novos cartazes: a peça, não esqueçam, é obra *de dois* prêmios Nobel de literatura. O laureado de 1949, Faulkner, enviou um telegrama em francês: "Saudamos a alma que constantemente se procura e se interroga." Um concessionário da Citroën telefona a Camus:

— Talvez o senhor gostasse de comprar um DS.

As solicitações chovem. A nora de Sigrid Undset pede a Camus que participe da compra da casa de Sully Prudhomme, ex-laureado.[23] Tanta gente se manifesta pedindo empréstimos que, quando Mado Jaussaud telefona para Camus na Gallimard — Bom dia, como vai? —, exausto, ele solta:

— Você está me telefonando para pedir dinheiro?

Desculpa-se imediatamente.[24] Camus passa por altos e baixos, faz a triagem de inimigos e amigos, apega-se aos que ama. "Sem aquela mão afetuosa que o senhor estendeu ao menino pobre que eu era", ele escreve a Louis Germain, "sem seus ensinamentos e seu exemplo, nada disso teria acontecido. Não dou grande importância a esse tipo de honra. Mas esta é pelo menos uma oportunidade para lhe dizer o que o senhor foi e continua sendo para mim e para lhe garantir que seus esforços, seu trabalho e o coração generoso que colocava nele permanecem vivos em um de seus meninos de escola, que, apesar da idade, não deixou de ser seu grato aluno."[25] Camus tenta blindar-se. "Os ataques das duas direitas, vermelha e branca, me são indiferentes", ele diz a Namia. "Mas não as reações dos que amo e estimo."[26] Ele recusa uma entrevista literária para o *L'Express* a Madeleine Chapsal: "... desejo sobretudo que o barulho causado por esse Nobel se extinga rapidamente e eu gostaria de desaparecer durante algum tempo. Agradeço-lhe no entanto o que me diz a propósito de alguns artigos. Eles não me feriram: há alguns anos, estou vacinado. E, além do mais, é preciso viver, e sorrindo se possível, em meio a nossos contemporâneos. Mas, sabe, nossa sociedade intelectual, seja de direita ou de esquerda, é quase sempre pavorosa de tanta mesquinharia e maldade. Seria um sinal seguro de decadência se não houvesse reconfortantes exceções."[27] Camus também tem seus fiéis. Bruckberger o felicita: "Joinville dizia a um amigo: 'Senescal, deixe a canalha urrar. Riremos dela nos quartos das mulheres?' Joinville não era democrata-cristão."[28] Satisfeito, descontente, feliz, infeliz, Camus replica: "A França não é esse galinheiro vil do qual não escuto nem mesmo a pequena agitação." Embora não escute, ele ouve. Para ele, o Prêmio Nobel é "grande demais".

Camus não esquece suas boas ações e seus cheques – entre outros, 50.000 francos para comprar uma vitrola elétrica para um sanatório dos Baixos-Pireneus...[29] Jeanne Polge ficará com os gêmeos na rua Madame durante as recepções de Estocolmo. Os franceses, de todas as classes sociais, não se fantasiam de pinguins com a mesma facilidade que os anglo-saxões ou os suecos: Camus aluga seu fraque no Cour de chasse, na rua de Buci. Mado Bénichou empresta a Francine sua única joia, um colar antigo com um cabochão. Francine Camus pede emprestada a uma moça uma estola de vison branco. No dia da partida, Berl almoça com Camus. Primeira frase de Camus:

— O principal é que isso não magoe Malraux.

Berl tem sempre "a sensação de pensar como Camus e de não compreender bem" o que ele pensa.[30]

Como os médicos lhe proibiram as viagens de avião, Camus toma o Expresso-Norte na estação do Norte com seu clã: Michel e Janine, Claude Gallimard e sua mulher Simone, e Blanche Knopf, sua editora americana, com quem ele se corresponde. As unhas verdes daquela grande dama são espantosas. Ela também lhe manda sua capa de chuva Burberry preferida. Algumas semanas antes, havia lhe enviado discos que não se encontravam na França: *O sobrevivente de Varsóvia, A ode a Napoleão*, de Schoenberg.[31] Ele lhe falou de seu projeto de romance, *O primeiro homem*: "I hope *The First Man* goes on",[32] ela escreve. No trem do Nobel também viaja o tradutor Carl-Gustav Bjurström, refinado francófilo sueco de Paris, francófono perfeito, que está terminando um livro sobre Camus. Camus nota que Claude Gallimard está lendo uma obra sob a lanterna do trem. Qual? Claude larga o livro, vai para o corredor. Camus dá uma olhada: *O estrangeiro.*[33] Leitura ou releitura?, pergunta-se o escritor.

A editora Gyldendal oferece um coquetel em Copenhague. A "tourada" começa com a chegada a Estocolmo na segunda-feira, 9 de dezembro. Os colaboradores do embaixador da França, Gabriel Bonneau, encarregam-se de Camus. Pelo lado sueco, quem oficia é Hans Colliander, diplomata de carreira. Primeiro-secretário, permaneceu durante dois anos em Paris. O ministério dos Assuntos Estrangeiros sueco concedeu-lhe dez dias para revisar seu Camus. Isso o desviou de sua especialidade do momento, negociações da aviação civil. Colliander acompanhou o grupo ao Grande Hotel, de frente para o castelo real. Entrevistas coletivas e recepções com poetas, atores, romancistas, ensaístas que muitas vezes não falam francês. Bem educado, Camus não se embriaga como Hemingway, três anos antes, que surpreendeu até os suecos. Alguns jornalistas esperam mais um guru político do que um escritor. O *Dagens Nyheter*, o maior jornal diário, liberal, já no primeiro dia julgava a escolha da Academia inexplicável. As ideias de Camus? Nem numerosas nem interessantes. A Camus faltava profundida de e fantasia. Com exceção, talvez, de *O estrangeiro*, ele só produzira obras de segunda categoria. Para o conservador *Svenska Dagbladet*, a França mantinha sua posição de primeira nação do mundo em literatura. Esse jornal abordava o sucesso de Camus e as dificuldades de sua vida, os êxitos da literatura francesa e os anos difíceis da história da França desde 1940.[34]

Apoteose, a entrega do prêmio na terça-feira, 10 de dezembro, depois de um incidente de percurso: Camus perde o texto de seu discurso... que mantivera em segredo. E reencontrado, traduzido por Bjurström. Antes das 15 horas, apesar do frio, uma multidão se aglomera em torno da antiga sala de concertos de um azul-pastel lavado em que os prêmios são entregues, no bairro dos negócios. Há quem se pasme com as colunas finas, as tapeçarias cor-de-rosa, as dálias amarelas em torno do estrado. Tal como o embaixador Gabriel Bonneau, há quem lance um olhar mais severo para as cerimônias que, desde 1901, fazem de Estocolmo, encantadora cidade provinciana, o centro do mundo por alguns dias:[35] "Nada é mais convencional, mais frio, menos espontâneo, do que o ritual, agora com mais de meio século, da entrega dos prêmios Nobel", diz um telegrama do embaixador. "Num quadro de um modernismo já ultrapassado, a Suécia formalista e ponderada oferece então a medida de suas virtudes de ordem e de precisão. A 'Casa dos Concertos', onde os laureados recebem das mãos do rei sua alta recompensa, é um morno cubo de granito, que se esforça por resgatar o arroubo leve do grupo de Orfeu, colocado em seu umbral como uma desculpa liminar. O interior não é diferente, e é apenas planeza. O palco transformado em estrado, as inevitáveis plantas verdes, o busto de Alfred Nobel coroado como a Imortalidade, 'magra face laureada', os fraques solenes, tudo compõe um clichê de distribuição de prêmios. O elogio dos laureados aumenta o academismo do conjunto. No estilo inaugurado por Fontenelle, eminentes membros da Academia Sueca tentam iniciar um público de gente de bem nas últimas descobertas da ciência, tal como a assimetria do átomo, a estrutura das coenzimas, o bloqueio farmacológico das histaminas, assim como nas trajetórias secretas de uma grande obra literária: é uma façanha!"

Prêmio Nobel de física para Tchen Nin Yang e Tsung Dan Lee, chineses emigrados para os Estados Unidos. Química: *Sir* Alexander Todd. Medicina: o professor Beauvais, suíço de nascimento, formado na França e italiano por adoção. O prêmio de literatura, que goza da maior publicidade, é atribuído, segundo o desejo de Alfred Nobel, a uma obra "notável num sentido idealista": Camus.

Esbelto, Camus, ao subir no estrado, lembra o rapaz que dançava nos banhos Padovani de Argel e nas boates parisienses. Simone Gallimard lança-lhe uma olhada. Vê em sua expressão um lampejo de inquietude infantil,[36] o do premiado que não tem plena certeza de merecer aquelas honras, mas que está se divertindo e saboreando aquelas pompas. Em Estocolmo, Simone, que não conhecia muito bem Camus, compreende seu famoso charme. E feito o elogio de Alfred Nobel, que, depois de fabricar explosivos, também criou um Prêmio Nobel da Paz, conferido à Noruega. Em seguida vem a homenagem aos laureados: cometendo uma gafe, o secretário da Academia Sueca, Anders Osterling, Émile Henriot *bis*, chama Camus de existencialista. Enfim, entrega dos diplomas, medalhas, cheques e banquete no salão dourado. Baile, vestidos longos e fraques, coros de estudantes.

Segundo a tradição, Camus pronuncia seu discurso na prefeitura de Estocolmo, no final do banquete de encerramento das cerimônias, em 10 de dezembro. Frequentemente solene – "Senhor, senhora, altezas reais, minhas senhoras, meus senhores..." –, Camus faz como que uma oração autobiográfica. Utiliza as palavras "arte" e "artista" treze vezes e se refere constantemente a si mesmo num texto ora convencional, ora denso. Essa recompensa, segundo afirma, ultrapassa seus simples méritos. Coqueteria e sinceridade mescladas, talvez, diz-se rico apenas em dúvidas e de uma obra em produção. Situa-se como escritor que "não pode se colocar hoje a serviço dos que fazem a história". No discurso pronunciado – pouco diferente do que será publicado e dedicado a Louis Germain – Camus fala das imagens da arte que devem "substituir" os silêncios dos prisioneiros.[37] O escritor deve criticar os príncipes sem se colocar a seu serviço ou se submeter. Engaja-se recusando-se a mentir sobre o que sabe e resistindo à opressão. Camus revê seu percurso, assim como o de muitos outros "que tinham vinte e cinco anos no momento em que se instalavam ao mesmo tempo o poder hitleriano e os primeiros processos revolucionários, que se confrontaram em seguida, para completar sua educação, com a Guerra da Espanha, com a Segunda Guerra Mundial, com os campos de concentração, com a Europa da tortura e das prisões". Os maus cheiros de Budapeste, do *gulag* e da Argélia chegam a Estocolmo. Quando Camus fala dos franceses da Argélia, sua voz, grave e ampla, vibra de emoção mal contida.[38]

O discurso encanta o rei Gustavo VI, arqueólogo de nível profissional que entende bem o francês e dá atenção especial ao laureado literário. O rei e os membros de sua família estão na primeira fila das poltronas azuis, com os parentes dos laureados. Encantadora, Francine sorri. Outras mundanalidades, encontros e recepções cronometradas. Francine e Albert desempenham seus papéis de marido e mulher. Para a imprensa popular, a sra. Camus torna-se "a *pin-up* Nobel número 1". Por trás das cortinas de ferro e de bambu, Camus é classificado no campo dos "provocadores de guerra fria". Os acadêmicos suecos revelam o "caráter político" de sua decisão não premiando Aragon ou Eluard.[39] Os chavões comunistas se endurecem.

Na quinta-feira 12 de dezembro, às 17h30, Camus tem um encontro com estudantes da universidade de Estocolmo em sua Casa. Depois do concerto de um coral, entabula-se um debate - gênero que Camus prefere à conferência. O escritor sente-se suficientemente velho, e não demais, para gostar de falar com os jovens.

— O que o senhor acha do cinema?

É um meio de expressão importante:

— Submetido por um lado à propaganda e por outro ao dinheiro... Eu me interesso muito pelo que o cinema faz. Mas o cinema não se interessa por mim.

— O que o senhor acha da objeção de consciência?

— Fui pacifista até 1940. Respeito os objetores de consciência e pedi que tivessem um estatuto legal. No entanto, não obterei sucesso fácil... nesse país; acho que a paz é o maior dos bens, mas não a ponto de chegar à servidão...

O auditório faz perguntas sobre a pena de morte e a liberdade de opinião:

— O rádio disse que na França os escritores têm medo de expressar sua opinião. Na Argélia, há escritores na prisão. O professor Mandouze é perseguido.

— Decerto — replica Camus —, há pressões, porém as dos conformismos são com frequência mais consideráveis do que as da autoridade. Em nosso país, criticamos nosso Estado por ser fraco mais do que por ser forte... (Risos)

— Mas a imprensa de vocês é livre?...

O filho do correspondente do *Dagens Nyheter* em Paris insiste. O correspondente simpatiza com as posições do *France-Observateur*, do *L'Express*, do *Le Monde*. Pergunta do filho:

— Há um contingenciamento, uma discriminação entre franceses e árabes na universidade de Argel?

— Não, mas há um *numerus clausus* de fato, porque eles são mais pobres — diz Camus.

Uma estudante perguntou como eram os confrontos raciais nas universidades argelinas:

— Por que há mais estudantes franceses do que argelinos nas universidades argelinas?

— Provavelmente porque a maior parte dos árabes provém de camadas miseráveis e eles não têm meios para estudar — responde Camus.

Ele lança um convite:

— Ainda não dei minha opinião sobre a Argélia, mas o farei se vocês me pedirem.

O clima na sala muda. Cercado de amigos, um argelino, beirando os trinta, sobe no estrado, acusador:

— O senhor assinou muitas petições pelos países de leste, mas nunca, nos últimos três anos, fez nada pela Argélia!

Sua longa intervenção, nem sempre compreensível, termina com um:

— A Argélia será livre!

O jovem argelino berrou. O correspondente particular do *Le Monde*, Dominique Birmann, anota que o diálogo confuso degenera em monólogo fanático "do representante do FLN". O rapaz não representa o FLN mas, ao que parece, seus amigos na sala. Desce para consultá-los e depois volta a subir no estrado.[40] Camus mantém o sangue-frio. Jovens suecos pedem silêncio.

— Você é pela democracia? — pergunta Camus, crispado.

— Sim, sou pela democracia!

O escritor finalmente pode terminar suas frases:

— Estou calado há um ano e oito meses, o que não significa que tenha parado de agir. Fui e continuo sendo partidário de uma Argélia justa, em que as duas populações vivam em paz e igualdade. Disse e repeti que era preciso fazer justiça ao povo argelino e lhe oferecer um regime plenamente democrático, até que o ódio de ambas as partes se tornou tamanho, que já não cabia a um intelectual intervir, pois suas declarações corriam o risco de agravar o terror. Achei melhor esperar até o momento propício para unir em vez de dividir. Posso lhe garantir, no entanto, que hoje alguns companheiros seus estão vivos graças a ações que você desconhece. É com uma certa repugnância que dou minhas razões assim, em público. Sempre condenei o terror. Devo condenar também um terrorismo que se exerce às cegas, nas ruas de Argel, por exemplo, e que um dia poderá atingir minha mãe ou minha família. Acredito na justiça, mas defenderei minha mãe antes da justiça.[41]

Em seu artigo, o correspondente do *Le Monde*, único jornalista francês presente, depois dessa longa citação, conclui com uma frase: "Essa declaração foi pontuada por ovações." A frase sobre sua mãe e a justiça circulará – por muito tempo – por Paris e pelo mundo, graças ao *Le Monde*. Ela ainda ressoa. Bjurström assiste incomodado à discussão entre o jovem argelino e Camus. Segundo Bjurström, o escritor, pela forma e pelo conteúdo de sua intervenção, quis dizer: se é isso que vocês entendem por justiça, se é essa a sua justiça, uma vez que minha mãe pode estar dentro de um bonde de Argel em que sejam lançadas bombas, então prefiro minha mãe a essa justiça terrorista. Teatral ou não, a frase de Camus não pode ser separada de seu contexto. Sem prever seu destino, Camus também disse naquela Casa de Estudantes: "Muitas vezes as frases só assumem todo o seu sentido quando chegam ao fim."[42] E também com as frases que as precedem. A resposta de Camus não é de uma lógica irrepreensível: será que podemos comparar uma abstração – a justiça – com o destino de uma pessoa – uma mãe? Essa declaração implica a recusa de qualquer terrorismo. Está dentro da lógica de *Lettres à un ami allemand* [Cartas a um amigo alemão], dos artigos da série "Nem vítimas nem carrascos", de "Salvar o corpo" em *Actuelles I*.[43]

Hubert Beuve-Méry, diretor do *Le Monde*, pediu pessoalmente a Birmann que confirmasse, palavra por palavra:

— Camus pronunciou mesmo essa frase?

Birmann tem uma gravação. Ele confirma.

— Eu tinha certeza absoluta de que Camus iria dizer bobagem — diz Beuve-Méry.[44]

No início da guerra da Argélia, Beuve-Méry era partidário da manutenção do Império. Agora ele pensa no "impasse argelino". O *Le Monde* tomou partido contra a tortura e a política do governo na Argélia. O *Le Monde* molda e reflete, alternadamente, a opinião de muitos quadros da nação por meio de uma informação que se pretende "amplamente e corretamente informada sobre os acontecimentos do planeta encolhido".[45]

O apego à mãe permanece fundamental em homens como Camus, argelinos, mediterrâneos. Uma justiça é mutável, função da época, dos regimes, dos partidos e do direito em vigor. Camus quer antes de tudo expressar sua ternura diante de uma inconsequência. Muitos argelinos e "progressistas" interpretam a frase de Camus de outra maneira. Ela significaria: contra a justiça devida a milhões de argelinos, escolho uma pessoa, aquela que me trouxe ao mundo. Alguns veem nela até mesmo a manifestação de um sentimento de superioridade: Milhões de argelinos = minha mãe. Camus rejeita a justiça do terrorismo. A mãe não se opõe à justiça assim como não simboliza a injustiça.

Em Estocolmo, os assistentes fazem outras perguntas. Os estudantes são mais sutis do que o secretário da Academia Sueca: Camus é a favor ou contra o existencialismo?

— Não sou existencialista — responde Camus. — Os críticos são obrigados a classificar. Foi primeiramente da Grécia que recebi minhas impressões filosóficas, não da Alemanha do século XIX, cuja filosofia está na base do existencialismo atual na França.

Um representante do Clube dos Estudantes Liberais pergunta:

— Por que o senhor é liberal?

Camus cita Walt Whitman, para quem sem liberdade nada poderia existir. Estudantes passam à influência de Dostoiévski sobre a obra do laureado.

— Ela é considerável — diz Camus. (Risos.)[46]

Ele volta a dizer em Estocolmo que seus mestres, além do grande russo, são Tolstói, Nietzsche, Pascal. Suecos dos quais se sente próximo? Par Lagerkvist.

— E o papel da mulher na sociedade atual?

Resposta vaga. Ele acredita no entendimento cordial?

— O que acha de Françoise Sagan? — pergunta uma estudante.

Sagan, responde Camus, é uma das jovens francesas mais encantadoras e simpáticas que já encontrou. Mas, depois de reveses, não há nada mais perigoso do que o sucesso. Um sucesso é uma dura prova quando se é muito jovem. Sagan tem condições de suportá-lo. Embora não seja Colette, ela tem talento. Para os que se interessam por outros jovens escritores franceses, Camus, leal, recomenda Jean-Claude Brisville, Jean Bloch-Michel e Michel Butor.

— ... se tivesse de escolher seu sucessor no Prêmio Nobel?

— Cavalheiro, tanto quanto me senti honrado em receber o Prêmio Nobel, eu me sentiria surpreso se me coubesse dá-lo.

Ele se vê com uma boina de estudante sueco na cabeça e a faixa da Associação Humanista no peito. O debate termina com aplausos. Na saída, Francine está aos prantos, Claude, Simone, Michel e Janine estão indignados. Contam a Camus que aquele jovem argelino, entre suas filípicas, sempre consultava seus amigos suecos. Mais tarde, Camus confidencia a Bjurström: o mais doloroso foi encontrar daquela maneira "uma expressão de ódio num irmão".[47] Em Estocolmo, Camus explica que deseja na Argélia um Estado federal que dê seus lugares aos árabes, aos cabilas, aos europeus.[48] Naquela Suécia isolacionista, neutralista, certas elites se interessam pelo *apartheid* na África do Sul e pela África do Norte. Os suecos, com frequência são-bernardos da virtude, ainda não se apaixonaram pela Indochina. Os ataques do argelino receberão comentários desfavoráveis da imprensa sueca. Um jornal, no dia 13, sai com o título: *Charmfull Camus avväpnade* [desarma] *aggressiv algerisk student.* Depois da publicação do artigo de Birmann no *Le Monde*, o embaixador da França lhe pede a fita de sua gravação. O jornalista tem a impressão de que querem sumir com ela e recusa. As festividades se encadeiam.[49] Na sexta-feira, dia de santa Lúcia, moças de camisola, coroadas com velas acesas, servem o café da manhã no quarto aos Camus, surpresos. Colliander esqueceu-se de avisar. As moças cantam e vão embora.

Ao longo de conversas nos salões da embaixada da França e em outros locais, o laureado repete sempre que Jean Grenier é seu "melhor amigo" e René Char o poeta francês mais revolucionário depois de Apollinaire.[50] Camus resume seu plano de trabalho quando começou sua obra. Queria expressar em primeiro lugar a negação, sob três formas. Romanesca: foi *O estrangeiro*. Dramática: *Calígula* e *O equívoco*. Ideológica: *O mito de Sísifo*. Não poderia falar na negação se não a tivesse vivido: "Não tenho nenhuma imaginação. Mas era para mim [...] a dúvida metódica de Descartes." Assim aprendeu que não se pode viver na negação. Depois dos ciclos do absurdo e da revolta, prevê um terceiro, em torno do tema do amor. "São os projetos que tenho em curso." Em grupos restritos, ele evoca seu romance em produção: de forma tradicional, irá chamar-se *O primeiro homem*. Terá dois tomos.[51] Camus também pensa numa peça, na forma de *O sapato de cetim* de Claudel, *Le Docteur Juan* [O Doutor Juan] ou *Don Faust* [Don Fausto]. Um ensaio, em torno do mito de Nêmesis, traduzirá sua fome de viver. Depois do absurdo e da revolta, será o ciclo da razão e da felicidade. As vinganças de Nêmesis não são cegas. Ela aconselha a moderação. Fala-se da maneira pela qual o escritor foi acolhido na Suécia. Um jornal saiu com o título: *Camus não capitulará diante do catolicismo*. Um repórter lhe perguntou se ele iria se converter: "Respondi: não. Apenas essa palavra: não." Os jornalistas precisam encher espaço. Camus tem consciência do mistério no homem. Por que não admitiria a emoção que sente diante de Cristo e de seu ensinamento? Na Europa, a confissão de uma ignorância ou de um limite do conhecimento do homem e o respeito ao sagrado aparecem sobretudo, infelizmente, como fraquezas. Camus as assume. Em Estocolmo, falaram-lhe muitas vezes de Deus e de Cristo; ele só tem respeito e veneração pela pessoa deste último, segundo diz, mas não crê em sua ressurreição. "Tenho preocupações cristãs, mas minha natureza é pagã." Ele se sente à vontade entre os gregos, mas não os de Platão, entre os pré-socráticos, Heráclito, Empédocles, Parmênides. Acredita em certos valores da Antiguidade embora, afirma, isso seja mal visto a partir de Hegel.

No sábado dia 14, Camus dá uma conferência para os estudantes, "O artista e seu tempo", no grande anfiteatro da mais antiga universidade sueca, Upsal, setenta quilômetros ao norte de Estocolmo. Depois do incidente argelino de Estocolmo, Colliander telefonou ao presidente da Associação dos Estudantes, a título pessoal. Cabe ao presidente saber o que quer fazer. Camus evoca os escritores numa generalidade abstrata, que sua vida concretiza: "Se falam, são criticados e atacados." Como no caso de *O homem revoltado*. "Se, tornando-se modestos, eles se calam, só se falará de seu silêncio, para os reprovar ruidosamente." A guerra da Argélia está presente na Suécia. Confissão e constatação: "Todo artista que resolve ser famoso na nossa sociedade deve saber que não é ele que o será, mas alguém outro sob seu nome, que acabará por lhe escapar e talvez, um dia, por matar nele o verdadeiro artista." Camus, mais claramente do que Sartre, refuta a teoria do realismo formulada no século XX e recusa a de seu bastardo, o realismo socialista, ainda em moda porém agonizante: "Como [...] um realismo socialista é possível uma vez que a realidade não é inteira socialista?" Não é certo que toda a plateia siga a lógica camusiana, sua estética política e sua política estética: "O academismo de direita ignora uma miséria que o academismo de esquerda utiliza." Camus fala da arte em geral, mas antes de tudo da sua, "nem a recusa total nem o consentimento total do que existe. Ela é ao mesmo tempo recusa e consentimento, e é por isso que só pode ser uma angústia perpetuamente renovada". O escritor saúda seus mestres: "A obra mais elevada será sempre, assim como nos trágicos gregos, em Melville, Tolstói ou Molière, aquela que equilibrar o real e a recusa que o homem opõe a esse real, cada um fazendo o outro se reativar num incessante brotar, que é precisamente o da vida feliz e angustiada." As confissões camusianas são veladas e encobertas: "Para terminar, talvez estejamos abordando aqui a grandeza da arte, nessa perpétua tensão entre a beleza e a dor, o amor aos homens e a loucura da criação, a solidão insuportável e a multidão esmagadora, a recusa e o consentimento."[52] Mais obscuro parece aqui seu respeito por um homem para ele exemplar: "Há uma frase de Gide que sempre aprovei, embora possa prestar-se a um equívoco: 'A arte vive de coerção e morre de liberdade.'" Camus rejeita também os "desempenhos da arte pela arte". Trata-se de realizar uma obra literária e de testemunhar: "Pessoalmente não posso viver sem minha arte, mas nunca coloquei essa arte acima de tudo." Um outro laureado do Nobel de literatura irá abordar o problema quinze anos mais tarde, Alexandre Soljenitsin.[53] Este último irá constatar que em certos momentos históricos, para um escritor, é mais urgente, "mais interessante interessar-se pelo destino de seu país" do que por sua pessoa. Dirá que é preciso falar à sociedade sobre o que ele vê ou, pelo menos, sobre o que não é bom e representa um perigo. Em Estocolmo, Camus recusa, se não o capitalismo, pelo menos o que ele chama de a "sociedade de mercado". Ela "fez da liberdade um uso exclusivo e unilateral, considerou a mais como um direito do que como um dever e não temeu colocar, sempre que possível, uma liberdade de princípio a serviço de uma opressão de fato".[54] Em Upsal não são feitas perguntas sobre Sagan ou a Argélia. Vários estudantes até leram livros de Camus. Depois de uma recepção na prefeitura, na hora de tomar o trem de volta, Colliander, satisfeito, informa a Camus que ele é originário de Upsal:

— Estou contente.

Camus:

— Ah! Estou vendo!

Eles riem. Aquele encontro foi um pouco contido. Com exceção daquela frase infeliz ou inábil sobre a justiça e sua mãe, contestada, mas vinda do coração, a expedição sueca foi um sucesso. O embaixador Gabriel Bonneau esclarece ao Quai d'Orsay: "Albert Camus travou na Suécia uma batalha de Hernani. Enfrentou uma mentalidade maciçamente impermeável, mais do que hostil."

Em Estocolmo, Camus escapa duas vezes para sair sozinho. Deposita o cheque do prêmio num banco, faz uma doação de 700 coroas à Igreja reformada, visita uma escola, promete livros ao diretor do Instituto Francês, sr. Château, faz a ronda de alguns restaurantes, aprecia moderadamente as especialidades, bolinhos de carne e arenque de frigideira.

Os Camus voltam para Paris com os presentes esperados, patins de gelo para as crianças, uma bolsa para Jeanne Polge... Camus aponta com o dedo para Francine e diz a Christiane Faure:

— Você não me disse que sua irmã era feita para se casar com um embaixador.

— Você ainda não tinha percebido?

Mas o prêmio também arrasa Camus. A Robert Mallet,[55] ele fala do "Nobel que me deu um golpe de velhice". Sente-se estatuado e em perigo de ser medalhado: o conservador-chefe do gabinete das medalhas da Biblioteca Nacional lhe solicita, justamente, "algumas sessões de pose". Embaraçado, Camus responde: "Apesar de não ser muito jovem, ainda não sou velho e sinto minha obra ainda muito insuficiente... Talvez [...] pudéssemos esperar."[56] A Associação dos Argelinos na Suécia escreve a Camus: o aparteador de Estocolmo só falou em nome de si mesmo, não pertence a seu grupo, nem a qualquer outra organização nacionalista. Em 17 de dezembro, Camus envia ao diretor do *Le Monde* uma carta na qual ele diz, a propósito dos artigos do jornal: "As declarações que me são atribuídas são perfeitamente exatas, salvo uma, e eu gostaria de lhe pedir permissão para esclarecê-la. Eu não disse que o governo só havia cometido erros menores em sua maneira de tratar o problema argelino. Na verdade, penso o contrário. Mas, a perguntas questionando a liberdade de expressão dos escritores franceses, respondi que ela era total. A uma outra pergunta, questionando a liberdade de nossa imprensa, eu disse que as restrições que pudessem ter sido impostas a essa liberdade por governos enredados na tragédia argelina tinham sido até hoje menores, o que não significa que aprovo essas restrições, embora parciais. Sempre lamentei, a esse respeito, que não houvesse uma ordem dos jornalistas que cuidasse de defender a liberdade da profissão [e] os deveres que essa liberdade necessariamente comporta." Segue-se um toque pessoal: "Gostaria ainda de acrescentar, a propósito do jovem argelino que me interpelou, que me sinto mais próximo dele do que de muitos franceses que falam da Argélia sem a conhecer. Ele sabia do que falava e sua expressão não era de ódio, mas de desespero e infelicidade. Compartilho essa infelicidade, sua expressão é a de meu país. Por isso quis dar publicamente àquele jovem argelino, e só a ele, as explicações pessoais que havia calado até então e que, aliás, seu correspondente reproduziu fielmente." Ao redigir essa carta, Camus acaba de voltar para Paris. Saiu de Estocolmo no domingo, dia 15. Camus não se tinha dado conta *então* do impacto de sua frase sobre a justiça e sua mãe. "... seu correspondente reproduziu fielmente..." Camus se deixa pegar pela forma. Não retifica o tiro quanto ao conteúdo. Proposta muito profissional, alguns dias depois, do redator-chefe do *Le Monde*, André Chênebenoît: "A entrevista coletiva que o senhor concedeu recentemente em Estocolmo continua dando ensejo a polêmicas. O senhor houve por bem nos dirigir há alguns dias uma explicação muito cortês. Se lhe parecesse possível esclarecer sua posição atual sobre o problema argelino, o *Le Monde* ficaria muito feliz em publicar seja um artigo seu, seja uma entrevista que fosse concedida a um de nossos colaboradores. Tenho até a impressão que estaríamos atendendo assim a um grande número de leitores."[57] Camus agradece e recusa a oferta, pois pretende explicar-se num livro que retomará vinte anos de artigos sobre a Argélia, completados por uma explicação. Camus, aqui, mostra-se altivo, trancado: "Na sociedade intelectual de má-fé e de difamação na qual temos a infelicidade de viver, só resta ao escritor escrupuloso, nos casos graves, manifestar-se por meio de um livro, o que o subtrai, em parte, à deformação inevitável da campanha de polêmica."[58]

Agora, todos os inconvenientes da glória cercam Camus. Se está almoçando num restaurante, admiradores ou caçadores de autógrafos o abordam com maior frequência ainda. Nos Estados Unidos, no rádio, fazem rimar *famous* com seu nome, pronunciado *Queimos*. Leva tempo desvencilhar-se de um Prêmio Nobel. Mesmo recusando que se acrescente a menção "Prêmio Nobel" à sua assinatura em um artigo. Um escritor tunisiano judeu, Albert Memmi, é um dos raros a tomar uma posição comedida. Ele exprime seu desacordo e sua simpatia. Singularidade, Memmi foi prefaciado por Sartre e, em outra obra, por Camus. Ele compreende os sofrimentos do argelino Camus. Mas Memmi escreve em *La nef*, revista mensal que não tem a tiragem dos jornais diários ou hebdomadários nem o prestígio de *Les Temps modernes*.[59] Ele lembra que Camus é um *francês da Argélia*... "Sem poder falar da África do Norte, por ser originário dela, Camus foi levado a se calar, porque tudo o que se refere à África do Norte o paralisa..." Camus, para Memmi, é um colonizador de boa vontade: "É preciso compreender que sua situação não é agradável: não é cômodo, afetiva e intelectualmente, ter todos os seus de um lado que se condena moralmente..." Camus "com certeza colheria ao mesmo tempo a suspeita dos colonizados, a indignação dos metropolitanos de esquerda e a cólera dos seus". Algumas cóleras são violentas. Jean Sénac volta a se dirigir a Camus:[60] "Se não estou no maqui, é porque em três ocasiões não quiseram saber de mim." Em sua primeira carta a Camus, onze anos antes, Sénac declarava-se "anarquista cristão". Num texto que gostaria de publicar, ele escreve: "Camus toma dia após dia posições que não apenas o distanciam de sua probidade moral como também o colocam a serviço de uma política duvidosa." Sénac conhece as divergências entre as Faure e Camus: "Aparentemente, os inimigos da sra. Camus [a mãe de Camus] são os terroristas, aparentemente o aparelho político-militar e policial da pacificação garante a segurança da sra. Camus."[61] Camus lhe responde: "Se quer continuar a falar de amor e de fraternidade, não escreva mais poemas glorificando a bomba que mata indistintamente a criança e o terrível adulto 'cego'... Boa sorte."

Albert vai a Argel. Um motorista de táxi ouve falar de Camus:

— Ah, sim, o Camus do RUA, o time.[62]

A uma argelina, Marie Elbe, Sauveur Galliero conta que Camus, encantado, encontrou na rua de Lyon um velho amigo encanador:

— Então, Albert, quais as novidades? O que você anda fazendo?[63]

48

UM "OLHAR MÍOPE"?

Para Camus, 1958 começa tão mal quanto 1957. Geralmente tão pontual, ele não chega no horário a um encontro marcado com Roblès,[1] que, preocupado, telefona a Suzanne Agnely. Finalmente Camus aparece. Com falta de ar num táxi, ele foi a um médico para fazer uma inalação de oxigênio. Depois, um especialista irá constatar que ele está vivendo em estado de semiasfixia. Camus retoma as sessões de exercícios respiratórios com um fisioterapeuta. Francine, Maria, Catherine, Mi e seus amigos são testemunhas de seus mal-estares.[2] Angustiado, ele consulta um psiquiatra, se tranca na rua de Chanaleilles, pensa em suicídio,[3] atravessa outras crises de asfixia e de pânico claustrofóbico. Segundo suas anotações, sente-se "entregue agora a uma espécie de loucura". Mantém um diário de bordo preciso, seco.

"29 de dezembro [1957].

15 horas. Nova crise de pânico. Há exatamente quatro anos, neste mesmo dia, X. [Francine] entrava em seu desequilíbrio (não, estamos no dia 29, um dia depois, portanto). Durante alguns minutos sensação de loucura total. Em seguida, exaustão e tremores. Calmantes. Estou escrevendo isto uma hora depois.

Noite de 29 para 30: angústias intermináveis.

30 de dezembro.

Melhora prolongada.

1º de janeiro [1958].

Ansiedade redobrada."

No entanto, nesse mesmo dia ele escreve a René Char: "Estou melhor. Não fique preocupado. Apoiado pelos médicos que consultei, vou tomar medidas para reencontrar distensão e gaia ciência." Em três meses, Camus se recupera.

"Janeiro-março.

As grandes crises desapareceram. Surda e constante ansiedade apenas."

"Mi", sua nova companheira, ajuda Camus. Eles se encontraram no Flore dez meses antes.[4] Camus tomava um trago com Pierre Bénichou, filho de André, e Albert Cossery. Mi escrevia, diante da porta do café, no térreo. Camus fixou os olhos na bela moça. Ela o reconheceu. Os amigos convidaram Mi para sentar-se à sua mesa. O que ela fazia na vida?[5]

— Desenho.

Falaram de Piero della Francesca, que os dois adoram, e saíram para dançar. Depois, Camus, bom estrategista, deixou os amigos em casa de carro para ficar sozinho com Mi. De origem dinamarquesa, Mi quis ser professora de desenho, entrou na escola de Belas-Artes de Copenhague. Mais tarde, em Paris, continuou estudando desenho e pintura na Grande Chaumière, onde é *massière*: supervisiona os ateliês, escolhe os modelos, orienta suas poses. Assim, suas aulas são gratuitas. Para pagar os estudos, torna-se manequim de Jacques Fath, mas logo decide fazer uma turnê pela França, principalmente para os tecidos Boussac, pois esse trabalho é muito mais bem pago do que o das casas de costura. Camus vai encontrá-la em Saint-Omer, Perpignan, Béziers, Narbonne... Robert, Michel e Janine Gallimard constatam que ele está rejuvenescendo. O casal não se esconde: é visto na Lipp, no Petit-Pavé, ou nas boates, como a Nuage. Mi vai à rua de Chanaleilles. Não morre de simpatia por Char, às vezes meio rude. Mi é uma das raras mulheres com quem Camus assiste a um jogo de futebol. Falam de Melville, Dostoiévski – e Nietzsche: "Ele falava de si mesmo como de Deus", diz Camus, "e no entanto nunca deixa de ser lastimável. Não era Deus." Admira nele "a luta contínua contra a dor física". Camus observa: "Nem sempre é verdade que a nobreza obriga. Mas a obrigação, muitas vezes, enobrece."[6] Mi aceita os humores de Camus, sabe lidar com ele. Os dois se sentem como numa "bolha do tempo sem limites".[7] Ela o arrasta à piscina de Vilennes. Ele gosta da juventude, da paixão de Mi, que o trata como se ele tivesse sua idade e o descansa.

Na França, por toda parte Camus ainda é intimado a tomar partido politicamente. Alguns, ligados ao escritor pela argelinidade, estão decepcionados ou perplexos. Em 11 de janeiro, o *Le Monde* publica um artigo de página inteira de Amrouche, recusado pelo *L'Express*: "A França como mito e como realidade. De algumas verdades amargas". Para Amrouche, os franceses imaginam a França como portadora de missão universal. Esquecem o sistema colonial, falha de uma França mística e universalista. E impossível manter "o equívoco tradicional entre o dizer liberal e humanista e o fazer racista e colonialista". Esquerda e direita são igualmente responsáveis. A primeira não é mais que "uma máscara e um álibi para a direita, majoritária e chauvinista". Os argelinos muçulmanos fazem agora o "amálgama [...] entre a França da liberdade e a França imperialista". Para Amrouche, a França colonial é "racista, ávida, opressiva, inumana, destrutiva". Ela se acredita "educadora dos Povos, Filha mais velha da Igreja, Cristo das nações". Amrouche não vê outra solução a não ser a independência. Jacques Heurgon responde a Amrouche no *Le Monde*,[8] condenando os excessos daquele que foi seu amigo. Camus aprova Heurgon: "Estou cem vezes de acordo com o que você escreveu sobre Amrouche. Não é isso ou não é ele, eis o que penso sempre que o leio."[9] Segundo Camus, são raros os que, como ele e Heurgon, amam de fato a Argélia, "com a mesma esperança obstinada". Camus diz a Jules Roy, desolado com essa briga, que Amrouche é um sofista perigoso.[10]

Retirado dos assuntos públicos, Camus dedica-se ao teatro e a seu romance.

— Não leio mais o *L'Express* nem o *France-Observateur* — ele diz a Jean Grenier.

Mesmo quando não se trata da Argélia, ele se sente no ostracismo. Diz também a Jean Grenier:

— Meus inimigos são numerosos.[11]

Camus sente por Grenier uma gratidão inabalável, uma afeição cerimoniosa, embora o professor o irrite ou o divirta com seu sentido de economia. Agora ele lhe dá conselhos. A propósito de um romance:

— É preciso cortar a primeira metade, em seguida, é impressionante, uma tragédia, o nó se aperta e não se pode fazer nada contra.

Antes da partida para Estocolmo, o professor declarou ao aluno que lhe dedicaria um livro.

A sra. Sogler escreve com frequência para Camus: Simone continua à deriva. Camus não pode fazer mais nada por ela. Encontrou-a em Paris, magra, com o rosto inchado. Ela tentou psicanálise e uma clínica de desintoxicação na Suíça. Camus fala a Grenier do casamento em geral:

— É melhor quando há separação de corpos. Muitas coisas são evitadas. Com minha primeira mulher, Simone Hié, compreendi o que era alguém que desejava sua destruição. Era bonita, forte, inteligente, nunca conseguiu se livrar do hábito da droga. No parque de Hydra, às vezes ela saía à noite deixando um bilhete: "Vou me matar." Por mais que eu não acreditasse, sou da opinião de que nunca se deve virar as costas. Então, eu saía, ia encontrá-la num barranco. Antes do casamento, eu não suspeitava de seu vício em morfina. Levei-a numa viagem... para Linz, abri uma mala e dei com umas ampolas, a mala estava cheia delas. Ela voltou ao hotel, me viu amarrando os sapatos, com o pé em cima de um banquinho : "O que está fazendo?", me perguntou (foi a única mulher a me tratar de *vous*). Respondi: "Vou embora."

O hebdomadário *Paris-Match* anunciou que Camus é consultado pelo presidente Coty a propósito dos recursos de clemência. O escritor desmentiu. Ele intervém para solicitar clemências, a título individual.

Ele se entedia no conselho editorial da Gallimard, acompanha as representações de *Réquiem para uma freira*, até na Bélgica, propõe-se a rever a peça em Nice. Conta a Grenier um encontro recente com De Gaulle, que atravessa seu deserto político há mais de dez anos.[12]

— Um intermediário nos apresentou. De Gaulle diz que a África está perdida. Os franceses estão num período de desânimo e de falta de confiança em si mesmos. Não há nada a fazer. Devo me manter afastado para que mais tarde meu exemplo sirva aos franceses, daqui a duas ou três gerações.

Em seus cadernos, Camus anota: "*5 de março.* Entrevista com De Gaulle. Quando falo dos riscos de distúrbios se a Argélia estiver perdida, e na própria Argélia do furor dos franceses da Argélia: 'O furor francês? [diz De Gaulle] Tenho 67 anos e nunca vi um francês matar outros franceses. A não ser eu.'"

A Francine, Camus conta que interrogou o General sobre o futuro dos mais pobres da Argélia.

— Pedirão altas indenizações — respondeu De Gaulle.

Camus está assustado com seu cinismo.[13] O escritor falou na atribuição da cidadania a todos os argelinos. De Gaulle:

— Sim, e nós teríamos cinquenta *bougnoules* na Câmara.[14]

A Argélia tem 66 eleitos em 1958. Se os *bougnoules* tivessem votado, haveria muito mais do que previra o General.

Os três departamentos argelinos elegem 26 deputados do Regroupement National pour l'Unité de la République [Agrupamento Nacional para a Unidade da República], 25 de um grupo da Union pour la Nouvelle République [União para a Nova República] (esses 51 deputados são gaullistas de modo geral). O grupo dos Indépendants et Paysans d'Action Sociale [Independentes e Camponeses de Ação Social] tem três deputados, o da Entente Démocratique [União Democrática] o mesmo número (esses dois representam a direita clássica). Há sete não inscritos. A esquerda está reduzida a dois socialistas. O Front Populaire [Frente Popular] e a Libération [Libertação] estão longe. A Argélia dos *pieds-noirs* marca presença à direita.

Camus parte em 26 de março para a Argélia, onde conta passar três semanas.

"*Marselha.* Argel no *Kairouan.* [...] Os soldados na ponte e sob o vento, encolhidos nos cordames, a cabeça envolta em lenços, o casaco disforme." Haverá até quinhentos mil soldados franceses na Argélia. "Esses momentos em que o homem abandona a exibição e se encolhe ao nível da necessidade. E a história."[15]

Camus se instala no hotel Saint-Georges. Todos os dias vai visitar sua mãe. Revê Roblès, conversa com um dos escritores de que gosta, Mouloud Ferraoun:

— Quando dois de nossos irmãos travam um combate implacável, é loucura criminosa incitar um ou outro. Entre a sabedoria reduzida ao mutismo e a loucura que se esgoela, prefiro as virtudes do silêncio. Sim, quando a palavra chega a dispor sem remorsos da existência do outro, calar-se não é uma atitude negativa.

Camus também relata sua conversa com De Gaulle a Poncet.[16] Ele achou De Gaulle pessimista. O General seria então partidário de uma solução federal para a Argélia. De Gaulle só voltará ao poder por vias legais. Mas nunca "esse maldito regime dos partidos" irá chamá-lo de volta.

— Sabe — diz Camus a Poncet —, desse lado não há esperança.

Pela primeira vez, a conversa entre Poncet e Camus parece tensa. Em Argel, homens como Poncet acham que se deve negociar com o FLN. Camus adere mais ou menos à política argelina do governo vigente, o de Félix Gaillard, que fez votar uma lei do enquadramento instituindo o colégio único.

— Quando cheguei, não acreditava nessa lei do enquadramento — diz Camus a Poncet.

Ele acaba de encontrar dois argelinos que apostam nela.

— Mudei de opinião depois de minhas conversas — prossegue Camus. — Parece que ela pode, de fato, constituir um início de solução que preserve o interesse dos dois partidos.

— Eu acho — responde Poncet — que você está errado em dar tal crédito a seus visitantes. Eles representam apenas uma parte ínfima da opinião pública argelina. Essa lei do enquadramento só tem a aparência do federalismo e você bem sabe que já não temos certeza de que o FLN aceite nem mesmo um sistema realmente federal. E se, extraordinariamente, o que não acredito, a lei do enquadramento pudesse levar à paz, ela seria sabotada em seguida, como o foi o estatuto de 1947.

— Mas você está esquecendo — insiste Camus — a importância decisiva que pode ter o desenvolvimento econômico da Argélia.

Ele está impressionado com o *boom* econômico, a febre de construção, a importância do petróleo.

— É verdade — diz Poncet —, os cais [de Argel] são muito exíguos para armazenar tudo o que importamos. Estão abarrotados de cimento, de ferros e canos de todos os tipos, de todas as dimensões. Está ligado à descoberta do petróleo de Hassi Messaoud. Porém esse *boom* durará apenas alguns anos.

Para Poncet, é preciso dirigir-se ao FLN. Camus se torna sombrio:

— Não. Negociar com o FLN nas circunstâncias atuais seria reconhecer sua representatividade. Ora, o FLN por trás do Egito é o sonho do renascimento do Império árabe. E o Império árabe significa a guerra mundial.

— Então o que fazer?

— Fazer a guerra contra o FLN.

A posição de Camus é rígida. Para Poncet, o "federalismo pessoal", preconizado pelo deputado Marc Lauriol e ao qual Camus adere, é uma "ideia maluca" e revela um irrealismo surpreendente. Os amigos de Camus, Maisonseul, Charlot, Miquel, Bénisti, estão entristecidos: Camus não sente mais a Argélia. A seu irmão Lucien, Albert diz que talvez exista uma esperança pelo lado do General.[17]

Camus expõe uma solução federal em sua coletânea *Actuelles III – Chroniques algériennes* [Crônicas argelinas], cujo manuscrito é entregue ao setor de produção da Gallimard em 17 de abril de 1958. Há quase dois anos Camus não fala da Argélia na França. Seus atos políticos serão seus textos. O Nobel pode servir para isso – talvez. O escritor premiado será ouvido – talvez. Nesse volume de *Actuelles III*, ele reúne artigos publicados no *Alger républicain*, no *Combat*, no *L'Express*, o texto completo de seu "Apelo por uma trégua civil" – um balanço de vinte anos. Para Camus, as duas comunidades na Argélia estão condenadas a viver juntas. Em 8 de maio, Ferhat Abbas comunica que uma negociação continua sendo possível. No dia 9, o general Raoul Salan telegrafa ao presidente Coty protestando contra qualquer plano de abandono na Argélia. Nesse dia Camus assiste ao *vernissage* de uma exposição de Jean de Maisonseul na galeria Au pont des Arts. Ele redigiu um texto para seu amigo: "Se pudéssemos falar de pintura pura, caberia fazê-lo a propósito dessas obras em que o jogo de valores, o estudo dos detalhes, dos fundos, da unidade da matéria ocupam um lugar tão importante. E no entanto essa técnica não se encanta inutilmente consigo mesma. É submetida essencialmente à imperiosa natureza africana que lhe oferece seus rochedos, suas argilas, suas terras secas, seus volumes petrificados e suas espessuras de sombra úmida, mas também sua luz pura girando em torno das pedras brancas e quadradas." Na galeria, Camus mostra-se desagradável com os jornalistas, o que impressiona Maisonseul.

Os acontecimentos na França embaralham as cartas do jogo argelino. De Gaulle tomou o poder graças a uma espécie de golpe de Estado legalizado pela maioria da classe política – com exceção dos comunistas, de alguns pequenos partidos, de Mendès France e de Mitterrand. Em 13 de maio, em Argel, os europeus tomam de assalto o governo-geral e criam um comitê de salvação pública. Um de seus padrinhos, o general Salan, gritará dois dias depois, na sacada: "Viva De Gaulle." Este último declara: "Estou pronto para assumir os poderes da República." No dia 17, as assembleias parisienses votam o estado de emergência por três meses. No dia 20, a Assembleia Nacional renova os poderes especiais do presidente do Conselho Pfimlin. Em Argel, os generais rebeldes se preparam para aplicar o plano "Ressurreição" para intervir na metrópole com regimentos de paraquedistas acantonados em Toulouse e Bayonne. Em 27 de maio, De Gaulle publica um comunicado: "Espero que as forças terrestres, navais e aéreas presentes na Argélia se mantenham exemplares sob as ordens de seus chefes." Alguns acreditam ou fingem acreditar na "fraternização" dos "indígenas" e dos "*pieds-noirs*". Camus ouve rádio ininterruptamente, mas anota em seus cadernos, em 29 de maio: "Meu ofício é fazer meus livros e combater quando a liberdade dos meus e do meu povo for ameaçada. E só isso." De Gaulle torna-se presidente do Conselho em 1º de junho e vai a Argel no dia 4.

Depois da organização dos textos de *Actuelles III*, Camus redigiu algumas linhas de introdução: "Amplas mudanças se operam nos espíritos na

Argélia, e essas mudanças autorizam grandes esperanças ao mesmo tempo que temores. Mas os fatos, por sua vez, não mudaram e, amanhã, será preciso continuar a levá-los em conta para desembocar no único futuro aceitável: aquele em que a França, apoiada incondicionalmente em suas liberdades, saiba fazer justiça, sem discriminação quer num sentido quer no outro, a todas as comunidades da Argélia." Nesse prefácio, escrito antes da chegada do General ao poder, Camus descreve o "trabalho de desintoxicação" do qual deseja participar dando seu testemunho. O escritor se afasta do "jogo público" e confessa, não sem orgulho, suas fraquezas que justificam esse afastamento: "Falta-me antes de mais nada aquela segurança que permite decidir tudo." Ele se mantém numa posição razoável: "E justo saber reconhecer as razões do adversário antes mesmo de se defender contra ele." Camus distribui as acusações: "As represálias contra as populações civis e as práticas de tortura são crimes pelos quais somos todos responsáveis." O mesmo vale para a política de repressão francesa. Camus volta-se assim para os homens da ALN, para julgar o terrorismo: "Para sermos úteis e justos, devemos condenar com a mesma força, e sem precauções de linguagem, o terrorismo aplicado pelo FLN aos civis franceses como também, e numa proporção maior, aos civis árabes." Camus visa os progressistas franceses: "A verdade, infelizmente, é que uma parte de nossa opinião pública pensa obscuramente que os árabes adquiriram o direito, de certa maneira, de assassinar e de mutilar, enquanto uma outra parte aceita legitimar, de certa maneira, todos os excessos." Um golpe à direita, um golpe à esquerda: "Uma esquerda inteligente, sem nada ceder em seus princípios, teria [...] tentado persuadir o movimento árabe de que certos métodos eram infames em si mesmos. Mas não. À direita, na maioria das vezes, endossou-se, em nome da honra francesa, o que era mais contrário a essa honra." Camus chama de volta "à decência" uma parte da esquerda francesa. E pensa em seu pai: "Quando um partidário francês do FLN [*trata-se tanto de Amrouche como de outros, Camus não nomeia ninguém*] ousa escrever que os franceses da Argélia sempre consideraram a França como uma prostituta a ser explorada, é preciso lembrar a esse irresponsável que ele está falando de homens cujos avós, por exemplo, optaram pela França em 1871. E deixaram sua terra da Alsácia pela Argélia, cujos pais foram mortos em massa no leste da França em 1914 e que, eles próprios, mobilizados duas vezes na última guerra, não deixaram de lutar em todas as frentes, com centenas de milhares de muçulmanos, por essa prostituta." Camus continua acreditando que seu pai, morto em 1914, era de origem alsaciana.

Em 4 de junho, no fórum, diante dos franceses da Argélia, De Gaulle lança seu equívoco: "Eu os compreendi." O ator Pierre Blanchard, que Camus aprecia, escreve-lhe: em 6 de junho, em Mostaganem, "a multidão que veio ouvir De Gaulle incluía 80% de muçulmanos. Número homologado".[18] Por quem? Pelos serviços de informação franceses. *Actuelles III, crônicas argelinas 1939-1958*, colocada à venda depois de 16 de junho, não é um sucesso. Seis semanas depois de seu lançamento, *Le Monde* publica um artigo de Jean Lacouture que trata também dos livros de Georges Bidault e de Serge Bromberger.[19] Respeitoso, mas crítico, Lacouture julga que Camus hoje lança sobre o drama argelino "um olhar aparentemente menos intrépido do que sobre a Argélia de antes da guerra". Sua vontade de se colocar como árbitro "nesse diálogo demente entre os paralíticos e os epilépticos" irrita Lacouture. O escritor teve "a coragem de não se esquivar do incômodo da conclusão política. Admitamos que ela não preenche nossa expectativa. [...] O que decepciona são algumas das razões dadas, para recusar a ideia de nação argelina, pelo homem que escrevia em 1955: 'O povo árabe conservou sua personalidade, que não é redutível à nossa.' Decerto há muito a dizer da 'nação' argelina, de suas bases históricas, das consequências econômicas e humanas de uma eventual independência desse país. Mas esperavam-se do autor de *Os justos* argumentos diferentes deste: 'No que se refere à Argélia, a independência nacional é uma fórmula puramente passional. Ainda não houve nação argelina. Os judeus, os turcos, os gregos, os italianos, os berberes teriam o mesmo direito de reclamar a direção dessa nação virtual.'" Segundo Lacouture, "*Actuelles III* merece atenção e estima". Camus não obtém nem uma nem outra. Ele escreve a Francine, a propósito de seus críticos: "Se eles me pressionavam, não era para o bem da Argélia, era apenas para me deixar em má posição. Não é fato, já que isso me impeliu um pouco mais a mostrar o que eu pensava? Do bom uso dos inimigos: que sejam amados. Amém."[20] Na coleção Blanche original, em dez anos, serão vendidos apenas 32.621 exemplares de *Actuelles III*. Para um Camus, é pouco.[21]

Solitário real e imaginário, Camus manteve outras frentes em que lutam minorias, exilados do interior ou do estrangeiro. Depois do Nobel,[22] encontrou em reuniões restritas membros do grupo de estudos criado pelo Sindicato dos Revisores. Convidaram-no para que desenvolvesse seu ponto de vista sobre os contatos necessários entre escritores e operários do livro, a desejável fusão sartriana das mãos da pena com as mãos proletárias. Lazarevitch e Maurice Proix, entre outros, assistem à reunião. Todas as categorias "do livro" e da imprensa estão presentes. Fraternal, caloroso, Lazarevitch apresentou Camus, "um dos raros escritores que não aceitam deixar-se corromper".

— Defender os direitos do trabalho equivale a defender os direitos dos intelectuais — diz Camus. — Qual seria o lugar de encontro normal de uns com os outros, se não o sindicato? Chamando os intelectuais, como vocês estão fazendo hoje, a participar de certos debates com círculos de estudos, recriando "universidades populares".

Camus, antes da guerra, animou círculos em Argel com Marguerite Dobrenn, Jeanne Sicard, Charles Poncet.

— É evidente — ele constata — que os intelectuais se calam e não têm nenhum contato com o que se poderia chamar de movimento operário... se ele existisse. Ora, não há movimento operário digno desse nome. Como nos inserir num movimento inexistente?

Camus analisa seu trabalho de escritor atento aos problemas sociais. É preciso evitar "assumir a responsabilidade pela condição operária", cair em chavões como os de Ilya Ehrenbourg ou no escotismo de ação social. O escritor deve dirigir-se ao maior número de pessoas sem deixar de visar à obra de arte.

— Quando fiz "Les muets" [Os mudos], curta novela incluída em *L'Exil et le Royaume* [O exílio e o reino] que trata de uma greve numa tanoaria argelina, fiquei muito preocupado — admite Camus. — Não podia perder de vista que conseguir descrever uma greve ou, mais exatamente, seus efeitos numa linguagem comunicável é um trabalho muito delicado.

A propósito dessa novela, ele acrescenta:

— Não houve uma só carta de trabalhador, e nenhuma revista operária pediu autorização para reproduzir esse texto. Quanto ao próprio livro, percebe-se que ele não vendeu nos meios operários. Isso se deve, provavelmente, ao fato de os livros custarem muito caro...

— Mas o circo e o *music-hall*, cujos ingressos são muito caros — observa um participante —, lotam as salas, e veem-se muitas famílias de operários.

— Eu não me permitiria — responde Albert Camus, sobrinho de Étienne Sintès — dirigir a menor censura nesse sentido a trabalhadores que, cansados de sua semana, têm o direito de buscar uma distração.

Diante daqueles homens e mulheres simpatizantes do socialismo revolucionário, opositores de esquerda ao comunismo, Camus não pode deixar de declarar, a propósito do jornalismo e dos inimigos que não gosta de criar:

— Para mim é um perpétuo sofrimento, pois é preciso convir que estamos aqui na metrópole da maldade, da difamação e da mentira sistemáticas. Vivemos constantemente numa conspiração vil, que torna a atmosfera deste país quase irrespirável.

A lealdade de Camus para com os republicanos espanhóis,[23] aqueles esquecidos da história, continua infalível. Ele também defende Israel ameaçado em nome do anticolonialismo. Segue o infatigável Louis Lecoin, defensor dos objetores de consciência. Quando um jovem lhe pergunta se deve aceitar servir na Argélia, Camus sempre dá as razões que justificam, segundo ele, a presença na Argélia dos soldados do contingente assim como dos militares de carreira. Mas também apoia Lecoin num país em que a objeção de consciência não tem vez. Camus envia a De Gaulle seus dossiês em favor de condenados argelinos. Desde a subida do General ao poder, os condenados à morte não são executados. O escritor irá dirigir-se ao novo presidente para defender os amigos de Lecoin. O General, velha França, lhe responderá com uma carta bastante distante:[24]

"Meu caro Mestre,

Recebi a carta que o comitê de ajuda aos objetores de consciência o encarregou de me dirigir.

Sua solicitação refere-se ao mesmo tempo à elaboração de um estatuto de objetor de consciência e à eventualidade de uma medida de clemência em favor dos objetores de consciência presos há mais de vinte e sete meses. Ela interessa, portanto, igualmente ao Senhor Chanceler, ministro da Justiça, e ao Senhor ministro dos Exércitos.

Levei ao conhecimento deles, assim como ao do Senhor Primeiro-ministro, os termos de sua carta. Peço-lhes que me mantenham informado sobre o seguimento que pretendam lhe propor.

Creia, meu caro Mestre, em meus sentimentos cordiais e devotados."

O General não dá sequer um parecer "favorável". André Malraux, agora ministro dos Assuntos Culturais – a despeito dos conselhos de Pascal Pia –, solicita aos prêmios Nobel franceses de literatura, Mauriac, Martin du Gard e Camus, que constituam uma comissão que comprove a moralidade de uma presença francesa na Argélia. Malraux insiste em que Camus seja, assim, "uma espécie de embaixador permanente da consciência francesa em nome de De Gaulle".[25] Mauriac parece mais do que céptico. Martin du Gard morre. De Atenas, Camus recusa oficiosamente.[26] Mais tarde verá.

Ele partiu para a Grécia em 9 de junho de 1958. Depois de percorrer as Cíclades, Janine e Michel encontraram Maria e Albert em Rodes, por quinze dias. No iate alugado por Michel navegam, com Mario Prassinos, pintor e maquetista das edições encadernadas da Gallimard, sua mulher Io, sua filha Catherine.[27] Albert e Mario, rompidos, se reconciliam. Michel adora que aqueles de quem gosta se gostem. Os navegadores, entre os quais Camus, mantêm um diário de bordo ilustrado, engraçado e erótico.[28] Na ilha de Mitilene – Lesbos –, Camus descobre o sítio de Sigri e, em outro lugar, o padre Bruckberger, de camisa xadrez de caubói, com uma amiga. *La Fantasia*, pequeno navio de guerra reformado, tem como tripulação dois marinheiros gregos e um capitão inglês: ele degusta seu gim, sua mulher cozinha. Maria Casarès deixa o grupo; precisa voltar para Paris para trabalhar. E quinze dias são um período suficiente de coabitação, ironizam Maria e Albert.

Camus está feliz. Todos eles, cobertos de óleo de oliva, bronzeiam-se no *roof*. Não falam em política, mas Camus confidencia para Janine que De Gaulle o fascinou, por sua estatura e por seu espírito. Uma boa parte da *intelligentsia* parisiense – que está no sul da França, nas Baleares ou na Toscana – irá criticar Camus por sua excursão grega, enquanto a história se agitava em Argel e em Paris.

Durante essa quinta viagem à Grécia, Camus reencontra o país mítico e real que imaginava. Celebra essas núpcias, desfruta o calor, os cheiros de espuma, o brilho das casas caiadas, brancas e azuis, a terra vermelha. Mas sente-se freado pelo corpo: "Infelizmente, não sei mais nadar. Ou, antes, já não consigo respirar como antes. Isso não impede que eu relute em deixar a praia onde acabo de ser feliz." Ele recorda as praias argelinas, saboreia o passado sob o presente.[29]

Voltando da Grécia, reencontra a Argélia. Menos pessimista, escreve a Poncet: "Diga-me mais uma vez que esperança ou que expectativa se pode ter quanto à situação." Como todos os franceses, inclusive os próximos de Charles de Gaulle, Camus e seus amigos interrogam-se sobre as intenções do General. De Gaulle saberá de fato o que deseja para a Argélia naquele momento? Nova desaceleração do otimismo camusiano depois de sua última mensagem a Poncet, numa carta a Grenier, em 4 de agosto: "Acredito, como você, que provavelmente seja tarde demais para a Argélia. Não o disse em meu livro [...] porque é preciso dar oportunidade ao acaso histórico – e porque não escrevemos para dizer que tudo está perdido. Nesse caso, calamos. Estou me preparando para isso."[30] Em agosto,[31] Camus e Poncet almoçam no Petit Pavé, em Saint-Germain-des-Près. Poncet nota que o pessoal se mostra solícito, e Camus aprecia essas atenções. Está sempre à vontade com as "pessoas simples", como se tentasse reencontrar um pouco da naturalidade de sua infância pobre, Poncet diz a si mesmo. Camus aposta na fraternização entre árabes e *pieds-noirs*. Segundo Poncet, as manifestações foram em parte orquestradas. Camus se entristece:

— Então, está acabado.

— Não necessariamente — responde Poncet. — É possível que De Gaulle seja suficientemente firme e hábil para impor ao FLN uma negociação que não sacrifique a comunidade francesa.

Mendès France não perdoa a De Gaulle o golpe de sua tomada de poder maquiada de rituais parlamentares. Nesse ponto, Camus não segue PMF. De Gaulle o intriga. Não o vê como aprendiz de ditador, embora desconfie dos barões gaullistas como Michel Debré. Camus identifica neste último hipotéticas tendências fascistas, nunca manifestadas. Camus e Jean Daniel, cada um por seu lado, não excluem a ideia de que o General, homem de direita heterodoxo, possa tirar a França do impasse argelino.[32] Camus não desfilou da Bastille à Nation contra De Gaulle, escandindo: "O fascismo não passará."

— Por enquanto — ele constata para Poncet — nenhuma de nossas liberdades fundamentais está sendo ameaçada. Se o fossem algum dia, acredite, eu não me contentaria em assinar manifestos, iria para a rua e lutaria para defendê-las com os operários.

Se fosse preciso, ele se oporia aos coronéis que caíram de paraquedas sobre Paris. Poncet lamenta, no entanto, o silêncio do amigo a propósito da Argélia.

— Mas eu falei — Camus exclama. — Você leu minhas *Crônicas argelinas*. Você viu como a imprensa de esquerda abafou esse livro.

Poncet aprova a publicação do livro, mas continua não compreendendo que Camus tenha aderido à construção abstrata do federalismo pessoal à Lauriol. O FLN adquire uma influência e um peso nas relações internacionais:

— A única coisa que ainda se pode esperar é uma Argélia autônoma federada à França.

Camus levanta os braços com resignação:

— Pois bem, mesmo assim vamos ter esperança.

O político que há nele recusa o absurdo da situação, revolta-se apesar de tudo, apesar de todos, contra os extremismos. Diante de Poncet, na mesma conversa, Camus roça a esperança e o desespero.

Naquele verão, para Poncet, o escritor está "à beira da misantropia". Ele se crê perseguido. É a vítima da esquerda não comunista, que vê nele um anticomunista primário, secundário ou terciário, e um colonialista, porque rejeita as teses do FLN e a independência. Na França, imprensa e classe intelectual se polarizam: para a esquerda, e para a direita, que quer recuperá-lo, Camus seria na melhor das hipóteses um marciano idealista. Cúmulo da infelicidade profética, o mais tranquilo dos filósofos conservadores da história, Raymond Aron, publicou uma segunda pequena obra, *L'Algérie et la République* [A Argélia e a República].[33] Baseando-se em argumentos econômicos detalhados, ele pretende mostrar que a integração é impossível, embora a cooperação continue sendo necessária. Aron situa o problema argelino numa perspectiva europeia. A Argélia custa mais à França do que aquilo que ela rende. Aron faz uma afirmação dolorosa: "O derrotismo é perder a esperança na reconciliação com os nacionalistas. O abandono é rejeitar a cooperação com os países promovidos à independência." Para Camus, a expulsão dos franceses da Argélia seria o dilaceramento supremo. Quando Poncet volta a falar em seu silêncio, Camus se crispa. Não quer participar "da hipocrisia das assinaturas de manifestos". Sua ação é mais eficaz. Não obteve clemência para vários argelinos condenados à morte? Ele acha que uma vida salva vale mais do "que tantas assinaturas concedidas levianamente e, com frequência, inoperantes".[34]

As posições da imprensa progressista atormentam Camus. Há muito tempo, no caso da Argélia,[35] o *Le Monde*, segundo ele, deixou de ser imparcial. Seu diretor, Hubert Beuve-Méry, seria "pelo abandono". Poncet se indaga: como Camus, que, no passado e em público, no *Alger républicain* ou no *Combat*, defendeu os direitos humanos, mantém uma posição que contradiz esse passado? Durante vinte anos, a esquerda se acomodou às injustiças feitas aos "indígenas". Agora, para Camus, essa esquerda, esquecendo os *pieds-noirs* pobres, apoia o abandono. Para Poncet, Camus está "imunizado contra o complexo de culpa" que move essa esquerda. Mas, sobretudo, ele pensa na expulsão, no "sacrifício de sua comunidade", aceito por Aron, Bourdet e, certamente, por De Gaulle. A ideia de independência muitas vezes parece a Camus, verossímil, mas inaceitável. Achando que a longo prazo Camus era mais lúcido que alguns outros, em 1958 Poncet julga que sobre a Argélia ele está lançando um "olhar míope". Camus sonha antes de tudo com duas comunidades na Argélia, os muçulmanos e os brancos de classe baixa, cada uma com seus direitos. Conseguirá ele se desfazer de imagens e de certezas, que remontam a suas aulas da escola primária e do liceu, sobre a "obra civilizadora" da metrópole? A Argélia continua reunindo departamentos franceses, da mesma cor que os departamentos de Seine-et-Oise e Bouches-du-Rhône nos mapas da classe do sr. Germain.

Em seu escritório da rua Sébastien-Bottin, Camus encontrou alguns jovens argelinos da Amicale des Étudiants, entre eles Ahmed Taleb-Ibrahim, que estuda medicina e trabalha, com Jean Sénac, no *Moujahid* clandestino. Esses dois estavam sentados em cadeiras. Aos outros, Camus disse:

— Vamos fazer como na nossa terra. Vamos sentar no chão.

Os estudantes tiveram a impressão de que ele os tomava por meninINHOS. Sénac achou Camus odioso e o chamou de covarde. Depois, Suzanne Agnely viu Camus chorando, com a cabeça apoiada nos braços:

— E se esses meninos tiverem razão? — disse ele.

Camus já não aposta em De Gaulle como alguns meses antes. O General não fará a grande comunidade sonhada, uma espécie de Commonwealth francês.

— Se continuarmos assim — diz Camus a Quilliot —, caminharemos para a independência, e eu irei embora, deixarei a França, irei para o Canadá.[36]

Ele se perde nesse projeto de duplo exílio, longe da Argélia e da França. André Bénichou defende a manutenção da Argélia dentro da República Francesa. Ele anda com um transistor:

— Quero ser o primeiro a ouvir a notícia do assassinato ou da morte de De Gaulle.

Perturbado, André ataca até Irène e Georges Dayan, em cuja casa está alojado em Paris:

— Vocês são uns vendilhões...

Ele se insurge contra os que lhe aconselham deixar Orã, declarando a uns e outros:

— São homens como você que nos farão perder...

Diante da provável expulsão dos europeus da Argélia, André Bénichou, antirracista, antifascista, militante liberal que apoiava o Front Populaire, reformista malvisto pelos burgueses colonialistas de Orã, está convencido de que a Argélia caminhará para a ruína econômica e a falência política. A maioria esmagadora dos *pieds-noirs* sente-se traída, desprezada por De Gaulle, e incompreendida pelos metropolitanos. André Bénichou representa um ponto de vista compartilhado, numa paixão carnal, por muitos brancos pobres da Argélia, e por algumas elites.

Camus reencontra uma certa paz na Provence, em L'Isle-sur-Sorgue: "A paisagem que reconheço me realimenta e chego feliz." Em Camphoux também, em casa dos Mathieu, com os Polge, Camus se distende. Passeia com Char na estrada das cristas do Luberon, na floresta de cedros. Tal como na Grécia, ali a luz e o espaço arrebatam o escritor. Tem vontade de comprar uma casa nas redondezas.

O filho de Belcourt não é tão rejeitado quanto acredita. Em setembro, a publicação mensal *Preuves* publica uma carta de um argelino muçulmano destinada a Camus:[37] "Talvez eu esteja menos surpreso do que o senhor com o silêncio que envolve seu último livro *Actuelles III* e que acabará por abafá-lo [...] a recepção reservada à sua obra nada tem de surpreendente. [...] Não só o senhor diz o que pensa sobre o que se resolveu chamar o problema argelino, como pensa corretamente e diz bem... Por isso, meu senhor, desta Argélia que sofre, que o senhor aprecia, pelo menos o senhor, envio-lhe uma saudação amigável, com toda a admiração devida a um espírito lúcido, a um homem corajoso." Até o *France-Observateur* publica protestos contra o ostracismo de que Camus é vítima:[38] "Venho lhe participar meu espanto a propósito *de seu silencio* sobre as três últimas obras de Camus: *O exílio e o reino*, *O avesso e o direito* e *Actuelles III*, silêncio ainda menos compreensível pelo fato de este último livro tratar da Argélia, com que os leitores de seu jornal são felizmente entretidos todas as semanas. Sua leitura me irritou quanto a muitos pontos, mas ele merece amplamente ser lido." Roger Quilliot,[39] num artigo, bastante confidencial, reconhece a importância de *Actuelles III*. Para ele, Camus trata "com rara boa-fé, rara força de convicção, de um país que lhe é muito importante. [...] Fala nele com tanto fervor contido quanto comedimento e objetividade; entra nas razões de uns e de outros e esforça-se para fazer justiça a todos". Ao próprio Quilliot, um Camus inquieto, que passa por altos e baixos, diz:[40]

— Se fosse para me tornar um estrangeiro em meu próprio país, na Argélia, eu deixaria a França...

Quilliot deve compreendê-lo:

— Sempre lutei para que os muçulmanos deixassem de viver em sua terra como estrangeiros. Mas quem nos ouviu? Todos os regimes, todos os homens políticos têm suas responsabilidades, e tanto os metropolitanos como os franceses da Argélia. A catástrofe poderia ser evitada, tenho certeza...

Camus, que recusa a fatalidade, os ucasses do progresso histórico, da história, repete:

— No entanto não quero perder a esperança.

Foge dos coquetéis e das cerimônias, mas aceita ser convidado de honra de um jantar de franceses da Argélia. Ele se conforta entre os *pieds-noirs*, embora, no meio deles, funcionários – entre os quais Maurice Papon, chefe de polícia de Paris –, comerciantes, homens de negócios, escritores ou artistas – entre os quais Pierre Blanchard – sejam, para seu gosto, excessivamente Argélia francesa, ultras e maniqueístas. Um coronel aposentado evoca o apelo camusiano à trégua civil, exemplo da política de fraternização, segundo ele.[41] Camus se agarra a seus compatriotas. Seus amigos de antes da guerra, "à esquerda" e "à direita", também estão se separando dele. Marguerite Dobrenn, Jeanne Sicard, Jacques Heurgon são partidários de uma Argélia que permaneça francesa. Para Poncet, Maisonseul, Bénisti ou Simounet, a Argélia argelina torna-se inevitável. Um livro de André Rosfelder circula então na Argélia: *L'Algérie à bâtir* [A Argélia a ser construída] conta com as fraternizações entre *pieds-noirs* e muçulmanos, uma revolução, um milagre. Rosfelder será famoso por um tempo, durante as agitações e a rebelião argelinas, pois estará dirigindo a rádio. No início e no fim de sua obra, que defende a ideia da Argélia francesa, Rosfelder coloca uma "carta a um amigo parisiense" que recusou a revolta dos *pieds-noirs* e que, desde 13 de maio, está calado.[42] Rosfelder, por sua vez, acredita numa "nação multicomunitária e pluricontinental" englobando a França e a Argélia. Mas está preparado para o exílio.

Camus volta ao trabalho na Gallimard, onde está cercado de partidários do FLN. A alguns, menos engajados, ele pode se confiar. Em seu diário, Robert Mallet evoca aquele Camus desiludido que diz:

— Seria preciso [...] que os homens fossem razoáveis de ambos os lados. Acho que deve haver um território de entendimento.

Camus passa, constantemente, da confiança à desconfiança. Conversando com Mallet, já não acredita que possa ser útil:

— Sou suspeito para os nacionalistas dos dois lados. Para uns, meu erro é não ser suficientemente patriota. Para os outros, sou patriota demais. Não amo a Argélia à maneira de um militar ou de um colono. Mas será que posso amá-la de outro modo que não como francês? O que muitos árabes não compreendem é que a amo como um francês que ama os árabes e deseja que, na Argélia, eles estejam em sua terra sem que por isso ele mesmo se sinta estrangeiro.[43]

Ao longo do outono e do inverno, Camus sente-se tão estrangeiro em Argel quanto em Paris. Em 21 de dezembro, Charles de Gaulle é eleito Presidente da República, por 78,5% dos notáveis grandes eleitores. De Gaulle é um herói providencial para a maioria dos franceses. Não para Camus. Mas às vezes o escritor acha que talvez aquele militar salve o segundo povo da Argélia, os brancos pobres.

49

"NÃO SEI ME REPETIR"

O teatro apaixona Camus. Ele frequenta até o Grand-Guignol, que oferece três ou quatro peças temperadas com horror, burlesco, provocação, sangue e farsas.

— Afinal, isso é teatro — diz Camus. — Acabamos de ver Ésquilo e Plauto. Não ficaria surpreso se algum dia visse chegar um tal de Shakespeare. Ele faria isso ser representado sem entreato.[1]

Ao teatro de bulevar, Camus prefere em muito o Grand-Guignol ou Édith Piaf cantando no Bobino. Desde outubro de 1953 ele está trabalhando em sua adaptação mais ambiciosa, a do romance de Dostoiévski, *Os demônios*, publicado sob o título *Les Possédés* [Os possessos]. Camus faz anotações num caderno.[2] Sua primeira versão resultaria em cinco horas de espetáculo – mesmo assim menos longa do que *Os sapatos de cetim*. Dostoiévski *prende* Camus quase tanto quanto Tolstói. "*Os possessos* é uma das quatro ou cinco obras que coloco acima de todas as outras. Por mais de uma razão, posso dizer que ela me alimentou e me formou. Há mais de vinte anos [...] vejo seus personagens do palco."[3] Em sua adaptação, com sua cenografia, Camus quer passar "da comédia satírica ao drama e depois à tragédia". As criaturas de Dostoiévski "não são estranhas nem absurdas. Assemelham-se a nós, temos o mesmo coração. E, se *Os possessos* é um livro profético, não é apenas por anunciar nosso niilismo, é também por colocar em cena almas dilaceradas ou mortas". O cerne da peça, para Camus, é a aventura espiritual, o assassinato de Chatov e a morte de Stavroguine. Este último é um "herói contemporâneo". *Os demônios* é "uma obra atual". A Catherine Sellers ele explica que "um clima extremo, quente ou frio, é um condicionamento natural que incita à desmedida".[4]

Para modelar seu texto, Camus utiliza o romance na tradução – novecentas páginas – de Boris de Schloezer,[5] e principalmente a confissão de Stavroguine, assim como os cadernos de Dostoiévski.[6] Longa fidelidade a si mesmo: Camus dedicou um capítulo de *O mito de Sísifo* ao personagem de Dostoiévski, Kirilov, e à sua teoria do suicídio lógico. Quando jovem, Camus percorreu o *Dostoiévski* de Gide. Pôs-se "a refazer *Os possessos*" a partir de abril de 1958. Continua pensando na compra de uma casa no Sul e no financiamento de um teatro: "Digo a mim mesmo que um dos projetos irá necessariamente fracassar...", ele escreve a Micheline Rozan, sua agente teatral.[7] Reduz sua primeira versão da peça a quatro horas, sete quadros – e vinte e três personagens: nunca trabalhou com tantos. Sua primeira versão incluía vinte e oito. Dostoiévski, em seu romance, apresenta quarenta e quatro. Suprimindo episódios, Camus elimina personagens, como o Governador e o escritor Karmazinov.[8] É difícil representar uma rebelião num palco. Camus é como Shakespeare tentando resolver Henrique V, pedindo que o desculpem por não poder representar batalhas no palco e apelando para a imaginação do espectador para substituir "as quatro ou cinco espadas enferrujadas" dos atores. O livro de Dostoiévski comporta uma decupagem. Camus acha o romance teatral. "Registrei todo esse caráter não em raciocínios, mas em cenas, em ação, escrevia Dostoiévski a propósito de Stavroguine."[9]

Suzanne Agnely suspira: "Camus se mantém invisível ou então vocifera contra o tédio da literatura. [...] Como sinto que tudo o que tem a ver com a literatura o aborrece, deixo as coisas se arrastarem, com um aborrecimento pelo menos igual ao dele." A secretária se preocupa: "Tudo isso vai acabar mal [...] com a atribuição de um teatro de ensaio a Camus que o fará sair definitivamente da literatura. Nesse caso, iremos nos separar. Acho, sinceramente, que é para logo."[10] La Biche considera que, dedicando-se a adaptações, Camus deixa de ser – provisoriamente? – um autor.

Camus pensa na Rússia do século XIX e na do século XX, nas psicologias russa e francesa. "Dostoiévski", ele escreve,[11] "não gostava do socialismo nem dos humanitários em geral, e eu, que estou adaptando *Os possessos* para o palco, sou pago para sabê-lo. Mas ele definiu (no Diário) um comunismo evangélico que se pode apresentar, sem traição, como um socialismo no sentido amplo da palavra, estranho ao liberalismo, mas enraizado na ideia de uma responsabilidade de cada um e de todos para com todos e cada um. É isso que eu quis dizer. Ele era inimigo de Marx porque se tratava de um socialismo arrogante, que não levava em conta noções imperiosas, como o amor ou o pecado. [...] É evidente que para ele a solução não era Cristo + Marx. Mas era Cristo + o povo russo."

Camus trata seu tema seriamente, dando, desde o início da peça, piscadelas para os amigos e inimigos. Já no primeiro minuto, um projetor ilumina intensamente o Narrador, equivalente ao recitante shakespeariano dos "prólogos". Chapéu na mão na frente da cortina, o Narrador – cortês, irônico e impassível, define Camus – descreve o professor Stepan Trophimovitch Verkhovensky : exercia "com muita dignidade a função de pensador exilado e perseguido. Simplesmente, três ou quatro vezes por ano, tinha acessos de tristeza cívica". Menos de um ano depois do Nobel, o que faz lembrar, então, Anton Grigoriev ao afirmar: "Alguém não pode ao mesmo tempo amar sua mulher e a justiça?" O ensaísta de *O mito de Sísifo* falaria como o Kirilov do terceiro quadro: "Interessam-me as razões pelas quais os homens não ousam se matar." Mas não poderíamos pretender que Camus, como Stavroguine, tenha se casado "como amador". Stavroguine se analisa: "Sou casado e portanto não me é possível desposar outra mulher ou tentar obter sua mão." Stavroguine não se divorcia. Camus, então, acaricia a ideia de um divórcio e fala sobre isso à irmã de Francine, Christiane.[12] Esta não se entusiasma pelos projetos de Camus: assim, seria pena que ele não escrevesse mais romances.[13]

O teatro tem vários eixos: artístico e literário, técnico e financeiro. Camus submete suas adaptações à apreciação de profissionais, aceitando ou não suas sugestões quanto ao elenco. No centro do dispositivo teatral camusiano, Micheline Rozan, apresentada a Albert por Maria, foi uma das primeiras a ler a adaptação de *Os possessos*. Camus confia nela. Pede comentários. "Li sua peça, fascinada",[14] diz Rozan. Depois, franca: "Para minha vergonha, sabe, eu não conhecia o romance." Não será a única entre os que assistirão ao espetáculo – se for montado. No caso, uma certa virgindade não é inútil: "Portanto, recebi a peça enquanto tal. É densa e arejada, inteligente e comovente. Prodigiosamente difícil, parece-me, do ponto de vista técnico. Você terá com o que se deleitar. [...] Perguntei-me se não lhe faltaria uma ponta de mordacidade e de 'agudeza'."

Camus e Rozan procuram um financiamento, um teatro e atores. Na época, o teatro francês, com exceção de algumas salas, não solta subvenções. O dinheiro necessário – as estimativas vão de vinte a vinte e oito milhões de francos – é encontrado. Michel Gallimard participa da operação.

Camus se recusa a apelar para um empresário-financista sueco-americano, Lars Schmidt: "Não gosto do gênero nem da publicidade à minha custa, nem dessa colonização do teatro francês a poder de dólares e de coroas suecas."[15] Uns dez teatros, entre os quais o Ambigu, o Palais-Royal, o Renaissance e o Hébertot, se recusam. Jullien oferece o Sarah-Bernhardt e se declara disposto a produzir a peça. Alguns atores escolhidos por Camus não estão disponíveis. Camus tem nome, Dostoiévski também. Portanto o escritor francês põe em movimento uma máquina pesada. Realista, Rozan acha que a peça poderá "funcionar", porém nem todas as suas previsões são otimistas. A duração a preocupa realmente.[16] Jean-Louis Barrault parece interessado. É estabelecido um documento de sociedade chamado "50/50 com bom ou mau fim": lucros ou prejuízos serão divididos.[17] Barrault se descarta. Camus fecha, finalmente, com Simone Berriau, diretora do teatro Antoine. Quanto ao elenco, ele tem seus preferidos. Maria Casarès não trabalhará mais, isso está claro, numa peça de Camus, para não reavivar a depressão de Francine. Camus escolhe Pierre Blanchard – para Stepan Verkhovensky –, Michel Bouquet para seu filho e Pierre Vaneck como Stavroguine. Varvara Petrovna Stavroguine será Tania Balachova, e Catherine Sellers fará Maria Tiemo-pheievna Lebiadkine. Esses atores aparecem nos cartazes anunciando três atos e vinte e dois quadros. Os exemplares datilografados da adaptação estão prontos. Michel Bouquet lê um deles. Comovido com o texto, faz algumas restrições quanto ao papel que Camus lhe destina: muitas vezes ele deu de si mesmo a imagem transmitida por Verkhovensky. No entanto está prestes a se deixar convencer. Menos conhecidos na época, também participam da aventura Charles Denner, Roger Blin, Nicole Kessel. Rozan propõe, entre outros atores, Daniel Ivernel, Valentine Tessier, Françoise Rosay.

Rozan tem uma ideia: "Na medida em que temos esperança de que [Peter] Brook aceite montar a peça na Broadway, você não poderia pensar em associá-la à *concepção* dos cenários para Paris? Vê algum inconveniente em que a peça seja representada com os mesmos cenários em Paris e em Nova York? E, para Peter, o trabalho feito aqui será um trabalho a menos para ser feito lá." Uma peça de teatro é como uma maionese, que dá certo ou desanda, com ingredientes mutáveis, que tomam ponto lentamente.

Os ensaios se desenrolam bastante bem. Camus gosta da maneira pela qual o espetáculo vai tomando forma. Depois se cansa, sem mostrar: "Esses ensaios me aborrecem: justamente, não sei me repetir."*[18] Ele se reformula, corrige. Os ensaios começaram no final de novembro de 1958. O programa prevê leituras "à mesa", em seguida "em movimento". Então Camus diz a seus atores, entre os quais Pierre Blanchard:[19]

— Movimentem-se como bem entenderem ou sentem-se quando tiverem necessidade. Façam o que o texto lhes inspirar.

A partir de então, o escritor observa, ouve, não interfere. Para satisfação de Blanchard, ele entende que um gesto, um tom correto, descobertos por um ator ou atriz, tornam-se muitas vezes mais eficazes do que as instruções do diretor aplicadas mecanicamente. Segundo Camus, um texto não congela um personagem. Ele deixa os atores criarem suas interpretações. Alguns diretores petrificam ou estabelecem de antemão, e por escrito. Durante os ensaios, com um Blanchard, Camus não fixa a entonação. Discute mais com Catherine Sellers, que aliás o exige. Em *Os possessos*, mais do que em qualquer outra adaptação desde *O tempo do desprezo*, Camus se empenha muito como diretor, apesar dos violentos acessos de fadiga. Antes do trabalho e durante as pausas, para criar um clima, ele toca árias folclóricas russas numa vitrola.

Mayo monta os cenários. Camus gosta deles estilizados, assim como os figurinos, tal como na época do Théâtre du Travail. Diretor, Camus não é apenas um escritor que volta a fazer teatro, mas um criador que emprega uma outra linguagem. Supervisiona os movimentos, os corpos em ação, não faz economia dos grandes gestos. Nessa época, outros diretores teatrais se interessam mais pela dicção. Camus não cultiva princípios absolutos, não trata todos os seus atores da mesma maneira. Com alguns é muito tolerante para com o "frisado", a composição.

Os possessos é representado pela primeira vez em 30 de janeiro de 1959. Procedimento excepcional, em companhia de Georges Pompidou, ex--diretor do gabinete do general De Gaulle, André Malraux, agora ministro de Estado encarregado dos assuntos culturais, assiste ao ensaio geral – e manifesta um interesse polido. Nota-se a presença de Louis Aragon e Elsa Triolet no centro da nata de Paris, na orquestra.

Nos bastidores, Camus encoraja um e outro, oferece a Blanchard um lenço de bolso russo para completar seu figurino. A sessão começa às

* Trocadilho que se perde em português. Em francês, ensaios é *répétitions*, repetições. (*N. da T.*)

20hl0, com muitos retardatários, entre os quais o chefe de polícia, Papon, que surge quando em cena um forçado diz: "Preciso de um passaporte." A peça dura três horas e vinte e cinco minutos, interrompidas por dois longos intervalos, com um bufê em que se consome tanto vodca como uísque, e termina depois da meia-noite.

A imprensa parisiense se divide respeitosamente. Jean-Jacques Gautier, mais para conservador e influente porque trabalha no *Le Figaro*,[20] indaga-se: deve começar seu artigo pelo admirável ou pelo ruim, pelo desaponto ou pela satisfação? Saúda um trabalho de animação, as mudanças de cenário espantosas, o empenho. Mas, para ele, trata-se sobretudo de uma "curiosa experiência literária e teatral". O sucesso da noite, decreta, deve-se antes de tudo a Blanchard. Gautier dá uma unhada: "Fico um pouco surpreso ao constatar que a srta. Catherine Sellers renunciou a encarnar Prouhèze do *Sapato de cetim* pelo prazer de aparecer sob os traços de Maria, que é mais uma 'longa careta' do que um grande pretexto dramático. E um pouco como se um trágico deixasse Édipo por Quasímodo." Furioso, Camus pensa em desafiar Gautier para um duelo.[21]

Este último estará na Academia Francesa com Robert Kemp, cujo artigo faz contrapeso ao do *Le Figaro*. No *Le Monde*,[22] Kemp se entusiasma. Já nas primeiras linhas de sua matéria, manifesta o que ele mesmo chama de sua animação: "Podemos ter certeza, finalmente, de que esta temporada teatral não terminará sem louros. Que espetáculo magnífico e perturbador, *Os possessos*! [...] O sr. Albert Camus, em sua empreitada temerária, foi bem-sucedido, contra todos os receios e todas as racionalizações."

Pierre Marcabru, no hebdomadário *Arts*,[23] confessa-se decepcionado. O cartaz não mente, trata-se mesmo de uma obra de Camus, mas Dostoiévski, adulterado, ficou muito longe. Esse crítico arguto não encontrou o escritor russo nem o autor francês. *Os possessos* é oferecido com um ímpeto, uma boa vontade, uma sinceridade juvenis. Pensa-se num jovem universitário que, ardentemente, obstinadamente, durante dois anos, tivesse recortado seu romance favorito em quadros a fim de poder dar a seus alunos uma imagem simples e completa dele, acessível aos mais preguiçosos. É uma rigorosa explicação de texto animada por atores." Max Favalelli fornece ao cotidiano noturno *Paris-Presse*,[24] que não tem nenhum peso para as vendas, um artigo convencional – prodigiosa galeria de personagens, rara coragem, cenários sóbrios, elenco brilhante. "Apesar de tudo", conclui o jornal, "aqueles russos exaurem." No *L'Humanité*[25] Guy Leclerc adere aos princípios do socialismo realista, atacando tanto Dostoiévski como Camus, cumprimentando no entanto os autores e o desempenho cênico. No *Libération*, cotidiano subvencionado pelo partido comunista[26] e dirigido por Emmanuel d'Astier de la Vigerie, o ataque de Paul Morelle é político: "Há atualmente, nos meios literários ocidentais, todo um movimento a favor de Dostoiévski contra Marx. O romancista italiano Moravia, em seu relato *Um mês na URSS*, que acaba de ser publicado, diz sem rodeios: 'Há noventa anos assistimos então, na URSS, a uma espécie de competição entre Marx e Dostoiévski.'" Morelle volta à peça: "E Albert Camus, naquele estilo compassado e vago que lhe valeu a mais alta consagração literária internacional, confirma-o na apresentação que fez de *Os possessos*." Desagrada-lhe que, em sua apresentação no programa, Camus tenha feito "alusão a um certo desperdício das forças do espírito de esquerda, particularmente na França". Morelle se indigna: "Isso não me parece honesto, vindo de um homem que foi [...] e que ainda gostaria de parecer de esquerda." Leitores deste jornal, não se esqueçam de *O homem revoltado*. Para os comunistas franceses, a luta ideológica impõe-se até mesmo numa crônica sobre teatro. Os comunistas ortodoxos ruminam a atribuição recente do Prêmio Nobel de Literatura de 1958 a Boris Pasternak. Ele agradeceu ao comitê Nobel, mas, sob a pressão das autoridades soviéticas, recusou a recompensa. *O doutor Jivago* não é de fato uma apologia do comunismo.

Assim, a adaptação de Camus é pega no remoinho da guerra fria. Tudo passa pelo prisma político. Dostoiévski estava aterrorizado diante do futuro da Rússia, Camus parece assustado pela sociedade policialesca por todo o Império Soviético.[27]

Do romance mais "Dostoievskiano" de Dostoiévski, Camus extrai o máximo. Sua melhor caução é Dostoiévski, que anota em um de seus cadernos: "Ímpetos apaixonados e violentos. *Nenhuma frieza e nenhum desencanto, nada do que Byron fez entrar em moda.* Sede de volúpias desmedidas e insaciáveis, sede de vida inextinguível. Diversidade das volúpias e das *satisfações.* [...] Volúpias do roubo, do banditismo, volúpia do suicídio."[28]

Camus assiste com frequência às representações. É dever dos diretores; alguns assistem a todas as representações. No final do espetáculo, ele encontra Catherine Sellers. Sem ter suas superstições, Camus tem o espírito das pessoas de teatro. Para a centésima apresentação de *Os possessos*, ele substitui a água por vodca. Consciencioso, Bouquet bebe, e as tiradas de Stepanovitch se ressentem disso. Camus conhece os atores, sua necessidade de serem constantemente tranquilizados; ausenta-se durante dez dias, redige dez bilhetinhos: o contrarregra, Pellerin, irá afixá-los. Todas as noites os atores e as atrizes encontram um recado de Camus: "Coragem! É preciso aguentar..."[29]

Os possessos não cobre suas despesas. Antes do ensaio geral, a diretora do teatro, Simone Berriau, estava preocupada: "Nosso sucesso talvez fique comprometido pela duração da peça."[30] Para saldar o déficit, pede-se às autoridades culturais que intercedam junto ao ministério das Finanças para reduzir os impostos. As repartições da rua de Rivoli se mantêm impermeáveis. O teatro francês dos anos 50 é um parente pobre. No entanto *Os possessos* partirá em turnê. Já em abril, Marcel Karsenty, o homem das noites de gala, desprezado pelos amigos do Théâtre du Travail, faz ofertas. Lembra que há trinta anos tem percorrido a França, a Suíça, Luxemburgo, a Bélgica, a Tunísia, a Argélia e o Marrocos. Almoça com Camus e transmite uma proposta de Malraux, que planeja uma reforma do teatro e pretende lançar cinemas e também teatros experimentais.[31] Camus conhece o caráter dissuasivo e elitista da expressão "teatro experimental": não é melhor "fazer experiências sem o dizer"? Ele preferiu o nome Novo Teatro, "que não compromete nada e autoriza tudo". Rozan e Camus se exaurem em tentativas para conseguir uma sala dependente do Estado. O escritor Pierre Moinot, conselheiro de Malraux, e Georges Elgozy, encarregado das questões teatrais, pediram a Rozan para lhes enviar propostas.[32] Camus perde a paciência: não gosta de que lhe ditem escolhas. "Quanto a El Ghosi [*sic*]", ele escreve a Rozan, "tenho mais a impressão de que não está nem aí para mim. Acordar para recomendar Bergamín, cujos textos franceses são literalmente inapresentáveis, antes mesmo de se ocupar do próprio teatro, é lírico, não é? E estou convicto de que ele não tratou nada com Hébertot."[33] Como fazer o projeto de Camus entrar no orçamento? Moinot se interessa mais do que Malraux. Camus tinha esperança de conseguir a sala Récamier. O negócio fracassa. Malraux, reorganizando os teatros subvencionados, concede a sala a Jean Vilar, o que exaspera alguns amigos de Camus, como Bloch-Michel. Por que Malraux oferece, para peças experimentais, um teatro para Vilar, que já tem um, quando foi prometido um teatro para Camus, que não dispõe de nenhuma sala?[34] É necessária uma subvenção sólida.[35] Para Camus, é óbvio que se subvencione o teatro. Entabulam-se negociações com a sra. Grammont, arrendatária do Athénée.

Camus elaborou "propostas teóricas para um teatro novo"[36] – cinco páginas datilografadas: bastante substancioso para mostrar a seriedade de seu projeto, não longo demais para a burocracia oficial.[37] Ele quer criar um teatro de repertório que suscite obras modernas. O Novo Teatro apresentaria também obras-primas das grandes épocas: tragédia grega, século áureo espanhol, teatro elisabetano, período clássico e pré-clássico francês. O Camus de 1958 é, aqui, o mesmo de 1938. Camus diretor também apelará para as literaturas estrangeiras dos últimos anos, convidando escritores "vivos, afastados do teatro por seus escrúpulos ou suas exigências", a escrever para o palco "com a garantia de que serão lidos com atenção e, se for o caso, representados em condições honrosas". A Pierre Moinot, ele fala de seus "teatros de Paris, que são com frequência teatros de pardieiro".[38] Os jovens diretores que trabalharem com Camus serão obrigados a se colocar a serviço de um só texto, assim como os atores. "A qualidade da linguagem será o primeiro critério na escolha das peças." Camus quer reagir "contra a indiferença [...] habitual no nosso país".

O Novo Teatro terá um repertório: Camus prevê três espetáculos anuais, dos quais um será uma criação de obra moderna, alternando-se em duzentas e dez representações. "Se excepcionalmente fosse possível encontrar três belas obras modernas em um ano, elas constituiriam as três criações", diz Camus. Roblès não teria uma peça? Justamente, ele está terminando *Playdoyer pour un rebelle* [Apologia de um rebelde], inspirado no caso Yveton, comunista guilhotinado em Argel. Camus pressiona Roblès.

Camus quer uma unidade de direção. Seria "prudente exigir que o teatro escolhido seja um teatro nu, em que o diretor previsto possa instalar e formar sua própria equipe de administração e de gestão". Exigência grande, quando se arrenda um teatro: quando se trata de uma proprietária como a sra. Grammont, pode se incentivá-la a sair de férias. Mas o que fazer com o pessoal permanente? A alternância dos espetáculos supõe um núcleo de elenco fixo. A ele se juntarão atores recrutados fora. Camus deseja dispor de um palco de verdade, com passarelas e cimbres de dimensões médias para apresentar tanto *O navio Tenacity* – lembrança do Théâtre du Travail – como *Otelo*. A capacidade ideal da sala seria de setecentos lugares. Camus pensa portanto no Hébertot, no Renaissance, no Bouffes-Parisiens, no Palais-Royal. *Os possessos* teve bom público no teatro Antoine. Mais de seiscentas representações, com as turnês. Um teatro experimental teria maior possibilidade de dar certo na *rive gaúche*.[39]

Murmura-se em Paris que Malraux pretende dar a Comédie-Française a Camus, que seria nomeado administrador. Entre seus museus imaginários e seus poderes reais ou limitados, Malraux tem, apesar de tudo, senso de realidade: Camus mostrou seu valor como autor e diretor, mas não como administrador.

50

GRAND'RUE DE L'ÉGLISE

Vida nova, contexto novo. Camus quer deixar a rua de Chanaleilles. Amigos e conhecidos procuram um apartamento para ele, com três cômodos grandes ou quatro médios. Rozan o faz preencher um questionário.[1] Ele indica uma ordem de preferência pelo bairro: em primeiro lugar, o *faubourg* Saint-Germain, mais para o lado da Câmara dos Deputados, perto da rua de Chanaleilles. Depois, na ordem: a praça Vendôme, Saint-Germain-des-Près – que Camus passa de segunda para terceira escolha –, a ilha Saint-Louis, Montparnasse, Opéra, Luxembourg, Jardin des Plantes...[2] Se fosse para comprar, Camus estaria disposto a gastar três a seis milhões de francos, "mas de preferência menos, é claro".

Camus, em seus cadernos:[3] "*30 de setembro* [*1958*]. Um mês revendo o Vaucluse e procurando uma casa. Comprei a de Lourmarin. Depois partida para Saint-Jean, para encontrar Mi. Durante centenas de quilômetros em meio ao aroma das vindimas, em exaltação. Depois o grande mar espumante. O prazer como as longas ondas que correm, que machucam."

Albert e Francine Camus visitaram umas vinte casas, herdades e chalés com os Polge e conhecidos, como Henri Bonnier, ou um corretor de imóveis.[4] Francine vê uma casa, na Grand'rue de l'Église em Lourmarin, uma cidadezinha com algumas centenas de habitantes. Francine cobiça algumas casas em pleno campo – entre as quais uma perto de Lagnes: os Polge vêm com frequência ao Camphoux, perto dali. Urbain trabalha em Grasse. Catherine e Jean também gostariam de não passar férias "na cidade". Depois de recusar uma casa com piscina, Camus decide:

— É esta ou nada.[5]

Irá comprar por nove milhões e trezentos mil francos, do doutor Olivier Monod, médico, aquela casa no Vaucluse, no centro do triângulo Aix-Avignon--Apt. Pelo menos para isso serve o cheque do Nobel, observa René Char.[6]

Naquela bela construção, antiga casa de sericicultura, paira um cheiro gostoso de cera e de umidade discreta. Alguns jornais falarão em "palácio". No térreo: entrada, cozinha, sala, dois quartos de criança, em cima de "porões", abrindo-se para um pequeno pátio rebaixado. O jardim se estende para além de uma mureta e de um caminho semiprivativo para os Camus e os vizinhos. Camus garante aos Monod que manterá as oliveiras. No primeiro andar, um aposento grande e um banheiro. À esquerda, o quarto monacal de Albert, com uma cama de madeira de um desconforto absoluto, uma mesa, uma escrivaninha. À direita, o quarto de Francine, logo apelidado de quarto cor-de-rosa. Os esposos coabitam numa fraternidade unida pelos filhos – e Francine parece resignar-se a ela. No segundo andar, o celeiro será transformado em escritório. Camus manda Léonce Ginoux, que executa diferentes trabalhos de pedreiro, derrubar uma parede de alcova. César Raynaud, ferreiro e ferrador, também contribui para as reformas. A mulher de Léonce, Suzanne, quarenta anos, trabalhava para os Monod. Ela se coloca a serviço dos Camus. Graças a ela, Francine irá acostumar-se à casa.

— Não é uma empregada doméstica que eu tenho, é uma irmã.[7]

Os Ginoux moram na mesma rua, perto da igreja, e ficam com a chave da casa. Camus percorre os antiquários da rua, encomenda a louça, manda vir de Paris um piano para Francine. Nas paredes, pendura litogravuras argelinas. Escolhe móveis sóbrios de madeira escura espanhola, estatuetas. O escritor quer apresentar a casa "como que embrulhada para presente", prontinha.

— Parece que, esticando a mão, alcanço a Argélia — ele diz a Suzanne Ginoux.

As vinhas e o Luberon ali perto lembram as planícies e as montanhas da Argélia. Aqui, em Lourmarin no Vaucluse, assim como em Mondovi no Constantinois, os vinhateiros cultivam uvas *grenache* e *carignan*. Como uvas de mesa, *chasselas* brancas, *alphonse lavallée*, uvas pretas de caroços grandes, e moscatéis de Hamburgo, mais saborosas. Camus quer convidar sua mãe com frequência para vir à França. Naquela região, a "vovó de Argel" não se sentirá muito deslocada. A "vovó de Orã" é Fernande Faure. Há muito tempo aquela Provence seduz o autor de *Bodas* e de *O verão*.[8] Jean

Grenier chamou sua atenção para Lourmarin. Em *O enigma* Camus dizia: "Caídos do alto do céu, rios de sol ricocheteiam brutalmente no campo em torno de nós. Tudo se cala diante desse estrondo e o Luberon, ao longe, é apenas um enorme bloco de silêncio que escuto implacavelmente." Sozinho, ou com Char ou Mi, Camus percorre em seu Citroën 11 CV – "Desdêmona" e agora "Penélope" – os aglomerados ou cidadezinhas esplêndidas antes dos montes do Vaucluse – Bonnieux, Lacoste, Ménerbes, Gordes. Char lhe fala dos maquis do Ventoux. Longe daquela Paris detestada, Camus pode reunir sua família e trabalhar em *O primeiro homem*. Em seus cadernos, ele anota:

"*28 de abril*. Chegada a Lourmarin. No jardim, rosas maravilhosas carregadas de água, saborosas como frutos. Os alecrins estão em flor. Passeio e ao cair da noite o roxo das íris é mais intenso ainda. Exausto." Pouco depois: "Eu quis viver durante anos de acordo com a moral de todos. Obriguei-me a viver como todo mundo, a me assemelhar a todo mundo. Disse o que era preciso para reunir, mesmo quando me sentia separado. E, no final de tudo, foi a catástrofe. Agora vagueio em meio a destroços, estou sem lei, despedaçado, só e aceitando sê-lo, resignado à minha singularidade e às minhas enfermidades. É preciso reconstruir uma verdade – depois de ter vivido toda a minha vida numa espécie de mentira."

Camus, percorrendo as planícies e planaltos, os desfiladeiros e suas falésias calcárias com desabes imprevisíveis, as charnecas pedregosas e espinhentas, descobre outras cidadezinhas encarapitadas lá no alto. Então, nessa região, poucos aglomerados ou monumentos são feios, não se levando em conta o horrível eremitério de Saint-Gours. No emaranhado de estradinhas da depressão que leva de Lourmarin a Bonnieux, às vezes imagina-se estar na Cabília. Mi irá morar numa casinha de campo entre essas duas cidades. Quando a família de Francine vem passar uma temporada em sua casa, Camus sai para "passear". Volta com um apetite feroz. Christiane Faure não se deixa enganar.[9]

O escritor pensa muito no teatro. Demais para La Biche: "Fala-se cada vez mais em teatro para Camus. Infelizmente para mim (que vou perdê-lo), melhor para ele (pois gosta disso)."[10] Camus se vê de fato como chefe de elenco, diretor, mas também como ator: interpretaria o papel principal numa adaptação do livro de Michel de Saint-Pierre, *Les Écrivains* [Os escritores]. Camus recusa todas as honras: não aceita nem mesmo ser convidado para dar o pontapé inicial da Copa da França.[11]

Já não é marido, nem pai em tempo integral. Mostra-se um tio atencioso para com sua sobrinha Paule, filha de Lucien, quando, casada, ela vai a Paris. Camus tem um senso espanhol, ou argelino, de família – que se estende a Michel e Janine Gallimard. Quase adota Anne Gallimard, apelidada de "Anouchka". Ela passa por Veneza, onde *Os possessos* está sendo representado na Fenice.[12] Camus a incentiva: "É preciso ter confiança em si, resolver e tocar em frente. Se o teatro lhe dá prazer, aproveite o tempo que vou dedicar a ele nos próximos anos. Depois, você sabe que tenho um antigo projeto de convento e não tenho certeza de que voltem a me ver num palco de ensaios."[13] Contradição? Não: Camus faz planos com muita antecedência. Irá arranjar tempo, mais tarde, para seu mosteiro, ideia fixa há mais de um quarto de século. Antes, dedicará alguns anos ao palco e ele vive o tempo do romance em curso.

Num caderno de trabalho de umas vinte páginas, com relação a *O primeiro homem*, Camus escreve: "J. tem quatro mulheres ao mesmo tempo e portanto leva uma vida *vazia*." J.: Jacques, herói de *O primeiro homem*, assemelha-se como um irmão, um amigo, um juiz, um inimigo e um penitente a Albert. Então, alegre e triste, sereno e atormentado, o romancista tem quatro mulheres importantes em sua vida: Francine, Maria, Catherine e Mi. "Mi, com quem falo meio rindo meio sério da extrema velhice em que se acaba o ímpeto das coisas, a jubilação dos sentidos etc., começa a soluçar: 'Gosto tanto do amor!'" Camus também anota: "Mi enche os dias de beleza, de doçura. Longe de me afastar do trabalho, essa longa alegria faz com que eu me volte para ele."[14]

Camus tem um livro em produção, uma segunda carreira teatral pela frente, uma nova jovem companheira em sua vida. Suas outras mulheres se conformam com ela, tal como aceitam aventuras-relâmpago. Francine está melhor. Continua dando aulas de matemática no curso Marcel-Proust. Camus tentou poupar Francine e agora consegue, em parte. Sua vida está recomeçando, aos quarenta e seis anos. A todas as mulheres, fala de seu horror à velhice – sobretudo à sua.[15]

Em 13 de agosto, Camus, calmo, equilibrado entre suas afeições, suas obras e seus amores: "Ausência, frustração dolorosa. Mas meu coração vive, enfim meu coração vive. Não era verdade, portanto, que a indiferença vencera tudo. Gratidão, violento reconhecimento a Mi." Apesar dos acessos de melancolia, longe das ondas depressivas, o homem Camus está tranquilo naqueles meses. Lourmarin, porto de ancoragem e de evasão, equivale aos quartos de hotel em que gostou de escrever.

Em Paris, Camus cruza com Claude Terrien (de Fréminville):

— Você não está mais escrevendo? Pois deveria — diz Camus.

— Não, a literatura é uma falsa eternidade: é a mesma coisa que o jornalismo. De qualquer modo, não os dois ao mesmo tempo.[16]

Camus escolhe para os próximos anos a literatura e o teatro. Em seu romance, remonta às origens de sua vida. De início, não trabalha muito em seu livro, mas seu romance o trabalha. Sente em seu interior como que uma fonte subterrânea. A Catherine Sellers, escrevia um ano antes: "Continuo não trabalhando, mas devo à verdade dizer que sinto em mim *movimentos surdos*.[17] [...] mas é preciso esperar." Um romance é também uma aflição, uma gestação, e que leva mais de nove meses.

Ao longo de um verão criativo, Camus se busca definindo seu último herói, Jacques Cormery, irmão de Clamence, Meursault, Rieuxe Rambert, *J. C.*: as iniciais de seus dois filhos, as de Cristo. Camus carrega esse livro dentro dele há seis anos. Antes do início da guerra da Argélia, confidenciou a Poncet que acariciava a ideia ambiciosa de fazer um afresco do mundo contemporâneo, *Guerra e paz*, mas com o humor que faltava a esse grande livro.[18] Em *O primeiro homem*, iniciado, não se encontra humor, como se o romancista, numa primeira versão, não pudesse ir além de enternecimento e ternura, como se tivesse esgotado provisoriamente ironia e sarcasmo em *A queda*, seu último romance-relato publicado. *O primeiro homem* é ambicioso e biográfico.[19] Em 1955, Camus pensava em se inspirar também na família Faure. E outras: "Família Francine. Família Wolfromm..."[20] Em Estocolmo, dizia a um jornalista sueco a propósito do pré-guerra: "Nada escrevi sobre aqueles anos, pode ser que o faça no meu próximo romance."[21]

Camus diz a Georges Blin, professor de literatura francesa, amigo de Char, que fora seduzido pela ideia "de preparar um puro romance 'de educação'".[22] A Brisville,[23] Camus confidencia que, pela primeira vez, falará das mulheres num livro. Colocará em evidência o que sua formação lhes deve, e elas sairão privilegiadas, pois têm uma importância capital. Em seus livros anteriores, as mulheres são, segundo ele, "míticas". Garante a Brisville que esse será seu primeiro romance. Até agora, fez apenas exercícios. Como com Francine, Maria ou Mi.

— Como você pode falar em amor se é incapaz disso? — disse Francine a Albert.

O primeiro homem tem as dimensões de um "afresco projetado". Para se documentar, Camus foi no verão de 1959 a Ouled Fayet, seguindo as pegadas de seu pai. Não encontrou nada. Ao longo dessa viagem à Argélia, o romancista fez pesquisas no nova Biblioteca Nacional de Argel, sob os olhares espantados e admirados dos que o reconheciam, sobretudo os alunos de *hypokhâgne*, ou a bibliotecária Germaine Lebel.[24] Ele mostra agora a Urbain Polge os magníficos certificados em pergaminho de seus avós maternos, atas de casamento remontando a 1845 e 1872.

— Estou escrevendo um livro sobre minha família. Estou contente, trabalhei bem.

Em sua primeira versão febril,[25] Camus transpõe esquecendo-se de transpor. A fazenda Saint-Paul torna-se Saint-Apôtre [Santo Apóstolo]. Às vezes o personagem do velho professor chama-se "Germain". Passado e presente se cruzam no esboço do romance. De Gaulle lembra então a existência de uma "personalidade argelina".[26] Em agosto de 1959, Camus está envolvido em seu romance. O General faz uma turnê pela Argélia e, em setembro, propõe a autodeterminação. Mas o governo provisório da República argelina coloca a independência como precondição de qualquer negociação. Camus jantou com Marguerite Dobrenn e Jeanne Sicard. Um colega de liceu, inspetor financeiro, lhe disse: a Argélia custa caro demais, as coisas estão caminhando para a independência. Camus, Jeanne e todos os que se opõem à solução da independência poderão agir para evitá-la, respeitando os direitos das duas comunidades?[27] Jeanne não tem mais influência política. Braço direito de René Pleven, várias vezes ministro, ela teve muita, durante uns vinte anos, mas Pleven já não pertence ao governo.

Em *O primeiro homem*, Jacques Cormery conversa pelos lados de Solferino com um fazendeiro e faz uma pergunta simples:

— E os árabes?

O fazendeiro responde:

— Justamente. Somos feitos para nos entender. Tão bobos e estúpidos quanto nós, mas o mesmo sangue humano. Ainda vamos nos matar um pouco, nos cortar os colhões e nos torturar um pouquinho, e depois voltaremos a viver entre homens. E o país que quer isso. Um anisete?

Camus perde qualquer esperança numa solução argelina aceitável a seus olhos, mas exprime um velho otimismo através de seu romance. E, em suas descrições, transparece com frequência, numa mistura de nostalgias e certezas, uma felicidade de escrever que lembra a de *Bodas*, *O verão* e *O exílio e o reino*, embora de estilo diferente. Por uma construção em rosácea, o passado ilumina o presente, e a idade madura do herói, sua infância ou sua adolescência.

Grande incursão afetiva, Camus-Comery se aproxima do pai, "aquele homem que lhe parecia mais próximo agora do que nenhum ser no mundo". O homem que experimentou sentimentos filiais pelo sr. Louis Germain e por Jean Grenier constata: "Não posso encontrar para mim um segundo pai." Em *O primeiro homem*, o personagem Victor Mallan se parece com Jean Grenier, e diz ao herói: "Vá em busca das informações. Você não precisa mais de um pai. Você se educou sozinho. Agora poderá amá-lo como sabe amar."[28] Camus se vê em Jacques até vinte e nove anos: "... frágil, sofredor, tenso, voluntarioso, sensual, sonhador, cínico e corajoso."

"Desde 15 de novembro, retirei-me aqui para trabalhar e de fato trabalhei", escreve Camus de Lourmarin a Jean Grenier.[29] "As condições de trabalho para mim sempre foram as da vida monástica: solidão e frugalidade, contrárias à minha natureza, de modo que o trabalho é uma violência que faço a mim mesmo. Mas é preciso. Voltarei a Paris no início de janeiro depois partirei novamente, e acredito que essa alternância seja a maneira mais eficaz de conciliar minhas virtudes e meus vícios, o que afinal é a definição do saber-viver."

Para Camus, então, saber viver é também fugir de certos inconvenientes da celebridade. Sua amiga Marguerite está pensando em traduzir a obra de Germaine Brée. Quatro obras – entre outras – acabam de ser consagradas a Camus. Duas por Roger Quilliot e Jean-Claude Brisville (publicadas pela Gallimard); nos Estados Unidos, a de Germaine Brée, justamente, americana que os Camus conheceram em Orã; a última na Grã-Bretanha, onde Philip Thody estudou Camus com uma simpatia crítica matizada. Camus desestimula Marguerite, pois, segundo os Gallimard, uma terceira obra sobre seu Nobel seria prematura na França. Dentro de alguns anos... "É difícil para mim afirmar-lhes o contrário", diz Camus a Marguerite. Se ela encontrar outro editor – Calmann-Lévy, Denoël, Grasset – ele a ajudará: "É evidente que, nesse caso, eu lhe fornecerei todos os inéditos que você quiser." Camus está contente: "Mudei de penteado. Voltei àquele dos tempos felizes, em Argel, que pelo menos me rejuvenesceu o coração!"[30]

Reencontrando a inspiração, Camus está feliz. Diante de uma obra de imaginação, um escritor não pode fazer planos nem por um mês. Para Camus é difícil ficar afastado daqueles a quem ama e sem prazos rígidos aos quais possa se ater. "Não sei quando voltarei. Preciso terminar a primeira versão da minha história enorme. E estou longe disso. Mas só consigo trabalhar aqui. E esta solidão é insuportável, e está me arrebentando. No entanto, na verdade, só trabalhamos nos arrebentando. Tenho oito meses para terminar, antes de voltar ao teatro, só oito meses. Moral da história: vou aguentar o maior tempo possível."[31] Aquela região nunca é tão bonita como em novembro. Os carvalhos assumem tons avermelhados, marrons e dourados, ao passo que os pinheiros e os cedros permanecem verdes. Dias ensolarados sucedem-se às noites frescas. Às vezes sente-se o aroma adocicado dos alambiques destilando a lavanda ou topa-se com um javali. Uma águia plana, assustando os melros. Carneiros balem. Os ruídos da cidadezinha, sinos, chegada do ônibus, são previstos e tranquilizadores. Os velhos perambulam sob os plátanos. O escritor da primavera em Tipasa se reencontra no outono de Lourmarin.

Dia 20 de novembro, 21h30, Camus para Mi: "Trabalhei de fato quase o dia todo, mas a verdade é que a solidão é dura. Gosto da vida, gosto de rir, gosto dos prazeres, e depois gosto de você, que se parece com tudo isso e mais alguma coisa – e é terrível, com minha natureza e com a força que tenho no sangue, acorrentar-me assim e me enclausurar. Espero ser mais paciente ao ver que estou trabalhando e provar a mim mesmo que é essa a maneira correta, a única que convém à minha maldita anarquia. Mas escoiceio, pateio, mordo os freios, até eu mesmo me agarrar pela pele do pescoço e me colocar diante do papel. Ontem, depois de zanzar por uma meia hora, insultei-me em voz alta durante cinco minutos. Em seguida, voltei de fininho ao trabalho, com o rabo entre as pernas.

"Não é que eu esteja contente com o que faço. Principalmente, às vezes perco a coragem diante da enormidade do que tenho a desbastar. Digo a mim mesmo que é impossível, que só estou escrevendo bobagens, incoerências, choro por um pouco de gênio, só um pouquinho que me faria pelo menos trabalhar com alegria em vez desse mal-estar interminável e, finalmente, continuo."

Ele irá resolver uma dificuldade por dia, levará sua tarefa a termo. Dois dias depois, escreve ainda a Mi: "Não trabalhei com tanta densidade de conteúdo e esta tarde tive a impressão fugaz de que meus personagens assumiam essa densidade e de que, pela primeira vez depois de vinte anos de busca e trabalho, finalmente eu chegava à verdade da arte. Um lampejo delicioso que aperta o coração, mas um lampejo fugaz e em seguida novamente o trabalho cego e a dúvida constante." Ele aposta em *O primeiro homem* e o que virá depois. A Jean Maisonseul, dizia: "Só escrevi um terço da minha obra. Estou iniciando-a verdadeiramente com este livro."[32]

Em 6 de dezembro, Camus comunica a Patricia Blake que não irá a Nova York para ver seu *Calígula* em inglês. Está sozinho no sul da França, "... com um livro que vai me exigir meses e meses de trabalho. Então, *Calígula* e a Broadway estão muito longe, você pode imaginar. A única coisa que lamento é você. Nova York, para mim, é você, há treze anos. Mas voltarei aí mais tarde". Camus não tem dúvida de que levará seu romance a bom termo; irá aos Estados Unidos "quando for publicada a tradução do livro que estou escrevendo". *O primeiro homem* fará parte de seu terceiro ciclo. Em 7 de dezembro, planeja uma visita de Catherine Sellers.[33] Em Lourmarin, escreve também um texto de tom inusitado, uma prosa branca poética:

"*Para Nêmesis* (em Lourmarin, dezembro de 59).

Cavalo preto, cavalo branco, uma só mão de homem domina os dois furores. A toda a brida, alegre é a correria. A verdade mente, a franqueza dissimula. Esconde-te na luz.

O mundo te enche e estás vazio: plenitude.

Barulhinho da espuma na praia matinal; ele enche o mundo tanto quanto o alarde da glória. Ambos vêm do silêncio..."

Char não está longe. Desfecho desse texto camusiano:

"Sob a laje da alegria, o primeiro sono.

Semeado pelo vento, colhido pelo vento, e no entanto criador, assim é o homem, através dos séculos, e orgulhoso de viver um só instante."[34]

Francine pergunta a Camus se pretende prolongar sua temporada. Ela pode ir até lá com as crianças, nas férias de Natal? "Sim", ele responde, "vou ficar em Lourmarin – porque não tenho nenhuma vontade de voltar para Paris e porque teimo em acumular as páginas e em prosseguir essa espécie de caminhada cega que comecei [...]. Meus visitantes não me incomodaram, mas estou feliz com sua partida." Trata-se de Mi e Robert Cérésol, que passaram alguns dias em Lourmarin. " [Estou] contente em voltar aos dias inteiramente vazios de palavras em que posso realmente trabalhar a fundo. [...] Dito isso, não tenha complexos, fico contente por vocês virem e persuadido de que isso não me impedirá de trabalhar."[35]

O autor aceita falar de seu ofício de escritor a estudantes estrangeiros no Instituto dos Estudos Franceses de Aix-en-Provence, em 14 de dezembro. É "um oficio de ser humano", ele explica, não uma "graça de inspirado". Alguém lhe faz uma pergunta por escrito: o senhor é um intelectual de esquerda? Camus responde:

— Não tenho certeza de que sou um intelectual. (Pausa.) Quanto ao resto, sou pela esquerda, a despeito de mim, e a despeito dela.

A esquerda, para ele, encarna a justiça, a liberdade, a conquista da dignidade. Ele não se identifica com as ideologias sistemáticas e servis, com os partidos e suas práticas que, na França, se dizem da esquerda, velha ou nova. Não aceita ser classificado à direita[36].

Não é um intelectual? Poderia ter acrescentado "à francesa". Explicou-se quinze anos antes: "Não sou um filósofo. Não acredito o suficiente na razão para acreditar em um sistema. O que me interessa é saber como devemos nos conduzir. E, mais precisamente, como podemos nos conduzir quando não acreditamos nem em Deus nem na razão."[37] Ele não mudou. Não diz que não sabe pensar. Muitos intelectuais, em 1959, caem numa moral em que o fim justifica os meios, com frequência utilizam jargão, e sem o talento de Sartre. A frase bem torneada, enfática, mas às vezes oca, o estilo sonoro – ao qual Camus nem sempre escapa – são, em meados do século, uma especialidade francesa. Homem de esquerda a seu ver, Camus também acha, tal como quando trabalhava em *O homem revoltado*, que o socialismo industrial não alterou a condição operária ou camponesa e, sobretudo, a organização do trabalho. Camus não louva os méritos do mercado ou dos capitalismos.

Ele faz passeios a pé ou de carro. Um guarda o faz parar. O certificado de propriedade indica uma profissão que lhe interessa. O que Camus, Albert, escreve exatamente?

— Romances.

O guarda, salve o sotaque:

— Água com açúcar ou policial?

— Meio a meio.

Na rua Sébastien-Bottin, Agnely filtra as solicitações, às vezes absurdas. Telegrama de 16 de dezembro: "RESPONDER POR TELEGRAMA PAGO A SEGUINTE RESPOSTA PARA NOSSA ENQUETE INTERNACIONAL – PT – PRIMEIRA PERGUNTA COMO DEFINIR A DÉCADA QUE VAI TERMINAR PRIMEIRO DE JANEIRO? PT – SEGUNDA PERGUNTA O QUE O SENHOR ESPERA DA DÉCADA SEGUINTE?"

Camus não quer voltar a ser um Jonas. No entanto, quando as propostas parecem sérias, ele responde. Pedem-lhe[38] que assine uma petição ao presidente Eisenhower, com Mauriac, Sartre, Bertrand Russel, Martin Buber, em favor de Morton S. Sobell, jovem cientista condenado, como Ethel e Julius

Rosenberg, por espionagem em favor da URSS. Camus permanece prudente: "Conheço pouco o caso Sobell. Não posso me declarar convicto de sua inocência, tanto quanto, aliás, não tenho certeza de sua culpa."[39]

Uma cadeia de televisão americana desejaria que Sydney Lumet fizesse um filme sobre um texto de Camus, com Laurence Olivier. Camus pensa no cinema e o cinema pensa muito nele. Devolve a Rozan um texto, *La Maison du fou* [A casa do louco], que julga sem interesse. Em compensação, vê-se tentado a fazer um papel num filme: "Questão cinema, estaria bem mais interessado pelo filme de [Peter] Brook e uma parte de mim ainda se arrepende por ter dito não. Mas a sensatez o recomendava: tenho apenas oito meses para escrever a primeira versão de meu livro, e mal será suficiente. No entanto eu disse a Brook: se o filme não for feito este ano, concordo para o próximo ano. Mas ele parecia decidido a fazê-lo em fevereiro [1960] e alegro-me por ele e por Jeanne Moreau (a quem você fará a gentileza de explicar minhas razões e pedir desculpas especiais)."[40] Camus gosta de atrizes. Autora do roteiro de seu *Moderato cantabile*, Marguerite Duras quer no papel masculino principal o escritor Jorge Semprun, ou Jean-Jacques Servan-Schreiber. Ou Camus. Será Jean-Paul Belmondo.[41] O caso preocupa Albert: "Continuo trabalhando para me impedir de lamentar demais perder Brook e o filme."[42] Camus pensa em sua companhia teatral. Os burocratas em torno de Malraux o irritam: "Tenho a impressão constante de que essas pessoas estão pensando em outra coisa e de que estou perdendo meu tempo com elas. Eu precisaria assediar seus corredores e suas salas ao longo de anos – e não sou feito para isso. Então, azar, isto é, provavelmente será ao [teatro des] Mathurins que deverei dar uma resposta ao voltar, ou seja, no dia 4 ou 5 de janeiro." Ao mesmo tempo, Camus pede 200.000 francos: "Estamos nos aproximando daquela temporada que chamamos, não sei por quê, de festas." Rozan informa Camus: as coisas vão se acertar – com o teatro de l'Athénée.

Afastado do mundo, tranquilo, Camus preenche um questionário enviado pela revista libertária *Reconstruire*, de Buenos Aires.[43] Parêntese na guerra fria, Eisenhower e Khruchtchev se encontraram em Camp David. O soviético baixou a guarda sobre Berlim. O presidente americano se diz disposto a participar da reunião de cúpula reivindicada pelos soviéticos. O mundo vive a época das reuniões de cúpula numa atmosfera de conciliação em altos e baixos.

Pergunta de *Reconstruire*: As reuniões "de cúpula" entre os representantes dos Estados Unidos e a União Soviética lhe dão alguma esperança quanto à possibilidade de superação da "guerra fria" e da divisão do mundo em dois blocos antagônicos?

Albert Camus: Não, o poder enlouquece quem o detém.

R.: Tem opinião formada sobre a possibilidade de uma coexistência pacífica entre regimes capitalista e comunista? [*A expressão "coexistência pacífica", a guerra por outros meios, está na moda.*]

A. C.: Já não há regime capitalista puro, nem regime comunista puro. Poderes coexistem porque se amedrontam.

R.: Acredita, para os outros países, numa alternativa fora dos Estados Unidos e da União Soviética? Uma terceira posição é possível? Se acredita que sim, como a definiria?

A. C.: Acredito numa Europa unida, apoiando-se na América Latina e, mais tarde, na Ásia e na África, quando o vírus nacionalista tiver perdido sua virulência.

R.: Numa outra ordem de ideias, considera positivo o esforço realizado para conquistar o espaço? *[Americanos e soviéticos fazem a corrida do espaço. Os soviéticos lançaram um satélite de meia tonelada em tomo da Terra. Em fevereiro de 1958, para alívio da opinião pública americana, um foguete Júpiter C colocou em órbita um satélite espacial de quatorze quilos.*] É retrógrado pensar que seria melhor empregar na terra as enormes somas gastas em foguetes e satélites, para remediar, por exemplo, a desnutrição crônica em várias regiões do nosso planeta?

A. C.: A ciência progride, tanto para o mal como para o bem. Não há o que fazer. Mas, pelo menos, não há razão para se vangloriar ou se alegrar diante das realizações tecnicamente magníficas e politicamente abjetas!

R.: Como o senhor vê o futuro da humanidade? O que fazer para conseguir um mundo menos oprimido pela necessidade e mais livre?

A. C.: Dar, quando possível. E não odiar, se possível.

Por que Camus, sempre muito solicitado, responde aos colaboradores de *Reconstruire* de preferência a outros? Eles são estrangeiros e libertários. Camus volta a *O primeiro homem*, levanta por volta das 5 horas. A sra. Ginoux chega por volta das 8 horas. Ritualmente, ele lhe diz:

— Fiz a volta da planície.

Esse roteiro toma a estrada de Cavaillon, passa diante do calvário, envereda por cima do castelo de Lourmarin, uma caminhada de um quilômetro que permite desentorpecer. Camus trabalha, de pé no escritório ou sentado no terraço, fumando Gauloises ou cachimbo. Ele arruma sua cama com a sra. Ginoux:

— É tão mais fácil a dois.

À sra. Ginoux, ele fala de sua mãe:

— Ela fazia trabalhos pesados.

Para Suzanne Ginoux, lidando com montes de livros, cartas e dossiês, o sr. Camus é muito ordeiro, e na ausência de Francine a casa parece silenciosa. Sozinho, Camus ouve pouca música.

A Catherine Sellers, ele fala dos altos e baixos do criador: "A solidão aqui é um pouco esmagadora. No inverno, a cidadezinha vazia está fechada, o campo nu, e, salvo no almoço, não vejo ninguém durante o dia. São boas condições de trabalho e, de fato, estou trabalhando. Mas a angústia está presente, surda e contínua. [...] Olho, a bela paisagem ou a página em branco, estou desanimado, diante do caminho a percorrer, e depois me recobro, e esqueço, e depois me desespero por escrever tolices, e depois recomeço, para largar tudo, e ficar dando voltas, e me perguntar o que quero fazer, não o saber, tentar mesmo assim, e chorar por um pouco de gênio, só um pouco, um gênio modesto que não cure nada, mas que pelo menos detenha esse sofrimento interminável. Apesar de tudo estou avançando, mas sem nenhuma satisfação, avanço por avançar, para dizer a mim mesmo que o fiz, que está muito bem, que estou aqui para isso, e não para ter gênio, no qual também não acredito, pois acredito na disciplina. [...] Para trabalhar, é preciso se privar e se acabar com a boca aberta. Vamos portanto nos acabar, pois não quero viver sem trabalhar. [...] Continuo trabalhando, mas com rendimento menor. É verdade que não teria aguentado naquele ritmo. Essa longa tensão solitária é exaustiva e preciso continuá-la pelo maior tempo possível. Gastei tempo, mas durante cinco dias foi a criação do mundo. [...] Não sei o que fazer. Eu me obstino. Ah, como a vida de artista é dura, infeliz – e insubstituível. [...] Ainda tenho cerca de dez dias de solidão antes da chegada da tribo e quero aproveitar. [...] Parece até que a função de escrever, por ter sido excessivamente exercida, se esgotou em mim. É um fiasco da caneta. Meu trabalho está em pane há três dias. Espero, apesar de tudo, que ele ainda se recupere um pouco antes da minha volta."[44]

No início dessa temporada, ele fazia suas refeições no restaurante Ollier. As pessoas o importunavam A dona dizia ao garçom para não pronunciar o nome do escritor. Que usasse qualquer outro nome de pessoa. O garçom pergunta, lá para dentro:

— A mesa do sr. Pessoa está pronta? O sr. Camus está impaciente.

Com frequência, visitantes e turistas reconhecem o Prêmio Nobel. Certos habitantes menos. Confundem-no com o cineasta:

— Ah, sr. Camus, o senhor não dizia que era famoso. Agora eu sei, vi o seu filme.

Marcel ou Albert, é tudo a mesma coisa.

— Estou farto — diz Albert à sra. Ginoux. — Faça comida para mim aqui, assim terei sossego.

Ela lhe traz os pratos. Nem comilão nem *gourmet*, Camus aprecia o *pot-au-feu*, que ele chama de "boi ao sal grosso", tomates recheados, empadão de pimentão, e adora frutas.[45] Sempre corta um abacaxi em dois, dando metade para André, o filho dos Ginoux. O tempo está bom e, até o Natal, Camus pode fazer suas refeições no terraço voltado para o sul.

De manhã, com calça de flanela ou de veludo e blusão forrado de pele de carneiro, Camus compra os jornais e pega sua correspondência no correio. Para detalhes referentes a seu herói Jacques Cormery, ele consulta a sra. Ginoux:

— Em que época se fazem as primeiras comunhões?

O telefone toca.

— Não, senhor — responde Albert —, o sr. Camus não está. Aqui é o jardineiro.

Ele afaga sua gata, Lolita, a asna Pamina, vinda da Argélia, frequenta os irmãos César e Raoul Raynaud, a oficina de Henri Baumas, Alfred Landi, que planta roseiras, e os membros do time de futebol. Tal como seu time de Argel, o RUA, e mais tarde o Paris-Saint-Germain, o time de Lourmarin tem uniforme azul e branco. Camus ainda não conhece os habitantes de Lourmarin, mas o cidadão do vilarejo faz projetos. Diz a Urbain que acharia divertido tornar-se prefeito de Lourmarin, falar com os habitantes do burgo e dos campos, participar de reuniões, como em Argel, mais de vinte anos antes.

— O que me alegra — ele diz também — é finalmente ter encontrado o cemitério em que serei enterrado. Aqui estarei bem.[46]

Camus está bastante satisfeito com seu trabalho, depois insatisfeito. Anuncia uma boa notícia à sra. Ginoux:

— A senhora vai gostar: vou passar o Natal aqui com minha família.

No dia 21 de dezembro, Camus escreve à sua mãe, que está com setenta e sete anos: "Querida Mamãe, espero que continue jovem e bonita e que seu coração, que aliás não pode mudar, continue o mesmo, ou seja, o melhor da

Terra [...] Você vai receber meu presentinho de fim de ano. Compre alguma coisa *para você* [...] Um abraço apertado e um beijo de todo o coração... PS: Melhores votos para Étienne, Lucien e toda a família."[47]

Na primeira página de seu manuscrito de *O primeiro homem*, ele escreveu uma dedicatória – à sua mãe: "Para você que nunca poderá ler este livro."

Os gêmeos e Francine chegam. Camus fica bem contente com os resultados escolares dos filhos. Eles estão na terceira série,* fazem latim, grego, matemática, mas, segundo Camus, "não tiveram um sr. Germain para lhes ensinar ortografia e desanimam o pai nesse aspecto".[48]

Em 29 de dezembro, Camus escreve a Mi, que está na Dinamarca e vai voltar para Paris: "Essa terrível separação nos terá feito pelo menos sentir como nunca a necessidade incessante que temos um do outro. Eu o sabia, sei melhor ainda, bendigo minha dependência e espero por você, cheio de força e de paixão, sim, espero por você, minha bem-amada, minha ardorosa, minha jovem, minha amante querida! Quando você ler esta carta, dois ou três dias ainda estarão nos separando."

No dia 30, a Catherine Sellers: "O tempo está bom, o vento sopra e espero que sopre também meu resfriado. Fechei meus dossiês. Não é possível trabalhar a sério com uma família e eternas visitas... Viverei sossegado, portanto, até segunda-feira. Quanto ao resto, tentarei recomeçar em Paris ou, a contragosto, irei embora de novo."[49] E no mesmo dia a Maria Casarès: "Bem. Última carta. Só para dizer que chego na terça-feira, por estrada, viajando com os Gallimard na segunda-feira. (Eles passam por aqui na sexta-feira. Telefonarei quando chegar, mas talvez já possamos combinar de jantar juntos na terça-feira.) Digamos em princípio, levando em conta os acasos da estrada – e confirmarei o jantar por telefone. Já estou lhe enviando um carregamento de votos carinhosos, e que a vida brote em você durante todo o ano, dando-lhe a querida expressão que amo há tantos anos (mas amo-a preocupada e de todas as maneiras). Estou colocando sua capa de chuva [*um cheque*] no envelope e juntando a ela todos os sóis do meu coração.

Até breve, minha magnífica. Estou tão contente diante da ideia de revê-la que rio ao lhe escrever. Fechei meus dossiês e não estou mais trabalhando (família e amigos da família em demasia). Portanto, não tenho mais ra-

* Última série do primeiro ciclo secundário, correspondente no sistema de ensino brasileiro à última série do primeiro grau. (*N. da T.*)

zões para me privar do seu riso e de nossas noitadas, nem de minha pátria. Beijo-a e abraço-a até terça-feira, e então o farei de novo."

Em 31 de dezembro para Catherine Sellers: "Aqui está minha última carta, minha ternura. Será para lhe desejar o ano do coração, e mais uma coroa de ternura e de glória... Mas por enquanto estou voltando e contente por voltar. Até terça-feira, minha querida, beijo-a desde já e a abençoo do fundo do meu coração. [...] Enquanto esse livro monstruoso não estiver terminado, não haverá paz para mim." *A peste* também lhe parecia "monstruosa".

A família festeja o *réveillon*. É respeitada a tradição provençal das treze sobremesas, fogaça, laranjas, tangerinas, figos, amêndoas... Durante essas férias de Francine e dos gêmeos, Camus diz à sua mulher:

— Você é minha irmã, você se parece comigo, mas ninguém deveria se casar com a irmã.[50]

Os Gallimard, Michel, Janine e Anouchka, chegam de Grasse em seu Facel-Véga.[51] Festejam o décimo oitavo aniversário de Anne Gallimard. Camus lhe dá de presente uma enciclopédia do teatro contemporâneo.

Em 2 de janeiro, grande almoço no hotel Ollier. Catherine, que durante as férias de Páscoa navegou no barco de Michel e Janine, o *Aya*, pergunta: quando irá de novo? Depois Camus acompanha Francine e os gêmeos, que tomam o trem para Avignon. Por insistência de Michel, Camus voltará para Paris de automóvel, com os Gallimard. Char também deve ir para a capital, mas recusa-se a sobrecarregar o carro. Além do mais, ele comprou passagem de trem, como Camus. Char passa pela Grand'rue de l'Église. Camus se ausenta por um instante, volta, estende para o poeta uma folha de papel com seu timbre, rabiscado, rasurado:

— Já que vai ficar, aqui está uma bilhetinho.

"Char está sozinho sem estar afastado. Nada se assemelha a ele. E ele se assemelha a seu tempo, ao qual enfrenta ininterruptamente. Está em seu tempo como a rocha..."[52] Camus sublinhou: "*Obedeça a suas forças que existem.*"[53]

Em 3 de janeiro, ele telefona a sua secretária para falar de sua correspondência. Tomou a decisão de recusar todas as "tarifas suplementares". La Biche deve preparar uma carta-padrão nesse sentido. Como sempre, entrega a grande chave da casa à sra. Ginoux, que está gripada:

— Cuide-se — diz ele. — Só vou ficar fora por oito dias e ainda temos muita coisa a fazer.

Os viajantes - Anne, Michel, Janine Gallimard, seu cachorro e Albert Camus - sobem no carro. Na maleta, ele leva, entre outras coisas, seu manuscrito de *O primeiro homem*, cento e quarenta e quatro páginas escritas com letra apertada, sendo as primeiras sessenta e oito em papel timbrado, com margens e emendas.

O grupo passa para cumprimentar os Mathieu em Camphoux. Camus repete que estará de volta em uma semana. O possante Facel-Véga impressiona Jacques Polge.

Os amigos sobem a Nacional 7, almoçam em Orange, param no albergue le Chapon fin, perto de Mâcon. Lá eles jantam e dormem. Partem na manhã seguinte, percorrem trezentos quilômetros, fazem uma refeição leve em Sens. Os Gallimard caçoam de Albert - ele e suas mulheres! Ele responde que, no entanto, fez todas elas felizes.[54] Michel está no volante, Albert a seu lado, pois Janine lhe cedeu o lugar:

— Você é mais alto do que eu.

A vinte e quatro quilômetros de Sens, na Rodovia 5, entre Champigny--sur-Yonne e Villeneuve-la-Guyard, o Facel-Véga, depois de uma guinada, sai da estrada em linha reta, se arrebenta contra um plátano, ricocheteia para cima de uma outra árvore, se desmantela. Michel sai gravemente ferido, Janine ilesa, Anne também. O cachorro desaparece. Albert Camus morreu na hora. O relógio da painel é encontrado bloqueado às 13h55.

A seus amigos, Camus dizia com frequência que nada era mais escandaloso do que a morte de uma criança e nada mais absurdo do que morrer num acidente de automóvel.[55]

Naquele 4 de janeiro, Pierre Moinot, colaborador de Malraux, escreve do ministério: "Caro Camus, que alegria poder lhe dizer..." Finalmente o escritor teria conseguido seu teatro. Fechado em oito meses, o negócio na verdade não se arrastou.[56] À tarde, Roger Grenier demora para chegar ao *France-Soir*, na rua Réaumur. Uma secretária o detém na escada:

— Onde você estava? Nós o procuramos por todo lado!... Para pedir o endereço de Pia.

— Por que estão querendo o endereço de Pia?

— Como, não está sabendo?

Cinco dias depois Michel Gallimard morreu no hospital. Em Argel, no dia 4, um jornalista telefonou ao doutor Séror, que avisou Lucien Camus. Este não teve coragem de avisar a mãe. Passou o encargo às filhas, Paule e Lucienne, que foram até a rua de Lyon. Catherine Hélène Camus não conseguiu nem chorar.

— Jovem demais — disse ela.[57]

CONCLUSÃO

Segundo o doutor Lehmann, Camus, com os pulmões muito afetados, não teria chegado à velhice.

Em 1960, o contemporâneo de Camus, Richard Nixon, enfrenta John Kennedy num debate televisionado. Este último torna-se presidente dos Estados Unidos, e a França, potência atômica. Começa o grande cisma comunista, separando a URSS da China. Saint-John Perse recebe o Prêmio Nobel. "Até que enfim", diz Gaston Gallimard. De Gaulle, em seus jogos de esconde-esconde e braço de ferro argelinos, recusa-se a reconhecer o Gouvernement Provisoire de la République Algérienne [Governo Provisório da República Argelina] (GPRA) como único representante da nação argelina, mas declara que "a Argélia argelina está a caminho".

O necrológio de Camus que teve maior repercussão foi a página de Sartre no France-Observateur.[1] *"Estávamos brigados, ele e eu", Sartre constatava com a perversidade de sua dialética: "uma briga não é nada – apesar de nunca mais nos termos reencontrado –, apenas uma outra maneira de conviver."* O *artigo foi escrito num só lance: o manuscrito o atesta.*[2] *Para Sartre, o silêncio de Camus sobre a Argélia fora "muito prudente". Mas o escritor "representava neste século, e contra a história, o herdeiro atual da longa linhagem de moralistas cujas obras talvez constituam o que há de mais original nas letras francesas". Sartre retomava sua "Explicação de* O estrangeiro*". "Seu humanismo obstinado", prosseguia ele, "estrito e puro, austero e sensual, travava um combate duvidoso contra os acontecimentos volumosos e disformes deste tempo. Mas, inversamente, pela obstinação de suas recusas, ele reafirmava, no âmago de nossa época, contra os maquiavélicos, contra o bezerro de ouro do realismo, a existência do fato moral." A* *emoção transparecia nesse artigo, porém a coisa não é simples. Interrogado por Michel Contat, Sartre confidenciou que se deixara levar um pouco, pois vira na ocasião "uma bela página" a ser escrita.*[3] *Dez dias depois da morte de Camus, Sartre dizia a um rapaz de dezessete anos, Patrice Cournot:*[4] *"Camus nunca fez 'sacanagem' comigo, enfim, tanto que eu saiba, e também nunca fiz com ele." Couro curtido, leviandade, esquecimento? Ao mesmo tempo, Sartre, generoso, propunha a Robert Gallimard ajudar Francine e os gêmeos. No ano seguinte, num prefácio incandescente – quase fascista – ao livro de Franz Fanon,* Les Damnés de la terre *[Os condenados da terra],*[5] *Sartre afirmava, a propósito da violência em que, segundo ele, um colonizado oprimido prova sua humanidade matando o colonizador: "Os não violentos são ótimos: nem vítimas nem carrascos!" No Japão, em 1965, Sartre voltava a essa questão: "Muitos falsos intelectuais disseram em nosso país (a propósito de nossa guerra da Indochina ou durante a guerra da Argélia): 'Nossos métodos coloniais não são o que deveriam ser, há desigualdades demais em nossos territórios de ultramar. Mas sou contra qualquer violência, venha de onde vier; não quero ser* nem vítima nem carrasco *[grifo meu] e por isso me oponho à revolta dos indígenas contra os colonos.'" Sartre queria ter um pensamento radical. Ele prosseguia: "Essa tomada de posição pseudouniversalista equivale a declarar: 'Sou pela violência crônica que os colonos exercem sobre os colonizados (superexploração, desemprego, subnutrição mantidos pelo terror); em todo caso, é um mal menor que acabará por desaparecer; mas sou contra a violência que os colonizados poderiam exercer para se libertar contra os colonos que os oprimem.'"* [6] *Sartre não mencionava o nome de Camus, mas também aqui transparece a alusão aos artigos de "Nem vítimas nem carrascos".*[7]

Para Sartre, houve três Camus – o colega, o escritor, o político –, e, para Camus, três Sartre. Entre esses dois homens, a história de amor fraterno acabou mal. No plano intelectual, terminaram onde haviam começado. Camus, tal como o crítico literário do Alger républicain *que ele foi, desconfiava do Sartre pensador. Por sua vez, o autor de* As palavras *apreciava o romancista em Camus, mas achava-o um mau filósofo. De 1939 a 1960, o círculo estava fechado. Algumas amizades ou ligações amorosas nascem assim, nas brumas de admiração e de reserva. Para empregar o vocabulário sartriano, Camus, como político, foi mais "autêntico" do que Sartre – não digo sincero –, e, no plano humano, acredito, mais "transparente" ou honesto. Os documentos publicados – e não publicados – desde suas mortes o mostram, lamentavelmente.*

Nos corredores florentinos da Gallimard, Camus e o hussardo de direita Roger Nimier, autor da casa, evitavam-se. "Distante, Camus era, graças a Deus", constatou Nimier após a morte de Camus. "Nós o éramos com relação a ele, mais intensamente. Esse recuo, totalmente voluntário, não fazia dele um inimigo." A bênção de um homem de direita talentoso, entre outros, contribuiu para borrar as pistas no rastro de Camus. Críticos soltaram sua tinta e seu visgo, portanto, para cristalizar Camus como conservador frouxo e morno.

O roteirista Jean-Loup Dabadie havia então publicado um romance. Explicou o que Camus representava para alguns que tinham vinte anos em 1960: "Um homem morreu e ninguém era de sua família. [...] Estávamos em aula de filosofia e colocavam livros de Camus entre nossas mãos excitadas. Alguns os engoliram crus e, inebriados por uma prosa límpida, passaram a confundir absurdo com absurdos; filas de revoltados. Outros se emocionaram, tentaram desesperar-se inteligentemente, ousaram imaginar Sísifo feliz, e se cansaram. [...] Outros, enfim, abandonaram Camus quase imediatamente e, quando ele reclamava um esforço solitário, deixaram-no só com seu desafio."[8] Em 1996, Albert Camus não atravessa um deserto sozinho, como foi o caso em 1940, 1952 e 1957. Hoje milhões de leitores lhe são fiéis.

Camus julgava-se com severidade ou complacência: "Eu [...] fugi a todos [...] e quis de certa maneira que todos me fugissem", escrevia ele no final de sua vida.[9] Charles Poncet reconhecia que Camus viveu amores verdadeiros, mas achava também que "ele aparentemente não dava maior importância ao ato sexual do que ao fato de beber um trago com diferentes mulheres".[10] Em um de seus poemas, Dadelsen escrevia: "Toda adoração carnal é lícita." Camus não estava longe, e dizia também: "Na vida do dia a dia, a mentira e a polidez são formas de bondade."[11] Ele amou várias mulheres até sua morte, não gostava de ser enganado: "Sofri com o que você me revelou. É um fato. Mas você não deve ficar triste com minha tristeza [...]. Sei que fiz tudo para afastá-la de mim. Toda a minha vida, assim que um ser se apegava a mim, fazia tudo para que recuasse..."[12] Camus confiou-se mais às mulheres do que aos homens: falou à sua mãe, pouco com ela, e procurou "loucamente o pai que não teve".[13] Essa ausência insuportável ajuda um pouco, ao que me parece, a compreender os vínculos e as rupturas de Albert Camus com alguns colegas ou amigos. Em O primeiro homem, *o órfão fica só, encontra seu pai e se desfaz dele. Só um psiquiatra, um analista teria sido capaz de sondar com Camus suas inconstâncias e sua fidelidade que estava acima de suas infidelidades. Poncet julgava Camus "intransigente em seu comportamento público". Quem pode negá-lo, se há provas e documentos?*

Encantador e sombrio, sincero e teatral, humilde e arrogante, Camus queria que gostassem dele. Muitas vezes o conseguiu. Desejava, é claro, ser compreendido, mas não o conseguiu no final de sua vida. Falou demais da felicidade para ser feliz e sereno com frequência. Devemos imaginá-lo também infeliz, como Sísifo. Sofrimento, angústias e separações o marcaram. Sem elas, será que teríamos A queda? *Pode-se aceitar ou rejeitar Camus escritor, consagrado e frequentemente pasteurizado nos manuais. Albert Camus é um clássico perigoso: é ensinado em todos os continentes e lido em todas as classes sociais.*

Ele não se sentia poeta no sentido tradicional, embora tenha rabiscado versos engraçados como o Poema argelino.[14]

No entanto o autor de Bodas *ou de* O verão *deixa como legado páginas de prosa de magnífica densidade poética. Creio que* A queda *e* O estrangeiro *sobreviverão por muito tempo, e também* O avesso e o direito, Bodas *e* O verão, *acima das querelas políticas.* O estrangeiro *é o livro mais vendido da editora Gallimard desde que ela foi criada. Camus tem um público heterogêneo, e constantemente renovado. As sondagens são apenas sondagens. Com perguntas "fechadas" ("Entre os seguintes escritores, qual...?"), Camus sempre tem muito boa colocação, ao lado de Balzac, Corneille, Molière... Muito mais espantoso: com perguntas "abertas", solicitando respostas espontâneas ("Qual é o escritor francês do século XX, vivo ou morto, que mais lhe interessa?"), Camus surge em primeiro lugar, no vocabulário dos pesquisadores, com uma pontuação de 4,5, seguido por Marcel Pagnol, com 3,0, Frédéric Dard, 2,6... e Sartre, 0,8.*[15]

Em 1979, Jean-Jacques Brochier reeditava seu Camus, filósofo para classes terminais, *panfleto explorado por muito tempo. Em 4 de janeiro de 1995 – Camus teria oitenta e dois anos – Brochier me escrevia que "*O estrangeiro *e, em menor medida,* A queda *[eram] grandes livros". Em seu opúsculo ele afirmara que "Camus apoia sempre, tacitamente ou evidentemente, a ordem estabelecida". Espero ter mostrado o contrário. Para Brochier, o escritor Camus "nunca abalou nada em nossa civilização capitalista e cristã". Será essa afirmação sustentável? "Seus apelos à piedade talvez seja o que mais repugna nele",*[16] *afirmava Brochier panfletário. Pode-se dizer o mesmo, hoje, quanto aos direitos humanos e às organizações beneméritas, governamentais ou não? Brochier me escrevia também que Camus tinha um lado "Argélia fran-*

cesa". Se ele entende por isso que Camus desejava manter a Argélia na República francesa, está certo. Mas a expressão vai muito além: "Argélia francesa" remete ao colonialismo e à OAS, ao contraterrorismo. Nesse sentido, toda a vida e os escritos de Camus o desmentem. Brochier encontra um lado "Fulaninho entre os pieds-noirs" em O primeiro homem. Para mim, esse romance inacabado é perturbador.[17]

Houve um tempo em que se dizia que mais valia estar enganado com Sartre do que ter razão com Aron. Em alguns círculos, pode-se ainda substituir Aron por Camus.[18]

Camus dizia-se dramaturgo. A meu ver, Calígula continua mantendo sua força no palco, as outras peças menos. Bom ator, Camus? Não sei, nunca o vi em cena. Talvez tenha sido satisfatório como Don Juan ou no papel do Governador de Os possessos. Na televisão, ele era fraco. No papel de Albert Camus, na tela, parece-me enfático.

Sentia-se antes de tudo artista, "criador de mitos, incerto de ser bem-sucedido" mas "certo de não ser outra coisa".[19] Ele não imaginou um universo, como Stendhal, Balzac, Dostoiévski, Tolstói, Melville, Faulkner, Graham Greene, Primo Levi, Mishima, Mario Vargas Llosa... Mas seus dois melhores romances-relatos têm o tom original e forte das obras-primas. Redigiu rapidamente O estrangeiro e A queda. Apesar dos ucasses de certos doutrinários da desconstrução e da intertextualidade ou de operários da jovem e valente genética literária, comparando as diferentes versões de uma obra, apesar de todas as exegeses, esses dois livros mantêm algo secreto – inexplicável –, como tantas obras profundas. Camus realizou mais lentamente A peste; que, com o recuo, torna-se nítido, didático: aqui estão os bons, ali estão os maus, os ateus, os cristãos. Camus dizia a Brisville: "Estou me exercitando, meus diques são altos demais." A unidade perturbadora e importante de sua obra literária está em sua magnífica diversidade e em sua fidelidade a ideias justas.

Filósofo, Camus? Não, se os parâmetros – ocidentais – forem Platão, Kant, Hegel, Russell, Wittgenstein, Whitehead, Popper, Sartre... Camus repetiu que não era filósofo, e sobretudo que não era existencialista, mas, vítima de uma coqueteria cultural francesa, não insistiu muito. Em Estocolmo, nas conversas na embaixada, ele o lamentou.[20] Sabia que Sartre era mais "brilhante". Mesmo examinando-o com os critérios da tradição francesa, poderíamos dizer que Camus contribuiu para avanços filosóficos, a não ser opondo-se ao espírito de sistema – o que não é pouca coisa? Algumas frases de Camus continuam toques de címbalos mais literários do que filosóficos: "Chamo verdade *a tudo o que continua." O fato de não se impor como filósofo não o impediu de ser um pensador de envergadura estimulante. Pelo contrário! Algumas de suas ideias de filosofia política são mais aceitáveis neste final do século XX do que ideologias que sucumbiram com o desmoronamento do mundo comunista. Em 1957, bem antes de alguns grandes e pequenos mestres em voga, Camus declarava: "Sabemos que a era das ideologias terminou. " Aconselhou até o fim que não se confundisse criação com propaganda: "Parece-me que o escritor não deve ignorar nada dos dramas de seu tempo e que deverá tomar partido sempre que puder ou que souber. Mas deverá também manter ou retomar uma certa distância, de vez em quando, com relação a nossa história."*[21] *Em* O homem revoltado, *há quase meio século, ousou dizer: "Os operários lutaram, foram mortos para dar o poder a militares ou a intelectuais, futuros militares que por sua vez os submetiam."*

Camus procurou uma regra de vida. No domínio público, recusava a mentira, a dominação, o despotismo. Tateando, tentou formular mandamentos para laicizar aqueles dos Evangelhos. Um escritor, segundo ele, só "pode ajudar por meio de seus livros. Não deve se atribuir o título de mentor espiritual. Isso não é uma demissão, é antes o reconhecimento de seus limites".[22]

O absurdo foi um dos horizontes dramáticos e imbuídos dos anos 40, a revolta o dos anos 50. Camus diagnosticou alguns males da época, refletiu suas angústias, rejeitou as tentações totalitárias e sua própria inclinação ao niilismo. Poderia ter caído no cinismo. Pensador e moralista, estava isolado num meio francês em que um marxismo bruto triunfava. Camus recusou o fanatismo, não a militância. A ideia de um Deus no qual não podia acreditar o atormentou. Compreendem-se os desejos de recuperação enganosa de alguns crentes. Longe de Deus, Camus condensa certas problemáticas dos anos 50 na França e no mundo ocidental. Para empregar a terminologia de C. P. Snow, Camus e sua geração integraram as revoluções sociais e políticas do século XIX, não sua revolução industrial, e menos ainda as revoluções científicas e econômicas do século XX.

Típico de sua geração, Camus aderiu primeiro ao comunismo e foi tentado pelo pacifismo. O sangue o repugnava quando tantos intelectuais salivavam diante dos carrascos e carniceiros. Nesse sentido, Camus foi atípico, e também como libertário, social-democrata reformista. O nacionalismo o preocupava. Em O homem revoltado, *ele afirmava que "a luta dos nacionalistas revelou-se pelo menos tão importante, para explicar a história, quanto a luta de classes". Em 1957, ele apostava, com reservas, na Europa:*[23] *"Não acredito numa Europa unificada sob o peso de uma ideologia ou de uma religião técnica que esqueça suas diferenças. Também não acredito numa Europa entregue apenas a suas diferenças, isto é, entregue a uma anarquia de nacionalistas inimigos. Se a Europa não for destruída pelo fogo, ela se fará. E a Rússia a acompanhará, por sua vez, com sua particularidade." Quem na França dizia melhor e com maior lucidez? As intuições de Camus revelam-se mais corretas do que toneladas de tratados e de discursos proféticos. No socialismo – tal como George Orwell, ele imaginava que ele pudesse se reinventar –, Camus decerto discernia mais uma moral cotidiana do que uma teoria. Apesar das fulgurâncias,* O homem revoltado, *ao que me parece, é uma obra perspicaz e falha, mas não pelas razões escolásticas e políticas afirmadas por* Les Temps modernes: *sobre as revoluções e os revolucionários, Camus explica o essencial em cinquenta páginas luminosas. Mas, fora isso, mistura demais literatura, filosofia e política: nesse ponto, ele é muito francês.*

Diante das dúvidas e da modéstia de Camus, um pouco de reserva e de autocrítica caberia aos que continuam ignorando as relações entre Martin Heidegger e o nazismo ou a paixão de Michel Foucault pelo aiatolá Khomeini.[24]

Orwell foi mais ensaísta do que romancista, Camus melhor romancista do que ensaísta. Tuberculosos, morreram com a mesma idade. Ambos compartimentavam suas existências, e seus círculos íntimos não se cruzavam. Célebres, solitárias e solidários, respondiam com a mesma assiduidade a seus correspondentes anônimos. Foram homens e espíritos livres, que aceitaram todos os inconvenientes de uma posição heterodoxa à esquerda. Camus impôs-se a Paris mais depressa do que Orwell a Londres. Denunciaram –não fazia parte da atmosfera da época – as atrocidades do mundo concentracionário e policial de esquerda ou de direita, a maneira pela qual os comunistas interpretavam a história depois de a ter reescrito. Num ensaio sobre Koestler em 1944, Orwell analisou o "pecado de quase todas as pessoas de esquerda a partir de 1933 [que] quiseram ser antifascistas sem ser antitotalitárias"."Quem foi puta uma vez, permanece puta." Muitas prostitutas literárias, filosóficas e políticas tiveram aposentadorias dignas ou indignas. Para Camus e Orwell, muitos intelectuais foram míopes, cegos, sedentos de poder e de prestígio, e esses membros da intelligentsia *eram mais totalitários do que as pessoas simples. Os dois respeitavam um homem político, sem o idolatrar: Orwell admirava Aneurin Bevan; Camus, Pierre Mendès France. Os dois escritores distinguiam patriotismo de nacionalismo. De meios diferentes, apostavam numa honestidade essencial, evidente a seus olhos, dos pobres, oprimidos e humilhados. Camus, lembrando-se de sua mãe, não gostava de se deixar servir, mas também porque nunca abandonara o sonho de uma sociedade que reduzisse ininterruptamente desigualdades e injustiças sob a sombra aconchegante das liberdades. O povo, para Camus e Orwell, é o oposto do que imaginam Montherlant ou Waugh. Antes, durante e depois da Segunda Guerra Mundial, Camus se engajou, sem prazer: "O homem moderno é obrigado a se ocupar de política. Eu me ocupo a contragosto e porque, entre meus defeitos mais do que entre minhas qualidades, nunca recusei nenhuma das obrigações com que me confrontava." Ele não fez da política uma religião. Como o de Orwell, seu lema poderia ter sido: lamentavelmente, nem Marx nem a Bíblia. Para se limitar aos homens de esquerda franceses que teorizaram suas recusas e suas críticas – Claude Lefort, Cornelius Castoriadis, Edgar Morin, Jean-François Revel –, Albert Camus, o mais famoso de todos, salvou na França a honra dos intelectuais atolados numa deriva totalitária.*[25] *Homem de boa e forte vontade, Camus cometeu um crime: em face do comunismo, des-sartrando, descarnando, como diz Jean-François Sirinelli, o clima político, ele teve razão cedo demais.*

Camus preferiu os homens engajados às literaturas engajadas, "serviço militar obrigatório", como dizia. Considerava-se artista tomando posição mais do que militante escritor.

Três vezes subiu ao palco do jornalismo. Durante dois anos e meio, Camus foi o editorialista mais talentoso da imprensa francesa, com um estilo e valores seguros. Os editoriais do Combat *marcam uma época, às vezes com a ênfase do efêmero. Para mim, o melhor Camus jornalista foi o do* Alger républicain. *Ele sabia que o jornalismo passa e que a literatura fica. Afastou-se portanto do jornalismo, condenou-o com algumas razões sólidas e obsessões excessivas. A Jean Daniel e outros, afirmava que os intelectuais parisienses eram maldosos e que era preciso vingar-se deles sendo furiosamente feliz. Durante os dez últimos anos de sua vida, foi a vítima de uma esquerda parisiense, sincera mas cruel, muitas vezes desonesta e raivosa, na melhor das hipóteses desinformada. É impossível, hoje, pretender que aquele Camus anticomunista fosse conservador ou reacionário, ou então isso significa que sua reação foi correta.*

No que se refere à Argélia, o problema é mais complexo. Camus ainda é censurado, sobretudo na Argélia, por não apresentar os árabes ou os cabilas em sua obra. Como muitos de seus compatriotas de origem europeia, Camus não conhecia muito bem os argelinos, os muçulmanos, os "indígenas".

Será um crime não escrever o que não se apreende bem? Mouloud Ferraoun fala dos cabilas, não dos árabes ou dos franceses. Num livro muito crítico a respeito dos franceses da Argélia, Pierre Nora julgou que Camus, “inconscientemente cristalizado no imobilismo histórico”, não era capaz de encarar o problema das relações entre europeus e árabes. Nora via em O estrangeiro *“a confissão perturbadora de uma culpa histórica [que] assume a dimensão de uma trágica antecipação”.* “Os franceses da Argélia, *de que só o título, na época, já era uma provocação – tal como* A guerra da Argélia, *de Jules Roy –”, diz agora Nora, “pretendia ser ao mesmo tempo um ensaio de psicologia coletiva e um panfleto a favor da independência, pela qual continuo acreditando que tínhamos razão em militar. Quanto a Camus, liberal que não tinha nada de ‘Argélia francesa’ no sentido político e terrorista da expressão, mas cujo coração e cujas entranhas só podiam se revoltar à ideia do derradeiro ‘abandono’, compreendo perfeitamente seu dilaceramento interior e por que, no paroxismo das paixões, ele só pôde se voltar para as suas solidariedades fundamentais e proclamá-las. Havia até mesmo coragem em fazê-lo.”*[26] *Depois de Nora, que tem um estilo claro, muitos comentaristas, que se afirmam falando em jargão, vendo uma substância sob cada substantivo ou neologismo, vão mais longe e acham Camus racista.*

Seguindo as pegadas de Camus na Argélia, de Orã a Constantine, pareceu-me que seus jovens leitores argelinos se mostravam menos fechados que os mais velhos. Em 1960, em Mondovi, o conselho municipal mudou o nome da antiga rua de la Pépinière para rua Albert-Camus. Em 1962, na cidadezinha que voltou a ser Dréan, a artéria principal foi rebatizada como “Feddaoui-Messaoud, mártir combatente”. Insinuei em Argel ou Annaba – antiga Bône – que o autor de Bodas *pertencia ao patrimônio argelino. Em dez ou cem anos, haveria um bulevar Albert Camus em Argel. Os membros da nova geração, ou mais velhos como Mahfoud Boucebci, psiquiatra e camusiano, assassinado em 1994 pelos islamitas, aceitavam a ideia. Uma nova geração de críticos universitários argelinos é mais arguta do que certos franceses. Assim, Lamria Chetouni, em outros tempos da universidade de Annaba, agora na França, a propósito de* O estrangeiro, *de Meursault e de Camus, escreve tranquilamente: “No romance, o árabe é anônimo, despersonalizado, rebaixado, visto segundo clichês racistas. Albert Camus mostrou em seus artigos que, na vida real, é a mesma coisa. O autor lutou durante toda a sua vida contra a injustiça feita aos árabes de sua terra; emitiu sinais de alarme contra a lógica da insensibilidade e a da repressão, para acabar com a exclusão coletiva e as desigualdades sociais, condenando o 'louco orgulho europeu'." Lamria Chetouni acrescenta: "Seus depoimentos sobre os erros de sua própria comunidade representam uma denúncia das ideias preconcebidas da sociedade colonial sobre os árabes e constituem um trabalho de desmitificação em seu favor." Vendo o escritor ao mesmo tempo excluído e envolvido, Lamria Chetouni conclui: "Lucidamente dividido entre duas fidelidades, estrangeiro e solidário, Albert Camus é pessoalmente vítima das contradições sociais de que nasceu. E talvez seja por isso, tendo experimentado esse dilaceramento por tê-lo vivido ao contrário, que os árabes argelinos lhe prestam hoje a maior homenagem."[27] "Camus é um escritor argelino", afirma um dos maiores, Mohamed Dib.[28] Poderemos pedir aos últimos camusófagos a mesma sensibilidade?*

Em face do problema argelino, Camus foi legalista e moralista. Embora os fatores históricos e sociais difiram profundamente, ele queria para a Argélia o que todos, tendo à frente Nadine Gordimer, desejam hoje para a África do Sul: a coexistência dentro da igualdade de direitos; dois povos numa nação e um Estado de direito multirracial. Para ancorar ou reabsorver a Argélia na República francesa, já era tarde demais em 1956. Camus sabia que seus franceses da Argélia e os da França, "embora falassem da mesma paisagem, nem sempre falavam da mesma Argélia", como diz Jean Pélégri. O peso demográfico também encaminhou a Argélia para a independência com a tomada de consciência das elites e das massas, tal como a política limitada e teimosa dos responsáveis em Argel ou a frouxidão dos governantes de Paris em face dos direitos dos árabes e dos cabilas.[29]

Em 1996, o litígio de Camus com certos representantes da intelligentsia *francesa, à esquerda e à direita, não está apurado. Eles ainda conhecem mal sua vida, seus engajamentos, sua evolução. Os que são hostis à personalidade de Camus, ou alérgicos à sua obra, serão capazes de finalmente suspender por um momento seus julgamentos peremptórios, de aceitar, com uma certa honestidade e um humor cartesiano, bancar o "aluno" antes de voltar a ser "censor", ou de abandonar suas simplificações e preconceitos?*

Francis Jeanson, de ideologia tão inoxidável quanto cortês, acha hoje que seu segundo artigo de Les Temps modernes *foi "evidentemente supérfluo",*[30] *mas que, no fundo, sua visão era correta, em razão do anticomunismo que, segundo ele, "grassava" na França no início dos anos 50. Para os sartrianos de então, encerrados num pensamento binário, esse anticomunismo era tão condenável quanto a guerra travada na Argélia por uma França que se pre-*

tendia democrática. Camus passava então, aqui e ali, por colonialista, partidário do status quo *na Argélia. Como é possível dar a entender que ele foi partidário do emprego dos choques ou da tortura porque não assinou petições em favor de Maurice Audin, assassinado pelos paraquedistas? Camus recusava a política sem moral, o que provoca sorrisos tanto à esquerda como à direita. Um intelectual não deve comungar com os políticos que comem todos os dias o pão bolorento da mentira. Pode-se recusar a obra de Camus, mas ninguém pode ignorar, simplificar ou caricaturar os posicionamentos desse homem, exemplar ao lado de muitos escritores engajados e enraivecidos, de todos os espectros. Ele lembra aos eruditos a diferença, fundamental, entre seu trabalho e o dos políticos: uns devem criar, comentar e criticar, os outros governar. Não basta dizer que Camus provavelmente não tinha o dom da política ou que um escritor deve fornecer receitas governamentais. A aposta camusiana afirma que há mais a ser admirado do que desprezado no homem. Nada permite que se despreze o homem Camus, e há inúmeras razões para admirá-lo com suas forças e suas fraquezas. Sua encantadora e calorosa bondade – sim, a palavra é antiquada – humana ou social embaraça alguns teóricos. Esse ensaio de biografia não é nem desmitificação nem hagiografia. Não fiz o catálogo das boas ações de Camus. No entanto, são ou foram muitos os que se lembraram das atenções do escritor: determinado ator para o qual ele depositava uma quantia para que pudesse sobreviver numa casa de repouso, os húngaros que receberam dinheiro com seu apoio em 1956...*

Camus podia mostrar-se seco, ou muito desagradável, porém nele a compreensão e a gentileza prevaleciam sobre a arrogância e a suscetibilidade: vulnerável, foi fiel na amizade e no amor, para além de seus casos. Dava mais do que recebia. Era ardoroso. Um homem é também a soma de seus atos públicos e privados, conhecidos e anônimos. No final do percurso, não posso explicar por que o filho de um adegueiro e de uma mulher iletrada teve tantos talentos: o mistério da criação inscreve-se também, invisível, na biologia, nos encontros, uma soma de acasos que, a posteriori, *parecem necessários. A crítica das obras não penetra o irredutível segredo da criação literária. Camus definiu sua maneira de encaixar sua arte, sua vida, sua moral. "Nenhuma grande obra [...] nunca se fundamentou verdadeiramente no ódio ou no desprezo. Em algum lugar de seu coração, em algum momento de sua história, o verdadeiro criador acaba sempre por reconciliar. Ele atinge então a medida comum na estranha banalidade em que se define. [...] Se o artista não pode recusar a realidade, é porque ele tem por encargo dar-lhe uma justificação mais elevada. Como justificá-la se decidimos ignorá-la? Mas como transfigurá-la se consentimos em nos submeter a ela?"*[31] *Cada página escrita e bem-sucedida foi uma amarga vitória para Albert Camus. Fazendo eco ao "jovem demais" de Catherine Sintès-Camus, Faulkner afirmará: "Dirão [que Camus] era jovem demais, que não teve tempo de realizar... mas a questão não é quanto tempo ou que qualidades, mas simplesmente o quê." Albert Camus travou, através da linguagem literária ou política e contra ela, o que T. S. Eliot chamou de "combate intolerável com as palavras" que "se estiram, racham, escorregam, perecem".*

E às vezes permanecem para várias gerações de leitores.

AGRADECIMENTOS

Por sua ajuda e paciência, por me terem confiado suas lembranças, cartas e documentos, suas críticas e comentários, todo o meu reconhecimento – entre outros – a: André Abbou, Claude André (de Fréminville), Yann Andrea, Éric Antoine, Alexandre Astruc, Dominique Aury, Salim Bachi, José Bacri, Blanche Balain, Nicolas Baverez, Alexis Berelowitch, Mohamed Belkhadi, Paul e Pierre Bénichou, Louis, Jean-Pierre e Lucien Bénisti, Mireille Bénisti-Monié, Edgar e Raoul Bensoussan, Christian Bernadac, Kerstin Berggren, Jacqueline Bernard, Mauricette Berne, Dominique Birmann, Carl Bjurström, Patricia Blake, Jacqueline Blanchard, Vivette e Marc Bloch-Michel, Gérard Bollon, Dr. Boucebci, Dr. Boudjema, Claude Bourdet, Yves Bourgeois, Abdel Hamid Bouzaher, Himoud Brahimi, Jean-Claude Brisville, Michel Brulé, David Camus, Georges Canguilhem, Omar Carlier, Joëlle Caroline, Maria Casarès, Curtis Cate, Jean Cau, Eleanora Chakhnazarova, Colette Chambelland, Nicole Chaperon, Madeleine Chapsal, Marie-Claude Char, Évelyne Chauvin, François Chavanes, Ariane Chebel d'Appollonia, Hans Colliander, Fanny Colonna, Michel Contat, Olivier Corpet, Yves Courrière, Alice e Nicole de Dadelsen, Jean Daniel, Jean-Pierre Dauphin, Christiane Davila-Galindo, Irène Dayan, Myriam e Yves Dechézelles, Jacques Delarue, Marguerite Dobrenn, Alain Dromsom, Wily Dubos, Colette Dumur, Colette Durand-Dominique, Mgr Duval, Marie Elbe, François Faletti, Pierre Fassina, Christiane Faure, Marianne e Pierre Fayol, Max Fischer, Yvonne Fischer, Brian Fitch, Marguerite Max-Pol Fouchet, Odette Galindo, Christophe e Nicole Galliero, Anne, Renée, Janine e Simone Gallimard, Paul Gaujac, almirante de Gaulle, Raymond Gay-Crosier, Suzanne Ginoux, Françoise Giroud, Diane Goldenberg-Hart, Celia Goodman, Daniel Gotheil, Roger Grenier, Jean Grosjean, Raymonde Grumbach, Philippe Grumbach, Annie Guéhenno, Rachid Hammoudi, Jacques Heurgon, Daniel Hick, Marina Imolina, Madeleine Jaussaud, Francis Jeanson, Aline Jelen, Janine de la Hogue, Pierre Kauffmann, Nabhani Koribaa, Odile de Lalène, Réjane e Pierre Le Baut, Jean-Philippe Le Forestier, Jean Lescure, Claude Lévi-Strauss, Jacqueline Lévi-Valensi, Jean-Daniel Levitte, Roger e Bernadette Louis, Denis Louche, Yves Mabin, Jean de Maisonseul, Florence Malraux, André Mandouze, Xavier Marbod, Jean-Luc Marchand, Lucienne Maroselli, Manette e Robert Martin, Gilles Martinet, Maurice Maschino, Dionys Mascolo, Jean-Louis Maume, Jean Mauriac, Albert Memmi, Robert Merle, "Mi", Alain Millot, Rachid Mimouni, Edgar Morin, Fadela M'Rabet, Francine Mutin (de Fréminville), Maurice Nadeau, Robert Namia, Andrei Naoumov, Patrick Nizan, François Nourissier, Yves Ollivier, Albert Palie, Jacqueline Paulhan, Jean Pélégri, Jean-Louis Planche, Yves Pleven, René Poirier, Jeanne e Urbain Polge, Odette Ponge, Laurent Preziosi, Roger Quilliot, Emmanuel Roblès, Jacques Robnard, André Rosfelder, O. Rosowsky, Micheline Rozan, François Samuelson, Sandrine Sanson, Jean Sarrochi, Françoise e Émile Scotto-Lavina, Jean Scotto, Catherine Sellers, Roland Simounet, Paul Smets, Pierre Tabard, Sahid Tayeb, Frédéric-Jacques Temple, Anna-Maria e Jeanne Terracini, Germaine Tillion, Emmanuel e Samuel Todd, Janine Verdès-Leroux, Jenny e Jacques Vérin, Sarah Videcoq, Michel Vinaver, Jean-Pierre Vivet, Jacques de Vriendt, Eugène Warion.

Aos arquivistas dos Archives de France em Paris, dos Archives d'Outre--Mer em Aix-en-Provence, do Acervo Jacques Doucet, da Bibliothèque Nationale em Paris e Versalhes, do Centre de Documentation Historique sur l'Algérie, do Department of Romance Languages and Literatures, universidade da Flórida, do Harry Ransom Humanities Research Center, universidade do Texas em Austin, do Imec, do Komintern em Moscou, do Musée d'Histoire Sociale, do National Archives em Washington, aos conselheiros culturais e diretores de institutos franceses em Argel, Annaba, Constantine, Orã e Moscou.

E (menção especial) a Catherine e Jean Camus, e também a Robert Gallimard, André Belamich, Paule Lespes, Charles Poncet.

GENEALOGIA

Como Herbert Lottman, inspirei-me, entre outros documentos, numa genealogia estabelecida pelos serviços de registro civil em Nantes, e também em trabalhos de Jeanine de la Hogue, Simone Nerbonne e de Georges Reynaud (*Pravence Généalogie*, nº 95, 1º trimestre de 1995). Alguns chegam a remontar, do lado francês, à décima primeira geração.

A genealogia de Albert Camus é arquetípica de um *pied-noir* de sua geração, com uma ascendência francesa do lado paterno e espanhola do lado materno.

Na linha de ascendência francesa, encontramos, entre os bisavós, três quartos de meridionais (da Ardèche, Marselha e Bordeaux). De acordo com uma certa mitologia *pied-noir*, uma das bisavós, Marguerite Léonard, nasceu, em 1828, na Alsácia-Lorena (em Élage, na região da Moselle). A linhagem espanhola é originária das Baleares, portanto mais catalã do que castelhana.

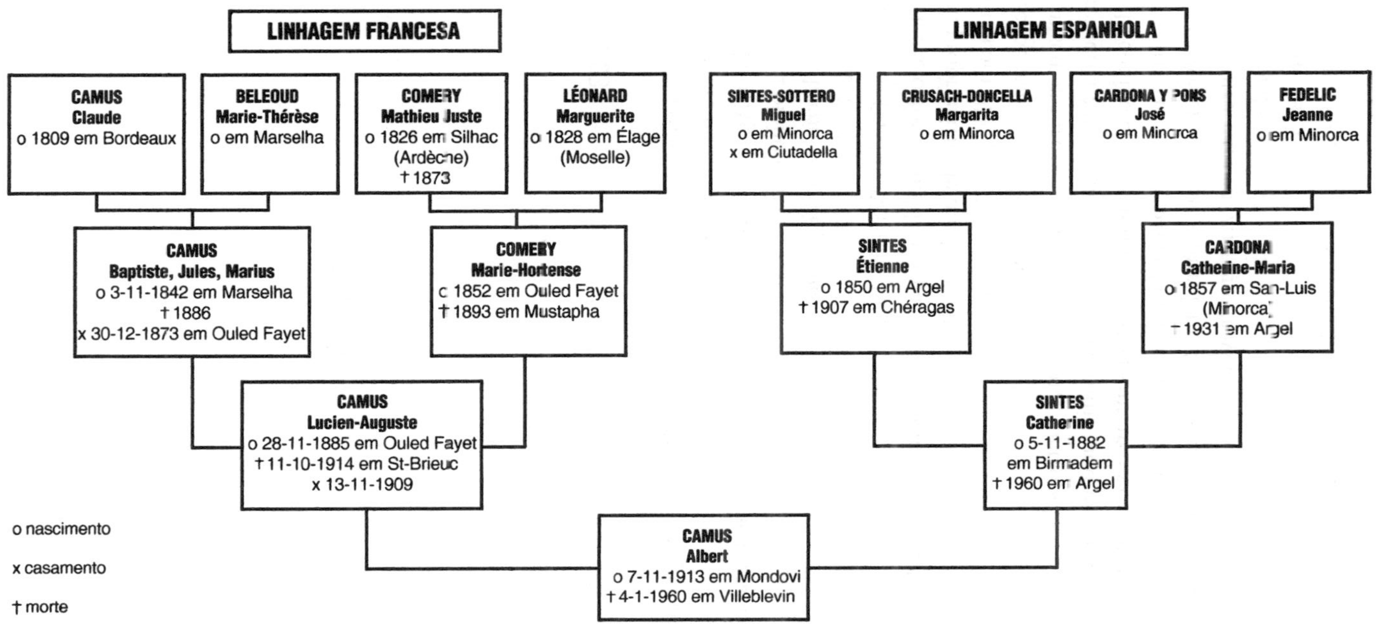
LINHAGEM FRANCESA
CAMUS
Claude
o 1809 em Bordeaux
BELEOUD
Marie-Thérèse
o em Marselha
COMERY
Mathieu Juste
o 1826 em Silhac
(Ardèche)
† 1873
LÉONARD
Marguerite
o 1828 em Élage
(Moselle)
CAMUS
Baptiste, Jules, Marius
o 3-11-1842 em Marselha
† 1886
x 30-12-1873 em Ouled Fayet
COMERY
Marie-Hortense
o 1852 em Ouled Fayet
† 1893 em Mustapha
CAMUS
Lucien-Auguste
o 28-11-1885 em Ouled Fayet
† 11-10-1914 em St-Brieuc
x 13-11-1909
LINHAGEM ESPANHOLA
SINTES-SOTTERO
Miguel
o em Minorca
x em Ciutadella
CRUSACH-DONCELLA
Margarita
o em Minorca
CARDONA Y PONS
José
o em Minorca
FEDELIC
Jeanne
o em Minorca
SINTES
Étienne
o 1850 em Argel
† 1907 em Chéragas
CARDONA
Catherine-Maria
o 1857 em San-Luis
(Minorca)
† 1931 em Argel
SINTES
Catherine
o 5-11-1882
em Birmadem
† 1960 em Argel
CAMUS
Albert
o 7-11-1913 em Mondovi
† 4-1-1960 em Villeblevin
o nascimento
x casamento
† morte

NOTAS

1. MATRÍCULA 17.032

1. Cartas, acervo Lespes. A ortografia de Lucien Camus foi respeitada. Em anexo, p. 771, árvore genealógica.
2. Charles-Robert Ageron, *Histoire de l'Algérie contemporaine* (para as referências das obras, ver a bibliografia).
3. Marc Baroli, *Algérie, terre d'esperance.*
4. 24 de junho de 1914.
5. Depoimento de Eugène Warion, 1993-1995.
6. A mãe decerto foi atendida no parto pelo doutor Tony Marbot, médico--coronel, proprietário de um Renault.
7. Entrevista com Philippe Besnard, 1993.
8. Bône recebe mais de 2.500 navios por ano.
9. A viagem sem autorização à Argélia, à França metropolitana ou ao estrangeiro, sobretudo a Meca, choca muito os administradores. Todos os projetos de revisão do código em dezembro de 1913 mantêm essa autorização. As viagens ao estrangeiro nada valem para os indígenas. O Islã também não. Não se pode clamá-lo na Argélia. Como controlar o Islã que não se ousa romper?
10. Archives d'Outre-Mer em Aix-en-Provence.
11. 5 de dezembro de 1913.
12. 20 de maio de 1913.
13. Renaud de Roche Brune (texto estabelecido por), *Les Mémoires de Messali Hadj.*
14. Jacques Rivière, *L'Allemand.*

15. Musette, Cagayous.
16. Comunicado pelo coronel Paul Gaujac, antigo chefe do Serviço Histórico do Exército Terrestre, castelo de Vincennes.
17. Lições sobre a fenomenologia da percepção interna do tempo.

2. "MOSQUITO, VOCÊ FOI ACEITO"

1. *O primeiro homem.*
2. Carta de Pierre Fassina ao autor, 13 de maio de 1994.
3. *Ibid.*
4. *O primeiro homem.*
5. Afiançado por Camus, *O avesso e o direito*, "Entre o sim e o não".
6. *O primeiro homem.*
7. *Ibid.*
8. Cf. *Les Voix du quartier pauvre.* O episódio da briga entre Antoine e Étienne ocorreu em 1930.
9. M. O. Stott, *The Real Algeria.*
10. *O primeiro homem.*
11. *Ibid.*
12. *Ibid.*
13. H. Lottman, *Albert Camus.*
14. Carta de R. Suchet ao autor, 1º de outubro de 1993.
15. Depoimento de Laurent Preziozi.
16. Carta de Robert Salord ao autor, 15 de outubro de 1993.
17. Carta de Louis Germain, 30 de abril de 1959.
18. 17 de novembro de 1883. *Des enseignants d'Algérie se souviennent...*
19. Carta de Louis Germain, 30 de abril de 1959.
20. Em 1920, são recenseados 992.820 europeus matriculados nas escolas públicas argelinas para 456.700 muçulmanos. No conjunto da população, os "indígenas" são sete vezes mais numerosos.
21. Carta de Louis Germain, 30 de abril de 1959.
22. Jeanne Terracini, *Si bleu le ciel...*
23. *O primeiro homem.*
24. Em 15 de outubro de 1914.
25. *O primeiro homem.*
26. François Chavanes, *Il faut vivre maintenant.*
27. Carta de Louis Germain, 30 de abril de 1959.
28. Jean Scotto, *Curé pied-noir, évêque algérien.*
29. Marc Baroli, *Algérie, terre d'espérance.*
30. Para toda a infância de Albert Camus, ver *O primeiro homem.*

3. SILÊNCIO E PALAVRAS

1. Entrevista com Pierre Fassina, 1994-1995.
2. *Ibid.*
3. Carta de Pierre Fassina ao autor, 13 de maio de 1994.
4. Raymond Pointu, *Presse Océan*, 27 de abril de 1994.
5. Boletim do RUA, 28 de outubro de 1930.
6. Camus dirá: "Isso me serviu na existência e sobretudo na metrópole, onde não se tem coragem de ser franco."
7. Em 1923-1934. Cf. Daniel Hick, *L'Empire du sport*.
8. Cf. Marc Auge, *Le Débat*, fevereiro de 1982.
9. Entrevista com Pierre Salama, 1993.
10. A. Malet e P. Grillet, Librairie Hachette et Cie., 1917.
11. Em itálico no manual.
12. Para conhecer os aspectos cruéis da colonização, deveriam ter lido as obras de Gabriel Esquer, grande historiógrafo, ou, mais tarde, as de Charles-André Julien. Suas ideias não penetravam nos liceus. No ensino secundário e primário, a colonização transforma-se em epopeia, propaganda oficial.
13. Desde a idade de sete anos, confidências a Marguerite Dobrenn. Entrevista, 1993.
14. *Ibid.*
15. *Ibid.*
16. *O primeiro homem.*
17. Cadernos do padre Georges Didier, mensageiro do coração de Jesus, outubro de 1958, fornecidos pelo padre Robert Bonfils, S.J.
18. *O primeiro homem.*

4. METAFÍSICA E POLÍTICA

1. Catherine Hodeir e Michel Pierre, *L'Exposition coloniale*.
2. Jeanne Terracini, *Si bleu le ciel...*
3. Criam-se então alguns museus: o museu Franchey d'Esperey, na Casbah, o museu do Bardo, o museu de Belas-Artes, o museu Florestal, uma Casa do Colono em Orã. Na inauguração do museu Franchet d'Esperey, o *bachaga* Ourabah declara: "Não queremos que este dia se acabe sem que uma afirmação solene venha proclamar, em nome de todos os indígenas, que eles se associam de todo coração a esta festa da França, a esta comemoração de seu exército."
4. Marie Cardinal, *Les pieds-noirs*.
5. *L'Exposition coloniale*.

6. Carl A. Viggiani, "Notes pour le futur biographe d'Albert Camus".
7. Certificado do dr. A. Lévi-Valensi.
8. Anotação médica. Camus foi tratado pelo professor Lévi-Valensi. Ver também a carta do dr. Lévi-Valensi em setembro de 1938. Acervo Catherine e Jean Camus.
9. *O hospital do bairro pobre.*
10. Carta do professor Claude Molina ao professor François Bernard Michel, 2 de julho de 1992. Fornecida ao autor.
11. Ver *A morte feliz.*
12. Carl A. Viggiani, "Notes pour le futur biographe d'Albert Camus".
13. Jean Grenier, *Souvenirs.*
14. *Correspondance Albert Camus-Jean Grenier*, 18 de setembro de 1951.
15. *Os frutos da terra.*
16. Citado por Roger Grenier, *Soleil et ombre.*
17. *A morte feliz.* Trata-se de Mersault. Qual foi a influência da tuberculose sobre a sexualidade de Camus? Nada sabemos. Deveremos deixar de lado uma lenda pseudomédica segundo a qual os tuberculosos teriam uma libido mais forte do que os sadios?
18. Camus, carta.
19. Depoimento de Lucien Bénisti, 1992, Max-Pol Fouchet, *Mémoires parlées. Un jour, je m'en souviens.*
20. Entrevista com Jean de Maisonseul, 1992.
21. Albert Camus, *Cadernos II.*
22. *L'Exposition coloniale.*
23. Escrito em 1933, mas não publicado.
24. *L'Exposition coloniale.*
25. Jean Grenier, *Les Îles.*
26. Paul Mathieu, "Petite histoire de la khâgne africaine", *Revue de la Mediterranée*, 1959.
27. Entrevista com André Belamich, 1995.
28. Folha avulsa, abril de 1933.
29. Charles Poncet, "Dans le sillage de Camus", anexo, manuscrito inédito.
30. Entrevista com André Belamich, 1992.
31. *Ibid.*, 1995.
32. Dedicatória de Albert Camus em O *homem revoltado* para Paul Mathieu: "A meu eterno professor."
33. "Dissertation sur tragédie et comédie", Paul Villaneix, *Cahiers Albert Camus, NRF*, n°2.
34. Lista de prêmios fornecida por Pierre Salama.

35. Juntamente com outros textos de juventude, estes poemas foram descobertos por Jacqueline Lévi-Valensi. Cf. sua tese, *Genèse de l'oeuvre romanesque d'Albert Camus*, t. I "P. C." – sem nenhuma dúvida A. C. – data seu conto: Argel 28-29 de setembro de 1931. *Sud* é publicada em dezembro.
36. Maio de 1932.
37. Biblioteca parisiense de Camus. Obras fornecidas por Jean e David Camus.
38. *Ver O primeiro homem.*
39. Max-Pol Fouchet, *Mémoires parlés. Unjour, je m'en souviens.*
40. Cahiers II.
41. *Correspondance Albert Camus-Jean Grenier*, 20 de maio de 1932, e *Souvenirs* de Jean Grenier.
42. Em maio de 1932.
43. Acervo Catherine e Jean Camus.
44. *Ibid.*
45. Marguerite Dobrenn.

5. MEIAS BRANCAS

1. Cf. Marie Cardinal, *Lespieds-noirs.*
2. Carta a Fréminville, outubro de 1932.
3. Entrevistas com Jean de Maisonseul, Louis e Jean-Pierre Bénisti, Charles Poncet, 1993, 1994, 1995.
4. "Que islã pacífico nós conhecemos", diz Jean de Maisonseul. Carta ao autor, 1992.
5. Jeanne Delais, *L'Ami e chaque matin*, e entrevista com André Belamich, 1993.
6. *Ibid.*
7. Max-Pol Fouchet, *Mémoires parlés. Un jour, je m'en souviens.*
8. Nascida em 10 de setembro de 1914.
9. Entrevistas com Louis Bénisti, 1992-1993.
10. Carta a Fréminville, 16 de junho de 1933.
11. Entrevista com Louis Bénisti, 1992.
12. Entrevista com Jacques Heurgon, 1993.
13. Como Meursault em *O estrangeiro.*
14. Tese de doutorado apresentada à faculdade de letras da universidade de Paris por René Poirier, *agrégé* de filosofia, antigo bolsista Maison Thiers, professor do liceu de Chartres.
15. Acervo Catherine e Jean Camus.
16. Intuição que adverte sobre um acontecimento sem ser conhecida por um meio comum de comunicação. Telepatia também.

17. *Correspondance Albert Camus-Jean Grenier.*
18. Entrevista com Henri Sanson, 1993. O não encontro Sanson-Camus data de novembro de 1935.
19. Não se trata de Jean Amrouche.
20. Entrevistas com André Belamich, 1993, 1994, 1995.
21. Carta a Simone Hié. Cf. comentários de Roger Quilliot, O *avesso e o direito*, La Pléiade, para quem ela seria do final de 1933 ou do início de 1934. Eu me inclinaria por meados de 1934.
22. Entrevistas com Louis Bénisti, Jean de Maisonseul, 1993, 1994.
23. Entrevistas com Jean de Maisonseul, Louis Bénisti, 1992.
24. Entrevistas com Simone Bénisti-Monié, 1993.
25. Mersault em *A morte feliz*.

6. "PEDACINHOS DE ALMA"

1. Ainda existem cartas de Camus para Fréminville. Algumas de Fréminville para Camus foram queimadas por este último em 1941.
2. Em 20 de abril de 1934.
3. Inédito até hoje.
4. Carta de Fréminville a Belamich, 3 de setembro de 1934.
5. Carta de Fréminville a Belamich, 7 de setembro de 1934.
6. Fornecido por A. Belamich.
7. Carta, 1934.
8. Carta a Fréminville, 16 de janeiro de 1935.
9. Entrevista com André Belamich, 1993.
10. "À ma femme. Le 25 décembre 1934."
11. Carta, 15 de fevereiro de 1935.
12. Entrevista com José Bacri, 1995.
13. Solange Safarti, recordações manuscritas fornecidas por Louis Bénisti.
14. Cf. Vladimir Propp, *Morphologie du conte*, e Catherine Velay-Vallantin, *L'Histoire des contes*.
15. Cf. *Cahiers d'Albert Camus*, 2, "Le premier Camus", depoimento do doutor Léon Cottenceau, colhido por Herbert Lottman; manuscritos Charles Poncet; Jeanne Delai, *L'Ami de choque matin*; depoimentos de Lucien Bénisti e Simone Bénisti-Monié, 1993, 1994.
16. Claude de Fréminville, *Les Artistes algériens*.
17. Colabora no *Alger étudiant*: n° 172, 25 de janeiro de 1934; n° 173, 10 de fevereiro de 1934; n° 177, 1 de maio de 1934.
18. Carta a Fréminville, não datada, mas pelo que tudo indica de 1935.

19. Anotações fornecidas pela sra. Sauveur Galliero.
20. Entrevista com Yves Bourgeois, 1993.

7. A TENTAÇÃO DA AÇÃO

1. Eles existem a partir de 1935. Nada prova que ele não os tenha feito antes. Nada prova o contrário, tampouco. Por outro lado, voluntários ou involuntários, há muitos erros de data nos cadernos.
2. 1936, *Carnets*, *"Aux Baléares: L'été passé"* [Cadernos, "Nas Baleares: O verão passado"].
3. Carta a Jean Grenier, domingo, 4 de agosto de 1935, *Correspondance Albert Camus-Jean Grenier.*
4. É a expressão empregada por Camus em sua dedicatória de O *avesso e o direito* a Marguerite Dobrenn, em 1937: "Para certas formas doces e discretas... da amizade das mulheres." Em seu caderno, ele pula a expressão em 31 de março de 1936: "A amizade doce e discreta das mulheres." Retoma-a em 16 de maio: "Retorno também, doçura da amizade das mulheres."
5. Entrevistas com Jeanne Terracini, 1992-1993.
6. Charles Poncet, "Dans le sillage de Camus" e entrevistas 1992-1993.
7. Entrevista com Robert Namia, 1992.
8. Entrevistas com Louis Bénisti, Jean de Maisonseul, 1993-1994.
9. Max-Pol Fouchet, *Mémoires parlés. Un jour, je m'en souviens.*
10. *Bodas em Tipasa*, "O verão em Argel", dedicado a Jacques Heurgon.
11. Entrevista com Louis Bénisti, 1993.
12. Ver carta do filho de Maurice Thorez ao *Le Monde*, 11 de maio de 1969.
13. Cf. Christian Jelen e Dominique Wolton, *L'Occident des Dissidents.*
14. *Ibid.*
15. Tarefas dos militantes argelinos: preparar o terreno para visitantes soviéticos amigáveis, aparentemente técnicos. Abril de 1934: uma missão agronômica soviética de cinco membros faz uma turnê. Esses "agrônomos" vão a Argel, Orã, Saïda, Aïn-Sefra, Blida, Boufarik, voltam a Argel, rumam para Constantine para chegar à Tunísia por Gafsa. Os agrônomos soviéticos interessam-se pela vinha argelina. Dois dos cinco membros da delegação, Srs. Gorkov e Potrine, são membros dos serviços secretos soviéticos. Ver dossiês PCA, Arquivos do Komintern.
16. Já em 1930. Estão incluídos numerosos militares da ativa – não aposentados. Seduziram alguns "indígenas", como por exemplo Bel Kacem Augustin Ibazizen. Suas reuniões são tão frequentadas quanto as da esquerda.
17. No final de outubro de 1935.

18. Dois indicadores medem as dimensões de uma manifestação: o número de prisões e de feridos. Dia 12 de fevereiro, em Argel: 23 prisões e 5 feridos de esquerda. No dia seguinte, 29 prisões. Mesmo a Federação Nacional dos Livre-pensadores – lema: livre pensamento e pensamento livre – organiza conferências na sala da universidade popular, rua Négrier. Seus adeptos veem-se como defensores do anticlericalismo e do antifascismo. Ouvem anarquistas, entre os quais André Lorulot, que clama: "São os homens que criaram Deus, mas não Deus que criou os homens."
19. Na primavera de 1935.
20. Entrevistas com Louis Bénisti, 1991-1992.
21. Jean Grenier, *Souvenirs*.
22. Não confundir com a publicação de Souvarine.
23. Esta carta de 1935 a Fréminville não tem data. Simplesmente: "sexta-feira".

8. HEROÍSMO E "GRANDES BOBAGENS"

1. Panfleto de 1934. Archives de la France d'Outre-Mer.
2. A propaganda revolucionária, apegando-se às lembranças atrozes da Grande Guerra, está atrasada com relação à técnica militar e aos projetos estratégicos alemães, que contam mais com os tanques e a aviação do que com os gases.
3. Entrevista com A. Belamich, 1992.
4. Archives de la France d'Outre-Mer.
5. Distribuído em 1934.
6. O PC adota essa linha depois do 7º Congresso da Internacional Comunista em Moscou, em 1935.
7. Entrevista recolhida por Claudie e Jacques Broyelle, *Les Illusions retrouvées*.
8. Carta datada de 22 de julho. Tudo indica que seja de 1935: Camus faz alusão a uma eventual viagem em agosto "num cargueiro para a Tunísia".
9. Agosto de 1936.
10. Jean Chaintron, *Le vent soufflait devant ma porte*. A sra. Chaintron me permitiu acesso ao manuscrito completo. Chaintron escreve exatamente: "Era no mundo intelectual e artístico que se estabeleciam frequentemente as articulações. Naquele mundo, tínhamos um companheiro do partido que, aos 22 anos, ainda não tinha um papel importante e que conheci pouco, embora esteja destinado a se tornar um personagem histórico. Avistei-o algumas vezes e assisti, em seu Théâtre du Travail, a *Submundo* de Gorki ou O *tempo do desprezo*. Era Albert Camus."
11. Depoimento de Charles Poncet, 1993.

12. Archives de la France d'outre-mer, relatório da Segurança Departamental de Argel, nº 1982, relatório do comissariado central de polícia nº 324 RS.
13. Criado em Paris em julho de 1936 e vendido em Argel em setembro.
14. 12 de setembro de 1935.
15. Partido Radical-socialista, PC, Partido Socialista Francês (algumas dezenas de membros em toda a Argélia), CGT, CGTU, sindicatos autônomos. Comitê de Vigilância dos Intelectuais, Comitê do Amsterdam-Pleyel (mesmos membros, mesmos comitês), Liga dos Direitos do Homem, Partido Pátria Humana, Comitê Mundial das Mulheres, Livre Pensamento, Sem Deus, SMI, SOI, Amigos da URSS, Combatentes da paz, ARAC (Association Révolucionnaire des Anciens Combattants), Oficiais da Reserva Republicanos, Combatentes Republicanos (os membros das três últimas associações são rigorosamente os mesmos), Clube de Ação Econômica.
16. Nota de 28 de novembro de 1935, Segurança Departamental de Argel, nº 7570. Archives de la France d'Outre-Mer.
17. Entrevista com Marguerite Dobrenn, 1993.
18. *Ibid.*
19. Carta a Fréminville, por volta de novembro-dezembro de 1935.
20. Em julho de 1935. Na publicação bimensal do partido, *La Lutte sociale*, Camus relata essa visita a Belcourt. Ver artigo de Jacqueline Lévi-Valensi, *Revue des Lettres modernes*, 1972.
21. 1935.

9. SANTO AGOSTINHO SEM MARX

1. Hoje tese de mestrado.
2. Cf. Patrick McCarthy, *A Critical Biography*.
3. Lerá Lenin, oprimido, preparando *O homem revoltado*.
4. Ver Bertrand Russell, *History of Western Philosophy*. O esquema proposto por Russell, diferente, aplica-se à concepção judaica da história e ao próprio Marx. Ver sobretudo *La Société ouverte et ses ennemis*, de Karl Popper.
5. Camus pensará em publicá-lo.
6. Exemplar na biblioteca parisiense de Albert Camus.
7. Essa memória, segundo observação de Roger Grenier, inicia-se quase como um texto de Malraux sobre a psicologia da arte: "Nas pinturas das catacumbas o bom pastor facilmente assume o semblante de Hermes. Mas, embora o sorriso seja o mesmo, o símbolo mudou de nível."
8. Ver o artigo detalhado de Paul Archambault, "Augustin et Camus", *Recherches augustiniennes*, vol. 6, 1969.

9. É conclusivo. Entre outros exemplos oferecidos por Archambault: "Na primeira parte de sua análise, Camus considera o problema da influência do neoplatonismo sobre a obra agostiniana e afirma, de saída, que Agostinho 'cita vários textos das *Enéadas*'. Que textos são esses? Camus indica-os em nota: I, IV, *Do Belo*; III, VI, *Da Providência*; III, IV, *Do Demônio que nos é dado em partilha*; IV, III, *Questões sobre a alma*; VI, *Das três hipostases principais*; V, VI, *O princípio superior ao ser que não pensa*. Salvo alguns detalhes, a lista é idêntica à que se encontra no primeiro capítulo do trabalho de L. Grandgeorge. As notas de Camus não fazem a menor alusão a esse estudo." Ah!, que rapaz maldoso. Archambault leva longe sua caçada. Longe demais? Crime que denuncia o autor, Camus reproduz referências erradas de outros autores! Escreve: "Mas é preciso ainda distinguir dois tipos de males: *o mal natural... e o mal moral...*" Gilson escreveu: "É bom *distinguir* entre o *mal natural e o mal moral.* " Camus, mais uma vez: *"Como Deus* pôde nos *dotar* de um *livre-arbítrio, isto é, de uma vontade capaz de fazer o mal?"* Ainda Gilson: "A questão é portanto saber *como* um *Deus* perfeito pôde nos *dotar* do *livre arbítrio, isto é, de uma vontade capaz de fazer o mal?*" etc. Flagrante? Importante?
10. Camus é ainda menos teólogo do que Grenier e Poirier. As censuras deste último não se referem aos empréstimos sistemáticos, não mais do que a neologismos que sobrecarregam o DES: "Se é verdade que a Grécia tinha então *evhemerizado* os deuses." Poirier e Grenier sabem, é claro, que Evhemer é um mitógrafo grego para quem os deuses são seres humanos que o temor dos homens divinizou. Nesse DES há uma ração de cultura no estômago. Mas Archambault, rastreando os empréstimos, negligencia a faculdade de aspiração – ao lado da inspiração – de todo criador. O que é importante, segundo Santayana, já foi dito. Como muitos "chupadores", Camus pode ter a impressão de produzir mais do que reproduzir. Entrevista com René Poirier, 1992.
11. Um grupo da união socialista e republicana, 2 grupos socialistas, 4 grupos da esquerda democrática e radical independente, 1 grupo da esquerda independente, 1 grupo dos republicanos independentes e de ação social.
12. Mas nunca publicado enquanto ele era vivo.
13. Comentário de André Mandouze, entrevista, 1993.
14. Durante sua infância, ele viu o cristianismo como uma religião de velhinhas. Em sua memória, prudente, escreve que "no século IV, Ruttilius Namantianus definiu o cristianismo, a 'seita que idiotiza as almas'". Embora ele faça a distinção entre cristianismo e cristãos, há algo de Rutillius em Albert.
15. Frequentemente, nessa memória tão importante, Camus se faz ensaísta bem antes de tentar ser teólogo ou filósofo: "... Esse esboço melancólico de certos textos plotinianos leva-nos ao cerne do pensamento de seu autor. 'Muitas vezes desperto a mim mesmo saindo de meu corpo...'." Literário admirativo,

Camus comenta: "Meditação de solitário, apaixonado pelo mundo na medida em que não é mais do que um espelho em que atua a divindade, pensamento inteiramente penetrado pelos ritmos silenciosos dos astros, mas inquieto do Deus que os ordena..." Camus, às vezes, fala tanto de si mesmo quanto de Plotino e de Agostinho, citando-os: "Eu era corroído pelo temor de morrer sem ter descoberto a verdade..." Em certos momentos, ele joga com a ideia de um pensamento mediterrâneo. Valéry veio fazer uma conferência sobre esse assunto em Argel.

16. *Cadernos I.*
17. Ele retomará essa notação em *O avesso e o direito.*

10. A CARTA DE SALZBURGO

1. Para reconstituir essa viagem, quatro testemunhas diretas: Deus, que não fala, Simone e Albert Camus, falecidos, e, em 1992 e 1993, Yves Bourgeois, que pôs muita documentação à minha disposição. Testemunhos escritos indiretos: as cartas de Camus a Marguerite Dobrenn e Jeanne Sicard, a Jean Grenier, a Fréminville. Igualmente, textos em *O avesso e o direito* e *A morte feliz.*
2. Vários testemunhos, indiretos e diretos, entre os quais o de Yves Bourgeois. O mais importante, ao que me parece, é o de Christiane Galindo (entrevista de 14 de janeiro de 1994 confirmada por carta de 18 de janeiro de 1994): "... Deram[-na] a ele, na posta restante, por engano e [ela] era endereçada a sua mulher. *Minha lembrança*: um médico, amante de Simone Hié, fornecia-lhe droga."
3. A lei me proíbe mencionar nomes.
4. Entrevistas com Yves Bourgeois, 1992-1993.
5. *O avesso e o direito.*
6. Camus suavizará sua percepção de Praga. Em seu primeiro romance, *A morte feliz*, pouco depois, ele vê com ternura "a profusão e o mistério do gênio barroco que enchiam Praga com seus ouros e sua magnificência". Cerca de quinze anos depois, em *Lettres à un ami allemand*, ele aprecia "o castelo em sua glória terna e dourada, essa mistura única de românico, gótico, barroco e rococó, de elementos combinados dominando o Vltava correndo até a ponte Carlos". Esquecida Simone Hié com a dor de Salzburgo, a memória criadora, apaziguada, embeleza, acalma as lembranças.
7. *A morte feliz*, segunda parte, capítulo I.
8. *A morte feliz* é considerado o primeiro romance de Camus. E o primeiro *reencontrado*: talvez antes tenha existido um outro, que Camus teria destruído.
9. As cartas reencontradas, é claro: decerto há outras.

10. Num ensaio de *O avesso e o direito*: "... Longas planícies da Silésia, implacáveis e ingratas. Atravessei-as de manhãzinha..." Escritor, Camus não deixa nada se perder. As palavras tornam-se remédios, rações de sobrevivência, materiais.
11. Carta a Marguerite Dobrenn, 21 de agosto de 1936.
12. Entrevista com Yves Bourgeois, 1993.
13. Em O *avesso e o direito* ele explica por que foi tão alérgico a Viena: "... Estava sempre prisioneiro de mim mesmo."
14. *O avesso e o direito.*
15. *Ibid.*
16. É o que ele escreve pouco depois de regressar, em *A morte feliz*.

11. POLTRONAS 156 E 157

1. Cf. Marie Cardinal, *Les Pieds-noirs.*
2. Camus fará o percurso do escritor combatente, cultivando sua diferença – em O *estrangeiro* (explorando o individualismo, buscando uma comunhão a ser aprofundada), com *A peste* (para reencontrar um individualismo das comunhões traídas ou não), em *A Queda.*
3. Charles Poncet, "Dans le sillage de Camus".
4. Ver especialmente, além dos depoimentos de Louis Bénisti, Charles Poncet, "Dans le sillage de Camus", e artigos "Camus à Alger", em *Simoun.*
5. Relatório da Segurança Departamental de Argel, Archives d'Aix-en-Provence. A polícia e Charles Poncet concordam quanto ao número de espectadores.
6. Particularmente para Pierre Salama, que assistiu a todas as representações das peças montadas por Camus. Entrevista, 1993.
7. *Ibid.*
8. Jeanne Sicard disse a Roger Quilliot que os textos de rádio eram de Poignant, o interrogatório do ato IV de Bourgeois, a cena do conselho dos ministros dela, e quase todo o resto de Camus.
9. Durante os feriados de Páscoa de 1936.
10. Carta a Marguerite Dobrenn, 14 de setembro de 1936.
11. Depoimentos de Charles Poncet, Louis Bénisti, Robert Namia, Yves Bourgeois, Marguerite Dobrenn, 1992, 1993.
12. Entrevista com Robert Namia, 1993.
13. A partir da retomada em 1936. Todos os detalhes das páginas seguintes são sobretudo excertos da correspondência de Albert Camus, Marguerite Dobrenn e Jeanne Sicard em outubro de 1936.
14. 1936.

12. "AGENTE PROVOCADOR"

1. Em outubro de 1936.
2. Carta a Marguerite Dobrenn e Jeanne Sicard, 15 de junho de 1936.
3. Entrevistas com Louis Bénisti, Charles Poncet, Marguerite Dobrenn, Jean de Maisonseul e, sobretudo, Christiane Galindo, 1992, 1993, 1994, 1995.
4. *A morte feliz*, "A morte consciente", capítulo III.
5. Albert Camus a Christiane Galindo, contatos com o autor em 14 e 18 de janeiro de 1994.
6. A maioria desses detalhes provém do manuscrito de Charles Poncet, "Dans le sillage de Camus".
7. Em maio de 1936.
8. Em Argel, os Amigos da URSS criam uma filial, o Grupo de Estudos do Cinema Soviético. Périplo dos *Marinheiros do Cronstadt* em Argel em 1937:

27 nov.	18h30	Minor Cinéma.
28 nov.	9h00	Bijou Cinéma.
29 nov.	10h00	Cinéma Rio.
30 nov.	8h00	Cinéma Stella.
5 dez.	10h00	Cinéma Cameo.
5 dez.	18h30	Cinéma Odéon.
6 dez.	21h00	Cinéma Modem.

9. Fevereiro de 1937.
10. O manifesto da seção dos pintores e escultores da Casa da Cultura, redigido por Marie Viton, concilia teoria e prática: "1º O artista deve possuir a técnica de sua arte. 2º Depois aprender a se conhecer para depreender, desenvolver suas características idiossincrásicas e liberar o dom que há nele."
11. Em fevereiro de 1937.
12. Depois de Camus, Scotto-Lavina lê o manifesto-programa: a Casa da Cultura é um grupo apolítico. Também ele quer fazer de Argel a capital da cultura mediterrânea.
13. E mais ainda *L'École du renégat*, de Jean Fontenoy.
14. Relatório das JC, 21 de maio de 1937. Archives de la France d'Outre-Mer.
15. 23 de maio de 1937.
16. Relatório da Segurança de Argel, 24 de maio de 1937. Archives de la France d'Outre-Mer.
17. Entrevista com Marguerite Dobrenn.
18. Publicado em 1919.
19. Os quadros profissionais sabem que a oitava das vinte e uma condições de adesão à Internacional Comunista apresentadas por ocasião da fundação do Partido Comunista Francês no Congresso de Tours declarava que era preciso

"apoiar não com palavras, mas de fato, todo movimento de emancipação nas colônias".

20. Manuscrito completo de suas Memórias.
21. Em Moscou, de 25 de julho a 30 de agosto de 1935.
22. Dezembro de 1937.
23. Em 1935.
24. Em Toulouse, 5 de março de 1935. Chaintron é erroneamente, conforme ele mesmo reconhece, delegado dos Metalúrgicos Argelinos. Na França, separadas desde 1922, a Confédération Générale du Travail (CGT), 700.000 membros, e a Confédération Générale du Travail Unitaire (CGTU), 300.000, se reencontram.
25. Em julho de 1936.
26. O mais conhecido, Rabah Oussidhoum, metalúrgico, capitão do batalhão da Comuna de Paris, foi morto em Aragón.
27. Na obra de Camus, não há alusão séria ao Corão. Ele parece passar ao largo do islã.
28. Charles Poncet, falecido em dezembro de 1995, estava persuadido de que os comunistas tinham sabotado seu debate.
29. Os soviéticos entregarão à Gestapo espanhóis, italianos, alemães, húngaros, romenos.
30. Durante a guerra do Rif, Larribère, tenente, foi deposto por chamar seus soldados a se confraternizarem com os combatentes de Abd el-Krum.
31. Entrevista com Marguerite Dobrenn.
32. Depoimentos de Émile Padula, Maurice Girard, Paul Raffi, relatados por Herbert Lottman; manuscritos e anexos de Charles Poncet, "Dans le sillage de Camus". A correspondência trocada entre Amar Ouzegane e Charles Poncet em 1976 é particularmente interessante. Há divergências quanto à data da expulsão. Maguerite Dobrenn acha que ela ocorreu no final de 1937 ou início de 1938; Ouzegane afirma que Camus separou-se do partido em julho de 1937. Para Jacqueline Lévi-Valensi, na *Revue des Lettres modernes* (1972), é "entre julho e outubro que se deve situar sua ruptura com a Casa da Cultura, e na mesma ocasião, pelo que tudo indica, seu afastamento do partido comunista". Fico com a data de julho, que explica o comportamento subsequente de Camus. O afastamento foi uma ruptura voluntária e ruidosa. A Casa da cultura cai no abandono já em outubro e Camus cria então o Théâtre de l'Équipe, dissidente do Theâtre du Travail.
33. Segundo Paul Raffi – ponto de vista relatado por Herbert Lottman –, Camus – estamos em 1937 – teria dito também que a posição do partido corria o risco de impelir os nacionalistas e de tornar o nacionalismo argelino "um nacionalismo exacerbado... Havia alternativas pacifistas à violência...". Parece-me que isso é ver 1937 à luz de 1956 e atribuir a Camus excessiva presciência.

34. Os arquivos do PCF e do PCA não estão disponíveis... em Paris.
35. Ouzegane explicou sua posição, sem a enfeitar, numa carta a Charles Poncet em 19 de julho de 1976. Anexos ao manuscrito de Poncet, "Dans le sillage de Camus".
36. Ele explicará a Poncet quarenta anos depois.
37. Em 2 de novembro de 1937, no tribunal correcional de Argel, durante um processo dos dirigentes do PPA por reconstituição de liga dissolvida e atentado à soberania nacional, Messali lê um texto no qual declara que o PPA "não tem a intenção de jogar os franceses no mar, mas de reclamar a liberação dos muçulmanos no quadro da legalidade e da soberania francesas".
38. 2 de maio de 1937.
39. Ver a correspondência Poncet-Ouzegane nos manuscritos inéditos de Charles Poncet.
40. No mesmo relatório, Deloche explica que foi preciso "reerguer uma profunda corrente de desânimo no partido, sobretudo no departamento de Argel e em Constantine". Arquivos do Komintern, acervo 517 1 1888 9. Os dossiês do PCF, hoje nesses arquivos em Moscou, revelam, principalmente através dos relatórios de Georges Cogniot, a histeria antitrotskista do PCF. Segundo esses mesmos arquivos, o PCF não tem mais de "3.000 membros" em 1938.
41. Em 20 de junho de 1938.
42. Arquivos do Komintern, acervo 517 A 1888.
43. Depois do pacto germano-soviético, Camus, segundo elas, teria sido obrigado a se retirar na ponta dos pés. Entrevista com Marguerite Dobrenn, 1993-1994.
44. Carta a Jean Maisonseul, 8 de julho de 1937.
45. José-Henry Lasry, *Oran républicain*, 23 de maio de 1937.
46. Dezembro de 1937.
47. A expressão é de Marx, *O capital*, tomo III. O artigo inédito sobre as quarenta horas, fornecido por Christiane Galindo, seria de 1938.

13. PROLETARIADO INTELECTUAL

1. Carta a Jeanne Sicard, 2 de agosto de 1937.
2. Carta a Jeanne Sicard, 16 de agosto de 1937.
3. Carta a Marguerite Dobrenn, 17 de agosto de 1937.
4. Carta a Marguerite Dobrenn, 21 de agosto de 1937.
5. *Cadernos I.*
6. Carta a Marguerite Dobrenn e Jeanne Sicard, por volta de 24 de agosto de 1937.
7. Carta a Marguerite Dobrenn e Jeanne Sicard, 28 de agosto de 1937.

8. *Cadernos I.*
9. Carta a Fréminville, 10 de setembro de 1937.
10. 14 de setembro de 1937.
11. Entrevista com Marguerite Dobrenn, 1993.
12. *Cadernos I*, 30 de setembro de 1937.
13. Carta a Jean Grenier, 18 de junho de 1938.
14. *Cadernos I*, 4 de outubro de 1937.
15. Em junho, com a demissão do gabinete Léon Blum, substituído por Camille Chautemps.
16. Charles Poncet, "Dans le sillage de Camus".
17. O Équipe levará, em 31 de março e em 2 de abril de 1939, O *frívolo do mundo ocidental*, de John Mellington Synge, com Camus no papel de Christy Mahon.
18. Cf. Yves Agnoux, Lewis Peyenson, Association des Anciens de la Météorologie, n° 101 (1° trimestre 1990), e *Albert Camus* de H. Lottman.
19. *Cadernos I.*
20. Entrevistas com Marguerite Dobrenn e Christiane Galindo, 1993. Jeanne Sicard faleceu em setembro de 1962.
21. Entrevistas com Louis Bénisti em 1992, 1993. Em 1994, Bénisti ainda pintava a casa Fichu e as "três burricas".
22. Em nenhum romance Camus descreve assim retratos de mulheres.
23. *Bodas*, "L'été à Alger".
24. *Ibid.*
25. Em 1931, Gabriel Audisio prefaciou *Cagayous, suas melhores histórias* (de Musette), Gallimard, Documents bleus. O verdadeiro Musette, Auguste Robinet, morreu em 1930. A obra teve muito sucesso na Argélia.
26. Entrevistas com Blanche Balain, 1992, e carta a Blanche Balain.
27. Em dezembro de 1937.
28. Carta a Francine Faure, 10 de fevereiro de 1938.
29. Carta a Francine Faure entre fevereiro de julho de 1938.

14. UM IRMAO MAIS VELHO

1. Carta a Jeanne Sicard, 19 de agosto de 1938.
2. Acervo Catherine e Jean Camus.
3. *Ibid.*
4. Em Tizi Ouzou, Belkacem Augustin Ibazizen, cabila naturalizado, católico, aprimora a política indígena de La Rocque.
5. *Notes biographiques.*
6. Archives d'Outre-Mer.

7. "Faisons le point", *Oran républicain*, 7 de abril de 1937.
8. São recenseadas mais de duzentas publicações em Argel, hebdomadárias ou mensais, de *L' Activité douanière de l'Algérie bouliste.* Em Argel, só são amplamente difundidos – entre 60.000 e 70.000 exemplares – *L'Echo d'Alger*, na esfera moderada do partido radical-socialista, e *La Dépêche algérienne*, de direita. À extrema direita, *La Presse libre*. Leem-se muito, também, vindos da França, os violentos *Gringoire* e *Candide*. Os membros da Associação dos Professores Primários de Origem Indígena publicam *La Voix des humbles*, com uma tiragem de 3.000 exemplares.
9. Nenhum vínculo familiar entre Jean-Pierre Faure e Francine Faure.
10. *La Lutte sociale*, novembro de 1937.
11. Jacqueline Lévi-Valensi e André Abbou, *Fragments d'un combat*. "O primeiro número saiu em 6 de outubro de 1938, com seis dias de atraso. E a batalha da subscrição continuava. Em novembro de 1937, 1.500 ações, correspondentes ao capital mínimo, estavam subscritas. Em 29 de janeiro de 1938, anunciava-se a cifra de 3.400 ações; em 9 de abril, 4.300; em 25 de maio, 5.000; desejava-se vender durante o verão as 2.500 ações restantes. Em 6 de outubro restavam 2.000 ações a serem subscritas; em 5 de abril de 1939 lembrava-se aos acionistas que faltavam 450.000 francos dos 1.500.000 previstos; no decorrer de abril, finalmente, apelava-se à boa vontade para que fossem cobertas as despesas com material novo e garantida a vida do jornal."
12. Carta de Jean-Pierre Faure ao secretariado geral do governo, 22 de julho de 1939.
13. Cartas e telegramas de Jean-Pierre Faure a Pia, fornecidos por Colette Durand, 29 de junho, 29 de julho, 20 e 22 de agosto de 1938. A respeito das condições dos assalariados agrícolas, ver Charles-Robert Ageron, *Histoire de l'Algérie contemporaine*, t. 2.
14. Cartas a Marguerite Dobrenn, de 22 a 29 de julho de 1938.
15. 30 de novembro de 1938.
16. 4 de dezembro de 1936.
17. Charles Poncet, "Dans le sillage de Camus".
18. Será também uma reação de Paul Nizan, escritor e membro permanente do partido, ao pedir demissão do PCF depois do pacto germânico-soviético.
19. Segundo uma carta de Pia de dezembro de 1970, em *Fragments d'un combat*.
20. Encontram-se dois retratos diferentes de Pia em Roger Grenier, *Pascal Pia*, e *Grâces leur soient rendues*, de Maurice Nadeau.
21. Por modéstia, e por razões práticas – despistar a polícia quando apresentar obras leves do século XVIII, publicadas por baixo do pano –, Pia gosta do anonimato.
22. *Les Nouvelles littéraires*, 6 de setembro de 1924.
23. Cf. Roger Grenier, *Pascal Pia*.

24. *Alger républicain*, 14 de outubro de 1938.
25. *Alger républicain*, 24 de outubro de 1938.
26. O ministro dos Assuntos estrangeiros é regularmente metralhado. Pia faz vigília na tipografia com avidez:

    "O embaixador do sr. Bonnet em Burgos
    cuida, dizem-nos,
    da sorte dos refugiados:
    a aviação franquista
    com efeito, assassinou mais
    deles ontem."

    No jornalismo, assim como no teatro, o ensaio é um argumento do cômico e às vezes de venda: "O sr. Berard [o embaixador] se gaba de ter sido bem recebido em Burgos: nunca duvidamos de que ele tivesse relações mundanas..." Pia, como Camus, detesta Daladier, culpado de um duplo crime: é radical-socialista e presidente do Conselho. Outra manchete: "O sr. Daladier não quer dar aposentadoria aos 'velhos', mas quer, se for o caso, torná-los embaixadores." Pia, atacando Mussolini, beira, às vezes, o *Almanach Vermot*: "Há um louco na história recente que nos vem de Roma. Mas o louco será de fato um indivíduo que foi preso?" Quando Daladier quer se outorgar poderes mais amplos, Pia, talvez contando um pouco demais com os conhecimentos históricos dos argelinos, proclama: "Não, senhor presidente do Conselho, não estamos em 1851." Será que todos os leitores compreenderão a alusão a Luís Napoleão?
27. Carta de Pascal Pia a Jacqueline Lévi-Valensi e André Abbou, dezembro de 1970, *Fragments d'un combat.*
28. Portanto, na primeira página, outras fotografias divertidas: uma referente a uma pretensa escola de alpinismo criada sobre um telhado parisiense, na rua do Faubourg-Saint-Jacques, outra representando a embalagem de uma estátua equestre do marechal Lyautey, que vai deixar Paris pelo Marrocos. As páginas 2 e 4 são consagradas a artigos mais curtos, notícias breves e anúncios. A paginação respeita o princípio dos repertórios de canto: uma canção triste (uma página com artigos longos, sobre assuntos relativamente difíceis), uma canção alegre (pequenas notícias e notas diversas). A página 5 oferece, com uma foto de mulheres sobre um fundo de sacos de areia num abrigo de Barcelona, a crítica por Georges Altman – enviada de Paris – de um filme de Joris Ivens sobre a Espanha. Há uma abundância de seções vale-tudo, como "La gazette de Renaudot", que mistura agradavelmente pequenas informações e pequenos anúncios, "Le kiosque à journaux", revista de imprensa, que à medida que se desenvolve dá mais atenção à economia. Haverá também duas páginas de

esporte. Apesar de sua competência, Camus não irá colaborar nelas. Agora, quase já não tem tempo de assistir a jogos de futebol com Robert Jaussaud no estádio municipal ou em Saint-Eugène, mesmo quando o RUA joga. O *Alger républicain* conterá cada vez mais intrigas e falação. Numerosos artigos são dedicados ao cinema, inclusive o "On vous informe de Hollywood" [Informam de Hollywood]: o cinema, no final dos anos 1930, é a arte popular por excelência e, mesmo em Argel, o destino dos astros interessa antes de apaixonar. Encontraremos também na primeira página, apesar da austeridade natural de Pia, fotos de Jean Murat em companhia de Mistinguett ou de Joan Crawford com César Romero. Virão também uma tira de quadrinhos, *Les Aventures de Pierfeu le flibustier*, de desenho muito sumário, "Le coin des enfants" [O cantinho das crianças], "La tribune de la musulmane" [A tribuna dos muçulmanos], palavras cruzadas. Preocupado em ilustrar o jornal com páginas de fotos, três vezes Pia reproduz diretamente uma página inteira de seu antigo jornal, *Ce soir*, depois ele desiste.

29. A prática precede a doutrina. Nesse primeiro número, com o início da enquete sobre alfabetização na Argélia, aparece também uma matéria sobre o *khammès*, espécie de operário agrícola arrendatário. Questão levantada: o *khamès* é um comparte? A linha seguida pelo jornal nada tem de ambígua: o legislador, segundo o autor do artigo, considerou o *khammès* "como um serviçal pago e privou-o de direito de voto. Seria justo reintegrar esses homens a suas capacidades cívicas, pois sua destituição é uma humilhação que os coloca no nível dos malfeitores ou dos menores". Lucienne Jean-Darrouy usa em sua enquete frases muito claras: "... a Argélia que amamos como a uma pátria...", "Argel não tem lugar para o racismo".

30. "As populações da África do Norte devem se beneficiar das leis sociais e das medidas de assistência e de higiene dos franceses da metrópole. O avanço, a emancipação dos indígenas não coincidem com a independência da Argélia." Turqui Abbas, Mohammed Lechani e Kaddour Makaci voltam a essas ideias, falando de fraternidade mútua, de reivindicações legítimas, e opondo-se às campanhas odiosas que impedem "a aproximação étnica desse país... a fusão total dos corações e dos espíritos nesta França de além-mar". A Argélia é a França. Roger Menicucci, socialista, secretário adjunto da CGT, abre a seção "La vie syndicale du journal" e afirma que o *Alger républicain* dará conta das atividades da classe trabalhadora defendendo seus interesses legítimos. Mas Menicucci esclarece que o *Alger républicain* não será o órgão exclusivo dos trabalhadores. Para isso existe o *L'Algérie ouvrière*, hebdomadário sindical. Lucienne Jean-Darrouy prevê: "De Belcourt a Bab el-Oued, ouviremos os seres e as coisas com a mesma atenção; faremos questionários na rua mais humilde e no bairro mais sórdido para saber o que os envergonha ou aflige, proporemos

o que lhes devolveria a alegria ou a saúde. Sem tomar partido e sem complacência, examinaremos os elementos da vida do dia a dia, o que o país deve a seus habitantes, sejam eles muçulmanos ou cristãos [*ela esquece os judeus*], para que se alimentem, para que circulem, para que se instruam. Observaremos a criança na escola, o homem no trabalho, a mulher no mercado." Lucienne Jean-Darrouy termina com: "Diremos tudo o que é preciso que se saiba."

31. Navegando entre as aulas de piano ou de árabe, os alojamentos vagos, os salões de cabeleireiro, as lojas de roupas ("Para seus suspensórios e suas meias, para suas malhas e cuecas, para suas camisas e suas gravatas... preços imbatíveis, marcas La Ruche, À la petite Germaine, praça do Gouvernement, nº7"), os joalheiros e os acontecimentos do cotidiano (os barracos se incendeiam em Belcourt, os automóveis são roubados em Paris e revendidos em Orã, inúmeros tiros de revólver ou facadas entre indígenas, entre europeus), *o Alger républicain* cria outras seções: receitas de cozinha, moldes de costura para as leitoras...
32. Final de 1938, início de 1939.
33. Carta a Jean Grenier, final de 1938.
34. E Léo Senegon, Roger Temsit, Paul Balezard, Mahmoud Kritly, Pierre Ferrand, Jacques Montagny, Robert Randau. Preziosi foi suspenso de suas funções de professor primário depois da greve de 30 de novembro de 1938.
35. Entrevista com José Bacri, 1995.
36. No nº 3 do *Alger républicain*, Mohammed Lechani assina um editorial no qual explica que, apesar de sua decepção quanto aos êxitos do Front Populaire, apesar dos perigos da guerra, os "indígenas" permaneceram calmos e manifestaram sentimentos que provam seu direito de permanecer "na família francesa".
37. Carta de Virgile Barel a Pia, 24 de maio de 1939. Fornecida por Colette Durand.
38. Catherine Lerouvre, *Simoun*, nº 31.
39. Viollette escreve: "... Se fossem inteligentes, os colonos ricos pensariam em transigir." Na ideologia do *Alger républicain*, os colonos ricos e os pobres estão nitidamente separados. Supõe-se que estes últimos sejam progressistas, liberais, emancipadores no que concerne aos "indígenas". Nunca se sugere que a simpatia homem a homem, de um europeu da Argélia por um muçulmano, possa encobrir, sobretudo por parte dos brancos pobres, o desejo intenso, consciente ou inconsciente, de conservar suas vantagens, inclusive no plano eleitoral. Os pobres – o tio Étienne e a maioria esmagadora dos membros do proletariado europeu da Argélia – não confundem suas lutas e reivindicações com as do subproletariado indígena.
40. A propósito de eleições, o *Alger républicain* se lança ao ataque do Senado, que representa a "ração" e o espírito monárquico. O jornal tem seus refrões econômicos, correspondentes aos desejos da população argelina: ele é protecionista, sobretudo quando se trata do trigo marroquino.

41. Ele menciona com frequência o absurdo. Está mergulhado nas obras de Gurvitch, *Tendências atuais da filosofia alemã* e *Ensaios de sociologia.*
42. Carta a Lucette Meurer, agosto de 1938.

15. COMBATES

1. Cartas a Francine Faure, 23 e 28 de agosto de 1939.
2. Em 3 de dezembro de 1938.
3. Camus despreza Daladier, que em outros tempos desfilara brandindo o punho e agora se abriga atrás dos soldados da guarda nacional móvel para reprimir os trabalhadores.
4. Hodent, depois de sua absolvição, publica *Des charognards sur un homme*, pelas edições Cafre. Ver a análise detalhada e sutil em *Fragments d'un combat.*
5. Ver o artigo de André Abbou, "Journalisme et politique", *Revue des lettres modernes*, nº 5, 1972.
6. Mais tarde membro da diretoria política do *Alger républicain.*
7. Até hoje, o caso ainda não foi totalmente esclarecido. Mohamed Lebjaoui (antigo responsável pelo FLN) explica, em 1970, que El Okbi era culpado. Amar Ouzegane, em sua correspondência com Charles Poncet, não concorda.
8. "2º a não se achar, ao mesmo tempo, perseguido e vítima de um complô. Ontem, uma vítima da catástrofe nos declarou textualmente (e sem nos conhecer): 'Eu era favorável ao sr. Rozis. Mas hoje o considero um homem sem coração.'

   3º "a ordenar a seu pessoal o respeito pela desgraça, natural a todo homem correto; seu secretário de prefeitura, particularmente, não deveria declarar a uma delegação de mulheres vítimas do sinistro, encabeçada pela sra. Vauclare, lanterninha, que lamenta 'esse pequeno acidente' *(sic)* para em seguida tratá-las da maneira mais grosseira.

   4º "de dar às coisas seu valor justo. Oferecer 150 francos a uma família de três pessoas sem recursos, como ele fez, é uma derrisão."
9. Entrevista com Irène Dayan, 1994. Irène Dayan (casada em 1943 com Georges Dayan) encontrou Camus em Michelet depois em Dra el-Misa.
10. Ver *Fragments d'un combat.* Jacqueline Lévi-Valensi e André Abbou mostram que os artigos de Frison-Roche, escritos bem antes de sua publicação, "saem" para fazer contraponto aos de Camus no *Alger républicain.*
11. Episódio relatado e números confirmados por C. R. Ageron, *Histoire de l'Algérie contemporaine.*

12. Ver *Le Fils du pauvre* [O filho do pobre], de Mouloud Ferraoun, Seuil.
13. Uma contraofensiva das tropas republicanas ameaça um novo "Guadalajara" das tropas italianas que tinham avançado sobre o Segre inferior... Com seus meios fracos e seus partidarismos, fortes, o *Alger républicain* tenta escapar da pura propaganda, sem o conseguir. Nele fala-se muito dos massacres de populações civis pela aviação ítalo-alemã. N. L. Falques publica artigos – coisas vistas indiretamente e análises – sobre as atrocidades franquistas. Nem uma palavra sobre os excessos republicanos. Camus, assim como Pia, ignora-os e não os quer conhecer. Nem todo mundo tem a percepção de George Orwell. Em março de 1939, quando o coronel Casado toma o poder em Madri, contra o governo Negrin, o *Alger républicain* apoia este último e, involuntariamente, o PC: "O governo Casado parece mais desejoso de lutar contra os comunistas do que contra Franco e seus aliados." Leal à República até seu fim, o *Alger républicain* a defenderá como os refugiados, milicianos e civis, que atravessam a fronteira francesa.
14. Traumatizando a esquerda comunista e não comunista, em 23 de agosto de 1939, Ribbentrop, pelo Terceiro Reich, e Molotov, pela URSS, assinam o pacto de não agressão germânico-soviética. Hitler torna-se cada vez mais agressivo. As tentativas de negociações dos franceses e dos britânicos com os soviéticos fracassaram. Em Paris, *L'Humanité* e *Ce soir*, cotidianos comunistas, são tomados. Irrisórios ou fundamentais, os acontecimentos se precipitam. Dia 25 de agosto, em Londres: assinatura de um pacto de assistência anglo-polonês! No mesmo dia, prudente, Mussolini pede à Alemanha uma ajuda em material militar. Sabe que ela não a pode dar. Dia 26 de agosto: mobilização belga. Dia 27: restabelecimento da censura na França. Dia 29: ultimato da Alemanha à Polônia. Dia 30: mobilização na Polônia. Dia 31: Hitler reivindica a cessão de Dantzig. Em 1º de setembro os cartazes de mobilização com as bandeirinhas tricolores cruzadas são afixados. No dia 3 a França e o Reino Unido declaram guerra à Alemanha.
15. Dizard retoma uma fórmula do grupo socialista na Assembleia Nacional.
16. 11 de outubro de 1938.
17. 14 de dezembro de 1938. Por outro lado, o *Alger républicain*, numa enfiada anônima de despachos, parece aprovar os eleitores britânicos que elegeram um jornalista do *News Chronicle*, Vernon Bartlett, muito hostil à política de Munique.
18. 19 de novembro de 1938.

16. "O SALÃO DE LEITURA"

1. Na página 5.
2. A propósito do romance *Les Camarades* de Erich Maria Remarque, de que ele aprecia o ritmo de filme americano e a vivacidade do diálogo, além do sentido de amizade viril, "sempre feita de pudor", Camus observa: "Uma grande experiência vivida pode com frequência inspirar uma obra importante. Nem por isso ela cria um escritor." Camus aproveita um livro de René Janon para refletir sobre as contribuições do jornalismo ao romance: "... Malraux disse em algum lugar [no prefácio a *Indochine SOS*, de Andrée Viollis] que a reportagem lhe parecia uma segunda forma de romance." Às vezes, raramente, Camus se deixa levar – ou quase – pela propaganda. A propósito de uma coletânea de artigos e discursos de Dolores Ibarruri, a Passionária, heroína stalinista da guerra da Espanha: "Não sei se é um grande livro, mas com certeza é um grito que não esquecemos depois de o termos ouvido." Involuntariamente, o machão aparece, pois o jovem crítico ouve da boca da Passionária "gritos desesperados e viris" nos quais, segundo ele, Montherlant se reencontraria! Pela primeira – e última – vez, a propósito de uma obra de Abd Errahman Ben El Haffaf, Camus expressa uma opinião quanto à religião muçulmana: ele estima que uma espantosa largueza de espírito inspira a predicação do profeta e que ela incita ao respeito do homem.
3. Camus gosta da epígrafe que abre a coletânea segundo a qual Gide deve ser julgado de acordo com sua estética. Para ele, Gide é "... um dos espíritos mais atraentes do século...". Camus esclarece suas convicções quanto ao direito do criador literário de examinar problemas políticos: "... É por um erro de óptica que se faz tanto alarde em torno de Gide partidário..., pois, no plano social, sua importância NÃO TEM MAIS [*as maiúsculas são de Camus*] importância do que a de qualquer francês culto, generoso e razoavelmente idealista." Em suma, a mão do escritor vale o mesmo que a mão do lavrador, mas não mais. Dilema de tantos escritores, sobretudo na França, desde Voltaire, Zola, Barrès, Barbusse, Romain Rolland: em que são eles mais qualificados do que um físico ou um chaveiro para decidir do bem ou do mal político, para ditar regras de conduta? No entanto, muitas vezes não podem evitar lançar-se na batalha. Camus questiona as relações do indivíduo com a coletividade. O filho do adegueiro e da faxineira, o sobrinho do tanoeiro teme os grandes arrebatamentos. Quer permanecer próximo do proletariado. Camus trabalha no serviço de meteorologia e numa agência marítima. Detesta "o mundo do homem das oito horas", o "universo sem brilho dos escritórios e das fábricas", a "escravidão humilhante e estéril de que é feito o trabalho moderno". (Analisa a *Lettre aux paysans sur la justice et la paix*, de Jean Giono.) Camus revolucionário interroga-se sobre a violência: "Não sei se essa revolução individual não vio-

lenta de que Giono fala é possível." Raramente deixa-se levar em interpretações muito negativas. Adora uma coletânea de textos escolhidos de Swift, mas detesta francamente o "estilo rebuscado" e o "pensamento grandiloquente" do prefaciador, Armand Petitjean. Ao lado de seu "Salon de Lecture", Camus comenta uma conferência de Jules Romains, que o irritou profundamente. E uma outra, de Louis Gernet, reitor da faculdade de letras de Argel, sobre a modernidade dos antigos. Gernet desenvolveu o ideal da antiguidade, o que satisfaz Camus: "Conferência que nunca seria demais elogiar."

4. Nota a propósito de um livro sem interesse, *L'Amour de soi-même*, de Guy Mazelin. Em Argel, os que têm ciúme de Camus e os que o amam contam – às vezes rapidamente – seus flertes e suas conquistas.
5. *Bodas* é publicado em 28 de maio de 1939.
6. Carta de Montherlant, acervo de Catherine e Jean Camus.
7. A nota sobre o livro de Giono é publicada em 3 de janeiro de 1939. Camus, às vezes, é um pouco arrogante.
8. *Alger républicain*, outubro de 1938. O artigo de Sartre sobre Faulkner é de julho de 1939.
9. Quinze dias depois da publicação do primeiro número do *Alger républicain*.
10. Correspondência Albert Camus-Lucette Meurer, Department of Romance Languages, universidade da Flórida.
11. 11 de novembro de 1938.
12. Camus é mordaz. Pobre Marie Mauron e azar de seu livro, *Le Quartier Mortisson*. Camus, pedante: "... não identifiquei menos de 30 alexandrinos nos três primeiros capítulos do romance. É um erro grave." Por quê? A irritação impele Camus ao humor: "Não se pode ser exaltado ao longo dos dias. É cansativo e desumano."
13. Carta de Rouzé a Pia, 16 de maio de 1939.
14. *Correspondance Albert Camus-Jean Grenier*, carta a Jean Grenier, Paris, sábado da primavera de 1940.

17. "TETA, BAIONETA E SACANAGEM"

1. Cartas de Jean-Pierre Faure fornecidas por Colette Durand.
2. Cartas a Francine Faure, 6 e 7 de outubro de 1939.
3. Cartas a Francine Faure, 29 e 30 de outubro de 1939.
4. *Le Soir républicain*, 13 de dezembro de 1939.
5. Cf. Patrick McCarthy, *A Critical Biography*.
6. *Cadernos I*.
7. *Ibid*.

8. Com René Capitant. *Le Soir républicain* retoma alguns artigos de outubro de 1935.
9. André Abbou e Jacqueline Lévi-Valensi são os especialistas dos pseudônimos de Camus. Acham que "se trata sobretudo de se prevenir contra todas as pressões e intimidações, venham de onde for, da prefeitura, do governo geral, das organizações patronais, e da diretoria dos dois cotidianos, conforme provarão os incidentes de janeiro de 1940". Ao que me parece, a pobreza do jornal também explica o emprego dos pseudônimos.
10. 10 de novembro de 1939.
11. Carta a Blanche Balain, sábado, 11 de novembro de 1939.
12. Depoimento de Émile Scotto-Lavina, 1992.
13. Citado em *Fragments d'un combat.*
14. Archives d'Outre-Mer em Aix-en-Provence, 704 DN 13.
15. *Daily Mail*, 23 de setembro de 1939.
16. Cartas enviadas a Francine Faure nos dias 24, 26 de novembro e 3 de dezembro de 1939.
17. Em março de 1939.
18. Nizan o atribui sobretudo aos redatores diplomáticos. Cf. Introdução, *Chronique de septembre.*
19. Charles Poncet, "Dans le sillage de Camus".
20. *L'Écho d'Alger*, 20 de dezembro de 1939.
21. Relatórios dos policiais nos Archives d'Outre-Mer.
22. *Ibid.*
23. Archives d'outre-mer.

18. UMA PRAIA EM BOUISSEVILLE

1. Carta a Christiane Galindo, 25 de julho de 1939.
2. Carta a Christiane Galindo, 25 de novembro de 1939.
3. Carta a Lucette Meurer, início de setembro de 1939.
4. Carta a Lucette Meurer, quinta-feira, início de setembro de 1939.
5. Apresentação de sua correspondência com Camus por Yvonne Ducailar (1939-1946), universidade da Flórida.
6. Nenhum manuscrito acessível atualmente prova que essas páginas de O *mito de Sísifo* tenham sido escritas no final de 1939 ou início de 1940. Mas então, evidentemente, elas foram vividas.
7. Entrevista com Christiane Faure, 1992.
8. Carta a Lucette Meurer, final de julho de 1938.
9. *Ibid.*
10. *Ibid.*

11. Carta de A. Smaïli a Pascal Pia, 21 de janeiro de 1940. Carimbo da prisão: "Selos e notas proibidos, enviar dinheiro por ordem de pagamento." Fornecida por Colette Durand.
12. Carta a Lucette Meurer, segunda-feira, final de agosto de 1939.
13. Não se poderia tomar ao pé da letra todos os comentários do *Minotaure ou la halte d'Oran* [O minotauro ou a pausa de Orã], dedicado a Pierre Galindo, iniciado por volta do final de 1939 ou, mais provavelmente, durante essa estada de Camus em Orã mas retocado em 1941. Cf. edição da Pléiade, nota de Quilliot. Um pequeno caderno quadriculado entregue por Camus à prima de Francine, Nicole Chaperon, poderia ser o primeiro esboço do *Minotauro*.
14. Depoimentos de Edgar e de Raoul Bensoussan, 1992.
15. Segundo Raoul Bensoussan, testemunha direta, ele foi empurrado. Segundo Edgar, testemunha indireta, um árabe talvez tenha mexido com a mulher de Raoul: "Meu irmão me diz que dois árabes que estão na praia faltaram com o respeito à sua mulher e que ele vai brigar. Ou fizeram uma reflexão 'inconveniente', ou um gesto – mas não creio que tenham chegado a isso, os árabes não ousavam..."
16. O caderno quadriculado que Camus confiou a Nicole Chaperon começa depois de algumas anotações (Orã: ... apresentação de boxe no Sporting-Club... Argel-Orã...) com esta frase: "Em Orã, um *sufoco* é uma afronta. Um *sufoco* não se suporta. É reparado na hora. Os oraneses têm o sangue quente. Uma paisagem pode ser admirável sem ser grande, pode até não ter grandeza..."
17. Pierre, segundo Edgar.
18. A cena se desenrolou, ao que parece, no mês de agosto de 1939. Segundo todas as testemunhas sobreviventes, Camus não assistiu a ela.
19. *O estrangeiro*, é claro.
20. Raoul e Edgar Bensoussan foram interrogados separadamente, no mesmo dia, em 1992. Para o tio Étienne: é o sentimento de Catherine Camus. Camus falou de Pascal Pia como modelo possível de Meursault a Maurice Nadeau. Sauveur Galliero, tal como Pierre Galindo, tinha uma distância, uma espécie de indiferença, real ou aparente, que com frequência é a de Meursault. Escreveu-se que o episódio referente à mãe de Meursault inspirava-se nas atitudes de Sauveur ou de Pierre por ocasião da morte de sua mãe. É impossível: a sra. Galliero-mãe faleceu em 26 de março de 1942, e a sra. Galindo-mãe, em 3 de maio de 1949.
21. Carta a Lucette Meurer, fevereiro de 1940.
22. Carta a Pascal Pia, 13 de fevereiro de 1940, fornecida por Colette Durand.
23. Carta a Pascal Pia, 19 de fevereiro de 1940.
24. Carta a Pascal Pia, sem data (final de fevereiro – começo de março de 1940).
25. Carta a Christiane Galindo, 23 de março de 1940.

26. Carta a Yvonne Ducailar, 17 de março de 1940.
27. *Cadernos I*, 29 de novembro [1939].

19. EXÍLIO

1. Daniel Lenief, *À Albert Camus, ses amis du Livre* [A Albert Camus, seus amigos do Livro].
2. Entrevista com Yves Courrière, 1994.
3. Em média 1.800.000 exemplares por dia, com picos ultrapassando os dois milhões (apenas quatro jornais na França ultrapassam os 100.000).
4. Para uma visão acalorada de Lazareff, ver *Pierre Lazareff* de Yves Courrière.
5. *Paris-soir*, 16 de março de 1940.
6. Carta a Francine Faure, 23 de março de 1940.
7. Henri Coquelin, *À Albert Camus, ses amis du Livre*, e Herbert Lottman, *Albert Camus*.
8. Carta a Claude de Fréminville, sem data. Camus ainda estava alojado no hotel du Poirier.
9. Malraux, interrogado por Quilliot, não se lembrará desse almoço.
10. Carta a Lucette Meurer, segunda-feira, março de 1940.
11. Carta a Irène Djian, 9 de abril de 1940.
12. Carta a Lucette Meurer, segunda-feira, março de 1940.
13. Carta a Yvonne Ducailar, 19 de abril de 1940.
14. *Ibid.*
15. *Cadernos I.*
16. Carta a Yvonne Ducailar, 24 de abril de 1940.
17. *Ibid.*
18. *La Lumière*, 5 de abril de 1940.
19. Carta a Yvonne Ducailar, 25 de maio de 1940.
20. *Ibid.*
21. Carta a Christiane Galindo, 22 de abril de 1940.
22. Carta a Yvonne Ducailar, 24 de abril de 1940.
23. Cartas a Francine Faure, 12 e 18 de abril de 1940.
24. Haverá uma modificação na edição francesa, mas não na primeira. Camus suprimirá uma vírgula (entre *souhaiter* [desejar] e *qu'il y ait* [que houvesse]).
25. Outras manchetes muito piaescas: "O lema da Alemanha é: 'A Força domina o Direito.' É aliás o único lema que lhe resta..." "Quisling se demitiu. Haakon VII está são e salvo em meio a suas tropas. O rei venceu o valete." "O doutor Rust, ministro da Educação do Reich, declarou hoje de manhã à imprensa alemã: 'Não somos o povo de pensadores e de poetas de outrora...' Dava para desconfiar."

26. Carta a Yvonne Ducailar, 25 de maio de 1940.
27. Carta a Yvonne Ducailar, 24 de maio de 1940.
28. Carta a Christiane Galindo, 5 de maio de 1940.
29. Carta a Yvonne Ducailar, 24 de maio de 1940.
30. Com Togliatti, em 1921.
31. Entrevistas com Jeanne Terracini, 1992-1993.

20. ÊXODO

1. Charles Poncet, "Dans le sillage de Camus".
2. Daniel Lenief, *À Albert Camus, ses amis du Livre.*
3. Carta a Yvonne Ducailar, "sexta-feira".
4. Carta a Yvonne Ducailar, 25 de junho de 1940.
5. Carta a Yvonne Ducailar, 8 de julho de 1940.
6. Carta a Yvonne Ducailar, 25 de junho de 1940.
7. *Paris-soir,* 10 de julho de 1940, Henry de Gué.
8. *Paris-soir,* 4 de julho de 1940.
9. *Paris-soir,* 10 de agosto de 1940.
10. Carta a Yvonne Ducailar, 3 de julho de 1940.
11. Carta a Yvonne Ducailar, 8 de julho de 1940.
12. Entrevista com Pierre Salama, 1993.
13. Carta a Christiane Galindo, 23 de setembro de 1940.
14. Carta a Christiane Galindo, 5 de outubro de 1940.
15. *Paris-soir,* 20 de outubro de 1940.
16. Gilles e Jean-Robert Ragache, *Vie quotidienne des écrivains et des artistes sous l'Occupation.*
17. Herbert Lottman, *Albert Camus.*
18. Entrevista com Christiane Faure.

21. PAUSA EM ORÃ

1. A. Kaspi, *Les Juifs pendant l'Occupation.*
2. A expressão é de Lucien Adès, relatada por Claude Singer, *Vichy, l'Université et les juifs.*
3. Em junho de 1941.
4. Ver os arquivos policiais em Aix-en-Provence.
5. Archives d'Outre-Mer em Aix-en-Provence.

6. Série nova número 1, novembro de 1940.
7. A partir de 1942.
8. Em janeiro de 1941.
9. Claude Singer, *Vichy, l'Unvuersité et les juifs.*
10. Entrevistas com Nicole Galliero, 1992, e Louis Bénisti, 1993, 1994.
11. Carta a Yvonne Ducailar, 27 de janeiro de 1941.
12. Carta a Yvonne Ducailar, 18 de fevereiro de 1941.
13. Carta a Yvonne Ducailar, 22 de fevereiro de 1941.
14. Carta a Yvonne Ducailar, 8 de fevereiro de 1941.
15. *Cadernos* entre 21 de março e abril de 1940.
16. Entrevista com Christiane Faure, 1994.
17. Carta a Yvonne Ducailar, 5 de março de 1941.
18. Edmond Brua citado por Herbert Lottman.
19. Carl Viggiani, "Notes pour le futur biographe d'Albert Camus".
20. Cf. Entrevistas com André Belamich, 1992, 1993, e um belo texto – inédito – deste último, "Souvenirs d'Oran".
21. Hélas mon amour, tu me blesses,/ me rejetant sans courtoisie./ Longtemps je t'ai aimé,/ si heureux de ta présence. [Ai de mim, meu amor, tu me feres,/ rejeitando-me sem cortesia./ Por muito tempo te amei,/ tão feliz com tua presença.]
22. Carta a Lucette Meurer, maio de 1941.
23. Carta a Lucette Meurer, junho de 1941 e sexta-feira, verão de 1941.
24. Carta a Yvonne Ducailar, 31 de agosto de 1941.
25. Carta sem data.
26. Carta a Lucette Meurer, 26 de outubro de 1941.
27. Carta a Lucette Meurer, 8 de novembro de 1941.

22. "UMA COISA IMPORTANTE"

1. Carta de Pascal Pia a André Malraux, 21 de novembro de 1941.
2. Carta de Pascal Pia: "14.3".
3. Cartas de Pascal Pia dos dias 9 e 16 de março de 1941.
4. Ver Pierre Hebey, *La NRF des années sombres*, e Jean Paulhan, *Choix de lettres*.
5. Artigo no número de janeiro de 1941 na *NRF*.
6. *Valéry, La Cantate du Narcisse*, 1º de janeiro de 1941; Éluard, *Blason des fleurs et des fruits*, e Gide, *Feuillets du journal*, 1º de fevereiro de 1941. Malraux se recusa colaborar e o anuncia publicamente – influenciando Gide e respondendo a Drieu, que pretendeu o contrário.

7. Pierre Hebey, *La NRF des années sombres.*
8. Entrevista com Robert Mallet no rádio, mas em 1952, portanto muito tempo depois dos acontecimentos.
9. Carta de Jean Paulhan a Marcel Jouhandeau, 16 de dezembro de 1940.
10. Carta de Pascal Pia, 31 de março de 1941.
11. Carta de Pascal Pia, 1º de abril (5 horas da manhã) de 1941.
12. Carta de Pascal Pia, 3 de abril de 1941.
13. Enviada de Pernes, *Correspondance Albert Camus-Jean Grenier.*
14. Carta de Pascal Pia, 25 de abril de 1941.
15. Carta de Pascal Pia, sem data.
16. Carta a Jean Grenier, 5 de maio de 1941.
17. Carta a Jean Grenier, 11 de maio de 1941.
18. Carta de Pascal Pia, 20 de maio de 1941
19. Carta de Pascal Pia, 27 de maio de 1941.
20. Carta de Pascal Pia a André Malraux, 31 de maio de 1941.
21. Carta a Pascal Pia, 2 de junho de 1941.
22. *Correspondance Albert Camus-Jean Grenier*, maio-junho de 1946.
23. Entrevista com Jenny e Jacques Vérin, 1995.
24. Carta de Jean Grenier, 9 de julho de 1941.
25. Carta de André Malraux, 30 de outubro de 1941.
26. Carta a André Malraux, 15 de novembro de 1941. Fornecida por Florence Malraux.
27. Carta de André Malraux, 27 de novembro de 1941.
28. Carta de André Malraux a Pascal Pia, 1º de dezembro de 1941.
29. Em suas Memórias, *Un Adlemand à Paris*, Heller frequentemente atribui a si o papel mais importante, mas, aqui, não há razão para se duvidar de seu testemunho.
30. Depois de setembro de 1941.
31. Cartão interzonas de Raymond Queneau, 5 de fevereiro de 1942.
32. Cartão interzonas de Gaston Gallimard, 5 de fevereiro de 1942.
33. *Correspondance Albert Camus-Jean Grenier.*
34. Carta de Pascal Pia, 16 de março de 1942.
35. Carta a Raymond Queneau, 20 de março de 1942.
36. Revisando seus cadernos, muito mais tarde, Camus substituirá "o grande pensamento" por "a revolução".
37. *Cadernos II.*
38. *Ibid.*
39. Carta de Pascal Pia, 1º de abril de 1942.
40. Carta de André Malraux, 25 de abril de 1942.
41. Entrevistas com Emmanuel Roblès, 1993 e 1994.

42. Carta de André Malraux, 11 de junho de 1942.
43. Arquivos das Editions Gallimard. Números fornecidos por Jean-Pierre Dauphin.
44. Cartão de Gaston Gallimard, 25 de maio de 1942.
45. Carta de André Malraux, 3 de julho de 1942.
46. Cartão a Jean Paulhan, 17 de junho de 1942.
47. Carta a Lucette Meurer, junho de 1942.
48. Ver François-Bernard Michel, *Le Souffle coupé.*
49. Carta a Lucette Meurer, 20 de maio de 1942.
50. Cartão a Jean Paulhan, 12 de janeiro de 1942.

23. QUE ABSURDO?

1. Sem falar dos equivalentes alemães, *abgeschmackt, ungereimt, widersinnig, wahnsinnig.*
2. Alfred Julius Ayer, Novelist-philosophers-VIII, Horizon, vol XII, nº 75, março de 1946.
3. Ver Roger Grenier, *Albert Camus, Soleil et ombre.*
4. Ver Maurice Nadeau, *Grâces leur soient rendues.*

24. RESPIRAÇÃO CURTA

1. Entrevista com Marguerite Dobrenn, 1994.
2. Entrevista com Emmanuel Roblès, 1993. Ver também, do mesmo autor, *Camus, frère de soleil.*
3. Carta a Pascal Pia, 28 de janeiro de 1941.
4. Carta de Adélaïde Grumbach (escrita entre 20 de agosto e 15 de setembro de 1942), fornecida pela doutora Raymonde Grumbach.
5. Carta da sra. Lucy Faure, *c.* 1970.
6. Carta a Christiane Galindo, 23 de agosto.
7. Gilbert Ganne, *Interviews impubliables*, 1952.
8. Carta a Janine Gallimard, 6 de outubro.
9. Entrevista com Raymonde Grumbach, 1993, e nota de 8 de outubro de 1990.
10. Carta de Pascal Pia a André Malraux, 4 de novembro de 1942.
11. Carta de Pascal Pia, 15 de setembro de 1942.
12. Carta a Claude de Fréminville, 6 de setembro de 1942.
13. Cartão de Gaston Gallimard, 10 de agosto de 1942.
14. *Le Figaro*, 18 – 19 de julho de 1942.

15. *Le Temps* de 3 de novembro de 1942. Carta de Pascal Pia de 4 de novembro de 1942.
16. Camus redige uma longa resposta, mais para si mesmo do que para o crítico, pois não a envia. Essa carta "não é um procedimento de autor descontente". Camus não quer, de modo nenhum, que Rousseaux a publique. O crítico se admirava de que Meursault nunca tomasse iniciativas: "O senhor não notou que ele sempre se limita a *responder às perguntas*, as da vida ou as dos homens. Assim ele nunca afirma nada. E disso dei apenas um clichê negativo. Nada podia levar o senhor a prejulgar sua atitude profunda." Camus acha que sua carta não adiantará nada: "Razões dessa vontade de 'dizer o menos' seriam longas demais para lhe serem dadas. Mas posso pelo menos lamentar que um exame superficial o tenha levado a me atribuir uma filosofia de balcão, que não estou disposto a assumir. [...] O senhor não viu com frequência meu nome nas revistas de hoje, nas quais no entanto é fácil entrar. É que, nada tendo a dizer, não gosto de me sacrificar pela publicidade. Estou publicando neste momento livros que me tomaram anos de trabalho, pela simples razão de que estão terminados e estou preparando os que lhes darão sequência." Depois ele esclarece: "Não espero deles nenhuma vantagem material nem consideração, tinha esperança apenas de que obtivessem para mim a atenção e a paciência que se dá a qualquer empreitada de boa-fé. É de acreditar que até mesmo essa exigência era desmedida." Não acreditamos nos sentimentos de "sincera consideração" que Camus quase mandou a Rousseaux. Mas a paciência profissional de Camus é incontestável.
17. Carta de Christiane Galindo, 25 de setembro de 1942.
18. Republicado em *Faux pas*.
19. Carta de Pascal Pia, setembro de 1942.
20. Carta de Pascal Pia, 15 de setembro de 1942.
21. *Ibid.*
22. Carta a Lucette Meurer, 3 de outubro de 1942.
23. Carta a Yvonne Ducailar, 20 de outubro de 1942.
24. *Ibid.*
25. *Ibid.* E carta a Lucette Meurer, 22 de outubro de 1942.
26. Carta a Lucette Meurer, 22 de outubro de 1942.
27. *Ibid.*
28. *Fontaine*, julho-setembro de 1942.
29. Carta a Blanche Balain, 16 de outubro de 1942.
30. O artigo só será publicado em fevereiro de 1943, em *Cahiers du Sud*.
31. Pelo menos é o que Sartre me repetiu nos anos 1970-1980.
32. *Ibid.*
33. *Cahiers du Sud*, fevereiro de 1943.

34. *Correspondance Albert Camus-Jean Grenier*, 9 de março de 1943.
35. Em 19 de novembro de 1942, em 17 de maio de 1943. As reimpressões não cessarão: 6.600 em 16 de abril de 1946...
36. *Cadernos II.*
37. *Cadernos II*, depois de 23 de outubro.
38. Manuscrito de memórias inéditas de Jean Lescure. Fornecido pelo autor.
39. *Cadernos II.*
40. Ver François-Bernard Michel, *Le Soufflé coupé.*
41. *A montanha mágica* de Thomas Mann foi publicado em 1924.
42. Carta de Pascal Pia, novembro de 1942.
43. Carta a Pascal Pia, 4 de novembro de 1942.
44. Carta de Pascal Pia, 3 de dezembro de 1942.
45. Carta de Pascal Pia, 7 de dezembro de 1942.
46. Carta de Pascal Pia, final de 1942.
47. Cartão de Pascal Pia, 25 de dezembro de 1942.
48. Cartão interzonas de Jean Paulhan, 15 de dezembro de 1942.

25. O *PARTI PRIS* DOS HOMENS

1. As estimativas dos historiadores sobre o total de judeo-franceses e estrangeiros refugiados no planalto entre 1939 e 1944 variam.
2. Em 1952, em Le Chambon, com Mado e André Bénichou. Depoimento de Pierre Bénichou, 1994.
3. Gérard Bollon, *Plateau Vivarais-Lignon, Accueil et Résistance 1939-1944.*
4. Michel Fabreguet, in *ibid.*
5. Isaías 58, versículo 7.
6. *Plateau Vivarais-Lignon, Accueil et Résistance 1939-1944.*
7. Entrevista com Georges Canguilhem, 1993.
8. Carta a Janine Gallimard, 28 de dezembro de 1942.
9. André Bettex, *Plateau Vivarais-Lignon, Accueil et Résistance, 1939-1944.*
10. Entrevistas com Pierre e Marianne Fayol, 1992.
11. Carta a Janine Gallilmard, 28 de dezembro de 1942.
12. Cartas e cartões a Pascal Pia, 1942.
13. Carta a Jean Paulhan, 14 de março de 1943.
14. Entrevista com Urbain Polge, 1993.
15. O doutor Roger Le Forestier foi preso e executado pelos alemães em 1944. Ele fazia pneumotórax. Não há nenhuma prova conclusiva de que Camus o tenha frequentado. Mas é pouco provável que este último não tivesse

conhecimento de suas atividades. Seu filho, Jean-Philippe Le Forestier, forneceu-me fotocópias das anotações de seu pai em 1993.

16. Carta a Jean Paulhan, 8 de maio de 1943.
17. Entrevistas com Blanche Balain, 1992.
18. Os Oettly, cada vez que há alguém a ser recebido, o hospedam. Algumas semanas, em 1944, Virgínia Hall, codinome Diane, codinome La Madone, americana e tenente-coronel, que traz dinheiro e os primeiros receptores de rádio para os homens do maqui, irá residir no Panelier – depois da partida de Camus. Gérard Bollon, *Plateau Vrvarais-Lignon, Accueil et Résistance, 1939-1944.*
19. Na noite de 15 para 16 de dezembro de 1943.
20. Depoimento de Pierre e Marianne Fayol, 1993.
21. *Cadernos II*, depois de março de 1943.
22. *Cadernos II*, antes de setembro de 1943.
23. Em junho de 1943.
24. Carta de André Malraux a Pascal Pia, 4 de dezembro de 1943. Fornecida por Colette Durand.
25. Doze cartas de 1943. Acervo Catherine e Jean Camus.
26. Carta de Francis Ponge, 20 de janeiro de 1943.
27. Carta de Francis Ponge, 3 de março de 1943. Fornecida por Gérard Bollon.
28. *Ibid.*
29. *Poêmes*, Bourg, 1943.
30. Carta de Francis Ponge, domingo 12 de setembro.
31. Final de 1943.
32. Carta de Francis Ponge, quarta-feira 29 de dezembro de 1943.
33. *Cadernos II.*
34. *Poésies posthumes*, 1947.
35. Carta de René Leynaud, 1943.
36. Carta de René Leynaud, quarta-feira 29 de maio de 1943.
37. Carta de René Leynaud, sem data, de 1942 ou 1943.
38. Pela primeira vez em setembro de 1943.
39. Introdução de Camus a *Poésies posthumes.*
40. Carta de Elsa Triolet, 9 de agosto de 1942.
41. Carta de Elsa Triolet, 11 de novembro de 1943.
42. Carta de Elsa Triolet, 6 de janeiro de 1944
43. *Poésie*, 1943, número XIV.
44. Carta a Elsa Triolet, 23 de maio de 1943, citada por Roger Grenier no Álbum Camus.
45. *Cadernos II.*

46. Na versão final de *A peste* (1946), Camus escreve: "A intenção do narrador não é, porém, dar a essas formações sanitárias mais importância do que tiveram. Em seu lugar, é verdade que muitos de nossos concidadãos cederiam hoje à tentação de exagerar o papel delas." A visão que Camus tem da Resistência se modifica ao longo dos anos.
47. Ver *Camus et le sauvetage des juifs*, nota de Giuditta Rosowsky, universidade de Paris-VIII, março de 1978. O doutor Rosowsky foi um grande resistente do planalto.
48. Roger Grenier até vê uma alusão a *A peste* em *Calígula*; o imperador diz que ele "substitui a peste". Edição das *Oeuvres complétes* [Obras Completas] de Camus.
49. Em *Soleil et Ombre*, Roger Grenier – ele conheceu Pia e Camus – observa que uma frase dos cadernos de Tarrou, que não foi mantida na versão final, evoca Pia: "A morte não é nada para os homens como eu. É um acontecimento que lhes dá razão."
50. *Cadernos II*, setembro de 1942.
51. *Ibid.*, final de 1942.
52. *Correspondance Albert Camus-Jean Grenier*, março de 1943.
53. Carta à sra. Albert Rioux, 14 de janeiro de 1948. Nos *Cadernos I*, 1941-1942, Camus destaca 24 referências concernentes ao símbolo em *Moby Dick*, com esta anotação: "Os sentimentos, as imagens multiplicam a filosofia por 10."
54. Em *Oeuvres complétes*, Roger Grenier observa que, num fragmento que devia fazer parte do jornal de Tarrou, a palavra *absurdo* foi substituída por *terrível* e que Camus, "irritado pelo uso equivocado que todos fazem da palavra *absurdo*, começa a evitá-la".
55. *Cadernos II*, depois de 9 de março de 1943.
56. *Ibid.*, depois de 15 de janeiro de 1943.

26. RUTABAGAS E RESISTÊNCIAS

1. *Cadernos II.*
2. Ver a caderneta militar de Lucien Camus. Acervo Paule Lespes. Lucien Camus desembarca em Ajaccio em 24 de outubro de 1943, volta para a Argélia, desembarca na Itália em 9 de junho de 1944, é nomeado capitão, desembarca na França em 19 de setembro de 1944.
3. Entrevista com Robert Gallimard, 1995.
4. Carta a Pierre e Marianne Fayol, 11 de novembro de 1943, fornecida ao autor. Originais na Bibliothèque Nationale.
5. Gabriel Audisio, em seu *Souvenirs d'Albert Camus*, publicado em 1960 em *Alger Revue municipale*, fala do frio do quarto de Camus. Evidentemente, está enganado.

6. Depoimento de Robert Gallimard, 1993.
7. Numa carta a René Lalou em 8 de novembro de 1949, Camus declara que em 1940 e 1941, na Argélia, esteve "em contato com grupos de resistentes que preparavam um eventual desembarque..." Que "...entrou em 1943 no grupo Combat...": "...Nunca toquei numa arma..." Sua "atividadezinha" parece-lhe "insignificante diante daquela de alguns de [seus] companheiros que foram verdadeiros combatentes".
8. Carta a Pierre e Marianne Fayol, 20 de dezembro de 1943.
9. Carta a Pierre e Marianne Fayol, início de 1944, sem data.
10. Carta a Pierre e Marianne Fayol, 3 de janeiro de 1944.
11. Entrevista com Sartre, 1980.
12. Simone de Beauvoir, *La Force de l'âge.*
13. Deirdre Bair, *Simone de Beauvoir.*
14. Maurice Nadeau, *Grâces leur soient rendues.*
15. Entrevista de Jean-Toussaint Desanti por Michel Contat, *Le Monde*, 2 de julho de 1993.
16. Entrevista com Jean-François Revel, 1995.
17. Conversa com Sartre. Entrevista com Christiane Faure, 1993.
18. Carta a Pierre e Marianne Fayol, 3 de janeiro de 1944.
19. Esse espetáculo acontece em 19 de março de 1944.
20. Ver Gilles e Jean Robert Ragache, *Vie quotidienne des écrivains et des artistes sous l'Occupation.*
21. Deirdre Bair, *Simone de Beauvoir.*
22. Maria Casarès, *Residente privilégiée.* Entrevistas com Maria Casarès, 1993.
23. Simone de Beauvoir, *La Force de l'âge.*
24. Nos registros do pessoal, Albert Camus consta em 1943 como secretário, rua du Dragon 26, em 1944 como secretário, rua Vaneau 1 *bis*, solteiro, em 1945 como editor, rua Sébastien-Bottin 5, casado, 2 filhos. Nesses três anos, ele só é assalariado oficialmente (ao que parece) por dois meses em 1943, sete meses em 1944, cinco meses em 1945. Ele não aparece em 1942.
25. Arquivos da França.
26. *Le Pilori*, 10 de outubro de 1940.
27. Gilles e Robert Ragache, *Vie quotidienne des écrivains et des artistes sous l'Occupation.*
28. Júri: Arland, Eluard, Blanchot, Bousquet, Camus, Malraux, Paulhan, Queneau, Sartre, Jean Grenier, Tual.
29. *Je suis partout*, 27 de outubro de 1943.
30. Em fevereiro de 1944.
31. Ninguém é arquivado durante a guerra no CNE, portanto é difícil datar a adesão.

32. Jean-Marie Catonné, *Queneau.*
33. Camus encontrará Leynaud em Paris na primavera de 1944.
34. Em novembro de 1944 segundo Claude Bourdet, em janeiro de 1944 segundo Jacqueline Bernard. Entrevistas com o autor, 1993-1994.
35. "Estabelecido em 5 de junho de 1944 em Choisy." Numa carta a Paul Roux--Fouillet, bibliotecário da Bibliothèque Nationale, em 26 de setembro de 1950, Camus escreve: "Só tomei contato com o movimento Combat em 1943..."
36. Em novembro de 1943 (segundo Jacqueline Bernard) ou em janeiro de 1944 (segundo Bourdet).
37. Entrevistas com Claude Bourdet, 1993.
38. Depoimento de Jacqueline Bernard, entrevistas em 1993.
39. Por volta do final de 1940.
40. Em 1942, o formato era 21x26 cm.
41. Henri Noguères, *La Vie quotidienne des résistants de l'armistice à la libération.*
42. *Combat*, 1º de agosto de 1943.
43. *Combat*, 15 de outubro de 1943.
44. Maurice Leroy, *A Albert Camus, ses amis du Livre.*
45. A atribuição desses artigos é duvidosa. Ver Herbert Lottman, Norman Stockle, *Le Combat d'Adbert Camus*, Québec, 1970. Entrevistas com Jacqueline Bernard, 1993.
46. Nº 15, abril de 1944.
47. Redigida em julho de 1943, ela é publicada no nº 2, 1943. A segunda em *Cahiers de la Libération*, no início de 1944.
48. Redigida em dezembro de 1943.
49. Entrevistas com Jacqueline Bernard, Claude Bourdet, 1993.
50. Desde setembro de 1943. Dionys Mascolo, *Autour d'un effort de mémoire sur une lettre de Robert Antelme.*
51. Em maio de 1944. Manuscrito de memórias de Jean Lescure.

27. 180.000 EXEMPLARES

1. Maria Casarès, *Residente privilégiée.*
2. *Ibid.*
3. Entrevistas com Maria Casarès, 1993.
4. *O mito de Sísifo.*
5. No prefácio à edição americana, Camus escreve: "*O equívoco* foi escrito em 1941." Num prefácio de 1958: "Ela [a peça] foi escrita em 1943." O essencial: foi terminada na França.

6. Prefácio a uma edição depois da guerra.
7. Ver Herbert Lottman, *Albert Camus*.
8. Depois da libertação de Paris, *O equívoco*, retomada, será entregue até novembro.
9. Entrevista em *Le Figaro*, 15 de outubro de 1944.
10. Acervo Catherine e Jean Camus, carta não datada – escrita após a Libertação, sem dúvida depois das reprises de *O equívoco*. Na mesma, Paulhan diz a Camus que ele é "mais sensível" do que Sartre.
11. Carta de Brice Parain para Camus, em 26 de outubro de 1943.
12. Em julho de 1944.
13. Entrevistas com Jacqueline Bernard, Maria Casarès, 1993.
14. *Journal* de Michel Leiris.
15. *Combat*, 23 de agosto de 1944.
16. Henri Michel, *La Libération de Paris*.
17. No final de setembro de 1944.
18. Em novembro de 1944.
19. Jeanyves Guérin, *Camus et lepremier "Combat"*.
20. Camus já desenvolveu esse ponto de vista para Charles Poncet em Argel, em 1941.
21. Sartre só mudará essa opinião no final de sua vida.
22. Ariane Chebel d'Appolonia, *Morale et politique chez Raymond Aron*, tese de doutorado em ciências políticas, Institut d'Études Politiques, Paris, 1991.
23. Roger Grenier, *Soleil et Ombre*.
24. Depoimento de Roger Grenier, 1992.
25. Roger Grenier, *Pascal Pia*.
26. *Ibid.*
27. *Ibid.*
28. Entrevista com Pierre Kauffmann, 1992.
29. Carta a Yves Duparc, 14 de fevereiro de 1947.
30. Carta a Pierre-Jean Launay, 5 de novembro de 1948.

28. NOVOS COMBATES

1. Em 31 de agosto de 1944.
2. Em outubro de 1944.
3. Entrevista com Alexandre Astruc, 1995.
4. *Combat*, 6 de setembro, 23 de setembro e 1º de outubro de 1944.
5. Conversa com André Malraux, 1964-1965.
6. O Boris de *Caminhos da liberdade* (*A idade da razão*).

7. *Combat*, 4 de setembro de 1944.
8. *Combat*, 31 de agosto de 1944.
9. *Ibid.*
10. Artigo de Paul Bodin, 4 de novembro de 1944: "A Espanha em luta por sua libertação".
11. *Combat*, 1º de setembro de 1944.
12. *Journal*, 15 de maio de 1942.
13. Não datado, entre 1944 e 1946, Acervo Jean e Catherine Camus.
14. Jean Daniel, *Le Combat pour "Combat". Camus*, Hachette.
15. *Combat*, 19 de setembro de 1944.
16. *Combat*, 1º de outubro de 1944.
17. Pierre Assouline, *L'Épuration des intellectuels.*
18. Gilles e Robert Ragache, *Vie quotidienne des écrivains et des artistes sous l'Occupation.*
19. *Ibid.*
20. Relatado por Roger Grenier, *Soleil et Ombre.*
21. *Le Figaro*, 8 de setembro de 1944.
22. *Combat*, 25 de outubro de 1944.
23. *Combat*, 5 de janeiro de 1945.
24. *Combat*, 11 de janeiro de 1945.
25. Essa fama é contestável. Ver *Morale et politique chez Raymond Aron*, tese de doutorado em ciências políticas, 1993.
26. Jacques Isorni, *Le Procès de Robert Brasillach.*
27. Acervo Catherine e Jean Camus.
28. Simone de Beauvoir, *La Force des choses.*
29. Robert Belot, *Lucien Rebatet, un itinéraire fasciste.*
30. *Correspondance Albert Camus-Jean Grenier.*
31. Em seu *Portrait de l'artiste en citoyen*, Jeanyves Guérin anota: "Os seis editoriais publicados entre 21 e 25 de agosto de 1944 formam um intertexto que merece ser observado mais detidamente. O estudo lexical, neste caso, revela-se precioso. A palavra 'libertado(s)' é a que se repete, de longe, com maior frequência (catorze vezes), 'justiça' se repete sete vezes. As palavras que contêm a ideia de ação são evidentemente numerosas – 'luta' (três vezes), 'combate(s)' (oito vezes), 'insurreição' (três vezes). A surpresa é que 'revolta' só apareça uma vez, ao passo que 'revolução' aparece cinco vezes. As noções políticas são raras. Encontramos uma vez 'república', 'constituição', 'reforma de estruturas', duas vezes 'democracia' e 'classe operária', quatro vezes 'nação', seis vezes 'política' e sete vezes 'povo'. Nota-se, por outro lado, um número espantosamente elevado de noções éticas – 'verdade' (seis vezes), 'moral' (três vezes), 'esperança', 'honra' (uma vez). O essencial é, sem dúvida, o fato de a partir do dia 24 o

léxico político e militar ser substituído por um léxico mais ético. Entram, com efeito, na rede conceitual as palavras 'moral', 'solidariedade', 'felicidade'. Há palavras para todos os leitores. É, decerto, o que explica o impacto desses editoriais." Muitas vezes a quantificação em crítica literária é arriscada, mas aqui é útil, pelo menos para sublinhar uma tendência profunda na temática de Camus.

32. *Combat*, 30 de agosto de 1945.
33. Carta não datada – depois da chegada de Francine em Paris. Acervo Catherine e Jean Camus.
34. Em 1947, diante dos dominicanos da Tour-Maubourg: "... Nunca deixei de meditar sobre o que ele dizia..." Ver Georges Montheillet, *Mauriac e Camus*, universidade de Bordeaux-III, dezembro de 1992, nº 32.
35. *Combat*, 13 de outubro de 1944.
36. Um decreto gaulliano, de 7 de março de 1944, retomando substancialmente o projeto Blum-Viollette, decerto concedeu a nacionalidade francesa a alguns milhares de "indígenas".
37. Ver *La guerre commence en Algérie*, de Mohammed Harbi, *Ma mère l'Algérie*, de Jean Pélégri, *Histoire de l'Algérie contemporaine,* por Charles-Robert Ageron *e Mémoires d'un combattant*, de Hocine Aït Ahmed.
38. Jeanyves Guérin, *Portrait de l'artiste en citoyen.*
39. Há concordância quanto ao número de prisões – não quanto ao de condenações. Charles-Robert Ageron fala em 1.476 condenações, Harbi em 1.307.
40. Charles-André Julien, *L'Afrique du Nord en marche.* Esses números ainda estão "em discussão". Robert Aven registra 6.000 mortos, Benjamin Stora 15.000, *El Moudjahid*, na Argélia, 85.000. Ninguém põe em dúvida a repressão – atroz.
41. Cf. *Le 8 mai 1945 en Algérie.* R. Ainad Tabet escreve: "Em Orã, no dia 1º de maio de manhã, o cortejo levando faixas desfraldadas partiu do Village Lamur, em seguida estacionou diante das instalações dos AML do Village Nègre e voltou a partir, engrossado por outros manifestantes e acrescentando mais duas faixas nas quais se podia ler especialmente: 'Libertem o chefe Messali.' A polícia, querendo intervir, foi recebida a pedradas. Seguiu-se uma batalha organizada; foram dados tiros de revólver; os manifestantes usaram principal mente cassetetes e facas. Houve um morto, por bala, e vários feridos de um lado e de outro. Um dispositivo de segurança foi então instalado nos pontos sensíveis da cidade."
42. *Combat*, 18 de maio de 1945.
43. *À propos d'Alger, de Camus et du hasard*, Éditions du Haut Quartier, Pézenas, 1982.
44. Tese de doutorado de Régine Le Baut, *Itinéraire et problématique d'un colonisé.*
45. Régine Le Baut: "Em 20 de outubro de 1945, *Les Lettres françaises* havia publicado seu artigo: 'França da Europa e França da África', ao passo que *Temps*

recusou-se a publicar seis páginas datilografadas de título audacioso: 'A Argélia continuará sendo francesa?'"

46. *Combat*, 10 de maio de 1945.
47. Simone de Beauvoir, *La Force des choses.*

29. OS RAMBERT

1. Arquivos Gallimard.
2. Patrick McCarthy, *A Critical Biography.*
3. Entrevistas com Jacqueline Bernard, 1993.
4. Entrevistas com Albert Palle, 1993.
5. Entrevista com Alexandre Astruc, 1995.
6. Entrevista com Pierre Kauffmann, 1993.
7. Depoimento de Bernard Voyenne, *Camus et le premier Combat.*
8. Maurice Nadeau, *Grâces leur soient rendues.* Nadeau escreve que a pequena equipe do *Combat* foi "criteriosamente selecionada". Segundo ele, a equipe tinha "os melhores especialistas em política estrangeira, os melhores correspondentes em Londres, em Roma ou em Bonn, os mais hábeis redatores junto ao Parlamento ou aos ministérios..." Sem dúvida, ele se deixa levar um pouco pela nostalgia. Havia muito de acaso e de amizade nos recrutamentos.
9. Raymond Aron, *Mémoires.*
10. Raymond Aron, *Les Temps modernes*, outubro de 1945.
11. *Combat*, 31 de agosto de 1944.
12. *Combat*, 2 de setembro de 1944.
13. *Combat*, 27 de junho de 1945.
14. *Combat*, 2 de setembro de 1944.
15. *Combat*, 10 de abril de 1945.
16. Jeanyves Guérin, *Portrait de l'artiste en citoyen.*
17. *Combat*, 10 de abril de 1945.
18. Em abril de 1947.
19. Jean-Jacques Becker, *Camus et "Combat".*
20. Em 11 de março e 2 de setembro de 1945.
21. *Combat*, 22 e 23 de abril de 1945.
22. 17-18 de março de 1946.
23. *Combat*, 8 de setembro de 1945.
24. Carta de Georges Bernanos, 18 de novembro de 1945. Acervo Catherine e Jean Camus.
25. *Combat*, 23 de outubro de 1946.
26. Entrevistas com Lucien Bénisti e Mireille Bénisti-Monié, 1992, 1993.

27. Carta a Marc Beigbeder, 6 de dezembro de 1945.
28. Carta a Janine e Michel Gallimard, segunda-feira 6 de agosto de 1945.
29. *Ibid.*
30. Carta de Louis Germain, 15 de outubro de 1945. Acervo Jean e Catherine Camus.
31. Carta do sr. Williams, 21 de novembro de 1945.
32. 5 de dezembro de 1945.
33. Jean Grenier, *Cadernos 1944-1971.*
34. Comentário de Camus datado de 1958, citado por Roger Grenier, *Soleil et Ombre.* De 1938-1940, data da redação do primeiro *Calígula*, a 1960, Camus não parou de retocar essa peça.
35. *Cadernos 1945-1948.*
36. Julho de 1945, traduzido do inglês.
37. Jean Grenier, *Souvenirs.*
38. Simone de Beauvoir, *La Force des choses.*
39. Em suas *Mémoires*, altamente seletivas, Simone de Beauvoir faz poucas alusões ao charme masculino de Camus.
40. Jean Grenier, *Souvenirs.*
41. Em 15 de março de 1945. *Défense de l'intelligence*, reunião organizada pela Amitié francesa, publicado por Variété, em 1945 (pouco conhecido, não publicado na Pléiade).
42. Entrevistas com Jean Cau em 1981 e 1992.
43. Correspondência com o autor, 1994.
44. Carta de 28 de setembro de 1945.
45. Domingo 4 de novembro de 1945.
46. Fornecido por Annie Guéhenno.

30. A ILHA DE TRÊS RIOS

1. Dossiês do FBI, 62-80404. Em virtude do *Freedom of Information Ad*, 24 páginas de um total de 32 me foram fornecidas, algumas delas vedadas, sobretudo para proteger "a fonte" do *Bureau.* Também Dossiê New York 105-960, 62-80405-4.
2. 23 de fevereiro de 1946.
3. Carta a Louis Bardou, 4 de março de 1946.
4. Carta das Relações culturais de 5 de dezembro de 1945, resposta de Camus em 11 de dezembro de 1946.
5. Entrevista com Maurice Nadeau.
6. *Journaux de voyage* [Diários de viagem].

7. Carta de Pierre Rubé a Patricia Blake, 6 de outubro de 1976.
8. Entrevista com Claude Lévi-Strauss, 1992, e arquivos do Quai d'Orsay.
9. Entrevista com Claude Lévi-Strauss, 1992.
10. Carta a Janine e Michel Gallimard de 20 de abril de 1946.
11. *Correspondance Albert Camus – Janine et Michel Gallimard, 1943-1959.*
12. *Diários de viagem.*
13. Carta a Michel e Janine Gallimard, 2 de junho de 1946.
14. *Diários de viagem.*
15. 28 de março de 1946.
16. O texto inglês dessa conferência foi publicado em *Twice a Year*, as citações francesas estão reconstituídas. Ver *Albert Camus journaliste et politique.* P. C. Hoy, *Revue des Lettres modernes*, n° 5.
17. A melhor condensação dessa conferência encontra-se nos arquivos do FBI, NY 105 960.
18. O texto inglês diz "*excitable*".
19. *Diários de viagem.*
20. Carta de Waldo Frank de 28 de março de 1946.
21. Carta em inglês, 20 de maio de 1946.
22. Entrevistas com Henriette Nizan, 1992.
23. Correspondência com Mark Polizzotti.
24. Entrevista com Michel Vinaver, 1993.
25. *Diários de viagem.*
26. Acervo Catherine e Jean Camus.
27. 6 de maio de 1946.
28. 26 de maio de 1946.
29. Carta a Harold Bromley, 4 de julho de 1955.
30. *Diários de viagem*, 19 de abril de 1946.
31. 2 de junho de 1946.
32. *Cadernos I*, janeiro de 1936.
33. Carta a Louis Germain. Acervo Catherine e Jean Camus.
34. "Pluies de New York" [Chuvas de Nova York], publicado em *Formes et Couleurs* apenas em 1947. Trechos inteiros desse ensaio são como que extraídos das cartas a Michel e Janine Gallimard. Os sentimentos e as emoções exprimidos correspondem bastante, portanto, ao que Camus sentia em 1945.
35. Carta a Patricia Blake, 8 de julho de 1946.
36. Conversas com o autor, 1960-1980.
37. "Ele não lhe chega ao umbigo, mas, de fato, ao queixo."
38. Carta a H. Bromley, 17 de outubro de 1946.
39. Carta a Patricia Blake, 29 de julho de 1946.
40. Carta a Patricia Blake, 3 de outubro de 1946.

31. "O TERROR"

1. Carta a Patricia Blake, 12 de agosto de 1946.
2. Carta a Patricia Blake, 21 de agosto de 1946.
3. Carta a Patricia Blake, 14 de setembro de 1946.
4. Carta a Patricia Blake, 8 de novembro de 1946.
5. Ver Roger Grenier, *Soleil et Ombre*. Grenier sugere que a ideia da peste "talvez tenha começado pela leitura da célebre conferência de Antonin Artaud, 'O teatro e a peste', proferida em 1933 na Sorbonne, publicada em 1934 em *La Nouvelle revue française*".
6. Carta a Roland Barthes, 1955.
7. *Servir*, 20 de dezembro de 1945.
8. *Cadernos*, outubro de 1946.
9. *Journal* de Julien Green, quinto tomo.
10. Carta a Pierre Borel, 15 de outubro de 1948.
11. 20 de fevereiro de 1948.
12. Carta de 28 de julho de 1947. Acervo Catherine e Jean Camus.
13. Carta de 3 de junho de 1948. Acervo Catherine e Jean Camus.
14. Não encontrei vestígios de uma resposta de Camus.
15. Ver entrevista realizada pelo autor com Sophie *Lannes*, *L'Express*, 3 de fevereiro de 1979.
16. Agosto de 1946.
17. Simone de Beauvoir, *La Force des choses*.
18. Entrevista à agência United Press, 20 de outubro de 1946.
19. Cf. Camus, *Cadernos II*, e Simone de Beauvoir, *La Force des choses*.
20. Camus traduz: "Faux scrupules" [falsos escrúpulos]. Ele não traduz então a palavra, mas seus sentimentos.
21. *Cadernos II*.
22. Simone de Beauvoir, *La Force des choses*. Ver também *Mémoires d'Aron*.
23. *Cadernos II*.
24. Camus talvez tenha escrito "garder" [guardar].
25. Pelo menos é o que ele dirá ao autor trinta anos depois.
26. Ver *La Force des choses*. Duas vezes confirmado por Jacques-Laurent Bost.
27. Rejeitado em 5 de maio de 1946, 41,6% de não.
28. Ver *L'Étranger du soir*, coleção Bouquins, Laffont.
29. Cf. *La Force des choses*, e diário manuscrito de Mamaine, fornecido por sua irmã gêmea, Celia Goodman.
30. Carta à sua irmã Celia, 3 de novembro de 1946.
31. *Ibid*.
32. *Cadernos II*.

33. Correspondência com Celia Goodman.
34. Citada por Koestler, sem data, em *L'Etranger du soir.*
35. Novembro de 1945, ver *La Force des choses.*
36. Não datada.
37. Ver curso do professor P. Brunel, *Le Mythe de Don Juan*, 1974-1975, universidade de Paris-IV, Sorbonne.
38. Carta não datada, antes do encontro em Avignon.
39. Várias datas foram sugeridas. As alusões às eleições indicariam que foi escrito um pouco antes ou depois de 10 de novembro de 1946. No dossiê de "O improviso" figuram notas avulsas em folhas de agenda, parecendo indicar que Camus teria desejado completá-lo, o que levaria a datar com relação à série de artigos "Nem vítimas nem carrascos" a partir de 11 de novembro de 1946. Uma frase referente a Vigne: "Ele quer se tornar *carrasco* para se empenhar pessoalmente..." Terminado, "O improviso" poderia também ter comportado uma canção.
40. 4 de dezembro de 1946.
41. Em 4 de outubro de 1946.
42. Cf. Charles Poncet, "Dans le sillage de Camus".
43. *Cadernos II.*
44. *Cadernos II*, antes de janeiro de 1947.
45. Em linhas gerais, é o primeiro capítulo de *O homem revoltado.*
46. A obra foi traduzida para o francês depois de 1975. Nicolas Baverez, autor de uma biografia autorizada de Aron, disse-me que era impossível "datar" a leitura de Popper por Aron.
47. Segundo *Les Orphelins du PC* de Jean-Pierre Gaudard.
48. *Cadernos II*, setembro-outubro de 1946.

32. AMARGURAS

1. Carta a Louis Germain, 20 de janeiro de 1946.
2. Carta a Régine Junier, 1945.
3. Carta a Régine Junier, 22 de março de 1947.
4. 15 de abril de 1947. Em 1945, Régine Junier mora na 65ª Rua em Nova York, quando se inicia esta correspondência. Depois, ela emigra para a Califórnia. Camus não a encontrou durante sua viagem aos Estados Unidos.
5. Carta a Régine Junier, agosto de 1947.
6. Carta aos Fayol, 24 de fevereiro de 1947.
7. Essa dificuldade é a razão de termos várias cópias de cartas de Camus.
8. Carta a Francine Camus, 2 de janeiro de 1947.

9. Ver o melhor relato detalhado das transformações financeiras – e ideológicas – no excelente *À la vie à la mort, histoire du journal "Combat", 1941-1970*, por Yves-Marc Aschenbaum.
10. Carta de Jean Bloch-Michel a Camus, 7 de fevereiro de 1957.
11. Roger Grenier, *Pascal Pia ou le droit au néant*. E entrevista com Roger Grenier, 1993.
12. Em Estrasburgo, 14 de abril de 1947.
13. *Combat*, *22* de abril de 1947.
14. *Combat*, 23 de abril de 1947.
15. 17 de junho de 1947.
16. Entrevista com Maurice Nadeau, 1994.
17. Entrevistas com Jacqueline Bernard, Roger Grenier, 1993, e Colette Durand--Dominique, 1994.
18. *Cadernos II*.
19. Em 16 de junho de 1947. Sessenta e sete cartas de Camus a leitores. Acervo de Catherine e Jean Camus.
20. Carta a Touratier, 28 de agosto de 1947.
21. Na coleção branca, entre junho de 1947 e junho de 1959, a Gallimard venderá 256.000 exemplares, ou seja, 10.000 a mais do que de *O estrangeiro* entre novembro de 1942 e abril de 1959.
22. 22 de junho de 1947.
23. Entrevista com Maurice Nadeau, 1994.
24. 25 de junho de 1947.
25. Cartão-postal a Marguerite Dobrenn, 5 de julho ou agosto de 1947.
26. Carta a Janine e Michel Gallimard, 22 de junho de 1947.
27. Carta de 1º de julho de 1947.
28. *Ibid*.
29. *O primeiro homem*, cuja primeira parte se intitula "Recherche du père" [Busca do pai]. Neste texto, inacabado, o mais claramente autobiográfico de toda a sua obra, Camus dá ao herói que o representa, Jacques Cormery, quarenta anos. De fato, ele tem trinta e quatro anos quando se vê diante do túmulo de seu pai.
30. Carta a Michel e Janine Gallimard, 13 de agosto de 1947.
31. Entrevistas com Robert Gallimard, Janine Gallimard, Roger Grenier, 1992, 1993, 1994. Ver também H. Lottman, *Albert Camus*.
32. "Jonas" é a mais autobiográfica, embora totalmente transposta, das novelas escritas por Camus e publicada na antologia O *exílio e o reino*, em 1952.
33. Para o número 11, datado de novembro.
34. A partir de 1947.

35. Entrevista com Jean Daniel, 1993, e, para a história da *Caliban*, ver o D.E.A. De Corinne Renou, *Caliban, une expérience joumalistique originale, 1947-1951.*
36. Gallimard, 1953.
37. Camus publica um artigo – com grande repercussão – em 1947, três em 1948, um em 1950, dois em 1951. Cf. Mestrado de C. Renou.
38. Abril de 1948.
39. Jean Daniel, *Le Temps qui reste.*
40. Junho de 1948.
41. *Action*, 14 e 20 de julho de 1948.
42. *La Gauche*, 7 de outubro de 1948.
43. *Caliban*, n° 20.
44. A fórmula é de Jean-François Revel.
45. Corinne Renou assinala justamente que, quando *Caliban* – número 39,1950 – publica uma cena de *Os justos*, Camus retoma sua ideia central, sua recusa da legitimação da violência, e também se defende de estar resignado, fazendo-o claramente: "Pareceria que estou aconselhando às pessoas que fiquem em suas casas e cruzem os braços. A verdade é que, se é que aconselhei alguma coisa, certamente não foi se refugiar. O problema não é saber se, como você diz, podemos matar o guarda da prisão quando ele tem filhos, para fugirmos, mas se é útil matar também os filhos do guarda para libertar todos os presos. A diferença não é insignificante."
46. *Caliban*, junho de 1949.
47. Penúltimo número de *Caliban*, em 1951.

33. "CARO CAMARADA"

1. Charles Poncet, "Dans le sillage de Camus".
2. *Franc-tireur,* 27 de fevereiro de 1948. Com respeito à história do RDR, ver Charles Ronsac, *Tiois noms pour une vie*, Annie Cohen-Solal, *Sartre,* e Jacques Fauvet, *Histoire de la IV République.*
3. *Le Figaro*, 20 de janeiro de 1948.
4. Charles Ronsac, *Trois noms pour une vie.*
5. *La Bataille socialiste*, 19 de março de 1948.
6. No mesmo dia, 9 de novembro de 1948.
7. Como sempre, segundo a delegacia de polícia, 2.500, segundo os organizadores, 5.000. Haverá muita gente na rua também.
8. Conversas com o autor, 1957, 1960, 1981.
9. 19 de novembro de 1948.
10. *Caliban*, fevereiro de 1949.

11. Carta a René Lalou, 9 de novembro de 1949.
12. Nem Sartre nem Camus assistem a uma reunião do comitê de direção do RDR, nos dias 29 e 30 de janeiro de 1949. Camus não faz parte do comitê. Eles também não participam das manifestações no grande anfiteatro da Sorbonne e no Vélodrome d'hiver pela "grande jornada internacional de resistência à ditadura e à guerra", em 30 de abril de 1949.
13. Documentos fornecidos por Colette Chambelland.
14. Entrevista com Colette Chambelland, 1995.
15. Primeiro número do boletim dos GLI (Groupes de Liaison Internationale), 1949, reproduzido por Daniel Martinet em *Témoins*, n° 23, maio de 1960.
16. Claudine e Jacques Broyelle, *Les Illusions retrouvées*.
17. Carta a Alfred Rosmer, sem data, mas remontando a 1948, enviada de "Palerme", Elslesur-la-Sorgue, fornecida por Colette Chambelland.
18. *Combat*, 1° de outubro de 1944.
19. Carta a Étienne Benoit, 12 de março de 1952. Acervo Jean e Catherine Camus.
20. Entrevista com Robert Gallimard, 1992.
21. Carta a Anne Boirard, sem data, final dos anos 1940.
22. Documento do acervo Catherine e Jean Camus, sem data, final dos anos 1940.
23. Carta a Alfred Rosmer, 8 de novembro de 1952.
24. Propagandista clandestino entre os marinheiros e soldados franceses em Odessa, preso em Moscou em 1924 como instigador de um "grupo de operários" que preconizou a volta dos sindicatos à luta de classes, colocou-se do lado dos anarquistas russos, em 1927 e 1928, em Paris. Na Itália, assistiu às lutas de rua entre a esquerda e os fascistas. Mineiro em Liège, voltou ilegalmente à França, de onde foi expulso. Lazarevitch escreveu *La Révolution prolétarienne* e *Le Cri du peuple*, discursou para os grevistas do setor têxtil, levou meses de prisão na Bélgica, criou *Le Réveil syndicaliste*. Em 1939, recusou a guerra. Internado, fugiu, esteve em domicílio necessário em La Garde-Freinet e em Draguignan, no Var.
25. Entrevista com Colette Chambelland, 1994.
26. Cf. *Missions*. Rosmer emprestou sua casa de Périgny, em Seine-et-Oise, a militantes que fundaram a 4ª Internacional. Ele e a mulher reencontraram Natalia e Lev Davidovitch Trótski, depois das brigas rituais, e cuidaram de seu neto. Empregado como escriturário das prefeituras parisienses, Rosmer frequenta os vendedores de livros das margens do Sena e das galerias do Odéon. Conheceu os últimos impressionistas, especialmente Pissarro. Gosta do teatro de Shaw ou de Ibsen. Inspirando-se num herói de Ibsen em *Rosmerholm*, assina os artigos de crítica teatral com o pseudônimo Alfred Rosmer, colaborando em *Temps nouveaux* e *La bataille syndicaliste*.
27. Primeiro prefácio manuscrito a *Moscou au temps de Lenin*.

28. Manuscrito. Acervo Catherine e Jean Camus.
29. Carta a Paul Rossinier, 18 de julho de 1952.
30. Sala Wagram, 30 de novembro de 1952.
31. Carta a Álvaro de Albornoz, 8 de dezembro de 1948.
32. Fevereiro de 1949.
33. 31 de janeiro de 1949 às 17h30.
34. Em papel timbrado da Librairie Gallimard-NRF, sem data, remontando a 1947 ou 1948.

34. "A ÚNICA"

1. Entrevista com Robert Gallimard, 1992.
2. Entrevista com Janine Gllimard, 1993.
3. Carta a Janine e Michel Gallimard, 10 de fevereiro de 1948.
4. Carta a Janine e Michel Gallimard, 25 de março de 1948.
5. Carta a Janine e Michel Gallimard, 15 de abril de 1948.
6. Em maio de 1948.
7. Entrevista com Maria Casarès, 1993, e Maria Casarès, *Residente privilégiée.*
8. Carta a Maria Casarès.
9. Jean Grenier, *Carnets*, 22 de janeiro de 1964.
10. Maria Casarès, *Residente privilégiée.*
11. *Ibid.*
12. Roger Grenier, *Soleil et Ombre.*
13. Carta a Francine Camus, 2 de junho de 1949.
14. *Cadernos II*, 10 de janeiro de 1950.
15. Entrevista com Catherine Sellers, 1993.
16. Esboço para a adaptação de *La Princesse de Clèves.*
17. Carta a Michel e Janine Gallimard, 1948, época em que ele escreve *Os justos.*
18. Carta a Janine e Michel Gallimard, 16 de fevereiro de 1949.
19. Em Sorel, uma noite Anne está de mau humor, sozinha em seu quarto. Ela não arrumou os brinquedos e foi repreendida. Michel cobre todas as crianças de brinquedos, mas quer que sejam arrumados. Cada um tem sua moral, Camus explica a Anne. Se nos sentimos mal porque não cumprimos um dever, o melhor é fazer o que deve ser feito. Depois nos sentimos bem. Anne põe os brinquedos em ordem. Aos filhos, Albert propõe um princípio: é preciso ter confiança em si, não se deixar abater. Entrevista com Janine e Anne Gallimard, 1993.
20. A partir de julho de 1947.
21. Carta de Louis Guilloux, 11 de janeiro de 1946.

22. Carta de Louis Guilloux, 16 de setembro de 1946.
23. Carta de Louis Guilloux, 12 de maio de 1948.
24. Carta de Louis Guilloux, "quarta-feira", julho de 1947.
25. Preâmbulo, em 1953, de Camus à reedição de *La Maison du peuple*, seguido de *Compagnons*. A edição original de *La Maison du peuple*, em 1927, foi lançada em meio a uma certa indiferença.
26. Jean Grenier, *Carnets*, 24 de junho de 1970.
27. *Ibid.*, 26 de outubro de 1952.

35. TRÊS AMIGOS

1. Depoimentos de Roger Louis, Robert Gallimard, Urbain Polge, 1991, 1992, 1993.
2. Prefácio à edição alemã dos poemas de Char, 1958.
3. Texto de Camus, programa de rádio, 1949.
4. Carta ao *petit* Roux, citada por Marie-Claude Char em *René Char, Faire du chemin avec.*
5. *Feuillets d'Hypnos.*
6. Roger Grenier, *Soleil et Ombre.*
7. *Naissance et jour. Le vent d'une amitié*, 1965.
8. Carta a René Char, 19 de novembro de 1946.
9. Carta a Janine e Michel Gallimard, 1948.
10. Um ato oficial da seção de aterrissagem e paraquedismo estipula que "Alexandre" – o Grande – seja engajado "pelo tempo da guerra atualmente em curso, mais três meses", encarregado de missão 1ª classe, com a patente de capitão. Chefe departamental (Basses-Alpes) da SAPR 2 (Section atterrissage parachutage 2 [Seção de aterrissagem paraquedismo 2]) e adjunto ao chefe regional da rede ação, o comandante Pierre-Michel, Char preparou terrenos de paraquedismo para receber, na França, material de guerra. Ele organizava também seções de combate. Ferido, Char chegou à África do Norte em maio de 1944. Ao chegar em Argel, viu, ao longo das montanhas, fogueiras acesas por seus homens para saudá-lo. Preparou o desembarque no Mediterrâneo. Marie-Claude Char, *René Char. Faire du chemin avec.*
11. *Naissance et jour. Le vent d'une amitié.*
12. *Cadernos II*, 1947-1948.
13. *Cadernos III*, 1954.
14. Carta a René Char, 7 de novembro de 1949, fornecida por Marie-Claude Char.
15. Exemplar de *Bodas*, edição Charlot 1947, e de *O verão*, Gallimard, 1944.

16. Carta a Janine e Michel Gallimard, quinta-feira, 29 de julho de 1948. No caso· "Caros tribordo e bombordo".
17. E morreu depois de onze números, em junho de 1950.
18. Carta a Pierre Berger, 21 de dezembro de 1951.
19. Entrevistas com Jeanne, Urbain e Jacques Polge, Catherine e Jean Camus, 1992, 1993, 1994.
20. Sobretudo durante as férias de 1951-1952.
21. Entrevista com Jeanne e Urbain Polge, 1993.
22. Carta a René Lalou, 8 de novembro de 1949.
23. Cf. Annie Cohen-Solal, *Sartre*.
24. Jean Grenier, *Souvenirs*.
25. *Cadernos II*

36. "STREPTO – 40 GRAMAS"

1. 22 de fevereiro de 1949.
2. 29 de março de 1949.
3. Carta de 4 de março de 1949
4. Fevereiro de 1949.
5. Cf. *Roger Nimier*, por Marc Dambre.
6. Robert Gallimard não acha que Nimier possa *não* ter sabido que Camus era tuberculoso. Entrevista, 1995. Voltando com frequência à frase de Nimier, seu biógrafo, Marc Dambre, deixa o leitor perplexo.
7. Carta a Roger Seydoux, 8 de dezembro de 1948.
8. Carta a Marc Blancpain, 17 de outubro de 1946.
9. Setembro de 1948.
10. Em 1938.
11. Carta de Roger Seydoux, 12 de outubro de 1948.
12. Carta a Gabrielle Mineur, janeiro de 1949.
13. Carta a Victoria Ocampo, 13 de junho de 1949.
14. Entrevista com Albert Cossery, 1993.
15. Fornecido por Madeleine Jaussaud.
16. *Diários de Viagem.*
17. Rio, julho de de 1949.
18. *Cadernos*, 25 de julho de 1949.
19. *Cadernos*, 2 de agosto de 1949.
20. *Cadernos*, 10 de agosto de 1949.
21. Entrevista com Janine Gallimard, 1994.
22. Nota ao autor de Gilda Gabaglia, 1994.

23. Carta a Francine Camus, de Recife, julho de 1949.
24. Documento do acervo Catherine e Jean Camus.
25. Entrevista não datada, depois de sua viagem à América do Sul.
26. Carta a René Char, 8 de agosto de 1949.
27. Carta a Suber Cajeaux, 12 de junho de 1951.
28. Essa novela será a sexta de *O exílio e o reino*, publicado em 1957.
29. Ver François-Bernard Michel, *Le Soufflé coupé*.
30. *Ibid.*
31. Carta a Janine e Michel Gallimard, desta vez "Caros Frente e Verso", de fevereiro de 1950.
32. Carta a Francine Camus, 21 de maio de 1950.
33. Cabris, 1949.
34. Carta a Janine e Michel Gallimard, 1º de fevereiro de 1950.
35. *Cadernos III*.
36. Carta a Michel Gallimard, 2 de julho de 1950.
37. Carta a Michel Gallimard, 2 de agosto de 1950.
38. Carta a Francine Camus, 17 de agosto de 1950.
39. Carta a Michel e Janine Gallimard, 2 de agosto de 1950.
40. Domingo, 15 de agosto.
41. Fim de fevereiro de 1950.
42. Cabris, fim de fevereiro de 1950
43. Cabris, maio de 1950.

37. RUA SÉBASTIEN-BOTTIN, Nº 5, FRENTE

1. Gaston Gallimard manobrou habilmente, publicando autores alemães: Goethe em 1941, Mestre Eckart, Theodor Fontane, Hoffmann, Wagner...
2. Archives de France, dossiê Gallimard, carta de 2 de novembro de 1945.
3. Este último e Paulhan enviaram mais ou menos o mesmo depoimento à justiça: decisão comum de fazer frente. A editora Gallimard não tinha sido inculpada por atentado à segurança interna do Estado. Camus depôs várias vezes em favor de Gallimard, aerodinamizando suas declarações: "Eu dirigia na clandestinidade o jornal *Combat*, e a sala que eu tinha na editora era um ponto de encontro de militantes da Resistência." Camus depôs no mesmo dia que Paulhan, Parain e Roger Martin du Gard, em 28 de junho de 1946. Archives de France, 19565 EMRP 5/123
4. *Ibid.*
5. A partir de 1949.
6. Certas notas de leitura foram encontradas no comércio e nos catálogos de bibliofilia.

7. Carta de Camus a Suzanne Labiche, 12 de novembro de 1946. Ela acaba de ser contratada como secretária: "Estou contente. Receba, cara senhora, minhas melhores saudações daquele que não deve absolutamente ser chamado de patrão."
8. Entrevista com Jean Cau, 1981.
9. O rascunho dessa carta, em papel timbrado da livraria Gallimard, era oferecido aos bibliófilos em 1994 por 650 francos.
10. Carta a S. C., 26 de setembro de 1949.
11. Julho de 1953.
12. Carta a J. P A., 1º de abril de 1958.
13. Carta a Cviklinski, 4 de junho de 1947.
14. Publicado em 1948.
15. Entrevista com Paul Bénichou, 1993.
16. Ficha de leitura sobre o livro de Jean Bloch-Michel, *Un homme estimable*, publicado pela Gallimard em 1956. Uma página in-4° estava à venda em Paris em 1994, por 950 francos.
17. Carta a J. V., 7 de maio de 1958.
18. Carta a M. B., 28 de setembro de 1945.
19. Carta a Kateb Yacine, 24 de outubro de 1948.
20. Carta a Guy Dumur, 23 de julho de 1954. Fornecida por Colette Dumur.
21. Carta ao doutor Ménétrier, 10 de julho de 1957.
22. Carta a M. P, 9 de julho de 1956.
23. Carta a Roger Quilliot, 4 de junho de 1958, fornecida por ele.
24. Já em 1945. Em 22 de outubro de 1947, ele critica novelas de Ikor: "Você pode fazer muito melhor." Quase dez anos depois, o mesmo Ikor, numa carta a Camus de 31 de outubro de 1957, lembra "a maneira tão direta com que você me recebeu em outros tempos".
25. Carta a Camille Bourniquel, 24 de janeiro de 1946.
26. Carta de Robert Pinget ao autor, 29 de outubro de 1993.
27. Harry Ransom Humanities Research Center, universidade do Texas em Austin.
28. Carta a Marguerite Yourcenar, 24 de março de 1947.
29. Carta a Frédéric Grendel, 27 de setembro de 1945.
30. Em 1945.
31. Carta a C. W. Milosz, 24 de outubro de 1954.
32. Carta a Louis Guilloux, 17 de novembro de 1949. Camus escreve milhares de cartas – 100 por mês, segundo diz, em 1950.

38. FUNDOS

1. Entrevistas com Anne, Janine, Renée e Robert Gallimard, 1992, 1993, 1994.
2. Carta a André Malraux, sem data.
3. *NRF*, boletim de julho de 1947.
4. Violette Leduc, carta a Camus, 24 de agosto de 1945.
5. Entrevistas ao autor, 1993.
6. Jules Roy, *Mémoires barbares*.
7. Em 1952. E, autores parcialmente do acervo, Maurice Garçon, André Maurois, Georges Duhamel, Jules Romains, Édouard Herriot.
8. Em 1943. Inédito sem data, encontrado por Roger Quilliot.
9. Como que por acaso, foi diante de Paulhan que Davis, o ultrapacifista, confessou que voltaria a ser aviador para lançar bombas contra todos os maus que não reconhecessem seu Estado mundial, segundo relato de Paulhan (*Qui suis-je?*).
10. Carta de Sartre, sem data ("Fui encher o meu saco na Alemanha no último fim de semana, em Frankfurt"). Acervo Catherine e Jean Camus.
11. Carta a Jean Paulhan, 2 de agosto de 1953.
12. *Cadernos III*, 1951.
13. *Cadernos III*, 1953.
14. *Les Temps modernes*, julho de 1948.
15. *Le Figaro littéraire*, 30 de agosto de 1958.
16. Jean Grenier, *Carnets*.
17. 6 de janeiro de 1955.
18. Prefácio a O *avesso e o direito*.
19. Em 20 de novembro de 1953, ele protesta junto ao presidente da SACEM que quer recolher 70.000 francos sobre os 130.000 que rende a Camus a adaptação de *Espíritos*. Camus é firme: se não receber satisfações, levará o caso a público. Segundo ele, os membros da comissão "não se deram ao trabalho de ler o texto" de Larivey e de compará-lo com a adaptação de Camus.
20. Carta de Suzanne Agnely a Nicole Lambert-Gallimard, 29 de maio de 1956.
21. Abril de 1953.
22. Carta a F. J. Temple, 4 de novembro de 1948.
23. Redação entre 1949 e 1951.
24. Carta a Francine Camus, 31 de janeiro de 1951.
25. Gide morre em 19 de fevereiro.
26. Entrevista com Lucien Bénisti, 1992.
27. Provavelmente em fevereiro de 1951.
28. Primeiro encontro segundo uma ordem do dia entre beligerantes em 26 de julho.
29. Jean Grenier, *Carnets*, 4 de agosto de 1951.

39. REVOLTAS

1. Entrevista com Mireille Bénisti-Monié, 1992.
2. Jean Grenier, *Carnets*, 16 de janeiro de 1970.
3. Carta da Academia de Paris a Camus, 7 de maio de 1954.
4. Entrevistas com Catherine e Jean Camus, 1992-1995.
5. Charles Poncet, "Dans le sillage de Camus".
6. Jean Grenier, *Carnets*, 8-9 de janeiro de 11954.
7. *Carnets III*.
8. *Ibid.*
9. Carta a Blanche Knopf, 8 de dezembro de 1947. Harry Ranson Humanities Research Center, universidade do Texas em Austin.
10. Em outubro ou novembro de 1950, Charles Poncet, "Dans le sillage de Camus".
11. Publicada em *L'Existence*.
12. Carta de Georges Bataille, 5 de março de 1949. Em 3 de julho de 1945, Bataille já escrevia a Camus: "... Li suas observações sobre a revolta e, como eu esperava, sinto-me em pleno acordo com você."
13. Entrevista com Brian Fitch, 1993.
14. Jean Grenier, *Carnets*, 1944-1971.
15. Entrevista de Pierre Berger, *Gazette des Lettres*, 15 de fevereiro de 1952: "Em alguns aspectos, esse livro é uma confidência." Depois da publicação de O *homem revoltado*, Camus repete: "Não sou filósofo e nunca pretendi sê-lo."
16. Num trecho de carta escrita entre 1950 e 1952, que figura num dossiê datado de 1952, a um correspondente não identificado. Acervo Jean e Catherine Camus.
17. *Ibid.*
18. Entre os jornalistas, em exercício ou futuros, antes da publicação de *O homem revoltado*, continuam no PC Jacques Derogy, Pierre Hervé, Jean-François Kahn, Roger Boussinot, Jacques e Claude Broyelle, Michel-Antoine Burnier, Serge July, Claude Angeli, Antoine Spire, o desenhista Tim e um revolucionário profissional, Alain Krivine. Médicos influentes estão no PCF, entre os quais Lucien Israël. A última grande onda de demissões, tornando o PCF uma organização descerebrada, ocorrerá após 1960 com o filósofo Jean Ellenstein, o diretor de teatro Antoine Vitez, o pintor Édouard Pignon.
19. Cerca de 1949. Entrevista com Urbain Polge, 1993.
20. Depois da revolução húngara, assassinada pelas tropas do Pacto de Varsóvia, um geógrafo, Pierre Georges, deixará o PCF, assim como os historiadores Alain Besançon, François Furet, Anne Kriegel, Emmanuel Le Roy Ladurie, Maurice Agulhon, Madeleine Rebérioux, Philippe Robrieux, Maxime Ro-

dinson (École des hautes études). Alguns intelectuais continuarão companheiros de picada, se não de estrada, do PCF.

21. *Cadernos II*, 1946.
22. Cuidadosamente inventariados por Roger Quilliot. Primeiro plano em nota manuscrita:

1. Epicuro.
   Calicles.
   Renascença.
   Século XVII.
2. A revolta romântica e luciferiana.
   Milton e Byron.
   Vigny.
   A ideia do bom ladrão [?]; Balzac.
3. A revolta contra o mal.
   Ivan Karamazov.
4. A revolta contra o humano.
   Nietzsche.
5. A revolta incondicionada.
   Surrealismo.
   O momento em que o espírito de revolta [?] se une abertamente ao movimento revolucionário. "O movimento irracional toma por arma a razão."

Depois, Camus – desta vez na máquina de escrever – retificará, ampliando seu campo de análise:

3. A nação revolucionária.
   A ideia de nação.
4. O niilismo.
   A totalidade intensiva.
   Os deicidas.
5. Lenin e os bolcheviques.
   A totalidade extensiva e a conquista da unidade.
   Aqui, revolta hoje:
   1. O que a revolta é.
   2. O que a revolução não pode.
   3. Arte.

   Outra folha, outro plano:
   A. O movimento de revolta.
   B. A criação.
   C. Revolta e revolução.
   D. A revolta metafísica...

Para mais dois outros planos, contendo, entre outros, um projeto sobre "a honra revolucionária", um sobre "O amor e o assassinato", ver a edição dos

Essais [Ensaios] da Pléiade, pp. 1622, 1623, 1624.

Finalmente, a obra se organiza da seguinte maneira:

Introdução
I. – O HOMEM REVOLTADO
II. – A REVOLTA METAFÍSICA
Os filhos de Caim
A negação absoluta
Um homem de letras
A revolta dos dândis
A recusa da salvação
A afirmação absoluta
O único
Nietzsche e o niilismo
A poesia revoltada
Lautréamont e a banalidade
Surrealismo e revolução
Niilismo e História
III. – A REVOLTA HISTÓRICA
Os regicidas
O novo evangelho
A execução do rei
A religião da virtude
O Terror
Os deicídios
O terrorismo individual
A renúncia à virtude
Três possessos
Os assassinos delicados
O chigalevismo
O terrorismo de Estado e o terror irracional
O terrorismo de Estado e o terror racional
A profecia burguesa
A profecia revolucionária
O malogro da profecia
O reino dos fins
Totalidade e julgamento
Revolta e revolução
IV. – A REVOLTA E ARTE
Romance e revolta
Revolta e estilo
Criação e revolução

V. O PENSAMENTO MEDITERRÂNEO
Revolta e assassinato
O assassinato niilista
O assassinato histórico
Medida e desmedida
O pensamento mediterrâneo
Além do niilismo

23. Ver M. Weyenbergh, "La pensée de Camus", *Revue des lettres modernes*, n° 9, 1979, e comunicado no colóquio sobre Albert Camus filósofo, 1995.
24. Para as leituras de Camus, cf. Roger Quilliot, *Les Essais*, e Jeanyves Guérin, *Portrait de l'artiste en citoyen*. E, também, o que permanece na biblioteca de Camus em Paris, na rua Madame.
25. Ver *Le Passé imparfait*, por Tony Judt.
26. Ver Jean-Louis Panné, *Boris Souvarine*, 1993.
27. Pelo *New York Times*, em 1966.
28. *La Révolution française* (Hachette) de François Furet e de Denis Richet data de 1965, *Penser la Révolution française* (Gallimard), de François Furet, de 1978. Furet, de quem se poderia dizer que ele tenta uma abordagem tranquila da Revolução francesa, nem "de direita" nem de "esquerda", merecerá – como Camus – ataques de historiadores marxistas como Claude Mazauric. Mas Fuiret é historiador, Camus é homem de letras. A "discussão" em torno da obra de Furet, embora mais profunda, será mais circunscrita. A título de lembrete, Furet será acusado de ser anticomunista, antissoviético, antinacional e, é claro, conservador.
29. Para o peso da ortodoxia revolucionária irrepreensível, ver ainda *Penser la Révolution française* de Furet.
30. Camus talvez se deixe arrebatar um pouco em suas apreciações e, nesse ponto, não está sintonizado com os novos historiadores. Ver por exemplo o artigo de Fubret *em Le Nouvel Observateur*, 14-20 de janeiro de 1993, "Ni un tyran ni un héros, Louis le taciturne". Apreciação global: o último rei do Antigo regime foi um soberano virtuoso e medíocre, consciencioso e indeciso.
31. *Histoire illustrée de la littérature française*, manual metódico. Edições muito numerosas de 1940 a 1950. Alguns inspetores gerais não só redigem os programas como, através de seus manuais, iniciações metódicas, ditam hierarquias literárias para o curso secundário e o curso superior.
32. Mais tarde falar-se-á em "ideologia dominante", expressão curiosa, pois, na maior parte do tempo, a esquerda, que domina de fato nos meios intelectuais, faz alusão a uma ideologia dominante de direita.
33. "André Breton nous parle", por Jean Duché, do *Littéraire*, suplemento de *Le Figaro*, 5 de outubro de 1946.

34. Em 1948. Roger Vailland só recebe sua carteira em 1952 – e não a recebe em 1956.
35. K. Popper, *Misère de l'historicisme*, Plon, 1956. Popper distingue dois tipos de predições: 1) A profecia histórica: trata-se de um acontecimento que não podemos impedir em nada. 2) As predições tecnológicas construtivas. Elas nos dão a saber as medidas que poderemos tomar se desejarmos obter determinados resultados. Os historicistas limitam-se à profecia, o que é denunciado por Popper: "Este [...] é o erro central do historicismo." Suas "leis de evolução" se apresentam como tendências absolutas; tendências que, como leis, não dependem de condições iniciais e que nos arrastam irresistivelmente segundo uma certa direção para o futuro. São o fundamento de *profecias* incondicionais, ao contrário das *predições* científicas convencionais. Mesma ideia em Camus, numa nota de *O homem revoltado* :"Pode-se dizer de Marx que a maioria de suas predições entrou em choque com os fatos ao mesmo tempo que sua profecia foi objeto de uma fé maior. A razão disso é simples: as predições eram a curto prazo e puderam ser controladas. A profecia é a muito longo prazo e acarreta o que alicerça a solidez das religiões: a impossibilidade de confirmação." Mais adiante: "Essa predição só poderia ser científica [...] cessando de profetizar no absoluto. O marxismo não é científico."

40. A "VEDETA" E O "ENCOURAÇADO"

1. *Arts* acolhe Breton com frequência. A velha e a jovem guarda surrealistas publicam alguns meses depois um livreto coletivo, *La Révolte en question*, na Éditions du Soleil noir/Positions, diretores François Di Méo e Charles Autrand. Solicitado, Camus recusa-se a lhe dar sua contribuição. Mais tarde ainda, Breton e os seus publicam *Révolte sur mésure*, um número especial da revista *La Rue.*
2. Carta a P. Bésanger, 1° de julho de 1952.
3. Entrevista com Jean-Claude Brisville, 1993.
4. Jean Grenier, *Carnets*, 7 de março de 1952.
5. Carta a Francine Camus, 20 de novembro de 1951
6. Carta fornecida por Celia Goodman.
7. Fim de dezembro de 1951, Jean Grenier, *Carnets*, 1944-1971
8. Uma semana antes de se dedicar longamente a Camus, Bourdet publicou quatro páginas sob o título: "Y-a-t-il une Gestapo algérienne?", atacando os procedimentos da polícia e da administração na Argélia.
9. Curiosamente, Jean Grenier, em seus *Souvenirs*, só faz alusão aos "comentários muito negativos" de Pierre Hervé e ao artigo de *France-Observateur.* É preciso

considerar a complexidade da situação crítica para além de uma lenda simplicadora que reduz a crítica de *O homem revoltado* a uma aprovação maciça da imprensa dita "de direita" e a uma reprovação da imprensa "de esquerda", comunista *e* não comunista.

10. *Les Temps modernes*, novembro de 1947.
11. Carta a Ilo de Franceschi, 8 de fevereiro de 1952, acervo Catherine e Jean Camus.
12. *La Gazette des lettres*, fevereiro de 1952.
13. Messali ficará sob domicílio necessário na França em 14 de maio de 1952.
14. Cf., entre outros, Simone de Beauvoir, *La Force des choses*.
15. Carta de Hannah Arendt a Camus, 14 de abril de 1952.
16. Carta de W. Gombrowicz a Camus, sem data.
17. Veem-se o trabalho e as correções quase balzaquianas num rascunho – catorze páginas de caderno. Acervo Catherine e Jean Camus.
18. *Les Temps modernes*, n° 81, julho de 1952, e n° 84-85, outubro-novembro.
19. Ver o texto de Sartre, prefácio a *Aden Arabie*, escrito em março de 1960, depois da morte de Camus.
20. Cf. François Fliret, *Note de la Fondation Saint-Simon*, maio de 1994, e "La passion révolutionnaire au XX^C siècle", excerto de *Le Passé d'une illusion*, Robert Laffont e Calmann-Lévy, 1995.
21. Ver *L'Opium des intelleduels*, Raymond Aron. Entrevista com o autor, 1981.
22. Ariane Chebel d'Appollonia, *Morale et politique chez Raymond Aron*.
23. Raymond Aron, *Mémoires*.
24. Ariane Chebel d'Appollonia, *Morale et politique chez Raymond Aron*.
25. Carta de Jean Cau ao autor, 1992.

41. "NUMA ESFERA DE VIDRO"

1. Entrevistas com Jeanne Terracini e Urbain Polge, 1992, 1993.
2. Entrevistas com Renée, Robert, Janine, Simone Gallimard e Dionys Mascolo, 1992-1995.
3. Carta breve de Jean Paulhan, sem data, mas a propósito da querela de *O homem revoltado*, acervo Catherine e Jean Camus.
4. Ver Roger Grenier, *Soleil et Ombre*.
5. Carta a Jean Paulhan, 17 de setembro de 1952. Acervo Catherine e Jean Camus.
6. Entrevista com Maria Casarès, 1992.
7. *Cadernos III*, 1952.
8. Jean-François Revel, *La Tentation totalitaire*.

9. *Cadernos III*, 1952.
10. Sem data, indicada e publicada por Roger Quilliot, *Les Essais*.
11. Carta de Louis Guilloux, 18 de agosto de 1952.
12. 21 de outubro de 1952.
13. Julliard.
14. Carta a Francine Camus, 17 de setembro de 1952.
15. Carta a Francine Camus, 19 de dezembro de 1952.
16. Carta a Claude Ravard, 15 de janeiro de 1953.
17. *Terre inhumaine*, Plon, 1948.
18. Correspondência de novembro de 1952.
19. Não sem hesitação. Assisti à discussão da decisão de Sartre pelo conselho de *Les Temps modernes*, na rua Bonaparte.
20. Ver Annie Cohen-Solal, *Sartre*.
21. Em 5 de março de 1953.
22. *Cadernos III*, outubro de 1953.
23. Carta a Napoléon Tremblay, universidade do Arizona, 4 de outubro de 1954.
24. *Cadernos III*, 1954.
25. *Ibid.*, 14 de dezembro de 1954.
26. Carta a Roger Quilliot, 30 de junho de 1955.
27. Roger Grenier, *Soleil et Ombre*.
28. Carta a Mamaine Koestler, sexta-feira, 10 de abril de 1953.
29. Para os detalhes de produção e concepção dessas duas peças, ver as obras de Roger Grenier e Roger Quilliot.
30. *Actuelles I*, publicado em junho de 1950, *Actuelles II*, em setembro de 1953.
31. *O verão* será publicado em janeiro de 1954. Na mesma coleção foram publicados, durante a guerra, *O mito de Sísifo* e, em 1950, a reedição de *Bodas*. Em 1958, com a mesma capa, *O avesso e o direito*.
32. Ver Roger Grenier, *Soleil et Ombre*, e Jeanne Delais, *L'Ami de chaque matin*.
33. Carta a Mamaine Koestler, 13 de julho de 1953, fornecida por Celia Goodman.
34. Carta a Mamaine Koestler, 8 de outubro de 1953.
35. Carta aos Polge, 26 de outubro de 1953.
36. Carta aos Polge, 26 de outubro de 1953.
37. Carta de Francine Camus a Mamaine Koestler, 26 de outubro de 1953.
38. Carta a Marthe Sogler, 18 de maio de 1952.
39. Carta a Marthe Sogler, 9 de novembro de 1953.
40. Entrevista com René Poirier, 1992.
41. *Correspondence Albert Camus-Jean Grenier*.
42. Ver também carta a Mamaine Koestler, 18 de janeiro de 1954.
43. Entrevista com Jean-Claude Brisville, 1993.

44. Carta a Urbain Polge, 30 de janeiro de 1954.
45. Carta a Mamaine Koestler, 14 de março de 1954.
46. Entrevistas com Christiane Faure, 1992-1994, Roger Quilliot, 1993, e carta de Roger Quilliot ao autor, 1994.
47. Carta aos Polge, 23 de março de 1954.
48. Afirmações relatadas por Jean Grenier, remontando a agosto de 1963.
49. Carta a Janine e Michel Gallimard, 23 de abril de 1954.
50. Carta aos Polge, 20 de abril de 1954.
51. Carta a Mamaine Koestler, 20 de abril de 1954. Camus acrescenta algumas frases que indicam seu nível linguístico em inglês: "I would try to write you in your damned language, as you have asked me, but I fear that the result shall be more silly than funny. Yet this is a charming story of the new sado-masochist complex. 'Oh, says the masochist to the sadist, hurt me, hurt me strongly, my men.' The sadist looks at the poor thing, keeps waiting and, at last, with a pitiless, victorious smiling, slowly says: 'Never.'"
52. Carta a Mamaine Koestler, 2 de maio de 1954.
53. Carta a Michel e Janine Gallimard, 8 de junho de 1954.
54. Carta aos Polge, 21 de junho de 1954.
55. Carta aos Polge, 29 de julho de 1954.
56. Carta à irmã de Mamaine, Celia, 10 de agosto de 1954.
57. Carta a Jeanne Sicard, 29 de setembro de 1954. E outra carta, do final de 1954, que repete: "A convalescença de Francine me obriga a fazer todas as refeições em minha casa."
58. Carta a Jeanne Polge, 12 de novembro de 1954.
59. Em 5 de janeiro de 1955, ele pergunta a Lehmann se pode lhe conseguir o Amytal Sodium, em diferentes dosagens: "seja o Amytal em dose de 65 miligramas (1g), seja em dose de 0,2 mg(3g)..."
60. *Cadernos III*, segunda-feira, 4 de agosto de 1958.

42. 1º DE NOVEMBRO DE 1954

1. Esse esquema será, por assim dizer, aplicado ao fim da guerra da Argélia, em 1962.
2. *Cadernos III.*
3. Dezembro de 1951.
4. Em 9 de setembro de 1954.
5. Para um relato detalhado da insurreição e da guerra da Argélia, ver Yves Courrière, *La Guerre d'Algérie*, última edição, Laffont.
6. Entrevistas com Louis Bénisti, 1992-1993.

7. Ver Yves Courrière, *La Guerre d'Algérie.*
8. Mohammed Harbi, *La guerre commence en Algérie.*
9. *Ibid.*
10 O antigo amigo de Camus, Yves Bourgeois, capitão, encontrou Krim Bel Kacem no final da Segunda Guerra Mundial: ele era sargento sob seu comando na Oranie.
11. Em 12 de novembro de 1954.
12. *L'Humanité*, 8 de novembro de 1954.
13. *Le Monde*, 4 de novembro, citado por Yves Courrière.
14. Entrevista com Urbain Polge, 1993.
15. Conclusões do relatório Pellenc em 1955.
16. Ver a tese de Omar Carlier, "Socialisation politique et acculturation à la modernité". Um outro militante, Fanfani, conhecia os homens de Messali. Carlier, durante anos, interrogou centenas deles, e nenhum lhe falou de Camus. Entrevista com Omar Carlier e carta ao autor, 1995.
17. Ver Charles-Robert Ageron, *Historie de l'Algérie contemporaine*, e Mohammed Harbi, *La guerre commence en Algérie.*
18. Acervo Catherine e Jean Camus.
19. Distribuição dos votos

Primeiro turno:

Roland Dorgelès	*L'Heure exquise* (Raymond Las Vergnas)
Alexandre Arnoux	*L'Heure exquise*
André Billy	*L'Enfant noir* (Camara Laye)
Phillipe Hériat	*Les Mandarins* (S. de Beauvoir)
Pierre Mac Orlan	*Les Mandarins*
Raymond Queneau	*Les Mandarins*
Armand Salacrou	*Les Aristocrates* (Michel de Saint Pierre)
Francis Carco	*Les Mandarins*
Gérard Bauër	*Le Passage* (Jean Reverzy)

Segundo turno:

Roland Dorgelès	*L'Heure exquise*
Alexandre Arnoux	*L'Heure exquise*
André Billy	*Les Mandarins*
Phillipe Hériat	*Les Mandarins*
Pierre Mac Orlan	*Les Mandarins*
Raymond Queneau	*Les Mandarins*
Armand Salacrou	*Les Mandarins*
Francis Carco	*Les Mandarins*
Gérard Bauër	*Les Mandarins*

20. Extraído das deliberações da Academia Goncourt, vol. II (1954-1976). Todos esses jurados são falecidos.
21. Charles Poncet, "Dans le sillage de Camus".
22. Simone de Beauvoir, *La Force des choses.*
23. Ver cartas de Simone de Beauvoir a Sartre.
24. *Les Temps modernes*, abril de 1954. Simone de Beauvoir publica "Merleau--Ponty et le pseudo-sartrisme" em *Les Temps modernes*, junho-julho de 1955.
25. Czeslaw Milosz, *Le Nouvel Observateur*, 9 de junho de 1994.
26. Paul Veyne, *René Char en ses poèmes*, 1990.
27. Entrevistas com Robert Gallimard, 1992.
28. Carta à srta. A. Meyer, 7 de janeiro de 1955.
29. Entrevistas com Jeanne Terracini, 1992.
30. É o que Malraux teria declarado a Louise de Vilmorin. Afirmações relatadas muito mais tarde, em janeiro de 1969, Jean Grenier, *Carnets.*
31. Charles-Robert Ageron, *Histoire de l'Algérie contemparaine.*
32. *Cadernos III*, 1951.
33. Jean Daniel, *Le Temps qui reste.* E entrevistas com o autor, 1993.
34. Françoise Giroud, *Leçons particulières.*
35. *France-Observateur*, 25 de maio de 1955.
36. Nas páginas dedicadas a Sartre, Françoise Giroud escreve que ele é, "sobretudo, um equívoco". E também um "filósofo... ao mesmo tempo que homem de teatro astucioso como um velho autor de *vaudeville*" e "romancista hábil como um velho autor de folhetins". Ela conclui que, com Sartre, pode-se, para além da máscara de palhaço, "olhar a honestidade de frente". Em *Le Tout-Paris* não há retrato de Camus.
37. Ver Jean Daniel, *Le Temps qui reste.*
38. Jean Daniel, "Comment j'ai été intégré à la tribu", *L'Evénement du jeudi*, 19 de maio de 1993.
39. Detalhes exatos, artigos copiados.
40. Entrevista com Françoise Giroud, 1992.
41. Em 1951.
42. Cartão-postal de Jean Daniel, 30 de outubro de 1955.

43. "A ARGÉLIA NÃO É A FRANÇA"

1. Maio de 1954
2. Ver *Cahiers Albert Camus*, 6, "Albert Camus, éditorialiste à *L'Express* (mai 1955-février 1956)", introdução, comentários e notas por Paul F. Smets.
3. Jean Grenier, *Carnets, 1944-1971.*

4. *L'Express*, 9 e 23 de julho de 1955.
5. Régine Le Baut, carta de 6 de agosto de 1955, *Itinéraire et problématique d'un colonisé.*
6. Carta a Edmond Brua, 5 de setembro de 1955.
7. Ver a tese de Régine Le Baut.
8. Yves Courrière em sua suma sobre a guerra da Argélia, *Les Temps des léopards.*
9. 25 de setembro de 1955. Charles Poncet, "Dans le sillage de Camus".
10. Jean Grenier, *Carnets*, 9 de outubro de 1955.
11. 25 de setembro de 1955.
12. *L'Express*, 21 de outubro de 1955.
13. *L'Express*, 1º de novembro de 1955.
14. *L'Express*, 4 de novembro de 1955.
15. *L'Express*, 8 de novembro de 1955.
16. Jean Grenier, *Carnets 1944-1971.*
17. Carta de 7 de dezembro de 1955. Charles Poncet, "Dans le sillage de Camus", anexo.
18. *L'Express*, 30 de dezembro de 1955.
19. Ver *Études méditerranéennes*, nº 7. Reproduzido em *Le Temps qui reste*, de Jean Daniel. Segundo os amigos de Camus, é o relato mais fiel da filosofia política de Camus em face da Argélia.
20. Carta a Charles Poncet, 28 de dezembro de 1955.
21. Jean Daniel, *Le Temps qui reste.*
22. Jean Grenier, *Carnets.*
23. Carta a Charles Poncet, 13 de outubro de 1955. Os "primeiros números do *L'Express* não me agradam quanto à fórmula. Enfim, falarei como puder".
24. Entrevistas com Roland Simounet, 1993-1994.
25. Yves Courrière, *La Guerre d'Algérie.*
26. *Carnets III.*
27. Correspondência do autor com André Rosfelder, 1994-1995.
28. Esse relatório me foi fornecido pelo cardeal Duval em 1993. Segundo o cardeal, Tissot representava a "arquidiocese".
29. As avaliações variam – de 1.500 a 2.000 pessoas segundo alguns, 500 segundo J. Tissot.
30. Correspondência André Rosfelder, 1994. Ver também cartas de Camus e Rosfelder.
31. Entrevistas com Louis Bénisti, 1992, 1993.
32. Entrevista com Fanny Raynaud-Colonna, 1994.
33. Em maio de 1958 e abril de 1961, com os ultras. Correspondência com André Rosfelder, 1993.
34. Camus, emocionado, falará desse incidente com Poncet, 21 de maio de 1958: "Se a nossa ação pôde salvar essas poucas vidas, ela não foi tão vã quanto se pensa." Charles Poncet, "Albert Camus e a impossível trégua civil".

35. *Le Journal d'Alger*, 23 de janeiro de 1956.
36. *L'Express*, 26 de janeiro de 1956.
37. Jean Grenier, *Albert Camus. Souvenirs.*
38. Jeanne Delais, *L'Ami de chaque matin.*
39. Um artigo, "Fidelité à l'Espagne", publicado em 24 de agosto de 1956, é a reprodução de um prefácio de um número de *Témoins*, revista anarco-revolucionária.
40. Jean Grenier, *Carnets*. Carta a André Rosfelder, 27 de fevereiro de 1956.
41. Jan Daniel, *Camus*, Hachette.
42. Em 7 de fevereiro de 1958. Viansson-Ponté informa a Camus em 17 de maio que é o sucessor de Jacques Fauvet na direção do setor de política interna do *Le Monde.*
43. Robert Namia, "Rencontres internationales Camus à Angers", junho de 1984, e entrevista, 1993.
44. Anotação manuscrita encontrada por Roger Quilliot e datada de fevereiro de 1957.
45. Entrevista com Françoise Giroud, 1993.
46. Carta a André Rosfelder, 26 de fevereiro de 1956.
47. É o sentido do manifesto dos prefeitos da Argélia publicado em 20 de janeiro de 1956.
48. Para os detalhes dessas gestões, ver Charles Poncet, "Albert Camus e a impossível trégua civil".

44. O GRITO DO PRISIONEIRO

1. Sem data.
2. Carta a Vivette Bloch, 31 de março de 1956.
3. *Cadernos I.*
4. Tiragem total de todas as edições francesas juntas, em 19 de fevereiro de 1992: 1.774.426 exemplares.
5. Entrevista com Christiane Faure, 1994.
6. Roger Quilliot, entrevistas, 1993, e carta ao autor, 1994.
7. Entrevistas com Roger Quilliot, 1993.
8. *Cadernos II.*
9. Ouvi Sartre emitir essa apreciação pelo menos quatro vezes.
10. Reproduzo as palavras de Roger Grenier em *Soleil et Ombre.*
11. Ver *O primeiro homem.*
12. *Le Monde*, 31 de agosto de 1956.
13. Ver os comentários de Roger Quilliot sobre *A queda*, na Pléiade, com as variantes.

14. *Les Temps modernes*, nº 123, março-abril de 1956.
15. "Le réformisme et ses fétiches", *Les Temps modernes*, fevereiro de 1956.
16. Carta a Nicolas Daniloff, 23 de fevereiro de 1956.
17. Carta de Malvina Eeckhout, 9 de maio de 1958.
18. Carta a Malvina Eeckhout, 10 de junho de 1958.
19. Roger Grenier, *Pascal Pia ou le droit au néant*.
20. Carta de Georges Didier, junho de 1956.
21. "Bloc-notes", 27 de julho de 1956.
22. Em 1958.
23. Carta de Louis Miquel, sem data.
24. *Le Monde*, 30 de maio de 1956.
25. Num discurso em 28 de fevereiro.
26. *Le Monde*, 3-4 de junho de 1956.
27. *L'Express*, 8 de junho de 1956. O artigo é assinado por Thomas Lenoir, pseudônimo regularmente utilizado no hebdomadário por vários colaboradores.
28. 9 de junho de 1956.
29. Charles Poncet, "Camus e a impossível trégua civil". A improcedência será assinada por Corniglion-Molinier depois da volta do general De Gaulle ao poder. Camus dirá a Poncet: "Jean cometeu imprudências."
30. Ele se beneficiará de uma improcedência em 10 de julho de 1957.

45. "ANÊMONA DE CORAÇÃO PRETO"

1. *O exílio e o reino* é publicado em 1957.
2. Jean Grenier, *Carnets 1944-1971*.
3. A novela foi terminada em 1956. Ver Roger Grenier, *Albert Camus. Soleil et Ombre*.
4. Carta a Françoise Giroud, 10 de dezembro de 1956, resposta de Camus em 14 de dezembro.
5. Cartas a Michel Bouquet, 15 de junho e 5 de julho de 1956.
6. Projeto encontrado na correspondência de 1957 de Camus por Roger Quilliot, mas, pelo que tudo indica, anterior.
7. Carta a Jean Vilar, 24 de outubro de 1953, e carta de Vilar a Camus, 29 de janeiro de 1958.
8. Em vista da produção e da atividade de Camus durante esse período, parece-me bastante difícil aceitar uma das teses de Herbert Lottman segundo a qual Camus teria tido "um bloqueio de escrita" que durou anos. O teatro tal como era concebido e praticado por Camus não pode ser considerado como pura atividade substituta, menos ainda que o jornalismo. A tese de Lottman é

retomada com frequência. Essa visão a respeito de Camus nessa época implica que o teatro – adaptações e encenações – constitua uma atividade secundária, o que contraria a óptica do escritor.

9. Catherine Sellers possui diversas listas, com variações, de projetos.
10. *O tempo do desprezo, Revolta nas Astúrias, A devoção à cruz, Os espíritos, Um caso interessante, Réquiem para uma freira,* e quatro obras originais, *Calígula, O equívoco, O estado de sítio, Os justos.*
11. *O mito de Sísifo.*
12. Ele foi médico de Catherine Sellers na Argélia.
13. Entrevista com Jean Daniel, 1993.
14. "Gros plan" televisado, 12 de maio de 1959. Camus resume então sentimentos que experimenta cada vez mais, desde 1952.
15. Para o festival de Angers. Entrevista com Catherine Sellers, 1994.
16. Anotação sem data mas, ao que parece, redigida depois de 1953.
17. Entrevista com Catherine Sellers, 1993.
18. Em novembro de 1953.
19. Carta a Koestler, 4 de janeiro de 1952.
20. *Réquiem para uma freira* é filha de duas obras faulknerianas anteriores, remontando a 1931. Temple Drake é a heroína de *Santuário,* Nancy Mannigoe a de uma novela de *Treze histórias.* Ver Roger Grenier, *Albert Camus, Soleil et Ombre.*
21. Carta de M. E. Coindreau, 4 de maio de 1956.
22. Carta a M. E. Coindreau, 15 de maio de 1956.
23. Entrevista no *Le Monde* de 31 de agosto de 1956.
24. Em abril de 1956.
25. Pesquisa do *Harvard Advocate,* 1951.
26. Introdução à tradução francesa de *Réquiem para uma freira,* M. E. Coindreau, Gallimard, 1957.
27. Carta de Louis Jourdan, 28 de novembro de 1956.
28. Carta a Louis Jourdan, 27 de dezembro de 1956.

46. AS VIAS DO SILÊNCIO

1. 12 de março de 1956.
2. Carta de Lucien Camus, 9 de abril de 1957.
3. Em 30 de setembro de 1956.
4. Em 24 de dezembro de 1956.
5. No mesmo dia.
6. Entrevistas com Roland Simounet, 1993 e 1994.
7. Ver Mohammed Harbi, *La guerre commence en Algérie.*

8. Jean Grenier, *Carnets.*
9. Charles Poncet, "Albert Camus ou l'impossible trêve civile".
10. Carta a Jean Sénac, 10 de fevereiro de 1957.
11. Cartão-postal de Jean Sénac, 26 de setembro de 1957. Acervo Catherine e Jean Camus.
12. Junho-julho 1957. O livro de Camus e Koestler, com um dossiê sobre a tradição judiciária estabelecida por Jean Bloch-Michel, é publicado pela Calmann--Lévy.
13. Jean Grenier, *Carnets.*
14. Entrevistas com Roland Simounet, 1993 e 1994.
15. Entrevista e correspondência com Paul Bénichou, 1995.
16. Carta a Stephen Spender, 18 de abril de 1957.
17. 15 de março de 1957.
18. Jean Grenier, *Carnets*, 9 de julho de 1957.
19. Carta a Janine Falcou-Rivoire, 29 de setembro de 1957, inédita. Citada na tese de Régine Le Baut.
20. Carta à mesma, 11 de janeiro de 1958.
21. Ver tese de Régine Le Baut.
22. Versos escritos em 3 de maio de 1957.
23. Respectivamente, no dia 25 de julho de 1957, no dia 2, no dia 15.
24. Em janeiro de 1956.
25. *Cadernos UI.*
26. Carta a Ouzegane, 5 de setembro de 1955.
27. Em 20 de fevereiro de 1956.
28. Carta a Irène Dayan, 4 de dezembro de 1956.
29. Carta de Pierre Liddi, 25 de dezembro de 1956.
30. Carta, ao que parece, de 12 de dezembro de 1956 ou 1957.
31. Carta a Pierre Liddi, 8 de janeiro de 1957.
32. Carta de Yves Dechézelles, 26 de julho de 1957.
33. Gisèle Halimi, *Le Lait de íoranger.*
34. Carta ao presidente René Coty, 26 de setembro de 1957.
35. Carta a Guy Mollet, 28 de outubro de 1957.
36. Carta ao presidente René Coty, 28 de outubro de 1957.
37. Carta a Pierre Stibbe, 4 de dezembro de 1957.
38. Em 4 de dezembro de 1957.
39. Em 2 de janeiro de 1958. A carta de Selim Menouche é de 24 de dezembro de 1957.
40. Carta ao presidente René Coty, 17 de março de 1958.
41. Carta de Jean Daniel, 2 de dezembro de 1958.
42. Carta a Maurice Patin, 16 de dezembro de 1958.

43. Em 16 de dezembro de 1958, Camus intercede numa primeira lista, entre outros, por Amar Bentoumi, Kaddour Sator, Rachid Bouayad, Mesaoud Djenass, Ahmed Aroua, Mohamed Benteftifa, Hassan Baouiba, Boualem Bourouiba, Moustapha Kaniandji, Ahmed Sahnoun, Abderlhamid Sid Ali, Messaoud Zitouni, Abdelkader Mimouni. Numa segunda lista, por Fatima Moussaoui, Ahmed Moussaoui, Abdelkader Belkam, Rabah Mamou, Mohamed Mostaguenemi, Abderrahmane Taleb, Arezki Berkouk, Maohamed Djouzi, Mahame Haraoua, Saïd Djoudi, Ahmed Bennouanniche, Abdallah Kaci, Mohlmed Tobiri, Abdelkader Abed, Rabah Chergui, Ahmed Sahnoun, Said Amrani, Ahmed Bouzrar. Depois de 1958, Camus intercede junto a De Gaulle, Malraux e Edmond Michelet, chanceler.
44. Carta de Germaine Tillion, em 3 de janeiro de 1959.
45. Carta ao presidente do tribunal, 8 de fevereiro de 1959.
46. Como Selim Menouche, em 20 de novembro de 1959. A maioria das execuções ocorreram antes da chegada do general De Gaulle ao poder.
47. Cartas de Robert Merle, 13 e 26 de novembro de 1956. Carta de Camus, 14 de novembro de 1956.
48. *Le Monde*, 15 de novembro de 1957.
49. "A défaut de Malraux", artigo no *France-Observateur*.
50. Carta de Albert Camus a Claude Bourdet, 27 de maio de 1955.
51. Citado por Herbert Lottman, que o sabe pelo próprio Raymond Sigaudès: "Sigaudès arrependeu-se em seguida do que disse, mas nunca teve ocasião de confessá-lo ao amigo."

47. O PREÇO A PAGAR

1. Entrevista e correspondência com Patricia Blake, 1993-1994.
2. Entrevista com Jean Cau, 1992.
3. Charles Poncet, manuscrito inédito "Albert Camus et l'impossible trêve civile".
4. Em 22 de junho de 1947, Lucien Maury lhe escrevia: "Você provavelmente sabe que falam de você na Academia Sueca a propósito do Prêmio Nobel deste ano.... É preciso evitar a esse respeito qualquer movimento da imprensa." Carta de Ahlenius, em 8 de fevereiro de 1949.
5. Os que atribuem o Nobel: membros da Academia Sueca e outros institutos ou sociedades, professores *agrégés* que ensinam história da literatura ou línguas numa universidade, laureados do Prêmio Nobel de literatura e presidentes das associações de escritores de vários países.
6. Entrevistas com Odile de Lalène, 1992, e anotações da mesma.

7. Anotações inéditas de Odile Lalène.
8. Respectivamente: 1904, 1915, 1921, 1927, 1937, 1947, 1952. Pelo menos um por década.
9. Entrevistas com Roger Quilliot, 1993.
10. Jean Grenier, *Carnets 1944-1971*.
11. Entrevista com Florence Malraux, 1994.
12. Como numa carta a Pierre de Boisdeffre, 8 de outubro de 1958.
13. Entrevista com Renée Gallimard, 1993.
14. Entrevista com Renée Gallimard e Mi, 1993.
15. Carta a Nicole Chaperon, 19 de novembro de 1957.
16. *Le Monde*, 18 de outubro de 1957
17. *Le Figaro littéraire*, 26 de outubro de 1957.
18. Jean Grenier, *Carnets 1944-1971*, 22 de outubro de 1957.
19. *L'Humanité*, 18 de outubro de 1957. Para Rebatet, *Dimanche-matin*, 20 de outubro, Haedensm *Paris-Presse*, 19 de outubro, Pia, 18 de outubro.
20. Maurice Nadeau, *Grâces leur soient rendues*.
21. *Ibid*
22. *La nef*, novembro de 1957. Frank voltará atrás em seu julgamento.
23. Carta, 20 de novembro de 1957: "Excusez s'il Vous plaîtes la façon dans laquelle je traite votre langue."
24. Entrevista com Madeleine Jaussaud, 1993.
25. Carta a Louis Germain, 19 de novembro de 1957.
26. Carta a Robert Namia, 24 de novembro de 1957.
27. Carta a Madeleine Chapsal, 20 de novembro de 1957.
28. Carta do R. P. Bruckberger, 21 de novembro de 1957.
29. Com carta, 4 de dezembro de 1957.
30. Camus por Emmanuel Berl, *Évidence*, junho de 1960.
31. Carta a Blanche Knopf, 4 de setembro de 1957. HRHL, universidade do Texas em Austin.
32. Carta de Blanche Knopf, 18 de outubro de 1957.
33. Entrevista com Jean-Claude Brisville, 1993.
34. Telegrama não codificado do embaixador Bonneau ao departamento Europa do Quai d'Orsay, 18 de outubro de 1957.
35. Relatório enviado de Estocolmo em 18 de dezembro de 1957 ao departamento Europe, n° 973/EU.
36. Entrevista com Simone Gallimard, 1993.
37. Em seu texto publicado, Camus escreve "fazer repercutir". Cf. Gravação da rádio sueca. São encontradas sete variantes.
38. Adès-INA, 1965-1989.
39. Ver o despacho Reuter enviado de Praga em 11 de dezembro, que retoma um artigo do órgão da União dos Escritores Tchecoslovacos, *Literarni noveny*.

40. *Le Monde*, 14 de dezembro de 1957.
41. Artigo de Dominique Birmann, *Le Monde*, 14 de dezembro de 1957. A frase sobre a justiça e a mãe não consta dos relatos do *Svenska Dagbladet* ou do *Stockholmnstidlingen* nem da imprensa britânica. Depoimentos e cartas ao autor de G. Bjurström e D. Birmann.
42. Mesmo artigo do *Le Monde*.
43. Entrevista com C. G. Bjurström, 1994. Em 1994, Bjurström acha que Camus replicou: "Neste momento estão sendo jogadas bombas nos bondes de Argel. Minha mãe pode estar num desses bondes. Se é essa sua justiça, prefiro minha mãe à justiça."
44. D. Birmann não possui mais a gravação. Comunicação com o autor, 1994.
45. Cf. "Hubert Beuve-Méry e *Le Monde*", programa de Pierre-André Boutang, Arte, 1995.
46. Gravação-reportagem de Per Persson, da rádio sueca.
47. Comunicação com Bjurström, 19945. A história literária e política reteve antes de tudo esse episódio da altercação na casa dos estudantes.
48. Gravação-reportagem de Per Persson e jornais suecos.
49. Relatório muito detalhado dos dias de Camus em Estocolmo, no *Le Figaro littéraire* de sábado, 21 de dezembro de 1957. Depoimento de Bjurström, 1994.
50. Reportagem da rádio sueca. Pode-se ouvir Camus em dois *compact discs*, *L'Homme, l'écrivain*, realização de Lucien Adès. Adès-INA, 1965-1989.
51. Entrevista na rádio sueca.
52. *Discours de Suède*.
53. Ver *Les Droits de l'écrivain et le discours de Stockholm*.
54. Aqui, Camus borda as palavras "arte" e "artista" (cento e quarenta e oito vezes) em sua conferência: a arte, luxo mentiroso, fútil, artificial, realista, dirigido, livre dos fabricantes de arte, dos irresponsáveis, dos pregadores, dos verdadeiros artistas, das tensões "entre a beleza e a dor, o amor aos homens e a loucura da criação, a solidão insuportável e a multidão esmagadora, a recusa e o consentimento".
55. Paul F. Smets. *Albert Camus dans le silence... et au-delà*. A conversa com Robert Mallet data de 29 de janeiro de 1959.
56. Carta do conservador, 15 de novembro de 1957. Carta de Camus, 22 de novembro de 1957.
57. Carta de André Chêneboît, 25 de dezembro de 1957.
58. Carta a André Chêneboît, 3 de janeiro de 1958.
59. *La nef*, dezembro de 1957.
60. Carta de Jean Sénac, 18 de setembro de 1957.
61. Documento IMEC, anexado à carta de 18 de setembro de 1957.
62. Depoimento de Mado Dayan, 1993.
63. Depoimento de Marie Elbe, 1993.

48. UM "OLHAR MÍOPE"?

1. A última semana de 1957.
2. Herbert Lottman, *Albert Camus.*
3. Entrevistas com Emmanuel Roblès, 1992, Catherine Sellers, 1993, 1994. Ver também François-Bernard Michel, *Le Soufflé coupé.*
4. Desde fevereiro de 1957. "Mi", como Camus a chamava em seus cadernos, desejou permanecer anônima neste livro.
5. Entrevistas com Albert Cossery e Pierre Bénichou, 1993, 1994.
6. Jean Grenier, *Souvenirs.*
7. Entrevistas 1992 e 1994.
8. *Le Monde,* 16 de janeiro de 1958.
9. Cartas a Jacques Heurgon, 18 de março de 1958.
10. Jules Roy, *Mémoires barbares.*
11. Jean Grenier, *Carnets 1944-1971,* 5 de março de 1958.
12. Segundo Pierre Lefranc, diretor do Instituto Charles de Gaulle, o almirante Philippe de Gaulle e Bernard Tricot, não subsiste nenhum vestígio desse encontro nos arquivos gaullianos. Alain Peyrefitte não se lembra de ter ouvido o General falar em Camus. Segundo Charles Poncet, Camus teria encontrado De Gaulle em Colombey. É pouco provável. Camus deve ter sido recebido pelo General em Paris.
13. Depoimento de Nicole Chaperon, 1993 – segundo uma conversa com sua prima Francine. Mesma versão de Fernande Faure, relatada por Jean Grenier – segundo amigos que teriam ouvido afirmações de Fernande.
14. Entrevista com Louis Bénisti, 1993.
15. *Cadernos III.*
16. Charles Poncet, "Albert Camus et l'impossible trêve civile".
17. Entrevista com Lucienne Maroselli, filha de Lucien, 1992. Lucien, segundo a sra. Moroselli, queimou as cartas do irmão.
18. Carta de Pierre Blanchard, 16 de junho de 1958.
19. *Le Monde,* 31 de julho de 1958.
20. Carta a Francine Camus, 28 de julho de 1958.
21. Mais 395 exemplares de luxo, mais 1.050 exemplares encadernados por Bonet.
22. *A Albert Camus, ses amis du Livre,* relatório muito exato dessa reunião no final do ano de 1957.
23. Herbert Lottman, Albert *Camus.* Camus participou com eles de uma festa em 22 de janeiro de 1958.
24. Carta do general De Gaulle a Albert Camus, 27 de março de 1959.
25. Jean Lacouture, *André Malraux.*
26. Em 1º de junho de 1958.

27. Entrevista com Maria Casarès, 1994. Ver também Herbert Lottman, *Albert Camus.*
28. Esse manuscrito, apesar de muitas pesquisas, por enquanto continua desaparecido. Várias testemunhas o leram ou viram.
29. *Cadernos III*, 11 de junho de 1958.
30. Correspondência Camus-Jean Grenier.
31. No dia 30. Charles Poncet, "Albert Camus et l'impossible trêve civile".
32. Ver Jean Daniel, *De Gaulle et l'Algérie.*
33. Plon, 1958.
34. Apesar da ajuda de François Faletti, diretor de Assuntos Criminais e Clemências no Ministério da Justiça, não pude estabelecer com segurança uma lista dos condenados que receberam clemência por intervenção, entre outros, de Camus.
35. A partir de 1958, ver Charles Poncet, "Albert Camus et l'impossible trêve civile".
36. Entrevista com Roger Quilliot, 1993.
37. Ver Claude e Jacques Brisville, *Les Illusions retrouvées.*
38. *France-Observateur*, 30 de outubro de 1958.
39. Em outubro de 1958.
40. Em 1958. Cf. *Cahiers VI, L'Express.*
41. Em 12 de novembro de 1958. Herbert Lottman, *Albert Camus.*
42. André Rosfelder, *L'Algérie à bâtir*, Éditions Baconnier, Argel, 1959. Rosfelder não pensa particularmente em Camus (correspondência com o autor, 1993), mas numa "composição de dois ou três amigos parisienses" que ele "perdeu" a partir de maio de 1958.
43. Cf. *Cahiers VI, L'Express.*

49. "NÃO SEI ME REPETIR"

1. Jacques Lemarchand, "Sarah Bernhardt", *Revue du theâtre de la Ville*, nº 15, janeiro de 1972.
2. Camus irá oferecê-lo a Catherine Sellers.
3. Apresentação de Camus no programa.
4. Entrevista com Catherine Sellers, 1993.
5. Camus dispõe do volume da Pléiade publicado pela Gallimard em 1955. Ele inclui *Les Démons, Carnets des Démons, Les Pauvres Gens.*
6. E os comentaristas, antes de tudo de Chestov, com *Les Révélations de la mort* e *La Philosophie de la Tragédie.*
7. Carta a Micheline Rozan, 7 de abril de 1958.

8. Cf. Jacques Le Marinel, "Du roman à la pièce", in *Albert Camus et le théâtre*, textos reunidos por Jacqueline Lévi-Valensi.
9. Citado por Jean Grenier, em *Soleil et Ombre*.
10. Carta de Suzanne Agnely a Carl Viggiani, 23 de junho de 1959.
11. Carta a Hugo Vitols, 1958.
12. Entrevista com Christiane Faure, 1993.
13. *Ibid*.
14. Texto datilografado fornecido por Micheline Rozan.
15. Carta a Micheline Rozan, 17 de julho de 1958.
16. Entrevista com Micheline Rozan, 1993.
17. Documento de 7 de novembro de 1958.
18. Carta a Micheline Rozan, 29 de agosto de 1959.
19. "Pierre Blanchard, Albert Camus, artisans de théâtre", *Simoun*, n° 31.
20. *Le Figaro*, 30 de janeiro de 1959.
21. Entrevista com Catherine Sellers, 1993.
22. *Le Monde*, 31 de janeiro de 1959.
23. *Arts*, 4 de fevereiro de 1959.
24. *Paris-Presse*, 31 de janeiro de 1959.
25. *L'Humanité*, 3 de fevereiro de 1959.
26. *Libération*, 6 de fevereiro de 1959.
27. As notas críticas das revistas serão mais argumentadas, mas publicadas muito tempo depois do ensaio geral. Elas não fazem nem matam um espetáculo como os artigos dos cotidianos ou hebdomadários. Em *La Table ronde*, Henri Gouhier examina os limites dessa transposição teatral e a estilização trágica: "Diante dessa sequência de quadros em que as catástrofes se precipitam, o espectador terá tempo ainda de sentir a terrível necessidade, ao mesmo tempo transcendente e interior aos indivíduos, que governa esse desastre? Um vento de loucura sopra sobre o mundo, os estragos nos são mostrados: mas Dostoiévski não existe mais, não pode mais estar presente para dizer de onde ele vem." (*La Table ronde*, n° 135, março de 1959) Ver também artigo de Jacques Le Marinel em "Albert Camus et *Les Possédés*: du roman à la pièce", *Albert Camus et le théâtre*, ed. IMEC.
28. Excerto do Caderno n° 1/3, *Les Démons*, *Carnets des Démons*, *Les Pauvres gens*, introdução de Pierre Pascal, tradução e notas de Boris de Schloezer e Sylvie Luneau.
29. Entrevista com Catherine Sellers, 1993.
30. Cf. Cartas de Simone Berriau de 26 de janeiro e 6 de fevereiro de 1959. Depois da publicação das críticas, a diretora fica alarmada: "Deveríamos, com a imprensa que temos, fazer não os 850.000 francos que eu fazia todas as noites,

mas... 750.000 e, no sábado, 900.000..." Quando fizer bom tempo será pior, a receita não ultrapassará os 600.000. E os atores que recebem uma certa quantia a partir dos 500.000 francos de receita. "Seria preciso cortar no início do terceiro ato." A sra. Berriau escoiceia: "O que você acharia, Albert, se dentro de dois meses eu me visse obrigada a tirar *Os possessos* de cartaz?" Camus recusa e se atém, em linhas gerais, a seu texto.

31. Carta de Marcel Karsenty, 11 de abril de 1959.
32. Carta de Pierre Moinot, 20 de maio de 1959.
33. Carta a Micheline Rozan, 19 de novembro de 1959.
34. Ver Herbert Lottman, *Albert Camus*. No final, o "Nouveau Théâtre" acabará encontrando uma sala particular, alugada por três anos. Os pensadores do ministério preconizam o Sarah Bernhardt: grande demais, a sala não conviria. Muitos diretores se recusam, tal como Christian Casadesus, do théâtre de l'Ambigu: ele tem dívidas e trabalhos em suspenso. A missão que o ministério da Cultura confiaria a Camus deveria ter um caráter de serviço público a fim de desenvolver um teatro de arte, pesquisas dramáticas, uma cultura popular. Nenhum acordo entre Camus e o ministério poderia saldar dívidas privadas. O Nouveau Théâtre não se ajustaria às regras de rentabilidade de uma empresa comercial privada.
35. Carta de Christian Casadesus, 4 de novembro de 1959.
36. Em 25 de junho de 1959.
37. Fornecido por Micheline Rozan.
38. Pierre Moinot, *Tous comptes faits*. Entrevista com F. Badré e A. Guillon. Moinot perdeu a carta, mas lembra-se dessa frase.
39. O problema essencial continua sendo o das bases financeiras. Camus imagina, com cem lugares a 300 francos, trezentos a 500 e o mesmo número a 1.000, um déficit de 89.000 francos por representação. Pede uma subvenção de 50.250.000 francos. O Estado cobriria um terço das despesas. Enquanto diretor, Camus exige inteira liberdade na escolha das peças e atores, do pessoal técnico ou administrativo. Deseja um contrato de cinco anos, com a possibilidade de retomar a liberdade dentro de três anos. Ele seria pessoalmente responsável pelos ganhos e perdas da exploração, levando em conta as subvenções. Teria o direito de exercer uma atividade de autor ou de diretor fora do teatro. É pedir muito, quanto às encenações: Camus quer fazer muito teatro. Georges Elgozy manda reservar 120 milhões do orçamento, segundo esclarece uma anotação na *Correspondance* Albert Camus-Jean Grenier, Gallimard. Dá para pôr a empresa em órbita.

50. GRAND'RUE DE L'ÉGLISE

1. Fornecido por Micheline Rozan com sua carta a Camus, 28 de março de 1958.
2. Ele iria até Passy, excluindo o Marais, o parc Monceau, Neuilly, Montmartre, a Étoile, o Champ-de-Mars – não muito longe do *faubourg* Saint-Germain.
3. *Cadernos III.*
4. Jean Cornut, um amigo de amigos de René Char, esclarece Herbert Lottman.
5. Depoimento de Francine Camus a Herbert Lottman.
6. Herbert Lottman, *Albert Camus.* A promessa de venda é assinada em 18 de outubro de 1958.
7. Entrevista com Suzanne Ginoux e Catherine Camus, 1992.
8. *L'Été*, 1950.
9. Entrevistas com Christiane Faure, 1992.
10. Carta de Suzanne Agnely a Carl Viggiani, universitário americano. Camus confia o bastante nele para prometer deixá-lo consultar seus cadernos e inéditos.
11. Anotação de Suzanne Agnely, 4 de maio de 1959.
12. Nos dias 9, 10 e 11 de julho.
13. Carta a Anne Gallimard, 29 de agosto de 1959.
14. *Cadernos III.*
15. Entrevistas com Maria Casarès, Catherine Sellers, Mi, 1992, 1993, 1994.
16. Jeanne Delais, *L'Ami de chaque matin.*
17. Grifo meu. Carta a Catherine Sellers, 8 de agosto de 1958.
18. Charles Poncet, "Dans le sillage de Camus".
19. Cadernos de 1953:

    "*O primeiro homem.*

    Plano?

    1) Busca de um pai.

    2) Infância.

    3) Os anos de felicidade (doente em 1938). A ação como uma superabundância feliz. Forte sentimento de libertação quando acaba.

    4) Guerra e resistência (Bir Hakeim e jornal clandestino alternados).

    5) Mulheres.

    6) Mãe.

    O indiferente. Um homem completo. Espírito de envergadura, corpo hábil e experimentado nos prazeres. Recusa-se a ser amado por impaciência e por sentimento exato do que ele é. Doce e bom no ilegítimo. Cínico e terrível na virtude.

    Pode fazer tudo porque decidiu se matar. Cianureto. Entra então na Resistência, donde incrível audácia. Mas, no dia em que deve utilizar o cianureto, *priva-se.*"

20. O doutor Wolfromm era um de seus amigos.
21. Carta a Victor Vinde, do *Dagens Nyheter*, 3 de novembro de 1957, que lhe pedia um artigo sobre suas atividades de redator-chefe do *Combat* clandestino.
22. Carta a Georges Blin, 27 de maio de 1959.
23. Entrevista com Jean-Claude Brisville, 1993.
24. Entrevista com Mauricette Berne, 1994.
25. A que permanece. A Robert Mallet, ele declara que destruiu muitas páginas de um rascunho.
26. Durante sua quarta viagem à Argélia, de 2 a 5 de outubro de 1958.
27. Ao longo do mês de outubro de 1959. Entrevista com Marguerite Dobrenn, 1992. Cf. também Charles Poncet, "Albert Camus et l'impossible trêve civile".
28. Por certos traços – nem que fosse apenas pela tendência à economia.
29. *Correspondance Albert Camus-Jean Grenier.*
30. Carta a Marguerite Dobrenn, 17 de novembro de 1959.
31. Carta a Micheline Rozan, 19 de novembro de 1959.
32. No final do verão de 1959, entrevista com Jean Maisonseul, 1992.
33. Carta a Catherine Sellers, 7 de dezembro de 1959.
34. *Cadernos III.*
35. Carta a Francine Camus, 12 de dezembro de 1959.
36. Anotações feitas por François Meyer, citado por Charles Poncet. "Albert Camus et l'impossible trêve civile". Ver Paul F. Smets, *Albert Camus dans le premier silence... et au-delà.* Este último liga esta declaração a uma resposta dada outrora a Jean-Marie Domenach: "... Nasci numa família, a esquerda, onde morrerei, mas cuja decadência me é difícil não enxergar."
37. Entrevista em *Servir*, 20 de dezembro de 1945.
38. Em 16 de dezembro de 1959.
39. Resposta ao doutor Hershel Meyer, 16 de dezembro de 1959.
40. Carta, em que Camus escreveu "18 de setembro de 1959", mas o carimbo do envelope e o contexto indicam que foi enviada no dia 18 de dezembro.
41. Entrevista com Florence Malraux, 1994.
42. Carta a Micheline Rozan, 22 de dezembro de 1959.
43. Ele envia sua resposta em 29 de dezembro de 1959. Este documento será encontrado num dossiê constituído por F. Creac'h. A tradução do espanhol por A. Prunier está aqui ligeiramente modificada. É a última entrevista de Camus.
44. Cartas a Catherine Sellers, quinta-feira 26 de novembro, 1º, 13 e 23 de dezembro de 1959.
45. Entrevista com Suzanne Ginoux, 1992.
46. Entrevista com Urbain Polge, 1993.
47. Fornecido por Paule Lespes, filha de Lucien Camus.
48. Carta a Louis Germain, 20 de outubro de 1959.

49. Fornecido por Catherine Sellers.
50. Entrevistas com Robert Gallimard, Catherine Camus, Maria Casarès, Catherine Sellers, 1992-1995. Cf. Também Jean Grenier, *Carnets 1944-1971.*
51. Antes da partida dos Gallimard para Grasse, o editor Robert Laffont aconselhou Michel a tomar o trem: impossível, os Gallimard queriam visitar Camus. Entrevista com Robert Laffont, 1994.
52. Char, no verso de uma reprodução desse texto, escreveu, ao que tudo indica em 6 de novembro de 1959: "Camus partiu para Lourmarin em 7 de novembro." Manuscrito, Bibliothèque Nationale.
53. Fornecido por Roger e Bernadette Louis, amigos de René Char. Pouco tempo antes, em 19 de dezembro de 1959, Camus também havia escrito um texto "A René Char": "No dia breve que lhe é dado, ele aquece e ilumina, sem se desviar de sua corrida mortal. Semeado pelo vento, colhido pelo vento, semente efêmera e no entanto sol criador, assim o homem, através dos séculos, orgulha-se de viver um só instante!" Camus se molda em uma prosa aos ecos de Char. Muito tempo antes, escrevia-lhe: "Não tenho dificuldade em falar essa linguagem, ao mesmo tempo tão vasta e tão certa, mas teria dificuldade em encontrá-la." (Carta a Char, 1° de maio de 1951) Em sua correspondência com Char, Camus frequentemente é solene.
54. Entrevista com Janine Gallimard, 1993.
55. Para os detalhes do acidente e as hipóteses a seu respeito, assim como para o enterro, ver Herbert Lottman, *Albert Camus.*
56. Pierre Moinot, *Tous comptes faits*, entrevistas com F. Badré e A. Gailloux.
57. Entrevistas com Lucienne Maroselli, Paule Lespes, 1992.

CONCLUSÃO

1. *France-Observateur,* 7 de janeiro de 1960.
2. Coleção Laurent e Gilles de Galard.
3. Carta de Michel Contat ao autor, 30 de outubro de 1992.
4. Entrevista datada de 14 de janeiro de 1960, publicada em *Le Semeur,* n° 7-8, fevereiro de 1960. Ver Michel Contat e Michel Rybalka, *Les Écrits de Sartre,* Gallimard.
5. Frantz Fanon, *Les Damnés de la terre*, 1961.
6. *Situations.*
7. Antes das férias do verão de 1972, Sartre disse a seu amigo Gerassi que trabalhava numa biografia: "Há uma coisinha que está errada no artigo necrológico que fiz para Camus, é quando digo que, mesmo quando ele não era da nossa opinião, desejávamos saber o que pensava. [...] Os homens são inferiores na

vida, em geral, ao que são em seus livros. Se você quiser um pensamento político ou filosófico interessante, deverá tomar os livros, não os homens. [...] Camus talvez seja o último que foi bom amigo. [...] Então estávamos com sua mulher e Castor, que fingiam estar escandalizadas, e contávamos um monte de sacanagens. Tive dois ou três anos de relações muito boas com Camus. Muito boas. Não era um sujeito feito para tudo o que ele fez. Era um vagabundinho de Argel, muito engraçado, que poderia ter escrito alguns livros, porém de vagabundo; em vez disso tem-se a impressão de que a civilização lhe caiu em cima e ele fez o que fez, isto é, nada." Fornecido por Michel Contat. No entanto Sartre repetia, em particular, que *A queda* era magnífico. Esse gênio não catalogava suas contradições.

8. Paul E. Smets, *Albert Camus dans le premier silence... et au-delà.*
9. Anexo a *O primeiro homem*, julho de 1958-dezembro de 1959.
10. Charles Poncet, *Dans le sillage de Camus.*
11. *Jonas*, Gallimard, 1962.
12. *Carnets III* e carta a Catherine Sellers, setembro 1959.
13. *O primeiro homem.*
14. Fornecido por Christian Bernadac. Sem data.
15. Sondagem realizada pelo autor em abril de 1995 por BVA. A publicação de *O primeiro homem* no ano anterior não é suficiente para explicar essa paixão.
16. Belfond, primeira edição 1970.
17. A imagem de Camus colonialista e imperialista também é difundida no mundo anglo-saxão, por comentaristas como Conor Cruise O'Brien ou Edward W. Saïd, que, em 1993, ainda explicava que a obra desse escritor "é inspirada por uma sensibilidade colonial incapacitada" ("*is informed by an incapacitated colonial sensibility*"). *Culture and Imperialism*, Alfred A. Knopf, Nova York, 1993.
18. Houve quem atacasse Camus quando da publicação de *O primeiro homem* em 1994. Bertrand Poirot-Delpech saudou o livro no *Le Monde* político de 13 de abril ("Voltar a ouvir, depois de trinta anos, a voz de Camus, essa voz que quase foi abafada pelo charme parisiense e pela arrogância parisiense: que sensação de ressurreição! Que presente!"). O *Le Monde des livres* do dia 15 não se referiu ao lançamento da obra, dedicando sua primeira página à reedição do *Aragon* de Pierre Daix. No dia seguinte, 16 de abril, uma colaboradora escrevia duas colunas – ao lado das notícias necrológicas. Bom ou mau, um inédito de Camus merecia mais. No dia 22, a mesma colaboradora supreendia-se com o sucesso do inédito ("50.000 exemplares [...] vendidos já na primeira semana"). A responsável pelo *Le Monde des livres* acrescentava um artigo enquadrado, concluindo: "Pobre Albert Camus, que se considerava moralista revoltado e que a posteridade transforma em imagem piedosa." Perversidade ou retorno do recalcado? O folhetinista do *Le Monde*, no ano seguinte, em 24 de fevereiro

de 1995, a propósito do último *Carnet de la drôle de guerre* reencontrado ("Avoir raison avec Sartre"), sem falar no nome de Camus, fazia alusão a Sartre, "... filósofo verdadeiramente revoltado. Não pela condição metafísica do Homem, mas pela condição real dos homens: o fato de esse pensador ser além do mais um grande escritor, um prosador magnifico, é insuportável". Para quem? Não é possível para um homem ou uma mulher do *Le Monde* separar Sartre e Camus, escritores, políticos, gostar dos dois criadores? A longo prazo, o *Le Monde* tratou de Camus em mais de duzentos artigos, às vezes com admiração e adoração. Brochier, em seu último panfleto (*Pour Sartre*, 1995), atribui "gênio literário" a Camus e a Sartre. Um tolo maniqueísmo ainda triunfa numa facção de retaguarda sempre incomodada com Camus. Alguns ainda querem escolher o encouraçado *Sartrebeauvoir* contra o torpedeiro *Camus*.

19. Prefácio a *O avesso e o direito*.
20. Cf. CD *Camus 12. L'homme*, Adès/INA.
21. Entrevista a *Demain*, 24-30 de outubro de 1957.
22. Carta a Bernard Clesca, 2 de abril de 1957.
23. Paul F. Smets. *Le Pari européen de Camus*.
24. Desde a publicação de *Pourquoi des philosophes?*, de Jean-Fraçois Revel, 1957, até *La Connaissance inutile*, 1988, os pesquisadores de ciências sociais e humanas fizeram alguns progressos em nosso país, mas moinhos de preces obscurantistas ainda funcionam em alguns fortins de filosofia e letras. A história continua sendo um bastião do pensamento e da clareza.
25. Será preciso ser inglês como Tony Judt (*Um passado imperfeito*) para reconhecer esse mérito de Camus? Jacques e Claudie Broyelle mostraram, em 1982, em *Les Illusions retrouvées*, que, em alguns bastiões, "Sartre sempre tem razão contra Camus".
26. Carta ao autor, 1995.
27. Lamria Chetouni, em *Mots, images arabes en langue française*, Presses de la Fondation Nationale des Sciences Politiques, Paris, n° 30, março 1992.
28. Intervenção durante a homenagem pronunciada no 40° dia do desaparecimento de Rachid Mimouni no Centre culturel algérien, em 17 de março de 1995, em Paris.
29. Em 1856, havia 180.330 não muçulmanos na Argélia e 2.307.349 muçulmanos; em 1954, 980.031 não muçulmanos e 8.449.332 muçulmanos.
30. Carta ao autor, 1995.
31. Prefácio a *A balada do cárcere de Reading* e *De Profundis* de Oscar Wilde, 1956.

BIBLIOGRAFIA

A bibliografia mais completa (*Albert Camus, Bibliography Project*) compreende, em microfilmes, "fichas" em 34 línguas. Foi estabelecida na universidade de Wisconsin, sob a direção de Robert F. Roeming. As obras completas de Camus, com notas abundantes, precisas e claras, existem na Pléiade (editadas por R. Quilliot) e no Club de l'Honnête Homme (editadas por R. Grenier). Aqui só serão encontrados os livros, teses e artigos – alguns pouco conhecidos – que me foram de grande utilidade.

LIVROS

À Albert Camus, ses amis du Livre, Gallimard, 1962.

ABBAS, Ferhat, *Guerre et révolution d'Algérie*, Julliard, 1962.

ACHOUR, Christiane, *L'Étranger si familier*, En. A.P, Argel, 1984.

AGERON, Charles-Robert, *Histoire de l'Algérie contemporaine*, t. 2, 1871-1954. PUF 1979.

AINAD, Tabet Radouane, *Le 8 mai 1945 en Algérie*, Office des Publications Universitaires, Argel, 1985.

AÏT, Ahmed Hocine, *Mémoires d'un combattant (L'esprit d'indépendance, 1942-1952)*, Sylvie Messinger, 1983.

Album Camus (iconografia selecionada e comentada por Roger Grenier), Gallimard, 1982.

Algérie Tunisie, Guides bleus, Hachette, 1930.

Amicale des anciens instituteurs et instructeurs d'Algérie et le cercle algérianiste, *1830-1962, Des enseignants d'Algérie se souviennent... de ce qu'y fut l'enseignement primaire*, Privat, 1981.

AMOUROUX, Henri, *La Grande Histoire des Français sous l'Occupation. Les passions et les haines. Avril-décembre 1942*, Laffont, 1981.

ARON, Raymond, *L'Algérie et la République*, Plon, 1958.

ARON, Raymond, *La Tragédie algérienne*, Plon, 1957.

ARON, Raymond, *Mémoires*, Julliard, 1983.

ASCHENBAUM, Yves-Marc, *À la vie à la mort, historie du journal "Combat"*, Le Monde Éditions, 1995.

ASSOULINE, Pierre, *Gaston Gallimard*, Balland, 1984.

ASSOULINE, Pierre, *L'Épuration des intellectuels*, Complexe, Bruxelas, 1990.

BAREA, Monique, *Albert Camus 1913-1960*. Épisud (Aix-en-Provence), 1981.

BAROLI, Marc, *Algérie terre d'espérance (colons et immigrants, 1830-1914)*, Hachette, 1976.

BARON, Étienne, *La France métropolitaine et l'outre-mer*, Éditions de l'école, 1950.

BEAUVOIR, Simone de, *La Force des choses*, Gallimard, 1963.

BEAUVOIR, Simone de, *Les Mandarins*, Gallimard, 1954.

BEAUVOIR, Simone de, *Mémoires d'une jeune fille rangée*, Gallimard, 1958.

BEAUVOIR, Simone de, *Tout compte fait*, Gallimard, 1972.

BELAMICH, André, *Lorca*, Gallimard, 1983.

BOLLÉ, Pierre (sob a direção de), *Le Plateau Vivarais-Lignon. Accueil et Résistance, 1939-1944*, Atas do colóquio de Le Chambon-sur-Lignon, Société d'Histoire de la Montagne, 1992.

BOLLON, Gérard, *Le Chambon du Prieuré aux XVII-XVIII siècles*, J.-F. Munier éditeur, 1986.

BOUGUERRA, Tayeb, *Le Dit et le Non-dit à propos de l'Algérie et de l'Algérien chez Camus*, Office des Publications Universitaires (DEA), Entreprise Nationale du Livre, Argel, 1989.

BRISVILLE, Jean-Claude, *Camus*, Gallimard, 1959.

BROYELLE, Claudie et Jacques, *Les Illusions retrouvés. Sartre a toujours raison contre Camus*, Grasset et Fasquelle, 1982.

BRUA, Edmond, *Souvenir de la planète*, Ancienne Imprimerie V Heintz, Argel, 1942.

CARDINAL, Marie, *Les Pieds-noirs (Algérie 1920-1954)*, Belfond, 1988.

CARLIER, Omar, *Socialisation politique et acculturation à la modemité*, tese de doutorado, Institut d'Études Politiques, Paris, 1994.

CASARÈS, Maria, *Résidente privilégiée*, Fayard, 1980.

CASTEX, Pierre-Georges, *Albert Camus et "L'Étranger"*, Librairie José Corti, 1986.

CATONNE, Jean-Marie, *Queneau*, Belfond, 1992.

CHAINTRON, Jean, *Le vent soufflait devant ma porte*, Seuil, 1993.

CHAR, Marie-Claude, *René Char. Faire du chemin avec...*, Gallimard, 1992.

CHAVANES, François, *Il faut vivre maintenant*, Cerf, 1990.

CHAVANES, François, "Réflexions chrétiennes sur l'oeuvre d'Albert Camus", inédito, no prelo, Éditions du Cerf.

CHEBEL D'APPOLLONIA, Ariane, *Histoire politique des intellectuels en France, 1944-1954*, 2 vol., Complexe, 1991.

COHEN-SOLAL, Annie, *Sartre*, Gallimard, 1985.

COLLECTIF, *Camus*, Hachette, 1964.

CURTIS, Cate, *Malraux*, traduzido do inglês por Marie-Alyx Revellat, Flammarion, 1994.

DADELSEN, Jean-Paul de, *Jonas*, prefácio de Henri Thomas, Gallimard, 1962.

DAHMANI, Saïd, *Annaba, ville d'histoire et de civilisation*, Imprimerie Centrale, Annaba, 1987.

DANIEL, Jean, *L'Erreur*, Librairie Générale Française, 1977.

DANIEL, Jean, *La Blessure*, seguido de *Le Temps qui vient*, Grasset, 1992.

DANIEL, Jean, *Le Temps qui reste*, Stock, 1973.

DELAIS, Jeanne, *L'Ami de chaque matin. Vie et luttes de Claude Terrien*, prefácio de Maurice Siegel, Grasset, 1969.

DEPIERIS, Jean-Louis, *Entretien avec Emmanuel Roblès*, Seuil, 1967.

DERDOUR, H'Sen, *Annaba*, Société nationale d'édition et de diffusion, Argel, 1983.

DESSEUX, Catherine et Bernard, *Visages de l'Algérie*, Hatier ENAL, 1989.

DHÔTEL, André, *Jean Paulhan. Qui suis-je?*, La Manufacture, 1986.

DUCLOS, Jeanne, MASSA, Charles-André, MONNERET, Jean, PLÉVEN, Yves, *Le Pataouète (dictionnaire de la langue populaire de l'Algérie et d'Afrique du Nord)*, Jacques Gandini, 1992.

DURAND, Anne, *Le Cas Albert Camus*, Fischbacher, 1961.

FAYOL, Pierre, *Le Chambon-sur-Lignon sous l'Occupation. Les résistances locales, l'aide interalliée, l'action de Virgínia Hall (OSS)*, L'Harmattan, 1990.

FERAON, Mouloud, *Journal 1955-1962*, Seuil, 1962.

FOUCHET, Max-Pol, *Mémoires parlés. Un jour,je m'en souviens*, Mercure de France, 1969. Gide André, *Journal 1942-1949*, Gallimard, 1950.

FOUCHET, Max-Pol, *Retour de l'URSS*, seguido de *Retouches à mon retour de l'URSS*, Gallimard, 1936 e 1937.

GOODMAN, Celia, *Living with Koestler. Mamaine Koestler's Letters 1944-51, St* Martin's Press, 1985.

GRENIER, Jean, Albert Camus. *Souvenirs*, Gallimard, 1968.

GRENIER, Jean, *Carnets 1944-1971* (edição estabelecida e anotada por Claire Paulhan), Seghers, 1991.

GRENIER, Jean, *Correspondance, 1932-1960*, Gallimard, 1981.

GRENIER, Jean, *Essai sur l'esprit d'orthodoxie*, Gallimard, 1938.

GRENIER, Jean, *Les Îles*, Gallimard, 1959.

GRENIER, Roger, *Albert Camus. Soleil et Ombre*, Gallimard, 1987.

GRENIER, Roger, *Pascal Pia, ou le droit au néant*, Gallimard, 1989.

GRENIER, Roger, Guérin Jeanyves, *Camus et la politique*, atas do colóquio de Nanterre, 7 de junho de 1985, L'Harmattan, 1986.

GRENIER, Roger, *Camus, portrait de l'artiste en citoyen*, François Bourin, 1993.

HARBI, Mohammed, *La guerre commence en Algérie*, Complexe, 1984.

HEBEY, Pierre, *La Nouvelle Revue française des années sombres 1940-1941*, Gallimard, 1992.

HELLER, Gerhard, *Un Allemand à Paris 1940-1944*, Seuil, 1981.

HICK, Daniel, seleção de documentos, *L'empire du sport*, Centre des Archives d'Outre-Mer, Aix-en-Provence, 1992.

HODEIR, Catherine; PIERRE, Michel, *L'exposition coloniale*, Complexe, 1991.

JUDT, Tony, *Un passé imparfait, Les intellectuels en France 1944-1956*, Fayard, 1992.

KASPI, André, *Les Juifs pendant l'Occupation*, Seuil, 1991.

KOESTLER, Arthur, *O Euvres autobiographiques*, Laffont, 1994.

LA HOGUE, Jeanine de; NERBONNE, Simone, *Mémoire écrite de l'Agérie depuis 1950 (les auteurs et leurs oeuvres)*, Maisonneuve et Larose, 1992.

LA YANI, Yehiel, *Mythe et mystique du paradis chez Albert Camus* (tese), universidade de Paris IV-Sorbonne, 1979.

LAURENT, Gustave, *Cours de géographie. Classe de première, La France et ses colonies (programmes de 1931)*, Armand Colin, 1937.

LEBESQUE, Morvan, *Camus*, Seuil, 1963.

LEIRIS, Michel, *Journal 1922-1989*, Gallimard, 1992.

LENZINI, José, *L'Algérie de Camus*, Épisud, 1987.

LÉVI-VALENSI, Jacqueline, *Genèse de Voeuvre romanesque d'Albert Camus* (tese), universidade de Paris IV-Sorbonne, 1980.

LOTTMAN, Herbert R., *Albert Camus*, Seuil, 1978.

MCCARTHY, Patrick, *The Stranger*, Cambridge University Press, 1988.

MANDOUZE, André, *Saint Augustin, L'aventure de la raison et de la grâce*, Études Augustiniennes, 1968.

MASCOLO, Dionys, *Sur une lettre de Robert Antelme*, Maurice Nadeau, 1987.

MEMMI, Albert, *La Statue de sel*, prefácio de Camus, Gallimard, 1966.

MEMMI, Albert, *Portrait du colonisé*, precedido de *Portrait du colonisateur*, prefácio de Sartre, Corrêa, 1957.

MICHEL, François-Bernard, *Le Soufflé coupé (respirer et écrire)*, Gallimard, 1984.

MICHEL, Henri, *La Libération de Paris*, Complexe, 1980.

MINO, Hiroshi, *Le Silence dans l'oeuvre de Camus*, Librairie José Corti, 1987.

MOINOT, Pierre, *Tous comptes faits*, Quai Voltaire, EDIMA, Paris, 1993.

MUSETTE, Cagayous. *Ses merveilleuses histoires*, Galhmard, 1931.

NADEAU, Maurice, *Grâces leur soient rendues* (memórias literárias), Albin Michel, 1990.

NIZAN, Paul, *Chronique de septembre*, Gallimard, 1978.

NOGUÈRES, Henri, *La Vie quotidienne des résistants de l'armistice à la Libération*, Hachette, 1984.

PANNÉ, Jean-Louis, *Boris Souvarine*, Laffont, 1993.

PÉLÉGRI, Jean, *Ma mère l'Algérie*, Laphonnie, Argel, 1989.

POIRIER, René, *Essai sur quelques caractères des notions d'espace et de temps*, Librairie Philosophique J. Vrin, 1931.

PONCET, Charles, "Camus et l'impossible trêve civile", manuscrito inédito.

PONCET, Charles, "Dans le sillage de Camus (1935-1954)", manuscrito inédito.

POPPER, Karl, *La Société ouverte et ses ennemis*, ed. inglesa Routlege & Kegan Paul, Londres, 1945.

PRIGNET, A., *Voyage d'unpetit Parisien en Algérie*, Hachette, 1938.

PULICANI-VARNIER, Suzon, *L'Algérie des quat'jeudis ou l'Algérie d'enfance*, Éditions de l'Atlanthrope, 1992.

RAGACHE, Gilles et Jean-Robert, *La Vie quotidienne des écrivains et des artistes sous l'Occupation 1940-1944*, Hachette, 1988.

RENAUDOT, Françoise, *Les Français et l'Occupation*, prefácio de Georgette Elgey, Laffont, 1975.

RENOU, Corinne, *Caliban, une expérience journalistique originale, 1947-1951*, DEA, Paris X-Nanterre, 1991.

RICHAUD, André de, *La Douleur*, Robert Morei, 1968.

RIOUX, J-P. Sirinelli Jean-François, *La Guerre d'Algérie et les intellectuels français*, Complexe, 1991.

RIZK, Charles, *Les Árabes ou l'histoire à contresens*, Albin Michel, 1992.

ROBLÈS, Emmanuel, *Les Rives du fleuve bleu*, Seuil, 19900.

ROCHE, Brune Renaud de (texto estabelecido por), *Les Mémoires de Messali Hadj*, prefácio de Ben Bella, J.C. Lattès, 1982.

RONSAC, Charles, *Trois noms pour une vie*, Robert Laffont, 1988.

ROSFELDER, André, *L'Algérie à bâtir*, Baconnier éditeur, Argel, 1959.

ROY, Jules, *Armours barbares*, Albin Michel, 1993.

ROY, Jules, *Mémoires barbares*, Albin Michel, 1989.

SAROCHI, Jean, *Albert Camus et la recherche du père* (tese), universidade de Lille III, 1979.

SCOTTO, Jean, *Curé pied-noir, évêque algérien*, Desclée de Brouwer, 1991.

SINGER, Claude, *Vichy, l'Université et les juifs*, Les Belles Lettres, 1992.

SIRINELLI, Jean-François, *Deux intellectuels dans le siècle: Sartre et Aron*, Fayard, 1995.

SIVAN, Emmanuel, *Communisme et nationalisme en Algérie, 1920-1962*, Presse de la Fondation nationale des Sciences Politiques, 1976.

SMETS, Paul F., *Le Pari européen dans les essais d'Albert Camus*, Bibliothèque de la Fondation Paul-Henri Spaak, Bruxelas, 1991.

SMETS, Paul F., *Albert Camus dans lepremier silence... et au-delà*, Éd. J. Goemaere, Bruxelas, 1985.

SMETS, Paul F., *Albert Camus. La Chute. Un testement ambigu*, Paul-F. Smets éditeur, 1988.

SOUCY, Robert, *Fascist Intellectual: Drieu la Rochelle*, University of California Press, 1979.

STARLING, Christopher, *Camus et Sartre: histoire d'une rupture* (tese), Universidade de Nice, 1977.

STOTT, M.O., *The Real Algeria*, Londres, Hurst and Blackett, 1914.

TALEB, Ibrahimi Ahmed, *De la Décolonisation à la révolution culturelle*, S.N.E.D., Argel, 1973.

THOMAS, François, *Annaba et sa région* (tese), Universidade de Saint--Étienne, 1977.

VERDÈS-LEROUX, Jeanine, *Au service du Parti*, Fayard e Éditions de Minuit, 1983.

REVISTAS

L'Algérianiste, nº 63, setembro 1993.

Bulletin de la Société de géographie et d'archéologie d'Oran, 1988.

DBA (dictionnaire biographique de l'Algérie), Recherches Biographiques Algérie (1830-1962).

Études, "Influence de la guerre d'Algérie sur la pensée de Camus", de François Chavanes, setembro 1992.

Libéralisme, "Quelques notes sur Raymond Aron et Albert Camus", de Paul F. Smets, Libéralisme, Bruxelas, 1992.

L'Information psychiatrique, "Psychiatrie en Algérie", col. 66, dezembro 1990. Revista literária, Especial Camus, nº 3, 1967.

Matériaux pour l'histoire de notre temps, index nº 1 à 20 (1985-1990), maio 1991; nº 24, julho-setembro 1991; nº 26, janeiro-março 1992, editado pela Association des Amis de la BDIC et du Musée.

Parcours, "L'Algérie, les hommes, l'histoire", nº 4, verão 1985; nº 5, outono 1995; nº 6-7-13-14-15, Association de recherche pour un dictionnaire biographique de l'Algérie.

Revue des lettres modernes, série Albert Camus (Minard), atualmente editada por Raymond Gay-Crosier. Ver particularmente "Notes pour le futur biographe d'Albert Camus", de Carl Viggiani.

Simoun, ano 9, número especial 32, sobretudo "Camus à Alger", de Charles Poncet.

La Revue générale, Smets Paul F., "Le juge pénitent du Mexico-City", Bruxelas, nº 5, maio 1989, "Albert Camus, éditorialiste à Combat", nº 2, fevereiro 1987, e "Albert Camus encore et toujours", nº 10, outubro 1991.

La Table ronde, "Albert Camus", nº 146, Plon, fevereiro 1960.

Trabalhos do Centre d'études et de recherches sur François Mauriac, nº 32, dezembro 1992, Universidade Michel-de-Montaigne, Bordeaux 3, UFR lettres et arts.

ÍNDICE ONOMÁSTICO

Este livro foi composto na tipografia Minion Pro,
em corpo 11,5/16, e impresso em
papel off-white no Sistema Cameron da
Divisão Gráfica da Distribuidora Record.